UNION

JN378731

5급공채 입법고시 민간경력자 국립외교원 및 수습 대비

# 종합 실전모의고사

인재

헌법
언어논리
자료해석
상황판단

MGI 메가고시 연구소

인해

# Preface

PSAT에 있어서 기출문제는 내일의 수험준비의 방향을 제시해주는 수험전략의 보고로서 그 중요성은 아무리 강조해도 지나치지 않습니다. 이 때문에 많은 수험생들은 기출문제를 반복하여 학습합니다.

문제는 기출문제만 반복하여 풀 수 없다는 것입니다. 그 이유는 반복되는 기출문제 풀이가 학습효과를 낳기도 하지만 실전에서 새로운 문제를 접했을 때, 전혀 위력을 발휘하지 못하는 경우가 있기 때문입니다.

이에 MGI 메가고시 연구소는 실전처럼 사전테스트 할 수 있는 모의고사가 필요하다고 판단하여 『UNION PSAT 종합실전모의고사-인재』편을 준비하게 되었습니다. 그 특징을 살펴보면 다음과 같습니다.

**첫째,** MGI 메가고시 연구소가 주관하였던 역대 전국모의고사 중에서 검증된 문제만을 모아 헌법·언어논리·자료해석·상황판단의 각 영역별로 3회분의 전국모의고사를 구성하였습니다.

**둘째,** 100여명이 넘는 출제위원과 강사·합격생·수험생·전문연구원 등으로 구성된 조직화된 검토시스템을 통하여 최고의 문제만을 선별하였으며, 이를 통해 자신의 실력을 객관적으로 평가할 수 있도록 하였습니다.

**셋째,** 체계적인 해설과 구성 그리고 수험생의 편의를 위해 해설을 책속의 책으로 제작하여 수험효과성과 편리성을 극대화 하였습니다.

기출문제를 통해 PSAT의 기본적인 문제유형을 습득하셨다면, 다음으로는 본 교재의 엄선된 전국모의고사를 통한 실전연습이 필요합니다. 매회 문제를 풀 때 실제와 동일한 시간 내에 전력을 다하여 풀어 보신 후 해설을 통해 핵심 풀이원리를 완전히 이해한다면 모든 문제들이 자신의 것으로 체화될 것입니다.

모쪼록 본서를 통해 시험을 준비하시는 모든 분들에게 합격의 영광이 있기를 간절히 바라며, 이 책이 출간되기까지 도와주시고 세심하게 신경써주신 도서출판 인해 사장님과 디자이너팀에게 감사의 마음을 전합니다.

끝으로 어떤 교재가 출간되었느냐 보다도 얼마나 좋은 교재가 출간되었느냐가 중요하므로 앞으로 이 부분을 명심하고 여러 수험생들이 선호하는 교재가 될 수 있도록 끊임없이 노력할 것을 약속드립니다.

**2023년 1월**
**MGI 메가고시 연구소 일동**

# Contents

# PSAT

5급공채 입법고시 민간경력자 국립외교원 및 수습 대비

## 종합 실전모의고사

인재

헌법
언어논리
자료해석
상황판단

# 제1회
# PSAT 종합 실전모의고사

- 헌 법
- 언어논리
- 자료해석
- 상황판단

# 헌법영역

**01** 지방자치제도에 관한 설명으로 옳지 않은 것은? (다툼이 있는 경우 판례에 의함)

① 지방자치단체의 장은 주민에게 과도한 부담을 주거나 중대한 영향을 미치는 지방자치단체의 주요사항에 대해서는 주민투표에 부쳐야 한다.
② 지방자치단체의 자치권이 미치는 관할 구역의 범위에는 육지는 물론 바다도 포함되므로 공유수면에 대한 지방자치단체의 자치권한이 존재한다.
③ 주민소환의 청구사유에 관하여 아무런 규정을 두지 아니한 것은 나름대로 상당한 이유가 있고, 입법자가 주민소환제 형성에 있어서 반드시 청구사유를 제한하여야 할 의무가 있다고 할 수도 없으며, 달리 그와 같이 청구사유를 제한하지 아니한 입법자의 판단이 현저하게 잘못되었다고 볼 사정 또한 찾아볼 수 없으므로 지방자치단체의 장의 공무담임권을 침해하는 것이 아니다.
④ 지방의회 의장의 추천권이 적극적이고 실질적으로 발휘된다면 지방자치단체의 장이 지방의회 사무직원의 임용권을 행사하는 것은 지방자치단체장과 지방의회 간 상호 견제와 균형의 원리를 침해하지 아니한다.

**02** 국회의 위원회에 관한 설명으로 정오 표시가 옳은 것은? (다툼이 있는 경우 판례에 의함)

보 기

㉠ 상임위원회의 위원장은 국회의 본회의에서 선거를 통하여 선출하지만, 예산결산특별위원회와 윤리특별위원회를 제외한 모든 특별위원회의 위원장은 위원회에서 호선하고 본회의에 보고한다.
㉡ 어느 교섭단체에도 속하지 아니하는 의원의 상임위원의 선임은 국회의장이 행하며, 국회의장은 교섭단체 대표의원의 요청이 있으면 법률에 위반되는 것이 아닌 한 상임위원을 강제 사임시키고 다른 의원을 보임할 수 있다.
㉢ 예산결산특별위원회의 위원수는 50인으로 하고, 그 선임은 교섭단체소속의원수의 비율과 상임위원회의 위원수의 비율에 의하여 각 교섭단체대표의원의 요청으로 의장이 행한다.
㉣ 정보위원회는 폐회중 최소한 월 1회 개회하고, 그 회의는 공개한다.

① ㉠ (×), ㉡ (×), ㉢ (○), ㉣ (○)
② ㉠ (×), ㉡ (○), ㉢ (○), ㉣ (○)
③ ㉠ (○), ㉡ (×), ㉢ (○), ㉣ (○)
④ ㉠ (○), ㉡ (○), ㉢ (○), ㉣ (×)

**03** 국회의 권한에 관한 설명으로 옳지 않은 것은? (다툼이 있는 경우 판례에 의함)

① 국회 상임위원회 위원장이 조약비준동의안을 심의함에 있어서 야당 소속 상임위원회 위원들의 출입을 봉쇄한 상태에서 상임위원회 전체회의를 개의하여 안건을 상정하고 소위원회로 안건심사를 회부한 행위는 야당 소속 상임위원회 위원들의 조약비준동의안에 대한 심의권을 침해한 것으로 무효이다.
② 국회의원의 질의권, 토론권 및 표결권 등은 국회 구성원의 지위에 있는 국회의원에게 부여된 권한이지, 국회의원 개인에게 헌법이 보장하는 기본권이 아니므로 국회의원들은 이를 이유로 헌법소원심판을 청구할 수 없다.
③ 국회가 국가인권위원회 위원장 후보자의 인사청문경과보고서를 송부하지 아니하여 대통령이 인사청문경과보고서를 송부하여 줄 것을 국회에 요청하였음에도 불구하고 국회가 송부하지 아니한 경우에는 대통령은 국가인권위원회 위원장을 임명할 수 있다.
④ 대주주가 상장주식을 양도한 경우에 양도소득세를 부과하는 구 소득세법 제94조 제1항 제3호 가목 전단 중 "대통령령이 정하는 대주주"에 관한 부분은 조세법률주의 및 포괄위임입법금지원칙에 위배되지 않는다.

**04** 국회의원의 지위에 관한 설명으로 옳지 않은 것은? (다툼이 있는 경우 판례에 의함)

① 총선거에 의한 의원의 임기는 전임의원의 임기만료일의 다음 날부터 개시되지만, 보궐선거에 의한 의원의 임기는 당선이 결정된 때부터 개시된다.
② 의원은 둘 이상의 상임위원회 위원이 될 수 있으며, 국회의장은 상임위원이 될 수 없지만 국회부의장은 상임위원이 될 수 있다.
③ 국회의원의 면책특권에 속하는 행위에 대하여 공소가 제기된 경우 법원은 재판권이 없는 때에 해당하는 사유를 적용할 것이 아니라 공소제기의 절차가 법률의 규정에 위반하여 무효인 때에 해당하는 사유로 공소기각판결을 하여야 한다.
④ 국회의원의 발언 내용이 허위라는 점을 인식하지 못한 경우, 발언 내용에 근거가 부족하거나 진위 여부를 확인하기 위한 조사를 제대로 하지 않았다면 그것이 직무수행의 일환으로 이루어진 것이라 하더라도 면책특권의 대상이 되지 아니한다.

## 05 대통령의 권한과 통제에 관한 설명으로 옳지 않은 것은? (다툼이 있는 경우 판례에 의함)

① 긴급명령은 국회의 승인을 얻지 못한 때에는 그 때부터 효력을 상실하고, 이 경우 그 명령에 의해 개정 또는 폐지되었던 법률은 그 명령이 승인을 얻지 못한 때부터 당연히 효력을 회복한다.
② 공유수면 점용료의 부과방법 등을 대통령령으로 정하도록 규정한 것은 포괄위임금지원칙에 위배되지 않는다.
③ 징계를 받은 공무원에 대하여 일반사면령이 공포된 경우에는 사면에 의하여 징계의 효력이 상실될 뿐만 아니라, 징계처분의 기성의 효과에도 영향을 미치므로 위 사면사실로써 징계처분을 취소·변경할 수 있다.
④ 채석단지의 세부지정기준을 대통령령에 위임하도록 한 산지관리법 조항은 법률유보원칙, 포괄위임입법금지 원칙에 위배되지 않는다.

## 06 행정부에 관한 설명 중 옳은 것은? (다툼이 있는 경우 판례에 의함)

① 대통령이 자신에 대한 재신임을 국민투표의 형태로 묻고자 하는 것은 국민투표제도를 자신의 정치적 입지를 강화하기 위한 정치적 도구로 남용해서는 안 된다는 헌법적 의무를 위반한 것이다.
② 국무총리는 대통령의 명을 받아 상급행정관청으로서 행정 각부를 통할할 권한을 가지지만, 행정각부와 동등한 지위를 가지는 독임제행정관청으로서 그 소관사무를 처리하지는 않는다.
③ 국무총리와 부총리가 모두 사고로 직무를 수행할 수 없는 경우에는 「정부조직법」상에 규정된 순서에 따른 국무위원이 그 직무를 대행한다.
④ 중앙행정기관은 지방자치단체의 자치사무에 대하여 합법성 및 합목적성 감사를 할 수 있으므로 안전행정부장관이 서울시에 대하여 피감사대상을 특정하지 않고 포괄적으로 감사를 하더라도 지방자치권을 침해한 것은 아니다.

## 07 기본권과 제도적 보장에 관한 설명으로 옳지 않은 것은? (다툼이 있는 경우 판례에 의함)

① 객관적 가치질서로서의 기본권은 입법·사법·행정의 모든 국가기능의 방향을 제시하는 지침으로서 작용하므로, 국가기관에게 기본권의 객관적 내용을 실현할 의무를 부여한다.
② 제도적 보장은 객관적 법규범이라는 점에서 기본권과 구별되고 헌법에 의하여 일정한 제도가 보장되면 입법자는 그 제도를 설정하고 유지할 입법의무를 지게 되지만, 법률로써 이를 폐지할 수는 없다.
③ C.Schmitt는 자유권의 보장은 무제한적이므로 '배분의 원리'가 적용되지 않지만, 제도적 보장은 국가의 법질서에 의해 인정되는 것이므로 '배분의 원리'가 적용된다고 한다.
④ 헌법 제8조는 제1항에서 "정당의 설립은 자유이며, 복수정당제는 보장된다"고 규정하여 정당을 설립할 권리를 국민의 기본권으로서 보장하면서, 아울러 정당설립의 자유를 보장한 것의 당연한 법적 산물인 복수정당제를 제도적으로 보장하고 있다.

## 08 기본권의 주체에 관한 설명으로 옳지 않은 것은? (다툼이 있는 경우 판례에 의함)

① 공법상 재단법인인 방송문화진흥회가 최다출자자인 방송사업자는 그 설립목적이 방송사업이므로 이러한 업무 수행과 관련해서는 기본권 주체가 될 수 있지만, 비영리단체이므로 직업수행의 자유의 주체는 될 수 없다.
② 학교안전사고 예방 및 보상에 관한 법률상 공제회는 공법인적 성격과 사법인적 성격을 겸유하고 있는데, 공제회가 사경제의 주체로서 활동하는 경우나 조직법상 국가로부터 독립한 고유 업무를 수행하는 경우, 그리고 다른 공권력 주체와의 관계에서 지배복종관계가 성립되어 일반 사인처럼 그 지배하에 있는 경우 등에는 기본권의 주체가 될 수 있다.
③ 대한예수교장로회 총회신학연구원이 학교나 학원설립인가를 받지 아니한 채 설립·운영되고 있다는 이유로 폐쇄명령을 받게 되자, 총회신학연구원이 폐쇄명령처분에 대해 무효소송을 제기하면서 그 근거 법률조항에 대해 위헌소원을 제기한 경우, 총회신학연구원의 당사자 능력은 인정된다.
④ 정당이 선거에 있어서 기회균등의 보장을 받을 수 있는 헌법적 권리는 정당활동의 기회균등의 보장과 헌법상 참정권보장에 내포되어 있다고 할 것이다.

## 09 인간의 존엄과 가치·행복추구권에 관한 설명으로 옳지 않은 것은? (다툼이 있는 경우 판례에 의함)

① 전국기능경기대회 입상자의 국내기능경기대회 참가를 금지하는 숙련기술장려법 시행령 제27조 제1항, 제2항 중 각 '전국기능경기대회에 참가하여 입상한 사실이 없는 사람에게만 참가자격을 부여한 부분'은 행복추구권을 침해하지 아니한다.

② 형법 제304조 중 '혼인을 빙자하여 음행의 상습없는 부녀를 기망하여 간음한 자' 부분은 남성의 성적자기결정권 및 사생활의 비밀과 자유를 침해한다.

③ 구속된 피의자 또는 피고인이 갖는 변호인 아닌 자와의 접견교통권은 헌법상의 기본권으로서 헌법 제10조의 행복추구권에 포함되는 일반적 행동자유권, 헌법 제27조 제4항의 무죄추정의 원칙에 근거한다.

④ 선거기사심의위원회가 불공정한 선거기사를 게재하였다고 판단한 언론사에 대하여 사과문 게재 명령을 하도록 한 것과, 언론사가 사과문 게재 명령을 지체 없이 이행하지 않을 경우 그 발행인 등을 형사처벌하는 것은 언론사의 인격권을 침해한다.

## 10 다음 중 헌법재판소가 평등의 원칙 위반으로 판단한 것으로 묶인 것은? 다툼이 있는 경우 판례에 의함)

보 기

㉠ 일반군무원은 이미 그 정년이 60세인 데에 반하여, 별정군무원에서 일반군무원으로 전환된 자들의 정년은 2020년이 되어야 60세가 되도록 한 '정년특례조항'

㉡ 정리계획에 의하여 새로이 정리회사의 주주가 된 자가 3년 내에 주권의 교부를 청구하지 아니한 경우 주주로서의 권리를 잃도록 한 구 회사정리법 조항

㉢ 공중보건의사로 복무한 사람이 사립학교 교직원으로 임용된 경우 공중보건의사로 복무한 기간을 사립학교 교직원 재직기간에 산입하도록 규정하지 않은 '사립학교교직원 연금법'조항

㉣ 국·공립학교 채용시험의 동점자처리시 국가유공자 및 그 가족에게 우선권을 부여하는 '동점자처리조항'

㉤ 의사자격이 있는 사람으로서 인턴과 레지던트 과정을 마치고 자연계대학원에서 박사학위과정을 수학 중인 사람에 한하여 전문연구요원으로 편입하는 것을 허용하는 병역법 조항

① ㉡, ㉢
② ㉠, ㉢
③ ㉡, ㉣
④ ㉣, ㉤

## 11 인신에 관한 자유에 관한 설명으로 옳은 것은? (다툼이 있는 경우 판례에 의함)

① 헌법이 태아의 생명을 보호하는 것은 독립하여 생존할 능력이 있다거나 정신적 능력이 있는 생명체라는 이유 때문이므로 태아가 독자적 생존능력을 갖추었는지 여부를 그에 대한 낙태 허용의 판단 기준으로 삼아야 한다.

② 상습범 등에 대한 보안처분의 하나로서 신체에 대한 자유의 박탈을 내용으로 하는 보호감호처분은 형벌과 같은 차원에서의 적법한 절차와 죄형법정주의의 원칙에 따라 비로소 과해질 수 있는 것이라 할 수 있으나, 그 요건이 되는 범죄에 관하여 소급입법에 의한 보호감호처분은 허용될 수 있다.

③ 보안처분은 책임에 따른 제재가 아니지만 책임주의와 비례의 원칙에 의한 제한을 받고, 책임주의와 비례의 원칙은 보안처분의 선고 여부를 결정할 때뿐만 아니라 보안처분을 종료할 것인지 여부를 판단할 때에도 적용된다.

④ 정관에 위반하는 행위를 하는 경우에 징역 또는 500만원 이하의 벌금을 처한다고 규정하고 있는 구 새마을금고법 제66조 제1항 제2호는 죄형법정주의 원칙에 위반된다.

## 12 사생활의 비밀과 자유에 관한 설명으로 옳은 것은? (다툼이 있는 경우 판례에 의함)

① 개별 의료급여기관으로 하여금 수급권자의 진료정보를 국민건강보험공단에 알려줄 의무를 규정한 보건복지부장관 고시 조항은 개인정보자기결정권을 침해한다.

② 범죄행위 당시에 없었던 위치추적 전자장치 부착명령을 출소예정자에게 소급적용하는 것은 소급처벌금지원칙에 위배되거나 과잉금지원칙에 반하여 피부착자의 인격권을 침해한다.

③ 선거운동과정에서 자신의 인격권이나 명예권을 보호하기 위하여 대외적으로 해명을 하는 행위도 사생활의 자유에 의하여 보호되는 범주에 속한다.

④ 징벌혐의의 조사를 받고 있는 수형자가 변호인 아닌 자와 접견할 당시 교도관이 참여하여 대화내용을 기록하게 한 것은 수형자의 사생활의 비밀과 자유를 침해하지 않는다.

## 13 양심의 자유에 관한 설명으로 옳지 않은 것은? (다툼이 있는 경우 판례에 의함)

① 민사집행법상 재산명시의무를 위반한 채무자에 대하여 법원이 결정으로 20일 이내의 감치에 처하도록 규정한 민사집행법 제68조 제1항에 의해 채무자가 부담하는 행위의무는 헌법 제19조에 의하여 보장되는 양심의 영역에 포함되지 않는다.

② 의사가 환자의 신병(身病)에 관한 사실을 자신의 의사에 반하여 외부에 알려야 한다면, 이는 의사로서의 윤리적·도덕적 가치에 반하는 것으로서 심한 양심적 갈등을 겪을 수밖에 없을 것이므로, 연말정산 간소화를 위하여 의료기관에게 환자들의 의료비 내역에 관한 정보를 국세청에 제출하도록 의무를 부과하는 「소득세법」 조항은 의사의 양심의 자유를 제한한다.

③ 국가의 법질서나 사회의 도덕률과 갈등을 일으키는 양심은 현실적으로 이러한 법질서나 도덕률에서 벗어나려는 소수의 양심이다. 따라서 종교관·세계관 등에 관계없이, 모든 내용의 양심상 결정이 양심의 자유에 의해 보장된다.

④ 운전중 운전자의 좌석안전띠 착용할 것인지 여부는 양심의 자유의 보호영역에 속하므로 자동차 좌석안전띠 착용강제는 양심의 자유를 제한하지만, 과잉금지원칙에 위반하지 않으므로 양심의 자유를 침해하지 아니한다.

## 14 집회·결사의 자유에 관한 설명으로 옳지 않은 것은? (다툼이 있는 경우 판례에 의함)

① 집회는 일정한 장소를 전제로 하여 특정 목적을 가진 다수인이 일시적으로 회합하는 것을 말하고, 내적인 유대관계 이외에 공통의 의사형성과 의사표현이라는 공동의 목적이 필요하다.

② 집회참가자에 대한 검문의 방법으로 시간을 지연시킴으로써 집회장소에 접근하는 것을 방해하는 등의 조치는 집회의 자유를 침해한다.

③ 집회의 자유는 개인의 사회생활과 여론형성 및 민주정치의 토대를 이루고 소수자의 집단적 의사표현을 가능하게 하는 중요한 기본권이기 때문에 단순히 위법행위의 개연성이 있다는 예상만으로 집회의 자유를 제한할 수는 없다.

④ 공중이 자유로이 통행할 수 없는 대학구내에서의 시위는 그것이 불특정다수인의 의견에 영향을 미치는 경우 집회 및 시위에 관한 법률상의 규제대상이 된다.

## 15 재산권에 관한 설명으로 옳지 않은 것은? (다툼이 있는 경우 판례에 의함)

① 가입기간이 10년 미만이거나, 사망, 국적 상실, 국외 이주의 경우를 제외하고는 반환일시금을 지급할 수 없도록 하고 있는 국민연금법 조항은 재산권을 침해하지 않는다.

② 헌법 제23조 제3항의 '정당한 보상'이란 원칙적으로 피수용재산의 객관적인 재산가치를 완전하게 보상하는 것이어야 한다.

③ 개발행위로 용도폐지되는 공공시설을 사업주체에게 무상양도할 수 있도록 규정하고 있는 구 주택법 조항은 행정청이 아닌 사업주체의 재산권을 침해한다.

④ 수분양자가 아닌 개발사업자를 부과대상으로 하는 학교용지부담금에 관한 「학교용지 확보 등에 관한 특례법」 관련 조항은 교육의 기회를 균등하게 보장해야 한다는 공익과 개발사업자의 재산적 이익이라는 사익을 적절히 형량하고 있으므로 개발사업자의 재산권을 과도하게 침해하지 아니한다.

## 16 직업의 자유에 관한 설명으로 옳지 않은 것은? (다툼이 있는 경우 판례에 의함)

① 운전면허를 받은 사람이 자동차등을 이용하여 살인 또는 강간 등 행정안전부령이 정하는 범죄행위를 한 때 운전면허를 취소하도록 하는 구 도로교통법 제93조 제1항 제11호 조항은 포괄위임금지원칙에 위배되지 아니한다.

② 공무원의 근무연수 및 계급에 따라 행정사 자격시험의 제1차시험을 면제하거나 시험을 전부 면제하는 구 행정사법은 일반 응시자인 청구인들의 평등권 및 직업선택의 자유를 침해하지 아니한다.

③ 세금계산서 교부의무위반 등의 금액이 총 매출액의 100분의 10 이상인 때 주류판매업면허를 취소하도록 규정한 구 주세법은 과잉금지원칙에 반하여 직업선택의 자유를 침해하지 아니한다.

④ 학원설립·운영자가 「학원의 설립·운영 및 과외교습에 관한 법률」을 위반하여 벌금형을 선고받은 경우 등록의 효력을 잃도록 규정하고 있는 것은 당사자의 능력이나 자격과는 하등 관련이 없는 객관적 사유에 의한 직업선택의 자유에 대한 제한이다.

## 17 정치적 기본권에 관한 설명으로 옳은 것은? (다툼이 있는 경우 판례에 의함)

① 검사의 신분을 박탈하는 징계종류로 해임 이외에 면직을 규정하고 있는 검사징계법 제3조 제1항은 법관과 차별하여 평등원칙에 위배되고 공무담임권을 침해한다.

② 수뢰죄를 범하여 금고 이상의 형의 선고유예를 받은 국가공무원이 별도의 징계절차를 거치지 아니하고 당연퇴직하도록 한 국가공무원법 제69조 단서는 과잉금지원칙에 반하여 청구인의 공무담임권을 침해한다.

③ 정당의 내부경선에 참여할 권리는 헌법이 보장하는 공무담임권의 내용에 포함되므로 정당이 당내경선을 실시하지 않는 것은 공무담임권을 침해한다.

④ 대통령선거의 예비후보자등록을 신청하는 사람에게 대통령선거 기탁금의 100분의 20에 해당하는 금액인 6,000만 원을 기탁금으로 납부하도록 정한 공직선거법 제60조의2 제2항 후문 중 '대통령선거'에 관한 부분이 예비후보자가 되려는 사람의 공무담임권을 침해하는 것은 아니다.

## 18 사회적 기본권에 관한 설명으로 옳지 않은 것은? (다툼이 있는 경우 판례에 의함)

① 의무교육의 무상성에 관한 헌법상 규정은 교육을 받을 권리를 보다 실효성 있게 보장하기 위해 의무교육 비용을 학령아동 보호자의 부담으로부터 공동체 전체의 부담으로 이전하라는 명령일 뿐 의무교육의 모든 비용을 조세로 해결해야 함을 의미하는 것은 아니다.

② 사립학교 교원이 '직무와 관련 없는 과실로 인한 경우' 및 '소속상관의 정당한 직무상의 명령에 따르다가 과실로 인한 경우'를 제외하고 재직 중의 사유로 금고 이상의 형을 받은 경우, 퇴직급여 등을 감액하도록 규정한 구 사립학교교직원 연금법 조항은 헌법불합치결정의 기속력에 반하지 아니한다.

③ 임용권자가 임용기간이 만료된 국·공립대학의 조교수에 대하여 재임용을 거부하는 취지로 한 임용기간만료의 통지는 대학교원의 법률관계에 영향을 주는 것으로서 행정소송의 대상이 되는 처분에 해당한다.

④ 무상의 중등교육을 받을 권리는 법률에서 중등교육을 의무교육으로서 시행하도록 하는 규정이 없더라도 헌법상 권리로서 보장된다.

## 19 정당제도에 관한 설명으로 옳지 않은 것은? (다툼이 있는 경우 판례에 의함)

① 정당에 국고보조금을 배분함에 있어 교섭단체의 구성여부에 따라 차등을 두는 정치자금법 제18조 제1항 내지 제3항은 평등원칙에 위배되지 아니한다.

② 당내경선에서 경선후보자로서 당해 정당의 후보자로 선출되지 아니한 자는 원칙적으로 당해 선거의 같은 선거구에서 무소속의 후보자로 등록할 수 없다.

③ 정당해산심판은 원칙적으로 해당 정당에게만 그 효력이 미치므로 정당해산결정에 대하여 재심을 허용하여야 할 것인 바, 이 재심절차에서는 원칙적으로 민사소송법의 재심에 관한 규정이 준용된다.

④ 정당해산심판의 심리에 관하여 법에 특별한 규정이 있는 경우를 제외하고는 헌법재판의 성질에 반하지 아니하는 한도 내에서 행정소송에 관한 법령의 규정이 준용된다.

## 20 헌법재판소의 심판절차에 관한 설명으로 옳은 것은? (다툼이 있는 경우 판례에 의함)

① 헌법재판소법 제68조 제2항 헌법소원이 인용되어 해당 헌법소원과 관련된 소송사건에 대해 재심을 청구하는 경우, 그 소송사건이 형사사건인 경우에는 형사소송법을, 그 외의 사건인 경우에는 행정소송법을 준용한다.

② 헌법재판소법은 정당해산심판절차와 헌법소원심판절차에서 직권 또는 청구인의 신청에 의하여 가처분결정을 할 수 있음을 규정하고 있다.

③ 위헌법률심판과 헌법소원심판은 원칙적으로 서면심리에 의하고, 예외적으로 재판부가 필요하다고 인정하는 경우 구두변론에 의한다.

④ 헌법재판소는 제청법원이나 헌법소원심판청구인에 의하여 주장하는 범위 내에서 위헌여부를 심판하는 것이 원칙이고, 예외적으로 심판대상을 확장할 수는 있으나 심판대상을 축소할 수는 없다. 기본권경합의 사례로 다루어야 할 것이다.

**21 위헌법률심판에 관한 설명으로 옳지 않은 것은? (다툼이 있는 경우 판례에 의함)**

① 형사사건에서 무죄의 확정판결을 받은 때에는 처벌조항의 위헌확인을 구하는 헌법소원이 인용되더라도 재심을 청구할 수 없고, 청구인에 대한 무죄판결은 종국적으로 다툴 수 없게 되므로 재판의 전제성이 인정되지 않는다.

② 위헌법률심판제도는 국회의 입법권을 통제하기 위한 것이므로, 국회가 제정한 형식적 의미의 법률이 아니라 법원 판결에 의하여 법률과 같이 재판규범으로 적용되어 온 관습법은 위헌법률심판의 대상이 되지 않는다.

③ 위헌 여부가 문제되는 법률이 재판의 전제성 요건을 갖추고 있는지 여부에 대하여 그 전제성에 관한 법원의 법률적 견해가 명백히 유지될 수 없을 때에는 헌법재판소가 이를 직권으로 조사할 수 있다.

④ 법원이 재정신청이 이유 있는 경우 공소제기결정을 하도록 규정한 형사소송법 제262조 제2항 제2호 중 공소제기 부분은 당해사건인 재정신청기각결정에 대한 재항고 사건에서 재판의 전제가 되지 아니한다.

**22 권한쟁의심판에 관한 설명으로 옳지 않은 것은? (다툼이 있는 경우 판례에 의함)**

① 국가인권위원회는 헌법에 의하여 설립된 국가기관이 아니고 법률에 의하여 설치된 국가기관이므로 권한쟁의심판을 청구할 당사자능력이 없다.

② 헌법재판소의 권한쟁의심판의 결정은 모든 국가기관과 지방자치단체를 기속한다. 하지만 국가기관 또는 지방자치단체의 처분을 취소하는 결정은 그 처분의 상대방에 대하여 이미 생긴 효력에는 영향을 미치지 아니한다.

③ 대한민국 국회의 국회법 개정행위에 대한 심판청구에서 국회의장 및 국회 기획재정위원회 위원장은 피청구인 적격이 인정되지 아니한다.

④ 경상남도 교육감이 경상남도를 상대로 학교급식에 관한 감사권한을 침해당하였다며 제기한 권한쟁의심판은 지방자치단체 상호간 권한쟁의에 해당한다.

**23 헌법해석에 대한 설명으로 옳지 않은 것은? (다툼이 있는 경우 판례에 의함)**

① 헌법을 해석하는 기관은 자기에게 배정된 기능의 테두리 내에서 머물러야 하고 헌법해석을 통해 기능의 분배를 변경시켜서는 안된다.

② 합헌적 법률해석은 독일연방헌법재판소의 판례를 통해 제시된 법률의 합헌성 추정의 원칙을 미국 연방대법원이 수용하여 합헌성추정론으로 발전시켰다.

③ 합헌적 법률해석과 규범통제는 상호제약적 기능을 한다.

④ 헌법합치적 법률해석은 유효한 법률조항의 의미나 문구를 대상으로 할 뿐만 아니라 이미 실효된 법률조항을 대상으로 하여 헌법합치적 법률해석을 할 수도 있다.

**24 현행 헌법상 헌법개정절차에 대한 설명으로 옳은 것은?**

보 기

㉠ 헌법개정은 국회재적의원 2/3 이상 또는 대통령의 발의로 제안된다.

㉡ 대통령의 임기연장 또는 중임변경을 위한 헌법개정은 그 헌법개정 제안 당시의 대통령에 대하여는 효력이 없다.

㉢ 제안된 헌법개정안은 국회의장이 20일 이상의 기간 이를 공고하여야 한다.

㉣ 헌법개정안은 국회가 의결한 후 20일 이내에 국민투표에 붙여 국회의원 선거권자 2/3 이상의 투표와 투표권자 2/3 이상의 찬성을 얻어야 한다.

① ㉠, ㉡　　② ㉡, ㉢

③ ㉢, ㉣　　④ ㉡, ㉣

**25 신뢰보호원칙에 관한 설명으로 옳지 않은 것은? (다툼이 있는 경우 판례에 의함)**

① 위헌인 법률에 대한 신뢰이익도 인정될 수 있으나 헌법에서 유래하는 국가의 보호의무까지는 요청할 수 없다.

② 구 토양환경보전법이 토양오염관리대상시설을 양수한 자도 오염원인자로 보고, 토양오염으로 인한 피해를 배상하고 오염된 토양을 정화하도록 의무를 부과하는 것은 신뢰보호원칙에 위반된다.

③ 진폐근로자의 유족에 대하여 유족급여를 지급하지 않고 진폐유족연금을 지급하도록 하면서, 유족급여의 지급에 관한 경과조치를 규정한 산업재해보상법 부칙 제4조는 신뢰보호원칙에 위반되지 아니한다.

④ 세무조사의 사전통지를 받고 수정신고를 하는 경우 중소기업특별세액감면 규정을 적용하지 아니하도록 한 구 조세특례제한법 제128조 제3항을 법 시행 후 수정신고하는 부분부터 적용하도록 한 조세특례제한법 부칙 제30조은 신뢰보호원칙에 위배된다.

# 제1회 PSAT 종합 실전모의고사

책형 가

## 언어논리영역

### 01 다음 글에서 알 수 있는 것은?

19세기 중엽 이전에 미국사람들은 음식을 단지 제철에만 먹었다. 건조, 훈제, 염장 등은 고기를 짧은 기간 동안 저장할 수 있다. 그러나 신선한 고기를 구하는 것은, 신선한 우유를 구하는 것과 마찬가지로 매우 한정되어 있었다. 그리고 무엇보다 부패를 막는 방법은 없었다.

그러나 1810년에 Nicolas Appert라는 한 프랑스의 발명가가 통조림의 요리와 밀봉하는 공정을 동시에 개발해냈다. 그리고 1850년대에는 Gail Borden이라는 미국인이 우유를 농축해서 보존하는 공정을 개발했다. 통조림 상품과 농축된 우유는 1860년대 동안에 흔해지게 되었다. 그러나 깡통이 수공업을 통해 만들어져야 했기에 그 공급은 항상 저조했다.

그러다가 1880년에 발명가들은 양철로부터 깡통을 대량생산해내는 판금과 용접기계를 만들어냈다. 갑자기 모든 종류의 음식이 보존되어서 연중 언제든지 구입할 수 있게 되었다.

다른 추세와 발명들도 역시 미국인들이 그들의 일상 식사를 다양화시키는데 도움이 되었다. 증가하는 도시인구에서 창출된 수요는 과일 및 야채 농가들로 하여금 더 많은 농산물을 재배하도록 자극하였다. 냉장기차가 농부들과 고기 포장업자들로 하여금 장거리까지 부패성 상품(고기, 야채 등)을 수송할 수 있게 해주고 그것들을 더 장기간 보존할 수 있게 해주었다. 그래서 1890년대에는 북부도시의 거주자들이 남부와 서부의 딸기, 포도, 토마토 등을 연중 6개월까지 즐길 수 있게 되었다.

게다가 아이스박스의 사용의 증가가 가정들로 하여금 부패성 식품을 저장할 수 있게 해주었다. 1870년대에 이미 상업적으로 얼음을 생산하는 쉬운 방법이 발명되었고 1900년대까지 미국에는 2,000개 이상의 상업적인 얼음공장이 생겨났는데 그 중의 대부분은 가정에 배달을 해주었다. 아이스박스는 모든 가정의 필수품이 되었는데, 나중에 1920년대와 1930년대에 기계화된 냉장고가 그것을 대체할 때까지 그 지배적 위치를 유지하고 있었다.

그래서 이제는 거의 모든 사람이 더욱 다양화된 식사를 할 수 있었다. 어떤 사람들은 계속해서 주로 녹말과 탄수화물이 많은 음식을 먹었는데, 모든 사람이 고기를 먹을 수 있는 것은 아니었지만, 이제 많은 가정들은 이전에는 구할 수 없었던 과일, 야채, 그리고 낙농제품들을 이용하여 더 다양한 식사를 할 수 있게 되었다.

① 1880년에 프랑스 발명가들이 깡통을 대량생산할 수 있는 장비를 만들었다.
② 신선한 과일과 야채에 대한 수요에 있어서 북부도시의 거주자들의 수요는 남부지역 거주자보다 크지 않은 편이었다.
③ 우유의 농축 보존 공정 개발은 냉장기차의 보급 후 이루어졌다.
④ 얼음 공장이 1920년대 활발하게 신설되었다.
⑤ 1940년대에는 냉장고가 아이스박스를 대체하고 있다.

### 02 다음 글을 쓴 글쓴이의 태도에 가장 가까운 것은?

일반적으로 유전이란 부모의 유전형질이 자손에게 전달되는 것이다. 유전정보가 담겨 있는 DNA를 생식과정을 통해 자손에게 전달함으로써 가능하다. 이에 반해 후성유전은 DNA의 염기서열 자체는 변하지 않는다. 다만 DNA 일부나 DNA를 둘러싼 단백질 등에 화학적인 변화가 생겨 벌어지는 현상이다.

후성유전학이라는 말은 1940년대 초반에 처음 등장한다. 영국의 생물학자 콘래드 와딩턴(1905~1975)이 염색체가 아닌 다른 요인에 의해 유전현상이 일어날 수 있다고 생각하여 만들었다. 라틴어 접두사 'epi-'는 '~외에' '~에 더하여'라는 의미로, 후성유전학(epigenetics)이란 DNA 염기서열 '외의' 정보가 유전에 관여할 수 있다는 의미다.

후성유전은 진화론을 설명하는 이론으로 등장했다가 다윈의 자연선택 진화론에 밀려 사라진 '용불용설'과 맥락이 닿는다. 용불용설은 프랑스의 진화론자 라마르크가 주장한 학설로 생물의 경우 자주 사용하는 기관은 발달하고, 반대로 사용하지 않는 기관은 퇴화해서 점점 기능을 못하게 된다는 내용이다.

라마르크는 기린의 목을 예로 들며 "기린은 높은 곳에 있는 먹이를 먹기 위해 목을 계속 늘렸고 그렇게 후천적으로 획득된 형질이 자손대대로 대물림되어 지금처럼 기린의 목이 길어졌다"고 주장했다. 그러나 라마르크의 용불용설은 다윈의 자연선택 이론에 밀려 오랫동안 학계에서 사라진 것처럼 보였다.

하지만 후성유전학이 각광받으면서 라마르크의 용불용설이 재조명받고 있다. 후성유전은 결국 획득형질이 유전된다는 주장이기 때문이다. 특히 쓸수록 좋아지는 우리의 뇌는 용불용설의 원리와 잘 맞아떨어지는 것 같다.

후성유전학 관점에서 일란성 쌍둥이를 살펴보자. 일란성 쌍둥이는 유전자가 정확하게 같다. 하지만 성장하면서 환경의 영향을 서로 다르게 받아들이고, 이 때문에 후성유전학적 변화가 생긴다. 이에 따라 특정 유전자의 활동 정도가 달라진다. 성인이 되어 떨어져 살게 되면, 그 차이는 더욱 커지고 질병에 걸릴 확률이나 체격, 성격, 수명도 변한다. 성격이나 심리 상태도 환경에 영향을 받는다.

대표적인 퇴행성 뇌질환인 알츠하이머 치매는 직계가족 중 앓는 사람이 있는 경우 발병률이 높아 유전병으로 분류되곤 한다. 하지만 일란성 쌍둥이 양쪽 모두가 알츠하이머병에 걸릴 확률은 40% 이하로 생각보다 높지 않은 것으로 판명되었다. 유전자 외의 발병요인이 따로 존재한다는 것이다.

① DNA의 염기서열 변화는 자연의 섭리를 거스르는 일이다.
② 우리가 부모에게 물려받은 DNA가 우리의 현재 운명을 결정한다.
③ 일란성 쌍둥이의 경우, 유전자의 영향력이 제한적이다.
④ 환경이나 우리의 행동 및 자발적 선택이 우리 세포 인의 유진정보에 영향을 끼치고 더 나아가서 우리 자손의 유전정보에도 영향을 끼칠 수 있다.
⑤ 후성유전은 뇌의 작동에 매우 중요하다.

## 03 다음 글을 통해 알 수 있는 것은?

꿈의 세계를 창조해 낸다는 점에서 모든 사람은 완전한 예술가다. 이 꿈의 세계의 아름다운 가상(假象)이 모든 조형 예술의 전제(前提)다. 나아가서, 이러한 점은 시작(詩作)의 중요한 절반의 전제를 이루고 있다.

우리는 꿈 속에 나타난 자태를 직접 이해함으로써 즐긴다. 꿈 속에서는 모든 형태가 우리들에게 말을 걸어온다. 거기에는 불필요한 것이라곤 하나도 없다. 그러나 꿈이라는 세계가 아무리 생생한 현실성을 갖추고 있다고 할지라도, 우리들은 역시 그것이 가상이라는 어렴풋한 느낌을 갖는다. 적어도 이것은 나의 경험이며, 그리고 이러한 경험이 한 두 번이 아니라는 것, 아니 도리어 정상이라는 것을 입증하기 위해서 필요하다면 나는 많은 증거와 시인들의 말을 인용해야 할지도 모른다.

쇼펜하우어는 인간과 모든 사물이 때때로 단순한 환상이나 꿈처럼 생각하는 천부(天賦)의 소질을 철학적 재능의 특징이라고 말하고 있다. 실생활이라고 하는 현실을 철학자가 대할 때의 태도는, 곧 예술적 감수성이 예민한 사람이 꿈의 현실을 대할 때의 관계와 흡사하다. 예술적 인간은 면밀하게, 그리고 기꺼이 꿈의 현실을 바라본다. 왜냐하면 그는 이 꿈에서 본 형상(形象)으로부터 인생이 무엇인가를 해석하고, 이러한 과정을 통해서 이 세상을 살아 나가는 힘을 쌓아 가기 때문이다.

꿈 속에서 그가 몸소 선명하게 경험하는 것은, 결코 달콤하고 다정스러운 형상만은 아니다. 엄숙한 것, 암담한 것, 비통한 것, 음울한 것, 뜻하지 않은 장해, 우연한 놀림, 불안한 예감 등 요컨대 인생의 《신곡(神曲)》 전체가 지옥편과 함께 그의 곁을 지나가는 것이다.

그러나 그것은 그림자놀이처럼 그냥 지나가는 것은 아니다. 왜냐하면 그는 이들 장면 장면 속에서 함께 살고 함께 괴로워하기 때문이다. 그리고 아마 많은 사람들은 나와 마찬가지로 꿈 속에서 위험과 공포에 직면했을 때 <이것은 꿈이다. 꿈이라면 끝까지 꾸어 보자!>라고 자신 있게 호소하여 성공을 거둔 것을 회상할 것이다. 사실 나는 같은 꿈을 계속해서 사흘 밤 이상 꾸어 봤다는 사람의 이야기를 들은 적이 있다. 이러한 사실이야말로 우리들의 가장 깊은데 있는 본질, 우리들 모두의 공통된 기저(基底)가 꿈을 경험할 때 필연적으로 깊은 쾌감과 기쁨을 느낀다는 것을 분명히 입증하는 것이다.

① 꿈이 병적인 작용을 하지 않기 위해서는 넘어서는 안 되는 선이 있다.
② 예술적 인간이 꿈의 현실을 대할 때의 태도는 철학자와는 관계가 없다.
③ 꿈 속의 장면 속에서 함께 살고 함께 괴로워하고 있지만 꿈은 그저 지나가는 것에 불과하다.
④ 인간에게 불필요한 꿈 속의 형태가 나타날 수도 있다.
⑤ 꿈이 생생한 현실성을 갖추고 있지만 인간은 꿈이 가상임을 감지할 수 있다.

## 04 다음 글에서 추론할 수 없는 것은?

1492년은 서구중심주의의 전개에서 결정적인 시기였다. 그 해에 콜럼버스가 신대륙을 발견함으로써 유럽은 해상권을 장악하여 전 세계적 팽창의 계기를 마련하였으며, 스페인은 이슬람교도들로부터 그라나다를 재탈환했고 유대인을 몰아냈기 때문이다. 그들은 이슬람교도를 몰아내고 이슬람 문명의 잔재를 일소함으로써, 유럽의 인종적·기독교적 순수성을 확보하고자 하였다. 이처럼 유럽 대륙에서 이슬람 세력을 몰아냄에 따라 유럽에 대한 이슬람 세력의 위협은 현저히 감소했다. 게다가 신대륙을 발견한 후부터 유럽인들의 관심이 새롭게 발견한 신대륙 및 그 원주민들에게 집중됨에 따라 유럽이라는 관념은 종교적 의미를 상실하고, 세속적인 의미를 띠기 시작했다. 이슬람보다 아메리카가 유럽의 주된 관심대상이 되었고, 유럽인들의 정체성에서도 비유럽 세계의 미개인에 대비된 '문명'이라는 관념이 압도하기 시작했다.

더욱이 종교개혁을 거치면서 기독교는 더 이상 유럽에서 구심적인 정체성으로 작용하지 않게 되었고, 르네상스와 계몽주의는 유럽의 세속화를 부채질했다. 그 결과 비유럽 세계에 대한 유럽인의 정체성은 '기독교 대 이슬람교'라는 축에서 새로운 양극성인 '문명 대 자연'이라는 축을 따라 조형되기 시작하였다. 유럽은 문명과 진보를 상징하는 반면, 신세계를 포함한 비유럽 세계는 문명화되지 못한 자연의 야만성을 의미했다. 이제 유럽은 기독교 세계라는 '방어적' 정체성보다 문명세계라는 '공격적' 정체성을 형성하기 시작했던 것이다. 그러나 '라스카사스'에 따르면 16세기만 해도 전 세계에 대한 유럽의 지배를 정당화하는 메타 이데올로기로서 유럽중심주의가 아직 정립되지 않았기 때문에, 유럽의 아메리카 정복은 어떠한 권리나 사명에 입각한 것도 아니었고, 단지 부정의한 폭력에 의한 것이었으며, 어떠한 윤리적 정당성도 제출될 수 없었다. 그러나 종국적으로 유럽은 아메리카라는 방대한 대륙과 인구를 정복함으로써 이슬람, 인도, 중국 문명에 대해 결정적인 비교 우위를 누리면서 세계체제의 중심으로 부상할 수 있는 계기를 마련했던 것이다.

① 신대륙 발견 이후 유럽인들은 유럽과 비유럽을 '문명과 야만'의 잣대로 구분했다.
② '라스카사스'는 16세기 유럽의 아메리카 정복에 대해서 부정적인 태도를 보이고 있다.
③ 서구중심주의의 한 축을 이룬 유럽 문명의 공격성은 '문명 대 자연'이라는 축을 따라 전개되었고 이는 유럽 대륙에서 이슬람교도를 몰아내는 사상적 근거가 되었다.
④ 이슬람 세력의 강세는 서구중심주의의 확대를 제약하는 하나의 요인이었다.
⑤ 15세기 이전의 '유럽'이라는 개념은 기독교를 중심으로 한 종교적 의미로 이해되었다.

## 05 다음 글로부터 추론한 것으로 옳지 않은 것은?

리콜은 기업의 입장에서 동전의 양면과 같은 이중적 성격의 특징을 지니고 있다. 즉, 리콜의 실시는 소비자에게 리콜 시행 기업의 제품에 대한 이미지의 악화를 초래하게 되며 이에 따라 기업의 입장에서는 재정적 손실 및 브랜드 이미지 악화 등과 같이 리콜에 따른 직·간접적 비용이 발생한다. 따라서 기업 입장에서는 리콜 시행을 회피하려는 유인이 존재한다. 그러나 다른 한편으로는 기업이 사전 예방 차원에서 리콜을 실시할 경우, 결함제품의 위험요소 방치로 인해 발생할 수 있는 사고가 주는 상당한 이미지 추락 및 이 사고로부터 발생할 소송비용 및 손해배상 비용을 절감할 수 있을 뿐만 아니라 소비자의 위험을 예방하려 노력한다는 긍정적 이미지를 소비자들에게 심어줄 수 있다.

리콜은 리콜 시행의 주체, 혹은 강제성 여부에 따라 크게 자발적 리콜과 강제적 리콜의 두 가지 유형으로 구분할 수 있다. 자발적 리콜은 자사 제품이 정부가 규정한 안전 기준을 만족시킨다고 할지라도 제품을 생산한 기업 스스로 결함 내지 위해의 우려가 발생한, 혹은 발생할 가능성이 있는 제품에 대해 자발적으로 시정 조치를 실시하는 것을 의미한다. 따라서 만약 제품 결함으로 인해 실제 사고나 부상 등의 피해가 발생하지 않았을지라도 제품 결함으로 인한 잠재적 위해 가능성이 기업 자체검사를 통해 확인되는 경우, 해당 기업은 자발적 리콜을 실시하는 전략을 선택한다.

반면, 강제적 리콜은 위해 물품에 대해 해당 기업의 자진 리콜이 이루어지지 않거나 미흡한 경우 정부가 시정 조치 명령을 강제적으로 부과하는 것을 의미한다. 강제적 리콜 전략은 해당 기업이 정부기관의 리콜 권고안에 동의하지 않고 리콜 절차를 지연시키고 책임을 다른 기관으로 전가시킬 가능성이 있을 것이라고 판단될 때 정부기관에 의해 실행된다. 이러한 경우 소비자들의 심각한 피해사례 신고 이후 정부기관에 의해 피해에 대한 조사가 완료된 후에야 강제적으로 리콜이 시행되기 때문에 리콜 절차는 상당히 더디게 진행된다.

따라서 리콜 유형에 대한 기업의 차별적 대응 혹은 전략적 선택은 기업 차원에서는 장·단기적으로 리콜 진행 과정에서 발생하는 직접적인 비용은 물론, 법정 소송과 같은 비용이나 기업 명성의 손실, 고객 신뢰도 저하의 정도에 있어 큰 차이를 가져올 수 있다.

① 결함제품의 사고가 발생한 기업의 이미지 악화보다, 자체적 리콜 시행 기업의 제품에 대한 이미지 악화가 더 클 것이다.
② 결함제품에 대한 판단은 소비자, 기업, 정부기관에서 모두 할 수 있다.
③ 자발적 리콜을 실시하더라도 해당 기업에 대해 정부기관은 강제적으로 리콜을 시행할 수 있다.
④ 자발적 리콜은 사고로 인해 발생할 수 있는 법정 소송비용을 줄일 수 있는 방법 중 하나이다.
⑤ 기업이 적절하지 못한 리콜 대응전략을 선택했을 시, 시장에서 기업의 평가에 악영향을 끼칠 수도 있다.

## 06 다음 글에서 추론할 수 없는 것은?

이제부터는 평범한 시민이 사악함이나 여타의 용납될 수 없는 폭력이 아니라 동료 시민들의 호의에 의해 자신의 조국에서 군주가 되는 두 번째 경우에 대해 논의하도록 하겠습니다. 이러한 경우는 시민 군주국이라 부를 수 있습니다. 이러한 군주국을 얻기 위해서는 전적으로 능력이나 행운만이 필요한 것이 아니라 행운과 영리함을 잘 이용하는 것이 필요합니다.

이러한 형태의 군주국에서 군주가 되는 것에는 시민들이나 귀족들의 호의에 의한 방법이 있습니다. 모든 도시에는 이런 두 가지 상이한 계급이 존재하기 때문이며, 그로 인해 시민들은 귀족들에게 지배당하거나 억압받기를 원치 않지만 귀족들은 시민들을 지배하고 억압하려는 상황이 발생합니다. 반대되는 이러한 두 가지 성향으로 인해 군주정이거나 공화정 그리고 무정부 상태라는 세 가지 중 한 가지 결과가 발생합니다.

군주정은 시민들이나 귀족들 두 세력 중에서 누가 먼저 기회를 잡느냐에 따라 성립하게 됩니다. 귀족들은 시민들의 세력을 견디기 힘들어지면 자신들 중의 한 명을 추대하여 군주로 만든 다음 그의 비호 아래 자신들의 욕망을 충족시키려 합니다. 이와 마찬가지로 시민들 역시 귀족들에게 대항할 수 없다는 것을 알게 되면 자신들 중의 한 명을 군주로 추대하여 그의 권위를 통해 자신들을 보호하려고 하는 것입니다.

귀족들의 도움으로 군주의 자리에 오른 사람은 시민들의 지원으로 군주가 된 사람에 비해 그 권력을 유지하는 것이 훨씬 더 어렵습니다. 자신과 대등하다고 생각하는 사람들에게 둘러싸여 있어, 자신이 원하는 대로 통치하거나 다룰 수 없기 때문입니다. 그러나 대중적인 호감에 의해 군주가 된 사람의 주변에는 복종하지 않으려는 사람이 없으며, 있다 해도 소수에 불과할 것이기 때문에 자신에게만 권력이 있다는 것을 알게 될 것입니다.

게다가 누군가를 해치지 않는 공정한 처신만으로는 귀족들을 만족시킬 수 없지만 시민들은 분명히 만족시킬 수 있습니다. 그것은 시민들의 목표가 귀족들의 그것보다 더 정의롭기 때문입니다. 다시 말해, 귀족들은 억압하기를 원하지만 시민들은 억압받지 않기를 원하기 때문입니다. 또한 시민들의 수가 많기 때문에 군주는 그들을 적으로 삼게 되면 자신의 지위를 확고히 지킬 수 없습니다. 그러나 귀족들은 그 수가 적기 때문에 그들과 적대적인 군주는 자신의 지위를 지켜내는 데 어려움이 없습니다.

① 귀족들은 자신이 원하는 대로 통치하거나 다룰 수 없으므로 귀족들의 도움으로 군주가 되는 것이 더 어렵다.
② 행운이나 능력만으로는 시민 군주국을 이룰 수 없다.
③ 시민 계급 또는 귀족 계급이 존재하지 않는 도시는 없다.
④ 적으로 삼은 사람의 수가 적을수록 군주의 지위를 지켜내기가 상대적으로 용이하다.
⑤ 평범한 시민이 군주가 되는 또 다른 방법이 존재할 수 있다.

## 07 다음 글의 내용과 부합하지 않는 것은?

백화점은 사치의 대중화에 기여한다. 백화점은 사치품의 유용성과 접근성 면에서 소비의 주체인 여성을 사회적, 물질적 변화의 중심에 서도록 했다. 또한, 백화점은 일상생활의 공간이 되어 새로운 생활방식을 선도해 갔다. 새로운 생활방식이란 그곳에 참여하고자 하는 모든 사람들과 모든 계층이 사용할 수 있는 공간을 일컫는다. 이 공간에서 사치품에 대한 소비자들의 열망과 가치는 확산되었고, 사치 산업은 새로운 형태로 발전했다. 백화점의 등장은 물질문명의 모델임과 동시에 그 기술을 구체화시키는 데 많은 기여를 했고, 대중으로 하여금 사회의 평등화에 참여하게 했다. 대중은 같은 공간과 시간에 진열된 다양한 상품을 비교하고 선택함으로써 즉석에서 행복감을 만끽할 수 있게 되었다. 그뿐 아니라 그 공간과 시간에 머물고 있다는 느낌만으로도 행복감을 얻을 수 있게 되었다. 이런 점에서 백화점의 팽창은 유한계급(有閑階級)에서나 누릴 수 있었던 사치를 통속화시켰다고 할 수 있다. 통속화란 다양한 사치 상품을 동일한 공간에 진열하여 우아함과 수준 높은 생활 방식을 전파했고, 보다 많은 사람들에게 다양한 사치품을 소개했음을 의미한다.

또한, 백화점은 새로운 산업에서 발전시킨 새로운 상품들을 사치품으로 변화시키는 데 공헌을 했다. 양탄자, 유리 제품, 크리스탈 등과 같은 일상용품들은 새로운 산업 기술의 도움으로 고품질화되고, 마침내 산업 예술이 되었다. 이로부터 개인의 창조성을 가미한 새로운 가치와 의미가 부여된 상품이 만들어졌고, 새로운 유명 상표가 등장하게 되었다. 이 같은 새로운 형태의 사치품의 등장은 생산 논리를 앞세운 산업 발전에서 야기된 현상으로, 개인이 조금씩 생산하던 희소성의 가치를 기계적으로, 그리고 대량으로 재생산 가능한 것으로 변모시킨 것이다.

하지만 그 대상에 부여한 과도한 가치와 표현 형태는 개인들의 개성으로 은밀히 드러났다. 과거를 재현하면서도 미래를 지향하는 현대성을 극명하게 드러냄으로써 역사에 대한 관심을 집약할 뿐 아니라 안목을 다양화시켜 사치에 대한 취향과 가치를 상대화시켰다. 이러한 현대성은 사치에 대한 취향과 그에 따른 변화된 사치의 시각을 이끌었다.

현대의 사치는 현실적이면서도 유일하고 독특한 안락을 추구하는 속성을 갖는다. 또한 사치는, 한편으로는 타인과의 상징적인 동일시를 통해 계층이나 부의 정도를 직접적이고도 동등하게 모방할 수 있도록 한다.

① 백화점의 등장으로 여성이 사회적 변화의 중심으로 등장할 수 있게 되었다.
② 기술의 발전과 산업의 발전은 사치의 대중화에 크게 기여하였다.
③ 현대의 사치는 부유한 계층과 동등해 보이고자 하는 열망을 포함한다.
④ 백화점은 경제적 불평등에 대한 불만이 심화됨에 따라 등장하였다.
⑤ 백화점의 등장은 대중에게 새로운 행복감을 제공하였다.

## 08 다음 글에서 추론할 수 있는 필자의 논지로 가장 옳은 것은?

의사가 많다고 주장하는 사람들은 아파트 상가마다 소아과, 내과, 이비인후과 등 의원들이 즐비하고 중소병원과 대학병원도 곳곳에 빠짐없이 들어서서, 이젠 넘치고 있다는 것을 내세운다. 그러나 시골에 가면 의료기관을 찾기 어렵다는 농민들의 불만은 제쳐두어도 섬 지역에 의료 기관이 부족하다는 것은 누구나 알고 있는 일이다. 진료 시간에 대해 '3시간 대기, 3분 진료'라는 말이 과장이 있다고 하더라도, 진료 후 충분히 교육을 받고 설명을 들었다는 경우는 그리 많지 않다.

얼마 전 신문에 우리나라가 인구에 비해 의사 수가 가장 적은 나라라는 기사가 보도되었다. 2003년 기준으로 멕시코, 터키와 함께 최하위라는 것이다. 그랬더니 의사협회는 같은 2003년을 기준으로 의과 대학생 수로는 우리나라가 미국, 캐나다, 일본보다 더 많은 10만 명 당 7명이라고 밝혔다. 의사가 늘어나는 숫자로 보면 우리나라가 제일 빠르다는 것이다. 직접 확인해 보지 않았지만 나는 두 주장이 다 맞을 거라고 생각한다.

의사가 하는 역할은 사회마다 다르다. 우리나라의 경우 의사는 치료 측면에 집중되어 있어, 역학 조사나 예방 · 관리 등 다른 나라에서 의사가 하는 역할은 소홀히 하고 있다. 또 의료를 찾는 방법과 과정이 사회에 따라 다르다. 병이 있으면 병원에 간다는 생각은 당연한 것 같지만 현실에서는 그렇지 못하다. 사람들이 병이 발발하여 병원까지 가는 데 걸리는 시간은 문화와 소득 수준, 교육 수준에 따라 매우 다르게 나타난다. 그러므로 의사의 숫자를 비교하기 위해서는 한 사회에서 의사가 하는 역할이나 의료 제도와 문화의 차이를 함께 평가해야 한다. 그래야만 의사 숫자가 갖는 의미를 제대로 알 수 있다. 의사가 하는 일을 치료와 사고 처리만으로 한정하여 의사 수가 많다고 주장하는 것은 문제가 있다. 마찬가지로 다른 나라와 단순 비교하여 의사 수가 부족하므로 의사 숫자를 늘리자는 주장도 반드시 바른 해답은 아니다.

① 의사는 진료를 마친 후에 환자에게 그 결과를 상세하게 설명해야 할 의무가 있다.
② 우리는 의료 서비스를 획기적으로 향상시키기 위해 현재보다 의사의 인원수를 늘려야 한다.
③ 우리는 의료에 관련한 의견들을 종합적으로 검토하여 합리적인 대책을 수립할 필요가 있다.
④ 우리는 시골이나 섬 지역에 의료 기관을 확충하여 의료 서비스를 충분히 제공해야 한다.
⑤ 의사는 환자의 치료를 포함하여 역학 조사나 예방 차원에서도 그 역할을 다해야 한다.

## 09 다음 글의 빈 칸에 들어갈 진술로 가장 옳은 것은?

수소와 헬륨 이외의 원소들은 아주 적은 양으로 존재하기 때문에, 우주는 무게로 따져서 대략 25%보다 약간 넘는 헬륨과 대략 75%에 약간 못 미치는 수소로 되어있다고 말하는 것이 정확하다.

천문학자들은 우리의 은하계 전체에 걸쳐서는 물론이고 다른 은하계에서도 헬륨의 풍부함을 측정하였다. 헬륨은 오래된 별들에서, 비교적 젊은 별들에서, 별들 사이의 가스에서, 그리고 준성(quasar)이라고 알려져 있는 먼 물체들에서 발견되었다. 헬륨의 핵들은 지구에 떨어지는 우주선(cosmic rays)의 구성 성분이라는 것이 밝혀졌다. 헬륨이 어디서 발견되는가는 별다른 차이가 없는 것 같다. 어떤 곳에서는 그것이 약간 더 많이 있고 어떤 곳에서는 약간 더 적게 있지만, 수소 핵에 대한 헬륨의 비율은 항상 같은 상태로 존재한다.

헬륨은 별에서 생성된다. 수소를 헬륨으로 변환시키는 핵반응으로 인해 발생하는 에너지는 별들이 생성하는 에너지의 대부분을 차지한다. 그러나 이런 식으로 생성될 수 있었던 헬륨의 양이 계산되었는데, 그것은 불과 몇 퍼센트에 지나지 않았다는 것이 밝혀졌다. 우주는 이 수치가 상당히 더 커질 수 있을 정도로 그렇게 충분히 오랫동안 존재하지 않았다. 결론적으로, 만약 우주가 지금 대략 25%보다 약간 넘는 헬륨의 양을 가졌다고 한다면, ____________________.

그러나 우주가 탄생한지 일분 이내에는 헬륨이 존재했을 수가 없다. 이 시간 이전에 온도는 너무 높고 물질의 입자들은 너무나도 빨리 움직이고 있었다는 것을 계산이 보여준다. 헬륨이 존재할 수 있었던 것은 오로지 그 일분이라는 시점 이후였다. 이 시점까지, 우주는 중성자와 양성자가 함께 결합할 수 있을 정도로 충분히 식었다. 그러나 그 헬륨의 형성을 이끌어낸 핵반응은 단지 비교적 짧은 시간동안만 지속되었다. 우주의 나이가 몇 분 정도 되었을 때, 헬륨의 생성은 이미 사실상 멈추었다.

① 태초와 가까운 시기에는 대략 10%의 헬륨이었음이 틀림없다.
② 태초와 가까운 시기에는 대략 25%의 헬륨이었음이 틀림없다.
③ 태초와 가까운 시기에는 헬륨이 없었을 것이다.
④ 태초와 가까운 시기에는 대략 30%의 헬륨이었음이 틀림없다.
⑤ 태초와 가까운 시기에는 대략 50%의 헬륨이었음이 틀림없다.

## 10 다음 글을 읽고 버려지는 살충제가 지역의 환경, 특히 물고기에 어떤 영향을 미치는가에 대한 〈논쟁〉에서 시민 B의 주장을 약화시킬 수 있는 주장으로 옳은 것만을 〈보기〉에서 모두 고르면?

세계 최대의 살충제 생산국이자 소비국인 중국은 최근 농약 규제를 강화하고 있다. 중국의 농업부(Ministry of Agriculture, MOA)는 최근 2017년 11월 1일에 살충제 등록 요건에 대한 개정안을 발표했다. 중국에서의 살충제 사용은 전 세계 살충제 사용량의 1/3 이상을 차지하므로 새로운 규정이 상당한 영향을 줄 것으로 전망되고 있다.

구체적으로 농업부는 새로운 농약 관리 규정(RPA) 및 살충제 등록 관리 조치(MOA Order No. 3, 2017)에 따라 개정안을 발표했다. "살충제 등록 요건에 관한 자료 요구 사항"(MOA 선언 2569)이라는 새로운 규칙은 중국에 위치한 실험실이나 중국과의 상호 인정 협약을 맺고 있는 해외 실험실에서 RPA에 따라 요구되는 살충제에 관한 모든 화학 및 독성 시험 데이터를 요구한다.

그러나 새로운 규칙은 다소 모호하다는 지적을 받고 있기도 하다. 예를 들어, 외국어로 작성된 신청서를 제출하기 전에 중국어로 번역해야 하는지 여부가 불명확하다. 이 개정안은 또한 임시 살충제 등록을 철폐함으로써 중국에서 모든 살충제의 검토 및 사용을 위한 유예기간을 효과적으로 연장시킨다.

아울러 농업부는 중국 전역의 살충제에 대한 검토, 승인, 생산, 판매, 광고 및 사용을 규제하는 농약관리국을 설립하였다. 이와 관련 중국 농약 산업의 이해 관계자들은 새로운 살충제 규제를 주의 깊게 관찰하고 평가할 것이다.

**논 쟁**

○ 살충제 회사 관계자 A : 쓰지 않은 살충제가 그 지역의 물고기에 위협이 되지 않는다. 데이터를 보면 이 지역에서 폐사된 물고기의 숫자는 다른 지역에 비해서 그리 높지 않은 편이다.
○ 시민 B : 실제로 살충제 공장이 위치한 지역들은 어류개체수가 상대적으로 적은 지역이다. 살충제 회사들은 살충제의 물고기에 대한 위해 가능성을 알고 있기에 물고기가 적은 농촌지역으로 입지해온 것이다.

**보 기**

ㄱ. 회사가 살충제 공장의 입지 선정에서 가장 중요하게 고려한 것은 노동력 확보 및 임금의 문제이다.
ㄴ. 농촌 지역의 경우, 물고기 수가 많을수록 지역 환경 생태계에 긍정적인 영향을 미친다.
ㄷ. 어류 개체 수가 많은 지역의 경우, 버려지는 살충제에 대한 정부규제가 부재한 상황이다.
ㄹ. 도시 사람들은 살충제가 야기할 수 있는 건강 문제에 매우 예민하다.

① ㄱ, ㄷ ② ㄴ, ㄷ ③ ㄱ, ㄴ
④ ㄴ, ㄹ ⑤ ㄷ, ㄹ

**Q11 인해 마을에는 P, Q, R, S, T 5개의 편의점이 있다. 다음 <조건>에 따를 때 문을 연 편의점은 어디인가?**

조 건

○ P편의점과 Q편의점이 모두 문을 연 것은 아니다.
○ P가 열었다면 R편의점이 문을 열었다.
○ P편의점이 문을 열지 않았다면, Q편의점이나 R편의점이 모두 문을 열지는 않는다.
○ R편의점이 문을 열었다면, Q편의점은 문을 열었다.
○ P, Q, R편의점이 모두 문을 닫지는 않는다.
○ S편의점이 문을 열었다면, Q편의점은 문을 열지 않았다.
○ S편의점이 문을 열지 않았다면, T편의점도 문을 열지 않았다.

① P
② Q
③ R
④ P, T
⑤ S, T

**Q12 영희, 한영, 두진, 세호는 혼계영에서 각자 자신의 주 종목을 맡았으며, <보기> 중 하나의 조건만 참일 때, 다음 중 반드시 참인 진술은? (단, 영희는 한영이보다 앞선 순서의 영자이다.)**

영희, 한영, 두진, 세호는 한 팀으로 수영대회 혼계영 종목에 참가하였다. 혼계영은 정하여진 거리를 '배영→평영→접영→자유형' 순서로 헤엄을 쳐 속도를 겨루는 수영 경기이며, 4명의 영자(泳者)는 각자 한 종목씩 맡게 된다.

보 기

∘ 영희의 주 종목은 배영이다.
∘ 두진이는 두 번째 영자이다.
∘ 세호는 한영이 바로 다음 순서의 영자이다.

① 세호는 접영 선수가 아니다.
② 한영이는 접영 선수가 아니다.
③ 두진이는 세호보다 앞선 순서의 영자이다.
④ 한영이는 두진이보다 앞선 순서의 영자이다.
⑤ 세호의 주 종목은 자유형 또는 평영이다.

**Q13 다음 글의 논증이 암묵적으로 전제하고 있는 것으로 옳은 것만을 <보기>에서 모두 고르면?**

이론적 용어는 관찰 용어와 달리 우리가 관찰할 수 없는 세계에 존재하는 대상을 지시한다는 점에서 이론적 용어와 관찰 용어의 이분법을 낳는다. 이러한 이분법 자체가 가능한 것인지는 다소 의심스럽다.

흔히 이론적 용어로 간주되는 '전자(電子)' 역시 어떤 의미에서는 관찰 가능하다고 말할 수 있다. 우리는 우선 무엇인가가 '관찰 가능하다'라는 말이 무엇을 의미하는지부터 고찰해야 한다. 관찰은 오감을 통한 지각과는 다른 무엇이라고 여겨진다. 단순히 육안으로 탁자를 '보는' 상태와 그것을 '관찰하는' 상태는 구별된다. 관찰은 관찰 주체의 능동적 작용을 함축하며, 마찬가지로 누군가가 탁자를 관찰함은 그가 탁자의 일정한 양상이나 특징에 특별한 주의를 기울임을 함축한다.

또한, 우리의 오감(五感)에 직접 포착되지 않는 것들도 관찰될 수 있다. 즉, 우리는 X가 일정한 의미에서 '시야에 나타나지 않은(hidden from the view)'채 존재함에도 불구하고 X를 관찰하거나 X가 무엇인가를 하는 것을 관찰할 수 있다. 이러한 경우 X는 그것과 일정한 방식으로 연합된 Y에 주의를 기울임으로써 관찰될 수 있는 것이다.

예컨대 우리는 높은 하늘에 떠 있는 비행기를 관찰할 수는 없지만, 우리는 그것이 움직이면서 남긴 흔적을 통해 비행기를 관찰할 수 있다. 이러한 의미에서라면 '전자'나 '온도'와 같은, 소위 이론적 대상도 각각 안개상자에 통과시켜 봄으로써, 물체에 온도계를 대 봄으로써 관찰할 수 있다.

보 기

ㄱ. '관찰 가능하다'는 말은 그 자체로 자명한 말이 아니다.
ㄴ. 관찰 용어 역시 때때로 관찰 불가능한 것을 지시하는 것으로 사용될 수 있다.
ㄷ. 오감에 의한 지각은 대상에 대한 '지각 주체의 주의를 기울임'을 함축하지 않는다.
ㄹ. 관찰은 대상에 관한 관찰 주체의 흥미를 반영하는 행위이다.

① ㄱ, ㄴ
② ㄱ, ㄷ
③ ㄴ, ㄷ
④ ㄴ, ㄹ
⑤ ㄷ, ㄹ

## 14 다음 글의 논증에 대한 평가로 가장 적절한 것은?

진화생물학은 인간의 마음과 의지는 물론, 전통적인 철학의 주제였던 이성에 대한 이해를 유전자와 진화의 차원으로 환원시킨다. 그런데 인간의 자유의지에 대한 이해에 있어 진화생물학의 발전과 그에 따른 철학적 해석은 커다란 도전이 되고 있다. 자유의지의 문제는 인간의 본성에 대한 이해뿐만 아니라 윤리학의 논의에서도 결정적인 의미를 지닌다. 진화생물학의 철학적 주장에 따르면 인간의 본성이란 유전자에 의해 결정되어 있는 것이기에 자유의지란 생각은 환상에 지나지 않는 것이 된다. 그러나 인간의 자유가 환상이며, 정신과 이성의 작용을 유전자의 차원으로 돌리거나 개인의 희생과 절제가 생존과 번식 목적으로 행해진다는 주장은 인간의 보편적 이해는 물론 역사적 경험에 비추어 보더라도 우리의 일반적 이해와는 상응하지 않는다. 인간을 본능에 따라 행동하는 동물로 상정하고 자유의지를 지닌 인간의 특성을 인정하지 않는다면, 행위의 윤리성과 책임을 성찰하는 학문이란 근본적으로 불가능하다. 인간의 본성과 그에 근거한 자유의지와 행위 규범에 관한 오랜 논쟁이 다만 진화론적 생존과 번식의 프로그램에 따른 논의로 귀결되는 것은 결코 어떠한 타당성이나 설득력을 지니지 못한다. 규범은 단지 도덕적 행동이거나 생존에 필요하기에 요구되는 행위가 아니며, 인간은 생물학적 조건과 그에 따른 본성에 의해서만 행동하는 존재가 아니기 때문이다. 인간 의식의 특징인 자기반성과 존재론적인 자기이해는 유전적 진화과정을 철저히 자연주의적 관점에 따라 재구성하려는 태도와 결정적으로 모순된다. 인간의 존재가 진화와 생물학적 조건 없이 이루어지지 않는다는 사실은 분명하지만, 그럼에도 인간의 자기이해와 자신에 대한 반성적이며 초월적 사유는 이 모든 생물학적 조건을 초월하는 어떤 행위에 의해서 가능하다. 의미론적 존재로서 인간이 지닌 자기이해와 자기표상, 자기 회귀적 반성과 성찰 능력은 인간의 이러한 존재성을 받아들일 때만 가능하기 때문이다.

① 대다수의 사회구성원들이 인간의 모든 행동과 생각은 주어진 유전자에 의해서 이루어진다는 믿음을 갖고 있다면 논증의 설득력은 강화된다.

② 글쓴이는 오직 인간의 자유의지를 인정할 때에만 행위의 윤리성과 책임을 성찰하는 학문이 가능하다고 전제하고 있다.

③ 진화생물학의 방법론에 있어서 심각한 결함이 발견된다면 논증의 설득력은 약화된다.

④ 인간의 반성행위가 진화에 따른 필연적인 결과라는 것이 밝혀진다면 논증의 설득력은 강화된다.

⑤ 글쓴이는 인간의 의미를 이해할 때 생물학적인 조건이 가장 중요하다고 전제하고 있다.

## 15 다음 글의 밑줄 친 내용의 논지를 강화하는 내용으로 옳은 것만을 <보기>에서 모두 고르면?

과학에서 하나의 이론이란 것은 서로 관련되어 있는 관찰된 사건들의 합리적인 설명이다. 이론은 흔히 과학자로 하여금 관찰된 어떤 사건이 발생될 수 있는 방식을 시각적으로 연상시킬 수 있도록 도와주는 가상적 모델을 포함한다. 이것의 좋은 예가 운동분자이론에서 발견되는데, 이 이론에서는 기체가 지속적으로 움직이고 있는 많은 작은 입자들로 구성되어 있는 것으로 그려진다.

하나의 유용한 이론은, 과거의 관찰을 설명할 뿐만 아니라, 아직 관찰되지 않은 사건들을 예측할 수 있도록 도와준다. 한 이론이 발표되고 나면, 과학자들은 그 이론을 테스트하기 위한 실험을 계획한다. 만약에 관찰들이 과학자들의 예측을 확인해 준다면 그 이론은 지지를 받는다. 만약에 관찰들이 과학자들의 예측을 확인해주지 못하면, 과학자들은 더욱 연구해야한다. 실험상에 실수가 있을 수도 있고, 아니면 그 이론이 수정되거나 거절되어야한다. 과학은 정보를 수집하고 실험을 행하는 것만이 아니고 상상력과 창조적 사고를 포함한다. 어떤 사실들 자체가 과학은 아니다. 수학자 뽀앵까레가 말했듯이, "집이 벽돌로 지어지듯이 과학은 사실들로 구성된다. 그러나 벽돌더미를 집이라고 부를 수 없는 것과 마찬가지로 한 더미의 사실들이 과학이라고 불릴 수 없는 것이다."

대부분의 과학자들은, 어떤 특정한 문제에 관해서 다른 과학자들이 이미 배운 것을 알아냄으로써 탐구를 시작한다. 이미 알려진 사실들이 수집된 후에 과학자는 대단한 상상력을 요하는 탐구의 그 부분에 이르게 된다. 그 문제에 대한 가능한 해결책들이 공식화된다. 이 가능한 해결책들은 가설이라고 불린다.

어떤 의미에서 보면, <u>어떤 가설이든지 미지의 세계로의 도약인 것이다.</u> 그것은 과학자의 사고를 알려진 사실보다 더 멀리까지 확장시켜준다. 가설을 테스트하기 위해서 그 과학자는 실험을 계획하고, 계산을 행하고, 관찰을 한다. 왜냐하면, 가설이 없다면 더 이상의 탐구는 목적과 방향을 상실하기 때문이다.

**보 기**

ㄱ. 과학은 객관적이고 증명된 사실들로 체계화된 지식의 묶음이다.
ㄴ. 유용성이 있는 이론은 아직 관찰되지 않은 사건들을 예측하는 데 있어서도 적용될 수 있어야 한다.
ㄷ. 예측되지 않은 현상을 분석하고 고찰할 수 있는 창의적 사고가 과학자에게 필요하다.
ㄹ. 과학자의 예측은 관찰을 통해 엄정하게 뒷받침되어야 한다.
ㅁ. 과학의 저변은 대담한 가설을 통해서 넓혀졌다.

① ㄱ, ㄴ
② ㄴ, ㄷ
③ ㄷ, ㅁ
④ ㄴ, ㄷ, ㅁ
⑤ ㄷ, ㄹ, ㅁ

**16** **다음은 동성결혼을 허용해야 한다는 주장과 그에 대한 비판이다. 〈보기〉 중 빈 칸에 들어갈 주장 또는 비판으로 적절한 것을 골라 바르게 연결한 것은?**

| 주 장 | 비 판 |
|---|---|
| (가) | 결혼은 항상 자녀 양육에 기여할 수 있는 환경을 조성하기 위한 주된 수단으로 간주되어 왔다. 이성 부모에 의해 키워진 아이들이 올바른 정체성을 갖고 자랄 수 있다. |
| 동성애 커플이 결혼을 하도록 허용하면 결혼 한 부부에게 부여되는 다양한 재정적 혜택을 누릴 수 있다. 동성애 커플이 아이를 가질 수 없다는 이유가 결혼 생활의 다양한 국가 지원 혜택을 받지 못하는 이유가 될 수 없다. 결혼은 사랑하는 두 사람 사이의 유대 관계를 전제로 하는 것이다. | (나) |
| 동성결혼이 허용되면 사회에 긍정적 영향을 미친다. 동성결혼을 허용하는 국가는 현재 10개국이며, 사회 전반에 특별한 문제나 손해는 없다. | (다) |
| (라) | 전 세계적으로 절도범죄가 많이 나타나고 있다는 현상이 이것을 허용하는 이유가 될 수 없듯이 동성애도 마찬가지다. |

보 기

ㄱ. 아동 양육비의 목적은 결혼 자체를 장려하는 것이 아니라 전통적인 가족과 출산을 촉진시키는 것이다. 사회 구성원을 늘리는 데 기여할 수 없는 동성연애 커플에 대해서까지 결혼의 혜택을 제공할 수 없다.

ㄴ. 동성애 커플도 불임부부처럼 어린이를 입양하고 좋은 가정환경을 제공하여 아이를 올바르게 양육할 수 있다.

ㄷ. 동성애는 자연스럽다. 동성애는 심지어 동물들에게도 나타난다. 예를 들어, 일부 고대 그리스인과 로마인은 동성애 경향을 보였다.

ㄹ. 대다수의 나라는 동성결혼을 반대하고 있으며, 이들 나라에서 동성결혼은 사회적 가치 혼란을 일으키는 등 많은 문제를 일으키고 있다.

① (가)－ㄹ, (나)－ㄱ, (다)－ㄴ, (라)－ㄷ
② (가)－ㄴ, (나)－ㄹ, (다)－ㄷ, (라)－ㄱ
③ (가)－ㄱ, (나)－ㄹ, (다)－ㄷ, (라)－ㄴ
④ (가)－ㄴ, (나)－ㄱ, (다)－ㄹ, (라)－ㄷ
⑤ (가)－ㄴ, (나)－ㄱ, (다)－ㄷ, (라)－ㄹ

**17** **다음 글의 A와 B의 대화를 분석한 것으로 옳지 않은 것은?**

A : 글쓰기에는 뭔가 기이한 점이 있네. 사실 그것은 그림 그리기와 똑같다네. 거기서 생겨난 것들은 살아 있는 생물처럼 보이지만, 자네가 어떤 질문을 던지면 무겁게 침묵한다네. 글로 쓰인 말들도 똑같지. 자네에게는 그것들이 마치 무언가 생각을 가지고 말하는 것처럼 보일 수도 있겠지만, 그 글에 담긴 것들 가운데 무언가 배우고 싶은 것이 있어서 질문을 던지면 글은 언제나 똑같이 하나만을 가리킨다네. 일단 글로 쓰이고 나면, 모든 말은 장소를 가리지 않고 그것을 이해하는 사람들 주변과 그 말이 전혀 먹히지 않는 주변을 똑같이 맴돌면서, 말을 걸어야 할 사람들과 그렇지 않은 사람들을 가려 알지 못하네. 잘못된 대우를 받고 부당하게 비판을 당하면 언제나 아비의 도움을 필요로 하지. 혼자서는 자신을 지킬 수도 없고 자신을 도울 힘도 없기 때문이라네.

B : 지당하신 말씀입니다.

A : 그러면 그것의 이복형제요 적자(嫡子)로 태어난 말은 어떤가? 그것의 출생 방식은 어떻고 또 그것은 다른 쪽에 비해 본성적으로 얼마나 더 좋고 뛰어난 능력이 있는지 살펴볼까?

B : 그게 뭐고 어떻게 생겨난다는 말입니까?

A : 참된 인식과 함께, 배우는 자의 영혼 속에 쓰인 말은 자신을 지킬 힘이 있고, 상대해서 말을 해야 할 사람과 침묵해야 할 사람들을 가려서 안다네.

B : 당신은 앎이 있는 자의 말을 일컬어 살아 있고 영혼이 있는 것이라고 말하는 거군요. 글로 쓰인 말은 그것의 영상(映像)이라고 불러야 마땅할 겁니다.

① 글은 듣는 대상과 상관없이 늘 같은 지식을 제공한다는 점에서 죽은 지식이라고 볼 수 있다.
② 글쓴이와 글의 관계는 부모와 자식의 관계에 비유할 수 있으며, 글은 글쓴이의 도움 없이는 스스로를 보호할 수 없다.
③ 글은 말의 모방물이므로 영혼의 참된 인식이라고 볼 수 없으며, 글에 대한 반성을 통해서만 참된 인식에 이를 수 있다.
④ 이 글에서 말을 적자(嫡子)라고 부르는 이유는 듣는 대상과 장소를 가려 말할 줄 아는 능력을 지니고 있기 때문이다.
⑤ 이 글은 앎이 있는 자의 말을 참된 지식으로 옹호하고 있다.

## 18 다음 글의 주장을 이해한 것으로 가장 옳은 것은?

쾌락은 제1의 천부적인 선(善)이고, 그야말로 우리는 그 어떤 쾌락이든 상관없이 고르는 것이 아니다. 오히려 때때로 그 쾌락으로 인해 좋지 않은 일들이 우리에게 벌어질 때에는, 많은 종류의 쾌락을 그저 물끄러미 바라만 보며 뒤돌아보지 않는다. 또 장기간에 걸쳐 고통을 견뎌냄으로써 더 큰 쾌락이 우리에게 주어질 때에는 많은 종류의 고통도 오히려 쾌락보다 낫다고 생각하는 것이다.

'쾌락이 목적이다.'라고 우리가 말할 때 우리가 의미하는 쾌락에 대해 잘 모르거나, 동의하지 않거나, 오해하는 일부 사람들이 있다. 우리가 의미하는 쾌락은 도락자(道樂者)들의 쾌락이나 성적인 향락 안에 존재하는 쾌락이 아닌, 실로 육체적으로 고통이 없는 것과 정신적으로 흐트러지지 않는 평정한 것이다.

어쩌면 쾌락적인 생활을 낳는 것은, 계속해서 이어지는 음주가무나 미소년이나 부녀자들을 희롱하거나 상다리 부러지게 차려진 온갖 산해진미를 즐기는 류의 향락이 아니다. 오히려 천연적인 사고, 즉 선택과 기피의 원인을 찾아냄으로써 영혼을 받아들여 극도의 동요를 일으키는 원인인 온갖 억측들을 물리치는 사고야말로 쾌락적인 생활을 낳는 것이다. 그리고 이것이야 말로 우리가 희구하는 지혜이다.

사람은 누구나 아직 어리다고 해서 지혜에 대한 구애를 미루어서는 안 되며, 또 나이가 들었다고 해서 지혜에 대한 구애를 권태롭게 여기면 안 된다. 왜냐하면 영혼의 건강을 얻기 위해 지혜를 구하는 것에는 너무 이를 것도 너무 늦을 것도 없기 때문이다. 아직 지혜를 구애할 시기가 아니라거나, 이제 그 시기가 지났다고 생각하는 사람은, 마치 행복을 얻기에 아직 시기가 되지 않았다거나, 이제 그 시기가 아니라고 생각하는 사람과 같다.

① 글쓴이가 말하는 쾌락은 개개의 현재적 쾌락에 해당한다.
② 글쓴이는 인간이 가진 자연적 욕망들을 긍정하며 이를 극대화하는 데에 삶의 목표가 있음을 주장한다.
③ 글쓴이는 그동안 이성에 의해 억눌렸던 인간의 욕망을 새롭게 부각하면서 인간의 자유의지에 대한 회의적 접근을 하고 있다.
④ 글쓴이는 마음에 동요를 일으키는 여러 가지 세속적인 믿음이나 상념을 걷어낸 진정한 의미의 쾌락을 지향한다.
⑤ 글쓴이는 참된 쾌락을 찾기 위한 사람들의 노력을 촉구하며 이를 위한 철학적인 이론체계를 확립해야 함을 강조하고 있다.

**※ 다음 글을 읽고 물음에 답하시오. [문 19 ~ 20]**

오늘날 인류가 왼손보다 오른손을 선호하는 경향은 어디서 비롯되었을까? 무기를 들고 싸우는 결투에서 오른손잡이는 왼손잡이 상대를 만나 곤혹을 치르곤 한다. 왼손잡이 적수가 무기를 든 왼손은 뒤로 감춘 채 오른손을 내밀어 화해의 몸짓을 보이다가 방심한 틈에 공격을 할 수도 있다. 그러나 이런 상황이 왼손에 대한 폭넓고 뿌리 깊은 반감을 다 설명해 준다고는 생각되지 않는다. 예컨대 그런 종류의 겨루기와 거의 무관했던 여성들의 오른손 선호는 어떻게 설명할 것인가?

오른손을 귀하게 여기고 왼손을 천대하는 현상은 어쩌면 산업화 이전 사회에서 배변 후 사용할 휴지가 없었다는 사실과 관련이 있을 법하다. 인류 역사에서 대부분의 기간 동안 배변 후 뒤처리를 담당한 것은 맨손이었다. 맨손으로 배변 뒤처리를 하는 것은 불쾌할 뿐더러 병균을 옮길 위험을 수반하는 일이었다. 이런 위험의 가능성을 낮추는 간단한 방법은 음식을 먹거나 인사할 때 다른 손을 사용하는 것이었다. 기술 발달 이전의 사회에서는 대개 왼손을 배변 뒤처리에, 오른손을 먹고 인사하는 일에 사용했다. 이런 전통에서 벗어난 행동을 보면 사람들은 기겁하지 않을 수 없었다. 오른손과 왼손의 역할 분담에 관한 관습을 따르지 않는 어린아이는 벌을 받았을 것이다.

나는 이런 배경이 인간 사회에서 널리 나타나는 '오른쪽'에 대한 긍정과 '왼쪽'에 대한 반감을 어느 정도 설명해 줄 수 있으리라고 생각한다. 그러나 이 설명은 왜 애초에 오른손이 먹는 일에, 그리고 왼손이 배변 처리에 사용되었는지 설명해주지 못한다. 확률로 말하자면 왼손이 배변 처리를 담당하게 될 확률은 1/2이다. 그렇다면 인간 사회 가운데 절반 정도는 왼손잡이 사회였어야 할 것이다. 그러나 동서양을 막론하고, 왼손잡이 사회는 확인된 바 없다. 세상에는 왜 온통 오른손잡이 사회들뿐인지에 대한 근본적인 설명은 다른 곳에서 찾아야 할 것 같다.

한쪽 손을 주로 쓰는 경향은 뇌의 좌우반구의 기능 분화와 관련되어 있는 것으로 보인다. 보고된 증거에 따르면, 왼손잡이는 읽기와 쓰기, 개념적·논리적 사고 같은 좌반구 기능에서 오른손잡이보다 상대적으로 미약한 대신 상상력, 패턴 인식, 창의력 등 전형적인 우반구 기능에서는 상대적으로 기민한 경우가 많다.

비비원숭이의 두개골 화석을 연구함으로써 오스트랄로피테쿠스가 어느 손을 즐겨 썼는지를 추정할 수 있다. 이들이 비비원숭이를 몽둥이로 때려서 입힌 상처의 흔적이 남아 있기 때문이다. 연구에 따르면 오스트랄로피테쿠스는 약 80%가 오른손잡이였다. 이는 현대인과 거의 일치한다. 사람이 오른손을 즐겨 쓰듯 다른 동물들도 앞발 중에 더 선호하는 쪽이 있는데, 포유류에 속하는 동물들은 대개 왼발을 즐겨 쓰는 것으로 나타났다. 이들 동물에서도 뇌의 좌우반구 기능은 인간과 본질적으로 다르지 않으며, 좌우 반구의 신체 제어에서 좌우 교차가 일어난다는 점도 인간과 다르지 않다.

왼쪽과 오른쪽의 대결은 인간이라는 종의 먼 과거까지 거슬러 올라간다. 나는 이성 대 직관의 힘겨루기, 뇌의 두 반구 사

제1회 PSAT 종합 실전모의고사

이의 힘겨루기가 오른손과 왼손의 힘겨루기로 표면화된 것이 아닐까 생각한다. 즉 오른손이 원래 왼손보다 더 능숙했기 때문이 아니라 뇌의 좌반구가 인간의 행동을 지배하는 권력을 갖게 되었기 때문에 오른손 선호에 이르렀다는 생각이다. 그리고 이것이 사실이라면 직관적 사고에 대한 논리적 비판은 거시적 관점에서 그 타당성을 의심해볼 만하다. 어쩌면 뇌의 우반구 역시 좌반구의 권력을 못마땅하게 여기고 있는지도 모른다. 다만 논리적인 언어로 반론을 펴지 못할 뿐.

## 19 위 글을 읽고 알 수 있는 것은?

① 휴지로 뒤처리를 하게 된 이후로는 왼손잡이를 천시하는 인식이 점차 약화되었다.

② 인류를 제외한 대부분의 포유류의 경우에는 직관적 판단이 논리적 판단에 비해 생존에 더욱 필요하다.

③ 현생 인류는 논리적인 사고의 필요성이 커지면서 오스트랄로피테쿠스에 비해서 오른손을 선호하는 경향이 커지게 되었다.

④ 글쓴이는 오른손이 원래 왼손보다 더 능숙했기 때문에 뇌의 좌반구가 인간의 행동을 지배하는 권력을 갖게 되었고, 이에 따라 오른손 선호에 이르렀다고 생각한다.

⑤ 남성이 여성보다 논리적 사고력이 뛰어나기 때문에 여성의 경우보다는 남성의 경우에 오른손잡이가 더 많이 나타난다.

## 20 위 글의 핵심 논지로 가장 적절한 것은?

① 오른손잡이에 대한 진화적 선택은 초기 인류의 오른손잡이와 왼손잡이 간의 비율에서 비롯되었다.

② 특정 손을 사용하는 데에 대한 문화를 설명하는 다양한 이론들이 존재한다.

③ 왼손잡이에 대한 반감은 이성적 능력에 대한 현대 사회의 신뢰에서 비롯한 것으로 볼 수 있다.

④ 모든 인류 사회에서 오른손잡이에 대한 선호가 나타나는 것은 위생을 확보하기 위한 합리적인 진화의 결과이다.

⑤ 오른손잡이에 대한 선호는 인류 진화 과정에서 좌반구의 기능이 더욱 중요시되었기 때문에 나타난 현상이다.

## 21 다음 글에서 알 수 있는 것만을 〈보기〉에서 모두 고르면?

세계사적으로 개인의 다양성이 긍정적 의미를 지니게 된 것은 오래되지 않았다. 전통사회에서는 구성원의 동질성에 높은 가치를 부여하였기에 공동체 내의 행동과 사고의 한계를 규정하는 규율선을 두어 개인의 다양성을 통제하였다. 그러나 후기 산업사회가 도래하면서 다른 생각, 행동, 삶의 방식이 서로 이종교배를 하면 기존의 획일화된 영역들에 더욱 활기를 불어넣는다는 사실에 주목하기 시작하였다. 같은 색채의 통일보다는 각기 다른 색채의 통합이 개인과 사회의 성장 동력이라는 인식이 대두한 것이다. 이는 다양성의 개념 자체와도 연관이 있다.

다양성은 동일한 범주 속에 공통된 속성을 갖는 여러 모양이나 양식 등이 함께 어우러져 있는 상태로서 무질서나 잡동사니 같은 비체계적 흐트러짐을 나타내는 개념과는 구분된다. 다양성은 공통된 속성의 공유를 전제한 채 각자가 다른 특성을 소유하거나 개발해 가는 상태를 지칭하기 때문에 공통 속성과 개별 속성의 상호작용 속에서 개인과 공동체 모두에게 긍정적 결과를 가져올 수 있다.

이런 점에서 교육과정은 개인의 다양성에 부합하면서 동시에 이를 자극하는 요소를 지녀야 한다. 교육과정이 제시하는 선택과목은 교육정책이나 교과군 내의 기준에 따라 공통 속성과 개별 속성을 반영하며 과목으로서의 정체성을 확립해두고 있다. 그리하여 이들 과목들은 단순히 '여러 가지'라는 일상어적인 다양성 개념을 넘어 특정한 가치를 표방하는 규범적 다양성 개념을 대변한다.

또한, 상호의존성의 관점에서 다양성을 설계하는 것도 중요하다. 다시 말하면 교육과정이 편제한 선택과목들은 서로가 조합을 이뤄 선택됨으로써 어떤 상위의 목적 실현에 도움을 주는 상호의존 관계의 구성체이다.

2015 개정 교육과정에서 선택지의 다양성은 학생의 과목 선택권의 의미와 실현 효과를 좌우하는 중요한 요소이다. 학생의 과목 선택권이 보장되더라도 선택지의 폭이 협소하다면 그 효과는 기대하기 어렵다. 선택은 개별 선택 대상의 독특성과 이에 바탕을 둔 선택대상 전체의 다양성을 그 전제조건으로 한다. 학교, 과정(학부, 계열, 학과), 교과영역, 과목, 교사 등이 각각에서 서로 다른 점이 있어야 선택은 성립된다. 다양한 기대욕구를 충족시키기 위해 선택권을 보장한다면 선택할 수 있는 대상의 폭이 넓고 선택지들 사이에 유의미한 차이들이 존재하여야 한다. 즉, 학생들이 얼마나 다양한 과목들 가운데서 선택할 수 있느냐에 따라 선택의 실제적 효과가 결정된다.

보 기

ㄱ. 산업사회 초기에는 사회적으로 개인의 다양성에 대한 가치 비중이 높지 않았다.
ㄴ. 무질서한 상태에서 이종교배를 통한 새로운 발견이 활발하다.
ㄷ. 선택지의 다양성이 학생의 과목 선택권보다 중요하다.
ㄹ. 선택과목들은 공통 속성과 개별 속성을 모두 반영하여야 한다.

① ㄱ, ㄹ ② ㄴ, ㄷ ③ ㄱ, ㄴ, ㄷ
④ ㄱ, ㄷ, ㄹ ⑤ ㄴ, ㄷ, ㄹ

## 22 다음 글의 내용과 부합하는 것은?

불안과 고통에 대한 회피 성향을 관찰하는 것은 마케팅적인 시사점을 준다. 일본의 문구 업체 고쿠요(KOKUYO)는 놀랍게도 철심이 없는 스테이플러인 하리낙스(Harinacs)를 개발했다. 고쿠요는 스테이플러를 사용하다 손에 철심이 박히는 상황을 관찰했다. 철심이 손에 박히면 매우 아프다. 이처럼 사람들의 육체적 · 정신적인 고통을 관찰하는 것은 더 좋은 제품과 서비스를 개발하는 중요한 시작점이 된다. 사람들은 고통을 느끼지 않기 위해 기꺼이 돈을 지불한다.

유니클로의 발열 내의 히트텍은 출시되자마자 한국 등 동북아시아에서 히트 상품으로 떠올랐다. 히트텍 덕분에 유니클로의 모기업인 패스트리테일링은 2012년 매출액 12조원, 순이익 1조원을 기록했다. 유니클로는 고통을 관찰했다. 2008, 2009년 미국의 리먼브러더스 사태 이후 전 세계 소비자들은 극심한 불황을 겪었다. 중요한 것은 경제적 불황보다 심리적 고통이 더 심각하다는 것이다. 얼어붙은 경제 상황이 소비자의 심리까지 얼어붙게 만들고 더 춥게 느끼도록 했다. 히트텍은 어쩌면 물리적인 발열 기능보다는 심리적인 발열 기능이 더 강력한 제품인지도 모른다. 사람들이 심리적으로 추위를 이전보다 더 느끼는 상황에서 몸이 따뜻해진다는 히트텍에 눈길이 가는 것은 어쩌면 당연한 결과였다.

현대자동차는 경기침체로 실업자가 급증하던 2009년 1월 현대차를 구입한 소비자가 1년 내에 실직하면 판매한 차를 되사주는 '실직자 구매 보상 제도'를 선보였다. 이 프로그램은 미국 중산층에게서 큰 인기를 끌었고 2009~2010년 미국에서 현대차의 매출 급증에 큰 영향을 끼쳤다. 미국의 경제 신문 월스트리트저널은 '실직자 판매 보상 제도'를 '2009년 최우수 광고'에 선정했다. 뉴욕타임스는 마케팅의 백미라고 치켜세웠다. 사실 현대차가 실직자의 차를 되사 준 사례는 350대 정도에 불과했다. 성과는 높았고 비용은 낮았다. 현대차는 소비자가 느끼고 있던 불안을 관찰했고 여기서 도출된 아이디어로 높은 성과를 내게 되었다.

① 현대차의 '실질적 구매 보상 제도'는 실제로 350대 정도만 보상해줬기 때문에 실패사례라고 할 수 있다.
② 유니클로의 '히트텍'은 우수한 기술력을 통한 시장 선도 사례를 보여준다.
③ 소비자가 느끼는 불안을 마케팅적으로 이용하면 비윤리적이라는 역풍을 맞을 수 있다.
④ 철심이 없는 스테이플러는 제품의 핵심 속성을 간과한 사례라고 볼 수 있다.
⑤ 경제 불황으로 인한 심리 상태를 마케팅 전략을 개발할 수 있는 기회로 활용할 수 있다.

## 23 다음 글을 읽고 알 수 있는 것만을 <보기>에서 모두 고르면?

휴리스틱(heuristics) 또는 발견법(發見法)이란 불충분한 시간이나 정보로 인하여 합리적인 판단을 할 수 없거나, 체계적이면서 합리적인 판단이 굳이 필요하지 않은 상황에서 사람들이 빠르게 사용할 수 있는 어림짐작의 방법이다.

휴리스틱을 사용하여 과제를 단순화시킨 후에 규범적인 의사결정 규칙을 사용하고, 단순한 과업 상황에서는 처음부터 최종 의사결정에 이르기까지 규범적 규칙을 이용한다는 가설은 허버트 사이먼이 주창한 '제한된 합리성(bounded rationality)'에서 시작되었다. '제한된 합리성'이란 다양한 의사결정 상황에서 인간의 인지적인 한계로 인해 발생하는 의사결정 문제를 인지적 한계 안에서 다룰 수 있는 범위로 축소시키고, 간단해진 과업의 수행에 한해 규범적 규칙을 이용한다는 것을 의미한다.

이러한 휴리스틱은 크게 대표성 휴리스틱, 가용성 휴리스틱, 태도 휴리스틱으로 구분된다. 대표성 휴리스틱(representativeness heuristic)은 어떤 개별적인 대상 A가 B라는 부류(class)의 특성들을 '대표(represent)'하는 것으로 보일 때 곧바로 'A는 B에 속한다.'고 판단한다. 즉 한 사물이 다른 사물과 같은 기능을 갖는 사실을 추론하기 위하여 그 사물이 다른 사물과 가지는 대표적인 유사성에 초점을 맞춘다.

가용성 휴리스틱(availabilty heuristic)은 어떤 것에 대하여 판단을 할 때 구체적이고 생생한 예를 얼마나 쉽게 마음에 떠올릴 수 있는가에 기초하여 결론을 내리는 것을 말한다. 많은 경우에 이 판단법은 정확하고 유용하지만 문제는 가장 쉽게 떠오르는 것이 전체적으로 볼 때 전형적인 사례가 아닐 수 있다. 즉 개인경험이나 매스컴 정보의 영향으로 어떤 사건이 실제보다 과장되어 빈번하게 발생되는 것으로 판단한다.

태도 휴리스틱(attitude heuristic)은 어떤 사건이나 상황을 평가할 때 사물들을 좋아하는 부류와 싫어하는 부류로 나누어 판단을 하는 성향이다. 어떤 사람을 좋아하면 그 사람의 성적도 좋았을 것으로 판단하고, 어떤 사람을 싫어하면 그 사람이 과거에 품행이 나빴을 것으로 판단하는 편향이 높다. 태도 휴리스틱은 논리와 추론에 영향을 크게 미치며, 다른 차원은 후광효과(halo effect)이다. 후광효과는 사람에 대한 호의적 · 비호의적 일반적 인상이 그 사람에 대한 추론과 미래의 기대에 영향을 미치는 편향이다.

보 기

ㄱ. 휴리스틱은 의사결정과정의 모든 상황에서 규범적 규칙을 적용하는 방법론이다.
ㄴ. 사이먼에 따르면, 인간의 인지적 한계가 확장될수록 휴리스틱을 사용해 축소된 문제를 처리하는 규범적 규칙이 복잡해질 것이다.
ㄷ. 사고가 나서 차가 물속으로 들어갔을 때나 불이 났을 때 안전띠 때문에 빠져나오지 못했다는 뉴스를 보고 사람들이 안전띠를 매지 않는 유행이 번지는 것은 가용성 휴리스틱의 사례가 된다.
ㄹ. 자신이 좋아하는 아이돌 스타가 인성도 훌륭할 것으로 생각하는 것은 태도 휴리스틱의 사례이다.

① ㄱ, ㄹ　② ㄴ, ㄷ　③ ㄷ, ㄹ
④ ㄱ, ㄷ, ㄹ　⑤ ㄴ, ㄷ, ㄹ

## 24 다음 글에서 추론한 것으로 옳은 것은?

음악에서 연주라는 개념이 본격적으로 의미를 갖게 된 것은 18세기부터이다. 당시 유행하였던 영향미학에 따라 음악은 '내용'을 가지고 있어야 한다고 생각되었다. 여기서 내용은 누구나 느낄 수 있는 객관적인 감정을 의미했는데, 이 시기의 연주는 그 감정을 청중에게 정확하게 전달하는 것으로 이해되었다. 따라서 작곡자들은 악곡 속에 그 감정들을 담아내었고, 연주자들은 자신의 생각이나 주관을 드러내기보다는 작품이 갖고 있는 감정을 청중에게 정확하게 전달하는 역할을 했다.

그러나 이러한 연주의 개념은 19세기에 들어 영향미학이 작품미학으로 전환되면서 바뀌게 된다. 작품 그 자체가 지니는 의미와 가치에 관심을 갖는 작품미학의 영향에 따라 작곡자들은 음악이 내용을 지시하거나 표상하도록 할 필요가 없게 되었고, 오로지 음악 그 자체로서 고유한 가치를 갖는 절대음악을 탄생시켰다. 작곡자들은 어떤 내용이나 감정을 표현하는 대신 동기, 악구, 악절, 주제의 발전과 반복 등을 조화롭게 구성하여 작곡함으로써 형식에 의한 음악의 아름다움을 추구하게 된 것이다. 이렇게 음악에서 지시하는 내용이나 감정이 없어지자 연주자는 작품을 구성하는 형식에 의한 아름다움의 의미들을 재구성하여 표현하려했고, 이에 따라 연주는 해석으로 이해되었다.

이러한 경향은 20세기에 들어 더욱 두드러지고 구체화된다. 음악을 향유하는 사람들이 늘어나고, 음악에 종사하는 사람들이 증가하면서 음악의 전문화 현상이 나타났다. 작곡자와 연주자가 뚜렷하게 분리되었고, 연주자 가운데에서도 장르나 시대 또는 작곡자에 따른 전문영역이 세밀하게 구분되었다. 한 작품에 대해서도 수십 개의 음반이 쏟아져 나오는 상황에서 연주자들은 자신만의 독특한 해석을 통해 다른 연주자와 구별되는 독자성을 강조해야 했다. 이에 따라 연주자는 작품을 보다 더 다양하면서도 주관적으로 해석하게 되었다. 이제 연주에서는 작품 자체의 충실한 해석에 의해 음악적 의미를 재구성했던 19세기와는 달리, 연주자의 주관적 감정에 의한 해석이 중요한 의미를 갖게 되었다. 그래서 하나의 작품이 연주될 때, 작곡자의 작품은 연주자에 의해 재창조되며, 이때 청중에게 감상은 이중의 의미를 갖게 된 것이다.

① 18세기에 음악은 내용을 가지고 있어야 한다고 생각되었으며, 작곡자와 연주자가 명백히 분리되었다.
② 19세기에 작곡가들은 악곡 속에 누구나 느낄 수 있는 감정을 담아내고자 하였으나 청중들은 작품 그 자체가 지니는 의미와 가치에 관심을 갖게 되었다.
③ 19세기에 청중에게 감상은 이중의 의미를 갖게 되었다.
④ 20세기에는 음악의 전문화 현상이 나타났으며 연주자의 주관적 감정에 의한 해석을 중시하였다.
⑤ 20세기에는 작곡자들이 어떤 내용 또는 감정을 표출하는 대신 동기, 악구, 악절, 주제의 발전과 반복 등을 조화롭게 구성하여 작곡하였다.

## 25 다음 글로부터 추론한 것으로 옳지 않은 것은?

클래머의 문화 경제학에서 문화적 가치와 경제적 가치의 구분은 필수적이다. 그래서 그는 기존의 문화 경제학이 가치중립성이라는 이유로 문화적 가치(즉, 사회적이거나 문화적인, 또는 도덕적인 가치)를 배제한 채 문화나 예술에 대해서조차 시장가격으로 설명한다고 비판한다. 그에 따르면, 경제학이 처음부터 이러한 접근 방법을 선택했던 것은 아니다. 고전파 경제학자들은 사회적이거나 문화적인, 또는 도덕적인 가치를 경제학에 포함시켰기 때문이다. 상업 사회가 안정적으로 유지되는 데 신중(prudence)과 같은 도덕적 가치가 필요하다고 역설했던 스미스(Smith)가 대표적이다. 그는 신고전파 경제학이 등장한 후 실증주의가 강조되면서 이러한 가치들이 경제학에서 배제되기 시작하다가 1930~40년대 형식주의 혁명을 통해 완전히 배제되었다고 설명한다.

클래머는 이러한 변화를 경제학 방법론과 연결시킨다. 그에 따르면, 경제학 방법론은 크게 '가치의 길(road of value)'과 '선택의 길(road of choice)'로 구분된다. 전자가 고전파 경제학자들처럼 경제학에 사회적 · 문화적 · 도덕적 가치를 포함하는 것이라면, 후자는 가치중립성을 강조하면서 모든 재화(문화적 재화나 예술품까지)의 시장가격을 개인의 합리적 선택의 산물로만 설명하는 것이다. 여기서 그는 자신의 문화 경제학이 '가치의 길'을 전제한다고 주장한다. 이는 곧 그의 문화 경제학이 1930~40년대 이후 완벽하게 배제된 고전파 전통을 복원하려는 시도임을 시사한다.

클래머의 문화 경제학은 고전파 전통을 복원하는 데서 그치지 않는다. 사회적이거나 문화적인, 또는 도덕적인 가치가 허용될 경우, 문화나 예술에 대한 가치 평가는 시장에서 가격이 결정되는 방식과 다르다. 주관적인 가치판단의 개입으로 하나의 가격이 쉽게 형성될 수 없기 때문이다. 그 결과, 문화적 재화나 예술품이 거래되는 시장에서는 생산자, 소유자, 소비자 사이에 끊임없이 대화와 설득이 진행된다. 여기서 대화와 설득은 단순히 경제적 이해관계에 기반을 둔 가격 협상에 그치지 않고, 문화적이거나 도덕적인, 또는 미학적인 가치 판단까지 전제한다. 그래서 그는 문화 경제학의 특성이 수사학적 차이로 설명될 수 있다고 주장하기도 한다.

① 클래머에 따르면 경제학은 문화에 대한 접근을 배제하는 방향으로 변모하였다.
② 고전파의 입장과 클래머의 경제학 방법론은 가치의 길을 가고 있다고 판단할 수 있다.
③ 형식주의 혁명주의자의 경우, 예술품의 가치는 시장에서 형성된다고 주장한다.
④ 클래머에 따르면 'K'라는 예술작품이 판매되는 과정에서 생산자 A와 소비자 B, 생산자 A와 소비자 C의 사이에는 예술작품의 가치가 다르게 결정될 가능성이 높다.
⑤ 스미스의 경우 클래머의 경제학 방법론에 찬동할 가능성이 있다.

**26** 다음 글에서 도출할 수 있는 필자의 견해로 옳은 것만을 〈보기〉에서 모두 고르면?

사회에는 스스로 조직하는 힘이 있으며, 그 힘은 가까운 과거에 대한 관찰 결과를 가장 알맞은 형태로 활용한다. 사회는 그 사회의 고유한 관습들을 통해 우리의 의식에 작용한다. 사회적 관습에 따른 행동은 그것이 그어놓은 <원 밖>에 있는 모든 것을 보지 못하도록 만든다. 국가가 울려 퍼지고, 국기가 휘날리고, 훈장이 시상되고, 수호성인들의 날과 국경일이 기념되고, 감사절 음식을 먹을 때마다 오래 전부터 내려오는 관습들이 작용한다.

사회적 관습들은 <우리에게(us)>를 <우리가(we)>로 만들어 주는 믿을 수 있는 거짓말이다. 그것들은 우리로 하여금 이 상야릇한 세상과 상호 작용할 수 있게 해준다. 우리는 그것에 따라 살고 있기 때문에 이 절차에 따르지 않고 다른 행동을 모색하기란 거의 불가능하다. 이 모든 속박이 스스로 또는 사회가 부과한 것임을 깨닫는 것은 거의 불가능할 것이다. 그러나 우리는 깨달아야 한다. 진실과 거짓은 없다. 선과 악도 없다. 도덕에 맞지 않는 것이다. 선량함과 도덕성은 본래부터 존재하는 것이 아니라 인간의 활동에 따라 만들어진 것이다. 니체는 말했다. <도덕적 이상의 승리는 모든 다른 승리들, 그러니까 권력, 거짓, 허위 선전, 부정 행위 등이 뜻하는 것과 똑같은 '부도덕함(immoral)에 의해 이루어진다'는 사실을 편리하게도 간과해 버린다.>

모든 사회의 바닥에 깔려 있는 질서, 그것의 확실성과 진실, 올바름과 선량함, 그에 대한 <형식적인 중언부언>은 이제 아무 쓸모가 없다. 현재의 사회적 관습들은 잘못된 가족 유사성에 근거를 둔 확신을 사회 속에 실어 나르고 있다. 그것들은 한 사회가 대변하는 세계에 대한 설득력 있는 해석과 밀접한 관계가 있다. 그것들은 자신이 자신을 증명하고, 어떠한 종류의 판단도 유보하기 때문에 설득력 있는 것처럼 보인다. 그것들은 진리를 드러내지 않는다. 오히려 그것들은 진리를 만들어 내고 그것을 사람들에게 강요한다.

보 기

ㄱ. 우리의 관습은 사회의 구성원을 실질적으로 사회의 주체로 인식하면서도 표면적으로는 객체인 양 취급하는 태도를 보인다.
ㄴ. 사회적 관습은 마술사처럼 날쌘 손놀림으로 다른 곳을 쳐다보게 함으로써 사회의 어두운 부분들을 그 사회의 구성원인 우리가 볼 수 없도록 만든다.
ㄷ. 사회적 관습은 자의적으로 공동체의 행복을 만들어내며, 우리가 세계를 해석하는 방식에 자신감을 갖게 하고, 우리가 사회 내부의 모순을 깨닫지 못하게 한다.

① ㄱ
② ㄷ
③ ㄱ, ㄴ
④ ㄴ, ㄷ
⑤ ㄱ, ㄴ, ㄷ

**27** 다음 〈보기〉의 조건을 바탕으로 추론할 때 을과 병은 각각 어떤 사람들인지와 갑이 무슨 말을 했는지 판단한 것으로 옳은 것은?

보 기

갑, 을, 병 세 사람은 항상 거짓말만 하든지 항상 참말만 이야기하는 사람들이다.
갑에게 '당신은 항상 거짓말만 합니까, 혹은 항상 참말만 합니까?' 하고 물었다. 하지만 갑의 말이 분명하게 들리지 않았다.
그래서 을에게 방금 '갑이 뭐라고 했습니까?'하고 물었더니 을이 '갑은 자신이 항상 거짓말만 한다고 말했다.'고 답변했다.
이때 듣고 있던 병이 끼어들었다. '을은 지금 거짓말을 하고 있어요. 그를 믿지 마세요.'

| | 을 | 병 | 갑이 한 말 |
|---|---|---|---|
| ① | 항상 거짓말만 하는 사람 | 항상 거짓말만 하는 사람 | 나는 항상 참말만을 말한다. |
| ② | 항상 거짓말만 하는 사람 | 항상 참말만 하는 사람 | 나는 항상 참말만을 말한다. |
| ③ | 항상 거짓말만 하는 사람 | 항상 참말만 하는 사람 | 나는 항상 거짓말만 한다. |
| ④ | 항상 참말만 하는 사람 | 항상 거짓말만 하는 사람 | 나는 항상 참말만을 말한다. |
| ⑤ | 항상 참말만 하는 사람 | 항상 거짓말만 하는 사람 | 나는 항상 거짓말만 한다. |

## 28 다음 글의 주장에 부합하는 예로 가장 옳은 것은?

기능주의는 1920년대 말리노프스키와 래드클리프 브라운이라는 두 인류학자에 의해 창시되었다. 이들은 한 사회 속의 문화 요소는 언뜻 보기에는 독립해 있어 서로 무관하게 보여도 실제로는 상호 밀접한 관계를 가지며 유기적으로 결합되어 있다고 주장하였다. 따라서 개개의 관습이나 제도를 이해하기 위해서는 이것들이 전체의 문화 속에서 어떻게 '기능'하고 있는가를 구명해야만 한다고 하였다. 말리노프스키는 멜라네시아의 트로브리안드 제도(諸島)의 조사에서 사회 · 종교 · 경제 등 생활 전반에 걸친 자료를 수집하여, 한 제도가 얼마나 사회 조직 · 경제 · 종교 등과 밀접히 관련되어 있는가를 명확히 하였다. 한편 래드클리프 브라운은 벵골만(灣) 동부의 안다만 섬에서의 조사에 의해 이 지역의 의례(儀禮)가 어떻게 사람들의 현대 의식을 강화하고, 사회적 결합을 높이며, 사회의 통일에 공헌하고 있는가를 예시했다. 그에 의하면 마치 생물 조직이 각각의 세포나 조직의 활동에 의해 보전되듯이, 사회 체계도 그것을 구성하는 여러 요소의 올바른 활동에 의해 유지된다. 그가 말하는 '기능'이란, 부분이 그것을 포함하는 전체 사회에 대해 수행하는 공헌인데, 예를 들면 어떤 관습의 기능이란 그것이 사회구조를 유지하는 데에 이바지하는 역할이다.

① 학교는 교사와 학생으로 구성된다. 교실과 같은 물리적 기반이나 서무 · 행정실과 같은 지원 조직이 학교의 본질적인 구성요소일 수는 없다.

② 호주제 폐지에 관한 사회적 논란이 있다. 이를 명확히 하기 위해서는 호주제가 우리 사회에서 어떤 의미와 역할을 갖는지 면밀하게 살피는 일이 선행되어야 한다.

③ 한 개인의 의식은 그가 어떤 사회적 존재인가에 의해 구속되는 경향이 있다. 조선 후기 개화파는 그들이 일찍이 신문명을 습득한 신지식인층이었다는 점으로 설명될 수 있다.

④ 정부는 사교육비의 사회적 폐해를 막기 위해 사교육을 억제하는 다양한 정책 수단을 동원하고 있다. 그러나 정작 공교육을 내실화하고 강화하는 정책은 별로 눈에 띄지 않는다.

⑤ 사회 구성 요소의 기능을 강조하다 보면, 결국 각 요소의 기능적 분업을 장려하는 관점을 갖게 마련이다. 그러나 사회 분업은 인간 소외의 출발점이라는 점을 간과해서는 안 된다.

## 29 다음 글의 내용과 일치하지 않는 것만을 <보기>에서 모두 고르면?

지난 20세기 전반기 동안, 우리가 보고, 듣고, 읽은 일상적 경험들 중 더 많은 부분이 진짜가 아닌 가짜 사건으로 채워졌다. 우리는 더 많은 가짜 사건을 원하고 있고 더 많은 가짜 사건을 얻고 있다. 가짜 사건은 세계 어느 곳보다 특히 미국에서 빠른 속도로 증가하고 있다. 미국 현대사에서 나타난 획기적인 변화들을 살펴보면, 거기에 가짜 사건의 발생과 기원이 잘 나타나 있다.

뉴스 소비와 공급이 거대하게 늘어난 것은 19세기 초반부터였다. 그 전까지 미국 신문들은 국내나 국외 어디에선가 이미 보도된 기사들을 안일하게 부연설명하거나, 아니면 김빠지게 그대로 옮겨 신문지면을 채우는 게 고작이었다.

전문적인 기자나 증인이 현장에서 흥미진진한 사건에 대하여 최신의 뉴스를 만들어 공급하기 시작한 것은 19세기 중반부터였다. 전신기가 발명된 것은 1830년대였으며, 이것이 뉴스보도에 이용되기 시작한 것은 1840년대였다. 포크 대통령의 메시지가 세계 최초로 전신기를 통해서 전달된 시기는 1846년이었다. 1848년에는 AP통신사가 설립되었고, 뉴스는 비로소 팔 수 있는 상품이 되었다.

두루마리처럼 연결된 신문용지로부터 펼쳐진 양면의 신문을 한꺼번에 인쇄할 수 있는 윤전기가 등장한 것도 바로 이때였다. 미국 남북전쟁, 미국-스페인 전쟁은 현장에서 보도하면 즉각적으로 크게 각광받을 수 있는 생생한 뉴스거리였다. 미국의 신문 거인들은 이 시기에 윤전기를 이용하여 신문 발행부수를 확대하며 사활을 건 경쟁을 벌였다.

이들의 경쟁은 하나의 거대한 혁명을 낳았다. 나는 이것을 '그래픽 혁명'이라고 부르겠다. 사람들, 풍경들, 사건들을 인쇄된 이미지로 만들고, 보관하고, 전달하고, 배포하는 인간의 능력은 놀라운 속도로 증가했다. 인쇄속도의 증가도 가히 혁명적이었다. 그리고 실물과 다름없는 이미지를 만드는 현상기술 발달도 혁명적이었다. 그래서 이미지 세계에서 활자 인쇄는 운명적으로 부차적인 것이 되었고, 사진인쇄가 점점 더 중요한 위치에 서게 되었다.

보 기

ㄱ. 글쓴이는 사람들이 진짜 사건을 알고 싶어 함에도 불구하고 가짜 사건을 접할 수밖에 없다고 생각한다.

ㄴ. 19세기 초반 이전에, 사람들에게 이미 알려진 내용으로 지면을 채운 뉴스는 뉴스의 소비를 크게 증가시키는 효과를 가져오지 못했다.

ㄷ. 윤전기의 등장은 대량생산의 보편화를 가능하도록 하여 신문 발행부수 확대경쟁을 종식시켰다.

ㄹ. 글쓴이에 따를 때, '그래픽 혁명' 이후에도 활자 인쇄는 계속해서 이전과 같은 중요성을 유지하였다.

① ㄱ, ㄴ ② ㄱ, ㄷ ③ ㄷ, ㄹ
④ ㄱ, ㄷ, ㄹ ⑤ ㄴ, ㄷ, ㄹ

## 30 다음 글을 읽고 추론할 수 있는 것은?

청년의 취업은 중장년들과는 다른 목적으로 이루어진다. 청년에게 있어서 취업은 평생 직업의 선택이 된다. 청년은 자영업이나 소규모 사업장은 기피하며, 3D(Difficult, Dirty, Dangerous) 직업은 임금이 높더라도 피하지만 저임금인 대기업의 비정규직은 선택하는 성향을 보인다. 미래를 생각하면 영세 사업장보다는 비정규직이더라도 대기업에 보다 큰 기회가 있다고 청년들은 생각한다.

청년의 일자리 선택은 커리어 결정의 성격을 가지기 때문에 그들은 미래가 불투명한 일자리보다는 오히려 스펙 쌓기를 선택한다. 대기업 취업을 위하여 장기간 대기하는 이유도 일생을 두고 본다면 그쪽이 소득이 더 크다고 기대하기 때문이다. 결과적으로 청년들은 영세업체보다 중대형사업장 등 공식부문의 임금근로자를 선택하는 비율이 높다.

또한, 우리나라 청년인력은 동질적이라는 뚜렷한 특징을 가진다. 우리나라 청년의 역량 분포는 중간에 밀집되어 있으며 격차가 매우 작다. 하위권의 역량은 외국보다 높으나 상위권은 선진국에 크게 미달한다. 이런 특징은 OECD의 국제성인역량조사(PIAAC) 지표에서 객관적으로 확인된다. 우리나라 청년(25~34세)의 평균 역량은 언어능력은 최상위권, 수리능력과 문제해결능력은 중위권이다. 그러나 상위 1%의 역량은 비교대상인 주요 33개국 중에서 최하위권으로 언어능력은 25위, 수리능력은 29위, 문제해결능력은 26위에 불과하다. 반면, 하위 1%의 역량은 최고수준으로 언어능력 4위, 수리능력 6위, 문제해결능력 6위이다. 이는 우리나라 교육제도의 특성에 연유한다.

중간에 밀집된 우리나라 청년들은 취업에서도 사무직, 생산직 등 중간 수준의 일자리를 찾는다. 이런 일자리는 기술혁신으로 빠르게 줄어들고 있다. 흔히 우리나라 청년실업의 원인으로 지적되는 '일자리 미스매치'란 보다 정확하게는 동질적으로 양성된 청년들이 저숙련 일자리를 기피하는 현상이다.

① 우리나라 청년 하위 1%의 역량은 세계적으로 매우 높은 수준이다.
② 청년 실업의 원인은 중장년들의 구직난과 유사한 원인에 기인한다.
③ 청년들은 미래를 생각하여 불확실한 비정규직은 선호하지 않는다.
④ 중장년들은 역량 면에서 비동질적인 특성을 갖고 있다.
⑤ 중장년들은 취업 선택 시 업체의 규모보다는 보수를 많이 주는 업체를 선택하려 할 것이다.

## 31 여덟 명의 사람들이 3대의 A, B, C 자동차에 나누어 타고 여행을 가기로 하였다. A와 B에는 각각 세 명이 타고, C에는 두 명이 나누어 타야만 할 때 <조건>은 다음과 같다. 이때 반드시 참인 것은?

조 건

○ 여덟 명은 김, 이, 최, 노, 정, 백, 박, 한이다.
○ 김은 A자동차에 타야만 한다.
○ 이는 C자동차에 타야만 한다.
○ 이와 정은 박과 같은 자동차에 탈 수 없다.
○ 노는 한과 같은 자동차에 탈 수 없다.
○ 만약 최가 A 자동차에 탄다면 한도 A자동차에 탄다.

① 만약 최와 백이 B자동차에 탄다면 노는 C자동차에 타야 한다.
② 만약 노와 정이 A자동차에 탄다면 최는 C자동차에 타야 한다.
③ 만약 노와 정이 A자동차에 탄다면 한은 C자동차에 타야 한다.
④ 만약 노와 백이 A자동차에 탄다면 정은 C자동차에 타야 한다.
⑤ 만약 박과 한이 B자동차에 탄다면 백은 B자동차에 타야 한다.

## 32 운동선수들의 근육 강화제 사용현황을 조사하였다. 근육 강화제 A~E 약물에 대한 조사 결과가 다음 <정보>와 같을 때, 이것으로부터 확실하게 옳다고 말할 수 있는 것을 <보기>에서 모두 고르면?

정 보

○ A약물을 사용하고 있고 그것에 더해서 적어도 B나 D의 어느 한 쪽 약물을 사용하고 있는 선수는, C약물을 사용하고 있지 않다.
○ B약물도 E약물도 사용하고 있지 않은 선수는 A약물도 사용하고 있지 않다.
○ E약물을 사용하고 있는 선수는 항상 D약물도 사용하고 있다.

보 기

ㄱ. A약물과 E약물을 함께 사용하고 있는 선수는, 그것에 더해서 C약물도 사용하고 있다.
ㄴ. A약물과 C약물을 함께 사용하고 있는 선수는 없다.
ㄷ. B약물과 D약물을 함께 사용하고 있는 선수는 없다.

① ㄴ
② ㄷ
③ ㄱ, ㄴ
④ ㄴ, ㄷ
⑤ ㄱ, ㄴ, ㄷ

**33** 다음 ㉠~㉣에 대한 판단으로 가장 적절한 것은?

동물실험이란 교육, 시험, 연구 및 생물학적 제제의 생산 등 과학적 목적을 위해 동물을 대상으로 실시하는 실험 및 그 절차를 말한다. 동물실험은 오랜 역사를 가진 만큼 이에 대한 찬반 입장이 복잡하게 얽혀있다.

인간과 동물의 몸이 자동 기계라고 보았던 근대 철학자 ㉠ 데카르트는 동물은 인간과 달리 영혼이 없어 쾌락이나 고통을 경험할 수 없다고 믿었다. 데카르트는 살아있는 동물을 마취도 하지 않은 채 해부 실험을 했던 것으로 악명이 높다. 당시에는 마취술이 변변치 않았을 뿐더러 동물이 아파하는 행동도 진정한 고통의 반영이 아니라고 보았기 때문에, 그는 양심의 가책을 느끼지 않았을 것이다. ㉡ 칸트는 이성 능력과 도덕적 실천 능력을 가진 인간은 목적으로서 대우해야 하지만, 이성도 도덕도 가지지 않는 동물은 그렇지 않다고 보았다. 그는 동물을 학대하는 일은 옳지 않다고 생각했는데, 동물을 잔혹하게 대하는 일이 습관화되면 다른 사람과의 관계에도 문제가 생기고 인간의 품위가 손상된다고 보았기 때문이다.

동물실험을 옹호하는 여러 입장들은 인간은 동물이 가지지 않은 언어 능력, 도구 사용 능력, 이성 능력 등을 가진다는 점을 근거로 삼는 경우가 많지만, 동물들도 지능과 문화를 가진다는 점을 들어 인간과 동물의 근본적 차이를 부정하는 이들도 있다. 현대의 ㉢ 공리주의 생명윤리학자들은 이성이나 언어 능력에서 인간과 동물이 차이가 있더라도 동물실험이 정당화되는 것은 아니라고 본다. 이들에게 도덕적 차원에서 중요한 기준은 고통을 느낄 수 있는지 여부이다. 인종이나 성별과 무관하게 고통은 최소화되어야 하듯, 동물이 겪고 있는 고통도 마찬가지이다. 이들이 문제 삼는 것은 동물실험 자체라기보다는 그것이 초래하는 전체 복지의 감소에 있다. 따라서 동물에 대한 충분한 배려 속에서 전체적인 복지를 증대시킬 수 있다면, 일부 동물실험은 허용될 수 있다.

이와 달리, 현대 철학자 ㉣ 리건은 몇몇 포유류의 경우 각 동물 개체가 삶의 주체로서 갖는 가치가 있다고 주장하면서, 이 동물에게는 실험에 이용되지 않을 권리가 있다고 본다. 이러한 고유한 가치를 지닌 존재는 존중되어야 하며 결코 수단으로 취급되어서는 안 된다. 따라서 개체로서의 가치와 동물권을 지니는 대상은 그 어떤 실험에도 사용되지 않아야 한다.

① ㉠과 달리 ㉡은 동물실험에서 동물의 감정을 고려해야 한다고 주장하였다.
② ㉢은 인간과 동물의 차이가 동물실험을 정당화 시켜 주는 것은 아니라고 하여 일체의 동물실험을 허용하지 않는다.
③ ㉡과 ㉢은 인간과 동물 간에 차이가 있다는 점에 있어서는 의견이 일치한다.
④ ㉢이 동의한 동물실험에 대하여 ㉠이 반대하는 경우가 있다.
⑤ ㉣은 동물권을 지니는 대상을 판별하는 기준으로서 포유류인지 여부를 제시하고 있다.

**34** 다음 글의 빈 칸에 들어갈 내용으로 가장 적절한 것은?

독일의 튀빙겐 대학 교수인 미학자(美學者) 콘라드 랑게의 저서 「현재와 미래의 영화」와 미국 하버드 대학 교수인 심리학자 휴고 문스터베르그의 저서 「영화, 그 심리적 연구」는 영화라는 괴물을 대상으로 해서 최초로 이론적인 규명을 시작한 출발점이었다고 말할 수 있다. 「현재와 미래의 영화」는 1910년대에 랑게가 쓴 영화에 관한 논문을 집성한 것으로, 1920년에 출간되었다. 그는 여기에서 영화의 사회성, 교육성을 높이 평가하고, 교육을 목적으로 한 기록 영화, 고전극의 영화화 등을 제의했으나, 영화를 새로운 예술로서는 인정하려고 하지 않았다. 그는 예술이란 보는 사람의 '환상(幻想)'에 호소해야 하며, 예술의 본질은 자연 속에 있는 것이 아니라, 인간의 상상력을 자극하고 만족시키는 데 있다고 주장한다. 우리가 움직이지 않는 조각에서 미를 느끼는 것은 조각을 봄으로써 우리들의 의식 속에 움직임이 상상되고 환상으로서의 움직임을 느낄 수 있기 때문이며, 이것이 예술의 미라는 것이다. 이것이 바로 랑게의 환상 미학(幻想美學)의 입장이며, 이러한 기본 입장에서 영화를 고찰할 때 영화는 예술의 범주에 들어갈 수 없다는 것이다. 영화는 무엇보다도 움직이는 영상이며, 그 영상은 [　　　　　　　　] 때문에 창조적 미, 환상으로서의 미가 들어갈 여지가 없다는 결론을 내린 것이다.

이러한 랑게의 생각은 영화라는 새로운 매체(媒體)를 어제의 이론 체계에 맞춰서 논하려는 오류를 범했다고 말할 수 있다. 요컨대, 랑게는 영화를 이론의 대상으로서 고찰하면서 영상 그 자체의 본질을 파악하지 못한 것이다. 그러나 결과적으로 그는 영화가 고전적인 미의 틀 밖에 있다는 것, 영화의 이론은 미학 그 자체의 재검토에서 시작되어야 한다는 것을 널리 인식시킨 점에서 '영화란 무엇이냐?' 하는 이론적인 연구의 출발점을 마련해 주었다고 할 수 있는 것이다.

① 여러 번 반복해서 볼 수 있기
② 현실을 있는 그대로 재현하기
③ 언제나 마음대로 재생할 수 있기
④ 카메라 기술의 절대적인 도움을 받기
⑤ 영사막이라는 제한된 공간에 표현되기

## 35 다음 글에 비추어 볼 때, 구들에 의한 영향으로 볼 수 있는 것을 〈보기〉에서 모두 고르면?

우리 민족은 고유한 주거문화로 바닥 난방 기술인 구들을 발전시켜 왔는데, 구들은 우리 민족에 다양한 영향을 주었다. 우선 오랜 구들 생활은 우리 민족의 인체에 적지 않은 변화를 초래하였다. 태어나면서부터 따뜻한 구들에서 누워 자는 것이 습관이 된 우리 아이들은 사지의 활동량이 적고 발육이 늦어졌다. 구들에서 자란 우리 아이들은 다른 어떤 민족의 아이들보다 따뜻한 곳에서 안정감을 느꼈으며, 우리 민족은 아이들에게 따뜻함을 느낄 수 있는 환경을 만들어주기 위해 여러 가지를 고안하여 발전시켰다.

구들은 농경을 주업으로 하는 우리 민족의 생산도구의 제작과 사용에 많은 영향을 주었다. 구들에 앉아 오랫동안 활동하는 습관은 하반신보다 상반신의 작업량을 증가시켰고 손을 비롯한 상반신의 움직임이 상대적으로 정교하게 되었다. 구들 생활에 익숙해진 우리 민족은 방 안에서의 작업뿐만 아니라 농사를 비롯한 야외의 많은 작업에서도 앉아서 하는 습관을 갖게 되었는데 이는 큰 농기구를 이용하여 서서 작업을 하는 서양과는 완전히 다른 방식이었다.

구들에서의 생활은 우리의 음식문화에도 많은 영향을 미쳤다. 구들에 앉거나 누우면 엉덩이나 등은 따뜻하게 되지만 상대적으로 소화계통이 있는 배는 고루 덥혀지지 않게 된다. 이 때문에 소화과정에 불균형이 발생하는데 우리 민족은 자극적인 음식을 발전시켜 이를 해결하였다. 구들 생활에 맞추어 식생활에 쓰이는 도구들의 크기도 앉아서 팔을 들어 사용하기 편리하게끔 만들어졌다. 밥솥의 크기는 아낙네들이 팔을 획 두르면 어디나 닿을 수 있게 만들어졌으며 맷돌도 구들에 앉아 혼자서 돌리기에 맞게 만들어졌다.

보 기

ㄱ. 우리나라 사람들은 정교한 손기술을 가지고 있어, 우리나라 공예품은 서양의 공예품보다 훨씬 미세한 가공이 되어있는 경우가 많다.

ㄴ. 우리 민족은 농경에 있어서도 협력 노동을 중요하게 생각하는 공동체적 성격을 가지고 있었기 때문에, 농기구의 크기가 시간의 흐름에 따라 조금씩 커지는 경향을 보인다.

ㄷ. 우리나라 사람들은 일일 나트륨 섭취량이 매우 높은 것으로 보고되고 있는데 이는 짜고 자극적인 장류를 활용한 음식이 많기 때문이다.

① ㄱ
② ㄴ
③ ㄱ, ㄴ
④ ㄱ, ㄷ
⑤ ㄱ, ㄴ, ㄷ

## 36 다음 글의 내용에 대한 평가로 가장 적절한 것은?

우리나라는 눈부신 경제 성장을 이룩하였고 일인당 국민소득도 빠른 속도로 증가해왔다. 소득이 증가하면 더 행복해질 것이라는 믿음과는 달리, 한국사회 구성원들의 전반적인 행복감은 높지 않은 실정이다. 전반적인 물질적 풍요에도 불구하고 왜 한국 사람들의 행복감은 그만큼 높아지지 않았을까? 이 물음에 대한 다음과 같은 두 가지 답변이 있다.

(가) 일반적으로 소득이 일정한 수준에 도달한 이후에는 소득의 증가가 반드시 행복의 증가로 이어지지는 않는다. 인간이 살아가기 위해서는 물질재와 지위재가 필요하다. 물질재는 기본적인 의식주의 욕구를 충족시키는 데 필요한 재화이며, 경제 성장에 따라 공급이 늘어난다. 지위재는 대체재의 존재 여부나 다른 사람들의 요구에 따라 가치가 결정되는 비교적 희소한 재화나 서비스이며, 그 효용은 상대적이다. 경제 성장의 초기 단계에서는 물질재의 공급을 늘리면 사람들의 만족감이 커지지만, 경제가 일정 수준 이상으로 성장하면 점차 지위재가 중요해지고 물질재의 공급을 늘려서는 해소되지 않는 불만이 쌓이게 되는 이른바 '풍요의 역설'이 발생한다. 따라서 한국 사람들이 경제 수준이 높아진 만큼 행복하지 않은 이유는 소득 증가에 따른 자연스러운 현상이다.

(나) 한국 사회의 행복 수준은 단순히 풍요의 역설로 설명할 수 없다. 행복에 대한 심리학적 연구에 따르면 타인과 비교하는 성향이 강한 사람일수록 행복감이 낮아지게 된다. 비교 성향이 강한 사람은 사회적 관계에서 자신보다 우월한 사람들을 준거집단으로 삼아 비교하기 쉽고 이로 인해 상대적 박탈감이 커질 수 있기 때문이다. 한국과 같은 경쟁 사회에서는 진학이나 구직 등에서 과열 경쟁이 벌어지고 등수에 의해 승자와 패자가 구분된다. 이 과정에서 비교 우위를 차지하지 못한 사람들은 좌절을 경험하기 쉬운데, 비교 성향이 강할수록 좌절감은 더 크다. 따라서 한국 사회의 행복감이 낮은 이유는 한국 사람들이 다른 사람들과 비교하는 성향이 매우 높은 데에서 찾을 수 있다.

① (가)의 주장에 따르면 경제가 일정 수준에 이르면 물질재와 지위재 간의 공급 격차가 행복감 저하의 원인이 된다.
② (나)의 주장에 따르면 한국은 준거가 되는 국가와의 소득 격차로 인해 국가수준의 행복감이 저하한 것으로 볼 수 있다.
③ (가)는 치열한 경쟁이 벌어지는 사회에서 경제의 성장이 더욱 빠를 것이라고 주장할 것이다.
④ 경제 수준이 높아질수록 행복도가 높아진다는 과학적인 통계 분포는 (가)의 주장을 강화한다.
⑤ 한국보다 더욱 경쟁적인 문화를 가지고 있지만 행복감이 높은 나라의 존재는 (나)의 주장을 약화한다.

## 37 다음 글의 내용이 참일 때, 반드시 참인 것은?

A국은 B국의 동태를 살피도록 세 명의 사신을 파견하였다. 세 명의 사신은 각각 세 가지 주장을 했는데, 각 사신의 주장 중 둘은 참이고 나머지 하나는 거짓이다.

<사신 1>

○ B국은 군수물자를 확보할 수 있다면 전쟁을 일으킬 것이다.
○ B국은 문화적으로 미개하지만 우리나라의 문화에 관심을 많이 갖고 있다.
○ B국은 종래의 봉건적인 지배권이 약화되어 있고 정치적으로도 무척 혼란스러운 상황이다.

<사신 2>

○ B국이 전쟁을 일으킨다면 약하지 않았던 종래의 봉건적인 지배권이 한층 더 강화될 것이다.
○ B국은 우리나라의 문화에 관심을 많이 갖고 있을 뿐만 아니라 독창적이고 훌륭한 문화를 발전시켜 왔다.
○ B국에는 서양 상인들이 많이 들어와 활동하고 있으며 신흥 상업 도시가 발전되어 있지만, 종래의 봉건적인 지배권이 약화되었다고 보기 어렵다.

<사신 3>

○ B국은 약하지 않았던 종래의 봉건적인 지배권을 한층 더 강화하고 있다.
○ B국은 군수물자를 확보하고 있기는 하지만 전쟁을 일으킬 생각은 없는 것이 분명하다.
○ B국의 신흥 상업 도시가 더욱 발전한다면 우리나라의 문화에도 더욱 큰 관심을 갖게 될 것이다.

① B국은 봉건적인 지배권을 강화하고 있다.
② B국은 정치적으로 무척 혼란스러운 상황이다.
③ B국은 독창적이고 훌륭한 문화를 발전시켜 왔다.
④ B국은 전쟁을 일으킬 생각이 없다.
⑤ B국에 신흥 상업 도시가 발전되어 있지 않다.

## 38 다음 글의 밑줄 친 내용의 논지를 강화하는 것만을 <보기>에서 모두 고르면?

최근 포켓몬고 열풍으로 증강현실(AR)에 대한 관심이 높아진 가운데 학교 현장에서도 이런 기술 등에 기반을 둔 스마트 교육이 확대되고 있다. 이런 추세를 반영하여 교육부는 2007년 디지털교과서 상용화 방안을 처음 발표한 뒤 2011년 '스마트 교육 추진 전략'에 따라 늦어도 2015년까지 디지털교과서를 전면 도입할 계획이었다.

그러나 디지털교과서의 효과성과 역기능을 좀 더 심층 연구해야 한다는 요구가 잇따르면서 도입 시기가 계속 미뤄졌고, 교육부는 우선 연구 목적으로 일부 학교(과학고 등)에 한정해 디지털교과서를 보급했다.

디지털교과서가 아이들의 시력 저하, 인터넷·게임 중독 심화 등의 문제를 일으킬 것이란 우려도 도입을 늦춘 배경이 됐다.

그러나 교육부는 그간 충분한 연구 검토 결과 이러한 우려는 사실이 아닌 것으로 나타났다고 밝혔다. 2015년 연구학교를 대상으로 조사해보니 학생들의 스마트기기 중독수준은 11.3%로, 2014년 한국정보화진흥원의 인터넷 활용 실태조사에서 드러난 청소년 인터넷 중독 비율(29.2%)보다 낮게 나타났다. 시력 및 뇌기능 저하 관련 조사에서도 직접적인 관련성은 드러나지 않았다.

반면 디지털교과서로 인한 학습 효과는 매우 높았다는 것이 교육부 설명이다. 디지털교과서가 단순히 종이교과서의 내용을 디지털기기로 옮긴 것에 그치지 않고, <u>수업 흥미도를 훨씬 끌어올리는 효과가 있다</u>는 것이다.

보 기

ㄱ. 만화 캐릭터를 통한 역사 설명은 구체적인 기억에는 도움이 되지 못한다는 연구 결과가 있다.
ㄴ. 코딩 기법은 청소년들이 4차산업 혁명 시대에 걸맞는 미래형 일꾼이 되기 위해 필요한 콘텐츠이다.
ㄷ. 디지털교과서는 과학고보다는 외국어고에 더 적합한 것으로 조사되었다.
ㄹ. 멀티미디어와 결합하여 콘텐츠를 평면적이지 않고 입체적으로 보면서 학습할 수 있다.
ㅁ. 증강현실과 결합된 게임기법과 단계별 학습과제를 접목한 결과 학생의 진도 낙오율이 낮아진 것으로 판명되었다.

① ㄱ, ㄷ
② ㄴ, ㄹ
③ ㄹ, ㅁ
④ ㄴ, ㄹ, ㅁ
⑤ ㄷ, ㄹ, ㅁ

**※ 다음 글을 읽고 물음에 답하시오. [문 39 ~ 40]**

1960년대 미국의 은행들은 지역별 인종 특성에 착안하여 특정 지역의 고객을 레드 라인으로 분류하였다.

레드 라인이라는 용어는 지도에서 빨간색으로 문제 지역을 표시했던 은행 관행에서 나왔다. 은행은 레드 라인의 거주민에 대해서는 주택 담보 대출(모기지)을 거절했다.

모기지를 이용할 수 없었기에 레드 라인 내의 거주자는 재산 가치의 하락을 겪게 되고 종종 집을 포기하기도 했다. 집주인에 의해 버려지는 건물은 마약 등 범죄의 거처가 되어 그 지역의 부동산 가치를 더욱 낮추기도 하였다.

이러한 주택 담보 대출의 레드 라인은 1968년 공정 주택법(Fair Housing Act of 1968)에 의해 불법으로 규정되었으며 이는 인종, 종교, 성별, 가족 지위, 장애 또는 민족 출신에 근거한 차별을 금지하였다.

그러나 실제 레드 라인은 은밀한 방법으로 계속되었을 수 있으며 건강 관리, 직업, 보험 등의 가입 또는 접근시 발생할 수 있다. 오늘날에도 일부 자동차 보험 회사는 우편 번호에 따라 다른 요율을 제공하고 있다.

어떤 기업이 대다수 그룹의 소비자에게 일반적으로 청구되는 것보다 더 많은 비용을 청구하기 위해 소수의 소비자를 특별히 지정하여 관리하는 경우에는 역(逆) 레드 라인이 발생하게 된다.

레드 라인이 존재한다면 역 레드 라인도 생길 수 있다. 예를 들어 소매 업체가 흑인이나 동성애자가 많은 특정 지역에 제품을 공급하기를 거부하는 경우 해당 지역의 사람들은 열등한 상품을 더 높은 가격에 판매하려 하는 하이에나 같은 기업들의 타깃이 될 수 있다.

**39 윗글을 읽고 추론한 것으로 옳은 것만을 <보기>에서 모두 고르면?**

보 기

ㄱ. 레드 라인은 1968년 공정 주택법의 통과와 함께 중단되었다.
ㄴ. 모기지에 대한 접근성은 재산 가치의 하락과 관련이 있다.
ㄷ. 현재의 레드 라인은 불법화된 이후부터는 소비자들이 더 인식하기 어렵게 이루어지고 있다.
ㄹ. 레드 라인이라는 용어는 특정 지역에서 쓰기 시작한 용어이다.

① ㄱ, ㄴ
② ㄴ, ㄷ
③ ㄱ, ㄴ, ㄹ
④ ㄱ, ㄷ, ㄹ
⑤ ㄴ, ㄷ, ㄹ

**40 윗글을 읽고 다음 사례 중 역 레드 라인의 사례가 될 수 있는 것을 고르면?**

① 은행이 시카고 지역의 고객에게 모기지 대출을 거절한다.
② 저소득층 거주자는 같은 자격을 갖춘 경우에도 고소득층 거주자보다 취업 가능성이 낮다.
③ 경찰은 일부 지역에서 다른 지역보다 신속하게 범죄 신고에 응답한다.
④ 슬럼가 지역의 식료품점에서 거주자들이 다른 곳에서 살 수 있는 능력이 없다는 것을 알고 고가의 철 지난 농산물을 판매한다.
⑤ 한인 타운의 자동차 보험 회사는 한국인 소비자를 유치하기 위해 한국계 미국인 매니저를 고용한다.

## 제1회 PSAT 종합 실전모의고사

**책형 가**

# 자료해석영역

**01** 다음 <표>는 자본금 규모별 신설법인 및 벤처기업 현황 자료이다. 이에 대한 설명으로 옳은 것만을 <보기>에서 모두 고르면?

<표 1> 자본금 규모별 신설법인 수

(단위: 개)

| | 2011 | 2012 | 2013 | 2014 | 2015 | 2016 |
|---|---|---|---|---|---|---|
| 5천만원 미만 | 45,355 | 52,910 | 54,893 | 61,853 | 68,464 | 71,428 |
| 5천만원 이상 ~1억원 미만 | 10,015 | 10,740 | 10,687 | 11,866 | 12,538 | 12,248 |
| 1억원 이상 ~10억원 미만 | 8,448 | 9,003 | 8,676 | 9,694 | 11,218 | 10,918 |
| 10억원 이상 | 528 | 624 | 492 | 500 | 516 | 579 |

<표 2> 자본금 규모별 벤처기업수

(단위: 개)

| | 2011 | 2012 | 2013 | 2014 | 2015 |
|---|---|---|---|---|---|
| 자본잠식 | 14,517 | 13,123 | 11,153 | 6,829 | 6,796 |
| 1억원 이하 | 2,372 | 3,717 | 5,111 | 7,520 | 8,756 |
| 1억원 초과 ~5억원 이하 | 5,127 | 6,598 | 7,735 | 9,536 | 9,919 |
| 5억원 초과 ~20억원 이하 | 2,063 | 2,429 | 2,687 | 3,193 | 3,153 |
| 20억원 초과 ~50억원 이하 | 1,886 | 2,126 | 2,242 | 2,587 | 2,416 |
| 50억원 초과 ~100억원 이하 | 142 | 153 | 151 | 171 | 168 |
| 100억원 초과 | 41 | 47 | 56 | 74 | 52 |

보 기

ㄱ. 2011년 대비 2016년 5000만원 미만의 저자본 창업이 전체 신설법인수에서 차지하는 비중은 6%포인트 이하로 증가하였다.

ㄴ. 전년 대비 2016년에는 자본금 5천만원 이상 신설법인 비중이 감소한 것으로 나타났다.

ㄷ. 자본금 5억원 이하의 영세규모 벤처기업의 비중이 2011년 이후 지속적으로 75% 이상이다.

ㄹ. 자본금 5억원 이하의 영세규모 벤처기업의 비중이 가장 높은 연도는 2012년이다.

① ㄱ, ㄴ
② ㄱ, ㄷ
③ ㄴ, ㄷ
④ ㄴ, ㄹ
⑤ ㄱ, ㄴ, ㄷ

**02** 다음 <그림>과 <표>는 경찰관 수에 관한 자료이다. 이에 대한 <보기>의 설명 중 옳은 것만을 모두 고르면?

<그림> 한국의 경찰관 수

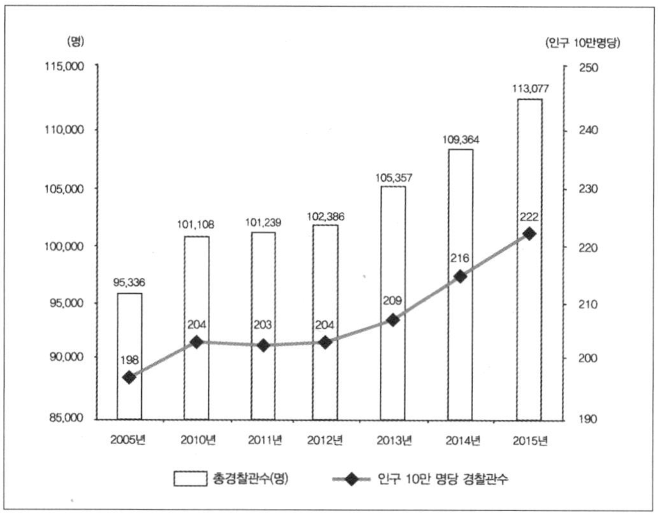


<표> 주요국의 인구 10만 명당 경찰관 수

| 연도 | 2005 | 2010 | 2011 | 2012 | 2013 | 2014 | 2015 |
|---|---|---|---|---|---|---|---|
| 캐나다 | 189 | 196 | 199 | 202 | 201 | 199 | 197 |
| 미국 | 227 | 233 | 230 | 228 | 224 | 213 | 198 |
| 일본 | 198 | 199 | 199 | 200 | 201 | 202 | 202 |
| 한국 | 198 | 204 | 203 | 204 | 209 | 216 | 222 |
| 영국 | 264 | 262 | 260 | 250 | 239 | 229 | 225 |
| 호주 | 223 | 245 | 249 | 262 | 265 | 263 | 263 |
| 독일 | 305 | 307 | 305 | 303 | 302 | 303 | 304 |
| 멕시코 | 342 | 356 | 362 | 355 | 358 | 351 | 367 |
| 인도 | 117 | 123 | 128 | 128 | 133 | 133 | 135 |

보 기

ㄱ. 2010년 한국의 인구는 5년 전 대비 증가하였다.

ㄴ. 2012년 영국의 인구가 독일 인구보다 30% 더 많다면, 독일의 경찰관 수는 영국의 경찰관 수보다 적다.

ㄷ. 한국 경찰관 수의 전년대비 증가량은 2014년이 2015년보다 적다.

ㄹ. 주요국 중 경찰관 수가 가장 많은 국가는 2010년 이후 매년 멕시코이다.

① ㄱ, ㄴ
② ㄱ, ㄷ
③ ㄴ, ㄷ
④ ㄱ, ㄴ, ㄹ
⑤ ㄴ, ㄷ, ㄹ

**03** **다음 <표>는 2012년부터 2015년까지 주요 도시의 개발제한구역 지정 및 해제 현황을 나타낸 자료이다. 이에 대한 설명으로 옳지 않은 것만을 <보기>에서 모두 고르면? (단, 주어진 기간 중 개발제한구역으로 신규 지정된 곳은 없다.)**

〈표〉 주요 도시의 개발제한구역 지정 및 해제 현황

(단위 : ㎢)

| | 2012 | | 2013 | |
|---|---|---|---|---|
| | 해제 면적 | 지정 면적 | 해제 면적 | 지정 면적 |
| 전국 계 | 23 | 3,939 | 14 | 3,925 |
| 서울시 | 2 | 156 | 1 | 155 |
| 부산시 | 1 | 275 | 5 | 270 |
| 대구시 | 1 | 404 | 1 | 403 |
| 인천시 | - | 91 | - | 91 |
| 광주시 | 2 | 247 | 0 | 247 |
| 대전시 | 2 | 309 | 0 | 309 |
| 울산시 | 2 | 271 | 0 | 271 |

| | 2014 | | 2015 | |
|---|---|---|---|---|
| | 해제 면적 | 지정 면적 | 해제 면적 | 지정 면적 |
| 전국 계 | 29 | 3,896 | 6 | 3,890 |
| 서울시 | 2 | 153 | 0 | 152 |
| 부산시 | - | 270 | 2 | 268 |
| 대구시 | - | 403 | 1 | 402 |
| 인천시 | 2 | 89 | - | 89 |
| 광주시 | - | 247 | - | 247 |
| 대전시 | - | 309 | - | 309 |
| 울산시 | - | 271 | - | 271 |

* 서울은 특별시, 나머지는 광역시이다.
* 우리나라의 광역시는 모두 6개이다.
* 해제 면적은 해당 기간중에 해제된 면적을, 지정 면적은 기간 말 현재 개발제한구역으로 지정되어 있는 면적 전체를 의미한다.

보 기

ㄱ. 2011년의 광주시의 지정 면적은 249㎢이다.

ㄴ. 2015년 특별시, 광역시 전체 지정 면적 중에 인천시와 광주시의 개발제한구역 지정 면적 합은 10% 미만이다.

ㄷ. 2013년에 특별시, 광역시 외의 지역에서 개발제한구역 해제 면적은 7㎢이다.

ㄹ. 주어진 기간 동안 각 특별시, 광역시의 개발제한구역 지정 면적은 전 해와 같거나 조금씩 감소하는 추세이다.

① ㄱ
② ㄴ
③ ㄷ
④ ㄴ, ㄷ
⑤ ㄴ, ㄹ

**04** **다음 <그림>과 <표>는 병역판정검사 현황에 관한 자료이다. 이에 대한 <보기>의 설명 중 옳지 않은 것만을 모두 고르면?**

〈그림〉 연도별 19세 남성 인구수

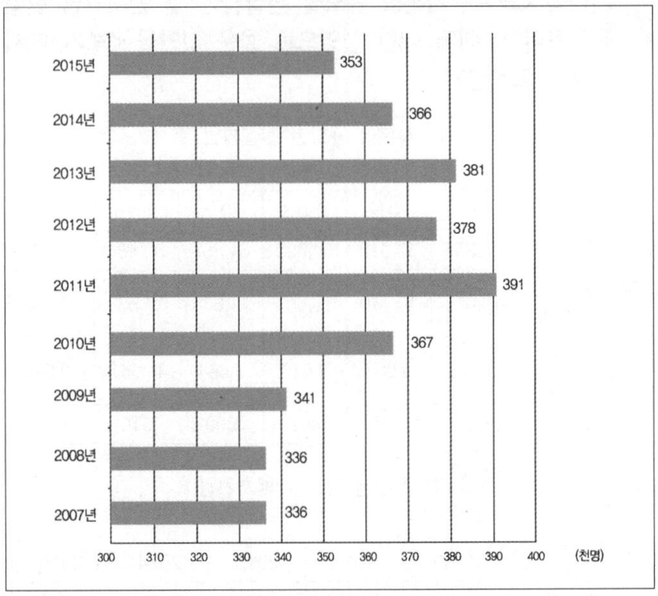


〈표〉 병역판정검사 현황

(단위 : 천명)

| 구분 \ 연도 | 2009 | 2010 | 2011 | 2012 | 2013 | 2014 | 2015 |
|---|---|---|---|---|---|---|---|
| 19세 남성 | 315.1 | 337.5 | 353.9 | 349.1 | 352.3 | 351 | 337 |
| 합계 (19 ~ 20세 남성) | 324.8 | 347.2 | 365.1 | 361.2 | 364.1 | 363.5 | 350.8 |
| 현역병입영 대상자 | 291.1 | 316.2 | 333.8 | 329.7 | 333.2 | (　) | 304.5 |
| 보충역 | 22 | 18.9 | 18 | 18.7 | 18.1 | 19.7 | 31.6 |
| 전시근로역 (신체결함) | 6.7 | 5.9 | 6.2 | 6.1 | 5.9 | 6.9 | 7.2 |
| 병역면제 | 0.9 | 1 | 1 | 0.9 | 0.9 | 0.8 | 1 |
| 재신체검사 | 4.1 | 5.2 | 6.1 | 5.8 | 6 | 7.2 | 6.5 |

* 1) <표>에서 제시된 수치는 병역판정검사를 받은 인원수를 의미함.

2) 병역판정검사결과 현역 처분율(%) = $\frac{\text{현역병입영 대상자수}}{\text{병역판정검사 인원}} \times 100$

3) 병역처분은 표에 열거된 5종내에서 내려짐.

보 기

ㄱ. 2009년 19 ~ 20세 남성의 병역판정검사결과 현역 처분율은 92% 이상이다.

ㄴ. 2014년 19 ~ 20세 남성 현역병입영 대상자의 수는 2012년에 비해 증가하였다.

ㄷ. 2015년 19세 남성 인구수에서 병역판정검사를 받은 남성의 수가 차지하는 비중은 2010년 대비 5%p 이상 증가하였다.

ㄹ. 2010 ~ 2015년 동안 재신체검사 판정을 받은 19 ~ 20세 남성 수의 전년대비 변화폭이 가장 큰 해는 2014년이다.

① ㄱ, ㄴ　② ㄱ, ㄷ　③ ㄴ, ㄹ
④ ㄱ, ㄴ, ㄷ　⑤ ㄴ, ㄷ, ㄹ

**05** 다음 <표>는 2016년 세계 주요 국가들의 재정수지와 보험수지를 나타낸 것이다. 이를 통해 판단했을 때, (a)~(d)에 들어갈 각 숫자들의 합을 고르면?

〈표〉 주요 국가들의 재정, 보험 수지

(단위: 백만 달러)

| | 재정 수입 | 재정 수출 | 보험 수입 | 보험 수출 |
|---|---|---|---|---|
| 한국 | 1,692 | 1,410 | 812 | 684 |
| 중국 | 4,940 | 4,531 | 22,454 | 4,574 |
| 인도 | 4,115 | 5,645 | 7,921 | 2,285 |
| 인도네시아 | 620 | 223 | 964 | 26 |
| 일본 | 5,300 | 7,204 | 5,162 | 1,816 |
| 사우디아라비아 | 990 | 216 | 2,054 | 171 |
| 터키 | 1,905 | 823 | 1,668 | 1,162 |
| 캐나다 | 4,663 | 7,568 | 4,614 | 1,615 |
| 미국 | 19,675 | 87,264 | 47,316 | 16,435 |
| 아르헨티나 | 87 | 10 | 339 | 131 |
| 브라질 | 991 | 1,176 | 1,451 | 669 |
| 프랑스 | 6,614 | 14,377 | 6,283 | 6,881 |
| 독일 | 15,063 | 20,558 | 10,178 | 9,734 |
| 이탈리아 | 8,610 | 5,604 | 3,294 | 2,214 |
| 러시아 | 2,400 | 1,597 | 1,656 | 456 |
| 영국 | 14,289 | 75,763 | 2,467 | 33,672 |
| 남아공 | 107 | 874 | 603 | 241 |
| 호주 | 1,961 | 3,000 | 766 | 486 |

* 각 수지는 수출액과 수입액의 차이를 나타낸 것으로 수출액이 수입액보다 크면 흑자, 수출액이 수입액보다 작으면 적자로 표시한다.

보 기

○ 재정수지와 보험수지가 모두 흑자로 나타나는 국가의 수는 (a)이다.
○ 재정수지와 보험수지의 합이 0 이상인 국가의 수는 (b)이다.
○ 재정수지의 절대값이 호주보다 큰 국가의 수는 (c)이다.
○ 보험수입이 재정수입보다 크면서, 동시에 재정수출이 보험수출보다 큰 국가의 수는 (d)이다.

① 20
② 22
③ 23
④ 24
⑤ 26

**06** 다음 <표>는 1923년 우리나라 국유미간지 중 논의 대부 건수 및 대부 면적에 대한 자료이다. 이에 대한 설명으로 옳지 않은 것만을 <보기>에서 모두 고르면?

〈표〉 국유미간지 중 논의 대부 건수 및 대부 면적

(단위 : 건, 정)

| | 대부 건수 | 대부 면적 |
|---|---|---|
| 전국 | 3,391 | 98,817 |
| 경기도 | 480 | 8,221 |
| 충청북도 | 135 | 96 |
| 충청남도 | 410 | 18,016 |
| 전라북도 | 615 | 9,968 |
| 전라남도 | 595 | 20,793 |
| 경상북도 | 144 | 240 |
| 경상남도 | 251 | 2,361 |
| 황해도 | 170 | 30,306 |
| 평안남도 | 84 | 1,971 |
| 평안북도 | 141 | 5,033 |
| 강원도 | 178 | 480 |
| 함경남도 | 154 | 1,044 |
| 함경북도 | 34 | 288 |

보 기

ㄱ. 경기도와 전라남북도의 국유미간지 중 논의 대부건수를 합하면 전국의 50% 이상이지만 대부면적에 있어서는 50%에 미치지 못한다.
ㄴ. 지역별로 국유미간지 중 논의 대부 건수와 대부 면적을 큰 순서대로 순위를 매긴다면 그 순위가 동일한 지역은 전라남도가 유일하다.
ㄷ. 국유미간지 중 논의 대부 건수 당 대부 면적을 지역별로 비교할 때 전국보다 큰 지역은 5개이다.

① ㄱ
② ㄷ
③ ㄱ, ㄷ
④ ㄴ, ㄷ
⑤ ㄱ, ㄴ, ㄷ

**07** 다음 〈표〉는 농가소득현황에 대한 자료이다. 이를 바탕으로 작성한 〈보고서〉의 내용으로 옳지 않은 것은?

〈표〉 농가소득현황

(단위 : 천원, %)

| | 2011 | 2012 | 2013 | 2014 | 2015 |
|---|---|---|---|---|---|
| 농가소득 | 30,148 | 31,031 | 34,524 | 34,950 | 37,216 |
| 40대 | 45,646 | 47,932 | 43,135 | 45,083 | 50,043 |
| 50대 | 44,213 | 46,528 | 54,745 | 57,816 | 60,703 |
| 60대 | 31,803 | 33,603 | 34,223 | 35,533 | 40,133 |
| 70대 이상 | 20,608 | 21,986 | 22,088 | 22,616 | 24,368 |
| 농업소득 | 8,753 | 9,127 | 10,035 | 10,303 | 11,257 |
| 농업의존도 | 29 | 29.4 | 29.1 | 29.5 | 30.2 |
| 농업소득률 | 33.1 | 33.1 | 32.7 | 32 | 33.5 |
| 농업이외소득 | 21,395 | 21,904 | 24,489 | 24,647 | 25,959 |

* 1) 농가소득은 농가가 1년(1.1~12.31) 동안 벌어들인 소득으로 농업소득과 농업이외소득으로 구성된다.
2) 농업의존도는 농업소득이 농가소득에서 차지하는 비중을 의미
3) 농업소득률은 농업총수입에서 농업소득이 차지하는 비중을 의미

**보 고 서**

㉠ 농가소득은 2011년 이후 지속적으로 증가하고 있다. 농가소득은 농업소득과 농업이외소득으로 구성되는데, 2011년 이후 농업소득과 농업이외소득 모두 지속적으로 증가하고 있다. 그러나 그 증가정도에는 차이가 있는데, ㉡ 2012~2015의 기간동안 농업소득이 전년대비 가장 큰 비율로 증가한 해는 2015년도인 반면, 농업이외소득이 전년대비 가장 큰 비율로 증가한 해는 2013년도이다. 농가소득을 세대별로 살펴보면 모든 세대에서 2015년 소득이 가장 크다. 한편, ㉢ 2012~2015의 기간동안 세대별 농가소득의 전년대비 증가율이 가장 높은 해는 40대, 60대, 70대 이상은 모두 2015년인 반면, 50대는 2013년이다.
㉣ 농업의존도의 경우 2015년도에 30.2%로 2011년도에 비하여 1.2%p증가하였다. 한편, ㉤ 농업의존도와 농업소득률을 통해 볼 때 제시된 모든 연도에서 농가소득보다 농업총수입이 더 작음을 알 수 있다.

① ㉠
② ㉡
③ ㉢
④ ㉣
⑤ ㉤

**08** 다음 〈표〉는 세계 주요 국가들의 국제수지를 나타낸 것이다. 이에 대한 설명으로 옳은 것만을 〈보기〉에서 모두 고르면?

〈표〉 주요 국가들의 국제수지 현황

(단위: 백만 달러)

| 국가별 | 상품수지 | 서비스 수지 | 본원소득 수지 | 이전소득 수지 |
|---|---|---|---|---|
| 한국 | 120,290 | -15,708 | 5,902 | -4,613 |
| 중국 | 566,998 | -182,356 | -45,362 | -8,677 |
| 일본 | -5,212 | -13,858 | 170,667 | -15,990 |
| 싱가포르 | 82,525 | -3,858 | -13,801 | -6,943 |
| 멕시코 | -14,375 | -9,448 | -32,209 | 24,307 |
| 미국 | -759,308 | 219,553 | 191,318 | -135,645 |
| 브라질 | 17,670 | -36,919 | -42,357 | 2,724 |
| 콜롬비아 | -14,026 | -3,981 | -5,989 | 5,071 |
| 벨기에 | 362 | 5,464 | 1,124 | -7,201 |
| 덴마크 | 10,948 | 7,617 | 7,561 | -5,434 |
| 독일 | 292,123 | -33,461 | 70,680 | -43,970 |
| 이탈리아 | 59,600 | -1,561 | -2,254 | -16,306 |
| 네덜란드 | 86,958 | -2,439 | -884 | -14,860 |
| 폴란드 | 2,376 | 10,901 | -13,434 | -980 |
| 포르투갈 | -10,154 | 13,611 | -4,270 | 1,717 |
| 스페인 | -24,742 | 53,230 | -1,104 | -10,726 |
| 스웨덴 | 13,853 | 12,587 | 10,225 | -8,168 |
| 스위스 | 55,786 | 17,167 | 15,287 | -12,323 |
| 영국 | -191,481 | 135,425 | -53,083 | -37,781 |
| 뉴질랜드 | -1,382 | 2,620 | -6,097 | -209 |

* 경상수지=상품수지+서비스수지+본원소득수지+이전소득수지

**보 기**

ㄱ. 상품, 서비스, 본원소득, 이전소득 각 수지의 흑자, 적자 여부가 한국과 모두 동일한 국가는 존재하지 않는다.
ㄴ. 각국이 기록한 각 수지들의 절대값을 비교하여 크기가 큰 순서대로 나열했을 때, 한국과 순서가 동일한 국가는 한국을 제외하고 6곳이다.
ㄷ. 경상수지 흑자가 가장 큰 국가와 적자가 가장 큰 국가의 경상수지 절대값의 차이는 영국의 경상수지 절대값보다 작다.
ㄹ. 경상수지가 흑자를 기록한 국가의 수는 적자를 기록한 국가 수의 1.5배이다.

① ㄱ, ㄴ
② ㄱ, ㄹ
③ ㄴ, ㄷ
④ ㄴ, ㄹ
⑤ ㄷ, ㄹ

**09** 다음 <표>는 성폭력 관련시설 운영실적에 관한 자료이다. 이에 대한 설명으로 옳지 않은 것은?

〈표〉 성폭력 관련시설 운영실적

(단위: 개, 건, %)

| | | | 2011 | 2012 | 2013 | 2014 | 2015 | 2016 |
|---|---|---|---|---|---|---|---|---|
| 상담소 | | | 202 | 196 | 199 | 152 | 163 | 172 |
| 상담건수 | | 건수 | 25,443 | 27,636 | 33,659 | 39,299 | 33,749 | 30,642 |
| | | 비중 | 100 | 100 | 100 | 100 | 100 | 100 |
| 피해자 유형 | 강간 | 건수 | 9,286 | 10,256 | 14,137 | 16,449 | 14,331 | 11,768 |
| | | 비중 | 36.5 | 37.1 | 42 | 41.9 | 42.5 | 38.4 |
| | 성추행 | 건수 | 9,720 | 10,432 | 13,452 | 16,109 | 12,964 | 12,386 |
| | | 비중 | 38.2 | 37.7 | 40 | 40.1 | 38.4 | 40.4 |
| | 기타 | 건수 | 6,437 | 6,948 | 6,070 | 6,741 | 6,454 | 6,488 |
| | | 비중 | 25.3 | 25.1 | 18 | 17.2 | 19.1 | 21.2 |
| 피해자 연령 | 유아 | 건수 | 694 | 1,194 | 944 | 1,042 | 786 | 565 |
| | | 비중 | 2.7 | 4.3 | 2.8 | 2.7 | 2.3 | 1.9 |
| | 어린이 | 건수 | 2,479 | 4,127 | 4,375 | 5,581 | 3,813 | 3,088 |
| | | 비중 | 9.8 | 14.9 | 13 | 14.2 | 11.3 | 10.1 |
| | 청소년 | 건수 | 6,202 | 7,758 | 10,287 | 11,761 | 9,914 | 9,371 |
| | | 비중 | 24.4 | 28.1 | 30.6 | 29.9 | 29.4 | 30.6 |
| | 성인 | 건수 | 13,121 | 12,315 | 15,661 | 18,606 | 16,328 | 15,730 |
| | | 비중 | 51.5 | 58.2 | 46.5 | 47.4 | 48.4 | 51.3 |
| | 미상 | 건수 | 2,947 | 2,242 | 2,392 | 2,309 | 2,908 | 1,888 |
| | | 비중 | 11.6 | 8.1 | 7.1 | 5.9 | 8.6 | 6.2 |

① 성폭력 상담건수는 2015년과 2016년을 제외하고 매년 전년에 비해 증가하였으며, 2016년의 성폭력 상담건수는 2011년에 비해 약 20% 증가하였다.

② 2014년의 성폭력 상담소 당 상담건수는 2011년의 성폭력상담소 당 상담건수의 두 배 이상이다.

③ 성폭력 상담건수에서 피해자의 연령별(미상 포함) 상담이 차지하는 비중의 크기순서는 조사기간 내내 동일하게 유지되었다.

④ 2013년 성폭력 상담을 받은 피해자 중 강간 피해를 입은 성인 피해자가 차지하는 비중은 최소 0% 이상 최대 약 42% 이하이다.

⑤ 2011 ~ 2016년 동안 성폭력 상담건수 중 유아, 어린이, 청소년 피해자의 비중 대비 성인 피해자의 비중이 4번째로 높은 연도는 2015년이다.

**10** 다음 <그림>과 <표>는 국내 가공밥 판매량과 관련된 자료들이다. 이에 대한 설명으로 옳은 것만을 <보기>에서 모두 고르면?

〈그림〉 가공밥 판매량과 1인당 쌀 소비량

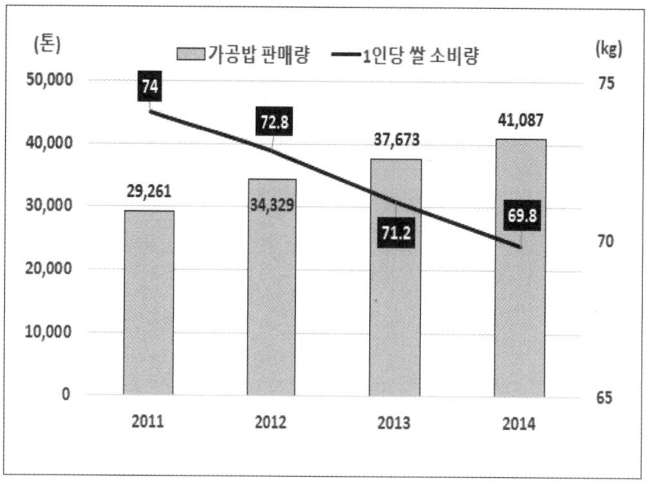


* 1인당 쌀 소비량은 쌀 소비인구 1인이 1년간 소비하는 쌀의 양을 의미한다.

〈표〉 가공밥 판매량 추이

(단위: 톤)

| | 2011 | 2012 | 2013 | 2014 |
|---|---|---|---|---|
| 맨밥류 | 27,948 | 33,210 | 36,390 | 39,919 |
| 흰밥 | 26,854 | 30,955 | 32,573 | 35,153 |
| 잡곡밥 | 1,094 | 2,255 | 3,817 | 4,766 |
| 복합밥류 | 1,313 | 1,119 | 1,283 | 1,168 |
| 합계 | 29,261 | 34,329 | 37,673 | 41,087 |

보 기

ㄱ. 제시된 기간 중 가공밥 판매량에서 복합밥류가 차지하는 비중은 매년 감소하고 있다.

ㄴ. 1인당 쌀 소비량 중 가공밥이 차지하는 비중이 2011년 30%에서 매년 5%p씩 증가한다고 할 때, 2012년과 2013년 1인당 쌀 소비량 중 가공밥 양의 차이는 3kg 이상이다.

ㄷ. 제시된 기간 중 맨밥류 가공밥에 포함되는 흰밥과 잡곡밥의 판매량 격차는 매년 증가하고 있다.

ㄹ. 2011년 쌀 소비인구는 4,000만 명이고, 매년 정확히 10%씩 증가한다고 할 때, 2011년과 2014년 쌀 소비인구가 소비하는 전체 쌀 소비량 격차는 75만 톤에 미치지 못한다.

① ㄱ, ㄴ
② ㄱ, ㄷ
③ ㄴ, ㄷ
④ ㄴ, ㄹ
⑤ ㄷ, ㄹ

**11** **다음 〈표〉는 15세 이상 연령대별 일자리 현황과 성별 일자리 현황에 대한 자료이다. 이를 이용하여 작성한 그래프로 옳지 않은 것은?**

〈표 1〉 연령대별 일자리 현황

(단위 : 천 개)

| 연령대별 | 총 계 | 지속 일자리 | 신규채용 일자리 | 기업생성 | 기업 내 신규대체 |
|---|---|---|---|---|---|
| 총 계 | 23,195 | 15,621 | 7,573 | 1,738 | 5,835 |
| 15~19세 | 130 | 5 | 125 | 15 | 110 |
| 20~29세 | 3,011 | 1,349 | 1,661 | 239 | 1,423 |
| 30~39세 | 5,402 | 3,793 | 1,609 | 410 | 1,199 |
| 40~49세 | 6,258 | 4,547 | 1,711 | 477 | 1,234 |
| 50~59세 | 5,392 | 3,885 | 1,507 | 387 | 1,119 |
| 60세 이상 | 3,002 | 2,042 | 960 | 210 | 750 |

〈표 2〉 성별 일자리 현황

(단위 : 천 개)

| 성별 | 연령대별 | 총 계 | 지속 일자리 | 신규채용 일자리 | 기업생성 | 기업 내 신규대체 |
|---|---|---|---|---|---|---|
| 남자 | 총 계 | 13,712 | 9,473 | 4,239 | 970 | 3,268 |
| | 15~19세 | 69 | 2 | 66 | 8 | 59 |
| | 20~29세 | 1,464 | 623 | 841 | 121 | 720 |
| | 30~39세 | 3,284 | 2,322 | 962 | 247 | 714 |
| | 40~49세 | 3,737 | 2,798 | 939 | 267 | 672 |
| | 50~59세 | 3,242 | 2,386 | 856 | 207 | 649 |
| | 60세 이상 | 1,916 | 1,342 | 575 | 120 | 454 |
| 여자 | 총 계 | 9,484 | 6,149 | 3,334 | 766 | 2,569 |
| | 15~19세 | 62 | 3 | 59 | 8 | 52 |
| | 20~29세 | 1,547 | 727 | 820 | 117 | 703 |
| | 30~39세 | 2,118 | 1,471 | 647 | 162 | 485 |
| | 40~49세 | 2,521 | 1,749 | 772 | 210 | 562 |
| | 50~59세 | 2,150 | 1,499 | 651 | 180 | 471 |
| | 60세 이상 | 1,086 | 700 | 385 | 89 | 296 |

*백의자리에서 반올림한 수치이며 이로인한 오차는 무시함

① 연령대별 일자리 구성비

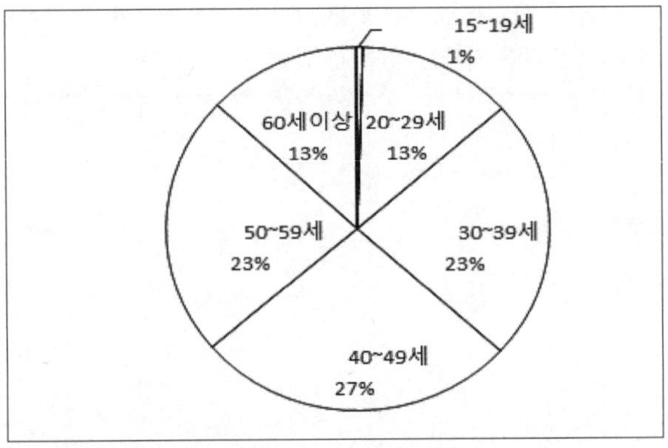


* 반올림으로 인한 오차는 무시함

② 성별에 따른 항목별일자리

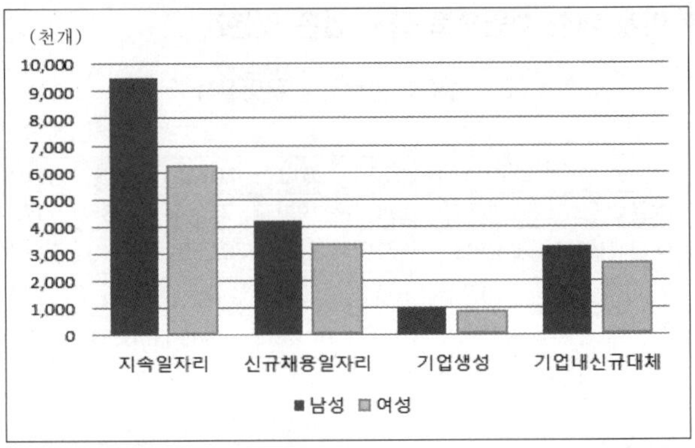


③ 연령대별 지속일자리

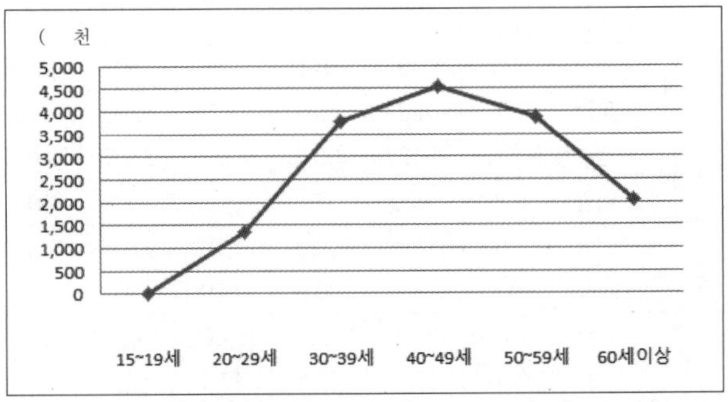


④ 20~29세 성별 일자리현황

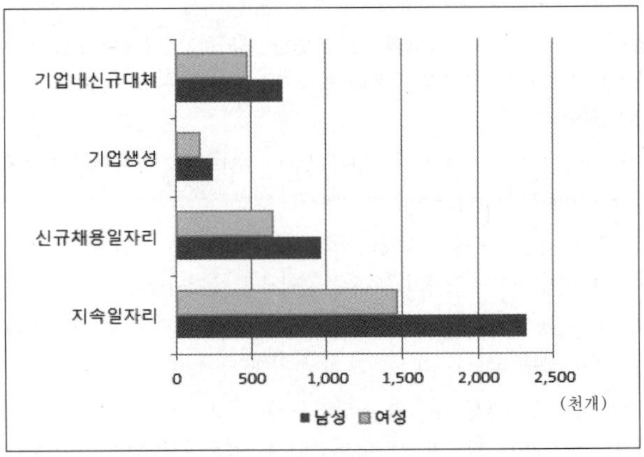


⑤ 여자의 연령대에 따른 일자리 구성비

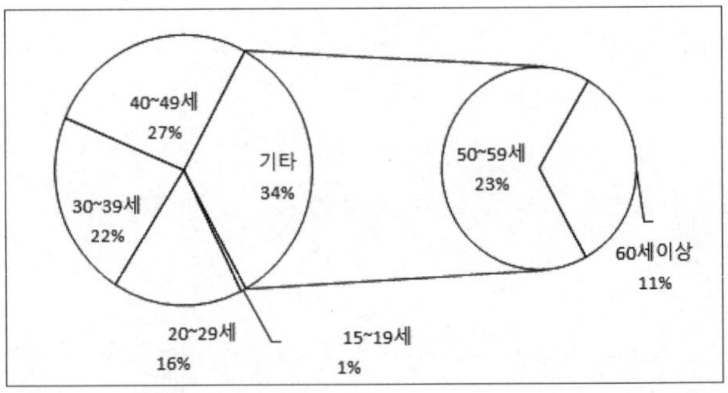


* 반올림으로 인한 오차는 무시함

**12** 다음 <표>는 2015년 장애인 의무고용 현황에 대한 자료이다. 이에 대한 설명으로 옳은 것은?

<표> 2015년도 장애인 의무고용 현황

(단위 : 개소, 명, %,'15.12월말 현재)

| 구 분 | | | 적용대상 | 상시근로자 | 장애인 근로자 | 장애인 고용률 |
|---|---|---|---|---|---|---|
| 합 계 | | | 25,688 | 7,199,417 | 142,022 | 1.97 |
| 국가·자치단체 | 공무원 | 소 계 | 312 | 831,469 | 18,725 | 2.25 |
| | | 중앙행정기관 | 47 | 169,615 | 4,805 | 2.83 |
| | | 헌법기관 | 4 | 22,721 | 501 | 2.21 |
| | | 지방자치단체 | 244 | 249,100 | 8,306 | 3.33 |
| | | 교 육 청 | 17 | 390,033 | 5,113 | 1.31 |
| | 비공무원 | 소 계 | 293 | 260,814 | 5,629 | 2.16 |
| | | 중앙행정기관 | 30 | 38,953 | 786 | 2.02 |
| | | 헌법기관 | 3 | 5,255 | 137 | 2.61 |
| | | 지방자치단체 | 243 | 76,318 | 3,495 | 4.58 |
| | | 교 육 청 | 17 | 140,288 | 1,211 | 0.86 |
| 공공기관 | | 소 계 | 261 | 302,435 | 7,548 | 2.5 |
| | | 공기업 | 28 | 105,432 | 3,091 | 2.93 |
| | | 준정부기관 | 83 | 87,791 | 2,631 | 3.0 |
| | | 기타공공기관 | 150 | 109,212 | 1,826 | 1.67 |
| 민간기업 | | | 24,822 | 5,804,699 | 110,120 | 1.9 |

$* \text{ 장애인고용률} = \dfrac{\text{장애인 근로자수}}{\text{상시근로자수}}$

① 국가·자치단체(공무원, 비공무원), 공공기관의 장애인 고용률은 민간기업보다 작다.

② 민간기업에서 상시근로자 대비 장애인 근로자의 수는 2% 이상이다.

③ 국가·자치단체에 해당하는 기관 중 장애인 의무고용 적용대상 기관의 80% 이상이 지방자치단체이다.

④ 전체 장애인 고용률보다 낮은 장애인 고용률을 보이는 기관에 대해 장애인의 의무고용에 대한 참여를 촉구하는 경우, 교육청, 헌법기관, 기타 공공기관, 민간기업에 특별히 촉구할 필요가 있다.

⑤ 국가·자치단체의 전체 상시근로자 중 교육청의 소속은 50% 이상이다.

**13** 다음 <표>는 고령자 1인 가구 현황에 대한 자료이다. 이에 대한 <보기>의 설명 중 옳은 것을 모두 고르면?

<표 1> 고령자 가구

(단위 : 천가구, %)

| | 전체 고령자 | 고령자 1인 가구 | 세부 비중 | | | | |
|---|---|---|---|---|---|---|---|
| | | | 성별 비중 | | 연령별 비중 | | |
| | | | 남자 | 여자 | 65~69세 | 70~79세 | 80세 이상 |
| 1990 | 963 | 193 | 14.2 | 85.8 | 42.7 | 47.2 | 10.1 |
| 1995 | 1,251 | 349 | 13.7 | 86.3 | 38.8 | 50.1 | 11.2 |
| 2000 | 1,734 | 543 | 14.7 | 85.3 | 34.6 | 52.4 | 13.0 |
| 2005 | 2,448 | 783 | 17.0 | 83.0 | 30.0 | 53.1 | 16.8 |
| 2010 | 3,111 | 1,066 | 20.3 | 79.7 | 25.6 | 52.8 | 21.6 |
| 2015 | 3,720 | 1,223 | 24.4 | 75.6 | 25.6 | 48.8 | 25.6 |
| 2016 | 3,867 | 1,294 | 25.1 | 74.9 | 26.0 | 47.5 | 26.5 |

<표 2> 고령자 1인 가구 취업자

(단위 : 천가구)

| | 2014 | 2015 | 2016 |
|---|---|---|---|
| | 취업자 | 취업자 | 취업자 |
| 1인 가구(전체) | 408.9 | 429.5 | 442.8 |
| 남 자 | 99.1 | 109.5 | 118.9 |
| 여 자 | 309.8 | 320.1 | 323.9 |
| 65~69세 | 131.4 | 133.9 | 143.8 |
| 70~79세 | 228.2 | 233.6 | 236.2 |
| 80세 이상 | 49.3 | 62.0 | 62.8 |

보 기

ㄱ. 전체 고령자 중 고령자 1인가구의 비중이 가장 높았던 시점은 2016년도이다.

ㄴ. 65세 이상 고령자 1인 가구 중 취업자는 지속적으로 증가하고 있다.

ㄷ. 연령별로 보면, 고령자 1인 가구 취업자 중 65~69세와 80세 이상을 합치면 70~79세 비중보다 더 크다.

ㄹ. 2016년 여자 고령자 1인 가구 취업자가 전체 고령자 1인가구 취업자에서 차지하는 비중이 2015년 대비 증가하였다.

ㅁ. 2015년도에 고령자 1인 가구 중 취업자 성별 비중은 여자가 남자보다 2.5배 이상 많다.

① ㄱ, ㄷ

② ㄴ, ㅁ

③ ㄴ, ㄷ, ㅁ

④ ㄱ, ㄷ, ㄹ

⑤ ㄱ, ㄹ, ㅁ

**14** 다음 <표>는 1998년부터 2015년까지의 이산가족 상봉 현황에 대한 자료이다. 이에 대한 설명으로 옳은 것만을 <보기>에서 모두 고르면?

〈표 1〉 이산가족 교류 현황

(단위 : 건)

| 접촉 신청 | 생사확인 | 상봉 | 서신교환 |
|---|---|---|---|
| 18,037 | 11,775 | 6,428 | 12,151 |

〈표 2〉 중개자별 성사현황

(단위 : 건)

| 구분 | 남북 당국 | 해외 동포 | 주선 단체 | 언론 매체 | 기타 | 무 기재 |
|---|---|---|---|---|---|---|
| 생사확인 | 7,905 | 2,257 | 993 | 128 | 327 | 165 |
| 상봉 | 4,677 | 1,172 | 286 | 24 | 243 | 26 |

* 1) 교류는 접촉을 신청한 이산가족에 한해 이루어졌다.
2) 교류는 한 가족에게 각각의 교류형태에 대하여 최대 1회 이루어졌다.

보 기

ㄱ. 이산가족 교류 건수 중 생사확인과 서신교환이 모두 이뤄진 경우는 적어도 5,889건 이상이다.
ㄴ. 전체 생사확인 건수 중 남북당국에 의해 중개성사된 생사확인의 비율은 전체 상봉 건수 중 남북당국에 의해 중개성사된 상봉의 비율보다 높다.
ㄷ. 서신교환의 중개자별 성사현황의 비율이 상봉과 동일하다고 가정한다면, 남북당국에 의해 중개성사된 서신교환 건수는 8,800건 이상이다.

① ㄱ
② ㄷ
③ ㄱ, ㄴ
④ ㄱ, ㄷ
⑤ ㄱ, ㄴ, ㄷ

**15** 다음 <표>는 중학교 3학년 교사인 A교사의 수업과 관련한 자료이다. 이에 근거한 설명으로 옳은 것을 모두 고르면? (단, 중학교 3학년은 1반, 2반, 3반으로만 구성되어 있고, 5월 16~19일까지는 학교 행사로 수업이 진행되지 못한 반이 있었다.)

〈표 1〉 A교사의 일주일 수업 시간표

| 교시 | 월 | 화 | 수 | 목 | 금 |
|---|---|---|---|---|---|
| 1 | 1반 | | | | 2반 |
| 2 | | | | | |
| 3 | 2반 | 1반 | 3반 | | |
| 4 | | | 1반 | 3반 | 3반 |
| 5 | | 3반 | | | |
| 6 | | | 2반 | | |
| 7 | | | | 1반 | |
| 8 | | 2반 | | | |

〈표 2〉 5월 A교사의 수업 진도표

| | 1반 | 2반 | 3반 |
|---|---|---|---|
| 05월 15일 | ? | 13차시 | ? |
| 05월 17일 | 15차시 | ? | 15차시 |
| 05월 18일 | 16차시 | ? | 16차시 |
| 05월 19일 | ? | ? | 17차시 |
| 05월 22일 | 17차시 | 15차시 | 수업없음 |
| 05월 25일 | 20차시 | 수업없음 | 20차시 |
| 05월 26일 | 수업없음 | 18차시 | 21차시 |

* 차시는 1회분의 수업진도를 의미하고, A교사는 차시순서대로 수업을 진행한다.

보 기

ㄱ. A교사는 5월 4일에 1반과 3반에서만 수업을 진행했을 것이다.
ㄴ. A교사는 5월 16일부터 19일 사이에 적어도 7번의 수업을 진행했다.
ㄷ. A교사는 5월달 동안 56번의 수업을 진행했다.

① ㄱ
② ㄴ
③ ㄱ, ㄷ
④ ㄴ, ㄷ
⑤ ㄱ, ㄴ, ㄷ

**16** 다음 <표>는 국가소송 현황에 대한 자료이다. 이에 대한 설명으로 옳은 것은?

〈표 1〉 국가소송 유형별 처리현황

(단위 : 건)

| | | 2011 | 2012 | 2013 | 2014 | 2015 | 2016 |
|---|---|---|---|---|---|---|---|
| 국가원고 | 부동산 | 64 | 186 | 125 | 121 | 129 | 159 |
| | 손해배상 | 13 | 27 | 16 | 6 | 4 | 4 |
| | 기타 | 539 | 745 | 621 | 466 | 465 | 413 |
| 국가피고 | 부동산 | 1,753 | 2,356 | 2,261 | 1,639 | 1,315 | 1,013 |
| | 손해배상 | 598 | 752 | 730 | 680 | 725 | 549 |
| | 기타 | 1,050 | 1,451 | 1,238 | 1,225 | 992 | 978 |
| 국가참가 | | - | - | 3 | 1 | 7 | 4 |

〈표 2〉 국가소송 사건수

(단위 : 건)

| | 접수건수 | 처리건수 | 승소건수 | 패소건수 |
|---|---|---|---|---|
| 2011 | 11,148 | 4,017 | 1,408 | 838 |
| 2012 | 11,667 | 5,517 | 1,907 | 1,039 |
| 2013 | 10,624 | 4,994 | 1,813 | 910 |
| 2014 | 9,929 | 4,138 | 1,534 | 634 |
| 2015 | 10,086 | 3,637 | 1,440 | 565 |
| 2016 | 10,887 | 3,120 | 1,360 | 514 |

* 접수건수 : 전년도 이월사건과 당해연도 접수사건을 합산한 건수
  - 당해연도 신규접수건수 = 당해연도 접수건수 − 전년도 접수건수 + 전년도 처리건수
* 처리건수 : 재판이 확정되어 종결된 건수
  - 처리율(%) = 처리건수 / 접수건수 × 100
* 승소건수 : 국가가 재판에서 승소한 경우
  - 승소율(%) = 승소건수 / 처리건수 × 100
* 패소건수 : 국가가 소송에서 패소한 건수
  - 패소율(%) = 패소건수 / 처리건수 × 100

① 2016년 국가피고소송에서 부동산 소송의 비중은 국가원고소송에서 부동산 소송의 비중에 비해 20%p 이상 크다.

② 2012 ~ 2016년 동안 국가원고소송의 전년대비 증가율이 가장 높은 연도는 2015년이다.

③ 2016년 신규접수건수는 2012년에 비해 감소하였다.

④ 2014 ~ 2016년 동안 승소율은 2014년에, 처리율은 2016년에 가장 높다.

⑤ 2011 ~ 2013년 동안 매년 승소건수 중 적어도 1,000건 이상은 기타 소송 유형이다.

**17** 다음은 건설업, 농림수산업, 도매업, 제조업 4개 업종에서 사업체 규모별 RFID 이용 실태를 조사하여 정리한 것이다. <조건>의 내용을 토대로, A~D에 해당하는 업종을 바르게 연결한 것은?

〈표〉 RFID 이용 실태

| 업종 | 규모 | 사업체수 (개) | 이용 사례수 (개) |
|---|---|---|---|
| A | 소계 | 4,293 | 282 |
| | 1~4명 | 2,208 | 91 |
| | 5~9명 | 814 | 15 |
| | 10~49명 | 1,152 | 136 |
| | 50~249명 | 113 | 35 |
| | 250명 이상 | 6 | 5 |
| B | 소계 | 360,394 | 35,098 |
| | 1~4명 | 228,682 | 8,704 |
| | 5~9명 | 67,801 | 6,722 |
| | 10~49명 | 9,174 | 8,554 |
| | 50~249명 | 947 | 947 |
| | 250명 이상 | 53,790 | 10,170 |
| C | 소계 | 109,201 | 12,211 |
| | 1~4명 | 67,121 | 1,018 |
| | 5~9명 | 22,273 | 2,952 |
| | 10~49명 | 16,934 | 7,690 |
| | 50~249명 | 2,541 | 454 |
| | 250명 이상 | 332 | 97 |
| D | 소계 | 941,895 | 46,697 |
| | 1~4명 | 840,819 | 27,694 |
| | 5~9명 | 68,952 | 10,084 |
| | 10~49명 | 29,440 | 6,421 |
| | 50~249명 | 2,514 | 2,329 |
| | 250명 이상 | 170 | 170 |

* $\text{이용 비율} = \dfrac{\text{이용사례수}}{\text{사업체수}}$

**조 건**

- 1~4명 규모의 RFID 이용 비율이 3.5% 이상인 업종은 농림수산업과 제조업이다.
- 사업체의 규모가 증가할수록 사업체의 수가 감소하는 업종은 건설업과 도매업이다.
- 5~9명 규모의 RFID 이용 비율이 해당 업종의 전체 이용 비율보다 높은 업종은 제조업과 건설업, 도매업이다.
- 도매업의 RFID 이용 비율은 건설업의 RFID 이용 비율의 절반에 미치지 못한다.

| | A | B | C | D |
|---|---|---|---|---|
| ① | 건설업 | 제조업 | 농림수산업 | 도매업 |
| ② | 제조업 | 농림수산업 | 건설업 | 도매업 |
| ③ | 농림수산업 | 제조업 | 건설업 | 도매업 |
| ④ | 제조업 | 도매업 | 건설업 | 농림수산업 |
| ⑤ | 농림수산업 | 제조업 | 도매업 | 건설업 |

**18** 다음 〈그림〉은 저임금 근로자에 관한 자료이다. 이에 대한 〈보기〉의 설명 중 옳지 않은 것만을 모두 고르면?

〈그림 1〉 저임금 근로자 비율

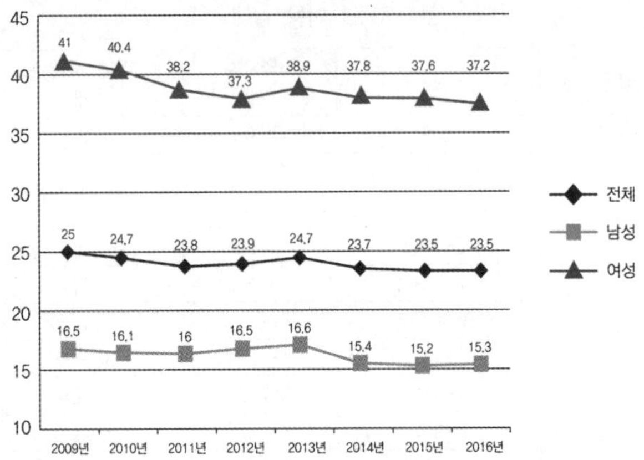


※ 저임금 근로자 비율 = $\frac{\text{전체 임금근로자 중위값의 2/3미만 임금근로자수}}{\text{전체 임금근로자수}} \times 100$

〈그림 2〉 중위임금 대비 최저임금 비율

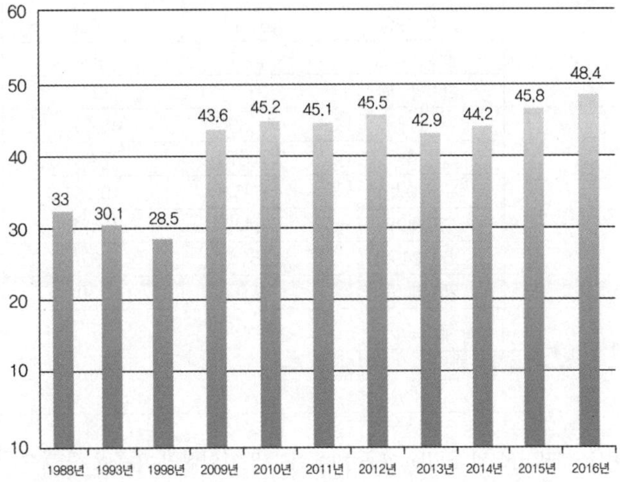


※ 중위임금은 전체 임금근로자의 중위 값임.

**보 기**

ㄱ. 2010~2016년 동안 연도별 남성과 여성 저임금 근로자 비율의 격차는 2010년이 가장 높다.
ㄴ. 2013년 이후 최저임금은 매년 증가하였다.
ㄷ. 2016년 남성 임금근로자 수는 여성 임금근로자 수에 비해 60% 이상 더 많다.
ㄹ. 2016년 중위임금이 1998년에 비해 60% 상승하였다면 2016년 최저임금은 1998년의 3배 이상이다.

① ㄱ, ㄴ
② ㄱ, ㄷ
③ ㄴ, ㄷ
④ ㄴ, ㄹ
⑤ ㄴ, ㄷ, ㄹ

※ 다음 〈표〉는 2015년 우리나라와 A국 사이에 적용되는 품목별 수입, 수출 관세율 자료와 이에 대한 〈보고서〉를 나타낸 것이다. 물음에 답하시오. [문 19~20]

〈표〉 대 A국 수입, 수출 관세율

(단위: %)

| | A국 → 한국 수입 관세율 | 한국 → A국 수출 관세율 |
|---|---|---|
| 동물 | 21.5 | 14.1 |
| 유제품 | 66 | 12.3 |
| 과일, 야채, 식물 | 58.5 | 14.8 |
| 커피 및 차 | 56.4 | 14.9 |
| 시리얼 | 187.3 | 23 |
| 종유, 지방 및 유류 | 40.7 | 10.9 |
| 설탕과 제과 | 15.7 | 28.7 |
| 음료 및 담배 | 32.2 | 23.5 |
| 면 | 0 | 22 |
| 기타 농업제품 | 20.4 | 11.9 |
| 생선 | 16.3 | 10.6 |
| 광물 및 금속 | 4.5 | 7.8 |
| 석유 | 4.4 | 5.3 |
| 화학 | 5.7 | 6.7 |
| 나무, 종이 등 | 2.2 | 4.5 |
| 섬유 | 9 | 9.6 |
| 의류 | 12.5 | 16 |
| 가죽, 신발 등 | 7.5 | 13.5 |
| 비전기기계 | 6 | 8.2 |
| 전기기계 | 6.2 | 9 |
| 운송장비 | 5.5 | 11.4 |
| 제조품 | 6.6 | 12.1 |

**보 고 서**

정부는 무역 정책 수립을 위하여 현재 A국과의 무역에서 부과되는 수입 관세율과 수출 관세율을 조사하였다. 조사 결과 A국과 현재 무역이 이루어지는 품목 중 수입 관세율이 수출 관세율보다 더 높은 항목의 수는 (가), 수출 관세율이 수입 관세율보다 높은 항목의 수는 (나)이다. 품목별 수입 관세율과 수출 관세율의 차이가 세 번째로 큰 품목의 관세율 차이는 (다)%p이며, 수출 관세율이 가장 높은 품목과 가장 낮은 품목의 관세율 차이는 (라)%p이다.

**19** 위의 자료를 토대로 판단할 때, <보고서>의 빈 칸 (가) ~ (라)에 들어갈 수의 합으로 옳은 것은?

① 88
② 88.7
③ 88.9
④ 89
⑤ 89.9

**20** 다음의 <보기 1>은 기업 단위 무역 수지의 계산 방법을 나타낸 것이며, <보기 2>는 무역 회사 B의 수출입 현황을 나타낸 것이다. 이때 B회사의 무역 수지를 계산한 값으로 옳은 것은? (단, 구매 가격과 판매 가격은 환율을 무시하고 동일한 화폐 단위 P로 계산한다.)

보 기 1

◉ 기업 단위 무역 수지 : 기업 수출액 – 기업 수입액
◉ 기업 수입액
→ 구매 가격 × 수입량 × (1 + 수입 관세율)
◉ 기업 수출액
→ 판매 가격 × 수출량 × (1 + 수출 관세율)

보 기 2

| | 구매 가격 | 수입량 | 판매 가격 | 수출량 |
|---|---|---|---|---|
| 광물 및 금속 | 400P | 25,000 | - | - |
| 석유 | 700P | 18,000 | - | - |
| 화학 | 50P | 720,000 | - | - |
| 전기기계 | - | - | 160P | 200,000 |
| 제조품 | - | - | 220P | 500,000 |

① 95,532,000P
② 96,533,600P
③ 97,533,600P
④ 98,533,600P
⑤ 99,533,600P

**21** 다음 <표>는 국방관련 집회 및 시위 현황에 대한 자료이다. 이에 대한 설명으로 옳은 것만을 <보기>에서 모두 고르면?

〈표 1〉 집회·시위 현황

(단위 : 건, 명)

| | 건수 | 인원 |
|---|---|---|
| 2012 | 163 | 2,032 |
| 2013 | 157 | 3,120 |
| 2014 | 94 | 6,252 |
| 2015 | 178 | 5,194 |
| 2016 | 266 | 3,004 |

〈표 2〉 분야별 집회·시위 현황

(단위 : 건)

| | 2015 | 2016 |
|---|---|---|
| 계 | 178(100%) | 266(100%) |
| 시설공사 | 25(14.0%) | 43(16.1%) |
| 인사복지 | 111(62.4%) | 144(54.1%) |
| 사건/사고 | - | 1(0.4%) |
| 전력정책 | 41(23.0%) | 64(24.1%) |
| 국군포로 | - | 13(4.9%) |
| 기 타 | 1(0.6%) | 1(0.4%) |

보 기

ㄱ. 2016년 국방관련 집회·시위 건수 당 집회·시위 인원은 11명 미만이다.
ㄴ. 국방관련 집회·시위 건수는 2012 ~ 2014년 동안 매년 감소하였으나, 2014년 이후엔 매년 증가하고 있다.
ㄷ. 2013년 국방관련 집회·시위 건수 중 인사복지 분야의 비중이 2016년과 동일하다고 가정하면, 2013년 국방관련 인사복지 분야의 집회·시위 건수는 90건 이상이다.
ㄹ. 2015 ~ 2016년 동안 국방관련 전력정책 분야의 총 집회·시위 건수는 국방관련 시설공사 분야의 총 집회·시위 건수보다 50% 이상 많다.

① ㄱ, ㄴ
② ㄱ, ㄹ
③ ㄴ, ㄷ
④ ㄴ, ㄹ
⑤ ㄷ, ㄹ

## 22

다음 <표>는 식의약 안정정책에 대한 국회에서의 이슈 분포 현황에 대한 자료이다. 이에 대한 설명으로 옳은 것만을 <보기>에서 모두 고르면?

<표 1> 정책수혜 대상별 이슈 분포

(단위: 건)

| 구분 | | 2011 | 2012 | 2013 | 2014 | 2015 |
|---|---|---|---|---|---|---|
| 정책수혜대상 | 전국민/소비자 | 85 | 56 | 80 | 134 | 116 |
| | 어린이/청소년 | 11 | 6 | 11 | 32 | 37 |
| | 노인 | 0 | 0 | 0 | 2 | 0 |
| | 환자 | 20 | 9 | 27 | 39 | 22 |
| | 여성 | 0 | 1 | 1 | 2 | 2 |
| | 장애인 | 2 | 1 | 1 | 0 | 1 |
| | 기업/산업 | 18 | 12 | 12 | 23 | 24 |
| | 농어촌 | 0 | 0 | 2 | 1 | 1 |
| 식약처/산하기관 | | 5 | 8 | 7 | 9 | 6 |
| 외부기관 | | 1 | 0 | 3 | 0 | 2 |
| 기타 | | 1 | 0 | 0 | 0 | 0 |
| 전체 | | 143 | 93 | 144 | 242 | 211 |

(연도: 2011~2015)

<표 2> 이슈의 원인별 분포

(단위: 건)

| 구 분 | | 2011 | 2012 | 2013 | 2014 | 2015 |
|---|---|---|---|---|---|---|
| 이슈 원인 | 성분/원료 | 15 | 23 | 25 | 46 | 59 |
| | 제품 자체 | 33 | 31 | 28 | 69 | 67 |
| | 안전관리 시스템 | 87 | 28 | 89 | 124 | 82 |
| | 기타 | 8 | 11 | 2 | 3 | 3 |
| 전체 | | 143 | 93 | 144 | 242 | 211 |

(연도: 2011~2015)

**보 기**

ㄱ. 정책수혜대상에서 '기업/산업'이 '환자'보다 이슈 발생이 많았던 연도는 2012년, 2015년이다.

ㄴ. 이슈 원인에서 '제품 자체'와 '성분/원료'간의 차이가 가장 적었던 연도는 2015년이다.

ㄷ. 주어진 기간을 통틀어 볼 때 정책수혜대상에서 '전국민/소비자 > 환자 > 어린이/청소년 > 기업/산업' 순으로 이슈 발생 정도가 높다.

ㄹ. 주어진 기간을 통틀어 볼 때 이슈의 원인 분포 순서는 '안전관리시스템 > 제품 자체 > 성분/원료' 순으로 나타난다.

① ㄱ, ㄷ
② ㄴ, ㄹ
③ ㄱ, ㄴ, ㄷ
④ ㄱ, ㄷ, ㄹ
⑤ ㄴ, ㄷ, ㄹ

## 23

다음 <표>는 한국의 감염병 환자발생 현황에 대한 자료이다. 이에 대한 설명으로 옳은 것만을 <보기>에서 모두 고르면?

<표> 한국의 감염병 환자발생 현황

(단위 : 명)

| 군 | 병명 \ 연도 | 2012 | 2013 | 2014 | 2015 | 2016 |
|---|---|---|---|---|---|---|
| 제1군 | 콜레라 | 5 | 0 | 8 | 3 | 0 |
| | 장티푸스 | 188 | 168 | 133 | 148 | 129 |
| | 파라티푸스 | 44 | 36 | 55 | 56 | 58 |
| | 세균성이질 | 209 | 180 | 228 | 171 | 90 |
| | 장출혈성대장균감염증 | 58 | 62 | 56 | 71 | 58 |
| | A형간염 | 0 | 0 | 0 | 4,817 | 156 |
| 제2군 | 디프테리아 | 0 | 1 | 2 | 4 | 5 |
| | 백일해 | 9 | 66 | 87 | 97 | 230 |
| | 파상풍 | 16 | 17 | 18 | 19 | 21 |
| | 홍역 | 2 | 17 | 24 | 42 | 53 |
| | 유행성이하선염 | 4,542 | 5,399 | 6,094 | 6,137 | 7,492 |
| | 풍진 | 30 | 36 | 43 | 53 | 49 |
| | 폴리오 | 0 | 3 | 13 | 14 | 15 |
| | 일본뇌염 | 6 | 8 | 26 | 31 | 32 |
| | 수두 | 22,849 | 25,197 | 27,400 | 36,249 | 35,763 |
| | B형간염 | 0 | 1 | 11 | 1,428 | 2,767 |
| 제3군 | 말라리아 | 1,052 | 1,345 | 1,772 | 838 | 555 |
| | 성홍열 | 151 | 127 | 106 | 406 | 968 |
| | 수막구균성수막염 | 1 | 3 | 12 | 7 | 4 |
| | 레지오넬라증 | 21 | 24 | 30 | 28 | 25 |
| | 비브리오패혈증 | 49 | 24 | 73 | 51 | 68 |
| | 발진티푸스 | 0 | 0 | 0 | 0 | 0 |
| | 발진열 | 87 | 29 | 54 | 23 | 41 |
| | 쯔쯔가무시증 | 6,057 | 4,995 | 5,671 | 5,151 | 8,604 |
| | 렙토스피라증 | 100 | 62 | 66 | 49 | 28 |
| | 브루셀라증 | 58 | 24 | 31 | 19 | 17 |
| | 탄저 | 0 | 0 | 0 | 0 | 0 |
| | 공수병 | 0 | 0 | 0 | 0 | 0 |
| | 신증후군출혈열 | 375 | 334 | 473 | 370 | 364 |
| | 매독 | 0 | 0 | 0 | 965 | 787 |
| | 크로이츠펠트-야콥병(CJD) | 0 | 0 | 0 | 29 | 45 |
| | 결핵 | 34,157 | 35,845 | 36,305 | 39,557 | 39,873 |
| | 한센병 | 7 | 5 | 6 | 7 | 5 |
| | 후천성면역결핍증(HIV/AIDS) | 797 | 768 | 773 | 888 | 868 |

* 1) 감염병은 제1군 ~ 제3군으로 구성되고, 위 <표>에 언급된 병명에 한정됨.
2) 감염병에 중복 감염된 환자는 존재하지 않음.

**보 기**

ㄱ. 2012 ~ 2016년 동안 한국의 제2군 감염병 환자의 수는 모든 병명에 걸쳐 매년 증가하였다.

ㄴ. 2016년 한국의 제1군 감염병 총 환자 수는 2014년 대비 증가하였다.

ㄷ. 한국의 제3군 감염병 환자 수에서 상위 3위 안에 드는 감염병명은 2012 ~ 2015년 동안 매년 동일하다.

ㄹ. 2015년 한국의 제1군 감염병 총 환자 수는 2012년 해당 총 환자 수의 10배 이상이다.

① ㄱ, ㄴ ② ㄱ, ㄹ ③ ㄴ, ㄷ
④ ㄴ, ㄹ ⑤ ㄷ, ㄹ

**24** 다음은 간호 인력에 대한 자료들과 이를 토대로 작성한 <보고서>이다. <보고서>를 작성하기 위해 <그림>과 <표>이외에 추가로 필요한 자료만을 <보기>에서 모두 고르면?

〈그림〉 남자 간호사 수와 간호사 국가시험 남자 합격자 비율

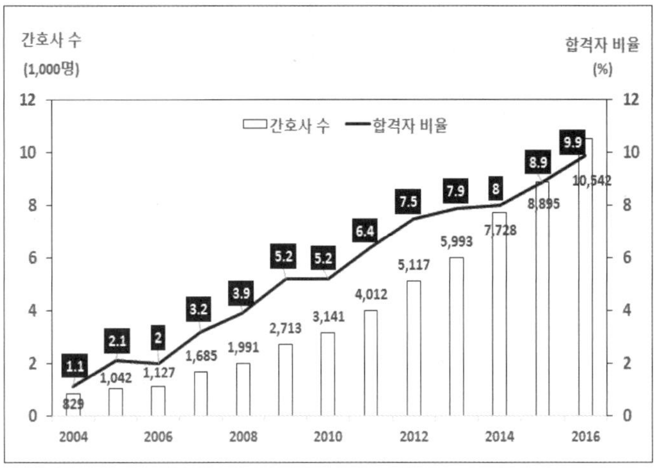


〈표〉 2014년 분야별 전문간호사 자격자 수

| 분야 | 자격자수 | 분야 | 자격자수 |
|---|---|---|---|
| 마취 | 606 | 응급 | 248 |
| 보건 | 2,014 | 중환자 | 559 |
| 가정 | 6,379 | 호스피스 | 416 |
| 정신 | 463 | 종양 | 611 |
| 감염관리 | 262 | 아동 | 61 |
| 노인 | 1,877 | 임상 | 173 |
| 산업 | 125 | | |

**보 고 서**

남자 간호사는 1962년 처음 배출된 후 2000년대 중반부터 빠르게 증가하여 2004년 829명에서 2016년 1만 542명까지 18배 이상 늘어났다. 남자 간호사 국가시험 합격자의 수도 매년 증가하고 있는데, 남자 합격자는 2004년 121명에 불과하였으나 2013년부터 1,000명을 넘어 2016년에는 1,733명에 달하였다.

간호사 국가시험 합격자 중 남자가 차지하는 비중도 2004년 1.1%에서 2016년 9.9%로 증가하였다. 이와 같이 지난 10여 년간 남자 간호사가 빠르게 증가하였으나, 전체 간호사 중 남자 간호사가 차지하는 비중은 2014년 기준 2.3%로 여전히 낮다.

한편 전문간호사 제도가 정착됨에 따라 간호사의 전문성이 강화되고 있다. 2014년 전문간호사의 분야별 자격자수를 살펴보면 가정 분야가 가장 많고, 그 뒤를 보건, 노인 분야가 잇고 있으며, 이 같은 순서는 2015년과 2016년에도 동일하게 나타나고 있다.

**보 기**

ㄱ. 2004~2016년 간호사 국가시험 전체 합격자 수
ㄴ. 2004~2016년 여자 간호사의 수
ㄷ. 2014~2016년 전체 간호사 중 전문남자간호사 비중
ㄹ. 2015~2016년 분야별 전문간호사 자격자 수

① ㄱ, ㄴ ② ㄱ, ㄷ ③ ㄴ, ㄹ
④ ㄱ, ㄴ, ㄹ ⑤ ㄴ, ㄷ, ㄹ

**25** 다음 <표>는 특허 등 심사청구와 심사처리 및 심사처리 기간에 대한 자료이다. 이에 대한 설명으로 옳지 않은 것만을 <보기>에서 모두 고르면?

〈표〉 특허 등 심사청구 및 심사처리건수 및 심사처리기간

(단위: 건, 개월)

| | | 2012 | 2013 | 2014 | 2015 | 2016 |
|---|---|---|---|---|---|---|
| 심사청구건수 | 계 | 159,524 | 148,291 | 155,970 | 160,604 | 165,612 |
| | 특허 | 143,916 | 132,773 | 143,071 | 149,987 | 155,566 |
| | 실용신안 | 15,608 | 15,518 | 12,899 | 10,617 | 10,046 |
| 심사처리건수 | 계 | 323,517 | 258,522 | 320,920 | 406,108 | 379,574 |
| | 특허 | 95,504 | 94,300 | 125,633 | 174,283 | 163,246 |
| | 실용신안 | 13,824 | 11,208 | 12,307 | 17,953 | 13,615 |
| | 디자인 | 51,492 | 43,769 | 49,778 | 60,550 | 65,039 |
| | 상표 | 162,697 | 109,245 | 133,212 | 153,322 | 137,674 |
| 심사처리기간 | 특허·실용신안 | 12.1 | 15.4 | 18.5 | ( ) | 14.8 |
| | 기계금속건설 | 11 | 15.5 | 18.7 | 18.2 | 16.3 |
| | 화학생명공학 | 12.2 | 15.6 | 19.3 | 18.5 | 15.8 |
| | 전기전자 | 13.7 | 16.2 | 18.8 | 14.4 | 11.6 |
| | 정보통신 | 11.4 | 14.6 | 17 | 13.7 | 12.9 |
| | 디자인 | 6.5 | 9.7 | 10 | 8.8 | 8.8 |
| | 상표 | 5.6 | 9.1 | 10.6 | 10 | 8.9 |

**보 기**

ㄱ. 2012～2016년 동안 매년 심사처리건수에서 가장 많은 비중을 차지하는 항목은 상표이다.
ㄴ. 표에 열거된 모든 항목에서 2012년부터 2014년까지 심사처리기간이 증가하고 그 후에는 감소한다.
ㄷ. 2012년에서 2016년 사이 심사처리건수에서 특허가 차지하는 비중이 가장 작은 연도는 2012년이다.
ㄹ. 2015년에 특허의 심사처리기간이 18개월, 실용신안의 심사처리기간이 5개월이라면, 특허와 실용신안의 평균 심사처리기간은 15개월 미만이다.

① ㄱ, ㄴ
② ㄱ, ㄷ
③ ㄱ, ㄴ, ㄷ
④ ㄱ, ㄴ, ㄹ
⑤ ㄴ, ㄷ, ㄹ

**26** 다음 〈그림〉은 신·재생에너지 발전량과 비율에 관한 자료이다. 이에 대한 〈보기〉의 설명 중 옳지 않은 것만을 모두 고르면?

〈그림〉 신·재생에너지 발전량과 비율

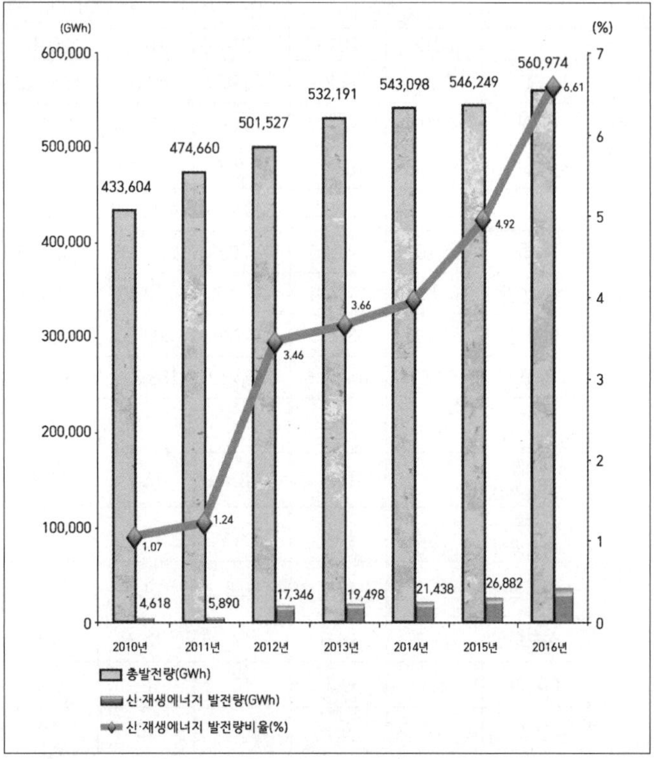


* 신·재생에너지발전량비율 = (신·재생에너지발전량 ÷ 총발전량) × 100

보 기

ㄱ. 총발전량은 2010년 이후 매년 증가하였다.
ㄴ. 2016년 신·재생에너지 발전량비율의 전년대비 증가폭은 1.69%이다.
ㄷ. 2014년 신·재생에너지 발전량비율은 5% 미만이다.
ㄹ. 신·재생에너지 발전량의 전년대비 증가량은 2016년이 2012년에 비해 많다.

① ㄱ, ㄴ
② ㄱ, ㄷ
③ ㄴ, ㄷ
④ ㄴ, ㄹ
⑤ ㄷ, ㄹ

**27** 다음 〈표〉는 2013~2015년 국가채무현황과 국가채권현황을 나타낸 것이다. 이에 대한 설명으로 옳은 것만을 〈보기〉에서 모두 고르면?

〈표 1〉 국가채무현황

(단위 : 조 원)

| | 2013 | 2014 | 2015 |
|---|---|---|---|
| 국가채무 (조원) | 489.8 | 533.2 | 590.5 |
| 일반회계 (조원) | 172.9 | 200.6 | 240.1 |
| 공적자금 (조원) | 46.9 | 48.7 | 49.4 |
| 외환시장안정용 (조원) | 171.0 | 185.2 | 198.3 |
| 주택기금 (조원) | 51.3 | 52.8 | 59.3 |
| 지방정부순채무 (조원) | 25.7 | 30.1 | 34.0 |
| 기타 (조원) | 22.0 | 15.9 | 9.5 |
| GDP대비 국가채무 (%) | 34.3 | 35.9 | 37.9 |

* 국가채무는 일반회계, 공적자금, 외환시장안정용, 주택기금, 지방정부순채무, 기타로 구성된다.

〈표 2〉 국가채권현황

(단위 : 조 원)

| 채권 종류별 | 2013 | | 2014 | | 2015 | |
|---|---|---|---|---|---|---|
| | 국가채권 | 연체채권 | 국가채권 | 연체채권 | 국가채권 | 연체채권 |
| 합계 | 223 | 20 | 237 | 27 | 268 | 30 |
| 조세채권 | 22 | 14 | 26 | 18 | 30 | 22 |
| 경상이전수입 | 11 | 5 | 8 | 7 | 8 | 7 |
| 융자회수금 | 125 | 0 | 126 | 0 | 129 | 0 |
| 예금 및 예탁금 | 61 | 0 | 73 | 0 | 97 | 0 |
| 기타 채권 | 4 | 1 | 4 | 2 | 4 | 1 |

* 국가채권은 조세채권, 경상이전수입, 융자회수금, 예금 및 예탁금, 기타 채권으로 구성된다.
* 국가채권은 연체채권과 비연체채권으로 구분된다.

보 기

ㄱ. 주어진 기간 동안 기타를 제외한 국가채무항목 내 모든 항목들의 채무액이 계속 증가하고 있다.
ㄴ. 주어진 기간 동안 국가채무에서 일반회계가 차지하는 비율이 감소하고 있다.
ㄷ. 2014년～2015년의 기간 동안 국가채무가 전년대비 증가한 해에는 국가채권 역시 전년대비 증가하고 있다.
ㄹ. 예금 및 예탁금과 기타채권이 국가채권에서 차지하는 비율은 2014년에 비해 2015년도가 더 작다.

① ㄱ, ㄴ
② ㄱ, ㄷ
③ ㄴ, ㄹ
④ ㄱ, ㄴ, ㄷ
⑤ ㄱ, ㄷ, ㄹ

**28** 다음 〈표〉는 2013~2015년 기업역량개선사업에 선정된 업체와 선정 업체의 과제 이행 실적에 대한 자료이다. 이에 대한 〈보기〉의 설명 중 옳은 것만을 모두 고르면?

〈표 1〉 산업별 선정 업체 수

(단위 : 개)

| 연도 \ 산업 | 엔지니어링 | 바이오 | 디자인 | 미디어 |
|---|---|---|---|---|
| 2013 | 3 | 2 | 3 | 6 |
| 2014 | 2 | 2 | 2 | 6 |
| 2015 | 2 | 5 | 5 | 3 |

* 기업역량개선사업은 2013년 시작되었고, 전 기간 동안 중복 선정된 업체는 없음.

〈표 2〉 선정 업체의 연도별 과제 이행 실적 건수

(단위 : 건)

| 연도 | 2013 | 2014 | 2015 | 전체 |
|---|---|---|---|---|
| 과제 이행 실적 | 12 | 24 | 19 | 55 |

* 선정 업체가 이행하는 과제 수에는 제한이 없음.

〈표 3〉 선정 업체의 3년 간(2013 ~ 2015년) 과제 이행 실적별 분포

(단위 : 개)

| 과제 이행 실적 | 없음 | 1건 | 2건 | 3건 | 4건 | 5건 | 전체 |
|---|---|---|---|---|---|---|---|
| 업체 수 | 15 | 11 | 4 | 9 | 1 | 1 | 41 |

보 기

ㄱ. 선정 업체 중 엔지니어링 산업 업체 수가 차지하는 비중은 매년 감소한다.

ㄴ. 연도별 전체 선정 업체 당 과제 이행 실적 건수의 비율이 큰 순서대로 나열하면 2014, 2015, 2013순이다.

ㄷ. 2015년 선정 업체 중 당해 연도 과제 이행 실적이 한 건도 없는 업체의 최소값은 0개, 최대값은 9개이다.

① ㄱ
② ㄱ, ㄴ
③ ㄱ, ㄷ
④ ㄴ, ㄷ
⑤ ㄱ, ㄴ, ㄷ

**29** 다음 〈표〉는 2014~2016년 기간의 업종별 자금조달원천을 나타낸 자료이다. 이에 대한 설명으로 옳은 것만을 〈보기〉에서 모두 고르면?

〈표〉 업종별 자금조달원천

(단위: 억 원)

| 업종 | 자금조달원천 | 2014 | 2015 | 2016 |
|---|---|---|---|---|
| 전체 | 소계 | 1,368,999 | 1,432,861 | 1,447,757 |
| | 외부자금 | 425,815 | 486,436 | 497,905 |
| | 주식 | 15,472 | 19,707 | 19,670 |
| | 회사채 | 184,447 | 209,368 | 221,681 |
| | 차입금 | 145,504 | 142,744 | 140,203 |
| | 은행 | 137,501 | 136,696 | 132,846 |
| | 비은행 | 8,004 | 6,048 | 7,357 |
| | 기타 | 80,392 | 114,616 | 116,352 |
| | 내부자금 | 943,184 | 946,425 | 949,852 |
| 제조업 | 소계 | 720,652 | 748,007 | 747,228 |
| | 외부자금 | 112,085 | 105,534 | 102,319 |
| | 주식 | 2,438 | 2,748 | 2,713 |
| | 회사채 | 35,152 | 26,868 | 24,877 |
| | 차입금 | 71,064 | 72,752 | 70,836 |
| | 은행 | 68,541 | 70,387 | 68,683 |
| | 비은행 | 2,523 | 2,366 | 2,154 |
| | 기타 | 3,431 | 3,166 | 3,893 |
| | 내부자금 | 608,567 | 642,473 | 644,909 |
| 비제조업 | 소계 | 648,347 | 684,854 | 700,529 |
| | 외부자금 | 313,730 | 380,901 | 395,586 |
| | 주식 | 13,034 | 16,959 | 16,957 |
| | 회사채 | 149,294 | 182,500 | 196,803 |
| | 차입금 | 74,441 | 69,992 | 69,366 |
| | 은행 | 68,960 | 66,309 | 64,163 |
| | 비은행 | 5,481 | 3,682 | 5,203 |
| | 기타 | 76,961 | 111,450 | 112,459 |
| | 내부자금 | 334,617 | 303,953 | 304,943 |

보 기

ㄱ. 2014~2016 기간 동안 비제조업의 외부자금 조달원천(주식, 회사채, 차입금, 기타) 금액이 많은 순서는 매년 동일하게 나타난다.

ㄴ. 2015~2016 기간 동안 제조업의 자금조달원천에서 내부자금이 차지하는 비율의 전년 대비 증감방향은 일정하지 않다.

ㄷ. 2014~2016 기간 동안 비제조업의 차입금 중 은행 차입금이 차지하는 비중은 항상 92% 이상으로 나타난다.

ㄹ. 2014년 대비 2016년에 비제조업 외부자금 조달원천(주식, 회사채, 차입금, 기타) 중 변동률이 가장 작은 것은 주식이다.

① ㄱ, ㄴ
② ㄱ, ㄷ
③ ㄴ, ㄷ
④ ㄴ, ㄹ
⑤ ㄷ, ㄹ

**30** **다음 〈표〉는 2014년과 2015년 G20 국가들의 전화 가입자 현황을 나타낸 것이다. 이에 대한 설명으로 옳은 것만을 〈보기〉에서 모두 고르면?**

〈표〉 전화 가입자 현황

(단위 : 천 명)

| 국가별 | 2014 | | 2015 | |
|---|---|---|---|---|
| | 가입자 수 | 인구100명당 가입자 | 가입자 수 | 인구100명당 가입자 |
| 한국 | 29,481 | 59.5 | 28,883 | 58.1 |
| 중국 | 249,430 | 17.9 | 230,996 | 16.5 |
| 인도 | 27,000 | 2.1 | 25,518 | 2.0 |
| 인도네시아 | 26,225 | 10.4 | 22,386 | 8.8 |
| 일본 | 63,610 | 50.1 | 63,633 | 50.2 |
| 사우디아라비아 | 3,622 | 12.3 | 3,747 | 12.5 |
| 터키 | 12,529 | 16.5 | 11,493 | 15.0 |
| 캐나다 | 16,404 | 46.2 | 15,902 | 44.3 |
| 멕시코 | 19,146 | 15.5 | 19,887 | 15.9 |
| 미국 | 128,495 | 39.8 | 121,991 | 37.5 |
| 아르헨티나 | 9,822 | 23.5 | 10,120 | 24.0 |
| 브라질 | 44,128 | 21.8 | 43,677 | 21.5 |
| 프랑스 | 38,805 | 60.0 | 38,929 | 59.9 |
| 독일 | 47,021 | 56.9 | 45,352 | 54.9 |
| 이탈리아 | 20,581 | 33.7 | 20,236 | 33.1 |
| 러시아 | 38,213 | 26.8 | 36,525 | 25.7 |
| 영국 | 33,238 | 52.4 | 33,613 | 52.7 |
| 남아공 | 3,648 | 6.9 | 4,131 | 7.7 |
| 호주 | 9,190 | 38.9 | 9,080 | 38.0 |

보 기

ㄱ. 2015년 전년 대비 가입자 수와 인구 100명당 가입자가 모두 증가한 국가의 수는 모두 5곳이다.

ㄴ. 2015년의 멕시코의 인구는 러시아의 인구보다 적다.

ㄷ. 2015년 전년 대비 인구 100명당 가입자 변동 폭이 한국보다 큰 국가의 수는 모두 5곳이다.

ㄹ. 2015년 전년 대비 가입자 수의 변동 폭이 네 번째로 큰 국가는 독일이다.

① ㄱ, ㄴ ② ㄱ, ㄷ ③ ㄴ, ㄷ
④ ㄴ, ㄹ ⑤ ㄷ, ㄹ

**31** **다음 〈표〉는 2013~2015년 고액체납자 명단공개에 대한 자료이다. 이에 대한 설명으로 옳은 것만을 〈보기〉에서 모두 고르면?**

〈표 1〉 체납액규모별 고액체납자 명단공개 실적

(단위 : 명, 억원)

| 구분별 | | 수록시점 | 인원 | 세액 |
|---|---|---|---|---|
| 전체 | 합 계 | 2013 | 2,636 | 110,752 |
| | | 2014 | 3,046 | 139,743 |
| | | 2015 | 800 | 35,211 |
| | 신규공개자 | 2013 | 704 | 23,431 |
| | | 2014 | 661 | 31,174 |
| | | 2015 | 800 | 35,211 |
| | 재공개자 | 2013 | 1,932 | 87,321 |
| | | 2014 | 2,385 | 108,569 |
| 50억 이하 | 합 계 | 2013 | 2,140 | 55,737 |
| | | 2014 | 2,407 | 63,557 |
| | | 2015 | 663 | 15,990 |
| | 신규공개자 | 2013 | 618 | 14,486 |
| | | 2014 | 540 | 13,084 |
| | | 2015 | 663 | 15,990 |
| | 재공개자 | 2013 | 1,522 | 41,251 |
| | | 2014 | 1,867 | 50,473 |
| 50억 초과 100억 이하 | 합 계 | 2013 | 332 | 22,250 |
| | | 2014 | 402 | 27,076 |
| | | 2015 | 83 | 5,841 |
| | 신규공개자 | 2013 | 57 | 3,816 |
| | | 2014 | 61 | 4,174 |
| | | 2015 | 83 | 5,841 |
| | 재공개자 | 2013 | 275 | 18,434 |
| | | 2014 | 341 | 22,902 |
| 100억 초과 500억 이하 | 합 계 | 2013 | 157 | 26,354 |
| | | 2014 | 228 | 40,789 |
| | | 2015 | 50 | 10,207 |
| | 신규공개자 | 2013 | 28 | 4,487 |
| | | 2014 | 58 | 12,145 |
| | | 2015 | 50 | 10,207 |
| | 재공개자 | 2013 | 129 | 21,867 |
| | | 2014 | 170 | 28,644 |
| 500억 초과 | 합 계 | 2013 | 7 | 6,411 |
| | | 2014 | 9 | 8,321 |
| | | 2015 | 4 | 3,173 |
| | 신규공개자 | 2013 | 1 | 642 |
| | | 2014 | 2 | 1,771 |
| | | 2015 | 4 | 3,173 |
| | 재공개자 | 2013 | 6 | 5,769 |
| | | 2014 | 7 | 6,550 |

〈표 2〉 수도권 고액체납자 명단공개 실적

(단위 : 명, 억원)

| 구분별 | | 수록시점 | 인원 | 세액 |
|---|---|---|---|---|
| 서울 | 합 계 | 2013 | 1,118 | 59,428 |
| | | 2014 | 1,395 | 73,890 |
| | | 2015 | 419 | 24,341 |
| | 신규공개자 | 2013 | 349 | 13,983 |
| | | 2014 | 387 | 19,288 |
| | | 2015 | 419 | 24,341 |
| | 재공개자 | 2013 | 769 | 45,445 |
| | | 2014 | 1,008 | 54,602 |
| 인천 | 합 계 | 2013 | 174 | 6,767 |
| | | 2014 | 201 | 8,050 |
| | | 2015 | 39 | 791 |
| | 신규공개자 | 2013 | 49 | 1,387 |
| | | 2014 | 49 | 1,782 |
| | | 2015 | 39 | 791 |
| | 재공개자 | 2013 | 125 | 5,380 |
| | | 2014 | 152 | 6,268 |
| 경기 | 합 계 | 2013 | 485 | 15,930 |
| | | 2014 | 550 | 19,317 |
| | | 2015 | 197 | 6,110 |
| | 신규공개자 | 2013 | 132 | 3,324 |
| | | 2014 | 126 | 3,729 |
| | | 2015 | 197 | 6,110 |
| | 재공개자 | 2013 | 353 | 12,606 |
| | | 2014 | 424 | 15,588 |

**보 기**

ㄱ. 2013년도 수록된 전체 고액체납자 대비 50억 이하 고액체납자의 비율은 2014년도 수록된 전체 고액체납자 대비 50억 이하 고액체납자 비율보다 높다.
ㄴ. 2014년과 2015년 서울 지역의 신규공개자 인원수는 전년에 비해 10%이상 증가하였다.
ㄷ. 2014년도 수록된 전체 고액체납자의 세액 대비 500억 초과 고액체납자의 세액 비율은 2015년도 수록된 전체 고액체납자의 세액 대비 500억 초과 고액체납자의 세액 비율보다 낮다.
ㄹ. 2014년도 서울 지역의 재공개자의 세액은 2014년도 수록된 경기와 인천 지역의 고액체납자 세액의 두 배 이상이다.

① ㄱ, ㄴ ② ㄱ, ㄷ ③ ㄴ, ㄷ
④ ㄴ, ㄹ ⑤ ㄷ, ㄹ

**32** 다음 〈표〉는 지방교육비 특별회계 재원 내역을 연도별로 나타낸 것이다. 이에 대한 설명으로 옳은 것만을 〈보기〉에서 모두 고르면? (단, 표에 제시된 연도에 한해서만 판단한다.)

〈표〉 연도별 지방교육비 특별회계 재원내역

(단위: 백만원)

| 구분 | 합계 | 국고부담 | 비방전입금 | 자체수입 |
|---|---|---|---|---|
| 1991 | 1,432,230 | 1,114,322 | 28,174 | 289,733 |
| 1995 | 2,644,860 | 1,949,389 | 54,987 | 640,484 |
| 2000 | 5,023,489 | 3,797,098 | 335,283 | 891,107 |
| 2005 | 12,251,423 | 10,269,366 | 683,668 | 1,298,387 |
| 2010 | 19,318,097 | 14,513,793 | 1,113,181 | 3,691,122 |
| 2011 | 22,202,554 | 15,728,761 | 4,571,829 | 1,901,962 |
| 2012 | 23,416,160 | 16,620,918 | 4,853,985 | 1,941,255 |

**보 기**

ㄱ. 주어진 기간 동안 국고부담이 지방교육비 특별회계 합계의 70% 이상을 차지하고 있다.
ㄴ. 주어진 기간 동안 국고부담, 비방전입금, 자체수입 모두 지속적으로 증가하고 있다.
ㄷ. 1991대비 2012년의 비방전입금의 증가율은 자체수입 증가율의 25배 이상이다.

① ㄱ
② ㄷ
③ ㄱ, ㄷ
④ ㄴ, ㄷ
⑤ ㄱ, ㄴ, ㄷ

**33** 다음 〈표〉는 6개 광종의 위험도와 경제성 점수에 관한 자료이다. 〈표〉와 〈분류기준〉을 이용하여 광종을 분류할 때, 〈보기〉의 설명 중 옳은 것만을 모두 고르면?

〈표〉 6개 광종의 위험도와 경제성 점수

(단위 : 점)

| 광종 / 항목 | 금광 | 은광 | 동광 | 연광 | 아연광 | 철광 |
|---|---|---|---|---|---|---|
| 위험도 | 2.5 | 4.0 | 2.5 | 2.7 | 3.0 | 3.5 |
| 경제성 | 3.0 | 3.5 | 2.5 | 2.7 | 3.5 | 4.0 |

**분류기준**

위험도와 경제성 점수가 모두 3.0점을 초과하는 경우에는 '비축필요광종'으로 분류하고, 위험도와 경제성 점수 중 하나는 3.0점 초과, 다른 하나는 2.5점 초과 3.0점 이하인 경우에는 '주시광종'으로 분류하며, 그 외는 '비축제외광종'으로 분류한다.

**보 기**

ㄱ. 6개 광종의 평균 경제성 점수와 평균 위험도는 모두 3.0이상이다.
ㄴ. '비축필요광종'의 분류기준을 '(위험도×0.4+경제성 점수×0.6)이 3.0점 이상인 경우'로 변경하면, 비축필요광종은 1종류 증가한다.
ㄷ. '비축제외광종'의 경우, 모두 위험도와 경제성 점수가 같다.

① ㄱ
② ㄱ, ㄴ
③ ㄱ, ㄷ
④ ㄴ, ㄷ
⑤ ㄱ, ㄴ, ㄷ

※ 다음은 A종목 세계선수권 결선에 진출한 선수들의 성적을 나타낸 것이다. A종목의 세계선수권 결선은 4일 동안 진행되며, 선수들은 매일의 경기결과를 10점 만점으로 평가받는다. 물음에 답하시오. [문 34 ~ 35]

〈표〉 A종목 세계선수권 결선 결과

| | 1일차 | 2일차 | 3일차 | 4일차 |
|---|---|---|---|---|
| A | 9 | 10 | 10 | 8 |
| B | 5 | 6 | 4 | 6 |
| C | 9 | 8 | 10 | 9 |
| D | 6 | 4 | 9 | 10 |
| E | 7 | 7 | 8 | 10 |
| F | 4 | 3 | 7 | 8 |
| G | 7 | 7 | 8 | 6 |
| H | 8 | 7 | 9 | 8 |
| I | 6 | 8 | 5 | 9 |
| J | 8 | 7 | 9 | 7 |

* 종합 순위는 1일차 성적을 30%, 2일차 성적을 10%, 3일차 성적을 20%, 4일차 성적을 40% 반영하여 결정한다.

**34** 제시된 자료를 토대로 판단했을 때, 옳지 않은 것을 고르면?

① 경기가 진행됨에 따라 점수의 변동 방향이 일관되게 나타나는 선수는 존재하지 않는다.
② 4일간 진행된 경기에서 점수의 단순합계가 30점 이상인 선수의 수는 4명이다.
③ 각 선수별 최저점과 최고점의 차이가 가장 큰 선수는 D이다.
④ H선수와 경기 진행에 따른 점수 변동 방향이 동일하게 나타나는 선수는 H를 포함하여 3명이다.
⑤ 3일차에 모든 선수들이 기록한 점수 합계는 4일차의 점수 합계보다 작다.

**35** 제시된 종합 순위 반영 비율을 토대로 종합순위를 산출했을 때, D, E, G, H, I, J 여섯 명을 종합 순위가 높은 순서대로 바르게 나열한 것은?

① E-H-I-J-D-G
② E-D-H-I-J-G
③ E-D-H-J-I-G
④ E-H-D-J-I-G
⑤ E-H-D-I-J-G

**36** 다음 〈표〉는 2010~2016년 112 신고접수 출동현황에 대한 자료이다. 다음 〈보기〉 중 옳지 않은 것을 모두 고르면?(주어지지 않은 자료는 판단의 근거로 삼지 않는다.)

〈표〉 112 신고 접수 출동 현황(2010~2016)

(단위 : 천건, %)

| | 2010 | 2011 | 2012 | 2013 | 2014 | 2015 | 2016 |
|---|---|---|---|---|---|---|---|
| 신고접수 건수 | 4,692 | 5,012 | 5,409 | 6,228 | 7,009 | 7,789 | 8,564 |
| 증감율 (%) | 15 | 6.8 | 7.8 | 15.1 | 12.5 | 11.1 | 9.9 |
| 총 출동건수 | 4,317 | 4,618 | 4,994 | 5,721 | 6,370 | 7,054 | 6,751 |
| 5분이내 출동건수 | 3,459 | 3,781 | 4,140 | 5,198 | 5,688 | 5,542 | - |
| 현장평균 도착시간 | - | - | - | - | - | - | 4분28초 |

* 평균도착시간 : 현장도착시간의 총합계/112신고 총출동건수
* 5분이내 도착율 : 5분이내 출동건수/총출동건수
* 증감율은 전년대비 증감율을 나타낸다.

보 기

ㄱ. 신고접수건수는 조사기간 동안 매년 증가하며, 총출동건수의 증감방향도 이와 같다.
ㄴ. 2009년 대비 2016년 신고접수건수는 200% 이상 증가했다.
ㄷ. 2011~2015년 동안 5분이내 도착율이 90% 이상인 해는 2013년이 유일하다.
ㄹ. 2016년 현장평균도착시간은 4분 28초이므로, 2016년에 5분을 넘겨 현장에 출동한 건수는 존재하지 않는다.

① ㄱ, ㄴ
② ㄴ, ㄹ
③ ㄱ, ㄹ
④ ㄱ, ㄴ, ㄷ
⑤ ㄱ, ㄴ, ㄹ

**37** 다음 〈표〉는 개인별 토지 소유현황에 대한 자료이다. 이에 대한 설명으로 옳은 것만을 〈보기〉에서 모두 고르면?

〈표〉 개인별 토지 소유현황

| 구분 | 서열순위 구간 | 2006 | |
|---|---|---|---|
| | | 면적($km^2$) | 비율(%) |
| 전국 | 합계 | 48,516.6 | 100.0 |
| | 1천명 미만 | 1,437.8 | 3.0 |
| | 1천 - 5천명 미만 | 1,845.9 | 3.8 |
| | 5천 - 1만명 미만 | 1,350.8 | 2.8 |
| | 1만 - 5만명 미만 | 5,453.7 | 11.2 |
| | 5만 - 10만명 미만 | 3,860.1 | 8.0 |
| | 10만 - 50만명 미만 | 13,543.3 | 27.9 |
| | 50만 - 100만명 미만 | 7,201.3 | 14.8 |
| | 100만 - 500만명 미만 | 12,971.3 | 26.7 |
| | 500만 - 1,000만명 미만 | 749.7 | 1.5 |
| | 1,000만명 이상 | 102.7 | 0.2 |
| 서울 | 합계 | 223.3 | 0.5 |
| | 1천명 미만 | 3.2 | 1.4 |
| | 1천 - 5천명 미만 | 3.0 | 1.3 |
| | 5천 - 1만명 미만 | 1.7 | 0.8 |
| | 1만 - 5만명 미만 | 8.1 | 3.6 |
| | 5만 - 10만명 미만 | 4.7 | 2.1 |
| | 10만 - 50만명 미만 | 18.4 | 8.2 |
| | 50만 - 100만명 미만 | 12.9 | 5.8 |
| | 100만 - 500만명 미만 | 59.7 | 26.7 |
| | 500만 - 1,000만명 미만 | 87.2 | 39.0 |
| | 1,000만명 이상 | 24.7 | 11.1 |
| 인천 | 합계 | 578.7 | 1.2 |
| | 1천명 미만 | 9.8 | 1.7 |
| | 1천 - 5천명 미만 | 5.1 | 0.9 |
| | 5천 - 1만명 미만 | 5.1 | 0.9 |
| | 1만 - 5만명 미만 | 20.0 | 3.5 |
| | 5만 - 10만명 미만 | 22.1 | 3.8 |
| | 10만 - 50만명 미만 | 157.6 | 27.2 |
| | 50만 - 100만명 미만 | 115.3 | 19.9 |
| | 100만 - 500만명 미만 | 208.5 | 36.0 |
| | 500만 - 1,000만명 미만 | 26.5 | 4.6 |
| | 1,000만명 이상 | 8.6 | 1.5 |
| 경기 | 합계 | 4,981.4 | 10.3 |
| | 1천명 미만 | 215.4 | 4.3 |
| | 1천 - 5천명 미만 | 189.3 | 3.8 |
| | 5천 - 1만명 미만 | 111.6 | 2.2 |
| | 1만 - 5만명 미만 | 422.0 | 8.5 |
| | 5만 - 10만명 미만 | 282.9 | 5.7 |
| | 10만 - 50만명 미만 | 1,138.0 | 22.8 |
| | 50만 - 100만명 미만 | 777.4 | 15.6 |
| | 100만 - 500만명 미만 | 1,686.0 | 33.8 |
| | 500만 - 1,000만명 미만 | 133.9 | 2.7 |
| | 1,000만명 이상 | 25.0 | 0.5 |

* <표>에서 서열 순위 구간은 전국을 기준으로 산정된다. 예를 들어 '경기 1천명 미만'은 경기도 내에서 순위가 1천명 미만이라는 것이 아니고, 전국 기준 서열 순위에서 1천명 미만인 사람들 중 경기도에 속한 사람들을 의미한다.
* <표>는 전국의 토지 중 개인 소유의 토지를 각 개인별로 합산한 후 가장 많이 소유한 사람 순서대로 서열을 매겨 각 해당 구간 인원 수 만큼의 토지 소유현황을 전국과 시도별로 나타낸 것이다.

보 기

ㄱ. 전국의 토지면적이 99,720$km^2$일 때, 개인소유의 토지는 전국 토지면적의 50% 이하이다.

ㄴ. 전국에서 개인 토지 소유 순위가 높은 상위 1천명 미만의 개인 토지 소유 면적이 전국 서열순위 구간이 500만명 이상인 개인들의 토지 소유 면적보다 크다.

ㄷ. 경기지역에서 개인 토지 소유 전국 서열순위 구간이 1천명 미만인 개인들의 토지 소유 면적이, 인천에서 전국 서열순위 구간이 상위 100만명 ~ 500만명 미만인 개인들의 토지 소유 면적보다 작다.

ㄹ. 개인 토지 소유 순위가 전국 서열순위 구간 1,000만명 이상인 개인들의 토지 소유 면적이 가장 큰 지역은 서울, 경기, 인천 중에서 경기이다.

① ㄱ, ㄴ
② ㄱ, ㄹ
③ ㄴ, ㄷ
④ ㄱ, ㄴ, ㄹ
⑤ ㄴ, ㄷ, ㄹ

**38** 다음 〈표〉는 A지역의 초등학생과 중학생의 보습학원에 다니는 실태를 조사한 결과이다. 이에 대한 설명으로 옳은 것은?(단, 보습학원은 한 곳만 존재하는 것으로 가정한다.)

〈표〉 보습학원에 다니는 횟수

(단위 : %)

| 학생 \ 횟수 | 다니고 있다 | 주1회 | 주2회 | 주3회 | 주4회 | 주5회 이상 | 다니지 않는다 |
|---|---|---|---|---|---|---|---|
| 초등학생 | 38.4 | 7.0 | 13.6 | 9.4 | 6.4 | 2.0 | 61.6 |
| 5학년 | 37.1 | 5.9 | 5.9 | 12.8 | 9.8 | 2.7 | 62.9 |
| 6학년 | 39.6 | 8.1 | 8.1 | 14.4 | 8.9 | 0.1 | 60.4 |
| 중학생 | 44.5 | 6.6 | 20.5 | 11.8 | 4.9 | 0.7 | 55.5 |
| 1학년 | 47.3 | 7.8 | 21.5 | 11.8 | 5.6 | 0.6 | 52.7 |
| 2학년 | 42.9 | 6.7 | 20.8 | 11.5 | 3.2 | 0.7 | 57.1 |
| 3학년 | 43.1 | 5.3 | 19.1 | 12.0 | 5.9 | 0.8 | 56.9 |

① 초등학교 5학년생들의 학원에 다니는 횟수를 평균하면 1회를 넘지 못한다.
② 주2회 이상 학원에 다니는 초등학교 6학년생의 수는 보습학원에 다니는 초등학교 6학년생 전체의 85%에 미치지 못한다.
③ 주3회 학원에 다니는 중학교 1학년 학생의 수는 주1회 다니는 초등학교 5학년생의 2배이다.
④ 주1회 학원에 다니는 중학교 2학년 학생수는 학원에 다니는 중학생 전체의 10% 이상이다.
⑤ 학원에 다니는 중학교 3학년생들이 학원에 다니는 횟수를 평균하면 적어도 주2.8회 이상 학원에 다니고 있다.

**39** 다음 <표>는 애성 전자, 천하 기계, 대현 건설 세 기업의 2015년과 2016년 경영 성과에 대한 자료이다. 이에 대한 설명으로 옳은 것만을 <보기>에서 모두 고르면?

<표> 2015~2016년 경영성과

(단위: 십만 원)

| | 애성 전자 | | 천하 기계 | | 대현 건설 | |
|---|---|---|---|---|---|---|
| | 2015 | 2016 | 2015 | 2016 | 2015 | 2016 |
| 매출액 | 2,756 | 3,129 | 5,407 | 6,218 | 1,495 | 1,671 |
| 매출원가 | 2,142 | 2,756 | 4,812 | 5,429 | 1,128 | 1,452 |
| 매출 총이익 | | | | | | |
| 관리비 | 28 | 32 | 54 | 54 | 17 | 19 |
| 영업이익 | | | | | | |
| 영업 외 손익 | | | | | | |
| 경상이익 | 428 | 441 | 408 | 395 | 129 | 143 |
| 특별손익 | | | | | | |
| 법인세 차감 전 이익 | 440 | 437 | 416 | 404 | 123 | 141 |
| 법인세 비용 | | | | | | |
| 당기 순이익 | 271 | 331 | 304 | 298 | 81 | 95 |

* 매출액 − 매출원가 = 매출 총이익
* 매출 총이익 − 관리비 = 영업이익
* 영업이익 + 영업 외 손익 = 경상이익
* 경상이익 + 특별손익 = 법인세 차감 전 이익
* 법인세 차감 전 이익 − 법인세 비용 = 당기 순이익
* 영업이익률(%) = (영업이익/매출액) × 100
* 당기순이익률(%) = (당기순이익/매출액) × 100

보 기

ㄱ. 2015년 대비 2016년에 매출 총이익이 증가한 회사는 두 곳이다.

ㄴ. 2015년 대비 2016년에 영업이익 변동 폭이 가장 큰 회사는 애성 전자이다.

ㄷ. 2015년과 2016년에 특별손익이 모두 (+)의 값을 갖는 회사는 애성 전자와 천하 기계 두 곳이다.

ㄹ. 2015년 대비 2016년에 당기 순이익 변동률이 가장 큰 회사와 가장 작은 회사의 차이는 15%p 이상이다.

① ㄱ, ㄴ ② ㄱ, ㄷ ③ ㄴ, ㄷ
④ ㄴ, ㄹ ⑤ ㄷ, ㄹ

**40** 다음 <표>는 월별 주식거래 및 주가지수를 나타낸 자료이다. 이에 대한 설명으로 옳은 것만을 <보기>에서 모두 고르면?

<표> 월별 주식거래 및 주가지수

| | 2016.7 | 2016. 8 | 2016. 9 |
|---|---|---|---|
| 상장회사 수(사) | 786 | 786 | 786 |
| 상장종목 수(종목) | 932 | 932 | 932 |
| 상장주식 수(천주) | 35,713,084 | 35,852,332 | 35,732,885 |
| 상장주식 시가총액 (백만원) | 1,086,394,781 | 1,098,073,005 | 1,150,626,143 |
| 상장주식 거래량 (천주) | 8,280,469 | 9,802,758 | 15,066,408 |
| 상장주식 거래대금 (백만원) | 90,045,718 | 96,057,527 | 104,338,393 |
| 종합주가지수 (연월말) (1980.01.04=100) | 1,881.99 | 1,905.12 | 1,996.21 |
| 종합주가지수 (연월중 평균) (1980.01.04=100) | 1,826.75 | 1,918.91 | 1,961.29 |
| 상장주식 회전율(%) | 23.18 | 27.34 | 42.16 |
| 배당수익률(%) | 1.42 | 1.39 | 1.33 |
| 주가수익비율(배) | 12.19 | 12.28 | 12.86 |
| 5000원당 시가(원) | 52,024 | 52,565 | 55,023 |
| | **2016. 10** | **2016. 11** | **2016. 12** |
| 상장회사 수(사) | 786 | 786 | 784 |
| 상장종목 수(종목) | 932 | 932 | 930 |
| 상장주식 수(천주) | 35,673,624 | 35,614,504 | 35,823,034 |
| 상장주식 시가총액 (백만원) | 1,103,576,637 | 1,117,290,216 | 1,154,294,167 |
| 상장주식 거래량 (천주) | 10,136,609 | 9,848,707 | 7,146,814 |
| 상장주식 거래대금 (백만원) | 90,417,552 | 95,325,894 | 75,965,029 |
| 종합주가지수 (연월말) (1980.01.04=100) | 1,912.06 | 1,932.90 | 1,997.05 |
| 종합주가지수 (연월중 평균) (1980.01.04=100) | 1,942.19 | 1,904.70 | 1,973.84 |
| 상장주식 회전율(%) | 28.41 | 27.65 | 19.95 |
| 배당수익률(%) | 1.39 | 1.37 | 1.33 |
| 주가수익비율(배) | 12.28 | 12.5 | 12.92 |
| 5000원당 시가(원) | 53,067 | 53,962 | 55,557 |

* 상장주식 회전율(%) = (상장주식 거래량/상장주식 수) × 100

보 기

ㄱ. 2016. 8월 ~ 2016. 12월 동안 배당수익률의 전월대비 증감방향과 주가수익비율의 전월대비 증감방향은 반대이다.

ㄴ. 2016. 7월 ~ 2016. 12월 동안 상장주식 거래량 대비 상장주식 거래대금이 가장 작은 시기는 2016. 9월이다.

ㄷ. 2016. 7월 ~ 2016. 12월 동안 상장주식 수 대비 상장주식 거래량이 가장 큰 달은 해당 비율이 가장 작은 달의 값보다 2배 이상 크다.

ㄹ. 2016. 7월 ~ 2016. 12월 동안 상장주식 거래량 대비 상장주식 시가총액이 가장 큰 달은 해당 비율이 가장 작은 달의 값의 2배 이하이다.

① ㄱ, ㄴ ② ㄱ, ㄷ ③ ㄷ, ㄹ
④ ㄱ, ㄴ, ㄷ ⑤ ㄴ, ㄷ, ㄹ

## 01 다음을 읽고 판단한 것으로 가장 옳은 것을 고르면?

유리 건물은 외관이 미려하고, 건축가의 창조적 상상력을 마음껏 구현할 수 있는 독특한 구조가 가능하다는 것이 큰 장점이다. 두꺼운 콘크리트보다 벽과 기둥이 차지하는 면적도 훨씬 작아서 건물 내부의 활용 공간도 넓다. 무엇보다도 콘크리트 양생(養生) 기간이 필요 없기 때문에 공사 기간을 단축할 수 있다는 점도 큰 매력이다. 또 콘크리트 때문에 고갈된 골재 문제를 해결해주기도 했다.

하지만 유리 건물에도 단점은 있다. 유리창의 심한 반사가 주변의 생활환경을 악화시키는 요인이 되는 경우도 있다. 보안이나 사생활 보호를 위해 바깥에서 건물의 내부를 들여다볼 수 없도록 한 특수 코팅에도 적지 않은 비용이 든다. 외관을 깨끗하게 유지하기도 쉽지 않다.

그러나 정말 심각한 문제는 난방과 냉방에 많은 에너지가 필요하다는 것이다. 특별히 비싼 복층 유리를 사용하지 않으면 겨울철에는 열 손실이 감당하기 어려운 수준으로 높아진다. 건물 외벽 면적 중 유리가 차지하는 면적이 클수록 동일한 만큼의 온도를 올리는 데 더 많은 난방 연료가 필요하다. 실제로 2012년 신축된 A시청 건물에서 1㎥공간의 실내 온도를 1℃ 올리는데, 유리 면적이 외벽 면적의 20%인 사무실에서 소모된 난방 연료를 1이라고 할 때, 유리 면적이 외벽 면적의 50%인 사무실에서는 1.3의 연료가 소모되고, 유리 면적이 외벽 면적의 80%인 사무실에서는 1.8의 연료가 소모되어 외벽 면적 중 유리가 차지하는 면적이 난방 효율에 미치는 영향이 크다는 것을 확인할 수 있었다.

여름철의 강한 햇빛에 의한 내부 과열은 더욱 심각한 문제다. 우리 눈에 보이지 않는 적외선이나 건강에 해로운 자외선은 적당한 플라스틱 필름을 이용해서 비교적 쉽게 차단할 수 있다. 물론 공짜는 아니다. 그러나 여름철에 강하게 쏟아져 들어오는 가시광선에 의한 과열은 막아내기가 쉽지 않다. 가시광선에 의한 과열은 건물 내부에 원치 않는 대류 현상을 일으켜 냉방 효율을 떨어뜨린다.

유리로 지은 공공건물에서 흔히 볼 수 있는 높은 천장 구조도 불필요한 에너지 과소비를 부추기는 요인이다. 겨울철에는 현실적으로 충분한 난방이 불가능해진다. 뜨거운 열기는 곧바로 높은 천장 쪽으로 올라가버리기 때문이다. 녹색성장을 위해서라면 유리 건물의 에너지 소비를 최소화하기 위한 적극적인 노력이 반드시 필요하다.

① 일반적으로 유리 건물은 콘크리트 건물에 비하여 건물의 층수가 더 높다.
② 유리 건물은 콘크리트 건물에 비해 건축 비용과 유지 비용이 비싸다는 단점이 있다.
③ 여름철 가시광선에 의한 내부 과열을 막기 위해서는 특수 제작된 필름이 필요하다.
④ 건물 내부에서 발생하는 대류 현상은 냉방 효율을 떨어뜨리는 데 영향을 미친다.
⑤ 콘크리트 건물의 특성상 높은 천장 구조의 건축이 불가능하다.

## 02 다음에서 추론한 것으로 옳은 것만을 〈보기〉에서 모두 고르면?

만일 모래에서 뽑아 낸 실리콘이라는 소재가 없었다면 컴퓨터와 인공위성은 등장하지도 못했을 것이다. 또한 가벼우면서도 강력한 '티타늄 합금'이 개발되지 않았다면 초음속 여객기도 출현할 수 없었을 것이다.

신소재에 관한 연구와 개발은 거의 모든 분야에 걸쳐서 여러 방식으로 이루어지고 있는데, 우선 첫 번째 방식으로 들 수 있는 것은 물질의 새로운 결합 방식을 탐구하는 것이다. 흑연과 금강석은 구성 원소는 같으나 성질이 다른 물질이다. 이것은 물질의 성질을 결정하는 중요한 요인인 원자들의 결합 방식이 서로 다르기 때문이다. 따라서 기존 물질과는 다른 새로운 결합 방식을 찾는다면 새로운 성질을 갖는 신소재를 만들어 낼 수 있을 것이다. 1970년대 후반 이러한 단순한 발상에서 전기가 통하는 전도성 플라스틱인 폴리아세틸렌을 발견하게 된다.

또 다른 방식은 물질의 특수한 성질을 이용하는 것이다. 가령 어떤 물질에 빛을 쪼이면 특수한 반응이 일어나는데, 이러한 성질을 잘 이용하면 새로운 소재를 만들어 낼 수 있다. 1963년 미 해군 연구소는 니켈과 티타늄의 배합비에 따라 특정 온도에서 형상을 기억하는 성질을 갖는 '형상 기억 합금'을 발견하게 되었다. 형상 기억 합금은 합금 안에 '마르텐사이트'라는 조직이 형성되면서 마치 지능을 갖고 있는 것처럼 어떤 모양을 그대로 기억할 줄 아는 성질을 갖게 된다.

세 번째 방식은 이와 달리 처음부터 이론적으로 새로운 재료를 설계해서 만들어 내려는 방식이다. 재료와 물질의 성질과 조성을 조사하여 컴퓨터를 이용해서 이론적으로 새로운 재료를 설계하는데, 초격자 소자 등은 이와 같은 방법으로 만들어진다. 이 외에도 무중력 상태나 초고온, 극저온 등의 상태에서 새로운 재료를 만들어 내려는 노력 또한 상당한 성공을 거두고 있다.

이러한 신소재를 만드는 재료 과학의 발전에는 첨단과학과 기술, 그리고 정밀한 실험 도구 등이 없어서는 안 된다. 하지만 가장 중요한 것은 전통적으로 사용하던 재료를 개량하거나 전혀 새로운 재료를 합성해야 할 필요가 있는지 여부가 무엇보다 우선이라는 사실이다.

보 기

ㄱ. 무중력 상태에서 아주 균일한 합금을 만드는 것은 형상 기억 합금을 만드는 것과 그 방식이 동일하다.
ㄴ. 신소재에 관한 연구와 개발에서 기존의 재료를 개량하거나 새로운 재료의 합성이 중요한 부분이다.
ㄷ. 전도성 플라스틱인 폴리아세틸렌은 기존의 물질 활용 방식에 변화를 가해서 신소재를 만들어 낸 것이다.
ㄹ. 신소재는 기존 우리 세계에 확실히 존재하는 소재들만을 사용하여 개발되는 것이다.

① ㄱ, ㄴ
② ㄴ, ㄷ
③ ㄱ, ㄴ, ㄷ
④ ㄱ, ㄷ, ㄹ
⑤ ㄴ, ㄷ, ㄹ

## 03 다음에서 추론한 것으로 가장 옳지 않은 것은?

우리나라 소득의 이동성 추이를 분석하고 소득 이동성을 결정하는 요인을 분석하였다. 분석 결과 첫째, 1999~2008년 기간 동안 소득 이동성이 시간이 지남에 따라 전반적으로 차츰 감소해온 것으로 나타났다. 둘째, 중산층 구성 비율이 점차 감소하면서 저소득층과 고소득층의 비중은 점차 증가하고 있는 것으로 나타나, 소득의 양극화와 중산층의 붕괴가 동시에 진행되고 있는 것으로 나타났다. 셋째, 연도별 소득계층 간 이행행렬의 추이를 분석한 결과, 1999 ~ 2000년 소득 이동성이 의미하는 장기 균형의 소득계층 분포는 저소득층이 22.4%, 중산층 52.3%, 고소득층 25.2%에서 2007~2008년 소득 이동성이 의미하는 장기 균형의 소득계층 분포는 저소득층 31.4%, 중산층 37.8%, 고소득층 30.8%로 변화되는 것으로 나타나 소득 이동성 감소가 장기적으로 중산층의 붕괴와 소득 양극화의 주요 원인이 되는 것이 입증되었다.

소득 이동 경향을 상향 이동과 하향 이동으로 구분하여 소득 이동성의 결정 요인을 분석한 결과, 인구통계학적 요인과 경제적 요인 및 정책요인이 모두 소득 이동성에 유의미한 영향을 미치는 것으로 나타났다. 인구통계학적 요인의 경우, 임계 연령에 이를 때까지는 연령이 높아질수록 소득 이동성이 높아지는 반면 임계 연령이 지나면 반대로 연령이 높아질수록 소득 이동성이 감소하는 것으로 나타났다. 경제적 요인의 경우, 가구 내 취업자 수가 증가할수록, 초기 소득이 적을수록, 정규직일수록, 화이트칼라 직업일수록 상향 소득 이동 가능성이 높아지고, 정책적 요인의 경우 직업 훈련을 받을수록, 사회보험을 받지 않을수록 상향 소득이동 가능성이 높아지는 것으로 나타났다.

이러한 실증 분석 결과에 근거한 정책적인 시사점은 첫째, 직업훈련 정책을 강화하여 저소득계층의 상위계층으로의 이동을 도울 필요가 있다는 것이다. 둘째, 정규직과 같이 안정적인 고용 형태를 증가시킴으로써 소득이동성을 제고시킬 수 있다. 셋째, 사회보험 수혜가 근로 의욕을 저하시키지 않도록 제도적으로 보완되어야 한다. 이는 현재 시행 중인 근로장려세제(EITC)의 적극적인 확대가 바람직하다는 것을 의미한다.

① 2000년보다 2007년에는 소득계층의 공고화가 더욱 진행되었을 것이다.
② 비정규직 블루칼라인 A씨보다 정규직 화이트칼라인 B씨의 상향 소득이동 가능성이 높다.
③ 사회보험을 받지 않는 경우 상향소득이동 가능성이 높은 이유는, 사회보험을 받으면 근로의욕이 저하될 수 있기 때문이다.
④ 직업훈련 정책을 강화한다면 오히려 장기적으로 중산층 붕괴를 가속화할 수 있는 가능성이 있다.
⑤ 다른 조건의 변화가 없다고 가정했을 때, 2007년 취업자가 2명이었던 A가구가 2008년 3명으로 늘었으며, 이들 취업자가 전부 임계연령 내에 있다면, A가구의 소득이동성은 높아졌다고 할 수 있다.

## 04 다음 글을 근거로 판단할 때, <보기>에서 옳은 것만을 모두 고르면?

모든 신호등은 '신호운영계획'에 따라 움직인다. 신호운영계획이란 교차로, 횡단보도 등에 설치된 신호등의 신호순서, 신호시간, 신호주기 등을 결정하는 것이다. '신호순서'란 방향별, 회전별 순서를 말하고, '신호시간'이란 차량 또는 보행자 신호등이 켜진 상태로 지속되는 시간을 말하며, '신호주기'란 한 신호가 나오고 그 다음에 최초로 같은 신호가 나오기까지의 시간 간격을 말한다.

'횡단보도 보행시간'은 기본적으로 보행진입시간 9초에 횡단시간(횡단보도 1.5m당 ( ㉠ )초를 더하여 결정되는데, 예외적으로 보행약자나 유동인구가 많아 보행밀도가 높은 지역에서는 더 긴 횡단시간을 제공하기도 한다. 이에 따르면 길이가 12m인 횡단보도 보행시간은 원칙적으로 21초이지만, 어린이, 장애인 등 보행약자의 이동이 많아 배려가 필요한 장소에 설치된 횡단보도의 경우 '1.5m당 ( ㉠ )초' 보다 완화된 '( ㉡ )m당 1초'를 기준으로 횡단시간을 결정하여, 12m 길이 횡단보도의 보행시간을 39초로 연장할 수 있다. 40m 이하의 모든 횡단보도에 대해서는 이러한 예외가 적용될 수 있다.

한편 신호가 바뀔 때 교통사고를 막기 위해서 '전(全)방향 적색신호', '한 박자 늦은 보행신호' 방식을 운영하기도 한다. 전방향 적색신호 방식은 차량 녹색신호가 끝나는 시점에 교차로에 진입한 차량이 교차로를 완전히 빠져나갈 때까지 다른 방향 차량이 진입하지 못하도록 1~2초 동안 모든 방향을 적색신호로 운영하는 방식이다. 한 박자 늦은 보행신호 방식은 차량 녹색신호가 끝나는 시점에 진입한 차량이 횡단보도를 완전히 통과하기 전에 보행자가 진입하지 못하도록 차량 녹색신호가 끝나고 1~2초 뒤에 보행 녹색신호가 들어오는 방식이다.

보 기

ㄱ. ㉠과 ㉡의 합은 2.5보다 작다.
ㄴ. 횡단보도 길이가 같더라도 보행 녹색신호의 신호시간이 2배 이상 차이 나는 경우가 가능할 수 있다.
ㄷ. '한 박자 늦은 보행신호' 방식을 운영하는 경우, 차량 녹색신호의 신호주기는 불규칙적이다.

① ㄱ
② ㄱ, ㄴ
③ ㄱ, ㄷ
④ ㄴ, ㄷ
⑤ ㄱ, ㄴ, ㄷ

**05** 다음에서 추론한 것으로 옳은 것만을 〈보기〉에서 모두 고르면?

요리를 배우고 있는 H씨는 크기가 서로 다른 A, B, C 세 가지 순가락을 가지고 있다. 친구인 Y씨가 H씨의 순가락을 빌려갔지만, 세 순가락의 크기를 알지 못해 H씨에게 그 크기를 물었다. 이에 대한 H씨의 대답은 다음과 같다.(단, 모든 물질의 부피 대비 질량의 비율은 동일하다고 가정한다.)

1) A 1스푼, B 1스푼, C 2스푼의 양을 모두 합치면 4그램이 된다.
2) 10그램 짜리 설탕에다가 A로 1스푼 넣고, C로 3스푼 넣고 다시 B로 2스푼 덜어내면 원래보다 5그램 많아진다.
3) 5그램 짜리 소금에다가 A로 2스푼 넣고, B와 C로 각각 1스푼 덜어내면 원래보다 1그램 많아진다.

보 기

ㄱ. 순가락 크기는 A>C>B 순서이다.
ㄴ. A 순가락 크기는 B 순가락 크기의 10배 이상이다.
ㄷ. C 순가락 크기는 B 순가락 크기의 5배 이하이다.
ㄹ. C 순가락 크기가 원래보다 절반으로 작아진다면, 위의 조건을 만족하는 스푼의 크기를 구할 수 없다.

① ㄱ, ㄹ
② ㄴ, ㄷ
③ ㄴ, ㄹ
④ ㄱ, ㄴ, ㄷ
⑤ ㄱ, ㄴ, ㄹ

**06** 다음은 A~F의 달리기 결과를 기록한 내용이다. 이에 근거하여 〈정보〉에서 설명하는 각 사람들이 운동장에서 달린 거리의 합을 구하면?

〈표 1〉 운동장과 아스팔트에서 달린 기록

| 구분 | 운동장 | | 아스팔트 | |
|---|---|---|---|---|
| | 거리 | 소요시간 | 거리 | 소요시간 |
| A | 110 | 16.9 | 200 | 17.3 |
| B | 60 | 19.7 | 300 | 19.4 |
| C | 65 | 17.2 | 300 | 23.7 |
| D | 85 | 26.7 | 320 | 27.3 |
| E | 50 | 18.4 | 160 | 16.2 |
| F | 70 | 19.6 | 250 | 17.9 |

※ '소요시간'은 100m를 몇 초 만에 들어올 수 있는지 환산한 것이다. 예를 들어 A의 운동장 소요시간의 의미는 110m운동장을 뛰었을 때의 기록 a를 100m로 환산하면 16.9초에 들어온다는 것이다.($a \times 100 / 110 = 16.9$)

〈표 2〉 실내체육관에서 4차례 달린 기록

| 구분 | 1차 시도 | | 2차 시도 | | 3차 시도 | | 4차 시도 | |
|---|---|---|---|---|---|---|---|---|
| | 거리 | 소요시간 | 거리 | 소요시간 | 거리 | 소요시간 | 거리 | 소요시간 |
| A | 100 | 17 | 100 | 19 | 70 | 19 | 45 | 15 |
| B | 150 | 19 | 100 | 19 | 70 | 21 | 35 | 19 |
| C | 200 | 23 | 80 | 18 | 40 | 20 | 30 | 25 |
| D | 200 | 25 | 80 | 27 | 60 | 24 | 55 | 25 |
| E | 70 | 14 | 70 | 18 | 60 | 18 | 10 | 19 |
| F | 150 | 17 | 100 | 18 | 55 | 20 | 20 | 21 |

※ '소요시간'은 <표 1>의 정의와 같다.

정 보

○ <표 1>에서 운동장에서 달린 거리가 아스팔트에서 달린 거리의 1/4이하인 사람 중, <표 2>의 2차 시도에서 속도가 더 빠른 사람
○ 아스팔트에서 가장 오랜 시간을 달린 사람
○ <표 2>에서 재시도를 할수록 속도가 점점 느려지는 사람
○ <표 1>에서 아스팔트에서 달리는 것이 운동장에서 달리는 것보다 빠른 사람들 중, <표 2>의 1차 시도만으로 순위를 매겼을 때 가장 빠른 사람

① 260m
② 270m
③ 280m
④ 290m
⑤ 300m

제1회 PSAT 종합 실전모의고사

## 07 다음 법규정을 근거로 추론한 것으로 옳은 것은?

**제33조(권리·의무의 승계 등)** ① 생략

② 「민사집행법」에 따른 경매, 「채무자 회생 및 파산에 관한 법률」에 따른 환가(換價)나 「국세징수법」·「관세법 또는 「지방세기본법」에따른 압류재산의 매각, 그 밖에 이에 준하는 절차에 따라 폐기물처리업자, 제29조에 따른 폐기물처리시설의 설치승인을 받거나 신고를 한 자 또는 폐기물처리 신고자로부터 폐기물처리시설 등을 인수한 자는 허가·승인 또는 신고에 따른 권리·의무를 승계한다. 이 경우 종전의 폐기물처리업자, 폐기물처리시설 설치자에 대한 허가, 승인 또는 폐기물처리 신고자의 신고는 그 효력을 잃는다.

**제40조(폐기물처리업자 등의 방치폐기물 처리)** ① 사업장폐기물을 대상으로 하는 폐기물처리업자와 폐기물처리 신고자는 폐기물의 방치를 방지하기 위하여 제25조 제3항에 따른 허가를 받거나 제46조 제1항에 따른 신고를 한 후 영업 시작 전까지 다음 각 호의 어느 하나에 해당하는 조치를 취하여야 한다.

1. 제43조에 따른 폐기물 처리 공제조합에 분담금 납부
2. 폐기물의 처리를 보증하는 보험 가입

② 환경부장관 또는 시·도지사는 제1항에 따른 폐기물처리업자나 폐기물처리 신고자가 대통령령으로 정하는 기간을 초과하여 휴업을 하거나 폐업 등으로 조업을 중단(제27조에 따른 허가취소·영업정지 또는 제46조 제7항에 따른 폐쇄명령·처리금지명령에 따른 조업 중단은 제외한다)하면 기간을 정하여 그 폐기물처리업자나 폐기물처리 신고자에게 그가 보관하고 있는 폐기물의 처리를 명할 수 있다.

③ 환경부장관 또는 시·도지사는 제2항에 따라 폐기물처리업자나 폐기물처리 신고자에게 처리명령을 하였음에도 불구하고 처리되지 아니한 폐기물이 있으면 제33조 제1항 또는 제2항에 따라 권리·의무를 승계한 자에게 기간을 정하여 폐기물의 처리를 명할 수 있다.

④ 환경부장관 또는 시·도지사는 제2항 또는 제3항에 따른 명령을 받은 자가 그 명령을 이행하지 아니하면 그가 보관하고 있는 폐기물(이하 "방치폐기물"이라 한다)의 처리에 관하여 다음 각 호의 조치를 할 수 있다.

1. 제1항 제1호에 따른 분담금을 낸 경우 : 제41조에 따른 폐기물 처리 공제조합에 대한 방치폐기물(放置廢棄物)의 처리 명령
2. 제1항 제2호에 따른 보험에 가입한 경우 : 방치폐기물의 처리와 보험사업자에게서 보험금 수령

① 도지사는 폐기물처리업자가 법에서 인정하는 예외 사유 이외의 이유로 대통령령이 정한 기간을 넘어서 휴업을 할 경우 반드시 폐기물처리를 명해야 한다.
② 40조 2항에 따라 폐기물처리업자에게 처리명령을 했는데도 불구하고 폐기물이 처리되지 않았다면 민사집행법에 따른 경매로 의무를 승계한 자에게 반드시 처리를 명해야 한다.
③ 40조 2항이나 3항에 따른 명령을 받은 자가 그 명령을 이행하지 않을 경우 도지사는 언제나 공제조합에 방치폐기물처리를 명할 수 있다.
④ 사업장폐기물을 대상으로 하는 폐기물처리업자는 언제나 영업시작 전까지 공제조합에 분담금을 납부하거나 보증보험가입을 해야 한다.
⑤ A가 적법한 허가를 받아 폐기물처리시설을 설치했다면, 국세징수법에 따른 압류 매각이 이루어진 후라도 A에 대한 허가의 효력은 유지된다.

## 08 다음 글과 <상황>을 근거로 판단할 때, 기기 중단 시점까지 D의 총 재생횟수는?

○ 甲은 최근 인기 있는 곡들을 담은 재생목록들을 자신이 운영하는 카페의 배경음악으로 재생하고자 한다.
○ 재생목록에 포함된 곡 각각의 재생시간은 1분 45초, 2분, 2분 45초, 3분, 3분 15초 중 하나이다.
○ 재생목록 1은 A, B, C, D, E, F의 6가지 곡으로 구성되며, 총 재생시간은 15분 45초이다.
○ 재생목록 2는 B, C, D, E, G의 5가지 곡으로 구성되며, 총 재생시간은 12분 30초이다.
○ C의 재생시간과 G의 재생시간은 모두 3분이다.
○ 모든 재생목록의 곡들은 알파벳 순서대로 재생된다.
○ 한 가지 재생목록의 곡들이 모두 재생되면 그 후 1분 15초 후 다른 재생목록이 재생되기 시작하며, 이는 계속해서 반복된다.

**상 황**

○ 낮 12시 정각에 재생목록 2를 재생하기 시작하였다.
○ 낮 12시 52분에 오디오 기기에 문제가 있음이 발견되었다. 곡이 재생되고 있었으나, 이를 중단하였다.

① 1회
② 2회
③ 3회
④ 4회
⑤ 5회

## 09 다음 <정보>를 바탕으로 추론할 때 다섯 명을 시험성적이 좋은 순서로 나열한 것으로 옳은 것은?(단, 5명의 성적은 모두 다르다.)

**정 보**

같은 고시반 학생인 A, B, C, D, E 다섯 명의 PSAT 시험결과에 대해서 다음 <보기>와 같은 사실이 알려졌다.
○ A가 C보다 점수가 높다면 E는 C보다 점수가 낮다.
○ B가 A보다 점수가 낮거나 C보다 점수가 높다면 E역시 D보다 점수가 높다.
○ A가 C보다 점수가 낮거나 B가 A보다 점수가 낮다면 E는 D보다 점수가 낮다.
○ B가 C보다 점수가 낮다면 E는 D보다 점수가 높다.

① B, A, C, E, D
② A, B, E, C, D
③ C, D, E, A, B
④ B, C, E, A, D
⑤ A, C, D, E, B

## 10 다음을 읽고 판단한 것으로 옳은 것만을 〈보기〉에서 모두 고르면?

주류의 유통경로는 제조업자가 도매상 및 슈퍼체인점을 통하여 제품을 출하하고 이를 다시 소매업자, 의제판매업자 및 유흥업소가맹점 등을 거쳐 최종소비가 이루어지도록 법제가 규정되어 있다. 주세법에서는 일반주류와 특정주류로 주류유통체계를 나누고 있는데, 특정주류는 '발효주류 중 탁주, 약주 및 청주'와 지역명과 지역특산품인 농산물의 이름이 기재된 전통주들이 해당하며, 일반 주류는 특정주류를 제외한 모든 주류를 일컫는다.

〈그림 1〉 일반주류의 유통체계

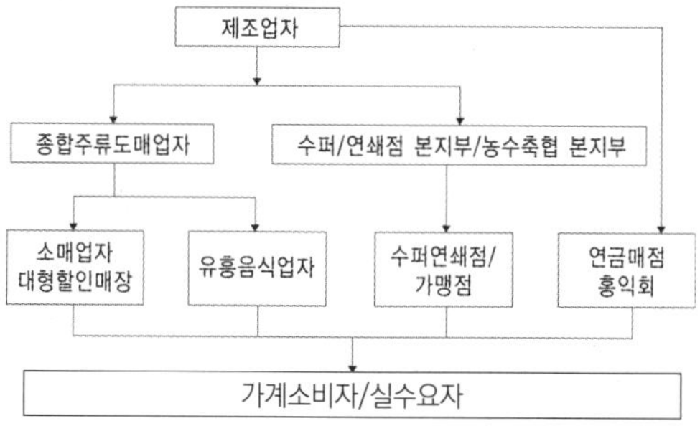


〈그림 2〉 특정주류의 유통체계

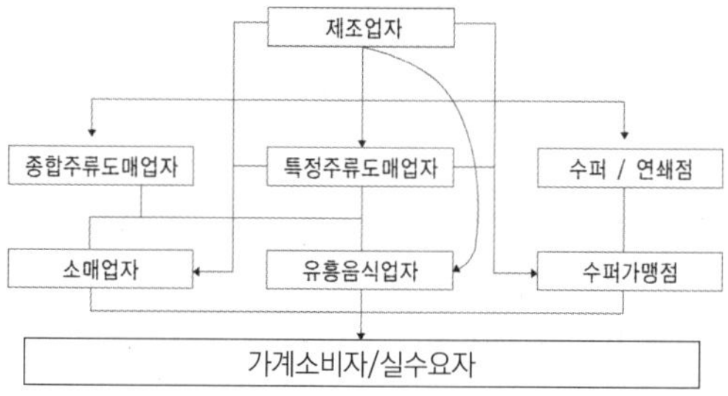


※ 도매업자는 종합주류도매업자, 특정주류도매업자, 본지부를 말하며, 소매업자는 소매업자 외 유흥음식업자, 수퍼연쇄점, 가맹점을 포함한다.

보 기

ㄱ. 맥주의 경우 가계소비자·실수요자는 반드시 2단계의 유통업자를 거쳐야만 소비할 수 있는 것은 아니다.
ㄴ. 유통체계도를 바탕으로 소매업자가 주류를 구입하는 경로에 비추어 볼 때, 일반 주류의 구매 가격이 특정 주류보다 저렴하다.
ㄷ. 특정주류의 유통체계가 보다 복잡한 이유는 정부가 특정주류에 대해 지원하기 위해 유통물량을 보다 정확히 파악하기 위해서이다.
ㄹ. 부산지역에서 주로 판매되는 C1 소주는 일반주류이며, 발효주류 중 탁주인 막걸리는 대표적인 특정주류에 해당한다.

① ㄱ, ㄴ
② ㄱ, ㄹ
③ ㄴ, ㄷ
④ ㄴ, ㄹ
⑤ ㄷ, ㄹ

## 11 다음과 같은 과정으로 1~100까지의 자연수 중 소수를 구한다고 할 때, 85는 몇 번째로 지워지는가?

소수(prime number, 素數)는 1과 자기 자신만으로 나누어 떨어지는 1보다 큰 양의 정수를 의미한다. 이러한 소수를 가려내는 방식 중 하나로 '에라토스테네스의 체'라는 것이 있다. 에라토스테네스의 체를 이용하여 1~100까지의 자연수 중에서 소수를 찾는 과정은 다음과 같다.

먼저 1~100까지의 수를 쓴다.
우선 1은 제외되므로 1을 지운다.
2를 제외한 2의 배수를 지운다.
3을 제외한 3의 배수를 지운다.
4를 제외한 4의 배수를 지운다.
6. 5를 제외한 5의 배수를 지운다.
⋮

이와 같은 과정을 이어나갔을 때, 지워지지 않고 남는 수가 바로 소수이다.

① 69번째
② 71번째
③ 73번째
④ 74번째
⑤ 76번째

**12** **다음의 <상황>에서 철수가 1번, 2번, 3번, 4번 신호를 차례대로 보낸 후에 빨간 불이 켜져 있는 전구의 개수로 옳은 것은?**

상 황

철수는 1번부터 100번까지 차례대로 번호가 붙여진 100개의 전구에 신호를 보내면 다음과 같은 규칙에 따라 불이 켜지도록 전선을 연결하였다.

○ 전구는 파란불이거나 빨간불이 들어온다.
○ 1번 신호를 보내면 100개의 전구는 모두 빨간불이다.
○ 2번 신호를 보내면 번호가 2의 배수인 전구는 모두 파란불로 바뀐다.
○ 3번 신호를 보내면 번호가 3의 배수인 전구는 만일 빨간불이라면 파란불로 바뀌고, 파란불이라면 빨간불로 바뀐다.
○ 4번 신호를 보내면 번호가 4의 배수인 전구는 만일 빨간불이라면 파란불로 바뀌고, 파란불이라면 빨간불로 바뀐다.

① 58개
② 68개
③ 78개
④ 88개
⑤ 98개

**13** **다음의 정치운동연합이 정확히 3명의 대학교수와 5명의 법조인으로 구성되어 있을 때, 반드시 참인 것은?**

8명의 정치운동연합 구성원들 1~8번은 법조인 혹은 대학교수이다. 각 구성원은 A당 혹은 B당을 지지한다. 이들 연합구성원들이 단체사진을 위해 좌석을 배열하고 있다. 좌석배열은 각각 4명씩 두 줄로 하려고 한다. 앞줄은 1~4번, 뒷줄은 5~8번으로 구성되며 그 배열은 다음과 같다.

| | | | |
|---|---|---|---|
| 1 | 2 | 3 | 4 |
| 5 | 6 | 7 | 8 |

- 각 법조인은 반드시 다른 법조인의 앞 뒤 혹은 옆 에 앉아야 한다.
- 각 대학교수는 다른 대학교수의 앞 뒤 혹은 옆에 앉아야 한다.
- 각 A당 지지자는 다른 A당 지지자의 앞 뒤 혹은 옆에 앉아야 한다.
- 각 B당 지지자는 다른 B당 지지자의 앞 뒤 혹은 옆에 앉아야 한다.
- 구성원 2와 8은 A당 지지자이다.
- 구성원 3은 대학교수이다.
- 구성원 5는 B당 지지자이다.
- 구성원 7은 법조인이다.

① 구성원 1은 법조인이다.
② 구성원 2는 대학교수이다.
③ 구성원 4는 A당 지지자이다.
④ 구성원 5는 법조인이다.
⑤ 구성원 6은 B당 지지자이다.

## 14 다음 글과 <정보>를 근거로 판단할 때, 범인인 사람은 누구인가?

어느 음식점에서 살인사건이 발생하였다. 범인은 피해자가 자리를 잠시 비운 틈을 타 피해자의 음식에 독극물을 몰래 넣은 것이 확실하였으며, 따라서 면식범(面識犯)으로 추정되었다. A형사는 이와 같은 추리에 입각하여 피해자와 같은 테이블에 있었던 갑순, 을수, 병호, 정희, 무진 다섯 사람을 각각 조사하였다.

다음은 갑돌, 을수, 병호, 정희, 무진 다섯 사람이 자신이 신고 있었던 신발에 관해 진술한 내용이며, 이 진술들은 모두 참이다. 또한 신발가격은 만원 단위로만 책정된다.

갑순 : 제 신발은 운동화입니다.

을수 : 제 신발은 5만 원 이상이고 두 번째로 가격이 비쌉니다. 또한 병호의 신발보다 사이즈가 작지는 않습니다.

병호 : 저희 다섯 명의 신발 가격의 평균은 다섯 명 중 누군가의 신발 가격과 같고, 다섯 명의 신발 모두 가격이 8만 원을 초과하지 않습니다. 제 신발은 가격이 가장 비쌉니다.

정희 : 제 신발은 가격이 제일 비싼 신발은 아닙니다.

무진 : 제 신발은 정희와 같은 유형의 신발입니다.

참고인 진술이 모두 끝난 후에, 슬리퍼를 신고 있었던 사람이 범인이라는 사실이 밝혀졌다.

〈정보〉

| | 유형 | 사이즈(㎜) | 가격(만 원) |
|---|---|---|---|
| 신발 A | 운동화 | 240 | 5 |
| 신발 B | 운동화 | 250 | 모름 |
| 신발 C | 슬리퍼 | 250 | 6 |
| 신발 D | 구두 | 260 | 4 |
| 신발 E | 구두 | 모름 | 3 |

① 갑순
② 을수
③ 병호
④ 정희
⑤ 무진

## 15 다음에서 추론한 것으로 가장 옳은 것은?

가격폭리 논쟁을 자세히 들여다보면, 가격폭리처벌법에 찬성 또는 반대하는 주장은 세 가지 항목에 초점을 맞추고 있음을 알 수 있다. 행복 극대화, 자유 존중, 미덕 추구이다. 이 셋은 서로 다른 각도에서 정의를 바라본다.

규제 없는 시장을 옹호하는 전형적인 입장은 기본적으로 두 가지를 요구한다. 하나는 행복이고, 하나는 자유다. 우선, 시장은 공급업자들의 사기를 북돋아 사람들이 원하는 물건을 부지런히 공급하게 함으로서 사회 전체의 행복을 높인다. 둘째, 시장은 개인의 자유를 존중한다. 재화와 용역에 고정된 가치를 부여하기 보다는 그것을 교환하는 사람들 스스로 가치를 부여하게 만든다.

가격폭리처벌법에 반대하는 사람들은 당연히 자유시장을 옹호하는 두 가지 익숙한 주장을 내세운다. 그렇다면 가격폭리처벌법에 찬성하는 사람들은 어떤 반응을 보일까? 첫째, 이들은 어려운 시기에 터무니없는 가격을 부르는 행위는 사회 전체의 행복에 도움이 되지 않는다고 주장한다. 가격이 높으면 재화의 공급이 늘어날지언정, 거기서 나오는 이익은 그 가격을 감당하기 벅찬 사람들이 느끼는 부담감으로 상쇄되고 만다. 돈 있는 사람이라면 폭풍이 닥쳐 기름 한 통이나 모텔 방 값에 웃돈을 한참 얹어준다 한들 짜증이 나는 정도일 것이다. 하지만 서민에게는 심각한 고통이어서, 안정하게 몸을 피하느니 차라리 위험을 감수하는 사람도 있을 것이다. 가격폭리처벌법에 찬성하는 사람들은, 정체의 행복을 측정할 때는 비상사태에 가격폭등으로 생필품을 구입하지 못하는 사람들의 고통도 반드시 포함해야 한다고 주장한다.

둘째, 가격폭리처벌법에 찬성하는 사람들은 특정 상황에서는 자유시장이 그다지 자유롭지 못하다고 주장한다. 크리스트의 지적대로, "강요받는 구매자에게 자유는 없다. 안전한 숙박시설 같은 생필품에 대한 수요는 불가피하다." 허리케인으로 가족과 몸을 피하는 상황에서, 기름이나 대피소에 터무니없는 값을 지불하는 행위는 자발적 교환이 아니다. 차라리 강탈에 가깝다. 따라서 가격폭리처벌법이 정당한가를 판단하려면 행복과 자유에 대한 상반된 주장을 비교해보아야 한다.

① 모든 구성원의 행복의 총량을 증가시키는 것을 우선으로 하는 공리주의적 관점이 가격폭리처벌법에 대해 취하는 입장은 정확히 알 수 없다.
② 가격폭리처벌법에 반대하는 사람들은 행복을 위해 자유를 제한하여야 한다고 주장한다.
③ 가격폭리처벌법에 대한 두 개의 상반된 주장은 자유와 행복의 의미를 서로 동일하게 보고 있다.
④ 필자는 가격폭리처벌법에 대한 주장들을 통하여 행복과 자유에 대한 확고한 정의를 내릴 수 있다고 본다.
⑤ 상반된 두 주장을 통하여 필자는 최종적으로 가격폭리에 대한 규제의 정당성을 확보하고자 한다.

## 16 다음 글의 평가 방법과 평가 결과를 바탕으로 추론할 때, 이에 대한 설명으로 옳은 것은?

어느 공공기관에서 4명의 지원자(가희, 나리, 다솜, 라영)에게 5명의 면접위원(진영, 희열, 현석, 종신, 승철)이 평가점수와 순위를 부여하였다.

지원자의 면접점수 산출방법은 다음 세 가지가 있다.

첫 번째, 10점 만점으로 부여된 각 면접위원의 면접점수를 합하여 전체 합산 점수를 고려하는 방법이다.

두 번째, 전체합산 점수에 대하여 등급화를 하는 방법이다. 35점 이상은 A, 30점 이상~35점 미만은 B, 25점 이상~30점 미만은 C, 25점 미만은 D를 부여하는 방법이다.

마지막으로 면접위원의 평가를 순위화하여 1순위에는 3점, 2순위에는 2점, 3순위에는 1점, 4순위에는 0점을 부여하여 순위점수를 합산해 비교하는 순위점수법이 있다.

〈표 1〉 전체 합, 등급 적용 결과

(단위 : 점, 등급)

| 면접위원 / 지원자 | 진영 | 희열 | 현석 | 종신 | 승철 | 전체합 | 등급 |
|---|---|---|---|---|---|---|---|
| 가희 | 7점 | 7점 | 6점 | 5점 | 2점 | 27점 | C |
| 나리 | 9점 | 6점 | 8점 | 7점 | 7점 | ( )점 | ( ) |
| 다솜 | 6점 | 3점 | 9점 | 3점 | 10점 | ( )점 | B |
| 라영 | 5점 | 8점 | 7점 | 2점 | 6점 | ( )점 | ( ) |

〈표 2〉 순위점수법 적용 결과

(단위 : 순위, 점)

| 면접위원 / 지원자 | 진영 | 희열 | 현석 | 종신 | 승철 | 순위점수합 |
|---|---|---|---|---|---|---|
| 가희 | 2순위 | 2순위 | 4순위 | 2순위 | 4순위 | ( )점 |
| 나리 | 1순위 | 3순위 | 2순위 | 1순위 | 2순위 | 11점 |
| 다솜 | 3순위 | 4순위 | 1순위 | 3순위 | 1순위 | ( )점 |
| 라영 | 4순위 | 1순위 | 3순위 | 4순위 | 3순위 | ( )점 |

① 순위점수합이 가장 큰 지원자는 라영이다.

② 전체합산 점수에 의한 지원자들 평가순서와 등급에 의한 지원자들 평가순서는 일치한다.

③ 전체합산 점수에 의한 평가에서 2등을 한 지원자는 순위점수합이 나리와 일치한다.

④ 전체합산 점수에 의한 지원자들 평가순서와 순위점수합에 의한 지원자들 평가순서는 일치한다.

⑤ 만약 지원자 중 면접점수만으로 상위 2명을 선발한다면 어떤 방법에 의하더라도 동일한 지원자가 선발된다.

## 17 다음 법규정에 근거할 때 옳지 않은 것만을 〈보기〉에서 모두 고르면?

**제00조(부재자신고)** ① 선거인명부에 오를 자격이 있는 국내거주자로서 선거일에 투표소에서 투표할 수 없는 사람은 선거인명부작성기간 중 구·시·군의 장에게 서면으로 부재자신고를 할 수 있다. 이 경우 우편에 의한 부재자신고는 등기우편으로 처리하되, 그 우편요금은 국가 또는 해당 지방자치단체가 부담한다.

② 다음 각 호의 어느 하나에 해당하는 자는 거소에서 투표할 수 있다.

1. 법령에 따라 영내 또는 함정에 장기기거하는 군인이나 경찰공무원 중 부재자투표소에 가서 투표할 수 없을 정도로 멀리 떨어진 영내(營內) 또는 함정에 근무하는 자
2. 병원 또는 요양소에 장기 기거하는 자로서 거동할 수 없는 자
3. 신체에 중대한 장애가 있어 거동할 수 없는 자
4. 선거일에 투표소에 가기 어려운 멀리 떨어진 외딴 섬에 거주하는 자

**제00조(국외부재자 신고)** 주민등록이 되어 있거나 국내거소신고를 한 사람으로서 외국에서 투표하려는 선거권자(지역구국회의원선거에서는 국내거소신고가 되어 있는 선거권자는 제외한다)는 대통령선거와 임기만료에 따른 국회의원선거를 실시하는 때마다 선거일 전 150일부터 선거일 전 60일까지 서면으로 관할 구·시·군의 장에게 국외부재자 신고를 하여야 한다. 이 경우 외국에 머물거나 거주하는 사람은 공관을 경유하여 신고하여야 한다.

**제00조(재외선거인 등록신청)** 주민등록이 되어 있지 아니하고 국내거소신고도 하지 아니한 사람으로서 외국에서 투표하려는 선거권자는 대통령선거와 임기만료에 따른 비례대표국회의원선거를 실시하는 때마다 선거일 전 150일부터 선거일 전 60일까지 공관을 직접 방문하여 중앙선거관리위원회에 재외선거인 등록신청을 하여야 한다.

보 기

ㄱ. 부재자 신고는 서면으로 하여야 하며 우편접수만 가능하다.

ㄴ. 2년 계획으로 미국에 간 유학생의 경우 주민등록이 되어 있다면 국외부재자신고를 통해 투표할 수 있다.

ㄷ. 국외부재자 신고 대상자 중 신고기간에 외국에 머물거나 거주하는 사람은 반드시 중앙선거관리위원회에 직접 신고를 하여야 한다.

ㄹ. 국내거소신고가 되어있는 선거권자 甲은 지역구 국회의원선거를 외국에 머물러 외국에서 투표하기 위해서는 공관을 경유하여 국외부재자 신고를 하여야 한다.

① ㄱ, ㄴ

② ㄴ, ㄹ

③ ㄷ, ㄹ

④ ㄱ, ㄷ, ㄹ

⑤ ㄴ, ㄷ, ㄹ

**18** 다음 〈정보〉와 〈표〉를 바탕으로 갑과 을의 일주일 출퇴근 비용을 바르게 짝지은 것은?

정 보

- ○ 갑은 경차로 집에서 132Km 떨어진 회사까지 아침에 90Km/h로 출근하고, 저녁에 60Km/h로 퇴근한다.
- ○ 을은 카풀*로 출퇴근을 하며 연료비의 1/2을 부담한다. 회사까지의 거리는 120Km이며, 아침에 중형차 60Km/h로 출근하고, 저녁에 대형차 90Km/h로 퇴근한다.
- ○ 대형차가 90Km/h로 달릴 때 연비는 15km/L이다.
- ○ 현재 휘발유 가격은 L당 1,400원이다.
- ○ 일주일에 5일 출근하며 연료비 외에 다른 비용은 고려하지 않는다.

* 카풀: 목적지가 동일하거나 같은 방향인 운전자들이 통행 비용의 절감을 위하여 한 대의 승용차에 동승하여 통행하는 일

〈표〉 속도별 연비 비교

(단위 : 중형차 60Km/h = 1)

| 속도 \ 차종 | 경 차 | 중 형 | 대 형 |
|---|---|---|---|
| 60Km/h | 1.20 | 1.00 | 0.95 |
| 90Km/h | 1.10 | 0.85 | 0.75 |
| 120Km/h | 0.90 | 0.65 | 0.55 |

※ 연비(Km/L) = 사용연료 1L당 주행거리

| | 갑 | 을 |
|---|---|---|
| ① | 80,500 | 32,500 |
| ② | 80,500 | 49,000 |
| ③ | 80,500 | 98,000 |
| ④ | 74,500 | 32,500 |
| ⑤ | 74,500 | 49,000 |

**※ 다음 글을 읽고 물음에 답하시오. [문 19 ~ 20]**

우리는 종교적 신비주의가 고대인들이 사원과 피라미드를 건축하고 건축물의 방향을 정하는 모든 과정에서 기하학과 직접 관련을 맺으며 나타나는 것을 볼 수 있다. 바빌로니아의 주요 도시들에는 탑 모양의 사원인 지구라트가 건축되었는데, 약 25미터 높이의 꼭대기에는 신의 성소가 있었다고 한다. 지구라트는 사방 수 킬로미터 밖에서도 뚜렷이 볼 수 있을 만큼 연속된 테라스들 위에 우뚝 솟은 인상적인 건축물이며, 넓은 계단들이 그것을 향해 놓여 있다.

종교적 신비주의자들은 그들의 사상을 표현하는 도구 중 하나로 수를 사용했다. 거기에는 수의 여러 성질이 이용되었는데, 특히 3과 7이 주목받았다. 신이 세상을 창조하는 데 시간이 필요했다면 7과 같이 흥미로운 수를 이용할 수밖에 없었을 것이다. 7이라는 수가 일주일을 나타낸다는 것은 신의 권력과 복잡한 자연 사이를 연결하는 좋은 타협점인 셈이다.

숫자에 대한 신비적이고 악마적인 과학을 발명한 것은 바빌로니아의 성직자들이다. 이들의 사이비 과학은 하나의 아이디어에 근거하고 있다. 그것은 알파벳 문자 각각이 숫자와 관련되어 있다는 점이다.

실제로 그리스인들과 히브리인들은 알파벳 문자를 숫자의 상징으로 사용하였다. 단어들은 그 단어를 이루는 알파벳 문자들과 관련된 숫자들의 합인 수와 관련을 맺는다. 예를 들어 기도를 끝내는 신호인 아멘(Amen)은 그리스어로 $\alpha\mu\eta\nu$인데, 이들이 나타내는 수를 순서대로 합하면 1+40+8+50 = 99가 된다. 따라서 그리스인들은 종종 기도문 마지막에 99를 뜻하는 $\rho\theta$를 표기했다고 한다.

한편 연관된 숫자가 동일한 두 단어는 서로 관계가 있다고 믿었으며, 이러한 관련성은 종종 미신으로 확장되기도 하였다. 예를 들어 그리스어로 죽음을 뜻하는 단어인 $\theta ANATO\Sigma$ 는 9를 상징하는 $\theta$에서 시작하였기 때문에 9대신 8+1 또는 4+5로 에둘러 표현했다고 한다. 이는 죽음을 뜻하는 '사(死)' 자를 피했던 우리의 풍습과도 유사한 관습이다.

이 같은 작업은 오늘날에도 끊이지 않고 계속된다. 『바이블 코드』 라는 베스트셀러를 쓴 마이클 드로스닌은 『성서』 에 숨겨져 있는 메시지를 찾아내기 위해 히브리 『성서』 의 30만 4,805개 문자를 컴퓨터로 분석하였다. 그 결과 그는 인류 역사의 모든 사건과 인물에 관한 예언을 찾아낼 수 있었다고 주장하였다.

## 19 윗글을 읽고 판단한 것으로 가장 옳은 것을 고르면?

① 종교적 신비주의자들은 수를 이용하여 자신들의 모든 사상을 표현하였다.
② 그리스인들이 개발한 아이디어로 인하여 바빌로니아 성직자의 사이비 과학이 탄생하게 되었다.
③ 그리스, 히브리인들에 의하면 $\alpha+\eta=\theta$, $\mu+\nu=\rho$로 표현 가능할 것이다.
④ 숫자와 관련된 그리스의 미신들이 우리 풍습을 만들어 냈다.
⑤ 마이클 드로스닌에 의하면, 히브리 『성서』의 모든 문자들은 인류의 역사의 사건, 인물과 연관된다.

## 20 윗글의 내용과 다음 〈보기〉에 주어진 등식을 이용하여 $\beta+\pi^2-\kappa\div\iota$를 계산한 결과로 옳은 것은?

보 기

- $\beta\times\kappa=\pi\times\iota$
- $\mu\div\rho\times\theta\times\nu=\iota\times\kappa$
- $\mu+\nu-\alpha-\eta=\beta^2\times\theta$
- $\eta\div\mu=(\nu\div\iota)^{-1}$

단, 모든 문자가 상징하는 수는 양의 정수이다.

① 34
② 37
③ 39
④ 42
⑤ 57

## 21 다음을 읽고 추론한 것으로 가장 옳지 않은 것은?

로마 제국의 최고 지배자인 황제가 사용한 호칭에는 공식적인 것과 명예적인 것이 있다. 공식적인 것으로는 먼저 프린켑스를 꼽을 수 있다. '제1의 시민'을 뜻하는 프린켑스 키비타티스의 줄임말로, 282년까지 애용되었다. 로마 제국 전기 300년 전의 통치 체계를 일컫는 원수정이란 개념도 여기서 유래한다. 이와 대조적으로 제국 후기에는 하나님 혹은 주인을 뜻하는 도미누스란 호칭이 주로 쓰였는데, 이 말을 빌어서 황제들의 독재 경향이 나타난 당시의 통치 체계를 흔히 전제정이라 부른다.

이와 함께 사용된 명예 호칭은 크게 세 가지로, 모두 옥타비아누스가 선례를 보인 이래 예외 없이 전승되었다. 첫째는 옥타비아누스가 양아버지로부터 물려받은 카이사르인데, 황제를 지칭하는 독일의 카이저와 러시아의 차르에 그 흔적이 남아있다. 둘째는 개선장군에게 부여되는 임페라토르란 호칭으로서, 27번이나 이 영예를 차지했던 옥타비아누스는 그것을 자기 이름의 맨 앞에 내세웠다. 황제를 뜻하는 영어의 엠퍼러, 프랑스어의 앙프뢰르 등의 단어 역시 여기서 유래된 것이다. 끝으로 기원전 27년 원로원에서 옥타비아누스에게 선사한 아우구스투스가 있다. 종교적 성격이 짙은 이 존칭은 '존엄한 존재'를 의미한다.

로마 황제들의 시조격인 옥타비아누스의 이름은 물론 이뿐만이 아니었다. 카이사르의 조카의 아들, 즉 카이사르의 누이 율리아의 손자였던 그의 원명은 가이우스 옥타비우스 투리누스였다. 그러다가 율리우스 카이사르가 피살된 후 그의 양아들이 되자 즉각 가이우스 율리우스 카이사르 옥타비아누스로 개명했으며, 권좌에 오른 뒤에는 다시 임페라토르 카이사르 디비 필리우스로 변신했다. 늘 자신을 '카이사르'로 소개했던 그는 결국 원래 이름들을 다 버리고 '개선장군'과 '신성한 카이사르의 아들'로만 기억되고 싶었던 것이다.

① 황제를 지칭하는 독일의 카이저와 러시아의 차르는 종교적 성격을 가진 명칭이다.
② 로마시대 황제들은 복수(復數)의 이름을 가지고 있었다.
③ 카이사르, 임페라토르, 아우구스투스는 옥타비아누스 외에 다른 로마 황제들도 사용한 것이다.
④ 로마제국의 통치체계를 나타내는 말은 로마시대의 최고지배자인 황제의 명칭에서 유래하기도 한다.
⑤ 로마시대에는 황제의 이름이 변화하기도 했다.

## 22 다음 글을 근거로 판단할 때, 〈보기〉에서 옳지 않은 것만을 모두 고르면?

유엔 식량농업기구(FAO)에 따르면 곤충의 종류는 2,013종인데, 그 중 일부가 현재 식재료로 사용되고 있다. 곤충은 병균을 옮기는 더러운 것으로 알려져 있지만 깨끗한 환경에서 사육된 곤충은 식용에 문제가 없다.

식용으로 귀뚜라미를 사육할 경우 전통적인 육류 단백질 공급원보다 생산에 필요한 자원을 절감할 수 있다. 귀뚜라미가 다른 전통적인 단백질 공급원보다 뛰어난 점은 다음과 같다. 첫째, 쇠고기 0.45kg을 생산하기 위해 필요한 자원으로 식용 귀뚜라미 11.33kg을 생산할 수 있다. 이것이 가능한 가장 큰 이유는 귀뚜라미가 냉혈동물이라 돼지나 소와 같이 체내 온도 유지를 위해 먹이를 많이 소비하지 않기 때문이다. 둘째, 식용 귀뚜라미 0.45kg을 생산하는 데 필요한 물은 감자나 당근을 생산하는 데 필요한 수준인 3.8ℓ이지만, 닭고기 0.45kg을 생산하려면 1,900ℓ의 물이 필요하며, 쇠고기 0.45kg을 생산하기 위해서는 닭고기의 경우보다 4배 이상의 물이 필요하다. 셋째, 귀뚜라미를 사육할 때 발생하는 온실가스의 양은 가축을 사육할 때 발생하는 온실가스 양의 20%에 불과하다.

현재 곤충 사육은 많은 지역에서 이루어지고 있지만, 식용 곤충의 공급이 제한적이고 사람들에게 곤충도 식량이 될 수 있다는 점을 이해시키는 데 어려움이 있다. 따라서 새로운 식용 곤충 생산과 공급방법을 확충하고 곤충 섭취에 대한 사람들의 거부감을 줄이는 방안이 필요하다.

현재 식용 귀뚜라미는 주로 분말 형태로 100g당 10달러에 판매된다. 이는 같은 양의 닭고기나 쇠고기의 가격과 큰 차이가 없다. 그러나 인구가 현재보다 20억 명 더 늘어날 것으로 예상되는 2050년에는 귀뚜라미 등 곤충이 저렴하게 저녁식사 재료로 공급될 것이다.

보 기

ㄱ. 물 3.8ℓ의 가격이 200달러라면, 물 3.8ℓ를 사서 식용 귀뚜라미를 사육해 분말 형태로 판매할 경우 250달러의 차익을 남길 수 있다.
ㄴ. 냉혈동물은 체내 온도 유지를 위해 먹이를 많이 소비할 필요가 없다.
ㄷ. 온실가스 배출에 대한 규제가 강화될 경우, 식용 귀뚜라미 사육에 대한 유인이 증가할 것이다.
ㄹ. 현재 곤충 사육에 투입되고 있는 물은 닭고기 생산에 투입되고 있는 물의 500분의 1 정도이다.

① ㄱ, ㄴ
② ㄱ, ㄷ
③ ㄱ, ㄹ
④ ㄴ, ㄷ
⑤ ㄴ, ㄹ

## 23 다음을 읽고 판단한 것으로 가장 옳은 것은?

초경쟁 시대(hyper-competition) 특징은 크게 세 가지로 나눠볼 수 있다. 첫 번째로 산업 간 경계가 허물어지는 무경계의 시대이다. 기업들이 경쟁력을 높이기 위해 타 업종과 활발하게 결합을 해 시너지를 창출하는 일이 빈번해졌다. 따라서 동종업 경쟁자라고 하여도 생각지도 못한 경쟁요소를 지니고 있기도 하며, 연관되어 있을 것 같지 않은 타 업종과 경쟁해야 하는 상황도 빈번하게 생겨났다.

두 번째 특징은 속도의 시대이다. 초경쟁 시대에서는 무엇이든지 빠르게 진행된다. 예를 들어 스마트폰의 신제품 교체 주기는 날이 갈수록 점점 더 빨라져 현재 2~3개월로 단축되었다. 최신 스마트폰이어서 샀는데 소비자가 어느 정도 휴대폰에 적응이 된 순간 이미 더 성능이 좋은 제품이 시장에 출시되는 사례를 쉽게 생각해 볼 수 있다.

마지막으로 초경쟁 시대에서는 승자독식이 만연하다. 즉 한 기업이 다른 기업보다 시장에서 경쟁우위를 확보하면 해당 기업이 이윤을 독식하는 현상이 나타난다. 예전에 20대 80의 시장점유율이 가능했다면 이제는 1대 99까지 변화하는 극단적인 파레토 현상도 가능해졌다. 초경쟁 시대는 경쟁이 더 치열해졌다는 의미를 넘어, 예전에는 동종업으로 한정되었던 경쟁대상을 규정짓는 것이 불가능해졌다는 것을 의미하며, 따라서 경쟁의 승패에 따른 결과는 보다 극단적으로 나타난다는 것을 함께 내포하고 있다.

새 시대의 도래가 기업에 던지는 메시지는 무엇일까? 과거에는 경쟁을 해야 하는 기업이 눈에 뻔하게 보였다면 이제는 눈에 보이지 않는 기업까지 고려해야 하기 때문에 기업에겐 경쟁이 상당히 피곤해졌다. 또한 너무 빠르게 시장이 변화하기 때문에 한 번 뒤처지면 승자독식으로 인해 시장에서 퇴출되는 사태까지 빚어질 수 있어 궁극적으로 기업의 생존 가능성이 점점 낮아지게 되었다.

① 타 업종과의 경계가 허물어지며 동종업계 간의 경쟁보다는 연대가 강조되는 추세이다.
② 경쟁 주체가 늘어나면서 독점이나 과점 형태가 아닌 다수가 이익을 공유하는 시장으로 바뀌었다.
③ 시장 기회가 무궁무진해졌기 때문에 기업의 생존 가능성이 점차 늘어나고 있다.
④ 경쟁 속도가 빨라지는 것이 특징으로, 스마트폰의 발전이 대표적인 사례이다.
⑤ 초경쟁 시대는 20대 80의 시장구도를 바탕으로 발전하였기 때문에 1대 99의 극단적인 파레토 현상은 불가능하다.

## 24 다음 글을 읽고 판단한 것으로 가장 옳은 것은?

공정거래위원회는 16일 경제활력제고를 위한 20XX년 공정거래위원회 업무계획을 대통령에게 보고했다.

업무계획에 따르면 경쟁촉진 차원에서 보건과 의료, 금융, 유통, 에너지 등 국민편익 증대가 예상되거나, 독과점 구조 개선으로 생산성 향상이 기대되는 분야에서 경쟁제한적 진입규제가 정비된다.

공정위는 전문연구기관의 연구용역과 이해관계자 의견수렴 및 관계부처 협의를 거쳐 국가경쟁력강화위원회에 개선 방안을 상정할 예정이다.

공정위는 또 금융, 통신, 운송 등 경쟁이 활발하지 않은 분야를 중심으로 법령 제·개정에 대한 경쟁영향평가를 강화하는 한편, 행정안전부 및 15개 광역지자체와의 협의를 통해 경쟁제한적 조례와 규칙을 상시 점검키로 했다.

이와 함께 내년에는 경기회복 및 구조조정 과정에서 국내외 대형 인수합병(M&A)이 활발히 이뤄질 것으로 예상되는 만큼 경쟁제한성이 없는 기업결합은 신속히 심사해 구조조정을 지원하되, 경쟁제한적인 글로벌 M&A에 대해선 심사역량을 집중해 독과점 형성을 방지키로 했다.

대기업집단의 부당지원행위 근절을 위해 계열사에 대한 물량 몰아주기 등 다양한 부당지원행위 유형에 대한 실태조사가 실시될 예정이다.

이와는 별개로 공정위는 상품·용역 거래 관련 공시대상이 되는 상장회사의 총수일가 지분 기준을 50%에서 30%로 조정, 공시대상 범위를 확대키로 했다.

또한 공정위는 생필품 및 생계비 비중이 큰 서비스 등 서민생활 밀접품목을 비롯해 원자재와 산업용 기자재 등 기업 활동과 밀접한 품목에서의 담합감시를 강화할 방침이다.

공공분야의 입찰담합 방지를 위해 조달계약서에 계약금액의 19~20%를 담합 시 손해배상 예정액으로 명시하는 방향으로 관련규정도 계정된다.

공정위는 중소기업 보호차원에서 불공정하도급행위 조사 대상을 대기업 외에 1차 협력사까지 확대하는 한편, 일방적 위탁취소 등에 의한 수급사업자의 피해 방지대책의 일환으로 하도급계약 추정제도를 도입키로 했다.

공정위는 또 금융약관심사 태스크포스를 구성, 소비자에게 불리한 금융약관에 대한 심사를 강화라고, 소비자원을 통해 금융거래 시 유의사항 및 분쟁조정사례 등을 제공할 예정이다.

① 공정거래위원회의 지방자치단체에 대한 통제가 강화될 것이다.
② 대형 합병인수가 내년에 활발히 이뤄질 것이 예상되므로 기업결합에 대한 심사가 강화될 것이다.
③ 철강 등 원자재 담합에 대한 감시가 강화될 것이다.
④ 이번 공정거래위원회 업무계획은 경쟁을 지양하고 국민의 편익을 도모한다.
⑤ 일방적 위탁취소 등에 의한 수급사업자의 피해 방지를 위해 하도급계약 추정제도를 폐지시킬 것이다.

## 25 다음 〈정보〉를 바탕으로 세탁이 이루어진다고 할 때 옳지 않은 것은?

정 보

○ 세탁은 오로지 세탁기로만 한다.
○ 흰 세탁물은 다른 색상의 세탁물과 함께 세탁할 수 없다.
○ 필요 물살 강도가 다른 세탁물은 함께 세탁할 수 없으며, 필요 세탁시간이 다른 세탁물을 함께 빨 경우, 필요 시간이 긴 세탁물에 맞추어 세탁기를 작동한다.
○ 속옷과 겉옷(양말 제외)은 함께 빨지 않는다.
○ 속옷 및 양말은 색, 재질에 관계없이 함께 세탁한다.
○ 세탁기에는 45분, 50분, 60분, 70분의 네 가지 코스가 있으며 이 중 한 가지 코스로 세탁한다. 또한 물살 강도는 약-중-강 중에 한 가지를 선택할 수 있다.
○ 세탁시간은 세탁물을 넣고 빼는 과정까지 고려한 시간이다. 즉, 세탁이 끝나고 다음 세탁으로 넘어가는 과정에서 소요되는 시간은 고려하지 않는다.
○ 동욱이는 세탁시간을 최소화하는 선택을 한다.
○ 세탁기 권장 사용법은 아래와 같다.

| 재질 | 필요 물살강도 | 필요세탁시간 |
|---|---|---|
| 면 | 강 | 50분 |
| 나일론 | 강 | 60분 |
| 양모 | 약 | 45분 |
| 이불 | 중 | 70분 |

○ 이때 세탁물 목록은 다음과 같다.

| 면 | 나일론 | 양모 | 이불 |
|---|---|---|---|
| 흰 티셔츠 - 2장 | 흰 양말 - 2장 | 검은 카디건 -1장 | 흰 이불 -1장 |
| 검은 바지 - 1장 | 검은 자켓 - 1장 | | |
| 청바지 - 1장 | 흰 조끼 - 1장 | | |
| 검은 팬티 - 1장 | | | |

① 전체 세탁 과정 중, 서로 다른 색의 옷이 함께 세탁되는 경우는 2번 존재한다.
② 오후 4시에 세탁을 처음 시작하여 쉬지 않고 세탁기를 돌렸을 경우, 마지막 빨래가 끝나는 시간은 오후 8시 55분이다.
③ 이불 및 모든 옷을 세탁하기 위해서는 세탁기가 총 5번 작동해야 한다.
④ 양모의 필요 물살강도가 '중'으로 변화하여도 전체 세탁시간은 동일하다.
⑤ 만일 이불의 필요 물살강도가 '강'이라면, 전체 세탁 시간은 70분 줄어든다.

**26** **다음 글과 <조건>에서 甲이 2018년 3월부터 건물 신축 공사를 시작한다고 했을 때 총 비용이 가장 적게 드는 경우는?(각 층마다 확보할 수 있는 공간은 매입한 대지면적과 동일하다고 가정한다.)**

甲은 사무실 공간으로 1,000평을 확보하려고 하며, 건물을 신축할 대지로 A, B, C 세 지역의 대지를 고려하고 있다. 이때 층수가 높을수록 건물의 연면적이 높아져 더 많은 공간을 확보할 수 있지만 층수가 높아질수록 들어가는 비용 역시 상승한다. 예를 들어 100평의 대지에 5층 건물을 신축하면 각 층마다 100평의 공간을 확보할 수 있으므로 총 연면적은 500평이 되지만 건물의 높이를 올릴 때마다 들어가는 건축자재의 강도 등이 고려되어 비용은 상승하게 된다. 또한 건축법의 기준에 따라 건물을 신축할 수 있는 높이는 지역마다 모두 다르기 때문에 이 역시 건물 신축 시 고려해야 할 사항이다.

조 건

○ 건축법의 기준에 따라 각 지역에 신축할 수 있는 최대 층수는 A지역 4층, B지역 5층, C지역 10층이다.
○ 대지의 매입 가격은 평당 A지역 50만 원, B지역 60만 원, C지역 70만 원이다.
○ 건축 비용은 1평의 공간을 확보할 때마다 200만 원이 지출되며, 한 층씩 증가할 때마다 1,000만 원씩 건축비용이 증가한다.(예를 들어 1층의 확보공간이 100평이라면 건축비용은 2억이고 여기에 한 층을 더 건축하여 1층 확보공간 100평, 2층 확보공간 100평이라면 200평을 확보하는데 지출된 비용 4억에 한 개의 층을 더 신축하였으므로 추가로 1,000만 원이 지출된다.)

① A지역에 4층 높이의 건물을 신축하는 경우
② B지역에 5층 높이의 건물을 신축하는 경우
③ C지역에 10층 높이의 건물을 신축하는 경우
④ B지역에 4층 높이의 건물을 신축하는 경우
⑤ C지역에 5층 높이의 건물을 신축하는 경우

**27** **다음은 '지방분권특별법안'의 일부 조항이다. 이에 대한 추론으로 옳지 않은 것은?**

**제9조(권한 및 사무의 이양)** ① 국가는 제6조의 규정에 의한 사무배분원칙을 바탕으로 그 권한 및 사무를 적극적으로 지방자치단체에 이양하여야 하며, 기관위임사무를 정비하는 등 사무구분체계를 조정하여야 한다.

② 국가는 권한 및 사무를 지방자치단체에 포괄적, 일괄적으로 이양하기 위하여 필요한 법적 조치를 마련하여야 한다.

**제10조(특별지방행정기관의 정비 등)** ① 국가는 이미 설치된 특별지방행정기관의 실태를 파악하여 특별지방행정기관이 수행하고 있는 사무 중 지방자치단체가 수행하는 것이 더 효율적인 사무는 지방자치단체가 담당하도록 하여야 하며, 새로운 특별지방행정기관을 설치하고자 하는 때에는 그 기능이 지방자치단체가 수행하고 있는 기능과 유사하거나 중복되지 아니하도록 하여야 한다.

② 국가는 지방교육에 대한 지방자치단체의 권한과 책임을 강화하고, 지방교육에 대한 주민참여를 확대하는 등 교육자치제도를 개선하여야 한다.

③ 국가는 지방행정과 치안행정과의 연계성을 확보하고 지역특성에 적합한 치안서비스를 제공하기 위하여 자치경찰제도를 도입하여야 한다.

**제11조(지방재정의 확충 및 건전성 강화)** ① 국가 및 지방자체단체는 각 지방자치단체가 사무를 자주적, 자립적으로 수행할 수 있도록 하기 위하여 지방재정을 확충하고 지방재정의 건전성을 강화하는 등 지방재정의 발전방안을 마련하여야 한다.

② 국가는 국세와 지방세의 세원을 합리적으로 조정하는 방안을 마련하여야 하며, 지방세의 새로운 세목을 확대하고 비과세 및 감면을 축소하는 등 지방자치단체가 자주적으로 과세권을 행사할 수 있는 범위를 확대하여야 한다.

③ 국가는 사무의 지방이양 등과 연계하여 지방교부세의 법정률을 단계적으로 상향조정하고, 국고보조금의 통, 폐합 등 포괄적인 지원방안을 마련하는 등 국고보조금제도의 합리적 개선 및 지방자치단체간의 재정력 격차를 완화하는 방안을 강구하여야 한다.

④ 지방자치단체는 자체 세입을 확충하고 예산지출의 합리성을 확보하기 위하여 노력하여야 한다.

① 지방자치단체와 특별지방행정기관 간 업무 중복 및 비효율성 여부를 판단하는 주체는 국가이다.
② 국가의 권한과 사무를 지방정부에 이양하는 데에는 특별한 법적 기반이 마련되어야 한다.
③ 지방자치단체의 재정 확충을 위한 수단에는 지방세와 국고보조금 등이 있다.
④ 지방자치단체는 스스로의 권한과 책임을 강화하고 원활한 지방행정이 이루어지도록 교육자치제도 및 자치경찰제도를 도입할 의무가 있다.
⑤ 이 법의 제6조는 국가와 지방자치단체 간 사무배분원칙을 제시하고 있다.

**28** 다음 주어진 <조건>과 <현황>을 근거로 판단할 때, 사례금을 가장 많이 받는 사람은?(단, 철회광고는 광고 당일부터 효력을 발휘한다고 가정한다.)

조 건

甲은 자신이 잃어버린 지갑과 가방을 찾아주면 사례를 하겠다는 현상 광고를 냈고 이에 A~E가 응했다.

○ 광고에 정한 행위를 완료한 자가 여러 명인 경우에는 먼저 그 행위를 완료한 자가 보수를 받는다.
○ 여러 명이 동시에 완료한 경우에는 보수를 지급받을 자격요건을 갖춘 자들에 한하여 각각 균등한 비율로 보수를 받는다.
○ 광고에 그 지정한 행위의 완료기간을 정한 때에는 그 기간만료 전에 광고를 철회하지 못한다.
○ 광고가 있음을 알지 못하고 광고에 정한 행위를 완료한 자에게도 광고를 한 자는 보수를 지급해야 한다.
○ 광고에 행위의 완료기간을 정하지 아니한 때에는 그 행위를 완료한 자가 있기 전에는 그 광고와 동일한 방법으로 광고를 철회할 수 있다. 단, 철회에 대한 광고는 이를 알고 있는 자에 대해서만 효력이 있으며, 철회의 효력이 발휘된 경우에는 광고가 없었던 것과 같은 상태가 된다.
○ 광고가 없는 경우에는 어떠한 행위에 대해서도 보수를 지급하지 않는다.

현 황

| 행위자 | 행위 시기 | 행위 | 광고 인지자 |
|---|---|---|---|
| 甲 (광고자) | 2017.11.1. | 지갑에 대한 광고를 냄 (기간 2017.12.31 까지, 금액 120만원) | A, B, E |
| | 2017.11.17 | 가방에 대한 광고를 냄 (기간 정하지 않음, 금액 150만원) | B, C, D, E |
| | 2017.12.24 | 동일한 방법으로 지갑에 대한 광고 철회 | A, B |
| | 2018.1. 1. | 동일한 방법으로 가방에 대한 광고 철회 | B, C, D |
| A ~ E | 2017.12.25. | A, B, C가 동시에 지갑을 찾아서 甲에게 인도 | |
| | 2018.1. 5. | B, D, E가 동시에 가방을 찾아서 甲에게 인도 | |

① A
② B
③ C
④ D
⑤ E

**29** 다음 글과 <보기>의 조건이 참이라고 할 때, T가 세 번째 영화에서 조연이라고 하면 반드시 참인 것은? (이때, 3개의 영화를 순서대로 첫 번째, 두 번째, 세 번째 영화라고 한다.)

M영화사는 3개의 영화를 연속으로 매년 제작하기로 하였다. 영화의 참가대상자는 A, B, C 등 남자 3명과 S, T, U 등 여자 3명이다. 각 영화는 주연 2명과 조연 3명으로 구성되는데, 1인 1역이다.

보 기

○ 모든 영화의 주연은 남자 1명과 여자 1명으로 구성된다.
○ 모든 사람은 주연을 1번만 할 수 있다.
○ S와 C는 두 번째 영화의 주연이다.
○ B와 U는 같은 영화에 참가할 수 없다.

① B는 두 번째 영화의 조연이다.
② B는 세 번째 영화의 주연이다.
③ B는 세 번째 영화의 조연이다.
④ B는 첫 번째 영화의 주연이다.
⑤ B는 첫 번째 영화의 조연이다.

**30** 다음은 어느 와인 평론가의 와인 점수평가 기준과 이에 기초해서 평가한 가~라 와인의 점수이다. 이를 참조하여 가장 점수가 낮은 와인(A)과 가장 점수가 높은 와인(B)을 고르면?

〈점수 기준〉

| 요소 | 기본 점수 | 색상 | 아로마 &부케 | 맛& 여운 | 품질 및 숙성잠재력 | 합계 |
|---|---|---|---|---|---|---|
| 만점 | 50점 | 5점 | 15점 | 20점 | 10점 | 100점 |

〈와인별 점수〉

| 구분 | 가 | 나 | 다 | 라 |
|---|---|---|---|---|
| 색상 | 맑음 | 매우 맑음 | 맑음 | 매우 맑음 |
| 맛의 강도 | 4 | 4 | 3 | 2 |
| 맛의 균형미 | 3 | 3 | 3 | 4 |
| 맛의 깔끔함 | 3 | 1 | 3 | 4 |
| 맛의 깊이 | 2 | 4 | 3 | 3 |
| 여운의 길이 | 2 | 1 | 3 | 3 |

○ 색상은 맑을수록 높은 점수를 부여한다. 다만 양조기술의 발달로 색상은 최소 4점 이상이 부여된다.
○ 점수는 항상 정수로만 부여된다.
○ 맛&여운은 맛의 강도, 균형미, 깔끔함, 깊이, 여운의 길이로 구성되며, 각각의 값을 더하여 맛&여운의 총점이 된다.
○ 품질 및 숙성잠재력은 '가'만 만점이고 '나', '다'는 만점 대비 80%, '라'는 만점 대비 50%이다.
○ 아로마&부케의 경우 '라'만 만점이고 가·나·다 셋은 모두 만점 대비 80%이다.

| | A | B |
|---|---|---|
| ① | 나 | 가 |
| ② | 나 | 라 |
| ③ | 다 | 라 |
| ④ | 라 | 가 |
| ⑤ | 라 | 나 |

**31** 다음 〈지원계획〉과 〈사내 동아리 현황 및 평가 결과〉를 근거로 판단할 때, 사내동아리 중 두 번째로 많은 총 지원금을 받는 동아리가 받는 지원금의 총액은?

지 원 계 획

○ 지원을 받기 위해서는 한 동아리당 필수적으로 6명 이상 9명 미만으로 구성되어야 한다. 구성원 수를 충족시키지 못할 경우 지원금 대상에서 제외된다.
○ <기본지원금>
한 동아리당 1,500천 원을 기본으로 지원한다. 단, 실적 개선을 위한 동아리의 경우는 2,000천 원을 지원한다.
○ <추가지원금>
운영 계획 사전평가결과에 따라,
'상' 등급을 받은 동아리에는 구성원 1인당 120천 원을,
'중' 등급을 받은 동아리에는 구성원 1인당 100천 원을,
'하' 등급을 받은 동아리에는 구성원 1인당 70천 원을
추가로 지원한다.
○ 협업 장려를 위해 사내 타 조직과의 협업이 인정되는 동아리에는 위의 두 지원금을 합한 금액의 30%를 별도로 지원한다.

〈사내 동아리 현황 및 평가결과〉

| 동아리 | 실적 개선 관련성 | 구성원 수 | 운영 계획 사전평가결과 | 협업 인정 여부 |
|---|---|---|---|---|
| A | × | 6 | 상 | ○ |
| B | ○ | 5 | 중 | × |
| C | × | 8 | 상 | ○ |
| D | ○ | 8 | 중 | × |
| E | × | 7 | 하 | ○ |

① 2500천 원
② 2587천 원
③ 2800천 원
④ 2886천 원
⑤ 3198천 원

## 32 다음 글을 읽고 판단할 때 옳은 것만을 <보기>에서 모두 고르면?

김 과장은 건강상의 이유로 간헐적 단식을 시작하기로 했다. 김 과장이 선택한 간헐적 단식방법은 월요일부터 일요일까지 일주일 중에 2일을 선택하여 아침 혹은 저녁 한 끼 식사만 하는 것이다. 단, 단식을 하는 날 전후로 각각 최소 2일간은 정상적으로 세 끼 식사를 하고, 업무상의 식사 약속을 고려하여 단식일과 방법을 유동적으로 결정하기로 했다. 또한 단식을 하는 날 이외에는 항상 세 끼 식사를 한다.

간헐적 단식 2주째가 끝난 김 과장은 그동안 단식을 했던 날짜를 기록해두기 위해 아래와 같이 최근 식사와 관련된 기억을 떠올렸다.

○ 이번 주 수요일에는 단식을 했다.
○ 지난주에 먹은 저녁식사 횟수보다 아침식사 횟수가 많다.
○ 지난주 화요일, 목요일, 토요일에는 회식이 있어 저녁식사를 했다.
○ 지난주 월요일에는 업무약속이 있어서 점심식사를 했다.
○ 이번 주는 아침식사 횟수와 저녁식사 횟수가 같다.

* 김 과장은 간헐적 단식 규칙을 모두 지켰다고 가정한다.

보 기

ㄱ. 지난 주 수요일에도 단식을 했다.
ㄴ. 이번 주 일요일에 아침식사만 했다면 수요일에는 저녁식사만 했을 것이다.
ㄷ. 지난 주 일요일에 아침식사를 했을 것이다.

① ㄱ
② ㄱ, ㄴ
③ ㄱ, ㄷ
④ ㄴ, ㄷ
⑤ ㄱ, ㄴ, ㄷ

## 33 다음에서 추론한 것으로 가장 옳지 않은 것은?

지금까지 우리 기업들은 고위 경영자가 의사 결정을 하면 부하 직원들이 실행하는 이른바 '톱다운(top-down)'식의 일사불란하고 빠른 실행력으로 승부해왔다. 이런 방식으로 대규모 투자가 필요한 중화학공업, 액정표시장치(LCD), 반도체 등의 장치산업에서 효과를 봤다. 그러나 불확실성이 높아지는 환경에 대응하기 위해서는 경영진이 혁신을 주도하기보다 직원들의 아이디어를 의사결정에 반영하는 이른바 '보텀업(bottom-up)' 혁신이 필요하다.

예전 칠레 경제위기와 식량부족 사태, 그리고 해결과정을 살펴보면 톱다운 방식의 위험성과 보텀업 방식의 힘을 알 수 있다. 경제위기와 식량부족에 시달리던 칠레에 미국은 원조를 제공하면서 농경제학자들을 파견해 칠레의 고지대에서 이루어지는 감자농사를 둘러보게 했다. 한 밭에서 10가지 이상의 다양한 감자가 자라고 있었는데 어떤 종자는 많은 감자를 산출했지만, 다른 종자는 단지 몇 알갱이만 산출했다. 원조팀은 이런 방식의 비효율이 높다고 판단했다. 따라서 원조팀은 많은 감자가 나오는 종자로 전체 경작지에 파종 수확하는 계획을 수립했다. 감자가 15% 증산될 것으로 예측됐다.

하지만 결과는 참담했다. 일시적으로 생산량이 늘었지만 갑작스러운 병충해나 이상기후가 발생하자 생산량이 자꾸 줄었다. 안데스 산맥에서 수천 년간 감자를 키워온 현장 농민들의 경험이 사실은 더 옳았다. 다양한 종자 중에는 당장 산출량이 적어도 이상기후나 병충해에도 살아남을 수 있는 것들이 존재했다. 비능률적으로 보이지만 다양성을 보장하는 경작법이 미래의 예기치 못한 재앙에 대비하는 최선의 방법이었다. 그들로부터 왜 다양한 종자를 재배하는지 묻고 보텀업 혁신의 방법으로 계획을 세웠다면 결과는 달라졌을 수 있다.

기업도 마찬가지이다. 기상이변 같이 갑작스러운 경제 환경 변화가 나타나는 시대에 선택과 집중은 위험하다. 분산과 다양성으로 승부하고, 대기업이라면 작은 독립 조직 같은 소사업부를 만들어 현장 직원의 아이디어와 경험을 토대로 다양한 실험을 전개해야 한다.

① 대규모 투자가 필요한 산업 위주의 한국은 톱다운 방식의 의사결정을 선호해 왔다.
② 예기치 못한 갑작스러운 위험이 증가하는 상황에서는 보텀업 방식이 더욱 적합하다.
③ 칠레 경제위기시 미국 원조팀이 내린 의사결정은 보텀업 방식의 효율성을 보여준다.
④ 직원들의 의견을 반영해 위험을 분산하고 다양성을 높이는 것이 능률적일 수 있다.
⑤ 몸집이 큰 기업이라면 독립조직을 만들어 현장의 의견을 들어야 할 필요가 있다.

**34** **다음 글에서 갑과 을이 기대고객을 극대화하는 전략을 가지고 있을 때 가장 옳지 않은 것은?**

> 갑은 A 또는 B 두 지점 가운데 한 곳에 상점을 낼 계획이다. 이때 경쟁사인 을이 C지점 또는 D지점에 상점을 낼 것이라는 정보를 입수했다. <도시1>, <도시2>, <도시3>의 인구는 각각 5,000명, 3,000명, 4,000명으로 개인별 구매력은 동일하고, 가장 가까운 상점을 이용한다.
>
> 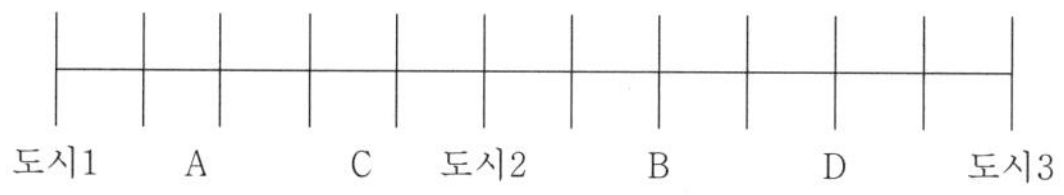
> 

① 을이 D지점에 상점을 낸다면 갑은 항상 을보다 더 많은 기대고객을 확보한다.

② 을이 D지점에 상점을 낸다면, 갑은 어느 지점에 상점을 내든지 간에 동일한 기대고객을 확보하게 된다.

③ 을이 C지점에 상점을 낸다면 을은 항상 갑보다 더 많은 기대고객을 확보한다.

④ 을이 C지점에 상점을 낸다면, 갑은 어느 지점에 상점을 내든지 간에 동일한 기대고객을 확보하게 된다.

⑤ 을이 C지점과 D지점에 상점을 낼 확률이 동일하다면 갑은 A지점에 상점을 내는 것이 유리하다.

**35** **다음 글을 근거로 판단할 때, 〈보기〉에서 옳은 것만을 모두 고르면?**

> A, B, C, D, E, F, G, H, I, J, K는 다음과 같은 규칙의 게임을 하기로 하였다.
>
> <게임 규칙>
>
> ○ 게임 시작 시 모든 참여자는 범인 또는 시민이 된다. 범인은 총 3인이고 시민은 총 8인이다.
> ○ 모든 참여자가 원을 그리며 앉아 게임을 진행한다. 앉는 순서는 A부터 시계 방향으로 알파벳순이다.
> ○ 모든 참여자는 자신의 양옆에 앉은 사람이 범인인지 시민인지에 대해 알 수 있으며, 알파벳순으로 자신의 양옆에 앉은 사람의 정체에 대해 진술한다. 예를 들어, E-F-G의 순서로 앉아 있을 경우 F는 E와 G 각각이 시민인지 범인인지에 대해 진술한다.
> ○ 범인은 거짓말만 하고 시민은 참말만 한다.
> ○ 생존해 있는 모든 사람의 진술이 끝났을 때 자신의 양옆에 앉은 사람들이 모두 자신을 범인이라고 진술하였던 사람은 실제 범인인지 여부를 불문하고 게임에서 탈락한다.
> ○ 탈락한 사람을 제외하고 자신의 좌우로 가장 근접한 사람을 "양옆"의 사람으로 본다. 예를 들어, A-B-C-D의 순서로 앉아 있었는데, C 혼자 탈락한 경우 B의 양옆에 앉은 사람은 A와 D이다.
> ○ "생존해 있는 모든 사람의 진술이 끝났을 때 자신의 양옆에 앉은 사람들이 모두 자신을 범인이라고 진술하였던 경우"를 제외하고는 어떠한 경우에도 게임에서 탈락하지 않는다.
> ○ 더 이상 탈락하는 사람이 없을 때까지 위의 과정이 반복된다.
> ○ 더 이상 탈락하는 사람이 없을 때, 범인의 수가 시민의 수와 같거나 더 많은 경우 범인이 승리한다. 그렇지 않을 경우 시민이 승리한다.

보 기

> ㄱ. 동시에 모든 범인이 탈락하는 경우는 존재할 수 없다.
> ㄴ. 두 명의 범인이 연달아 앉는 경우, 반드시 시민이 승리한다.
> ㄷ. 게임 시작 후 첫 번째 진술이 모두 끝났을 때 F만 탈락하였다면 F는 범인이다.

① ㄱ
② ㄴ
③ ㄷ
④ ㄱ, ㄴ
⑤ ㄴ, ㄷ

**36** 다음 글의 조건을 바탕으로 승진자를 결정할 때 최종 승진자는 누구인가?

현무, 석진, 장원, 지석, 박경은 승진대상자이다. 승진대상자의 인사평가는 각각 100점으로 이루어진 근무실적평가점수와 적성시험, 리더십평가점수를 합한 승진평가점수로 결정된다. 근무실적평가점수는 양과 정확도의 점수를 평균하고, 적성시험은 1차와 2차를 4:6의 비율로 가중평균한다.

리더십평가는 5명이 한 팀을 이루어 특정 주제의 프로젝트를 발표하게 된다. 피평가자들은 발표 후 각자가 생각하는 프로젝트 발표에 대한 기여점수를 제출하게 된다. 기여점수는 100점 만점으로 하고, 기여점수 중 가장 낮은 점수를 제외한 나머지 4개의 점수를 더하되, 자신이 써 낸 자신의 기여도 점수가 가장 높을 경우 그 점수를 제외한 나머지 4개의 점수를 더하여 그것을 리더십평가점수로 한다.

근무실적평가점수를 20%, 적성시험을 30%, 리더십평가점수를 50%로 하여 백점을 만점으로 계산한 총점을 소수점 첫째 자리에서 반올림하여 승진평가점수로 하고, 적성시험 환산점수가 10점 이상인 사람 중에서 승진평가점수가 제일 높은 사람이 최종적인 승진자가 된다.

| 평가점수 | 근무실적평가점수 | | 적성시험 | |
|---|---|---|---|---|
| | 양 | 정확도 | 1차 | 2차 |
| 현무 | 50 | 60 | 95 | 25 |
| 석진 | 100 | 40 | 40 | 10 |
| 장원 | 70 | 30 | 30 | 30 |
| 지석 | 30 | 100 | 5 | 50 |
| 박경 | 60 | 70 | 20 | 80 |

| 기여도점수 | 현무 | 석진 | 장원 | 지석 | 박경 |
|---|---|---|---|---|---|
| 현무 | 40 | 20 | 10 | 10 | 20 |
| 석진 | 20 | 20 | 20 | 20 | 20 |
| 장원 | 10 | 35 | 30 | 20 | 5 |
| 지석 | 30 | 15 | 10 | 30 | 15 |
| 박경 | 15 | 5 | 20 | 25 | 40 |

* 기여도 점수표는 열로 계산한다. 즉, 현무는 자신으로부터 40점, 석진으로부터 20점, 장원으로부터 10점, 지석으로부터 30점, 박경으로부터 15점을 받은 것이다.

① 현무
② 석진
③ 장원
④ 지석
⑤ 박경

**37** 다음 〈조건〉을 읽고 추론할 때 'D'와 'E'의 전적으로 옳은 것을 고르면?

조 건

A, B, C, D, E 다섯 명이 체스 시합을 했다. 시합은 풀리그로 이루어졌다. 풀리그 방식이므로 A－B, A－C, A－D, A－E, B－C, B－D, B－E, C－D, C－E, D－E 총 10게임이 진행된다.
승자는 2점, 비긴 자는 각각 1점, 패자는 0점을 받는다. 다음은 시합이 끝나고 나눈 대화이다.

－ B : "난 한판도 안 진 유일한 사람이야!"
－ E : "아... 난 한판도 못이긴 유일한 사람이군..."

각자가 얻은 점수를 모두 더했을 때, 순위가 A, B, C, D, E순서였으며 동순위는 없었다.

| | D | E |
|---|---|---|
| ① | 2승 1무 1패 | 3무 1패 |
| ② | 1승 2무 1패 | 2무 2패 |
| ③ | 1승 2무 1패 | 3무 1패 |
| ④ | 1승 1무 2패 | 2무 2패 |
| ⑤ | 1승 1무 2패 | 3무 1패 |

## 38 다음 <정보>는 여자친구 A의 선물 만족도에 대한 자료이다. 이에 대한 설명으로 옳지 않은 것만을 <보기>에서 모두 고르면?

정 보

○ A의 생일은 8월 10일이다. 생일 이전 일주일 이내에 선물을 받을 때 A의 선물 만족도는 이전의 만족도에 비해 33% 증가한다.

○ 선물을 두 개 이상 받을 때 A의 선물 만족도는 $(\frac{\text{각 선물 만족도의 합}}{\text{선물의 개수}})$이 된다. 단, 현금은 금액에 상관없이 선물 1개로 간주한다.

○ A가 특별하게 생각하는 날은 크리스마스(12월 25일)와 광복절(8월 15일)뿐이다. A가 특별하게 생각하는 날 선물을 받을 경우 A의 선물 만족도는 이전의 만족도에 비해 30% 감소한다.

○ <표>에서 현금 10만원을 받을 경우 만족도는 21이고, 현금이 10만원씩 증가할 때마다 만족도는 16씩 증가한다.

〈표〉 여자친구 A의 선물 만족도

| 책 | 목걸이 | 꽃 | 현금 10만원 |
|---|---|---|---|
| 37 | 51 | 43 | 21 |
| 고급 레스토랑 외식 | 옷 | 가방 | 반지 |
| 62 | 28 | 32 | 83 |

보 기

ㄱ. 8월 7일에 A가 책을 선물 받을 경우의 만족도는 9월 1일에 목걸이를 선물 받을 경우의 만족도에 비해 높다.

ㄴ. 3월 1일에 A가 반지를 선물 받을 경우의 만족도는 같은 날 옷을 선물 받을 경우의 만족도의 3배 이하이다.

ㄷ. 8월 15일에 A가 목걸이와 가방을 선물 받을 경우의 만족도는 6월 25일에 옷을 선물 받을 경우의 만족도에 비해 낮다.

ㄹ. 7월 5일에 A가 현금 40만원과 반지를 선물 받을 경우의 만족도는 같은 날 고급 레스토랑 외식을 할 경우의 만족도에 비해 20% 이상 높다.

① ㄱ, ㄴ
② ㄱ, ㄷ
③ ㄱ, ㄹ
④ ㄴ, ㄷ
⑤ ㄷ, ㄹ

※ 다음 글을 읽고 물음에 답하시오. [문 39 ~ 40]

지난 8월, 살충제 달걀 공포가 국내를 강타했다. 농림축산식품부는 전국 산란계 농장 1239곳의 계란을 조사한 결과 2017년 8월 18일 현재 49곳에서 살충제 성분이 과다 검출되어 부적합 판정을 내렸다고 밝혔다. 살충제 성분별로는 비펜트린 37곳, 피프로닐 8곳, 플루페녹수론 2곳, 에톡사졸 1곳, 피리다벤 1곳이다. 달걀 농장에서 닭의 진드기를 잡기 위해 살충제를 살포했고, 이 성분이 닭의 체내에 들어가 달걀에 함유된 것으로 추정된다.

비펜트린은 닭의 몸에 붙은 진드기를 박멸하는 데 사용되는 살충제이다. 사용 자체가 금지되어 있지는 않지만 미국환경보호청(EPA)이 발암물질로 분류하고 있는 물질이다. 달걀에 대한 국내 잔류허용 기준은 0.01mg/kg이다. 이는 비펜트린에 매일, 평생 노출되어도 안전한 양인 일일섭취허용량이 0.01mg/kg이라는 것을 의미한다. 몸무게가 60kg인 성인의 경우 하루에 0.6mg까지 노출될 수 있다. 이번 조사에서 비펜트린이 가장 많이 검출된 달걀(0.272mg/kg)을 기준으로 하면, 중란(50g) 하나당 비펜트린의 양은 0.0136mg으로 성인의 경우 하루에 44개 정도는 허용된다.

피프로닐은 주로 개나 고양이 등 동물에 기생하는 이나 진드기를 잡는데 사용된다. 닭은 물론 돼지나 소 등 식용으로 쓰이는 동물에 직접 사용이 금지되어 있다. 피프로닐의 경우 달걀에 대한 국내 허용기준은 없으며, 국제식품규격인 코덱스(CODEX)에서는 0.02mg/kg으로 정하고 있다. 또 플루페녹수론과 에톡사졸, 피리다벤은 작물의 해충을 없애는 데 주로 사용되는 살충제로 달걀에서 검출되어서는 안 된다.

현재 검출된 5가지의 살충제 중 플루페녹수론을 제외한 4가지는 반감기가 7일 이내여서 최대 한 달이면 대부분의 성분이 몸 밖으로 빠져 나간다. 여기서 말하는 반감기는 체내로 들어온 물질의 절반이 빠져나가는 기간을 말한다. 의료계에서는 반감기의 3배 정도의 기간이 지나면 90% 이상이 체외로 배출된다고 보고 있다. 피프로닐, 비펜트린, 에톡사졸, 피리다벤의 반감기는 7일 이내이며, 플루페녹수론의 반감기는 30일 이내이다. 그러나 장기적으로 섭취한 경우에 대한 연구논문이나 인체 사례는 아직 확인된 바가 없어, 앞으로 지속적인 관찰과 연구가 필요할 것으로 보인다.

**39** **윗글을 읽고 추론한 내용으로 가장 옳지 않은 것은?**

① 2017년 8월 18일 현재 살충제 과다 검출 농가 중 여러 가지의 살충제가 동시에 검출된 곳은 나타나지 않았다.

② 플루페녹수론의 경우, 체내로 들어온 양의 90% 이상이 빠져나가는 데 90일 이상 소요될 수 있다.

③ 각 살충제의 일일섭취허용량은 장기적으로 섭취한 경우에 대한 연구와는 무관히 설정되었다.

④ 피프로닐은 식용으로 쓰이는 동물에 대한 직접 사용이 가능하다.

⑤ 과다 검출된 살충제 중에는 국내 허용기준이 마련되지 않은 것도 포함되어 있다.

**40** **다음 〈보기〉는 과다 검출된 각 살충제의 일일섭취허용량을 나타낸 것이다. 몸무게 80kg인 성인 남성이 각 살충제의 일일섭취허용량을 초과하지 않는 범위 내에서 최대한 많은 달걀(중란)을 섭취한다고 할 때, 각 살충제 별 섭취 가능한 최대 달걀의 개수가 바르게 연결된 것을 고르면?(단, 각 살충제 별로 독립적으로 판단하며, 달걀의 개수는 정수로 표시한다.)**

보 기

| 살충제 | 일일섭취허용량 | 중란 하나당 검출량 |
|---|---|---|
| 피프로닐 | 0.0002mg/kg | 0.0007mg |
| 에톡사졸 | 0.04mg/kg | 0.114mg |
| 플루페녹수론 | 0.037mg/kg | 0.218mg |
| 피리다벤 | 0.005mg/kg | 0.067mg |

| | 피프로닐 | 에톡사졸 | 플루페녹수론 | 피리다벤 |
|---|---|---|---|---|
| ① | 22 | 28 | 14 | 5 |
| ② | 22 | 28 | 13 | 5 |
| ③ | 22 | 27 | 13 | 4 |
| ④ | 23 | 28 | 13 | 4 |
| ⑤ | 23 | 27 | 14 | 4 |

# Memo

# PSAT

5급공채 입법고시 민간경력자 국립외교원 및 수습 대비

## 종합 실전모의고사

인재

헌법
언어논리
자료해석
상황판단

# 제2회
# PSAT 종합 실전모의고사

- 헌　법
- 언어논리
- 자료해석
- 상황판단

책형 가

# 헌법영역

**01** 집회의 자유에 대한 설명 중 옳지 않은 것을 모두 고르면? (다툼이 있는 경우 판례에 의함)

> ㉠ 옥외집회를 늦어도 집회가 개최되기 48시간 전까지 사전신고를 하도록 법률로 규정한 것이 과잉금지원칙에 위반하여 집회의 자유를 침해하였다고 볼 수 없다.
> ㉡ 국회의사당의 경계지점으로부터 100m 이내의 장소에서 옥외집회를 금지하는 법률 조항은 집회의 자유를 침해한다.
> ㉢ 공중이 자유로이 통행할 수 없는 대학구내에서의 시위는 그것이 불특정다수인의 의견에 영향을 가하는 것일지라도 집회 및 시위에 관한 법률의 규제대상이 되지 않는다.
> ㉣ 집회참가자에 대한 검문의 방법으로 시간을 지연시킴으로써 집회장소에 접근하는 것을 방해하는 등의 조치는 집회의 자유를 침해한다.
> ㉤ 집회의 자유에 의하여 보호되는 것은 오로지 평화적 또는 비폭력적 집회에 한정되므로 집회의 자유를 빙자한 폭력행위나 불법행위 등은 제재될 수 있다.

① ㉠, ㉣　② ㉡, ㉢
③ ㉡, ㉤　④ ㉢, ㉤

**02** 직업의 자유에 대한 설명으로 옳지 않은 것을 모두 고르면? (다툼이 있는 경우 판례에 의함)

> ㉠ 특허, 실용신안, 디자인 또는 상표의 침해로 인한 손해배상, 침해금지 등의 민사소송에서 변리사에게 소송대리를 허용하지 않는 것은 변리사들의 직업의 자유를 침해한다.
> ㉡ 안경사의 안경제조행위 및 그 전제가 되는 도수측정행위를 허용하는 것은 안과의사의 의료권과 직업선택의 자유를 침해하는 것이 아니다.
> ㉢ 입법자가 일정한 전문분야에 관한 자격제도를 마련함에 있어서는 그 제도를 마련한 목적을 고려하여 정책적인 판단에 따라 제도의 내용을 구성할 수 있으므로, 입법자의 판단은 존중되어야 한다.
> ㉣ 자동차운전전문학원을 졸업하고 운전면허를 받은 사람 중 교통사고를 일으킨 비율이 대통령령이 정하는 비율을 초과하는 경우에 운전전문학원의 등록을 취소하거나 운영정지를 명할 수 있도록 한 것은 자기책임의 범위를 벗어난 과도한 법적 책임을 부과하는 것으로 볼 수 없다.
> ㉤ 약사들만으로 구성된 법인에게 약국개설을 금지하는 것은 법인을 구성하여 약국을 개설·운영하려고 하는 약사들 및 이들로 구성된 법인의 직업선택의 자유를 침해한다.

① ㉠, ㉣　② ㉡, ㉢
③ ㉢, ㉤　④ ㉣, ㉤

**03** 저항권에 대한 설명으로 옳지 않은 것은? (다툼이 있는 경우 판례에 의함)

① 저항권은 헌법이나 법률에 규정된 일체의 법적 구제수단이 이미 유효한 수단이 될 수 없는 경우에 행사될 수 있다.
② 헌법재판소는 국회법 소정의 협의없는 개의시간의 변경과 회의일시를 통지하지 아니한 입법과정의 하자는 저항권 행사의 대상이 아니라고 판시하고 있다.
③ 저항권은 사회적·경제적 체제개혁이라는 적극적 목적을 위하여 행사될 수 없으며, 평화적인 방법으로만 행사되어야 한다.
④ 대법원은 낙선운동을 저항권의 한 형태로 인정하고 있지 않다.

**04** 정당해산심판에 관한 설명 중 옳지 않은 것은? (다툼이 있는 경우 판례에 의함)

① 위헌정당의 해산을 명하는 비상상황에서는 국회의원의 국민 대표성은 부득이 희생될 수밖에 없으므로 해산결정된 정당 소속 국회의원의 의원직 상실은 위헌정당해산 심판제도의 본질로부터 인정되는 효력이다.
② 민주적 기본질서 위배란 민주적 기본질서에 대한 단순한 위반이나 저촉을 의미하는 것이 아니라 정당의 목적이나 활동이 민주적 기본질서에 대한 실질적 해악을 끼칠 수 있는 구체적 위험성을 초래하는 경우를 가리킨다.
③ 헌법재판소법에 특별한 규정이 없는 경우에는 준용조항에 따라 정당해산심판의 성질에 반하지 아니하는 한도에서 행정소송에 관한 법령이 준용된다.
④ 정당해산을 명하는 결정서는 피청구인 외에 국회, 정부 및 중앙선거관리위원회에도 송달하여야 한다.

## 05 선거의 기본원칙에 관한 설명 중 옳지 않은 것은? (다툼이 있는 경우 판례에 의함)

① 평등선거의 원칙은 투표의 수적인 평등을 의미할 뿐만 아니라 투표의 성과가치의 평등, 즉 1표의 투표가치가 대표자 선정이라는 선거의 결과에 대하여 기여한 정도에 있어서도 평등하여야 함을 의미한다.

② 국회의원지역선거구 획정에 있어 현 시점에서 헌법이 허용하는 인구편차의 기준은 인구편차 상하 33⅓%, 인구비례 2:1을 넘어서지 않는 것이어야 한다.

③ 부재자투표 개시시간을 오전 10시로 정하는 것은 일과시간에 학업이나 직장업무를 하여야 하는 부재자투표자의 경우 사실상 선거권을 행사할 수 없게 하는 것이므로 부재자투표자의 선거권을 침해한다.

④ 비례대표 후보자를 유권자들이 직접 선택할 수 있는 이른바 자유명부식이나 가변명부식과 달리 고정명부식에서는 후보자와 그 순위가 전적으로 정당에 의하여 결정되므로 직접선거의 원칙에 위반된다.

## 06 국회의 위원회에 관한 설명으로 옳지 않은 것은? (다툼이 있는 경우 판례에 의함)

① 상임위원회의 위원정수는 국회법으로 정한다. 다만, 정보위원회의 위원정수는 12인으로 한다.

② 상임위원회의 위원장은 당해 상임위원 중에서 임시의장 선거의 예에 준하여 국회의 본회의에서 선거한다.

③ 윤리특별위원회와 예산결산특별위원회는 「국회법」이 명시한 상설 특별위원회이다.

④ 전원위원회는 재적위원 5분의 1 이상의 출석으로 개회하고, 재적위원 4분의 1 이상의 출석과 출석위원 과반수의 찬성으로 의결한다.

## 07 국회의 권한에 관한 설명 중 옳지 않은 것은? (다툼이 있는 경우 판례에 의함)

① 입법자가 법원으로 하여금 증거조사도 하지 말고 형을 선고하도록 하는 법률을 제정하는 것은 헌법이 정한 입법권의 한계를 유월하여 사법작용의 영역을 침범한 것이라고 할 것이다.

② 헌법이 인정하고 있는 위임입법의 형식은 예시적인 것이므로 법률이 입법사항을 고시와 같은 행정규칙의 형식으로 위임하더라도 국회입법의 원칙과 상치되지 않는다.

③ 정부가 국회의 동의 없이 예산 외에 국가의 부담이 될 계약을 체결한 경우에는 국회의 동의권이 침해되는 동시에 국회의원 자신의 심의·표결권도 침해되는 것이다.

④ 어떤 공적 과제에 관한 재정조달을 조세로 할 것인지 아니면 부담금으로 할 것인지에 관하여는 입법자의 자유로운 선택권이 허용되지 않는다.

## 08 대통령에 대한 설명으로 옳지 않은 것은? (다툼이 있는 경우 판례에 의함)

① 대통령선거에 있어서 후보자가 1인일 때에는 그 득표수가 선거권자 총수의 3분의 1 이상이 아니면 대통령으로 당선될 수 없다.

② 대통령이 선거를 통하여 획득한 자신에 대한 신임을 국민투표의 형식으로 재확인하고자 하는 것은 헌법 제72조의 국민투표부의권을 위헌적으로 행사하는 것이다.

③ 대통령의 법률안 재의요구는 법률안 전체를 대상으로 하여야 하며, 법률안의 일부에 대하여 또는 법률안을 수정하여 재의를 요구하는 것은 인정되지 않는다.

④ 대통령취임선서에서 규정한 성실한 직무수행의무는 헌법적 의무에 해당하므로 이는 사법적 판단의 대상이 될 수 있다.

## 09 국무총리에 대한 설명으로 옳지 않은 것은? (다툼이 있는 경우 판례에 의함)

① 우리나라의 행정권은 헌법상 대통령에게 귀속되고, 국무총리는 단지 대통령의 첫째가는 보좌기관으로서 행정에 관하여 독자적인 권한을 가지지 못한다.
② 국회의 국무총리 해임건의는 대통령에게 법적 구속력을 가지며 대통령이 국무총리를 해임할 경우 국무위원 전체를 해임해야 한다.
③ 헌법재판소는 국무총리의 통할을 받는 행정각부에 모든 행정기관이 포함되는 것은 아니라고 보았다.
④ 국무총리는 소관사무에 관하여 법률이나 대통령령의 위임이 없이도 총리령을 발할 수 있다.

## 10 사법권의 독립에 관한 설명으로 옳지 않은 것은? (다툼이 있는 경우 판례에 의함)

① 정부는 법원의 예산을 편성함에 있어서 사법부의 독립성과 자율성을 존중하여야 한다. 정부가 대법원의 세출예산요구액을 감액하고자 할 때에는 국무회의에서 대법원장의 의견을 구하여야 한다.
② 금융기관의 연체대출금에 대하여 회사정리법의 규정에도 불구하고 경매를 진행할 수 있게 한 금융기관의연체대출금에관한특별조치법 제7조의3 규정은 회사정리법상의 법원의 권한을 무력화시키고 금융기관의 의사에 따르지 않을 수 없게 하여 사법권 독립에 위협의 소지가 될 수 있다.
③ 1980년해직공무원의보상등에관한특별조치법 제2조 제2항 제1호의 '차관급 상당 이상의 보수를 받은 자'에 법관을 포함시켜 법관을 보상대상에서 제외한 것은 헌법 제106조 제1항의 법관의 신분보장규정에 위반되지 아니한다.
④ 법원은 재판의 심리와 판결이 아닌 공판준비절차, 소송법상의 결정이나 명령을 공개할 필요가 없다.

## 11 법원의 위헌법률심판제청에 관한 설명으로 옳은 것은? (다툼이 있을 경우 판례에 의함)

① 법원의 위헌법률심판제청서는 대법원을 경유하여야 하며, 이때 대법원은 하급법원의 제청에 대하여 심사권을 가진다.
② 법원은 문제되는 법률조항이 합리적으로 의심의 여지가 없을 만큼 명백한 경우에만 위헌심판제청을 할 수 있다.
③ 위헌법률심판제청의 대상은 형식적 의미의 법률에 한정된다.
④ 법원이 법률의 위헌 여부 심판을 헌법재판소에 제청한 때에는 당해 소송사건의 재판은 헌법재판소의 위헌 여부의 결정이 있을 때까지 정지됨이 원칙이다.

## 12 헌법재판제도에 대한 설명으로 옳지 않은 것은? (다툼이 있는 경우 판례에 의함)

① 진정입법부작위에 대해서는 위헌법률심판청구를 할 수 없다.
② 헌법재판소는 헌법재판소가 위헌으로 결정한 법률을 적용함으로써 국민의 기본권을 침해한 법원의 재판에 대해서는 헌법소원심판을 청구할 수 있다고 본다.
③ 제청법원은 합헌결정의 기속력 때문에 합헌으로 결정된 법률에 대해 위헌이라고 할 수 없을 뿐만 아니라 동일 심급에서 다시 제청할 수 없다.
④ 헌법재판소법 제47조 제3항 본문의 소급효가 인정되는 형벌에 관한 법률 또는 법률의 조항의 범위는 실체적인 형벌법규에 한정하여야 하고 형사소송법이나 법원조직법 등 절차법에는 동 조항 단서가 적용되지 않는다.

**13** **행복추구권과 헌법에 열거되지 아니한 자유와 권리에 대한 설명으로 옳지 않은 것은? (다툼이 있는 경우 판례에 의함)**

① 헌법에 열거되지 아니한 자유와 권리로서 인정되고 있는 것은 자기결정권, 일반적 행동자유권, 휴식권, 문화향유권, 육아휴직신청권 등이 있다.

② 헌법에 열거되지 아니한 자유와 권리로 새롭게 인정되기 위해서는 구체적 권리로서의 실체뿐만 아니라 그 필요성 또한 특별히 인정되어야 한다.

③ 지역 방언을 자신의 언어로 선택하여 공적 또는 사적인 의사소통과 교육의 수단으로서 사용하는 것은 행복추구권에서 파생되는 일반적 행동의 자유 내지 개성의 자유로운 발현의 한 내용이다.

④ 일반적 행동자유권의 보호영역에는 개인의 생활방식과 취미에 관한 사항도 포함되며, 여기에는 위험한 스포츠를 즐길 권리와 같은 위험한 생활방식으로 살아갈 권리도 포함된다.

**14** **평등권에 대한 헌법재판소 결정으로 옳지 않은 것은? (다툼이 있는 경우 판례에 의함)**

① 친양자의 양친을 기혼자로 한정하고 독신자는 친양자 입양을 할 수 없도록 규정한 「민법」 제908조의2는 독신자를 기혼자에 비하여 차별하는 것으로 평등원칙에 위배된다.

② 독립유공자의 유족(손자녀) 중 나이가 많은 손자녀 1명에게만 유족보상금을 지급하도록 규정한 「독립유공자예우에 관한 법률」 제12조는 단순히 연장자만을 우대하는 차별로 평등원칙에 위배된다.

③ 「형법」 조항과 똑같은 구성요건을 규정하면서 법정형만 상향 조정한 「특정범죄 가중처벌등에 관한 법률」 조항은 인간의 존엄성과 가치를 보장하는 헌법의 기본원리에 위배될 뿐만 아니라 그 내용에 있어서도 평등원칙에 위반된다.

④ 「민법」 제847조 제1항 중 '친생부인의 사유가 있음을 안 날부터 2년 이내 부분'은 친생부인의 소의 제척기간에 관한 입법재량의 한계를 일탈하지 않은 것으로서 양성의 평등에 기초한 혼인과 가족생활에 관한 기본권을 침해하지 아니한다.

**15** **생명권과 연명치료의 중단에 관한 설명으로 옳은 것은? (다툼이 있는 경우 판례에 의함)**

① 태아뿐만 아니라 초기배아에 대하여도 생명권의 주체성이 인정되며, 따라서 국가는 헌법 제10조에 따라 이들의 생명을 보호할 의무가 있다.

② 생명권은 헌법에 명문으로 규정하고 있지 않지만 다른 어느 기본권보다 우월한 가치를 가지는 절대적 권리로서 헌법 제37조 제2항에 의한 일반적 법률유보의 대상이 될 수 없다.

③ 환자가 장차 죽음에 임박한 상태에 이를 경우에 대비하여 미리 의료인 등에게 연명치료 거부 또는 중단에 관한 의사를 밝히는 등의 방법으로 죽음에 임박한 상태에서 인간으로서의 존엄과 가치를 지키기 위하여 연명치료의 거부 또는 중단을 결정할 수 있고, 이러한 결정은 헌법상 기본권인 자기결정권의 한 내용으로서 보장된다.

④ 연명치료 중단에 관한 환자의 의사 추정은 환자의 평소 일상생활을 통하여 가족, 친구 등에 대하여 한 의사표현, 타인에 대한 치료를 보고 환자가 보인 반응, 환자의 종교, 평소의 생활태도 등을 통해 주관적으로 이루어져야 한다.

**16** **신체의 자유에 관한 설명으로 옳지 않은 것은? (다툼이 있는 경우 판례에 의함)**

① 신체의 자유에는 신체의 안전성이 외부로부터 물리적인 힘이나 정신적인 위협으로부터 침해당하지 않을 자유와 신체활동을 임의적이고 자율적으로 할 수 있는 자유가 포함된다.

② 상소제기 후 상소취하시까지의 미결구금을 형기에 산입하지 아니하는 것은 신체의 자유를 침해한다.

③ 법원의 구속집행정지결정에 대하여 검사가 즉시항고할 수 있도록 한 「형사소송법」 조항은 신체의 자유를 침해한다.

④ 법무부 예규인 '특별관리대상자 관리지침'에 의한 수용자의 동행계호행위는 신체의 자유를 침해한다.

**17** 영장주의에 관한 설명 중 옳은 것은? (다툼이 있는 경우 판례에 의함)

① 지방자치법에 근거한 조례에 의하여 지방의회에서의 사무감사·조사를 위한 증인의 동행명령장을 지방의회 의장이 발부하는 것은 영장주의원칙에 위배되지 아니한다.

② 범죄의 피의자로 입건된 사람이 경찰공무원이나 검사의 신문을 받으면서 자신의 신원을 밝히지 않고 지문채취에 불응하는 경우 형사처벌을 부과하는 것은, 수사기관이 직접 물리적 강제력을 행사하여 피의자에게 강제로 지문을 찍도록 하는 것을 허용하는 것과 질적인 차이가 없으므로 영장주의에 위배된다.

③ 행정상 즉시강제는 상대방의 임의이행을 기다릴 시간적 여유가 없을 때 하명 없이 바로 실력을 행사하는 것으로서, 그 본질상 급박성을 요건으로 하고 있어 법관의 영장을 기다려서는 그 목적을 달성할 수 없다고 할 것이므로, 원칙적으로 영장주의가 적용되지 않는다.

④ 구치소 등 교정시설 내에서 마약류사범에게 마약류반응검사를 위하여 소변을 받아 제출하게 한 것은 법관의 영장을 필요로 하는 강제처분에 해당하므로, 이와 같은 방법의 소변채취가 법관의 영장 없이 실시되었다고 한다면 영장주의에 위배된다.

**18** 변호인의 조력을 받을 권리에 대한 설명으로 옳지 않은 것은? (다툼이 있는 경우 판례에 의함)

① 헌법 제12조 제4항의 변호인의 조력을 받을 권리는 무죄추정을 받고 있는 피의자·피고인에 대하여 신체구속의 상황에서 생기는 여러 가지 폐해를 제거하고 구속이 그 목적의 한도를 초과하여 이용되거나 작용되지 않게끔 보장하기 위한 것으로 여기의 '변호인의 조력'은 '변호인의 충분한 조력'을 의미한다.

② 헌법 제12조 제4항에서 변호인의 조력을 받을 권리를 보장하는 목적은 피의자 또는 피고인의 방어권 행사를 보장하기 위한 것이므로 미결수용자 또는 변호인이 원하는 특정한 시점에 접견이 이루어지지 못한 경우 이는 곧바로 변호인의 조력을 받을 권리가 침해되었다고 보아야 한다.

③ 형사절차가 종료되어 교정시설에 수용중인 수형자는 원칙적으로 변호인의 조력을 받을 권리의 주체가 될 수 없다.

④ 변호인 자신의 구속된 피의자·피고인과의 접견교통권은 형사소송법에 의하여 보장되는 권리로서, 헌법상 권리라고 할 수 없다.

**19** 개인정보자기결정권에 대한 설명으로 옳지 않은 것은? (다툼이 있는 경우 판례에 의함)

① 개인정보자기결정권은 자신에 관한 정보가 언제 누구에게 어느 범위까지 알려지고 또 이용되도록 할 것인지를 그 정보주체가 스스로 결정할 수 있는 권리이다.

② 개인정보자기결정권의 보호대상이 되는 개인정보는 개인의 내밀한 영역이나 사사의 영역에 속하는 정보를 의미하므로 공적 생활에서 형성되었거나 이미 공개된 개인정보는 제외된다.

③ 개인의 고유성, 동일성을 나타내는 지문은 그 정보주체를 타인으로부터 식별가능하게 하는 개인정보이지만, 주민등록법상 지문날인제도가 개인정보자기결정권을 침해한다고 볼 수 없다.

④ 범죄의 경중·재범의 위험성 여부를 불문하고 모든 신상정보 등록대상자의 등록정보를 20년 동안 보존·관리하도록 한 「성폭력범죄의 처벌 등에 관한 특례법」 관련 규정은 신상정보 등록대상자의 개인정보자기결정권을 침해한다.

**20** 대학의 자유에 대한 설명으로 옳지 않은 것은? (다툼이 있는 경우 판례에 의함)

① 대학의 자율성은 헌법이 보장하고 있는 학문의 자유의 확실한 보장수단으로 꼭 필요한 것으로서 대학에게 부여된 헌법상 기본권이다.

② 대학 자율의 주체는 기본적으로 대학이므로 교수, 교수회 모두가 중첩적으로 주체가 될 수는 없다.

③ 임용기간이 만료한 교수에 대한 재임용거부를 재심청구대상으로 법률에 명시하지 않은 것은 교원지위법정주의에 위반된다.

④ 국립대학의 장 후보자 선정을 위한 직접선거과정에서 선거관리를 그 대학소재지 관할 선거관리위원회에 위탁하게 정한 「교육공무원법」의 규정은 대학의 자율성을 침해하지 않는다.

**21** 재산권에 대한 설명으로 옳지 않은 것은? (다툼이 있는 경우 판례에 의함)

① 일본국에 의하여 광범위하게 자행된 반인도적 범죄행위에 대하여 일본군위안부 피해자들이 일본에 대하여 가지는 배상청구권은 인간으로서의 존엄과 가치의 침해와 직접 관련이 있을 뿐 이를 헌법상 보장되는 재산권이라고 할 수는 없다.

② 수용된 토지가 당해 공익사업에 필요 없게 되거나 이용되지 아니하였을 경우에 피수용자가 그 토지소유권을 회복할 수 있는 권리, 즉 환매권은 헌법이 보장하는 재산권의 내용에 포함되는 권리이다.

③ 「사립학교교직원 연금법」상 퇴직급여 및 퇴직수당을 받을 권리는 사회적 기본권의 하나인 사회보장수급권인 동시에 경제적 가치가 있는 권리로서 헌법 제23조에 의하여 보장되는 재산권이다.

④ 물건에 대한 재산권 행사에 비하여 동물에 대한 재산권 행사는 사회적 연관성과 사회적 기능이 매우 크다 할 것이므로 이를 제한하는 경우 입법재량의 범위를 폭넓게 인정함이 타당하다.

**22** 재판청구권에 대한 설명으로 옳지 않은 것은? (다툼이 있는 경우 판례에 의함)

① 수형자인 청구인이 국선대리인인 변호사를 접견하는데 교도소장이 그 접견내용을 녹음, 기록한 행위는 청구인의 재판을 받을 권리를 침해하는 것이다.

② 「국민의 형사재판 참여에 관한 법률」에서 정하는 대상사건에 해당하는 피고인은 국민참여재판을 받을 헌법상 권리를 가진다.

③ 현역병의 군대 입대 전 범죄에 대한 군사법원의 재판권을 규정하고 있는 「군사법원법」의 관련 규정은 현역 복무 중인 군인의 재판청구권을 침해하지 아니한다.

④ 재판을 받을 권리로부터 반드시 모든 사건에 관해 대법원의 재판을 받을 권리가 도출되지는 않는다.

**23** 근로3권에 대한 설명으로 옳지 않은 것은? (다툼이 있는 경우 판례에 의함)

① 헌법 제33조 제1항이 "근로자는 근로조건의 향상을 위하여 자주적인 단결권, 단체교섭권, 단체행동권을 가진다."고 규정하여 비록 '단체협약체결권'을 명시하고 있지 않지만, '단체교섭권'에는 단체협약체결권이 포함되어 있다고 보아야 한다.

② 노동조합을 설립할 때 행정관청에 설립신고서를 제출하게 하고 그 요건을 충족하지 못한 경우 설립신고서를 반려하도록 한 규정은 근로자의 단결권을 침해하지 않는다.

③ 헌법재판소는 단결권·단체교섭권·단체행동권의 자유권적 성격을 강조하여 그 법적 성격을 근로3권은 사회적 보호기능을 담당하는 자유권 또는 사회권적 성격을 띤 자유권이라고 밝힌 바 있다.

④ 헌법재판소는 소극적 단결권도 헌법 제33조 제1항의 단결권에 포함된다고 보고 있다.

**24** 언론·출판의 자유에 관한 설명 중 옳지 않은 것은? (다툼이 있는 경우 판례에 의함)

① 구체적인 전달이나 전파의 상대방이 없는 집필행위도 표현의 자유의 보호영역에 포함된다.

② 헌법 제21조 제2항의 검열금지조항은 절대적 금지를 의미하므로 국가안전보장·질서유지·공공복리를 위하여 필요한 경우라도 사전검열이 허용되지 않는다.

③ 의사의 자유로운 표명과 전파의 자유에는 책임이 따르므로 자신의 신원을 밝히지 아니한 채 익명 또는 가명으로 자신의 사상이나 견해를 표명하고 전파할 익명표현의 자유는 보장되지 않는다.

④ 정보 등을 불특정 다수인에게 전파하는 광고물도 헌법 제21조가 보장하는 언론·출판의 자유의 보호대상이 된다.

**25** 행정입법부작위에 관한 설명 중 옳지 않은 것은? (다툼이 있는 경우 판례에 의함)

① 법률이 세부적인 사항을 대통령령으로 정하도록 위임하였으나 대통령령이 아직 제정되지 않은 경우 이러한 행정입법부작위는 행정소송의 대상이 된다.

② 행정입법의 제정이 법률의 집행에 필수불가결한 경우로서 행정입법을 제정하지 아니하는 것이 곧 행정권에 의한 입법권 침해의 결과를 초래하는 경우, 행정권의 행정입법 등 법집행의무는 헌법적 의무라고 할 수 있다.

③ 행정입법의 진정입법부작위에 대한 헌법소원은, 행정청에게 헌법에서 유래하는 행정입법의 작위의무가 있고 상당한 기간이 경과하였음에도 불구하고 행정입법의 제정권이 행사되지 않은 경우에 인정된다.

④ 입법부가 법률로써 행정부에게 특정한 사항을 위임했음에도 불구하고, 행정부가 정당한 이유 없이 법률에서 위임한 시행령을 제정하지 않은 것은 그 법률에서 인정된 권리를 침해하는 불법행위가 될 수 있다.

## 제2회 PSAT 종합 실전모의고사

책형 가

# 언어논리영역

### 01 다음 글에서 추론할 수 있는 것은?

하늘이 내린 생물을 해치고 없애는 것은 성인(聖人)이 하지 않는 바이다. 하물며 하늘의 도가 어찌 사람들에게 살아있는 것을 죽여서 자기의 생명을 기르게 하였겠는가? 『서경』에서는 "천지는 만물의 부모이며, 인간은 만물의 영장이다. 진실로 총명한 자는 천자가 되고, 천자는 백성의 부모가 된다"라고 하였다. 천지가 이미 만물의 부모라면 천지 사이에 태어난 것은 모두 천지의 자식이다. 천지와 사물의 관계는 부모와 자식의 관계와 같으며, 자식 가운데 어리석고 지혜로움의 차이가 있는 것은 사람과 만물 사이에 밝고 어두움의 차이가 있는 것과 같다. 부모는 자식이 어리석고 불초하면 사랑하고 가엽게 여기며 오히려 걱정하거늘, 하물며 해치겠는가? 살아있는 것을 죽여서 자기의 생명을 기르는 것은 같은 식구를 죽여서 자기를 기르는 것이다. 같은 식구를 죽여서 자기를 기르면 부모의 마음이 어떠하겠는가? 자식들끼리 서로 죽이는 것은 부모의 마음이 아니다. 사람과 만물이 서로 죽이는 것이 어찌 천지의 뜻이겠는가? 인간과 만물은 이미 천지의 기운을 함께 얻었으며, 또한 천지의 이치도 함께 얻었고 천지 사이에서 함께 살아가고 있다. 이미 하나의 같은 기운과 이치를 함께 부여받았는데, 어찌 살아있는 것들을 죽여서 자신의 생명을 양육할 수 있겠는가? 그래서 불교에서는 "천지는 나와 뿌리가 같고, 만물은 나와 한 몸이다"라고 하였고, 유교에서는 "천지만물을 자기와 하나로 여긴다"고 하면서 이것을 '인(仁)'이라고 부른다.

그렇지만 실천하여 행하는 것이 그 이상과 같아야 비로소 인의 도를 온전히 다했다고 할 수 있다. 유교 경전인 『논어』는 "공자는 그물질은 하지 않으셔도 낚시질은 하셨으며, 화살로 잠든 새는 쏘지 않으셨지만 나는 새는 맞추셨다"라고 하였고, 『맹자』도 "군자가 푸줏간을 멀리하는 것은 가축이 죽으면서 울부짖는 소리를 들으면 차마 그 고기를 먹지 못하기 때문이다"라고 말하고 있다.

① 공자와 맹자는 인의 도가 지향하는 이상의 실천을 강조한다.
② 인간과 동물은 한 부모에게서 나온 자식의 관계와 같아 서로 해쳐서는 안 된다.
③ 글쓴이는 불교의 관점에서 공자와 맹자의 가르침이 잘못된 것임을 지적하고 있다.
④ 유교에서 말하는 성인(聖人)이 아닌 인간이 천지의 뜻을 이해하기는 어렵다.
⑤ 공자는 맹자와 달리 동물을 인간과 같다고 생각하여 측은히 여겼다.

### 02 다음 글을 쓴 글쓴이의 태도에 가장 가까운 것은?

노예무역은 어떤 정치체제와도 공존할 수 있었다. 예컨대 이그보족은 많은 노예를 공급했지만 정치적 변화를 거의 겪지 않았으며 줄곧 국가 없는 상태를 유지했다. 그러나 대부분의 무역은 주요 국가들의 시민들에 의해 행해졌고, 이들은 종종 국가 없는 민족을 희생시켜 이득을 보았다. 주된 정치적 결과는 이 국가들의 성격이 중상주의적 경향을 띠게 되었다는 것이다. 그것은 바로 무역을 통제하는 위정자에 의해서든 정치적 권력을 얻은 상인에 의해서든 간에 정치권력과 상업권력이 융합했다는 것을 의미한다. 이런 식의 권력 융합은 이전의 아프리카에서는 보기 드문 일이었다. 이제 그런 일이 일어난 것은 특별히 노예무역의 결과라기보다는 오히려 국제무역의 결과였다. 유럽의 해상무역이 무굴 왕조, 오스만 왕조, 사파비(Safavid) 왕조 같은 육상제국을 희생시켜 부와 권력을 집중시킨 것처럼, 비슷한 변화가 아프리카의 해안선을 따라 일어났기 때문이다. 더욱이 서아프리카에서 규모가 작고 잘 무장된 소수집단이 자기보다 더 많은 주민들을 지배할 수 있었던 것은 노예의 생포와 수출보다는 화기의 수입과 이용 덕분이었다. 그리고 대외무역은 당시의 서부 아프리카의 정치사를 구체적으로 형성해 나간 많은 힘들 가운데 하나일 뿐, 늘 가장 중요했던 것은 아니다.

서부 아프리카의 주요 3국은 노예무역 시기에 붕괴했지만, 꼭 노예무역 때문에 그렇게 된 것은 아니다. 여러 힘들이 작용했다는 것을 포르투갈이 접촉했던 최초의 중요한 왕국인 세네갈의 대(大)졸로프(Jolof) 왕국에서 볼 수 있다. 대졸로프는 내륙 사바나 지역에 기반을 둔 일종의 육상제국이었다. 기병들이 지배했던 대졸로프는 사하라 횡단무역에 깊이 관여했고, 4개의 월로프족 단위—핵심 졸로프, 왈로, 카로르, 바월—와 세레르(Serer)족 신민들에 대해 느슨한 종주권을 행사했다. 포르투갈 상인들은 월로프 연안 제국(諸國)에 말을 팔고 그 대가로 노예를 얻음으로써 주변 세력을 자극했다. 그러나 북방무역의 중요성은 더욱 커졌고, 1490년대에 대졸로프 동쪽의 푸타토로(Futa Toro)에 그들의 내륙무역을 방해하는 이교도 국가가 건설됨으로써 대졸로프는 아주 약해졌을 것이다. 40년 후 다른 월로프 제국(諸國)이 공물을 바치지 않자 대졸로프는 붕괴되었다. 17세기에 무기가 들어오면서 이제 대서양 무역은 그와 같은 계승국들을 형성하는 중요한 힘이 되었다. 신흥 월로프 왕국들은 체도(ceddo)라는 노예기마군단에 의해 지배되었다. 음주를 좋아하는 이 이교도들은 군대의 명예를 소중히 여기는 규율을 갖고 있었고, 노예사냥에 전력을 기울였으며, 농민들을 거칠게 대했다. 그러나 이슬람 세력의 계속되는 남진이 그들을 괴롭혔다. 이것은 노예무역보다 더 영속성을 갖는 중요한 역사적 과정이었다.

① 이그보족은 일부 국가 시민들의 노예무역을 통한 횡포에 의해 결국은 국가 없는 상태라는 정치적 변화를 맞이하게 되었다.
② 서아프리카의 중요 국가들은 노예무역 시기에 다양한 원인에 의하여 무너졌다.
③ 노예 거래를 위주로 하는 국제무역으로 인하여 아프리카 국가는 전례가 없는 정치권력과 상업권력이 결합한 중상주의적 성향을 띠게 되었다.
④ 대부분의 아프리카 지역에서 소수가 다수를 지배하게 된 결정적인 요인은 화기의 수입과 효과적인 사용에 있었다.
⑤ 필자는 주관적인 판단이나 추리 없이 과거의 역사적 사실들을 객관적으로 기술하고 있다.

## 03 다음 글에서 알 수 있는 것은?

우리는 1927년 이전에 만들어진 영화들을 "무성영화"라고 부르는 데에 익숙하지만, 영화는 결코 무성영화인 적이 없었다.

아주 시초부터, 음악은 빼 놓을 수 없는 동반자로 간주되었다. Lumiere 영화들이 1896년 2월 미국 최초의 대중영화 전시회에서 상영됐을 때, 이 영화들은 당시 인기 있는 선율의 피아노 즉석반주를 동반했다. 초기에는 연주되는 음악이 영화와 특별한 관계를 가지지 않았다. 어떤 종류의 반주이든지 충분했다. 그러나 불과 얼마 지나지 않아서, 근엄한 영화에 발랄한 음악의 부조화가 두드러졌고 영화피아니스트들은 그들의 곡을 영화의 분위기에 맞추는데 신경을 쓰기 시작했다.

영화관이 숫자와 중요도가 커지면서 어떤 경우에는 바이올리니스트, 그리고 때로는 첼리스트도 피아니스트에 합세하였고, 큰 영화관에서는 작은 오케스트라가 형성되었다. 여러 해 동안, 각 영화 프로그램에 대한 음악의 선택은 오케스트라의 지휘자나 지도자의 손에 완전히 달려있었다. 실제로는 음악적으로 뛰어난 사람이 지휘자가 되는 것이 아니고 음악의 악보를 많이 가진 사람이 지휘자가 되었다. 지휘자는 영화가 상영될 예정인 날의 전날 밤이 되어서야 겨우 그 영화를 볼 수 있었기에 음악적 배치는 일반적으로 대단히 서둘러서 즉석으로 준비되었다.

이 문제의 해결을 돕기 위해서 영화 배급회사들은 1900년대 후반에 접어들면서 음악반주를 위한 제안서를 출판하는 관행을 시작했다. 예를 들면, 1909년에 에디슨 회사는 그들의 영화와 함께 "즐거움", "슬픔", "경쾌함" 등과 같은 무드의 안내를 발행하기 시작했다. 점차 제안서들은 보다 구체화되어 무드의 지시, 적당한 악곡의 제목들, 어디서 한 곡이 다른 곡으로 이어지는가를 알려주는 정확한 안내 등을 포함하는 음악지시서(musical cue sheet)가 출현하게 되었다. 이 무렵 제작된 영화 중에는 해당 영화를 위해 특별히 작곡된 음악을 가진 것도 있었다. 이 초창기의 특별한 악보들 중에서 가장 유명한 것은 1915년에 발표된 D.W. Griffith의 영화 "한 나라의 탄생"을 위해서 작곡되고 정리되었던 것이었다.

① 영화 배급회사들은 무성영화의 제작방식을 바꾸기 위해 혁신을 추구했다.
② 영화 음악에 많이 참여하는 사람들이 점차 음악의 악보를 많이 가짐으로써 저작권 개념이 발달하게 되었다.
③ 초기의 피아노 반주들은 영화 분위기에 맞춰 즉석으로 연주되곤 했다.
④ 음악의 악보를 많이 가진 사람들이 영화 음악을 선택하게끔 되어 있어서 영화 배급회사들은 이러한 관행을 바꾸기 위해 음악지시서를 만들게 되었다.
⑤ 1900년에는 영화 분위기에 맞춰 음악을 제작하는 분위기가 아니었다.

## 04 다음 글에서 추론할 수 있는 것은?

서기 1500년경에 사냥하는 사람들은 북미의 북쪽 1/3 전체를 점령했었다. 그들은 이 땅을 함께 공유했던 그 동물들을 잡아먹고 잘 살았다. 그 이전 즉, 약 4~5천 년 전에 해양포유류를 사냥하는 사람들은 캐나다와 그린란드의 북극해 연안에 거주했었다. 육지에서 사냥하는 사람들은 최소한 12,000년 동안 북부내륙의 많은 부분에 걸쳐서 거주했다.

북미대륙의 북부지역은 좁은 베링해협을 건너서 시베리아와 북부유럽까지 연속되는 하나의 큰, 극 지역을 에워싸는 영역의 일부이다. 1500년대의 극 지역을 에워싸는 전체적인 환경은 현재의 환경과 별로 다르지 않았었다. 이 큰 땅덩어리는 대륙성기후를 가졌으며, 긴 겨울과 봄철에 걸쳐서 차가운 북극 대기에 의해 지배되었다. 여름온도는 거의 빙점에서부터 섭씨 23~27도 정도의 범위에 걸쳤고, 한편 겨울의 온도는 흔히 영하 40도 까지도 내려갔다.

지리학자들은 극 지역을 에워싸는 전체 영역을 2개의 지역으로 나누는데 즉, 북극지방과 그 밑에 있는 아북극지방이다. 그들은 이 지역들의 지형을 각각 툰드라와 타이가라고 부른다. 북부지방의 온도는 일 년 중 9개월 동안 빙점 이하였다. 북극지방 툰드라의 표면층보다 아래에 있는 흙은 영구히 얼어있는 상태였다. 여름의 온도가 빙점 이상으로 올라가고 땅 표면 몇 인치의 흙이 습기로 가득할 때조차도 그 아래층의 흙은 마치 바위처럼 굳은 영구동토로서 얼어있는 상태였다. 영구히 얼어있는 툰드라의 표면위로 물이 흐를 때에는 그것이 육상 교통을 극히 힘들게 만들었다. 아북극 타이가의 늪지역의 땅, 다른 말로 소택지역에서의 여름여행도 역시 느리고 힘들었다.

늪지의 땅이 얼어있고 눈으로 덮여있을 때인 겨울보다, 여름에는 동물을 추격하는 것이 더 힘들었다. 툰드라와 타이가 양 지역에서, 모기와 사람 무는 파리의 떼들이 고여 있는 물의 웅덩이에서 번식했다. 습기가 차면 옷은 보온효과를 상실했다. 따라서 북쪽의 사람들은 여행 조건이 더 좋은 계절을 기다렸다.

① 북부지방은 연중 1/3 기간 동안 빙점 이상의 온도를 보인다.
② 북쪽의 사람들은 여행에 있어 여름보다 겨울을 선호하였다.
③ 타이가 지역의 경우 표면층보다 아래 있는 흙은 영구동토의 상태이다.
④ 1500년대의 극 지역의 환경은 오늘날의 환경과 많이 다르다.
⑤ 툰드라의 물이 흐르는 여건이 해상 운송을 촉진하였다.

## 05 다음 글에서 알 수 있는 것은?

동아시아 삼국에 외국인이 집단적으로 장기 거주함에 따라 생활의 편의와 교통통신을 위한 근대적 편의시설이 갖춰지기 시작했다. 이른바 문명의 이기로 불린 전신, 우편, 신문, 전차, 기차 등이 그것이다. 민간인을 독자로 하는 신문은 개항 이후 새롭게 나타난 신문물 가운데 하나이다. 신문(新聞) 혹은 신보(新報)라는 이름부터가 그렇다. 물론 그 전에도 정부 차원에서 관료들에게 소식을 전하는 관보가 있었지만 오늘날 우리가 사용하는 의미에서의 신문은 여기서부터 비롯된다.

1882년 서양 선교사가 창간한 『The Universal Gazette』의 한자 표현이 '천하신문'인 데서 알 수 있듯, 선교사들은 가제트를 '신문'으로 번역했다. 이후 신문이란 말은 "마카오의 신문지를 참조하라"거나 "신문관을 설립하자"는 식으로 중국인들이 자발적으로 활발하게 사용하기 시작했다.

상업이 발달한 중국 상하이와 일본 요코하마에서는 각각 1851년과 1861년 영국인에 의해 영자신문이 창간되어 유럽과 미국 회사들에 필요한 정보를 제공했고, 이윽고 이를 모델로 하는 중국어, 일본어 신문이 창간되었다. 상하이 최초의 중국어 신문은 영국의 민간회사 자림양행에 의해 1861년 창간된 『상하이신보』다. 거기에는 선박의 출입일정, 물가정보, 각종 광고 등이 게재되어 중국인의 필요에 부응했다. 이 신문은 '○○신보'라는 용어의 유래가 된 신문이다. 중국에서 자국인에 의해 발행된 신문은 1874년 상인 왕타오에 의해 창간된 중국어 신문 『순후안일보』가 최초이다. 이것은 오늘날 '△△일보'라는 용어의 유래가 된 신문이다.

한편 요코하마에서는 1864년 미국 영사관 통역관이 최초의 일본어 신문 『카이가이신문』을 창간하면서 일본 국내외 뉴스와 광고를 게재했다. 1871년 처음으로 일본인에 의해 일본어 신문인 『요코하마마이니치신문』이 창간되었고, 이후 일본어 신문 창간의 붐이 일었다.

개항 자체가 늦었던 조선에서는 정부 주도하에 1883년 외교를 담당하던 통리아문 박문국에서 최초의 근대적 신문 『한성순보』를 창간했다. 그러나 한문으로 쓰인 『한성순보』와는 달리 그 후속으로 1886년 발행된 『한성주보』는 국한문혼용을 표방했다. 한글로 된 최초의 신문은 1896년 독립협회가 창간한 『독립신문』이다. 1904년 영국인 베델과 양기탁 등에 의해 『대한매일신보』가 영문판 외에 국한문 혼용판과 한글 전용판을 발간했다. 그밖에 인천에서 상업에 종사하는 사람들을 위한 정보를 알려주는 신문 등 다양한 종류의 신문이 등장했다.

① 중국 상하이와 일본 요코하마에서 창간된 영자신문은 서양 상인들에 의해 창간되었다.
② 상하이 최초의 중국어 신문은 중국 민간회사에 의해 발행되었다.
③ 『한성주보』는 조선 최초의 근대적 신문인 『한성순보』의 문제점을 개선하여 창간되었다.
④ 조선의 경우 최초의 근대적 신문이 창간된 이후 한글 신문이 발간되기까지 10년 이상의 시간이 걸렸다.
⑤ 요코하마 최초의 일본어 신문은 관보의 성격을 가진 것으로, 국가 중대사에 관련된 내용만 게재가 허락되었다.

## 06 다음 글에서 제시된 주장과 실제 결과와의 차이에 대한 이유를 추론한 것으로 가장 옳은 것은?

어린이가 롤러블레이드를 탈 때 보호 장구를 착용하면 롤러블레이드를 타던 중 어린이가 다른 사람이나 정지한 물체 혹은 차량과 충돌해도 심각한 부상을 입을 가능성을 획기적으로 줄일 수 있다는 주장은 여러 연구를 통해 명백하게 확인되었다. 이에 기초하여 블레이드를 탈 때 보호 장구 착용을 의무화하는 법안이 제정되었다. 하지만 실제 결과는 예상과 다르다는 것이 확인되었다. 많은 어린이들이 롤러블레이드를 탈 때 보호 장구를 사용하고 있음에도 불구하고, 보호 장구를 착용하면 막을 수 있다고 지적되던 여러 종류의 심각한 부상을 당할 확률이 감소하지 않은 것으로 밝혀졌기 때문이다. 즉, 어린이가 블레이드를 탈 때 보호 장구를 착용하는 것은 보호 장구 착용을 통해 예방할 수 있다고 주장된 부상들을 막는 데에는 별 효과가 없는 것으로 드러났다.

① 보호 장구의 가격이 높아서 많은 부모들이 구입을 꺼린다.
② 어린이들은 보호 장구가 도입되던 때보다 현재 더 많이 블레이드를 탄다.
③ 많은 부모들이 보호 장구는 구입했지만, 자녀가 롤러블레이드를 타러 갈 때 보호 장구를 착용하였는지 단속하는 것을 불편하게 생각한다.
④ 보호 장구를 착용하게 되면서 이전에는 다치지 않던 부위에 부상을 입게 되었다.
⑤ 보호 장구로 사고를 예방하려면 사용법을 잘 읽히고 매뉴얼에 따라 사용해야 하는데 많은 아이들이 이를 잘못하고 있다.

## 07 다음 글의 핵심 주장으로 가장 옳은 것은?

'파이(pie)론'은 불균형이 문제가 되고 '분배의 경제'가 운위될 때마다 얼굴을 내민다. "분배는 투자 의욕을 꺾는다."거나 "일자리를 만드는 건 기업"류 방어막들도 '파이론'의 다른 반쪽처럼 따라붙었다. 그럼 과연 지난 10여 년간 파이는 커졌을까. 커진 파이만큼 우리 삶도 나아졌을까?

2004년 국내총생산은 826조 8927억 원이었다. 파이론을 확대 재생산한 이명박 정부 마지막 해인 2012년의 경우 1272조 4595억 원에 달했다. 9년 새 445조 5668억 원(53.9%)이 늘었다. 특히 파이론의 요체인 제조업의 경우 201조 1713억 원에서 315조 2051억 원으로 56.7%나 성장했다.

하지만 통계가 존재하는 2005~2010년 우리 일반가구 임금소득은 3370만 원에서 3490만 원으로 6년간 120만 원(3.6%) 늘었다. 얼핏 보면 제자리걸음 같지만, 같은 기간 연평균 물가상승률 3.0%를 감안하면 실질소득은 한참 줄었다. 물가상승을 반영한 2010년 소득은 4024만 원이 되어야 2005년과 동일하다. 미국도 사정은 비슷하다. 클린턴 당시인 1996년 미국 중위 가구 소득은 2011년 화폐가치로 치면 5만 661달러였다. 하지만 2010년 중위 가구소득은 5만 54달러로 줄었다. 파이는 커졌지만, 중산층 소득은 퇴보했다.

그럼 '누가 내 파이를 가져갔을까?' 짐작하는 바대로이다. 1979~2007년 미국 상위 1% 소득자들 세후 소득은 275% 늘어난 반면 중위 소득자들 평균 소득 증가율은 40% 미만이었다. 커진 파이 대부분은 자산소득으로 귀결될 뿐이다. 늘어난 비정규직은 임금소득 하락의 한 부분일터이다.

노벨 경제학상 수상자인 조지프 스티글리츠는 최근 저서 <불평등의 대가>에서 "미국 정치 시스템은 갈수록 '1인 1표' 원리보다는 '1달러 1표' 원리에 동화되어 가고 있다."고 탄식한다. 정치가 무지한 단계를 넘어 경제라는 '보이지 않는 권력'의 하수인으로 전락하고 있다는 진단이다. 스티글리츠는 "경제적 불평등 심화는 정치권력의 불균형 심화로 이어지고 정치와 경제의 사악한 결합을 낳는다."고도 했다.

① 국가가 나서서 강력한 소득분배 정책을 펼쳐야 할 때이다.
② 중산층 복원이 정부 정책의 역점이 되어야할 것이다.
③ 파이론은 실체가 없으며 정치적 불평등도 심화시킨다.
④ 양극화를 가중시킬 수 있는 세계 경제 위기에 강력한 대응이 필요하다.
⑤ 자산소득과 임금소득의 증가율 격차가 양극화를 심화시키고 있다.

## 08 다음 글에서 설명하고 있는 현상과 가장 유사한 사례를 고르면?

언어는 본래 모두 비유에서 비롯된 것이라고 주장하는 사람들이 있다. 이들은 우리가 오늘날 사물이나 현상을 직접적으로 드러내는 것이라 여기는 말도 그 태생을 따져보면 비유임을 알 수 있을 것이라고 단언한다. 이들의 주장이 전적으로 사실인지 아닌지는 면밀한 연구가 필요할 것이다. 그러나 꽤 많은 단어 혹은 어구가 본래적으로 비유였으나 오늘날 비유로 인식되지 않는 것은 일단 사실이다. 우리말에 '서슬이 퍼렇다.'는 말이 있다. 이 말은 '칼날 따위의 날카로운 부분'을 뜻하는 '서슬'과 잘 갈린 칼날의 푸른 빛이 어우러짐으로써 '기세가 등등하다.'와 비슷한 뜻으로 쓰인다. 결국 '서슬이 퍼렇다.'는 말은 하나의 비유인 셈이다. 그러나 오늘날 우리는 이 말을 쓰면서 비유적인 표현이라는 점을 거의 인식하지 않는다. 그냥 '서슬이 퍼렇다.'는 말이 원래부터 '기세가 등등하다.'는 뜻이라 생각하고 비유의 성격을 의식하지 않은 채 사용한다.

① 예전 사람들은 어여쁜 여인을 묘사할 때, 으레 '앵두 같은 입술'이라든가 '백옥같이 흰 살결'이라고 하였다.
② 일상 생활에서 말을 할 때에는 '그건 아니다.'라고 글을 쓰더라도 글로 옮길 때에는 '그것은 아니다.'라고 쓰는 것이 옳다.
③ 우리는 어떤 이가 그 누군가를 연신 추켜세우고 높이 평가하는 것을 표현할 때, '침이 마르도록 칭찬한다.'고 말한다.
④ 시인은 사물을 보는 눈이 보통의 사람들과 다르다는 것은 시인의 언어에 가끔 일반의 상식을 전복시키는 표현이 담겨 있음을 보아도 알 수 있다.
⑤ 우리말은 유난히 색채어가 발달하여, 가령 '노랗다'에 관하여도 '샛노랗다, 노르스름하다, 누렇다, 노리끼리하다'와 같이 다양한 색채어 군(群)이 달려 있다.

## 09 다음 글에서 이끌어낼 수 있는 것은?

미국에서 처음 페미니즘을 수용한 동기에는 실제적이고 실용적으로 역사를 기술하려는 의도가 담겨 있었다. 그러다가 대학과 정치권이 페미니즘 연구를 주도하면서 미국의 페미니즘은 사회 활동이라는 미국 내의 전통을 계승한 전투적 활동주의의 양상을 띠게 되었다. 영국에서는 한결 오랜 전통을 지닌 예술사회사와 정신분석학이 프랑스 페미니즘과 결합함으로써 좀 더 이론적인 색채를 띠었다. 독일에서는 이론적 탐구보다는 집단 활동을 앞세우는 여성계의 성향 때문에 페미니즘의 결과 또한 주로 예술 활동과 정치 활동으로 나타났다. 그리고 본래 이론과 추상성이 강한 프랑스에서는 페미니즘이 현실 변화에 이렇다 할 영향을 미치지는 못했다. 그러나 프랑스의 페미니즘은 1970년대 말 여러 앵글로색슨 국가에 폭넓게 영향을 미치기 시작했다.

예술사의 판도를 바꿔놓은 사상체계에 대해서는 반드시 역사적, 개념적으로 고찰할 필요가 있다. 사실 이 문제에 관해서는 이제까지 강연이나 심포지엄을 통해 발표된 논문이나 토론 자료가 충분히 축적되어 있는 셈이다. 이를 회고해 볼 때, 페미니즘 움직임은 서로 조금씩 겹치는 다음의 세 시기로 크게 구분할 수 있다.

그 첫 번째는 영웅적 시기라고 부를 만한 시기로서, 미술사 연구에 '여성주의' 관점이 도입됨으로써 일대 역전이 일어난 시기다. 역전은 두 방향에서 일어났다. 하나는 페미니스트 역사가들이 미술에 대한 여성의 기여도를 재발견하고 재평가함으로써 미술사의 영역을 확장시킨 일이고, 다른 하나는 학계가 전통적으로 고수해오던 미적 가치의 평가 기준을 여성 미술사가들이 뒤흔들어 놓은 일이다. 성별에 따른 상투적 역할 분담이나 지배의 논리, 시선의 구조 등 여러 문제를 이 시기에 처음으로 연구하고 비판하기 시작했다. 이들 여성 미술사가들은 이제까지 두 성 사이에 권력이 불평등하게 배분되어 있어서 역사와 평가의 기준이 왜곡돼 있었음을 증명하고자 했다.

① 시선의 구조에 관한 연구는 영웅적 시기 이전에도 존재했다.
② 프랑스의 페미니즘은 현실에 효과적으로 적용되지 못하여 결국 사변적인 경향을 띠게 되었다.
③ 페미니즘은 예술의 역사를 크게 변화시키지 못했다.
④ 미술사에서 페미니즘의 세부적인 시기는 명확하게 구분된다.
⑤ 페미니즘은 각 나라에 따라 다양한 형태로 분화되었다.

## 10 다음 빈 칸에 들어갈 내용으로 가장 적절한 것은?

보통 '관용'은 도덕적으로 바람직한 것으로 간주된다. 관용은 특정 믿음이나 행동, 관습 등을 잘못된 것이라고 여김에도 불구하고 용인하거나 불간섭하는 태도를 의미한다. 여기서 관용이란 개념의 본질적인 두 요소를 발견할 수 있다. 첫째 요소는 관용을 실천하는 사람이 관용의 대상이 되는 믿음이나 관습을 거짓이거나 잘못된 것으로 여긴다는 점이다. 이런 요소가 없다면, 우리는 '관용'을 말하고 있는 것이 아니라 '무관심'이나 '승인'을 말하는 셈이다. 둘째 요소는 관용을 실천하는 사람이 관용의 대상을 용인하거나 최소한 불간섭해야 한다는 점이다. 하지만 관용을 이렇게 이해하면 역설이 발생할 수 있다.

자국 문화를 제외한 다른 문화는 모두 미개하다고 생각하는 사람을 고려해보자. 그는 모든 문화가 우열 없이 동등하다는 생각이 틀렸다고 확신하고 있다. 하지만 그는 그런 자신의 믿음에도 불구하고 전략적인 이유로, 예를 들어 동료들의 비난을 피하기 위해 자신이 열등하다고 판단하는 문화를 폄하하려는 욕구를 억누르고 있다고 하자. 다른 문화를 폄하하고 싶은 그의 욕구가 크면 클수록, 그리고 그가 자신의 이런 욕구를 성공적으로 자제하면 할수록, 우리는 그가 더 관용적이라고 말해야 할 것 같다. 하지만 이는 받아들이기 어려운 역설적 결론이다.

이번에는 자신이 잘못이라고 믿는 수많은 믿음을 모두 용인하는 사람을 생각해 보자. 이 경우 이 사람이 용인하는 믿음이 많으면 많을수록 우리는 그가 더 관용적이라고 말해야 할 것 같다. 그런데 그럴 경우 우리는 인종차별주의처럼 우리가 일반적으로 잘못인 것으로 판단하는 믿음까지 용인하는 경우에도 그 사람이 더 관용적이라고 말해야 한다. 하지만 도덕적으로 잘못된 것을 용인하는 것은 그 자체가 도덕적으로 잘못이라고 보는 것이 마땅하다. 결국 우리는 관용적일수록 도덕적으로 잘못을 저지르게 될 가능성이 높아지게 되는데 이는 역설적이다.

이상의 논의를 고려하면 종교에 대한 관용처럼 비교적 단순해 보이는 사안에 대해서조차 역설이 발생한다. 예컨대 보편적 도덕 원칙에 어긋나는 가르침을 주장하는 종교까지 용인하는 사람을 더 관용적이라고 평가하게 되는 것이다.

이상의 논의로부터 우리는 [            ]을 알 수 있다.

① 관용이란 개인의 도덕성에 전적으로 의존하는 것임
② 문화와 종교에 있어서 단일한 판단 기준이 필요함
③ 관용은 폄하나 혐오의 욕구를 억제하는 것임
④ 관용이라는 것이 용인하는 믿음이나 관습의 내용에 있어서 무제한적으로 인정될 수 없음
⑤ 관용의 맥락에서, 자신이 잘못이라고 믿는 어떠한 믿음이라도 용인해야만 하는 것임

## 11 다음 글과 <조건>을 바탕으로 추론할 때 A반의 담임선생님인 진영이 돌아왔을 때 교실에 남아 있는 학생들의 묶음이 될 수 없는 것은?

A반 담임선생님 진영은 나연, 정연, 지효, 미나, 다현, 채영 6명의 학생들에게 다음 주에 있을 환경미화를 위해 교실 정리를 지시하고 나가면서 마무리가 되면 집에 가도 좋다고 하였다.

조 건

ㄱ. 채영이 교실에 있다면, 나연이도 교실에 있다.
ㄴ. 지효가 교실에 없다면, 다현이도 교실에 없다.
ㄷ. 만약 나연이 교실에 있다면, 정연은 교실에 없다.
ㄹ. 지효나 미나가 교실에 있다면, 정연은 교실에 있다.

① 지효, 정연
② 지효, 다현
③ 다현, 채영
④ 미나, 지효
⑤ 채영, 나연

## 12 다음 <보기>의 다섯 사람 중 오직 한 사람만이 거짓말을 하고 있다. 거짓말을 하고 있는 사람을 고르면?

보 기

A: B는 거짓말을 하고 있지 않다.
B: C의 말이 참이면 D의 말도 참이다.
C: E는 거짓말을 하고 있다.
D: B의 말이 거짓이면 C의 말은 참이다.
E: A의 말이 참이면 D의 말은 거짓이다.

① A
② B
③ C
④ D
⑤ E

## 13 다음 글에서 주장하는 결론을 이끌어내기 위해 필요한 전제로 가장 옳은 것은?

"인간이 추악한 짓을 하는 것은 오직 자기의 참 이익을 모르기 때문이다."라고 말한 것은 대체 누구인가? 이들의 생각에 의하면 인간이란 그 지성을 일깨워 주고 자기의 진짜 이익이 무엇인가를 알도록 눈 뜨게만 해 주면, 이내 더러운 행위를 집어치우고 선량 결백한 인간이 되고 말 것이다. 왜냐하면 계몽된 지성을 지니게 되고 자기의 진짜 이익을 알게 되면, 선행 속에서 자신의 이익을 발견하게 될 것이기 때문이다. '세상의 어느 누구도 자기 이익에 반대되는 것을 일부러 할 리는 만무하므로 필연적으로 선을 행하게 될 것이 아닌가'하는 식의 논리일 것이다. 아아, 이 얼마나 유치한 생각인가! 순진무구한 젖먹이의 꿈이랄 밖에!

천지개벽 이래 단 한 사람이라도 오직 자신의 이익만을 위해 행동한 사람이 있었을까? 인간이란 자기의 참된 이익을 잘 알고 있으면서 그것을 밀어젖히고 아무에도, 아무것에 의해서도 강제되고 있지 않은데도 다른 모험의 길로 돌진하는 법이다. 이것을 증명하는 무수한 사실들을 대체 어떻게 설명할 것인가? 인간이란 정해진 길을 고지식하게 걸어가기가 싫어서 오기로라도 그와는 다른 고통스런 길을, 어둠 속을 더듬듯 고생을 하면서 스스로 개척해 나가는 것이다. 그렇다면 이 오기와 고집은 정녕 그 어떤 이익보다도 기분이 좋은 것이라고 봐야 한다. ……이익이라! 도대체 이익이란 뭔가? 그것을 당신들은 꼭 집어서 정확히 정의할 자신이 있는가? 그보다도 만약에 인간의 이익이란 것이 자기에게 유리한 것보다도 불리한 것을 원하는 데 있다고 한다면 어떨까? 만일 그렇다면, 언제나 이 만약의 경우만이 일어난다고 한다면 모든 법칙은 산산조각이 나버리지 않겠는가? 여러분, 내가 아는 한 당신들은 여태까지 통계표와 숫자와 경제학적 방식의 평균치 따위를 가지고 인간의 이익 대장을 꾸며 왔던 것이다. 당신들이 말하는 이익이란, 행복이니 재산이니 자유니 안일 따위를 가리키는 것이므로, 이런 이익 대장을 무시하고 의식적으로 그에 역행하는 인간은, 당신들의 생각으로는 아니 내 생각으로도 마찬가지이겠지만, 그런 인간은 무지몽매한 고집쟁이든가, 아니면 진짜 미치광이로 보일 것이다. 이게 틀린 말인가?

① 인간은 도덕적인 본성을 지닌 존재이다.
② 인간은 본능의 지배를 받는 광기의 존재이다.
③ 인간은 이성적인 명령에 따라 행동하는 존재이다.
④ 인간은 자신의 이익을 추구하는 본성을 가지고 있다.
⑤ 인간은 제멋대로 하고픈 자유로운 의욕을 지닌 존재이다.

## 14 다음 글의 중심 내용으로 가장 옳은 것은?

형벌의 합리적 기준은 무엇인가? 형벌이 외부효과세의 일종이라면, 합리적 기준은 당연히 사회적 손실을 최소한으로 줄이는 것이다. 여기서 사회적 손실은 피해자들이 입은 손해만이 아니라 잘못을 저지른 사람들을 붙잡아 재판해서 벌을 주는 일에 드는 비용까지 포함한다. 이 기준은 보편적이어서 보복, 범죄의 예방, 피해자에 대한 보상, 그리고 죄인의 갱생과 같은 전통적 기준들을 특별한 경우들로 포함한다.

예를 들어, 만일 범죄의 예방이 형벌의 유일한 목적이라면 합리적 방안은 범죄나 불법 행위를 저지르는 것이 이익이 되지 않도록 아주 무거운 형벌을 매기는 것이다. 그러나 그런 방안은 죄수들의 수를 크게 늘려 감옥의 유지에 드는 비용을 너무 크게 만들므로 사회적 손실을 크게 한다. 따라서 범죄의 예방에서 나오는 사회적 이익은 예방에 드는 비용과 함께 고려되어야 한다. 외부효과세의 대표적 예인 오염세가 사회적으로 적절한 오염 수준이 나오도록 해서 사회적 손실을 줄이는 것을 목표로 삼지 오염을 아주 없애려고 하지 않는다는 사실을 떠올리면, 이 점은 이내 이해된다.

사회적 손실을 최소화하는 형벌의 수준을 실제로 찾는 일은 아주 원시적이고 경직된 현재의 법률 집행을 혁신시킬 것이다. 지금까지 법률의 집행을 맡은 사람들이 그렇게 적절한 형벌의 수준을 실증적으로 찾으려고 애쓴 적은 드물었다. 대신 그들은 선례를 가장 중심적 기준으로 삼았다. 법률 체계의 일관성이라는 점에서 그런 관행은 훌륭하지만, 빠르게 바뀌는 사회적 조건들까지 고려하여 형량을 결정할 수 있다면 더욱 좋을 것이다.

① 선례를 중심적 기준으로 삼아 진행된 이전의 법률 집행은 혁신되어야 한다.

② 사회적 손실을 최소화하도록 형벌의 수준을 찾다보면 법률 집행이 혁신될 것이다.

③ 범죄를 예방하기 위해서는 무거운 형벌을 매겨서 범죄 행위에 주어지는 불이익을 최대화해야 한다.

④ 형벌의 기준을 따질 때에는 피해자가 입은 손해만이 아니라 재판과 처벌에 드는 비용까지 감안해야 한다.

⑤ 형벌의 합리적 기준은 사회적 손실의 최소화이므로 이러한 방향으로 개혁이 이루어져야 한다.

## 15 다음 글의 내용 전개상 문단 배열이 가장 적절한 것은?

(가) 뉴턴의 만유인력의 법칙은 지구나 달과 같은 천체를 완전한 구형이라고 간주하는 이상화의 단계를 거쳐, 지구와 달을 두 개의 점으로 표현하게 된다. 그리고 각각의 천체가 갖고 있는 특성을 분석하면 천체 관련 현상을 완전히 이해할 수 있다는 것이다. 이때 지구와 달 자체가 갖고 있는 독특한 성질이라든지, 지구와 달 이외의 다른 천체가 이들에게 미칠 수 있는 영향은 일단 고려되지 않는다.

(나) 대부분의 사람은 자연 과학이 아직도 고대의 플라톤이나 아리스토텔레스가 중요하게 논의되는 철학이나 정치학과는 달리 학문적 성과의 집적이 이루어진다고 생각한다. 이러한 생각은 특히 물리학이 보여준 눈부신 발전에 많은 영향을 받은 듯이 보인다. 자연 과학, 특히 물리학이 다른 학문보다 더 진보한 듯이 보이는 이유는 무엇일까.

(다) 반면, 어떤 약이 심장에 미치는 효과를 추적한다고 하자. 약의 효과를 완벽하게 알려면 심장을 따로 떼어내 살펴보는 게 좋겠지만, 그러면 그건 심장이 아니라 근육 덩어리일 뿐이다. 심장이 심장일 수 있는 것은 심장이 몸 안에 있는 다른 여러 기관과 의존 관계를 맺으면서 몸 안의 모든 것이 심장에 다 들어와 있을 때뿐이다. 심장 활동을 극도로 단순화하고 몇 개의 요인들을 분석한 다음 단순히 인과 관계를 적용하는 것만으로는 심장 활동을 이해하는 것은 어려운 것이다.

(라) 물리학을 크게 발전시킨 중요한 방법론인 이상화(Idealization)와 환원주의(Reductionism)에 있다. 이상화란 대상이나 현상을 극도로 단순화한 모델로 표상하는 일을 가리키고, 환원주의란 모델을 이루는 요인 각각을 이해하고 그 요인에 기계적인 인과 관계를 적용시키면, 자연스럽게 전체를 이해할 수 있다는 사고방식을 가리킨다. 물론 물리학이라도 어떤 현상이 하나의 원인 변수에 의해서만 나타나는 것은 아니지만, 그럴 경우에도 다른 변수의 영향을 거의 완벽하게 통제할 수 있는 여러 가지 방법이 존재한다.

(마) 자연 과학인 생물학이나 의학만 하더라도 사정은 이처럼 물리학과 많이 달라진다. 일단 생물학이나 의학에서는 현상을 이상화하기 곤란하다. 즉 생물학적 현상을 완벽하게 설명할 수 있는 모델을 구축하기 위해 그 요인들을 선택하고 배제하는 작업이 쉽지 않다는 것이다. 설령 생물학적 현상을 이상화한 모델이 구축되었다 하더라도 그 요인들 하나하나를 분석하여 그 요인들 사이에 기계적인 인과 관계를 완벽하게 적용할 수 있는 것도 아니다. 어떤 부분의 작용과 다른 부분의 작용이 합세하여 증폭이나 감쇠 효과가 나타날 수도 있기 때문이다.

① 나－라－가－마－다

② 나－가－라－마－다

③ 나－라－가－다－마

④ 나－가－라－다－마

⑤ 나－마－다－라－가

## 16 다음 글을 읽고 <상황>에 대하여 추론한 것으로 옳지 않은 것은?

이질적인 경제주체로 이루어진 거시경제모형을 이용하여 사회후생을 극대화시키는 국가채무의 수준을 추정하였고 주요 분석결과는 다음과 같다. 첫째, 국가채무 비율과 사회후생간에는 역U자형 관계가 있다. 즉 국가채무 비율이 적정 수준 이하일 때는 국채 유동성 증가에 따른 한계편익이 한계비용보다 커서 사회후생이 증가하나, 적정 수준을 넘어서면 동 편익이 점차 감소하는 반면 한계비용이 커져서 사회후생이 감소하게 된다. 또한 외생적인 요인에 의해 정부지출 비율이 상승하면 이에 상응하여 적정 국가채무 비율도 상승하는 것으로 나타났다.

둘째, 향후 우리나라는 정부지출 수요가 꾸준히 늘어날 것으로 예상되는데, 정부지출 증가의 일부분을 국가채무의 증가를 통해 조달하게 되면 국채의 증가가 금융시장 발달을 통해 민간의 유동성 제약을 완화하므로 사회후생을 증가시키는 긍정적 효과가 있다. 셋째, 국가채무가 증가할 때 구축효과가 발생하는 것으로 나타났다. 다만 국가채무 비율 1%p 상승에 따른 실질금리 상승효과는 1.02bp 수준에 그쳐 국가채무 수준이 큰 선진국을 대상으로 한 기존 연구들보다는 아직 그 효과가 상대적으로 작은 것으로 나타났다. 그러나 국가채무 비율이 상승할수록 금리 상승폭이 커지는 비선형관계가 있어 향후 국가채무 비율이 커지면 구축효과가 보다 크게 나타날 가능성이 있다.

전술한 분석결과에서 도출할 수 있는 시사점은 다음과 같다. 첫째, 향후 우리나라는 정부지출 수요가 꾸준히 늘어날 가능성이 큰데 정부지출 증가분을 조세와 함께 국가채무 증가를 통해 조달하는 것이 바람직하다. 국가채무의 대부분을 차지하는 국채의 증가는 금융시장 발달을 촉진하여 사회후생 증가에 도움이 되기 때문이다. 이처럼 국가채무가 금융시장에 미치는 긍정적인 영향을 고려할 때 국가채무를 일정규모 이상 유지하는 것이 바람직하다.

둘째, 국가채무 증가에 따른 실질금리 상승효과가 선진국을 대상으로 한 기존 연구들과 비교해 볼 때 상대적으로 작아, 현 단계에서 국가채무의 구축효과를 크게 우려할 필요는 없는 것으로 보인다. 다만 국가채무 비율이 상승할수록 금리 상승폭이 커지는 비선형적 관계가 있어 향후 국가채무 비율이 커지면 구축효과에 대한 우려가 대두될 가능성이 있다.

**상 황**

한국과 같은 소규모 개방경제의 경우 최대 경제성장을 이룰 수 있는 적정 채무비율은 35.2%로 제시되었다. 미국, 캐나다 등은 한국보다 내수가 탄탄하기에, 선진국의 적정채무비율은 21%p 높은 56.2%로 추정되었다.

① 한국의 내수경제가 더욱 발전한다면 국가채무 비율이 35.2%를 넘더라도 사회후생이 증가할 가능성이 있다.
② 한국의 채무비율이 35.2%에서 36.2%이 되고, 미국의 채무비율이 56.2%에서 57.2%가 되었을 때, 한국과 미국의 금리 상승폭은 1.02bp가 될 것이다.
③ 미국 바깥에서 발생한 원인에 따라서 미국의 정부지출 비율이 오르면, 적정 채무비율이 56.2%보다 상승할 것이다.
④ 캐나다의 현재 채무비율이 96%라면, 국채를 발행할 경우 한계편익이 한계비용보다 작다.
⑤ 미국의 채무비율이 앞으로 90%로 증가된다면 구축효과에 대한 우려가 대두될 수 있다.

## 17 다음 글은 애완동물 키우는 것을 금지해야 한다는 주장과 그에 대한 비판이다. <보기> 중 빈 칸에 들어갈 주장 또는 비판으로 적절한 것을 골라 바르게 연결한 것은?

| 주 장 | 비 판 |
|---|---|
| 저성장/양극화가 심화되는 경제 환경에서 애완동물을 돌 볼 여력이 있는지 근본적인 질문을 해야 한다. 미국에서는 경기 침체로 인해 애완동물 소유자가 어려움을 겪었고, 이로 인해 애완동물 포기와 학대 사례가 증가했다 | (가) |
| (나) | 유행성 독감이 전파된 배경을 분석해 보면, 동물의 도살, 감염된 가금류의 사체 처리 등과 관련된 것으로 분석(WHO)되며, 실제로 애완동물은 위생 관리가 잘 되어 질병을 옮기지 않는다. 소유주의 적절한 위생 관리는 질병을 전이하는 기생충을 통제할 수 있다. |
| 살아있는 생물은 기본적인 권리를 가질 자격이 있다. 부자연스러운 환경에 동물을 유지하도록 하는 것은 동물의 권리를 침해하는 것이다. | (다) |
| (라) | 애완동물을 키우는 것은 많은 사람들이 선뜻 나서지 못하는 복잡한 작업이다. 부주의한 사람들이 부적절한 치료나 부적절한 환경을 제공하여 동물을 제대로 돌보지 않은 사례는 있으나 이것은 자식을 양육하는 문제에서도 동일하게 발생한다. |

**보 기**

ㄱ. 애완동물은 사로잡힌 야생동물이며, 인간이 사는 환경은 동물에게 적합하지 않다. 많은 애완동물들이 부적응하는 문제를 일으킨다.
ㄴ. 애완동물을 기르는 것은 고가의 사치품을 사는 것보다 경제적이다. 소유에 대한 책임의 부담은 소유주에게 본질적으로 있는 것이어서 애완동물을 기르는 선택을 했다면 근본적으로 허용해야 한다.
ㄷ. 대다수의 경우, 애완동물로 기르는 동물의 권리가 오히려 신장된다. 애완동물을 키우는 것이 동물에게 해롭다면 동물 학대 예방 협회(RSPCA)와 같은 동물 복지 단체가 이를 실제적으로 권장하지 않았을 것이다.
ㄹ. 동물과 사람 사이에 전염 될 수 있는 질병인 '동물원성(原性) 감염증'은 애완동물에 기생하는 벼룩이나 진드기 등에 의해 전파된다. 이 질병은 인간의 생명을 위협할 수 있으며, 이런 점에서 사람들의 집에서 질병의 위협을 제거하는 것이 현명하다.

① (가)-ㄹ, (나)-ㄱ, (다)-ㄴ, (라)-ㄷ
② (가)-ㄹ, (나)-ㄷ, (다)-ㄱ, (라)-ㄴ
③ (가)-ㄱ, (나)-ㄹ, (다)-ㄷ, (라)-ㄴ
④ (가)-ㄷ, (나)-ㄱ, (다)-ㄴ, (라)-ㄹ
⑤ (가)-ㄴ, (나)-ㄹ, (다)-ㄷ, (라)-ㄱ

**18** **다음 글을 근거로 추론할 때 각 <보기>에 대한 판단으로 옳은 것을 연결한 것은?(단, A, C는 참이고 B는 거짓, D는 참·거짓이 불확정되어 있다.)**

○ P ∨ Q 는
- P, Q 둘 중 하나가 참이면 반드시 참이다.
- P, Q 둘 다 거짓일 경우 반드시 거짓이다.
- 나머지의 경우(P, Q의 참 거짓이 불확정적일 때)는 알 수 없다.

○ P AND Q는
- P, Q 모두가 참이면 반드시 참이다.
- P, Q 둘 중 하나가 거짓이면 반드시 거짓이다.
- 나머지의 경우는 알 수 없다.

○ P → Q인 경우
- P가 참이고 Q가 거짓인 경우는 거짓이고
- P가 참, Q가 참
- P가 거짓, Q가 참
- P가 거짓, Q가 거짓인 경우에는 항상 참이다.
- 나머지의 경우에는 알 수 없다.

보 기

ㄱ. (A ∨ B) → (C ∨ D)
ㄴ. (A AND B) → (C ∨ D)
ㄷ. (A ∨ B) → (C AND D)
ㄹ. (A AND B) → (C AND D)

| | 항상 참 | 항상 거짓 | 알 수 없다 |
|---|---|---|---|
| ① | ㄱ, ㄴ | ㄷ | ㄹ |
| ② | ㄱ | − | ㄴ, ㄷ, ㄹ |
| ③ | ㄱ, ㄴ | − | ㄷ, ㄹ |
| ④ | ㄴ, ㄷ | ㄱ, ㄹ | − |
| ⑤ | ㄷ, ㄹ | ㄱ | ㄴ |

**※ 다음 글을 읽고 물음에 답하시오. [문 19 ~ 20]**

다윈이 1859년에 『종의 기원』이라는 저서를 발표하면서부터 생물의 진화론은 서서히 꽃망울을 피우기 시작했고, 다윈 사후 1세기도 안 되어 진화론은 창조론을 제치며 생물학의 우뚝 선 이론으로 자리잡았다.

비글호의 대탐험에서 돌아온 다윈은 무려 20여 년이라는 기간을 생물 연구에 헌신적인 열정을 쏟아 부으며 진화 사상을 펼쳐 나갔다. 『종의 기원』에서 다윈은 다음과 같은 이론을 발표했다.

"생물은 살아남기 위해 필사적인 생존 경쟁을 벌이는데, 그 중 환경에 유리하게 진화한 개체만 살아남고 그렇지 못한 생물은 도태된다. 그리고 그러한 변이는 자손에 그대로 전달되어 대대로 이어지면서 종을 다양하게 만든다."

다윈의 이러한 진화론을 ㉠ <u>자연선택설</u>이라고 한다.

프랑스의 생물학자 라마르크(Lamarck J, 1774~1829)는 1809년에 발표한 저서 『동물 철학』에서 ㉡ <u>용불용설(用不用說)</u>을 주장했다.

"생물의 기관은 사용할수록 발달하고 그렇지 않으면 퇴화한다. 이처럼 생물이 환경이나 습관으로부터 자연스레 얻는 형질(획득 형질)은 자손에게 그대로 전해져서 판이한 모습으로 변한다."

라마르크는 용불용설의 예로 기린을 들었다.

"기린의 조상은 목과 다리가 길지 않았다. 그러나 높은 나무의 잎을 따먹으며 생존하려다 보니 목과 다리가 점차 길어졌고, 그런 획득 형질이 후대에 전해져서 오늘날의 기린처럼 진화한 것이다."

용불용설은 다윈의 진화론보다 한발 앞서 진화에 대한 생각을 체계화하여 발표한 이론이다. 그러나 현대의 진화론은 획득 형질에 의한 유전을 인정하지 않고 있다. 그 이유로 인간의 팔을 예로 들어 보자. 투수는 야구공을 한쪽 팔로만 던지기 때문에 대개가 한 쪽 팔이 다른 쪽보다 길어진다. 그러나 그렇게 얻은 획득 형질은 결코 자손에게 전해지지 않는다.

그렇다면 다윈의 자연 선택설은 기린의 진화를 어떻게 설명하는가.

"처음부터 기린은 목이 짧은 것과 긴 것이 고르게 섞여 있었다. 그 가운데 목이 긴 것이 생존 경쟁에 유리하여 살아남았을 뿐이고, 그 형질이 대를 거듭하여 자손에게 유전되어 목이 긴 기린으로 진화한 것이다."

## 19 글을 읽고 추론한 것으로 옳은 것을 고르면?

① 다윈이 ㉠의 연구에 쏟아 부은 시간은 라마르크가 ㉡의 연구에 쏟아 부은 시간보다 길다.
② 다윈과 라마르크는 기린의 연구에서 시작하여 ㉠과 ㉡으로 입장이 분화되었다.
③ 다윈은 라마르크의 ㉡을 반박하기 위하여 ㉠에 대한 연구를 시작하였다.
④ 현대의 진화론은 생물이 얻는 획득 형질을 인정하지 않는다.
⑤ 다윈은 생물의 진화에 있어서 개체 간 경쟁을 중요한 요소로 평가하고 있다.

## 20 윗글의 ㉠과 ㉡의 입장에 대한 평가로 옳은 것만을 <보기>에서 있는 대로 고른 것은?

보 기

ㄱ. 서식지의 환경에 따라 서식하는 동물들의 획득 형질이 다르게 나타나는 사례는 ㉠의 입장을 약화한다.
ㄴ. 생존에 유리한 환경을 찾아 이동생활을 하는 동물의 사례는 ㉠의 입장을 강화하지 않는다.
ㄷ. 한 지역에서 발견된 목이 긴 기린과 짧은 기린의 화석이 동시대의 것으로 밝혀진다면 ㉡의 입장이 강화된다.
ㄹ. 태어날 때부터 다리가 길었던 축구 선수의 아들도 다리가 길다고 하더라도 ㉡의 입장이 강화되지 않는다.

① ㄱ, ㄴ ② ㄱ, ㄷ ③ ㄴ, ㄷ
④ ㄴ, ㄹ ⑤ ㄷ, ㄹ

## 21 다음 글의 내용과 부합하는 것은?

지난 해 11월 한국을 찾은 블라디미르 푸틴 러시아 대통령은 박근혜 대통령과의 정상회담을 포함한 공식 일정에 수십 분씩 늦어 외교적 결례가 아니냐는 논란을 빚었다. 그런가 하면 4월에 방한한 빌 게이츠 마이크로소프트 회장은 호주머니에 손을 넣은 채 박 대통령과 악수해 매너가 없다는 비판을 받았다. 이들은 대체 왜 그랬을까.

푸틴의 상습 지각은 자국민에게는 당당한 리더라는 이미지를 줄 수 있다. 마찬가지로 게이츠의 주머니 악수는 '나는 타인의 반응에 개의치 않아도 되는 사람'이라는 인상을 준다. 설사 문제가 되더라도 한국 문화에 익숙하지 않아서 그랬다고 변명하면 된다.

하버드대의 프랜시스카 지노 교수는 이를 '빨간 운동화 효과'라고 정의했다. 규범을 무시한다는 건 그만큼 행동에 책임을 질 자신이 있다는, 혹은 사회적 지위가 높다는 신호를 준다. 그래서 대중은 의도적으로 규칙이나 규범을 깨는 '룰 브레이킹' 행위를 하는 사람을 권력자로 인식한다.

지노 교수는 이런 상관관계를 확인하기 위해 여러 가지 실험을 했다. 우선 이탈리아의 한 명품 브랜드 매장에 우아한 정장을 입고 고가의 롤렉스 시계를 찬 손님과, 운동복 차림에 저가의 스와치 시계를 찬 손님을 들여보냈다. 그랬더니 점원들은 운동복 차림의 손님이 지위가 더 높을 거라 평가했다. 또 강의실에 들어온 대학 교수의 복장과 외모를 달리해 학생들의 반응을 보는 실험도 했다. 학생들은 넥타이를 매고 말쑥하게 면도한 교수보다 허름한 티셔츠를 입고 덥수룩한 수염을 기른 교수가 지위가 높고 학문적 능력도 우수할 거라 믿었다. 남의 눈을 개의치 않는 걸 보니 그만큼 자신감이 있을 거라 생각한 것이다.

빨간 운동화 효과가 극대화되려면 규칙을 어겼을 때 치러야 할 대가가 크고, 대중이 쉽게 인지할 수 있어야 하고, 또 의도적이어야 한다. 특히 대중의 관심을 먹고 자라는 정치인 등 권력자들의 룰 브레이킹은 많은 경우 단순히 무례한 행위가 아니라 고도의 커뮤니케이션 전략이다.

① 규범을 어기는 것은 낮은 자신감의 극복 의지를 역방향으로 표출한 것으로 여겨진다.
② 말끔하게 면도하고 넥타이를 맨 스타일은 학문적 권위를 상징하는 룰 브레이킹 행위이다.
③ 드레스 코드를 중요히 여기는 명품 매장에서는 통용되지 않는 효과이다.
④ 대중이 쉽게 인지할 수 있다면 빨간 운동화 효과라고 볼 수 없다.
⑤ 빨간 운동화 효과는 대중에게 일종의 신호로 작동하며, 권력자의 룰 브레이킹은 단순히 무례한 행위인 것만은 아니다.

## 22 다음 글을 읽고 추론한 것으로 옳지 않은 것만을 <보기>에서 모두 고르면?

우리는 아주 작은 원자핵 내부를 알기 위해서 입자가속기를 이용한다. 원자핵을 분석하기 위해서는 원자핵을 더 작게 나눌 필요가 있는데, 이처럼 원자핵을 더 작게 나누기 위해서 개발된 것이 입자가속기인 것이다.

원자핵을 구성하는 물질을 알아내기 위해 인위적으로 양성자나 전자와 같은 입자를 가속시켜 원자핵과 충돌시킨 후, 입자들의 운동에너지, 위치, 운동량 등을 조사하게 되는데, 이와 같이 전하를 띤 입자를 전기장과 자기장에 의해 가속시키는 장치가 입자가속기이다. 입자가속기에 의해 큰 운동에너지를 얻은 입자들은 다른 입자들과 충돌하여 새로운 소립자들을 만들어 내는데, 이러한 소립자들의 물리량을 분석하면 입자를 구성하는 물질들을 알아낼 수 있다. 전하를 띤 입자 양쪽에 전위차를 걸어 주면 입자는 전위차에 의해 힘을 받아 한 쪽으로 가속되는데, 입자가속기는 이런 원리를 이용해 지속적으로 입자를 가속시켜 입자의 속력을 광속에 가깝게 증가시킬 수 있다.

입자가속기는 입자를 가속시키는 방식에 따라 선형 가속기와 원형 가속기로 나눌 수 있다. 선형 가속기에는 저에너지 선형 가속기(밴 더 그래프 가속기)와 고에너지 선형 가속기가 있는데, 밴 더 그래프 가속기는 가속시키고자 하는 입자를 고전압에 한 번 통과시켜 입자를 단숨에 가속하는 방식이다. 반면, 고에너지 선형 가속기는 가속시키고자 하는 입자를 비교적 낮은 전압에 반복적으로 통과시켜 고에너지를 얻어내는 방식이다. 대표적인 선형 가속기로는 길이가 3.2km이고, 전자의 에너지를 20GeV 이상 높일 수 있는 스탠퍼드 선형 가속기를 들 수 있다. 이 장치로 리히터(Burton Richter, 1931~)는 1974년에 쿼크의 일종인 참 쿼크(charm quark)를 발견하였으며, 그 공로를 인정받아 1976년 노벨물리학상을 받았다.

선형 가속기는 원형 가속기에 비해, 고르고 센 입자빔을 얻을 수 있고, 제동복사에 의한 에너지 손실이 적은 장점이 있지만, 가속시키고자 하는 입자의 에너지가 커질수록 가속기의 길이가 늘어나야 하는 한계가 있다. 그래서 이러한 한계를 보완하여 개발된 것이 한정된 공간에서 입자가 나선(사이클로트론)이나 원형(베타트론, 싱크로트론)으로 돌면서 가속되는 원형 가속기이다.

**보 기**

ㄱ. 입자가속기는 인위적으로 입자들을 가속시켜 원자핵과 충돌시키는 기구이며, 이러한 입자가속기는 원자핵을 분석하기 위해 개발되었다.
ㄴ. 밴 더 그래프 가속기의 대표적인 예로 스탠퍼드 선형 가속기가 포함된다.
ㄷ. 리히터는 쿼크의 존재를 최초로 주장하였으며, 1974년 스탠퍼드 선형 가속기를 사용하여 참 쿼크를 발견하고, 이후 노벨물리학상을 받았다.
ㄹ. 한정된 공간에서 입자가 나선이나 원형으로 돌면서 가속되는 원형 가속기는 고르고 센 전자빔을 얻을 수 있고, 에너지 손실이 적으며, 가속시키고자 하는 입자의 에너지가 커져도 가속기의 길이가 늘어나지 않는다.

① ㄱ, ㄴ ② ㄱ, ㄷ ③ ㄴ, ㄷ
④ ㄴ, ㄹ ⑤ ㄴ, ㄷ, ㄹ

## 23 다음 글로부터 추론할 수 있는 것만을 <보기>에서 모두 고르면?

1990년 9월, 미국 국립위생연구소에서는 정부가 최초로 허가한 유전자 치료가 실시된 바 있다. 환자는 아산티 데 실바라는 네 살배기 여자 아이였다. 아산티는 양친으로부터 결함 있는 유전자를 물려받아 면역계가 제 기능을 발휘하지 못한 탓으로 줄곧 병치레를 했다. 의사들은 먼저 아산티의 몸에서 백혈구 세포들을 꺼내어 결함 있는 유전자를 정상적인 것으로 바꾼 다음 다시 몸 안으로 집어넣었다. 이 수술이 성공함으로써 아산티는 건강한 소녀로 성장할 수 있었다.

이렇게 유전자의 이상으로 생긴 질병을 고치기 위해 세포 안으로 정상적인 유전자를 집어넣어 발현시키는 의료 기술을 유전자 치료라 한다. 아산티의 성공적인 치료가 널리 알려지면서, 이러한 유전자 치료에 대한 기대감이 고조되었다. 그러나 유전자 치료가 풀어야 할 기술적인 문제도 적지 않다. 체세포 염색체의 특정 위치에 정상적인 유전자를 정확하게 집어넣는 일이 쉽지 않기 때문이다.

유전 물질을 세포 안으로 운송하는 방법으로는 바이러스를 운반체로 사용하는 기술이 가장 효과적이다. 바이러스는 세포 속에 침입하기만 하면 자신의 유전 물질을 즉시 주입하는 특성이 있기 때문이다. 물론 바이러스에서 질병을 일으키는 유전자들은 제거하고, 그 대신에 운반 대상인 사람의 정상 유전자를 집어넣는다. 하지만 이러한 바이러스가 따로 증식(增殖)하거나, 혹은 다른 유전자에 손상을 입힐 가능성을 완전히 배제할 수는 없다.

인간 게놈 프로젝트가 당초 계획을 앞당겨 2003년 2월 완료됨에 따라 유전자 치료는 21세기 의학 혁명의 기폭제(起爆劑)로 각광(脚光)을 받고 있다. 게놈 프로젝트의 목표는 4만여 개로 추정되는 인체 유전자의 약 30억 개에 달하는 화학 구조(염기쌍)를 분석하여 지도(地圖)로 만드는 일이다. 인체의 유전자 지도가 완성되었기 때문에 생명의 설계도가 조물주로부터 사람의 손으로 넘어왔다고 볼 수 있다. 우리는 유전자 지도를 통해 각종 생명 현상을 이해할 수 있으므로 질병과 노화가 일어나는 이유를 알 수 있게 되었다.

유전자 치료는 의료 기술 이상의 의미를 함축하고 있다. 우리가 질병을 고치는 유전자를 제공하는 능력을 가졌다는 것은, 치료 이외의 목적에 유전자를 제공하는 능력도 갖게 되었다는 것을 의미하기 때문이다. 말하자면 정상적인 사람의 형질을 개량하기 위해 유전적 조성을 바꿀 수 있게 된 것이다.

**보 기**

ㄱ. 유전자의 이상 유무를 사전에 검사하면 개인이 어떤 유전성 질환에 걸릴 위험이 있는지 알아낼 수 있다.
ㄴ. 유전자 치료가 인간 개조를 노리는 우생학과 관련될 가능성은 없다.
ㄷ. 운반체로 사용되는 바이러스는 일반적인 바이러스와는 달리 세포 내에 주입한 유전자 발현이 억제된다.

① ㄱ ② ㄴ ③ ㄱ, ㄷ
④ ㄴ, ㄷ ⑤ ㄱ, ㄴ, ㄷ

**24** 다음 글을 통해 반박하고자 하는 주장으로 가장 거리가 먼 것을 고르면?

아담 스미스부터 프로이드와 오늘날의 학자들에 이르기까지 서구의 주류 사상가들은 실제로 서구의 경험이거나 산업사회의 경험인 것을 일반화하려는 경향이 있다. 서구 문화가 유럽과 북미로부터 뻗어 나와 지구의 모든 사람에게 영향을 미침에 따라 서구의 경험을 일반화하려는 경향은 거의 불가피하게 되었다.

모든 사회는 자신을 우주의 중심에 두고 자신의 채색된 렌즈를 통해 다른 문화를 바라보는 경향이 있다. 서구문화의 유별난 점은 그것이 너무나 광범위하게 확산되고 또 너무나 강력해졌기 때문에 자신에 대한 객관적인 시각을 잃어버렸다는 것이다. 자신을 비교해 볼 타자가 없기에, 모든 사람이 우리와 같거나 우리와 같게 되기를 바란다고 여기는 것이다.

대부분의 서구인들은 무지와 질병과 끊임없는 노역이 산업화 이전 사회의 운명이었다고 믿게 되었다. 그리고 개발도상국들에게서 우리가 보는 빈곤과 질병과 굶주림은 얼른 보아 그러한 가정을 입증하는 것으로 보인다. 그러나 실은 오늘날 제3세계의 문제들은 그 대부분은 아닐지 몰라도 많은 경우에 식민주의와 오도된 개발의 결과이다.

지난 몇 십 년 동안에 알라스카에서 오스트레일리아에 이르는 다양한 문화가 산업 단일문화의 침공을 받았다. 산업 단일문화의 확산은 다차원적인 비극이다. 한 문화가 파괴될 때마다 수세기 동안 누적된 지식이 말살되고 다양한 인종집단이 자신들의 정체성이 위협받는다고 느낌에 따라 거의 불가피하게 갈등과 사회 붕괴가 뒤따른다. 갈수록 서구문화는 정상적인 것, 유일한 방식으로 간주되고 있다. 그리고 세계 전역에서 점점 더 많은 사람들이 경쟁적이고 탐욕스럽고 자기중심적으로 되어감에 따라 이러한 성향들은 인간본성 탓으로 돌려진다. 그렇지 않다는 목소리가 꾸준히 있어 왔음에도 불구하고 서구사회의 지배적 사고는 오랫동안 우리가 본래 공격적이고 다원주의적 투쟁에 영원히 갇혀있다고 가정해왔다.

사회를 조직하는 방식에 관련하여 이러한 관점이 내포하고 있는 의미는 근본적으로 중요하다. 우리가 선이나 악의 내재성을 믿든 믿지 않든 간에 인간본성에 대한 우리의 가정은 우리의 정치적 이념의 밑에 깔려있고 따라서 우리의 삶을 지배하는 제도의 모습에 영향을 미친다.

① 인간의 본성에는 자기중심성과 공격성이 내재되어 있다.
② 서구의 경험은 보편적으로 모든 문화에 적용될 수 있다.
③ 서구의 문화는 많은 사람들의 선망의 대상이 되고 있다.
④ 산업사회로의 발전은 제3세계의 문제를 해결할 수 있다.
⑤ 인간본성에 대한 믿음은 사회 제도 자체를 변화시킨다.

**25** 다음 글에서 추론한 것으로 옳은 것은?

어떤 상황에서 인간의 신체는 정상보다 높은 기압의 기체들에 대처해야만 한다. 예를 들어, 스쿠버 장비를 가지고 행해지는 다이빙 동안에는 기체의 압력이 급격히 증가한다. 왜냐하면 호흡장비가 다이버들로 하여금 물속에 오래 머물러 있도록 하여 더 깊이 다이빙할 수 있도록 해주기 때문이다. 인간의 신체에 가해지는 압력은 바닷물의 매 10미터 깊이 당 1기압씩 증가한다. 그래서 바닷물 30미터 깊이에서 다이버는 약 4기압의 압력에 노출된다. 호흡되고 있는 기체의 압력은 신체에 가해지는 외부의 압력과 같아야 한다. 그렇지 않으면 호흡이 매우 곤란해진다. 그러므로 수중 40미터에서 스쿠버다이버에 의해서 호흡되는 공기 중의 모든 기체는 그들의 평상시 압력의 5배의 압력으로 존재하게 된다. 우리가 호흡하고 있는 공기의 80%를 구성하고 있는 질소는 이 압력 하에서 편안함을 가진 느긋한 느낌을 발생시킨다. 5기압의 깊이에서 질소는 질소마취상태(nitrogen narcosis)라고 알려져 있는 마치 술에 취한 것과 비슷한 증상을 발생시킨다. 질소마취상태는, 겉으로 보기에, 혈액 속에 용해된 많은 양의 질소가 두뇌에 영향을 끼침으로서 야기되는 것으로 추정된다. 만약 질소가 헬륨으로 대치된다면 깊은 다이빙은 덜 위험하다. 왜냐하면 이런 압력에서 헬륨은 유사한 마취효과를 유발시키지 않기 때문이다.

스쿠버다이버가 하강함에 따라서 허파 내의 질소의 압력은 증가한다. 이로 인해 질소는 허파로부터 혈액으로, 그리고는 다시 혈액으로부터 신체 각 조직으로 이동한다. 다이버가 물 표면으로 올라갈 때 반대의 과정이 발생한다. 허파 속의 질소의 압력은 떨어지고, 질소는 신체 조직으로부터 혈액으로, 그리고 다시 혈액으로부터 허파로 이동한다. 만약 물 표면으로 올라오는 것이 너무 급격하면, 신체 조직과 혈액에 있는 질소가 충분히 제거되지 못해서 질소 거품(방울)이 형성된다. 이 거품(방울)들이 심한 고통을 일으킬 수 있는데, 특히 관절부위에 더 그렇다.

상승 동안에 호흡이 정지되면 또 다른 문제가 발생할 수 있다. 10미터의 깊이로부터 상승하는 동안에 허파에 있는 공기의 부피는 2배로 증가한다. 왜냐하면 표면에서의 공기압력은 10미터의 깊이에서보다 단지 반밖에 되지 않기 때문이다. 이러한 부피 증가로 인해 허파가 팽창하거나 파열할 수도 있다. 이러한 상태를 공기 색전증(air embolism)이라고 지칭한다. 이러한 사건을 피하기 위해서 다이버는 천천히 상승해야 하는데, 호흡하면서 내 쉰 공기 방울들이 상승하는 속도보다 빠르게 상승해서는 절대로 안 되며, 상승하는 동안에 호흡을 내 쉬어야 한다.

① 호흡 시 기체의 압력 정도는 신체 내부의 압력과 같아야 한다.
② 스쿠버다이버가 하강할수록 신체 내부의 기체의 압력은 증가하게 된다.
③ 질소마취상태는 수중 30미터 깊이부터 발생한다.
④ 스쿠버다이버가 하강 중 호흡이 정지되면 공기 색전증이 생길 수 있다.
⑤ 스쿠버다이버가 상승할 때 질소는 허파로부터 혈액으로 이동한다.

**26** 다음 글의 밑줄 친 내용의 논지를 강화하는 진술로 가장 옳은 것은?

인도의 유권자들은 2014년에 지배적 지도자인 나렌드라 모디(Narendra Modi)를 선출했으며, 대선 후보 토론에서 이성적이기 보다는 극단적인 성향을 보인 도날드 트럼프는 2016년 미국 대통령으로 선출됐다. 강력하고 독재적인 터키 대통령 레제프 타이이프 에르도안이 올해 재선되기도 하였다. 문제는 '왜 유권자들이 이런 종류의 지도자를 선택 하는가?'이다.

이에 대해 학자 A는 지도력에 대한 두 가지 유형으로서 지배력과 명성을 제시한다. 지배력과 관련된 지도자는 단호하고 자신감 있으며 통제력이 뛰어나고 결정적이며 지배적이며 위협적이다. 지배적 지도자는 또한 자기애, 공격성, 비협조성과 같은 부정적인 특성을 나타내는 것으로도 알려져 있다. 이들은 이른바 "알파 남성"이며, 리더십이 부여되길 기다리기 보다는 적극적으로 리더십을 발휘하고자 한다는 것이다.

반면에 명성은 다른 사람들이 존중하고 존경하는 개인과 관련이 있다고 한다. 그들은 스스로 유능한 사람일 뿐만 아니라 그들의 그룹 내의 다른 사람들에게 지식과 기술을 전한다. 그들은 문화적 역할 모델로 간주된다.

명성에 기반한 지도자들은 전형적으로 지배적인 지도자보다 더 호감 가는 특성이 있고 사회적으로 수용되기 쉬운 특성을 가지고 있는 것으로 보인다고 한다.

학자 A는 <u>사회 경제적 환경이 불확실성으로 가득 차면 지배적인 지도자가 명성의 지도자보다 매력적이라고 주장한다.</u>

① 대공황 시기에 온화한 매력과 친근함을 대중에게 어필한 루즈벨트 대통령이 재선에 성공하였다.
② 1992년 TV 토론에서 유려한 말솜씨와 상대방을 존중하는 태도를 보여준 빌 클린턴이 대선에서 승리할 수 있었다.
③ 세계 대전이 장기화되는 시점에서 트루먼 대통령은 리틀 보이(Little Boy)라는 별명으로 루즈벨트 대통령 때 개발되어 완성된 원자 폭탄을 일본에 투하한다는 결단을 내림으로써 그의 정치적 기반을 강화할 수 있었다.
④ 1919년 영국에 반대하는 인도인을 영장없이 처벌할 수 있는 롤레트법이 통과되자 간디는 정치계에 입문하여 본격적인 인도 독립운동을 이끌게 된다.
⑤ 룰라는 대통령 선거 캠페인에서 브라질의 외채 상환을 그의 공약에서 포기하겠다고 선언하였으며, 그러한 선언은 세계경제에 거대한 파문효과를 준 아르헨티나 디폴트 선언의 뒤를 잇는 브라질의 부분적인 디폴트 선언을 두려워한 경제학자와 사업가, 은행들을 걱정하게 만들었다.

**27** 다음 글을 읽고 추론한 것으로 옳은 것만을 <보기>에서 모두 고르면?

현대적인 이미지 부여 작업(branding)은 루이 14세의 유명한 재무장관 장 바티스트 콜베르로부터 시작되었다. 그 당시 네덜란드, 영국, 포르투갈은 함대를 건설하고 무역 항로를 방어하는 일에 혈안이 되어 있었다. 그러나 프랑스는 여전히 육군에 의존했고 해상 전투의 경험도 별로 없어, 해적에게 재물을 탈취당하고 라이벌 식민 제국들에게 땅을 빼앗겼다. 콜베르는, 프랑스의 대안은 오직 국내 산업을 키우고 자국 상품을 다른 나라에 파는 것임을 깨달았다. 콜베르는 영토나 자원이 아니라 일종의 '스타일'을 만들어 다른 나라와 겨루어야 한다고 생각했고, 프랑스 상품을 특별하게 보이게 할 방법은 프랑스를 '유행의 선도자'로 만드는 것뿐 이라고 생각했다. 콜베르는 "우리의 세련된 취향을 무기로 유럽과 전쟁을 벌이자. 그리고 패션으로 세상을 정복하자."고 말했으며, 프랑스 상품에 대한 엄격한 제조 규정들을 확립했다. 그는 공산품 제조나 와인 제조의 규정을 어기는 상인들을 처벌했고, 무역에서 얻는 수익을 산업의 질을 높이는 데 적극적으로 투자했다.

프랑스의 군주들은 프랑스 선단이 새로운 식민지를 개척하게 하는 대신, 화려한 병에 담긴 향수를 정부 차원에서 인증하여 수출하게 했다. 프랑스 장관이나 루이 14세의 도장이 찍힌 캐비아, 비단, 와인은 날개 돋친 듯 팔려나갔다. 프랑스 사람들은 물론 외국 사람들도 프랑스 상품을 사기 위해 안달했다. 프랑스산이라면 무조건 최상으로 여겨졌다. 콜베르도 인정했듯이 이런 상황은 상품이 지닌 본질적인 우수성보다는 만들어진 유행과 믿음 때문이었다. 콜베르가 제조 규정을 어긴 향수업자를 공개적으로 태형에 처하면, 사람들은 진짜 향수를 써 보지 않고도 프랑스 향수의 우수한 질을 믿을 수 있었다.

이런 콜베르티즘도 조합주의의 한 형태였다. 콜베르티즘은 프랑스를 '걸출한 장인들의 나라'로, 그리고 프랑스 기업을 '세계적인 명품을 제조하는 기업'으로 재창조했다. 콜베르는 그저 프랑스 와인, 샴페인, 요리, 가구 그리고 의류가 아닌 프랑스라는 나라 자체를 팔았다. 마음속으로는 열렬히 이익을 추구하면서도 '동정심과 박애주의의 나라'라는 이미지를 내걸었다. 루이 14세는 그 중심에 있었다. 루이 14세는 베르사유 궁전을 좋아했지만, 콜베르는 그가 루브르 궁전에 살도록 권유했다. 루브르에서 루이 14세는 귀족들의 힘을 자신에게 집중시키고 기업에겐 보조금을 듬뿍 주는 법안들을 통과시켰으며, 동시에 그 자신이 프랑스 사치품을 사용하며 이 상품들의 광고 모델이 되었다. 심지어 유혈 혁명이 일어난 후에도 프랑스 사람들은, 국가 권력이 무분별한 시장을 통제하고 공정성을 보장할 수 있으리라는 믿음을 버리지 않았다.

보 기

ㄱ. 프랑스라는 나라 자체의 이미지를 구축한 콜베르티즘의 노력 이면에는 수익성 추구라는 목표가 있었다.
ㄴ. 루이 14세의 기업에 대한 지원, 콜베르티즘의 프랑스 제품에 대한 스타일화 노력 등은 국민이 국가의 시장통제력에 대한 신뢰를 형성하는데 기여했다.
ㄷ. 프랑스 제품은 엄격한 제조규정을 적용함으로써 타국 제품에 비해 품질의 절대적 우위를 갖추게 되었고, 결국 소비자의 신뢰를 얻어 세계적 유행의 선도자가 되었다.

① ㄱ ② ㄷ ③ ㄱ, ㄴ
④ ㄴ, ㄷ ⑤ ㄱ, ㄴ, ㄷ

## 28 다음 글의 밑줄 친 ㉠과 부합하는 진술로 옳은 것은?

진화생물학에서 가장 흥미로운 주제는 '대멸종'일 것이다. 대멸종은 진화 계통수(系統樹)를 크게 바꾸어 놓았다. 페름기 말에는 당시 종의 90% 이상이 사라졌다고 추정된다. 공룡의 멸종은 백악기의 소행성 충돌의 결과였으며, 이는 포유류가 지배적인 종이 되는 계기로 작용했다.

종의 생성 역시 점진적 진화 과정을 통해서 이루어지는 것은 아니다. 새로운 종은 부모 종의 분포 지역 주변부에 위치한 소규모의 고립된 개체군들 중에서 급속한 종 분화를 통해 생성되며, 이후 새로운 종 분화나 멸종이 일어나기까지 오랫동안 변하지 않는다. 대개의 경우 개체군에 발생하는 변화는 축적되지 않고 평균치에서 진동할 뿐이며, 대규모 개체군은 근본적으로 정체적(停滯的) 성격을 지닌다. 화석 기록은 이러한 단속평형적인 진화의 양상과 잘 부합된다.

화석 기록은 또한 캄브리아기에 주요 동물 분류군이 한꺼번에 출현했음을 보여 준다. 5억 3천만 년 전의 화석 기록이 보여주듯이, 캄브리아기 이후 생명계는 종의 차원에서는 다양해졌지만, '문(phylum)'의 차원 즉 신체적 기본 구조의 종류에서는 오히려 줄어들었다. 종 다양성은 증가했지만 이질성은 감소한 것이다. 이 역시 진화생물학이 설명해야 할 중요한 과제이다.

이러한 진화의 다양한 양상을 자연선택에 의한 소진화의 점진적 축적만으로 설명하기는 힘들다. 물론 자연선택은 중요하며 진화생물학자들은 그것이 어떻게 작동하는지 정확하게 이해해야 한다. 하지만 자연선택은 진화의 과정을 설명하는 많은 요소들 중 하나일 뿐이다. 진화의 큰 틀에서는 급속한 종 분화, 종의 안정성, 멸종 등도 중요한 요인으로 고려해야 한다.

자연선택이 개별 유전자에 작용하는 것도 가능하지만, 근본적으로 선택의 단위는 유전자가 아니라 개체이다. 특정한 상황에서는 선택이 다른 수준에서 작용하기도 한다. ㉠ <u>여러 종들로 구성된 한 계통에서 어떤 종은 멸종을 더 어렵게 만들거나 종 분화를 더 쉽게 만드는 특성을 가질 수도 있다. 이러한 특성은 개체 수준이 아닌 종 수준에서 나타나며 종 선택에 중요한 요소로 작용하기도 한다.</u>

① 어떤 새의 부리 형태는 건기와 우기에 따라 정반대의 선택 압력을 받는다. 그러나 긴 시간 단위로 보면 건기와 우기가 반복되므로 부리 형태의 차이는 누적되지 못하여 종 변화에까지 이르지는 않는다.
② 공격성, 영역 구분, 사회 체계 등과 같은 동물의 사회적 행동들은 생물학적 기반을 가진 것으로, 이는 인간 종에 고유한 사회·문화적 행동들도 유전적·진화론적 틀에서 설명 가능하다는 사실을 보여 준다.
③ 사회적 동물군에서 친족을 위한 이타성은 자연선택의 대상이 되기도 한다. 이타적 개체 자신은 희생될지라도 유전자를 공유하는 친족을 통해 자신의 유전자가 퍼져 나갈 수 있기 때문이다.
④ 지질학적 격변과 같이 급격한 생태 조건의 변화가 발생할 경우, 지리적으로 넓은 지역에 분포되어 있는 종(種)은 그렇지 못한 종보다 생존에 더 유리하다.
⑤ 개체들은 성공적 번식을 위한 경쟁을 피할 수 없는데, 이때 개체들은 성(性)에 따라서 선택에 유리한 형질이 다르기 때문에 성 사이에 형태학적인 차이가 생기게 된다.

## 29 다음 글을 읽고 블록체인의 긍정적 측면을 뒷받침할 수 있는 내용으로 옳은 것만을 <보기>에서 모두 고르면?

비트코인의 기술적 핵심은 블록체인이라는 분산장부(Public Distributed Ledger) 기술을 기반으로 한다. 블록체인은 일종의 금융장부로서, 비트코인 프로그램을 이용하는 모든 개개인의 P2P 거래내역이 모두 이곳에 기재된다.

블록체인은 인류가 최초로 갖게 된 글로벌 클라우드 분산장부이다. 세계 경제사학자들에 의하면, 인류는 기원전부터 화폐에 앞서 장부를 거래에 이용하였다. 하지만 이는 만나서 거래할 수 있는 개인 간에서만 유효한 것이었고, 그나마 매우 불편한 것으로 많은 한계를 드러낼 수밖에 없었다. 그래서 화폐를 고안하고, 장부에 기입하고 거래시점에 물건과 화폐를 교환함으로써 채권-채무 관계를 청산하는 방식으로 금융거래를 발전시켜 왔다. 은행이 등장하면서 장부의 기입은 은행의 몫이 되었고 개인은 주로 현금을 주고받으며 거래 해왔는데, 인터넷 시대가 열리면서 대부분 금융거래가 온라인 장부로 대체되었다.

이제는 예전처럼 개인간 현금을 주고받는 것도 드문 일이 되었다. 대부분 신용카드를 쓰거나 인터넷뱅킹을 통한 금전거래, 즉, 개인간 직접거래가 아니라 은행(또는 신용카드사)을 통한 장부상의 숫자 변화가 주금융거래의 형태가 되었다. "금융은 숫자와 정보에 불과하다"는 정보·금융 전문가들의 예견이 현실화 되고 있다. 이러한 금융기관의 거래를 중앙집중적인 장부(데이터베이스)에 기반 해 관리하다 보면 비용이 올라가게 된다. 제3자의 중개를 필수로 하는 거래는 높은 거래 비용을 수반한다. 화폐의 단위도 국가마다 다르고 금융회사들의 네트워크(장부)도 각기 다르다. 그러므로 거래마다 연동하는 비용이 오르게 된다. 블록체인은 바로 이런 비효율적인 구조를 혁신하려는 기술적 시도이다. 누구나 비트코인이라는 P2P 프로그램을 이용해 돈을 주고받으면, 제3자 없이 글로벌 단일 장부에 그 거래내역이 불변의 기록으로 기입되는 식으로 거래가 확정된다. 따라서 거의 비용이 들지 않으며 아울러 마치 오프라인에서 현금을 주고받듯이 개인 간 거래가 가능해진다.

블록체인은 분산 데이터베이스의 하나로 P2P(Peer to Peer) 네트워크를 활용한다. 블록체인이 비트코인 사용자 모두의 컴퓨터에 저장될 수 있는 것은 이 때문이다. 분산 데이터베이스란 데이터를 물리적으로 분산시켜 다수의 이용자가 대규모의 데이터베이스를 공유하게 만드는 기술이다. 데이터를 분산 배치하므로 비용이 적게 들고 장애에 강하다. P2P는 서버나 클라이언트 없이 개인컴퓨터 사이를 연결하는 통신망이다. 연결된 각각의 컴퓨터가 서버이자 클라이언트 역할을 하며 정보를 공유하면 된다. 그중 사용자 과반수의 데이터와 일치하는 거래내역은 정상 장부로 확인되어 블록으로 묶여 보관한다.

비트코인의 경우 10분 정도마다 사용자들의 거래장부를 검사해 해당 시간의 거래내역을 한 블록으로 묶는다. 만일 특정 사용자의 장부에서 누락 등의 오류가 발견된다면, 정상 장부를 복제해 대체하는 방식으로 수정한다.

보 기

ㄱ. 장부의 기입 등을 은행과 같은 중앙관리자가 처리해준다.
ㄴ. 분산장부 기술에 기반해 기록의 위변조가 어렵다.
ㄷ. 클라이언트 간의 데이터 공유로 비용이 적게 든다.
ㄹ. 화폐 단위가 다른 국가 간에도 전 세계적인 단일 장부를 적용할 수 있다.

① ㄱ, ㄴ
② ㄱ, ㄷ
③ ㄴ, ㄹ
④ ㄱ, ㄴ, ㄹ
⑤ ㄴ, ㄷ, ㄹ

**30** 다음 글의 ㉠의 관점을 드러내는 것으로 가장 적절한 것은?

㉠ 말이 사회와 문화를 만든다고 주장하는 사람들이 있다. 말을 사회의 문화 현상으로 보지 않고 사회와 문화를 만들어 내고 틀 짓는 힘으로 보는 것이다. 말이 참되고 올바르며 아름다우면 혼탁하던 사회가 맑고 깨끗하게 정화되면서 훌륭한 문화를 새롭게 만들 수 있다는 것이다. 이들은 사람이 말을 갈고 닦을 수 있을 뿐 아니라 말을 가다듬어서 사회와 문화를 바로 잡아 갈 수 있다고 생각한다. 좋은 사회를 만들고 훌륭한 문화를 가꾸어 온 나라들일수록 그 나라의 말을 갈고 닦으려고 애쓰고 있는 현실을 보면 이 주장이 설득력 있어 보인다.

① 아프리카 동부의 스와힐리어에서는 사람을 ‘mtu'라 하고 사물을 'kitu'라고 하는데, 언어를 습득하기 전의 어린이는 사람을 'kitu'라고 부르고 언어를 습득한 뒤에야 ‘mtu'라고 부른다.
② 우리말을 보면, 봉건주의 시대의 영향으로 사회적 지위가 높은 직업이나 신분과 관련된 말은 대체로 남성 명사로 되어 있으며, 예외적인 경우에는 앞에 ‘여’자를 붙여 나타내고 있다.
③ 과거 농경 중심의 사회에서 ‘따비, 괭이, 쇠스랑, 삽, 가래, 호미, 낫, 고무래, 두레박’ 등 ‘농사’ 용어들이 매우 발달하였으나, 시대가 바뀌면서 이런 말들은 점차 실생활에서 사라져 가고 있다.
④ 오스트레일리아 원주민이 사용하는 언어에는 수 개념을 나타내는 말이 부족하지만, 그들이 영어를 배울 때 수 개념을 습득하는 능력은 다른 호주인들에 비해 조금도 뒤떨어지지 않는다.
⑤ 사람들이 된소리나 거센소리가 나는 말을 자주 쓰게 되면 사람의 마음이 거칠어지고 사회 인심이 너욱 각박해지므로, 이를 바로잡는 방향으로 국어 순화가 이루어지고 있다.

**31** 다음 글과 <조건>을 읽고 추론할 때 진실을 말하고 있는 사람과 롱패딩을 구입한 사람을 순서대로 나열한 것으로 옳은 것은?

A 고등학교 같은 반 학생인 지수, 제니, 로제, 리사는 요즘 유행하는 롱패딩을 사기 위해 쇼핑몰을 방문하였다. 이 중 한 명만 롱패딩을 구입하였다. 이들 중 한 명만이 진실을 말하고 있다.

조 건

지수: 제니가 롱패딩을 구입하였어.
제니: 지수는 거짓말을 하고 있어.
로제: 나는 롱패딩을 구입하지 않았어.
리사: 롱패딩을 구입한 것은 지수야.

① 지수, 제니
② 제니, 지수
③ 제니, 로제
④ 로제, 제니
⑤ 리사, 지수

**32** 다음 글과 <조건>을 바탕으로 추론할 때 기획재정부와 국토교통부에서 일하는 사람을 추론하면?

H대학교 고시반 친구들인 A, B, C, D는 열심히 노력하여 2021년 5급 공채에 최종 합격하였다. 수습을 거쳐 각각 행정안전부, 기획재정부, 국토교통부, 해양수산부에서 일하는 사무관이 되었다(순서는 이와 같지 않다).

조 건

ㄱ. A와 C는 국토교통부에 협조공문을 보낸 적이 있다.
ㄴ. B와 해양수산부에서 일하는 사람은 기획재정부에서 일하는 사람과 어제 늦게까지 술을 마셨다.
ㄷ. 해양수산부에서는 D를 데려오려고 했다가 여러 가지 사정으로 무산되었고, 지금은 A에게 가능성을 타진하고 있다.
ㄹ. C는 최근에 A를 본 적이 없다.

| | 기획재정부 | 국토교통부 |
|---|---|---|
| ① | A | C |
| ② | D | B |
| ③ | C | D |
| ④ | D | A |
| ⑤ | C | B |

## 33 다음 글에서 알 수 있는 것만을 <보기>에서 모두 고르면?

클러스터에 대하여 살펴보면, 클러스터는 원래 국가 또는 지역의 경쟁우위원천에 대한 분석도구였으나, 1990년대 미국·유럽 국가들이 정책수단으로 도입함에 따라 지금은 지역 클러스터를 촉진하기 위한 정책을 세계 곳곳에서 도입하고 있다.

이러한 클러스터라는 개념은 공간적 의미와 함께, '특수한 산업존재 형식(산업조직)'으로 '관련산업의 가치사슬'을 의미하는 비공간적 의미도 모두 포괄하고 있으며, 본래 정부가 개입하기보다는 지역의 특정산업에서 풀뿌리적인 산학연의 연계활동이 자발적으로 이루어지고 이를 통해 높은 부가가치를 창출하는 지리적 집중체를 의미한다. 미국 상무부는 클러스터의 개념을 "수직적·수평적 관계를 통해 네트워크를 형성하고 있는 경쟁적, 협력적 성격의 산업체들의 지역 내 집적"으로 규정하고 있기도 하다.

클러스터에 대하여 기존 이론들에 따르면 클러스터는 혁신을 증가시키고, 보다 많은 지식 파급 및 지식 축적을 가져오며, 기업 간 지식 확산의 속도를 가져온다. 클러스터 내 기업들은 서로 가까이 입지해 있으므로 보다 쉽게 협력하여 혁신할 수 있고, 손쉽게 바람직한 투입물 특성의 변화 및 기술이나 시장수요의 변화를 감지할 수 있기 때문이다. 즉, 정보, 전문 인력, 기관 및 "공공재"에 효율적인 접근이 가능하고 기업에 상호보완성을 가질 수 있다는 점에서 효율성이 향상되며, 혁신 기회를 인지하고 대응할 수 있는 능력 향상 및 보다 신속한 개선으로 혁신 촉진이 가능하다. 또한 새로운 사업 기회를 쉽게 식별하고 진입 장벽을 낮추면서 새로운 비즈니스 형성을 촉진한다.

클러스터가 최근 각광을 받고 있는 것은 정보와 지식이 빛의 속도로 이동하는 시대에도 산업 활동이 여전히 소수의 집적지역에서 이루어지고 있다는 경험적 사실에 근거한다.

특히 미국에서 도입된 Technology Cluster는 공동 기술에 중점을 둔 기업 및 연구 기관의 지역 클러스터들을 의미하며, 이러한 기업 클러스터는 다른 기업과 직원들을 지역으로 끌어들일 수 있는 효과가 있다. 또한 공급자와 유통업자 시장들은 클러스터를 제공하기 위하여 성장하며, 이로써 기업 클러스터는 지역 노동력을 더 가치 있게 만들 수 있게 되는 것이다.

이러한 클러스터가 성공하기 위해서는 업계, 대학 및 정부 관련 "3중 나선(Helix)"이 필요하고 지속 가능한 지역 정부 또는 국가 정부 재정지원 약속이 필요하다.

특히 창업기업이 클러스터에 참여할 시간을 갖고, 다른 부문이 중소기업에 도움이 될 만한 것에 장애물이 될 수 있다고 인지하는 것이 중요하다. 또한 개별 기업을 넘어 공동 비즈니스 부문의 요구에 대한 생각이 필요할 수도 있다. 비즈니스 클러스터의 구성원이 됨으로써, 이들 기업은 상호 작용에서 지식을 습득하고 새로운 비즈니스 기회를 찾고 다른 부문의 구성원과 파트너십 또는 협력 관계를 발전시킬 수 있게 된다.

보 기

ㄱ. 클러스터의 기능적 효용성
ㄴ. 클러스터의 사양화
ㄷ. 클러스터의 성공요소
ㄹ. 클러스터의 지역적 위치

① ㄱ, ㄷ
② ㄱ, ㄹ
③ ㄴ, ㄷ
④ ㄴ, ㄹ
⑤ ㄷ, ㄹ

## 34 다음 글에서 추론할 수 없는 것은?

연구자 甲은 외부와 접촉이 차단되고 고립된 상태에서 인간이 어떤 행동을 보이는지를 관찰하기 위하여 실험을 고안하였다. 건강하고 평범한 대학생들을 연구 대상자로 선정하였다. 선정된 연구 대상자 중 일부는 교도관 역할을, 나머지는 죄수 역할을 맡았으며, 교도관의 행태를 감시하는 기구나 규율은 없었다. 甲은 제복을 입은 교도관 역할자와 죄수복을 입고 죄수 역할을 하는 자의 심리를 분석하였다. 특별한 의미가 담긴 복장이 사람에게 미치는 영향은 컸다. 죄수복은 그 자체로 사람을 위축시켰으며, 교도관들의 제복과 선글라스 그리고 곤봉은 권위 의식을 갖게 했다. 흥미롭게도 교도관 역할자는 둘째 날부터 진짜 교도관이 된 것처럼 행동하기 시작했다. 죄수 역할자는 실험이 아닌 실제 상황에 처한 것이 아니냐는 의심을 품기 시작했고, 난동을 부리다 교도관 역할자에게 제압당하는 사건도 발생했다. 실험 셋째 날부터 교도관 역할자는 무력으로 죄수 역할자를 완벽하게 통제하였다. 그들은 죄수 역할자를 독방에 가두거나, 스스로 체벌을 고안하여 강제했으며 구타도 하였다. 다섯째 날에 이르자 정신적인 충격으로 발작을 일으키는 사람도 목격되었다. 결국 이들이 집단 광기를 보이자 모든 실험은 중단되었다.

① 인간의 행동은 지위에 따라 달라질 수 있다.
② 견제장치가 없는 권력은 남용될 가능성이 있다.
③ 인간의 의지력은 극한 상황을 극복할 수 있는 중요한 원동력이다.
④ 상징(물)에 대한 의미부여가 구성원의 행동양식에 영향을 미친다.
⑤ 외부와 접촉이 차단되고 고립된 상태에서는 행동에 대한 자기 통제력이 약화될 수 있다.

**35** 다음 글을 읽고, 크라우드 펀딩을 활용할 수 있는 방안으로 옳은 것만을 <보기>에서 모두 고르면?

새로운 사업, 특히 벤처사업에 필요한 자본을 마련할 방법은 많다. 전통적인 방법은 자신이 저축한 돈을 이용하거나, 친구나 친지에게 돈을 빌리는 것이다. 하지만 이런 방법만으로는 충분한 자본을 모을 수 없는 큰 아이디어를 갖고 있을 수도 있다. 이때는 벤처 캐피탈리스트에게 아이디어를 설명하는 방법이 있다. 그러나 벤처 캐피탈리스트를 설득하기란 쉽지 않다. 수익에 민감해서 이익이 크지 않은 사업에는 관심을 갖지 않기 때문이다. 또 이익의 일부를 가져간다. 크라우드 펀딩은 이런 전통적인 방법을 대체할 수 있는 대안 역할을 한다.

원칙적으로 전통적인 자본 조달과는 '작동 원리'가 다르다. 돈을 빌리는 것이 아니다. 따라서 일정 시점에 이를 갚을 필요가 없다. 또 잠재 이익의 일부를 포기하지 않아도 된다. 일반적으로 사람들이 킥스타터(kickstarter)와 인디고고(Indiegogo) 같은 온라인 플랫폼을 통해 현금을 기부하는 방식이다.

돈 외에 크라우드 펀딩의 장점은 무엇일까? 버치가 뉴욕대 스턴 경영대학원의 아닌다 고스, 템플 대학 폭스 경영대학원의 수닐 와탈과 함께 올해 4월 발표한 보고서에 따르면, 크라우드 펀딩은 신생 벤처가 '기업 평판'을 쌓을 수 있는 기회를 제공한다.

고스는 "크라우드 펀딩은 관심을 유도하고, 입소문을 만들어내고, 인식을 높임으로써 최종 수요와 소비에 도움을 준다"고 말했다.

그런데 여기에 주의할 점이 있다. 이를 위해서는 시간이 필요하다. 즉 펀딩 기간이 짧은 프로젝트는 이런 효과의 혜택을 볼 수 없다는 의미이다. 고스는 "프로젝트의 펀딩 목표 달성에 두 배 이상의 시간을 들인 경우 프로젝트 완료 후 수요가 22% 증가한 것으로 조사됐다. 이는 크라우드 펀딩 모델의 핵심 편익이 사업에 대한 인식 제고와 관심 구축이라는 사실을 입증하는 조사 결과이다"라고 설명했다.

크라우드 펀딩은 기업가가 전통적인 자본 조달의 관문을 거치지 않는 방법을 제공한다. 예를 들어, 벤처 캐피탈리스트로부터 거부를 당하더라도 자본을 조달할 수 있다. 그러나 모든 사업에 최상의 대안이 되는 것은 아니다. 많은 기업가들이 벤처 캐피탈리스트나 친구, 친지로부터 사업에 필요한 자본을 조달한다. 이런 노력이 여의치 않을 때 킥스타터나 인디고고를 찾게 된다. 또 대부분은 비교적 작은 사업들이다.

카므는 "많은 자본이 필요하다면 킥스타터가 적합하지 않다. 가족의 도움을 받거나 다른 방법을 찾아야 한다. 크라우드 펀딩으로는 충분한 자본을 유치할 수 없기 때문이다"라고 말했다.

아울러, 크라우드 펀딩을 통해 자본을 조달한 사업체 대다수는 아예 제품을 생산하지 못하거나, 제품을 생산하더라도 납품이나 배달 지연 문제를 겪고 있다.

보 기

ㄱ. 펀딩 기간을 길게 잡는다.
ㄴ. 잠재이익을 전혀 포기하고 싶지 않을 때 크라우드 펀딩을 활용한다.
ㄷ. 필요한 자본 규모가 상대적으로 작을 때 크라우드 펀딩이 적합하다.

① ㄱ ② ㄷ ③ ㄱ, ㄴ
④ ㄴ, ㄷ ⑤ ㄱ, ㄴ, ㄷ

**36** 다음 글의 밑줄 친 부분과 같은 오류를 범하고 있는 것은?

문화 인류학적 입장에서의 민족성 연구가 한국에서 별로 성과를 거두지 못하고 있는 것은, 대부분의 민족성론이 선악(善惡) 평가 입장이나 현상적 행동의 입장에서 이루어지고 있는 현실과 무관하지 않다. 이처럼 윤리적 입장에서 민족성을 논하게 됨에 따라, 우리 민족이 지닌 장점이나 단점이 무엇인가가 중점적으로 논의되고, 이러한 논의에 발맞추어 민족성을 개조하자는 구호가 시의(時宜)를 얻은 듯 유행하기도 한다. 그리하여 가변적인 것을 법칙적인 것에 결부시켜 놓고 그 가변성만을 개조하자는 모순이 생기는 것이다. <u>그러한 논의에서는 한국사의 몇몇 사례를 자의적으로 인용하여 현실에 대한 주관적 판단과 결부시키기를 좋아한다.</u> 이는 역사상의 사례가 어디까지나 특정한 역사적 조건하에서 이루어진 역사적 사실이고 일회적 현상임을 잊어버린 데에 그 원인이 있다 할 것이다. 그 역사적 조건을 떠난 자의적 해석은 결코 수필감 이상의 것은 못 되는 것 같다.

① 우리나라 남자들이 보수주의자가 아니라는 아무런 증거도 없다. 따라서 우리나라 남자들은 보수주의자임에 틀림없다.
② 이번에 저를 꼭 국회로 보내주십시오. 지금까지 4번 출마하여 한 번도 당선이 되지 않아 빚이 산더미처럼 쌓여 있고, 가족들은 뿔뿔이 흩어져서 살고 있습니다.
③ 우리나라의 학생이 세계 과학 경시 대회에서 우승을 했다. 그러므로 우리나라 학생들은 대부분 똑똑하다고 할 수 있다.
④ 그 영화배우가 촬영한 영화는 볼 가치가 전혀 없다. 왜냐하면, 그 사람은 실제로 세 번이나 이혼한 경력이 있는 사람이기 때문이다.
⑤ 여성이 사회적 활동을 할 수 있으려면 남성의 협조가 필요하다. 왜냐하면, 남성이 집안일을 도와주지 않는다면 여성이 사회적 활동을 할 수가 없기 때문이다.

**37** 다음 글에 나타난 미생물학자 A와 B의 시각 차이에 대한 분석으로 가장 적절한 것은?

두 미생물학자를 생각해 보자.

(가) 이 두 사람이 잘 준비된 슬라이드를 본다고 하자. 그들에게 무엇을 보고 있는지 물어보면 그들은 서로 다른 답변을 할지 모른다. 미생물학자 A는 세포 내에서 이상한 물질들의 집합체를 보는데, 그는 이것이 착색 기술의 잘못으로 생겨 엉겨 붙은 어떤 가공물이라고 본다. 그는 이 엉겨 붙음이 세포와는 전혀 무관한–마치 고고학자들이 그리스 항아리를 발굴할 때 그 항아리에 남겨 놓은 삽질 자국 같은–것이라고 생각한다. 반면에 미생물학자 B는 이 엉겨 붙음이 '골지체'라는 세포 기관이라고 생각한다. 그렇기 때문에 이 사람은 착색 기술에 대해 다음과 같이 주장할 것이다. '세포 기관을 찾는 표준 방법은 그것을 고정하고 착색하는 것인데, 다른 기술들은 모두 실제 기관들을 드러내 보인다고 인정하면 왜 이 특정한 기술만이 가공물을 만들어 낸다고 말하는 것인가?'

(나) 이 두 사람이 '아메바'라는 원생동물을 관찰한다고 상상해 보자. A는 그것을 단세포 동물이라 보고 B는 무세포 동물이라 본다. 전자는 세포벽, 핵, 세포질 등을 가지는 간세포, 신경세포, 상피세포와 같은 다른 단일 세포와의 유사점을 통해서 이것을 '아메바'로 본다. 이러한 단일 세포군 안의 아메바는 그것이 갖는 독립성에 의해서만 다른 단일 세포들과 구별된다. 하지만 B는 아메바와 단일 세포 간의 유사성은 보지 못하고 오히려 그것과 완전한 동물 간의 유사성을 본다. 다른 모든 동물과 마찬가지로 아메바는 먹이를 섭취하고 소화하고 흡수한다. 그리고 이것은 배설도 하고 번식도 하며 움직일 수도 있다. 즉 그에게는 개별 아메바가 조직 세포라기보다는 하나의 완전한 동물과 유사한 것이다.

① (가) : 동일한 물체를 보고 있지만 A와 B는 서로 다른 시각 환경을 가지고 있다.
(나) : 동일한 것을 보지 않았거나 동일한 데이터로 출발하지 않았다.

② (가) : A와 B는 모두 동일한 데이터로부터 출발하지 않았다.
(나) : A와 B 중 하나 혹은 모두가 대상에 대해 잘못된 관찰 방법을 선택했다.

③ (가) : A와 B는 관찰할 물체와 환경 조건에 대한 배경지식에 차이가 있었다.
(나) : 동일한 관찰 대상에 대해 동일한 데이터로 출발하지 않았다.

④ (가) : A, B 모두 동일한 시각 정보로 출발하였지만 자신들이 본 것을 다르게 해석하고 있다.
(나) : A와 B는 동일한 증거에 대해 동일한 기준을 가지고 관찰하였다.

⑤ (가) : A와 B는 동일한 자료를 서로 다른 방식으로 구성하고 있다.
(나) : A와 B는 같은 대상을 보았지만 자신들이 본 것을 각각 다르게 해석하고 형상화하였다.

**38** 다음 글의 빈 칸 (가)에 들어갈 내용으로 가장 옳은 것은?

'지식의 저주(The Curse of Knowledge)'라는 말이 있습니다. 1989년 한 경제학 학술잡지에 처음 소개되었지요. 예를 들어, 노래 리스트를 첫 번째 그룹 사람들에게 나눠주고 선택하게 합니다. 그런 다음, 그 노래의 리듬을 생각하면서 손가락으로 탁자를 두드리게 합니다. 노래리스트에 관한 사전적인 정보를 가지지 못한 두 번째 그룹 사람들이 이 소리를 들으면서 노래 제목을 맞히는 실험입니다. 보고서에 따르면, 실험 결과 두 번째 그룹 사람들은 120곡 가운데 세 곡만 맞혔다고 합니다. 그런데 중요한 것은, 실험 전에 첫 번째 그룹 사람들은 두 번째 그룹이 절반 정도는 맞힐 거라고 예측했다는 사실입니다. 들려주는 사람은 50퍼센트는 알아들을 거라고 예측했는데, 듣는 사람은 2.5퍼센트밖에 못 알아들었다는 얘기지요. 지식의 저주에 빠진 전문가들은 어떤 일에 착수할 때면 이제까지 쭉 해온 방식을 워낙 잘 알고 있기 때문에 이들에게 변화란 게 끼어들 여지가 별로 없다고 볼 수 있습니다. 실험 결과를 한마디로 요약하자면 지식의 저주는 (          (가)          )는 것입니다.

① 한 분야에 대해 전문가가 되면 자신이 예전에 몰랐다는 사실을 망각하기 쉽다.
② 한 분야에 대해 전문가가 되면 사회적인 지위와 체면 때문에 자신의 무지를 인정하기 힘들다.
③ 한 분야에 대해 전문가가 되면 다른 사람들에 대해 비관적인 예측을 하기 쉽다.
④ 한 분야에 대해 전문가가 되면 사람들이 그 분야에 대해 알지 못할 수 있다는 상황을 고려하지 않는다.
⑤ 한 분야에 대해 전문가가 되면 그 분야에 대해서는 무지하게 된다.

**※ 다음 글을 읽고 물음에 답하시오. [문 39 ~ 40]**

뉴턴이 이룩한 기본적인 역학법칙에 의하면, 한 물체에 작용한 힘은 그 물체를 가속시키는데, 그 크기는 작용한 힘에 비례하고 물체의 질량에 반비례한다. 실제로 질량이 두 배인 것을 같은 속도가 되게 하려면 두 배의 힘이 든다. '모든 물체는 질량에 관계없이 중력장에서는 똑같은 가속도를 가지고 낙하한다.' 라는 갈릴레이의 발견으로 [ (가) ] 라는 결론이 내려졌다.

이러한 논의를 거쳐 뉴턴은 만유인력의 법칙 공식을 이끌어 내었다. 그것은 '모든 물체는 두 물체의 질량의 곱에 비례하고 거리의 제곱에 반비례하는 힘으로 서로 당긴다.'라는 것이다. $M_1$, $M_2$를 상호작용하는 물체의 질량이라 하고, R을 물체 사이의 거리라고 한다면 중력에 의한 상호작용은 다음과 같이 나타낼 수 있다. 여기서 G는 중력(Gravity)에서 첫 자를 딴 것으로 만유인력의 상수를 뜻한다.

$$F = G\frac{M_1M_2}{R^2}$$

뉴턴이 죽고 70년이 흐른 뒤 영국인 캐번디시가 만유인력 이론을 지지하는 실험을 하였다. 일상용품 사이에 작용하는 중력의 존재를 밝히기 위해 캐번디시는 매우 섬세한 기구를 사용하였다. 캐번디시 저울이라 불리는 기구의 원리는 다음과 같다.

가벼운 장대 양 끝에 작은 구가 각각 붙어 있는데 이것을 가늘고 긴 줄에 매달아서 공기의 흐름에 영향을 받지 않도록 유리 상자 속에 넣는다. 그리고 유리 상자 밖에는 두 개의 무거운 물체를 중심축 주위로 돌 수 있도록 매달아 놓는다. 전체가 평행 상태에 이르렀을 때에 밖에 있는 큰 물체(A)의 위치를 변경시키면 유리 상자 속에 있는 작은 구(B)는 큰 물체가 당기는 중력에 의하여 약간 비틀린다. 캐번디시는 이 비틀린 각을 측정하고 줄을 비트는 데 드는 힘을 알아내어 큰 물체와 작은 구 사이에 작용하는 힘을 계산하였다.

이 실험에서 그는 뉴턴 법칙의 공식에 있는 상수 G의 값이 $6.66\times10^{-8}$임을 밝혔다(이때 길이, 질량, 시간은 cm, g, sec로 측정된 것이다). 그리고 이 값을 이용하여 가까이 놓은 두 사과 간의 중력이 1g의 1억분의 1에 해당하는 무게와 같음을 계산해 낼 수 있었다.

캐번디시의 실험은 훗날 영국의 물리학자 보이스가 변형하여 다시 측정하였다. 같은 무게의 두 물체를 저울 양편에 올려놓고 눈금을 확인한 다음, 한편에 다시 큰 물체를 갖다 놓아 기우는 것을 관찰하였다. 다음에 보이스는 지구가 당기는 것과 큰 물체가 당기는 것에 대하여 연구함으로써 지구와 그 물체의 질량비를 계산할 수 있었다. 이에 지구의 질량이 $6\times10^{24}kg$임을 알게 되었다.

**39 윗글을 읽고 추론한 것으로 옳은 것은?**

① 뉴턴은 사과를 이용한 실험을 진행하여 만유인력의 법칙을 정립하였다.
② 캐번디시의 실험에서 A의 위치 변경 속도를 증가시키면, B가 비틀리는 각도가 증가할 것이다.
③ 캐번디시와 마찬가지로 보이스는 만유인력 이론을 지지하는 실험을 진행하였다.
④ 뉴턴은 갈릴레이의 발견을 바탕으로 기본적인 역학법칙을 정립하였다.
⑤ 뉴턴의 만유인력 법칙 공식에서 M1이 네 배가 된 경우, F를 일정하게 유지하기 위해서는 R이 네 배가 되어야 한다.

**40 윗글의 빈 칸 (가)에 들어갈 내용으로 옳은 것은?**

① 물체의 낙하 가속도는 물체의 질량에 비례한다.
② 물체를 낙하시키는 힘은 질량에 비례한다.
③ 물체의 질량이 증가할수록 물체를 가속시키는 힘이 감소한다.
④ 물체의 가속 정도는 언제나 일정하게 유지된다.
⑤ 물체를 가속시키는 힘은 물체의 가속 정도에 영향을 미치지 못한다.

# 자료해석영역

**01** **다음 〈표〉는 강원도의 출생아 관련 현황에 대한 자료이다. 이에 대한 설명으로 옳은 것만을 〈보기〉에서 모두 고르면? (단, 강원도의 군은 아래 표에 제시된 군만이 존재한다.)**

〈표 1〉 강원도 군 단위 출생아 수 추이

(단위 : 명)

| 행정구역별 | 2005 | 2011 | 2012 | 2013 | 2014 | 2015 |
|---|---|---|---|---|---|---|
| 강원도 | 12,539 | 12,408 | 12,426 | 10,981 | 10,662 | 10,929 |
| 홍천군 | 590 | 463 | 493 | 420 | 428 | 474 |
| 횡성군 | 285 | 247 | 261 | 204 | 207 | 230 |
| 영월군 | 275 | 234 | 197 | 183 | 172 | 166 |
| 평창군 | 285 | 229 | 259 | 245 | 202 | 208 |
| 정선군 | 296 | 256 | 266 | 212 | 241 | 196 |
| 철원군 | 437 | 413 | 435 | 400 | 433 | 402 |
| 화천군 | 273 | 256 | 277 | 238 | 248 | 267 |
| 양구군 | 217 | 224 | 227 | 194 | 208 | 228 |
| 인제군 | 355 | 335 | 374 | 338 | 322 | 379 |
| 고성군 | 242 | 213 | 190 | 162 | 158 | 148 |
| 양양군 | 203 | 186 | 172 | 146 | 128 | 134 |

〈표 2〉 강원도 군 단위 영유아 현황

(단위 : 명)

| 행정구역별 | 2016년 9월 기준 | | |
|---|---|---|---|
| | 합계 | 남아 | 여아 |
| 강원도 | 69,820 | 35,640 | 34,180 |
| 홍천군 | 2,693 | 1,346 | 1,347 |
| 횡성군 | 1,411 | 703 | 708 |
| 영월군 | 1,145 | 607 | 538 |
| 평창군 | 1,342 | 683 | 659 |
| 정선군 | 1,296 | 655 | 641 |
| 철원군 | 2,282 | 1,179 | 1,103 |
| 화천군 | 1,429 | 707 | 722 |
| 양구군 | 1,265 | 640 | 625 |
| 인제군 | 1,858 | 966 | 892 |
| 고성군 | 858 | 452 | 406 |
| 양양군 | 852 | 437 | 415 |

보 기

ㄱ. 2005년 대비 2015년의 강원도 군 단위 출생아수의 변화율을 살펴보면, 변화율이 가장 큰 지역은 고성, 영월, 정선 순이다.

ㄴ. 2016년 9월 기준 강원도의 군 중 영유아 수가 큰 순서대로 나열하면 홍천군, 철원군, 인제군 순이다.

ㄷ. 2016년 9월 기준 강원도 전체의 영유아 중 횡성군의 영유아가 차지하는 비중은 2.5% 미만이다.

ㄹ. 2011~2015년의 기간동안 강원도 군단위 출생아수가 지속적으로 감소하고 있는 군은 3곳이다.

① ㄱ ② ㄹ ③ ㄱ, ㄴ
④ ㄴ, ㄷ ⑤ ㄱ, ㄷ, ㄹ

**02** **다음 〈표〉는 유럽 국가들의 GDP 대비 공공사회복지 지출의 비율을 나타낸 것이다. 이에 대한 설명으로 옳은 것만을 〈보기〉에서 모두 고르면?**

〈표〉 GDP 대비 공공사회복지 지출의 비율

(단위 : %)

| | 2013 | 2014 | 2015 | 2016 |
|---|---|---|---|---|
| 오스트리아 | 27.6 | 27.9 | 28.0 | 27.8 |
| 벨기에 | 29.3 | 29.2 | 29.2 | 29.0 |
| 체코 | 20.3 | 19.9 | 19.5 | 19.4 |
| 덴마크 | 29.0 | 29.0 | 28.8 | 28.7 |
| 에스토니아 | 15.9 | 16.0 | 17.0 | 17.4 |
| 핀란드 | 29.5 | 30.2 | 30.6 | 30.8 |
| 프랑스 | 31.5 | 31.9 | 31.7 | 31.5 |
| 독일 | 24.8 | 24.9 | 25.0 | 25.3 |
| 그리스 | 26.0 | 26.1 | 26.4 | 27.0 |
| 헝가리 | 22.1 | 21.4 | 20.7 | 20.6 |
| 아이슬란드 | 16.6 | 16.7 | 15.7 | 15.2 |
| 아일랜드 | 20.2 | 19.2 | 17.0 | 16.1 |
| 이탈리아 | 28.6 | 29.0 | 28.9 | 28.9 |
| 라트비아 | 14.4 | 14.2 | 14.4 | 14.5 |
| 룩셈부르크 | 23.2 | 23.0 | 22.2 | 21.8 |
| 네덜란드 | 22.9 | 22.7 | 22.3 | 22.0 |
| 노르웨이 | 21.8 | 22.4 | 23.9 | 25.1 |
| 폴란드 | 19.6 | 19.5 | 19.4 | 20.2 |
| 포르투갈 | 25.5 | 24.5 | 24.1 | 24.1 |
| 슬로바키아 | 18.1 | 19.3 | 19.4 | 18.6 |
| 슬로베니아 | 24.0 | 23.1 | 22.4 | 22.8 |
| 스페인 | 26.3 | 26.1 | 25.4 | 24.6 |
| 스웨덴 | 27.4 | 27.1 | 26.7 | 27.1 |
| 스위스 | 19.2 | 19.3 | 19.6 | 19.7 |
| 영국 | 21.9 | 21.6 | 21.5 | 21.5 |

보 기

ㄱ. 2013-2016 기간 동안 매년 GDP 대비 공공사회복지 지출 비율의 증감방향이 스웨덴과 동일한 국가의 수는 스웨덴을 제외하고 두 곳이다.

ㄴ. 에스토니아의 2014년 GDP가 280억 유로이고, 2015년에 10% 증가했다고 할 때, 에스토니아의 2014년 대비 2015년 공공사회복지 지출 증가폭은 8억 유로 이상이다.

ㄷ. 2013년 대비 2016년에 GDP 대비 공공사회복지 지출 비율이 가장 큰 폭으로 증가한 국가는 아일랜드이다.

ㄹ. 2013-2016 기간 동안 매년 GDP 대비 공공사회복지 지출 비율 상위 5개국을 순위에 상관없이 선정하면, 결과는 항상 동일하다.

① ㄱ, ㄴ ② ㄱ, ㄹ ③ ㄴ, ㄷ
④ ㄴ, ㄹ ⑤ ㄷ, ㄹ

## 03 다음 〈표〉는 2008 ~ 2012년 가정폭력상담소 운영실적에 대한 자료이다. 〈조건〉을 이용하여 A ~ E에 해당하는 지원내용을 바르게 연결한 것은?

〈표〉 가정폭력 상담소 지원 내용

(단위 : 건)

| 지원 내용 \ 연도 | | 2008 | 2009 | 2010 | 2011 | 2012 |
|---|---|---|---|---|---|---|
| 피해자지원 | (A) | 101,624 | 95,667 | 96,081 | 99,590 | 96,025 |
| | (B) | 2,844 | 1,563 | 3,419 | 1,854 | 1,736 |
| | (C) | 3,469 | 3,893 | 6,297 | 4,407 | 3,411 |
| | (D) | 34,488 | 24,935 | 34,066 | 26,191 | 18,599 |
| | 기타 | 16,356 | 13,958 | 15,981 | 16,305 | 19,253 |
| 가해자지원 | 선도면담 | 55,889 | 53,603 | 58,659 | 56,357 | 52,785 |
| | (E) | 1,002 | 1,198 | 872 | 618 | 641 |

조 건

○ 2010 ~ 2012년 동안 지속적으로 지원건수가 감소하는 것은 시설연계, 의료지원, 법적지원, 선도면담이다.

○ 피해자지원 내용 중 비중이 조사기간동안 매년 10%에 미치지 못하는 것은 시설연계와 의료지원이다.

○ 2012년 타기관의뢰와 법적지원의 합은 기타지원 건수 미만이다.

○ 2009 ~ 2012년 동안 매년 의료지원과 타기관의뢰의 합은 시설연계를 넘어서지 못한다.

| | (A) | (B) | (C) | (D) | (E) |
|---|---|---|---|---|---|
| ① | 타기관의뢰 | 시설연계 | 의료지원 | 법적지원 | 심리적지원 |
| ② | 타기관의뢰 | 시설연계 | 의료지원 | 법적지원 | 타기관의뢰 |
| ③ | 법적지원 | 의료지원 | 심리적지원 | 타기관의뢰 | 시설연계 |
| ④ | 법적지원 | 타기관의뢰 | 심리적지원 | 의료지원 | 시설연계 |
| ⑤ | 심리적지원 | 의료지원 | 시설연계 | 법적지원 | 타기관의뢰 |

## 04 다음 〈그림〉은 한국의 성별 임금5분위배율과 2015년 OECD 주요국의 남성근로자 대비 여성근로자 임금비율에 관한 자료이다. 이에 대한 설명으로 옳은 것은?

〈그림 1〉 한국의 성별 임금5분위배율

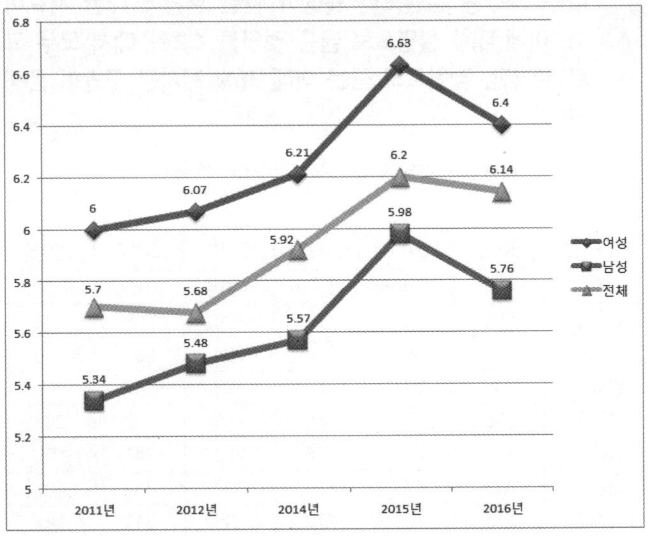


* 임금5분위배율 = $\frac{\text{5분위(상위 20\%) 평균 임금근로소득}}{\text{1분위(하위 20\%) 평균 임금근로소득}}$

〈그림 2〉 2015년 OECD 주요국의 남성근로자 대비 여성근로자 임금비율

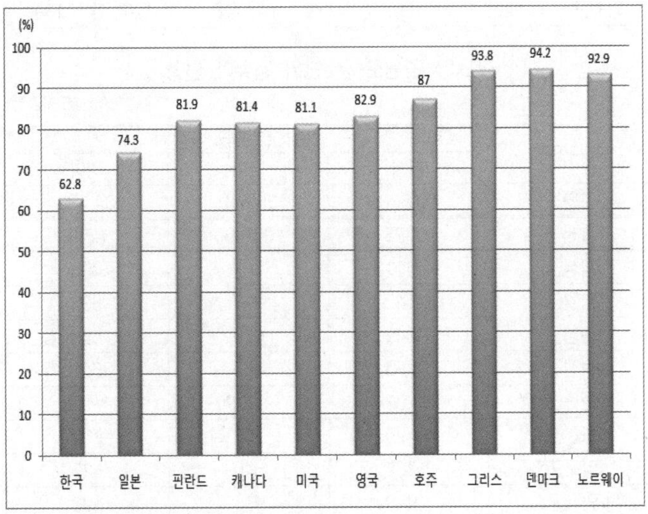


* 남성근로자 대비 여성근로자 임금비율 = (여성근로자의 평균임금 ÷ 남성근로자의 평균임금) × 100

① 한국의 여성 임금5분위배율은 2011 ~ 2015년 동안 매년 증가하였으나, 2016년에는 감소하였다.

② 2015년 한국의 5분위 평균임금근로소득은 남성과 여성 모두 전년대비 증가하였다.

③ 2016년 한국 남성 임금5분위배율의 전년대비 감소율과 한국 전체 임금5분위배율의 전년대비 감소율 간의 격차는 2%p 이상이다.

④ 2015년 한국 남성근로자의 평균임금이 노르웨이 남성근로자 평균임금의 1.5배라면 노르웨이 여성근로자의 평균임금이 한국 여성근로자의 평균임금보다 높다.

⑤ 2015년 영국 여성근로자의 평균임금은 핀란드 여성근로자의 평균임금보다 높다.

**05** 다음 <표>는 PEV와 HEV 상위보급국가의 보급현황이다. 이에 대한 설명으로 옳은 것만을 <보기>에서 모두 고르면?

〈표 1〉 PEV 상위보급국가의 보급현황

(단위: 대, %)

| 구 분 | PEV 판매대수 | | 성장률 (2013 ~2014년) | PEV시장보급률 | |
|---|---|---|---|---|---|
| 국가 | 2014년 | 2013년 | | 2014년 | 2013년 |
| 미국 | 291,332 | 172,000 | 69.4 | 0.72 | 0.62 |
| 네덜란드 | 45,020 | 28,673 | 57.0 | 5.37 | 3.87 |
| 프랑스 | 43,605 | 28,560 | 52.7 | 0.70 | 0.65 |
| 노르웨이 | 43,442 | 20,486 | 113.3 | 13.84 | 5.60 |
| 독일 | 25,205 | 12,156 | 107.3 | 0.43 | 0.25 |
| 영국 | 24,500 | 9,982 | 145.4 | 0.59 | 0.16 |
| 케나다 | 10,658 | 5,596 | 90.5 | 0.27 | 0.18 |
| 스웨덴 | 8,076 | 3,138 | 157.4 | 1.53 | 0.57 |
| 일본 | 108,248 | 74,124 | 46.0 | 1.06 | 0.85 |
| 중국 | 83,198 | 28,619 | 190.7 | 0.23 | 0.08 |
| 전세계 (추정) | 712,000 | 405,000 | 75.8 | 0.06 | 0.04 |

* plug-in electric vehicle (PEV)

〈표 2〉 HEV 상위보급국가의 연도별 보급대수

(단위: 대)

| 국가 | 2007년 | 2008년 | 2009년 | 2010년 |
|---|---|---|---|---|
| 미국 | 352,274 | 312,386 | 290,271 | 274,210 |
| 프랑스 | 7,268 | 9,137 | 9,399 | 9,443 |
| 영국 | 15,971 | 15,385 | 14,645 | 22,127 |
| 독일 | 7,591 | 6,464 | 8,374 | 10,661 |
| 네덜란드 | 3,013 | 11,837 | 16,122 | 16,111 |
| 일본 | 69,015 | 94,259 | 334,000 | 392,200 |

* Hybrid electric vehicle (HEV)

보 기

ㄱ. 2013년 일본의 PEV 시장보급률은 같은 해 영국의 PEV 시장보급률의 5배 이상이다.
ㄴ. 2013년 PEV 판매대수가 높은 순서의 나라는 '미국 > 일본 > 네덜란드 > 프랑스' 순이다.
ㄷ. 2007년부터 2010년까지의 기간 동안을 통틀어 프랑스와 독일의 HEV 보급대수를 합치면 영국의 HEV 보급대수보다 많다.
ㄹ. HEV 보급대수에서 2007년부터 2010년까지 3위를 차지한 나라는 같았다.

① ㄱ, ㄴ
② ㄱ, ㄷ
③ ㄴ, ㄷ
④ ㄴ, ㄹ
⑤ ㄷ, ㄹ

**06** 다음 <표>는 A국의 농가와 비농가의 소득에 대한 자료이다. 이에 대한 설명으로 옳은 것만을 <보기>에서 모두 고르면?

〈표 1〉 농가의 원천별 가구당 평균농가소득

(단위 : 백 달러)

| 연도 | 평균농가소득 (A+B) | 평균농업소득 (A) | 평균농업외 소득 (B) |
|---|---|---|---|
| 1985 | 106 | 41 | 65 |
| 1995 | 244 | 64 | 180 |
| 2005 | 572 | 122 | 450 |
| 2015 | 881 | 163 | 718 |

〈표 2〉 농가와 비농가의 평균소득

(단위 : 백 달러)

| 연도 | 가구당 평균소득 | | 1인당 평균소득 | |
|---|---|---|---|---|
| | 농가 | 비농가 | 농가 | 비농가 |
| 1985 | 106 | 135 | 17 | 30 |
| 1995 | 244 | 319 | 44 | 70 |
| 2005 | 572 | 737 | 124 | 181 |
| 2015 | 881 | 1,136 | 224 | 321 |

보 기

ㄱ. 조사년도마다 가구당 평균농가소득에서 평균농업소득이 차지하는 비중은 지속적으로 감소한다.
ㄴ. 조사년도마다 농가 가구당 평균 구성원 수는 비농가 가구당 평균 구성원 수보다 항상 많다.
ㄷ. 조사년도마다 가구당 평균농가소득의 증가율은 지속적으로 감소하며 이는 평균농업소득의 증가율이 지속적으로 낮아지는 것에서 기인한다.

① ㄱ
② ㄷ
③ ㄱ, ㄴ
④ ㄴ, ㄷ
⑤ ㄱ, ㄴ, ㄷ

## 07 다음 <표>는 2015년 우리나라의 기대여명 및 생존자 인구 등에 관한 자료이다. 이에 대한 설명으로 옳은 것만을 <보기>에서 모두 고르면?(단, 표에 나타난 연령 이외의 연령은 고려하지 않는다.)

〈표 1〉 기대여명 및 사망확률

| 연령별 (세) | 2015년 | | | | | |
|---|---|---|---|---|---|---|
| | 기대여명 (전체) (년) | 기대여명 (남자) (년) | 기대여명 (여자) (년) | 사망확률 (전체) | 사망확률 (남자) | 사망확률 (여자) |
| 0 | 81.20 | 77.65 | 84.45 | 0.00305 | 0.00338 | 0.00270 |
| 1 | 80.45 | 76.91 | 83.68 | 0.00085 | 0.00092 | 0.00079 |
| 10 | 71.55 | 68.02 | 74.78 | 0.00062 | 0.00070 | 0.00054 |
| 20 | 61.68 | 58.17 | 64.88 | 0.00211 | 0.00265 | 0.00152 |
| 30 | 51.97 | 48.51 | 55.10 | 0.00359 | 0.00438 | 0.00276 |
| 40 | 42.36 | 38.97 | 45.40 | 0.00726 | 0.00988 | 0.00453 |
| 50 | 33.05 | 29.85 | 35.83 | 0.01696 | 0.02515 | 0.00863 |
| 60 | 24.21 | 21.40 | 26.47 | 0.03520 | 0.05160 | 0.01888 |
| 70 | 15.99 | 13.70 | 17.57 | 0.09315 | 0.13561 | 0.05918 |
| 80 | 9.20 | 7.65 | 9.95 | 0.26983 | 0.35750 | 0.22693 |
| 90 | 4.73 | 3.96 | 4.99 | 0.60314 | 0.69303 | 0.57663 |
| 100 이상 | 2.47 | 2.29 | 2.66 | 1.00000 | 1.00000 | 1.00000 |

〈표 2〉 생존자 및 정지인구

| 연령별 (세) | 2015년 | | | | | |
|---|---|---|---|---|---|---|
| | 생존자 (전체) (명) | 생존자 (남자) (명) | 생존자 (여자) (명) | 정지인구 (전체) (명) | 정지인구 (남자) (명) | 정지인구 (여자) (명) |
| 0 | 100,000 | 100,000 | 100,000 | 99,744 | 99,711 | 99,779 |
| 1 | 99,695 | 99,662 | 99,730 | 398,580 | 398,433 | 398,735 |
| 10 | 99,561 | 99,516 | 99,609 | 497,669 | 497,431 | 497,921 |
| 20 | 99,358 | 99,263 | 99,462 | 496,298 | 495,700 | 496,957 |
| 30 | 98,855 | 98,632 | 99,099 | 493,414 | 492,112 | 494,827 |
| 40 | 98,033 | 97,595 | 98,502 | 488,519 | 485,767 | 491,450 |
| 50 | 96,215 | 95,063 | 97,441 | 477,202 | 469,652 | 485,185 |
| 60 | 92,331 | 89,363 | 95,428 | 453,962 | 435,848 | 472,950 |
| 70 | 84,231 | 78,007 | 90,595 | 402,974 | 365,242 | 440,851 |
| 80 | 64,205 | 52,508 | 75,167 | 279,791 | 216,769 | 336,293 |
| 90 | 26,813 | 15,832 | 35,432 | 90,795 | 48,446 | 123,282 |
| 100 이상 | 2,534 | 882 | 3,873 | 6,271 | 2,016 | 10,289 |

※ 1) 기대여명(전체) : 특정연령 x세의 생존자가 앞으로 생존할 것으로 기대되는 평균 생존년수
2) 정지인구(전체) : 해마다 남녀별·연령별 출생률과 사망률이 일정하여 인구의 증가율이 0이 되며, 그 크기 및 남녀의 연령별 인구 구조가 일정한 것으로 가정하였을 때의 인구

**보 기**

ㄱ. 남녀 모두 연령이 상승할수록 사망확률이 상승한다.
ㄴ. 전체 생존자의 감소폭이 가장 작은 구간은 1세에서 10세 사이의 구간이다.
ㄷ. 여자의 경우 70세에서 100세 이상까지 이전 연령 대비 기대여명의 감소율이 꾸준히 상승한다.
ㄹ. 0세에서 90세까지 전체 생존자의 수와 남자 생존자 의 수 사이의 격차는 연령이 상승할수록 커진다.

① ㄴ ② ㄷ ③ ㄱ, ㄴ
④ ㄴ, ㄹ ⑤ ㄷ, ㄹ

## 08 다음 <표>는 우리나라와 세계의 국제회의 개최건수 순위 및 증가율에 관한 자료이다. 이에 대한 설명으로 옳은 것은?

〈표 1〉 우리나라의 국제회의 개최건수와 순위

| | 개최건수 | 세계순위 | 아시아순위 |
|---|---|---|---|
| 2005 | 58 | 35 | 9 |
| 2006 | 97 | 25 | 5 |
| 2007 | 139 | 24 | 4 |
| 2008 | 134 | 18 | 3 |
| 2009 | 123 | 18 | 4 |
| 2010 | 160 | 26 | 4 |
| 2011 | 140 | 21 | 4 |
| 2012 | 206 | 16 | 4 |
| 2013 | 243 | 16 | 3 |
| 2014 | 268 | 15 | 3 |
| 2015 | 293 | 12 | 3 |

〈표 2〉 세계의 국제회의 개최건수와 증가율

| | 개최건수 | 증가율(%) |
|---|---|---|
| 2007 | 9,433 | - |
| 2008 | 9,259 | -1.9 |
| 2009 | 9,214 | -1.5 |
| 2010 | 9,445 | 3.5 |
| 2011 | 9,160 | -3 |
| 2012 | 8,953 | -2.3 |
| 2013 | 8,871 | -0.9 |
| 2014 | 10,318 | 16.3 |
| 2015 | 11,085 | 7.4 |

① 2008년 이후 우리나라의 국제회의 개최건수 대비 세계의 국제회의 개최건수의 비율은 2015년까지 매년 증가와 감소가 번갈아 발생하였다.
② 2007년 이후 우리나라의 전년 대비 국제회의 개최건수의 증가율이 15% 이상인 연도는 총 5회이다.
③ 주어진 기간동안 우리나라의 국제회의 개최건수가 증가하면 세계 순위도 항상 높아졌다.
④ 2015년도 우리나라의 국제회의 개최건수의 전년대비 증가율이 세계의 국제회의 개최 건수의 전년대비 증가율보다 크다.
⑤ 2015년 아시아 1위가 싱가포르(637건), 아시아 2위가 일본(575건)인 경우 싱가포르, 일본, 우리나라의 개최건수를 합하면 2015년 세계의 국제회의 개최건수의 14% 이상을 차지한다.

**09** 다음 <표>는 K군의 인구와 산업구조 현황에 대한 자료이다. 이에 대한 설명으로 옳은 것만을 <보기>에서 모두 고르면?

〈표 1〉 K군 인구(최근 10년간 인구 추이)

| 연도 | 총인구 | 한국인 | | | 외국인 | | |
|---|---|---|---|---|---|---|---|
| | | 합계 | 남 | 여 | 합계 | 남 | 여 |
| 2006 | 43,432 | 43,186 | 22,361 | 20,825 | 246 | 119 | 127 |
| 2007 | 42,048 | 41,806 | 21,634 | 20,172 | 242 | 89 | 153 |
| 2008 | 41,551 | 41,289 | 21,403 | 19,889 | 282 | 91 | 191 |
| 2009 | 41,000 | 40,708 | 21,123 | 19,585 | 292 | 84 | 208 |
| 2010 | 41,429 | 41,045 | 21,286 | 19,759 | 384 | 129 | 255 |
| 2011 | 40,514 | 40,181 | 20,815 | 19,366 | 333 | 88 | 245 |
| 2012 | 40,240 | 39,915 | 20,686 | 19,229 | 325 | 39 | 232 |
| 2013 | 40,310 | 39,985 | 20,675 | 19,310 | 325 | 83 | 242 |
| 2014 | 39,752 | 39,425 | 20,387 | 19,038 | 327 | 85 | 242 |
| 2015 | 39,502 | 39,197 | 20,253 | 18,944 | 305 | 88 | 217 |
| 2016 | 38,993 | 38,718 | 19,975 | 18,743 | 275 | 81 | 194 |

〈표 2〉 K군 산업구조 현황

(단위 : 개, 명)

| 구분 | 사업체 | 종사자수 |
|---|---|---|
| 농업 · 임업 · 어업 | 10 | 151 |
| 광업 | 12 | 329 |
| 제조업 | 192 | 881 |
| 건설업 | 163 | 1,034 |
| 도매업 · 소매업 | 920 | 1,864 |
| 운수업 | 251 | 548 |
| 숙박 · 음식점업 | 1,279 | 3,925 |
| 금융 · 보험업 | 64 | 424 |
| 부동산 · 임대업 | 89 | 281 |
| 전문 · 과학 · 기술서비스업 | 48 | 160 |
| 사업시설관리 · 사업지원 서비스업 | 49 | 1,876 |
| 합계 | 3,874 | 18,769 |

보 기

ㄱ. 전년대비 인구증감률이 가장 컸던 연도는 2006년이다.
ㄴ. 사업체당 종사자 비율이 가장 높은 업종은 '사업시설관리 · 사업지원 서비스업'이다.
ㄷ. 사업체당 종사자 비율이 가장 낮은 업종은 '도매업 · 소매업'이다.
ㄹ. 전년대비 인구증감률이 가장 작은 연도는 2013년도이다.

① ㄱ, ㄴ
② ㄷ, ㄹ
③ ㄱ, ㄴ, ㄷ
④ ㄱ, ㄷ, ㄹ
⑤ ㄴ, ㄷ, ㄹ

**10** 다음 <표>는 2017년의 중소기업 자금사정 현황에 대한 자료이다. 이에 대한 설명으로 옳은 것만을 <보기>에서 모두 고르면?

〈표 1〉 최근 중소기업 자금사정

(N=1,147, 단위 : %)

| 구분 | | 매우 원활 | 원활 | 보통 | 곤란 | 매우곤란 |
|---|---|---|---|---|---|---|
| 업종 | 제조업 | 1.1 | 8.8 | 41.0 | 37.1 | 12.0 |
| | 도매 및 소매업 | 1.5 | 10.8 | 41.5 | 35.4 | 10.8 |
| | 서비스업(도소매업 제외) | 2.7 | 10.5 | 48.9 | 27.4 | 10.5 |
| | 건설업 | - | 14.3 | 51.8 | 23.2 | 10.7 |
| 매출액 | 10억 이하 | 1.5 | 4.9 | 41.3 | 36.4 | 15.9 |
| | 10~30억 이하 | 0.9 | 8.8 | 41.3 | 36.4 | 12.6 |
| | 30~50억 이하 | 1.4 | 8.6 | 44.3 | 35.7 | 10.0 |
| | 50~100억 이하 | 1.8 | 10.2 | 45.2 | 34.4 | 8.4 |
| | 100~200억 이하 | 3.2 | 16.8 | 44.2 | 31.6 | 4.2 |
| | 200억 초과 | - | 19.6 | 48.0 | 23.6 | 8.8 |
| 판매형태별 | 수출기업 | 2.0 | 10.7 | 42.7 | 32 | 12.6 |
| | 내수기업 | 1.3 | 9.3 | 43.1 | 34.8 | 11.5 |
| 지역 | 수도권 | 2.0 | 13.4 | 45 | 29.8 | 9.8 |
| | 비수도권 | 1.1 | 7.3 | 42 | 37 | 12.6 |

* 양호함 = 매우원활+원활, 어려움 = 매우곤란+곤란

〈표 2〉 자금사정 곤란원인(복수응답)

(N=528, 단위 : %)

| 구분 | | 매출 감소 | 판매 대금 회수 지연 | 납품 단가 인하 | 금융권 대출 곤란 | 원자재 가격 상승 | 환율 변동 |
|---|---|---|---|---|---|---|---|
| 업종 | 제조업 | 67.9 | 36.9 | 22.2 | 17.7 | 25.5 | 1.0 |
| | 도매 및 소매업 | 66.7 | 53.3 | 10.0 | 13.3 | 23.3 | - |
| | 서비스업 (도소매업 제외) | 78.3 | 27.7 | 12.0 | 13.3 | 9.6 | 2.4 |
| | 건설업 | 57.9 | 53.7 | 5.3 | - | 31.6 | - |
| 매출액 | 10억 이하 | 66.1 | 36.8 | 18.7 | 21.1 | 22.2 | 0.6 |
| | 10~30억 이하 | 71.6 | 42.6 | 23.2 | 8.4 | 22.6 | - |
| | 30~50억 이하 | 68.8 | 43.8 | 20.3 | 23.4 | 26.6 | 1.6 |
| | 50~100억 이하 | 66.2 | 35.2 | 19.7 | 16.9 | 21.1 | - |
| | 100~200억 이하 | 73.5 | 29.4 | 17.6 | 5.9 | 26.5 | 8.8 |
| | 200억 초과 | 75.8 | 21.2 | 3.0 | 21.2 | 24.2 | 3.0 |
| 판매유형별 | 수출기업 | 71.6 | 32.8 | 17.9 | 25.4 | 14.9 | 4.5 |
| | 내수기업 | 68.8 | 38.4 | 19.5 | 14.8 | 24.3 | 0.7 |
| 지역 | 수도권 | 71.0 | 38.3 | 19.1 | 15.4 | 17.9 | 1.9 |
| | 비수도권 | 68.3 | 37.4 | 19.4 | 16.4 | 25.4 | 0.8 |

보 기

ㄱ. 자금사정 곤란원인으로는 매출감소가 가장 많았다.
ㄴ. 판매대금 회수 지연은 서비스업과 건설업에서 많이 나타나고 있다.
ㄷ. 매출액이 적을수록 자금사정이 어려운 것으로 나타난다.
ㄹ. 자금사정이 어려움을 판단하는데 있어 지역별 차이보다는 판매유형별 차이가 더 유의미한 수치로 관측된다.
ㅁ. 자금사정 관련 자료의 정책적 시사점은 환율변동 대응보다는 중소기업의 금융권 대출활성화를 위한 정책이 우선순위가 더 높아야 한다는 것이다.

① ㄱ, ㄷ ② ㄱ, ㅁ ③ ㄱ, ㄷ, ㅁ
④ ㄱ, ㄷ, ㄹ ⑤ ㄱ, ㄹ, ㅁ

**11** 다음 〈보고서〉는 청소년의 환경실태조사에 관한 것이다. 〈보고서〉의 내용과 부합하지 않는 자료는?

보 고 서

2012년 중·고등학생 청소년이 유해약물을 처음 이용하게 된 계기는 흡연과 환각성 물질의 경우 「호기심으로」가 가장 많으며, 음주의 경우 「호기심으로」와 「가족·친척의 권유」가 1.1%p 차로 비슷하게 나타났다.

2012년에 청소년의 11.2%가 지난 1년 동안 한 번이라도 자살하고 싶다는 생각을 해 본적이 있는 것으로 나타났다. 자살하고 싶었던 주된 이유는 「기타」를 제외하고 「성적 및 진학문제」, 「경제적 어려움」, 「외로움, 고독」, 「가정불화」, 「직장문제」순이었다. 특히 「성적 및 진학문제」로 자살을 생각한 청소년은 전체 청소년 중 3% 이상이었다.

2011년에 청소년의 사망원인은 「자살」이 가장 많고, 다음은 「운수사고」, 「암」, 「심장질환」, 「익사사고」순이었다. 인구 10만명당 청소년 자살자 수(사망률)는 2001년 7.7명에서 2011년 13.0명으로 증가한 반면, 운수사고와 익사사고, 심장질환으로 인한 인구 10만명당 청소년 사망자 수(사망률)는 2001년에 비해 절반 이하로 감소하였다.

2012년 학교급별 SNS(Social Network Service) 이용률을 보면, 고등학생은 10명 중 9명 이상이 「블로그[1]」와 「미니홈피」를 이용하는 것으로 나타났다. 대학생 5명 중 1명 이상이 「프로필 기반 서비스[2]」와 「마이크로블로그[3]」를 이용하였으며, 초등학생은 「블로그」나 「미니홈피」보다 「커뮤니티」이용률이 더 높았다.

2012년 청소년의 스마트폰 이용률은 80.7%로 전년에 비해 100% 이상 급증하였다. 2012년에 스마트폰을 사용하는 청소년의 이용 용도는 1위가 문자메시지(SMS, MMS), 2위가 무선인터넷 및 애플리케이션, 3위가 음성·영상통화였으며, 이는 2011년의 경우에도 마찬가지였다.

※ 1) 사람들이 관심사에 따라 자유롭게 글을 올릴 수 있는 웹사이트
2) 나이, 학력 등 개인정보 및 사진, 친구목록 등이 프로필 페이지에 제공되어 이를 기반으로 인맥형성, 교류하는 서비스 ex) 페이스북
3) 한 두 문장 정도의 짧은 메시지를 이용하여 여러 사람과 소통할 수 있는 블로그의 한 종류 ex) 트위터

① 청소년의 유해약물 이용 계기(2012년)

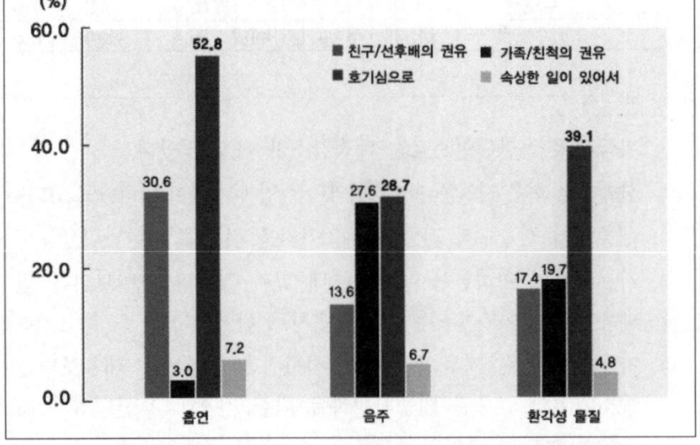


* 위 4가지 이용 계기를 제외한 나머지는 '기타'로 처리하여 그림에 포함시키지 않음.

② 청소년의 자살에 대한 충동 여부 및 이유(2012년)

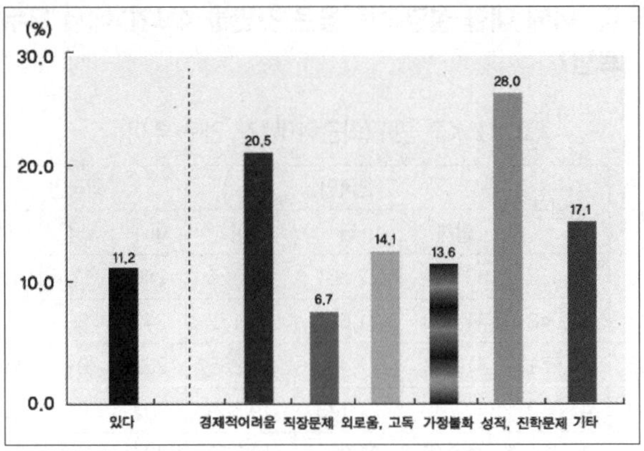


③ 청소년의 사망 원인

(단위 : 인구10만명당 명)

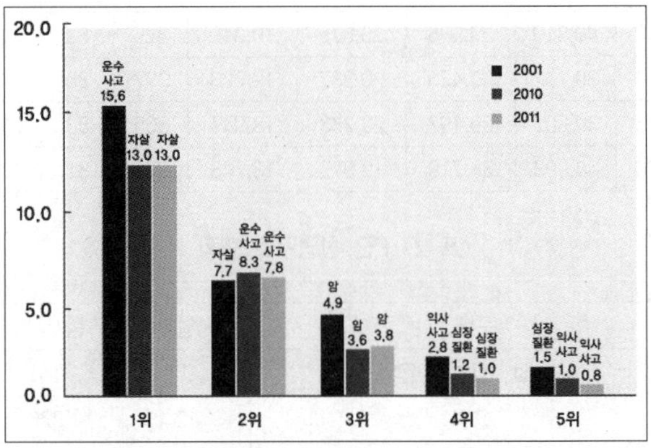


④ 학교급별 SNS (Social Network Service) 이용률 (2012년)

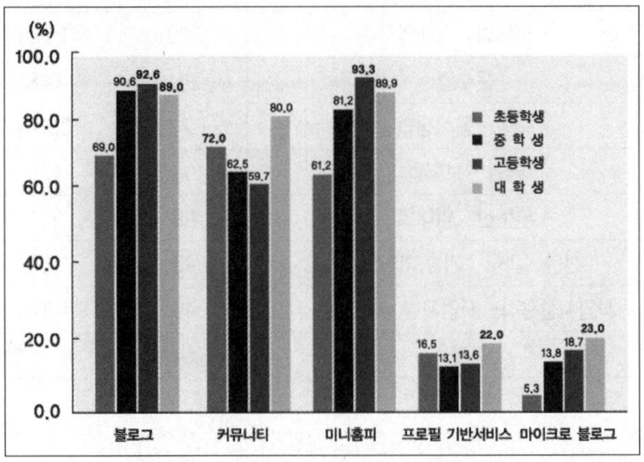


⑤ 청소년의 스마트폰 이용률 및 이용용도

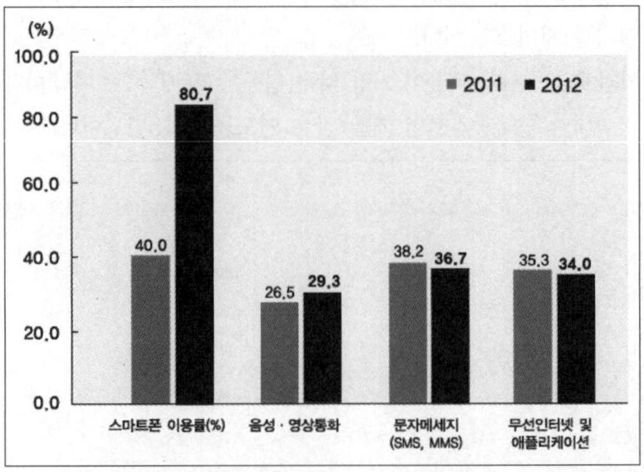

**12** 다음 〈표〉는 2011 ~ 2015년까지의 남성과 여성 신규졸업자의 초임급의 평균액을 나타낸 자료이다. 이에 대한 설명으로 옳은 것은?

〈표 1〉 남성 신규졸업자의 초임급 평균액

(단위 : 만 원)

| | 남성 | | |
|---|---|---|---|
| | 중졸 | 고졸 | 대졸 |
| 2011 | 135 | 154 | 192 |
| 2012 | 142 | 154 | 194 |
| 2013 | 147 | 155 | 193 |
| 2014 | 142 | 156 | 194 |
| 2015 | 143 | 157 | 196 |

〈표 2〉 여성 신규졸업자의 초임급 평균액

(단위 : 만 원)

| | 여성 | | |
|---|---|---|---|
| | 중졸 | 고졸 | 대졸 |
| 2011 | 123 | 146 | 185 |
| 2012 | 123 | 145 | 184 |
| 2013 | 131 | 146 | 184 |
| 2014 | 132 | 147 | 186 |
| 2015 | 129 | 148 | 186 |

① 대졸 여성 대비 고졸 여성의 초임급 평균액의 비는 매년 증가하고 있다.

② 남성 대비 여성의 초임급 평균액의 비는 중졸에서는 매년 증가하고 있다.

③ 고졸과 중졸의 초임급 평균액의 차액은 2011년부터 2013년까지 남성 보다 여성 쪽이 크다.

④ 남성의 대졸 대비 고졸의 초임급 평균액의 비는 매년 증가하고 있다.

⑤ 남녀의 고졸 초임급 평균액의 차액은 매년 감소하고 있다.

**13** 다음 〈그림〉은 '갑' 소독제 소독실험에서 소독제 누적주입량에 따른 병원성미생물 개체수의 변화를 나타낸 것이다. 〈그림〉과 〈실험정보〉에 근거한 〈보기〉의 설명 중 옳은 것을 모두 고르면?

〈그림〉 소독제 누적주입량에 따른 병원성미생물 개체수 변화

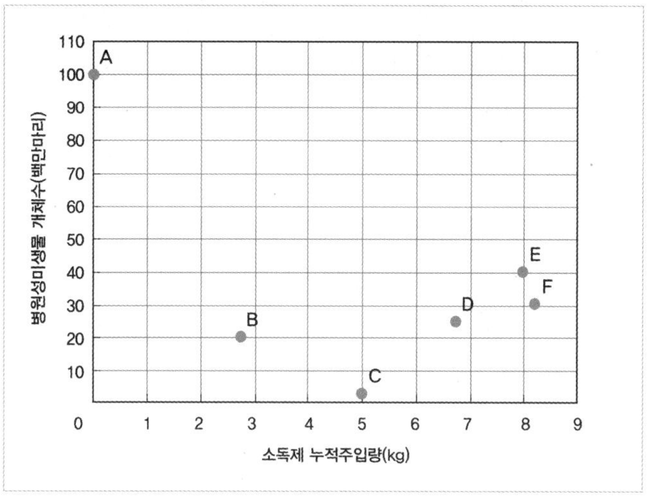


실 험 정 보

○ 이 실험은 1회 시행한 단일 실험임.

○ 실험 시작시점(A)에서 측정한 값과, 이후 5시간 동안 소독제를 주입하면서 매 1시간이 경과하는 시점을 순서대로 B, C, D, E, F라고 하고 각 시점에서 측정한 값을 표시하였음.

○ 소독효율(마리/kg) = $\frac{\text{시작시점(A) 병원성미생물 개체수} - \text{측정시점 병원성미생물 개체수}}{\text{측정시점의 소독제 누적주입량}}$

○ 구간 소독속도(마리/시간) = $\frac{\text{구간의 시작시점 병원성미생물 개체수} - \text{구간의 종료시점 병원성미생물 개체수}}{\text{두 측정시점 사이의 시간}}$

보 기

ㄱ. 실험시작 후 1시간이 경과한 시점의 소독효율이 가장 높다.

ㄴ. 실험시작 후 3시간이 경과한 시점의 소독효율이 실험시작 후 4시간이 경과한 시점의 소독효율보다 높다.

ㄷ. 구간 소독속도의 절대값은 B~D 구간이 C~F 구간보다 낮다.

① ㄱ

② ㄴ

③ ㄱ, ㄴ

④ ㄱ, ㄷ

⑤ ㄱ, ㄴ, ㄷ

**14** 다음 〈표〉는 2008년과 2015년 우리나라의 지역별 의료기관 수에 관한 자료이다. 이에 대한 설명으로 옳은 것만을 〈보기〉에서 모두 고르면?

〈표 1〉 2008년 지역별 의료기관 수

(단위 : 개)

| | 종합병원 | 치과병원 | 결핵병원 | 한센병원 | 정신병원 | 한의원 | 계 |
|---|---|---|---|---|---|---|---|
| 서울/경기 | 100 | 32 | 0 | 0 | 15 | 3,233 | 3,380 |
| 강원 | 16 | 1 | 0 | 0 | 2 | 211 | 230 |
| 충북 | 9 | 1 | 0 | 0 | 4 | 216 | 230 |
| 충남 | 10 | 2 | 0 | 0 | 4 | 264 | 280 |
| 경북 | 16 | 4 | 0 | 0 | 6 | 396 | 422 |
| 경남 | 15 | 0 | 1 | 0 | 5 | 460 | 481 |
| 전북 | 8 | 1 | 0 | 0 | 2 | 298 | 309 |
| 전남 | 17 | 0 | 1 | 1 | 3 | 181 | 203 |
| 합 | 191 | 41 | 2 | 1 | 41 | 5,259 | 5,535 |

〈표 2〉 2015년 지역별 의료기관 수

(단위 : 개)

| | 종합병원 | 치과병원 | 결핵병원 | 한센병원 | 정신병원 | 한의원 | 계 |
|---|---|---|---|---|---|---|---|
| 서울/경기 | 107 | 88 | 1 | 0 | 28 | 5,167 | 5,391 |
| 강원 | 16 | 1 | 0 | 0 | 5 | 281 | 303 |
| 충북 | 11 | 1 | 0 | 0 | 4 | 289 | 305 |
| 충남 | 11 | 6 | 0 | 0 | 9 | 374 | 400 |
| 경북 | 15 | 5 | 0 | 0 | 3 | 503 | 526 |
| 경남 | 23 | 5 | 1 | 0 | 10 | 601 | 640 |
| 전북 | 12 | 2 | 0 | 0 | 4 | 388 | 406 |
| 전남 | 19 | 3 | 1 | 1 | 12 | 266 | 302 |
| 합 | 214 | 111 | 3 | 1 | 75 | 7,869 | 8,273 |

* 의료기관은 표에 열거된 기관들만 존재함

**보 기**

ㄱ. 2008년과 2015년 모두 서울/경기 지역의 의료기관이 가장 많다.
ㄴ. 지역별로 비교할 때, 2015년의 경우 해당 지역 의료기관 중 정신병원의 비율은 전남이 가장 크다.
ㄷ. 2008년 대비 2015년 의료기관 수의 증가율은 치과병원이 가장 크다.
ㄹ. 2008년 대비 2015년에 치과병원의 수가 증가한 지역은 한의원의 수가 증가한 지역에 비해 많다.

① ㄱ, ㄷ
② ㄴ, ㄹ
③ ㄱ, ㄴ, ㄷ
④ ㄱ, ㄴ, ㄹ
⑤ ㄴ, ㄷ, ㄹ

**15** 다음 〈표〉는 둘씩 짝지은 A~F 대학 현황 자료이다. 〈조건〉을 근거로 〈보기〉의 설명 중 옳은 것만을 모두 고르면?

〈표〉 둘씩 짝지은 대학 현황

(단위 : %, 명, 달러)

| 짝지은 대학 | A - B | | C - D | | E - F | |
|---|---|---|---|---|---|---|
| | A | B | C | D | E | F |
| 입학허가율 | 7 | 12 | 7 | 7 | 9 | 7 |
| 졸업률 | 96 | 96 | 96 | 97 | 95 | 94 |
| 학생 수 | 7,000 | 24,600 | 12,300 | 28,800 | 9,270 | 27,600 |
| 교수 1인당 학생 수 | 7 | 6 | 6 | 8 | 9 | 6 |
| 연간 학비 | 43,500 | 49,500 | 47,600 | 45,300 | 49,300 | 53,000 |

**조 건**

○ 짝지어진 두 대학끼리만 비교한다.
○ 졸업률은 야누스가 플로라보다 높다.
○ 로키와 토르의 학생 수 차이는 18,000명 이상이다.
○ 교수 수는 이시스가 오시리스보다 많다.
○ 입학허가율은 토르가 로키보다 높다.

**보 기**

ㄱ. 졸업률이 6개 대학 중 가장 낮은 곳은 로키이다.
ㄴ. 야누스의 교수 수가 플로라의 교수 수보다 2배 이상 많다.
ㄷ. 오시리스와 이시스의 연간 학비 합은 플로라와 야누스의 연간 학비 합보다 크다.

① ㄱ
② ㄱ, ㄴ
③ ㄱ, ㄷ
④ ㄴ, ㄷ
⑤ ㄱ, ㄴ, ㄷ

**16** 다음 〈표〉와 〈그림〉은 2013년 '갑'국의 자동차 매출에 관한 자료이다. 이에 대한 〈보기〉의 설명 중 옳은 것만을 모두 고르면?

〈표〉 2013년 10월 월매출액 상위 10개 자동차의 매출 현황

(단위 : 억원, %)

| 순위 | 자동차 | 월매출액 | | |
|---|---|---|---|---|
| | | | 시장점유율 | 전월대비 증가율 |
| 1 | A | 1,139 | 34.3 | 60 |
| 2 | B | 1,097 | 33.0 | 40 |
| 3 | C | 285 | 8.6 | 50 |
| 4 | D | 196 | 5.9 | 50 |
| 5 | E | 154 | 4.6 | 40 |
| 6 | F | 149 | 4.5 | 20 |
| 7 | G | 138 | 4.2 | 50 |
| 8 | H | 40 | 1.2 | 30 |
| 9 | I | 30 | 0.9 | 150 |
| 10 | J | 27 | 0.8 | 40 |

* 시장점유율(%) = $\frac{\text{해당 자동차 월매출액}}{\text{전체 자동차 월매출 총액}} \times 100$

〈그림〉 2013년 I자동차 누적매출액

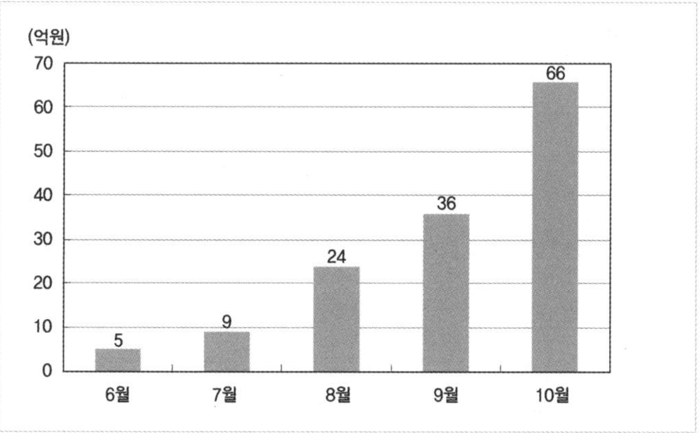


* 월매출액은 해당 월 말에 집계됨.

보 기

ㄱ. 2013년 9월 '갑'국의 자동차 시장점유율은 A자동차가 2위, B자동차가 1위였다.

ㄴ. 2013년 10월 '갑'국의 전체 자동차 월매출 총액은 4,000억원 이하이다.

ㄷ. I자동차의 경우, 2013년 6월 대비 동년 9월의 매출액 증가율은 800%를 상회한다.

ㄹ. C자동차의 월매출액이 2013년 10월의 전월대비 증가율을 계속해서 동일하게 유지한다면, 월매출액이 최초로 1,000억원을 넘어서는 시점은 2014년 2월이다.

① ㄱ, ㄴ
② ㄱ, ㄹ
③ ㄴ, ㄷ
④ ㄴ, ㄹ
⑤ ㄷ, ㄹ

**17** 다음 〈표〉는 OECD 주요 국가들의 잠재 성장률을 나타낸 자료이다. 제시된 자료에 관한 〈보기〉의 설명 (a)~(e)에 해당하는 수를 모두 합한 결과를 고르면?(단, 결과를 알 수 없는 것은 0으로 처리한다.)

〈표〉 OECD 국가들의 잠재 성장률

| 구 분 | 2002~2011 | 2012 | 2013 | 2014 |
|---|---|---|---|---|
| 호주 | 3.2 | 3.2 | 3.0 | 2.8 |
| 브라질 | 3.4 | 3.1 | 2.9 | 2.5 |
| 캐나다 | 2.3 | 2.0 | 1.9 | 1.8 |
| 중국 | 10.2 | 8.6 | 8.0 | 7.4 |
| 프랑스 | 1.4 | 1.0 | 1.0 | 1.1 |
| 독일 | 1.1 | 1.1 | 1.0 | 1.0 |
| 그리스 | 0.8 | −1.6 | −1.1 | −1.0 |
| 인도 | 7.5 | 7.7 | 7.6 | 7.5 |
| 이탈리아 | 0.6 | −0.2 | −0.3 | −0.2 |
| 일본 | 0.5 | 0.3 | 0.3 | 0.3 |
| 한국 | 4.0 | 3.7 | 3.5 | 3.3 |
| 멕시코 | 2.3 | 2.7 | 2.8 | 2.9 |
| 러시아 | 4.5 | 1.9 | 1.5 | 1.0 |
| 스페인 | 2.4 | 0.7 | 0.6 | 0.4 |
| 스웨덴 | 2.2 | 1.6 | 1.6 | 1.9 |
| 뉴질랜드 | 2.1 | 1.9 | 1.8 | 1.8 |
| 영국 | 1.7 | 1.3 | 1.3 | 1.7 |
| 미국 | 2.1 | 1.7 | 1.6 | 1.6 |
| OECD 평균 | 1.9 | 1.6 | 1.5 | 1.5 |

보 기

(a) 2002년 이후 잠재 성장률이 매년 지속적으로 상승하는 국가의 수

(b) 2012~2014년의 평균 잠재 성장률이 2002~2011년의 잠재 성장률보다 높은 국가의 수

(c) 2002~2011년을 하나의 조사기간으로 볼 때 조사기간마다 순위에 상관없이 잠재 성장률이 가장 높은 5개 국가를 선정했을 때, 항상 포함되는 국가의 수

(d) 2012년 대비 2014년의 잠재 성장률 변동폭이 우리나라보다 큰 국가의 수

(e) 2013년에서 OECD 평균보다 잠재 성장률이 높은 국가의 수

① 15
② 16
③ 17
④ 18
⑤ 19

**18** **다음 <표>는 2014~2016년 유형별 및 소유자별 지정문화재에 대한 자료이다. 이에 대한 설명으로 옳은 것만을 <보기>에서 모두 고르면?**

〈표〉 유형별·소유자별 지정문화재 수

(단위 : 건)

| 소유자별 | 유형별 | 2014 | 2015 | 2016 |
|---|---|---|---|---|
| 합계 | 총계 | 3,575 | 3,678 | 3,756 |
| | 국보 | 313 | 313 | 314 |
| | 보물 | 1,588 | 1,667 | 1,710 |
| | 사적 | 490 | 491 | 479 |
| | 명승 | 67 | 72 | 82 |
| | 천연기념물 | 404 | 407 | 422 |
| | 중요민속자료 | 261 | 262 | 264 |
| | 등록문화재 | 452 | 466 | 485 |
| 국유 | 총계 | 1,094 | 1,093 | 1,107 |
| | 국보 | 152 | 149 | 149 |
| | 보물 | 569 | 561 | 569 |
| | 사적 | 139 | 139 | 135 |
| | 명승 | 10 | 12 | 14 |
| | 천연기념물 | 110 | 111 | 116 |
| | 중요민속자료 | 24 | 24 | 24 |
| | 등록문화재 | 90 | 97 | 100 |
| 공유 | 총계 | 423 | 394 | 391 |
| | 국보 | 0 | 3 | 3 |
| | 보물 | 6 | 40 | 43 |
| | 사적 | 197 | 198 | 191 |
| | 명승 | 1 | 1 | 0 |
| | 천연기념물 | 46 | 46 | 48 |
| | 중요민속자료 | 17 | 17 | 17 |
| | 등록문화재 | 156 | 89 | 89 |
| 사유 | 총계 | 1,756 | 1,922 | 1,967 |
| | 국보 | 160 | 161 | 162 |
| | 보물 | 977 | 1,066 | 1,098 |
| | 사적 | 136 | 136 | 131 |
| | 명승 | 4 | 4 | 1 |
| | 천연기념물 | 70 | 71 | 73 |
| | 중요민속자료 | 213 | 214 | 216 |
| | 등록문화재 | 196 | 270 | 286 |
| 기타 | 총계 | 302 | 269 | 291 |
| | 국보 | 1 | - | - |
| | 보물 | 36 | - | - |
| | 사적 | 18 | 18 | 22 |
| | 명승 | 52 | 55 | 67 |
| | 천연기념물 | 178 | 179 | 185 |
| | 중요민속자료 | 7 | 7 | 7 |
| | 등록문화재 | 10 | 10 | 10 |

* 지정문화재는 국보, 보물, 사적, 명승, 천연기념물, 중요민속자료, 등록문화재로 구성된다.

보 기

ㄱ. 2016년 사유 지정 문화재 현황에서 2014년 대비 문화재수의 증감폭이 세 번째로 큰 유형은 사적이다.

ㄴ. 2014～2016년 동안 사유 지정 문화재 현황에서 문화재 수가 매년 변동이 없는 세부 유형은 1개뿐이다.

ㄷ. 국유 지정 문화재 현황에서 2014년 대비 2016년의 지정문화재 수의 변화율이 세 번째로 큰 것은 천연기념물이다.

ㄹ. 전체 지정 문화재 총계에서 2014～2016년 동안 사적이 차지하는 비중이 가장 큰 시기는 2015년이다.

① ㄱ, ㄴ ② ㄱ, ㄷ ③ ㄴ, ㄷ
④ ㄱ, ㄷ, ㄹ ⑤ ㄴ, ㄷ, ㄹ

**※ 다음 <표>는 환경보호비용에 관한 자료이다. <표>를 보고 물음에 답하시오. [문 19 ~ 문 20]**

〈표 1〉 한국의 환경보호비용

| | | 2013년 | 2014년 | 2015년 | 2016년 |
|---|---|---|---|---|---|
| 환경보호비용 (단위 : 10억원) | | 24,353.7 | 25,098.6 | 25,833.7 | 26,354.7 |
| GDP 대비 환경보호비용(%) | | 1.83 | 1.82 | 1.81 | 1.77 |
| 지출 형태별 구성비(%) | 투자지출 | 43 | 41 | 41 | 40 |
| | 경상지출 | ( A ) | 59 | 59 | 60 |
| 환경영역별 구성비(%) | 대기보호 | 20 | 21 | 19 | 20 |
| | 폐수관리 | 35 | 36 | 37 | 38 |
| | 폐기물관리 | 24 | 22 | ( B ) | 22 |
| | 토양수질 | 4 | 4 | 4 | 4 |
| | 소음진동 | 1 | 1 | 1 | 1 |
| | 생태계 | 10 | 11 | 11 | 10 |
| | 방사선 보호 | 1 | 1 | 1 | 1 |
| | 연구개발 | 2 | 2 | 2 | 2 |
| | 기타 | 3 | 2 | 2 | 2 |
| 경제주체별 구성비(%) | 공공 | 46 | 46 | 48 | 45 |
| | 기업 | 32 | 32 | 30 | ( C ) |
| | 가계 | 2 | 2 | 2 | 3 |
| | 환경전문업체 | 20 | 20 | 20 | 21 |

※ 구성비는 환경보호비용을 기준으로 함.

〈표 2〉 OECD 주요국의 GDP 대비 환경보호비용

(단위 : %)

| | 2009년 | 2010년 | 2011년 | 2012년 | 2013년 | 2014년 | 2015년 |
|---|---|---|---|---|---|---|---|
| 터키 | 0.67 | 0.65 | 1.03 | 0.95 | 0.77 | 0.76 | 0.68 |
| 스웨덴 | 0.68 | 0.68 | 1.02 | 1.05 | 1.05 | 1.1 | 1.01 |
| 영국 | 1.58 | 1.43 | 1.59 | 1.46 | 1.32 | 1.32 | 1.35 |
| 포르투갈 | 1.94 | 2.01 | 2.15 | 1.56 | 1.55 | 1.63 | 0.82 |
| 핀란드 | 1.49 | 1.5 | 1.6 | 1.51 | 1.59 | 1.65 | 1.61 |
| 한국 | 2.01 | 1.99 | 2.07 | 1.89 | 1.83 | 1.82 | 1.81 |
| 스페인 | 1.97 | 1.95 | 1.94 | 1.98 | 1.87 | 1.82 | 1.88 |
| 독일 | 2.06 | 2.09 | 2.15 | 2.08 | 2.01 | 2.08 | 2.09 |
| 프랑스 | 2.25 | 1.98 | 2.06 | 2.22 | 2.04 | 2.08 | 2.08 |
| 네덜란드 | 2.74 | 2.77 | 2.58 | 2.56 | 2.53 | 2.53 | 2.54 |
| 체코 | 2.6 | 2.61 | 2.65 | 2.77 | 2.99 | 2.94 | 3.06 |
| 폴란드 | 2.83 | 3.14 | 3.24 | 3.07 | 3.03 | 3.31 | 2.97 |
| 오스트리아 | 3.56 | 3.54 | 3.75 | 3.66 | 3.52 | 3.51 | 3.49 |
| 이탈리아 | 3.76 | 3.64 | 3.54 | 3.69 | 3.8 | 3.8 | 3.78 |

**19** 위 <표>에 대한 <보기>의 설명 중 옳지 않은 것만을 모두 고르면?

보 기

ㄱ. 2015년 한국의 GDP는 1,500조원 미만이다.
ㄴ. 2016년 한국의 GDP는 전년대비 감소하였다.
ㄷ. <표 2>에서 2010년 이후 GDP 대비 환경보호비용의 전년대비 증감방향이 한국과 일치하는 국가는 2개이다.
ㄹ. (A + B + C)의 값은 110이다.
ㅁ. <표 2>에서 2009년 이후 GDP 대비 환경보호비용이 가장 낮은 국가는 매년 터키였다.

① ㄱ, ㄴ, ㄷ
② ㄱ, ㄷ, ㄹ
③ ㄴ, ㄷ, ㅁ
④ ㄴ, ㄹ, ㅁ
⑤ ㄴ, ㄷ, ㄹ, ㅁ

**20** 위 <표 2>와 주어진 <정보>에 의할 때, 환경보호비용 지수가 가장 높은 국가(가)와 가장 낮은 국가(나)를 바르게 나열한 것은?

정 보

○ 환경보호비용 지수 = X + Y − Z (X, Y, Z는 아래에서 정의함)
○ 'X'는 2009년 GDP 대비 환경보호비용이 높은 순위 1 ~ 10위까지만 차례대로 10점에서 1점까지를 부여하는 항목임.
○ 'Y'는 2012년 GDP 대비 환경보호비용의 전년대비 변화폭이 큰 순위 1 ~ 5위까지만 차례대로 5점에서 1점까지를 부여하는 항목임.
○ 'Z'는 2015년 GDP 대비 환경보호비용의 전년대비 감소폭이 큰 순위 1 ~ 5위까지만 차례대로 5점에서 1점까지를 부여하는 항목임.

| | (가) | (나) |
|---|---|---|
| ① | 이탈리아 | 스웨덴 |
| ② | 오스트리아 | 핀란드 |
| ③ | 이탈리아 | 터키 |
| ④ | 오스트리아 | 스웨덴 |
| ⑤ | 폴란드 | 터키 |

**21** 다음 <표>는 8개 기관의 장애인 고용 현황이다. <표>와 <조건>에 근거하여, <보기>의 설명 중 옳은 것만을 모두 고르면?

<표> 기관별 장애인 고용 현황

(단위 : 명, %)

| 기관 | 전체 고용인원 | 장애인 고용의무인원 | 장애인 고용인원 | 장애인 고용률 |
|---|---|---|---|---|
| 남동청 | 4,013 | 121 | 58 | 1.45 |
| A | 2,818 | 85 | 30 | 1.06 |
| B | 22,323 | 670 | 301 | 1.35 |
| 북동청 | 92,385 | 2,772 | 1,422 | 1.54 |
| C | 22,509 | 676 | 361 | 1.60 |
| D | 19,927 | 598 | 332 | 1.67 |
| 남서청 | 53,401 | 1,603 | 947 | 1.77 |
| 북서청 | 19,989 | 600 | 357 | 1.79 |

조 건

○ 동부청의 장애인 고용의무인원은 서부청보다 많고, 남부청보다 적다.
○ 장애인 고용률은 서부청이 가장 낮다.
○ 장애인 고용의무인원은 북부청이 남부청보다 적다.
○ 동부청은 남동청보다 장애인 고용인원은 많으나, 장애인 고용률은 낮다.

※ 장애인 고용률(%) = $\frac{\text{장애인 고용인원}}{\text{전체 고용인원}} \times 100$

보 기

ㄱ. 북동청의 장애인 고용인원은 다른 7개 기관의 장애인 고용인원 합의 60% 미만이다.
ㄴ. 장애인 고용의무인원과 장애인 고용인원 간의 차이가 가장 작은 기관은 서부청이다.
ㄷ. 서부청과 남부청 간의 장애인 고용률 격차는 동부청과 북부청 간의 장애인 고용률 격차보다 작다.

① ㄱ
② ㄱ, ㄴ
③ ㄱ, ㄷ
④ ㄴ, ㄷ
⑤ ㄱ, ㄴ, ㄷ

**22** 다음 <표>와 <그림>은 주요 국가들의 농업생산지수(API)를 나타낸 자료이다. 이에 대한 설명으로 옳은 것만을 <보기>에서 모두 고르면?

<표> 2010~2012 주요 국가들의 API와 전년대비 증감률

(증감률 단위 : %)

| | 2010 | | 2011 | | 2012 | |
|---|---|---|---|---|---|---|
| | 지수 | 증감률 | 지수 | 증감률 | 지수 | 증감률 |
| 한국 | 101.5 | -4.52 | 92.1 | -9.26 | 100.7 | 9.34 |
| 일본 | 96.9 | -2.61 | 95.8 | -1.14 | 98.2 | 2.51 |
| 캐나다 | 102.1 | -1.83 | 101.8 | -0.29 | 105.0 | 3.14 |
| 미국 | 105.6 | 0.48 | 104.1 | -1.42 | 103.3 | -0.77 |
| 프랑스 | 97.4 | -1.42 | 99.4 | 2.05 | 98.3 | -1.11 |
| 독일 | 102.5 | -3.03 | 104.0 | 1.46 | 104.7 | 0.67 |
| 이탈리아 | 96.7 | -2.81 | 95.5 | -1.24 | 88.4 | -7.43 |
| 영국 | 101.7 | 1.70 | 104.0 | 2.26 | 98.1 | -5.67 |
| 중국 | 119.6 | 3.10 | 123.9 | 3.60 | 128.3 | 3.55 |

<그림> 2013년 주요 국가들의 API

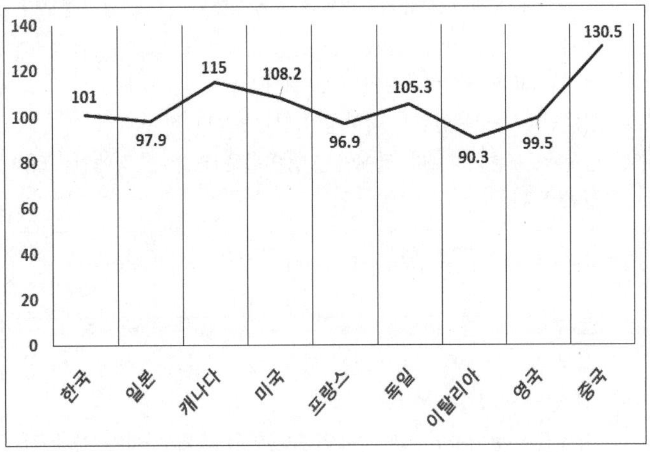


보 기

ㄱ. 2013년 API의 전년 대비 증감방향이 우리나라와 동일한 국가의 수는 6개이다.
ㄴ. 2010~2012년 사이 각 연도마다 API의 전년 대비 변동률이 가장 큰 국가는 동일하게 나타난다.
ㄷ. 2010~2013년 우리나라와 영국의 API 산술 평균을 구하면 우리나라가 영국보다 높게 나타난다.
ㄹ. 2010~2013년 사이 API의 전년 대비 증감 방향이 매년 동일하게 나타나는 국가는 두 곳이다.
ㅁ. 2009년과 2010년에 API가 100보다 작은 국가의 수는 동일하다.

① ㄱ, ㄴ, ㄷ
② ㄱ, ㄴ, ㄹ
③ ㄱ, ㄴ, ㅁ
④ ㄱ, ㄷ, ㅁ
⑤ ㄴ, ㄹ, ㅁ

**23** 다음 <그림>은 2010년과 2040년의 시도별 85세 이상 인구 구성비에 대한 자료이다. 이에 대한 설명으로 옳지 않은 것만을 <보기>에서 모두 고르면?

<그림> 시도별 85세 이상 인구 구성비

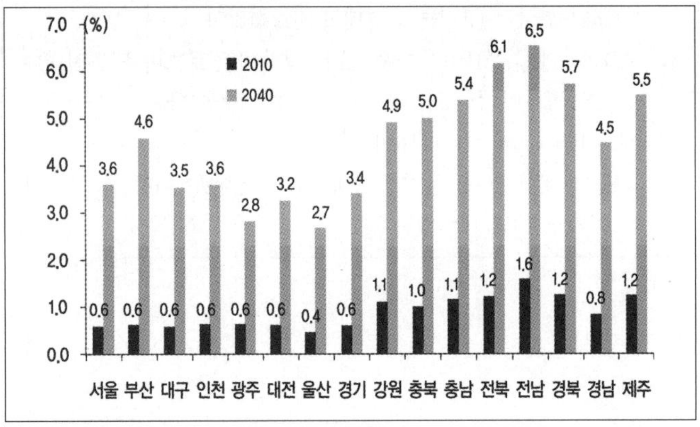


보 기

ㄱ. 그림에서 주어진 지역 중 2040년에 85세 이상 인구 구성비가 세 번째로 높은 곳은 경북이고, 세 번째로 낮은 곳은 대전이다.
ㄴ. 2010년 대비 2040년의 85세 이상 인구 구성비의 증가율은 전북보다 전남이 크다.
ㄷ. 2010년 대비 2040년의 85세 이상 인구 구성비의 변화폭은 전북과 전남이 가장 크고, 광주가 가장 작다.
ㄹ. 2040년에 85세 이상 인구는 충남보다 제주가 더 많다.

① ㄱ, ㄴ
② ㄱ, ㄷ
③ ㄴ, ㄷ
④ ㄴ, ㄹ
⑤ ㄴ, ㄷ, ㄹ

**24** 다음 〈표〉는 외국인의 국내토지 소유현황에 대한 자료이다. 이에 대한 설명으로 옳은 것은?

〈표 1〉 2016년 1·2분기말 시도별 외국인 국내토지 소유현황

| 시도명 | 면적(천$m^2$) | |
|---|---|---|
| | 1분기 | 2분기 |
| 서울 | 2,548 | 2,729 |
| 부산 | 5,289 | 5,738 |
| 대구 | 2,105 | 1,792 |
| 인천 | 4,882 | 4,842 |
| 광주 | 3,425 | 3,425 |
| 대전 | 821 | 837 |
| 울산 | 5,610 | 5,681 |
| 세종 | 752 | 867 |
| 경기 | 37,513 | 37,615 |
| 강원 | 18,993 | 18,993 |
| 충북 | 12,512 | 12,439 |
| 충남 | 23,402 | 22,313 |
| 전북 | 7,232 | 7,462 |
| 전남 | 37,825 | 37,992 |
| 경북 | 36,152 | 35,081 |
| 경남 | 16,852 | 17,058 |
| 제주 | 10,028 | 9,851 |
| 계 | 225,941 | 224,715 |

〈표 2〉 2016년 2분기말 용도별 외국인 국내토지 소유현황

| 구분 | 임야·농지 | 공장용지 | 주거용지 | 상업용지 | 레저용지 | 합 |
|---|---|---|---|---|---|---|
| 면적(천$m^2$) | 133,088 | 67,141 | 14,973 | 5,871 | 3,642 | 224,715 |

〈표 3〉 외국인 국내토지 소유현황

| 구분 | 2015년 4분기말 | 2016년 1분기말 | 2016년 2분기말 |
|---|---|---|---|
| 면적(천$m^2$) | 221,899 | 225,941 | 224,715 |
| 금액(억원) | 310,989 | 343,109 | 335,018 |
| 필지수(필) | 79,992 | 81,449 | 81,007 |

① 2016년 1분기말 대비 2분기말 외국인 국내토지 소유면적이 증가한 지역은 모두 10개이다.

② 2016년 1분기말 대비 2분기말 외국인 국내토지 소유면적 변화분이 가장 큰 지역이 변화율도 가장 크다.

③ 2016년 2분기말에 남부(부산, 대구, 울산, 전·남북, 경·남북, 제주) 지방과 강원도의 전체 외국인 국내토지 소유면적 중 최소한 임야·농지를 제외한 다른 용도의 외국인 소유의 토지가 있다.

④ 2016년 2분기말 임야·농지를 제외한 용도의 외국인 국내토지 소유면적은 전체 외국인 국내토지 소유면적 중 35% 미만이다.

⑤ 2016년 1분기말~2016년 2분기말 동안 외국인 국내토지 소유면적당 금액은 전분기말 대비 지속적으로 증가하고 있다.

**25** 다음 〈그림〉과 〈표〉는 기술거래시장 동향에 관한 자료이다. 이에 대한 〈보기〉의 설명 중 옳은 것만을 모두 고르면?

〈그림〉 기술료 수입 현황

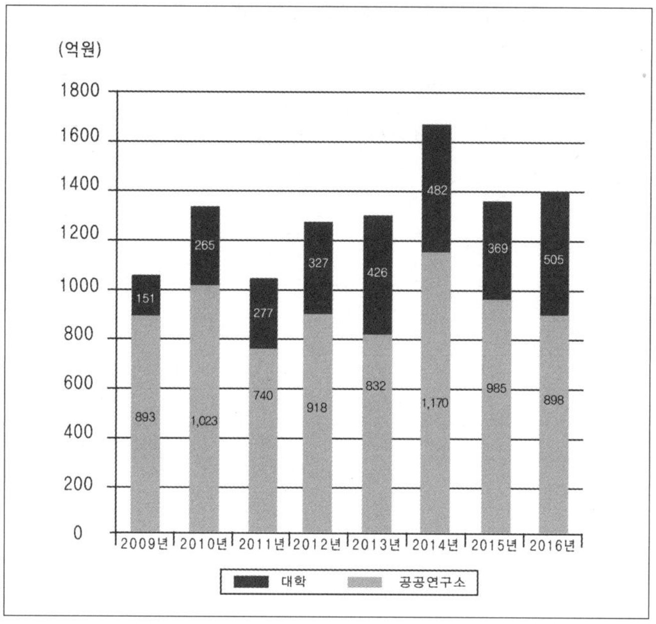


〈표〉 연도별 기술이전율 현황

(단위 : %)

| 구분 \ 연도 | 2009 | 2010 | 2011 | 2012 | 2013 | 2014 | 2015 | 2016 |
|---|---|---|---|---|---|---|---|---|
| 전체 | 27 | 22 | 23 | 23 | 26 | 27 | 31 | 32 |
| 공공연구소 | 42 | 30 | 31 | 38 | 40 | 35 | 43 | 39 |
| 대학 | 15 | 16 | 17 | 14 | 16 | 20 | 20 | 25 |

※ 기술거래시장의 공급자는 공공연구소와 대학만 존재함.

보 기

ㄱ. 2013년 공공연구소 기술이전율의 전년대비 변화폭은 2%로 2013년 대학 기술이전율의 전년대비 변화폭과 동일하다.

ㄴ. 2010~2016년 동안 전체 기술이전율과 공공연구소 기술이전율의 격차가 가장 큰 해는 2012년이다.

ㄷ. 전체 기술료 수입의 전년대비 증가율은 2014년이 2010년보다 높다.

ㄹ. 2014년 전체 기술료 수입에서 대학이 차지하는 비중은 2011년에 비해 감소하였다.

① ㄱ, ㄷ

② ㄴ, ㄷ

③ ㄴ, ㄹ

④ ㄱ, ㄴ, ㄹ

⑤ ㄴ, ㄷ, ㄹ

**26** 다음 〈표〉와 〈그림〉은 대형마트와 백화점의 매출현황 및 구매단가 등에 관한 자료이다. 이에 대한 설명으로 옳은 것만을 〈보기〉에서 모두 고르면?

〈표〉 대형마트와 백화점의 구매건수 및 구매단가

(단위 : %, 원)

| 구 분 | 대형마트 | | 백화점 | | |
|---|---|---|---|---|---|
| | 구매건수 증감율 | 1인당 구매단가 | 구매건수 증감율 | 구매단가 증감율 | 1인당 구매단가 |
| '15. 8월 | △0.6 | 45,375 | △2.4 | 10.9 | 70,033 |
| 9월 | △2.1 | 50,645 | △1.0 | 7.5 | 83,916 |
| 10월 | 3.5 | 44,097 | △2.0 | 5.2 | 87,304 |
| 11월 | 0.1 | 42,961 | △2.3 | 1.9 | 90,417 |
| 12월 | 2.9 | 43,422 | 4.3 | 6.4 | 92,156 |
| '16. 1월 | 3.0 | 50,733 | △7.9 | 4.1 | 89,652 |
| 2월 | △2.2 | 45,809 | 1.3 | 1.5 | 80,622 |
| 3월 | 1.2 | 48,248 | △0.7 | 2.4 | 80,236 |
| 4월 | △2.2 | 44,641 | △1.4 | △1.8 | 77,390 |
| 5월 | △4.3 | 43,256 | 4.0 | △2.9 | 73,585 |
| 6월 | △6.2 | 42,871 | 0.6 | △2.3 | 71,189 |
| 7월 | △6.3 | 43,420 | 0.8 | △2.1 | 64,725 |
| 8월 | △1.6 | 42,296 | 0.4 | △7.3 | 64,687 |

* 증감율 값은 전년동월대비 값이다.

〈그림〉 2016년 대형마트와 백화점의 전년동월대비 매출 증감률

(단위 : %)

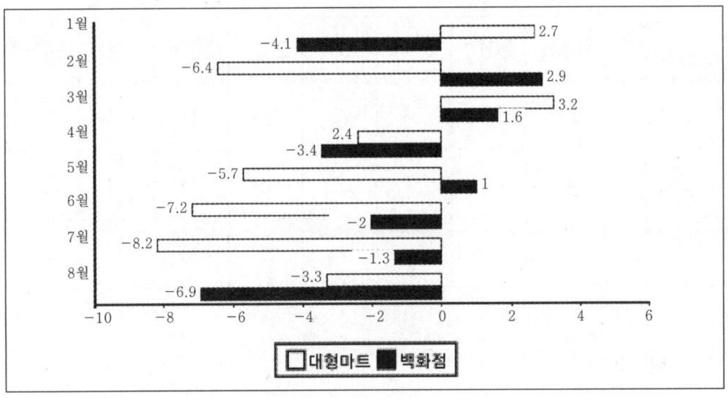


* 매출 = 구매건수 × 구매단가 = 이용고객수 × 1인당 구매단가

보 기

ㄱ. 2015년 9월 ~ 2016년 6월 동안 백화점의 1인당 구매단가는 대형마트에 비해 매월 50% 이상 높게 나타나고 있다.
ㄴ. 2016년 8월 대형마트와 백화점의 이용고객 수는 각각 전년동월에 비해 증가하고 있다.
ㄷ. 2016년 1월 ~ 2016년 8월의 기간동안 대형마트의 구매단가 증감율이 가장 큰 달은 2월이다.
ㄹ. 2015년 8월 대형마트의 이용고객수가 백화점의 1.2배일 경우 대형마트의 매출이 백화점보다 많다.

① ㄱ, ㄷ
② ㄴ, ㄹ
③ ㄱ, ㄴ, ㄷ
④ ㄱ, ㄷ, ㄹ
⑤ ㄴ, ㄷ, ㄹ

**27** 다음 〈표〉는 주요 5대 지방세의 권역별 및 세목별 현황에 대한 자료이다. 이에 대한 설명으로 옳지 않은 것은?

〈표〉 주요 5대 지방세의 권역별·세목별 현황

(단위 : 억 원, %)

| | 주요지방세 | | | | | | 기타 지방세 (B) |
|---|---|---|---|---|---|---|---|
| | 취득세 | 지방 소득세 | 재산세 | 자동차세 | 지방 소비세 | 소계 (A) | |
| 서울 | 28,287 | 35,262 | 25,907 | 10,083 | 4,649 | 104,187 | 25,299 |
| 부산 | 9,767 | 4,479 | 3,823 | 5,085 | 2,381 | 25,535 | 8,048 |
| 대구 | 5,093 | 2,436 | 2,582 | 3,299 | 1,595 | 15,004 | 4,256 |
| 인천 | 9,354 | 3,475 | 4,390 | 3,625 | 887 | 21,732 | 6,262 |
| 광주 | 2,935 | 1,553 | 1,234 | 1,955 | 951 | 8,629 | 2,761 |
| 대전 | 3,751 | 2,054 | 1,620 | 1,860 | 1,054 | 10,338 | 3,015 |
| 울산 | 3,417 | 4,270 | 1,348 | 1,681 | 799 | 11,514 | 2,253 |
| 경기 | 37,308 | 18,705 | 20,807 | 15,041 | 4,153 | 96,014 | 34,294 |
| 강원 | 3,884 | 1,414 | 1,446 | 1,912 | 1,318 | 9,975 | 3,086 |
| 충북 | 3,719 | 2,068 | 1,461 | 2,209 | 1,280 | 10,737 | 3,008 |
| 충남 | 6,563 | 4,517 | 2,464 | 2,902 | 1,777 | 18,222 | 4,836 |
| 전북 | 3,944 | 1,825 | 1,320 | 2,444 | 1,502 | 11,035 | 3,084 |
| 전남 | 3,597 | 2,919 | 1,360 | 3,091 | 1,446 | 12,414 | 3,422 |
| 경북 | 6,115 | 4,183 | 2,370 | 3,834 | 2,259 | 18,762 | 5,287 |
| 경남 | 11,572 | 5,102 | 3,322 | 5,235 | 3,040 | 28,270 | 7,954 |
| 제주 | 1,519 | 514 | 713 | 641 | 514 | 3,901 | 1,928 |
| 전국 (세목 비중) | 140,824 (26.8) | 94,775 (18.1) | 76,167 (14.5) | 64,896 (12.4) | 29,606 (5.6) | 406,269 (77.4) | 118,791 (22.6) |
| 수도권 | 74,949 | 57,441 | 51,104 | 28,749 | 9,689 | 221,932 | 65,855 |
| 비수도권 (권역 비중) | 65,875 (46.8) | 37,334 (39.4) | 25,063 (32.9) | 36,148 (55.7) | 19,917 (67.3) | 184,337 (45.4) | 52,936 (44.6) |

* 1) 부동산 거래 및 보유과세 = 취득세 + 재산세
2) 지역의 소득 및 소비를 반영하는 과세 = 지방소득세 + 지방소비세

① 지방소득세는 전체 지방세의 18.1%, 지방소비세는 전체 지방세의 5.6%를 차지하고 있고, 지역의 소득 및 소비를 반영하는 과세 비중이 부동산 거래 및 보유과세 비중의 절반 이상이다.
② 지방세 수입이 큰 도시부터 나열하면 경기-서울-경남-부산-인천 순이다.
③ 지방소득세와 지방소비세의 경우 해당 전체 세수입의 약 46.0%인 6조 7,130억원이 수도권에 집중되어 있다.
④ 현행 지방세 체계에서 전체 지방세 중 가장 큰 비중을 차지하고 있는 세목은 부동산거래과세인 취득세이다.
⑤ 부동산 거래 및 보유과세의 권역별 비중을 살펴보면, 취득세 및 재산세의 약 42%가 비수도권에 집중되었다.

**28** 다음 <표>는 대만의 인구의 변화 추이에 대한 자료이다. 이에 대한 설명으로 옳은 것만을 <보기>에서 모두 고르면?

<표> 대만 인구 변화 추이

| 연도 | 인구<br>(천 명) | 출생<br>(천 명당) | 사망<br>(천 명당) | 자연<br>증가율 | 순유입인구<br>(천 명당) |
|---|---|---|---|---|---|
| 2008 | 147,938<br>(-0.04%) | 9.3<br>(-3.13%) | 15.0<br>(-4.46%) | -5.7 | 3.40<br>(-37.84%) |
| 2009 | 147,609<br>(-0.22%) | 8.9<br>(-4.30%) | 14.2<br>(-5.33%) | -5.3 | 2.33<br>(-31.47%) |
| 2010 | 147,137<br>(-0.32%) | 8.6<br>(-3.37%) | 13.8<br>(-2.82%) | -5.2 | 2.48<br>(+6.44%) |
| 2011 | 146,740<br>(-0.27%) | 8.8<br>(+2.33%) | 13.6<br>(-1.45%) | (B) | 2.05<br>(-17.34%) |
| 2012 | 146,328<br>(-0.28%) | 8.4<br>(A) | 14.7<br>(+8.09%) | -6.3 | 1.13<br>(-44.88%) |
| 2013 | 145,559<br>(-0.53%) | 8.8<br>(+4.76%) | 15.5<br>(+5.44%) | -6.7 | 1.47<br>(+30.09%) |
| 2014 | 144,819<br>(-0.51%) | 9.1<br>(+3.41%) | 15.6<br>(+0.65%) | -6.5 | 0.50<br>(-66.99%) |
| 2015 | 143,954<br>(-0.60%) | 9.8<br>(+7.69%) | 16.3<br>(+4.49%) | -6.5 | 0.54<br>(+8.00%) |
| 2016 | 143,097<br>(-0.60%) | 10.3<br>(+5.10%) | 16.3<br>(0.00%) | -6.0 | 0.25<br>(-53.70%) |

* 1) ( )안은 전년대비 증감률
2) 자연증가율 = 천 명당 출생 수 − 천 명당 사망 수
3) 순유입인구 = 천 명당 유입인구 − 천 명당 유출인구

**보 기**

ㄱ. 2009 ~ 2016년 동안 대만 인구는 매년 감소하였다.
ㄴ. 조사대상 기간 중 천 명당 출생 수가 천 명당 사망 수에 가장 못 미치는 해는 2013년이다.
ㄷ. 2008 ~ 2016년 동안 매년 대만의 유입인구는 유출인구보다 많았다.
ㄹ. A에 들어갈 숫자의 절댓값은 B에 들어갈 숫자의 절댓값보다 크다.

① ㄱ, ㄴ
② ㄱ, ㄹ
③ ㄷ, ㄹ
④ ㄱ, ㄴ, ㄷ
⑤ ㄴ, ㄷ, ㄹ

**29** 다음 <표>는 2015년과 2016년 징병검사 결과 현황에 대한 자료이다. 이에 대한 설명으로 옳은 것을 <보기>에서 모두 고르면?

<표 1> 2016년 징병검사 결과 현황

(단위 : 명)

| 구 분 | | | 대학이상 | 고졸 | 고퇴 | 중졸 | 중퇴 이하 |
|---|---|---|---|---|---|---|---|
| 합격 | 현역 대상 | 1급 | 74,577 | 28,865 | 1,522 | 280 | |
| | | 2급 | 89,597 | 37,998 | 2,260 | 342 | |
| | | 3급 | 62,034 | 29,016 | 2,846 | 414 | |
| | 보충역 | 1급 | 76 | 41 | 31 | 11 | 134 |
| | | 2급 | 76 | 67 | 39 | 14 | 190 |
| | | 3급 | 75 | 52 | 53 | 13 | 264 |
| | | 4급 | 11,232 | 5,548 | 610 | 100 | 55 |
| 불합격 | 신분 결함 | 1급 | | 3 | | | 7 |
| | | 2급 | | | | | 3 |
| | | 3급 | | | 1 | | 2 |
| | | 4급 | | | | | 2 |
| | | 7급 | | 1 | | 1 | 1 |
| | 신체 결함 | 5급 | 3,707 | 2,091 | 225 | 51 | 39 |
| | | 6급 | 503 | 329 | 28 | 16 | 3 |
| | | 7급 | 2,736 | 2,425 | 446 | 101 | 49 |
| 계 | | | 244,613 | 106,436 | 8,061 | 1,343 | 749 |

<표 2> 2015년 징병검사 결과 현황

(단위 : 명)

| 구 분 | | | 대학이상 | 고졸 | 고퇴 | 중졸 | 중퇴 이하 |
|---|---|---|---|---|---|---|---|
| 합격 | 현역 대상 | 1급 | 79,693 | 28,997 | 1,994 | 211 | |
| | | 2급 | 91,532 | 36,579 | 2,295 | 245 | |
| | | 3급 | 61,458 | 27,178 | 3,302 | 363 | |
| | 보충역 | 1급 | 100 | 39 | 35 | 5 | |
| | | 2급 | 82 | 39 | 41 | 3 | |
| | | 3급 | 82 | 59 | 45 | 11 | |
| | | 4급 | 11,307 | 5,397 | 633 | 84 | |
| 불합격 | 신분 결함 | 1급 | 1 | | | | 2 |
| | | 2급 | | | 1 | 1 | |
| | | 3급 | | | | | 6 |
| | | 4급 | | 1 | | | |
| | | 7급 | | | | | |
| | 신체 결함 | 5급 | 3,910 | 1,986 | 267 | 51 | |
| | | 6급 | 530 | 308 | 28 | 10 | 1 |
| | | 7급 | 3,123 | 2,348 | 573 | 96 | |
| 계 | | | 251,818 | 102,931 | 9,214 | 1,080 | 9 |

**보 기**

ㄱ. 2016년에 전년대비 현역 대상자의 증가율이 가장 높은 학력은 중졸이다.
ㄴ. 2015년 징병검사 결과 3급 판정을 받은 자 중 보충역이 차지하는 비중은 2016년의 절반 미만이다.
ㄷ. 2015년 대학이상 학력자의 징병검사결과 2급, 1급, 3급 순으로 인원이 많고, 상위 3개 급수의 인원은 징병검사를 받은 대학이상 학력자의 90% 이상을 차지한다.
ㄹ. 2016년에 대학이상 학력을 가진 징병검사자가 4급~7급 판정을 받은 비중은 고졸 학력을 가진 징병검사자가 4급~7급 판정을 받은 비중보다 낮다.

① ㄱ, ㄴ ② ㄴ, ㄹ ③ ㄱ, ㄴ, ㄷ
④ ㄴ, ㄷ, ㄹ ⑤ ㄱ, ㄴ, ㄷ, ㄹ

제2회 PSAT 종합 실전모의고사

## 30

다음 <표>는 2014, 2015년도 교육분야에 대한 자료이다. 이에 대한 설명으로 옳은 것만을 <보기>에서 모두 고르면?

〈표 1〉 유아, 초·중등교육 현황

| 구 분 | 학교 수 (개) | | 재적학생 수 (천명) | |
|---|---|---|---|---|
| | 2014년 | 2015년 | 2014년 | 2015년 |
| 유치원 | 8,373 | 8,388 | 537 | 538 |
| 초등학교 | 5,829 | 5,854 | 3,474 | 3,299 |
| 중학교 | 3,106 | 3,130 | 2,006 | 1,974 |
| 고등학교 | 2,225 | 2,253 | 1,965 | 1,962 |
| 기타 | 223 | 225 | 47 | 48 |
| 소계 | 19,756 | 19,850 | 8,029 | 7,821 |

〈표 2〉 고등교육 현황

| 구 분 | 학교 수 (개) | | 재적학생 수 (천명) | |
|---|---|---|---|---|
| | 2014년 | 2015년 | 2014년 | 2015년 |
| 일반대학 | 200 | 201 | 2,427 | 2,456 |
| 전문대학 | 146 | 145 | 760 | 767 |
| 기타 | 23 | 25 | 96 | 103 |
| 소계 | 369 | 371 | 3,283 | 3,326 |

〈표 3〉 2015년 학급당 학생 수와 교원 1인당 학생 수

(단위 : 명)

| | 유치원 | 초등학교 | 중학교 | 고등학교 | 전문대학 | 일반대학 |
|---|---|---|---|---|---|---|
| 학급당 학생 수 | 21.0 | 26.6 | 33.8 | 33.7 | - | - |
| 교원 1인당 학생 수 | 14.8 | 18.7 | 18.2 | 15.5 | 61.2 (39.4) | 36.2 (24.9) |

* 학급당 학생 수 = 재적학생 수/학급 수
* 교원 1인당 학생 수 = 재적학생 수/교원 수
* 전문대학과 일반대학의 경우 재적학생 수=재학생 수+휴학생 수
* 전문대학과 일반대학의 경우 교원 1인당 학생 수에서 괄호 안의 수치는 교원 1인당 재학생 수

**보 기**

ㄱ. 기타를 제외하고 2014년 대비 2015년의 학교 수 증가 폭이 가장 큰 것은 고등학교이다.

ㄴ. 2014년 대비 2015년의 유아, 초·중등교육 재적학생 수의 감소율은 고등교육 재적학생 수의 증가율보다 크다.

ㄷ. 초등학교 교원의 수가 2014년과 2015년 동일했다면, 2014년의 초등학교 1개소당 평균 초등학교 교원수는 약 30명이다.

ㄹ. 대학생의 경우 재학 중이 아닌 재적생은 모두 휴학 중이라고 할 때, 2015년 일반대학의 교원 수가 약 68(천)명이라면 휴학생은 80만 명을 상회한다.

① ㄱ, ㄴ
② ㄴ, ㄹ
③ ㄱ, ㄴ, ㄷ
④ ㄴ, ㄷ, ㄹ
⑤ ㄱ, ㄴ, ㄷ, ㄹ

## 31

다음 <표>는 우리나라의 고령화 추세와 전망을 나타낸 것이다. 이를 토대로 작성한 <보고서>의 내용 중 옳은 것을 고르면?

〈표〉 고령화 추세와 전망

| 연도 | 총인구 (백만) | 고령인구 비중 | | 중위 연령 (세) | 노년부양 인구비(%) | 고령화 지수(%) |
|---|---|---|---|---|---|---|
| | | 65세 이상 | 80세 이상 | | | |
| 1960 | 25.0 | 2.9 | 0.2 | 19.0 | 5.3 | 6.9 |
| 1980 | 38.1 | 3.8 | 0.5 | 21.8 | 6.1 | 11.2 |
| 2000 | 47.0 | 7.2 | 1.0 | 31.8 | 10.1 | 34.3 |
| 2015 | 50.6 | 13.1 | 2.8 | 40.8 | 17.9 | 94.1 |
| 2020 | 51.4 | 15.7 | 3.7 | 43.4 | 22.1 | 119.1 |
| 2040 | 51.1 | 32.3 | 9.4 | 52.6 | 57.2 | 288.6 |
| 2060 | 44.0 | 40.1 | 17.2 | 57.9 | 80.6 | 394.0 |

**보 고 서**

1960년에는 65세 이상과 80세 이상 인구의 비중이 각각 2.9%와 0.2%에 불과하였다. 그러나 (a) 2015년 이 비중이 각각 13.1%와 2.8%로 상승하였으며, 2040년에는 각각 40.1%와 17.2%의 수준에 도달할 것으로 전망된다.

고령화 현상이 일정 기간 지속되면 고령인구 내에서도 고령자의 비중이 높아져 부양비용과 복지수요를 더욱 가중시킨다. 앞으로 80세 이상 인구의 규모와 비중의 증가 속도가 65세 이상 인구보다 확연하게 빨라질 것으로 전망된다. 그리고 (b) 2060년에 이르면 80세 이상 인구가 760만 명 이상으로 증가하여 65세 이상 인구의 42.8%를 점유하게 될 것으로 예상된다.

중위연령은 인구의 변천 단계나 고령화 수준을 개략적으로 파악하는 데 흔히 사용되는 지표이다. 한국 인구는 1960년 중위연령이 19.0세에 불과한 '어린 인구'였으나, 빠른 상승을 거듭하여 2000년대 진입 이전에 '나이든 인구'가 되었다. (c) 중위연령은 2015년 40.8세로 추산되며, 2060년에는 무려 57.9세에 도달할 것으로 전망된다.

저출산과 고령인구의 증가로 인하여 노년부양 인구비와 고령화지수 역시 매우 빠른 속도로 상승할 것으로 예상된다. (d) 노년부양 인구비는 1960년 5.3으로 집계되었으나 2015년에는 17.9로 3.5배 이상이 되었다. 그리고 2060년에 이르면 80.6 수준에 도달하여 15-64세 인구 1.2명당 노인 1명을 부양해야 하는 상황이 될 것으로 전망된다. (e) 고령화지수 역시 1960-2015년의 기간에 약 13.6배로 급격하게 증가하였으며, 2060년에는 1960년의 60배가 넘는 수준인 394.0에 이를 것으로 추산된다.

① (a)
② (b)
③ (c)
④ (d)
⑤ (e)

**32** 다음 <표>는 화재발생 현황과 보험료 전망에 관한 자료이다. 이에 대한 설명으로 옳은 것만을 <보기>에서 모두 고르면?

〈표 1〉 화재발생 현황

(단위 : 건, 명, 백만원)

| 구분 | | 2011 | 2012 | 2013 | 2014 | 2015 | 2016 |
|---|---|---|---|---|---|---|---|
| 발생건수 | | 41,863 | 43,875 | 43,249 | 40,932 | 42,135 | 44,435 |
| 인명피해 | 소계 | 1,892 | 1,862 | 2,223 | 2,184 | 2,181 | 2,090 |
| | 사망 | 304 | 263 | 267 | 307 | 325 | 253 |
| | 부상 | 1,588 | 1,599 | 1,956 | 1,877 | 1,856 | 1,837 |
| 재산피해 | | 266,776 | 256,548 | 289,526 | 434,462 | 405,357 | 433,165 |

〈표 2〉 보험료 전망

(단위 : 십억 원)

| 구 분 | 2014 | 2015 | 2016 | 2017 |
|---|---|---|---|---|
| 생명보험 | 110.6 | 117.2 | 120.4 | 122.5 |
| 화재보험 | 76.6 | 80.2 | 83.3 | 85.7 |

보 기

ㄱ. 화재보험의 경우, 2016년의 전년대비 보험료 증가율에 비해 2017년 전망되는 전년대비 보험료 증가율이 상대적으로 낮다.
ㄴ. 모든 연도에서 화재발생 건당 재산피해 규모가 6백만원 이상임을 알 수 있다.
ㄷ. 생명보험의 경우, 2016년의 전년대비 보험료 증가율에 비해 2017년 전망되는 전년대비 보험료 증가율이 상대적으로 높다.
ㄹ. 화재발생 건당 인명피해 규모는 2014년이 제일 높다.

① ㄱ, ㄹ
② ㄴ, ㄷ
③ ㄷ, ㄹ
④ ㄱ, ㄷ, ㄹ
⑤ ㄴ, ㄷ, ㄹ

**33** 다음 <표>는 서울시 전체 25개 자치구별 평당 평균 아파트 값 순위를 20위까지 나타낸 자료이다. 이에 대한 설명으로 옳은 것을 <보기>에서 모두 고르면?

〈표〉 서울 자치구별 평당 아파트 값 순위

(단위 : 만원)

| 순위 | 2014년 | | 2016년 | |
|---|---|---|---|---|
| | 자치구명 | 평당가 | 자치구명 | 평당가 |
| 1 | 강남구 | 3,085 | 강남구 | 3,468 |
| 2 | 서초구 | 2,429 | 서초구 | 2,663 |
| 3 | 송파구 | 2,218 | 용산구 | 2,513 |
| 4 | 용산구 | 1,873 | 송파구 | 2,412 |
| 5 | 양천구 | 1,836 | 강동구 | 1,971 |
| 6 | 강동구 | 1,799 | 양천구 | 1,948 |
| 7 | 광진구 | 1,379 | 광진구 | 1,791 |
| 8 | 영등포구 | 1,265 | 마포구 | 1,626 |
| 9 | 성동구 | 1,242 | 성동구 | 1,620 |
| 10 | 중구 | 1,242 | 중구 | 1,611 |
| 11 | 동작구 | 1,217 | 영등포구 | 1,582 |
| 12 | 마포구 | 1,204 | 동작구 | 1,540 |
| 13 | 강서구 | 1,040 | 종로구 | 1,469 |
| 14 | 종로구 | 1,027 | 강서구 | 1,400 |
| 15 | 관악구 | 910 | 노원구 | 1,279 |
| 16 | 성북구 | 877 | 관악구 | 1,273 |
| 17 | 서대문구 | 869 | 성북구 | 1,260 |
| 18 | 동대문구 | 866 | 동대문구 | 1,213 |
| 19 | 구로구 | 847 | 구로구 | 1,193 |
| 20 | 은평구 | 768 | 도봉구 | 1,157 |

보 기

ㄱ. 서울 전체에서 2014년 대비 2016년 평당 아파트 값 순위의 변동폭이 가장 큰 자치구는 노원구이다.
ㄴ. 평당 주택가격 순위에서 6위 이내만을 살펴보면 2014년과 2016년 6위 이내에 속해 있는 자치구의 구성은 동일하다.
ㄷ. 2016년 평당 아파트 값 순위에서 10위 이내에 속한 자치구만을 판단할 때, 2014년 대비 2016년 자치구의 전체 아파트값이 가장 큰 폭으로 상승한 자치구는 용산구이다.
ㄹ. 주어진 표에서 2014년과 2016년 평당 아파트값 순위가 동일한 자치구는 서울시 전체 자치구수의 28%를 차지한다.

① ㄱ
② ㄹ
③ ㄴ, ㄹ
④ ㄷ, ㄹ
⑤ ㄱ, ㄴ, ㄷ

**34** 다음 〈표〉는 2006~2012년 '갑'국의 문화재 국외반출 허가 및 전시 현황에 관한 자료이다. 이에 대한 설명으로 옳은 것은?

〈표〉 문화재 국외반출 허가 및 전시 현황

(단위 : 건, 개)

| 연도 | 전시건수 | | 국외반출 허가 문화재 수량 | | |
|---|---|---|---|---|---|
| | 국가별 전시건수 (국가 : 건수) | 계 | 지정문화재 (문화재 종류 : 개수) | 비지정 문화재 | 계 |
| 2006 | 일본 : 6, 중국 : 1, 영국 : 1, 프랑스 : 1, 호주 : 1 | 10 | 국보 : 3, 보물 : 4, 시도지정문화재 : 1 | 796 | 804 |
| 2007 | 일본 : 10, 미국 : 5, 그리스 : 1, 체코 : 1, 중국 : 1 | 18 | 국보 : 18, 보물 : 3, 시도지정문화재 : 1 | 902 | 924 |
| 2008 | 일본 : 5, 미국 : 3, 벨기에 : 1, 영국 : 1 | 10 | 국보 : 5, 보물 : 10 | 315 | 330 |
| 2009 | 일본 : 9, 미국 : 8, 중국 : 3, 이탈리아 : 3, 프랑스 : 2, 영국 : 2, 독일 : 2, 포르투갈 : 1, 네덜란드 : 1, 체코 : 1, 러시아 : 1 | 33 | 국보 : 2, 보물 : 13 | 1,399 | 1,414 |
| 2010 | 일본 : 9, 미국 : 5, 영국 : 2, 러시아 : 2, 중국 : 1, 벨기에 : 1, 이탈리아 : 1, 프랑스 : 1, 스페인 : 1, 브라질 : 1 | 24 | 국보 : 3, 보물 : 11 | 1,311 | 1,325 |
| 2011 | 미국 : 3, 일본 : 2, 호주 : 2, 중국 : 1, 타이완 : 1 | 9 | 국보 : 4, 보물 : 12 | 733 | 749 |
| 2012 | 미국 : 6, 중국 : 5, 일본 : 5, 영국 : 2, 브라질 : 1, 독일 : 1, 러시아 : 1 | 21 | 국보 : 4, 보물 : 9 | 1,430 | 1,443 |

* 1) 지정문화재는 국보, 보물, 시도지정문화재만으로 구성됨.
2) 동일년도에 두 번 이상 전시된 국외반출 허가 문화재는 없음.

① 2006~2012년 중 연도별 전시건수 대비 일본의 전시건수 비중이 가장 높은 해에는 미국에서도 전시가 있었다.

② 보물인 국외반출 허가 지정문화재의 수량이 가장 많은 해는 전시건수당 국외반출 허가 문화재 수량이 가장 많은 해와 동일하다.

③ 국가별 전시건수의 합이 10건 이상인 국가는 일본, 미국, 중국, 프랑스이다.

④ 국외반출 허가 문화재의 수량과 그 중 비지정문화재의 수량의 차이가 두 번째로 작은 해에는 국외반출 허가 문화재 중 시도지정문화재가 없었다.

⑤ 2007년 이후, 연도별 전시건수와 국외반출 허가 문화재 수량을 큰 순서대로 나열했을 때 순위가 일치하는 연도는 없다.

**35** 다음 〈표〉는 전국의 연도별, 장애유형별, 남녀별 장애인 수를 나타낸 자료이다. 이에 대한 설명으로 옳은 것만을 〈보기〉에서 모두 고르면?

〈표〉 연도별, 장애유형별 장애인 수

| 장애유형 | 2010 | | | 2011 | | |
|---|---|---|---|---|---|---|
| | 계 | 남자 | 여자 | 계 | 남자 | 여자 |
| 총계 | 2,517,312 | 1,468,333 | 1,048,979 | 2,519,241 | 1,466,460 | 1,052,781 |
| 지체 | 1,337,722 | 777,411 | 560,311 | 1,333,429 | 773,142 | 560,287 |
| 뇌병변 | 261,746 | 150,599 | 111,147 | 260,718 | 149,749 | 110,969 |
| 시각 | 249,259 | 149,354 | 99,905 | 251,258 | 150,130 | 101,128 |
| 청각 | 260,403 | 143,824 | 116,579 | 261,067 | 143,649 | 117,418 |
| 언어 | 17,207 | 12,506 | 4,701 | 17,463 | 12,626 | 4,837 |
| 지적 | 161,249 | 97,808 | 63,441 | 167,479 | 101,431 | 66,048 |
| 자폐 | 14,888 | 12,575 | 2,313 | 15,837 | 13,466 | 2,391 |
| 정신 | 95,821 | 50,886 | 44,935 | 94,739 | 50,160 | 44,579 |
| 신장 | 57,142 | 32,411 | 24,731 | 60,110 | 34,219 | 25,891 |
| 심장 | 12,864 | 7,986 | 4,878 | 9,542 | 5,974 | 3,568 |
| 호흡기 | 15,551 | 11,975 | 3,576 | 14,671 | 11,252 | 3,419 |
| 간 | 7,920 | 5,881 | 2,039 | 8,145 | 5,990 | 2,155 |
| 안면 | 2,696 | 1,571 | 1,125 | 2,715 | 1,583 | 1,132 |
| 장루·요루 | 13,072 | 8,106 | 4,966 | 13,098 | 8,128 | 4,970 |
| 간질 | 9,772 | 5,440 | 4,332 | 8,950 | 4,961 | 3,989 |

보 기

ㄱ. 2010년~2011년 동안 가장 많은 장애 유형 1위에서 5위까지는 순위 변동이 없다.

ㄴ. 2010년과 2011년 모두 지체 장애인의 수는 다른 유형의 장애를 모두 합한 것보다 크다.

ㄷ. 2010년과 2011년 모든 장애 유형에서 남성 장애인의 수가 여성 장애인의 수보다 많은 것은 아니다.

ㄹ. 2011년 여성 장애인의 경우, 전년대비 장애인의 수가 가장 큰 비율로 증가한 유형은 간 장애이다.

① ㄱ, ㄴ
② ㄱ, ㄷ
③ ㄱ, ㄹ
④ ㄴ, ㄷ
⑤ ㄴ, ㄹ

**36** 다음 〈표〉는 주요 국가의 이동전화 가입자 현황을 나타낸 것이다. 이에 대한 설명으로 옳은 것만을 〈보기〉에서 모두 고르면?

〈표〉 이동전화 가입자 현황

| 국가별 | 2014 | | 2015 | |
|---|---|---|---|---|
| | 가입자수(천명) | 인구 100명당 가입자수(명) | 가입자수(천명) | 인구 100명당 가입자수(명) |
| 한국 | 57,290.4 | 115.7 | 58,935.1 | 118.5 |
| 중국 | 1,286,093.0 | 92.3 | 1,305,738.0 | 93.2 |
| 인도 | 944,008.7 | 74.5 | 1,011,054.0 | 78.8 |
| 인도네시아 | 325,582.8 | 128.8 | 338,426.0 | 132.3 |
| 일본 | 152,695.7 | 120.2 | 158,590.7 | 125.1 |
| 사우디아라비아 | 52,735.0 | 179.6 | 52,796.1 | 176.6 |
| 터키 | 71,888.4 | 94.8 | 73,639.3 | 96.0 |
| 캐나다 | 28,789.0 | 81.0 | 29,389.6 | 81.9 |
| 멕시코 | 104,798.3 | 84.7 | 106,831.5 | 85.3 |
| 미국 | 355,500.0 | 110.2 | 382,307.0 | 117.6 |
| 아르헨티나 | 61,234.2 | 146.5 | 60,664.2 | 143.9 |
| 브라질 | 280,728.8 | 139.0 | 257,814.3 | 126.6 |
| 프랑스 | 65,425.0 | 101.2 | 66,681.0 | 102.6 |
| 독일 | 99,530.0 | 120.4 | 96,360.0 | 116.7 |
| 이탈리아 | 94,226.4 | 154.3 | 92,519.5 | 151.3 |
| 러시아 | 221,030.4 | 155.1 | 227,288.1 | 160.0 |
| 영국 | 78,460.7 | 123.6 | 80,284.2 | 125.8 |
| 남아프리카공화국 | 79,280.7 | 149.2 | 85,197.2 | 159.3 |
| 오스트레일리아 | 31,010.0 | 131.2 | 31,770.0 | 132.8 |

보 기

ㄱ. 2015년에 전년 대비 가입자 수 변동폭과 인구 100명당 가입자 변동폭이 가장 크게 나타나는 국가는 동일하다.
ㄴ. 2014년 우리나라보다 인구 100명당 가입자가 큰 국가 중 우리나라보다 가입자 수가 적은 국가는 두 곳이다.
ㄷ. 2015년의 일본 인구는 같은 해 멕시코의 인구보다 많다.
ㄹ. 인구 100명당 가입자가 가장 많은 국가와 가장 작은 국가의 인구 100명당 가입자 차이는 2014년 대비 2015년에 증가하였다.

① ㄱ, ㄴ
② ㄱ, ㄹ
③ ㄴ, ㄷ
④ ㄴ, ㄹ
⑤ ㄷ, ㄹ

**37** 다음 〈표〉는 전문, 과학, 기술 서비스업의 산업별 현황에 대한 자료이다. 이에 대한 설명으로 옳은 것만을 〈보기〉에서 모두 고르면?

〈표〉 전문, 과학, 기술 서비스업의 산업별 현황

(단위 : 개, 명, 백만 원)

| | 전문 서비스업 | 건축기술, 엔지니어링 및 기타 과학기술 서비스업 | 기타 전문, 과학 및 기술 서비스업 | 계 |
|---|---|---|---|---|
| 사업체수 | 42,818 | 24,723 | 19,632 | 87,173 |
| 종사자수 | 252,919 | 264,095 | 61,848 | 578,862 |
| 매출액 | 27,603,997 | 27,616,795 | 5,440,420 | 60,661,212 |
| 영업비용 | 24,270,046 | 25,865,113 | 4,909,177 | 55,044,337 |
| 인건비 | 10,273,582 | 11,207,828 | 1,325,400 | 22,806,810 |
| 임차료 | 1,008,661 | 479,620 | 245,476 | 1,733,757 |
| 기타 경비 | 12,987,803 | 14,177,665 | 3,338,301 | 30,503,770 |

보 기

ㄱ. 사업체당 종사자수가 전체 전문, 과학, 기술 서비스업보다 큰 산업은 '건축기술, 엔지니어링 및 기타 과학기술 서비스업'뿐이다.
ㄴ. 전체 전문, 과학, 기술 서비스업 영업비용 중 기타경비의 비율은 50%를 상회한다.
ㄷ. 세부 산업에서 매출액 중 영업비용의 비율이 90%를 하회하는 산업은 '전문서비스업'과 '기타 전문, 과학 및 기술 서비스업'이다.

① ㄱ ② ㄴ ③ ㄱ, ㄴ
④ ㄴ, ㄷ ⑤ ㄱ, ㄴ, ㄷ

**38** 다음 〈표〉는 방송서비스 시장 매출액에 관한 자료이다. 이에 대한 설명으로 옳지 않은 것은?

〈표〉 방송서비스 시장 매출액

(단위 : 십억원, %)

| | 합계 | 전년대비 증감율 | 서비스별 매출액 | | | |
|---|---|---|---|---|---|---|
| | | | 지상파방송 서비스 | 유선방송 서비스 | 위성방송 서비스 | 프로그램 제작공급 |
| 2007 | 6,149 | 8.5 | 3,320 | 1,054 | 194 | 1,581 |
| 2008 | 6,820 | 10.9 | 3,343 | 1,132 | 288 | 2,057 |
| 2009 | 7,488 | 9.8 | 3,480 | 1,253 | 405 | 2,350 |
| 2010 | 8,198 | 9.5 | 3,510 | 1,487 | 440 | 2,761 |
| 2011 | 8,626 | 5.2 | 3,413 | 1,691 | 469 | 3,053 |
| 2012 | 8,866 | 2.8 | 3,267 | 1,816 | 483 | 3,300 |
| 2013 | 10,033 | 13.2 | 3,664 | 1,937 | 472 | 3,960 |
| 2014 | 11,239 | 12.0 | 3,931 | 2,122 | 469 | 4,717 |
| 2015 | 12,354 | 9.9 | 3,968 | 2,320 | 518 | 5,548 |

① 2015년 방송서비스 전체 매출액은 약 12조 3,540억원으로 전년대비 약 10% 증가하였고, 2013년 이후 3년 연속 전년대비 1조원 이상 증가하고 있다.
② 전체 방송서비스 매출액 중 지상파방송서비스의 점유율은 2013년 이후 매년 감소하였다.
③ 2011년 방송서비스 전체 매출액은 전년대비 4천억원 이상 증가했으며, 특히 프로그램 제작공급 부문의 증가액이 가장 컸다.
④ 2006년 방송서비스 전체 매출액은 5,600십억원 이상이다.
⑤ 2007년 이후 지상파방송서비스를 제외한 각 부문의 매출액은 2015년까지 지속적으로 상승하였다.

**※ 다음 〈표〉는 훈련대상별 훈련성과에 관한 자료이다. 〈표〉를 보고 물음에 답하시오. [문 39 ~ 문 40]**

〈표 1〉 훈련대상별 훈련실시인원과 자격증취득인원

(단위 : 명)

| 구분＼훈련대상 | 전직 실업자 | 신규 실업자 | 지역 실업자 | 영세 자영업자 | 새터민 |
|---|---|---|---|---|---|
| 훈련실시인원 | 9,013 | 3,005 | 7,308 | 3,184 | 1,301 |
| 자격증취득인원 | 4,124 | 1,230 | 3,174 | 487 | 617 |

* 1) 훈련대상은 '전직실업자', '신규실업자', '지역실업자', '영세자영업자', '새터민'으로 구성됨.
  2) 훈련대상별 훈련실시인원의 중복은 없음.

〈표 2〉 훈련대상별 자격증취득인원의 성·연령대·최종학력별 구성비

(단위 : %)

| 구분＼훈련대상 | | 전직 실업자 | 신규 실업자 | 지역 실업자 | 영세 자영업자 | 새터민 |
|---|---|---|---|---|---|---|
| 성 | 남 | 45 | 63 | 44 | 58 | 40 |
| | 여 | 55 | 37 | 56 | 42 | 60 |
| 연령대 | 20대 | 5 | 17 | 18 | 8 | 21 |
| | 30대 | 13 | 32 | 21 | 24 | 25 |
| | 40대 | 27 | 27 | 27 | 22 | 18 |
| | 50대 | 45 | 13 | 23 | 31 | 22 |
| | 60대 이상 | 10 | 11 | 11 | 15 | 14 |
| 최종학력 | 중졸이하 | 4 | 8 | 12 | 32 | 34 |
| | 고졸 | 23 | 25 | 18 | 28 | 23 |
| | 전문대졸 | 19 | 28 | 31 | 16 | 27 |
| | 대졸 | 38 | 21 | 23 | 15 | 14 |
| | 대학원졸 | 16 | 18 | 16 | 9 | 2 |

* 소수점 아래 첫째 자리에서 반올림한 값임.

〈표 3〉 훈련대상·최종학력별 훈련실시인원 및 자격증취득률

(단위 : 명, %)

| 구분＼훈련대상 | | 전직 실업자 | 신규 실업자 | 지역 실업자 | 영세 자영업자 | 새터민 | 전체 |
|---|---|---|---|---|---|---|---|
| 최종학력 | 중졸 이하 | 1,498 (11) | 547 (18) | 865 (44) | 1,299 (12) | 499 (42) | 4,708 (21) |
| | 고졸 | 1,790 (53) | 854 (36) | 1,099 (52) | 852 (16) | 473 (30) | 5,068 (42) |
| | 전문대졸 | 2,528 (31) | 861 (40) | 1,789 (55) | 779 (10) | 203 (82) | 6,160 (38) |
| | 대졸 | 2,305 (68) | 497 (52) | 2,808 (26) | 203 (36) | 108 (80) | 5,921 (46) |
| | 대학원졸 | 892 (74) | 246 (90) | 747 (68) | 51 (86) | 18( 70) | 1,954 (74) |

* 1) 자격증취득률(%) = $\frac{\text{자격증취득인원}}{\text{훈련실시인원}} \times 100$
  2) ( ) 안 수치는 자격증취득률을 의미함.
  3) 소수점 아래 첫째 자리에서 반올림한 값임.

**39** **위 〈표〉에 대한 설명으로 옳은 것은?**

① 20대 중 자격증취득인원이 가장 많은 훈련대상은 새터민이다.
② 자격증취득인원 중에서는 대학원졸 전직실업자가 전문대졸 지역실업자보다 더 많다.
③ 신규실업자의 경우, 자격증취득률이 가장 높은 연령대는 30대이다.
④ 영세자영업자의 경우, 영세자영업자의 전체 평균보다 높은 자격증취득률을 보이는 최종학력은 총 3집단이다.
⑤ 자격증취득인원의 남성-여성 간의 차이가 가장 큰 훈련대상은 지역실업자이다.

**40** **다음 〈보고서〉 내용 중에서 위 〈표〉의 내용과 부합하지 않는 것을 모두 고르면?**

보 고 서

훈련대상에는 전직실업자, 신규실업자, 지역실업자, 영세자영업자, 새터민 총 5집단이 존재한다. (ㄱ) 훈련실시인원은 전직실업자가 9,013명으로 가장 많고, 이어서 지역실업자-영세자영업자-신규실업자-새터민 순이다. 그러나 자격증취득인원의 경우 전직실업자가 4,124명으로 가장 많고, 이어서 지역실업자-신규실업자-새터민-영세자영업자 순이다.

자격증취득인원에 대해 세부적으로 구분해보면 다음과 같다. (ㄴ) 우선, 훈련대상별로 남성의 자격증취득률을 비교해보면, 남성 신규실업자의 63%가 자격증을 취득해 가장 높은 반면, 새터민이 40%로 가장 낮다. 또한, 최종학력을 기준으로 보면, (ㄷ) 대졸 이상인 자격증취득인원 비율은 전직실업자가 38%로 가장 높음을 알 수 있어 전직실업자가 고학력자인 경우가 상대적으로 많음을 알 수 있다. 그리고 연령대를 기준으로 보면, (ㄹ) 전직실업자 중에는 20대 자격증취득인원이 5%에 불과한 반면, 새터민의 경우 21%나 되어 집단별로 구성상 특징이 상이함을 알 수 있다.

자격증취득률을 최종학력을 기준으로 좀 더 세분화해서 살펴보면, 최종학력과 자격증취득률이 반드시 비례하지 않음을 알 수 있는데, 실제로 (ㅁ) 최종학력이 높아질수록 자격증취득률이 높아지는 훈련대상은 신규실업자가 유일함을 알 수 있다.

① ㄱ, ㄴ
② ㄴ, ㄷ
③ ㄷ, ㅁ
④ ㄴ, ㄷ, ㄹ
⑤ ㄴ, ㄹ, ㅁ

책형 가

# 상황판단영역

### 01 다음 글에서 추론한 것으로 가장 옳지 않은 것은?

우리 국민의 영양공급원으로서 상품화되어 있는 육류들이 '시장에서 어떠한 수요 반응을 보이는가'하는 문제는 '육류 시장의 개별 소비자가 어떻게 반응하는가'라는 문제와 별개의 문제일 수 있다. 따라서 우리나라의 대표적 육류 시장으로서 쇠고기, 돼지고기, 닭고기에 대한 자료를 이용하여 역수요 모형을 추정하고, 그 추정 결과가 보여주는 시장반응을 개인 소비자반응으로 변환하고 해석할 수 있는 방법론을 실증 분석을 통하여 보여주었다.

역수요 모형의 추정 결과 중 소득효과에 상응하는 규모탄력성을 보면 쇠고기의 규모탄력성이 −0.725로서 소비증가에 따른 한계효용의 감소가 상대적으로 작으므로 사치재적인 성격을 가지고, 돼지고기와 닭고기의 경우에는 규모탄력성이 −1.070, −1.608로서 필수재적인 성격을 가짐을 보여주고 있다.

역수요모형의 가격유동성의 경우 모든 육류에 대한 가격유동성이 음의 부호를 가지므로 수요의 법칙을 위배하지 않은 것으로 나타났다. 쇠고기의 가격유동성은 −0.482로서 쇠고기의 소비량을 1% 증가시킬 때 그 한계가치가 0.482% 감소함을 의미하므로 쇠고기의 수요는 가격이 비유동적인 것이라고 해석할 수 있다. 돼지고기와 닭고기의 가격유동성은 각각 −0.784, −1.133으로서 돼지고기의 가격이 비유동적인데 반해 닭고기의 가격은 유동적인 것으로 나타났다.

역수요모형의 추정 결과로부터 개인 소비자반응을 나타내는 소득탄력성과 가격탄력성을 추정해 본 결과는 수요의 소득탄력성이 쇠고기(1.678), 돼지고기(0.965), 닭고기(0.574)이며, 수요의 가격탄력성이 쇠고기(−0.782), 돼지고기(−0.485), 닭고기(−0.875)로서 캐나다 육류시장과 거의 유사한 패턴을 보여주었다. 이렇게 기존의 연구와 유사한 결과를 보여준다는 것은 본 연구가 제시한 역수요모형의 시장반응을 통한 통상수요모형의 개인 소비자반응으로 변환하는 방법이 적합하여 경제현실을 잘 설명하고 있음을 보여주는 것이다.

① 소득효과에 상응하는 규모탄력성 측면에서 오리고기가 -0.796이라면 돼지고기에 비해 사치재적인 성격을 지닐 것이다.

② 오리고기의 가격유동성이 −1.388이라면 오리고기 소비량이 1% 증가 시 그 한계가치는 1.388% 감소하는 것이며, 오리고기의 수요 가격은 비유동적이다.

③ 미국 육류시장의 쇠고기, 돼지고기, 닭고기의 수요의 소득탄력성과 가격탄력성이 캐나다 육류시장과 패턴이 유사하다면, 한국 육류시장의 패턴과도 흡사하다고 말할 수 있다.

④ 오리고기의 역수요모형의 가격유동성이 양의 부호의 값을 지닌다면, 이는 수요의 법칙에 어긋난다고 볼 수 있다.

⑤ 선행연구와 본 연구의 결과가 상이한 경우 연구방법론이 과연 경제현실에 맞는지 살펴보아야 한다.

### 02 다음 글을 근거로 추론할 때 가장 옳은 것은?

스포츠 과학자들은 "동계 스포츠만큼 고도와 온도 조건에 영향을 받는 종목은 드물다"라고 말한다. 얼음 품질과 고도 사이에는 묘한 관계가 있다. 얼음은 일반적으로 영하 0℃에서 얼지만 고도에 따라 결정질이 달라진다.

기압이 높은 저지대에서 언 얼음은 공기방울을 많이 포함하고 있다. 반면 해발 고도가 높은 고지대에서는 얼음이 거의 완벽한 결정을 이룬다. 따라서 저지대에 만든 빙판의 표면은 고지대에 비해 거친 편이다. 밴쿠버는 동계올림픽이 열린 역대 개최지 가운데 가장 낮은 해발 고도에 자리하고 있다. 현지 언론들은 밴쿠버 올림픽에서 스케이트 종목의 기록 경신은 어려운 것으로 예상했었다.

경기장의 위치 외 빙상 선수들이 최고의 기량을 발휘할 수 있는 조건은 또 어떤 것이 있을까. 좋은 기록을 내려면 빙판의 온도도 중요하다. 스케이트는 발에 힘을 줄 때 날과 빙판 사이에 생긴 열로 녹은 습기가 윤활유 역할을 해주면서 앞으로 나아가는 원리를 이용한다. 이 때문에 빙판 표면에는 약간의 습기가 있는 것이 좋다. 피겨 종목만 해도 빙판 아래 온도는 영하지만 빙판 위는 0℃보다 조금 높다. 특히 점프와 착지, 스핀과 턴, 스텝이 연속적으로 반복되는 피겨 종목의 경우 얼음상태가 너무 딱딱하고 미끄러워서는 안 된다. 얼음이 지나치게 딱딱하면 착지 과정에서 스케이트 날과 빙판 사이에 마찰력이 순식간에 높아지면서 넘어지기 쉽기 때문이다. 얇고 긴 날이 빙판 위에 아주 얇게 형성된 '수막'을 미끄러지듯 나아가며 속도를 얻는 스피드스케이팅 경기도 비슷한 온도에서 진행된다.

반면 반지름 8m인 곡선주로가 코스의 절반 가까이 차지하는 쇼트트랙의 경우 얼음 온도는 두 종목보다 2~3℃가 낮다. 상대적으로 얼음도 더 딱딱하다. 이는 쇼트트랙의 속성상 곡선운동이 많기 때문이다. 원심력을 이기면서 최단거리로 곡선주로를 돌기 위해서는 미끄러짐을 최대한 줄여야 한다.

스키나 봅슬레이처럼 경사진 곳에서 내려오는 기록 종목에 있어 경기력에 영향을 미치는 중요한 요인은 고도다. 알파인 스키나 봅슬레이 종목에서는 어느 높이에서 경기를 진행하느냐에 따라 선수의 순간적인 근력과 심폐 기능이 좌우된다. 일반 선수들은 고도가 1,000m 올라갈 때마다 10%씩 심폐기능이 떨어진다. 특히 스타트를 할 때 최초 1, 2분간 순간적인 근력과 심폐능력이 경기 결과를 좌우하는 봅슬레이의 경우 고도의 영향을 받을 수 있다. 물론 충분한 적응훈련을 받은 엘리트급 선수들은 종목에 관계없이 고도 1,500m까지는 영향을 받지 않는다.

① 밴쿠버 올림픽 스케이트 종목에서 우리 선수들의 우승 가능성은 다른 대회보다 낮을 것이다.

② 스피드스케이팅과 쇼트트랙의 얼음 온도가 차이나는 이유는 상대적으로 스피드스케이팅은 마찰력이 낮은 것이, 쇼트트랙은 마찰력이 높은 것이 유리하기 때문이다.

③ 피겨스케이팅에서 곡선의 동작이 많은 안무를 선택할 경우 쇼트트랙과 비슷한 온도가 적절하다.

④ 해발고도가 1,350m인 솔트레이크시티에서 치러진 동계 올림픽에서는 모든 선수들의 심폐기능의 저하로 좋은 대회기록이 나올 수 없다.

⑤ 밴쿠버의 위치는 스케이트 종목과 스키 종목의 기록에 동일한 영향을 미친다.

## 03 다음 글을 읽고 판단할 때 옳은 것만을 <보기>에서 모두 고르면?

군인들이 입대와 동시에 부여 받는 군번에는 입소하게 되는 훈련소와 주특기에 대한 정보가 반영되어 있다. 군번은 XX-OOOOOO과 같이 앞 두 자리와 뒤 여섯 자리로 구성되는데, 앞 두 자리는 입대한 연도의 끝 두 자리가 들어간다. 2016년 입대자는 16이 들어가고, 2017년 입대자는 17이 들어가게 된다.

뒤 여섯 자리 중 첫 번째 자리에는 입소하게 되는 훈련소가 들어간다. 충청도 훈련소는 1, 강원도 훈련소는 2, 경기도 훈련소는 6이 들어간다. 그 다음 자리는 해당 병사의 주특기를 나타낸다. 소총병은 1, 유탄병은 2, 기관총병은 3, 행정병은 4가 들어간다. 이어지는 네 자리는 해당 연도에 해당 훈련소에 입소한 병사의 순번을 나타낸다.

예를 들어 2016년에 경기도 훈련소에 가장 먼저 입소한 소총병의 군번은 16-610001이 되고, 같은 훈련소에 그 다음으로 입소한 기관총병의 군번은 16-630002가 된다.

일반적인 전투 소대는 3개의 전투 분대와 1개의 기행 분대로 구성된다. 전투 분대의 분대원은 모두 7명으로 소총병 3명, 유탄병 2명, 기관총병 2명으로 편제되는 것이 원칙이며, 기행 분대는 5명으로 행정병 1명, 기관총병 4명으로 편제되는 것이 원칙이다. 그러나 현실적으로 원칙상의 편제대로 소대가 구성되는 경우는 그리 많지 않아, 분대원의 수나 구성원의 주특기가 원칙과 다른 경우가 많다.

다음 자료는 육군 모 부대의 N소대에 소속된 병사들의 군번을 나타낸 것이다.

| | | | |
|---|---|---|---|
| 전투 1분대 | 16-114532 | 16-121728 | 16-317283 |
| | 16-132542 | 17-110279 | 17-611045 |
| | 16-627212 | | |

| | | | |
|---|---|---|---|
| 전투 2분대 | 16-314876 | 16-128921 | 16-629173 |
| | 17-631824 | 17-110029 | 17-322181 |
| | 16-137739 | | |

| | | | |
|---|---|---|---|
| 전투 3분대 | 15-349987 | 16-336482 | 16-628569 |
| | 16-112954 | 17-612186 | 17-331542 |
| | 16-124937 | | |

| | | | |
|---|---|---|---|
| 기행 분대 | 16-336080 | 16-133925 | 17-613082 |
| | 17-113729 | 17-142933 | |

보 기

ㄱ. N 소대에는 원칙상의 편제대로 구성된 분대가 존재하지 않는다.
ㄴ. N 소대 병사 중 경기도 훈련소 출신으로 가장 먼저 입대한 병사는 전투 3분대에 소속되어 있다.
ㄷ. 전투 1분대의 병사 1명과 기행 분대의 병사 1명을 맞바꿨을 때, 적어도 한 개 전투분대는 원칙상의 편제에 맞출 수 있는 경우가 존재한다.
ㄹ. N 소대 병사 중 충청도 훈련소 출신으로 가장 먼저 입대한 병사와 가장 나중에 입대한 병사는 주특기가 동일하다.

① ㄱ, ㄴ ② ㄱ, ㄷ ③ ㄴ, ㄷ
④ ㄴ, ㄹ ⑤ ㄷ, ㄹ

## 04 다음 <사건>과 <재판결과>에 근거할 때, 대법원의 입장을 지지하는 견해를 <보기>에서 모두 고르면?

<사건>

甲은 1993. 9. 22, 00:10경 대전시 중구 선화3동 소재 피해자 집에 그녀를 강간하기 위하여 창문을 열고 안으로 얼굴을 들이미는 등의 행위를 하였다. 甲은 주거침입죄로 기소되어 재판을 받았다.

<재판 결과>

1. **고등법원**은 주거침입죄가 성립하기 위하여는 신체의 전부가 목적물에 들어간다는 인식 아래 그러한 행위의 실행의 착수가 있어야 하고, 甲에게는 피해자의 방안을 들여다본다는 인식이 있었을 뿐이고 그 안에 들어간다는 인식이나 의사는 없었다는 이유로 무죄를 선고하였다.
2. 대법원은 주거침입죄의 고의는 반드시 신체의 전부가 주거 안으로 들어간다는 인식이 있어야만 하는 것이 아니라 신체의 일부라도 타인의 주거 안으로 들어간다는 인식이 있으면 족하다고 하면서, 비록 신체의 일부만이 집안으로 들어갔다고 하더라도 사실상 주거의 평온을 해하였다면 주거침입죄는 성립한다고 하여 유죄를 선고하였다.

보 기

ㄱ. 살인죄가 '살인을 한' 경우를 처벌하고 강도죄가 '강도를 한' 경우를 처벌하는 것과 마찬가지로 주거침입죄는 이미 '침입한' 경우를 처벌하는 범죄라고 보아야 한다.
ㄴ. 주거침입죄 규정을 사건에 적용함에 있어서는 정보통신의 발달에 따라 사생활의 침해 가능성이 증대되었다는 점을 감안해야 한다.
ㄷ. 우리 형법은 주거침입죄가 완성되지 않은 경우인 '주거침입죄의 미수'를 처벌하는 규정을 별도로 두고 있다.
ㄹ. 미수규정이 존재한다고 하여 전부침입한 경우에 범죄가 완성된다고 보는 것은 논리필연적이지 않다.

① ㄱ, ㄴ
② ㄱ, ㄹ
③ ㄴ, ㄷ
④ ㄴ, ㄹ
⑤ ㄷ, ㄹ

## 05 다음에서 추론한 것으로 옳은 것만을 <보기>에서 모두 고르면?

오픈 마켓이란 개인과 판매업체가 온라인상에서 자유롭게 상품을 거래하도록 해주는 '중개'형 인터넷 쇼핑몰을 의미한다. 상품을 등록해 판매한 사용자에게서 판매정액의 약 10% 정도를 수수료로 뗀다(할인액은 무시). 온라인상에서 판매자와 구매자를 직접 연결시켜줘 중간 마진을 줄이는 오픈 마켓 시장은 올 들어 거래액이 10조원에 이를 만큼 성장했다.

온라인 유통업계의 근본적인 문제점 중 하나는 독과점 구도이다. 오픈마켓의 시장 점유율은 1위 업체인 A회사가 47%를 차지하고, B회사(32%)와 C회사(21%)가 뒤를 잇고 있다. A회사와 B회사를 한 외국계 회사가 소유하고 있으니, 사실상 거래액의 5분의 4를 한 회사가 장악하고 있는 구조다.

오픈마켓에서 잡화를 판매하는 서모 사장은 "담당 매니저의 경조사에 참석을 못했는데, 그 이후에 할인쿠폰도 지원해주지 않고 기획전에서도 빼버려 매출이 크게 줄었다"고 한탄했다. '할인쿠폰'과 '기획전'은 대형 오픈마켓들이 횡포를 부리는 것이라고 지적된다. 엄청나게 많은 판매자가 수많은 물건을 가지고 사이트에 들어와 있는데 할인쿠폰을 받지 못해 가격 경쟁에서 뒤처지거나, 기획전에서 배제되면 매출이 급감하기 때문이다.

최근에는 후발 주자인 C회사에 입점한 10여 개 사업자에게 A회사가 철수를 요구한 다음 자기 사이트에서의 판매 가격을 더 낮추라고 강요했다가 공정위 조사를 받아 과징금 처분을 받기도 했다. 또한 오픈마켓에서 구입한 제품이 가짜인 경우가 종종 있는 등 문제점이 나타나고 있다.

보 기

ㄱ. 오픈마켓의 경우 시장을 과점한 막강한 사업자가 수많은 판매자들과 대응하는 구조이기 때문에 사업자와 판매자 간의 공정한 거래가 성립하기가 어렵다.
ㄴ. 원래 9,900원에 팔던 상품을 1만 2,900원으로 올리고 3,000원짜리 할인쿠폰을 걸어도 오픈마켓에 지불하는 수수료금액은 동일하다.
ㄷ. 2만원짜리 상품을 15% 할인하여 1만 7,000원에 판매한 판매자는 약 2,000원의 수수료를 낸다.
ㄹ. 오픈 마켓을 통해 소비자는 항상 낮은 가격에 믿을 수 있고 질 좋은 최적의 상품을 편리하게 구매할 수 있다.

① ㄱ, ㄴ
② ㄱ, ㄷ
③ ㄴ, ㄷ
④ ㄴ, ㄹ
⑤ ㄷ, ㄹ

## 06 다음 글을 통해 판단할 때, 최지수가 집에 도착한 시점에 재생되고 있던 곡의 번호를 고르면?

대학생인 최지수는 방탕했던 지난날을 반성하며, 자기 관리에 돌입했다. 자기 관리 중 하나로 매일 1시간 정도 운동을 하기로 결심했다. 답답한 헬스장을 싫어하는 최지수는 근처 공원의 트랙을 걷기로 하고, 운동 중에 들을 음악도 준비했다. 다음은 최지수가 준비한 플레이리스트에 있는 곡들의 재생시간이다. 음악은 번호 순서대로 재생되며, 마지막 곡의 재생이 끝나면 다시 처음으로 돌아가 반복하여 재생된다.

| 번호 | 재생 시간 | 번호 | 재생 시간 | 번호 | 재생 시간 |
|---|---|---|---|---|---|
| 1 | 3:27 | 5 | 3:12 | 9 | 3:52 |
| 2 | 4:11 | 6 | 4:58 | 10 | 3:36 |
| 3 | 3:48 | 7 | 3:08 | 11 | 4:19 |
| 4 | 4:02 | 8 | 4:23 | | |

최지수는 집에서 출발함과 동시에 준비한 플레이리스트의 1번곡을 처음부터 재생하였고, 15분 30초 후에 공원의 트랙에 도착하였다. 도착 당시 재생 중이던 음악이 끝날 때까지 가벼운 스트레칭을 하였고, 바로 다음 곡이 시작하자마자 트랙을 걷기 시작하였다. 분당 100m의 일정한 속도로 200m 트랙 20바퀴를 걷고 난 후, 트랙 걷기를 멈춘 시점에서 재생되고 있는 곡과 바로 그 다음 곡이 끝날 때까지 정리 운동을 하였고, 그 다음 곡의 시작과 동시에 집으로 출발하여 정확히 20분 후에 집에 도착하였다.

① 1번
② 4번
③ 8번
④ 9번
⑤ 11번

## 07 다음 글은 혐의거래보고의 기본체계에 대한 내용이다. 이에 대한 판단으로 가장 옳은 것은?

1) 혐의거래보고의 대상

금융기관 등은 ① 원화 2천만 원 또는 외화 1만 달러 상당 이상의 거래로서 금융재산이 불법재산이거나 금융거래 상대방이 자금세탁행위를 하고 있다고 의심할 만한 합당한 근거가 있는 경우, ② 범죄수익 또는 자금세탁행위를 알게 되어 수사기관에 신고한 경우에는 의무적으로 금융정보분석원에 혐의거래보고를 하여야 한다.

금융정보분석원은 의무보고대상거래를 보고하지 않을 경우에 관련 임직원에 대한 징계 및 기관에 대한 과태료 부과 등 적절한 제재조치를 할 수 있다. 또한, 혐의거래 중 거래액이 보고대상기준금액 미만인 경우에 금융기관은 이를 자율적으로 보고 할 수 있다.

2) 혐의거래보고의 방법 및 절차

영업점직원은 업무지식과 전문성, 경험을 바탕으로 고객의 평소 거래상황, 직업, 사업내용 등을 고려하여 취급한 금융거래가 혐의거래로 의심되면 그 내용을 보고책임자에게 보고한다. 보고책임자는 특정금융거래정보보고 및 감독규정의 별지서식에 의한 혐의거래보고서에 보고기관, 거래상대방, 의심스러운 거래내용, 의심스러운 합당한 근거, 보존하는 자료의 종류 등을 기재하여 금융정보분석원에 온라인으로 보고하거나 문서로 제출하되, 긴급한 경우에는 우선 전화나 팩스로 보고하고 추후 보완할 수 있다.

① 甲은행 신림점 직원은 3천만 원을 인출하려는 고객의 금융재산이 불법재산이라는 합당한 근거를 발견하고 보고책임자를 거치지 않고 금융정보분석원에 혐의거래보고를 했다.
② 乙은행은 거래 고객의 자금세탁행위를 파악하고, 경찰에 신고를 한 후, 금융정보분석원에 보고를 하지 않았다.
③ 丙은행은 1천만 원을 해외로 송금하려는 고객의 재산이 불법재산임이 의심되는 근거를 발견하여 혐의거래보고를 하였다.
④ 丁은행은 1만 달러를 송금하는 거래자에 대하여 자금세탁행위에 대한 근거가 포착되었음에도 불구하고 보고하지 않은 직원에 대하여 징계조치를 하였다.
⑤ 戊은행의 보고책임자는 직원으로부터 혐의거래 보고를 받은 후 별도의 서식없이 거래내용과 의심스러운 근거를 문서로 작성하여 혐의거래보고를 하였다.

## 08 다음 <조건>은 교수에 대한 학생들의 평가에 관한 내용이다. <표>와 <조건>에 근거한 <보기>의 설명 중 옳지 않은 것만을 모두 고르면?

조 건

○ 최종 평가결과 점수는 학생들이 평가한 점수를 합산한 후 평균을 내어 산출함.
○ 최종 평가결과 점수가 4점 이상인 경우 성과금을 받고, 3점 미만인 경우 해당 교수는 대학에서 퇴출됨. 단, 재직 연수가 10년 이상인 경우에는 최종 평가결과 점수가 2.5점 미만이어야만 퇴출됨.
○ 같은 점수를 준 학생의 수가 10명 이상인 경우 (해당 점수×학생의 수)의 1.5배의 점수를 부여함.
예) 1점을 준 학생의 수가 10명인 경우 15점을 부여함.

<표> 교수에 대한 학생들의 평가결과

| 점수＼교수명 | 甲(8) | 乙(5) | 丙(13) |
|---|---|---|---|
| 5 | 𤴓 | 正 | |
| 4 | 正 下 | 正 下 | 丅 |
| 3 | 正 𤴓 | 正 | 一 |
| 2 | 丅 | 𤴓 | 正 正 一 |
| 1 | 丅 | 正 正 一 | 正 |

* 1) 교수명 옆 괄호 안의 숫자는 해당 교수의 재직 연수를 의미함.
2) 학생의 수는 바를 정(正)으로 표기하고, 한 획 당 한명의 학생을 의미함.

보 기

ㄱ. 최종 평가결과 점수는 '乙 – 甲 – 丙'순으로 높다.
ㄴ. 甲과 丙 간의 최종 평가결과 점수의 격차는 1점 이상이다.
ㄷ. 위의 최종 평가결과 점수에 따라 대학에서 퇴출되는 교수는 한 명이다.

① ㄱ
② ㄷ
③ ㄱ, ㄴ
④ ㄱ, ㄷ
⑤ ㄴ, ㄷ

**09** **다음 글을 근거로 판단할 때, M팀이 최종적으로 선택하게 될 프로그램의 종류와 그 최종점수로 옳게 짝지어진 것은?**

4명으로 구성된 M팀은 업무처리 효율화를 위한 소프트웨어 프로그램 구입을 계획하고 있다. M팀은 하나의 프로그램만 구입할 예정이며, 이 때 M팀은 경제성, 용이성, 보안성의 총 3가지 요소를 고려하여 최종점수가 가장 높은 프로그램을 선택한다.

○ 각 고려요소의 평가결과 '상' 등급을 받으면 10점을, '중' 등급을 받으면 7점을, '하' 등급을 받으면 3점을 부여한다. 단, 보안성을 중시하여 보안성 점수는 2배로 계산한다.(예 : 보안성 '하' 등급 6점)

○ 보안성은 각 프로그램별 보안값이 가장 높은 것부터 상, 중, 하로 평가한다.

○ 각 고려요소의 평가점수를 합하여 최종점수를 구한다.

〈프로그램별 평가표〉

| 프로그램 | 경제성 | 용이성 | 보안성 |
|---|---|---|---|
| A | 상 | 중 | ? |
| B | 중 | 상 | ? |
| C | 중 | 하 | ? |

〈프로그램별 보안값 계산식〉

| 프로그램 | 보안값 계산식 |
|---|---|
| A | (보안등급점수+50) × 팀원 수 |
| B | 2000-(보안등급점수 × 용이성 점수) |
| C | (보안등급점수) + 1000 |

〈보안등급점수 환산표〉

| 경제성 점수와 용이성 점수의 평균 | 보안등급점수 |
|---|---|
| 8점 이상 | 100 |
| 6점 이상 8점 미만 | 80 |
| 4점 이상 6점 미만 | 50 |
| 4점 미만 | 10 |

| | 프로그램 | 최종점수 |
|---|---|---|
| ① | A | 20 |
| ② | A | 23 |
| ③ | B | 24 |
| ④ | B | 31 |
| ⑤ | C | 30 |

**10** **다음 글에 제시된 방식으로 실제 시청률과 측정 시청률을 도출한다고 할 때, 해당 시점의 채널별 실제 측정률과 측정 시청률이 바르게 연결되지 않은 것은?(단, 시청률 결과는 소수점 아래 자리에서 반올림한다.)**

시청률 데이터를 종합하여 정보를 제공하는 SNT 기업은 기존에 사용하던 시청률 측정 방식이 실제 시청률과 얼마나 차이 나는지 알아보기 위하여 수도권에 있는 한 아파트의 2개 동을 대상으로 시청률 측정을 진행했다. 측정 대상이 되는 아파트의 1동과 2동에는 모두 60가구가 거주하고 있으며, 각 가구에서 수신되는 채널은 2, 4, 8의 세 가지 뿐이다.

해당 아파트 2개 동의 가구들을 전수 조사한 결과 TV 시청 패턴은 다음과 같은 세 가지로 나타났다.

| | | | | | | |
|---|---|---|---|---|---|---|
| A | B | B | 10 | C | A | A |
| C | A | C | 9 | C | B | A |
| B | C | B | 8 | A | C | B |
| A | C | B | 7 | A | C | C |
| C | B | B | 6 | A | A | B |
| A | C | C | 5 | B | A | A |
| A | A | C | 4 | C | A | B |
| B | A | A | 3 | A | B | B |
| B | B | C | 2 | A | C | C |
| A | A | B | 1 | C | A | C |
| 1동 | | | 층수 | 2동 | | |

* 알파벳은 각 가구의 시청 타입을 나타낸다. 검은 배경에 흰 글씨로 표시된 가구는 시청률 측정 장비가 설치된 가구이다.

A type : 20시에 채널 2번부터 시청하기 시작하며, 1시간마다 2–4–8의 순서로 채널을 변경한다. TV가 꺼지는 시간은 새벽 01시이다.

B type : 24시간 계속 TV가 켜져 있다. 자정에 채널 8번부터 시청하기 시작하며, 2시간마다 8–2–4의 순서로 채널을 변경한다.

C type : 08시부터 20시까지 TV가 켜져 있다. 점심(11~13) 시간과 저녁(17~19) 시간에는 채널 4번을 시청하며, 그 외 시간에는 채널 8번을 시청한다.

실제 시청률은 조사 대상 전체 가구 수 대비 해당 시점에 해당 채널을 시청하고 있는 가구의 수로 나타낼 수 있으며, 측정 시청률은 시청률 측정 장비가 설치된 전체 가구 수 대비 장비가 설치된 가구 중 해당 시점에 해당 채널을 시청하고 있는 가구의 수로 나타낼 수 있다.

| (단위: %) | | 채널 2 | | 채널 4 | | 채널 8 | |
|---|---|---|---|---|---|---|---|
| | | 실제 | 측정 | 실제 | 측정 | 실제 | 측정 |
| ① | 00:30 | 0 | 0 | 38 | 27 | 30 | 31 |
| ② | 02:30 | 30 | 31 | 0 | 0 | 0 | 0 |
| ③ | 08:30 | 30 | 31 | 0 | 0 | 32 | 42 |
| ④ | 12:30 | 0 | 0 | 32 | 42 | 30 | 31 |
| ⑤ | 20:30 | 30 | 31 | 0 | 0 | 0 | 0 |

## 11 다음 글과 〈상황〉을 바탕으로 추론한 것으로 옳은 것만을 〈보기〉에서 모두 고르면?

대부분의 산업제품들은 여러 회사의 협력 하에 여러 가지 부품을 각각의 회사에서 제조한 후 그것을 결합하여 탄생하게 된다. 이 경우 각 회사에서 공급할 수 있는 부품의 수량은 회사의 설비규모에 따라 부품생산의 최대량이 결정되고, 회사를 운영하는데 필요한 최소한의 자본에 따라 부품생산의 최소량이 결정된다. 특히 부품생산의 최대량을 초과해서 생산할 수는 없지만 부품생산의 최소량은 그 미만으로 떨어질 수 있으며 미만으로 떨어지는 회사는 자금 압박에 시달리게 되어 시간이 지나면 결국 파산하게 된다.

특히 규모가 작은 회사일수록 설비규모나 자금의 이유로 부품생산의 유동성이 작아지는 즉 경기에 따른 생산량의 조절에 어려움을 겪으며, 이 유동성이 작아질수록 경기가 불황을 겪을 때 파산할 확률이 높아진다. 중소기업이 경기가 어려워질 때 가장 많은 직격탄을 맞는 이유도 바로 여기에 있다. 이에 따라 협력업체들이 만들 수 있는 부품 생산량의 기준을 어디에 두는지에 따라 파산하는 회사가 생기거나 X제품의 생산량이 결정된다.

**상 황**

다음의 A~E회사는 각각 한 종류의 부품을 생산하고 이 5개의 회사가 만든 5개의 부품이 결합하여 X제품이 완성된다. 이때 1개의 X제품을 생산하는 데에는 A회사의 부품 2개가 필요하고 나머지 B, C, D, E회사가 만드는 부품은 각 1개씩 필요하다. 다음의 <표>는 1일 기준으로 각 회사가 만들 수 있는 부품의 최소 수량과 최대 수량을 나타낸 것이다.

| | 하루 동안 생산할 수 있는 부품의 수량 |
|---|---|
| A | 4만 개 이상 ~ 6만 개 미만 |
| B | 1만 개 이상 ~ 4만 개 미만 |
| C | 2만 개 이상 ~ 5만 개 미만 |
| D | 3만 개 이상 ~ 7만 개 미만 |
| E | 5만 개 이상 ~ 8만 개 미만 |

* A~E회사가 생산할 수 있는 부품의 수량만을 고려한다.
* 모든 회사는 각각의 회사가 만들 수 있는 부품의 최소 수량 미만의 부품을 공급할 수는 있다.

**보 기**

ㄱ. X제품의 생산량이 하루 3만 개 미만일 경우 2개 회사가 자금 압박을 겪는다.
ㄴ. X제품은 하루에 최대 4만 개 이상 생산할 수 있다.
ㄷ. 위와 같은 생산 상황에서는 적어도 2개 회사 이상이 자금압박에 시달리게 된다.
ㄹ. X제품 생산량이 하루 2만 개 미만일 경우 5개 회사 모두 자금 압박을 겪는다.

① ㄱ, ㄴ ② ㄱ, ㄷ ③ ㄴ, ㄷ
④ ㄴ, ㄹ ⑤ ㄷ, ㄹ

## 12 다음 〈조건〉과 〈표〉를 바탕으로 추론한 수도권 학생 단체 관람객 수요예측 합계 : (가)와 수도권 학생 개별 관람객 수요예측 합계 : (나)의 조합으로 옳은 것은?

**조 건**

○ 단체 관람 예상 관람객 수는 추정학생수와 방문율 추정치의 곱을 통해 계산된다.
○ 방문율 추정치는 방문의향률과 방문실현율의 곱이다.
○ 학생 개별관람객의 수요 예측에서 단체관람 중복인원은 가족동반 자녀수의 5%이다.
○ 개별 관람객 수요 예측은 가족동반 자녀수에서 단체관람 중복인원을 제외하여 계산된다.

〈표 1〉 수도권 학생 단체 관람객 수요예측

(단위 : 명, %)

| 구분 | 초중고 추정학생수 | 방문의향률 | 방문실현율 | 예상관람객수 |
|---|---|---|---|---|
| 서울 | 1,400,000 | 50 | 4 | - |
| 인천 | 400,000 | 75 | 6 | 18,000 |
| 경기 | 1,800,000 | 50 | 12 | - |
| 합계 | 3,600,000 | - | - | (가) |

〈표 2〉 수도권 학생 개별 관람객 수요예측

(단위 : 명, %)

| 구분 | 일반관람객 | 가족동반 일반관람객 | 가족동반 자녀수 | 예상관람객수 |
|---|---|---|---|---|
| 서울 | 120,000 | 60,000 | 48,000 | 45,600 |
| 인천 | 20,000 | 10,000 | 8,000 | - |
| 경기 | 250,000 | 125,000 | 100,000 | - |
| 합계 | - | - | - | (나) |

| | (가) | (나) |
|---|---|---|
| ① | 154,000 | 148,200 |
| ② | 152,000 | 148,000 |
| ③ | 154,000 | 148,400 |
| ④ | 152,000 | 148,200 |
| ⑤ | 154,000 | 148,000 |

**13** 다음을 읽고 판단했을 때, 갑~무의 오디션 최종 점수가 가장 높은 사람은 누구인가?

케이블 TV 방송국인 ENTV에서는 새로운 방식의 오디션 프로그램을 준비하고 있다. 참가자 5명의 점수를 두 가지 방식으로 채점하여 최종 점수를 도출해 낸다.

첫 번째 채점은 기계를 이용한 것으로 음정, 박자, 가사 전달 세 분야에서 점수를 도출하여 합산한다. 이 합산 점수에 참가자가 스스로의 강점으로 꼽은 분야의 점수를 가산하게 되는데, 본인이 강점으로 꼽은 분야의 점수가 단독 또는 공동으로 분야 중 최고점일 경우에는 해당 분야 점수의 20%를 가산하며, 그렇지 않은 경우에는 10%만을 가산하여 기계 점수를 도출한다.

두 번째 채점은 전문가 채점으로 마찬가지로 음정, 박자, 가사 전달 세 가지 분야에서 점수를 도출하여 단순 합산한 것을 전문가 점수로 한다.

이처럼 기계 점수와 전문가 점수를 도출하여 둘 중 높은 점수를 최종 점수로 결정한다.

다음 표는 ENTV 오디션 프로그램의 최종 참가자인 갑~무의 기계 점수와 전문가 점수를 나타낸 것이다.

| 참가자 | 강점 | 음정 | | 박자 | | 가사전달 | |
|---|---|---|---|---|---|---|---|
| | | 기계 | 전문가 | 기계 | 전문가 | 기계 | 전문가 |
| 갑 | 음정 | 25 | 26 | 30 | 27 | 25 | 29 |
| 을 | 박자 | 28 | 24 | 23 | 25 | 24 | 26 |
| 병 | 박자 | 30 | 28 | 27 | 22 | 30 | 28 |
| 정 | 가사 전달 | 27 | 29 | 22 | 24 | 27 | 24 |
| 무 | 음정 | 25 | 28 | 28 | 26 | 29 | 30 |

① 갑
② 을
③ 병
④ 정
⑤ 무

**14** 다음을 읽고 판단한 것으로 반드시 참이라고 할 수 없는 것은?

한국이 2010남아공월드컵 아시아지역 최종예선에서 2번 시드*를 받았다. 아시아축구연맹(AFC)은 "오는 27일 말레이시아 콸라룸푸르에서 열리는 월드컵 최종예선 조 추첨식에서 한국과 호주가 같은 1번 포트*에 배정됐다."고 발표했다.

AFC가 발표한 바에 따르면 지난 2006독일월드컵에서 16강 토너먼트에 진출했던 호주가 1번 시드를 받았고, 당시 대회 본선 탈락국 중 가장 높은 17위에 올랐던 한국은 2번 시드를 배정받았다. 이란은 3번 시드를 받았고, 사우디아라비아와 일본은 공동으로 4번 시드를 받아 이들 3개 팀은 2번 포트에 자리를 잡았다. 이들 중 같은 시드를 배정받은 사우디와 일본은 오는 27일 최종예선 조 추첨식에서 포트 결정 추첨을 통해 한 팀이 2번 포트에 남고 남은 팀은 3번 포트로 가게 된다. 이외에 현재 3차 예선을 치르고 있는 국가 중 최종예선에 진출하는 5개국은 지난 3월 25일 AFC에서 발표된 시드 순위를 기준으로 3번 또는 4번 포트에 이름을 올리게 된다. 1~3번 포트는 각 2개 팀이, 4번 포트에는 4개 팀이 배정된다. 2개 팀만이 배정된 3개 포트는 임의의 순서에 따른 조 추첨을 통해 각자 A조 또는 B조로 갈라지게 되지만, 4개 팀이 한데 모인 4번 포트는 임의의 순서에 따른 4번의 조 추첨이 이뤄져 2개 팀씩 같은 조에 들어가게 된다. 조 추첨은 사우디와 일본의 2번 포트 결정 추첨에 이어 4번 포트부터 역순으로 이뤄진다.

이날 발표로 허정무 감독이 이끄는 축구국가대표팀은 월드컵 최종예선 진출 시 최대 난적으로 평가됐던 호주를 피할 수 있게 됐다.

* 시드(seed)는 토너먼트 예선 경기에서, 강한 선수나 팀이 맞붙지 않게 하기 위해 실력이 높은 팀에게 주어지는 것이다.
* 포트(pot)는 하나의 집합 단위를 뜻한다. 실력이 비슷한 팀을 같은 포트에 배정 한 후, 포트별로 팀을 추첨하여 하나의 조를 구성함으로써 각 조별 수준차를 최소화하고자 한다.

① 최종예선은 총 10개의 팀이 A조 또는 B조로 편성되어 진행된다.
② 이란은 한국보다 먼저 조가 결정된다.
③ 호주, 사우디아라비아, 일본은 같은 조가 될 수 있다.
④ 일본은 이란보다 먼저 조 추첨을 한다.
⑤ 호주, 사우디아라비아, 이란, 일본은 같은 조가 될 수 없다.

**15** **다음 글과 〈표〉는 야간에 색을 구분하는 실험에 관한 자료이다. 주어진 정보에 근거하여 〈보기〉의 설명 중 옳은 것만을 모두 고르면?**

○ <표>는 전체 응답자 500명을 대상으로 3가지 실제 색을 야간에 차례대로 보여준 뒤, 이것이 무슨 색으로 보이는지를 응답하게 한 실험 결과이다.

○ 색깔별 착시율(%)

$$= \frac{\text{실제 색을 틀리게 응답한 사람의 수}}{\text{색깔별 전체 응답자 수}} \times 100$$

〈표〉 야간 색 구분 실험결과

| 응답한 색 \ 실제 색 | 녹색 | 파란색 | 빨간색 |
|---|---|---|---|
| 녹색 | 275 | 151 | 85 |
| 파란색 | 127 | 218 | 178 |
| 빨간색 | 98 | 131 | 237 |

보 기

ㄱ. 색깔별 착시율은 '녹색, 빨간색, 파란색' 순으로 높다.
ㄴ. 녹색과 빨간색의 착시율 차이는 10%p 미만이다.
ㄷ. 실제 색인 빨간색을 파란색으로 틀리게 응답한 사람의 수는 실제 색인 녹색을 파란색으로 틀리게 응답한 사람의 수보다 50명 이상 많다.

① ㄱ
② ㄷ
③ ㄱ, ㄴ
④ ㄱ, ㄷ
⑤ ㄴ, ㄷ

**16** **다음 〈규정〉을 근거로 판단할 때 C가 시장 지배적 사업자로 추정되는 경우에 해당하는 것만을 〈보기〉에서 모두 고르면?**

규 정

시장지배적 사업자란 일정한 상품이나 용역 시장에서 점유율이 높아 시장지배력을 가지고 있는 사업자를 말한다. 이때, 추정 기준은 일정한 거래분야에서 시장점유율이 다음 각 호의 어느 하나에 해당하는 사업자.(각 분야에서 연간 매출액이 40억 원 미만인 사업자는 제외한다.)

1. 1사업자의 시장점유율이 100분의 50 이상
2. 3개 이하의 사업자의 시장점유율의 합계가 100분의 75 이상. 다만, 이 경우에 시장점유율이 100분의 10 미만인 자를 제외한다.
3. 당해사업자와 그 계열회사는 이를 하나의 사업자로 본다.

보 기

ㄱ. 총 매출액 4천억 원의 시장에서 A의 점유율이 51%, B의 점유율이 12%, C의 점유율이 10%, D의 점유율이 9%, E의 점유율이 8%, F의 점유율이 6%, G의 점유율이 4%인 경우
ㄴ. 총 매출액 3백억 원의 시장에서 A의 점유율이 49%, B의 점유율이 20%, C의 점유율이 19%, D의 점유율이 12%인 경우
ㄷ. 총 매출액 5천억 원의 시장에서 A의 점유율이 35%, B의 점유율이 20%, C의 점유율이 15%, D의 점유율이 5%, E의 점유율이 13%, F의 점유율이 12%이며, D가 A의 계열회사인 경우

① ㄱ
② ㄴ
③ ㄱ, ㄴ
④ ㄴ, ㄷ
⑤ ㄱ, ㄴ, ㄷ

## 17 다음 법규정을 근거로 추론할 때 가장 옳은 것은?

**제00조** 난민인정자와 인도적체류자 및 난민신청자는 난민협약 제33조에 따라 본인의 의사에 반하여 강제로 송환되지 아니한다.

**제00조** ① 외국인이 입국심사를 받는 때에 난민인정 신청을 하려면 「출입국관리법」에 따른 출입국항을 관할하는 사무소장 또는 출장소장에게 난민인정신청서를 제출하여야 한다.

② 사무소장 또는 출장소장은 제1항에 따라 출입국항에서 난민인정신청서를 제출한 사람에 대하여 7일의 범위에서 기간을 정하여 출입국항에 있는 일정한 장소에 머무르게 할 수 있다.

③ 법무부장관은 제1항에 따라 난민인정신청서를 제출한 사람에 대하여는 그 신청서가 제출된 날부터 7일 이내에 난민인정 심사에 회부할 것인지를 결정하여야 하며, 그 기간 안에 결정하지 못하면 그 신청자의 입국을 허가하여야 한다.

**제00조** ① 법무부장관은 난민인정 신청이 이유 있다고 인정할 때에는 난민임을 인정하는 결정을 하고 난민인정증명서를 난민신청자에게 교부한다.

② 법무부장관은 난민인정 신청에 대하여 난민에 해당하지 아니한다고 결정하는 경우에는 난민신청자에게 그 사유와 7일 이내에 이의신청을 제기할 수 있으며 이의신청 기각결정을 받은 경우 기각결정의 통지를 받은 날로부터 30일 이내에 행정심판 또는 행정소송을 제기할 수 있다는 뜻을 적은 난민불인정결정통지서를 교부한다.

③ 제1항 또는 제2항에 따른 난민인정 등의 결정은 난민인정신청서를 제출한 날부터 6개월 안에 하여야 한다. 다만, 부득이한 경우에는 6개월의 범위에서 기간을 정하여 연장할 수 있다.

④ 제3항 단서에 따라 기간을 연장한 때에는 연장된 기간이 만료되기 7일 전까지 난민신청자에게 난민인정 또는 불인정의 통지를 하여야 한다.

* 난민신청자: 대한민국에 난민인정을 신청한 외국인으로서 난민인정 신청에 대한 심사가 진행 중인 사람, 난민불인정결정이나 난민불인정결정에 대한 이의신청의 기각결정을 받고 행정심판 또는 행정소송의 제기기간이 지나지 아니한 사람, 난민불인정결정에 대한 행정심판 또는 행정소송이 진행 중인 사람 중 어느 하나에 해당하는 사람.

① 2012. 05. 18 입국심사 시 난민인정신청서를 제출한 외국인은 아무리 늦어도 2013. 05. 18까지는 난민인정 또는 불인정의 통지를 받을 수 있다.
② 입국심사를 받는 때에 난민신청을 한 외국인은 난민인정 심사에 회부할 것인지에 대한 결정이 내려지기 전까지는 대한민국에 체류할 수 없다.
③ 난민불인정결정에 대한 행정심판을 제기하여 소송이 진행 중인 외국인은 그의 의사에 반하여 송환되지 않는다.
④ 난민인정결정을 받은 모든 사람은 최종적으로 난민으로 인정받기까지 난민불인정결정통지서는 받지 않고 난민인정증명서만 교부받는다.
⑤ 법무부장관은 난민인정신청서를 제출한 사람에 대하여 난민인정신청서가 제출된 날부터 7일 이내에 난민인정여부를 결정하여야 한다.

## 18 우성이는 2주 뒤인 여자친구의 생일에 진행할 이벤트와 선물을 준비하려고 한다. 다음의 〈조건〉에 따를 때 우성이가 내일 지불해야 하는 총 금액은?

조 건

○ 우성이는 한 종류의 이벤트와 두 가지 선물을 준비할 예정이며, 다음 중에서 이벤트와 선물을 고르려고 한다. 각 이벤트와 선물 간의 만족도 차이는 없으며, 우성이는 큰 문제가 없다면 저렴한 쪽을 선택한다.

| 이벤트 | 가격 | 선물 | 가격 |
|---|---|---|---|
| 풍선 장식 | 25,000원 | 지갑 | 135,000원 |
| 촛불 이벤트 | 18,000원 | 장갑 | 34,000원 |
| 꽃 장식 | 125,000원 | 니트 | 82,000원 |
| 축가 | 30,000원 | 목도리 | 26,000원 |

○ 우성이는 오늘 전화예약을 하고 내일 직접 방문해 계약할 예정이다.
○ 현재 시즌 특별 이벤트로 인해 25% 할인 행사가 진행 중이며, 할인 대상 품목은 풍선 장식, 꽃 장식, 장갑, 목도리 4종류만 해당된다. 따라서 풍선 장식: 18,750원, 꽃 장식: 93,750원, 장갑: 25,500원, 목도리: 19,500원에 구입 가능하다.
○ 전화 상담 시 우성이는 타는 냄새를 싫어하여 촛불 이벤트를 거절했고, 지갑과 장갑은 여자친구에게 이전에 이미 선물했다며 거절했다.
○ 축가 이벤트는 니트와 함께 선택할 경우 해당 이벤트와 선물의 가격이 5% 추가 할인되며, 꽃장식과 목도리를 선택한 경우에는 30%가 추가 할인된다.
○ 계약 시 이벤트의 경우 선금으로 60%를 지불한 후, 잔금은 이벤트 1주일 전에 지불한다. 반면 선물의 경우 즉시 대금 전액을 지불해야 하며 업체는 선물포장 후 보관하다가 이벤트 날 전달한다.

① 70,800원
② 78,000원
③ 112,750원
④ 119,500원
⑤ 120,250원

**※ 다음 글을 읽고 물음에 답하시오. [문 19 ~ 20]**

몇십 년 전만 하더라도 가연 휘발유에 첨가되는 테트라에틸납(tetraethyllead)이 연료가 엔진의 작동 부분까지 도달하기 전에 폭발하는 것을 방지해서 좀 더 일정하고 고르게 연소될 수 있게 해주었다. 그러나 테트라에틸납을 첨가할 경우 유독한 브롬화납(lead bromide)이 배기가스 형태로 대기 중에 배출되는 문제가 생긴다. 이는 테트라에틸납의 납이 엔진에 축적되어 막히는 것을 방지하려고 넣어주는 또 다른 첨가제인 디브로모에탄(1,2 – dibromoethane)과 반응해서 생긴 결과물이다. 1970년대부터 가연 휘발유는 점차 사용이 금지되었다. 이에 휘발유 생산업체는 연료를 고르게 연소시키고 더 연비가 좋은 연료를 만드는 다른 방법을 찾아야 했다.

20세기에 자동차 산업이 크게 발전하면서 대기 중 이산화탄소 농도가 치솟는 문제가 일어났다. 다른 오염물질의 농도도 상승했다. 자동차 엔진이 발생시키는 에너지가 공기 중 다른 구성 성분들도 반응을 일으키도록 했기 때문이다. 질소가 산소와 반응해서 질소산화물(NOx)을 생성하는데, 이것은 대기에 스모그를 발생시켜 폐 질환을 일으킨다. 대기에 방출되는 질소산화물의 절반가량이 도로의 차량에서 나오고 있다.

자동차의 배기가스를 줄이는 것이 자동차 제조업체의 가장 중요한 목표가 되었다. 각국 정부가 점점 더 엄격한 규제를 부과하기 때문이다. 자동차 제조업체들이 전기 자동차나 하이브리드 자동차의 가능성을 타진하고 있지만, 한편으로 휘발유를 연료로 하는 일반적인 자동차의 해결 방안도 마련할 필요가 있다. 미국 안에서만 해마다 30억 배럴, 올림픽 규격의 수영장을 20,000개 채울 수 있는 양의 휘발유를 태우고 있다. 미국 국민 1인당 하루에 1갤런(3.8리터) 이상을 쓰는 셈이다. 이러한 연료 사용이 하루아침에 전기 자동차 혹은 하이브리드 자동차로 대체될 수 없으므로, 일반 자동차의 오염저감 기술도 필요한 것이다. 촉매변환기의 촉매, 질소산화물 저감장치, 그 밖에 자동차의 배출 감소 기술은 현재 화학자들이 활발하게 연구하는 분야이다.

화학의 발달은 더욱 효율적인 연료를 생산할 수 있게 해주었다. 그 결과 더 많은 사람이 더 많은 거리를 더 저렴하게 운전하며 이동할 수 있게 되었다. 이제 화학은 그 결과로 생긴 문제를 해결하는 데 역량을 집중해야 한다. 배기가스로 가득한 대기와 고갈되어가는 연료 자원이 그 문제이다.

**19 윗글을 바탕으로 추론한 것으로 가장 옳은 것은?**

① 1970년대 휘발유 생산업체들은 브롬화납의 배출을 방지하기 위한 방안을 자발적으로 모색해 왔다.
② 자동차 산업이 크게 발전하기 이전의 자동차들은 질소산화물 등의 오염물질을 배출하지 않았다.
③ 각국의 정부는 배기가스 감축을 위하여 자동차 제조업체들에게 전기 혹은 하이브리드 자동차로의 전환을 강제하고 있다.
④ 화학자들은 휘발유를 연료로 하는 일반 자동차의 문제 해결을 위하여 다양한 연구를 진행하고 있다.
⑤ 화학의 발달로 말미암은 환경적인 문제들을 해결하기 위하여 다양한 학문 분야에서 연구의 결과물들이 쏟아지고 있다.

**20 1배럴을 0.15$m^3$라고 할 때, 다음 중 올림픽 규격의 수영장 1개의 부피와 동일하지 않은 것을 고르면?**

| | 가로 | 세로 | 깊이 |
|---|---|---|---|
| ① | 15m | 100m | 15m |
| ② | 20m | 100m | 11.5m |
| ③ | 22.5m | 100m | 10m |
| ④ | 25m | 100m | 9m |
| ⑤ | 50m | 100m | 4.5m |

## 21 다음을 읽고 추론한 것으로 가장 옳은 것은?

죄형법정주의란 어떠한 행위가 범죄이고, 저지른 범죄에 대해서 어떠한 형벌의 종류와 양이 부과될 것인지를 미리 법률로 정해 놓아야 한다는 원칙이다. 이는 "법률 없으면 범죄 없고 형벌도 없다."는 법언으로 요약된다.

이는 국가의 형벌권이 작동하기 위한 조건과 정도를 형식적 법률에 명시함으로써 국가의 자의적 형벌권 행사를 막는 것이 주된 기능이다. 더불어서 범죄와 형벌을 성문 법률에 의하여 확정·공포함으로써 잠재적인 범죄인들에게 법의식의 준수를 요구함으로써 사회의 법질서 안정에 기여할 수도 있다.

사상적 배경으로는 첫째로 삼권분립론을 들 수 있다. 삼권분립론에 따르면 사법부는 입법부가 만든 법률을 그대로 집행해야 한다. 그 결과 범죄와 형벌은 미리 법률에 상세히 규정되어 있어야 한다. 이를 통해서 입법부가 사법부의 자의적 판단을 제한 할 수 있게 되는 것이다.

다음으로는 심리강제설을 들 수 있다. 범죄에 대해서 가해지는 고통이 범죄로 얻은 이익보다 크다면 일반 국민들의 법 준수 의식은 높아지게 될 것이라는 것이 심리강제설 논자들의 입장이다. 그러므로 미리 법률에 명시적으로 형벌(예를 들어, 1년 이상 3년 이하의 징역)을 정해 놓아 심리적으로 범죄를 일으키지 않게 한다는 것이다. 하지만 학자에 따라서 심리강제설은 국가의 자의적 형벌권 방지라는 죄형법정주의의 근본이념과는 상관없는 부수적인 효과일 뿐이라고 주장하는 경우도 있다.

① 19세기 산업혁명의 영향으로 범죄가 급증하고 새로운 범죄들이 등장하자 이에 대처하고자 나온 사회방위론자들은 형법의 개별화·탄력화를 주장하였다. 이러한 사회방위론자들의 주장은 죄형법정주의의 엄격화에 보다 기여하였을 것이다.

② 죄형법정주의 원칙이 확립되기 이전에 법 집행과 확립 이후 법 집행을 비교해 보면 형량에 있어서 차이는 죄형법정주의 확립 이전이 이후보다 차이가 적었을 것이다.

③ 범죄인 甲이 자신의 관점에서 이익을 100만큼 가져다 줄 수 있는 죄를 지었는데 형법은 이에 대해 10만큼의 고통을 주도록 정해져 있어서 결국 10만큼의 처벌을 받았다면 이는 보기에서 설명된 죄형법정주의의 모든 원칙과 사상적 배경에 충실한 것으로 평가될 수 있다.

④ 일반적으로 죄형법정주의 원칙의 확립은 법집행자들의 입장에서는 죄형법정주의 원칙 확립 이전의 자신의 권한을 제한하는 것으로 여겼을 것이다.

⑤ 프랑스 인권선언 제8조의 "누구든지 범죄 이전에 제정·공포되고 적법하게 적용된 법률에 의하지 않고서는 처벌되지 않는다."고 한 원칙은 죄형법정주의와 관계가 없는 원칙일 것이다.

## 22 다음 글은 보육복지정책에 영향을 미칠 수 있는 요인들에 대한 설명이다. 이러한 요인들을 고려할 때 그 <보기>의 그래프에 제시된 네 가지 보육복지정책에 대해 가장 옳게 설명하고 있는 것은?

보육복지정책의 재화나 서비스를 제공하는 데에는 여러 가지 요인들을 고려해야 한다. 그 중에서 보육서비스구매욕구, 사회적 형평성, 집중성, 총비용 간에는 대체적 관계가 성립한다. 보육서비스구매욕구란 자신이 가진 재산 중에서 자녀의 보육과 관련한 서비스를 구매하기 위해 지불할 용의가 있는 금액 내지 금액의 비율로 표현할 수 있다. 보육비가 많이 지급될수록 보육서비스 구매욕구는 줄어들게 된다. 사회적 형평성은 수급자 또는 수급자의 가족이 인간다운 생활을 할 수 있는 충분한 생활수준을 보장하는 것으로 사회가 바람직하다고 생각하는 수준을 만족시켜야 한다는 것이다. 이것은 금액만으로 평가하기는 어렵고 사회적 효용함수를 차용하는 등의 방식을 통해서 간접적으로나마 평가할 수 있다. 또한 집중성은 보육정책의 필요성이 높은 사람에게 자원이 집중되는 정도를 의미한다. 보육정책의 필요성은 재산정도가 낮을수록 커진다고 한다. 마지막으로 총비용은 정책을 제공하는 데 드는 비용으로서 이는 복지정책의 지급 모형과 해당 사회의 인구분포에 의해 결정된다. 제한된 사회적 자원을 고려할 때 정책에 소요되는 총비용을 고려해야 한다.

보 기

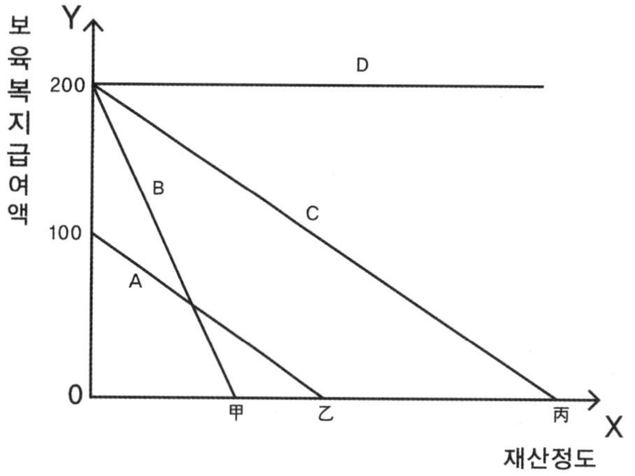


위 그래프는 각 정책하의 재산정도에 따라 지급되는 복지급여액을 나타낸 것이다.
재산정도는 甲, 乙, 丙의 세 등급으로 분류할 수 있으며 각각 甲 = 1억 5천만 원, 乙 = 2억 원이다. 丙은 모든 복지혜택이 중단되는 재산정도로 고소득층의 시작점이라고 할 수 있는데 현재는 4억 원을 기준으로 한다.

① 어떤 정책의 집중성은 X축의 절편만을 비교하면 정책이 집중되는 정도를 파악할 수 있다.

② 재산이 1.5억인 甲등급에 있는 사람들의 보육서비스구매욕구를 가장 악화시키지 않는 정책은 A이다.

③ 사회적 형평성을 달성하기 가장 어려운 정책은 A이다.

④ 총비용이 가장 적게 드는 정책은 A이다.

⑤ 집중성이 가장 높은 정책은 B이다.

## 23 다음을 읽고 추론한 것으로 가장 옳지 않은 것은?

여러 관청과 여러 고을의 도량형은 공조에서 제정하여 만든다. 여러 고을에서 양을 측정하는 그릇을 각각 하나씩 각 도로 보내어 관찰사로 하여금 규정에 따라 바르게 고쳐서 낙인하도록 한다. 사처에서 제조한 것은 매년 추분일에 서울에서는 평시서, 지방에서는 거진에서 바르게 고쳐서 모두 낙인한다. 길이의 제도는 10리를 1푼으로, 10푼을 1치로, 10치를 1자로, 10자를 1발로 한다. 주척을 황종척에다 대비하면 주척 1자는 황종척으로 6치 6리이고, 영조척을 황종척에다 대비하면 영조척 1자는 황종척으로 8치 9푼 9리이며, 조예기척을 황종척에다 대비하면 조예기척 1자는 황종척으로는 8치 2푼 3리가 되고, 포백척을 황종척에다 대비하면 포백척 1자는 황종척으로 1자 3치 4푼 8리이다.

매년 추분일에 서울에서는 공조, 지방에서는 영과 진에서 공용·사용의 말과 섬을 거두어 다시 검정·낙인하되 그 말과 섬의 규격과 용량이 법정 기준과 같지 아니한 경우와 낙인의 흔적이 불명한 경우에는 위명율로서 논죄한다. 여러 관청과 여러 고을에서 사용하고 있는 큰섬의 용량은 20말이 들어가고, 길이는 2자, 너비는 1자 1치 2품, 높이는 1자 7치 2품이다. 보통섬의 용량은 15말이 들어가고, 길이는 2자, 너비는 1자, 높이는 1자 4치 7품이다. 말의 깊이·너비는 각 7치, 높이는 4치이고, 되의 길이는 4치 9품이며 깊이와 너비는 각 2치이다. 무릇 공용·사용으로 쓰이는 것 모두 호조의 말과 되를 기준으로 하며, 간사한 백성이 사사로이 용량을 줄인 경우에는 발각되는 대로 엄중히 조치하며 해당 관청의 관원은 논죄한다. 용량의 제도는 10작을 1홉, 10홉을 1되, 10되를 1말, 15말을 보통섬, 20말을 큰섬으로 한다.

① 보통섬 1섬은 150되, 큰섬 1섬은 20,000작의 용량이다.
② 황종척 1자는 주척 약 1,520리, 조예기척 약 1,125리에 해당한다.
③ 황종척 1자는 포백척 약 7치 4푼2리, 영조척 약 1자 1치1푼2리의 길이이다.
④ 포백척 1자는 주척 약 2자 2치 2푼 4리이고, 영조척 약 1자 5치의 길이이다.
⑤ 1자의 길이가 가장 큰 순서는 포백척, 황종척, 영조척, 조예기척, 주척의 순서이다.

## 24 다음에서 추론한 것으로 옳은 것만을 <보기>에서 모두 고르면?

A시에서는 1급 중증장애인을 대상으로 한 바우처(복지상품권)사업이 해마다 신청자가 늘어나는 등 호응을 얻고 있다. A시에서 올해 바우처사업 대상자로 선정된 1급 장애인은 255명으로 이 사업이 시작된 2007년에 비해 2.5배가 되었다.

대상자들에게는 등급에 따라 월 40~180시간을 쓸 수 있는 각종 생활보조 서비스가 지원돼 일상생활의 불편을 훨씬 덜 수 있게 된다. 수혜자 비용은 기초생활수급자는 무료, 차상위계층은 월 2만 원, 장애인은 소득에 따라 월 4만~8만 원을 부담하게 된다. 행정지원은 서비스 시간당 8,000원으로 이 가운데 6,000원은 보조인의 급여로, 2,000원은 서비스기관의 운영비로 각각 집행된다.

한편 이 사업에 투입되는 생활보조인은 220명이다. 이들에게는 서비스 시간에 따라 월 80만 원 안팎의 급여가 지급돼 일자리 창출에도 한 몫을 하고 있다. A시는 장애인 바우처사업의 규모가 늘어남에 따라 현행 보조인으로는 서비스에 한계가 있다고 보고 2~3월 중 보조인 100여 명을 추가로 선정, 교육을 실시해 현장에 배치할 계획이다.

A시청의 양OO 장애인복지담당은 "1급 중증장애인 가정에 보조인이 직접 방문해 목욕, 청소, 식사수발, 외출 등 도움을 주는 사업으로 그 수요가 갈수록 늘고 있다"고 말했다. 현재 A시에 등록된 1급 중증장애인은 남 1,450명, 여 1,262명 등 모두 2,712명에 이른다.

* 바우처 : 정부나 지방자치단체가 특정 수혜자에게 교육, 주택, 의료 따위의 복지 서비스 구매에 대하여 비용을 보조해 주기 위하여 지불을 보증하여 내놓은 전표이다. 종래는 현금을 직접 지급해 왔으나 현재는 문화상품권처럼 사용용도가 특정된 바우처를 지급한다. 이는 정부가 사회복지 서비스의 수요촉진을 위해 도입한 제도이다.

조 건

ㄱ. 바우처 수급 대상자 일지라도 생활수준에 따라 차등적인 부담금액이 책정된다.
ㄴ. 만일 종래의 현금 방식으로 제도를 환원한다면 바우처 방식에 비하여 장애인들이 사회복지 서비스를 받는 총량이 증가할 것이다.
ㄷ. 바우처는 장애인이 장애인복지관이나 재활센터에 치료를 받으러 갈 때 이동을 보조받는 경우에도 사용할 수 있을 것이다.
ㄹ. 허용된 서비스 총량을 초과하여 사용하는 경우는 장애인 본인이 초과부분의 비용을 부담할 것이다.

① ㄱ, ㄴ
② ㄱ, ㄷ
③ ㄷ, ㄹ
④ ㄱ, ㄷ, ㄹ
⑤ ㄴ, ㄷ, ㄹ

**25** **다음은 갑, 을, 병 세 사람이 진행한 게임의 <규칙>과 <결과>를 나타낸 것이다. 갑, 을, 병의 게임 점수를 바르게 연결한 것은?**

규 칙

갑, 을, 병 세 사람은 손가락을 이용한 게임을 진행하고 있다. 게임의 규칙은 다음과 같다.
1. 라운드를 시작할 때, 게임 참가자는 홀수 혹은 짝수를 고른다.
2. 참가자들이 구령에 맞춰 동시에 1개에서 5개 사이의 손가락을 펼친다.
3. 참가자들이 펼친 손가락의 숫자를 합한다.
4. 3에서 구한 손가락의 숫자가 홀수인지 짝수인지 판단한다.
5. 1과 4를 비교하여 동일하면 승리, 다르면 패배한 것이 된다.
6. 5의 결과를 토대로 단독 승리이면 +3점, 공동 승리이면 +1점, 공동 패배이면 −1점, 단독 패배이면 −2점을 기록한다.
7. 승점 기록 후 다음 라운드를 진행한다.

결 과

1. 참가자들이 홀수 혹은 짝수를 고르는 규칙
- 갑은 해당 라운드에 본인이 내기로 결정한 손가락의 숫자와 동일하게 홀수 혹은 짝수를 고른다.
- 을은 5라운드 내내 홀수만 고른다.
- 병은 1라운드에 짝수로 시작하여 짝수와 홀수를 번갈아 고른다.

2. 라운드별 참가자 손가락 개수

| Round | 갑 | 을 | 병 |
|---|---|---|---|
| 1 | 3 | 2 | 4 |
| 2 | 4 | 3 | 1 |
| 3 | 3 | 1 | 5 |
| 4 | 1 | 5 | 5 |
| 5 | 4 | 1 | 3 |

| | 갑 | 을 | 병 |
|---|---|---|---|
| ① | +6 | 0 | −4 |
| ② | +6 | +1 | −2 |
| ③ | +7 | 0 | −2 |
| ④ | +7 | +1 | −3 |
| ⑤ | +7 | 0 | −3 |

**26** **다음 <조건>을 읽고 추론할 때 옳은 것만을 <보기>에서 모두 고르면?**

조 건

○ 과장 2명, 계장 2명, 주임 3명, 주사 4명, 시보 4명이 점심을 먹으러 간다.
○ 식사는 5개로 팀을 나누어 각각 다른 곳으로 가며, 각 팀 당 같은 직급은 구성되지 않으며 반드시 2명 이상으로 이루어져야 한다.
○ 계산은 과장 1명, 계장 1명, 주임 2명, 주사 1명만이 할 수 있다.
○ 계산자들은 서로 같은 팀에 소속되지 않는다.

보 기

ㄱ. 주임과 시보는 같이 식사를 하러 간다.
ㄴ. 시보 1명이 주사가 계산하는 팀에 속해있다면, 과장은 주사와 같이 식사를 하러 간다.
ㄷ. 계장은 주사와 같이 식사하러 가지 않을 수 있다.
ㄹ. 계산을 할 수 있는 주사 1명이 당일 연가를 사용하여 식사를 하지 않는다면, 한 팀이 모든 직급의 직원을 팀으로 구성하는 경우 나머지 팀은 모두 동일한 수의 직원으로 이루어질 수 있다.

① ㄱ, ㄴ
② ㄴ, ㄹ
③ ㄱ, ㄴ, ㄹ
④ ㄱ, ㄷ, ㄹ
⑤ ㄴ, ㄷ, ㄹ

**27** **다음 글과 〈상황〉을 바탕으로 추론한 것으로 가장 옳지 않은 것은?**

〈영양성분표〉

(단위: g, mg)

| | 탄수화물 | 단백질 | 지방 | 나트륨(mg) |
|---|---|---|---|---|
| 오레오 | 25 | 7 | 15 | 120 |
| 핫도그 | 30 | 15 | 12 | 40 |
| 아이스크림 | 33 | 3 | 9 | 35 |
| 컵라면 | 46 | 6 | 12 | 1230 |
| 씨리얼 | 25 | 2 | 1 | 85 |
| 우유 | 9 | 7 | 4 | 110 |

○ 각 음식의 영양성분표는 1회 제공량 기준이며 1회제공량을 초과하여 섭취할 경우 위의 영양성분보다 더 많은 양을 섭취하게 된다.

○ 열량 계산 시, 탄수화물 1g = 4kcal, 단백질 1g = 4kcal, 지방 1g = 9kcal로 계산한다. 총 열량은 탄수화물, 단백질, 지방 열량의 합으로 이루어진다.

상 황

선미는 아침에 씨리얼과 우유를 섭취하였고, 점심에 컵라면을 먹었다. 이후 간식으로 오레오와 아이스크림, 그리고 우유를 먹었으며 저녁에는 핫도그를 먹었다. 선미는 한 번 섭취할 때는 무조건 1회 제공량과 동일한 양을 섭취하였다.

① 선미가 오늘 하루 섭취한 음식의 총 열량은 1,200kcal를 넘는다.
② 일일 나트륨 섭취권장량이 2,000mg이라고 할 때, 선미가 섭취한 나트륨은 일일 섭취권장량의 85%를 넘는다.
③ 일일 섭취권장열량이 2300kcal일 때 권장열량을 초과하지 않는 범위에서 목록의 음식을 자유롭게 섭취할 수 있다고 한다면, 다음날 하루 동안 선미가 최대로 섭취할 수 있는 단백질의 양은 100g을 넘지 않는다.
④ 탄수화물, 단백질, 지방의 중량을 합한 것이 <영양성분표>에 나열된 각 음식의 1회제공량 기준 총 중량이라고 할 때 100g당 열량이 가장 높은 음식은 오레오이다.
⑤ 탄수화물 함량 대비 지방 함량이 높은 순으로 순위를 매기면 오레오－우유－핫도그－아이스크림－컵라면－씨리얼 순서이다.

**28** **다음은 사이버선거범죄에 대한 조치기준에 대한 내용이다. 이에 대한 설명으로 옳지 않은 것은?**

○ 위법한 전자문서 등 게시·전송
－ 시기: 선거운동 기간 전 또는 선거일

| 위 반 사 례 | 조치기준 |
|---|---|
| · 정당·후보(예정)자를 지지·반대하는 내용을 게시한 경우<br>· 정당·후보(예정)자와 관련하여 유·불리한 내용(여론조사 포함)의 기사를 일부 발췌하여 또는 원문을 다른 사이트에 일회성으로 퍼 나르거나 게시한 경우<br>· 정당·후보(예정)자를 지지·반대하는 내용을 삭제하였음에도 일회성으로 퍼 나른 경우 | 삭제요청 |
| · 위 삭제요청 건과 관련하여 동일인이 선거운동을 목적으로 같은 내용 또는 선거법에 위반되는 내용의 글을 수차례 게시한 경우 | 경고<br>(행위자를 알 수 없는 경우에는 삭제요청) |
| · 정당·후보(예정)자를 지지·반대하는 내용 또는 유·불리한 내용의 기사를 E-mail로 전송한 경우 | |
| · 위 건과 관련하여 위원회의 경고조치에도 불구하고 동일인이 계속해서 선거법에 위반되는 글을 게시하거나 E-mail로 전송한 경우 | 고발<br>(수사의뢰) |
| · 정당·후보(예정)자를 선전하는 팝업창 또는 배너광고물 등을 게시한 경우 | 경고 |
| · 위원회의 경고에도 불구하고 계속해서 정당·후보(예정)자를 선전하는 팝업창·배너광고물 등을 게시한 경우<br>· 다수의 사이트에 정당·후보(예정)자를 선전하는 팝업창·배너광고물 등을 게시한 경우 | 고발<br>(수사의뢰) |

① 선거운동기간에는 위반사례에 대한 조치기준이 적용되지 않는다.
② 만약 甲이 특정후보를 지지하는 글을 퍼 나르는 경우 횟수에 따라 처벌정도가 달라진다.
③ 조치기관은 사이버선거범죄와 관련하여 단계별 조치를 취하는 경우가 많다.
④ 만약 乙이 특정후보를 광고하는 배너광고물을 자신의 블로그에만 1회 게시하였다면 고발 혹은 수사의뢰의 조치를 받을 수 있다.
⑤ 위의 표를 기준으로 판단할 때 조치기관은 삭제권한은 없으며 해당 사이트 등에 삭제 요청을 할 수 있을 뿐이다.

**29** **다음 <보기>는 민호가 4갤런의 물을 저울에 달기 위해 할 수 있는 시행의 종류이다. 다음 글과 <보기>를 바탕으로 추론할 때 민호가 시행한 것처럼 차례대로 배열한 것은?**

지하철 내에 시한폭탄이 설치되어 있다. 주변에 있는 5갤런의 물통과 3갤런의 물통을 써서 5분 이내에 정확히 4갤런의 물을 폭탄에 부착된 저울에 달면 타이머가 정지하지만 그렇지 못하고 5분이 지나거나 4갤런보다 적거나 많은 양의 물을 올리면 폭탄이 터진다. 이때 용감한 시민상을 받고 싶었던 민호는 나서서 단 6번 만에 정확히 4갤런의 물을 저울에 달아서 폭발을 막을 수 있었다.

보 기

a. 3갤런의 물통에 물을 채운다.
b. 5갤런의 물통에 물을 채운다.
c. 3갤런의 물통에 있는 물을 비운다.
d. 5갤런의 물통에 있는 물을 비운다.
e. 3갤런의 물통의 물을 5갤런의 물통에 옮겨 붓는다.
f. 5갤런의 물통의 물을 3갤런의 물통에 옮겨 붓는다.

① a-e-a-e-c-f
② a-e-a-e-d-e
③ b-f-c-f-b-f
④ b-f-d-e-a-e
⑤ b-f-c-f-a-e

**30** **다음은 변환기 A, B, C와 이 변환기들을 이용한 시스템 X와 시스템 Y에 대한 정보이다. 이에 대한 설명으로 옳은 것만을 <보기>에서 모두 고르면? (단, 0은 자연수가 아니다.)**

○ 변환기 A: 어떤 수를 입력하면, 입력값을 2배 한 후 1을 더 한 값을 출력한다. 예를 들어 3을 입력하면 7이 출력된다.
○ 변환기 B: 어떤 수를 입력하면, 입력값에서 1을 뺀 후, 그 값의 2배를 출력한다. 예를 들어 3을 입력하면 4가 출력된다.
○ 변환기 C: 어떤 수가 자연수가 아닐 때는 0, 짝수일 때는 1, 홀수일 때는 2를 출력한다.

시스템 X: A⇒B⇒C⇒B⇒A를 수행한다.
시스템 Y: C⇒B⇒A⇒B⇒C를 수행한다.

'A⇒B'는 어떤 입력값을 변환기 A에 입력한 후 나온 출력값을 다시 변환기 B에 입력하여 나온 출력값을 출력한다.

보 기

ㄱ. 시스템 X를 통해서 0이 출력될 수 있다.
ㄴ. 시스템 X를 통해서 1이 출력될 수 있다.
ㄷ. 시스템 Y를 통해서 0이 출력 될 수 있다.
ㄹ. 시스템 Y를 통해서 2가 출력 될 수 있다.

① ㄱ, ㄴ
② ㄱ, ㄷ
③ ㄴ, ㄷ
④ ㄴ, ㄹ
⑤ ㄷ, ㄹ

## 31 다음 〈조건〉을 바탕으로 추론한 것으로 가장 옳지 않은 것은?

조 건

보영이는 화장품 구매계획을 세우고 있다. 구매하려는 A브랜드는 세일 중이며, 보영이는 2개의 할인카드를 보유하고 있고 최소비용만 지불하고자 한다. 보영이는 원하는 제품을 원하는 개수만큼만 구매한다.

○ A브랜드는 이번 달 첫째 주 수요일, 둘째 주 주말, 셋째 주 월요일에 세일을 한다.
○ 보영이는 이번 달에 총 20만원을 넘지 않는 선에서 A 브랜드의 화장품을 구매하고자 한다.
○ 보영이가 가지고 있는 할인카드 중 (가)적립카드는 결제 금액의 15%를 포인트로 적립해 주며, 포인트는 다음 번 방문시부터 현금처럼 사용할 수 있다. (나)할인카드는 제시하면 즉시 10%를 할인해 준다. 이 때, 두 할인카드를 중복해서 사용할 수는 없지만, 세일기간에 둘 중 하나의 카드를 사용하는 것은 가능하다.
○ A브랜드의 상품 중 보영이가 관심을 가지고 있는 품목과 가격은 다음과 같다.

| 품목 | 1개 당 가격 | 세일 시 할인율 |
|---|---|---|
| 마스크팩 | 2,000원 | 10% |
| 로션 | 18,000원 | 20% |
| 스킨 | 16,000원 | 10% |
| 에센스 | 24,000원 | 15% |
| 마스카라 | 13,000원 | 15% |
| 클렌징젤 | 6,000원 | 50% |
| 화장솜 | 1,000원 | 0% |

○ 세일여부와 상관없이 로션과 스킨을 함께 살 경우 10%가 추가로 할인되며, 클렌징젤을 살 경우 개당 화장솜 하나가 무료로 증정된다. 또, 마스크팩은 5개 세트로 살 경우 하나를 무료로 증정한다.
○ 이전에 적립되어 있는 포인트는 없다고 가정한다.

① 보영이가 마스카라 1개, 클렌징젤 1개, 화장솜 3개가 필요하여 첫째 주 수요일에 (나)카드만 들고 A브랜드 매장을 방문하였다면 14,445원을 지불한다.
② 만약 어떤 세일 날에도 방문하지 못 할 경우, 로션 1개, 에센스 1개, 마스크팩 10개를 한 번에 구입하는 것보다 이틀에 나누어 구입하는 편이 결제 금액을 줄일 수 있다.
③ 보영이가 한 번에 모든 물건을 한 종류씩 살 경우, 가장 적게 지불한 금액과 가장 많이 지불한 금액의 차이는 20,000원 이상이다.
④ 마스카라 2개와 마스크팩 22개를 한 번에 살 경우, 결제 금액을 최소화하더라도 5만 원 이상 지불해야 한다.
⑤ 보영이가 세일 때만 들러 할인카드를 제시하지 않고 A브랜드의 상품 가운데 매번 상품 하나씩을 구매해 총 3개를 샀다면 절약한 금액의 최대금액과 최소금액의 차이는 10,800원이다.

## 32 다음 〈상황〉과 〈표〉를 근거로 판단할 때, 甲이 선택할 '△△몬'과 그 총점으로 옳은 것은?

상 황

○ 甲은 세 가지 '△△몬'을 선택하여 육성하는 게임인 '△△몬GO'라는 게임을 하고 있다. 甲은 체력, 공격, 방어, 스피드의 4가지 영역에서 측정한 능력치(<표>에 기록되어 있음)를 바탕으로 총점을 산정하여 총점이 가장 높은 △△몬을 선택하기로 하였다. 산정 기준은 다음과 같다.

① 총점은 모든 영역 점수의 총합이며, 원칙적으로 각 영역 점수는 <표>에 기록된 각 영역 능력치와 동일하다. 다만, 이하에 해당하는 경우, 해당 영역의 점수는 이하에 따라 산정한다.
1. 체력 능력치와 방어 능력치의 총합이 200 이상인 경우, 체력 점수와 방어 점수는 각 능력치에 2를 곱한 값이 된다.
2. 공격 능력치와 스피드 능력치의 총합이 200 이상인 경우, 공격 점수와 스피드 점수는 각 능력치에 2를 곱한 값이 된다.
② 종류가 "불", "물", "풀" 중 하나에 해당하는 경우, 위의 기준에 따라 산정된 총점에 10%를 가산한다.

〈표〉

| △△몬 | 종류 | 체력 | 공격 | 방어 | 스피드 |
|---|---|---|---|---|---|
| A | 불 | 75 | 110 | 85 | 100 |
| B | 물 | 80 | 100 | 125 | 80 |
| C | 전기 | 65 | 110 | 95 | 130 |
| D | 풀 | 80 | 120 | 130 | 45 |
| E | 얼음 | 50 | 95 | 180 | 70 |

| | △△몬 | 총점 |
|---|---|---|
| ① | A | 638점 |
| ② | B | 649점 |
| ③ | C | 655점 |
| ④ | D | 650점 |
| ⑤ | E | 625점 |

**33** 고등학생 A~E는 중간고사 시험 성적을 놓고 내기를 했다. 내기는 <규칙>에 제시된 대로만 진행되며, <결과>는 A~E의 중간고사 시험 결과이다. 이를 통해 판단했을 때, A~E의 순손익을 바르게 연결한 것은?

규 칙

1. 시험 과목 중 국어, 영어, 수학, 사회, 과학 5과목만을 대상으로 한다.
2. 기본적으로 각 과목의 5등이 1등에게 3,000원, 4등이 2등에게 2,000원을 지급한다.
3. 과목별 1등이 두 명인 경우, 5등이 3,000원, 4등이 2,000원을 모아 1등인 두 명에게 2,500원씩 지급한다.
4. 과목별 4등이 두 명인 경우, 4등 두 명이 2,500원씩 모아 1등에게 3,000원, 2등에게 2,000원을 지급한다.
5. 과목별 1등이 두 명, 4등이 두 명인 경우, 4등인 두 명이 3,000원씩 모아 1등 두 명에게 3,000원씩 지급한다.

결 과

| | A | B | C | D | E |
|---|---|---|---|---|---|
| 국어 | 84 | 78 | 62 | 100 | 87 |
| 영어 | 77 | 64 | 92 | 88 | 92 |
| 수학 | 62 | 91 | 62 | 91 | 74 |
| 사회 | 75 | 68 | 82 | 68 | 100 |
| 과학 | 91 | 89 | 72 | 64 | 91 |

| | A | B | C | D | E |
|---|---|---|---|---|---|
| ① | −2,500 | −4,500 | −3,500 | +500 | +10,000 |
| ② | −2,500 | −7,000 | −2,500 | +1,000 | +11,000 |
| ③ | −2,500 | −7,500 | −3,500 | +1,500 | +12,000 |
| ④ | −3,500 | −7,500 | −4,000 | +2,000 | +13,000 |
| ⑤ | −3,500 | −7,000 | −6,000 | +2,500 | +14,000 |

**34** 8명의 학생들은 같은 스터디원의 조원들로, 1차 시험을 앞두고 PSAT 모의고사 성적을 서로 비교해보기로 하였다. 이에 대한 설명으로 옳은 것은?

○ 성적을 비교하고자 하는 학생은 A, B, C, D, E, F, G, H이다.
○ 위 8명은 자신이 남보다 '얼마나' 성적이 높은지에 대해서는 관심이 없으며, '높거나' '낮은' 것에만 의미를 둔다.
○ 학생들이 받은 성적은 다음의 조건을 충족한다.

조 건

○ H와 B는 G보다 점수가 높았다.
○ A는 B와 F보다 점수가 높았다.
○ F는 B보다 점수가 높았다.
○ C는 네 번째 혹은 여섯 번째로 점수가 높은 사람이다.
○ A는 가장 점수가 높은 사람이 아니다.
○ C는 G와 D보다 점수가 높았다.
○ D와 E는 G보다 점수가 낮았다.

① D는 E보다 점수가 높았다.
② 점수가 높은 순으로 등수를 부여하면, A는 2등이며 G는 5등이다.
③ H의 등수는 알 수 없다.
④ C는 세 번째로 점수가 낮은 사람이다.
⑤ 위와 같이 생각할 때, F는 3등이다.

**35** **다음 글과 <상황>을 근거로 판단할 때, 옳은 것은?(단, 판단 시점은 2017.12.15.이다.)**

**제○○조(예비타당성조사 대상사업)** 신규 사업 중 총사업비가 500억 원 이상이면서 국가의 재정지원 규모가 300억 원 이상인 건설사업, 정보화사업, 국가연구개발사업에 대해 예비타당성조사를 실시한다.

**제△△조(타당성조사의 대상사업과 실시)** ① 제○○조에 해당하지 않는 사업으로서, 국가 예산의 지원을 받아 지자체·공기업·준정부기관·기타 공공기관 또는 민간이 시행하는 사업 중 완성에 2년 이상이 소요되는 다음 각 호의 사업을 타당성조사 대상사업으로 한다.

1. 총사업비가 500억 원 이상인 토목사업 및 정보화사업
2. 총사업비가 200억 원 이상인 건설사업

② 제1항의 대상사업 중 다음 각 호의 어느 하나에 해당하는 경우에는 타당성조사를 실시하여야 한다.

1. 사업추진 과정에서 총사업비가 예비타당성조사의 대상 규모로 증가한 사업
2. 사업물량 또는 토지 등의 규모 증가로 인하여 총사업비가 100분의 20 이상 증가한 사업

**상 황**

○ A시(지자체)는 현재 "클라우드 컴퓨팅 활성화 추진 사업"을 시행하고 있다. 해당 사업은 2015년부터 시행된 정보화사업으로서, 총사업비 1200억 원의 규모이다. 사업의 완성 시점은 2019. 12. 31.이다.

○ B공사(공기업)는 2018년 신규사업으로서 "보금자리 주택 건설 사업"을 추진하기로 하였다. 해당 사업은 건설사업으로서, 총사업비 700억 원의 규모이다. 총사업비의 40%는 국가 예산으로 충당된다. 사업의 완성 시점은 2021. 9. 5.이다.

○ C사(민간기업)는 2017. 11. 8.부터 "A시 외곽 순환도로 건설 사업"을 시행해 왔다. 해당 사업은 국가 예산의 지원을 받아 이뤄지는 건설사업으로서, 사업의 완성 시점은 2020. 9. 27.이다. 처음에는 총사업비 300억 원 규모였으나 공사 진행 중 토지 매수로 인하여 총사업비가 400억 원으로 증가하였다.

① "클라우드 컴퓨팅 활성화 추진 사업"은 예비타당성조사 대상사업이다.
② "A시 외곽 순환도로 건설 사업"은 타당성조사 대상사업이 아니다.
③ "보금자리 주택 건설 사업"은 타당성조사 대상사업이 될 것이다.
④ "A시 외곽 순환도로 건설 사업"의 경우, 공사 진행 중 토지 매수로 인하여 총사업비 중 국가 예산의 지원 규모가 75% 이상으로 증가하였다면 예비타당성조사를 실시하여야 한다.
⑤ "보금자리 주택 건설 사업"의 변경으로 인해 총사업비가 500억 원 삭감되고 국가 예산의 지원규모가 60%로 증가할 경우, 해당 사업은 예비타당성조사 대상사업이 될 것이다.

**36** **A회사의 버스 종류별 1대당 1일 운송비용과 승객수를 나타낸 자료인 <표>에 <조건>을 적용하여 순이익을 도출할 때, 순이익이 큰 순서로 나열한 것은?**

**조 건**

○ 버스 1대당 1일 순이익 = (버스 1대당 1일 승객 요금합) − (버스 1대당 1일 총운송비용)
○ 버스 1대당 1일 승객 요금합 = (버스 1대당 1일 승객 수) × (승객당 버스요금)
○ 승객당 버스요금은 900원임
○ 버스 1대당 1일 총운송비용 = (가동비 총계) + (보유비 총계)
○ A회사는 일반버스, 시티투어버스, 프리미엄 고속버스 각 1대씩만 보유·운행함

〈표 1〉 버스 종류별 1대당 1일 총운송비용 내역

(단위 : 원)

| 부문 | 일반버스 | 시티투어버스 | 프리미엄 고속버스 |
|---|---|---|---|
| 가동비총계 | 439,362 | 500,391 | 468,839 |
| 보유비총계 | 135,715 | 259,354 | 140,376 |

〈표 2〉 버스 종류별 1대당 1일 승객 수

(단위 : 명)

| 버스 종류 | 일반버스 | 시티투어버스 | 프리미엄 고속버스 |
|---|---|---|---|
| 승객 수 | 800 | 1,000 | 900 |

① 일반버스 > 프리미엄 고속버스 > 시티투어버스
② 일반버스 > 시티투어버스 > 프리미엄 고속버스
③ 시티투어버스 > 일반버스 > 프리미엄 고속버스
④ 프리미엄 고속버스 > 시티투어버스 > 일반버스
⑤ 프리미엄 고속버스 > 일반버스 > 시티투어버스

**37** **다음에서 주어진 〈상황〉을 읽고 만약 결승전 시합을 직접 관전하지 않고 결승전 시작과 함께 광장에서 분수를 지켜본 사람들의 〈대화〉 중 A의 기억이 정확하다면 이 결승전에 참가한 선수들 간의 점수차는 최소 몇 점인가?**

상 황

어느 광장 옆 볼링장에서 축제를 기념한 간이 볼링대회의 결승전을 유치하게 되었다. 그 볼링장의 홍보담당은 볼링장 홍보의 일환으로 광장의 분수대와 연계하여 선수들이 한 투구를 끝낼 때마다 다음의 <규칙>에 따라 분수의 모양과 빛을 다르게 하였다.

규 칙

- 한 프레임은 10개의 핀을 세워두고 볼(Bowl)을 굴려 보내 쓰러뜨리는 것이다.
- 한 프레임은 두 번의 공을 던져 쓰러진 핀의 합산으로 점수가 나온다.
- 만일 한번에 모두 10개의 핀을 쓰러뜨리면 기본 10점에 직전 프레임의 투구에서 쓰러뜨린 핀의 수들 중 큰 쪽의 점수를 더 얻게 된다.
- 두 번에 걸쳐 10개의 핀을 모두 쓰러뜨리면 기본 10점에 다음 프레임의 투구에서 쓰러뜨린 핀의 수들 중 작은 쪽의 점수를 더 얻게 된다. 만약 다음 프레임이 없다면 한 번의 투구기회가 더 주어지고 여기에서 쓰러뜨린 핀의 수만큼의 점수만 합산한다.
- 결승전 게임은 총 3개의 프레임으로 구성되어 있으며 두 명의 선수들은 번갈아 가며 한 프레임씩 투구한다.
- 쓰러진 하나의 핀마다 분수의 물줄기가 하나씩 뿜어져 나온다.
- 한 프레임에 10개의 핀 모두를 쓰러뜨렸을 때에는 물줄기가 방향을 바꾸어가며 뿜어져 나오게 한다.
- 각 선수에게 주어진 세 개의 프레임이 모두 끝나면 무지개 색 조명을 켠다.

대 화

B: 자네 오늘 분수가 이상하게 요동치던 것을 봤나? 처음에는 7개의 물줄기만 뿜어져 나오다가 갑자기 2개로 줄어들더군.

A: 맞네. 그리고는 곧바로 9개의 물줄기가 뿜어져 나오더니 갑자기 한 줄기의 물살만 남아 요란하게 방향을 틀어가며 뿜어져 나오는 것이 마치 춤을 추는 것 같더군.

B: 그렇지. 다음에는 다시 조용히 7개의 물줄기가 뿜어져 나오고 곧 3개로 줄어들며 춤을 췄지.

A: 하지만 다음 순간이 굉장하지 않았나? 10개의 물줄기가 한꺼번에 뿜어져 나오면서 주위에 있던 아이들이 물줄기 사이사이로 깔깔거리며 돌아다니지 않던가?

B: 그런데 그 다음이 싱거웠어. 갑자기 물줄기가 세 개로 줄어들면서 높이도 낮아졌던 것 같아.

A: 그렇지 않네, 잠깐 세 개로 줄어들긴 했지만 이내 7개로 늘어나면서 다시 한번 요란하게 방향을 틀어 뿜어대지 않았나.

B: 그렇지 그 다음에는 또 다시 10개의 물줄기가 한꺼번에 뿜어져 나오면서 무지개 색깔로 반짝였지.

A: 아니지. 자네는 보고 싶었던 대로 기억하고 있는 듯하네. 앞서 말했던 7개로 늘어나면서 요란하게 방향을 틀어 뿜어낸 직후에 물줄기가 몇 개로 줄었는지는 잘 기억나지 않지만, 그 이후에는 다시 물줄기가 하나로 줄어든 뒤에 이내 다섯 개가 되었다가 무지개 색깔로 변했다네.

① 0점
② 1점
③ 2점
④ 3점
⑤ 4점

**38** **함께 유치원에 다니고 있는 민호, 수진, 아영, 세원은 다음날인 크리스마스에 받게 될 크리스마스 선물을 무척 기대하고 있다. 다음 〈상황〉과 〈조건〉에 따를 때 아이들에 대한 정보 및 선물이 옳게 연결된 것은?**

상 황

◎ 아이들은 잠자기 전 빨강, 초록, 노랑, 흰색 중 좋아하는 색깔의 양말을 거실에 걸어두고 잠에 들었으며 아이들이 건 양말은 각각 다른 색이다.
◎ 선물은 게임기, 핸드폰, 만화책, 용돈 4개가 있으며, 아이들은 원하던 물건 중에 하나를 선물 받게 된다.
◎ 아버지들은 각각 밤11시, 새벽1시, 5시, 7시 경, 아이가 걸어둔 양말에 선물을 넣었다.
◎ 모든 아이들은 규칙적으로 밤 10시~오전 8시까지 잠을 자며, 가끔 2시간 일찍 깨어나기도 한다. 아버지들은 양말에 선물 넣는 모습을 아이들에게 들키면 안 되며, 들킬 경우 아이는 산타에 대한 환상이 깨져 충격을 받게 된다.

조 건

○ 민호는 게임기와 핸드폰 모두 원하지 않는다.
○ 수진은 빨강과 초록을 모두 싫어하며, 용돈이나 게임기를 받고자 한다.
○ 아영은 노랑 혹은 초록을 좋아하며, 게임기나 핸드폰을 받고자 한다.
○ 세원은 흰색만 좋아하고, 용돈이나 만화책을 원한다.
○ 민호의 아버지는 크리스마스가 되기 전 잠이 들었는데 아침잠이 많아 크리스마스 아침 9시에 기상했다. 수진의 아버지는 가장 빠르지도, 늦지도 않게 선물을 양말에 넣어두었으며, 아영의 아버지는 세원의 아버지 바로 다음 시간대에 선물을 넣었다.

① 수진은 노란색 양말을 걸어두었으며, 세원은 핸드폰을 받았다.
② 가장 늦게 양말 속에 넣어진 선물은 게임기 혹은 핸드폰이다.
③ 민호는 만화책을 받았다.
④ 초록색 양말을 걸어둔 아이는 게임기를 받았다.
⑤ 세원은 크리스마스 아침, 선물과 함께 큰 충격을 받았을 가능성이 있다.

**※ 다음 글을 읽고 물음에 답하시오. [문 39 ~ 40]**

과거에 살았던 생물의 유해나 흔적이 퇴적물로 쌓여 암석으로 굳어져 지층 속에 장시간 그대로 보존된 것이 화석이다. 그래서 퇴적암 속의 화석을 살펴보면 생물이 어떤 과정을 거쳐서 진화했는지 여실히 알 수 있다.

지층이 다르면 당연히 그 안에서 발견되는 화석의 종류와 형태도 다르다. 또한 아래 지층일수록 예전에 쌓인 것이므로 위쪽 지층일수록 진화한 생물이 나온다. 다시 말해 위쪽 지층에서 발견되는 화석일수록 더욱 복잡한 모습을 띠며 현재의 생명체에 근접한 형상을 취하는 것이다.

이처럼 화석은 생물의 진화 과정을 뚜렷이 보여주는 좋은 증거가 된다. 그래서 지층을 지구의 역사책이라 부르는 것이다.

화석에는 특정한 지층에서만 발견되는 것이 있다. 이것을 표준화석이라고 하는데, 그래서 어느 지층에서 표준 화석이 발견되면 그 지층이 생성된 시기를 어렵지 않게 가늠할 수가 있다. 고생대, 중생대, 신생대의 표준 화석은 다음과 같다.

| |
|---|
| 고생대 : 삼엽충, 필석, 봉인목, 인목, 노목, 갑주어 |
| 중생대 : 암모나이트, 시조새, 공룡 |
| 신생대 : 매머드, 에오히푸스, 화폐석 |

표준 화석이 되기 위해서는 우선 개체 수가 많아야 한다. 몇 종 되지 않는 생물을 놓고서 어느 한 시대를 대표한다고 말할 수는 없기 때문이다.

다음으로 넓은 지역에 걸쳐서 분포해야 한다. 어느 외진 한 지역에만 분포한 특정 생물을 두고서 과거의 지질 시대를 풍미한 존재라고 말하기는 어려운 까닭이다.

또한 너무 오랫동안 생존해서는 곤란하다. 바퀴벌레처럼 고생대부터 신생대를 거쳐 현재까지 그 질긴 생명력을 이어가고 있는 생물은 어느 특정 시대를 대표한다고 볼 수는 없다.

그리고 화석이 생성된 당시의 환경을 알려주는 화석이 있다. 이것을 시상화석이라고 하는데, 고사리와 산호 화석이 대표적이다. 고사리의 화석이 나오면, 당시 그곳은 기온이 높고 습기가 많은 곳이었다는 것을 알 수 있다. 산호 화석의 경우는 당시 그곳이 25℃ 남짓한 수온의 얕은 바다였다는 것을 알려준다.

**39** **윗글을 읽고 판단했을 때, 이에 대한 설명으로 옳지 않은 것만을 <보기>에서 모두 고르면?**

보 기

ㄱ. 같은 지점이라면, 깊은 곳에서 발견된 화석일수록 얕은 지점에서 발견된 화석보다 더 오랜 시간 묻혀 있었을 가능성이 높다.

ㄴ. 갑주어 화석이 발견된 지층은 인목 화석이 발견된 지층보다 먼저 생성되었을 것이다.

ㄷ. 넓은 지역에 걸쳐 분포한 생물보다 좁은 지역에 집중적으로 모여 살던 생물이 표준화석이 될 수 있다.

ㄹ. 어떤 지역에서 산호 화석이 발견되었다면, 그곳은 현재 얕은 바닷가일 것이다.

① ㄱ, ㄴ
② ㄴ, ㄹ
③ ㄷ, ㄹ
④ ㄱ, ㄷ, ㄹ
⑤ ㄴ, ㄷ, ㄹ

**40** **윗글과 <보기>를 통해 판단했을 때, A~D 각 그래프에서 표준 화석이 생성되기에 가장 좋은 생물 번호를 연결한 것으로 옳은 것은?**

보 기

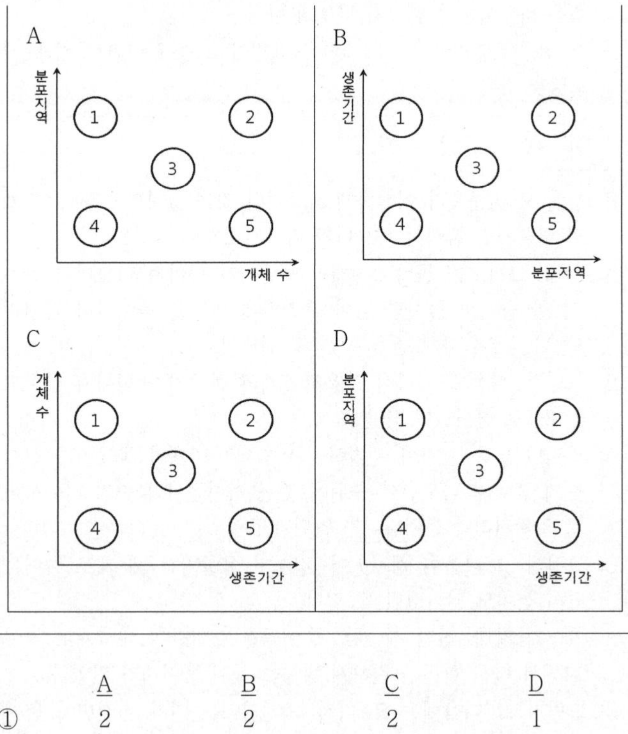


| | A | B | C | D |
|---|---|---|---|---|
| ① | 2 | 2 | 2 | 1 |
| ② | 2 | 5 | 1 | 1 |
| ③ | 5 | 2 | 1 | 2 |
| ④ | 5 | 5 | 2 | 1 |
| ⑤ | 2 | 5 | 1 | 2 |

Memo

# PSAT

5급공채 입법고시 민간경력자 국립외교원 및 수습 대비

## 종합 실전모의고사

인재

헌법
언어논리
자료해석
상황판단

# 제3회
# PSAT 종합 실전모의고사

- 헌 법
- 언어논리
- 자료해석
- 상황판단

# 헌법영역

**01** 다음 중 행정부에 관한 설명으로 옳지 않은 것은? (다툼이 있는 경우 판례에 의함)

① 국무총리는 중앙행정기관의 장의 명령이나 처분이 위법 또는 부당하다고 인정할 때에는 대통령의 승인을 받아 이를 중지 또는 취소할 수 있다.

② 중앙행정기관의 장은 법률에서 위임한 사항이나 법률을 집행하기 위하여 필요한 사항을 규정한 대통령령·총리령·부령·훈령·예규·고시 등이 입법예고·제정·개정 또는 폐지된 때에는 10일 이내에 이를 국회 소관상임위원회에 제출하여야 한다.

③ 국무회의 의결은 국가기관의 내부적 의사결정행위에 불과하므로 헌법재판소법 제68조 제1항의 공권력의 행사에 해당하지 아니한다.

④ 중앙선거관리위원회의 규칙제정권은 헌법에서 규정하고 있으나, 감사원의 규칙제정권은 감사원법에서 규정하고 있다.

**02** 법원에 관한 설명으로 옳은 것은? (다툼이 있는 경우 판례에 의함)

① 헌법재판소에 따르면, 우리 헌법은 명령이 헌법이나 법률에 위반되는지 여부의 최종심판권을 대법원에 부여하고 있으므로 당해 명령이 집행을 매개로 하지 않고 직접 개인의 기본권을 침해하는 경우에도 헌법소원을 청구할 수는 없다.

② 대통령이 대법관을 임명하려면 국회인사청문특별위원회 재적위원 3분의 2 이상의 찬성을 얻어야 한다.

③ 특정 성폭력 범죄자에 대한 위치추적전자장치 부착을 양형에 유리하게 참작하지 못하도록 하는 '특정 성폭력범죄자에 대한 위치추적 전자장치 부착에 관한 법률' 제9조 제5항은 법관의 양형재량권을 침해한다.

④ 대법관회의는 대법관 전원의 3분의 2 이상의 출석과 출석인원 과반수의 찬성으로 의결하고, 의장은 의결에서 표결권을 가지며, 가부동수일 때에는 결정권을 가진다.

**03** 헌법소원심판에 관한 설명으로 옳지 않은 것은? (다툼이 있는 경우 판례에 의함)

① 정부투자기관이 출자한 회사가 내부 인사규정에 의하여 한 인사상의 차별 및 해고는 공권력 행사에 해당하여 「헌법재판소법」 제68조 제1항에 의한 헌법소원의 대상이 된다.

② 법인이나 단체는 그 자신의 기본권을 직접 침해당한 경우 헌법소원심판을 청구할 수 있으나, 법인이나 단체의 구성원을 위하여 또는 구성원을 대신하여 청구할 수는 없다.

③ 지방대학 및 지역균형인재 육성에 관한 법률 제2조 제1호가 위 법의 적용을 받는 지방대학에서 경인지역 대학을 제외한 것은 평등권 등을 침해한다는 헌법소원심판청구와 관련하여 학부모들의 자기관련성은 인정되지 아니한다.

④ "피의자가 구속된 경우 사법경찰관은 10일 이내에 피의자를 검사에게 인치하는 경우, 그리고 검사는 10일 이내에 공소를 제기하지 않는 경우에 구속된 피의자를 석방하여야 한다"는 형사소송법 제202조 및 제203조에 대한 헌법소원 심판청구는 직접성이 인정되지 아니한다.

**04** 위헌법률심판에 관한 설명으로 옳지 않은 것은? (다툼이 있는 경우 판례에 의함)

① 위헌결정을 통하여 법률조항을 법질서에서 제거하는 것이 법적 공백이나 혼란을 초래할 우려가 있는 경우에는 위헌조항의 잠정적 적용을 명하는 헌법불합치결정을 할 수 있다.

② 헌법재판소법 제47조 제3항 본문의 소급효가 인정되는 형벌에 관한 법률 또는 법률의 조항의 범위는 실체적인 형벌법규에 한정하여야 하고 형사소송법이나 법원조직법 등 절차법에는 동 조항 단서가 적용되지 않는다.

③ 위헌법률심판제청은 법률이 헌법에 위반되는지 여부가 재판의 전제가 된 경우에 할 수 있으므로 지방법원판사의 구속영장발부 여부에 관한 재판에서는 위헌법률심판제청을 할 수 없다.

④ 재심개시결정이 확정된 바 없는 재심사건에서 심판대상조항이 원판결에 적용된 법률조항인 경우에는 재판의 전제성이 인정되지 아니한다.

## 05 헌법개정에 관한 설명으로 틀린 것으로 묶인 것은? (다툼이 있는 경우 판례에 의함)

㉠ 제3공화국 헌법부터 국회 또는 대통령의 제안으로 국회재적의원 2/3 이상의 찬성을 거쳐 국민투표로 헌법개정안이 확정되었다.

㉡ 제4공화국 헌법은 대통령이 제안한 헌법개정안은 국회 의결을 거쳐 통일주체국민회의의 의결로 확정되지만, 국회의원이 제안한 헌법개정안은 국민투표로 확정됨으로써 절차를 이원화하였다.

㉢ 현행 헌법상 대통령의 국민투표부의권(제72조)에 의하여 헌법개정안을 국민투표에 부칠 수도 있다.

㉣ 헌법개정안에 대한 국민투표의 효력에 관하여 이의가 있는 투표인은 10만인 이상의 찬성을 얻어 대통령을 피고로 하여 투표일로부터 20일 이내에 대법원에 국민투표 무효소송을 제기할 수 있다.

㉤ 우리 헌법재판소는 개별헌법조항에 대해서는 위헌법률심판이나 헌법소원을 제기할 수 없다는 입장이다.

① ㉠, ㉡, ㉢
② ㉡, ㉣, ㉤
③ ㉢, ㉣, ㉤
④ ㉠, ㉡, ㉢, ㉣

## 06 법치주의에 대한 설명으로 옳은 것은? (다툼이 있는 경우 판례에 의함)

① 개인의 신뢰이익에 대한 보호가치는 법령에 따른 개인의 행위가 국가에 의하여 일정방향으로 유인된 신뢰의 행사인지, 아니면 단지 법률이 부여한 기회를 활용한 것으로서 원칙적으로 사적 위험부담의 범위에 속하는 것인지 여부에 따라 달라지는 것은 아니다.
② 법령불소급의 원칙은 법령의 효력발생 전에 완성된 요건 사실에 대하여 당해 법령을 적용할 수 없다는 의미일 뿐, 계속 중인 사실이나 그 이후에 발생한 요건 사실에 대한 법령적용까지를 제한하는 것은 아니다.
③ 언론중재법 시행 전의 언론보도로 인한 정정보도청구에 대하여도 언론중재법을 적용하도록 규정한 언론중재법 부칙은 부진정 소급입법으로서 신문사업자의 언론의 자유를 침해한다.
④ 친일반민족행위자 재산의 국가귀속조항은 진정소급입법으로 예외적으로 허용되는 경우에 해당하지 아니하므로 법치주의 원리에 위반된다.

## 07 지방자치제도에 관한 설명으로 옳은 것은? (다툼이 있는 경우 판례에 의함)

① 조례에 대한 법률의 위임은 법규명령에 대한 법률의 위임과 같이 반드시 구체적으로 범위를 정하여 할 필요가 없으며 포괄적인 것으로 족하다.
② 주무부장관이 지방자치단체의 사무에 관한 시·도지사의 명령이나 처분에 대하여 시정명령을 할 수 있는 것은 그 명령이나 처분이 위법한 경우에 한한다.
③ 조례가 규율하는 특정사항에 관하여 그것을 규율하는 국가의 법령이 이미 존재하는 경우에는, 조례가 법령과 별도의 목적에 기하여 규율함을 의도하는 것이고 그 적용에 의하여 법령의 규정이 의도하는 목적과 효과를 전혀 저해하는 바가 없다고 하더라도 그 조례는 국가의 법령에 위반되는 것이다.
④ 세종특별자치시의 시장 및 교육감 선거는 실시함에도 불구하고 지방의회의원선거는 실시하지 않도록 규정하고 있는 「세종특별자치시 설치 등에 관한 특별법」 부칙조항은 평등권을 침해한다.

## 08 국회에 관한 설명으로 옳은 것은? (다툼이 있는 경우 판례에 의함)

① 헌법이 직접 정하고 있는 국회의 의사원칙으로는 다수결의 원칙, 의사공개의 원칙, 회기계속의 원칙, 일사부재의 원칙 등이 있다.
② 국회의 정기회는 법률이 정하는 바에 의하여 매년 1회 집회되며, 국회의 임시회는 국회의장 또는 국회재적의원 4분의 1 이상의 요구에 의하여 집회된다.
③ 교섭단체를 구성한 정당에게만 정책연구위원을 배정하도록 규정한 국회법 제34조 제1항은 원내교섭단체를 구성하지 못한 소수정당의 평등권을 침해한다.
④ 국회의장이 상임위원회의 구성원인 위원의 선임 및 개선에 있어 교섭단체대표의원과 협의하고 그의 요청에 응하는 것은 국회운영에 있어 본질적 요소이다.

**09** 국회의 권한에 관한 설명으로 옳지 않은 것은? (다툼이 있는 경우 판례에 의함)

① 어떠한 의안으로 인하여 원안이 본래의 취지를 잃고 전혀 다른 의미로 변경되는 정도에까지 이르지 않는다면 이를 국회법상의 수정안에 해당하는 것으로 볼 수 있다.
② 소득세의 과세대상이 되는 근로소득의 범위에 관하여 '근로의 제공으로 인하여 받는 봉급·급료·보수·세비·임금·상여·수당과 이와 유사한 성질의 급여'라고 규정하고 있는 구 소득세법 제21조 제1항 제1호는 과세요건명확주의에 위반되지 아니한다.
③ 검찰의 기소독점주의 및 기소편의주의에 대한 예외로서 특별검사제도를 인정할지 여부의 판단에는 본질적으로 국회의 폭넓은 재량이 인정된다.
④ 법인세법에 따라 상여처분된 근로소득의 지급시기를 '대통령령으로 정하는 날'에 지급한 것으로 보는 것은 조세법률주의와 포괄위임입법금지원칙에 위배된다.

**10** 국회의 탄핵소추와 해임건의에 관한 설명으로 옳지 않은 것은? (다툼이 있는 경우 판례에 의함)

① 헌법은 탄핵사유를 '헌법이나 법률에 위배한 때'로 규정하고 있는데, 헌법에는 명문의 헌법규정뿐만 아니라 불문헌법도 포함되고, 법률에는 형식적 의미의 법률 및 그와 동등한 효력을 가지는 국제조약, 일반적으로 승인된 국제법규 등을 포함한다.
② 탄핵심판청구가 이유 있는 때에는 헌법재판소는 피청구인을 당해 공직에서 파면하는 결정을 선고하고, 탄핵결정으로 파면된 자는 결정선고가 있는 날로부터 5년간 공무원이 될 수 없다.
③ 국무위원에 대한 국회의 탄핵소추와 해임건의는 국회재적의원 과반수 발의에 의하여 국회재적의원 3분의 2 이상의 찬성이 있어야 한다.
④ 국회의 해임건의는 대통령을 기속하는 해임결의권이 아니라, 아무런 법적 구속력이 없는 단순한 해임건의에 불과하다.

**11** 대통령의 헌법상 지위와 신분에 관한 설명으로 옳지 않은 것은? (다툼이 있는 경우 판례에 의함)

① 대통령은 소속 정당을 위하여 정당활동을 할 수 있는 사인으로서의 지위와 국민 모두에 대한 봉사자로서 공익실현의 의무가 있는 헌법기관으로서의 지위를 동시에 갖는데 최소한 전자의 지위와 관련하여서는 기본권 주체성을 갖는다고 할 수 있다.
② 「헌법」 제84조가 정하는 대통령의 형사상 불소추 특권은 대통령이 내란 또는 외환의 죄에 해당하지 아니하는 죄를 범한 경우에는 재직중에는 기소되어 법원의 재판을 받지 않는다는 의미이므로 형사상의 책임이 면제되는 것은 아니다.
③ 대통령이 궐위된 때 또는 대통령 당선자가 사망하거나 판결 기타의 사유로 자격을 상실한 때에는 60일 이내에 후임자를 선거한다.
④ 대통령으로 당선된 후 취임 전에 대통령당선인의 직무수행으로 한 위헌·위법행위는 대통령 취임 후 그에 대한 탄핵의 사유가 된다.

**12** 대통령의 권한과 통제에 관한 설명으로 옳은 것은? (다툼이 있는 경우 판례에 의함)

① 대통령이 계엄을 선포하였을 때에는 지체없이 국회에 통고하여야 하고, 국회가 폐회중인 때에는 대통령은 지체없이 국회의 집회를 요구하여야 한다.
② 중앙선거관리위원회 위원장이 대통령에게 한 '대통령의 선거중립의무 준수요청 조치'는 통치행위와 유사한 고도의 정치적 행위이거나 권력분립원칙상 그 판단을 극히 존중해야 할 사안이므로 헌법재판소는 사법적 판단을 자제하여야 한다.
③ 대통령은 법률이 정하는 바에 의하여 사면·감형 또는 복권을 명할 수 있고, 사면을 명하려면 국회의 동의를 얻어야 한다.
④ 대통령령으로 규정한 내용이 헌법에 위반될 경우에는 정당하고 적법하게 입법권을 위임한 수권법률조항까지 위헌으로 된다.

## 13 우리 헌법상 경제조항에 관한 설명으로 옳은 것은?

① 국가는 건전한 소비행위를 계도하고 생산품의 품질향상을 촉구하기 위한 소비자보호운동 및 소비자에 관한 권리를 법률이 정하는 바에 의하여 보장한다.
② 국가는 국방상 또는 국민경제상 긴절한 필요로 인하여 법률이 정하는 경우를 제외하고는, 사영기업을 국유 또는 공유로 이전할 수 있으나, 그 경영을 통제 또는 관리할 수는 없다.
③ 국가는 농지에 관하여 경자유전의 원칙이 달성될 수 있도록 노력하여야 하며, 농지의 소작제도, 임대차와 위탁경영은 법률이 정하는 바에 의하여 인정된다.
④ 국가는 과학기술의 혁신과 정보 및 인력의 개발을 통하여 국민경제의 발전에 노력하여야 하고, 대통령은 이를 달성하기 위하여 필요한 자문기구를 둘 수 있다.

## 14 기본권의 주체와 관련한 설명으로 옳지 않은 것은? (다툼이 있는 경우 판례에 의함)

㉠ 정당은 권리능력 없는 사단으로서 기본권 주체성이 인정되므로 미국산 쇠고기 수입위생조건에 관한 고시와 관련하여 생명·신체의 안전에 관한 기본권 침해를 이유로 헌법소원을 청구할 수 있다.
㉡ 인간의 존엄과 가치 및 행복추구권 등과 같이 단순히 국민의 권리가 아닌 인간의 권리로 볼 수 있는 기본권에 대해서는 외국인도 기본권 주체가 될 수 있다.
㉢ 변호사 접견권을 악용하는 수형자들로 인한 부작용을 배제하기 위하여, 수용자 일반을 접촉차단시설이 설치된 장소에서 변호인을 접견하게 하는 행위는 정당화된다.
㉣ 「출입국관리법」에 따른 영주의 체류자격 취득일 후 3년이 경과한 19세 이상의 외국인에게는 지방자치단체 의회의원 및 장의 선거권이 부여되어 헌법상의 정치적 기본권이 인정된다.
㉤ 외국인근로자들은 적법하게 고용허가를 받아 적법하게 우리나라에 입국하여 우리나라에서 일정한 생활관계를 형성, 유지하고 있더라도 직장 선택의 자유에 대한 기본권 주체성을 인정할 수 없다.

① ㉡, ㉢, ㉣, ㉤
② ㉠, ㉢, ㉣, ㉤
③ ㉠, ㉡, ㉣, ㉤
④ ㉠, ㉡, ㉢, ㉤

## 15 기본권의 제한 및 한계에 관한 설명으로 옳지 않은 것은? (다툼이 있는 경우 판례에 의함)

① 표현의 자유를 규제하는 법률은 규제되는 표현의 개념을 세밀하고 명확하게 규명할 것이 헌법적으로 요구된다.
② 부정한 목적으로 도메인이름 등을 등록·보유 또는 사용하는 행위를 금지하고, 이를 위반한 자에 대하여 정당한 권원이 있는 자가 법원에 그 도메인이름 등의 등록말소 또는 등록이전을 청구할 수 있도록 규정한 인터넷주소자원에 관한 법률 제12조 제1항 중 '정당한 권원이 있는 자' 부분과 제2항 중 '정당한 권원이 있는 자' 부분은 명확성원칙에 위배된다.
③ 선거방송심의위원회의 구성과 운영에 관한 규칙에 근거하여 방송위원회가 문화방송에 대하여 한 '경고 및 관계자 경고'처분은 문화방송의 방송의 자유를 침해한다.
④ 법률이 입법사항을 행정규칙에 위임하는 경우 업무의 성질상 위임이 불가피한 사항에 한정되고, 법률의 위임은 반드시 구체적·개별적으로 한정된 사항에 대하여 행하여져야 한다.

## 16 평등권에 관한 설명으로 옳지 않은 것은? (다툼이 있는 경우 판례에 의함)

① 헌법재판소는 대한민국 국민인 남자에 한하여 병역의무를 부과하는 병역법 제3조 제1항의 전문이 평등권을 위반하는지 여부에 관하여 완화된 심사척도에 따라 판단하였다.
② 헌법재판소가 행하는 규범에 대한 심사는 그것이 가장 합리적이고 타당한 수단인가에 있지 아니하고 단지 입법자의 정치적 형성이 헌법적 한계내에 머물러 있는가 하는 것에 국한시켜야 한다.
③ 금고이상의 형의 선고유예를 받아 당연퇴직된 공무원을 특별채용함에 있어 사실상 공무원으로 근무하여 온 기간을 경력으로 인정하지 아니하는 특별채용 조항은 침익적 규정에 해당하므로, 동규정에 대한 평등의 원칙 심사는 엄격한 기준에 의하여야 한다.
④ '수사가 진행 중이거나 형사재판이 계속 중이었다가 그 사유가 소멸한 경우'에는 잔여 퇴직급여 등에 대해 이자를 가산하는 규정을 두면서, '형이 확정되었다가 그 사유가 소멸한 경우'에는 이자 가산 규정을 두지 않은 군인연금법은 평등원칙에 위반된다.

## 17 학문·예술의 자유에 관한 설명으로 옳은 것은? (다툼이 있는 경우 판례에 의함)

① 사학분쟁조정위원회는 행정·입법·사법부에서 추천한 인사들로 구성되는데, 대법원장이 더 많은 위원을 추천하고, 대법원장이 추천한 위원 중에서 위원장을 호선하도록 한 것은 권력분립의 원칙을 위반한다.
② 대학교수에게 대학총장 후보자 또는 단과대학장 선출에 참여할 권리가 있고, 이 권리는 대학의 자치의 본질적인 내용에 포함되므로 헌법상의 기본권으로 인정될 수 있다.
③ 사립학교는 그 설립자의 특별한 설립이념을 구현하거나 독자적인 교육방침에 따라 개성 있는 교육을 실시할 수 있도록 설립의 자유와 운영의 독자성을 보장할 필요가 있으며, 공적인 학교제도를 보장하여야 할 책무를 진 국가는 일정한 범위 안에서 사립학교의 운영을 감독·통제할 권한과 책임을 진다.
④ 기간임용제와 정년보장제는 국가가 문화국가의 실현을 위한 학문진흥의 의무를 이행함에 있어서나 국민의 교육권의 실현·방법 면에서 각각 장단점이 있어 어느 쪽이 좋은 제도인지에 대한 판단에는 어려움이 있으므로, 이러한 점에 대한 판단·선택은 입법정책에 맡겨 두는 것보다는 헌법재판소에서 이를 가늠하는 것이 옳다.

## 18 직업의 자유에 관한 설명 중 정오가 바른 것은? (다툼이 있는 경우 판례에 의함)

> ㉠ 의지·보조기 제조업자로 하여금 의지·보조기 기사를 1명 이상 두도록 하고, 이를 위반한 경우 형사처벌하고 있는 장애인복지법은 과잉금지원칙에 위배되어 청구인의 직업수행의 자유를 침해한다.
> ㉡ 농협·축협 조합장이 금고 이상의 형을 선고받은 경우 그 형이 확정되기 전에 이사가 그 직무를 대행하도록 규정한 것만으로는 조합장의 직업수행의 자유를 침해하지 않는다.
> ㉢ 법률사건의 수임에 관하여 알선의 대가로 금품을 제공하거나 이를 약속한 변호사를 형사처벌하는 구 변호사법 조항은 과잉금지원칙에 위배하여 변호사의 직업수행의 자유를 침해하지 않는다.
> ㉣ 비급여대상인 의료기기와 관련하여 리베이트를 수수한 의료인에 대하여 요양급여 대상인 의료기기의 경우와 마찬가지로 징역형으로 처벌할 수 있도록 한 것은 직업수행의 자유를 침해한다고 할 수 없다.
> ㉤ 고소득 전문직 사업자 등 현금영수증 의무발행업종 사업자에게 건당 30만 원 이상 현금거래 시 현금영수증 발급의무를 부과하고 위반 시 미발급액의 50%에 상당하는 과태료를 부과하는 조세범 처벌법 조항은 과잉금지원칙에 위배되어 직업선택의 자유를 침해한다.

① ㉠(×), ㉡(×), ㉢(○), ㉣(○), ㉤(×)
② ㉠(×), ㉡(○), ㉢(○), ㉣(○), ㉤(×)
③ ㉠(○), ㉡(×), ㉢(○), ㉣(○), ㉤(×)
④ ㉠(×), ㉡(○), ㉢(○), ㉣(○), ㉤(○)

## 19 청구권적 기본권에 관한 설명으로 옳은 것은? (다툼이 있는 경우 판례에 의함)

① 국회가 선출하여 임명된 헌법재판관 중 공석이 발생하였다고 하여도, 헌법의 해석상 국회가 공석인 재판관의 후임자를 선출하여야 할 구체적 작위의무가 도출되는 것은 아니다.
② 사법보좌관에 의한 소송비용액 확정결정절차를 규정한 법원조직법 제54조 제2항 제1항은 '법관에 의한 재판을 받을 권리'를 침해한다.
③ 군인 또는 군무원이 아닌 국민은 대한민국 영역 안에서는 중대한 군사상 기밀·초병·초소·유독음식물공급·포로·군용물에 관한 죄 중 법률이 정한 경우와 비상계엄이 선포된 경우를 제외하고는 군사법원의 재판을 받지 아니한다.
④ 입법자가 행정심판을 전심절차가 아니라 종심절차로 규정할 경우 이는 헌법 제107조 제3항에 위반되지만 재판청구권을 보장하고 있는 헌법 제27조에 위반되는 것은 아니다.

## 20 사회적 기본권에 관한 설명으로 옳지 않은 것은? (다툼이 있는 경우 판례에 의함)

① 헌법 제33조 제1항은 단결권·단체교섭권·단체행동권의 주체로서 근로자만을 명시적으로 규정하고 있을 뿐, 사용자에 대해서는 규정하고 있지 않다.
② 업무상 질병으로 인한 업무상 재해에 있어 업무와 재해 사이의 상당인과관계에 대한 입증책임을 이를 주장하는 근로자나 그 유족에게 부담시키는 산업재해보상보험법 제37조 제1항 제2호가 사회보장수급권을 침해하는 것은 아니다.
③ 연차유급휴가는 최소한의 인간의 존엄성을 보장하기 위한 핵심적인 근로조건에 해당하므로 근로연도 중도퇴직자의 중도퇴직 전 근로에 대해 유급휴가를 보장하지 않는 것이 근로의 권리를 침해하는지 여부는 과잉금지의 원칙에 의해 엄격히 심사되어야 한다.
④ 헌법 제33조 제1항이 "근로자는 근로조건의 향상을 위하여 자주적인 단결권, 단체교섭권, 단체행동권을 가진다."고 규정하여 비록 '단체협약체결권'을 명시하고 있지 않지만, '단체교섭권'에는 단체협약체결권이 포함되어 있다고 보아야 한다.

## 21 정당에 관한 설명으로 옳은 것은? (다툼이 있는 경우 판례에 의함)

① 헌법재판소의 결정에 의하여 해산된 정당의 명칭과 같은 명칭은 정당의 명칭으로 다시 사용하지 못하며, 헌법재판소의 해산결정에 의하여 해산된 정당의 잔여재산은 국고에 귀속된다.

② 헌법 제21조는 결사의 자유를 보장하고 있으나, 정당을 만들고 정당이 정치활동을 할 수 있는 자유는 일반적으로 결사의 자유와 성격을 달리하는 것이므로 정당은 헌법 제21조에 의해 보장되는 결사로서 보장되는 것이 아니라 헌법이 대표민주제를 채용하고 있다는 헌법 전체의 원리나 정신에서 그 근거를 찾을 수 있다.

③ "정당은 그 목적·조직과 활동이 민주적이어야 하며, 국민의 정치적 의사형성에 참여하는데 필요한 조직을 가져야 한다."는 규정은, 정당의 자유에 대한 한계로 작용하는 한도에서 정당의 자유의 구체적인 내용을 제시할 뿐만 아니라, 정당의 자유의 헌법적 근거를 제공하는 근거규범에 해당한다.

④ '정당의 목적이나 활동이 민주적 기본질서에 위배될 때'라는 헌법 제8조 제4항의 정당해산 요건이 충족되면, 헌법재판소는 해당 정당의 위헌적 문제성을 해결할 수 있는 다른 대안적 수단이 있는 경우라 하더라도 강제적 정당해산결정을 할 수 있다.

## 22 선거제도에 관한 설명으로 옳은 것은? (다툼이 있는 경우 판례에 의함)

① 선거일 전 180일부터 선거일까지 선거에 영향을 미치게 하기 위한 간판·현판·현수막 설치 등의 설치를 금지하는 시설물설치금지조항은 정치적 표현의 자유 등을 침해하지 않는다.

② 헌법재판소는 지역구 지방의회의원 선거에서 지역대표성이 엄격히 비례를 이루어야 하기 때문에 최대선거구와 최소 선거구의 인구수 비율이 2:1을 넘으면 위헌으로 판단하고 있다.

③ 선거에 관하여 기부의 권유·요구 등의 금지규정에 위반한 자에게 50배에 상당하는 금액의 과태료에 처하는 규정은 선거의 공정성을 위한 것으로 과잉금지원칙에 위배되지 아니한다.

④ 예비후보자의 배우자가 그와 함께 다니는 사람 중에서 지정한 1명도 예비후보자의 명함을 교부하거나 예비후보자에 대한 지지를 호소할 수 있도록 허용하는 공직선거법 조항은, 배우자 없는 예비후보자의 평등권을 침해하지 아니한다.

## 23 신체의 자유에 관한 설명으로 옳지 않은 것은? (다툼이 있는 경우 판례에 의함)

① 공소시효제도는 절차법인 형사소송법에 규정되어 있으나 그 실질은 실체법적 성격을 갖고 있으므로 시효가 정지되는 경우는 특별히 법률로서 명문의 규정을 둔 경우에 한하여야 한다.

② 전투경찰순경에 대한 징계로 영창처분을 규정한 전투경찰대 설치법 제5조는 적법절차원칙에 위반되지 않는다.

③ 외국의 형사판결도 우리 법원을 기속하므로 동일한 범죄행위에 관하여 외국에서 형사처벌을 과하는 확정판결을 받은 경우 대한민국 내에서 거듭 형벌권이 행사되어서는 안 된다.

④ 강제추행죄로 유죄판결이 확정된 자로 하여금 디엔에이감식시료 채취대상자가 되도록 하는 것은 과잉금지원칙을 위반하여 청구인의 신체의 자유를 침해하지 않는다.

## 24 사생활의 비밀과 자유에 관한 설명으로 옳지 않은 것은? (다툼이 있는 경우 판례에 의함)

① 주민등록번호는 모든 국민에게 일련의 숫자 형태로 부여되는 고유한 번호로서 당해 개인을 식별할 수 있는 정보인 개인정보에 해당하므로, 개인별로 주민등록번호를 부여하면서 주민등록번호 변경에 관한 규정을 두고 있지 않은 것은 개인정보자기결정권을 침해한다.

② 국가나 지방자치단체도 언론중재 및 피해구제 등에 관한 법률상의 반론보도심판청구를 할 수 있다.

③ 공직자의 자질·도덕성·청렴성에 관한 사실은 그 내용이 개인적인 사생활에 관한 것이라 할지라도 순수한 사생활의 영역에 있다고 보기 어려우므로 이에 대한 문제제기 내지 비판은 허용되어야 한다.

④ 언론사의 허위보도로 인한 피해자는 언론사에 정정보도를 청구하거나 언론중재위원회에 조정 또는 중재를 신청하거나 법원에 정정보도 청구의 소를 제기할 수 있고, 법원에 정정보도청구의 소를 제기하기 위해서는 언론중재위원회의 중재를 거쳐야 한다.

## 25 언론·출판의 자유에 관한 설명으로 옳지 않은 것은? (다툼이 있는 경우 판례에 의함)

① 법원이 형을 선고받은 피고인에게 재판서를 송달하지 않는 것은 국민의 알권리를 침해하지 아니한다.

② 정치자금의 수입·지출내역 및 첨부서류 등의 열람기간을 공고일로부터 3월간으로 제한하는 것은 국민의 알권리 등을 침해한다고 볼 수 없다.

③ 사전심의를 받지 아니한 의료광고를 금지하고 이를 위반한 경우 처벌하더라도 사전검열금지원칙에 위배되지 아니한다.

④ '신문의 기능을 보장하기 위하여'란 결국 '신문의 다양성을 유지하기 위하여'란 의미도 포함하고 있으므로 신문의 공적 기능과 책임을 위하여 필요한 입법적 규율은 허용된다.

책형 가

# 언어논리영역

## 01 다음 글의 내용과 부합하지 않는 것은?

서양의 풍경화는 주로 선원근법에 기대어 그려진다. 선원근법이란 투시도법이라고 불리는, 우리가 잘 알고 있는 원근법이다. 원근법은 단일한 고정된 시점에서 세계를 보고 그 세계가 하나의 소실점을 향해 기하학적 법칙에 따라 멀어져 가도록 화면에 배치하는 방법이다.

물론, 이와 같은 원근법은 인간의 시야와 일치하지 않는다. 인간은 원근법으로 그려진 그림처럼 어떤 방면, 풍경의 모든 곳을 동시에 똑같이 보지 못한다. 인간의 눈은 늘 움직이면서 하나하나의 대상을 훑듯이 바라보게 프로그램되어 있다. 이것은 언제라도 눈을 들어 시험해 보면 금방 알 수 있다.

원근법은 이른바 '체계적인 공간(systemic space)'을 형성하기 위해 만들어진 지극히 인공적인 방법인 것이다. 그러므로 원근법적 그림, 원근법적 공간은 인간이라는 외부 관찰자가 세계와 풍경에 단일한 질서와 위계를 부여하기 위해 발명한 허구적 공간인 것이다. 따라서 이러한 공간은 절대적인 것도 아니고 세계를 보는 유일한 방법도 아니다.

원근법에 따라 그려진 서양의 풍경화는 철저하게 인간, 그것도 부르주아적 시야에서 그려진 정치적, 시각적인 권력의 행사와 지배를 의미한다. 대개는 그것이 위장되어 있어서 쉽게 읽기 어렵지만, 왕과 귀족의 초상화 배경으로 풍경이 그려질 때에는 노골적으로 드러나기도 한다. 대개 자신이 소유하고 있는 영지를 배경으로 그 소유자임을 과시하며 포즈를 취하고 있기 때문이다.

물론, 그렇다고 해서 서양의 풍경화가 그림의 질이 떨어진다거나 부족하다는 것은 아니다. 서양의 풍경화에도 자연의 본질과 특성을 훌륭하게 구현한 작품들이 얼마든지 있다. 단지 발생 배경과 이념이 동양의 산수화와 차이가 있고 그 중심이 다르다는 것뿐이다.

① 원근법은 특정한 목적을 위한 인위적인 방법이고, 세상을 보는 유일한 방법이 될 수 없다.
② 정치 · 경제적 요소가 예술에 영향을 주기도 한다.
③ 인간의 눈은 바라보는 풍경을 체계적으로 형성하기 위해 대상들에 대해 일종의 서열체계를 부여한다.
④ 투시도법에는 기하학적 법칙이 적용된다.
⑤ 원근법과 인간의 시야 간의 불합치는 경험을 통해 쉽게 확인할 수 있다.

## 02 다음 글에서 추론할 수 있는 것으로 옳은 것만을 <보기>에서 모두 고르면?

국가는 심지어 안전에 대한 욕구조차도 충족시키지 못한다. 아무리 거대한 규모의 조직체라 하더라도 개개인의 진정한 심리적 욕구를 만족시킬 수는 없는 것이다. 왜냐하면 그 본성상 그것은 너무 거대하고, 지나치게 복합적이며, 고도로 관료제화되어 있으며, 인간이 살아가는 데서 느끼는 자질구레한 의미로부터 너무나 멀리 떨어져 있기 때문이다. 국가는 대중적인 열망을 수렴하고 개혁을 주도하며 전쟁과 같은 거창한 대의를 위하여 동원될 수 있지만 인정이나 동료애, 안정감, 참여와 같은 인간의 욕구를 만족시키기 위한 정규적이며 정상적인 수단으로서는 적합한 것이라고 말할 수 없다. 한마디로 말해서 근대 사회의 성립과 함께 대중 정부 · 대중 생산 · 대중 매체들의 기적이 가능하게 되었다고 말할 수 있다. 하지만 그렇다고 해서 복지라는 느낌에 따르는 안정감이나 귀속감 등은 가져다 줄 수 없었다. 따라서 20세기에 계속적으로 소외가 번져 나가는 데 대한 유일한 대안은 '작은 규모의 안정된 구조의 공동체'이다. 니스벳(E.Nisbett)은 다음과 같이 말한다. "그리고 거기에서만 오직 사회적 재건을 시작할 수 있다. 왜냐하면 그것은 근본적으로 인간이 바라는 것들에 본질적으로 반응할 수 있기 때문이다. 즉, 함께 살며 함께 일하고 함께 겪으며 함께 있는 것이다."

보 기

ㄱ. 근대 이후 대중 사회가 형성되면서 대중이 과거의 공동체 기능을 대신하게 되었다.
ㄴ. 자질구레한 의미를 함께 나눌 수 있는 가족과 같은 소규모의 집단이 소외의 문제를 해결할 수 있다.
ㄷ. 사람들은 거창한 대의만을 필요로 하지 않으며 안정감이나 동료애 등으로부터 안전에 대한 느낌을 받기를 원한다.
ㄹ. 인간의 욕구를 만족시키기 위한 새로운 사회를 건설하는 데에는 국가보다는 소규모의 안정적 공동체가 필요하다.

① ㄱ, ㄷ
② ㄴ, ㄹ
③ ㄱ, ㄴ, ㄷ
④ ㄱ, ㄴ, ㄹ
⑤ ㄴ, ㄷ, ㄹ

## 03 다음 글을 읽고 추론한 것으로 옳은 것만을 〈보기〉에서 모두 고르면?

도서정가제는 「독점규제 및 공정거래에 관한 법률」(이하 공정거래법)에 의해 허용되는 재판매가격유지행위의 하나이다. 그리고 新「출판문화산업 진흥법」은 법률로서 도서정가제를 강제하고 있다. 따라서 출판업자가 유통업자, 즉 서점에 재판매가격을 강제하는 것은 법적인 문제가 전혀 없다.

그러나 공정거래법이 도서와 같은 저작물이 아닌 일반적인 상품에 대한 재판매가격유지행위를 금지하는 이유는 동 행위가 상당한 정도의 경쟁제한성을 가지고 있으며 그 결과 소비자후생이 저해되기 때문이다. 비록 도서정가제에 법적인 문제는 없을지라도, 이러한 경쟁제한성과 소비자후생의 저해라는 경제적 효과는 고스란히 발생한다.

사실 도서정가제의 목적은 경제적 효율성의 추구에 있지 않다. 도서와 같은 저작물의 경우, 저작자의 권리와 이익을 보장하여 적극적으로 창작활동에 나서도록 함으로써 문화적 가치를 육성하고 다양성을 보존할 필요가 있다. 그리고 도서정가제는 저작자의 권리와 이익을 보장하는 수단 중 하나로 여겨지기 때문에, 공정거래법에서도 재판매가격유지를 허용하고 있다. 그렇다면 앞서 설명한 경쟁제한성이나 소비자후생의 훼손은 도서정가제가 유발하는 부작용이라고 할 수 있다.

문화적인 측면은 일단 논외로 하면, 결국 경제적 측면의 문제는 그 부작용의 크기가 얼마나 될 것인지가 된다. 본연의 목적이 아무리 중요하다고 하더라도, 부작용이 막대하다면 당연히 이를 해소할 방법을 찾아야 한다.

**보 기**

ㄱ. 도서정가제의 도입으로 인해 발생되는 소비자후생 감소가 매우 크다면, 이를 해소할 방안을 찾아야 한다.
ㄴ. 도서정가제는 소비자의 가격 변동 위험을 감소시키는 데 기여한다.
ㄷ. 공정거래법은 일반적인 상품에 대한 재판매가격을 강제하고 있다.
ㄹ. 문화적 측면이 도서정가제의 본질적인 부분이다.

① ㄱ, ㄷ
② ㄱ, ㄹ
③ ㄴ, ㄷ
④ ㄴ, ㄹ
⑤ ㄷ, ㄹ

## 04 다음 글의 내용과 관계 지을 수 있는 상황으로 옳지 않은 것은?

기업 광고가 하나의 주제를 가지고 시리즈로 계속 반복될 경우에 사회적 영향력이 증대한다. 녹색 캠페인이라고 불리는 환경 광고(그린 광고)가 좋은 예이다. 그러면 기업은 왜 개별적인 상품 광고에 만족하지 않고 기업 광고를 중시하는가?

우선 기업 경영이 다각화되고 기술 혁신에 따라 상품이 다양화되었다는 데에서 그 원인을 찾을 수 있다. 오늘날 대기업들의 사업 분야는 한 가지에 편중되어 있지 않고, 생산하는 상품 역시 다양하다. 이런 상황에서 어느 한 가지만을 광고하는 것보다 기업 광고를 통해 자사의 기업 이미지를 높임으로써 전 사업 분야의 총체적인 이미지 향상을 도모하는 것이 보다 효과적이다.

기술의 고도화에 따른 품질의 균등화 현상도 간과할 수 없다. 경우에 따라서는 특별한 차이점이 있는 제품이 생산되는 경우도 있지만, 오늘날의 제품들은 이미 소비자가 이해할 수 있는 수준 이상의 기술을 구현하고 있으며, 그로 인해 소비자들은 제품 간의 기술적인 차이를 거의 느끼지 못하게 되었다. 따라서, 제품을 구입할 때에 기업의 총체적인 이미지가 더욱 중요한 역할을 하게 된 것이다.

기술 혁신에 따른 상품의 생명 주기가 단축된 점도 주요 원인이다. 특히, 많은 광고비를 투자하는 전자 제품의 경우 그 생명 주기가 1년이 채 되지 않는다고 볼 수 있다. 따라서, 새로운 모델이 출시될 때마다 새로운 광고 캠페인을 시도할 경우, 이미지의 분산을 일으켜 소비자에게 혼동과 불신을 가져올 수 있다. 그러므로 신제품에 대한 상품 광고와 아울러 기업 광고를 꾸준히 실시해야만 그 기업에 대해 가지고 있을지도 모를 부정적인 이미지를 감쇄함으로써 새로운 제품에도 쉽게 호감을 갖도록 할 수 있다.

마지막으로, 표현 정책의 통일성을 위해서라고 볼 수 있다. 대기업의 경우 다양한 사업 분야에서 수많은 제품을 생산하고 그에 따라 많은 광고를 집행하고 있다. 그러한 광고들이 보다 큰 힘을 갖게 하기 위해서는 한 기업 집단의 다양한 광고 속을 흐르는 한 가지 표현의 맥을 가져야 한다. 그러기 위해서 각 기업들은 통일된 회사의 정체성 계획을 작성하고, 기업 광고를 통해 확산시켜 나간다고 볼 수 있다.

① 자연을 보호하고 지키는데 앞장선다는 '복덩이'사의 광고를 보니, 이 회사의 '복덩이 침대' 역시 친환경적일 것이라는 느낌이 든다.
② 현우는 비슷한 성능을 가진 '까만전자'의 '까만핸드폰1'과 '하얀전자'의 '하얀핸드폰A'를 두고 어떤 것을 선택할지 고민하다가 좀 더 세련된 기업이미지를 가진 회사인 '까만전자'의 제품을 선택하였다.
③ 건강기능식품을 주로 판매하는 '주식회사 깨끗한'은 최근 화장품 판매까지 사업을 확장하면서 기존에 있던 '깨끗한 캡슐넘버원으로 깨끗한 몸을 만드세요'라는 내용의 신문 광고를 '우리 깨끗한 회사는 항상 깨끗한 세상을 위해 노력합니다.'라는 광고로 바꾸어 내보내기 시작했다.
④ 어린이들이 주 고객층인 '주식회사 뿔냥식품'은 새로이 음료수를 출시하면서 어린이들이 좋아하는 캐릭터인 '뿌루퉁'을 해당 제품의 광고에 함께 싣기로 하였다.
⑤ 전기밥솥을 생산하는 회사인 '호순이 밥그릇'은 밥맛을 더욱 좋게 하는 기술들을 추가적으로 계속하여 개발하게 됨에 따라 개별 모델들을 광고하기보다는 '밥맛 하면 호순이'라는 컨셉의 광고를 내보내는 편이 좋겠다는 생각 하에 새로운 광고를 기획중이다.

## 05 다음 글의 내용과 가장 잘 부합하는 주장은?

지붕은 집이 위치하는 지역의 환경과 밀접한 관계를 지니고 있다. 지붕의 형상을 결정 짓는 가장 근본적인 조건은 지역의 기후라고 할 수 있다. 지붕의 크기는 처마의 깊이를 어떻게 설정하느냐에 따라 결정된다. 처마의 깊이는 처마 폭에 의해 결정되는데, 처마 폭은 도리로부터 지붕 끝까지의 너비를 말한다. 처마가 깊다, 깊지 않다 하는 것은 기둥의 높이에 비해 처마 폭이 얼마나 넓은지를 가늠하여 하는 말이다.

처마를 깊게 잡는 구조는 우리나라 건축의 특색 가운데 하나이다. 그 이유 중의 하나는 태양 때문이다. 무더운 여름은 시원하게, 겨울은 따뜻하게 짓고 싶다는 의지가 작용한 것이다. 우리나라의 중부 지방, 대략 북위 38도선 부근에서의 하짓날 태양의 남중 고도는 약 70도의 각도를 지닌다. 중천에 뜬 태양이 이글거리며 뙤약볕이 쏟아진다. 그러나 깊은 처마가 차양이 되어 그늘 밑에서와 같은 시원함과 청량감을 느끼게 된다. 동짓날 태양의 남중 고도는 대략 35도 가량이다. 낮게 뜬 해가 따뜻한 햇살을 방 속 깊숙이 투사하여 준다. 따뜻해진 공기는 깊은 처마의 삼각상대에 머무른다. 방의 열을 바깥의 차가운 공기가 빼앗아 가려고 할 때, 이 삼각상대의 따뜻한 온기가 상당한 저항 작용을 하여, 그만큼의 훈기를 유지할 수 있게 해준다.

처마를 깊게 하는 또 다른 이유로는 건축 자재의 취약성과 생활 관습을 들 수 있다. 목재가 집을 짓는 자재의 중심이 되던 시절에는 습기에 약한 목재가 빗물에 노출되지 않도록 하는 일이 중요하였다. 따라서 낙숫물이 튀어 나무에 닿지 못하도록 처마를 깊게 하였던 것이다. 더구나 농사를 짓는 데는 깊은 처마가 필요하였다. 농사에 쓰이는 연모나 거둔 곡식을 저장하는 일차적인 장소로 처마 밑이 알맞았기 때문이다. 나아가 작업장으로도 유용한 공간이었기 때문에 처마는 점점 깊어지게 되었다.

이렇듯이 자연 여건 및 생활 관습이 반영된 처마는 우리나라 건축의 중요한 특징 중 하나로 자리 잡게 되었다. 이러한 특징은 농가의 자그마한 살림집뿐만 아니라 공공 건축물에도 그대로 채택되어, 규모가 큰 기와집이라 할지라도 깊은 처마를 가지게 되었다. 기와지붕은 초가지붕의 구성에서 발달한 것이며, 처마 구성 기법이 발전함에 따라 곡선 모양이 생겨나고, 그에 따라 형태와 아름다움이 갖추어지게 되었다.

① 지붕의 강도는 처마의 깊이에 따라 결정된다.
② 지붕의 크기는 집의 규모에 따라 결정된다.
③ 지붕의 구성 재료에 따라서 보온 상태가 달라진다.
④ 지붕의 형태는 생활의 필요를 반영한 결과이다.
⑤ 지붕의 치장은 건물의 용도와 밀접한 관련을 맺고 있다.

## 06 다음 글에서 추론한 것으로 옳지 않은 것은?

인간의 생각을 컴퓨터에 전달하는 '뇌-컴퓨터 인터페이스(Brain-Computer Interface : BCI)' 기술이 로봇에 접목되면서 놀라운 미래를 예고하고 있다. 이미 사지가 마비된 사람들이 인공 신경의 도움으로 팔과 다리를 움직이기 시작했고, 뇌에 직접 전극을 삽입한 뒤 '움직여라'라는 마음을 먹으면 뇌가 발생하는 신호를 측정하여 컴퓨터와 연결된 로봇팔을 움직이게 하는 기술이 현실화 단계에 있다. 뇌세포에서 생성되는 미세한 전기 신호나 신경 세포의 움직임을 패턴별로 분석하는 것이 완료되면 능동적인 일처리까지 기대할 수 있다.

앞으로 개발될 로봇팔은 뇌의 특정 부위에 삽입한 전극에서 나오는 신호를 포착해서 움직일 것으로 보인다. 뇌의 운동 피질에 머리카락 두께의 전극을 수십 개 삽입함으로써 뉴런에서 나오는 신호를 수신하여 로봇팔에 입력하면 된다. 뇌의 전극에서 나오는 정보를 수신할 때 거추장스러운 장치를 주렁주렁 달지 않아도 되는데, 인체 내장형 칩을 뇌에 삽입하여 무선으로 컴퓨터에 보내면 되기 때문이다. 현재 정보를 무선으로 컴퓨터에 보내는 칩을 개발 중이다. 지금까지 의학적으로 손을 쓸 수 없었던 척추 마비 환자들도 줄기 세포와 인공 신경 기술로 일어설 날을 기대할 수 있다.

인공 두뇌학 연구자들은 인간의 뇌 속에 심장 박동기처럼 작동하는 뇌 박동기를 삽입할 수 있을 것으로 내다본다. 인간과 기계 · 컴퓨터가 한데 모인 '사이버네틱스(Cybernetics)'를 구현한다는 것이다. 이를 이용하여 인공 대체품이 원활하게 작동하도록 하며, 파킨슨병이나 알츠하이머병, 우울증 등과 관련된 부위를 조절하는 것도 가능하다. 물론 삽입물이 작동을 멈추면 생명 활동이 멈출 수도 있기 때문에 이식하기까지는 적잖은 시간이 걸릴 수밖에 없다. 그러나 이것이 현실화되면 인체 부위를 대체하여 장애를 극복하는 데 머물지 않고 인간의 인식 능력을 무한대로 확대하는 것도 가능할 것이다.

① 생각만으로 로봇팔을 제어하는 시스템이 만들어질 것으로 보인다.
② 인체 내장형 칩을 뇌에 삽입하여 무선으로 컴퓨터에 보내는 것은 아직 불가능하다.
③ 향후 팔이 없는 사람들도 로봇을 이용하여 그 불편함을 해소할 수 있을 것이다.
④ 사이버네틱스의 효과는 인체 장애의 극복에 한정되지 않을 것으로 기대되고 있다.
⑤ 현재 뇌세포의 미세한 전기 신호나 신경 세포의 움직임을 유형별로 분석할 수 있다.

## 07 다음 글의 빈 칸에 들어갈 내용을 <보기>에서 찾아 순서대로 연결한 것으로 옳은 것은?

나노 기술은 개별 원자와 분자 차원의 연구, 조작, 제어 등에 관련된 과학 기술의 다양한 측면을 모두 포괄해 통칭하는 용어이다. 나노 기술을 통해 인체 세포 크기의 기계를 제작하거나 유용한 특성을 지닌 나노 단위 구조의 재료와 제품을 만들어 낼 수 있다. 현재는 시작 단계에 있지만 이 나노 기술은 다음 '산업 혁명'을 이끌 주역으로 인식되고 있다. ( ㉠ ) 유럽연합 집행위원회는 이미 형성된 분야의 통합과 다학제적 접근, 교육 및 훈련을 증진하고 잠재력이 큰 새로운 분야와 가능한 솔루션 및 제품을 추출해 내는 활동을 지원함으로써 이 분야의 발전을 가속하는 데 적극적인 역할을 담당하고 있다.

초소형화(ultra-miniaturisation)와 분자적 제조 기술은 새로운 종류의, 사용자 친화적이고 환경친화적인 지능형 공정과 제품을 만들어 낼 것이다. 주택과 자가용으로부터 통신 시스템과 의료 기기에 이르기까지 모든 것이 지금과는 차원이 다른 훨씬 높은 질의 서비스를 제공할 것이다. ( ㉡ ) 더욱이 자재와 에너지 소비를 최소화하는 초소형 기기를 이용해 광범위한 작업을 수행할 수 있게 됨으로써 환경 보호와 지속 가능한 발전에도 중요한 기여를 할 것이다.

1나노미터(nm)는 1/10억 미터로 사람 머리카락 굵기보다 8만 배 정도 가는 길이다. 나노 기술은 통상 나노미터 이하의 물 분자 하나 정도 크기의 나노미터에서 100나노미터까지의 영역을 다루는 것으로 이해되고 있다. ( ㉢ ) 기본적인 현상에 대한 지식도 여전히 많이 부족할뿐더러 무엇보다 주요한 사회적 필요 충족에 연구 개발의 초점을 맞출 수 있도록 하는 상세한 기술 지도조차 마련하기 어려울 만큼 충분히 성숙되지 않았다.

나노 기술이 지닌 경제적, 산업적 파괴력이 큰 만큼 우리나라도 나노 기술의 연구와 개발에 인적, 물적 자원을 투입하고 있다. ( ㉣ ) 하지만 이미 여러 나라가 나노 기술의 연구 및 개발에 전력을 기울이고 있어 우리의 야심찬 전략 목표가 손쉽게 달성되기는 힘들 것이다.

보 기

가. 즉, '정보통신 혁명'과 같이 '나노 혁명'은 인간 생활의 거의 모든 영역에 막대한 영향을 미칠 것이다.
나. 이 정도 크기에서 작업한다는 것은 사실 엄청난 과학・기술적 도전을 의미한다.
다. 이는 삶의 질과 개인들의 만족도 향상뿐만 아니라 비즈니스 발전 및 민주주의에도 크게 보탬이 될 것으로 전망된다.
라. 우리나라는 반도체를 비롯한 정보 통신 분야에서 기존의 기술 경쟁력에 더해 나노 기술의 접합을 통해 기술 격차를 벌리는 것을 목표로 하고 있다.

① ㉠-가, ㉡-나, ㉢-다, ㉣-라
② ㉠-가, ㉡-다, ㉢-나, ㉣-라
③ ㉠-나, ㉡-다, ㉢-라, ㉣-가
④ ㉠-다, ㉡-가, ㉢-라, ㉣-나
⑤ ㉠-라, ㉡-가, ㉢-나, ㉣-다

## 08 다음 글의 중심 논지로 가장 옳은 것은?

금세기는 과학의 세기라고 해도 좋을 것이다. 과학기술의 발달에 의해 지금까지 불가능하였던 것이 얼마만큼 가능해져 왔는가. 지금까지 수수께끼로 품고 있던 것의 인과관계가 얼마만큼 명확히 되었는가. 새처럼 하늘을 나는 것을 꿈꾸어온 인류는 오늘날 음속의 벽조차 깨는 스피드로 하늘을 날게 되었다. 또 인공위성을 쏘아 올려 지구를 밖으로부터 관측하는 일도 가능하게 되었다.

연구 상의 복잡한 계산과 데이터 해석부터 고속열차의 좌석 지정이라는 일상적인 일까지 우리는 컴퓨터의 은혜를 받고 있다. 인터넷이나 팩스에 의해 정보의 주고받음이 쉽게 가능하게 되었다. 전자레인지와 같은 편리한 가전제품이 탄생하고 천연에는 없는 성질을 가진 물질도 많이 만들어 왔다.

왜 아이는 부모와 닮는가라는 소박한 의문을 가지고 있던 인간은 유전자를 발견하고 생명현상의 수수께끼의 해명에 착수하였다. 유전암호가 거의 모든 생물에 공통되고 있음이 명확히 되고 유전자공학은 당뇨병치료에 사용하는 인슐린을 대장균으로부터 산출시키는 것조차 가능하게 하였다.

이와 같이 우리는 과학기술 발달의 복리를 크게 받고 있지만 동시에 발달로 인한 심각한 문제도 제기되어 왔다. 장점이 기대에 어긋나 플라스틱이나 프레온은 공해문제를 일으키고 있다. 생활은 풍부하게 되었지만 에너지 소비량은 증대하고 인구가 급증하였다. 인간의 생존활동 그 자체가 지구환경에 부담을 주고 있는 것이다.

① 인류는 탄생 이래 계속해서 지구환경에 부담을 주어왔다.
② 과학기술의 부담은 사회가 풍부해지고 권리의식이 높아진 결과 의식되게 되었다.
③ 과학기술의 발달을 평가하는 것은 단순하지 않으므로 잘라 말하는 것은 어렵다.
④ 고도의 과학기술의 발달이 인간에게 초래한 것에는 명암 양면이 존재한다.
⑤ 과학기술의 발달이 지나치게 빠르므로 인간과 사회와의 사이에 불화가 발생한다.

## 09 다음 ㉠의 내용을 예측할 때 <보기> 중 옳은 것을 모두 고르면?

인지부조화는 한 개인이 가지는 둘 이상의 사고, 태도, 신념, 의견 등이 서로 일치하지 않거나 상반될 때 생겨나는 심리적인 긴장상태를 의미한다. 인지부조화는 불편함을 유발하기 때문에 사람들은 이것을 감소시키려고 한다. 인지부조화를 감소시키는 방법은 서로 모순관계에 있어서 양립할 수 없는 인지들 가운데 하나 이상의 인지가 갖는 내용을 바꾸어 양립할 수 있게 만들거나, 서로 모순되는 인지들 간의 차이를 좁힐 수 있는 새로운 인지를 추가하여 부조화된 인지상태를 조화된 상태로 전환하는 것이다.

그런데 실제로 부조화를 감소시키는 행동은 비합리적인 면이 있다. 그 이유는 그러한 행동들이 사람들로 하여금 중요한 사실을 배우지 못하게 하고 자신들의 문제에 대해서 실제적인 해결책을 찾지 못하도록 할 수 있기 때문이다. 부조화를 감소시키려는 행동은 자기방어적인 행동이고, 부조화를 감소시킴으로써 우리는 자신의 긍정적인 이미지, 즉 자신이 선하고 현명하며 상당히 가치 있는 인물이라는 긍정적인 측면의 이미지를 유지하게 된다. 비록 자기방어적인 행동이 유용한 것으로 생각될 수 있지만, 이러한 행동은 부정적 결과를 초래할 수 있다.

한 실험에서 연구자는 인종차별 문제에 대해서 확고한 입장을 보이는 사람들을 선정하였다. 일부는 차별에 찬성하였고, 다른 일부는 차별에 반대하였다. 선정된 사람들에게 인종차별에 대한 찬성과 반대 의견이 실린 글을 모두 읽게 하였는데, 어떤 글은 지극히 논리적이고 그럴듯하였고, 다른 글은 터무니없고 억지스러운 것이었다. 실험에서는 참여자들이 과연 어느 글을 기억할 것인지에 관심이 있었다. 인지부조화 이론에 따르면, 사람들은 현명한 사람을 자기 편, 우매한 사람을 다른 편이라 생각할 때 마음이 편안해질 것이다. 그렇다면 이 실험에서 인지부조화 이론은 다음과 같은 ㉠ 결과를 예측할 것이다.

**보 기**

ㄱ. 인종 차별에 반대하는 사람은 자신과 같은 의견을 가진 사람들의 의견만을 기억한다.
ㄴ. 인종 차별에 찬성하는 사람은 인종 차별에 찬성하는 논리적인 글을 주로 기억하지만 자신과 반대 의견을 갖는 논리적인 글은 거의 기억하지 않을 것이다.
ㄷ. 인종 차별에 반대하는 사람은 인종 차별에 찬성하는 글에서는 비논리적인 글을 주로 기억할 것이다.

① ㄱ
② ㄴ
③ ㄱ, ㄴ
④ ㄱ, ㄷ
⑤ ㄴ, ㄷ

## 10 다음 글의 주장에 부합하는 예로 가장 옳은 것은?

개별적 산업 자본은 자기의 이윤율을 증대시키기 위하여 경쟁하고 있다. 따라서, 제품을 값싸게 만들어 특별 잉여 가치를 얻기 위하여 보다 능률적인 기계를 도입하게 된다. 이 경쟁 과정에서 사회 전체적으로 기계화가 진전된다. 기계가 점차로 노동자들의 일을 대신하게 되며, 취업 노동자의 수가 생산규모에 비하여 상대적 혹은 절대적으로 감소하게 된다. 취업 노동자 한 사람이 작동 · 처리하는 생산 수단(노동 수단과 노동 대상)의 양이 증가하며 노동 생산성이 상승하게 된다. 자본 투자액 중 불변 자본에 투자된 생산 수단의 양이 가변 자본에 투자된 취업 노동자의 수에 비하여 상대적으로 증가하게 되는데, 이것을 우리는 자본의 기술적 구성의 고도화라고 부른다. 이 기술적 구성의 고도화는 자본의 유기적 구성을 고도화시킨다. 이윤 혹은 잉여 가치의 원천이 노동자들의 잉여 노동에 있기 때문에, 자본의 유기적 구성이 고도화한다는 것은 잉여 가치를 낳는 가변 자본이 잉여 가치를 낳지 않는 불변 자본에 비하여 상대적으로 감소하는 것을 의미하며, 이에 따라 자본의 기술적 구성 및 유기적 구성의 고도화는 이윤율을 저하시키는 압력으로 작용하게 된다. 이것이 소위 말하는 이윤율 저하 경향이다. 그러나 이 경향이 현실적으로 이윤율을 반드시 하락시키는 것은 아니다. 기계화가 생산 및 유통의 통합 영역에 효과를 미치면서 노동력의 가치 저하를 불러오고 이는 잉여 가치율을 상승시키면서 이윤율의 상승에도 기여할 수 있다.

① 건설 업체인 S기업은 부동산 경기를 억제하려는 정부 시책에 따라 부동산 경기가 침체되면서도 부도 위기를 맞았으나 경영 원칙을 더욱 합리화하여 위기를 극복하였다.
② 과자 생산 업체인 H기업은 과도한 경쟁으로 인해 생산비를 낮추기 위한 노력의 일환으로 노동 강도를 더욱 높인 결과 생산비를 평균 10% 절감하는데 성공하였다.
③ 갈비탕 전문 음식점을 하는 영수는 이번 광우병 사태로 고기를 찾는 손님들이 줄어들자 횟집으로 업종 전환을 시도, 평균 마진은 줄어들었으나 그동안 끊긴 손님들의 발길을 되찾았다.
④ 반도체 설비업체인 W기업은 이번 노사 분규를 계기로 하여 구조 조정에 나서 불필요한 직원을 정리해고 하여 생산성 향상을 시도하였다. 그 결과 정리 해고에 따른 퇴직금 지급의 부담이 컸으나 수익성은 크게 높아졌다.
⑤ 제과점을 하는 철호는 근처 제과점과 경쟁이 심해지자 이번에 종업원을 한 명 해고하고 기계를 새로 도입하여 원가 절감을 시도하였다. 그 결과 평균 마진은 낮아졌으나 생산량과 판매량이 늘어나 경쟁에서 유리한 지위를 점하게 되었다.

## 11 다음 글과 〈조건〉에 따라 추론한 것으로 반드시 옳은 것은?

어느 대학에서 고시반 학생들 중에 같은 강의를 듣는 8명의 학생들이 4명씩 두 팀을 구성하여 주어진 과제를 수행하기로 하였다. 8명 구성원의 소속과 학년은 다음과 같다.

○ 행정고시반 : A(4학년), B(4학년), C(3학년)
○ 기술고시반 : 갑(3학년), 을(4학년)
○ 외무고시반 : 가(4학년), 나(3학년), 다(3학년)

조 건

○ 동일 고시반의 학생들이 어느 한 팀에만 속하지는 않도록 한다.
○ 3학년과 4학년의 비율은 한 팀 안에서 50 : 50이 되도록 한다.
○ 동일 고시반, 동일 학년의 사람들은 같은 팀에 속하지 않도록 한다.

① B와 을은 서로 다른 팀에 속해 있다.
② 가와 B는 서로 다른 팀에 속해 있다.
③ A와 을은 서로 같은 팀에 속해 있다.
④ 가와 갑은 서로 같은 팀에 속해 있다.
⑤ B와 갑은 서로 다른 팀에 속해 있다.

## 12 다음 글의 정보에 〈보기〉의 조건을 추가했을 때, 확실히 거짓인 것을 고르면?

A~E 5명이 월요일부터 목요일까지, 4일간 1일 단위의 교대제로 원서를 접수하는 일을 맡게 되었다. 각 요일마다 여성 2명, 남성 1명으로 총 3명이 원서 접수를 하고, 5명 모두 2일 이상 이 일을 하였다.

보 기

ㄱ. A는 월요일, 수요일, 목요일에 접수를 하였다.
ㄴ. C는 월요일, 화요일, 목요일에 접수를 하였다.
ㄷ. D와 E는 화요일에, B와 E는 수요일에 접수를 하였다.

① 남성 전원이 2일 연속 접수를 하였다.
② 여성 전원이 3일 연속 접수를 하였다.
③ D는 남성이고, 월요일과 화요일에 접수를 할 수 있다.
④ B는 남성이고, 월요일과 수요일에 접수를 할 수 있다.
⑤ A, C, E는 여성이고 B, D는 남성이다.

## 13 다음 글에서 가정하고 있는 것으로 가장 옳은 것은?

대부분의 사람들은 재난 상황에서 비싼 값으로 물건을 파는 사람들에게 분개한다. 반면 경제학자는 이 상황에서 가격이 오르는 것은 당연하다고 생각할 뿐만 아니라 바람직한 것으로 본다. 물건을 비싸게 팔 수 있기 때문에 공급자들은 최대한 모든 것을 동원해 그 지역으로 모인다. 높은 가격은 먼 거리까지 가서라도 물건을 가져오도록 만든다. 공급자는 누가 시키지 않아도 더 많은 노동을 할 것이고, 먼 거리에서 가장 빠른 수단을 이용해 물건을 가져올 것이다. 물건들은 이런 상황에서 초과 비용-더 많은 노동이나 비싼 운송료-을 보상하기 위해서 비싼 가격으로 팔려야만 한다. 운이 좋아서 피해를 입지 않은 상점에서 물건을 비싸게 팔면 그들이 아무런 노력도 하지 않고 추가 이윤을 얻는다고 비난한다. 그러나 경제학자의 관점은 다르다. 오랜 기간 동안 영업하는 많은 사업체들을 보자. 어느 업체는 운이 좋아 횡재하기도 하고, 다른 업체는 아무런 잘못도 없이 손해를 입기도 한다. 모든 사업에는 동전 던지기와 같이 상당 부분 운이 작용한다. 여기에 정부 정책이 개입되면, 이러한 운의 확률이 변화한다. 정부가 폭리를 노리는 악덕업자를 처벌하는 정책을 수행하면 악덕업자들은 폭리를 취하려다 처벌을 받게 되거나 아니면 행동 자체를 포기하게 된다. 그들은 정부의 정책 때문에 폭리를 얻을 수 있는 기회를 잃게 된 것이다.

재난 구호 정책은 그 반대일 것이다. 해당 지역의 기업이나 개인은 이익을 얻고, 정부는 재난으로 인한 손실에 보상을 해준다. 예를 들어 상습 침수 지역은 집값이 싸다. 따라서 낮은 주거비용이라는 이익을 얻는다. 수재가 발생해 가옥이 파괴되고 농지가 유실되는 등 손실을 입었을 때는 복구비를 특별히 지원받는다고 하자. 그러면 스스로 재해에 덜 대비하게 되는 것은 당연하다. 이는 또 하나의 도덕적 해이 현상이다.

① 자유 시장 경제 질서 하에서는 개인의 도덕적 해이 현상이 불가피하다.
② 개인이 자신의 이익을 위해 최대한의 노력을 한다면 결과적으로 사회 질서도 유지될 수 있다.
③ 사회 질서의 유지를 위해 위기 상황에서 개인은 국가 시스템에 구속되어 사적 생활을 제한받을 수 있다.
④ 자유 시장 경제 질서 하에서 기업가 계층에는 정당한 방식으로 이윤을 추구하려는 정신적 태도가 요구된다.
⑤ 경제 발전이라는 목적을 달성하기 위해서는 국가가 법률과 도덕에 의한 사회 질서 유지에 한해서 기능하는 것이 요구된다.

**14** 다음 글에 근거할 때, 체형에 관한 연구방법으로 옳지 않은 것만을 〈보기〉에서 모두 고르면?

체형(somatotype)은 개인의 형태적 구조를 결정하는 기본성격으로 사람이 서 있을 때 최외표의 윤곽(outline)이라고 할 수 있다. 이것은 연령차, 성차, 인종차, 지역차, 직업차 등에 따라 판이하게 다르다.

같은 성, 연령층에서도 개인차가 있고, 개인이라 해도 인체의 좌우는 차이가 있다. 체형은 뼈의 생김새, 근육, 피하 지방층과 관계가 깊다. 우선 체형을 형성하는 가장 기초가 되는 골격이 있고 그 위에 근육이 붙어 사람의 형(形)을 이루고 그 외측에 피하지방이 붙고 최종적으로 피부가 감싸고 있다.

피하지방의 침착이 많고 적음에 따라서 체형이 다양하게 변하는데, 이것은 몸 전체에 일정한 침착을 보이지 않고 사람에 따라서 상반신에 집중적으로 많다던지 각각 다른 부위의 침착 정도에 따라서 몸의 형태가 많이 달라지게 된다. 즉, 지방침착 부위와 양에 따라 체형은 여러 가지로 변화하는 양상을 갖는다. 이러한 점은 체형을 일정한 방법으로 분류하기 어려운 이유가 되기도 한다.

피하지방은 유아기에 가장 많이 분포되어 있으며, 이 때 전신에 골고루 분포되어 있다가 성장에 따라 변화가 생겨 몸통, 엉덩이 등에 더욱 많이 축적되고 사지의 지방은 감소되어 관절 부분에는 지방이 거의 없게 된다. 성인이 된 후 중년 이후에는 연령이 증가함에 따라 변화가 더욱 현저하여 개개의 특성이 한층 다양하게 나타난다. 이와 같이 체형은 성장 과정에서 연령과 함께 변하기 때문에 전 연령을 통해 어떻게 변화하는가를 관찰하고 그 경향을 파악해야 한다.

보 기

ㄱ. A는 목 부위의 연령별 형태변화를 파악하기 위해 20대, 40대, 60대의 성인 각 37명을 대상으로 하여 목 부위와 어깨 부위의 수직-수평단면과 체표면의 변화 특징을 측정하였다.

ㄴ. B는 성장기 여학생의 상반신 체형을 분석하기 위하여 이미 계측된 신체의 좌측면의 자료를 토대로 치수 및 형태를 정확히 파악하고 연령별 집단을 구성하여 그 평균값으로 연령군별 체형의 특징을 살펴보았다.

ㄷ. C는 영유아의 인체계측에 의한 체위 자료를 바탕으로 체형을 분석하여 영유아 체형의 대표 항목을 설정하고 이를 이용한 치수규격을 제시하기 위하여 출생 직후부터 24개월 영유아 356명을 계측하였다.

ㄹ. D는 18세에서 24세 사이의 여대생을 대상으로 상반신의 측면 형태에 따라 바른 체형, 젖힌 체형, 숙인 체형, 휜 체형으로 분류하여 각 체형의 체형별 계측치의 최빈값을 구하여 연령별로 단일한 체형패턴을 도출해 내었다.

① ㄱ, ㄴ　② ㄴ, ㄷ　③ ㄴ, ㄹ　④ ㄱ, ㄷ, ㄹ　⑤ ㄴ, ㄷ, ㄹ

**15** 다음 논증에 근거하여 판단할 때 옳지 않은 것을 고르면?

ⓐ <u>만약 어떤 사람에게 다가온 신비적 경험이 그가 살아갈 수 있는 힘으로 밝혀진다면, 그가 다른 방식으로 살아야 한다고 다수인 우리가 주장할 근거는 어디에도 없다.</u> 사실상 신비적 경험은 우리의 모든 노력을 조롱할 뿐 아니라, 논리라는 관점에서 볼 때 우리의 관할 구역을 절대적으로 벗어나 있다. 우리 자신의 더 '합리적인' 신념은 신비주의자가 자신의 신념을 위해서 제시하는 증거와 그 본성에 있어서 유사한 증거에 기초해 있다. 우리의 감각이 우리의 신념에 강력한 증거가 되는 것과 마찬가지로, 신비적 경험도 그것을 겪은 사람의 신념에 강력한 증거가 된다. 우리가 지닌 합리적 신념의 증거와 유사한 증거에 해당하는 경험은, 그러한 경험을 한 사람에게 살아갈 힘을 제공해줄 것이 분명하다. 신비적 경험은 신비주의자들에게는 살아갈 힘이 되는 것이다. ⓑ <u>신비주의자들의 삶의 방식이 수정되어야 할 '불합리한' 것이라고 주장할 수는 없다.</u>

① 신비적 경험이 감각적 경험과 배치되는 것일 경우 신비주의자들의 삶의 방식은 수정되어야 한다.
② 종교적인 믿음의 근거가 되는 신비적 경험은 그것을 체험한 종교인에게는 살아갈 힘이 된다.
③ 신비적 경험과 감각적 경험이 본질적으로 다른 증거라면 위 글의 논지는 약화된다.
④ 감각에 근거한 합리적 신념은 논리의 관점에서 신비적 신념을 비판할 수 없다.
⑤ ⓐ에서 ⓑ로의 논증 사이에는, 근거가 없다면 주장을 할 수 없다는 전제가 존재한다.

**16** **다음 (가)와 (나)는 과학사 및 사상사에서 종종 나타나는 특징을 보여 주고 있다. (가)와 (나)를 비교 및 분석한 내용으로 가장 옳은 것은?**

(가) 현대 과학이 태동한 해라고 불리는 1543년에 폴란드의 신부이자 천문학자인 코페르니쿠스는 그의 저서 '천구의 회전 운동에 관하여'에서 지구와 행성들은 완전한 구형이며, 태양을 중심으로 원 운동을 하고 있다고 생각하고 지동설(태양 중심설)을 주장하기 시작하였다. 사실 코페르니쿠스는 지동설이 아닌 천동설을 주장한 프톨레마이오스의 열렬한 흠모자였는데 이는 그가 책을 집필함에 있어 장의 배열이나 소재의 나열 등을 프톨레마이오스를 그대로 따랐음에서도 알 수 있다. 코페르니쿠스의 체계를 간단히 정리하자면 각 행성의 원 궤도, 그리고 지구의 공전과 자전이다. 그러나 이러한 간단한 전제만으로는 실제 관측 결과와 정확하게 들어맞지 않기 때문에 코페르니쿠스는 프톨레마이오스의 도구들과 비슷한 몇 가지 복잡한 도구들을 도입했다. 그것은 태양이 지구 공전 궤도 중심이 아니라 그 중심에서 약간 벗어난 곳에 위치하도록 한 것이다.

(나) 마르크스는 종교 비판가로도 유명하다. 그는 종교를 민중을 현혹하는 것이며, 인간 이성의 미숙함에서 비롯된 것으로 간주하였다. 따라서 그의 철학은 당시의 교회로부터 매우 불온한 것으로 여겨졌고 실제로 그를 탄압하는 데 교회 세력이 앞장을 섰던 것도 사실이다. 그런데 특이한 점은 오늘날 많은 사람들이 마르크스의 사상 체계가 카톨릭의 그것과 무척 흡사하다는 생각을 갖고 있다는 점이다. 특히 그가 주장했던 사적 유물론의 역사관은 기독교의 종말론적 역사관과 구조적인 면에서 거의 동일한 것이나 다름없다는 것이 많은 전문가들의 공통된 견해이다. 또한 초기 공산당의 의사 결정 구조가 카톨릭 교황청 지도부의 의사 결정 방식과 비슷하다는 것은 널리 알려진 사실이기조차하다.

① (가)는 과학 발전이 불연속이라는 것을, (나)는 사상의 발전은 연속이라는 것을 보여주고 있다.
② (가)는 존경과 흠모의 대상을 의식적으로 극복한 사례를, (나)는 그러한 대상을 무의식적으로 경계한 사례를 보여주고 있다.
③ (가)와 (나)는 공통적으로, 역사의 발전은 체계와 구조의 변혁 혹은 전복으로부터 비롯된다는 점을 보여주고 있다.
④ (가)와 (나)는 공통적으로, 역사를 보면 자신이 비판하거나 극복하고자 했던 대상의 속성을 닮는 경우가 있다는 점을 보여주고 있다.
⑤ (가)와 (나)는 모두 무엇인가를 비판하기 위해서는 비판하고자 하는 대상이 지닌 특징을 우선 파악해야 한다는 점을 보여주고 있다.

**17** **다음 (가)와 (나)에 대한 평가로 적절한 것만을 〈보기〉에서 모두 고르면?**

(가) 탄수화물은 우리 몸의 에너지원으로 쓰이는 필수 영양소이다. 건강한 신체 기능을 유지하기 위해서는 탄수화물 섭취 열량이 하루 총 섭취 열량의 55 ~ 70%가 되는 것이 이상적이다. 이에 해당하는 탄수화물의 하루 필요섭취량은 성인 기준 100 ~ 130 g이다. 국민 건강영양조사에 따르면, 우리나라 성인의 하루 탄수화물 섭취량은 평균 289.1 g으로 필요섭취량의 약 2 ~ 3배에 가깝다. 이에 비추어 볼 때, 한국인은 탄수화물을 지나치게 많이 섭취하고 있다.

(나) 우리가 탄수화물을 계속 섭취하지 않으면 우리 몸은 에너지로 사용되던 연료가 고갈되는 상태에 이르게 된다. 이 경우 몸은 자연스레 '대체 연료'를 찾기 위해 처음에는 근육의 단백질을 분해하고, 이어 내장지방을 포함한 지방을 분해한다. 지방 분해 과정에서 '케톤'이라는 대사성 물질이 생겨나면서 수분 손실이 나타나고 혈액 내의 당분이 정상보다 줄어들게 된다. 이 과정에서 체내 세포들의 글리코겐 양이 감소한다. 특히 이러한 현상은 간세포에서 두드러지게 나타난다. 이로 인해 혈액 및 소변 등의 체액과 인체조직에서는 케톤 수치가 높아지면서 신진대사 불균형이 초래된다. 이를 '케토시스 현상'이라 부른다. 케토시스 현상이 생기면 두통, 설사, 집중력 저하, 구취 등의 불편한 증상이 나타난다. 따라서 탄수화물을 극단적으로 제한하는 식단은 바람직하지 않다.

보 기

ㄱ. 탄수화물의 단순 섭취량보다는 몸에 흡수되는 섭취 열량이 중요하며, 한국인이 먹는 음식의 탄수화물 소화흡수율이 타국에 비해 1/2~1/3에 불과하다는 연구결과가 나오면 (가) 결론의 설득력은 낮아진다.
ㄴ. 저혈당증 환자들이 규칙적인 운동을 통하여 상태의 개선을 경험하였다면 (나)의 설득력은 높아진다.
ㄷ. 단백질을 과다 섭취할 경우 두통 및 설사 증상을 자주 보인다는 연구결과는 (나)를 약화한다.

① ㄱ
② ㄴ
③ ㄱ, ㄴ
④ ㄱ, ㄷ
⑤ ㄱ, ㄴ, ㄷ

**18 다음 글의 글쓴이가 조세정책의 대안으로 제시했을 만한 내용으로 가장 옳지 않은 것은?**

예전에 백성에게서 취(取)하던 것은 세대(世代)마다 각기 다른 제도가 있었으나, 모든 제도의 취지는 10분의 1을 취하는 것이었습니다. 현재 우리나라에서는 곡식이 나는 토지를 모두 상·중·하 3등(等)으로 등차(等差)를 세우고 농사는 풍흉(豊凶)을 구별하여, 이에 따라 조세(租稅)를 부과하고 있습니다. 그 훌륭한 법과 아름다운 취지는 또한 그 10분의 1을 취한다는 데에 불과합니다. 다만 의정부(議政府)와 육조(六曹)에서 함께 의논할 적에 비록 그 해 농사가 흉년이 들더라도 조세를 감(減)하자는 의논은 듣지 못하였고, 그 해 농사가 만약 조금 풍년이면 곧 등급(等級)을 더하자고 아뢰는 바가 있습니다. 자신의 재물을 다루는 도리는 아마도 이와 같지 않을 듯하니, 백성을 이처럼 힘들게 하는 의도가 어디에 있습니까?

한(漢)나라 문제(文帝)가 누차 조세(租稅)를 감면하는 영(令)을 내려서 마침내 풍요로운 국가를 만든 것은, 몸소 검소하고 경비를 절감하는 데에 불과하였던 것입니다. 그런데 몇 세대가 지나지도 않아서 무제(武帝)가 배와 수레에까지 세금을 받았어도 창고가 비고 고갈된 탄식을 면하지 못하였던 것은, 진실로 안으로는 일을 일으키는 것을 널리하고 밖으로는 군사를 떨쳤으며 사치함이 막히는 바가 없는 데에서 연유하였을 따름입니다. 이로써 쓰는 데에 절제할 수 없으면 비록 찼더라도 반드시 고갈됨이 이치의 정상적인 것임을 알 수 있으니, 앉아서 경비(經費)만 축내는 자의 수가 대단히 많은데도 일찍이 줄이거나 억제할 줄은 모르고 다만 조세(租稅)를 늘려서 나라의 용도를 넉넉히 하고 백성의 힘을 피곤하게 하려고만 하니, 이것은 특히 생각지 않음이 심한 것입니다.

의논하는 자가 또 다시 말하기를, "수재(水災)와 한재(旱災)는 언제 나타난다고 기약하기 어려우며, 기근(飢饉)이 거듭 이르면 쌓아 놓은 곡식도 사용하여야 함은 부득이한 바입니다. 그러므로 등급을 올려 비축을 더 늘려야 합니다."라고 하였는데, 이억은 "옳지 않습니다. 「왕제편(王制篇)」에 이르기를, 땅의 작고 큰 것을 기초로 하고 그 해의 풍년과 흉년을 참작하여 30년간의 수입을 통산해서 나라의 용도를 제정하고 수입을 헤아려서 지출을 정한다고 하였고, 또 이르기를, 3년 경작하면 반드시 1년 먹을 식량의 저축이 있고, 9년 경작하면 반드시 3년 먹을 식량의 저축이 있게 마련이니, 30년간의 수입을 통산해서 10년의 잉여가 있게 되면 비록 흉년이 들거나 가뭄·홍수가 나더라도 백성은 굶주린 얼굴빛이 없을 것"이라고 하였습니다. 백성에게 취하는 것이 십분의 일의 법(法)에 불과하고 나라의 용도를 제정하는 것이 일정한 법규가 있기 때문에, 풍년이 들기도 하고 흉년이 들기도 하지만 조세(租稅)는 늘리거나 줄이는 바가 없을 것이니, 그 이른바 9년·6년의 비축이라는 것은 대개 온천하의 백성을 통틀어서 계산한 것이지 진실로 국가의 창고만 풍족하고 백성에게는 미치지 않는 것을 말한 것이 아닙니다.

① 제 역할을 하지 못하는 관리들을 축출하여 경비를 절감해야 한다.
② 농사가 풍년인 경우나 흉년인 경우에도 백성들에게 동일한 비율의 조세를 부과해야 한다.
③ 국가의 소비에 맞추어 조세를 부과하지 말고 거두어들이는 조세에 맞추어 국가의 소비를 정해야 한다.
④ 토지와 풍흉년에 대한 등급이 과도하게 매겨지지 않았는지를 점검해야 한다.
⑤ 기근에 대비해 1년 치의 비축량을 저장해 두어야 한다.

**※ 다음 글을 읽고 물음에 답하시오. [문 19 ~ 20]**

(가) 동료 친구들이 어떤 수학 문제에 대하여 설명하려 할 때 느꼈던 공통된 경험은, 내가 아무리 열심히 들으려 해도 동료 친구들의 말과 말 사이의 논리적 연결성을 도저히 이해할 수 없었다는 것이다. 그러나 마음 속에는 그가 전달하려 하는 아이디어에 대하여 추측에 의한 영상이 생겨나곤 하였으며 그에 따라 대답도 하였다. 그 영상은 순전히 내 나름대로 만들어 낸 것이고 그 친구가 생각하고 있는 그림과는 전혀 연결 관계가 없는 것처럼 보였다. 그런데 놀랍게도 나의 대답은 대개 적절한 것으로 받아들여졌고 대화는 이런 식으로 이리저리 계속되어 나갔다. 분명히 궁극에 가서는 무언가 진정한 그리고 확실한 의사소통이 있었음을 확신할 수 있었다. 그런데도 우리가 서로 나눈 문장 하나하나는 거의 실제로 이해된 적이 없었다는 것이다. 그 뒤 직업적인 수학자(수리물리학자)가 된 후에도 이러한 현상은 내가 학부 시절 때와 별로 달라진 점이 없었다.

(나) 요점은 수학의 의사 전달에서 사람들은 단순한 사실만을 전달하는 것이 아니라는 점이다. 여러 개의 불확정 사실들이 한 사람으로부터 다른 사람에게 전달되기 위해서는 첫 번째 사람이 그 사실들을 조심스럽게 발표하고 두 번째 사람은 이를 하나씩 받아들여야 한다. 그런데 수학에서는 사실적 내용은 별로 많지 않다. 수학적 명제들이란 필연적인 진리들이기 때문에 – 혹은, 그렇지 않으면 필연적인 거짓이거나 – 첫 번째 수학자의 주장이 그러한 필연적 진리에 대하여 더듬거린 표현에 불과할지라도 두 번째 수학자가 이를 적절히 이해했다면 그 진리성 자체가 전달되는 것이다. 두 번째 사람의 마음 속에 있는 영상은 첫 번째 사람이 생각하는 그림과 세부적으로는 다를 수 있고 말로 된 설명도 다를 수 있다. 그러나 해당되는 수학적 아이디어는 이미 서로 통한 것이다.

(다) 내가 추측하는 것은 마음이 수학적 아이디어를 감지할 때마다 플라톤식 수학적 개념의 세계와 교감이 일어난다는 것이다. 이러한 능력이 있기 때문에 물리적 세계에 살고 있는 인간이 추상적 세계를 이해할 수 있는 것이다. 즉, ㉠ 어떤 사람이 수학적 진리를 '보게' 되면 그의 의식은 이 아이디어(이데아)의 세계로 뚫고 들어가 직접

적인 접촉('지성을 통해서만 도달함')이 일어난다는 것이다. 여기에서 말하는 '본다'라는 것을 괴델의 정리와 결부시켜 설명한 적이 있지만 사실 그것이 수학적 이해의 정수라고 해도 과언이 아니다. 수학자들이 서로 의사 전달을 하기 위해서는 각자 수학적 진리로의 직접 통로를 가지고 있어야 하고 그들의 의식은 수학적 진리를 '본다'는 과정을 이용하여 직접 감지할 수 있는 위치에 자리 잡게 된다. 각자가 플라톤의 세계와 직접 접할 수 있기 때문에 그들은 예상보다 훨씬 수월하게 의사를 소통할 수 있는 것이다. 플라톤식 교감이 일어나면서 그들 마음 속에 떠오르는 영상은 각자 다를 수 있다. 그러나 그럼에도 의사 전달이 가능한 것은 각자가 동일한 플라톤 세계에 접해 있기 때문이다.

**19** **㉠에 따르면 인간에게는 어떤 특수한 지각 능력이 있다고 한다. 이러한 능력이 요구되는 상황적 배경이라고 보기 어려운 것은?**

① 수학적 대상들은 시간과 공간을 초월한 추상적 세계에 존재한다.
② 인간은 물리적 세계에 살고 있다.
③ 주체가 대상을 인식하기 위해서는 주체가 대상으로부터 정보를 받을 수 있어야 한다.
④ 초월적 세계의 추상적 대상들을 우리의 경험 세계 속으로 끌어내릴 수 있다.
⑤ 적절한 경로가 마련되지 않는다면 만일 어떤 것이 실제로 존재한다고 해도 우리는 그것을 인식하지 못할 수도 있다.

**20** **윗글에서 (다)는 (가)와 (나)를 설명하기 위한 단락이다. 다음 <보기>에서 (가)와 (나)의 요지 및 이를 설명하기 위해 (다)에서 제시된 근거가 연결된 것으로 옳은 것은?**

보 기

ⓐ 수학자 집단 사이에서 의사소통이 가능하다.
ⓑ 수학의 명제들은 필연적으로 참이다.
ⓒ 괴델의 정리는 수학적 이해의 핵심이다.
ⓓ 플라톤적 세계가 존재하고 우리는 그 세계와 접촉할 수 있다.

| | (가)와 (나)의 요지 | (다)에서 제시된 근거 |
|---|---|---|
| ① | ⓐ | ⓑ |
| ② | ⓐ | ⓒ |
| ③ | ⓐ | ⓓ |
| ④ | ⓑ | ⓒ |
| ⑤ | ⓑ | ⓓ |

**21** **다음 글의 내용과 부합하지 않는 것은?**

과학에는 독단이 없다거나 과학적 지식만이 진리라는 일반인이나 일부 과학자의 맹신에 의해, 오늘날의 과학은 과거의 종교와 맞먹는 위치에까지 올려놓아 지기도 했고 현대는 <성서>가 과학에 의해 정당화되는 시대라는 말까지 나오기도 했다. 그러나 1950~1960년대 이후 과학적 지식의 본질을 규명하고자 하는 과학자들의 업적으로 이런 전통적인 과학관이 근본적으로 수정되는데, 이 분야에서 가장 주목할 만한 사람이 토머스 쿤이다.

쿤 이전에 이런 사고의 전환을 예비한 사람 가운데 핸슨은 모든 과학적 관찰이 중립적이지 않고, 이론 의존적임을 밝혀 과학의 객관성에 대한 과신을 경고한 바 있다. 그의 주장은, 과학적 관찰은 과학자가 이미 가지고 있는 신념, 기대, 이론 등에 의해 제약을 받을 수밖에 없다는 것이다.

쿤의 패러다임 이론을 근거로 그가 미술과 과학을 비교한 과정을 살펴보자. 쿤은 미술에서는 미학 자체가 목적이지만 과학에서는 도구에 불과하기 때문에 수단과 목적은 비교 대상이 될 수 없다고 하였다. 또한 그는 미술에는 과거를 보존하는 미술관이 있지만 과학에는 그것이 없다고도 하였다.

쿤의 이러한 주장을 루트 번스타인의 반론을 빌려 검토해보자. 그는 미술가와 과학자가 하는 일을 검토하면 둘의 차이가 미미하며 과학만이 진보적이고 진리나 지식을 말할 수 있다는 과학자들의 주장을 '과학적 쇼비니즘'이라고 비판한다. 더 나아가 그는 과학의 패러다임은 과학자들의 저서나 논문이 아니라 '문제해결방식'이고 이는 곧 진위의 문제이므로 틀렸다고 판명된 과거는 현재로 신속히 대치되는 데 반해, 미술의 패러다임은 개개의 작품들이며 옳고 그름이 평가의 척도가 아니기 때문에 현재와 과거가 공존한다는 쿤의 주장에 대해, 과학에서도 미술과 같은 현상이 일어난다고 지적한다.

생각컨대, 과학은 과거를 파괴하지만 미술은 과거를 보존한다는 쿤의 주장은 잘못된 것이다. 과학에서 패러다임의 전환이 일어나면 새로운 발견이 옛것을 파기하지만 이때 파기되는 것은 책이나 잡지지 패러다임이 아니다. 이렇게 볼 때 미술과 과학은 완벽한 평행을 이룬다. 어떤 미술작품들은 문제 제기나 문제 해결의 패러다임이 되어 새로운 작품이 나오는 것과 상관없이 미술관에 남는다. 그러나 다른 작품들, 곧 이들의 방식에 동조하는 수준에 머무른 작품들은 때가 되면 지하창고로 내려간다. 결국 과학은 쿤이 믿는 것처럼 진리를 다루는 혁명적 변화의 방법으로서 미술과 대조되는 것이 아니며 미술과 과학은 둘 다 가끔은 혁명적이지만 근본적으로는 축적되는 작업의 소산인 셈이다.

① 핸슨은 과학자가 보는 것은 그의 주관적인 경험이나 지식 등의 영향을 받으므로 중립적인 관찰은 불가능할 수 있다고 주장할 것이다.
② 이 글의 저자는 과학에서 패러다임의 전환이 일어났을 때 실제로 파기되는 것은 패러다임이 아니라 패러다임에 맞는 증거들을 요약한 책이라는 주장에 동의할 것이다.
③ 이 글의 저자는 미술과 과학의 유사성 여부에 대해서, 쿤보다는 핸슨의 주장에 찬성할 것이다.
④ 번스타인은 미술 세계에 있어서 현재와 과거가 공존한다고 보는 주장에 찬성할 것이다.
⑤ 번스타인은 <성서>가 과학에 의해서만 정당화될 수 있다는 주장에 동의하지 않을 것이다.

## 22 다음 글을 읽고 추론한 것으로 옳지 않은 것만을 〈보기〉에서 모두 고르면?

공리주의에는 제도나 규범 체계를 결과론적 관점에서 접근함으로써 민주주의의 가장 핵심적 가치인 인권과 공동선(共同善)이 도구적으로 처리되고 나아가 정의가 수단적 가치로 격하될 위험이 내재되어 있다. 즉, 인격에 바탕을 두어야 할 인권이 수단시되고, 이해의 관계를 넘어서 추구되어야 할 공동선이 사회 구성원의 집단적 이해 관계 속에서 처리될 위험이 있다. 공리주의가 주장하는 '최대 다수의 최대 행복'도 사회를 구성하는 개인이 합리적이고 도덕적인 존재라는 것을 전제하지 않으면 집단 이기주의로 이어질 수 있는 가능성이 언제든지 도사리고 있다.

오늘날 우리 세계가 안고 있는 가장 심각한 문제는 전략적이고 도구적인 사고의 만연이다. 우리는 오늘날 이익을 쟁취하는 도구적이고 기술적인 합리성이 옳음을 추구하는 정당한 도덕성보다 압도적인 우위를 접하는, 이성의 신성화 시대를 살고 있다. 계몽이 신화의 늪을 빠져나오기도 전에 신화의 옷을 다시 갈아입고 있다. 이런 상황이 초래된 것에는 벤담류의 공리주의 윤리학과 아담 스미스의 경제학이 일조를 하였다고 볼 수 있다. 이들은 최대 다수의 최대 행복을 구축함에 있어서 각 개인의 이익 증대는 곧 사회 전체의 이익 증대로 자연스럽게 이어질 것으로 파악하고 있다.

그러나 이들의 논리는 정글 속에서 약육강식이 일어나는 상황을 묵인하는 꼴이 되었다. 그래서 밀은 재화의 분배 과정에서 생긴 부의 불평등은 자연스럽게 해소되는 것이 아니라 큰 사회악의 원천이 된다고 봄으로써 질적 공리주의 없이는 최대 다수의 최대 행복의 원리를 구현할 수 없다고 보았다.

물론 현실의 인간은 이익을 배제하고 옳음만을 추구할 수는 없다. 이익 그 자체가 옳음을 만들어 낼 수는 없다 하더라도 이익이 인간의 삶의 조건에서 차지하고 있는 현실적 위상을 결코 무시할 수는 없다.

이제 우리는 이익과 옳음, 유용성과 정의를 대립시키는 추상적 사고를 벗어나서 이것을 변증법적으로 종합하는 관점이 필요하다. 옳음을 외면하고 이익을 향해 질주하는 천박한 쾌락주의도, 이익을 외면하고 옳음만을 추구하는 지나친 금욕주의도 지양해야 할 것이다. 또한 동기의 순수함을 배제하고 오로지 결과만을 고려하는 입장도, 결과에 대해서는 완전히 무시하고 동기만을 중시하는 입장도 벗어나야 할 것이다.

**보 기**

ㄱ. 인간의 이성에 대한 지나친 신뢰는 기술적 합리성의 추구로 나타날 수 있다.
ㄴ. 공리주의 윤리관은 민주주의적 가치에 위배되므로 철저히 배척되어야 한다.
ㄷ. 밀에 의하면 공리주의는 질적 측면에 대한 고려에 의해 보완되어야 자신의 원리를 구현할 수 있다.

① ㄴ　② ㄷ　③ ㄱ, ㄴ　④ ㄱ, ㄷ　⑤ ㄱ, ㄴ, ㄷ

## 23 다음 글을 읽고 알 수 있는 것만을 〈보기〉에서 모두 고르면?

1984년, 하버드대학교의 마틴 와이츠먼 교수가 '공유경제 : 불황을 정복하다'라는 논문을 펴냄으로써, 공유경제의 개념이 처음으로 등장했다. 1985년 즈음에는 미국의 스태그플레이션에 저항할 대책으로 공유경제를 내세우며, '공유경제'라는 책을 출간하였다. 2008년에는 하버드대학교의 로렌스 레시그 교수가 공유경제가 무엇인지 가장 구체적으로 설명하였다. 레시그 교수는 '상업 경제(Commercial Economy)'를 대척점에 세워두고 문화에 대한 접근이 가격에 의해 규정되지 않고 사회적 관계의 복잡한 조합에 의해 규정되는 경제 양식을 의미한다고 공유경제를 정의했다. 또한 공유경제의 참여 동인을 '나 혹은 너'의 유익이라고 강조하여, 공유경제와 상업경제를 구분하는 기준점이 제시되었다.

다만, 공유경제는 불특정 다수의 개인이 온라인으로 매칭되고, 많은 경우 비정형화된 서비스가 거래된다는 특성으로 인해 다양한 거래위험을 수반할 수 있다. 우선 정보의 비대칭성(information asymmetry)이 커서 수요자 입장에서는 상품이나 서비스의 질을 가늠하기 어렵고, 이러한 질에 대한 불확실성은 공급자의 도덕적 해이로 이어질 수 있다.

반대로, 공급자 또한 수요자를 파악하거나 모니터링하는 것이 어렵기 때문에 수요자의 도덕적 해이도 일어날 수 있다. 수요자 입장에서는 자신이 요구하는 서비스가 어느 정도의 가치인지 모르기 때문에 공급자에게 과도한 요구를 하게 되기도 한다. 거래상 위험은 특히 금융공유의 경우 많이 언급된다. 기존 금융기관에 비해 심사능력이 떨어지는 개인투자자들이 자금모집자/대출자의 신뢰도와 프로젝트의 사업성을 판단해야 하기 때문이다. 한편, 위험이 실제로 현실화된다면 어떻게 처리해야 하는지도 문제가 된다.

제도가 미비한 현재 상태에서는 문제 발생 시 해결방안이 마땅치가 않다. 보험이나 법적 보호를 기대하기 힘들기 때문이다. 또한 제도 미비는 플랫폼에 대한 신뢰성 저하로도 이어져서, 이러한 거래위험이 공유경제 거래에 대한 참여 자체를 억제할 가능성이 높다. 제도가 미비한 상태에서 공유경제가 성장하게 될 경우 사회적 위험으로 확대될 가능성 또한 존재한다.

**보 기**

ㄱ. 공유경제와 상업경제의 차이점
ㄴ. 바람직한 공유경제의 플랫폼 조건
ㄷ. 공유경제의 다양한 거래위험 문제
ㄹ. 수요자와 공급자 간의 정보의 비대칭성 문제

① ㄱ, ㄷ
② ㄴ, ㄷ
③ ㄷ, ㄹ
④ ㄱ, ㄷ, ㄹ
⑤ ㄴ, ㄷ, ㄹ

## 24 다음 글의 빈 칸에 들어갈 내용으로 가장 옳은 것은?

호스피스 또는 양로원과 같은 장기 요양 시설에 거주하는 사람들은 애완동물을 키움으로써 정서적 문제에 잘 대응할 수 있다. 애완동물은 노인을 돌볼 수 있는 능력을 가지고 있으며, 신체적 또는 정신적으로 문제가 있는 사람에게 치유의 계기를 제공할 수 있다. 또한 사람들이 불안이나 우울증과 같은 기분 장애 증상에도 불구하고 사회적 수용성을 증진시키는 데 도울 수 있다.

애완동물을 갖는 것은 또한 사람들이 혈압을 낮추거나 스트레스를 줄이는 것과 같은 건강관리에 도움이 된다. 1986년에 관상 동맥 질환으로 입원한 92명의 환자를 대상으로 한 연구에 따르면 애완동물이 없는 29명의 환자 중 11명이 사망했으며, 애완동물이 있었던 52명의 환자 중 사망자는 3명에 불과했다. 애완동물을 갖는 것이 노인에게서 중성지방과 심혈관 위험을 현저히 감소시키는 것으로 나타났다. 이외에도 애완동물이 치매의 경우에도 치료 효과를 가질 수 있다는 증거가 있다. 또한 미국의 국립 보건원(National Institute of Health)의 한 연구에 따르면 개를 기르고 있는 사람들은 심장 마비에 의한 사망 확률이 개를 키우지 않는 사람들보다 적었다.

그러나 다른 연구 결과에 따르면, [ ]을 볼 수 있다.

① 노인의 경우 좋은 건강이 애완동물을 키우는 데 필요한 조건일 뿐 결과가 아님
② 호스피스에서 노인들이 애완동물에 물려 사망하는 등 사건 사고가 많음
③ 애완동물을 기르는 것이 젊은 사람들의 혈관 문제를 개선하는 데 더 도움이 됨
④ 애완동물을 기르는 경우, 대인관계가 상대적으로 원만함
⑤ 애완동물을 기르는 것은 육체적 문제보다 정신적 문제에 더 도움이 됨

## 25 다음 글의 내용에 비추어 볼 때, 이 실험을 통해 증명하고자 한 것은?

1955년 미국의 밀러(Miller)와 유리(Urey)는 다음과 같은 실험을 하였다. 그들은 당시에 원시 지구의 대기 성분으로 알려졌던 메탄(CH4), 암모니아(NH3), 물(H20) 그리고 수소(H)의 혼합 기체를 밀폐된 실험 기구에 넣고 일주일 동안 전기 충격을 주었다. 그 후 실험 기구의 바닥에 고인 액체를 분석하여 단백질의 구성 물질인 아미노산(amino acid)과 그밖에 지방산(fatty acid), 당류(saccharide) 등이 생성되었음을 발표하였다. 전기 충격을 준 것은 원시 지구의 대기에서 빈번하게 일어났을 번개를 예상한 것이었다. 이후 원시 대기의 조성이 주로 이산화탄소로 이루어졌다는 사실이 알려진 후, 혼합 기체의 조성을 바꾸어 가며 다양한 실험을 하여 현재 지구상에 대부분의 아미노산, 핵산을 이루는 염기, 그리고 필수 비타민을 합성하게 되었다.

① 생명은 신에 의해 창조되었다.
② 생물은 다른 생물의 매개에 의해서만 발생한다.
③ 생물은 어버이가 없는 상태에서도 자연적으로 진화하였다.
④ 우주에서 만들어진 생명의 씨앗이 지구에 도래해서 자라났다.
⑤ 무기물의 화학적 반응으로 유기 화합물이 만들어지면서 생명이 발생했다.

## 26 다음 글은 어떤 질문에 대한 대답이다. 그 질문으로 가장 적절한 것은?

첫째는 제국주의 이론이다. 자본주의는 과학적 법칙에 따라 몰락하게 되어 있다. 그러나 자본주의의 자멸 경향은 제3세계 국가에 대한 착취를 통해 연기되고 있을 뿐이다.

둘째는 자본주의 국가이론이다. 자본주의는 내재적 모순에 따라 몰락하게 되어 있다. 그러나 국가가 자본주의 재생산에 필수적인 기능적 차이(gap)를 메꾸어줌으로써 이러한 위기를 해소시켜 주고 있다.

마지막으로, 그들은 노동계급이 역사적 임무를 수행하지 않았기 때문이라고 대답한다. 왜 노동계급은 역사적 임무를 수행하지 않았는가? 왜 서구의 노동자들은 맑스가 예견한 바와는 반대로 사회주의를 선택하지 않았는가? 서구의 정통 맑시즘 이론가들은 맑스의 경제결정론을 버리지 않으면서 해답을 찾으려 했다. 미켈스, 룩셈부르크, 트로츠키와 같은 사람들은 노동대중의 자발적인 혁명적 열기를 질식시킨 노동자 대표들의 배신으로 그 탓을 돌렸다. 다른 사람들은 자본주의하에서 부르주아의 이데올로기적 헤게모니의 극복이 어렵다는 것을 지적하였다. 자본주의하에서 이데올로기적 국가기구에 의한 허위의식의 주입 결과 노동계급 자체가 이데올로기적으로 세뇌되었다는 것이다. 또한 노동자들은 국가의 억압에 의해 혁명을 포기하도록 강요당했다고 본다.

① 자본주의 몰락을 예측하는 주장의 이론적 한계는 무엇인가?
② 자본주의의 이론적 한계는 무엇인가?
③ 노동계급이 자본주의 위기에 따른 혁명적 임무를 수행하지 못한 이유는 무엇인가?
④ 자본주의가 계속 건재하고 있는 이유는 무엇인가?
⑤ 서구의 노동자들은 왜 사회주의를 선택하지 않았는가?

## 27 다음은 우주개발이 인류에 유익하다는 주장과 그에 대한 비판이다. <보기> 중 빈 칸에 들어갈 주장 또는 비판으로 적절한 것을 골라 바르게 연결한 것은?

| 주 장 | 비 판 |
|---|---|
| 1969년 달 착륙은 우주의 신비에 대한 전 세대의 탐구심을 자극하였다. 이를 계기로 많은 사람들이 토목 공학, 과학 연구 및 의학 분야에서 일하고 있다. | (가) |
| (나) | 지구 궤도에 인공위성을 발사하는 것과 우주 탐사와는 큰 차이가 있다. 또한, 최근 인공위성은 상업화되어 정부의 보조 없이 민간 기업 주도로 개발되고 있다. |
| 아폴로 우주선에 안전하고 효율적인 동력원을 생산할 필요성이 제기되어 실용적인 연료 전지가 개발되었는데, 현재는 청정 자동차의 미래 동력원으로 연구되고 있다. | (다) |
| (라) | 우주 탐사는 정보의 양을 증가 시키지만 유용한 지식을 제공하지는 못한다. |

보 기

ㄱ. 우주 개발 과정에서 출현한 인공위성은 전 세계적으로 실시간의 통신과 방송을 가능하게 했다. 최근 온난화 현상으로 그 중요성이 커지는 기후 변화에 대한 연구 역시 인공위성이 제공하는 데이터가 없다면 불가능하다.
ㄴ. 인류는 항상 인식의 지평을 넓히기 위해 투쟁해야 한다. 현재의 지식 너머에 무엇이 있는지를 알고 싶다는 욕구는 우리의 고귀한 특징이다.
ㄷ. 암 연구나 신재생 에너지와 같이 혜택을 줄 수 있으면서도 실제 문제를 해결해주는 과제에 직접 자원을 투입하는 것이 보다 더 효과적이다.
ㄹ. 인도는 우주 탐사 수준이 중국에 비해 훨씬 떨어짐에도 불구하고 우주 강국인 중국이 매년 6천명의 엔지니어를 배출하는 반면 1년에 35만명의 엔지니어를 배출하고 있다.

① (가)-ㄹ, (나)-ㄱ, (다)-ㄷ, (라)-ㄴ
② (가)-ㄹ, (나)-ㄷ, (다)-ㄱ, (라)-ㄴ
③ (가)-ㄱ, (나)-ㄹ, (다)-ㄷ, (라)-ㄴ
④ (가)-ㄷ, (나)-ㄱ, (다)-ㄴ, (라)-ㄹ
⑤ (가)-ㄴ, (나)-ㄹ, (다)-ㄷ, (라)-ㄱ

**28** **다음 글의 논증 구조를 가장 잘 표현한 것은? (단, 기호'↓'는 글쓴이가 위 진술을 바로 아래 진술을 주장하는 근거로 사용하고 있다는 것을 의미하며, 기호'+'는 앞뒤의 진술들이 합쳐짐으로써 그 진술들이 지지하는 진술에 대한 근거를 구성한다는 것을 의미한다)**

ⓐ 국가는 영토와 그 영토 내의 주민에 대해 최고의 권위를 행사하는 사람들의 집단이다. ⓑ 여기서 권위는 힘의 행사나 위협을 통해 굴복을 강요하는 권력과는 구별되며 국가가 행사하는 명령의 정당한 근거가 있느냐 여부에 따라 결정되는 것이다. ⓒ 따라서 어떤 국가가 정당하다는 것은 그 국가의 권위가 통치의 도덕적 권리를 갖는다는 것을 의미한다. ⓓ 또한 그 국가의 시민들이 국가의 권위에 따른 명령에 복종해야 할 도덕적 의무를 갖는다는 것을 의미한다. ⓔ 다시 말해 국가가 정당하기 위해서는 국가의 권위가 시민에 대해서 복종의 도덕적 의무를 주장할 권리를 가져야만 한다는 것을 의미한다. ⓕ 그런데 개인이 갖는 최고의 의무는 자율에 대한 의무이며, 자율의 의무란 행위의 의사결정에 있어서 자기가 스스로 최종적 결정을 내리는 것을 의미한다. ⓖ 따라서 국가의 권위가 정당하다는 것은 개인의 행위에 대한 최종적인 결정을 국가가 내리도록 허락하는 것이므로 자율적인 개인의 의무는 본질상 국가의 권위와 상충한다. ⓗ 이때 권위와 자율간의 갈등은 해소될 수 없는 것이 된다. ⓘ 그러므로 정당한 정치적 권위란 있을 수 없으며 결국 무정부주의를 지지할 수밖에 없다.

① ⓐ
↓
ⓑ
↓
ⓒ + ⓓ + ⓔ
↓
ⓕ + ⓖ + ⓗ
↓
ⓘ

② ⓐ + ⓑ + ⓒ
↓
ⓓ + ⓔ + ⓕ
↓
ⓖ + ⓗ
↓
ⓘ

③ ⓐ + ⓑ
↓
ⓒ + ⓓ + ⓔ
↓
ⓕ + ⓖ
↓
ⓗ
↓
ⓘ

④ ⓐ + ⓑ
↓
ⓒ + ⓓ
↓
ⓔ + ⓕ
↓
ⓖ + ⓗ
↓
ⓘ

⑤ ⓐ + ⓑ + ⓒ + ⓓ
↓
ⓔ
↓
ⓕ + ⓖ + ⓗ
↓
ⓘ

**29** **다음 글에서 추론할 수 있는 것만을 〈보기〉에서 모두 고르면?**

『꿈의 해석』에서 프로이트는 "두 개의 상이한 기능을 꿈의 형성과정에서 목격할 수 있는데 꿈의 사고의 생산과 이것을 꿈의 내용으로 변형하는 과정이 그것"이라고 말하고 있다. 그리고 이 말의 바로 밑에 1925년에 덧붙인 각주에서 "꿈의 근본은 사고의 특별한 형태에 다름 아니다. (…) 그 형태를 창조하는 것이 바로 '꿈의 작업'이다."라고 말해 앞의 말을 더욱 강조하고 있다. 이 두 진술에서 부각되는 단어는 꿈의 사고와 꿈의 작업이다. 앞에서 지적했듯이 꿈의 사고는 본능의 관념적 표상체와 관련된다. 꿈의 형성과정에서 중요한 것은 바로 이 잠재적 꿈의 사고, 관념적 표상체가 어떤 과정을 거쳐 상징적 이미지로 변형되어 명시적 꿈으로 드러나는가 하는 점이다. 이 재현 과정이 꿈의 작업이고, 이 과정이야말로 꿈꾸기의 본질이라고 프로이트는 힘주어 말하고 있는 것이다.

여기서 프로이트가 꿈의 작업을 통해 무의식의 상징적 재현성을 강조한 대목을 라깡이 바로 이 꿈의 작업 속에서 언어적 무의식을 읽어내고 있는 대목과 병치시켜 놓아보자. 라깡은 우선 "증상, 꿈, 언어의 실착, 조크에는 동질적 구조가 존재한다."고 하고, 이어서 꿈의 작업의 대표적 메커니즘이 압축과 치환이란 점을 고려하면서 압축과 치환이라는 동일한 구조적 법칙이 이 네 현상에 작동한다고 보아 우리가 앞에서 보았던 프로이트의 관점을 그대로 따른다. 그것이 무의식의 법칙이다. 그는 이 법칙이 언어에서 의미를 창조하는 법칙과 동일하다고 말해 압축과 치환이라는 꿈의 작업 과정이 다름 아닌 언어 과정임을 분명히 하고 있다.

같은 맥락에서 『에크리』의 「무의식에서 글자의 기능」에서는 "꿈의 작업에서 그처럼 특권적 역할을 하는 이 두 메커니즘과 담론 속에서 나타나는 그것의 상동적 기능을 구분하는 것은 무엇인가?"라고 수사적 질문을 던졌다가 "그런 것은 아무것도 없다."라고 잘라 말한다. 이어서 "꿈의 작업은 시니피앙의 법칙을 따른다."는 직설적 표현도 잊지 않는다. 그런 점에서 프로이트의 압축과 치환의 개념이 구조주의 언어학자 야콥슨이 언어의 두 축이라고 설명한 은유와 환유의 개념과 정확하게 일치하고 있다는 것이다.

**보 기**

ㄱ. 프로이트의 주장에 따르면 관념적 표상체가 존재하지 않거나 관념적 표상체가 상징적 이미지로 변형되지 않는다면 꿈을 꾸지 않는다.
ㄴ. 라깡은 시니피앙의 법칙과 무의식의 법칙이 동일하다고 보았다.
ㄷ. 야콥슨은 은유와 환유의 개념으로 꿈의 작업 과정을 설명할 수 있다고 보았다.
ㄹ. 프로이트는 꿈이 생산되는 과정에서 압축과 치환이 이루어진다고 보았다.

① ㄱ, ㄴ ② ㄱ, ㄷ ③ ㄴ, ㄷ, ㄹ
④ ㄱ, ㄴ, ㄹ ⑤ ㄴ, ㄷ, ㄹ

## 30 다음 글을 읽고 추론한 것으로 옳지 않은 것은?

양반 관료가 지배계층을 형성한 조선 시대에는 정치적 출세와 부귀영화를 누리기 위해서는 반드시 벼슬길에 나가야 했다. 산림처사(山林處士)를 자처하며 벼슬살이를 마다하고 평생을 학문 연구와 자기 수양에 바친 사람도 있었지만, 대부분의 유학자는 벼슬길에 나가기 위해 학문에 정진했다. 조선의 양반 사회는 고려의 문벌 귀족(門閥貴族) 사회와는 달리 대개 과거시험(科擧試驗)을 통해 관료를 선발한 것으로 알려져 있지만, 이 말은 반(半)은 맞고 반(半)은 틀린 말이다. 조선 시대에도 고려 시대처럼 과거시험이라는 공식적이고 공개적인 경쟁을 치르지 않고 당파의 천거와 가문의 권력에 힘입어 벼슬길에 나갈 수 있는 제도가 있었기 때문이다.

먼저, '문음(門蔭)'은 공신(功臣)과 3품 이상의 벼슬살이를 한 사람 또는 호조·병조·도총부·사헌부 등의 주요 관직을 거친 사람의 아들이나 사위 중 1명에게 일정 시험을 거친 후 종9품 참봉(參奉)부터 종7품 직장(直長)에 이르는 관직을 하사하는 제도이다. 다만 고려 시대와 달리, 유학 특히 성리학에 관한 지식과 교양이 매우 중요하게 여겨진 조선 사회에서는 문음만을 통해서는 주요 관직(官職)이나 정치적 출세를 꿈꾸기 힘들었다. 그러나 이것도 노론 일색의 권력과 세도정치가 판친 조선 후기에 들어와서는 별반 영향을 미치지 못했다. 당파와 가문의 권력을 공고히 하기 위해서는 성리학의 지식과 교양 정도는 무시해도 좋을 만큼 하찮은 존재였기 때문이다.

'유일(遺逸)'은 초야에 묻혀 산 학식과 덕망이 높은 재야(在野)의 선비를 천거하는 일종의 추천제도이다. 조선은 헌법(憲法)이라고 할 수 있는 '경국대전(經國大典)'에까지 유일(遺逸) 제도에 관한 규정을 두어 재야의 선비를 천거하도록 했다. 그러나 매년 정월 전국에서 한두 명 재야 선비를 뽑아 참봉(參奉)에 임용할 수 있도록 하고 있는 경국대전의 내용에서 알 수 있듯이, 이 천거제도는 별반 중요하게 다루어지지 않았다. 반면 사림정치(士林政治)가 지배한 조선 후기에 들어와서는 사림 당파(黨派)에 의한 추천이 등장하게 되었다. 이 경우 단순히 학식과 덕망만을 갖춘 사람이 아니라 사림 당파의 주요 핵심 인물이 천거되었다. 산림(山林)이라고 불린 이들은 대개 성균관의 최고 책임자인 정3품 대사성(大司成)의 다음 가는 자리인 좨주(祭酒) 등 특별한 직책에 임용되었다. 붕당(朋黨)과 당쟁(黨爭)이 격화될수록, 이와 같은 천거제도는 당파 색(色)을 강하게 띨 수밖에 없었다.

① 좨주(祭酒)는 참봉(參奉)보다 높은 직책일 것이다.
② 유일(遺逸)제도는 경국대전에 규정되어 있었지만, 중요성이 높지는 않았다.
③ 고려 시대에는 문음과 유사한 제도를 통해서도 높은 관직을 얻거나 정치적으로 출세하는 것이 비교적 수월했을 것이다.
④ 공신(功臣)이나 3품 이상의 관직에 있었던 사람의 아들은 직장(直長)보다 높은 관직에 나아갈 수 없었다.
⑤ 조선 후기에 확산된 천거제도는 초기의 유일제도보다 특정 세력의 정치적 영향력을 강하게 만들기 위해 이용되었을 것이다.

## 31 다음 글과 <조건>을 바탕으로 추론할 때 반드시 참이라고 할 수 없는 것은?

정부는 이번에 시행할 '갑' 기획안과 '을' 기획안을 맡을 팀으로 전략팀 A, B, C와 개발팀 D, E, F, G를 지정하였고 최종적으로 각 기획안을 맡을 팀은 다음과 같은 조건을 토대로 결정된다.

**조 건**

○ A팀과 B팀은 같은 기획안을 맡을 수 없다.
○ D팀과 E팀이 '갑' 기획안을 맡는다면 B팀은 '을' 기획안을 맡는다.
○ E팀이나 F팀이 '갑' 기획안을 맡는다면 A팀은 '을' 기획안을 맡아야 한다.
○ F팀이나 G팀이 '을' 기획안을 맡는다면 D팀과 E팀은 '갑' 기획안을 맡아야 한다.
○ F팀과 G팀이 같은 기획안을 맡는다면 C팀과 B팀도 같은 기획안을 맡는다.

① '갑' 기획안을 맡을 팀은 적어도 5팀 이상이다.
② '을' 기획안을 맡을 팀은 적어도 2팀 이상이다.
③ 전략팀 중에서 '을' 기획안을 맡는 팀은 1팀이다.
④ 개발팀 중에서 '갑' 기획안을 맡는 팀은 2팀 이상이다.
⑤ B팀과 F팀은 같은 기획안을 맡는다.

## 32 다음 글과 <조건>을 읽고 판단할 때 가방의 색깔이 동일한 사람으로만 묶인 것을 고르면?

A, B, C, D, E 5명의 남녀가 빨간색이나 파란색 가방을 메고 있다. 그들은 자신의 가방색깔은 볼 수 없지만 다른 4명의 가방 색깔은 볼 수 있다. 다른 사람의 가방색깔에 대해 다음과 같은 말을 하였으며, 파란색 가방을 메고 있는 사람은 자신이 본 그대로 정직하게 말을 하고, 빨간색 가방을 메고 있는 사람은 거짓을 말하였음이 후에 판명되었다.

**조 건**

A : 파란색 가방은 3명이고, 빨간색 가방은 1명이다.
B : 4명 모두 빨간색 가방이다.
C : 파란색 가방은 1명뿐이고, 다른 사람의 가방은 빨간색이다.
D : 4명 모두 파란색 가방이다.

① A－E
② C－D
③ A－B－D
④ A－C－E
⑤ B－C－D

**33 다음 글의 밑줄 친 부분의 논지를 강화하는 것으로 옳은 것만을 〈보기〉에서 모두 고르면?**

유럽에서는 '차 유리 현상(windshield phenomenon)'이라는 말이 돌고 있다. 몇 십 년 전만 해도 밤에 운전하고 나면 자동차 앞 유리가 날벌레 사체로 가득했는데, 요즘에는 어찌된 일인지 유리가 깨끗하다는 것이다. 갑자기 곤충들이 어디론가 사라지기라도 한 것일까.

우려는 현실로 나타났다. 네덜란드 레드바우드대의 한드 드크룬 교수 연구진은 지난 18일 국제 학술지 '플로스 원(PLoS ONE)'에 지난 27년간 독일에서 곤충 개체 수가 75%나 줄어들었다고 발표했다. 곤충 네 마리 중 세 마리가 사라졌으니 차 유리가 멀쩡할 수밖에 없었던 것이다.

독일 크레펠드 곤충학회의 아마추어 과학자들은 1989년부터 지난해까지 북서부 자연보호구역 63곳에서 해마다 곤충을 채집했다. 이들은 지상 1m에 설치한 천막 모양 덫에 알코올이 든 병을 넣고 날아다니는 곤충을 유인했다. 연평균 채집량은 매년 6%씩 떨어져 27년간 75%가 감소했다. 특히 곤충들이 가장 활발하게 활동하는 여름에는 무려 82%가 감소한 것으로 나타났다.

과학자들은 이번 결과를 두고 일제히 '생태계의 아마겟돈'이나 '제6의 대멸종'을 알리는 전조(前兆)라고 우려했다. 실제로 곤충이 사라지면 생태계 먹이사슬이 무너진다. 곤충은 지구 생명체의 3분의 2를 차지한다. 미국의 해양생물학자인 레이철 카슨은 1962년 저서 '침묵의 봄'에서 농약 남용으로 새 먹이인 곤충이 사라지면서 봄이 와도 새소리가 들리지 않게 될 것이라고 경고했다. 이제 카슨의 예측이 현실이 될 가능성이 커진 것이다. 실제로 최근 북미와 유럽에서 날벌레를 주로 먹는 제비나 칼새, 종다리가 급감했다.

벌이나 나방, 등에, 딱정벌레가 사라지면 식물은 꽃가루받이를 하지 못한다. 야생화뿐 아니라 농작물도 바로 피해를 본다. 또 곤충은 작은 해충을 잡아먹고 동물 사체를 분해해 인간의 건강에도 도움을 준다. 한 연구자는 이와 같은 현상은 <u>도시보다도 자연이 잘 보존된 지역에서 일어났다는 점</u>에서 더 우려된다고 말했다.

**보 기**

ㄱ. 농지가 늘면서 비례하여 증가하는 화학적 살충제 사용량
ㄴ. 지구 온난화로 인한 생태계의 변화
ㄷ. 화산 폭발, 홍수 등에 의해 장기간 진행된 지형 변화
ㄹ. 과거에 비해 농지 내에 날벌레를 먹는 조류의 개체 수 급증

① ㄱ, ㄴ ② ㄱ, ㄹ ③ ㄴ, ㄷ
④ ㄱ, ㄷ, ㄹ ⑤ ㄴ, ㄷ, ㄹ

**34 다음 글의 밑줄 친 부분을 지지해 줄 수 있는 논거가 아닌 것은?**

학생의 과목 선택권에는 학생이 원하는 과목을 스스로 선택하여 배우는 자기결정 권리의 의미가 내포되어 있다. 따라서 학생은 불완전한 존재이기에 타인의 결정에 의존하고 따르는 것이 사회적으로 올바른 길을 갈 가능성을 높여준다는 인식에서 이제 벗어나야 한다. 학생의 정신적 성장은 스스로 행한 자기결정들이 누적되어 내면에 단단한 바탕이 마련될 때 더욱 활성화 된다.

이는 밀(Mill)의 자유주의 교육사상과도 일맥상통한다. 개별성의 발달을 인간다움으로 본 밀(Mill)은 인간을 자율적이고 자기완성적인 존재로 간주한다. "인간 본성은 자신을 생명체로 만드는 내면적 힘의 성향에 따라서 모든 방향으로 발달하고 성장하기를 요구하는 나무와 같은 존재"기 때문에 인간의 자기발달을 도와주기 위해서는 그들의 자율적 결정부터 존중해 주어야 한다. 이런 점에서 교육은 학생의 자기발달이 일어나도록 개별성의 원칙에 입각해 다양화되어야 하며, 학생들은 내면적 독자성을 인식하면서 자유로운 자기선택과 자기성장을 주도적으로 실천해 갈 의지를 보여야 한다.

학생의 과목 선택권 속에는 각자 다른 길을 가는 상황을 존중해 주고 장려함으로써 학생들이 주어진 교육기회를 자신의 관심 및 진로희망과 연결하여 다가올 삶을 자율적으로 준비하도록 유도하려는 취지가 들어있다. 선택중심 교육과정은 학생들의 자율적 자기결정 능력을 신장시켜 그들 삶의 질을 향상시키고 나아가 삶의 행복지수를 높이는 데 기여할 것이다. 왜냐하면 선택중심 교육과정은 최소한 이론적 관점에서 보아 학생들에게 다양한 교육적 통로를 열어 줌으로써 자율적인 선택의 과정을 통해 그들이 삶을 자유롭게 개척해 나갈 수 있도록 도와 주기 때문이다. 획일성을 추구하는 통일과는 달리 선택행위는 그 자체로 자율적 판단과 책임성을 전제한다.

그러나 아직 성장단계에 있는 어린 학생들에게 자율권을 부여하였을 때 그것이 <u>원래 취지를 구현하는 수준으로 작동될 수 있을지 의심하는 사람들도 많다.</u>

① 선택적 교육과정은 그 본질상 행복을 추구하는 인간의 본능과 배치된다.
② 어린 학생들은 또래가 하는 선택을 그대로 따라하려는 경향이 성인에 비해 더 크다.
③ 학생의 과목 선택권이 실제로는 학부모의 선택에 의해 좌우된다.
④ Maslow의 욕구발달이론에 따르면 자율적 선택의 바탕인 자기실현 욕구가 욕구의 완성 단계이나 성장단계의 학생들이 이러한 수준에 도달하기는 쉽지 않다.
⑤ 자율적 판단과 책임성은 성인이 되어야 형성될 수 있는 덕목이다.

**35** 다음 글에서 ㉠과 ㉡에 대한 판단으로 옳은 것만을 <보기>에서 모두 고르면?

니체는 자신이 가끔 '가축 떼의 도덕'이라고 부르며 비난했던 것을 '노예의 도덕', 즉 노예나 하인에게 적합한 도덕으로 묘사한다. 그는 다음과 같이 말한다. "지금까지 지상을 지배해 온 수많은 도덕들 사이를 헤집고 다니면서 마침내 두 가지의 기본적인 유형, 주인의 도덕과 노예의 도덕을 발견했다." 그 다음 그는 이 두 유형의 도덕은 보통 섞여 있으며 온갖 다양한 방식으로 함께 작동한다는 점을 덧붙인다. 그의 주장에는 분명 지나치게 단순한 이분법이 스며들어 있다. 그러나 『도덕의 계보』에서 그는 자신이 우리에게 제시하고 있는 것은 하나의 논쟁이며, 지나치게 단순화되긴 했지만 도덕을 보는 사유의 근본적인 쟁점을 부각시키는 데 목적이 있다는 점도 분명하게 밝힌다.

니체에 따르면 성경이나 칸트의 저서에서 제시된 도덕은 ㉠ 노예의 도덕이다. 노예 도덕의 가장 조잡한 형태는 개인을 구속하고 굴레를 씌우는 일반 원칙으로 구성되는데, 이는 외적 권위 즉 통치자나 신으로부터 부과된 것이다. 좀 더 섬세하고 세련된 형태에서는 외적 권위가 내재화되는데, 이성(理性)의 능력이 그 예라고 할 수 있다. 하지만 조잡한 형태든 세련된 형태든 이 도덕을 가장 잘 특징짓는 것은 그것이 무엇인가를 금지하고 제약하는 일반 원칙의 형태로 나타난다는 점이다. 칸트가 정언명령을 몇 개의 일반적 정칙(定則)으로 제시했을 때도 그 내용은 '너희는 해서는 안 된다'였다.

반면 ㉡ 주인의 도덕은 덕의 윤리이며, 개인의 탁월성을 강조하는 윤리이다. 이는 개인의 행복과 반대되지 않으며 오히려 도움을 줄 수도 있다. 니체와 아리스토텔레스는 인격적으로 뛰어나게 되는 것이야말로 그 사람을 행복하게 해 준다고 생각했다. 자신의 목표나 만족을 희생해서 마지못해 자신의 의무를 완수하는 것은 그 사람을 불행하게 만든다. 그에 비해 주인의 도덕을 실천하는 사람은 자신이 좋아하고 자신에게 어울리는 가치, 이상, 실천을 자신의 도덕으로 삼는다. 주인의 도덕은 '지금의 나 자신이 되어라!'를 자신의 표어로 삼는다. 그리고 자신이 다른 사람과 같은지 다른지, 혹은 다른 사람의 것을 받아들일 수 있는지 없는지에 대해서는 별 신경을 쓰지 않는다.

보 기

ㄱ. 내가 신성한 규율을 실천하면서 살아가는 것은 ㉠에 따라 사는 삶이다.
ㄴ. 타인의 도덕에 대해서 간섭하지 않으며 살아가는 것은 ㉡에 따라 사는 삶이다.
ㄷ. 내가 추구하는 가치를 위해 기꺼이 수고하며 살아가는 것은 ㉠에 따라 사는 삶이다.

① ㄱ ② ㄴ ③ ㄱ, ㄴ
④ ㄱ, ㄷ ⑤ ㄱ, ㄴ, ㄷ

**36** 다음 글에서 이끌어낼 수 있는 내용으로 옳지 않은 것만을 <보기>에서 모두 고르면?

현재로서는 문제가 된 게시판의 글이 허위 사실 공표에 해당하는지, 명예 훼손죄에 해당하는지 결론을 내리기 힘들다. 우선 글쓴이의 신원을 확보하여야 이를 확인할 수 있는데, IP 추적을 통해 신원을 확인하고자 하였으나 글이 쓰여진 곳이 불특정 다수가 이용하는 PC방이었을 뿐만 아니라, PC방 주인조차 당시 인터넷을 사용했던 사람을 기억하지 못하므로 현실적으로 신원 확인은 불가능하게 되었다. 물론 해당 사이트가 실명 인증을 요구하는 곳이어서 주민 등록 번호를 통해 신원을 확인하는 길이 있으나, 경찰은 현재로서 용의자가 실제 자신의 주민 등록 번호로 실명 인증을 거쳤을 확률은 높지 않다고 보고 있다. 그래서 할 수 없이 사이버 수사대는 게시판에 글을 올린 사람이 피해를 입었다고 주장하는 병원을 직접 찾아가 사실을 확인하여야만 했다. 그런데 병원 관계자는 자신들이 무고한 피해를 입은 당사자라는 점, 고발의 주체가 자신들인데 마치 자신들을 피의자처럼 다루는 것이 이해가 되지 않는다는 점을 들어 경찰에 항의 공문을 보내왔다. 그러나 경찰은 현실적으로 병원 측의 고발 내용을 확인하기 위해서 사실 관계 조사가 불가피하며 고발을 한 사람도 당연히 그 내용에 대한 조사 대상이 될 수 있다는 점을 들어 예정대로 병원 조사를 시행하고자 한다.

보 기

ㄱ. 정확한 신원을 확인할 수는 없으나, 성인 여부 및 성별 정도는 알 수 있는 자료를 확보하고 있다.
ㄴ. 만일 병원 측에서 끝까지 병원에 대한 조사를 거부한다면 경찰은 현재로서 고발자 및 피의자 모두를 조사할 수 없게 되는 난관에 봉착할 것이다.
ㄷ. 만일 경찰 조사에 의하여 병원에 의해 피해를 입었다고 주장하는 게시판 글 작성자가 옳다는 것이 입증된다면, 경찰은 그 때부터 병원을 피의자로 취급할 것이다.

① ㄱ
② ㄴ
③ ㄱ, ㄷ
④ ㄴ, ㄷ
⑤ ㄱ, ㄴ, ㄷ

## 37 다음 글의 밑줄 친 ㉠과 유사한 예로 옳지 않은 것은?

우리는 수많은 미생물과 함께 살아간다. 이들 중에는 우리에게 좋은 미생물도 있지만 나쁜 것들도 있다. 다양한 감염을 일으키는 것이 대표적인 나쁜 미생물인데, 항생제와 항균제 등으로 일부 제압이 되기도 하지만 무엇보다 예방과 빠른 진단으로 정확한 치료가 요구된다. 어쩔 수 없이 감염되는 환자들을 치료하기도 버거운데, 더 큰 문제는 탄저균과 같이 바이오 테러로 이용될 수 있는 위험한 미생물들도 있다는 것이다. 이는 나쁜 사람들이 나쁜 미생물을 나쁘게 이용하는 전형적인 예이다.

미국에서 9·11 테러가 일어났을 때 미국 의회 등에서는 탄저균이 들어 있는 소위 '백색 가루 공포'에 휩싸인 적이 있다. 탄저균이 위험한 것은 발효에 의해 저가로 생산이 가능하고, 치사율이 높으며, 포자 등의 형태로 보관이 안정적이고 용이하며, 살포 방식이 용이하고, ㉠ 무엇보다 사람들에게 공포심을 극도로 유발해 사회활동을 축소하고 사람들의 이성을 마비시킬 수 있기 때문이다.

하지만 좋은 생물이 더 많이 있다. 멀리 볼 필요 없이 우리 자신도 엄청난 양과 많은 종류의 미생물과 함께 살고 있다. 우리 몸에서 가장 많은 미생물이 발견되는 대장에는 사람마다 다르기는 하지만 1~1.5kg 정도 미생물이 살고 있다. 이 미생물들은 우리가 음식을 섭취하면 이를 몸에 사용하기 쉬운 영양분들로 바꾸어주는 기능을 하고, 우리가 만들지 못하는 여러 비타민을 만들어 주므로 우리가 살아가는 데 반드시 필요한 소중한 존재이다. 실제로 요구르트를 먹어 우리에게 좋은 유산균을 공급해주는 것과 같이 우리 몸을 건강하게 해주는 미생물 치료제 혹은 보조제인 프로바이오틱이 건강 유지법으로 더욱 관심을 받고 있다.

자연 발효로 술이 만들어진 역사는 이야기하지 않더라도 우리가 먹고 마시는 많은 음식의 맛은 미생물들의 솜씨에서 나온다. 구수한 된장부터 대한민국 국민 건강 지킴이인 김치에 이르기까지 수많은 음식이 미생물 발효 없이는 만들어지지 못한다. 이뿐 아니라 글루탐산, 리신, 트레오닌과 같이 우리나라 기업들이 세계를 재패하고 있는 아미노산 제품들도 미생물 발효로 생산된다. 방선균 또는 페니실린을 만드는 곰팡이 등은 복잡한 화학물질들을 만들어내는데, 이 중 다수가 항생제·항암제 등 중요한 의약품으로 사용되고 있다. 에탄올, 부탄올, 젖산, 숙신산, 나일론 원료, 플라스틱 등 우리가 일상생활에서 꼭 필요한 범용 화학물질들도 미생물 발효로 생산되고 있다.

또한 화석 원료의 한정성과 기후변화 등 환경 문제에 대한 전 세계적 대응 노력 일환으로 석유화학 산업도 미생물을 이용한 바이오화학 산업으로 탈바꿈하고 있다. 생물학적 화학물질 생산 효율을 높이기 위한 대사공학 등 관련 기술이 급속도로 발전하고 있어 더욱 많은 종류와 많은 양의 화학제품들이 미생물 발효를 통해 생산될 것으로 확신한다.

① 1929년 대공황 때 주가가 폭락하고 금융기관이 줄도산하자 투자심리의 위축으로 인해 투자가 과도하게 위축되었다.
② 14세기 중세 유럽을 흑사병이 휩쓸었을 때, 사람들이 병에 걸릴 것을 두려워하여 마녀사냥을 통해 병을 해소하려 하였다.
③ 동일본 대지진 발생 이후 일본인들이 여진 공포로 인하여 정신적 고통을 호소하였다.
④ 콘스탄티누스 대제는 생포한 야만인을 잔혹하게 처형하기로 악명이 높았는데, 이로 인해 야만인들의 로마 침공이 둔화되었다.
⑤ '게슈타포는 어디에나 있다.'라는 하인리히 뮐러의 구호와 행동은 반대 세력으로 하여금 공포감을 느끼게 하여 위축당하게 하였다.

## 38 다음 글에 대한 평가로 옳은 것만을 〈보기〉에서 모두 고르면?

"모든 까마귀는 검다."라는 보편적 명제는 단 하나의 예외만으로도 부정될 수 있기 때문에 완전히 확정될 수는 없다. 즉, 어떤 관찰명제의 경험적 대상은 무한하므로 경험과의 대비를 통해 관찰명제의 확실성을 입증한다는 것은 불가능하다. 그 대신 포퍼는 과학성의 기준으로 '반증가능성', 즉 과학적 명제가 반증가능한가의 여부를 들고 있다. 과학적 명제의 확실성을 수많은 경험적 사실을 모두 관찰하여 입증할 수는 없으며, 따라서 과학적 명제의 의미부여 기준을 반증가능성에 두고 반증당하지 않는 한, 또 반증당하지 않는 동안만 그 명제가 의미를 갖는 것으로 보자는 견해이다. 이러한 주장을 반증주의라 한다. 반증주의는 가설은 어떤 경우에도 확증될 수 없고 단지 반박되지 않았는지 여부만을 알 수 있을 뿐이라고 주장했다. 가설의 유효성이 이와 같이 제한적이기 때문에 객관적인 규칙에 따른 가혹한 시험이 모든 가설에 대해 반복되어야 하며, 가설을 제기하는 학자는 이와 같은 비판을 감수할 수 있어야 한다.

여기에서 중요한 점은 과학적 명제가 시험을 받기 위해서는 우선 경험적으로 관찰가능하며 형식논리의 간결함을 갖고 있는 언어로 구성된 '반증가능한 가설'을 이루어야 한다는 점이다. 따라서 처음부터 반증가능성이 배제된 논리는 과학의 기준을 충족시키지 못한다고 본다. 이렇게 볼 때, 포퍼에게는 경험적 내용이 이론에서 뺄 수 없는 요소이다. 결국 보다 많은 반증가능성에 노정되어 있으면서 엄격한 검증과정을 거친 명제야말로 우수한 이론이 된다고 보는 것이다. 그러므로 포퍼에게서 과학적 명제는 어떠한 경우에도 확증된 진리가 될 수 없고 단지 진리에 접근해 갈 따름인 것으로 파악하고 있다. 이것을 '진리근접성'이라 한다.

보 기

ㄱ. 과학성을 판단하는 기준으로 과학적 명제의 설명력의 범위, 즉 과학적 명제가 얼마나 많은 현상들을 설명할 수 있는가를 기준으로 삼고 있다.
ㄴ. 경험과의 대비를 통해 관찰명제의 확실성을 입증하기는 불가능하기 때문에 검증 과정에서 관찰명제를 지지하는 긍정적 사례를 발견했다고 하더라도 이는 의미를 가지지 못한다.
ㄷ. 과학적 지식의 무오류성을 부정하며 과학적 방법론에 따른 시행착오 과정을 통해 법칙은 진리에 접근해 간다고 파악한다.
ㄹ. 일정한 시점까지 이론이 긍정적 사례들에 의해 입증되었더라도 반증되는 순간 그 의미를 상실한 것으로 본다.

① ㄱ, ㄴ　② ㄱ, ㄷ　③ ㄴ, ㄷ
④ ㄴ, ㄹ　⑤ ㄷ, ㄹ

**※ 다음 글을 읽고 물음에 답하시오. [문 39 ~ 40]**

엑스레이는 발견된 직후부터 골절 위치를 확인하는 데 사용되는 등 의사들에게서 각광을 받았다. 엑스레이가 인체를 투과하는 정도는 인체를 구성하는 물질의 밀도와 양과 관계가 있으며, 물질의 밀도가 높을수록, 물질의 양이 많을수록 잘 투과하지 못한다. 예를 들어 엑스레이를 감광시킬 필름을 뒤에 놓고 손에 엑스레이를 투과하면, 밀도가 높은 뼈는 엑스레이를 잘 통과시키지 못하고, 밀도가 낮은 지방이나 단백질로 이루어진 살은 엑스레이를 잘 통과시킨다. 따라서 뼈와 살을 잘 구별해 보여 주는 엑스레이 사진을 얻을 수 있다. 엑스레이 사진은 엑스레이가 투과한 양을 보여주며 인체 내부의 정보를 평면상에 나타내 준다.

그렇다면 엑스레이를 어떻게 발생시킬까? 전기장을 이용하여 빠르게 가속시킨 전자로 텅스텐, 몰리브덴 같은 금속을 때리면, 금속 내부의 핵이 가지고 있는 전기장에 의해 전자의 방향이 갑자기 바뀌면서 엑스레이를 방출한다. 엑스레이 에너지는 가속된 전자의 에너지에 의해 결정되며 목적에 따라 다른 에너지를 갖는 엑스레이를 사용한다. 투과된 엑스레이를 검출하기 위해서는 은 입자를 포함한 화합물로 도포된 필름을 사용해 왔지만, 최근에는 컴퓨터에 이미지를 저장하고 전송할 필요성이 증대함에 따라 점차 디지털화 해 가고 있다.

엑스레이 장치가 인체 정보를 2차원 평면에 보여준다면 컴퓨터 단층촬영장치(CT, Computed Tomography)는 수십 층(slice)으로 구성된 2차원 평면이 합성된 3차원적 인체 정보를 보여준다. 토모그래프(tomograph)는 층(tomo)과 그림(graph)의 합성어이며, 영상을 얻기 위하여 컴퓨터를 이용해 계산을 하기 때문에 이러한 이름을 갖게 되었다. 엑스레이 장치가 주로 한 방향으로 엑스레이를 조사시키고 반대 방향에서 엑스레이를 검출하는 반면, 컴퓨터 단층촬영장치는 인체를 중심으로 수십 또는 수백 개의 각도에서 엑스레이를 조사시키고 반대 방향에서 엑스레이를 검출한다. 이 과정을 인체의 길이 방향으로 반복하면 인체의 각 층마다 인체 내부의 정보를 얻게 되고 이를 모아 인체의 3차원적 정보를 얻는다. 따라서 의사는 수술 칼을 사용하여 인체를 절단하지 않고도 인체의 각 단면 또는 층마다 세밀한 정보를 얻을 수 있다.

의사는 컴퓨터 단층촬영장치에서 얻은 영상을 통하여 암의 유무, 디스크 파열, 동맥 확장 등을 알아낼 수 있다. 컴퓨터 단층촬영장치는 신체의 해부학적 구조를 선명히 보여주고 처리시간이 빨라 신체 내부의 진단을 위해 핵심적인 의료장비이다.

**39 윗글을 읽고 추론한 것으로 옳은 것을 고르면?**

① 물질 A와 물질 B 중 A의 엑스레이 투과도가 더 높았다면 A의 밀도와 양이 모두 B보다 낮을 것이다.
② 엑스레이를 조사하는 물질의 투과도 차이가 클수록 더 선명한 결과를 얻을 수 있다.
③ 엑스레이 사용 목적에 따라 전자가 때리는 금속의 종류가 달라진다.
④ CT와 달리 엑스레이 장치는 조사 방향의 반대 방향에서 엑스레이를 검출한다.
⑤ CT는 인체를 직접 절단하는 것보다 더 정확한 정보를 알게 해준다.

**40 다음 <보기>는 컴퓨터 단층촬영장치의 원리를 그림과 함께 설명한 것이다. 이를 통해 판단할 때, A~D 각각의 투과도를 바르게 연결한 것은?**

보 기

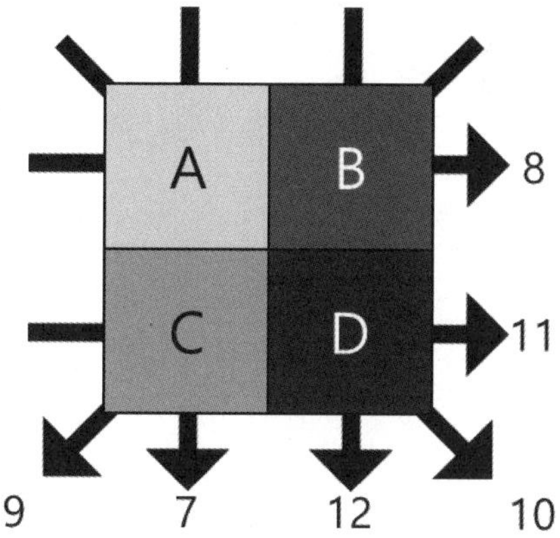


화살표는 여러 방향에서 조사되는 엑스레이를 나타내며, 숫자는 화살표가 통과한, 즉 엑스레이가 통과한 물질들의 투과도 합을 나타낸 것이다. 예를 들어 우측 하단의 숫자 10은 물질 A와 물질 D의 투과도 합이 10임을 나타낸다.

| | A | B | C | D |
|---|---|---|---|---|
| ① | 3 | 4 | 5 | 7 |
| ② | 3 | 4 | 7 | 5 |
| ③ | 4 | 5 | 3 | 7 |
| ④ | 3 | 5 | 4 | 7 |
| ⑤ | 4 | 3 | 5 | 6 |

# 자료해석영역

**01** **다음 〈그림〉은 최근 5년간 우리나라의 조세범죄 처리 현황을 나타낸 자료이다. 이에 대한 설명으로 옳지 않은 것만을 〈보기〉에서 모두 고르면?**

〈그림 1〉 조세범죄 처리 현황

(단위: 명)

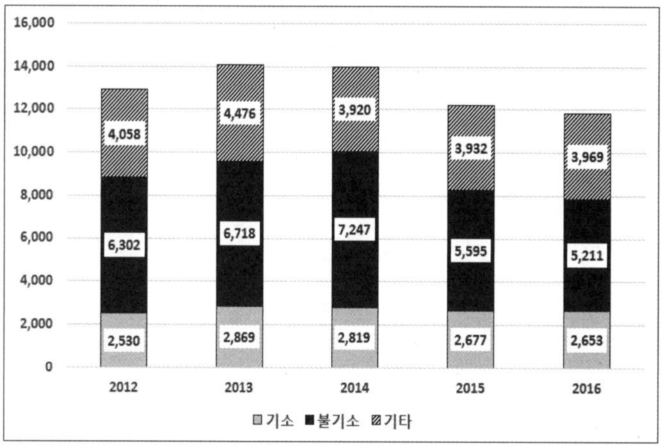


〈그림 2〉 전체 형사범과 조세범 기소율

(단위: %)

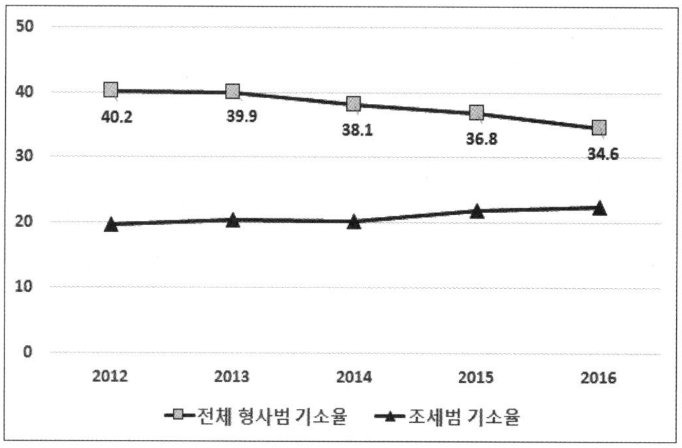


* 기소율은 각 범죄의 처리 건수(기소, 불기소, 기타의 합) 중 기소 건수의 비율을 나타내며, 조세범은 형사범에 포함된다.

**보 기**

ㄱ. 전체 형사범 중 조세범이 차지하는 비중은 2012년 대비 2016년에 증가하였다.

ㄴ. 전체 형사범 기소율은 조세범 기소율과는 달리 전년 대비 증감방향이 매년 동일하게 나타난다.

ㄷ. 2012~2016년 기간 동안 매년 조세범 기소율은 전체 형사범 기소율의 절반 이상으로 나타난다.

ㄹ. 2013~2016년 기간 동안 조세범죄 중 기소 건수의 전년 대비 변동폭이 가장 큰 해와 조세범죄 중 기타 건수의 전년 대비 변동폭이 가장 큰 해는 서로 다르게 나타난다.

① ㄱ, ㄴ　② ㄱ, ㄷ　③ ㄴ, ㄷ
④ ㄴ, ㄹ　⑤ ㄷ, ㄹ

**02** **다음 〈표〉는 수목원 현황에 관한 자료이다. 이에 대한 〈보기〉의 설명 중 옳지 않은 것만을 모두 고르면?**

〈표〉 수목원 현황

(단위 : 개소)

| 연도 | 2008 | 2010 | 2012 | 2013 | 2014 | 2015 | 2016 |
|---|---|---|---|---|---|---|---|
| 합계 | 49 | 60 | 64 | 66 | 69 | 70 | 72 |
| 국립수목원 | 1 | 2 | 3 | 3 | (C) | 3 | 3 |
| 공립수목원 | (A) | 40 | 42 | 42 | 42 | 43 | 43 |
| 사립수목원 | 18 | 15 | 16 | (B) | 21 | 21 | 23 |
| 학교수목원 | 6 | 3 | 3 | 3 | 3 | 3 | 3 |

* 수목원은 국립수목원, 공립수목원, 사립수목원, 학교수목원만 운영된다

**보 기**

ㄱ. 학교수목원의 수는 2010년 이후 매년 변화가 없었다.

ㄴ. 2016년 전체 수목원 합계의 4년 전 대비 증가율은 2014년 전체 수목원 합계의 4년 전 대비 증가율보다 낮다.

ㄷ. $\frac{A+B}{C}$는 14가 된다.

ㄹ. 전체 수목원 합계에서 공립수목원과 사립수목원이 차지하는 비중은 2015년이 2012년보다 작다.

① ㄱ, ㄴ
② ㄱ, ㄷ
③ ㄱ, ㄹ
④ ㄴ, ㄷ
⑤ ㄴ, ㄹ

**03** 다음 <표>는 서울지역의 의류산업 사업체 및 종사자 현황이다. 이에 대한 설명으로 옳은 것은?

<표> 서울지역 의류산업 현황

(단위 :개, %)

| 행정 구역 명칭 | 총 사업체수 | 총 종사자수 | 종사자 규모 | | | |
|---|---|---|---|---|---|---|
| | | | 1~4인 | | 5인 이상 | |
| | | | 사업체수 | 종사자수 | 사업체수 | 종사자수 |
| 서울시 전체 | 12,513 (100.0) | 99,928 (100.0) | 6,526 | 15,660 | 5,987 | 84,168 |
| 종로구 | 1,209(9.7) | 4,808(4.8) | 951 | 2,004 | 258 | 2,804 |
| 중구 | 1,483(11.9) | 7,713(7.7) | 741 | 1,776 | 742 | 5,937 |
| 용산구 | 424(3.4) | 1,927(1.9) | 284 | 692 | 140 | 1,235 |
| 성동구 | 776(6.2) | 6,179(6.2) | 373 | 954 | 403 | 5,225 |
| 동대문구 | 985(7.9) | 7,382(7.4) | 397 | 1,002 | 588 | 6,380 |
| 성북구 | 947(7.6) | 5,162(5.2) | 553 | 1,656 | 394 | 3,506 |
| 강북구 | 537(4.3) | 3,381(3.4) | 209 | 522 | 328 | 2,859 |
| 노원구 | 148(1.2) | 956(1.0) | 68 | 130 | 80 | 826 |
| 은평구 | 175(1.4) | 1,402(1.4) | 100 | 196 | 75 | 1,206 |
| 서대문구 | 236(1.9) | 1,233(1.2) | 165 | 331 | 71 | 902 |
| 강서구 | 173(1.4) | 1,269(1.3) | 98 | 172 | 75 | 1,097 |
| 구로구 | 177(1.4) | 2,119(2.1) | 90 | 189 | 87 | 1,930 |
| 동작구 | 176(1.4) | 1,398(1.4) | 105 | 227 | 71 | 1,156 |
| 서초구 | 217(1.7) | 2,972(2.9) | 121 | 377 | 96 | 2,595 |
| 강남구 | 477(3.8) | 10,781(10.8) | 277 | 662 | 200 | 10,119 |
| 송파구 | 278(2.2) | 3,512(3.5) | 158 | 352 | 120 | 3,160 |

* 일부 구에 대한 자료는 삭제되었으므로 순위계산 시 자료에 나타난 정보만을 근거로 판단하도록 한다.
* 괄호안의 수치는 서울시 전체에 대한 비율임

① 총 사업체수의 순위와 총 종사자수의 순위는 일치한다.
② 총 종사자 중 5인 이상 종사자수 비율이 제일 작은 곳은 종로구이다.
③ 강남구의 총 종사자수는 서울시 대비 총 종사자수 비중이 가장 낮은 6개 지역의 총 종사자수를 다 합한 것보다 작다.
④ 1~4인의 종사자수 규모에서 사업체당 종사자수가 가장 큰 곳은 5인 이상 사업체당 종사자수도 가장 크다.
⑤ 총 사업체 수가 가장 적은 5개 지역의 총 종사자수의 합이 서울시 전체 총 종사자수에서 차지하는 비중은 5% 미만이다.

**04** 다음 <표>는 유럽에 있는 한국 재외동포 현황을 나타낸 것이다. 이에 대한 설명으로 옳은 것만을 <보기>에서 모두 고르면?

<표> 유럽 재외동포 현황

(단위 : 명)

| 국가별 | 2013 | | | 2015 |
|---|---|---|---|---|
| | 총계 | 시민 + 영주권자 | 체류자 | 총계 |
| 오스트리아 | 2,374 | 745 | 1,629 | 2,473 |
| 벨기에 | 893 | 280 | 613 | 1,050 |
| 체코 | 1,449 | 106 | 1,343 | 1,553 |
| 덴마크 | 538 | 126 | 412 | 551 |
| 에스토니아 | 16 | 5 | 11 | 42 |
| 핀란드 | 373 | 92 | 281 | 555 |
| 프랑스 | 14,000 | 3,150 | 10,850 | 15,000 |
| 독일 | 33,774 | 15,978 | 17,796 | 39,047 |
| 그리스 | 314 | 60 | 254 | 323 |
| 헝가리 | 1,252 | 95 | 1,157 | 1,405 |
| 아이슬란드 | 17 | 10 | 7 | 15 |
| 아일랜드 | 1,182 | 103 | 1,079 | 2,336 |
| 이탈리아 | 4,054 | 637 | 3,417 | 4,148 |
| 라트비아 | 41 | 0 | 41 | 51 |
| 룩셈부르크 | 61 | 14 | 47 | 127 |
| 네덜란드 | 2,602 | 973 | 1,629 | 2,663 |
| 노르웨이 | 692 | 440 | 252 | 1,121 |
| 폴란드 | 1,413 | 69 | 1,344 | 1,435 |
| 포르투갈 | 190 | 51 | 139 | 195 |
| 슬로바키아 | 1,537 | 424 | 1,113 | 1,557 |
| 슬로베니아 | 35 | 7 | 28 | 41 |
| 스페인 | 3,787 | 2,976 | 811 | 3,708 |
| 스웨덴 | 2,510 | 1,891 | 619 | 2,789 |
| 스위스 | 2,295 | 985 | 1,310 | 2,468 |
| 영국 | 44,749 | 18,116 | 26,633 | 40,263 |

보 기

ㄱ. 2013년 대비 2015년에 재외동포 총계가 20% 이상 증가한 국가는 모두 5곳이다.
ㄴ. 2013년에 재외동포 총계에서 체류자가 차지하는 비중이 90% 이상인 국가는 모두 5곳이다.
ㄷ. 2013년 시민+영주권자 수와 체류자 수의 차이가 가장 큰 국가는 2013년과 2015년에 모두 재외동포 총계가 가장 많은 것으로 나타났다.
ㄹ. 2013년에 체류자의 수가 가장 많은 국가와 가장 적은 국가의 시민+영주권자 수의 차이는 18,116명이다.

① ㄱ, ㄴ ② ㄱ, ㄹ ③ ㄴ, ㄷ
④ ㄴ, ㄹ ⑤ ㄷ, ㄹ

**05** 다음 〈표〉는 '갤럭시 S8', '갤럭시 S8 노트', '아이폰 8', 'LG G7', '아이폰 X'의 연령대별(10~40대) 소비자 선호도를 나타낸 자료이다. 다음 〈정보〉를 통해 연령대(가, 다, 라)와 제품(A~E) 중 확정지을 수 없는 것으로 바르게 짝지어진 것은?

〈표〉 제품선호도에 대한 연령대별 소비자 구성비

(단위: %)

| 연령대<br>제품 | 가 | 10대 | 다 | 라 |
|---|---|---|---|---|
| A | 20 | 30 | 10 | 20 |
| B | 30 | 55 | 25 | 40 |
| C | 50 | 50 | 15 | 25 |
| D | 60 | 65 | 50 | 50 |
| E | 55 | 80 | 80 | 60 |

* 각 연령대 별로 제품 A~E에 대한 선호여부(○-선호, ×-비선호)를 파악한 자료이다.
* 연령대 가-제품 A이 20이라는 것의 의미는 가 연령대의 20%가 A제품을 선호한다는 것이다.

**정 보**

○ 10대와 20대의 제품선호도 순위는 동일하다.
○ <표>에 나타난 제품선호도 자료만을 가지고 조사대상자 중 절반 이상이 '아이폰 X'를 선호한다고 할 수 있다.
○ 20대의 '갤럭시 S8'을 선호하는 비율은 30대의 '갤럭시 S8 노트' 선호비율의 3배이다.

① 가, A
② 다, E
③ 라, B
④ A, C
⑤ B, C

**06** 다음 〈표〉는 우리나라 지방정부 계층구조의 변화에 대한 자료이다. 이에 대한 설명으로 옳지 않은 것은?

〈표〉 지방정부 계층구조의 변화

| 시대 | 실시<br>년도 | 계층<br>수 | 지방행정계층구조 | | |
|---|---|---|---|---|---|
| | | | 1계층 | 2계층 | 3계층 |
| 통일<br>신라 | 685년<br>(신문왕) | 3 | 9주<br>5소경 | 117군 | 293현 |
| 고려<br>시대 | 1009년<br>(현종) | 4 | 경기<br>5도<br>양계 | 4경<br>4도호부<br>8목 | 15부<br>129군<br>335현<br>29진 |
| 조선<br>시대 | 1413년 | 2 | 한성부<br>개성부<br>8도 | 2부<br>4대도호부<br>20목<br>44도호부<br>82군<br>175현 | - |
| | 1895년 | 2 | 23부 | 329군 | - |
| | 1896년 | 2 | 한성부<br>13도 | 7부<br>1목<br>329군 | - |
| 일제<br>강점기 | 1914년 | 3 | 13도 | 12부<br>218군<br>2도 | 2,518면 |
| 대한<br>민국<br>정부<br>수립<br>이후 | 1949년<br>(제1·2공화국) | 3 | 1특별시<br>9도 | 19시<br>139군, 구 | 75읍<br>1,448면 |
| | 1961~<br>1987년 | 3 | 1특별시<br>4직할시<br>9도 | 56시<br>138군<br>38구 | 189읍<br>1,265면 |
| | 1995년 | 3~4 | 1특별시<br>5광역시<br>9도 | 67시<br>98군<br>65자치구 | 23구 |
| | 2012년 | 3 | 1특별시<br>6광역시<br>8도<br>1특별자치시<br>1특별자치도 | 74시<br>84군<br>69자치구 | 33구 |

* 1) 계층은 '1계층 > 2계층 > 3계층' 순으로 높다.
2) 685~2012년 동안의 지방정부 계층구조의 변화는 위 <표>에 모두 기록됨.

① 19세기에 계층구조의 변화는 2번 나타났다.
② 동일한 계층구조가 가장 오래 유지되었던 시기가 포함된 시대는 조선시대이다.
③ 대한민국 정부수립 이전 2계층의 지방정부 총 개수가 가장 많았던 시대는 다른 시대에 비해 1계층의 지방정부 총 개수도 가장 많다.
④ 대한민국 정부수립 이후 시기별로 계층의 수준이 높아질수록 지방정부의 수는 줄어든다.
⑤ 대한민국 정부수립 이후 시기별로 1계층의 수는 점차 늘어나고 있다.

**07** 다음 <표>는 A국의 성범죄 관련 자료이다. 이에 대한 설명으로 옳지 않은 것만을 <보기>에서 모두 고르면?

<표 1> 최근 4년간 성범죄 발생/검거 현황

| 구분 | 발생건수 | 검거건수 |
|---|---|---|
| 2012년 | 11,587 | 10,989 |
| 2013년 | 12,511 | 11,241 |
| 2014년 | 14,089 | 13,116 |
| 2015년 | 13,446 | 12,105 |

* 검거율 $= \frac{\text{검거건수}}{\text{발생건수}} \times 100$

〈표 2〉 최근 4년간 19세 이하 성범죄 피해자 현황

| 구분 | 12세 이하 | 6세 이하 | 7~12세 | 13~19세 |
|---|---|---|---|---|
| 2012년 | 600 | 105 | 495 | 2,499 |
| 2013년 | 642 | 150 | 492 | 2,428 |
| 2014년 | 721 | 163 | 558 | 4,099 |
| 2015년 | 738 | 154 | 584 | 3,046 |

〈표 3〉 가해자의 재범 현황

| 구분 | 가해자수 | 초범 | 재범 | | |
|---|---|---|---|---|---|
| | | | 계 | 동종재범 | 이종재범 |
| 2014년 | 15,018 | 6,653 | 8,365 | 994 | 7,371 |
| 점유율(%) | 100% | 44.3% | 55.7% | | |
| | | | 100% | 11.9% | 88,1% |
| 2015년 | 13,695 | 6,329 | 7,366 | 1,188 | 6,178 |
| 점유율(%) | 100% | 46.2% | 53.8% | | |
| | | | 100% | 16.1% | 83.9% |
| 증감(%) | -8.8% | -4.9% | -11.9% | 19.5% | -16.2% |

보 기

ㄱ. 2012년 이후 증가하던 성범죄가 2015년 감소 추세로 전환하여 전년대비 5% 이상 감소한 13,446건을 나타내고 있다.

ㄴ. 2012년에서 2014년까지 성범죄 검거건수와 검거율은 매년 증가하고 있으며, 3년 연속으로 90% 이상의 검거율을 보이고 있다.

ㄷ. 7~12세를 대상으로 한 아동 성범죄의 피해자의 증감은 전체 성범죄 발생건수의 증감과 반대방향으로 움직이고 있다.

ㄹ. 2014년 대비 2015년의 가해자 수의 감소에는 초범보다는 재범의 감소가 더 큰 영향을 끼쳤다.

① ㄱ, ㄴ

② ㄴ, ㄷ

③ ㄱ, ㄴ, ㄷ

④ ㄱ, ㄷ, ㄹ

⑤ ㄴ, ㄷ, ㄹ

**08** 다음 <표>는 일본인 해외여행자가 많은 여행지 8개국에 대한 여행자수 추이를 나타낸 자료이다. 이에 대한 설명으로 옳은 것은?

〈표〉 일본인 해외여행자가가 많은 여행지 여행자수

(단위 : 천명)

| | 2013년 | | 2014년 | | 2015년 | |
|---|---|---|---|---|---|---|
| | 여행자수 | 전년대비 비율 (%) | 여행자수 | 전년대비 비율 (%) | 여행자수 | 전년대비 비율 (%) |
| 미국 | 5,376 (2,698) | 103.7 | 4,951 (2,528) | 92.1 | 4,841 (2,498) | 97.8 |
| 한국 | 1,602 (572) | 111.4 | 1,898 (757) | 118.5 | 2,106 (867) | 111.0 |
| 중국 | 1,040 (306) | 102.1 | 1,002 (310) | 96.3 | 1,227 (409) | 122.5 |
| 태국 | 729(277) | 105.1 | 777(314) | 106.6 | 823(335) | 105.9 |
| 대만 | 823(227) | 98.6 | 766(218) | 93.1 | 763(223) | 99.6 |
| 홍콩 | 914(439) | 60.5 | 652(284) | 71.3 | 685(301) | 105.1 |
| 오스트리아 | 779(409) | 100.6 | 727(389) | 93.3 | 684(367) | 94.1 |
| 싱가폴 | 700(335) | 94.6 | 557(267) | 79.6 | 548(271) | 98.4 |
| 8개국 합계 | 11,963 (5,263) | 98.1 | 11,330 (5,067) | 94.7 | 11,677 (5,271) | 103.1 |

* 괄호안의 수치는 여성 여행자수의 인원임

① 주어진 자료에서 2012년도의 여행자수를 인원이 많은 순으로 정렬하면 미국, 한국, 홍콩, 중국의 순이다.

② 주어진 자료에서 2012년도의 각 여행지별 여행자수를 100으로 할 때, 2015년도의 여행자수를 환산한 숫자가 100을 넘는 여행지는 한국과 태국뿐이다.

③ 주어진 자료에서 2012년도부터 2015년도까지의 기간에 미국과 오스트리아로 간 여행자의 성별을 보면 각각 매년 남자보다 여자 여행자가 많다.

④ 주어진 자료에서 2012년도부터 2015년도까지 미국으로 간 여행자수는 한국, 중국, 대만 및 홍콩의 4개국에의 여행자수의 합을 매년 상회하고 있다.

⑤ 주어진 자료를 통해 2012년도부터 2015년도까지 각 해의 여행지 구성비(8개국 합계=100)를 보면 미국의 구성비는 일관되게 감소하고 있다.

**09** 다음 <표>는 전년대비 국가자산 증감액 규모 및 기여율에 관한 자료이다. 이에 대한 설명으로 옳지 않은 것을 모두 고르면?

〈표〉 국가자산 증감액 규모 및 기여율

(단위: 조원)

| 연도말 기준 | | 2010 | 2011 | 2012 | 2013 | 2014 | 2015 | 평균* |
|---|---|---|---|---|---|---|---|---|
| 전년 대비 증감액 | 총 액 | 573.2 | 475.4 | 612.8 | 317.8 | 440.0 | 344.1 | 460.6 |
| | 유형 | 128.4 | 145.4 | 282.7 | 295.8 | 194.7 | 168.1 | 202.5 |
| | 토지 | 418.7 | 300.2 | 271.4 | -60.1 | 193.6 | 110.3 | 205.7 |
| | 재고 | 14.0 | 19.7 | 40.3 | 67.4 | 32.2 | 35.5 | 34.9 |
| | 기타 | 12.1 | 10.0 | 18.5 | 14.6 | 19.5 | 30.2 | |
| 기여율** | 총 액 | 100.0 | 100.0 | 100.0 | 100.0 | 100.0 | 100.0 | 100.0 |
| | 유형 | 22.4 | 30.6 | 46.1 | 93.1 | ( ) | ( ) | 47.6 |
| | 토지 | 73.0 | 63.2 | 44.3 | -18.9 | 44.0 | 32.0 | 39.6 |
| | 재고 | 2.4 | ( ) | 6.6 | 21.2 | 7.3 | ( ) | 8.7 |
| | 기타 | 2.1 | 2.1 | 3.0 | 4.6 | 4.4 | 8.8 | 4.2 |

* 2010년부터 2015년까지의 전년대비 증감액을 산술평균한 값

** 기여율=(자산별 전년대비 증감액/국가자산총액 전년대비 증감액)×100

**보 기**

ㄱ. 전년대비 기타자산의 증감액의 2010년~2015년 평균은 17조 원을 하회한다.

ㄴ. 2015년 재고자산 증감액의 기여율은 2011년 재고자산의 기여율의 두 배 이상이다.

ㄷ. 2010~2015년 동안 국가 자산이 가장 많았던 해는 2012년이고 가장 적었던 해는 2013년이다.

ㄹ. 2015년 유형자산 증감액의 기여율은 2014년에 비해 감소하였다.

① ㄱ, ㄴ

② ㄱ, ㄷ

③ ㄴ, ㄹ

④ ㄱ, ㄷ, ㄹ

⑤ ㄱ, ㄴ, ㄷ, ㄹ

**10** 다음 <그림>은 우리나라의 수출 현황을 나타낸 자료이다. 이에 대한 설명으로 옳은 것만을 <보기>에서 모두 고르면?

〈그림 1〉 2012~2017 전체 수출액과 반도체 수출액 비중

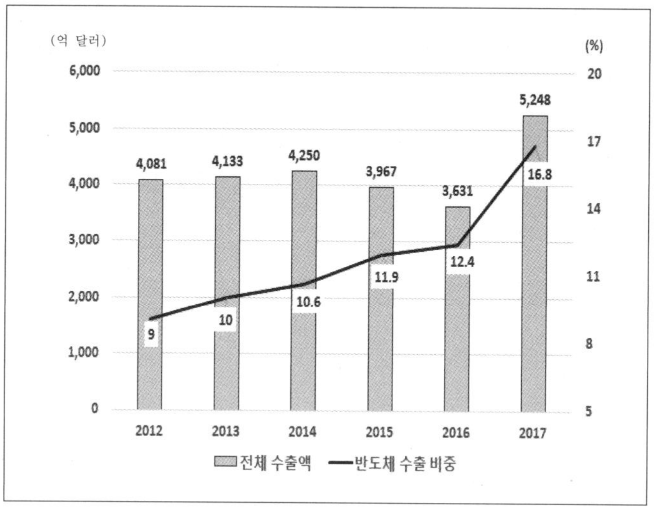


* 단, 2017년의 자료는 2017년 1~11월까지의 자료이다.

〈그림 2〉 2017년 1~9월 분야별 수출액

(단위: 억 달러)

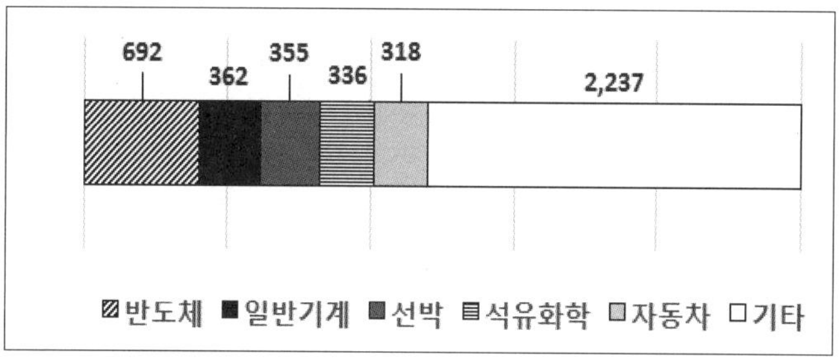


**보 기**

ㄱ. 반도체 수출액은 2013년 이후 매년 전년 대비 증가하고 있다.

ㄴ. 2017년 1~9월까지의 전체 수출액 중 석유화학과 자동차 수출액 비중은 10% 이상이다.

ㄷ. 2017년 12월에 2017년 1~11월까지의 월평균 수출액만큼 수출한다면, 2017년 전체 수출액은 5,700억 달러 이상이다.

ㄹ. 2017년 10~11월의 반도체 수출액은 200억 달러 이상이다.

① ㄱ, ㄴ　② ㄱ, ㄷ　③ ㄴ, ㄷ

④ ㄴ, ㄹ　⑤ ㄷ, ㄹ

**11** 다음 〈표〉는 저탄소 녹색성장 10대 기술분야의 특허 출원 및 등록 현황에 대한 자료이다. 이를 바탕으로 〈보고서〉를 작성하는 과정에서 추가로 필요한 자료가 아닌 것을 〈보기〉에서 모두 고르면?

〈표〉 저탄소 녹색성장 10대 기술분야의 특허 출원 및 등록 현황

(단위 : 건)

| 기술분야 \ 구분 \ 연도 | 2014 | | 2015 | | 2016 | |
|---|---|---|---|---|---|---|
| | 출원 | 등록 | 출원 | 등록 | 출원 | 등록 |
| 태양광/열/전지 | 1,079 | 1,534 | 898 | 1,482 | 1,424 | 950 |
| 수소바이오/연료전지 | 1,669 | 900 | 1,527 | 1,227 | 1,393 | 805 |
| $CO_2$포집저장처리 | 552 | 478 | 623 | 409 | 646 | 371 |
| 그린홈/빌딩/시티 | 792 | 720 | 952 | 740 | 867 | 283 |
| 원전플랜트 | 343 | 294 | 448 | 324 | 591 | 282 |
| 전력IT | 502 | 217 | 502 | 356 | 484 | 256 |
| 석탄가스화 | 107 | 99 | 106 | 95 | 195 | 88 |
| 풍력 | 133 | 46 | 219 | 85 | 363 | 87 |
| 수력 및 해양에너지 | 126 | 25 | 176 | 45 | 248 | 33 |
| 지열 | 15 | 7 | 23 | 15 | 36 | 11 |
| 전체 | 5,318 | 4,320 | 5,474 | 4,778 | 6,247 | 3,166 |

**보 고 서**

저탄소 녹색성장 10대 기술분야의 특허 출원 및 등록 현황을 조사해본 결과 2014년부터 2016년까지 전체 특허출원 건수가 매년 전년대비 증가했음을 알 수 있으며, 등록건수의 경우 2015년에는 전년대비 증가하였으나 2016년의 경우 전년대비 감소했음을 알 수 있다. 이는 태양광/열/전지분야, 수소바이오/연료전지, 그린홈/빌딩/시티 분야에서의 등록건수가 큰 폭으로 감소했기 때문이라고 추정된다.

그럼에도 불구하고 저탄소 녹색성장 10대 기술분야 특허 출원 건수가 2015년 이후로 매년 저탄소 녹색성장 관련한 기술분야 특허출원 건수 중 70% 이상을 차지하고 있다. 이는 2014년에 그 비중이 이에 미치지 않았었다는 측면에서 최근에 이루어지고 있는 저탄소 녹색성장을 위한 정부의 노력이 빛을 발하고 있다고 판단할 수 있다.

**보 기**

ㄱ. 2013년 저탄소 녹색성장 10대 기술분야 전체의 특허 출원건수
ㄴ. 2013년 저탄소 녹색성장 10대 기술분야 전체의 특허 등록건수
ㄷ. 2015~2016년 저탄소 녹색성장 관련 기술분야의 특허출원건수
ㄹ. 2015~2016년 저탄소 녹색성장 관련 기술분야의 특허등록건수
ㅁ. 2014년 저탄소 녹색성장 관련 기술분야의 특허출원건수

① ㄴ
② ㄱ, ㄷ
③ ㄴ, ㄷ
④ ㄴ, ㄹ
⑤ ㄴ, ㄹ, ㅁ

**12** 다음 〈표〉는 A국의 2000~2013년 알코올 관련 질환 사망자 수에 대한 자료이다. 이에 대한 〈보기〉의 설명 중 옳은 것만을 모두 고르면?

〈표〉 알코올 관련 질환 사망자 수

(단위 : 명)

| 연도 \ 구분 | 남성 | | 여성 | | 전체 | |
|---|---|---|---|---|---|---|
| | 사망자 수 | 인구 10만명당 사망자수 | 사망자 수 | 인구 10만명당 사망자수 | 사망자 수 | 인구 10만명당 사망자수 |
| 2000 | 2,542 | 10.7 | 156 | 0.7 | 2,698 | 5.9 |
| 2001 | 2,870 | 11.9 | 199 | 0.8 | 3,069 | 6.3 |
| 2002 | 3,807 | 15.8 | 299 | 1.2 | 4,106 | 8.4 |
| 2003 | 4,400 | 18.2 | 340 | 1.4 | 4,740 | 9.8 |
| 2004 | 4,674 | 19.2 | 374 | 1.5 | 5,048 | 10.2 |
| 2005 | 4,289 | 17.6 | 387 | 1.6 | 4,676 | 9.6 |
| 2006 | 4,107 | 16.8 | 383 | 1.6 | 4,490 | 9.3 |
| 2007 | 4,305 | 17.5 | 396 | 1.6 | 4,701 | 9.5 |
| 2008 | 4,243 | 17.1 | 400 | 1.6 | 4,643 | 9.3 |
| 2009 | 4,010 | 16.1 | 420 | 1.7 | 4,430 | 8.9 |
| 2010 | 4,111 | 16.5 | 424 | 1.7 | ( ) | 9.1 |
| 2011 | 3,996 | 15.9 | 497 | 2.0 | 4,493 | 9.0 |
| 2012 | 4,075 | 16.2 | 474 | 1.9 | ( ) | 9.1 |
| 2013 | 3,955 | 15.6 | 521 | 2.1 | 4,476 | 8.9 |

* 인구 10만명당 사망자 수는 소수점 아래 둘째 자리에서 반올림한 값이나, 계산에 사용시에는 이 수치를 그대로 활용할 것

**보 기**

ㄱ. 2010~2013년 동안 남성 및 여성뿐만 아니라 전체 사망자 수도 증감을 반복하는 등 일정하지 않은 흐름을 보인다.
ㄴ. 2010~2013년 동안 A국의 총 인구는 매년 증가한다.
ㄷ. 매년 남성인구 10만명당 사망자 수는 여성인구 10만명당 사망자 수의 8배 이상이다.
ㄹ. 2001~2013년 중 여성 사망자 수의 전년 대비 증가율이 가장 높은 해에는 전체 사망자 수의 전년 대비 증가율도 가장 높다.

① ㄱ, ㄷ
② ㄱ, ㄹ
③ ㄴ, ㄷ
④ ㄱ, ㄴ, ㄹ
⑤ ㄴ, ㄷ, ㄹ

**13** 다음 〈표〉와 〈그림〉은 기관별 연구원 현황에 관한 자료이다. 이에 대한 〈보기〉의 설명 중 옳지 않은 것만을 모두 고르면?

〈표〉 대학과 기업체의 연구원 현황

(단위 : 명)

| 기관 \ 연도 | 2011 | 2012 | 2013 | 2014 | 2015 | 2016 |
|---|---|---|---|---|---|---|
| 대학 | 93,509 | 95,750 | 96,916 | 97,319 | 99,317 | 99,870 |
| 기업체 | 226,168 | 250,626 | 275,986 | 281,874 | 304,808 | 317,842 |

〈그림〉 공공연구기관 연구원 수의 전년대비 증가량 및 증가율

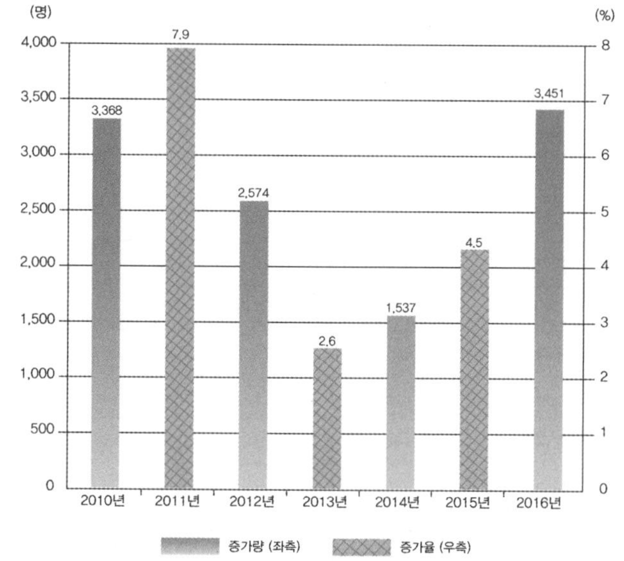


* 1) 전체 기관은 공공연구기관, 대학, 기업체만 존재함.
2) 2009년 공공연구기관 연구원의 수는 2만 명임

보 기

ㄱ. 2016년 공공연구기관 연구원 수의 전년대비 증가율은 2010년 공공연구기관 연구원 수의 전년대비 증가율보다 낮다.
ㄴ. 2014년 대학의 연구원 수는 기업체 연구원 수의 3분의 1 미만이다.
ㄷ. 2011년 전체 기관의 연구원 수는 35만 명 미만이다.
ㄹ. 공공연구기관에서 2009년에 비해 2012년에 증가한 연구원의 수는 8천명 이상이다.

① ㄱ, ㄴ
② ㄱ, ㄷ
③ ㄴ, ㄷ
④ ㄴ, ㄹ
⑤ ㄷ, ㄹ

**14** 다음 〈표〉는 2015년과 2016년에 20개 대학교 연구개발비에 대한 자료이다. 이에 대한 설명으로 옳지 않은 것은?

〈표〉 2015년과 2016년에 20개 대학의 연구 개발비

(단위: 천 $)

| | 총 연구 개발기금 | | | 연방 연구 개발기금 | | |
|---|---|---|---|---|---|---|
| | 2015 | 2016 | 증감(%) | 2015 | 2016 | 증감(%) |
| 위스콘신 대학교 (메디슨 소재) | 95,436 | 98,097 | 2.8 | 48,217 | 51,870 | 7.6 |
| MIT 대학교 | 84,668 | 94,280 | 11.4 | 65.599 | 76,654 | 16.9 |
| 캘리포니아 대학교 (샌디에고 소재) | 76,898 | 82,257 | 7.0 | 69.032 | 73,741 | 6.8 |
| 미시간 대학교 | 74,553 | 79,179 | 6.2 | 46,671 | 49,223 | 5.5 |
| 미네소타 대학교 | 69,655 | 75,103 | 7.8 | 41,827 | 45,031 | 7.7 |
| 스탠포드 대학교 | 66,876 | 72,725 | 8.7 | 59,640 | 66,990 | 12.3 |
| 워싱턴 대학교 | 65,947 | 68,286 | 3.5 | 55,260 | 54,420 | -1.5 |
| 캘리포니아 대학교 (버클리 소재) | 65,087 | 67,986 | 4.5 | 46,648 | 48,916 | 4.9 |
| 콜롬비아 대학교 | 68,197 | 67,006 | -1.7 | 50,852 | 53,545 | 5.3 |
| 코넬 대학교 | 61,545 | 66,199 | 7.6 | 36,841 | 41,744 | 13.3 |
| 하버드 대학교 | 64,176 | 65,318 | 1.8 | 49,667 | 50,537 | 1.8 |
| 캘리포니아 대학교 (L. A. 소재) | 57,831 | 62,793 | 8.6 | 47,326 | 51,127 | 8.0 |
| 시카고 대학교 | 58,766 | 62,395 | 6.2 | 45,096 | 46,335 | 2.7 |
| 펜실바니아 대학교 | 52,904 | 59,983 | 13.4 | 41,640 | 46,107 | 10.7 |
| 존슨 홉킨스 대학교 | 56,471 | 57,296 | 1.5 | 45,787 | 47,690 | 4.2 |
| 일리노이 대학교 (어버나 소재) | 51,203 | 57,005 | 11.3 | 32,846 | 38,515 | 17.3 |
| 캘리포니아 대학교 (샌프란시스코 소재) | 43,261 | 47,824 | 10.5 | 36,450 | 40,736 | 11.8 |
| 텍사스 A&M 대학교 | 39,349 | 47,015 | 19.5 | 16,180 | 17,823 | 10.2 |
| 오스틴 텍사스 대학교 | 41,754 | 46,856 | 12.2 | 23,830 | 27,306 | 14.6 |
| 로체스터 대학교 | 38,848 | 45,586 | 17.3 | 26,852 | 30,732 | 14.5 |
| 합계 | 1,233,425 | 1,323,189 | 7.3 | 886,261 | 959,042 | 8.2 |

보 기

ㄱ. 2015년에 스탠포드 대학은 연방기금이외의 기금으로부터 연구개발비로 약 $7,240,000을 사용하고 있다.
ㄴ. 2015년부터 2016년까지 총 연구 개발기금의 증가액이 가장 큰 대학은 펜실바니아 대학교이다.
ㄷ. 코넬대학의 비연방기금으로부터의 연구개발비 지출의 총 연구 개발기금에 대한 비율을 2015년의 경우에 x%, 2016년에 y%라고 하면, |x−y|는 약 3%p이다.

① ㄱ
② ㄴ
③ ㄱ, ㄷ
④ ㄴ, ㄷ
⑤ ㄱ, ㄴ, ㄷ

**15** 다음 <표>는 어느 회사의 연령과 성별에 따른 카카오뱅크 계좌 사용 유무에 대한 조사 결과이다. 이에 대한 설명으로 옳은 것만을 <보기>에서 모두 고르면?

〈표〉 카카오뱅크 계좌 사용 유무

| 연령층 | 성별 | 카카오뱅크 계좌 사용 유무 | 인원(명) |
|---|---|---|---|
| 청년층 | 남 | 유 | 45 |
| | | 무 | 55 |
| | 여 | 유 | 30 |
| | | 무 | 70 |
| 장년층 | 남 | 유 | 55 |
| | | 무 | 45 |
| | 여 | 유 | 20 |
| | | 무 | 80 |

※ 다른 연령층은 카카오뱅크 계좌 사용 유무에 대한 변수로 고려하지 않는다.

보 기

ㄱ. 카카오뱅크 계좌의 남자 사용 비율은 여자 사용 비율보다 높다.
ㄴ. 남자의 경우 장년층이 청년층보다 카카오뱅크 계좌 사용 인원이 10명 더 많다.
ㄷ. 여자 카카오뱅크 계좌 사용자는 장년층 남자 카카오뱅크 계좌 사용자의 90% 이상이다.
ㄹ. 청년층 여자 카카오뱅크 계좌 비사용자는 전체 남자 카카오뱅크 계좌 비사용자보다 35명 적다.

① ㄱ, ㄴ
② ㄴ, ㄹ
③ ㄱ, ㄴ, ㄷ
④ ㄱ, ㄷ, ㄹ
⑤ ㄴ, ㄷ, ㄹ

**16** 다음 <표>는 각 국의 2010년 물가를 기준으로 2014년과 2015년의 생산자 물가와 소비자 물가를 나타낸 것이다. 이에 대한 설명으로 옳은 것만을 <보기>에서 모두 고르면?

〈표〉 주요 국가들의 생산자 물가와 소비자 물가

| 국가별 | 생산자물가지수 (2010=100) | | 소비자물가지수 (2010=100) | |
|---|---|---|---|---|
| | 2014 | 2015 | 2014 | 2015 |
| 한국 | 105.2 | 101.0 | 109.0 | 109.8 |
| 이스라엘 | 111.4 | 104.8 | 107.3 | 106.7 |
| 일본 | 105.1 | 102.7 | 102.8 | 103.6 |
| 터키 | 135.8 | 142.9 | 135.7 | 146.1 |
| 캐나다 | 111.3 | 110.3 | 107.5 | 108.7 |
| 멕시코 | 114.6 | 117.9 | 116.2 | 119.4 |
| 미국 | 111.1 | 103.1 | 108.6 | 108.7 |
| 칠레 | 96.3 | 89.6 | 113.1 | 118.0 |
| 오스트리아 | 107.6 | 103.6 | 109.7 | 110.7 |
| 벨기에 | 108.5 | 103.1 | 108.0 | 108.6 |
| 체코 | 107.9 | 104.4 | 107.2 | 107.5 |
| 덴마크 | 111.8 | 107.7 | 106.7 | 107.1 |
| 에스토니아 | 109.5 | 107.3 | 112.0 | 111.5 |
| 핀란드 | 108.4 | 104.9 | 109.0 | 108.8 |
| 프랑스 | 105.5 | 103.8 | 105.5 | 105.6 |
| 오스트레일리아 | 107.2 | 107.5 | 110.4 | 112.0 |
| 뉴질랜드 | 105.0 | 103.6 | 107.7 | 108.1 |

조 건

ㄱ. 칠레는 2010년 이후 생산자 물가는 지속적으로 감소, 소비자 물가는 지속적으로 증가하였다.
ㄴ. 오스트리아의 2010년 생산자 물가와 소비자 물가가 220으로 동일했다면, 2015년 오스트리아의 생산자 물가와 소비자 물가의 차이는 15 이상이다.
ㄷ. 2010년 대비 2015년에 생산자 물가 증가율이 두 번째로 높은 국가와 소비자 물가의 증가율이 두 번째로 높은 국가는 동일하다.
ㄹ. 2014년과 2015년 사이 생산자 물가 변동 방향과 소비자 물가 변동 방향이 동일한 국가는 5곳이다.

① ㄱ, ㄴ ② ㄱ, ㄷ ③ ㄴ, ㄷ
④ ㄴ, ㄹ ⑤ ㄷ, ㄹ

**17** **다음 〈표〉는 기부금 공제인원 및 기부금공제액에 대한 자료이다. 이에 대한 설명으로 옳은 것을 고르면?**

〈표 1〉 2016년도 기부금공제 인원 및 기부금공제액

(단위: 개소)

| 구분 | | 기부금공제 인원 | 기부금공제액 | 1인당(1법인당)기부금공제액 |
|---|---|---|---|---|
| 개인 | 근로소득자 | 310만 명 | 3.6조 원 | ( ) |
| | 종합소득자 | 31만 명 | 0.74조 원 | ( ) |
| | 소계 | 341만 명 | 4.34조 원 | 127만 원 |
| 법인 | | 3만 3천 개 | 2.79조 원 | ( ) |
| 합계 | | - | 7.13조 원 | |

〈표 2〉 법인 및 개인의 연도별 기부금공제액

(단위: 조원, %)

| 구분 | | 2011 | 2012 | 2013 | 2014 | 2016 |
|---|---|---|---|---|---|---|
| 기부금공제액 합계 | | 2.9 | 4.45 | 4.67 | 5.9 | 7.13 |
| 개인 | 근로소득자 | 0.8 | 2 | 2.7 | 3.2 | 3.6 |
| | 종합소득자 | 0.05 | 0.23 | 0.28 | 0.54 | 0.74 |
| | 소계 | 0.86 | 2.23 | 2.98 | 3.74 | 4.34 |
| | 비중 | 29.3 | 50.1 | 63.8 | 63.4 | 60.9 |
| 법인 | 금액 | 2.05 | 2.22 | 1.69 | 2.16 | 2.79 |
| | 비중 | 70.7 | 49.9 | 36.2 | 36.6 | 39.1 |

① 2016년 1법인당 기부금공제액은 약 845만 원이다.

② 2012년도 대비 2013년도 개인 기부금공제액의 증가폭은 법인 기부금공제액의 감소폭 보다 작다.

③ 이전 조사시점 대비 2016년도의 개인 기부금공제액의 증가율은 법인 기부금공제액의 증가율보다 작다.

④ 2016년도는 전년도에 비해 개인 및 법인의 기부금공제액이 커졌다.

⑤ 2016년도의 종합소득자 1인당 기부금공제액보다 근로소득자 1인당 기부금공제액이 많다

**18** **다음 〈표〉는 2006~2009년 사이 전국의 과실류 가공 현황을 나타낸 것이다. 〈조건〉의 내용을 토대로 A~E에 해당하는 과일을 바르게 연결한 것을 고르면?**

〈표〉 전국 과실류 가공 현황

(단위: 톤)

| 과종별 | 2006 | 2007 | 2008 | 2009 |
|---|---|---|---|---|
| 합계 | 196,920 | 225,183 | 184,590 | 194,507 |
| (A) | 29,832 | 27,152 | 32,385 | 23,712 |
| 배 | 9,344 | 4,957 | 7,175 | 7,194 |
| 포도 | 14,424 | 6,474 | 4,317 | 4,862 |
| (B) | 110,049 | 138,093 | 101,870 | 115,563 |
| 복숭아 | 7,441 | 10,398 | 6,680 | 3,145 |
| (C) | 10,899 | 11,545 | 12,528 | 15,996 |
| 감 | 5,870 | 8,580 | 9,766 | 8,753 |
| (D) | 3,687 | 3,924 | 4,245 | 4,914 |
| 매실 | 1,411 | 9,900 | 1,359 | 5,639 |
| (E) | 1,136 | 920 | 1,175 | 1,118 |

조 건

◉ 2006~2009년 사이 매년 전체 가공 과실 중 10% 이상을 차지하는 과일은 사과와 감귤이다.

◉ 2006~2009년 사이 매년 과실류의 가공량이 증가하는 과일은 유자와 복분자이다.

◉ 사과와 머루는 2006~2009년 사이 과실류 가공량의 변동 방향이 동일하게 나타난다.

◉ 2007년 복분자의 전년 대비 가공량의 증가율은 유자의 가공량 증가율보다 크다.

| | A | B | C | D | E |
|---|---|---|---|---|---|
| ① | 사과 | 감귤 | 복분자 | 유자 | 머루 |
| ② | 감귤 | 사과 | 복분자 | 유자 | 머루 |
| ③ | 사과 | 감귤 | 유자 | 머루 | 복문자 |
| ④ | 감귤 | 사과 | 유자 | 복문자 | 머루 |
| ⑤ | 사과 | 감귤 | 유자 | 복문자 | 머루 |

**※ 다음은 유럽 주요 국가들의 청소년 행복과 관련한 지표들을 정리한 것이다. 다음 물음에 답하시오. [문 19 ~ 20]**

〈표〉 청소년 행복 지표

| | 평균 문해력 (점) | 자살률 (%) | 흡연율 (%) | 왕따괴롭힘 비율 (%) |
|---|---|---|---|---|
| 오스트리아 | 502.00 | 9.48 | 27.10 | 15.60 |
| 벨기에 | 510.33 | 8.98 | 16.70 | 12.20 |
| 체코 | 502.00 | 6.21 | 21.50 | 5.50 |
| 덴마크 | 501.00 | 5.94 | 15.00 | 8.00 |
| 핀란드 | 552.67 | 12.16 | 22.00 | 8.00 |
| 프랑스 | 493.00 | 4.91 | 19.00 | 13.60 |
| 독일 | 505.00 | 5.51 | 19.50 | 13.90 |
| 그리스 | 464.00 | 1.26 | 16.50 | 22.00 |
| 헝가리 | 492.33 | 6.81 | 21.50 | 6.60 |
| 아이슬란드 | 493.67 | 7.84 | 13.50 | 5.40 |
| 아일랜드 | 508.67 | 9.52 | 19.50 | 8.60 |
| 이탈리아 | 468.67 | 2.44 | 20.00 | 7.90 |
| 스페인 | 476.33 | 2.60 | 17.10 | 4.70 |
| 스웨덴 | 504.00 | 6.78 | 8.50 | 4.20 |
| 스위스 | 513.67 | 7.28 | 15.00 | 12.10 |
| 영국 | 501.67 | 2.99 | 15.90 | 9.70 |

**19** **위의 〈표〉를 읽고 판단할 때, 옳지 않은 것만을 〈보기〉에서 모두 고르면?**

보 기

ㄱ. 제시된 국가 중 자살률, 흡연율, 왕따괴롭힘 비율 별로 수치가 가장 낮은 5개 국가를 선정할 때, 세 가지 수치 모두에서 5위 안에 드는 국가는 존재하지 않는다.

ㄴ. 자살률과 왕따괴롭힘 비율의 차이가 5%p 이상인 국가의 수는 모두 6곳이다.

ㄷ. 평균 문해력이 500점 이상인 국가의 수는 왕따괴롭힘 비율이 10% 이상인 국가의 수의 두 배이다.

ㄹ. 자살률, 흡연율, 왕따괴롭힘 비율 지표별 최고치와 최저치의 차이가 큰 순서대로 나열하면, 왕따괴롭힘 비율-흡연율-자살률의 순서가 된다.

① ㄱ, ㄴ
② ㄱ, ㄷ
③ ㄴ, ㄷ
④ ㄴ, ㄹ
⑤ ㄷ, ㄹ

**20** **다음 〈보기 1〉에 제시된 공식으로 청소년 행복지수를 도출할 때, 〈보기 2〉에 제시된 국가들 중 청소년 행복지수가 세 번째로 높은 국가를 고르면?**

보 기 1

* 청소년 행복지수
= 평균 문해력(점) + (1−자살률) × 100 + (1 − 흡연율) × 100 + (1 − 왕따괴롭힘 비율) × 100

예) 오스트리아의 청소년 행복지수
= 502 + (1 − 9.48%) × 100 + (1 − 27.1%) × 100 + (1 − 15.6%) × 100 = 749.82

보 기 2

체코, 덴마크, 아이슬란드, 이탈리아, 스페인, 영국

① 체코
② 덴마크
③ 아이슬란드
④ 이탈리아
⑤ 영국

**21** 다음 〈표〉는 한국의 고용시장 현황을 나타낸 자료이다. 이에 대한 설명으로 옳지 않은 것만을 〈보기〉에서 모두 고르면?

〈표 1〉 주요 산업별 취업계수 추이

(단위 : 명/100만달러, %)

| 구분 | 2008년 | 2013년 | 2014년 | 2015년 | 증감률 | | |
|---|---|---|---|---|---|---|---|
| | | | | | A | B | C |
| 전체산업 | 10.9 | 8.7 | 8.4 | 8.2 | -4.4 | -3.4 | -2.4 |
| 제조업 | 4.4 | 3.4 | 3.2 | 3.0 | -5.0 | -5.9 | -6.3 |
| 건설업 | 10.1 | 10.5 | 11.1 | 10.7 | 0.8 | 5.7 | -3.6 |
| 서비스업 | 15.9 | 13.1 | 12.9 | 12.8 | -3.8 | -1.5 | -0.8 |

* A : 2008~2013년 간 연평균 증감률
B : 2013년 대비 2014년의 증감률
C : 2014년 대비 2015년의 증감률

〈표 2〉 주요국의 취업계수

(단위 : 명/100만달러)

| 구분 | 한국 (2015년) | 미국 (2014년) | 일본 (2015년) | 독일 (2015년) |
|---|---|---|---|---|
| 전체 산업 | 8.2 | 6.3 | 6.2 | 6.2 |
| 제조업 | 3.0 | 3.9 | 3.4 | 3.7 |
| 서비스업 | 12.8 | 7.0 | 7.6 | 7.8 |

* 취업계수는 취업자 수를 산출액으로 나눈 것으로서 노동생산성의 역수 개념이다.

보 기

ㄱ. 2008~2015년 동안 우리나라에서는 매년 제조업 분야의 취업계수 감소율이 가장 크다.
ㄴ. 미국의 2014년 산출액이 우리나라의 3배라면, 그 해의 미국의 취업자 수는 우리나라의 2배 이상이다.
ㄷ. 2013년 이후로 우리나라의 고용에서 서비스업이 차지하고 있는 비중이 제조업보다 크다.
ㄹ. 2008년 대비 2015년 우리나라 건설업 분야의 노동생산성은 감소했고, 서비스업과 제조업 분야의 노동생산성은 증가했다.

① ㄱ, ㄴ
② ㄱ, ㄷ
③ ㄴ, ㄷ
④ ㄴ, ㄹ
⑤ ㄷ, ㄹ

**22** 다음 〈표〉는 서비스업의 업종별 외국인 투자 유치 실적을 나타낸 자료이다. 이에 대한 설명으로 옳은 것만을 〈보기〉에서 모두 고르면?

〈표〉 서비스업의 업종별 외국인 투자 유치 실적

(단위 : 건, 백만불)

| | 2014 | | 2015 1분기 | | 2015 2분기 | | 2015 3분기 | |
|---|---|---|---|---|---|---|---|---|
| | 신고 건수 | 신고 금액 | 신고 건수 | 신고 금액 | 신고 건수 | 신고 금액 | 신고 건수 | 신고 금액 |
| 도·소매 | 1,347 | 1,625 | 225 | 413 | 263 | 297 | 317 | 205 |
| 음식·숙박 | 304 | 58 | 30 | 2.9 | 43 | 14 | 56 | 6 |
| 운수·창고 | 110 | 197 | 25 | 24 | 31 | 45 | 23 | 14 |
| 금융·보험 | 90 | 1,065 | 26 | 249 | 36 | 348 | 25 | 217 |
| 통신 | 7 | 21.4 | 2 | 0.2 | 2 | 0.68 | 1 | 0.5 |
| 문화·오락 | 44 | 110 | 10 | 200 | 6 | 6 | 10 | 21 |
| 부동산·임대 | 122 | 2,686 | 29 | 109 | 23 | 402 | 33 | 348 |
| 합계 | 2,024 | 5,762.4 | 347 | 998.1 | 404 | 1,112.68 | 465 | 811.5 |

〈그림〉 2015. 3분기 서비스업의 투자유형

(단위 : %)

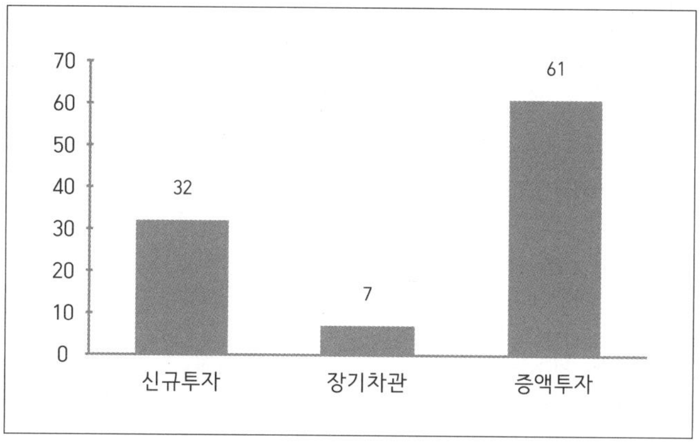


* 신고금액을 기준으로 투자유형별 비율을 측정한다.

보 기

ㄱ. 2015년 1~3분기 전체기간동안의 도·소매업의 신고건수 당 신고금액은 2014년 한 해 동안의 그 값의 절반이하이다.
ㄴ. 2015년 2분기 대비 3분기 신고금액의 변화율이 가장 큰 업종은 같은 기간 신고건수의 변화율도 가장 크게 나타난다.
ㄷ. 위 7가지 업종에서 2015년 4분기의 신고금액이 전분기에 비해 감소하지 않는다면, 금융·보험업의 2015년 총 신고금액은 2014년의 총 신고금액을 반드시 넘는다.
ㄹ. 2015년 1~3분기의 기간 동안 음식·숙박업의 신고건수가 위 7가지업종 전체에서 차지하는 비중은 매분기 증가하고 있다.
ㅁ. 2015년 3분기 부동산·임대업에서 증액투자 방식에 의한 외국인투자가 존재한다.

① ㄱ, ㄴ ② ㄴ, ㄹ ③ ㄷ, ㅁ
④ ㄴ, ㄹ, ㅁ ⑤ ㄷ, ㄹ, ㅁ

**23** **다음 <표>는 2008~2013년 '갑'국 농·임업 생산액과 부가가치 현황에 관한 자료이다. 이에 대한 <보기>의 설명 중 옳은 것만을 모두 고르면?**

<표 1> 농·임업 생산액 현황

(단위 : 10억원, %)

| 구분 \ 연도 | | 2008 | 2009 | 2010 | 2011 | 2012 | 2013 |
|---|---|---|---|---|---|---|---|
| 농·임업 생산액 | | 39,663 | 42,995 | 43,523 | 43,214 | 46,357 | 46,648 |
| 분야별 비중 | 곡물 | 23.6 | 20.2 | 15.6 | 18.5 | 17.5 | 18.3 |
| | 화훼 | 28.0 | 27.7 | 29.4 | 30.1 | 31.7 | 32.1 |
| | 과수 | 34.3 | 38.3 | 40.2 | 34.7 | 34.6 | 34.8 |

* 1) 분야별 비중은 농·임업 생산액 대비 해당 분야의 생산액 비중임.
2) 곡물, 화훼, 과수는 농·임업의 일부 분야임.

<표 2> 농·임업 부가가치 현황

(단위 : 10억원, %)

| 구분 \ 연도 | | 2008 | 2009 | 2010 | 2011 | 2012 | 2013 |
|---|---|---|---|---|---|---|---|
| 농·임업 부가가치 | | 22,587 | 23,540 | 24,872 | 26,721 | 27,359 | 27,376 |
| GDP 대비 비중 | 농업 | 2.1 | 2.1 | 2.0 | 2.1 | 2.0 | 2.0 |
| | 임업 | 0.1 | 0.1 | 0.2 | 0.1 | 0.2 | 0.2 |

* 1) GDP 대비 비중은 GDP 대비 해당 분야의 부가가치 비중임.
2) 농·임업은 농업과 임업으로만 구성됨.

**보 기**

ㄱ. 2008~2013년 동안 농·임업 생산액에서 차지하는 비중이 가장 낮은 분야는 매년 동일하다.
ㄴ. 2008~2013년 동안 곡물분야의 생산액은 매년 10조원 이하다.
ㄷ. 2008~2013년 동안 '갑' 국의 GDP는 매년 1,300조원 이하다.
ㄹ. 2008~2013년 동안 농업의 생산액 대비 부가가치는 임업의 생산액 대비 부가가치보다 매년 높다.

① ㄱ, ㄴ
② ㄱ, ㄷ
③ ㄴ, ㄷ
④ ㄷ, ㄹ
⑤ ㄴ, ㄷ, ㄹ

**24** **다음 <표>는 주요 국가들의 연령대별 고용률을 나타낸 것이다. 이에 대한 설명으로 옳지 않은 것은? (이때 <표>는 각 연령대별로 특징을 나타내는 명칭을 부여하였다.)**

<표> 연령대별 고용률

(단위: %)

| 국가 \ 연령대 | 학생 | 중심 | 장년 | 전체 | 실버+ |
|---|---|---|---|---|---|
| | 15-24 | 25-54 | 55-64 | 15-64 | 15-74 |
| 벨기에 | 23.4 | 78.5 | 44.0 | 61.8 | 54.6 |
| 체코 | 28.4 | 84.5 | 55.5 | 70.2 | 61.4 |
| 덴마크 | 55.4 | 82.2 | 64.7 | 73.5 | 64.2 |
| 핀란드 | 40.5 | 80.0 | 60.0 | 68.6 | 59.7 |
| 프랑스 | 27.9 | 79.4 | 48.7 | 63.8 | 56.1 |
| 독일 | 45.3 | 83.7 | 66.2 | 74.0 | 65.1 |
| 그리스 | 13.0 | 64.5 | 34.3 | 50.8 | 44.6 |
| 헝가리 | 25.7 | 80.6 | 45.3 | 64.0 | 55.9 |
| 아일랜드 | 28.7 | 74.2 | 55.6 | 63.3 | 58.2 |
| 이스라엘 | 44.4 | 78.7 | 66.2 | 68.3 | 64.8 |
| 이탈리아 | 15.6 | 68.2 | 48.3 | 56.3 | 49.2 |
| 일본 | 40.7 | 82.6 | 70.0 | 73.3 | 66.1 |
| 네덜란드 | 60.8 | 82.2 | 61.7 | 74.2 | 65.4 |
| 노르웨이 | 50.4 | 83.1 | 72.2 | 74.8 | 68.0 |
| 폴란드 | 26.0 | 79.5 | 44.3 | 62.9 | 56.5 |
| 포르투갈 | 22.8 | 78.8 | 49.9 | 63.9 | 57.3 |
| 스페인 | 17.9 | 69.4 | 46.9 | 57.8 | 51.1 |
| 스웨덴 | 43.9 | 85.7 | 74.5 | 75.5 | 66.7 |
| 스위스 | 61.0 | 87.3 | 72.8 | 80.2 | 72.4 |
| 터키 | 34.1 | 59.6 | 31.8 | 50.2 | 47.9 |
| 영국 | 50.0 | 82.4 | 62.2 | 72.7 | 65.3 |
| 미국 | 48.6 | 77.2 | 61.5 | 68.7 | 63.6 |

① 제시된 모든 국가에서 65-74세 고용률이 전체 고용률보다 작게 나타난다.
② 학생 고용률이 장년 고용률보다 높게 나타나는 국가는 터키 한 곳뿐이다.
③ 중심 고용률이 가장 높은 국가와 전체 고용률이 가장 높은 국가는 동일하다.
④ 실버+ 고용률이 가장 높은 국가의 고용률과 가장 낮은 국가의 고용률 차이는 32.8%p이다.
⑤ 중심 고용률과 전체 고용률의 차이가 가장 큰 국가는 벨기에이다.

**25** 다음 <표>는 문화예술분야에서 학교수준별·전공별 전공과 활동분야가 일치 및 불일치하는 졸업자의 수에 관한 자료이다. 이에 대한 설명으로 옳은 것만을 <보기>에서 모두 고르면?

<표> 학교수준별·전공별 졸업자의 전공과 활동분야 일치 여부

(단위 : 명)

| 수준 \ 성별 \ 전공 | | 디자인 | | 응용예술 | | 무용체육 | |
|---|---|---|---|---|---|---|---|
| | | 일치 | 불일치 | 일치 | 불일치 | 일치 | 불일치 |
| 전문대 | 남성 | 2,773 | 1,204 | 1,400 | 466 | 2,272 | 1,032 |
| | 여성 | 4,629 | 1,866 | 6,950 | 1,223 | 1,128 | 471 |
| | 합계 | 7,402 | 3,070 | 8,350 | 1,689 | 3,400 | 1,503 |
| 일반대 | 남성 | 1,807 | 260 | 648 | 179 | 2,371 | 1,035 |
| | 여성 | 3,666 | 696 | 1,233 | 310 | 1,309 | 380 |
| | 합계 | 5,473 | 956 | 1,881 | 489 | 3,680 | 1,415 |
| 대학원 | 남성 | 85 | 0 | 57 | 5 | 354 | 35 |
| | 여성 | 154 | 13 | 90 | 8 | 232 | 7 |
| | 합계 | 239 | 13 | 147 | 13 | 586 | 42 |

| 수준 \ 성별 \ 전공 | | 미술조형 | | 연극영화 | | 음악 | |
|---|---|---|---|---|---|---|---|
| | | 일치 | 불일치 | 일치 | 불일치 | 일치 | 불일치 |
| 전문대 | 남성 | 11 | 8 | 169 | 26 | 398 | 129 |
| | 여성 | 194 | 36 | 206 | 58 | 1,013 | 258 |
| | 합계 | 205 | 44 | 375 | 84 | 1,411 | 387 |
| 일반대 | 남성 | 319 | 139 | 378 | 60 | 378 | 108 |
| | 여성 | 1,424 | 370 | 380 | 110 | 2,912 | 329 |
| | 합계 | 1,743 | 509 | 758 | 170 | 3,290 | 437 |
| 대학원 | 남성 | 116 | 6 | 16 | 2 | 66 | 6 |
| | 여성 | 230 | 8 | 17 | 1 | 423 | 17 |
| | 합계 | 346 | 14 | 33 | 3 | 489 | 23 |

보 기

ㄱ. 모든 전공에서 대학원, 일반대, 전문대 순으로 졸업자의 전공과 활동분야 일치율이 높다.

ㄴ. 일반대의 경우 남성의 졸업자가 가장 많은 전공은 무용체육이고, 여성의 졸업자가 가장 많은 전공은 디자인이다.

ㄷ. 여성의 경우 대학원 졸업자가 모든 전공에서 전공과 활동분야 일치율이 가장 높다.

ㄹ. 대학원의 경우 모든 전공에서 남성 졸업자의 전공과 활동분야 일치율이 여성 졸업자의 전공과 활동분야 일치율 보다 높다.

① ㄱ, ㄴ
② ㄱ, ㄹ
③ ㄴ, ㄷ
④ ㄴ, ㄹ
⑤ ㄷ, ㄹ

**26** 다음 <표>는 중소 제조업(20~299인 규모)을 종사자 규모별, 업종별로 분류하여 혁신형 기업의 비율을 나타낸 것이다. 이에 대한 설명으로 옳은 것만을 <보기>에서 모두 고르면?

<표> 중소 제조업 중 혁신형 기업의 비율

| | | 업체수 (개) | 일반기업 (%) | 혁신형기업 (%) |
|---|---|---|---|---|
| 제조업 | 소계 | 28,104 | 72.2 | 27.8 |
| 종사자규모별 | 20인~49인 | 19,668 | 72.8 | 27.2 |
| | 50인~99인 | 5,379 | 68.1 | 31.9 |
| | 100인~299인 | 3,057 | 75.6 | 24.4 |
| 업종별 | 식료품 | 1,942 | 80.7 | 19.3 |
| | 음료 | 102 | 100.0 | 0.0 |
| | 섬유제품 | 1,379 | 76.0 | 24.0 |
| | 의복 | 981 | 88.1 | 11.9 |
| | 가죽 | 283 | 87.6 | 12.4 |
| | 목재 | 233 | 81.5 | 18.5 |
| | 펄프 | 669 | 91.5 | 8.5 |
| | 인쇄 | 456 | 75.8 | 24.2 |
| | 석유정제품 | 53 | 91.5 | 8.5 |
| | 화학제품 | 1,050 | 70.4 | 29.6 |
| | 의약품 | 274 | 66.8 | 33.2 |
| | 플라스틱제품 | 2,419 | 79.6 | 20.4 |
| | 비금속광물제품 | 854 | 83.0 | 17.0 |
| | 1차금속 | 1,293 | 76.8 | 23.2 |
| | 금속가공제품 | 3,583 | 60.5 | 39.5 |
| | 전자부품, 컴퓨터 | 2,018 | 65.0 | 35.0 |
| | 의료, 정밀 | 877 | 61.1 | 38.9 |
| | 전기장비 | 1,730 | 65.3 | 34.7 |
| | 기타기계 | 3,963 | 64.0 | 36.0 |
| | 자동차 | 2,131 | 71.9 | 28.1 |
| | 기타 운송장비 | 999 | 90.0 | 10.0 |
| | 가구 제조 | 459 | 67.7 | 32.3 |
| | 기타 제품 | 356 | 83.5 | 16.5 |

보 기

ㄱ. 업종별 구분에서 혁신형기업이 200개 이상인 업종의 수는 10개 이상이다.

ㄴ. 종사자 20~49인 규모인 중소 제조업의 혁신형기업 수는 50~99인 규모인 중소 제조업 기업 수보다 많다.

ㄷ. 종사자 50인 이상 규모인 중소 제조업의 종사자 수는 50인 미만 규모인 중소 제조업 종사자 수의 절반 이상이다.

ㄹ. 일반기업과 혁신형기업의 비율 차이가 가장 작은 업종의 일반기업과 혁신형기업 수 차이는 750개 미만이다.

① ㄱ, ㄴ ② ㄱ, ㄷ ③ ㄴ, ㄷ
④ ㄴ, ㄹ ⑤ ㄷ, ㄹ

**27** 다음 <표>는 2012년 34개국의 국가별 1인당 GDP와 학생들의 수학성취도 자료이고, <그림>은 <표>의 자료를 그래프로 나타낸 것이다. 이에 대한 <보기>의 설명 중 옳은 것만을 모두 고르면?

<표> 국가별 1인당 GDP와 수학성취도

(단위 : 천달러, 점)

| 국가 | 1인당 GDP | 수학성취도 |
|---|---|---|
| 룩셈부르크 | 85 | 490 |
| 카타르 | 77 | ( ) |
| 싱가포르 | 58 | 573 |
| 미국 | 47 | 481 |
| 노르웨이 | 45 | 489 |
| 네덜란드 | 42 | 523 |
| 아일랜드 | 41 | 501 |
| 호주 | 41 | 504 |
| 덴마크 | 41 | 500 |
| 캐나다 | 40 | 518 |
| 스웨덴 | 39 | 478 |
| 독일 | 38 | 514 |
| 핀란드 | 36 | 519 |
| 일본 | 35 | 536 |
| 프랑스 | 34 | 495 |
| 이탈리아 | 32 | 485 |
| 스페인 | 32 | 484 |
| 한국 | 29 | 554 |
| 이스라엘 | 27 | 466 |
| 포르투갈 | 26 | 487 |
| 체코 | 25 | 499 |
| 헝가리 | 21 | 477 |
| 폴란드 | 20 | 518 |
| 러시아 | 20 | 482 |
| 칠레 | 17 | 423 |
| 아르헨티나 | 16 | 388 |
| 터키 | 16 | 448 |
| 멕시코 | 15 | 413 |
| 말레이시아 | 15 | 421 |
| 불가리아 | 14 | 439 |
| 브라질 | 13 | 391 |
| 태국 | 10 | 427 |
| 인도네시아 | 5 | ( ) |
| 베트남 | 4 | 511 |

<그림> 국가별 1인당 GDP와 수학성취도

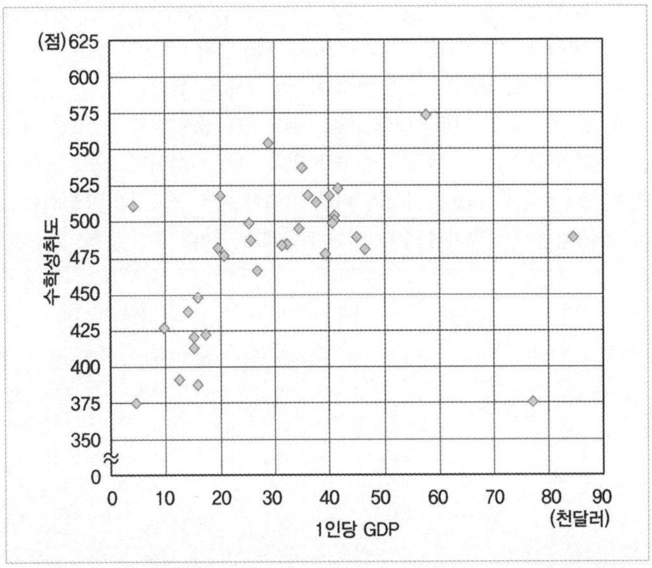


* 국가별 학생 수는 동일하지 않고, 각 국가의 수학성취도는 해당국 학생 전체의 수학성취도 평균이며, 34개국 학생 전체의 수학성취도 평균은 500점임.

보 기

ㄱ. 카타르와 인도네시아 간의 수학성취도 점수 차이는 한국과 일본 간의 차이보다 작다.
ㄴ. 34개국 중 1인당 GDP 하위 5개국 학생들의 수학성취도 점수 평균은 1인당 GDP 상위 5개국 학생들의 수학성취도 점수 평균보다 낮다.
ㄷ. 헝가리보다 1인당 GDP가 낮으면서 수학성취도가 높은 국가는 총 3개국이다.

① ㄱ
② ㄴ
③ ㄱ, ㄷ
④ ㄴ, ㄷ
⑤ ㄱ, ㄴ, ㄷ

**28** 다음 <표>는 축구팀 '가'~'다' 사이의 경기 결과이다. 이에 대한 설명으로 옳은 것만을 <보기>에서 모두 고르면?

<표> 경기 결과

| 기록 / 팀 | 승리 경기수 | 패배 경기수 | 무승부 경기수 | 총득점 | 총실점 |
|---|---|---|---|---|---|
| 가 | 2 | ( ) | ( ) | ( ) | 2 |
| 나 | ( ) | ( ) | ( ) | 4 | 5 |
| 다 | ( ) | ( ) | 1 | 2 | 8 |

* 각 팀이 나머지 두 팀과 각각 한 번씩만 경기를 한 결과임.

보 기

ㄱ. '나'와 '다'는 2:2로 비겼다.
ㄴ. '가'는 '다'와의 경기에서 실점을 하지 않았다.
ㄷ. '가'는 '나'와의 경기에서 1점차로 승리하였다.
ㄹ. '가'의 총득점은 9점이다.

① ㄱ, ㄴ, ㄷ
② ㄱ, ㄴ, ㄹ
③ ㄱ, ㄷ, ㄹ
④ ㄴ, ㄷ, ㄹ
⑤ ㄱ, ㄴ, ㄷ, ㄹ

**29** 다음 <표>는 우리나라 전체 기업의 경영분석지표이고, <그림>은 미국과 일본에 대한 지표이다. 이에 대한 설명으로 옳은 것만을 <보기>에서 모두 고르면?

〈표 1〉 전체 기업의 성장성 관련 지표

(단위 : %)

| | 2015 | | 2016 | |
|---|---|---|---|---|
| 매출액증가율 | 15.3 | (18.5) | 12.2 | (13.6) |
| 총자산증가율 | 9.3 | (11.8) | 9.6 | (10.7) |
| 유형자산증가율 | 9.1 | (11.2) | 9.2 | (9.8) |

* 각 증가율 값은 전년대비 값이다.
* <표 1>과 <표 2>에서 괄호 안의 값은 전체 기업 중 제조업 지표이다.

〈표 2〉 전체 기업의 안정성 관련 지표

(단위 : %)

| | 2015 | | 2016 | |
|---|---|---|---|---|
| 부채비율 | 150.1 | (108.3) | 152.7 | (109.2) |
| 차입금의존도 | 32.2 | (24.6) | 32.2 | (25.5) |
| 자기자본비율 | 40.0 | (48.0) | 39.6 | (47.8) |

* 부채비율 $= \frac{\text{부채}}{\text{자기자본}} \times 100$, 차입금의존도 $= \frac{(\text{차입금} + \text{회사채})}{\text{총자본}} \times 100$,

자기자본비율 $= \frac{\text{자기자본}}{\text{총자본}} \times 100$

〈그림〉 미국과 일본의 안정성 관련지표(2016년 제조업기준)

(단위 : %)

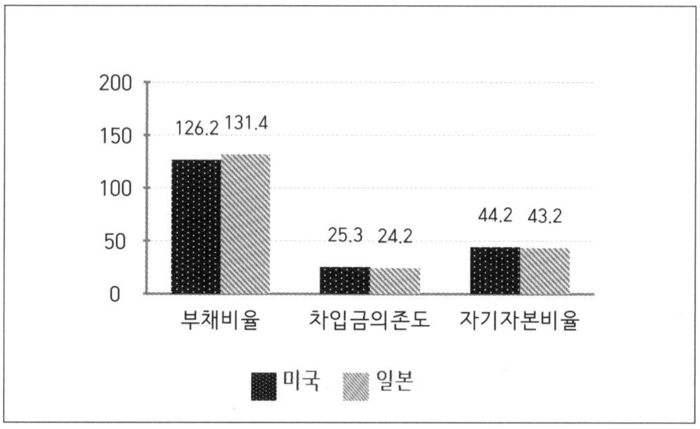


보 기

ㄱ. 우리나라 전체기업의 매출액 및 총자산에서 제조업이 차지하는 비중은 2015년과 2016년 모두 전년대비 증가하였다.
ㄴ. 2016년 우리나라의 제조업의 총자산은 2014년 대비 23.5% 이상 증가하였으며, 같은 해 우리나라의 제조업 부채비율은 미국·일본에 비해서 더 낮다.
ㄷ. 2015년과 2016년 모두 우리나라에서 총자본 대비 부채의 비율은 제조업부문이 제조업 이외부문보다 더 높게 나타난다.
ㄹ. 2016년 제조업부문의 차입금과 회사채의 합이 부채에서 차지하는 비중이 높은 순으로 나열하면 한국－일본－미국이다.

① ㄱ, ㄴ　② ㄱ, ㄹ　③ ㄴ, ㄷ
④ ㄴ, ㄹ　⑤ ㄷ, ㄹ

**30** 다음 <표>는 A 기업의 인력현황을 나타낸 자료이다. 이에 대한 설명으로 옳지 않은 것만을 <보기>에서 모두 고르면?

〈표〉 직종별 인원추이

(단위: 명)

| 구분 | | 계 | 정규직 | | 비정규직 | | |
|---|---|---|---|---|---|---|---|
| | | | 일반직 | 기능직 | 일반직 | 기능직 | 기타 |
| 2014년 | 8월 | 36,397 | 10,307 | ( ) | 1,789 | ( ) | 3,555 |
| 2015년 | 1월 | 38,001 | 10,451 | 20,440 | 1,823 | 367 | 4,920 |
| | 2월 | 38,068 | 10,460 | 20,402 | 1,913 | 375 | 4,918 |
| | 3월 | 37,971 | 10,448 | 20,390 | 1,911 | 377 | 4,845 |
| | 4월 | 37,967 | 10,407 | 20,364 | 1,885 | 419 | 4,892 |
| | 5월 | 38,109 | 10,414 | 20,373 | 1,907 | 456 | 4,959 |
| | 6월 | 37,950 | 10,407 | 20,229 | 1,940 | 456 | 4,918 |
| | 7월 | 38,068 | 10,412 | 20,261 | 1,949 | 458 | 4,988 |
| | 8월 | 38,104 | 10,360 | 20,250 | 1,962 | 459 | 5,073 |
| 2015년 8월의 전년동월대비 증감율 | | 4.69% | 0.51% | -0.68% | 9.67% | 28.21% | 42.70% |

* A기업의 인력은 정규직(일반직, 기능직)과 비정규직(일반직, 기능직, 기타)으로 구성된다.

보 기

ㄱ. 2015년 1~8월 동안 매월 비정규직 중 기능직은 지속적으로 증가하였고, 정규직 중 기능직은 지속적으로 감소하였다.
ㄴ. 2015년 1~8월 동안 정규직 중 기능직 인원수는 항상 2014년 8월의 정규직 중 기능직 인원수 보다 적다.
ㄷ. 2015년 8월 이후에 비정규직 중 기능직 인원수가 일정하게 유지된다면 2015년 월평균 비정규직 중 기능직 인원수는 450명 이하이다.
ㄹ. 2014년 8월 비정규직 중 기능직 인원수는 370명 이하이다.

① ㄱ, ㄴ
② ㄱ, ㄷ
③ ㄴ, ㄷ
④ ㄴ, ㄹ
⑤ ㄷ, ㄹ

**31** **다음 <표>와 <그림>은 생물의약품 생산 및 수입 실적에 관한 자료이다. 이에 대한 <보고서>의 내용 중 옳지 않은 것만을 모두 고르면?**

〈표〉 생물의약품 생산 실적

(단위 : 개, 억 원)

| 구분 / 연도 | 생산업체수 | 생산품목수 | 생산액 |
|---|---|---|---|
| 2011 | 24 | 831 | 11,950 |
| 2012 | 46 | 847 | 17,314 |
| 2013 | 48 | 852 | 18,654 |
| 2014 | 47 | 812 | 16,818 |
| 2015 | 51 | 864 | 17,209 |

〈그림 1〉 생물의약품 수입 실적

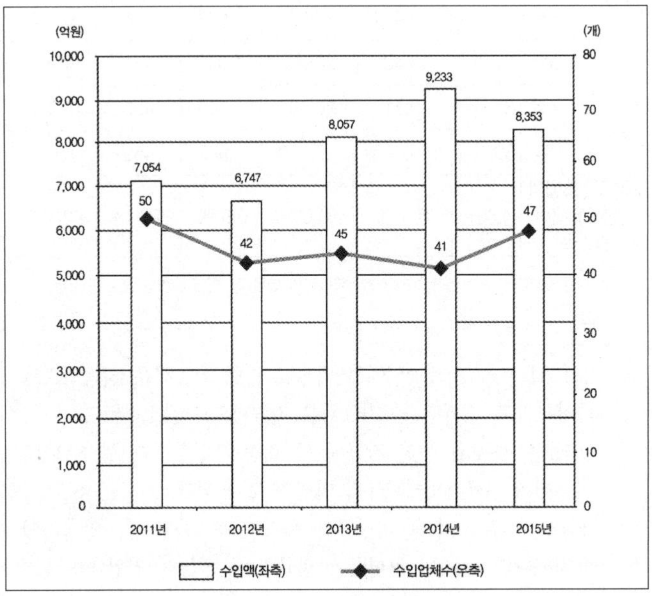


〈그림 2〉 제조업 GDP 대비 생물의약품 생산액의 비율

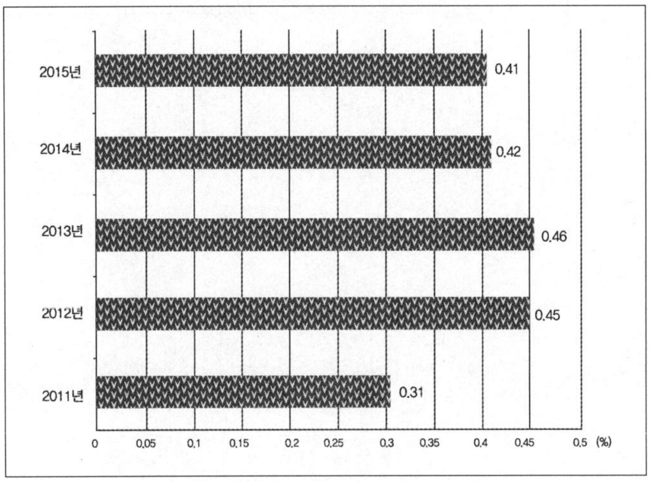


보 고 서

생물의약품 생산 및 수입 실적을 분석한 결과, 2011년에는 생산업체가 24개에 불과하였으나 2012년 이후 40개 이상으로 급등한 것으로 파악되었다. 2015년 생산액 또한 2011년에 비해 급등하였는데, ㉠ <u>2015년 생산품목수 당 생산액은 2011년에 비해 45% 이상 증가하였다.</u>

제조업 GDP 대비 생물의약품 생산액의 비율은 2011년에 0.31%였으나, 2012년 이후 매년 0.4% 이상이었다. ㉡ <u>2015년 제조업 GDP 대비 생물의약품 생산액의 비율은 2011년에 비해 0.1%p 증가하였고, 2015년 제조업 GDP 또한 2011년에 비해 증가하였다.</u>

㉢ <u>2011년에 생물의약품 수입업체수는 생산업체수의 2배 이상이었으나, 2012년 이후에는 생산업체수와 수입업체수 간의 격차가 매년 5개 이하였다.</u>

생물의약품 수입액은 2012~2014년 동안 매년 증가하였으나, 2015년에는 큰 폭으로 감소하였다. 그리고 ㉣ <u>2012~2014년 동안 생물의약품 수입업체수 당 수입액은 매년 전년대비 증가하였으나, 2015년에는 전년대비 감소하였다.</u>

① ㄱ, ㄴ
② ㄱ, ㄷ
③ ㄴ, ㄹ
④ ㄷ, ㄹ
⑤ ㄱ, ㄷ, ㄹ

**32** 다음 <표>는 미국이 환율조작국을 지정하기 위해 만든 요건별 판단기준과 '가'~'카'국의 2015년 자료이다. 이에 대한 <보기>의 설명 중 옳지 않은 것만을 모두 고르면?

〈표 1〉 요건별 판단기준

| | A | B | C |
|---|---|---|---|
| 요건 | 현저한 대미무역수지 흑자 | 상당한 경상수지 흑자 | 지속적 환율시장 개입 |
| 판단기준 | 대미무역수지 200억 달러 초과 | GDP 대비 경상수지 비중 3% 초과 | GDP 대비 외화자산 순매수액 비중 2% 초과 |

※ 1) 요건 중 세 가지를 모두 충족하면 환율조작국으로 지정됨.
  2) 요건 중 두 가지만을 충족하면 관찰대상국으로 지정됨.

〈표 2〉 환율조작국 지정 관련 자료(2015년)

(단위 : 10억 달러, %)

| 국가 \ 항목 | 대미무역수지 | GDP 대비 경상수지 비중 | GDP 대비 외화자산 순매수액 비중 |
|---|---|---|---|
| 가 | 365.7 | 3.1 | -3.9 |
| 나 | 74.2 | 8.5 | 0.0 |
| 다 | 68.6 | 3.3 | 2.1 |
| 라 | 58.4 | -2.8 | -1.8 |
| 마 | 28.3 | 7.7 | 0.2 |
| 바 | 27.8 | 2.2 | 1.1 |
| 사 | 23.2 | -1.1 | 1.8 |
| 아 | 17.6 | -0.2 | 0.2 |
| 자 | 14.9 | -3.3 | 0.0 |
| 차 | 14.9 | 14.6 | 2.4 |
| 카 | -4.3 | -3.3 | 0.1 |

보 기

ㄱ. 대미무역수지가 같은 국가의 수와 GDP 대비 경상수지 비중이 같은 국가의 수는 동일하다.
ㄴ. 2015년 '가'국의 대미무역수지는 나머지 국가들의 대미무역수지의 합보다 작다.
ㄷ. 관찰대상국으로 지정되는 국가들은 모두 GDP 대비 경상수지 비중이 (+)이다.
ㄹ. A요건을 갖춘 국가의 수는 B요건 또는 C요건을 갖춘 국가의 수와 같다.

① ㄱ, ㄴ
② ㄱ, ㄷ
③ ㄱ, ㄹ
④ ㄴ, ㄷ
⑤ ㄴ, ㄹ

**33** 다음 <표>는 세계 주요 국가들의 2013년과 2014년 우편 발송 건수와 도착 건수를 나타낸 것이다. 이에 대한 설명으로 옳은 것은?

〈표〉 우편 발송 건수와 도착 건수

(단위: 천 통)

| 국가별 | 2013 | | 2014 | |
|---|---|---|---|---|
| | 발송 | 도착 | 발송 | 도착 |
| 이란 | 1,155 | 2,603 | 1,093 | 2,402 |
| 마카오 | 1,552 | 6,024 | 1,654 | 5,951 |
| 스리랑카 | 2,897 | 3,585 | 3,315 | 3,211 |
| 멕시코 | 8,603 | 33,777 | 7,252 | 35,256 |
| 아르헨티나 | 1,430 | 14,998 | 1,672 | 10,202 |
| 칠레 | 1,367 | 6,151 | 1,089 | 6,878 |
| 불가리아 | 2,400 | 3,272 | 2,492 | 3,666 |
| 크로아티아 | 7,549 | 15,843 | 7,657 | 15,334 |
| 체코 | 60,926 | 70,671 | 41,403 | 80,099 |
| 에스토니아 | 2,172 | 3,588 | 1,073 | 6,939 |
| 아일랜드 | 37,697 | 69,264 | 32,000 | 69,700 |
| 이탈리아 | 78,506 | 136,610 | 57,634 | 135,483 |
| 라트비아 | 2,826 | 4,752 | 3,049 | 6,177 |
| 리투아니아 | 5,666 | 8,767 | 5,614 | 10,050 |
| 룩셈부르크 | 28,618 | 21,344 | 26,453 | 20,418 |
| 우크라이나 | 7,552 | 20,995 | 5,714 | 16,359 |

① 2013년 대비 2014년에 발송 건수와 도착 건수가 모두 증가한 나라는 한 곳뿐이다.
② 2013년에 발송 건수 대비 도착 건수의 비율이 가장 큰 나라는 마카오이다.
③ 2013년 대비 2014년에 도착 건수 변동률이 10% 이상인 나라의 수는 10곳 이상이다.
④ 2014년에 발송 건수가 도착 건수보다 많은 나라의 수는 두 곳이다.
⑤ 2013년의 발송 건수 상위 5개국과 2014년의 발송 건수 상위 5개국은 동일하게 나타난다.

**34** 다음 <표>는 2014~2016년 기간 동안 전국의 시도별 토지거래면적 현황과 인천 지역 중 구(區) 지역의 토지거래면적 현황을 나타낸 자료이다. 이에 대한 설명으로 옳은 것만을 <보기>에서 모두 고르면?

〈표 1〉 전국 시도별 토지거래면적 현황

| 시도별 | 토지거래면적(단위: 1,000㎡) | | |
|---|---|---|---|
| | 2014 | 2015 | 2016 |
| 전국 | 1,968,783 | 2,180,957 | 2,175,958 |
| 서울특별시 | 16,775 | 22,661 | 23,983 |
| 부산광역시 | 31,289 | 33,536 | 29,836 |
| 대구광역시 | 26,420 | 23,124 | 21,339 |
| 인천광역시 | 25,172 | 30,257 | 29,623 |
| 광주광역시 | 15,711 | 17,970 | 16,017 |
| 대전광역시 | 9,963 | 13,666 | 11,583 |
| 울산광역시 | 33,079 | 31,841 | 32,447 |
| 세종특별자치시 | 11,429 | 16,122 | 14,808 |
| 경기도 | 232,471 | 290,898 | 296,325 |
| 강원도 | 184,886 | 190,876 | 205,121 |
| 충청북도 | 154,548 | 141,217 | 159,536 |
| 충청남도 | 176,750 | 182,777 | 177,378 |
| 전라북도 | 157,416 | 167,877 | 178,911 |
| 전라남도 | 241,844 | 267,825 | 298,348 |
| 경상북도 | 347,682 | 394,680 | 367,716 |
| 경상남도 | 229,099 | 261,472 | 237,692 |
| 제주특별자치도 | 74,247 | 94,165 | 75,296 |

〈표 2〉 인천 구(區) 지역의 토지거래면적 현황

| 구별 | 토지거래면적(단위: 1,000㎡) | | |
|---|---|---|---|
| | 2014 | 2015 | 2016 |
| 인천 중구 | 2,525 | 3,736 | 5,002 |
| 인천 동구 | 133 | 200 | 149 |
| 인천 남구 | 730 | 1,042 | 1,560 |
| 인천 연수구 | 2,181 | 3,783 | 2,173 |
| 인천 남동구 | 2,011 | 2,305 | 1,966 |
| 인천 부평구 | 1,051 | 1,049 | 1,035 |
| 인천 계양구 | 691 | 1,481 | 1,113 |
| 인천 서구 | 5,346 | 4,607 | 4,112 |

* 인천지역의 구(區) 지역은 표에 열거된 곳만 존재한다.

**보 기**

ㄱ. 인천 구 지역의 토지거래면적 현황에서 2014년 대비 2016년의 토지거래면적 변동폭이 가장 큰 지역은 같은 기간 변동률도 가장 크게 나타난다.
ㄴ. 시도별 토지거래면적 현황에서 연도별 토지거래면적 증감방향이 전국과 동일한 시도는 모두 10곳이다.
ㄷ. 2014년 인천의 토지거래면적 중 구 지역의 토지거래면적이 차지하는 비중은 60% 미만이다.
ㄹ. 시도별 토지거래면적 현황에서 2015년과 2016년 토지거래면적 변동폭이 가장 큰 지역은 2016년 토지거래면적이 전국에서 두 번째로 크다.

① ㄱ, ㄴ ② ㄱ, ㄷ ③ ㄴ, ㄷ
④ ㄴ, ㄹ ⑤ ㄷ, ㄹ

**35** 다음 <표>는 '갑' 국의 4대 범죄 발생건수 및 검거건수에 대한 자료이다. 이에 대한 <보기>의 설명 중 옳지 않은 것만을 모두 고르면?

〈표 1〉 2009 ~ 2013년 4대 범죄 발생건수 및 검거건수

(단위 : 건, 천명)

| 연도 \ 구분 | 발생건수 | 검거건수 | 총인구 | 인구 10만명당 발생건수 |
|---|---|---|---|---|
| 2009 | 15,693 | 14,492 | 49,194 | 31.9 |
| 2010 | 18,258 | 16,125 | 49,346 | ( ) |
| 2011 | 19,498 | 16,404 | 49,740 | 39.2 |
| 2012 | 19,670 | 16,630 | 50,051 | 39.3 |
| 2013 | 22,310 | 19,774 | 50,248 | 44.4 |

〈표 2〉 2013년 4대 범죄 유형별 발생건수 및 검거건수

(단위 : 건)

| 범죄 유형 \ 구분 | 발생건수 | 검거건수 |
|---|---|---|
| 강도 | 5,753 | 5,481 |
| 살인 | 132 | 122 |
| 절도 | 14,778 | 12,525 |
| 방화 | 1,647 | 1,646 |
| 계 | 22,310 | 19,774 |

**보 기**

ㄱ. 2009~2013년 중 '갑'국의 전체 범죄 발생건수 대비 검거건수가 가장 높은 해는 2011년이다.
ㄴ. 주어진 기간 중 '갑'국의 인구 10만명당 4대 범죄 발생건수는 매년 증가한다.
ㄷ. 2013년 '갑'국의 4대 범죄 중 발생건수 대비 검거건수 비율이 두 번째로 낮은 유형은 '살인'이다.
ㄹ. 2010~2013년 중 '갑'국 총인구의 전년대비 증가율이 가장 높은 해는 인구 10만명당 4대 범죄 발생건수의 전년대비 증가율이 가장 높은 해와 동일하다.

① ㄱ, ㄷ
② ㄱ, ㄹ
③ ㄴ, ㄷ
④ ㄴ, ㄹ
⑤ ㄷ, ㄹ

**36** 다음 〈표〉는 A도의 노동력에 관한 자료이다. 이에 대한 설명으로 옳은 것은?

〈표〉 A도에 있어서 노동력 상황 추이

(단위 : 천명)

| 조사연도 | 15세 이상 인구 | 노동력 인구 | | |
|---|---|---|---|---|
| | | 합계 | 취업자 수 | 완전실업자 수 |
| 1995년 | 5,800 | 3,742 | 3,680 | 62 |
| 2000년 | 6,153 | 3,826 | 3,708 | 118 |
| 2005년 | 6,397 | 3,941 | 3,811 | 130 |
| 2010년 | 6,810 | 4,198 | 4,009 | 189 |
| 2015년 | 7,281 | 4,404 | 4,237 | 167 |

① 2000년 이후 노동력 인구의 이전 조사연도 대비 증가율이 가장 낮은 것은 2005년이고, 증가율은 2%를 하회한다.

② 2005년 대비 2015년의 증가율은 취업자 수가 완전실업자 수에 비해 높다.

③ 2000년 이후 모든 조사연도에서 15세 이상 인구의 증가율이 취업자 수의 증가율보다 낮다.

④ 노동력 인구에서 차지하는 취업자 수의 비율이 가장 낮은 것은 2010년이다.

⑤ 15세 이상 인구에서 차지하는 완전실업자 수의 비율이 가장 높은 것은 2005년이다.

**37** 다음 〈표〉는 시도별 화재 통계와 시도별 인구 1만명당 화재발생 비율에 관한 자료이다. 이에 대한 설명으로 옳은 것은?

〈표 1〉 시도별 화재 통계

| 구분 | 2015년 01월 | | | | 전년동월 대비 증감률(%) | | | | |
|---|---|---|---|---|---|---|---|---|---|
| | 인명피해(명) | | | 재산 피해(천원) | 건수 | 인명피해 | | | 재산피해 |
| | 계 | 사망 | 부상 | | | 계 | 사망 | 부상 | |
| 합계 | 184 | 32 | 152 | 26,463,815 | 19.8 | -13.6 | -15.8 | -13.1 | -2.0 |
| 서울 | 20 | 1 | 19 | 1,574,906 | -2.4 | -51.2 | -88.9 | -40.6 | -30.8 |
| 부산 | 14 | 5 | 9 | 547,660 | 61.8 | 55.6 | 66.7 | 50.0 | 15.2 |
| 대구 | 3 | 1 | 2 | 591,060 | 13.0 | -40.0 | 0.0 | -50.0 | 6.6 |
| 인천 | 19 | 1 | 18 | 1,054,744 | 10.3 | 375.0 | 0.0 | 500.0 | -17.4 |
| 광주 | 3 | 0 | 3 | 293,112 | -2.0 | -40.0 | -100.0 | -25.0 | 10.3 |
| 대전 | 1 | 0 | 1 | 408,660 | 12.4 | -88.9 | 0.0 | -88.9 | -35.8 |
| 울산 | 11 | 4 | 7 | 393,173 | 40.7 | 57.1 | 400.0 | 0.0 | 125.0 |
| 경기 | 41 | 14 | 27 | 9,003,308 | 9.5 | -14.6 | 40.0 | -28.9 | 20.5 |
| 강원 | 6 | 1 | 5 | 1,183,176 | 17.8 | -50.0 | -50.0 | -50.0 | 35.7 |
| 충북 | 12 | 0 | 12 | 1,292,022 | 19.3 | 50.0 | -100.0 | 71.4 | 10.1 |
| 충남 | 17 | 3 | 14 | 1,767,509 | 38.6 | 112.5 | 300.0 | 75.0 | -33.2 |
| 전북 | 2 | 0 | 2 | 975,748 | 23.4 | -75.0 | -100.0 | -60.0 | -34.9 |
| 전남 | 4 | 0 | 4 | 1,176,210 | 46.4 | 0.0 | -100.0 | 33.3 | 28.0 |
| 경북 | 14 | 0 | 14 | 2,163,322 | 20.7 | -41.7 | -100.0 | -33.3 | -3.6 |
| 경남 | 11 | 1 | 10 | 3,884,815 | 41.7 | -47.6 | -66.7 | -44.4 | -6.6 |
| 제주 | 6 | 1 | 5 | 154,390 | -12.0 | 600.0 | 100.0 | 500.0 | -57.0 |

〈표 2〉 시도별 인구 1만명당 화재발생 비율

| 구 분 | 인구수 (천명) | 2015년 1월 인구 1만명당 화재발생 비율 | | |
|---|---|---|---|---|
| | | 건수 | 인명피해 (명) | 재산피해 (천원) |
| 합 계 | 49,765 | 1.01 | 0.04 | 5317.76 |
| 서울 | 10,208 | 0.52 | 0.02 | 1,542.82 |
| 대구 | 2,489 | 0.94 | 0.01 | 2,374.69 |
| 인천 | 2,710 | 0.75 | 0.07 | 3,892.04 |
| 광주 | 1,433 | 0.68 | 0.02 | 2,045.44 |
| 대전 | 1,484 | 0.92 | 0.01 | 2,753.77 |
| 울산 | 1,114 | 1.71 | 0.1 | 3,529.38 |
| 부산 | 3,543 | 1.1 | 0.04 | 1,545.75 |
| 경기 | 11,460 | 0.89 | 0.04 | 7,856.29 |
| 강원 | 1,512 | 1.71 | 0.04 | 7,825.24 |
| 충북 | 1,527 | 1.13 | 0.08 | 8,461.18 |
| 충남 | 2,037 | 1.46 | 0.08 | 8,677.02 |
| 전북 | 1,854 | 0.94 | 0.01 | 5,262.93 |
| 전남 | 1,913 | 1.17 | 0.02 | 6,148.51 |
| 경북 | 2,669 | 1.57 | 0.05 | 8,105.37 |
| 경남 | 3,250 | 1.8 | 0.03 | 11,953.28 |
| 제주 | 562 | 1.3 | 0.11 | 2747.15 |

※ 전년 동월 대비 화재발생률은 화재발생 건수의 전년동월대비 증감률과 같은 표현이다.

① 위의 <표>를 통해서 2014년 1월 전국의 화재발생건수는 구할 수 없다.

② 2015년 1월 기준으로 지역별로 보면 전년 동월 대비 화재발생률이 가장 높은 지역은 부산이며, 가장 낮은 지역은 제주로 나타났다.

③ 2015년 1월 기준으로 인구 1만명당 재산피해가 가장 많은 지역은 경남, 가장 적은 지역은 부산으로 나타났다.

④ 2015년 1월 총 화재발생건수는 5만건을 넘으며, 총 화재인명피해는 1,800명이 넘는다.

⑤ 2015년 1월에 인구 1만명당 인명피해가 가장 많은 지역은 제주도, 가장 적은 곳은 대구·대전·울산광역시로 나타났다.

**38** **다음 〈표〉는 2015년 업종별 노동생산성지수 및 노동투입량지수에 대한 자료이다. 이에 대한 설명으로 옳지 않은 것만을 〈보기〉에서 모두 고르면?**

〈표 1〉 노동생산성지수

(2012 = 100)

| | 2015. 1/4 | 2015. 2/4 | 2015. 3/4 | 2015. 4/4 |
|---|---|---|---|---|
| 광업 | 112.8 | 121.0 | 124.9 | 125.0 |
| 제조업 | 119.5 | 120.6 | 118.8 | 121.2 |
| 건설업 | 66.1 | 71.4 | 63.7 | 72.0 |
| 운수업 | 107.1 | 105.1 | 105.1 | 100.9 |
| 도매 및 소매업 | 111.0 | 110.5 | 107.2 | 110.9 |
| 교육서비스업 | 98.3 | 91.0 | 94.1 | 91.7 |

〈표 2〉 노동투입량지수

(2012 = 100)

| | 2015. 1/4 | 2015. 2/4 | 2015. 3/4 | 2015. 4/4 |
|---|---|---|---|---|
| 광업 | 78.3 | 82.9 | 76.0 | 90.9 |
| 제조업 | 99.9 | 105.4 | 103.2 | 106.6 |
| 건설업 | 117.9 | 134.4 | 134.9 | 149.3 |
| 운수업 | 98.6 | 104.2 | 104.8 | 108.2 |
| 도매 및 소매업 | 95.2 | 99.8 | 101.4 | 101.9 |
| 교육서비스업 | 109.0 | 115.8 | 113.8 | 116.6 |

* 노동생산성지수 = $\frac{\text{산출량지수}}{\text{노동투입량지수}} \times 100$

* 노동투입량지수 = $\frac{\text{비교년, 분기노동투입량}}{\text{기준년노동투입량}} \times 100$

* 노동생산성지수가 높을수록 근로자 1인당 산출량이 높아진다.

**보 기**

ㄱ. 2015. 2/4 ~ 2015. 4/4의 기간 동안 광업은 매분기마다 전분기에 비해 근로자 1인당 산출량이 높아지고 있다.

ㄴ. 2015. 1/4 ~ 2015. 4/4의 기간 동안 도매 및 소매업은 운수업보다 근로자 1인당 산출량이 더 높게 나타나고 있다.

ㄷ. 2015. 2/4 ~ 2015. 4/4의 기간 동안 운수업의 산출량지수는 전분기에 비해 매분기마다 커지고 있다.

ㄹ. 2012년 건설업과 제조업의 각 분기별 노동투입량이 동일하다면 2015. 3/4 및 4/4의 기간동안의 건설업의 노동투입량은 제조업의 노동투입량보다 30% 이상 많다.

① ㄱ, ㄴ　② ㄱ, ㄷ　③ ㄱ, ㄹ
④ ㄴ, ㄷ　⑤ ㄴ, ㄹ

**※ 다음 〈표〉는 2015 ~ 2016시즌 A국가 프로축구 리그의 경기 결과를 일반적인 승점 계산 방식으로 정리한 것이다. 물음에 답하시오. [문 39 ~ 40]**

〈표〉 2015 ~ 2016 프로축구 경기 결과

| 순위 | 구단 | 승 | 무 | 패 | 골득실 |
|---|---|---|---|---|---|
| 1 | LEI | ( A ) | ( B ) | 3 | +32 |
| 2 | ARS | 20 | 11 | 7 | +29 |
| 3 | TOT | 19 | 13 | 6 | +34 |
| 4 | MCI | 19 | 9 | 10 | +30 |
| 5 | MUN | 19 | 9 | 10 | +14 |
| 6 | SOU | 18 | 9 | 11 | +18 |
| 7 | WHU | 16 | 14 | 8 | +14 |
| 8 | LIV | 16 | 12 | 10 | +13 |
| 9 | STK | 14 | 9 | 15 | -14 |
| 10 | CHE | 12 | 14 | 12 | +6 |
| 11 | EVE | 11 | 14 | 13 | +4 |
| 12 | SWA | 12 | 11 | 15 | -10 |
| 13 | WAT | 12 | 9 | 17 | -10 |
| 14 | WBA | 10 | 13 | 15 | -14 |
| 15 | CRY | 11 | 9 | 18 | -12 |
| 16 | BOU | 11 | 9 | 18 | -22 |
| 17 | SUN | 9 | 12 | 17 | -14 |
| 18 | NEW | 9 | 10 | 19 | ( C ) |
| 19 | NOR | 9 | 7 | 22 | ( D ) |
| 20 | AVL | 3 | 8 | 27 | -49 |

* 승점 계산 방식
- 일반적 방식: 승리 3, 무승부 1, 패배 0
- 특수한 방식: 승리 2, 무승부 0, 패배 -2
- 구단 순위는 기본적으로 승점을 통하여 결정되며, 승점이 동일한 경우에는 골득실까지 비교하게 된다. 골득실이란 구단의 득점에서 실점을 차감한 것이다.

* A국가 프로축구 리그에는 20개 팀만이 존재하며 각 팀당 38경기씩 치른 후의 결과이다.
* LEI팀은 어느 방식을 통하더라도 1위를 차지한다.

**39** 위의 자료를 토대로 판단할 때 옳지 않은 것만을 <보기>에서 모두 고르면?

보 기

ㄱ. 일반적인 방식으로 승점을 계산했을 때, 승점이 50점 이상인 구단은 절반 이상이다.
ㄴ. 특수한 방식으로 승점을 계산했을 때, 승점이 0점 미만인 구단의 수는 10개이다.
ㄷ. 일반적인 방식으로 승점을 계산했을 때, 무승부 경기의 수가 전체 팀경기의 1/3을 넘는 구단의 수는 6개이다.
ㄹ. LEI를 제외하고, 일반적인 방식으로 순위 결정 시 골득실까지 비교하게 되는 구단의 수는 6개이다.

① ㄱ, ㄴ ② ㄱ, ㄷ ③ ㄴ, ㄷ
④ ㄴ, ㄹ ⑤ ㄷ, ㄹ

**40** 위의 <표>의 A~D에 들어갈 수 있는 수가 바르게 연결된 것을 고르면?

| | A | B | C | D |
|---|---|---|---|---|
| ① | 23 | 12 | −21 | −27 |
| ② | 23 | 12 | −21 | −28 |
| ③ | 24 | 11 | −21 | −29 |
| ④ | 24 | 10 | −20 | −29 |
| ⑤ | 23 | 13 | −20 | −30 |

# 상황판단영역

## 01 다음 글을 근거로 판단할 때, <보기>에서 옳지 않은 것만을 모두 고르면?

접촉식 방식은 사람 몸이 전류를 흡수할 수 있는 특징을 이용한다. 유리의 양면에 얇고 투명한 특수 전도성 금속을 코팅하고 그 부위에 일정량의 전류가 흐르도록 한다. 그래서 사용자가 코팅된 유리 표면을 접촉하면 전류의 일부가 사용자의 체내에 흡수된다. 그러면 접촉된 부분의 전류량에 변화가 생기고, 이를 통해 터치스크린은 접촉 위치를 분석해 필요한 명령을 수행한다. 접촉식 방식의 터치스크린은 정전기와 같은 미세한 전류량의 변화도 감지하기 때문에 살짝만 접촉해도 반응을 하는데, 장갑을 끼고 접촉하면 사람의 몸이 전류를 흡수할 수 없어 반응하지 않는다.

저항막 방식의 터치스크린은 유리판 위에 저항막을 입히고 그 위에 덮어씌운 특수 필름 안쪽에도 저항막을 입힌 형태이다. 유리판과 특수 필름 사이에는 절연봉이 있어 유리판과 특수 필름은 일정한 간격을 유지하고 있다. 저항막에는 전류가 흐르고 있어 손가락이나 펜으로 스크린에 접촉하면 특수 필름의 저항막이 유리판 위의 저항막에 닿으면서 전압이 변하게 되고 이를 통해 접촉 위치를 감지한다. 저항막 방식은 손에 장갑을 낀 상태로도 작동하도록 할 수 있다. 또한 정전기와 같은 외적 요인의 영향을 접촉식보다 덜 받아 불필요하게 반응하는 경우가 적기 때문에 공장자동화 장비나 의료 장비 등에 많이 쓰인다.

기존의 터치스크린은 동시에 여러 정보를 입력하기가 어려웠고 점 이외의 정보를 인식하지 못했으나, 최근에 출시된 터치스크린은 다중 입력이 가능하고 선이나 면 등도 인식할 수 있다. 하지만 아직까지는 사용자가 구현하고자 하는 선과 면을 정교하게 처리하지 못하는 한계가 있다. 그리고 입력 속도 면에서 키보드나 마우스의 성능을 넘어서지 못하고, 가격이 비싸 소비자에게 적지 않은 부담을 안겨 주고 있다.

터치스크린이 기술적으로 해결해야 할 과제를 안고 있음에도 불구하고 전문가들은 터치스크린의 앞날을 매우 긍정적으로 보고 있다. 그 근거로 기술의 발전에 따라 여러 단점이 보완될 수 있다는 사실 외에도 차세대 영상 장치인 전자종이에 터치스크린이 기본적으로 내장될 것이라는 사실을 들고 있다. 구부리거나 둘둘 말아서 들고 다닐 수 있는 전자종이에 터치스크린 기술이 적용되면, 전자종이는 보다 편리한 사용자 환경을 제공하게 될 것이다. 이러한 활용 가능성은 터치스크린이 현재보다 미래에서 더욱 각광받게 될 것이란 사실을 보여 준다.

보 기

ㄱ. 터치스크린은 전자종이의 사용자 환경을 편리하게 만들 수 있다.
ㄴ. 저항막 방식은 접촉식 방식에 비해 정전기 등의 외적 요인의 영향을 더 받는다.
ㄷ. 접촉식 방식의 터치스크린은 유리 한 면에만 전도성 금속이 코팅되어 있다.

① ㄱ ② ㄷ ③ ㄱ, ㄴ
④ ㄴ, ㄷ ⑤ ㄱ, ㄴ, ㄷ

## 02 다음을 읽고 추론한 것으로 가장 옳지 않은 것은?

빅 데이터 시대가 도래하면서 기업들은 고객 데이터를 토대로 '구매 추천시스템'을 앞 다투어 도입하고 있다. 그러나 실제 이를 도입한 기업들이 언제나 성공을 거두는 건 아니다. 추천시스템은 모든 제품에 유용하다는 잘못된 믿음, 전사적 자원관리(ERP)처럼 패키지로 도입하면 한 방에 해결될 것이라는 생각이 실패를 낳는다. 또 오직 '제품만을 추천하는 게 추천시스템'이라는 오해도 문제이다.

추천시스템의 성공적 도입을 위해 기업들은 다음 네 가지 지침을 고려해야 한다. 첫째, 자신의 비즈니스에 추천시스템이 효과적인지부터 확인해야 한다. 추천시스템은 제품의 종류에 따라 효과 차이가 크게 난다. 보통 소비자의 상품 관여도가 낮은 라면이나 식료품 등의 '저관여 제품', 자동차 같은 지나친 '고관여 제품'에는 추천시스템이 잘 먹히지 않는다. 자신의 비즈니스와 제품군이 속한 위치를 먼저 파악해 볼 필요가 있다.

둘째, 소규모로 시작하고 다양한 실험을 통해 최적의 솔루션을 찾아야 한다. 추천시스템 기술 발전은 아직도 진행형이다. 현재의 기술을 갖고 대규모의 전사적 추천시스템을 도입하는 건 위험 부담이 크다. 소규모 시스템을 구축해 운영하면서 노하우를 쌓고 효과를 확인한 후에 대규모로 확장해도 늦지 않다. 어떤 분야에 적용하는 것이 효과적인지, 어떤 종류의 데이터를 사용하는게 더 좋은지 등을 계속 점검해봐야 한다. 셋째, 미래를 위해 다양한 데이터를 확보해 놓아야 한다. 마지막으로 고객에게 추천을 언제 어떻게 제시할지 고민해야 한다.

이 네 가지 지침을 잘 활용하면 성과를 높일 수 있다. 우선 자동차라는 제품에는 추천시스템이 맞지 않는다고 1차적 판단을 할 수 있다. 소규모로 적용해보고 다양한 데이터를 모은 다음 이를 기반으로 자동차라는 제품에는 맞지 않지만, 관련 상품이나 보증 연장에는 추천시스템이 적절하다고 판단할 수 있다. 이때 자동차 구입 고객들이 언제쯤 관련 상품을 구매하는지를 파악해 추천할 수 있다.

① 추천시스템은 상품의 관여도가 낮은 상품이거나 지나치게 높은 상품의 경우 최상의 효과를 얻기는 힘들다.
② 소규모 시스템을 통해 적용 노하우를 쌓아야 최적의 솔루션을 찾을 수 있다.
③ 다양한 데이터를 확보해 놓아야 미래 적용시 효과를 높일 수 있다.
④ 추천시스템이 모든 제품에 유용하지는 않으며, 제품만을 추천하는 것도 아니다.
⑤ 자동차의 경우 추천시스템을 활용하기에 적합한 형태의 제품이라고 볼 수 있다.

## 03 다음에서 추론한 것으로 가장 옳은 것은?

백의에 대한 일제의 탄압이 진행되는 와중에, 또 어쩌면 그렇기 때문에 더욱 더 '백의민족'이나 '백의인'이라는 표현을 자랑스럽게 생각하고, 한편에서는 백의를 이상화하는 경향이 생겨났다. '근대적 민족 만들기'의 일환으로, 그리고 또 '민족문화'를 고양하고자 하는 작업의 일환으로 백의가 활용된 것이다.

이러한 움직임의 대표적인 인물이 최남선인데, 그는 <조선상식문답>에서 "조선 민족이 백의를 숭상함은 아득한 옛날로부터 그러한 것으로서 … 그러면 이러한 풍속이 어째서 생겼느냐 하건대 대개 조선 민족은 옛날에 태양을 하느님으로 알고 자기네들은 이 하느님의 자손이라고 믿었는데 태양의 광명을 표시하는 의미로 흰 빛을 신성하게 알아서 흰 옷을 자랑 삼아 입다가 나중에는 온 민족의 풍속을 이루고 만 것입니다"라고 쓰고 있다. 즉 백의를 좋아한 것을 태양 숭배와 연결하고, 백의를 흰색의 종교적 상징과 결부시켜 해석하고 있는 것이다.

유창선도 <동아일보>에 연재한 글에서 백의에 대한 경제기원설과 국상기원설을 비판하고, 종교기원설을 주장하고 있다. 동북아시아 민족은 하늘을 상징할 때 백색으로 하였고, 따라서 백색은 가장 상서로운 색이라는 것이다. 유창선은 예전에는 동북아시아의 대부분의 민족이 백의를 입었는데, 이제 와서는 다른 민족에는 이러한 풍습이 사라졌지만, 조선 민족만이 백의 풍습을 유지하고 있는 것은 우리 민족이 다른 민족과 달리 하늘을 섬기는 종교적 심성과 순수한 성격을 가지고 있기 때문이라는 것이다. 이렇게 되어 백의 풍습은 우리 민족의 위대성의 징표가 된다는 것이다.

실제로 현실에서 백의가 탄압받은 것도 상징 차원에서였다. 일제가 표면적으로 내세운 바와 같이 백의가 경제적으로 비효율적이기 때문에 백의를 탄압한 것이 아니라 백의가 근대적 가치를 수용했느냐 아니냐를 보여주는 하나의 리트머스 시험지와 같은 역할을 한다고 보았기 때문에 백의를 탄압한 것이다. 즉, 백의는 겉으로 드러나는 것이었기 때문에 상투와 마찬가지로 전통적 생활양식의 표상으로 작용했던 것이다.

① 최남선과 유창선은 모두 조선 민족이 백색을 태양과 하늘을 상징하는 색으로 여겨 백의를 입는 전통을 갖게 되었다고 주장했다.
② 유창선은 동북아시아의 모든 민족이 과거에는 하늘을 섬기는 종교적 심성과 순수한 성격을 가지고 있었다고 생각했다.
③ 백의는 일제의 탄압에 대한 저항의 의미로 조선인의 생활에서 반드시 지켜야 할 전통복식 문화로 인식되었다.
④ 일제시대에 백의를 입는 것은 상징적인 측면에서 근대적 가치의 수용여부를 판가름할 수 있는 척도가 되었다.
⑤ 일제는 백의가 전근대적인 전통 복식문화임을 표면적으로 주장하며 백의 착용을 탄압하였다.

## 04 다음 〈정보〉는 7개 회사(A, B, C, D, E, F, G)의 15년도 매출실적 조사를 나타낸 것이다. 이를 바탕으로 추론할 때 반드시 참인 것만을 〈보기〉에서 모두 고르면?

정 보

○ F회사의 매출액은 C회사 매출액의 두 배이다.
○ B회사의 매출액은 D회사의 매출액의 절반과 같다.
○ G회사의 매출액은 E회사와 F회사의 매출액을 합한 것과 같다.
○ A회사의 매출액은 C회사, D회사, E회사의 매출액을 합한 것과 같다.
○ G회사의 매출액은 D회사, F회사, A회사의 매출액 합의 절반과 같다.
○ D회사의 매출액은 2조원이며 E회사의 매출액은 A회사 매출액의 절반과 같다.

보 기

ㄱ. G회사의 매출액이 가장 많다.
ㄴ. B회사의 매출액은 C회사의 매출액과 같다.
ㄷ. F회사의 매출액은 D회사의 매출액보다 많다.

① ㄱ
② ㄴ
③ ㄱ, ㄷ
④ ㄴ, ㄷ
⑤ ㄱ, ㄴ, ㄷ

## 05 다음 〈조건〉과 〈표〉를 적용하여 추론한 것으로 옳은 것만을 〈보기〉에서 모두 고르면?

조 건

○ 은수의 집에서 거리가 20㎞ 이상인 도서관은 두 곳이다.
○ 은수의 집에서 거리가 10㎞ 이상인 도서관은 네 곳이다.
○ 민하의 집에서 거리가 20㎞ 이상인 도서관은 한 곳이다.
○ 민하의 집에서 거리가 15㎞ 이상인 도서관은 네 곳이다.

〈표〉 은수와 민하의 집에서 도서관까지의 거리순위

| 도서관 | 은수집 에서 도서관까지의 거리순위 | 민하집 에서 도서관까지의 거리순위 |
|---|---|---|
| A | 1 | 6 |
| B | 6 | 3 |
| C | 5 | 4 |
| D | 2 | 5 |
| E | 3 | 2 |
| F | 4 | 1 |

* 순위의 숫자가 작을수록 집에서 해당 도서관까지 거리가 가까움

보 기

ㄱ. 은수의 집에서 가장 거리가 가까운 도서관은 민하의 집에서 가장 멀다.
ㄴ. 은수의 집에서 A도서관까지의 거리와 민하의 집에서 A도서관까지의 거리의 합은 30㎞ 이상이다.
ㄷ. 은수의 집에서 10㎞ 이상 20㎞ 미만이면서 민하의 집에서 거리가 10㎞ 이상 20㎞ 미만인 도서관은 한 곳이다.
ㄹ. B도서관은 은수와 민하의 집으로부터 각각 15㎞ 이상 떨어져 있다.

① ㄱ, ㄷ
② ㄱ, ㄹ
③ ㄴ, ㄷ
④ ㄱ, ㄴ, ㄷ
⑤ ㄴ, ㄷ, ㄹ

## 06 다음을 읽고 추론한 것으로 가장 옳은 것은?

양면시장이란 무엇인가를 이해하는 데 있어서 중요한 개념이 네트워크 외부성(network externalities)이라는 개념이다. 양면시장이 되기 위해서는 어떤 제품 혹은 서비스에 대해 두 가지 상이한 고객 집단이 존재해야 한다. 이들 고객 집단을 각각 A집단, B집단이라고 하자. 양면시장에서의 네트워크 외부성은 교차 네트워크(cross network) 효과라고도 불리는데, A집단의 크기가 커질수록 B집단에 속한(혹은 속할) 고객이 제품에 대해 인지하는 가치가 커지게 되는 경우를 일컫는다.

양면시장의 대표적인 예인 신용카드를 생각해보자. 신용카드의 고객 집단에는 카드를 이용해 대금을 결제하는 구매자 고객 집단이 있고 또한 카드로 대금을 받는 가맹점 고객 집단이 있다. 특정 신용카드를 소지한 구매자가 많으면, 상점들은 그 신용카드의 가맹점이 되고 싶어 할 것이다. 또 그 신용카드를 받아주는 가맹점이 많으면 구매자들은 그 신용카드가 유용하다고 느낄 것이다. 이러한 속성 때문에 양면시장을 가지는 제품 혹은 서비스는 일반적으로 고객 집단 A와 B를 연결시켜주는 플랫폼 혹은 매치메이커(matchmaker)의 역할을 하게 된다.

이처럼 양면시장에서는 A집단이 성장하면 B집단이 성장하고 이 결과로 A집단이 성장하는 선순환이 발생하는 특성을 지니고 있다. 반대로 이야기하면, A집단이 성장하지 못하면 B집단이 성장하기 어렵고 따라서 A집단의 성장이 지속적으로 어려운 악순환에 놓일 수도 있다는 것이다. 양면시장의 이러한 네트워크 효과는 산업 초기에 극심한 경쟁 인센티브로 작용한다. 일단 선순환에 들어선 플랫폼은 시장을 주도할 것이며, 그렇지 못한 플랫폼은 퇴출되는 것이 자명한 승자 독식(winner-take-all) 시장이므로 산업 초기에 몸집을 키우려는 플랫폼 간 경쟁이 매우 치열한 것이 특징이다.

이러한 극심한 경쟁으로부터의 생존전략은 무엇일까? 먼저 양면시장에서의 전략을 설계할 때 필연적으로 고려해야 하는 것이 마케팅 활동의 외부성이다. 어떤 마케팅 활동에 대해 의사 결정을 내리기 위해서는 그 활동의 효과에 대한 평가가 필요한데, 양면시장에서는 특정 고객 집단에 대한 마케팅 활동의 효과를 해당 고객 집단으로부터의 반응만으로만 평가해서는 안 되고, 해당 고객 집단이 커짐으로써 다른 고객집단이 인지하는 제품 가치가 커지는 효과를 같이 고려해야 한다. 이 특성은 가격 전략 측면에서 가장 잘 부각된다.

① 양면시장 서비스나 재화는 서로 다른 두 고객층 중 한 고객층만을 골라 공략해야 한다.
② 산업후기로 갈수록 극단적인 플랫폼 간 경쟁이 치열한 양상을 보일 것 이다.
③ 마케팅 효과를 평가할 때는 타깃 고객군의 반응을 정량 · 정성 조사를 통해 파악해야 한다.
④ 일단 한 플랫폼의 교차 네트워크 효과가 구축되면 승자 독식 상태로 흐르게 된다.
⑤ 신용카드 시장은 롱테일 법칙과 파레토의 법칙에 의해 양면시장이 형성될 여지가 없다.

## 07 다음 법규정을 근거로 추론할 때 가장 옳지 않은 것은?

**제5조(기한의 특례)**

① 이 법 또는 세법에 규정하는 신고·신청·청구 기타 서류의 제출·통지·납부 또는 징수에 관한 기한이 공휴일·토요일 또는 「근로자의 날 제정에 관한 법률」에 따른 근로자의 날에 해당하는 때에는 공휴일·토요일 또는 근로자의 날의 다음 날을 기한으로 한다.

② 이 법 또는 세법에서 규정하는 신고 또는 납부기한일에 국세정보통신망이 대통령령이 정하는 장애로 가동이 정지되어 전자신고 또는 전자납부(이 법 또는 세법에 의하여 납부할 국세 및 가산금을 정보통신망에 의하여 납부하는 것을 말한다.)를 할 수 없는 경우에는 그 장애가 복구되어 신고 또는 납부할 수 있게 된 날의 다음날을 기한으로 한다.

**제6조(천재지변 등으로 인한 기한의 연장)**

① 천재지변 기타 대통령령이 정하는 사유로 인하여 이 법 또는 세법에 규정하는 신고·신청·청구 기타 서류의 제출·통지·납부를 정하여진 기한까지 할 수 없다고 인정하거나 납세자의 신청이 있는 경우에는 관할세무서장은 그 기한을 연장할 수 있다.

② 제1항의 규정에 의하여 납부기한을 연장하는 경우 관할세무서장은 납부할 금액에 상당하는 담보의 제공을 요구할 수 있다. 다만, 대통령령이 정하는 사유가 발생한 때에는 그러하지 아니하다.

**제7조(송달지연에 따른 납부기한의 연장)**

납세고지서·납부통지서·독촉장 또는 납부최고서를 송달한 경우에 도달한 날에 이미 납부기한이 지났거나 도달한 날로부터 14일 이내에 납부기한이 도래하는 것에 대하여는 도달한 날로부터 14일이 지나는 날을 납부기한으로 한다. 다만 「국세징수법」 제14조의 제2항의 규정에 따른 고지의 경우 당해 고지서가 도달한 날에 이미 납부기한이 지난 때에는 그 도달한 날을 납부기한으로 하고, 당해 고지서의 도달 후 납부기한이 도래하는 때에는 그 도래하는 날을 납부기한으로 한다.

① 강원도 산골마을에 폭설이 내려 마을 주민 전원이 고립되어 납부를 할 수 없게 된 경우 관할세무서장은 납부기한을 연장할 수 있다.

② 세무서가 2016년 12월 24일에 납세고지서를 발송하였다. 고지서상 납세기한은 2017년 1월 2일이었다. 그런데 고지서가 우체국의 실수로 인하여 12월 31일에 도달하였다. 이 경우 납세기한은 2017년 1월 14일이 된다.

③ 전자납부만 가능한 법인세를 납부하기 위해 서류상 고지된 납부기한 마지막 날에 납부를 하려 하였는데, 대통령령으로 정하는 정보통신망상의 장애로 인하여 납부를 할 수가 없었다. 이 경우 장애가 복구된 날의 다음날까지 법인세를 납부하면 된다.

④ 천재지변이 발생하여 납세자의 신청으로 관할세무서장이 기한을 연장하면서 납부할 금액에 상당하는 담보의 제공을 요구할 수 있다.

⑤ 소득세의 부과기준이 되는 자영업자의 소득액 신고서류 제출 기한의 마지막 날이 토요일이라면 바로 그 다음날이 신고서류 제출기한이 된다.

## 08 다음 〈상황〉의 사실관계를 〈보기〉의 내용에 근거하여 판단할 때 옳지 않은 것은?

**상 황**

X는 부동산임대업을 할 목적으로 Y로부터 건물을 매수하였고 계약의 이행이 이루어졌다. 그 후 7개월 후, 건물의 하자를 발견한 X는 지체 없이 Y에게 건물매매 계약의 취소를 요구하였다.

**보 기**

○ 상법 제5조 및 제46조에 의하면, "부동산의 임대차를 영업으로 하면 이를 상행위로 보고 상행위를 하면 상인의 자격을 가진다."라고 되어 있으며, 상법 제47조에 의하면 "상인이 영업을 위하여 하는 행위는 상행위로 보고" 있으며, "상인의 행위는 영업을 위하여 하는 것으로 추정한다."라고 규정되어 있다.

○ 상법 제69조 제1항에 의하면, "상인 간의 매매에 있어서 매수인이 목적물을 수령한 때에는 지체 없이 이를 검사하여야 하며 하자 또는 수량의 부족을 발견한 경우에는 즉시 매도인에게 그 통지를 발송하지 아니하면 이로 인한 계약해제, 대금감액 도는 손해배상을 청구하지 못한다. 매매의 목적물에 즉시 발견할 수 없는 하자가 있는 경우에 매수인이 6월 내에 이를 발견한 때에도 같다."라고 규정되어 있다.

○ 민법 제575조, 제580조, 제582조에 의하면, "민사매매의 경우 매수인은 목적물의 하자를 안 날로부터 6월내에 계약의 해제 또는 손해배상청구권을 행사할 수 있다."라고 되어 있다.

① Y가 책임을 부담하는가를 판단하기 위해서 우선 확인되어야 할 사항은 X와 Y가 해당 거래 시점에 상인이었는지의 여부이다.

② X가 상인의 자격을 가졌고 Y는 상인의 자격을 가지지 못했다면, Y는 X에 대하여 건물의 하자에 대한 책임을 져야 한다.

③ X가 상인의 자격을 가지지 못했고 Y는 상인의 자격을 가졌다면, X는 Y에 대하여 건물의 하자에 대한 책임을 물을 수 없다.

④ X와 Y가 모두 상인의 자격을 가졌다면, X는 Y에 대하여 책임을 물을 수 없다.

⑤ X와 Y가 모두 상인의 자격을 가지지 못했다면, X는 Y에 대하여 책임을 물을 수 있다.

## 09 다음 글과 〈조건〉을 근거로 추론할 때 옳지 않은 것은?

월요일부터 수요일까지 3일 동안 서림동 보건소장은 정확히 6개의 건축물의 위생검사를 실시해야 한다. 3개는 호텔(A, B, C)이고, 3개는 고급식당(P, Q, R)이다. 하루에 딱 두 개의 건축물만 위생검사를 받고, 한 번은 오전에 한 번은 오후에 실시된다. 위생검사는 반드시 다음 <조건>에 따라 실시되어야 한다.

**조 건**

○ 호텔들은 수요일에 위생검사를 받지 않는다.
○ A호텔은 B호텔보다 먼저 위생검사를 받는다.
○ A호텔은 P식당과 같은 날 위생검사를 받지 않는다.
○ 만약, R식당이 오전에 위생검사를 받는다면, C호텔도 오전에 위생검사를 받는다.

① 월요일부터 수요일까지 위생검사를 받는 오전 순서표로 C호텔-B호텔-Q식당일 수 있다.
② A호텔과 Q식당이 반드시 같은 날에 위생검사를 받아야 한다면, 월요일에 위생검사를 받아야 한다.
③ 만약 A호텔이 화요일에 위생검사를 받는다면, 월요일부터 수요일까지 위생검사를 받는 오후 순서표로 C호텔-Q식당-R식당일 수 있다.
④ 만약 P식당이 월요일 오전에 위생검사를 받는다면, Q식당은 반드시 수요일 오전에 위생검사를 받아야 한다.
⑤ 만약 A호텔이 월요일 오전에 위생검사를 받고 R식당이 수요일 오전에 위생검사를 받는다면, C호텔은 화요일 오전에 위생검사를 받는다.

## 10 다음 글과 〈상황〉을 근거로 판단할 때, 〈보기〉에서 옳은 것만을 모두 고르면?

○ 주택을 소유하고 해당 주택에 거주하는 가구만을 대상으로 그 보수 필요 정도(경·중·대보수)에 따라 아래와 같이 주택보수비용을 지원

〈주택보수비용 지원 내용〉

| 구분 | 경보수 | 중보수 | 대보수 |
|---|---|---|---|
| 보수항목 | 도배 혹은 장판 | 수도시설 혹은 난방시설 | 지붕 혹은 기둥 |
| 주택당 보수비용 지원한도액 | 350만 원 | 650만 원 | 950만 원 |

○ 소득인정액에 따라 위 보수비용 지원한도액의 80~100%를 차등지원

| 구분 | 중위소득 25% 미만 | 중위소득 25% 이상 35% 미만 | 중위소득 35% 이상 43% 미만 |
|---|---|---|---|
| 지원율 | 100% | 90% | 80% |

**상 황**

○ 甲은 현재 거주하고 있는 A주택의 소유자이며, 소득인정액이 중위소득 30%에 해당한다. A주택의 노후도 평가 결과, 난방시설의 수선이 필요하다고 파악되었다.
○ 乙은 丙 소유 B주택의 세입자이며, 소득인정액이 중위소득 33%에 해당한다. B주택의 노후도 평가 결과, 수도시설의 수선이 필요하다고 파악되었다
○ 丁은 C주택과 D주택을 소유하고 있으며, D주택에 거주하고 있다. 노후도 평가 결과, C주택은 장판의 수선이 필요하다고 파악되었으며, D주택은 별다른 보수가 필요하지 않았다. 丁의 소득인정액은 중위소득 42%에 해당한다.

**보 기**

ㄱ. 乙이 지원받을 수 있는 주택보수비용의 최대액수는 585만 원이다.
ㄴ. 丁이 지원받을 수 있는 주택보수비용의 최대액수는 280만 원이다.
ㄷ. 甲이 지원받을 수 있는 주택보수비용의 최대액수는 乙과 丁이 지원받을 수 있는 주택보수비용의 최대액수의 총합보다 크다.

① ㄱ
② ㄴ
③ ㄷ
④ ㄱ, ㄴ
⑤ ㄱ, ㄷ

## 11 다음 글과 <보기>를 바탕으로 추론할 때 반드시 참이라고 볼 수 없는 것은?

마요 엔터테인먼트는 Red팀, Yellow팀, Blue팀에 소속되어 있는 연습생 A, B, C, D, E, F, G를 이동시키기로 하였다. 이들은 각 팀마다 적어도 2명씩 소속되어 있으며 이동은 자신이 속해 있는 팀에서 다른 팀으로 이동하는 것을 말한다. 단, 이동은 연습생 개인별로 각각 한번씩만 가능하다.

**보 기**

○ 적어도 2명이 Red팀으로 이동을 한다.
○ 이동 후, C는 Red팀 소속이 아니고 E는 Blue팀 소속이 아니다.
○ B와 G는 Blue팀으로 이동을 하고, C와 D는 Yellow팀으로 이동을 한다.
○ 이동 전, A와 B가 Yellow팀 소속이면 F와 G는 Blue팀 소속이다.
○ 이동 전, A는 B와 같은 팀이고 F는 G와 같은 팀이다.

① 이동한 사람은 모두 6명이다.
② C와 D의 원소속팀은 Blue팀이다.
③ F는 Yellow팀에서 Red팀으로 이동한다.
④ C와 E는 각각 다른 팀으로 이동한다.
⑤ A의 원소속팀은 Red팀이다.

## 12 다음의 <조건>과 같은 사실이 밝혀진 경우, 해외파 공격수는 모두 몇 명인가?

**조 건**

대한민국 축구 대표팀의 인원은 골키퍼를 제외하고 총 21명이며, 국내파와 해외파, 공격수와 수비수로 구성되어 있다.
○ 수비수의 수는 공격수의 수보다 많다.
○ 국내파 공격수, 국내파 수비수, 해외파 공격수, 해외파 수비수는 적어도 1명 이상 포함되어 있다.
○ 공격수는 국내파의 수가 더 많고, 수비수의 경우 국내파와 해외파의 수는 동일하다.
○ 해외파 공격수의 수는 해외파 수비수의 수의 1/2 이상이다.
○ 국내파 공격수의 수는 국내파 수비수의 수와 동일하다.

① 1명
② 2명
③ 3명
④ 4명
⑤ 5명

## 13 다음 <상황>과 <표>를 근거로 판단할 때, B의 점수는 몇 점인가?

**상 황**

A, B, C, D 네 명의 학생이 ○×퀴즈 방식의 시험을 보았다. 전체 문제 수는 10문제이며, 한 문제당 맞으면 10점을 부여하고, 틀리면 3점을 감점하는 방식으로 점수를 매긴다. A, B, C, D가 답안지에 적은 답과 A, C, D의 점수는 아래 표와 같다.

※ 아래 표의 '답안 내용' 중 '○'라는 표시는 해당 학생이 '○'로 적었다는 뜻이며, 그 항목을 맞췄다는 뜻이 아니다.

〈표〉

| 문항 | A의 답안 내용 | B의 답안 내용 | C의 답안 내용 | D의 답안 내용 |
|---|---|---|---|---|
| 1 | ○ | ○ | ○ | ○ |
| 2 | × | × | × | × |
| 3 | × | × | × | × |
| 4 | × | × | × | × |
| 5 | ○ | ○ | ○ | ○ |
| 6 | × | × | ○ | ○ |
| 7 | ○ | ○ | × | × |
| 8 | × | × | × | × |
| 9 | × | ○ | × | ○ |
| 10 | ○ | × | ○ | × |
| 점수 | 74 | | 48 | 74 |

① 100
② 87
③ 74
④ 61
⑤ 48

**14** **'남준, 윤기, 석진, 호석, 지민, 태형, 정국' 7명의 친구들끼리 게임을 해서 벌칙을 받을 사람 1명을 선정하고자 한다. 다음의 게임 〈규칙〉과 〈결과〉에 근거할 때, 게임 종료 시까지 사용된 계란의 총 개수로 가능한 것은?**

규 칙

○ 남준, 윤기, 석진, 호석, 지민, 태형, 정국 순으로 계란을 1개씩 고르고 나면 한 라운드가 끝난다.
○ 계란은 삶은 계란과, 생 계란이 있으며, 삶은 계란을 1개 고른 사람은 벌칙에서 제외된다.
○ 벌칙에서 제외될 사람이 결정되면 해당 라운드는 중단되고 다음 라운드가 시작되며 계란 고르는 순서는 거꾸로 돌아간다.
○ 이와 같은 과정을 반복하여 맨 마지막까지 삶은 계란을 고르지 못하고 남는 한 사람이 벌칙을 받는다.

결 과

○ 3라운드에서 '윤기'가 참가자 중 처음으로 벌칙에서 제외되었고, 4라운드에서 '호석'이 벌칙에서 제외되었으며, 5라운드에서 '정국'이, 6라운드에서 '태형'이 벌칙에서 제외되었으며, 7라운드에서는 '지민'이 제외되었으며 8라운드에서 '석진'이 벌칙자로 선정되었다.

① 25
② 27
③ 30
④ 31
⑤ 33

**15** **다음은 어느 조직의 홍보활동에 대한 기관평가표이다. 평가기준에 따를 때 A조직이 얻는 총 점수는 몇 점인가?**

A조직(총정원 7인)은 분기마다 각각 경로당 강의를 하였는데 120명을 대상으로 2회, 110명 1회, 90명 1회, 40명 3회 등 총 7회 개최하였다. 그리고 경찰서와 1회, 시민단체와 3회의 간담회를 추진하여 홍보활동을 강화하였다. 특히 방문, 면담 활동을 활발히 하여 총 15회나 다른 기관이나 단체의 대표자를 만났다. 그에 반해 청소년 연수는 실적이 없어 다음해에는 이에 대한 보완대책을 세우고 있다. 그리고 하반기에 추진한 조직의 특화사업인 마라톤 대회에 대한 평가결과 우수위원회로 선정되었으며 공지사항 등 관리가 16회 정도 있었다.

| 구분 | 평가요소 | 산출기준 | 최대점수 | 비고 |
|---|---|---|---|---|
| 상시 홍보 활동 | 상시홍보 강의 | - 강의대상자별 건당<br>10명이상 : 0.2<br>40명이상 : 0.3<br>100명이상 : 0.5 | 4점 | - 방문, 면담 활동은 최대점수의 20%, 그 외의 분야는 60%까지만 평가에 산입함 |
| | 청소년 연수 | - 학교건당 0.1<br>- 강사개인점수 40명이상 : 0.4 | | |
| | 유관기관,시민단체와의 간담회 | - 건당 0.3 | | |
| | 방문, 면담 활동 | - 건당 0.1 | | |
| 특화사업 | 추진활동 | 탁월 : 최대점수의 100%<br>우수 : 최대점수의 90%<br>보통 : 최대점수의 80% | 정원6인 : 3.3<br>정원7인 : 3.6<br>정원8인 : 4.2 | |
| 홈페이지 관리 | 공지사항 등 관리 | - 건당 0.05 | 1점 | |

① 9.44
② 9.14
③ 8.74
④ 8.44
⑤ 7.74

**16** **다음 글과 법규정을 바탕으로 추론할 때 옳지 않은 것만을 〈보기〉에서 모두 고르면?**

골동품가게 주인 甲은 乙에게 감정가 1억 원의 작품을 매매하는 계약을 체결하고 계약금으로 1천만 원을 받았다. 乙은 3일 후 잔금을 지급하고 그 작품을 가져가기로 약정하였는데 계약 다음날 甲 가게에 화재가 발생하여 그 작품이 소실되었다.

**제537조(채무자위험부담주의)** 쌍무계약의 당사자일방의 채무가 당사자쌍방의 책임 없는 사유로 이행할 수 없게 된 때에는 채무자는 상대방의 이행을 청구하지 못한다.

**제538조(채권자귀책사유로 인한 이행불능)** ① 쌍무계약의 당사자일방의 채무가 채권자의 책임 있는 사유로 이행할 수 없게 된 때에는 채무자는 상대방의 이행을 청구할 수 있다. 채권자의 수령지체 중에 당사자 쌍방의 책임 없는 사유로 이행할 수 없게 된 때에도 같다.

② 전항의 경우에 채무자는 자기의 채무를 면함으로써 이익을 얻은 때에는 이를 채권자에게 상환하여야 한다.

보 기

ㄱ. 화재의 원인에 대해 甲·乙 어느 누구에게도 귀책사유가 없는 경우 甲은 乙에게 9천만 원의 지급을 청구할 수 있다.
ㄴ. 乙의 과실에 의해 화재가 발생한 경우에는 甲은 乙에게 9천만 원의 지급을 청구할 수 없다.
ㄷ. 만약 乙이 수령을 계속하여 미루고 있던 중 며칠 뒤 원인을 알 수 없는 화재가 발생한 경우에는 甲은 乙에게 9천만 원의 지급을 청구할 수 있다.

① ㄱ
② ㄴ
③ ㄱ, ㄴ
④ ㄴ, ㄷ
⑤ ㄱ, ㄴ, ㄷ

**17** **다음 법규정을 근거로 추론할 때 가장 옳은 것은?**

**제24조(소방활동 종사 명령)** ① 소방본부장, 소방서장 또는 소방대장은 화재, 재난·재해, 그 밖의 위급한 상황이 발생한 현장에서 소방활동을 위하여 필요할 때에는 그 관할구역에 사는 사람 또는 그 현장에 있는 사람으로 하여금 사람을 구출하는 일 또는 불을 끄거나 불이 번지지 아니하도록 하는 일을 하게 할 수 있다. 이 경우 소방본부장, 소방서장 또는 소방대장은 소방활동에 필요한 보호장구를 지급하는 등 안전을 위한 조치를 하여야 한다.

② 시·도지사는 제1항 전단에 따라 소방활동에 종사한 사람이 그로 인하여 사망하거나 부상을 입은 경우에는 보상하여야 한다.

③ 제1항에 따른 명령에 따라 소방활동에 종사한 사람은 시·도지사로부터 소방활동의 비용을 지급받을 수 있다. 다만, 다음 각 호의 어느 하나에 해당하는 사람의 경우에는 그러하지 아니하다.

1. 소방대상물에 화재, 재난·재해, 그 밖의 위급한 상황이 발생한 경우 그 관계인
2. 고의 또는 과실로 화재 또는 구조·구급 활동이 필요한 상황을 발생시킨 사람

**제25조(강제처분 등)** ① 소방본부장, 소방서장 또는 소방대장은 사람을 구출하거나 불이 번지는 것을 막기 위하여 필요할 때에는 화재가 발생하거나 불이 번질 우려가 있는 소방대상물 및 토지를 일시적으로 사용하거나 그 사용의 제한 또는 소방활동에 필요한 처분을 할 수 있다.

② 소방본부장, 소방서장 또는 소방대장은 사람을 구출하거나 불이 번지는 것을 막기 위하여 긴급하다고 인정할 때에는 제1항에 따른 소방대상물 또는 토지 외의 소방대상물과 토지에 대하여 제1항에 따른 처분을 할 수 있다.

③ 소방본부장, 소방서장 또는 소방대장은 소방활동을 위하여 긴급하게 출동할 때에는 소방자동차의 통행과 소방활동에 방해가 되는 주차 또는 정차된 차량 및 물건 등을 제거하거나 이동시킬 수 있다.

④ 시·도지사는 제2항 또는 제3항에 따른 처분으로 인하여 손실을 입은 자가 있는 경우에는 그 손실을 보상하여야 한다. 다만, 제3항에 해당하는 경우로서 법령을 위반하여 소방자동차의 통행과 소방활동에 방해가 된 경우에는 그러하지 아니하다.

① 소방대장이 필요에 의해서 화재 현장에 있는 사람에게 화재진압을 위한 활동을 하도록 요청한 경우, 요청에 응한 사람의 안전에 대해 소방대장은 어떠한 의무도 지지 않는다.
② 법24조 1항에 의해 요청을 받은 사람이 화재발생물의 소유주라면 화재 진압 중에 부상을 입었다면 요청을 한 소방본부장, 소방서장 또는 소방대장은 보상을 하여야 한다.
③ 고의로 화재를 발생 시킨 사람이 현장에 있다면, 소방서장 등은 이 사람에게 반드시 소방 활동을 요청해야 한다.
④ 화재 진압을 위해서 현장 인근에 주차된 차량을 이용하다가 손해를 입힌 경우 안전행정부장관이 보상을 해야 한다.
⑤ 화재 진압을 위해서 소방차가 출동하는 경우 주차가 허용되지 아니한 지역에 불법 주차로 인해 소방활동에 방해가 되는 차량을 옮기다가 파손된 경우 보상을 하지 않을 수 있다.

**18** 다음은 〈정당행사와 관련한 기부행위의 범위〉에 대한 내용이다. 기부행위의 범위에 해당하지 않는 것만을 〈보기〉에서 모두 고르면?

○ 창당·합당·개편·후보자 선출대회
- 참석대상 : 소속 당원, 전직 국회의원등 원로정치인을 포함한 사회통념상 인정되는 범위 안에서의 내빈, 초청된 언론인
- 허용사례 : 교재, 기타 정당의 홍보인쇄물, 싼값의 정당의 배지나 상징마스코트, 통상적인 범위에서 차·커피등 음료
- 금지사례 : 허용사례 외의 금품 등을 주는 행위(선물·기념품 포함)

○ 당직자 회의 : 언제든지 개최가능하나, 정당의 대표자가 참석하여야함.(다만 부득이한 사유가 있는 경우 그 직무대행자가 참석하는 경우도 포함)
- 참석대상 : 구·시·군 단위 이상의 지역책임자급 간부와 시·도 수의 10배수에 상당하는 상위직의 간부
- 허용사례 : 교재, 기타 정당의 홍보인쇄물, 싼값의 정당의 배지나 상징마스코트, 통상적인 범위에서 식사류의 음식물
- 금지사례 : 허용사례 외의 금품 등을 주는 행위(선물·기념품 포함)

○ 당무회의 : 언제든지 개최 가능
- 참석대상 : 각급 당무의 대표자·책임자 또는 유급 당직자
- 허용사례 : 정당의 경비로 식사류의 음식물

○ 신년회·송년회
- 참석대상 : 소속당원
- 허용사례 : 정당의 경비로 다과류의 음식물

보 기

ㄱ. A정당은 후보자선출대회에 소속당원과 기자 및 원로정치인을 초대하여 간단한 음료를 제공하였다.
ㄴ. C정당 대표는 당무회의에 참석한 유급당직자들에게 식사 값으로 격려금을 전달하였다.
ㄷ. D정당은 정당 대표가 개인용무로 불참하여 부대표가 개최하는 당직자 회의에서 1인당 250만원 상당의 순금으로 제작된 마스코트를 제공하였다.
ㄹ. E정당은 신년맞이 행사를 개최하면서 정당 경비로 커피와 간단한 간식거리를 준비하여 당원들과 당 운영방향을 논의하였다.

① ㄱ, ㄴ ② ㄱ, ㄷ ③ ㄴ, ㄷ
④ ㄴ, ㄹ ⑤ ㄷ, ㄹ

※ 다음 글을 읽고 물음에 답하시오. [문 19 ~ 20]

석유는 주로 고대 바다의 단세포 유기체들인 수중식물과 동물의 잔해가 수백 만 년 동안 침전 및 퇴적을 거치면서 생성되었다. 고대 생물 중 특히 수중생물, 그것도 아주 작은 유기체들에 의해서만 석유가 생성되었다는 사실에 의아해할 사람도 있겠지만 그것은 식물성 또는 동물성 플랑크톤이 크기는 작아도 그 숫자는 상상할 수 없을 정도로 많으며 퇴적 및 보존이 큰 생물보다는 용이하기 때문이다.

중생대에 많이 살았던 공룡도 석유가 될 가능성은 매우 낮다. 육상 환경에서는 산화작용을 쉽게 받아 빨리 분해되기 때문에 유기물로 보존되기는 어렵다. 유기물 잔해는 침전 및 퇴적이 진행된 이후 박테리아의 분해활동을 통하여 탄소와 산소가 풍부한 물질로 변화하는데 이를 불용성 고분자화합물인 '케로젠(Kerogen)'이라고 한다. 다시 많은 시간이 흐르면서 지층의 압력과 열을 통해 유기 잔류물이 증발된 뒤 생성된 석유는 근원암에 퇴적되며, 다시 상부 지층의 압력에 의해 근원암에서 저류암으로 이동하게 된다. 석유가 많이 발견되려면 저류암이 압력을 받아도 공극이 그리 작아지지 않아야 한다. 공극이란 암석 내의 곳곳에 비어 있는 부분으로 석유가 실제 저장되어 있는 곳이다. 따라서 공극이 많은 암석일수록 더 많은 석유를 저장할 수 있고 뽑아내기도 용이하다.

석유성분이 잘 보존된 퇴적암을 이루기 위해서는 다음과 같은 세 가지 조건이 필요하다. 첫째, 생물의 유해는 공기와 접촉하면 산화되므로 석유 근원암이 퇴적되려면 산소가 차단된 환경이 필요하다. 이런 환경은 잔잔한 호수나 바다에서 발달하기 쉽다. 석유 근원암은 주로 셰일과 같은 쇄설암이나 석회암, 백운암과 같은 탄산염암 또는 사암으로 이루어지는데, 이들 암석은 유기물과 산소의 접촉을 막는 환경에서 잘 퇴적된다. 둘째, 퇴적된 유기물이 석유가 되려면 열이 필요하다. 원유는 약 60~120도에서, 천연가스는 120~225도 사이에서 생성된다. 결국 원유와 천연가스는 생성되는 온도만 다를 뿐 성분은 같다. 만약 유기물이 퇴적된 지층의 온도가 250도를 넘으면 탄소만 남아 흑연이 된다. 셋째, 석유가 만들어지려면 유기물이 매몰된 후 일정한 기간이 지나야 한다. 지층 온도가 아무리 높아도 일정 기간이 경과하지 않으면 석유가 생성되지 않는다. 인류가 출현한 신생대 제4기층(200만 년 전 이후)에서 석유가 발견되지 않는 것에서 이를 확인할 수 있다.

**19** 윗글을 읽고 추론한 것으로 가장 옳은 것을 고르면?

① 육상생물보다는 수중생물이, 식물보다는 동물이 석유로 변하기 더 쉽다.
② 공룡의 잔해는 산화작용으로 인하여 Kerogen으로 변하기 쉽다.
③ 열과 압력은 저류암 내부 공극의 크기를 결정하는 중요한 요인이 된다.
④ 쇄설암, 탄산염암, 사암 등은 잔잔한 호수나 바다에서 발견되기 쉽다.
⑤ 원유와 천연가스는 생성되는 온도가 달라 성분이 다르게 나타난다.

**20** 다음 <보기>의 내용을 바탕으로 A사가 7월 1일에 천공 작업을 시작하여 쉬는 날 없이 작업하였다고 할 때, 석유 시추를 위하여 선택한 지점에 이를 것으로 예상되는 날짜를 고르면? (단, 시작날짜도 작업일수에 포함한다.)

보 기

석유 시추회사 A는 신생대 제3기층(6,500만 년 전 ~ 200만 년 전)에서 석유 시추 작업을 진행하려고 한다. A사가 석유 시추를 위하여 선택한 지점은 아래층에 있는 신생대 제3기와 윗 층에 있는 제4기의 경계면으로 지층이 2cm/100년의 속도로 퇴적된 것으로 확인되었다. 석유 시추를 위한 지하 천공 작업은 30분에 1m씩 진행할 수 있으며, 작업의 특성상 하루에 6시간만 작업이 가능하다.

① 7월 31일
② 8월 1일
③ 8월 2일
④ 8월 3일
⑤ 8월 4일

**21** 다음 글을 읽고 추론한 것으로 옳은 것만을 <보기>에서 모두 고르면?

태평양 남서부에서 발생하여 우리나라 쪽으로 불어오는 열대성 저기압 가운데, 중심 부근의 최대 풍속이 초속 17.2m 이상인 것을 '태풍'이라고 한다. 일본은 특히 태풍과 인연이 깊은데, 일본의 고전(古典)에 태풍에 대한 묘사가 나타나는 경우도 많고, 예로부터 매년 입춘에서 210일이 지난 날을 태풍에 의한 피해를 입기 쉬운 '액운의 날'로 지정하여 각별히 조심하였다.

원래 태풍은 해수면의 수온이 26℃ 이상인 열대나 아열대의 바다에서 발생한다. 이처럼 해수면 수온이 높은 바다에서는 해수면 부근의 공기 속에 많은 수증기가 포함되어 있다. 또 열대 부근에서는 공기의 온도가 높아 상승 기류가 발생하는데, 이는 온도가 높을수록 더욱 강해진다. 이에 따라 해수면 부근의 수증기가 상공으로 운반되어 냉각되고, 물이나 얼음 알갱이가 되어 아주 높게 솟은 적란운이 된다.

수증기가 물이나 얼음 알갱이가 되면, 열을 방출해 주변의 공기를 데운다. 구름이 생기고 주변 공기가 데워지는 일이 반복되면 그 부근의 상승 기류는 더욱 강해지고, 이에 따라 중심 기압은 점점 낮아져 열대 저기압이 된다. 그리고 지구 자전의 영향을 받아 열대 저기압 주변의 고온다습한 공기가 시계 반대 방향으로 불면 열대 저기압은 차츰 소용돌이치게 되고 마침내 중심에는 구름이 없는 '눈'이 생긴다.

태풍은 중심 기압이 낮아질수록 중심 부근의 최대 풍속이 높아지는데, 최대 풍속에 따라 태풍의 강도를 분류하는 기준은 나라마다 조금씩 차이가 있다. 우선 우리나라에서는 중심 부근 최대 풍속이 초속 44m 이상인 태풍을 '매우 강', 33~44m 미만인 것을 '강', 25~33m 미만인 것을 '중', 25m 미만인 것을 '약'으로 분류한다. 반면 일본에서는 '강' 이하는 우리나라와 동일하지만, 중심 부근 최대 풍속 44m/s 이상인 태풍에 대하여 44~54m/s 미만인 것을 '매우 강', 54m/s 이상인 것을 '맹렬'로 분류한다.

보 기

ㄱ. 2018년의 입춘이 2월 12일이라면, 2018년의 '액운의 날'은 9월에 있다.
ㄴ. 지구의 자전은 열대 저기압이 형성되는 것에 영향을 미친다.
ㄷ. 한국의 기준으로는 중심 부근 최대 풍속 54m/s 이상인 태풍을 분류할 수 없다.
ㄹ. 열대 저기압이 발생하는 해수면의 온도가 높을수록 태풍의 강도는 더욱 강해진다.

① ㄱ, ㄴ ② ㄱ, ㄹ ③ ㄴ, ㄷ
④ ㄴ, ㄹ ⑤ ㄷ, ㄹ

## 22 다음을 읽고 판단한 것으로 가장 옳지 않은 것은?

아베 정부가 출범과 더불어 공격적인 경제정책을 들고 나온 것은 일본 경제가 작년 하반기부터 다시 부진이 심화되고 있는 가운데 뚜렷한 회복의 전망이 그다지 눈에 띄지 않기 때문이라고 할 수 있다. 일본의 최근 단기 실물지표들을 살펴보면, 생산과 소비가 여전히 침체를 벗어나지 못하고 있는 가운데, 수출도 부진하여 대내외적으로 성장 동력이 부재한 모습을 보이고 있다. 산업 생산과 기계 수주는 전년동기비 감소세가 이어지고 있는 가운데, 소매판매도 부진하여 내수가 전반적으로 위축되어 있는 데다, 수출 역시 중국과 EU 경기 부진에 따른 여파로 감소세가 이어지면서 무역적자 기조가 지속되고 있다.

아베 정부는 이 같은 최근 일본 경제의 재침체가 무엇보다 디플레이션 및 엔고 문제와 연관이 깊다는 인식을 갖고 있는 것으로 보인다. 일본 경제는 최근 수년간 물가가 하락하는 디플레이션 현상이 이어지고 있고, 또 금융위기 이후 엔화가 안전자산으로 간주되는 분위기 속에 유로권 위기나 미국의 양적완화에 따른 유로 및 달러의 상대적 약세로 말미암아 작년 하반기까지 급격한 엔고 추세를 보여왔다. 우선 디플레이션 문제의 경우, 내수 침체가 디플레이션을 낳고 디플레이션이 다시 실질금리나 부채 부담을 증가시켜 지출을 억제함으로써 내수 침체를 지속시키는 악순환이 이어지고 있다. 또 급격한 엔고는 일본 주력 수출 산업의 가격경쟁력과 채산성의 악화를 초래함으로써 내수 침체에 더하여 일본의 수출마저 부진하게 하는 요인으로 작용하고 있다. 더욱이 수출 부진 속에 대지진 이후 에너지 수입이 급증하면서 일본의 무역수지는 적자 추세가 이어지고 있고, 경상수지도 작년에는 흑자 규모가 2000년 이후 최저 수준으로 급락한 바 있다.

아베노믹스는 이러한 측면에 주목하여 내수 침체 탈피를 위해서는 우선 디플레이션의 해소가 급선무이고, 수출 부진 타개를 위해서는 일본 경제의 펀더멘탈에 비해 고평가되어 있는 엔고의 시정이 필요하다는 관점에서 정책 대응을 추진하고 있다. 다만 엔고 문제의 경우 이를 지나치게 강조하는 것은 환율 전쟁을 초래할 위험이 크다는 점에서 디플레이션 문제의 해결을 가장 중점적인 과제로 제시하고 있는 것으로 보인다. 이것이 단기적 관점에서 본 아베노믹스 등장의 배경이라 할 수 있다.

① 유럽의 경기가 진작된다면 일본의 무역적자는 줄어들 가능성이 있다.
② 일본 경제는 작년 이전에 침체되었던 적이 있다.
③ 아베노믹스 시행이 소기의 목적을 달성한다면 내수를 포기하고 수출 부분만 더욱 개선될 것이다
④ 일본이 양적완화를 시행한다면 타국과의 무역 마찰을 초래할 수 있다.
⑤ 일본이 양적완화를 시행한다면 일본 주력 수출산업들은 가격 경쟁력을 더욱 획득할 것이다.

## 23 다음에서 추론한 것으로 가장 옳은 것은?

화석화 작용이란 생물권의 생물체가 암석권으로 옮아가는 모든 과정이다. 이 작용에는 생물의 죽음, 생물이 죽은 후 받게 되는 운반 작용과 파괴 작용, 그리고 퇴적물 내에 묻힌 후 일어나는 여러 작용이 있다. 생물체가 화석으로 보존되기 위해서는 생물이 죽은 후 유수, 파도, 먹힘, 대기 중의 노출 등과 같은 여러 파괴 작용을 받지 않아야 한다. 따라서 이러한 파괴 작용을 받지 않기 위해서는 죽은 생물체는 가능한 한 빨리 진흙, 모래, 또는 화산재와 같은 퇴적물에 묻혀야 한다. 또한, 생물이 화석으로 보존되기 위해서는 골격이나 껍데기, 또는 셀룰로오스와 같은 단단한 경질부를 가져야 한다. 퇴적물 내에 묻힌 생물체의 껍데기나 골격은 지하수에 용해되어 없어지거나 변성 작용에 의하여 분해될 수 있으므로 화석으로 보존되기 위해서는 안정된 상태의 광물이나 암석으로 변하여야 한다.

화석은 주로 퇴적암에 들어 있다. 퇴적암 중에서도 층리가 잘 발달된 셰일, 석회암 등은 가장 많은 화석을 함유하고 있다. 사암이나 역암도 화석을 함유하기는 하지만 그 암석이 다공질이어서 지하수의 용해 작용에 의해 화석이 용해되어 없어지는 경우가 많으며, 또 암석이 조립이므로 매몰된 생물체의 섬세한 부분까지 잘 보존시키는 일이 드물다. 응회암이나 처트도 화석을 많이 함유하는 암석이다. 이와 같이 화석을 함유한 암석은 퇴적암이라는 증거가 되며, 또한 퇴적암의 큰 특징이기도 하다. 드물게는 변성도가 아주 낮은 퇴적 기원의 변성암에서도 화석이 산출될 수 있다.

화석은 현생 생물이 가지고 있는 생물의 의의 외에 시간이라는 다른 하나의 의의를 가지고 있다. 각 지질 시대에 퇴적된 지층들은 형태와 발달 단계를 달리하면서 그 시대성을 소지하고 있는 특유한 화석을 포함하고 있는 것이 보통이다. 화석의 과학적 가치의 다른 하나는 화석이 지니고 있는 시간의 내용을 지질학에 이용하는 데에 있다. 생물은 대부분 한 시대에만 한정되어 살기 때문에 화석을 이용하여 지층의 지질 시대를 결정하고 지층을 대비할 수 있다. 화석 중에서 지층의 생성 시기를 결정하고 지층 대비에 유용한 화석을 표준 화석이라 한다. 좋은 표준 화석이 되기 위해서 산출 기간이 짧고 지리적으로 넓게 분포하며, 식별이 쉽고, 개체수가 많아야 한다.

① 화석을 이용하여 지층의 지질 시대를 결정하고 지층을 대비할 수 있는 것은 모든 생물은 모두 한 시대에만 한정되어 살기 때문이다.
② 화석을 이용하면 생물의 역사뿐만이 아니라 지구의 생성 및 과거 모습과 관련된 역사를 알 수 있다.
③ 죽은 생물체가 여러 파괴 작용을 받지 않았다는 것은 최대한 빨리 퇴적물에 묻혔다는 것을 뜻한다.
④ 퇴적암이 아닌 암석에서는 화석을 발견할 가능성이 없다.
⑤ 하나의 필수조건만으로도 생물체가 화석으로 보존될 수 있다.

## 24 갑과 을은 주사위 게임을 하려고 한다. 다음 <조건>에 따를 때 주사위를 선택할 기회가 갑에게 먼저 주어졌다면 을이 선택하는 주사위로 옳은 것은?

**조 건**

○ 갑과 을은 위와 같이 각각 다른 네 개의 주사위 중 하나씩을 골라 게임에 임한다.

○ 게임은 주사위를 동시에 던져서 더 큰 수가 나오는 사람이 이기게 된다.

○ 갑은 모든 경우를 고려하여 게임에서 이길 확률이 가장 큰 주사위를 고른다. 가령, ㄱ주사위가 게임에서 이길 확률은 ㄴ, ㄷ, ㄹ과 만난 게임에서 이길 확률의 합으로 이루어지며 이는 $\frac{2}{3}+\frac{4}{9}+\frac{1}{3}=\frac{13}{9}$이 된다.

○ 을은 갑이 고른 주사위가 무엇인지 확인한 후, 자신이 이길 확률이 가장 높은 주사위를 고른다. 가령, 위 상황에서 갑이 ㄱ을 고를 경우, 을은 자신이 이길 확률이 $\frac{2}{3}$으로 가장 큰 ㄹ을 선택하게 된다.

ㄱ.

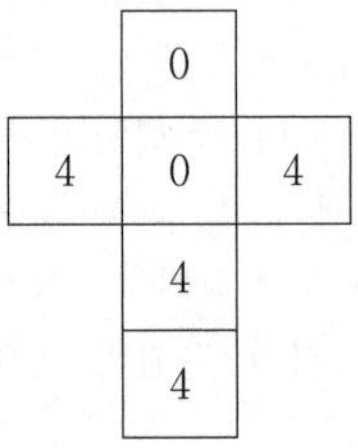


ㄴ.

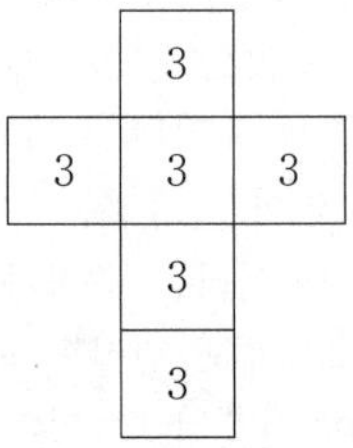


ㄷ.

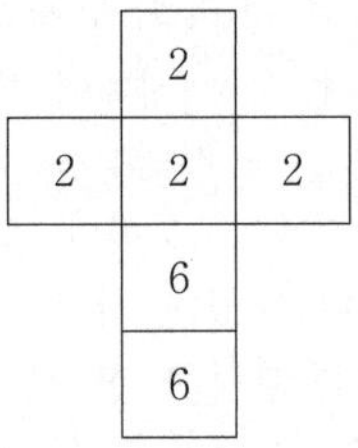


ㄹ.

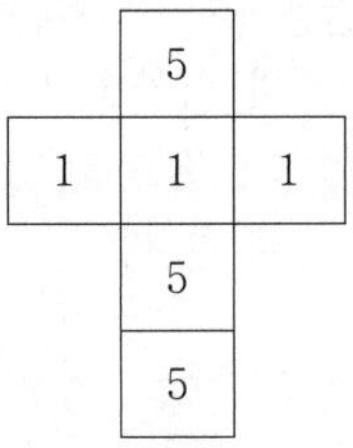


① ㄱ
② ㄴ
③ ㄷ
④ ㄹ
⑤ ㄱ, ㄹ

## 25 다음 <기준>을 바탕으로 추론할 때 1종 건널목에 해당하는 것만을 <보기>에서 모두 고르면?

**기 준**

<표 1> 철도건널목 분류기준

| 구분 | 총교통량(철도교통량×도로교통량) |
|---|---|
| 제1종 건널목 | 500,000회이상 |
| 제2종 건널목 | 300,000회 이상 500,000회 미만 |
| 제3종 건널목 | 300,000회 미만 |

1. 제2종 또는 제3종 건널목 기준에 적합한 건널목이 사고다발지역이거나 고속열차 운행구간인 경우 위험도가 높다고 인정되어 위 표의 기준에 의한 건널목 분류기준보다 한 단계 상위 등급으로 분류한다.
2. "총교통량"이라 함은 철도교통량에 도로교통량을 곱한 것을 말한다.
3. "철도교통량"이라 함은 평일에 건널목을 통과하는 1일 평균 열차 통과횟수에 다음에 정한 환산율을 곱한 수치의 합계를 말한다.
4. "도로교통량" 이라 함은 평일에 건널목을 횡단하는 1일 평균 보행자 통과횟수 및 차량 통과횟수에 다음에 정한 환산율을 곱한 수치의 합계를 말한다.

<표 2> 철도교통량 환산율

| 종 별 | 환 산 율 |
|---|---|
| 열 차 | 1.0 |
| 철도차량 | 0.5 |

<표 3> 도로교통량 환산율

| 종 별 | | 환산율 | 대 상 |
|---|---|---|---|
| 보행자 | | 1 | |
| 자전거* | | 2 | |
| 손수레* | | 3 | |
| 자동차** | 이륜 | 4 | 원동기 달린 자전거, 오토바이, 경운기, 전동휠체어 등 |
| | 소형 | 8 | 승용자동차, 소형 승합자동차(15인 이하), 소형화물자동차(1톤이하) |
| | 중형 | 10 | 중형 승합자동차(16인 이상 35인 이하), 중형 화물자동차(1톤 초과 10톤 미만), 소형 특수자동차(3.5톤 이하) |
| | 대형 | 12 | 대형 승합자동차(36인 이상), 대형 화물자동차(10톤 이상), 중형 특수자동차(3.5톤 초과), 중장비 |

* 자전거·손수레 환산율은 타는 사람 또는 끄는 사람이 포함되었음
** 자동차 환산율은 운전자 및 탑승자가 포함되었음

① 전체 세탁 과정 중, 서로 다른 색의 옷이 함께 세탁되는 경우는 2번 존재한다.
② 오후 4시에 세탁을 처음 시작하여 쉬지 않고 세탁기를 돌렸을 경우, 마지막 빨래가 끝나는 시간은 오후 8시 55분이다.
③ 이불 및 모든 옷을 세탁하기 위해서는 세탁기가 총 5번 작동해야 한다.
④ 양모의 필요 물살강도가 '중'으로 변화하여도 전체 세탁시간은 동일하다.
⑤ 만일 이불의 필요 물살강도가 '강'이라면, 전체 세탁 시간은 70분 줄어든다.

## 26 다음 글의 정보를 토대로 추론한 것으로 옳은 것만을 <보기>에서 모두 고르면?

지효는 친구와 만나기로 약속을 했다. 약속한 날 오후 1시부터 3시까지 G20회의 때문에 삼성역 부근 네 구간을 모두 통행제한(속도제한)을 한다. 지효는 12시에 A지점에서 출발한다.

다음 <표>는 지효가 A지점에서 출발하여 B지점을 거쳐 C의 약속장소까지의 경로별 거리와 속도를 나타낸다.

〈표〉 경로별 거리 및 속도

| 구간 | 경로 | 거리(Km) | 속도(Km/h) | |
|---|---|---|---|---|
| | | | 제한시 | 평상시 |
| A→B | 1 | 40 | 40 | 60 |
| | 2 | 60 | 40 | 75 |
| B→C | 3 | 80 | 40 | 120 |
| | 4 | 40 | 40 | 60 |

보 기

ㄱ. B지점에 가장 빨리 도착하는 시간은 12시 40분이다.

ㄴ. C지점에 가장 빨리 도착하는 경우는 경로1과 경로4를 거쳐 가는 경우로 1시 30분에 도착한다.

ㄷ. C지점에 가장 늦게 도착하는 시간은 2시이다.

ㄹ. C지점에 가장 빨리 도착하는 시간과 두 번째로 빨리 도착하는 시간의 차이는 12분이다.

① ㄱ, ㄷ
② ㄷ, ㄹ
③ ㄱ, ㄴ, ㄹ
④ ㄱ, ㄷ, ㄹ
⑤ ㄴ, ㄷ, ㄹ

## 27 다음 <조건>과 <상황>을 근거로 판단할 때 옳지 않은 것은?

조 건

○ 항공운임(성인 1인 기준 / 편도)

| 출도착시간 편명 | 특가 운임 | 할인 운임 | 정상 운임 |
|---|---|---|---|
| 10:40 - 13:35<br>ZE 606(일본 노선) | 120,000 | 210,000 | 280,000 |
| 11:50 - 14:30<br>ZE 602(동남아 노선) | 160,000 | 250,000 | 320,000 |
| 19:00 - 21:35<br>ZE 604(중국 노선) | 매진 | 220,000 | 350,000 |

※ 만2세 미만 유아는 좌석 점유 없이 25,000원(편도)의 요금이 적용된다.

※ 만2세～만12세 소아에게 적용되는 소아운임은 성인운임의 40%가 할인된 금액이며, 만13세～만19세 청소년에게 적용되는 청소년운임은 성인운임의 25%가 할인된 금액이다.

※ 공항사용료는 성인 1인당 30,000원(편도)이며, 유아·소아·청소년의 경우는 부과되지 않는다.

※ 유류할증료는 항공운임의 5%이다.

○ (항공편 요금) = (항공운임)+(공항사용료)+(유류할증료)

○ 환불 기타 운임규정(1건 기준/편도)

| 구분 | | 운임별 수수료 | | |
|---|---|---|---|---|
| | | 특가 운임 | 할인 운임 | 정상 운임 |
| 항공편 취소 수수료 | 예매 후 ~ 출발 기준 91일 전 | 80,000 | 면제 | 면제 |
| | 출발 기준 90일 ~ 31일 전 | | 50,000 | |
| | 출발 기준 30일 ~ 1시간 전 | | | |
| 환불 | 항공편을 취소했을 경우, 항공편 출발 후 30일 이내 가능, 취소 수수료 공제 후 환불 | | | |

※ 항공편 출발 기준 1시간 전부터는 취소가 불가능하다.

상 황

○ 甲(만 40세)은 아내(만 38세), 자녀 3명(각각 만 16세, 12세, 1세)과 함께 특가 운임으로 일본 노선 편도 항공편을 이용하였다.

○ 乙(만 25세)은 할인 운임으로 성인 2인이 이용할 동남아 노선 편도 항공편을 예매하였다가, 출발 전날 이를 모두 취소하고 환불을 받았다.

○ 丙(만 21세)은 정상 운임으로 동생(만 17세)과 함께 이용할 일본 노선 편도 항공편을 예매하였다가 출발 기준 3시간 30분 전에 이를 모두 취소하고 환불을 받았다.

① 甲 일행이 지불하는 항공편 요금은 50만 원 이상이다.
② 乙 일행이 환불받은 금액은 50만 원 이상이다.
③ 丙 일행이 환불받은 금액은 乙 일행이 환불받은 금액보다 많다.
④ 甲 일행이 동일 운임으로 동남아 노선 편도 항공편을 예매했다면 70만 원 이상의 항공편 요금을 지불했을 것이다.
⑤ 丙이 출발기준 30분전에 항공편 예매를 취소하려 했다면 환불을 받을 수 없었을 것이다.

## 28 다음 <상황>과 <표>에 근거할 때 <보기>에서 옳은 것만을 모두 고르면?

**상 황**

갑과 을은 다음과 같은 규칙의 카드게임을 하기로 하였다.

① 각 회차가 시작될 때, 각 경기자는 1부터 10까지의 숫자가 쓰인 카드 중 한 장씩을 무작위로 받는다. 상대방이 어떤 숫자가 쓰인 카드를 받았는지는 알 수 없으며, 두 경기자의 카드 숫자가 일치하는 경우는 없다.

② 각 회차에서 경기자는 "승부" 또는 "포기"의 두 가지 선택을 하게 된다.

- "승부" : 자신의 카드를 공개하고, 상대방의 카드 역시 공개할 것을 요구한다. 공개된 카드들 간 숫자를 비교하여 더 큰 숫자의 카드를 가진 사람이 승리하고, 더 작은 숫자의 카드를 가진 사람이 패배한다.
- "포기" : 자신의 카드를 공개하지 않은 채로 패배한다. 상대방은 자동으로 승리하며, 상대방의 카드 역시 공개되지 않는다.

③ 1회차에서는 시작 전 가위바위보를 하여 이긴 사람이 "승부"와 "포기" 중 하나를 선택한다. 다음 회차부터는 이전 회차에 선택하지 않은 사람이 "승부"와 "포기" 중 하나를 선택한다.

④ 각 회차의 승패가 정해지면 해당 회차는 종료되며, 각 경기자는 모두 자신의 카드를 반납한다.

갑과 을은 카드게임을 총 5회 하였다. 그 결과를 표로 정리하다가 표에 물을 쏟아서 표가 훼손되었다. 이를 복원시킨 <표>에서 알아 볼 수 없는 부분은 '?'로 표시하였다.

〈표〉

| 회 | 갑 | 을 | 결과 |
|---|---|---|---|
| 1 | 3 | 7 | 을 승리 |
| 2 | 9 | ? | 을 승리 |
| 3 | ? | 9 | ? |
| 4 | 1 | ? | ? |
| 5 | 10 | 3 | 갑 승리 |

※ <표>에 표기된 숫자는 해당 회차에서 갑과 을이 가진 카드의 숫자를 의미한다.
※ 1회차 시작 전에 한 가위바위보에서는 을이 승리했다.

**보 기**

ㄱ. 을이 총 3회 승리하였다면, 3회차에서 갑이 가진 카드의 숫자는 반드시 10인 경우이다.
ㄴ. 갑이 승리할 수 있는 최대 횟수는 총 2회이다.
ㄷ. 총 5회차 동안 3회의 "승부" 선택과 2회의 "포기" 선택이 있었다면, 4회차에서 갑은 반드시 패배한다.
ㄹ. 1회차 시작 전에 한 가위바위보의 승패와 무관하게 카드게임의 결과가 <표>의 내용과 동일하다면, 을이 "승부"를 선택한 회차가 항상 존재한다.

① ㄱ, ㄴ ② ㄴ, ㄷ ③ ㄴ, ㄹ
④ ㄷ, ㄹ ⑤ ㄴ, ㄷ, ㄹ

## 29 운전면허자격을 취득하려면 필기시험, 기능시험, 주행시험을 모두 통과해야 한다. 다음의 <운전면허 취득기준>과 갑~신 8명의 수험생의 <평가표>를 보고 판단할 때, 운전면허취득자 중 가장 높은 점수로 취득한 사람을 고르면?

**운전면허 취득기준**

○ 필기시험은 다음 점수 이상을 취득해야 한다.

| 1종 특수 | 1종 보통 | 2종 특수 | 2종 보통 |
|---|---|---|---|
| 70점 | 60점 | 65점 | 55점 |

○ 기능시험은 1종은 90점, 2종은 80점 이상을 취득해야한다. 100점 만점에서 안전벨트 미착용, 주차브레이크 조작 실수, 전조등 조작 미흡, 방향지시등 조작 미흡 시 각각 10점씩 감점된다. 평가표에는 감점사항만이 기록된다.

○ 도로주행의 경우 선택 코스에 따라 만점이 다르며, 시험관의 운전미숙판단, 중앙선 침범, 안전벨트 미착용 시에는 실격처리된다.(그 외의 경우에는 만점 처리 된다) 평가표에는 실격사유만 기록된다.

| | A코스 | B코스 | C코스 | D코스 |
|---|---|---|---|---|
| 만점 | 100점 | 95점 | 85점 | 80점 |

○ 총점은 필기시험점수 20%, 기능시험점수 30%, 도로주행점수 50%를 가중평균하여 계산한다.

**평 가 표**

| | 시험 및 코스 | 필기시험 | 기능시험 | 주행시험 |
|---|---|---|---|---|
| 갑 | 1종 특수, D | 80점 | | |
| 을 | 1종 보통, C | 65점 | 안전벨트미착용 | 안전벨트미착용 |
| 병 | 2종 보통, D | 70점 | | |
| 정 | 1종 보통, B | 90점 | 전조등, 방향지시등 미비 | |
| 무 | 2종 특수, D | 55점 | | |
| 기 | 1종 특수, B | 100점 | | 중앙선 침범 |
| 경 | 2종 보통, A | 80점 | 주차브레이크 조작 실수 | |
| 신 | 2종 특수, C | 95점 | | |

① 갑
② 정
③ 기
④ 경
⑤ 신

**30** **다음 <보기>는 휘발유, 경유, LPG, LNG의 리터당 가격을 나타낸 것이다. A 자동차가 휘발유로 66km를 갈 수 있을 만큼의 에너지를 얻기 위하여 경유나 LPG, LNG중 하나를 구매한다고 할 때, 각각의 경우 얼마가 필요한지 바르게 연결한 것은?(단, A 자동차의 연비는 리터당 12km이다.)**

우리 사회에서 LPG는 서민용 청정 연료이다. 영업용 택시 연료와 장애인에게 제공하는 복지용 연료로 사용되는가 하면, 액화천연가스(LNG)로 만든 도시가스가 공급되지 않는 주택가나 대형 식당의 취사 또는 난방 연료로도 사용되고 있다.

LPG는 정유공장에서 부산물로 생산되는 '석유제품'과 유전의 부산물로 생산되는 LPG 두 종류가 있다. 두 종류 모두 상온에서 기체로 존재하는 프로판과 부탄이 주성분이다.

LPG는 화학산업용 원료로도 유용하지만 대부분은 연료로 사용되고 있다. 오늘날 세계적으로 소비되는 에너지의 약 3%가 LPG로 공급된다. 취사용이나 난방용으로 사용하는 LPG는 연소과정에서 메탄이 주성분인 동일한 양의 LNG보다 2.5배나 많은 열량을 발생시킨다. 대형 식당에서 LPG를 사용하는 것도 그런 이유이다.

그러나 LPG를 자동차 연료로 사용하면 문제가 훨씬 복잡해진다. 가스 상태의 LPG는 쉽게 연소되기 때문에 매연이나 질소 산화물을 발생시키지 않는 '청정 연료'로 알려져 있다. 그런데 자동차에서 1리터의 휘발유와 같은 에너지를 발생시키려면 경유는 0.9리터, LPG는 1.4리터, LNG는 1.5리터가 필요하다. LPG 자동차의 연비가 휘발유나 경유 자동차보다 나쁜 것도 그런 이유 때문이다.

LPG가 온실가스를 적게 배출한다는 주장도 간단하지는 않다. LPG의 탄소 함량이 적은 것은 사실이지만, 같은 양의 에너지를 내기 위해서는 더 많은 양의 연료가 필요하다. 게다가 부피가 크고 폭발 위험이 있어 수송과 유통에 상당한 에너지가 필요한 것도 사실이다. 이제 온실가스에 의한 지구 온난화를 걱정해야 하는 상황에서는 LPG와 LNG를 무작정 청정 연료라고 말하기 어렵다. 환경기준에 이산화탄소를 포함시키면 사정이 달라질 수도 있다는 뜻이다.

보 기

| 연료 | 휘발유 | 경유 | LPG | LNG |
|---|---|---|---|---|
| 리터당 가격(원) | 1,480 | 1.150 | 730 | 680 |

| | 경유 | LPG | LNG |
|---|---|---|---|
| ① | 5,692.5원 | 5,621원 | 5,610원 |
| ② | 5,692.5원 | 5,721원 | 5,610원 |
| ③ | 5,692.5원 | 5,621원 | 5,630원 |
| ④ | 5,688.5원 | 5,721원 | 5,610원 |
| ⑤ | 5,688.5원 | 5,621원 | 5,630원 |

**31** **다음 글을 일고 판단할 때 을과 병이 맡을 기획안을 연결한 것으로 옳은 것은?**

A분야, B분야, C분야의 기획안은 종류별로 다시 A분야의 기획안 A-1, A-2, B분야의 기획안 B-1, B-2, C분야의 기획안 C-1, C-2로 총 6개로 구성되어 있으며 갑, 을, 병은 서로 다른 분야의 기획안들을 각각 2개씩 맡아서 처리해야 한다. 이들은 일의 능률을 높이고자 서로 합의하에 게임을 하여 그 결과ㄴ에 따라 우선권이 있는 사람 먼저 자신이 선호하는 기획안을 고를 기회를 주기로 했다. 갑, 을, 병 세 명은 각각 자신이 선호하는 기획안을 제시했는데 그 결과는 다음과 같았다.

○ 갑은 A-1기획안과 B-2기획안을 선호한다.
○ 을은 A-1기획안과 C-2기획안을 선호한다.
○ 병은 A-2기획안과 B-2기획안을 선호한다.

게임 결과 갑이 가장 먼저 기획안을 고를 기회를 얻었고, 그다음은 을이 자신이 선호하는 기획안을 고를 기회를 얻었다. 한편 어떤 사람이 선호하는 기획안을 우선권자가 먼저 골랐다면 그 사람은 우선권자가 고른 기획안을 제외한 나머지 기획안 가운데 자신이 선호하는 기획안만을 고르게 되며 남은 기획안은 한 사람이 서로 다른 분야의 기획안을 맡도록 할당된다.

| | 을 | 병 |
|---|---|---|
| ① | B-1, C-2 | A-1, B-2 |
| ② | B-1, C-2 | A-2, C-1 |
| ③ | A-2, C-2 | B-2, C-1 |
| ④ | A-1, C-2 | B-1, C-1 |
| ⑤ | A-2, C-1 | B-1, C-2 |

## 32 석진은 스노우 체인을 사용하고자 하며, 최소비용으로 도로 주행을 마치고자 한다. 이에 대한 설명으로 옳은 것만을 <보기>에서 모두 고르면?

석진은 빙판길을 주행해야 하는 상황에 처했다. 그가 총 이동해야 하는 거리는 30km로, 그는 현재 세 가지의 스노우체인 중 어느 것을 사용할지 고민하고 있다.

〈스노우 체인 제원〉

(단위: N, 만원)

| 체인종류 | 제동력(N) | 감가상각비(km당) |
|---|---|---|
| A | 30 | 3 |
| B | 50 | 4 |
| C | 70 | 5 |

현재 도로는 총 30km 중 빙결되지 않은 구간이 8km, 부분빙결 구간이 10km, 완전빙결구간이 12km이다.

빙결된 정도와 체인의 제동력에 따라서 사고율이 달라지는데, 빙결되지 않은 구간에서는 사고율이 0%이다. 체인의 제동력은 도로 상태에 따라 달라진다. 부분빙결구간에서는 제원표에 쓰인 제동력의 100%를 발휘하지만, 완전빙결 구간에서는 50%밖에 발휘하지 못한다. 사고가 날 경우 800(만원)의 비용이 발생한다. 사고율을 구하는 공식은 아래와 같다.

◎ 사고율(%)= {(100−제동력)×거리(km)}/100

◎ 사고예상비용(만원)= 800×(사고율/100)

◎ 주행하는데 드는 총 비용은 사고로 인해 들어갈 예상비용과 감가상각비를 더하면 된다. 감가상각비는 총 주행거리와의 곱으로 구한다.

* 제동력의 단위는 마찰력의 단위인 N(Newton)을 사용한다.

* 전체 사고율은 각 구간별 사고율의 단순 합으로 계산한다.

보 기

ㄱ. 만일 C체인을 만드는 회사가 기술개발을 통해 C체인의 제동력을 10(N)만큼 상승시킨다면 총 비용이 많이 들어가는 순서는 B-C-A로 바뀐다.

ㄴ. 총 비용이 많이 들어가는 체인을 순서대로 정렬하면 C-B-A 순서이다.

ㄷ. 부분빙결구간과 완전빙결구간의 사고율 차이가 가장 큰 체인은 C체인이다.

ㄹ. B체인을 사용할 때 들어가는 총 비용은 A와 C체인에 들어갈 총비용의 평균치와 동일하다.

① ㄱ, ㄴ ② ㄱ, ㄷ ③ ㄴ, ㄷ
④ ㄱ, ㄴ, ㄹ ⑤ ㄴ, ㄷ, ㄹ

## 33 다음 글을 근거로 판단할 때, 가장 옳은 것은?

**제3장 국어 사용의 촉진 및 보급**

**제11조(어문규범의 제정 등)** 문화체육관광부장관은 제13조에 따른 국어심의회의 심의를 거쳐 어문규범을 제정하고, 그 내용을 관보에 고시하여야 한다. 이를 개정하는 경우에도 또한 같다.

**제12조(어문규범의 영향평가)** ① 문화체육관광부장관은 어문규범이 국민의 국어 사용에 미치는 영향과 어문규범의 현실성 및 합리성 등을 평가하여 정책에 반영하여야 한다.

② 제1항에 따른 평가의 항목·방법 및 시기에 관한 사항은 대통령령으로 정한다.

**제13조(국어심의회)** ① 국어의 발전과 보전을 위한 중요사항을 심의하기 위하여 문화체육관광부에 국어심의회(이하 "국어심의회"라 한다)를 둔다.

② 국어심의회는 다음 각 호의 사항을 심의한다.

1. 기본계획의 수립에 관한 사항
2. 어문규범의 제정 및 개정에 관한 사항
3. 그 밖에 국어의 발전과 보전에 관하여 문화체육관광부장관이 회의에 부치는 사항

③ 국어심의회는 위원장 1명과 부위원장 1명을 포함한 60명 이내의 위원으로 구성한다.

④ 위원장과 부위원장은 위원 중에서 호선(互選)하고, 위원은 국어학·언어학 또는 이와 관련한 분야의 전문지식이 있는 사람 중에서 문화체육관광부장관이 위촉한다.

⑤ 제2항 각 호의 사항을 심의하기 위하여 국어심의회에 분과위원회를 둘 수 있다.

⑥ 제1항에 따른 국어심의회의 구성과 운영 등에 필요한 사항은 대통령령으로 정한다.

**제14조(공문서의 작성)** ① 공공기관 등의 공문서는 어문규범에 맞추어 한글로 작성하여야 한다. 다만, 대통령령으로 정하는 경우에는 괄호 안에 한자 또는 다른 외국 글자를 쓸 수 있다.

② 공공기관 등이 작성하는 공문서의 한글 사용에 관하여 그 밖에 필요한 사항은 대통령령으로 정한다.

① 문화체육관광부장관은 국어의 발전과 보전에 관하여 본인이 회의에 부친 사항의 심의를 위해 국어심의회에 분과위원회를 둘 수 있다.
② 문화체육관광부에 두는 국어심의회의 구성과 운영 등에 필요한 사항을 문화체육관광부장관은 임의로 변경할 수 없다.
③ 국어심의회 부위원장이 사임하여 공석이 된 경우, 문화체육관광부장관이 국어학 · 언어학 또는 이와 관련된 분야의 전문 지식이 있는 사람 중에서 부위원장을 위촉하여야 한다.
④ 어문규범의 현실성과 합리성이 떨어지는 것으로 평가될 경우, 문화체육관광부장관은 어문규범 개정을 위해 국어심의회를 소집할 수 있다.
⑤ 대통령령에 "괄호 안에 한자를 쓸 수 있다"고 규정되어 있었는데, 새로 개정되어 관보에 고시된 어문규범에는 "공공기관 등의 공문서에는 괄호 안에 한자를 쓸 수 없다"고 규정되어 있을 경우 공공기관은 공문서를 작성할 때 괄호 안에 한자를 써서는 안 된다.

**34** **A국 정부의 다음과 같은 제도의 내용을 읽고 추론할 수 있는 것을 <보기>에서 모두 고르면?**

A국은 서민들이 금융기관으로부터 대출을 받을 수 있는 한도액을 개인별 소득능력에 따라 적정규모로 제한하기 위해 다음과 같은 제도를 두었다.

「개인별 연간총소득에서 대출금의 연간 원리금 상환액이 차지하는 비율이 일정수준을 넘지 않도록 규제하고, 그 비율은 40%~60% 사이에서 각 광역지방자치단체가 정하도록 한다.」

예를 들면, B도에 살고 있는 甲의 연간 소득이 5,000만 원이고 B도가 그 비율을 40%로 설정할 경우에 甲은 대출금의 연간 원리금 상환액이 2,000만 원을 초과하지 않는 범위에서만 대출받을 수 있다는 것이다.

연간 원리금 상환액은 다음과 같이 구한다.

> 연간 원리금 상환액=전체 대출액/대출상환 기간

**보 기**

ㄱ. 자영업자인 경구는 세무서에 실제소득보다 적게 소득액 신고를 하였다. 경구는 사실대로 신고했을 때보다 은행에서 대출받을 수 있는 금액이 줄어든다.
ㄴ. 호동은 20년간 회사를 다니다가 3년 전 퇴직하였고 현재는 특별한 소득이 없다. 퇴직금으로 받은 돈이 아직 많이 남아 있어 상환능력은 충분하므로 대출받는 데에 특별히 불리한 점은 없다.
ㄷ. 대출상환기간을 1년으로 할 때보다 3년으로 할 때 이자율이 동일하다면 대출가능금액이 증가한다.
ㄹ. 대출금의 연간 원리금 상환액이 차지하는 비율이 서울이 50%이고 인천이 60%라면 다른 모든 조건들이 똑같은 경우 서울 시민은 인천시민보다 많은 대출금을 받을 수 있다.

① ㄱ, ㄷ
② ㄱ, ㄹ
③ ㄴ, ㄷ
④ ㄱ, ㄴ, ㄷ
⑤ ㄴ, ㄷ, ㄹ

**35** **다음 글에서 B와 E가 설계 분야의 서류를 맡았을 때 소비된 시간이 6시간이라고 한다. 이를 바탕으로 추론할 때 옳지 않은 것은?(단, 甲회사의 신입직원은 각 전공별로 2명씩 존재한다.)**

甲회사 신입직원 A, B, C, D, E, F 6명은 회사 내에서 실시하는 능력테스트 과정을 거쳐야 한다. 이에 따라 이들 6명은 각각 설계 분야, 디자인 분야, 경영 분야와 관련된 3개의 서류를 처리해야 하는데 이들은 전공과 관련된 분야의 서류를 처리하는 데는 12시간이 걸리지만 그렇지 않은 경우에는 24시간이 걸린다. 만약 A의 전공이 경영이라면 경영 분야의 서류를 처리하는데 12시간이 걸리지만 설계와 디자인 분야의 서류를 처리하는 데는 24시간이 걸린다. 또한 전공자 두 명이 1개의 서류를 처리하는데 드는 시간은 6시간이고, 비전공자 두 명이 처리하는 경우는 12시간이며, 전공자가 한 명과 비전공자 한 명이 처리하는 경우에는 9시간이 소비된다.

이들을 상대로 회사 내에서 능력테스트를 실시한 결과 A와 B가 설계 분야의 서류를 맡고, C와 D가 디자인 분야의 서류를 맡았을 때, 두 개의 서류가 처리되는데 소요된 시간은 총 18시간이었다. 그리고 E와 F가 경영 분야를 맡고 B와 C가 설계 분야의 서류를 맡았을 때, 역시 두 개의 서류가 처리되는데 소요된 시간 역시 총 18시간이었다.

① A가 디자인 분야의 서류를 처리하는데 드는 시간은 12시간이다.
② C가 경영 분야의 서류를 처리하는데 드는 시간은 9시간이다.
③ F가 경영 분야의 서류를 처리하는데 드는 시간은 12시간이다.
④ B와 C가 설계 분야의 서류를 처리하는데 드는 시간은 9시간이다.
⑤ C와 D가 디자인 분야의 서류를 처리하는데 드는 시간은 9시간이다.

**36** A위원회는 소속 위원들 중에서 해외 연수를 떠날 위원들을 선발하기로 하였다. <조건>에 제시된 것들은 모두 참이고, 황정식 위원은 선발되지 않았다. <보기>에 제시된 것 중 <조건>에 추가되었을 때, 김청식 위원의 선발을 확신할 수 있는 조건을 모두 고르면?

조 건

- ◉ 김청식 위원 또는 박현선 위원이 선발된다.
- ◉ 박현선 위원이 선발되지 않거나 송창수 위원이 선발된다.
- ◉ 한채경 위원이 선발되면, 황정식 위원이 선발되거나 진성우 위원이 선발되지 않는다.
- ◉ 송창수 위원이 선발되면, 한채경 위원이 선발된다.
- ◉ 한채경 위원 또는 신미연 위원이 선발된다.

보 기

ㄱ. 송창수 위원은 선발되지 않았다.
ㄴ. 진성우 위원은 선발되지 않았다.
ㄷ. 한채경 위원은 선발되지 않았다.
ㄹ. 신미연 위원은 선발되지 않았다.

① ㄱ, ㄴ
② ㄱ, ㄷ
③ ㄴ, ㄷ
④ ㄴ, ㄹ
⑤ ㄷ, ㄹ

**37** 다음은 A동에서 B동을 운행하는 버스에 대한 설명이다. 다음 <조건>에 따를 때, 몇 번째 정류장에서 버스 안의 승객수가 처음 승객수의 절반 미만이 되는가?

조 건

- ○ 처음 정류장에서는 승차만 이루어진다.
- ○ 버스는 두 번째 정류장 이후부터 각 정류장마다 승객들의 승차와 하차*가 동시에 이루어진다.
- ○ 각 정류장에서 버스 안에 승객의 절반이 하차한다.
- ○ 각 정류장에서 하차한 승객인원의 절반이 승차한다.

* 승차 및 하차 인원을 계산할 때 소수점 이하는 버린다.

① 3번째
② 4번째
③ 5번째
④ 6번째
⑤ 7번째

**38** 다음 글의 실험결과에 근거하여 판단할 때, 옳은 추론을 한 사람을 <보기>에서 모두 고르면?

미시건 대학의 J.Joy 교수는 4세 어린이들을 대상으로 사건인지반응을 연구하기 위해 다음과 같은 실험을 했다.

1. 실험내용

선생님이 어린이들에게 사탕이 담긴 접시를 주고 지금 먹으면 하나를 먹을 수 있지만 선생님이 돌아올 때까지 먹지 않고 있으면 두 개를 먹을 수 있다고 하고 방에서 나간다. 이때, '가'그룹은 재미있는 생각을 하라는 지시만 받았고, '나'그룹은 재미있는 생각을 하라고 지시받은 후 사탕접시에 뚜껑을 덮어 놓았다. '다'그룹은 생각하기에 대해 아무런 지시도 받지 않았고, 뚜껑도 덮어 놓지 않았으며, '라'그룹은 생각하기에 대해 아무런 지시도 받지 않았고, 뚜껑을 덮어 놓았다.

2. 실험결과

'가'그룹과 '나'그룹의 어린이들이 기다리는 시간은 평균 13분 정도로 별 차이가 없었으며, '다'그룹은 평균 3분, '라'그룹은 평균 6분 정도를 기다렸다.

보 기

A : 뚜껑을 덮어 놓아서 사탕을 보이지 않게 하는 것이 사탕을 보이게 놓아둔 경우보다 아이들의 기다리는 시간을 훨씬 길게 해주었다.
B : 뚜껑을 덮는 것보다 재미있는 생각을 하는 것이 기다리는 시간에 미치는 영향이 더 크다.
C : 아이에게 무조건 TV를 보지 말라고 하기보다는 지금 TV를 보지 않으면 다음에 더 오래 TV를 볼 수 있게 해준다고 하는 것이 좋은 방법일 것 같다.
D : 스스로 절제하지 못하는 아이들에게 야단만 치기 보다는 어른들이 뚜껑을 덮어주거나 재미있는 생각을 하게하는 것과 같은 절제할 수 있는 환경을 만들어 주는 것이 좋은 방법일 것이다.

① A, B
② B, C
③ B, D
④ A, C, D
⑤ B, C, D

※ 다음 글을 읽고 물음에 답하시오. [문 39 ~ 40]

19세기까지 각 지역에서 시간의 기준점은 태양이 머리 위에 있는 순간, 즉 그림자가 없거나 제일 작은 순간이었다. 문제는 태양이 계속 움직인다(사실은 지구가 자전하는 것이지만)는 사실이었다. 한국의 위도를 기준으로 한다면 지구의 자전 속도는 분당 약 20㎞이다. 조선시대 강릉 관아에서 정오를 알리는 종을 친 후 11분이 지나서야 한양(서울)에서도 정오를 알리는 종을 쳤던 것은 바로 이 때문이다. 그러나 대부분의 사람들이 태어나서 줄곧 한 곳에 살았고 설사 여행을 하더라도 걸어가는 게 다반사였으며, 탈 것을 이용한다 해도 나룻배나 우마차를 타고 다니던 상황에서 이처럼 지역마다 시간이 다른 것은 아무런 문제가 되지 않았다.

철도의 출현은 이러한 상황을 변화시켰다. 철도가 처음으로 만들어진 영국에서는 표준시를 최초로 제정해 각기 다른 시간을 하나로 묶는 일이 진행되었다. 현재 세계 어느 나라를 가더라도 외국인들이 출입하는 호텔의 안내 데스크 뒤쪽 벽면에서 뉴욕이나 런던, 도쿄, 베이징 등 도시 이름이 붙어 있는 여러 개의 시계를 볼 수 있다. 이는 표준시에 근거한 각 도시의 시각을 여행자에게 알려주는 것으로 그리니치 표준시를 기준으로 하기에 가능한 것이다.

과거 표준시가 정착되기 이전에도 오늘날의 호텔처럼 미국의 기차역에는 여러 개의 시계가 걸려 있었다. 다른 점이 있다면 시계 밑에 붙어 있는 명찰에는 서울, 홍콩, 베를린, 파리 같은 도시명 대신 '뉴욕 센트럴 레일웨이'와 '볼티모어 앤 오하이오' 같은 미국의 철도회사 이름이 적혀 있었다는 것이다. 즉 시간의 기준은 철도회사가 정하였고, 이에 따라 철도회사의 수만큼 다양한 시간이 존재했다. 1870년대의 '펜실베니아' 철도회사는 필라델피아 시간을 기준으로 열차를 운행하면서 자신이 운행하는 노선의 역들에 이 기준시간에 따른 시간표를 배포했다. '뉴욕 센트럴 레일웨이'는 그랜드 센트럴 역의 '밴더빌트 시간'을 기준으로 열차를 운행했다. 이 두 회사는 가까운 지역에서 영업을 했는데도 통일된 열차 시간을 공유하지 못했다. 만약 여행자가 피츠버그 역에서 열차를 갈아타야 할 경우 갈아탈 시각과 함께 어느 회사에서 운행하는 열차인지도 알아야 했다. 어느 한 회사의 시간을 기준으로 삼을 경우 다른 회사의 시간표는 무용지물이 되기 일쑤였다.

**39** 위의 글을 근거로 판단할 때, <보기>에서 옳지 않은 것만을 모두 고르면?

보 기

ㄱ. 19세기 영국에서 같은 위도 상에 있는 두 도시가 동서로 40km 떨어져 있었다면 그 두 도시의 정오는 약 2분의 차이가 났다.
ㄴ. 19세기에 영국에서는 지역 간의 시차를 체계적으로 정리하려는 노력이 진행되었다.
ㄷ. 19세기 미국 철도회사들은 표준시를 기준으로 통일된 시간표를 이용하여 열차를 운행했다.
ㄹ. 19세기까지 각 지역은 해당 지역의 태양의 위치를 기준으로 시간을 판단하였다.

① ㄷ ② ㄱ, ㄷ ③ ㄴ, ㄷ
④ ㄱ, ㄹ ⑤ ㄱ, ㄷ, ㄹ

**40** 위의 글과 다음 <A의 일정>과 <조건> 및 <상황>을 근거로 판단할 때, A의 일정에서 丙도시 시간 기준으로 A가 丙도시에 도착할 수 있는 가장 빠른 시각은?

A의 일정

A는 甲도시의 역에 甲도시 시간을 기준으로 오전 8시 정각에 도착하여 '○○익스프레스' 열차로 乙도시에 가서 '△△서던퍼시픽' 열차를 타고 丙도시까지 간다.

조 건

○ 甲도시는 丙도시보다 20분 늦게 정오가 되고, 乙도시보다는 30분 먼저 정오가 된다.
○ '○○익스프레스'는 甲도시의 시간을 기준으로 열차를 운행한다. 甲도시 발 乙도시 행 '○○익스프레스' 열차는 매시 15분과 30분에 출발하며 운행시간은 2시간 30분이다.
○ '△△서던퍼시픽'은 丙도시의 시간을 기준으로 열차를 운행한다. 乙도시 발 丙도시 행 '△△서던퍼시픽' 열차는 매시 정각과 45분에 출발하며 운행시간은 4시간이다.

상 황

○ A가 '○○익스프레스' 열차를 타고 있던 시각에 丙도시는 "일광절약시간제(Summer Time)"를 실시하여 丙도시의 시각을 한 시간씩 앞당겨 운용하기로 하였다. 예를 들어, 기존의 아침 7시는 이 제도 하에서 아침 8시가 된다.
○ 甲도시와 乙도시는 일광절약시간제를 실시하지 않는다.

※ 열차를 갈아타는 데 걸리는 이동시간은 고려하지 않는다.

① 13시 55분
② 14시 45분
③ 14시 55분
④ 16시 45분
⑤ 16시 55분

제3회 PSAT 종합 실전모의고사

# Memo

# Memo

Memo

UNION

# PSAT

# 해설편

5급공채 입법고시 민간경력자 국립외교원 및 수습 대비

## 종합 실전모의고사

인재

헌법
언어논리
자료해석
상황판단

MGI 메가고시 연구소

인해

# Contents

# PSAT

# 해설편

5급공채 입법고시 민간경력자 국립외교원 및 수습 대비

## 종합 실전모의고사

인재

헌법
언어논리
자료해석
상황판단

# 제1회
# PSAT 종합 실전모의고사

- 헌　법
- 언어논리
- 자료해석
- 상황판단

# 제1회 PSAT 종합 실전모의고사

책형 가

## 헌법

dlswo

| 정답표 | PUBLIC SERVICE APTITUDE TEST

| 1 | 2 | 3 | 4 | 5 | 6 | 7 | 8 | 9 | 10 |
|---|---|---|---|---|---|---|---|---|---|
| ① | ④ | ① | ④ | ③ | ① | ③ | ① | ① | ① |
| 11 | 12 | 13 | 14 | 15 | 16 | 17 | 18 | 19 | 20 |
| ④ | ④ | ④ | ① | ③ | ④ | ④ | ④ | ④ | ③ |
| 21 | 22 | 23 | 24 | 25 | | | | | |
| ② | ④ | ② | ④ | ④ | | | | | |

### 문 1. 정답 ①

MGI point — 지방자치제도

- 주민에게 과도한 부담을 주거나 중대한 영향을 미치는 지자체의 주요사항에 대한 지자체 장의 주민투표 부의 ⇨ 재량사항
- 공유수면에 대한 지자체 자치권한 有
- 주민소환의 청구사유 무제한 ⇨ 지자체 장의 공무담임권 침해 ×
- 지자체 장의 자방의회 사무직원 임용권 ⇨ 지방의회 의장의 추천권이 실질적으로 발휘된다면 지자체 장과 지방의회 간 상호 견제·균형의 원리 침해 ×

① (X) 조문 지방자치단체의 장은 주민에게 과도한 부담을 주거나 중대한 영향을 미치는 지방자치단체의 주요 결정사항 등에 대하여 주민투표에 부칠 수 있다. 따라서 재량사항이다(지방자치법 제14조 제1항).

② (O) 판례 자치권이 미치는 관할 구역의 범위에는 육지는 물론 바다도 포함되므로, 공유수면에 대한 지방자치단체의 자치권한이 존재한다(헌재 2004.09.23. 2000헌라2).

③ (O) 판례 주민소환의 청구사유에 제한을 두지 않은 것은 주민소환제를 기본적으로 정치적인 절차로 설계함으로써 위법행위를 한 공직자뿐만 아니라 정책적으로 실패하거나 무능하고 부패한 공직자까지도 그 대상으로 삼아 공직에서의 해임이 가능하도록 하여 책임정치 혹은 책임행정의 실현을 기하려는데 그 입법목적이 있다. … 주민소환에 관한 법률 제7조 제1항 제2호 중 시장에 대한 부분이 주민소환의 청구사유에 관하여 아무런 규정을 두지 않은 것은 지방자치단체의 장의 공무담임권을 침해하는 것이 아니다(헌재 2009.03.26. 2007헌마843).

④ (O) 판례 지방자치단체의 장에게 지방의회 사무직원의 임용권을 부여하고 있는 심판대상조항은 지방자치법 제101조, 제105조 등에서 규정하고 있는 지방자치단체의 장의 일반적 권한의 구체화로서 우리 지방자치의 현황과 실상에 근거하여 지방의회 사무직원의 인력수급 및 운영 방법을 최대한 효율적으로 규율하고 있다고 할 것이다. 심판대상조항에 따른 지방의회 의장의 추천권이 적극적이고 실질적으로 발휘된다면 지방의회 사무직원의 임용권이 지방자치단체의 장에게 있다고 하더라도 그것이 곧바로 지방의회와 집행기관 사이의 상호견제와 균형의 원리를 침해할 우려로 확대된다거나 또는 지방자치제도의 본질적 내용을 침해한다고 볼 수는 없다(헌재 2014.01.28. 2012헌바216).

### 문 2. 정답 ④

MGI point — 국회 위원회

- 상임위, 예결위, 윤리위 위원장 선출 ⇨ 국회 본회의 선거
  특별위 위원장 선출 ⇨ 위원회 호선
- 교섭단체에 소속하지 아니한 의원은 국회의장이 상임위원으로 선임
- 예결위 위원수 50인, 교섭단체대표의원의 요청으로 국회의장이 예결위 위원 선임
- 정보위는 폐회중 최소 월 1회 개회, 회의는 비공개

㉠ (O) 조문 상임위원장은 상임위원 중에서 임시의장 선거의 예에 준하여 국회의 회의(이하 "본회의"라 한다)에서 선거한다(국회법 제41조 제2항). 예산·결산특별위원장, 윤리특별위원장은 국회 본회의에서 선출하며(국회법 제45조, 제46조), 그 외 특별위원회위원장은 위원회에서 호선하고 본회의에 보고한다(국회법 제47조).

㉡ (O) 조문 상임위원은 교섭단체소속의원수의 비율에 의하여 각 교섭단체 대표의원의 요청으로 의장이 선임 또는 개선하고 교섭단체에 소속하지 아니한 국회의원은 의장이 상임위원을 선임한다(국회법 제48조 제1항, 제2항).
판례 피청구인 국회의장은 국회법 제48조 제1항에 따라 한나라당 교섭단체대표의원의 요청을 받고 이 사건 사·보임행위를 한 것이므로 헌법이나 법률에 위반되는 행위를 한 바가 없으므로 청구인의 권한을 침해한 것으로 볼 수 없다(헌재 2003.10.30. 2002헌라1).

㉢ (O) 조문 예산결산특별위원회의 위원수는 50인으로 한다. 이 경우 그 선임은 교섭단체소속의원수의 비율과 상임위원회의 위원수의 비율에 의하여 각 교섭단체대표의원의 요청으로 의장이 행한다(국회법 제45조 제2항).

㉣ (X) 조문 정보위원회는 폐회중 최소한 월 1회 개회한다(국회법 제53조 제1항). 정보위원회의 회의는 공개하지 아니한다. 다만 공청회 또는 인사청문회를 실시하는 경우에는 위원회의 의결로 공개할 수 있다(국회법 제54조의2 제1항).

### 문 3. 정답 ①

MGI point — 국회의 권한

- 국회 상임위 위원장이 야당 의원 출입 봉쇄한 상태에서 상임위, 소위에 안건심사 회부 ⇨ 야당 소속 상임위 위원의 조약비준동의안에 대한 심의권 침해 ○, 단 안건심사 회부행위는 무효 ×
- 국회의원은 질의권, 토론권, 표결권 침해를 이유로 헌법소원심판 청구 ×
- 대통령의 인사청문경과보고서 송부 요청에도 불구하고 국회가 불송부시 ⇨ 대통령은 국가인권위원회 위원장 임명 可
- 상장주식 양도시 양도소득세 부과되는 대주주 범위 대통령령에 위임 ⇨ 조세법률주의, 포괄위임금지 위반 ×

① (X) 판례 국회 상임위원회 위원장이 위원회 전체회의 개의 직전부터 회의가 종료될 때까지 회의장 출입문을 폐쇄하여 회의의 주체인 소수당 소속 상임위원회 위원들의 출입을 봉쇄한 상태에서 상임위원회 전체회의를 개의하여 안건을 상정한 행위 및 소위원회로 안건심사를 회부한 행위는 회의에 참석하지 못한 소수당 소속 상임위원회 위원들의 조약비준동의안에 대한 심의권을 침해한 것이지만, 위 안건 상정·소위원회 회부행위가 무효인 것은 아니다(헌재 2010.12.28.

2008헌라7, 인용(권한침해)).

② (O) 판례 입법권은 헌법 제40조에 의하여 국가기관으로서의 국회에 속하는 것이고, 국회의원이 국회내에서 행사하는 질의권·토론권 및 표결권 등은 입법권 등 공권력을 행사하는 국가기관인 국회의 구성원의 지위에 있는 국회의원에게 부여된 권한으로서 국회의원 개인에게 헌법이 보장하는 권리 즉 기본권으로 인정된 것이라고 할 수는 없다. 따라서 국회의 구성원인 지위에서 공권력작용의 주체가 되어 오히려 국민의 기본권을 보호 내지 실현할 책임과 의무를 지는 국회의원이 국회의 의안처리과정에서 위와 같은 권한을 침해당하였다고 하더라도 이는 헌법재판소법 제68조 제1항에서 말하는 "기본권의 침해"에는 해당하지 않으므로, 이러한 경우 국회의원은 개인의 권리 구제수단인 헌법소원을 청구할 수 없다(헌재 1995.02.23. 91헌마231).

③ (O) 조문 국회는 임명동의안등이 제출된 날부터 20일 이내에 그 심사 또는 인사청문을 마쳐야 한다(인사청문회법 제6조 제2항). 부득이한 사유로 20일 이내에 헌법재판소 재판관·중앙선거관리위원회 위원·국무위원·방송통신위원회 위원장·국가정보원장·공정거래위원회 위원장·금융위원회 위원장·국가인권위원회 위원장·국세청장·검찰총장·경찰청장·합동참모의장·한국은행 총재·특별감찰관 또는 한국방송공사 사장(이하 "헌법재판소재판관등"이라 한다)의 후보자에 대한 인사청문회를 마치지 못하여 국회가 인사청문경과보고서를 송부하지 못한 경우에 대통령·대통령당선인 또는 대법원장은 제2항에 따른 기간의 다음날부터 10일 이내의 범위에서 기간을 정하여 인사청문경과보고서를 송부하여 줄 것을 국회에 요청할 수 있다(동조 제3항). 제3항의 규정에 의한 기간 이내에 헌법재판소재판관등의 후보자에 대한 인사청문경과보고서를 국회가 송부하지 아니한 경우에 대통령 또는 대법원장은 헌법재판소재판관등으로 임명 또는 지명할 수 있다(동조 제4항).

④ (O) 판례 상장주식 양도차익에 대한 과세로 인해 장래 예상되는 자본시장에 대한 부정적 영향과 투자위축을 줄이기 위해 정책적으로 과세범위를 조정하는 등 유연한 대응이 필요하므로 양도소득세 부과대상에 대한 위임입법의 필요성이 인정되며, … 유기적·체계적으로 종합해 보면, 대통령령에 규정될 '대주주' 범위의 대강을 충분히 예측할 수 있다. 따라서 이 사건 양도소득세조항이 조세법률주의 및 포괄위임입법금지원칙에 위배된다고 할 수 없다(헌재 2015.02.26. 2012헌바355).

## 문 4. 정답 ④

MGI point　　국회의원 지위

- 국회의원의 임기 개시
  - 총선거의 경우에는 전임의원 임기만료일 다음날부터
  - 보궐선거의 경우에는 당선결정된 때부터
- 국회의원 ⇨ 2 이상 상임위원 可
  국회의장 ⇨ 상임위원 不可
- 국회의원 면책특권에 속하는 행위 공소제기 ⇨ 형소법 제327조 제2호 공소기각
- 국회의원의 발언내용이 허위라는 점 인식 못한 경우 ⇨ 발언내용에 근거 부족 또는 진위여부 조사를 제대로 하지 않았어도 직무수행의 일환이면 면책특권 대상

① (O) 조문 국회의원과 지방의회의원의 임기는 총선거에 의한 전임의원의 임기만료일의 다음 날부터 개시된다. 다만, 의원의 임기가 개시된 후에 실시하는 선거와 지방의회의원의 증원선거에 의한 의원의 임기는 당선이 결정된 때부터 개시되며 전임자 또는 같은 종류의 의원의 잔임기간으로 한다(공직선거법 제14조 제2항).

② (O) 조문 의원은 2 이상의 상임위원회의 위원(이하 "상임위원"이라 한다)이 될 수 있지만(국회법 제39조 제1항), 의장은 상임위원이 될 수 없다(동조 제3항).

③ (O) 판례 국회의원의 면책특권에 속하는 행위에 대하여는 공소를 제기할 수 없으며 이에 반하여 공소가 제기된 것은 결국 공소권이 없음에도 공소가 제기된 것이 되어 형사소송법 제327조 제2호의 "공소제기의 절차가 법률의 규정에 위반하여 무효인 때"에 해당되므로 공소를 기각하여야 한다(대판 1992.09.22. 91도3317).

④ (X) 판례 헌법 제45조에서 규정하는 국회의원의 면책특권은 국회의원이 국민의 대표자로서 국회 내에서 자유롭게 발언하고 표결할 수 있도록 보장함으로써 국회가 입법 및 국정통제 등 헌법에 의하여 부여된 권한을 적정하게 행사하고 그 기능을 원활하게 수행할 수 있도록 보장하는 데 그 취지가 있다. 이러한 면책특권의 목적 및 취지 등에 비추어 볼 때, 발언 내용 자체에 의하더라도 직무와는 아무런 관련이 없음이 분명하거나, 명백히 허위임을 알면서도 허위의 사실을 적시하여 타인의 명예를 훼손하는 경우 등까지 면책특권의 대상이 될 수는 없지만, 발언 내용이 허위라는 점을 인식하지 못하였다면 비록 발언 내용에 다소 근거가 부족하거나 진위 여부를 확인하기 위한 조사를 제대로 하지 않았다고 하더라도, 그것이 직무 수행의 일환으로 이루어진 것인 이상 이는 면책특권의 대상이 된다(대판 2007.01.12. 2005다57752).

## 문 5. 정답 ③

MGI point　　대통령의 권한과 통제

- 긴급명령은 국회승인 얻지 못한 때로부터 효력상실
  긴급명령으로 개폐된 법률은 긴급명령이 국회승인 얻지 못한 때로부터 효력 회복
- 공유수면 점용료 징수방법 등 대통령령에 위임 ⇨ 포괄위임금지원칙 위배 ×
- 징계공무원에 일반사면시 ⇨ 징계효력 상실 ○, 징계처분 취소·변경 不可
- 채석단지의 세부지정기준 대통령령에 위임 ⇨ 법률유보원칙, 포괄위임금지원칙 위배 ×

① (O) 조문 국회의 승인을 얻지 못한 때에는 그 처분 또는 명령은 그때부터 효력을 상실한다. 이 경우 그 명령에 의하여 개정 또는 폐지되었던 법률은 그 명령이 승인을 얻지 못한 때부터 당연히 효력을 회복한다(헌법 제76조 제4항).

② (O) 판례 공유수면의 점용·사용허가를 받은 자로부터 매년 공유수면 점용료 또는 사용료를 징수할 것을 규정하면서, 그 징수방법 등을 대통령령으로 정하는 바에 의하도록 한 공유수면 관리 및 매립에 관한 법률조항은 포괄위임금지원칙에 위반되지 않는다(헌재 2013.09.26. 2012헌바16).

③ (X) 판례 공무원이었던 원고가 1980. 1. 25자로 이 사건 파면처분을 받은 후 1981. 1. 31. 대통령령 제10194호로 징계에 관한 일반사면령이 공포시행되었으나, 사면법 제5조 제2항, 제4조의 규정에 의하면 징계처분에 의한 기성의 효과는 사면으로 인하여 변경되지 않는다고 되어 있고 이는 사면의 효과가 소급하지 않음을 의미하는 것이므로, 이와 같은 일반사면이 있었다고 할지라도 파면처분으로 이미 상실된 원고의 공무원 지위가 회복될 수는 없는 것이다(대판 1983.02.08. 81누121).

④ (O) 판례 입법자는 본질적 사항을 직접 결정하고 있어 법률유보원칙을 준수하고 있다. 채석단지의 지정에 고려할 요소들은 전문적·기술적 사항일 뿐만 아니라, 법률로 일일이 세부적인 사항을 규정하는 것은 입법기술상 적절하지 않으므로 세부지정기준을 대통령령에 위임할 필요성이 인정된다. 또한 구 산지관리법 제29조 제1항은 심판대상조항의 위임 범위를 구체적으로 특정하고 있고, 관련조항을 종합하면 석재의 매장량이나 채석 경제성과 같은 경제적인 요소는 물론이고, 인근 지역의 자연환경 또는 인근 주민의 생활환경을 충분히 고려하는 방향으로 대통령령에 세부지정기준이 마련될 것임을 충분히 예측할 수 있다. 따라서 심판대상조항은 포괄위임금지원칙에 위반되지 않는다(헌재 2016.03.31. 2015헌바201).

## 문 6. 정답 ①

MGI point — 행정부

- 대통령의 재신임 국민투표 제안 ⇨ 헌법적 의무 위반
- 국무총리 ⇨ 대통령 명을 받아 행정각부 통할, 독임제 행정관청으로서 소관사무 처리
- 국무총리 부총리 모두 사고시 국무총리 직무대행 ⇨ 대통령 지명받은 국무위원, 대통령 지명 없으면 정부조직법이 정하는 국무위원 順
- 중앙행정기관의 지자체 자치사무 감사 ⇨ 특정 위법행위 확인 또는 합리적 의심이 가능한 경우일 것, 감사대상 특정 필요

① (O) 판례 대통령이 자신에 대한 재신임을 국민투표의 형태로 묻고자 하는 것은 헌법 제72조에 의하여 부여받은 국민투표부의권을 위헌적으로 행사하는 경우에 해당하는 것으로, 국민투표제도를 자신의 정치적 입지를 강화하기 위한 정치적 도구로 남용해서는 안 된다는 헌법적 의무를 위반한 것이다. 물론, 대통령이 위헌적인 재신임 국민투표를 단지 제안만 하였을 뿐 강행하지는 않았으나, 헌법상 허용되지 않는 재신임 국민투표를 국민들에게 제안한 것은 그 자체로서 헌법 제72조에 반하는 것으로 헌법을 실현하고 수호해야 할 대통령의 의무를 위반한 것이다(헌재 2004.05.14. 2004헌나1).

② (X) 국무총리는 대통령의 명을 받아서 행정각부를 통할하며, 행정각부와 동등한 지위를 가지는 독임제행정관청으로서 그 소관사무를 처리한다.

③ (X) 조문 국무총리가 사고로 직무를 수행할 수 없는 경우에는 부총리가 그 직무를 대행하고, 국무총리와 부총리가 모두 사고로 직무를 수행할 수 없는 경우에는 대통령의 지명이 있으면 그 지명을 받은 국무위원이, 지명이 없는 경우에는 정부조직법 제26조제1항에 규정된 순서에 따른 국무위원이 그 직무를 대행한다(정부조직법 제22조).

④ (X) 판례 중앙행정기관이 구 지방자치법 제158조 단서 규정상의 감사에 착수하기 위해서는 자치사무에 관하여 특정한 법령위반행위가 확인되었거나 위법행위가 있었으리라는 합리적 의심이 가능한 경우이어야 하고, 또한 그 감사대상을 특정해야 한다. 따라서 전반기 또는 후반기 감사와 같은 포괄적·사전적 일반감사나 위법사항을 특정하지 않고 개시하는 감사 또는 법령위반사항을 적발하기 위한 감사는 모두 허용될 수 없다(헌재 2009.05.28. 2006헌라6).

## 문 7. 정답 ③

MGI point — 기본권과 제도적 보장

- 객관적 가치질서로서의 기본권 ⇨ 국가기관에 기본권 실현의무 부여
- 헌법에 의하여 일정한 제도 보장되면 입법자는 제도 설정·유지 입법의무 O, 법률로서 폐지 불가
- C.Schmitt의 자연권설 ⇨ 자유권 보장은 배분의 원리 적용 O, 제도적 보장은 배분의 원리 적용 ×
- 헌법 제8조 제1항 ⇨ 정당 설립의 자유라는 기본권 보장 및 복수정당제라는 제도적 보장

① (O) 판례 국민의 기본권은 국가권력에 의하여 침해되어서는 아니된다는 의미에서 소극적 방어권으로서의 의미를 가지고 있을 뿐만 아니라, 헌법 제10조에서 국가는 개인이 가지는 불가침의 기본적 인권을 확인하고 이를 보장할 의무를 진다고 선언함으로써, 국가는 나아가 적극적으로 국민의 기본권을 보호할 의무를 부담하고 있다는 의미에서 기본권은 국가권력에 대한 객관적 규범 내지 가치질서로서의 의미를 함께 갖는다. 객관적 가치질서로서의 기본권은 입법·사법·행정의 모든 국가기능의 방향을 제시하는 지침으로서 작용하므로, 국가기관에게 기본권의 객관적 내용을 실현할 의무를 부여한다(헌재 1995.06.29. 93헌바45).

② (O) 판례 제도적 보장은 객관적 제도를 헌법에 규정하여 당해 제도의 본질을 유지하려는 것으로서 헌법제정권자가 특히 중요하고도 가치가 있다고 인정되고 헌법적으로도 보장할 필요가 있다고 생각하는 국가제도를 헌법에 규정함으로써 장래의 법발전, 법형성의 방침과 범주를 미리 규율하려는데 있다. 이러한 제도적 보장은 주관적 권리가 아닌 객관적 범규범이라는 점에서 기본권과 구별되기는 하지만 헌법에 의하여 일정한 제도가 보장되면 입법자는 그 제도를 설정하고 유지할 입법의무를 지게될 뿐만 아니라 헌법에 규정되어 있기 때문에 법률로써 이를 폐지할 수 없고, 비록 내용을 제한하더라도 그 본질적 내용을 침해할 수 없다. 그러나 기본권 보장은 "최대한 보장의 원칙"이 적용됨에 반하여, 제도적 보장은 그 본질적 내용을 침해하지 아니하는 범위 안에서 입법자에게 제도의 구체적 내용과 형태의 형성권을 폭넓게 인정한다는 의미에서 "최소한 보장의 원칙"이 적용될 뿐이다(헌재 1997.04.24. 95헌바48).

③ (X) C.Schmitt는 자유권의 경우 진정기본권으로서 선국가적이고 그 보장이 무제한한 것이므로 '배분의 원리'가 적용되지만, 제도적 보장은 어디까지나 국가의 법질서에 의해 인정되는 것이므로 '배분의 원리'가 적용되지 않는다고 하였다.

④ (O) 판례 헌법은 정당을 일반적인 결사의 자유로부터 분리하여 제8조에 독자적으로 규율함으로써 오늘날의 의회민주주의에서 정당이 가지는 중요한 의미와 헌법질서내에서의 정당의 특별한 지위를 강조하고 있다. 헌법 제8조는 제1항에서 "정당의 설립은 자유이며, 복수정당제는 보장된다"고 규정하여 국민 누구나가 원칙적으로 국가의 간섭을 받지 아니하고 정당을 설립할 권리를 국민의 기본권으로서 보장하면서, 아울러 정당설립의 자유를 보장한 것의 당연한 법적 산물인 복수정당제를 제도적으로 보장하고 있다(헌재 1999.12.23. 99헌마135).

## 문 8. 정답 ①

MGI point　　　기본권 주체

- 방송문화진흥위원회가 최다출자자인 방송사업자 ⇨ 사경제 주체로서 활동하는 경우 직업수행의 자유 주체 ○
- 학교안정법상 공제회 ⇨ 사경제 주체로서 활동하는 경우, 국가로부터 독립한 고유업무 수행하는 경우, 다른 공권력 주체의 지배하에 있는 경우 등에는 기본권 주체 ○
- 대한예수교장로회 총회신학연구원 ⇨ 폐쇄명령 근거규정에 대한 헌법소원심판 당사자능력 ○
- 정당의 선거에 있어서 기회균등 보장받을 권리 ⇨ 정당활동의 기회균등의 보장과 헌법상 참정권 보장에 내포

① (X) 판례 청구인은 공법상 재단법인인 방송문화진흥회가 최다출자자인 방송사업자로서 방송법 등 관련 규정에 의하여 공법상의 의무를 부담하고 있지만, 그 설립목적이 언론의 자유의 핵심 영역인 방송 사업이므로 이러한 업무 수행과 관련해서는 기본권 주체가 될 수 있고, 그 운영을 광고수익에 전적으로 의존하고 있는 만큼 이를 위해 사경제 주체로서 활동하는 경우에도 기본권 주체가 될 수 있다. 이 사건 심판청구는 청구인이 그 운영을 위한 영업활동의 일환으로 방송광고를 판매하는 지위에서 그 제한과 관련하여 이루어진 것이므로 그 기본권 주체성이 인정된다(헌재 2013.09.26. 2012헌마271).

② (O) 판례 공제회는 이처럼 공법인적 성격과 사법인적 성격을 겸유하고 있는데, 공제회가 일부 공법인적 성격을 갖고 있다고 하더라도 공무를 수행하거나 고권적 행위를 하는 경우가 아닌 사경제주체로서 활동하는 경우나 조직법상 국가로부터 독립한 고유 업무를 수행하는 경우, 그리고 다른 공권력 주체와의 관계에서 지배복종관계가 성립되어 일반 사인처럼 그 지배하에 있는 경우 등에는 기본권 주체가 될 수 있다(헌재 2015.07.30. 2014헌가7).

③ (O) 판례 청구인(대한예수교장로회 총회신학연구원)의 당사자능력은 당해사건 이전에 있었던 폐쇄명령처분취소소송의 상고심에서 청구인은 장로회총회의 단순한 내부기구가 아니라 그와는 별개의 비법인 재단에 해당된다고 하여 이를 인정한 바 있고, 이 사건 위헌제청신청사건에서도 이를 따르고 있으므로 헌법소원에 있어서도 달리 볼만한 사정이 없어 헌법소원심판상의 당사자능력을 갖추었다고 볼 것이다(헌재 2000.03.30. 99헌바14).

④ (O) 판례 시·도의회의원선거에 있어서 정당은 후보자의 추천과 후보자를 지원하는 선거운동을 통하여 소기의 목적을 추구하는데, 이 경우 평등권 및 평등선거의 원칙으로부터 나오는(선거에 있어서의) 기회균등의 원칙은 후보자에 대하여서는 물론 정당에 대하여서도 보장되는 것이며, 따라서 정당추천의 후보자가 선거에서 차등대우를 받는 것은 바로 정당이 선거에서 차등대우를 받는 것과 같은 결과가 되는 것이다. 이와 같이 정당이 선거에 있어서 기회균등의 보장을 받을 수 있는 헌법적 권리는 정당활동의 기회균등의 보장과 헌법상 참정권보장에 내포되어 있다고 할 것이므로 헌법 제8조 제1항 내지 제3항, 제11조 제1항, 제24조, 제25조는 그 직접적인 근거규정이 될 수 있는 것이며, 헌법 전문과 제1조, 제41조 제1항, 제67조 제1항, 제37조 제2항, 제116조 제2항은 간접적인 근거규정이 될 수 있는 것이다(헌재 1991.03.11. 91헌마21).

## 문 9. 정답 ①

MGI point　　　인간의 존엄과 가치·행복추구권

- 전국기능경기대회 입상자의 국내기능경기대회 참가 금지 ⇨ 행복추구권 침해 ○
- 혼인빙자간음죄 ⇨ 남성의 성적자기결정권 및 사생활의 비밀과 자유 침해 ○
- 구속된 피의자·피고인의 변호인 아닌 자와의 접견교통권 ⇨ 헌법상 기본권으로서 일반적 행동자유권, 무죄추정원칙에 근거
- 선거기사심의위원회의 언론사에 대한 사과문 게재명령 및 위반시 처벌 ⇨ 언론사의 인격권 침해 ○

① (X) 판례 전국기능경기대회 입상자는 입상으로 이미 그 숙련기술의 우수성을 인정받은 사람들이므로, 숙련기술인의 사기를 진작시키고 그 저변을 확대하고자 하는 국내기능경기대회의 의미를 훼손시키지 않으려면 어느 정도 국내기능경기대회 참가를 제한할 필요가 있다. 그러나 … 전국기능경기대회 입상자 중 해당 종목 '1, 2위 상위 득점자'가 아닌 나머지 입상자는 국제기능올림픽 대표선발전에도 출전할 수 없으므로, 전국기능경기대회 입상자의 국내기능경기대회 재도전 금지는 결국 국제기능올림픽 대표선발전에 출전할 기회까지 봉쇄하는 결과가 된다. 따라서 이 사건 시행령조항이 전국기능경기대회 입상자의 국내기능경기대회 참가를 전면적으로 금지하는 것은 입법형성권의 한계를 넘어선 것으로서 청구인들의 행복추구권을 침해한다(헌재 2015.10.21. 2013헌마757, 헌법불합치).

② (O) 판례 이 사건 법률조항은 목적의 정당성, 수단의 적절성 및 피해최소성을 갖추지 못하였고 법익의 균형성도 이루지 못하였으므로, 헌법 제37조 제2항의 과잉금지원칙을 위반하여 남성의 성적자기결정권 및 사생활의 비밀과 자유를 과잉제한하는 것으로 헌법에 위반된다(헌재 2009.11.26. 2008헌바58, 위헌).

③ (O) 판례 구속된 피의자 또는 피고인이 갖는 변호인 아닌 자와의 접견교통권은 가족 등 타인과 교류하는 인간으로서의 기본적인 생활관계가 인신의 구속으로 인하여 완전히 단절되어 파멸에 이르는 것을 방지하고, 또한 피의자 또는 피고인의 방어를 준비하기 위해서도 반드시 보장되지 않으면 안되는 인간으로서의 기본적인 권리에 해당하므로 이는 성질상 헌법상의 기본권에 속한다고 보아야 할 것이다. 미결수용자의 접견교통권은 헌법재판소가 헌법 제10조의 행복추구권에 포함되는 기본권의 하나로 인정하고 있는 일반적 행동자유권으로부터 나온다고 보아야 할 것이고, 무죄추정의 원칙을 규정한 헌법 제27조 제4항도 그 보장의 한 근거가 될 것이다(헌재 2003.11.27. 2002헌마193, 위헌).

④ (O) 판례 공직선거법에 따르면, 언론사가 사실에 어긋나거나 불공정한 선거기사를 보도하는 경우 선거기사심의위원회는 사과문 게재 명령 외에도 정정보도문의 게재 명령을 할 수 있다. 또한 해당 언론사가 '공정보도의무를 위반하였다는 결정을 선거기사심의위원회로부터 받았다는 사실을 공표'하도록 하는 방안, 사과의 의사표시가 필요한 경우에도 사과의 '권고'를 하는 방법을 상정할 수 있다. 나아가, 이 사건 법률조항들이 추구하는 목적, 즉 선거기사를 보도하는 언론사의 공적인 책임의식을 높임으로써 민주적이고 공정한 여론 형성 등에 이바지한다는 공익이 중요하다는 점에는 이론의 여지가 없다. 그러나 이는 객관성이나 공정성을 저버린 기사를 보도했음을 스스로 인정하지 않는 언론사로 하여금 자신의 잘못을 인정하고 용서까지 구하는 의사표시를 하도록 강제하고, 형사

처벌을 통하여 그 실효성을 담보함으로써, 언론에 대한 신뢰가 무엇보다 중요한 언론사에 대하여 그 사회적 신용이나 명예를 저하시키고 인격의 자유로운 발현을 저해하고 있다. 언론사에 대한 이와 같은 인격권 침해의 정도는 이 사건 법률조항들이 달성하려는 공익에 비해 결코 작다고 할 수 없다. 결국 이 사건 법률조항들은 과잉금지원칙에 위배되어 언론사의 인격권을 침해하므로 헌법에 위반된다(헌재 2015.07.30. 2013헌가8, 위헌).

## 문 10. 정답 ①

MGI point — 평등의 원칙

- 별정공무원에서 일반공무원으로 전환된 자들의 단계적 정년연장 ⇨ 평등원칙 위반 ×
- 정리계획에 의하여 새로이 정리회사 주주가 된자들에 대한 실권절차 ⇨ 평등원칙 위반 ○
- 사립학교 교직원 임용시 공중보건의 복무기간 불산입 ⇨ 평등원칙 위반 ○
- 국·공립학교 채용시험의 국가유공자 및 가족에 우선권 부여하는 동점자처리조항 ⇨ 평등원칙 위반 ×
- 의사자격자로서 인턴, 레지던트 과정 마치고 자연계대학원에서 박사과정 수학 중인 자에 한하여 전문연구요원 편입 허용 ⇨ 평등원칙 위반 ×

㉠ (위반아님) 판례 일반군무원은 이미 그 정년이 60세인 데에 반하여, 이 사건 정년특례조항이 별정군무원에서 전환된 자들의 정년은 2020년이 되어야 60세가 되도록 한 것은, 국가재정상태, 인력수급 상황 등 여러 현실적인 사정을 감안하여 국가로 하여금 일반군무원으로의 전환에 필요한 준비를 할 수 있도록 하기 위하여 그 정년을 단계적으로 연장하도록 한 것이므로, 그 결과 청구인들에게 어떠한 차별이 발생한다 하더라도 이를 합리적 이유 없는 차별이라고 단정하기는 어렵다. 따라서 이 사건 정년특례조항은 청구인들의 평등권을 침해하지 않는다(헌재 2016.03.31. 2014헌마581).

㉡ (위반) 판례 주식회사가 신주를 발행하는 경우에 그 신주를 인수하여 주주가 된 자(이하 '일반 주주'라 한다)에게 주권을 발행하여 교부하는 것은 회사의 의무이고(상법 제355조 제1항), 일반 주주는 주권을 불소지할 수 있어서(상법 제358조의2) 주권의 교부를 청구하지 않더라도 그 권리를 상실하지 않음에 비해, 이 사건 법률조항은 정리계획에 의하여 정리회사의 주주가 된 자(이하 '정리회사 주주'라 한다)가 3년 이내에 주권의 교부를 청구하지 않으면 그 권리를 상실하도록 함으로써 정리회사 주주를 일반 주주와 차별취급하고 있다. … 이 사건 법률조항은 정리회사 주주를 일반 주주와 차별취급함에 있어서 차별에 필요한 정도를 넘어서는 수단을 사용함으로써 차별목적과 차별수단 사이에 합리적인 비례성을 갖추지 못하였으므로 평등원칙에 위배된다(헌재 2012.05.31. 2010헌가85, 위헌).

㉢ (위반) 판례 현역병 또는 지원하지 아니하고 임용된 부사관, 방위소집·상근예비역소집 또는 보충역소집으로 복무하여 병역의무를 이행한 사람(이하 '현역병 등'이라 한다)은 사립학교 교직원에 임용된 경우 심판대상조항에 따라 그 복무기간을 사립학교 교직원 재직기간에 산입할 수 있는 반면, 공중보건의사로 복무한 사람은 사립학교 교직원으로 임용되더라도 그 복무기간을 재직기간에 산입할 수 없다. … 군의관과 공중보건의사는 모두 병역의무 이행의 일환으로 의료분야의 역무를 수행한 점, 공중보건의사는 접적지역, 도서, 벽지 등 의료취약지역에서 복무하면서 그 지역 안에서 거주하여야 하고 그 복무에 관하여 국가의 강력한 통제를 받았던 점 등을 종합하면, 1991년 개정 농어촌의료법 시행 전에 공중보건의사로 복무하였던 사람이 사립학교 교직원으로 임용되었을 경우 현역병 등과 달리 공중보건의사 복무기간을 재직기간에 반영하도록 규정하지 아니한 것은 차별취급에 합리적인 이유가 없다. 따라서 심판대상조항은 평등원칙에 위배된다(헌재 2016.02.25. 2015헌가15, 헌법불합치).

㉣ (위반아님) 판례 '이 사건 동점자처리조항'은 국·공립학교 채용시험의 합격자를 결정할 때 선발예정인원을 초과하여 동점자가 있는 경우, 동점자처리에서 국가유공자와 그 유족·가족에게 우선권을 주도록 하고 있다. 이 사건 동점자처리조항은 공직취임에서 일반 응시자들을 차별하는 것이며, 이러한 기본권 행사에 있어서의 차별은 차별목적과 수단 간에 엄격한 비례성을 갖추어야만 헌법 제37조 제2항이 정한 과잉금지의 원칙에 합치되어 정당화될 수 있다. … 이 사건 동점자처리조항이 달성하고자 하는 공익이 일반 응시자들이 받는 국·공립학교 채용시험 동점자처리에서의 상대적 불이익이라는 사익보다는 크다고 할 것이다. 그러므로 이 사건 동점자처리조항은 일반 응시자들의 평등권을 침해하지 아니한다(헌재 2006.06.29. 2005헌마44).

㉤ (위반아님) 판례 이 사건 편입대상조항에서 의사자격이 있는 사람으로서 군전공의 수련과정을 마치고 박사학위 과정에 수학 중인 사람을 전문연구요원 편입대상으로 규정하고 있는 것은 이들의 임상경험과 첨단 과학기술을 접목시켜 의료기기 산업 등을 발전시키고 의과학자를 양성하는 데 그 목적이 있다. 입법자는 이러한 목적을 달성함에 있어 1년의 인턴 과정을 마친 것만으로는 풍부한 임상경험을 획득하였다고 보기 어렵다는 판단 하에 인턴 과정뿐만 아니라 레지던트 과정을 모두 마친 사람이 자연계대학원에 진학하는 경우에 한하여 전문연구요원으로의 편입을 허용하는 것이므로 이를 두고 합리적 근거 없는 자의적인 입법형성권의 행사로 청구인의 평등권을 침해하였다고 보기 어렵다(헌재 2013.11.28. 2011헌마269).

## 문 11. 정답 ④

MGI point — 인신의 자유

- 헌법의 태아생명 보호는 인간으로 될 생명체라는 이유 때문 ⇨ 태아의 독자적 생존능력 구비여부가 낙태 허용 기준 ×
- 보호감호처분 ⇨ 적법절차와 죄형법정주의에 따라 부과, 소급입법 불허
- 보안처분 ⇨ 책임주의에 의한 제한 ×, 비례의 원칙에 의한 제한 ○
- 정관 위반시 처벌 ⇨ 죄형법정주의 위반 ○

① (X) 판례 헌법이 태아의 생명을 보호하는 것은 그것이 인간으로 될 예정인 생명체라는 이유 때문이지, 그것이 독립하여 생존할 능력이 있다거나 사고능력, 자아인식 등 정신적 능력이 있는 생명체라는 이유 때문이 아니다. 그러므로 태아가 독자적 생존능력을 갖추었는지 여부를 그에 대한 낙태 허용의 판단 기준으로 삼을 수는 없다. 인간이면 누구나 신체적 조건이나 발달 상태 등과 관계없이 동등하게 생명 보호의 주체가 되는 것과 마찬가지로, 태아도 성장 상태와 관계없이 생명권의 주체로서 마땅히 보호를 받아야 한다. 특히 의학의 비약적 발전으로 태아가 모태를 떠난 상태에서의 생존 가능성이 점점 높아지고 있는 현실과 그 성장 속도 역시 태아에 따라 다른 현실을 감안하면, 임신 후 몇 주가 경과하였는지 또는 생물학적 분화 단계를 기준으로 보호의 정도를 달리할 것은 아니다(헌재 2012.08.23. 2010헌바402).

② (X) 판례 헌법이 제12조 제1항 후문에서 … "법률과 적법한 절차에 의하지 아니하고는 처벌·보안처분 또는 강제노역을 받지 아니한다"라고 규정하여 처벌과 보안처분을 나란히 열거하고 있는 점을 생각해 보면, 상습범등에 대한 보안처분의 하나로서 신체에 대한 자유의 박탈을 그 내용으로 하는 보호감호처분은 형벌과 같은 차원에서의 적법한 절차와 헌법 제13조 제1항에 정한 죄형법정주의의 원칙에 따라 비로소 과해질 수 있는 것이라 할 수 있고, 따라서 그 요건이 되는 범죄에 관한 한 소급입법에 의한 보호감호처분은 허용될 수 없다고 할 것이다(헌재 1989.07.14. 88헌가5).

③ (X) 판례 보안처분의 경우에는 보안처분을 정당화하고 한계지우는 지도원리로서 비례의 원칙이 특히 강조된다. 형벌은 책임주의에 의하여 제한을 받지만 보안처분은 책임에 따른 제재가 아니어서 책임주의의 제한을 받지 않는다. 그러므로 보안처분에 있어서는 형벌에 대해 책임주의가 기능하는 바와 같은 역할을 하는 것이 바로 비례의 원칙이다. 목적과 수단 사이에 상당한 비례관계가 유지되어야 한다는 비례의 원칙을 우리의 헌법과 법률은 명문화하고 있지는 않지만 이를 인정하는 것은 법치국가의 원리상 당연하다. 비례의 원칙은 보안처분의 선고 여부를 결정할 때 뿐만 아니라 보안처분을 종료할 것인지 여부를 판단할 때에도 적용된다(헌재 2005.02.03. 2003헌바1).

④ (O) 판례 농협법 제50조 제4항은 "누구든지 임원선거와 관련하여 다음 각 호의 방법 중 정관이 정하는 행위 외의 선거운동을 할 수 없다."라고 되어 있는바, 위 규정만으로는 '정관이 정하는 행위 외의 선거운동'이 과연 어느 범위의 선거운동을 말하는지에 관하여 구체적으로 알 수 없다. … 이에 대하여는 법원의 해석으로도 이 사건 법률조항의 의미내용을 명확하게 파악할 수가 없다. … 결국 이 사건 법률조항은 형식적 의미의 법률이 아닌 정관에 범죄구성요건을 위임함에 따라 수범자로 하여금 형사처벌 유무에 대하여 전혀 예측할 수 없도록 하고 있으므로 헌법상 죄형법정주의 원칙에 위배된다고 할 것이다(헌재 2010.07.29. 2008헌바106, 위헌).

## 문 12. 정답 ④

MGI point — 사생활의 비밀과 자유

- 개별의료기관의 공단에 대한 수급권자 진료정보 제공 의무 ⇨ 개인정보자기결정권 침해 ×
- 위치추적 전자장치 부착명령 소급적용 ⇨ 소급처벌금지원칙 위배 ×, 인격권 침해 ×
- 선거과정에서 인격권·명예권 보호 위한 대외적 해명 ⇨ 사생활의 자유 보호영역 ×
- 징벌혐의 수형자의 변호인과의 접견시 교도관의 참여 및 대화내용 기록 ⇨ 수형자의 사생활의 비밀과 자유 침해 ×

① (X) 판례 이 사건 고시조항은 … 목적은 정당하고, 의료이용자에게 그 수급의 자격이 있는지 여부 및 필요한 급여액의 정도를 파악하기 위하여는 수급권자 자격관리기관인 공단이 상병명 등 정보를 파악하는 것이 필요하다 할 것이어서 의료급여기관이 이러한 정보를 공단에 제공하고 공단이 이러한 정보를 보유하도록 하는 것은 적절한 수단이 된다. … 피해를 최소화하는 장치가 갖추어져 있다 할 것이며, 위 고시 조항으로 인하여 얻게 되는 공익 즉 수급자격 및 급여액의 정확성을 확보하여 의료급여제도의 원활한 운영을 기한다는 공익이 이로 인하여 제한되는 수급권자의 개인정보자기결정권인 사익보다 크다 할 것이므로 법익의 균형성도 갖추었다고 할 것이다. 따라서, 이 사건 고시조항은 헌법상 과잉금지원칙에 위배되어 청구인들의 개인정보자기결정권을 침해하는 것이라고 볼 수 없다(헌재 2009.09.24. 2007헌마1092).

② (X) 판례 (1) 전자장치 부착은 전통적 의미의 형벌이 아니며, 이를 통하여 피부착자의 위치만 국가에 노출될 뿐 그 행동 자체를 통제하지 않는다는 점에서 비형벌적 보안처분에 해당되므로, 이를 소급적용하도록 한 부칙경과조항은 헌법 제13조 제1항 전단의 소급처벌금지원칙에 위배되지 아니한다. (2) 전자장치 부착명령의 소급적용은 성폭력범죄의 재범 방지 및 사회 보호에 있어 실질적인 효과를 나타내고 있는 점, 장래의 재범 위험성으로 인한 보안처분의 판단시기는 범죄의 행위시가 아닌 재판시가 될 수밖에 없으므로 부착명령 청구 당시 형 집행 종료일까지 6개월 이상 남은 출소예정자가 자신이 부착명령 대상자가 아니라는 기대를 가졌더라도 그 신뢰의 보호가치는 크지 아니한 점, 피부착자의 기본권 제한을 최소화하기 위하여 법률은 피부착자에 대한 수신자료의 열람·조회를 엄격히 제한하고 부착명령의 탄력적 집행을 위한 가해제 제도를 운영하고 있는 점 등을 고려할 때, 부칙경과조항은 과잉금지원칙에 반하여 피부착자의 인격권 등을 침해하지 아니한다(헌재 2015.09.24. 2015헌바35).

③ (X) 판례 자신의 인격권이나 명예권을 보호하기 위하여 대외적으로 해명을 하는 행위는 표현의 자유에 속하는 영역일 뿐 이미 사생활의 자유에 의하여 보호되는 범주를 벗어난 행위이고, 또한, 자신의 태도나 입장을 외부에 설명하거나 해명하는 행위는 진지한 윤리적 결정에 관계된 행위라기보다는 단순한 생각이나 의견, 사상이나 확신 등의 표현행위라고 볼 수 있어, 그 행위가 선거에 영향을 미치게 하기 위한 것이라는 이유로 이를 하지 못하게 된다 하더라도 내면적으로 구축된 인간의 양심이 왜곡 굴절된다고는 할 수 없다는 점에서 양심의 자유의 보호영역에 포괄되지 아니한다(헌재 2001.08.30. 99헌바92).

④ (O) 판례 접견내용을 녹음·녹화하는 경우 수용자 및 그 상대방에게 그 사실을 말이나 서면 등으로 알려주어야 하고 취득된 접견기록물은 법령에 의해 보호·관리되고 있으므로 사생활의 비밀과 자유에 대한 침해를 최소화하는 수단이 마련되어 있다는 점, 청구인이 나눈 접견내용에 대한 사생활의 비밀로서의 보호가치에 비해 증거인멸의 위험을 방지하고 교정시설 내의 안전과 질서유지에 기여하려는 공익이 크고 중요하다는 점에 비추어 볼 때, 이 사건 접견참여·기록이 청구인의 사생활의 비밀과 자유를 침해하였다고 볼 수 없다(헌재 2014.09.25. 2012헌마523).

## 문 13. 정답 ④

MGI point — 양심의 자유

- 채무자의 법원에 대한 재산명시의무 ⇨ 양심의 자유 보호영역 ×
- 의료기관의 환자 의료비 내역 정보 국세청에 제출할 의무 ⇨ 양심의 자유 보호영역 ○
- 모든 내용의 양심상 결정은 양심의 자유에 의해 보장
- 운전중 운전자의 좌석안전띠 착용의무 ⇨ 양심의 자유 보호영역 ×

① (O) 판례 헌법 제19조에서 … 보호되어야 할 양심에는 세계관·인생관·주의·신조 등은 물론, 이에 이르지 아니하여도 보다 널리 개인의 인격형성에 관계되는 내심에 있어서의 가치적·윤리적 판단도 포함될 수 있으나, 단순한 사실관계의 확인과 같이 가치적·윤리적 판단이 개입될 여지가 없는 경우는 그 보호대상이 아니다 이 사건에서 채무자가 부담하는 행위의무는 강제집행의 대상이 되는 재산관계를 명시한 재산목록을 제출하고 그 재산목록의 진실함을 법관 앞에서 선서하는 것으로서, 개인의 인격형성에 관계되는 내심의 가치적·윤리적 판단이 개입될 여지가 없는 단순한 사실관계의 확인에 불과한 것이므로, 헌법 제19조에 의하여 보장되는 양심의 영역에 포함되지 않는다. 따라서 심판대상조항은 청구인의 양심의 자유를 침해하지 아니한다(헌재 2014.09.25. 2013헌마11).

② (O) 판례 의사가 환자의 신병(身病)에 관한 사실을 자신의 의사에 반하여 외부에 알려야 한다면, 이는 의사로서의 윤리적·도덕적 가치에 반하는 것으로서 심한 양심적 갈등을 겪을 수밖에 없을 것이다. 그런데 소득공제증빙서류 제출의무자들인 의료기관인 의사로서는 과세자료를 제출하지 않을 경우 국세청으로부터 행정지도와 함께 세무조사와 같은 불이익을 받을 수 있다는 심리적 강박감을 가지게 되는바, 결국 이 사건 법령조항에 대하여는 의무불이행에 대하여 간접적이고 사실적인 강제수단이 존재하므로 법적 강제수단의 존부와 관계없이 의사인 청구인들의 양심의 자유를 제한한다(헌재 2008.10.30. 2006헌마1401).

③ (O) 판례 일반적으로 민주적 다수는 법질서와 사회질서를 그의 정치적 의사와 도덕적 기준에 따라 형성하기 때문에, 그들이 국가의 법질서나 사회의 도덕률과 양심상의 갈등을 일으키는 것은 예외에 속한다. 양심의 자유에서 현실적으로 문제가 되는 것은 국가의 법질서나 사회의 도덕률에서 벗어나려는 소수의 양심이다. 따라서 양심상의 결정이 어떠한 종교관·세계관 또는 그 외의 가치체계에 기초하고 있는가와 관계없이, 모든 내용의 양심상의 결정이 양심의 자유에 의하여 보장된다(헌재 2004.08.26. 2002헌가1).

④ (X) 판례 자동차를 운전하며 좌석안전띠를 맬 것인지의 여부에 대하여 고민할 수는 있겠으나, 그 고민 끝에 제재를 받지 않기 위하여 어쩔 수 없이 좌석안전띠를 매었다 하여 청구인이 내면적으로 구축한 인간양심이 왜곡·굴절되고 청구인의 인격적인 존재가치가 허물어진다고 할 수는 없다. 따라서 운전 중 운전자의 좌석안전띠 착용은 양심의 자유의 보호영역에 속하지 아니하므로 이 사건 심판대상조항들은 청구인의 양심의 자유를 침해하는 것이라 할 수 없다(헌재 2003.10.30. 2002헌마518).

## 문 14. 정답 ①

**MGI point** 집회·결사의 자유

- 집회의 개념적 요소인 공동의 목적 범위 ⇨ 내적인 유대관계로 足
- 집회의 자유 ⇨ 집회의 자유행사에 영향을 미치는 모든 조치 금지
- 단순히 위법행위의 개연성이 있다는 예상만으로 집회의 자유 제한 不可
- 집회의 장소적 요건 不要 ⇨ 공중이 자유로이 통행할 수 없는 대학구내의 시위도 불특정 다수인에 영향 미치면 집시법 규제 ○

① (X) 판례 일반적으로 집회는, 일정한 장소를 전제로 하여 특정 목적을 가진 다수인이 일시적으로 회합하는 것을 말하는 것으로 일컬어지고 있고, 그 공동의 목적은 '내적인 유대 관계'로 족하다. 건전한 상식과 통상적인 법감정을 가진 사람이면 위와 같은 의미에서 구 집시법상 '집회'가 무엇을 의미하는지를 추론할 수 있다고 할 것이므로, 구 집시법상 '집회'의 개념이 불명확하다고 할 수 없다(헌재 2009.05.28. 2007헌바22).

② (O) 판례 집회의 자유는 개인이 집회에 참가하는 것을 방해하거나 또는 집회에 참가할 것을 강요하는 국가행위를 금지할 뿐만 아니라, 예컨대 집회장소로의 여행을 방해하거나, 집회장소로부터 귀가하는 것을 방해하거나, 집회참가자에 대한 검문의 방법으로 시간을 지연시킴으로써 집회장소에 접근하는 것을 방해하는 등 집회의 자유행사에 영향을 미치는 모든 조치를 금지한다(헌재 2003.10.30. 2000헌바67).

③ (O) 판례 집회의 자유는 개인의 사회생활과 여론형성 및 민주정치의 토대를 이루고 소수자의 집단적 의사표현을 가능하게 하는 중요한 기본권이기 때문에 단순히 위법행위의 개연성이 있다는 예상만으로 집회의 자유를 제한할 수는 없는 것이다(헌재 2009.09.24. 2008헌가25).

④ (O) 판례 공중이 자유로이 통행할 수 없는 장소인 대학구내에서의 시위도 그것이 위력 또는 기세를 보여 불특정다수인의 의견에 영향을 주거나 제압을 가하는 행위의 요건에 해당하면 바로 집시법상의 시위로서 집시법의 규제대상이 되는 것이다(헌재 1994.04.28. 91헌바14).

## 문 15. 정답 ③

**MGI point** 재산권

- 국민연금법상 반환일시금 제도 ⇨ 재산권 침해 ×
- 헌법 제23조 제3항의'정당한 보상'⇨ 피수용재산의 객관적 재산가치 완전 보상
- 개발행위로 용도폐지되는 공공시설 사업주체에 무상양도 ⇨ 재산권 보호 영역 ×
- 개발사업자에 대한 학교용지부담금 ⇨ 재산권 침해 ×

① (O) 판례 반환일시금제도는 공적연금제도의 역사가 짧은 국가에서 한시적으로 운영하는 제도로서, 뒤늦게 국민연금에 편입되었거나 사망·국적 상실·국외 이주를 이유로 연금수급을 기대할 수 없는 자를 예외적으로 배려하기 위한 제도이지, 연금수급을 기대할 수 있는 자에게 연금지급방식을 선택하거나 결정할 수 있게 하는 제도가 아니다. 또한 심판대상조항이 반환일시금의 지급사유를 제한하는 것은 국민연금의 본래 목적에 따라 가입자들이 노후에 지속적인 소득을 보장받도록 하기 위한 것이다. 가입자는 반환일시금을 청구할 수 없더라도 연금수급연령에 도달하면 분할지급의 방식으로 연금을 지급받을 수 있고, 실직 등의 사유로 생활고를 겪는 경우에는 생활자금을 대여받을 수도 있다. 경제적인 사정을 이유로 반환일시금의 지급을 허용하는 경우에는 연금제도로부터 대규모의 이탈이 발생하여 국민연금제도의 운용에 지장을 초래할 수 있다. 따라서 심판대상조항은 청구인의 재산권을 침해한다고 볼 수 없다(헌재 2014.05.29. 2012헌마248).

② (O) 판례 헌법 제23조 제3항의 '정당한 보상'이란 '원칙적으로' 피수용재산의 객관적인 재산가치를 완전하게 보상하는 것이어야 한다는 완전보상을 뜻하는 것으로서, 재산권의 객체가 갖는 객관적 가치란 그 물건의 성질에 정통한 사람들의 자유로운 거래에 의하여 도달할 수 있는 합리적인 매매가능가격, 즉 시가에 의하여 산정

되는 것이 '보통이다'. 그러나 헌법 제23조 제3항에 규정된 '정당한 보상'의 원칙이 모든 경우에 예외없이 개별적 시가에 의한 보상을 요구하는 것이라고 할 수 없다. 헌법재판소는 거듭, 토지의 경우에는 그 특성상 인근 유사토지의 거래가격을 기준으로 하여 토지의 가격형성에 미치는 제 요소를 종합적으로 고려한 합리적 조정을 거쳐서 객관적인 가치를 평가할 수밖에 없음을 전제로, 토지수용으로 인한 손실보상액의 산정을 '공시지가'를 기준으로 한 것이 헌법상의 정당보상의 원칙에 위배되는 것이 아니라고 하였다(헌재 2002.12.18. 2002헌가4).

③ (X) 판례 심판대상조항은 공공시설의 설치에 소요되는 비용부담의 형평을 위하여 행정청이 사업주체에게 용도폐지되는 공공시설의 소유권을 무상으로 양도할 수 있도록 규정한 시혜적 입법에 해당하고, 사업주체인 청구인들이 심판대상조항에 따라 용도폐지되는 공공시설을 무상으로 양도받는 것은 단순한 경제적인 기회 내지 이익에 불과할 뿐 헌법이 보호하는 재산권의 영역에 포함된다고 볼 수 없다. 따라서 심판대상조항이 용도폐지되는 공공시설의 무상양도 여부를 행정청이 재량으로 결정할 수 있도록 규정하여 청구인들이 용도폐지되는 공공시설을 무상으로 양도받지 못하는 경우가 발생하더라도 그 자체로 청구인들의 재산권을 침해한다고 볼 수는 없고, 용도폐지되는 공공시설의 무상양도 여부를 행정청이 재량으로 결정할 수 있도록 규정하였다고 하여 자의적인 입법으로서 입법재량의 한계를 일탈하였다고 볼 수도 없다(헌재 2015.03.26. 2014헌바156).

④ (O) 판례 수분양자가 아닌 개발사업자를 부과대상으로 하는 학교용지부담금에 관한 학교용지 확보 등에 관한 특례법 관련 조항에 의한 학교용지부담금은 학교용지 확보를 위한 새로운 재원의 마련이라는 정당한 입법목적을 달성하기 위한 적절한 수단으로서 교육의 기회를 균등하게 보장해야 한다는 공익과 개발사업자의 재산적 이익이라는 사익을 적절히 형량하고 있으므로 이 사건 법률조항은 개발사업자의 재산권을 과도하게 침해하지 아니한다(헌재 2008.09.25. 2007헌가1).

## 문 16. 정답 ④

MGI point — 직업의 자유

- 운전면허 받은 자가 자동차 등을 이용하여 행정안전부령이 정하는 범죄시 운전면허 취소 ⇨ 포괄위임금지 원칙 위배 ×
- 경력공무원 행정사 자격 제1차 시험 면제 ⇨ 평등권, 직업선택의 자유 침해 ×
- 위법금액이 총 매출액 10% 이상시 주류판매업면허 취소 ⇨ 직업선택의 자유 침해 ×
- 학원설립·운영자의 학원법 위반으로 벌금형 선고시 등록 실효 ⇨ 주관적 사유에 의한 직업선택의 자유 제한, 침해 ○

① (O) 판례 심판대상조항에 의하여 하위법령에 규정될 자동차등을 이용한 범죄행위의 유형은 '범죄의 실행행위 수단으로 자동차등을 이용하여 살인 또는 강간 등과 같이 고의로 국민의 생명과 재산에 큰 위협을 초래할 수 있는 중대한 범죄'가 될 것임을 충분히 예측할 수 있으므로, 심판대상조항은 포괄위임금지원칙에 위배되지 아니한다(헌재 2015.05.28. 2013헌가6, 위헌). ▸ 다만, 직업의 자유 및 일반적 행동의 자유를 침해함을 이유로 위헌결정을 하였다.

② (O) 판례 특정분야에 관해 전문지식과 능력을 보유했는지 여부를 평가하기 위하여 어느 방법을 택할 것인지는 입법자의 재량에 속하므로, 일정한 경력공무원에 대하여 공개경쟁 시험절차에 의하지 아니하고 계급 및 근무경력만을 확인하는 방법을 택하였다고 하여 곧바로 입법형성권의 범위를 벗어났다고 볼 수 없다. … 전부면제 제도와 일부면제제도는 모두 행정사 자격제도에 관한 입법형성권의 범위 내에 있기 때문이다. 따라서 구법조항은 청구인들의 평등권이나 직업선택의 자유를 침해하지 아니한다(헌재 2016.02.25. 2013헌마626).

③ (O) 판례 심판대상조항은 일정 비율의 세금계산서 교부의무를 위반한 주류판매업자에 대하여 형사처벌과는 별도로 면허 취소라는 행정적 제재를 가함으로써 세금계산서의 성실한 수수와 교부를 담보하고 주세 기타 세금의 탈루를 방지하며, 주류산업의 건전한 육성을 위한 것인바, 이러한 입법목적에는 정당성이 인정되고, 심판대상조항은 위와 같은 입법목적 달성에 적합한 수단이다. … 그 침해를 최소화하기 위한 장치를 두고 있고, 법익의 균형성도 갖추었다고 인정된다. 따라서 심판대상조항이 과잉금지원칙에 위반되어 청구인들의 직업선택의 자유를 침해한다고 할 수 없다(헌재 2014.03.27. 2012헌바178).

④ (X) 판례 청구인과 같은 학원설립·운영자는 학원법 위반으로 벌금형을 선고받을 경우 이 사건 효력상실조항에 따라 그 등록은 효력을 잃게 되고, 다시 등록을 하지 않는 이상 학원을 설립·운영할 수 없게 된다. 이는 일정한 직업을 선택함에 있어 기본권 주체의 능력과 자질에 따른 제한으로서 이른바 '주관적 요건에 의한 좁은 의미의 직업선택의 자유의 제한'에 해당한다(헌재 2014.01.28. 2011헌바252, 위헌).

## 문 17. 정답 ④

MGI point — 정치적 기본권

- 검사 면직 규정 ⇨ 평등원칙 위반 ×, 공무담임권 침해 ×
- 수뢰죄로 금고이상 형 선고유예시 당연퇴직 ⇨ 공무담임권 침해 ×
- 정당내부경선 참여할 권리 ⇨ 공무담임권 내용 ×
- 대선 예비후보자의 기탁금 납부 ⇨ 공무담임권 침해 ×

① (X) 판례 (1) 검사와 달리 법관에게는 면직처분이 인정되지 않아 양자의 신분보장에는 다소 차별이 있으나, 우리 헌법이 특별히 법관에 대해서만 신분보장 규정을 두고 있다는 점을 고려할 때 그 차별에는 합리적인 이유가 있으므로 구 검사징계법 제3조 제1항 중 "면직" 부분은 평등원칙에 위배되지 아니한다. (2) 범죄의 수사와 공소제기 업무를 담당하는 검사의 지위와 위상을 고려할 때, 검사가 중대한 비위행위를 하였음에도 계속 그 직무를 수행하도록 한다면 검찰의 직무와 사법질서에 대한 국민의 불신이 초래된다는 점에서, 검사에 대한 징계로서 "면직" 처분을 인정하는 것은 과잉금지원칙에 반하여 공무담임권을 침해한다고 할 수 없다(헌재 2011.12.29. 2009헌바282).

② (X) 판례 심판대상조항은 공무원 직무수행에 대한 국민의 신뢰 및 직무의 정상적 운영의 확보, 공무원범죄의 예방, 공직사회의 질서 유지를 위한 것으로서 … 따라서 심판대상조항은 과잉금지원칙에 반하여 청구인의 공무담임권을 침해하지 아니한다(헌재 2013.07.25. 2012헌바409).

③ (X) 판례 헌법 제25조가 보장하는 공무담임권은 입법부, 행정부, 사법부는 물론 지방자치단체 등 국가, 공공단체의 구성원으로서 그 직

무를 담당할 수 있는 권리를 말한다. 그런데 정당은 정치적 주장이나 정책을 추진하고 공직선거의 후보자를 추천 또는 지지함으로써 국민의 정치적 의사형성에 참여함을 목적으로 하는 국민의 자발적 조직으로서, 정당의 공직선거 후보자 선출은 자발적 조직 내부의 의사결정에 지나지 아니한다. 따라서 청구인이 정당의 내부경선에 참여할 권리는 헌법이 보장하는 공무담임권의 내용에 포함된다고 보기 어렵고, 청구인의 소속 정당이 당내경선을 실시하지 않는다고 하여 청구인이 공직선거의 후보자로 출마할 수 없는 것이 아니므로, 심판대상조항으로 인하여 청구인의 공무담임권이 침해될 여지는 없다(헌재 2014.11.27. 2013헌마814).

④ (O) 판례 예비후보자 기탁금제도는 예비후보자의 무분별한 난립을 막고 책임성과 성실성을 담보하기 위한 것인데, 선거권자 추천제도 역시 상당한 숫자의 선거권자로부터 추천을 받는 데에 적지 않은 노력과 비용이 소요될 것이므로 예비후보자의 수를 적정한 범위로 제한하는 방법으로서 덜 침해적인 것이라고 단정할 수 없다. 대통령선거는 가장 중요한 국가권력담당자를 선출하는 선거로서 후보난립의 유인이 다른 선거에 비해 훨씬 더 많으며, 본선거의 후보자로 등록하고자 하는 예비후보자에게 예비후보자 기탁금은 본선거 기탁금의 일부를 미리 납부하는 것에 불과하다는 점 등을 고려하면 기탁금 액수가 과다하다고도 할 수 없으므로 심판대상조항이 과잉금지원칙에 위배되어 공무담임권을 침해한다고 볼 수 없다(헌재 2015.07.30. 2012헌마402).

## 문 18. 정답 ④

MGI point — 사회적 기본권

- 의무교육의 무상성에 관한 헌법상 규정 ⇨ 의무교육비용을 보호자 부담으로부터 공동체 전체의 부담으로 이전하라는 명령
- 사립학교 교원의 직무무관 또는 정당한 직무상 명령에 따른 과실 외에 재직 중 사유로 금고이상 형 받은 경우 퇴직급여등 감액 ⇨ 종전 헌법불합치 결정 기속력 위반 ×
- 임용기간 만료된 국·공립대학 조교수에 대한 임용기간만료 통지 ⇨ 행정소송 대상 ○
- 무상의 중등교육을 받을 권리 ⇨ 법률로 구체적으로 규정하여야 헌법상 권리 ○

① (O) 판례 의무교육의 무상성에 관한 헌법상 규정은 교육을 받을 권리를 보다 실효성 있게 보장하기 위해 의무교육 비용을 학령아동 보호자의 부담으로부터 공동체 전체의 부담으로 이전하라는 명령일 뿐 의무교육의 모든 비용을 조세로 해결해야 함을 의미하는 것은 아니다(헌재 2008.09.25. 2007헌가9).

② (O) 판례 헌법재판소는 2005헌바33 사건에서 구 공무원연금법 제64조 제1항 제1호가 공무원의 '신분이나 직무상 의무'와 관련이 없는 범죄의 경우에 퇴직급여의 감액사유로 삼는 것이 퇴직공무원들의 기본권을 침해한다고 보아 헌법불합치결정을 내린 바 있고, 2008헌가15 결정에서 구 공무원연금법조항을 준용하고 있던 구 '사립학교교직원 연금법' 제42조 제1항 전문(다음부터 '구사립학교연금법조항'이라 한다)에 대하여도 같은 취지로 헌법불합치결정을 내렸다. 이 사건 감액조항은 그에 따른 개선입법인바, 교원의 직무와 관련이 없는 범죄라 할지라도 고의범의 경우에는 교원의 법령준수의무, 청렴의무, 품위유지의무 등을 위반하는 것으로 볼 수 있으므로 이를 퇴직급여의 감액사유에서 제외하지 아니하더라도 위 헌법불합치결정의 취지에 반한다고 볼 수 없다. 따라서 이 사건 감액조항은 위 헌법불합치결정의 기속력에 저촉된다고 할 수 없다(헌재 2013.09.26. 2013헌바170).

③ (O) 판례 기간제로 임용되어 임용기간이 만료된 국·공립대학의 조교수는 교원으로서의 능력과 자질에 관하여 합리적인 기준에 의한 공정한 심사를 받아 위 기준에 부합되면 특별한 사정이 없는 한 재임용되리라는 기대를 가지고 재임용 여부에 관하여 합리적인 기준에 의한 공정한 심사를 요구할 법규상 또는 조리상 신청권을 가진다고 할 것이니, 임용권자가 임용기간이 만료된 조교수에 대하여 재임용을 거부하는 취지로 한 임용기간만료의 통지는 위와 같은 대학교원의 법률관계에 영향을 주는 것으로서 행정소송의 대상이 되는 처분에 해당한다고 할 것이다. 이와 달리, 기간을 정하여 임용된 대학교원이 그 임용기간의 만료에 따른 재임용의 기대권을 가진다고 할 수 없고, 임용권자가 인사위원회의 심의결정에 따라 교원을 재임용하지 않기로 하는 결정을 하고 이를 통지하였다고 하더라도 이를 행정소송의 대상이 되는 행정처분이라고 할 수 없다고 판시한 대법원 1997. 6. 27. 선고 96누4305 판결은 이와 저촉되는 범위 내에서 변경하기로 한다(대판 2004.04.22. 2000두7735(전합)).

④ (X) 판례 의무교육의 실시범위와 관련하여 의무교육의 무상원칙을 규정한 헌법 제31조 제3항은 초등교육에 관하여는 직접적인 효력규정으로서 개인이 국가에 대하여 입학금·수업료 등을 면제받을 수 있는 헌법상의 권리라고 볼 수 있다. 그러나 중등교육의 경우에는 초등교육과는 달리 헌법 제31조 제2항에서 직접 중학교교육 또는 고등학교교육 등 중등교육을 지칭하지 아니하고 단지 법률이 정하는 교육이라고 규정하였을 뿐이므로 무상의 의무교육중 초등교육을 넘는 중학교교육 이상의 교육에 대하여는 국가의 재정형편 등을 고려하여 입법권자가 법률로 정한 경우에 한하여 인정될 수 있는 것이다. 헌법상 초등교육에 대한 의무교육과는 달리 중등교육의 단계에 있어서는 어느 범위에서 어떠한 절차를 거쳐 어느 시점에서 의무교육으로 실시할 것인가는 입법자의 형성의 자유에 속하는 사항으로서 국회가 입법정책적으로 판단하여 법률로 구체적으로 규정할 때에 비로소 헌법상의 권리로서 구체화되는 것으로 보아야 한다(헌재 1991.02.11. 90헌가27).

## 문 19. 정답 ④

MGI point — 정당제도

- 교섭단체 구성여부에 따라 정당 국고보조금 차등 배분 ⇨ 평등원칙 위배 ×
- 당내경선에서 경선후보자로서 당해 정당의 후보자로 선출되지 아니한 자 ⇨ 원칙적으로 당해 선거의 같은 선거구에서 무소속의 후보자로 등록 不可
- 정당해산결정에 대한 재심 ⇨ 민사소송법의 재심에 관한 규정 준용
- 정당해산심판의 심리 ⇨ 헌법재판의 성질에 반하지 아니하는 한도 내에서 민사소송에 관한 법령 준용

① (O) 판례 입법자는 정당에 대한 보조금의 배분기준을 정함에 있어 입법정책적인 재량권을 가지므로, 그 내용이 현재의 각 정당들 사이의 경쟁상태를 현저하게 변경시킬 정도가 아니면 합리성을 인정할 수 있다. 정당의 공적기능의 수행에 있어 교섭단체의 구성 여부에 따라 차이가 나타날 수밖에 없고, 이 사건 법률조항이 교섭단체의 구성 여부만을 보조금 배분의 유일한 기준으로 삼은 것이 아니라

정당의 의석수비율과 득표수비율도 함께 고려함으로써 현행의 보조금 배분비율이 정당이 선거에서 얻은 결과를 반영한 득표수비율과 큰 차이를 보이지 않고 있는 점 등을 고려하면, 교섭단체를 구성할 정도의 다수 정당과 그에 미치지 못하는 소수 정당 사이에 나타나는 차등지급의 정도는 정당 간의 경쟁상태를 현저하게 변경시킬 정도로 합리성을 결여한 차별이라고 보기 어렵다(헌재 2006.07.27. 2004헌마655).

② (O) 조문 정당이 당내경선을 실시하는 경우 경선후보자로서 당해 정당의 후보자로 선출되지 아니한 자는 당해 선거의 같은 선거구에서는 후보자로 등록될 수 없다. 다만, 후보자로 선출된 자가 사퇴·사망·피선거권 상실 또는 당적의 이탈·변경 등으로 그 자격을 상실한 때에는 그러하지 아니하다(공직선거법 제57조의2 제2항).

③ (O) 판례 정당해산심판은 원칙적으로 해당 정당에게만 그 효력이 미치며, 정당해산결정은 대체정당이나 유사정당의 설립까지 금지하는 효력을 가지므로 오류가 드러난 결정을 바로잡지 못한다면 장래 세대의 정치적 의사결정에까지 부당한 제약을 초래할 수 있다. 따라서 정당해산심판절차에서는 재심을 허용하지 아니함으로써 얻을 수 있는 법적 안정성의 이익보다 재심을 허용함으로써 얻을 수 있는 구체적 타당성의 이익이 더 크므로 재심을 허용하여야 한다. 한편, 이 재심절차에서는 원칙적으로 민사소송법의 재심에 관한 규정이 준용된다(헌재 2016.05.26. 2015헌아20).

④ (X) 판례 정당해산심판절차에는 헌법재판소법과 헌법재판소 심판규칙, 그리고 헌법재판의 성질에 반하지 않는 한도 내에서 민사소송에 관한 법령이 적용된다(헌재 2014.12.19. 2013헌다1, 인용(해산)).

## 문 20. 정답 ③

MGI point — 헌법재판소 심판절차

- 헌재법 제68조 제2항 헌법소원 인용으로 관련사건 재심 청구시 적용법률
  - 형사사건 ⇨ 형사소송법 준용
  - 그 외 사건 ⇨ 민사소송법 준용
- 헌재법상 가처분 규정 ⇨ 정당해산심판, 권한쟁의심판
- 위헌법률심판, 헌법소원심판의 심리방법 ⇨ 원칙적 서면심리, 예외적 구두변론
- 헌법재판소 심판범위 ⇨ 원칙적 신청주의로 주장범위내, 예외적 직권주의로 심판대상 축소·확장·변경 可

① (X) 조문 제68조 제2항에 따른 헌법소원이 인용된 경우에 해당 헌법소원과 관련된 소송사건이 이미 확정된 때에는 당사자는 재심을 청구할 수 있다(헌법재판소법 제75조 제7항). 제7항에 다른 재심에서 형사사건에 대하여는 형사소송법을 준용하고, 그 외의 사건에 대하여는 민사소송법을 준용한다(동조 제8항).

② (X) 조문 헌법재판소법은 정당해산심판(동법 제57조)과 권한쟁의심판(동법 제65조)에서 가처분을 규정하고 있을 뿐, 헌법소원심판에서는 가처분 규정을 두고 있지 아니하다.

③ (O) 조문 위헌법률의 심판과 헌법소원에 관한 심판은 서면심리에 의한다. 다만, 재판부는 필요하다고 인정하는 경우에는 변론을 열어 당사자, 이해관계인, 그밖의 참고인의 진술을 들을 수 있다(헌법재판소법 제30조 제2항).

④ (X) 헌법재판소의 심판범위는 신청주의 원칙에 따라 제청법원이나 헌법소원심판청구인이 주장하는 범위 내에서 위헌여부를 심판한다. 다만, 직권주의를 적용하여 심판대상을 축소·확장·변경하는 등 신청주의의 예외를 인정하고 있다.

판례 제청법원은 법 제28조 제1항 전부에 대하여 위헌제청을 하였으나, 이 조항은 먹는샘물제조업자와 먹는샘물수입판매업자에 관한 부분으로 나뉘는데, 제청신청인들은 모두 먹는샘물제조업자들이다. 따라서 이 사건 심판의 대상은 법 제28조 제1항 중 먹는샘물제조업자에 관한 부분의 위헌여부이다(헌재 1998.12.24. 98헌가1)

## 문 21. 정답 ②

MGI point — 위헌법률심판

- 무죄판결 확정된 경우 ⇨ 원칙적으로 재판의 전제성 인정 ×
- 관습법 ⇨ 위헌법률심판, 제68조 제2항 헌법소원심판 대상 ○
- 재판의 전제성에 대한 헌법재판소의 판단 ⇨ 법원의 법률적 견해 존중, 단 법원의 법률적 견해 명백히 유지할 수 없을 때 직권으로 조사
- 재정신청이 이유 있는 경우 공소제기결정을 하도록 규정한 형소법 제262조 제2항 제2호 중 공소제기 부분 ⇨ 재정신청기각결정에 대한 재항고 사건에서 재판의 전제성 ×

① (O) 판례 형사사건에서 무죄의 확정판결을 받은 때에는 처벌조항의 위헌확인을 구하는 헌법소원이 인용되더라도 재심을 청구할 수 없고, 청구인에 대한 무죄판결은 종국적으로 다툴 수 없게 되므로 법률의 위헌 여부에 따라 당해 사건 재판의 주문이 달라지거나 재판의 내용과 효력에 관한 법률적 의미가 달라지는 경우에 해당한다고 볼 수 없으므로, 원칙적으로 더 이상 재판의 전제성이 인정되지 아니한다(헌재 2013.03.21. 2010헌바132).

② (X) 판례 헌법 제111조 제1항 제1호, 제5호 및 헌법재판소법 제41조 제1항, 제68조 제2항에 의하면 위헌심판의 대상을 '법률'이라고 규정하고 있는데, 여기서 '법률'이라고 함은 국회의 의결을 거친 이른바 형식적 의미의 법률뿐만 아니라 법률과 동일한 효력을 갖는 조약 등도 포함된다. 이처럼 법률과 동일한 효력을 갖는 조약 등을 위헌심판의 대상으로 삼음으로써 헌법을 최고규범으로 하는 법질서의 통일성과 법적 안정성을 확보할 수 있을 뿐만 아니라, 합헌적인 법률에 의한 재판을 가능하게 하여 궁극적으로는 국민의 기본권 보장에 기여할 수 있게 된다. 그렇다면 법률과 같은 효력을 가지는 이 사건 관습법도 당연히 헌법소원심판의 대상이 되고, 단지 형식적인 의미의 법률이 아니라는 이유로 그 예외가 될 수는 없다(헌재 2013.02.28. 2009헌바129).

③ (O) 판례 위헌법률심판이나 헌법재판소법 제68조 제2항의 규정에 의한 헌법소원심판에 있어서 위헌여부가 문제되는 법률이 재판의 전제성 요건을 갖추고 있는지의 여부는 헌법재판소가 별도로 독자적인 심사를 하기보다는 되도록 법원의 이에 관한 법률적 견해를 존중해야 할 것이며, 다만 그 전제성에 관한 법률적 견해가 명백히 유지될 수 없을 때에만 헌법재판소는 이를 직권으로 조사할 수 있다 할 것이다(헌재 1993.05.13. 92헌가10).

④ (O) 판례 서울고등법원은 청구인들의 재정신청을 기각하였고 공소제기결정을 하지 아니하였으며, 당해사건은 고등법원의 재정신청기각결정에 대한 재항고사건이므로 심판대상조항은 당해사건에 직접 적용될 법률이 아니다. 따라서 법원이 재정신청이 이유 있는 경우 공소제기결정을 하도록 규정한 형사소송법 제262조 제2항 제2호 중 공소제기 부분은 당해 사건인 재정신청기각결정에 대한 재항고사건에서 재판의 전제가 되지 않는다(헌재 2015.01.29. 2012헌바434).

## 문 22. 정답 ④

MGI point — 권한쟁의심판

- 국가인권위원회 ⇨ 권한쟁의심판 당사자능력 ×
- 권한쟁의심판결정의 기속력 ⇨ 모든 국가기관, 지자체 기속
  처분취소결정의 기속력 ⇨ 처분의 상대방에 대하여 이미 생긴 효력에는 영향 ×
- 법 제·개정에 대한 권한쟁의심판청구의 피청구인적격 ⇨ 국회 ○, 국회의장·기획재정위원회 위원장 ×
- 학교급식 감사권한 침해를 이유로 한 경상남도 교육감의 경상남도에 대한 권한쟁의심판 ⇨ 지방자치단체 상호간 권한쟁의 ×

① (O) 판례 국회가 제정한 국가인권위원회법에 의하여 비로소 설립된 국가인권위원회는 국회의 위 법률 개정행위에 의하여 존폐 및 권한범위 등이 좌우되므로 헌법 제111조 제1항 제4호 소정의 헌법에 의하여 설치된 국가기관에 해당한다고 할 수 없다. 결국, 권한쟁의심판의 당사자능력은 헌법에 의하여 설치된 국가기관에 한정하여 인정하는 것이 타당하므로, 법률에 의하여 설치된 국가인권위원회에게는 권한쟁의심판의 당사자능력이 인정되지 아니한다(헌재 2010.10.28. 2009헌라6).

② (O) 조문 헌법재판소의 권한쟁의심판의 결정은 모든 국가기관과 지방자치단체를 기속한다(헌법재판소법 제67조 제1항). 국가기관 또는 지방자치단체의 처분을 취소하는 결정은 그 처분의 상대방에 대하여 이미 생긴 효력에 영향을 미치지 아니한다(동조 제2항).

③ (O) 판례 법률의 제·개정 행위를 다투는 권한쟁의심판의 경우에는 국회가 피청구인적격을 가지므로, 청구인들이 국회의장 및 기획재정위원회 위원장에 대하여 제기한 이 사건 국회법 개정행위에 대한 심판청구는 피청구인적격이 없는 자를 상대로 한 청구로서 부적법하다(헌재 2016.05.26. 2015헌라1).

④ (X) 판례 헌법 제111조 제1항 제4호는 지방자치단체 상호간의 권한쟁의에 관한 심판을 헌법재판소가 관장하도록 규정하고 있고, 헌법재판소법 제62조 제1항 제3호는 이를 구체화하여 헌법재판소가 관장하는 지방자치단체 상호간의 권한쟁의심판을 ① 특별시·광역시·도 또는 특별자치도 상호간의 권한쟁의심판, ② 시·군 또는 자치구 상호간의 권한쟁의심판, ③ 특별시·광역시·도 또는 특별자치도와 시·군 또는 자치구간의 권한쟁의심판 등으로 규정하고 있다. 이처럼 헌법재판소가 담당하는 지방자치단체 상호간의 권한쟁의심판의 종류는 헌법 및 법률에 의하여 명확하게 규정되어 있는바, 지방자치단체 '상호간'의 권한쟁의심판에서 말하는 '상호간'이란 '서로 상이한 권리주체간'을 의미한다. 그런데 '지방교육자치에 관한 법률'은 교육감을 명시적으로 시·도의 교육·학예에 관한 사무의 '집행기관'으로 규정하고 있으므로(제18조 제1항), 교육감을 지방자치단체 그 자체라거나 지방자치단체와 독립한 권리주체로 볼 수 없다. 따라서 교육감과 지방자치단체 상호간의 권한쟁의심판은 '서로 상이한 권리주체간'의 권한쟁의심판청구로 볼 수 없다(헌재 2016.06.30. 2014헌라1).

## 문 23. 정답 ②

MGI point — 헌법해석

- 기능적 적정성 원칙 : 헌법해석은 기관 자신에게 배정된 기능의 테두리 내에서 하여야 하고, 법해석을 통해 기능의 분배를 변경하는 것 금지
- 합헌적 법률해석 : 미국연방대법원 판례를 통해 법률의 합헌성 추정의 원칙이 제시 ⇨ 독일연방헌법재판소가 이를 수용하여 합헌적 법률해석론으로 발전
- 합헌적 법률해석과 규범통제는 상호 제약적 기능
- 헌법합치적 법률해석 :'유효한'법률조항의 의미나 문구를 대상으로 ○, 실효된 법률조항을 대상으로 ×

① (O) 기능적 적정성 원칙의 내용이다. 즉, 헌법재판소가 입법자와 같이 헌법을 해석하는 것은 권력분립의 원칙에 위배되기 때문에 허용되지 아니한다.

② (X) 합헌적 법률해석은 미국연방대법원에서 판례를 통해 법률의 합헌성 추정의 원칙이 제시되었고, 독일연방헌법재판소가 이를 수용하여 합헌적 법률해석론으로 발전시켰다.

③ (O) 합헌적 법률해석은 입법권이 제정한 법률의 효력을 되도록 지속시키려는 정신의 제도적 표현이지만, 규범통제는 최고규범으로서의 헌법의 효력을 지키려는 사상의 제도적 표현이다. 따라서 합헌적 법률해석은 규범통제에 대한 제약이 되고, 합헌적 법률해석은 규범통제에 의해 제한을 받게 된다. 따라서 양 제도는 서로 제약적 기능을 하게 된다.

④ (O) 판례 헌법정신에 맞도록 법률의 내용을 해석·보충하거나 정정하는 '헌법합치적 법률해석' 역시 '유효한' 법률조항의 의미나 문구를 대상으로 하는 것이지, 이를 넘어 이미 실효된 법률조항을 대상으로 하여 헌법합치적인 법률해석을 할 수는 없는 것이어서, 유효하지 않은 법률조항을 유효한 것으로 해석하는 결과에 이르는 것은 '헌법합치적 법률해석'을 이유로도 정당화될 수 없다 할 것이다(헌재 2012.05.31. 2009헌바123).

## 문 24. 정답 ④

MGI point — 헌법개정절차

- 제안 : 국회재적의원 과반수 또는 대통령의 발의
- 공고 : 헌법개정안이 발의되면 대통령이 20일 이상 공고
- 국회의결 : 공고된 날로부터 60일 이내 국회재적의원 2/3 이상 찬성, 기명투표 ○, 수정의결 ×
- 국민투표 : 국회가 의결한 후 30일 이내에 국민투표에 붙여 국회의원선거권자 과반수의 투표와 투표자 과반수의 찬성으로 확정
- 공포 : 대통령은 국민투표 결과를 즉시 공포
- 대통령의 임기연장·중임변경을 위한 헌법개정 ⇨ 제안 당시의 대통령에 효력 無

㉠ (X) 조문 헌법개정은 국회재적의원 과반수 또는 대통령의 발의로 제안된다(헌법 제128조 제1항). ▶ 국민은 헌법개정안을 발의할 수 없다.

㉡ (O) 조문 대통령의 임기연장 또는 중임변경을 위한 헌법개정은 그 헌법개정 제안 당시의 대통령에 대하여는 효력이 없다(헌법 제128조 제2항).

㉢ (X) 조문 제안된 헌법개정안은 대통령이 20일 이상의 기간 이를 공고하여야 한다(헌법 제129조).

㉣ (O) 조문 헌법개정안은 국회가 의결한 후 30일 이내에 국민투표에 붙여 국회의원선거권자 과반수의 투표와 투표자 과반수의 찬성을 얻어야 한다(헌법 제130조 제2항).

## 문 25. 정답 ④

MGI point　　　　신뢰보호원칙

- 위헌법률에 대한 신뢰이익 ○, 단 합헌법률에 기초한 신뢰이익과 동일한 정도의 보호 ×
- 토양오염관리대상시설을 양수한 자를 그 양수 시기의 제한 없이 모두 오염원인자로 간주하는 오염원인자조항 ⇨ 신뢰보호원칙 위반 ○
- 개정 산재법 시행이후 진폐로 사망한 진폐근로자 유족에 일시금 不지급 ⇨ 신뢰보호원칙 위반 ×
- 세무조사의 사전통지를 받고 수정신고를 하는 경우 중소기업특별세액감면 규정 不적용 ⇨ 신뢰보호원칙 위반 ×

① (O) 판례 헌법재판소법 제47조 제2항은 장래효의 원칙을 규정함으로써 위헌법률이 당연히 무효인 것이 아니라 위헌결정으로 장래 효력을 상실하도록 되어 있어 헌법재판소에 의한 위헌확인시까지는 유효한 신뢰의 근거로 작용할 수 있다. 그러나, 이러한 신뢰이익은 위헌적 법률의 존속에 관한 것에 불과하여 위헌적인 상태를 제거해야 할 법치국가적 공익과 비교형량해 보면 공익이 신뢰이익에 대하여 원칙적인 우위를 차지하기 때문에 합헌적인 법률에 기초한 신뢰이익과 동일한 정도의 보호, 즉 "헌법에서 유래하는 국가의 보호의무"까지는 요청할 수는 없다(헌재 2006.03.30. 2005헌마598).

② (O) 판례 토양오염이 과거에 시작되어 이 사건 오염원인자조항의 시행 당시 계속되고 있는 상태라면 이는 종료되지 않고 진행과정에 있는 사실에 해당하므로, 이 사건 오염원인자조항은 부진정소급입법으로서 종래의 법적상태를 신뢰한 자들에 대한 신뢰보호의 문제를 발생시킬 뿐, 헌법 제13조 제2항이 규정하는 소급입법금지원칙에 위배되지 않는다. … 이 사건 오염원인자조항은 2002. 1. 1. 이전에 토양오염관리대상시설을 양수한 자를 그 양수 시기의 제한 없이 모두 오염원인자로 간주하여 보호가치 있는 신뢰를 침해하였으므로, 신뢰보호원칙에 위배된다(헌재 2012.08.23. 2010헌바28, 헌법불합치).

③ (O) 판례 이 사건 부칙조항으로 인하여 개정 산재법 시행 이후에 진폐로 사망한 진폐근로자의 유족은 더 이상 산재법에 의한 유족보상일시금을 지급받을 수 없게 되었으므로 이것이 청구인들의 신뢰를 침해하여 신뢰보호원칙에 위반되는지 여부에 관하여 살펴본다. … 따라서 개정 전 산재법에 대한 청구인들의 신뢰의 보호가치가 법 개정의 필요성에 비하여 크다고 볼 수 없으므로, 신뢰보호원칙에 위반되었다고 볼 수 없다(헌재 2014.02.27. 2013헌바12).

④ (X) 판례 구 법에 따르더라도 중소기업특별세액감면에 대한 청구인의 법적상태가 불확실하고 혼란스러워 보호할만한 신뢰의 이익이 적다는 점, 누락세액에 대한 자진신고를 미루다가 사후에 발각되더라도 경정결정이 있기 전에만 수정신고하면 세액감면이 배제되지 않을 것이라는 청구인의 신뢰는 입법의 흠결에 대한 신뢰로서 보호가치가 적다는 점, 반면 법 제128조 제3항과 이 사건 부칙조항이 달성하고자 하는 공익목적은 청구인이 침해받는 신뢰이익에 비하여 매우 중대한 것이라는 점을 고려할 때, 이 사건 부칙조항은 헌법상 신뢰보호원칙에 위반된다고 볼 수 없다(헌재 2008.05.29. 2006헌바99).

# 제1회 PSAT 종합 실전모의고사

책형 가

# 언어논리영역

| 정답표 | PUBLIC SERVICE APTITUDE TEST

| 1 | 2 | 3 | 4 | 5 | 6 | 7 | 8 | 9 | 10 |
|---|---|---|---|---|---|---|---|---|---|
| ⑤ | ④ | ⑤ | ③ | ① | ① | ④ | ③ | ② | ① |
| **11** | **12** | **13** | **14** | **15** | **16** | **17** | **18** | **19** | **20** |
| ② | ① | ② | ② | ④ | ④ | ③ | ④ | ② | ⑤ |
| **21** | **22** | **23** | **24** | **25** | **26** | **27** | **28** | **29** | **30** |
| ① | ⑤ | ③ | ④ | ① | ④ | ② | ② | ④ | ① |
| **31** | **32** | **33** | **34** | **35** | **36** | **37** | **38** | **39** | **40** |
| ④ | ① | ③ | ② | ④ | ⑤ | ① | ③ | ② | ④ |

★★

## 문 1. 정답 ⑤

Core Point & Tip

음식의 보존과 관련된 기술 산업의 발달을 기술하는 본문을 읽고 선택지를 분석해야 한다.

① (X) 제시문에서 발명자가 프랑스 발명가로 특칭되지 않았다.
② (X) 신선한 과일과 야채에 대한 수요에 대해 북부도시의 거주자들과 남부지역 거주자 간의 차이를 직접 비교할 수 있는 정보는 제시되어 있지 않다.
③ (X) 우유의 농축 보존 공정 개발은 1850년대이고 냉장기차의 보급 추세는 1890년대로 추정된다. 즉 우유의 농축 보존 공정 개발은 냉장기차의 보급 이전에 이루어졌다.
④ (X) 얼음 공장은 1900년대 활발하게 신설되었다.
⑤ (O) 1930년대 이후에는 냉장고가 지배적 위치를 가졌음을 알 수 있다.

★★

## 문 2. 정답 ④

Core Point & Tip

'후성유전'에 대한 지문을 읽고 추론할 수 있는 것을 고르는 문제로, 주어진 지문에서 하고자 하는 말의 외연을 벗어나는 추론은 금물이다.

① (X) 제시문의 내용을 통해 확인할 수 없다.
② (X) 후성유전의 생각과 정면으로 배치되는 주장이다.
③ (X) 일란성 쌍둥이의 경우, 유전자가 같음에도 획득형질의 차이로 차이가 생긴다는 것이지 일란성 쌍둥이라고 해서 특별히 유전자의 영향력이 제약된다고 볼 만한 논거는 제시문에 없다.
④ (O) 제시문에서 언급된 획득형질의 작용을 생각하면, 현재의 행동이 유전정보에 긴밀하게 영향을 미침을 알 수 있다.
⑤ (X) 제시문에서 언급된 '쓸수록 좋아지는 우리의 뇌'는 후성유전의 한 사례일 뿐이며 후성유전이 뇌의 작동에 중요하다는 언급은 없다.

★★★

## 문 3. 정답 ⑤

Core Point & Tip

제시문의 이해를 통해 선택지의 세부 정보를 파악해야 한다.

① (X) 제시문의 내용만으로는 알 수 없다.
② (X) 세 번째 문단의 '실생활이라고 하는 현실을 철학자가 대할 때의 태도는, 곧 예술적 감수성이 예민한 사람이 꿈의 현실을 대할 때의 관계와 흡사하다.'를 통해 알 수 있다.
③ (X) 마지막 문단에 '그것은 그림자놀이처럼 그냥 지나가는 것은 아니다. 왜냐하면 그는 이들 장면 장면 속에서 함께 살고 함께 괴로워하기 때문이다.'라고 언급되어 있다.
④ (X) 두 번째 문단의 '꿈 속에서는 모든 형태가 우리들에게 말을 걸어온다. 거기에는 불필요한 것이라곤 하나도 없다.'를 통해 알 수 있다.
⑤ (O) 두 번째 문단의 '그러나 꿈이라는 현실이 아무리 생생한 현실성을 갖추고 있다고 할지라도, 우리들은 역시 그것이 가상이라는 어렴풋한 느낌을 갖는다. 적어도 이것은 나의 경험이며,'를 통해 생생한 현실성을 갖추고 있는 꿈이라 할지라도 인간은 그 꿈이 가상임을 감지할 수 있다는 것을 도출할 수 있다.

★★★

## 문 4. 정답 ③

Core Point & Tip

'라스카사스'의 주장이 '반드시' 서구문명의 제3세계 지배를 '합리화한다'는 것이 아니라 '자칫' 서구문명의 제3세계 지배를 '합리화할 수 있다'는 점에 유의해야 한다.

① (O) 첫 번째 문단의 '유럽인들의 정체성에서도 비유럽 세계의 미개인에 대비된 '문명'이라는 관념이 압도하기 시작했다.'에서 알 수 있다.
② (O) 라스카사스는 유럽의 아메리카 정복이 '부정의한 폭력에 의한 것'이라고 단정짓고 있어 부정적인 견해를 나타내고 있음을 알 수 있다.
③ (X) 이슬람 문명을 몰아내는데 관련된 서구의 정체성은 '방어적' 정체성으로 보아야 한다. 또한 '문명 대 자연'이라는 축을 따라 전개된 유럽 문명의 공격성은 '기독교 대 이슬람교'의 대립구도 뒤에 나온 것으로 이슬람과는 관련이 없다는 것을 알 수 있다.
④ (O) 첫 번째 문단에서 유럽인들이 이슬람 교도를 몰아낸 것 등이 서구중심주의 전개에서 중요한 사건이라고 하였다. 이를 통해 이슬람 세력이 강세가 서구중심주의의 확장을 제약하는 요인이었음을 추론할 수 있다.
⑤ (O) 첫 번째 문단의 '유럽이라는 관념은 종교적 의미를 상실하고'와 두 번째 문단의 '유럽인의 정체성은 '기독교 대 이슬람교'라는 축', '유럽은 기독교 세계라는 '방어적' 정체성'에서 추론할 수 있다.

★★★

## 문 5. 정답 ①

Core Point & Tip

자발적 리콜과 강제적 리콜에 대한 제시문의 내용 이해를 바탕으로 각 선택지의 옳고 그름을 추론할 수 있어야 한다.

① (X) 자체적 리콜 시행 기업의 경우, 소비자의 위험을 예방하는 노력을 하고자 하는 긍정적 이미지를 소비자들에게 심어주기 때문에 결함제품의 사고가 발생한 기업보다는 오히려 이미지 악화가 상대적으로 적을 것이라 추론할 수 있다.

② (O) 제품결함으로 인한 잠재적 위해 가능성이 기업 자체검사를 통해 확인되는 경우(두 번째 문단), 소비자들의 심각한 피해사례 신고(세 번째 문단), 정부기관에 의한 피해에 대한 조사(세 번째 문단)를 종합하여 판단하여 볼 때, 특정기업의 제품이 결함이 있는지의 여부를 각각의 주체가 판단할 수 있음을 알 수 있다.

③ (O) 세 번째 문단의 '해당 기업의 자진 리콜이 이루어지지 않거나 미흡한 경우'에서 자진 리콜이 미흡한 경우에는 정부가 시정조치 명령을 강제적으로 부과할 수 있음을 추론할 수 있다.

④ (O) 두 번째 문단에서 보면 자발적 리콜이란 기업 스스로 결함 내지 위해의 우려가 발생한, 혹은 발생할 가능성이 있는 제품에 대해서 자발적으로 시정 조치를 실시하는 것이다. 또한 이것이 바로 사전 예방 차원에서 리콜을 실시하는 것(첫 번째 문단)이다. 이 경우 사고로부터 발생할 소송 비용 및 손해배상 비용을 절감할 수 있으므로(첫 번째 문단) 적절한 추론이다.

⑤ (O) 장·단기적으로 리콜 진행 과정에서 발생하는 직접적인 비용은 물론, 법적 소송과 같은 비용이나 기업 명성의 손실, 고객 신뢰도 저하의 정도에 있어 '큰 차이'를 야기하므로, 적절하지 못한 리콜 대응전략을 선택한다면 기업의 평가에 악영향을 끼칠 수도 있다.

★★

## 문 6. 정답 ①

Core Point & Tip

문장 간의 사실관계를 정확하게 파악하지 않으면 혼란스러울 수 있다. 사실 관계에 주의하면서 선택지를 파악하도록 하자!

① (X) 세 번째 문단의 '귀족들의 도움으로 군주의 자리에 오른 사람은~그 권력을 유지하는 것이 훨씬 더 어렵습니다. ~자신이 원하는 대로 통치하거나 다룰 수 없기 때문'이라는 설명을 통해 상대적으로 권력의 '유지'가 어렵다는 것을 알 수 있다. 하지만 '군주가 되는 것'까지 어려운지는 알 수 없다.

② (O) 첫 번째 문단에서 '이러한 군주국을 얻기 위해서는 전적으로 능력이나 행운만이 필요한 것이 아니라 행운과 영리함을 잘 이용하는 것이 필요합니다.'라는 내용에서 보유한 능력과 행운을 어떻게 활용하는지가 중요함을 추론할 수 있다.

③ (O) 두 번째 문단에서 '모든 도시에는 이런 두 가지 상이한 계급이 존재하기 때문이며'라는 부분에서 추론할 수 있다.

④ (O) 마지막 문단에서 '시민들의 수가 많기 때문에 군주는 그들을 적으로 삼게 되면 자신의 지위를 확고히 지킬 수 없습니다. 그러나 귀족들은 그 수가 적기 때문에 그들과 적대적인 군주는 자신의 지위를 지켜내는 데 어려움이 없습니다.'라는 부분에서 알 수 있다.

⑤ (O) 첫 번째 문단에서 '동료 시민들의 호의에 의해 자신의 조국에서 군주가 되는 두 번째 경우에 대해 논의'하겠다고 했으므로 본문에 언급된 시민 군주국 외에 또 다른 방법이 존재한다고 추론할 수 있다.

★★★

## 문 7. 정답 ④

Core Point & Tip

주어진 글은 백화점의 등장으로 사치의 개념이 어떻게 변화하였는지를 보여주고 있다. 간단한 사실일치 유형의 문제로 보이나 제시문에 언급되지 않은 내용이 정답으로 제시되었으므로 의외로 혼란을 느낄수도 있다.

① (O) 첫 번째 문단의 '백화점은 사치품의 유용성과 접근성 면에서 소비의 주체인 여성을 사회적, 물질적 변화의 중심에 서도록 했다.'를 통해 확인할 수 있다.

② (O) 두 번째 문단을 보면 기술과 산업의 발전으로 사치품을 대량 생산할 수 있게 되었다는 내용이 있다. 따라서 사치의 대중화를 앞당기는 데 일정 역할을 하였음을 알 수 있다. 일부 추론이 필요한 부분이다.

③ (O) 마지막 문단의 '타인과의 상징적인 동일시를 통해 계층이나 부의 정도를 직접적이고 동등하게 모방할 수 있도록 한다.'를 통해 확인할 수 있다.

④ (X) 백화점이 등장한 이유에 대한 설명은 제시문에서 확인할 수 없다.

⑤ (O) 첫 번째 문단의 '백화점의 등장은 물질문명의 모델임과 동시에 그 기술을 구체화시키는 데 많은 기여를 했고, 대중으로 하여금 사회의 평등화에 참여하게 했다. 대중은 같은 공간과 시간에 진열된 다양한 상품을 비교하고 선택함으로써 즉석에서 행복감을 만끽할 수 있게 되었다. 그뿐 아니라 그 공간과 시간에 머물고 있다는 느낌만으로도 행복감을 얻을 수 있게 되었다.'를 통해 확인할 수 있다.

★★★

## 문 8. 정답 ③

Core Point & Tip

글쓴이가 제시문을 통해 전반적으로 말하고자 하는 바를 추론해야 한다.

① (X) 첫 번째 문단에 언급되어 있으나 이는 필자의 논지가 아닌, 주의환기를 위한 예시에 불과하다.

② (X) 현재보다 의사의 인원수를 늘리자는 주장도 반드시 바른 해답은 아니라고 하였다.

③ (O) 첫 번째와 두 번째 문단에서 우리나라 의사 수에 대한 문제제기와 그 많고 적음에 대한 의견들을 제시한 후 세 번째 문단에서 올바른 의사 수의 다소 비교 방법에 대한 의견을 이야기 하고 있다. 마지막 문단에서 '그러므로 의사의 숫자를 비교하기 위해서는 한 사회에서 의사가 하는 역할이나 의료 제도와 문화의 차이를 함께 평가해야 한다', '의사가 하는 일을 치료와 사고 처리만으로 한정하여 의사 수가 많다고 주장하는 것은 문제가 있다. 마찬가지로 다른 나라와 단순 비교하여 의사 수가 부족하므로 의사 숫자를 늘

리자는 주장도 반드시 바른 해답은 아니다'라고 주장하고 있으므로 정답은 ③번이다.

④ (X) ①번과 마찬가지로 필자의 논지가 되기에는 부족하다.

⑤ (X) 세 번째 문단에 언급되어 있으나, 역학 조사나 예방 차원에서도 그 역할을 다 해야 한다고 주장하는지 여부는 알 수 없다.

★★

## 문 9. 정답 ②

**Core Point & Tip**

**헬륨의 생성과정과 생성기에 대한 제시문의 정보를 읽고 빈칸에 들어갈 적절한 정보를 유추해야 한다.**

② (O) 헬륨이 생성되기에는 굉장히 오랜 시간이 소요되는 특성을 가지고 있다는 점을 생각하면 태초로 갈수록 헬륨의 양은 현재보다 적어야 한다는 전제가 생긴다. 아울러, 제시문 하단에서 제시하듯이 우주 탄생 초기에 대부분의 헬륨이 생성되었음을 알 수 있기에 가장 가까운 정답은 현재와 가장 가까우면서도 다소 작은 퍼센티지를 제시한 ②번이 되어야 한다. 이때 ③번은 다소 혼동될 수 있으나 전후의 맥락 등을 고려할 때 정답으로 적절하지 않음을 알 수 있다.

★★★

## 문 10. 정답 ①

**Core Point & Tip**

**시민 B의 주장과 논리적으로 관련이 있으면서 주장을 약화할 수 있는 내용을 찾아야 한다.**

ㄱ. (O) B의 주장은 해당 지역의 물고기 개체 수가 적은 것이 입지 요인이었다는 것인데 회사는 입지 선정에서 노동력 문제를 가장 중요하게 고려했다는 점은 시민 B의 주장을 약화시킨다.

ㄴ. (X) 물고기 수가 많을수록 지역 환경 생태계에 긍정적인 영향을 미친다는 주장은 시민 B의 주장과는 무관하므로 시민 B의 주장을 약화시키지 않는다.

ㄷ. (O) 어류 개체 수가 많은 지역이 오히려 정부규제가 없다는 사실은 오염 우려에 대한 기피 전략으로 살충제 공장이 입지했다는 시민 B의 주장을 약화시킨다.

ㄹ. (X) 도시, 그리고 사람에 대해서는 언급된 바 없다. 따라서 관련성이 없다.

★★★

## 문 11. 정답 ②

**Core Point & Tip**

**제시된 〈조건〉을 분석하고, 결합하여 문제를 해결한다. 이때 조건들 중에서 단정적인 표현을 한 조건을 실마리로 해서 정답을 찾는다.**

문제에 주어진 조건을 편의상 위에서부터 차례로 ㄱ ~ ㅅ으로 바꿔서 지칭하도록 한다.

ㄱ. ~P or ~Q

ㄴ. 'P → R'이고, 그 대우는 '~R → ~P'이다.

ㄷ. ~P → ~Q or ~R

ㄹ. R → Q

ㅁ. P or Q or R

ㅂ. 'S → ~Q'이고, 그 대우는 'Q → ~S'이다.

ㅅ. ~S → ~T

첫 번째, P편의점이 문을 열었다고 가정하자. 이 경우 <조건 ㄴ>에 의해 R편의점이 문을 열고 <조건 ㄹ>에 의해 Q편의점도 문을 연다. 그런데 이는 <조건 ㄱ>에 위배되므로 모순된다. 따라서 P편의점은 문을 열지 않는다.

두 번째, R편의점이 문을 열었다고 가정하자. 이 때 <조건 ㄹ>에 의해서 Q편의점도 문을 연다. 그런데 이 경우 <조건 ㄷ>에 위배되므로 모순된다. 따라서 R편의점도 문을 열지 않는다. 따라서 <조건 ㅁ>에 의해 Q편의점이 문을 열게 된다.

세 번째, <조건 ㅂ>에서 S편의점은 문을 열지 않게 된다.

네 번째, <조건 ㅅ>에서 T편의점은 문을 열지 않게 된다.

각 조건들을 결합하면 다음과 같다.

<u>~P → ~R → Q → ~S → ~T</u>

그러므로 <u>Q편의점만 문을 열게 되기 때문에</u> 정답은 ②번이다.

★★★

## 문 12. 정답 ①

**Core Point & Tip**

**〈보기〉의 진술 중 하나를 참이라고 가정한 후 가능한 경우의 수를 파악한다.**

i) 첫 번째 진술('영희의 주 종목은 배영이다')이 참일 경우

영희는 배영선수이고 두진이는 평영선수가 아니며, 세호는 한영이 바로 다음 영자가 아니어야 한다. 가능한 경우는 다음 3가지 경우뿐이다.

<u>1. 배영(영희) → 평영(한영) → 접영(두진) → 자유형(세호)</u>

<u>2. 배영(영희) → 평영(세호) → 접영(두진) → 자유형(한영)</u>

<u>3. 배영(영희) → 평영(세호) → 접영(한영) → 자유형(두진)</u>

ii) 두 번째 진술('두진이는 두 번째 영자이다')이 참일 경우

두진이는 평영선수가 되고, 영희는 한영이보다 앞선 순서의 영자이므로 영희는 접영 선수, 한영이는 자유형 선수가 된다. 이 경우 세호는 첫 번째 영자가 되어, 한영이 바로 다음 순서의 영자가 아니므로 가능하다.

<u>4. 배영(세호) → 평영(두진) → 접영(영희) → 자유형(한영)</u>

iii) 세 번째 진술('세호는 한영이 바로 다음 순서의 영자이다.')이 참일 경우

영희는 배영선수가 될 수 없고 한영보다 앞선 순서의 영자이므로, '두진 → 영희 → 한영 → 세호' 순서가 되어야 한다. 이 경우 두진도 두 번째 영자가 아니므로 가능하다.

<u>5. 배영(두진) → 평영(영희) → 접영(한영) → 자유형(세호)</u>

① (O) 모든 경우에서 세호는 접영이 될 수 없으므로 반드시 참인 진술이다.

② (X) 3과 5의 경우 한영이 접영 선수가 될 수 있다.

③ (X) 2, 3, 4의 경우 세호가 두진이보다 앞선 순서의 영자가 된다.

④ (X) 2, 4, 5의 경우 두진이가 한영이보다 앞선 순서의 영자가 된다.

⑤ (X) 4의 경우 세호의 주 종목은 배영이다.

★★★

## 문 13. 정답 ②

Core Point & Tip

**주장의 암묵적 전제란 글에 명시적으로 드러난 주장이나 논거가 아니라 글에 나타나 있지는 않으나 이를 바탕으로 추론할 수 있는 전제를 말한다. 이 문제의 경우 하나의 암묵적 전제를 찾는 것이 아니라 복수의 전제를 찾는 것이므로 〈보기〉를 먼저 보고 글을 읽으며 어떤 보기가 제시문의 전제에 해당할지를 생각해 본다.**

ㄱ. (O) 글쓴이는 관찰 가능하다는 말이 자명한 말이라고 여겨져 왔기 때문에 통상적인 이론적 용어와 관찰 용어의 이분법이 이루어졌다고 생각한다. 따라서 글쓴이는 '관찰 가능하다'는 말이 무엇을 의미하는지부터 명확히 하고자 하는 것이다.

ㄴ. (X) 글쓴이는 <보기>와 반대로 이론적 용어가 때때로 관찰 가능한 대상을 지시할 수 있음을 보이고 있다.

ㄷ. (O) 글쓴이는 '오감에 의한 지각'과 '관찰'을 대조하며 그 차이 중 하나로 지각 주체가 주의를 기울이느냐 기울이지 않느냐 여부를 들고 있다.

ㄹ. (X) 글쓴이는 관찰이 '관찰 주체의 능동적 작용을 함축'한다고 말하고 있지만 그것이 꼭 관찰 주체의 흥미일 필요는 없다.

★★★

## 문 14. 정답 ②

Core Point & Tip

**선택지를 통해 논증의 설득력이 강화되는지, 약화되는지 또는 글에서 묵시적으로 전제로 삼고 있는 것이 무엇인지를 묻는 문제라는 것을 빨리 파악할 수 있어야 한다.**

① (X) 글쓴이는 인간의 자유가 환상이라는 주장은 인간의 보편적 이해와는 상응하지 않다고 주장한다. 즉, 글쓴이는 인간에게 자유의지가 존재한다는 것은 인간의 보편적 이해에 부합하는 것이라고 전제하고 있다. 따라서 실제 대다수의 사회구성원들이 인간의 모든 행동과 생각은 주어진 유전자에 의해서 이루어진다는 믿음을 갖고 있다면, 글쓴이가 전제로 삼은 명제는 옳지 않은 것이 되기 때문에 논증의 설득력은 약해진다.

② (O) 제시문은 인간을 본능에 따라 행동하는 동물로 상정하고 자유의지를 지닌 인간의 특성을 인정하지 않는다면, 행위의 윤리성과 책임을 성찰하는 학문이란 근본적으로 불가능하다고 본다. 따라서 글쓴이는 오직 인간의 자유의지를 인정할 때에만 행위의 윤리성과 책임을 성찰하는 학문이 가능하다고 전제하고 있다고 볼 수 있다.

③ (X) 진화생물학의 발전과 그에 따른 철학적 해석은 인간의 자유의지에 대한 의구심을 만들어냈다. 진화생물학의 방법론에 대한 결함이 진화생물학의 발전과 그에 따른 결과와 철학적 해석의 근간을 흔들 수는 있지만, 그것이 곧 본문의 설득력을 약화시키는 것은 아니다.

④ (X) 글쓴이는 반성행위를 인간의 자유의지에 따른 결과로 이해하고 있다. 따라서 인간의 반성행위가 진화에 따른 필연적인 결과라는 것이 밝혀진다면 논증의 설득력은 약화된다.

⑤ (X) 글쓴이는 인간이 생물학적 조건과 그에 따른 본성에 의해서만 행동하는 존재가 아니라고 보고 있다. 따라서 옳지 않다.

★★★

## 문 15. 정답 ④

Core Point & Tip

**밑줄 친 내용의 요지는 가설은 도전의 과정을 통해 확실성보다는 불확실성의 영역에 속할 수 있다는 것이다. 이런 맥락에 부합하는 것을 골라야 한다.**

ㄱ. (X) 가설의 역할보다는 사실 검증의 중요성을 강조하고 있다.

ㄴ. (O) 아직 알지 못하는 부분에 대해서도 시야를 넓혀준다는 점에서 미지의 영역으로의 확장을 설명한다.

ㄷ. (O) 예측되지 않은 결과에 대해서도 하나의 가능성으로 인지 하여 미지의 영역에 다가가야 함을 강조하고 있다.

ㄹ. (X) ㄱ과 유사한 논지를 펼치고 있다.

ㅁ. (O) 과학이 더 넓은 곳으로 확대되는 데에 가설의 역할이 중요했음을 강조하면서 미지의 세계로의 확장에서 가설의 역할을 예시하고 있다.

★★★

## 문 16. 정답 ④

Core Point & Tip

**주장과 반박의 논리 구조를 기본으로 하여 빈칸에 들어갈 적절한 주장 또는 반박을 보기에서 찾아야 한다.**

(가) 동성애 커플의 자녀 양육 가능성에 대한 비판과 맥락이 연결되어야 하므로 'ㄴ'이 타당하다.

(나) 결혼 부부에게 지급되는 재정적 혜택과 관련되어 반박하는 글을 찾으면 되므로 'ㄱ'이 이에 대한 비판으로 타당하다.

(다) 소수의 국가 사례를 예를 들어 동성결혼이 사회적으로 우호적인 영향을 미친다는 주장에 대해 국제 비교를 통해 반박하고 있는 'ㄹ'이 이에 대한 비판으로 타당하다.

(라) 절도범죄를 예로 들어 많이 발생한다는 현상만으로는 동성결혼을 인정할 수 없다는 반박 글과 논리적으로 연결되는 'ㄷ'이 타당하다.

바르게 연결된 것은 ④번의 (가)－ㄴ, (나)－ㄱ, (다)－ㄹ, (라)－ㄷ 이다.

★★★

## 문 17. 정답 ③

Core Point & Tip

**A, B의 대화 즉, '글과 말'에 대한 제시문 내용의 이해를 통해 제시문과의 내용 일치 여부 및 제시문으로부터 추론 가능한 내용인지 여부를 판단하는 능력을 평가한다.**

① (O) A의 첫 번째 대화에서 글은 살아있는 생물처럼 보이지만, '질문을 던지면 글은 언제나 똑같이 하나만을 가리킨다네.'에서 알 수 있듯이 실은 각각의 질문에 대해 생생한 대답을 주지 않는다는 점을 통해 듣는 대상에 상관없이 늘 같은 지식을 제공하는 죽은 지식이라고 추론할 수 있다.

② (O) 역시 A의 첫 번째 대화를 보면, 끝부분에 '잘못된 대우를 받고 부당하게 비판을 당하면 언제나 아비의 도움을 필요로 하지. 혼자서는 자신을 지킬 수 없고 자신을 도울 힘도 없기 때문이라네.'라고 나와 있다. 즉, 부모와 자식의 관계에 글쓴이와 글의 관계를

비유할 수 있으며 글쓴이의 도움 없이는 글은 스스로를 보호할 수 없음을 추론할 수 있다.

③ (X) 글은 말의 이미지로서 영혼의 참된 인식을 볼 수 없다는 내용은 글과 달리 말은 자신을 지킬 힘이 있고, 상대해서 말을 해야 할 사람과 침묵해야 할 사람들을 가려서 안다는 A의 세 번째 대화를 통해 추론할 수 있다. 그러나 반성을 통해 참된 인식에 이르게 된다는 내용을 추론할 근거는 제시문의 대화를 통해 찾을 수 없다.

④ (O) A의 세 번째 대화에서 참된 지식과 관계함에 있어 말이 글에 비해 적합한 방식임을 말의 장점을 들어 밝히고 있다. 말의 장점은 듣는 대상과 장소를 가릴 줄 안다는 점이다.

⑤ (O) A와 B의 대화를 통한 제시문을 전반적으로 포괄하는 내용으로 추론가능하다.

★★★

## 문 18. 정답 ④

Core Point & Tip

**쾌락에 대한 글쓴이의 입장을 파악할 수 있어야 한다.**

①, ② (X) 개개의 현재적 쾌락에 그치거나, 욕망의 극대화를 삶의 목표로 보는 것은 글쓴이가 주장하는 쾌락이 아닌 일부 사람들 혹은 쾌락의 의미를 오해하는 사람들의 쾌락에 대한 입장에 해당한다.

③ (X) 글쓴이는 이성에 의해 억눌린 욕망을 부각하거나, 인간의 자유의지에 대한 회의적 접근을 하고 있지 않다.

④ (O) 글쓴이는 쾌락에 대하여 일부 사람들의 주장, 즉 그들이 쾌락에 대하여 오해하는 것과는 달리 육체적으로 고통 없고 정신적으로 평정한 것이라고 보고 있다. 이에 쾌락적인 생활 또한 일반적으로 음주가무를 즐기는 것이 아니라 온갖 동요의 원인이 되는 억측을 물리치는 사고로 인해 쾌락적인 생활이 가능하다고 본다. 이렇듯 진정한 의미의 쾌락을 얻기 위해서는 지혜에 대한 구애를 미루어서도 지혜에 대한 구애를 권태롭게 여겨서도 안 된다고 주장하고 있다.

⑤ (X) 글쓴이는 지혜에 대한 구애를 권태롭게 여기면 안 된다고 하여 참된 쾌락을 찾기 위한 끊임없는 노력을 해야 한다고 하였으나 이를 철학적인 이론체계 확립의 필요성과 연관 짓기는 어렵다.

★★★

## 문 19. 정답 ②

Core Point & Tip

**글에 나오는 다양한 개념들의 서술 관계에 유의한다**

① (X) 맨손으로 뒤처리를 하지 않게 된 이후의 인식변화에 대해서는 제시문에 나타나 있지 않다.

② (O) 글쓴이의 결론과 포유류에게서 왼쪽 앞발을 많이 쓴다는 사실에서 우반구의 기능이 생존에 더욱 필요하였다는 추론이 가능하다.

③ (X) 오스트랄로피테쿠스부터 이미 오른손 선호가 있었음을 본문에서 파악할 수 있다. 오스트랄로피테쿠스는 약 80%가 오른손잡이였으며, 이는 현대인과 거의 일치한다고 되어 있다.

④ (X) 제시문에 따르면 글쓴이는 오른손이 원래 왼손보다 더 능숙했기 때문이 아니라 뇌의 좌반구가 인간의 행동을 지배하는 권력을 갖게 되었기 때문에 오른손 선호에 이르렀다고 생각한다.

⑤ (X) 남성과 여성 간의 오른손 선호에 대한 비교는 제시문에 나타나 있지 않다.

★★★

## 문 20. 정답 ⑤

Core Point & Tip

**제시문의 각 문단이 가진 역할을 이해한다. 핵심이 아닌 문단을 주제로 파악할 경우 오답을 고르기 쉽다.**

① (X) 오른손잡이가 진화적 선택이 된 것은 초기 비율보다는 생존에 있어 유용한 특성과 관련되어 있다.

② (X) 이 글의 핵심 논지로 보기 어렵다.

③ (X) 사회적 신뢰가 아닌 진화적 선택에 의한 것이다.

④ (X) 위생 확보를 통한 이익의 설명 이론이 있지만 이는 설명력에 한계를 가진다. 핵심 논지로 보기도 어렵다.

⑤ (O) 핵심 주장 즉, 오른손잡이에 대한 선호가 나타나게 된 이유는 마지막 문단에서 찾을 수 있으며 이 내용이 전체의 논의를 아우르고 있어 핵심 논지로 적절하다.

★★★

## 문 21. 정답 ①

Core Point & Tip

**다양성에 대해 소개되고 있는 제시문의 상세한 내용을 파악하여 각 〈보기〉의 내용과 매칭하여야 한다.**

ㄱ. (O) 산업사회가 진화하면서 다양성의 비중이 높아졌음을 첫 번째 문단에서 알 수 있다.

ㄴ. (X) 무질서한 상태와 다양성은 구분되는 개념임을 제시문에서 지적하고 있다.

ㄷ. (X) 선택지의 다양성은 학생의 과목 선택권의 의미와 실현 효과를 좌우하는 중요한 요소라고 했을 뿐 전자가 후자보다 더 중요하다는 언급은 제시문에서 확인할 수 없다.

ㄹ. (O) 제시문과 일치한다.

★★

## 문 22. 정답 ⑤

Core Point & Tip

**제시문의 내용을 이해하고 이를 바탕으로 각 선택지와의 일치여부를 확인해야 한다.**

① (X) 실제로 자동차를 바꿔준 사례는 많지 않았지만, 언론과 여론의 큰 호응을 얻은, 저비용 고성과의 성공 사례이다.

② (X) 우수한 기술력도 있지만, 제시문에서는 경기 침체로 인한 사회분위기를 반영한 제품임을 역설하고 있다.

③ (X) 소비자가 느끼는 불안을 적극 활용, 관찰해야 한다고 주장하고 있다.

④ (X) 철심이 없는 스테이플러는 육체적 고통을 회피하려는 소비자들의 성향을 활용한 성공사례로 제시되어 있다.

⑤ (O) 리먼브러더스 사태 이후의 대량 실직 사태는 소비 침체를 불러왔고 유니클로와 현대차는 이를 효과적으로 이용했다.

★★★★

## 문 23. 정답 ③

Core Point & Tip

**휴리스틱의 일반적 특성과 휴리스틱 유형별 차이점을 잘 파악하여 선택지를 분석해야 한다.**

ㄱ. (X) 첫 번째 문단에서 '휴리스틱은 불충분한 시간이나 정보로 인해 합리적 판단을 할 수 없거나 체계적이면서 합리적인 판단이 굳이 필요하지 않은 상황에서 사람들이 빠르게 사용할 수 있는 어림짐작의 방법'이라고 소개한 것을 통해 휴리스틱이 의사결정 과정의 모든 상황에서 적용되는 것은 아니라는 것을 알 수 있다.

ㄴ. (X) 사이먼에 의하면 휴리스틱은 인간의 제한된 합리성 내에서 처리할 수 있도록 문제를 축소하는 과정이다. 그러나 축소된 문제를 처리하는 규범적 규칙과 인지적 한계와의 관계는 제시문 내에서 확인할 수 없다.

ㄷ. (O) 매스컴 정보의 영향으로 어떤 사건이 실제보다 과장되어 빈번하게 발생되는 것은 가용성 휴리스틱의 대표적 사례이다.

ㄹ. (O) 자신이 좋아하는 사람에 대해 긍정적 추론을 하고 있으므로 태도 휴리스틱의 사례라고 볼 수 있다.

★★

## 문 24. 정답 ④

Core Point & Tip

**18세기, 19세기, 20세기에 나타난 음악의 특징을 구분할 수 있는지 여부가 핵심이다.**

① (X) 첫 번째 문단의 '당시 유행하였던 영향미학에 따라 음악은 '내용'을 가지고 있어야 한다고 생각되었다.'에서 18세기에 음악이 내용을 가지고 있어야 한다고 생각되었다는 것은 알 수 있고, 마지막 문단의 '작곡자와 연주자가 뚜렷하게 분리되었고'를 통해 작곡자와 연주자가 명백히 분리된 것은 '20세기'에 들어서라는 것을 알 수 있다. 따라서 옳지 않다.

② (X) 두 번째 문단의 '작품 그 자체가 지니는 의미와 가치에 관심을 갖는 작품미학'에서 19세기에 청중들이 작품 그 자체가 지니는 의미와 가치에 관심을 가졌다는 것을 알 수 있고, 첫 번째 문단의 '여기서 내용은 누구나 느낄 수 있는 객관적인 감정을 의미했는데, 이 시기의 연주는 그 감정을 청중에게 정확하게 전달하는 것으로 이해되었다.'에서 작곡들이 악곡 속에 누구나 느낄 수 있는 객관적인 감정을 담아낸 것은 '18세기'라는 것을 알 수 있다. 따라서 옳지 않다.

③ (X) 마지막 문단에서 알 수 있듯이, 청중에게 감상은 이중의 의미를 갖게 된 것은 20세기이다.

④ (O) 마지막 문단을 통해서 알 수 있다. 마지막 문단에서 '음악의 전문화 현상이 나타났다.'라고 되어 있으므로 20세기에는 음악의 전문화 현상이 나타났다고 할 수 있고, '연주에서는 작품 자체의 충실한 해석에 의해 음악적 의미를 재구성했던 19세기와는 달리, 연주자의 주관적 감정에 의한 해석이 중요한 의미를 갖게 되었다.'에서 연주자의 주관적 감정에 의한 해석을 중시하였다는 것을 알 수 있다.

⑤ (X) 두 번째 문단에서 알 수 있듯이, 작곡자들이 어떤 내용 또는 감정을 표출하는 대신 동기, 악구, 악절, 주제의 발전과 반복 등을 조화롭게 구성하여 작곡하였던 시기는 19세기이다.

★★★

## 문 25. 정답 ①

Core Point & Tip

**고전파의 입장, 클래머의 경제학 방법론, 형식주의 혁명주의자 각각의 입장을 파악하고 이들 간의 관계에 대하여 판단해야 한다.**

① (X) 첫 번째 문단에서 보면, 클래머의 비판 요지는 문화에 대해서 '문화적 가치'를 배제하는 방향으로 나아간 경제학의 흐름을 비판하는 것이다. 기존의 문화 경제학은 문화적 가치를 배제하는 것이지, 문화에 대한 접근을 배제하는 것은 아니다.

② (O) 경제학적 방법론은 크게 '가치의 길(road of value)'과 '선택의 길(road of choice)'로 구분된다. 두 번째 문단에서 보면 전자는 고전파 경제학자들처럼 경제학에 사회적 · 문화적 · 도덕적 가치를 포함하는 것이다. 그리고 그의 문화경제학이 1930~1940년대 이후 완벽하게 배제된 고전파 전통을 복원하려는 시도임을 보면 ②번은 옳은 추론이다.

③ (O) 첫 번째 문단에서 '이러한 가치들(사회적이거나 문화적인 또는 도덕적인 가치)이 경제학에서 배제되기 시작'하다가 '1930~40년대 형식주의 혁명을 통해 완전히 배제되었다.'고 설명한다. 그리고 세 번째 문단에서 사회적이거나 문화적인 또는 도덕적인 가치가 허용될 경우, 문화나 예술에 대한 가치 평가는 시장에서 가격이 결정되는 방식과 다르다고 하고 있으므로, 이러한 가치들이 허용되지 않았을 때에는 다른 재화와 마찬가지로 시장에서 가격이 결정되는 방식으로 예술품이 취급됨을 추론할 수 있다.

④ (O) 세 번째 문단에서 보면 주관적인 가치 판단이 개입되며, 생산자와 소비자 사이에 끊임없이 대화와 설득이 진행되므로 이들 사이에 상호작용이 발생한다고 볼 수 있다. 그리고 이를 통해서 가격 협상을 한다. 따라서 생산자 A – 소비자 B의 사이와, 생산자 A – 소비자 C 사이에서 결정되는 예술작품 K의 가격은 달라질 가능성이 높다.

⑤ (O) 첫 번째 문단에서 보면, 스미스의 경우 고전파 경제학자의 대표로 소개되고 있으며, 신중(prudence)이라는 도덕적 가치가 필요하다고 역설했기 때문에 고전파 전통을 복원하려고 했던 클래머의 문화경제학에 찬성할 가능성이 있다.

★★★★

## 문 26. 정답 ④

Core Point & Tip

**'사회적 관습'에 대한 제시문의 내용을 이해하고 이를 바탕으로 필자의 견해를 도출할 수 있어야 한다.**

ㄱ. (X) 두 번째 문단에서 보면, 우리의 관습은 사회의 구성원을 실질적으로는 사회의 객체로 인식하면서도 표면적으로는 주체인양 취급하는 태도를 보이는 것이다. 즉, ㄱ은 거꾸로 서술하고 있다.

ㄴ. (O) 첫 번째 문단의 '사회적 관습에 따른 행동은 그것이 그어놓은 <원 밖>에 있는 모든 것을 보지 못하도록 만든다.'를 통해 확인할 수 있다.

ㄷ. (O) 두 번째 문단에서 보면, 사회적 관습들은 우리로 하여금 이상한 세상과 상호 작용할 수 있게 해주며, 그것에 따라 사는 우리는 이 절차 아닌 다른 행동을 모색하지 못하며, 이 모든 속박은 스스로 또는 사회가 부과한 것이라는 모순을 깨닫는 것도 불가능하다고 한다.

★★★

## 문 27. 정답 ②

Core Point & Tip

**참말, 거짓말 추론 문제로 설문을 정확하게 이해해야 한다.**

② (O) 갑이 누가 되었든지 간에 '나는 항상 거짓말만 한다.'고 말할 수는 없다. 만약 항상 참말만 하는 사람이라면 이 말이 참이 되어야 하므로 모순된다. 만약 항상 거짓말만 하는 사람이라면 이 말이 거짓말이 되어야 하므로 역시 모순이다. 그러므로 갑은 이런 식으로 말하지 않는다. 즉, 갑이 한 말은 '나는 항상 참말만을 말한다.'이다. 즉, 을의 말이 거짓이다. 또한 병은 을이 거짓말을 했다고 했으므로 병의 말은 참이 된다. 하지만 갑은 어떤 사람인지 이 진술들만 가지고는 알 수 없다.

★★★

## 문 28. 정답 ②

Core Point & Tip

**'기능주의'에 관한 제시문의 주장을 정확하게 파악하고 이를 지지할 수 있는 사례를 찾아야 한다.**

① (X) 조직을 본질적 요소와 부차적 요소로 나누는 관점을 드러낸다. 이는 제시문의 주장과는 부합하지 않는다.

② (O) 제시문은 기능주의에 관하여 설명하고 있다. 기능주의는 사회를 각 요소의 기능적 연관으로 파악하는 관점이다. 이와 부합하는 사례는 호주제를 사회적 기능으로 파악하고자 하는 관점이라 할 수 있다.

③ (X) 개인 의식은 어떤 사회적 존재인가에 의해 결정된다는 생각을 드러내고 있다. 이는 제시문의 주장과는 부합하지 않는다.

④ (X) 정부가 사교육을 억제하는 정책을 사용하는 반면에 공교육을 내실화하는 정책을 별로 내놓지 못함을 지적하고 있다. 이는 제시문의 주장과는 부합하지 않는다.

⑤ (X) 기능 중심 관점의 한계 및 문제점을 드러내고 있다. 이는 제시문의 주장과는 부합하지 않는다.

★★

## 문 29. 정답 ④

Core Point & Tip

**기존에 가지고 있던 상식을 이용하려고 하지 말고 제시문에 나타난 내용만을 통해 판단하여야 한다.**

ㄱ. (X) 첫 번째 문단의 '우리는 더 많은 가짜 사건을 원하고 있고'에서 글쓴이는 사람들이 오히려 '가짜 사건'을 원하고 있다고 본다는 것을 알 수 있다.

ㄴ. (O) 두 번째 문단에서 알 수 있듯이 뉴스의 소비가 크게 늘어난 것은 19세기 중반부터였는데, 그 전에는 뉴스가 '이미 보도된 기사들을 안일하게 부연설명하거나, 아니면 김빠지게 그대로 옮겨 신문지면을 채우는 게 고작'이었으므로 옳은 내용이다.

ㄷ. (X) 네 번째 문단의 '미국의 신문 거인들은 이 시기에 윤전기를 이용하여 신문 발행부수를 확대하며 사활을 건 경쟁을 벌였다.'에서 윤전기의 등장은 오히려 발행부수 확대경쟁을 부추긴 측면이 있다는 것을 알 수 있다.

ㄹ. (X) 마지막 문단에서 그래픽 혁명 이후 활자 인쇄는 '운명적으로 부차적인 것'이 되었다고 언급하고 있으므로 활자 인쇄가 계속해서 이전과 같은 중요성을 유지했다는 서술은 틀린 내용이다.

★★★

## 문 30. 정답 ①

Core Point & Tip

**제시문을 읽고 선택지의 정오를 판단하는 유형의 문제이다. 추론이 필요한 문제에서는 문맥의 범위를 넘어서는 과도한 추론을 경계해야 한다.**

① (O) 세 번째 문단에서 하위권 청년들의 역량 순위가 세계 수위권에 해당한다는 점에서 추론할 수 있다.

② (X) 청년 실업의 원인으로 '일자리 미스매치'에 대한 언급이 있긴 하지만, 중장년들의 구직난에 대한 언급은 없으므로 이 내용은 추론할 수 없다. 중장년들의 취업 목적이 청년과는 다르다는 언급만 있을 뿐이다.

③ (X) 청년들은 영세 사업장보다는 비정규직이더라도 대기업인 경우 선호하는 경향을 보인다.

④, ⑤ (X) 제시문에서는 청년의 역량이나 구직 경향에 대해서 설명하고 있으나, 중장년층의 역량이나 구직 경향에 대해서는 설명하는 바가 없다.

★★★★

## 문 31. 정답 ④

Core Point & Tip

**여섯 개의 〈조건〉과 설문의 제시사항을 바탕으로 여덟 명의 사람이 각각 A, B, C 어떤 자동차에 타야 하는지 판단해야 한다.**

<조건 1> 자동차에 나누어 타야 하는 사람은 '김, 이, 최, 노, 정, 백, 박, 한'이다.

<조건 2> A자동차의 3명 중 1명은 '김'이다.

<조건 3> C자동차의 2명 중 1명은 '이'이다.

<조건 4> C자동차에 박은 탈 수 없음을 알 수 있다. 또한 정과 박은 서로 다른 자동차에 타야 한다.

<조건 5> 노와 한은 서로 다른 자동차에 타야 한다.

<조건 6> '최(A)→한(A)'이고, 그 대우는 '~한(A)→~최(A)'이다.

<조건 6>에서 최를 중심으로 가능한 시나리오는 최가 A자동차에 타는 경우, B자동차에 타는 경우, C자동차에 타는 경우의 3가지가 있다.

**1. '최'가 A자동차에 타는 경우**

i ) <조건 2>에 의해 '김'은 A자동차에 탄다.
ii) <조건 3>에서 '이'는 C자동차에 탄다.
iii) <조건 6>에 의해 '한'도 A자동차에 타야 한다.
iv) <조건 4>에 의해 '박'은 '이'와 '정'과 같은 자동차에 탈 수 없기 때문에 '박'은 B자동차에 타고, '정'은 C자동차에 탄다.
v ) A자동차와 C자동차에는 탈 자리가 없기 때문에 '노'와 '백'은 B자동차에 타야 한다.

**2. '최'가 B자동차에 타는 경우**

i ) <조건 2>에서 '김'은 A자동차에 탄다.
ii) <조건 3>에서 '이'는 C자동차에 탄다.
iii) 나머지 사람들에 대한 경우의 수는 너무 많아서 모두 헤아릴 수 없다.

**3. '최'가 C자동차에 타는 경우**

i ) <조건 2>에서 '김'은 A자동차에 탄다.
ii) <조건 3>에서 '이'는 C자동차에 탄다.
iii) <조건 4>에 의해 '정'과 '박'이 같은 차에 탈 수 없기 때문에 나누어 타야만 한다. 즉, '정'이 A자동차에 타면 '박'은 B자동차에 타야 되고, '정'이 B자동차에 타면 '박'은 A자동차에 타게 되는 것을 추론할 수 있다.
iv) <조건 5>에 의해 '노'와 '한'이 같은 차에 탈 수 없기 때문에 나누어 타야만 한다. 즉, '노'가 A자동차에 타면 '한'은 B자동차에 타야 되고, '노'가 B자동차에 타면 '한'은 A자동차에 타게 되는 것을 추론할 수 있다.
v ) 결국 '백'은 B자동차에 타게 된다.

위 세 가지 경우를 <표>로 정리하면 다음과 같다.

| | A자동차 | | | B자동차 | | | C자동차 | |
|---|---|---|---|---|---|---|---|---|
| 경우 1 | 김 | 최 | 한 | 박 | 노 | 백 | 이 | 정 |
| 경우 2 | 김 | ? | ? | 최 | ? | ? | 이 | ? |
| 경우 3 | 김 | 정/박 | 노/한 | 박/정 | 한/노 | 백 | 이 | 최 |

① (X) '최'와 '백'이 B자동차에 타는 것은 <경우 2>이고, '노'는 A, B, C자동차 모두 탈 수 있으므로 정답이 아니다.
② (X) '노'와 '정'이 A자동차에 타는 것은 <경우 2>와 <경우 3>이고, '최'는 B와 C자동차에 탈 수 있으므로 정답이 아니다.
③ (X) '노'와 '정'이 A자동차에 타는 것은 <경우 2>와 <경우 3>이고, '한'은 B와 C자동차에 탈 수 있으므로 정답이 아니다.
④ (O) '노'와 '백'이 A자동차에 타게 되는 것은 <경우 2>이고, 이 경우 A자동차에는 3명('김', '노', '백')이 모두 탔으므로 빈자리는 B자동차와 C자동차이다. <조건 4>에서 '박'은 '이'와 '정'과 같은 자동차에 탈 수 없기 때문에 '박'은 B자동차에 타고, '정'은 C자동차에 타야 된다.
⑤ (X) '박'과 '한'이 B자동차에 타는 것은 <경우 2>와 <경우 3>이고, '백'은 A, B, C자동차에 탈 수 있으므로 정답이 아니다.

★★★

## 문 32. 정답 ①

**Core Point & Tip**

**세 개의 〈정보 조건〉 각각과 그 대우 등을 연결하여 각 〈보기〉의 정오를 확인해야 한다.**

ㄱ. (X) <조건 3>에 따르면 'E→D' 이므로 'A&D'가 된다. <조건 1>에 따라 'A&D→~C' 이다. 따라서 A약물과 E약물을 함께 사용하고 있는 선수는 C약물을 사용하지 않는다.
ㄴ. (O) <조건 2>의 대우로 'A→B or E'이고, 이를 <조건 3>과 연결하면 'A→B or D'가 도출되며 이를 <조건 1>과 연결하면 해당 명제가 도출된다.
ㄷ. (X) <조건 2>와 <조건 3>을 연결하면 'A→B or D'가 도출된다. A약물을 사용하는 선수가 B약물과 D약물을 함께 사용하고 있을 수 있다. 즉, 주어진 정보를 통해 추론하였을 때 B약물과 D약물을 함께 사용하고 있는 선수가 없다고 확실하게 말할 수 없다.

★★

## 문 33. 정답 ③

**Core Point & Tip**

**㉠~㉣ 각각의 주장을 정확히 파악한다. 특히 단순한 결론보다는 각각의 주장이 어떤 근거를 가진 것인지 파악해야 함정을 피할 수 있다.**

① (X) 칸트는 동물의 감정을 고려해서가 아니라 인간의 품위 손상을 고려해서 동물 학대에 반대한다.
② (X) 공리주의 생명윤리학자들은 전체 복지를 증대시킬 수 있다면 일부 동물실험은 허용될 수 있다고 본다.
③ (O) 칸트는 물론 공리주의 생명윤리학자들도 이성이나 언어 능력에서의 인간과 동물의 차이를 인정한다.
④ (X) 데카르트는 동물이 고통을 느끼지 않는다고 보기 때문에 동물실험에 반대하지 않는다.
⑤ (X) 본문에서 리건은 몇몇 포유류가 동물권을 지닌다고 설명하지만 동물권을 지닌 자를 판별하는 데 있어서의 기준을 제시하고 있지 않다.

★★

## 문 34. 정답 ②

**Core Point & Tip**

**빈 칸 채우기 문제 유형에서는 제시문을 정독하기보다는 선택지를 이용하여 제시문의 해당 내용과 연결지어 답을 찾는 방식 또한 유용하다.**

'영화'를 바라보는 관점에 대한 제시문의 내용을 파악하여 빈 칸을 채우는 문제로 전체적인 글의 이해가 필요하기 보다는 빈 칸 앞뒤를 집중적으로 살펴보는 것이 중요하다.
② (O) 랑게는 '예술이란 보는 사람의 '환상(幻想)'에 호소해야 하며, 예술의 본질은 자연 속에 있는 것이 아니라, 인간의 상상력을 자극하고 만족시키는 데 있다.'고 주장한다. 따라서 빈 칸에는 '영화가 상상력을 자극할 수 없는 이유'에 해당하는 내용이 들어가야 한다. 즉, '영화가 현실을 있는 그대로 재현해서 보여주기 때문에 상상력을 자극할 수 없다.'고 볼 것이다.

★★★

## 문 35. 정답 ④

**Core Point & Tip**

**주어진 글에서 알 수 있는 내용과 보기의 각 지문을 비교해 본다.**

ㄱ. (O) 우리나라는 구들의 영향으로 손을 비롯한 상반신의 정교한 조작이 가능해졌고 이것이 공예품 가공의 차이를 가져왔다.

ㄴ. (X) 구들 생활에 익숙해진 우리 민족은 농사를 비롯한 야외의 많은 작업에서도 앉아서 하는 습관을 갖게 되었는데 이는 큰 농기구를 이용하여 서서 작업하는 서양과는 완전히 다른 방식이었다고 언급되어 있다.

ㄷ. (O) 구들로 인한 소화 불균형을 자극적인 음식 발전으로 해결하였다는 설명으로 추론 가능하다.

★★

## 문 36. 정답 ⑤

**Core Point & Tip**

**각 주장의 논리 흐름을 이해한다. (가)는 경제 성장으로 인한 지위재 결핍을, (나)는 경쟁 문화와 심리적 특성을 중심으로 행복감이 낮은 이유를 설명하고 있다.**

① (X) (가)에서는 경제가 일정 수준 이상으로 성장하면 점차 지위재가 중요해지고 물질재의 공급을 늘려서는 해소되지 않는 불만이 쌓이게 되는 이른바 '풍요의 역설'을 행복감 저하의 원인으로 들고 있다.

② (X) (나)는 한국 사회 내부의 문제를 지적하고 있을 뿐, 국가 간의 소득격차에 따른 국가 수준의 행복감 차이는 언급하고 있지 않다.

③ (X) 제시문에서 확인할 수 없는 내용이다.

④ (X) 경제 수준 향상이 행복도를 높인다는 결과는 (가)주장을 약화한다.

⑤ (O) 경쟁적 문화가 행복감 저하의 핵심 원인이 아닌 것이므로 (나)주장이 약화된다.

★★★

## 문 37. 정답 ①

**Core Point & Tip**

**각 상황을 논리식으로 정리하고 모순되는 발언을 통해 경우의 수를 나눈다. 이를 통해 반드시 참인 내용을 찾을 수 있다.**

사신 1, 2, 3 각각의 주장을 정리하고, 이들의 주장 간 모순 관계를 이용하여 문제를 풀 수 있다.

<사신 1>

a. 물자확보 → 전쟁

b. 미개 & 우리문화 관심

c. 봉건약화 & 혼란

<사신 2>

d. 전쟁 → 봉건강화 : 봉건 약화 → ~전쟁

e. 우리문화 관심 & ~미개

f. 서양 & 신흥상업도시 & ~봉건약화

<사신 3>

g. 봉건 강화

h. 물자확보 & ~전쟁

i. 신흥상업도시 → 우리문화 관심

| 사신 1 | 사신 2 | 사신 3 |
|---|---|---|
| a | d | g |
| b | e | h |
| c | f | i |

사신 1의 첫 주장 a와 사신 3의 두 번째 주장 h는 모순관계이므로 두 주장 중 전자(a)가 거짓(F)임을 가정하자. 이때 각 주장의 진위를 판별해보면 다음과 같다.

| 사신 1 | 사신 2 | 사신 3 |
|---|---|---|
| a F | d T | g F |
| b T | e | h T |
| c T | f | i T |

그런데 b에 의해 e는 F이고(미개), c에 의해 f는 F이다(봉건 약화) 사신 2의 발언에서 F가 두 개일 수 없으므로 a는 T, h는 F이다.
a는 T, h는 F인 경우의 진위를 판별해보면 다음과 같다.

| 사신 1 | 사신 2 | 사신 3 |
|---|---|---|
| a T | d T | g T |
| b T | e F | h F |
| c F | f T | i T |

이를 바탕으로 주어진 선택지를 분석해보면

① (O) B국은 봉건적 지배권을 강화하고 있다(g) : T

② (X) B국은 정치적으로 혼란스러운 상황이다.
(c는 F이므로) : 알 수 없다

③ (X) B국은 독창적이고 훌륭한 문화를 발전시켜 왔다(b) : F

④ (X) B국은 전쟁을 일으킬 생각이 없다(h) : 알 수 없다

⑤ (X) B국에 신흥 상업 도시가 발전되어 있지 않다(f) : F.

★★

## 문 38. 정답 ③

**Core Point & Tip**

**디지털교과서가 수업 흥미도 증진 효과가 있다는 것이 밑줄 친 내용이므로 이를 뒷받침할 만한 구체적 사례에 해당되는 것 위주로 선택지를 분석하여야 한다.**

ㄱ. (X) 디지털교과서의 부작용을 지적하는 내용이어서 밑줄 친 내용의 논지 강화와는 반대되는 내용이다.

ㄴ. (X) 코딩 기법의 필요성에 대해서 설명하고 있을 뿐, 제시문의 논지인 디지털교과서의 수업 흥미도 증진과 직접적 관련이 없다.

ㄷ. (X) 디지털교과서의 수업 흥미도 향상 효과와는 무관한 내용이다.

ㄹ. (O) 멀티미디어 결합을 통해 수업 흥미도 향상이 가능하다는 것이어서 논지 강화에 해당된다.

ㅁ. (O) 증강현실과 결합된 게임기법 등으로 진도 낙오율이 낮아졌다는 점에서 학습효과가 높았으며, 이는 수업의 흥미도가 향상 때문이라는 것을 추론할 수 있다.

★★★

## 문 39. 정답 ②

▲ Core Point & Tip

제시문의 정보를 바탕으로 각 〈보기〉의 정보가 유추될 수 있는 지 파악하여야 한다.

ㄱ. (X) 제시문에서는 1968년 이후에도 은밀한 방법으로 레드 라인이 지속되었음을 알 수 있다.

ㄴ. (O) 모기지를 이용할 수 없기에 재산 가치가 하락하였다는 언급으로 알 수 있다.

ㄷ. (O) 레드 라인이 은밀한 방법으로 이루어지고 있다는 언급과 맥락상 연계된다.

ㄹ. (X) 제시문을 보면 레드 라인은 특정 지역을 표시하는 은행 관행에서 나타났음을 알 수 있다.

★★★★

## 문 40. 정답 ④

▲ Core Point & Tip

역 레드 라인에 대한 제시문의 언급을 읽고 해당되는 사례를 선택지에서 고른다. 제시문에는 하이에나 같이 기회주의적인 기업의 행태가 언급되어 있다.

① (X) 레드 라인에 해당되는 사례이다.

② (X) 레드 라인에 해당되는 사례이다.

③ (X) 레드 라인에 가까운 사례이나, 주체가 기업이 아닌 경찰인 점에서 레드 라인에도 해당되지 않는다고 보아야 한다.

④ (O) 기회주의적 판매 행태와 일치되는 사례이다.

⑤ (X) 일반적인 홍보 전략 사례로 추론된다.

# 제1회 PSAT 종합 실전모의고사 책형 가

# 자료해석영역

| 정답표 | PUBLIC SERVICE APTITUDE TEST

| 1 | 2 | 3 | 4 | 5 | 6 | 7 | 8 | 9 | 10 |
|---|---|---|---|---|---|---|---|---|---|
| ⑤ | ① | ② | ④ | ③ | ③ | ② | ④ | ③ | ③ |
| 11 | 12 | 13 | 14 | 15 | 16 | 17 | 18 | 19 | 20 |
| ④ | ③ | ② | ④ | ① | ③ | ③ | ④ | ⑤ | ② |
| 21 | 22 | 23 | 24 | 25 | 26 | 27 | 28 | 29 | 30 |
| ④ | ④ | ④ | ④ | ④ | ④ | ② | ⑤ | ② | ③ |
| 31 | 32 | 33 | 34 | 35 | 36 | 37 | 38 | 39 | 40 |
| ② | ③ | ② | ② | ④ | ⑤ | ④ | ② | ④ | ④ |

★★★

## 문 1. 정답 ⑤

**Core Point & Tip**

통계표를 토대로 자료해석을 하는 문제이다. 제시된 〈표〉를 토대로 각 〈보기〉가 객관적인 자료에 근거하지는 지를 판단해야 한다.

ㄱ. (O) 2011년(70.5%) 대비 2016년(75.1%) 5,000만원 미만의 저자본 창업이 전체 신설법인수에서 차지하는 비중은 4.6%포인트 증가하였다.

ㄴ. (O) 위의 계산식을 활용하면, 2016년 5,000만원 미만의 저자본 창업의 비중은 75.1%여서 2015년 73.8%에 비해 증가한 것으로 알 수 있으며 이는 역으로 자본금 5천만원 이상 신설법인의 비중이 감소한 것을 알 수 있게 한다. 계산 시간단축이 중요한 키다.

ㄷ. (O) 자본금 5억원 이하의 영세규모 벤처기업의 비중이 2011년 이후 지속적으로 75% 이상이다.

ㄹ. (X) 자본금 5억원 이하의 영세규모 벤처기업의 비중이 가장 높은 연도는 2012년(83.1%)이 아닌 2011년(84.2%)이다.

★★

## 문 2. 정답 ①

**Core Point & Tip**

〈보기 ㄱ〉은 분자와 분모의 증가율을 비교하여 분수 값(인구)의 증감방향을 판단할 수 있다. 〈보기 ㄹ〉은 〈표〉의 의미를 제대로 이해하지 않고 접근할 경우 틀릴 수 있으므로 주의하자!

ㄱ. (O) <그림>에서 한국 인구의 증감여부는 $\frac{\text{총경찰관수}}{\text{인구10만명당경찰관수}}$를 구하여 알 수 있다. 2010년에 분자의 증가율은 약 6%, 분모의 증가율은 약 3%이므로 2010년 한국의 인구는 5년 전 대비 증가하였다는 것을 알 수 있다.

ㄴ. (O) 2012년 영국의 인구가 독일 인구보다 30% 더 많다면, 독일의 경찰관 수는 303, 영국의 경찰관 수는 325(=250×1.3)로 환산되어 영국의 경찰관 수가 독일의 경찰관 수보다 많다는 것을 알 수 있다.

ㄷ. (X) 한국 경찰관 수의 전년대비 증가량은 2014년이 4,007명(=109,364−105,357)이고, 2015년이 3,713명(=113,077−109,364)으로 2014년에 더 많다.

ㄹ. (X) 각 국가의 인구가 주어져 있지 않으므로 <표>의 자료만으로는 주요국들 간 경찰관 수를 비교할 수 없다.

★★

## 문 3. 정답 ②

**Core Point & Tip**

〈보기 ㄴ〉과 같은 유형은 거의 매년 고정적으로 출제되는 유형이다. 총합이 제시된 자료가 주어지면 그것이 표의 모든 항목들을 나타내는 것인지 아니면 숨겨진 항목들이 더 존재하는지를 파악해야 한다. 이 문제의 경우는 특별시와 광역시가 아닌 다른 지역들의 수치가 표에는 나타나있지 않다.

ㄱ. (O) 전년도 지정 면적은 당해 지정 면적과 해제 면적의 합이라는 것을 <표>를 통해 추론할 수 있어야 한다. 따라서 2011년 자료는 없지만 2012년 광주시의 해제 면적과 지정 면적의 합인 249㎢가 지정면적임을 알 수 있다.

ㄴ. (X) 전국 합계를 기준으로 하면 10% 미만이지만 특별시, 광주시 지정 면적 중에서는 10% 이상(약 19%) 이다.

ㄷ. (O) 전국 계 − (서울, 부산, 대구의 해제 면적) = 7

ㄹ. (O) <표>에서 각 시의 '지정 면적'의 수치를 통해 확인할 수 있다. 서울, 부산, 대구의 경우는 감소하는 추세이며 나머지 지역은 같은 수준을 유지하고 있다.

★★★

## 문 4. 정답 ④

**Core Point & Tip**

〈보기 ㄱ〉은 처분율을 나눗셈을 통해 계산할 필요 없이 '291.1 + 32.48 = 323.58 〈 324.8'이므로 처분율이 90% 미만이라는 것을 알 수 있다. 〈보기 ㄹ〉은 2014년의 전년대비 변화폭을 먼저 확인한 후 다른 연도의 전년대비 변화폭을 훑어보는 것이 효율적이다.

ㄱ. (X) 2009년 19~20세 남성의 병역판정검사결과 현역 처분율은 89.6%(≒ $\frac{291.1}{324.8}$ ×100)로 92%에 미치지 못한다.

ㄴ. (X) 2014년 19~20세 남성 현역병입영 대상자의 수는 328.9천명(=363.5−19.7−6.9−0.8−7.2)으로 2012년(329.7천명)에 비해 감소하였다.

ㄷ. (X) 19세 남성 인구수에서 병역판정검사를 받은 남성의 수가 차지하는 비중은 2015년에 95.5%(≒ $\frac{337}{353}$ ×100), 2010년에 92%(≒ $\frac{337.5}{367}$ ×100)로 2015년에 2010년 대비 3.5%p 증가하였다.

ㄹ. (O) 2010~2015년 동안 재신체검사 판정을 받은 19~20세 남성 수의 전년대비 변화폭이 가장 큰 해는 1.2천명(=7.2−6)이 증가한 2014년이다.

★★★

## 문 5. 정답 ③

Core Point & Tip

선택지에서 요구하는 자료의 수를 구하는 문제이다. 각 선택지에서 원하는 자료가 무엇인지 선택지의 주어와 서술어를 통해 정확히 파악하도록 한다.

(a) 재정수지와 보험수지가 모두 흑자로 나타나는 국가는 프랑스와 영국 두 곳이다.

(b) 재정수지와 보험수지의 합이 0보다 큰 국가는 미국, 프랑스, 독일, 영국, 남아공, 호주의 6곳이다.

(c) 재정수지의 절대값이 호주보다 큰 국가는 인도, 일본, 터키, 캐나다, 미국, 프랑스, 독일, 이탈리아, 영국의 9곳이다.

(d) 보험수입이 재정수입보다 크면서, 동시에 재정수출이 보험수출보다 큰 국가의 수는 인도, 인도네시아, 사우디아라비아, 미국, 브라질, 남아공의 6곳이다.

따라서 (a)~(d)에 들어갈 각 숫자들의 합은 23이 된다.

★★★

## 문 6. 정답 ③

Core Point & Tip

자료가 방대한 경우 이를 직접 다 계산하기 보다는 어림산을 통해 후보군을 압축시키는 것이 중요하다. 하지만 순위를 찾는 경우는 직접 하는 것이 정확성과 효율성 면에서 바람직하다.

ㄱ. (X) 경기도와 전라남북도의 국유미간지 중 논의 대부건수는 1,690건으로 전국의 50%에 미치지 못하며, 면적으로 볼 때에도 77,964정으로 역시 50%에 미치지 못한다.

ㄴ. (O) 건수와 면적의 순위는 아래 <표>와 같다. 전라남도가 유일하다.

ㄷ. (X) 아래 <표>를 보면 논 국유미간지 대부 건수 당 대부 면적을 지역별로 비교할 때 전국보다 큰 지역은 4개이다.

| | 건수 순위 | 면적 순위 | 건수 당 면적 |
|---|---|---|---|
| 전국 | | | 29.1 |
| 경기도 | 3 | 5 | 17.1 |
| 충청북도 | 11 | 13 | 0.7 |
| 충청남도 | 4 | 3 | 43.9 |
| 전라북도 | 1 | 4 | 16.2 |
| 전라남도 | 2 | 2 | 34.9 |
| 경상북도 | 9 | 12 | 1.7 |
| 경상남도 | 5 | 7 | 9.4 |
| 황해도 | 7 | 1 | 178.3 |
| 평안남도 | 12 | 8 | 23.5 |
| 평안북도 | 10 | 6 | 35.7 |
| 강원도 | 6 | 10 | 2.7 |
| 함경남도 | 8 | 9 | 6.8 |
| 함경북도 | 13 | 11 | 8.5 |

★★★

## 문 7. 정답 ②

Core Point & Tip

이와 같이 각주가 문장으로 제시된 경우 눈에 잘 안띄는 경우가 많다. 하지만 문장으로 된 각주일수록 꼼꼼하게 읽어야 한다. 최근의 경향은 산식으로 제공할 수 있는 각주를 문장으로 풀어서 나타내주는 흐름이다.

① (O) <표>에 의하면 농가소득은 2011년 이후 지속적으로 증가한다.

② (X) 농업소득과 농업이외소득 모두 전년대비 가장 큰 비율로 증가한 해는 2013년이다.

③ (O) 세대별 농가소득이 전년대비 증가율이 가장 높은 해는 50대만 2013년이다.

④ (O) %와 %p를 구별한다. 최근 출제경향을 보면 이 포인트로는 정답이 가려지지 않는 경우가 많지만 선택지에는 매우 자주 등장하고 있다.

⑤ (O) 제시된 모든 연도에서 농업소득률이 농업의존도보다 크다. 따라서 각주의 내용을 통해 농업총수입이 농업소득보다 더 작다는 것을 알 수 있다. 농업소득은 두 지표 모두에서 동일하게 사용되기 때문이다.

★★★

## 문 8. 정답 ④

Core Point & Tip

문제를 처음 접했을 때 상당히 많은 항목을 계산해야 하는 문제들이 있다. 이러한 문제를 초반에 건드릴 경우 후반부에 시간이 부족할 우려가 있으므로 일단 뒤로 미루고 잔여시간을 판단하여 도전하는 것이 효율적인 방법이다.

ㄱ. (X) 한국 각 수지들의 흑자, 적자 여부는 순서대로 (+) (−) (+) (−)이다. 독일이 이와 동일한 양상을 보인다.

ㄴ. (O) 한국의 각 수지들의 절대값을 비교하여 큰 순대로 나열하면 상품−서비스−본원소득−이전소득의 순서가 된다. 이와 동일한 양상을 보이는 국가는 중국, 미국, 덴마크, 스웨덴, 스위스, 영국 6곳이다.

ㄷ. (X) 경상수지 흑자가 가장 큰 국가는 중국으로 규모는 330,603, 적자가 가장 큰 국가는 미국으로 규모는 −484,082이다. 양자의 절대값의 차이는 153,479로 영국의 경상수지 절대값 146,920보다 크다.

ㄹ. (O) 경상수지가 흑자를 기록한 국가의 수는 12, 적자를 기록한 국가의 수는 8로 흑자 국가의 수가 적자 국가 수의 1.5배이다.

★★

## 문 9. 정답 ③

Core Point & Tip

〈표〉의 자료와 부합하지 않는 선택지를 고르는 문제이다. 계산 실수뿐만 아니라 배율과 증가율의 구분 등에서 실수를 범하지 않도록 주의하여 문제를 풀어야 한다.

① (O) 성폭력 상담건수는 2015년과 2016년을 제외하고 매년 전년에 비해 증가하였으며, 2016년의 성폭력 상담건수는 2011년에 비해 약 20%($\fallingdotseq \frac{5,199}{25,443} \times 100$) 증가하였다.

② (O) 2014년의 성폭력 상담소 당 상담건수(258.5)는 2011년의 성폭력 상담소 당 상담건수(126)의 두 배 이상이다. 직접 각 연도의 상담소 당 상담건수를 계산하여 비교하는 방법보다는, 2011년에 비해 2014년에 상담소와 상담건수가 각각 몇 배가 되었는지 파악하여 어림산으로 상담소 당 상담건수가 2배를 넘는지 여부만 확인하는 것이 시간 단축에 도움이 된다.

③ (X) 2011년에는 성폭력 상담건수에서 차지하는 비중을 연령별로 살펴보면 성인, 청소년, 미상, 어린이, 유아의 순서로 높았지만, 나머지 연도에는 성인, 청소년, 어린이, 미상, 유아의 순서로 높았다. 비중의 크기순서가 유지되는지를 묻는 문제에서는 모든 연도의 순서를 확인하기보다는 반례를 찾는 방향으로 문제를 푸는 것이 바람직하다.

④ (O) 2013년 성폭력 상담을 받은 피해자 중 강간 피해를 입은 자의 비중은 42%이고, 성인 피해자의 비중은 46.5%이다. 따라서 강간 피해를 입은 성인 피해자의 비중은 양자의 최소 교집합인 0% 이상이고 최대 교집합인 42% 이하가 된다. 이 때 양자의 비중을 합하여도 100%에 못 미치기 때문에 양자는 겹치는 영역이 존재하지 않을 수도 있음에 주의하여야 한다.

⑤ (O) 성폭력 상담건수 중 유아, 어린이, 청소년 피해자의 비중 대비 성인 피해자의 비중이 4번째로 높은 연도는 2015년이다. 유아, 어린이, 청소년 비중 대비 성인 피해자의 비중은 전체에서 미상을 제외한 비중 대비 성인 피해자의 비중과 같다. 4번째로 높은 연도는 3번째로 낮은 연도와 같다. 따라서 3번째로 낮을 가능성이 있는 2015년도와 2016년을 중심으로 확인하는 것이 시간을 단축시키는 요령이다.

★★★

## 문 10. 정답 ③

**Core Point & Tip**

**여러 자료가 복합적으로 제시되는 문제의 경우에는 각 자료들이 어떻게 연계되는지 파악하는 것도 중요한 부분이므로 각 자료의 연결부분에 주의하도록 한다. 이 문제의 경우는 가공밥판매량을 매개로 하여 두 표가 연결되어 있다.**

ㄱ. (X) 가공밥 판매량에서 복합밥류가 차지하는 비중은 2011년 약 4.5%, 2012년에 약 3.3%, 2013년에 약 3.4%, 2014년에 약 2.8%로 2012~2013년 기간에 증가하였으므로 매년 감소했다고 볼 수 없다.

ㄴ. (O) 2012년 1인당 쌀 소비량 중 가공밥의 양은 72.8×35% = 25.48kg, 2013년에는 71.2×40% = 28.48kg으로 그 차이는 3kg이다.

ㄷ. (O) 2011년 흰밥과 잡곡밥의 판매량 격차는 25,760톤, 2012년에는 28,700톤, 2013년에는 28,756톤, 2014년에는 30,387톤으로 매년 증가하고 있다.

ㄹ. (X) 쌀 소비인구가 매년 10%씩 증가한다면, 2014년의 쌀 소비인구는 5,324만 명이다. 2011년 쌀 소비인구의 전체 쌀 소비량은 74×40,000,000 = 2,960,000,000kg으로 296만 톤이고, 2014년 쌀 소비인구 전체의 쌀 소비량은 69.8× 53,240,000 = 3,716,152,000kg으로 371만 6,152톤이다. 양자의 차이는 75만 톤 이상이다.

★★★

## 문 11. 정답 ④

**Core Point & Tip**

**표-그래프 변환 유형의 문제로 자료 양을 보고 시간이 오래 걸릴 것이라고 단정하지 말고 쉽게 접근해 본다. 먼저 계산이 필요한 그래프 보다, 기존 자료를 변환한 그래프를 먼저 찾아 소거법으로 풀어야 한다.**

① (O) <표 1> 연령대별 일자리 총계를 기준으로 비중을 계산해야 한다.

② (O) <표 2> 성별 일자리 현황 인원수를 파악한다.

③ (O) <표 1> 연령대별 일자리 중 지속일자리 항목을 나이별로 찾는다.

④ (X) <표 2> 성별 일자리 현황 중 30~39세에 관한 그래프이다. 기업 내 신규대체에서의 여성 인원수가 20~29세와 맞지 않는 것으로 파악할 수 있다.

⑤ (O) <표 2> 여자 일자리 총계를 기준으로 나이별로 비중을 구해야 한다.

★★★

## 문 12. 정답 ③

**Core Point & Tip**

**각 항목의 소계를 계산 시 포함시키지 않도록 표시하는 등의 노력이 필요하다. 어림산 계산 시 계산 실수를 하지 않도록 유의한다.**

① (X) 국가·자치단체(공무원 2.25%, 비공무원 2.16%), 공공기관(2.5%)의 장애인 고용률은 민간기업(1.9%)보다 크다.

② (X) 각주에서 상시근로자 대비 장애인 근로자의 수가 장애인고용률임을 알 수 있다. 따라서 민간기업의 장애인고용률은 1.9%이므로 2%에 미치지 못한다.

③ (O) 국가·자치단체의 적용대상기관 합은 605개소, 적용대상 지방자치단체의 합은 487개소이다. 605개의 80%는 484(= 605×0.8)이므로, 해당 비율이 80% 이상이라는 것을 알 수 있다.

④ (X) 교육청, 기타 공공기관, 민간기업의 장애인 의무고용 비율이 전체 장애인 고용률에 비해 낮으므로, 이에 대해 촉구해야 한다. 하지만 헌법기관은 전체 장애인 고용률에 비해 높은 수준이므로 특별히 촉구해야 할 필요가 없다.

⑤ (X) 국가·지방자치단체의 전체 상시근로자수는 약 1,092천 명이다. 반면 교육청 상시근로자수는 약 530천 명이다. 해당 비중은 약 48.5%($\fallingdotseq \frac{530}{1,092} \times 100$)이다. 따라서 50% 이상이라는 설명은 옳지 않다.(해당 비중이 50%를 넘기 위해선 교육청 상시근로자 수의 2배가 전체 상시근로자 수보다 커야 한다.)

★★★

## 문 13. 정답 ②

**Core Point & Tip**

**인구현황표를 분석하는 것은 자료해석의 가장 일반적인 패턴의 하나이다.**

ㄱ. (X) 2010년 때 비중이 1,066/3,111≒34.3%여서 2016년의 비중 1,294/3,867≒33.5%보다 더 높다.

ㄴ. (O) 65세 이상 고령자 1인 가구 중 취업자는 2014년 408.9, 2015년 429.5, 2016년 442.8 등으로 지속적으로 증가하고 있다.

ㄷ. (X) 70~79세 비중이 53.3%여서 나머지 연령대의 비중을 합친 것보다 더 크다.
ㄹ. (X) 여자 고령자 1인 가구의 취업자 수가 전체에서 차지하는 비중은 1.4%p 정도 감소하였다.
ㅁ. (O) 2015년도에 고령자 1인 가구 중 취업자 성별 비중은 여자가 남자보다 2.9배 많다.

★★★

## 문 14. 정답 ④

Core Point & Tip

두 개의 〈표〉를 모두 활용하여 문제를 해결한다. 이때 최소교집합을 구하는데 주의해야 한다. 이 주제의 문제는 매년 출제되고 있는 만큼 기출과 모의고사를 통해 숙지해두기 바란다.

ㄱ. (O) 접촉을 신청한 이산가족 교류 건수가 총 18,037이므로 생사확인과 서신교환이 모두 이루어진 이산가족 교류 건수는 5,889(=11,775 + 12,151 − 18,037)건 미만일 수 없다. 따라서 옳은 설명이다.
ㄴ. (X) 남북당국에 의한 이산가족 생사확인의 비율은 약 67.1%이나 상봉은 약 72.8%로 틀린 설명이다.
ㄷ. (O) 남북당국에 의한 상봉의 비율은 약 72.8%이므로 이와 동일한 비율로 서신교환이 이루어 졌다면 약 8,846건이 이루어 졌을 것이다. 옳은 설명이다.

★★★★

## 문 15. 정답 ①

Core Point & Tip

표 해석과 날짜 계산이 결합된 문제이다. 본 시험이라면 이런 복잡해 보이는 문제는 과감하게 넘어갈 필요가 있다. 문제를 해결하려는 경우 날짜 계산 문제는 날짜와 요일을 매칭시키는 일을 먼저 해야한다.

ㄱ. (O) <표 2>를 통해 5/20, 5/21 모두 1반 수업은 없다는 것을 알 수 있다. 마찬가지로 5/23, 5/24에는 1,2반 모두 수업을 진행했다는 것을 알 수 있다. 따라서 <표 1>을 통해 5/20, 5/21은 금,토,일 중 연속되는 이틀이고 5/23, 5/24는 월, 화, 수 중 연속되는 이틀이라는 것을 알 수 있다. 이때, 5/22에 1반과 2반에서만 수업을 진행하였으므로 5/23, 5/24는 화요일, 수요일이고 5/20, 5/21은 토, 일요일이다. 따라서 5/4은 목요일이고, <표 1>을 통해 1반과 3반에서만 수업을 진행했다는 것을 알 수 있다.
ㄴ. (X) <표 2>에서 5/16~5/19사이에 1반은 2번(또는 3번), 2반은 1번의 수업, 3반은 3번(또는 4번) 수업을 진행했음을 확실히 알 수 있다. 따라서 적어도 6번의 수업을 진행했다.
ㄷ. (X) 5/1이 월요일이고 5/31이 수요일이므로 5월에 수업을 빠지는 날이 없었다면 A교사는 56번의 수업을 진행한다. 그러나 5/16~5/19까지 수업을 빠진 날이 적어도 1번 이상 있었기 때문에 56번 보다 적게 진행할 것이다.

★★★★

## 문 16. 정답 ③

Core Point & Tip

모든 연도를 계산하여 구체적 수치를 '도출'하기보다는 반례를 찾거나 옳고 그름을 '확인'하는 방식으로 접근하여 풀이 시간을 단축시키는 연습을 해야 하고, 출제자가 의도한 함정이 무엇일지 염두에 두고 실수하지 않도록 유의하며 문제를 풀어야 한다.

① (X) 2016년 국가피고소송에서 부동산 소송의 비중은 국가원고소송에서 부동산 소송의 비중에 비해 12.3%p 크다. 비중차이가 20%p 미만이므로 옳지 않은 설명이다.

| | | 2016 |
|---|---|---|
| 국가원고 | 계 | 576 |
| | 부동산소송 | 159 |
| | 비중 | 27.6% |
| 국가피고 | 계 | 2,540 |
| | 부동산소송 | 1,013 |
| | 비중 | 39.9% |

② (X) 국가원고소송의 전년대비 증가율이 가장 높은 연도는 2012년이다. 따라서 옳지 않은 설명이다.

| | | 2011 | 2012 | 2013 | 2014 | 2015 | 2016 |
|---|---|---|---|---|---|---|---|
| 국가원고 | 계 | 616 | 958 | 762 | 593 | 598 | 576 |
| | 증감률 | | 55.5% | -20.5% | -22.2% | 0.8% | -3.7% |

③ (O) 각주에서 '당해연도 신규접수건수 = 당해연도 접수건수 − 전년도 접수건수 + 전년도 처리건수'이다. 2012년과 2016년 신규접수건수를 계산하면 2016년 신규접수건수(4,438)는 2012년(4,536)에 비해 감소하였다.

| | 2012 | 2016 |
|---|---|---|
| 올해 접수건수 | 11,667 | 10,887 |
| 전년도 접수건수 | 11,148 | 10,086 |
| 전년도 처리건수 | 4,017 | 3,637 |
| 올해 신규접수 건수 | 4,536 | 4,438 |

④ (X) 2014 ~ 2016년 동안 처리율은 2014년(41.7%)에, 승소율은 2016년(43.6%)에 가장 높다. 선택지는 거꾸로 설명하고 있으므로 옳지 않다.

| | 2014 | 2015 | 2016 |
|---|---|---|---|
| 처리율 | 41.7 | 36.1 | 28.7 |
| 승소율 | 37.1 | 39.6 | 43.6 |

⑤ (X) 해당 기간동안 매년 승소건수와 기타소송의 합이 처리건수보다 적으므로 승소건수와 기타소송의 최소교집합은 존재하지 않는다. 따라서 옳지 않은 설명이다. 양자의 최소교집합을 처리건수 − (승소건수 + 기타소송)으로 잘못 계산할 경우 <보기>를 옳은 것으로 판단하도록 유도하는 함정임에 주의해야 한다.

★★★

## 문 17. 정답 ③

Core Point & Tip

기호로 뒤에 숨어 있는 자료가 무엇인지 도출하는 문제이다. 각 조건별로 결과들을 도출한 후, 그것을 종합하여 정답을 찾아내도록 한다.

◉ 1~4명 규모의 RFID 이용 비율이 3.5% 이상인 업종은 A와 B이다. A와 B가 농림수산업과 제조업 중 하나로 연결된다.
◉ 사업체의 규모와 사업체의 수가 반비례하는 업종은 C와 D이다. C와 D가 건설업과 도매업 중 하나로 연결된다.

◉ 5~9명 규모의 RFID 이용 비율이 해당 업종의 전체 이용 비율보다 높은 업종은 B, C, D이다. B, C, D가 제조업, 건설업, 도매업 중 하나로 연결된다. 1번 조건과 3번 조건을 통하여 B가 제조업, A가 농림수산업이라는 것을 도출할 수 있다.

◉ 이제 남은 것은 C와 D를 비교하는 것이 C와 D는 건설업과 도매업에 해당한다. 업종별 RFID 이용 비율을 도출하면 C가 D의 두 배 이상이므로 C가 건설업, D가 도매업으로 연결된다.

★★★

## 문 18. 정답 ④

Core Point & Tip

〈보기 ㄴ〉은 그래프의 의미를 정확히 파악하지 않고 접근할 경우 옳은 설명으로 착각할 수 있으므로 주의하자! 〈보기 ㄷ〉은 가중평균 개념을 활용하여 확인할 수 있다는 것을 catch해야 한다. 〈보기 ㄹ〉은 분수 값에서 분모의 증가율이 주어질 경우 분자에 동일한 증가율을 곱하여 환산한 후 비교할 수 있다는 것을 파악해야 한다.

ㄱ. (O) 2010~2016년 동안 연도별 남성과 여성 저임금 근로자 비율의 격차는 2010년이 24.3%p(= 40.4 − 16.1)로 가장 높다.

ㄴ. (X) <그림 2>에서 연도별 중위임금이 주어져 있지 않으므로 연도별 최저임금의 증감방향은 판단할 수 없다.

ㄷ. (O) <그림 1>의 자료에서 가중평균 개념을 적용하면 2016년 남성 임금근로자 수는 13.7(= 37.2 − 23.5), 여성 임금근로자 수는 8.2(= 23.5 − 15.3)로 환산된다. 전자는 후자에 비해 약 67%($≒ \frac{5.5}{8.2} \times 100$) 더 많다.

ㄹ. (X) 2016년 중위임금이 1998년에 비해 60% 상승하였다면 최저임금은 2016년이 77.4(≒ 48.4 × 1.6), 1998년이 28.5로 환산된다. 전자는 후자의 약 2.7배($≒ \frac{77.4}{28.5}$)로 3배 미만이다.

★★★

## 문 19. 정답 ⑤

Core Point & Tip

제시된 자료를 분석하여 보고서의 빈 칸에 들어갈 내용을 찾는 문제이다. 항목의 대소 관계, 비율 차이 등은 쉽게 도출할 수 있는 내용이지만 그만큼 헷갈리지 않도록 주의를 요하는 내용이기도 하다.

⑤ (O) (가)에 들어갈 수입 관세율이 수출 관세율보다 높은 항목의 수는 9가지, (나)에 들어갈 수출 관세율이 수입 관세율보다 높은 항목의 수는 13가지이다. (이 두 항목을 각각 셀 필요 없이, 두 종류의 합이 전체 항목 수라는 것을 이용할 수도 있다.) (다)에 들어갈 품목별 수입 관세율과 수출 관세율이 가장 큰 항목은 시리얼, 두 번째는 유제품, 세 번째는 과일, 야채, 식물로 수입 관세율과 수출 관세율의 차이는 43.7%p이다. 수출 관세율이 가장 높은 품목은 설탕과 제과로 28.7%, 가장 낮은 품목은 나무, 종이 등으로 4.5%이다. 둘의 차이는 24.2%p이다.

★★★

## 문 20. 정답 ②

Core Point & Tip

제시된 자료와 추가 자료를 이용하여 계산의 결과를 도출하는 문제이다. 각 품목별로 가격과 수량, 관세율이 다르게 나타나므로 어떤 내용을 어떤 자료에 적용해야 하는지 정확히 판단하고 계산을 진행해야 한다.

수입액
광물 및 금속 : 10,000,000 + 450,000 = 10,450,000P
석유 : 12,600,000 + 554,400 = 13,154,400P
화학 : 36,000,000 + 2,052,000 = 38,052,000P
= 61,656,400P
수출액
전기기계 : 32,000,000 + 2,880,000 = 34,880,000P
제조품 : 110,000,000 + 13,310,000 = 123,310,000P
= 158,190,000
무역 수지 = 96,533,600P

★★

## 문 21. 정답 ④

Core Point & Tip

〈보기 ㄱ〉 검토 시 (266 × 11)이 3,004보다 작다면 연평균 시위횟수 당 시위인원이 11명 이상이라는 것을 파악할 수 있어야 한다.

ㄱ. (X) <표 1>에서 2016년 시위횟수 당 시위인원은 약 11.3명($≒ \frac{3,004}{266}$)이다. 따라서 11명 미만이라는 설명은 옳지 않다.

ㄴ. (O) <표 1>에서 국방관련 시위횟수는 2012~2014년 동안 매년 감소(2012년 163회, 2013년 157회, 2014년 94회)하였으나, 2014년 이후엔 매년 증가(2014년 94회, 2015년 178회, 2016년 266회)하고 있다.

ㄷ. (X) 2013년 국방관련 집회·시위 건수 중 인사복지 분야의 비중이 2016년(54.1%)과 동일하다고 가정하면, 2013년 인사복지 분야의 집회·시위 건수는 약 85건(≒ 157 × 0.541)이다. 즉, 90건 미만이므로 옳지 않은 설명이다.

ㄹ. (O) 2015~2016년 동안 전력정책 분야의 총 집회·시위 건수(105건)는 시설공사 분야의 총 집회·시위 건수(68건)의 약 1.54배($≒ \frac{105}{68}$)이다. 따라서 전자가 후자보다 50% 이상 많다는 설명은 옳다.

★★

## 문 22. 정답 ④

Core Point & Tip

초반에 등장하는 문제들은 복잡한 사고를 요하는 것보다는 이 문제와 같이 단순한 덧셈, 뺄셈 만으로 풀이가 가능한 경우가 많다. 이러한 문제들을 얼마나 빠르고 정확하게 풀이해 내는지가 고득점을 좌우한다.

ㄱ. (O) <표 1>에서 보듯이 정책수혜대상에서 '기업/산업'이 '환자'보다 이슈 발생이 많았던 연도는 2012년, 2015년이다.

ㄴ. (X) 이슈 원인에서 '제품 자체'와 '성분/원료'간의 차이가 가장 적었던 해는 2013년이다(제품 자체(28), 성분/원료(25)).

ㄷ. (O) 전체 기간을 합산하면 전국민/소비자(471건) > 환자(117건)

> 어린이/청소년(97건) > 기업(업체)/산업(89건)의 순이다.

ㄹ. (O) 전체 기간을 합산하면 안전관리시스템(410건) > 제품 자체(228건) > 성분/원료(168건)의 순으로 나타난다.

★★

## 문 23. 정답 ④

Core Point & Tip

어림산을 통한 빠른 판단이 요구되는 문제이다. 그리고 〈보기 ㄷ〉처럼 순위관련 문제가 등장 시 수치가 유별난 부분을 신속히 catch 하여 문제를 해결할 필요가 있다.

ㄱ. (X) <표>에서 2016년에 풍진(53→49)과 수두(36,249→35,763)는 전년대비 환자의 수가 감소하였으므로 옳지 않은 설명이다.

ㄴ. (O) 2016년 한국의 제1군 감염병 총 환자 수는 491명(=129+58+90+58+156)이고, 2014년에는 480명(=8+133+55+228+56)이다. 따라서 옳은 설명이다.

ㄷ. (X) 한국의 제3군 감염병 환자 수에서 상위 3위 안에 드는 감염병명은 2012~2014년 동안 '1위 결핵, 2위 쯔쯔가무시증, 3위 말라리아'로 매년 동일하다. 하지만 2015년의 경우 3위가 말라리아가 아닌 매독이므로, 해당기간 동안 매년 3위 안에 드는 병명이 동일하다는 설명은 옳지 않다.

ㄹ. (O) 2015년 한국의 제1군 감염병 총 환자 수는 5,266명(=3+148+56+171+71+4,817)이고, 2012년의 경우 504명(=5+188+44+209+58)이다. 전자는 후자의 10배(5,040명) 이상이므로 옳은 설명이다.

★★★

## 문 24. 정답 ④

Core Point & Tip

우선 보고서의 내용 중 제시된 자료만으로는 작성할 수 없는 부분을 찾은 후, 그 부분을 작성하기 위하여 필요한 자료를 찾도록 한다. 이때 선택지에는 필요한 자료가 직접 제시될 수도 있고, 이미 주어진 자료와 함께 분석하여 도출할 수 있는 자료가 제시될 수도 있으므로 선택지와 주어진 자료를 함께 고려하여야 한다.

우선 <보고서>에는 나타나 있지만, 주어진 자료로는 알 수 없는 정보는 '2004~2016년 남자 합격자의 수', '전체 간호사 중 남자 간호사가 차지하는 비중', '2015년과 2016년 분야별 전문간호사 자격자 수'가 있다.

ㄱ. (O) '2004~2016년 남자 합격자의 수'는 해당 기간 전체 합격자 수와 남자 합격자 비율을 통해서 구할 수 있다. 남자 합격자 비율은 이미 제시되어 있으므로 전체 합격자 수 자료가 있다면, 이를 도출할 수 있다.

ㄴ. (O) '전체 간호사 중 남자 간호사가 차지하는 비중'은 해당 기간 전체 간호사 수가 제시되어도 구할 수 있지만, 해당 기간 여자 간호사의 수가 제시되어도 구할 수 있다.

ㄷ. (X) '전체 간호사 중 전문간호사 비중'은 보고서에 나타나 있지 않으므로 보고서 작성에 추가적으로 필요한 자료라고 할 수 없다.

ㄹ. (O) <보고서>의 마지막 단락을 작성하는 데 필요한 자료에 해당한다.

★★★

## 문 25. 정답 ④

Core Point & Tip

분수 값의 변화율 판단 시 이들을 직접 계산하기 보다는 분자와 분모의 증감률을 고려하여 쉽게 파악할 수 있다는 것에 유의하여 〈보기 ㄷ〉을 검토하도록 한다. 물론 직접 계산하는 것이 빠르다면 굳이 이런 요령을 사용하지 않아도 될 것이다.

ㄱ. (X) 상표의 심사처리 건수가 4가지 구성 요소 중 가장 많은 지를 확인하면 되는데, 2015년과 2016년에는 상표보다 특허의 건수가 더 많으므로 특허의 비중이 더 크다.

ㄴ. (X) 디자인의 경우 2015년과 2016년에 처리기간이 8.8개월로 동일하다.

ㄷ. (O) 각 연도별 비중을 구하면 다음과 같다.

2012년 비중 = 약 29.5%

2013년 비중 = 약 36.5%

2014년 비중 = 약 39.1%

2015년 비중 = 약 42.9%

2016년 비중 = 약 43.0%

ㄹ. (X) 주어진 조건 하에 특허와 실용신안의 평균 심사처리기간을 가중평균을 이용해 계산하면 $\frac{174,283\times18+17,953\times5}{174,283+17,953}$ ≒ 약 16.8개월이다.

★★★

## 문 26. 정답 ④

Core Point & Tip

각주를 활용하여 그래프에서 주어지지 않은 수치를 도출할 수 있다. 〈보기 ㄴ〉에서 %와 %p를 이용한 함정에 주의하자!

ㄱ. (O) 총발전량은 2010년 이후 매년 증가하고 있다.

ㄴ. (X) 2016년 신·재생에너지 발전량비율의 전년대비 증가폭은 1.69%가 아닌 1.69%p이다.

ㄷ. (O) 2014년 신·재생에너지 발전량비율은 3.9%(≒ $\frac{21,438}{543,098}\times$ 100)로 5% 미만이다.

ㄹ. (X) 2016년 신·재생에너지 발전량은 37,080GWh(≒560,974×0.0661)이다. 신·재생에너지 발전량의 전년대비 증가량은 2016년이 10,198GWh(=37,080−26,882)이고, 2012년이 11,456GWh(=17,346−5,890)로 2012년이 더 많다.

★★★

## 문 27. 정답 ②

Core Point & Tip

서로 숫자로 연결되지 않은 표들이 제시되는 경우 선택지도 별도로 구성되는 경우도 있는 반면 이 문제와 같이 두 표의 수치를 서로 나누어 분수값을 비교하는 형태도 많이 출제된다.

ㄱ. (O) <표 1>의 국가채무내역 중 '기타'를 제외한 모든 항목의 내역들이 증가하고 있다.

ㄴ. (X) <표 1>의 국가채무내역 중 일반회계의 비율은 2013년

35.3%, 2014년 37.6%, 2015년 40.7%로 계속 증가하고 있다.

ㄷ. (O) 2014년과 2015년에 국가채무는 매년 증가하였고, 국가채권 역시 <표 2>를 통해 모두 증가하고 있다는 것을 알 수 있다.

ㄹ. (X) <표 2>에서 조세채권, 경상이전수입, 융자회수금을 제외한 금액은 2014년 77, 2015년 101이다. 이 금액의 각 연도의 국가채권합계액에서 차지하는 비율을 구하면 2014년 32.5%, 2015년 37.7%가 되며 2014년에 비해 2015년의 비율이 더 크다.

★★★★

## 문 28. 정답 ⑤

**Core Point & Tip**

〈보기 ㄷ〉의 경우와 같이 경우의 수를 찾아가며 풀어야 하는 문제들이 종종 출제된다. 이러한 문제들은 필연적으로 많은 시간소모를 유발하므로 일단 뒤로 미뤄두는 것이 효율적이다. 하지만 경우의 수 문제는 평소 익숙해지면 오히려 쉽게 풀이가 가능한 유형이라는 것도 유념하자.

ㄱ. (O) 2013년은 3/14(≒21.4%), 2014년은 2/12(≒16.7%), 2015년 2/15(≒13.3%)이므로 매년 감소하는 흐름을 보이고 있다.

ㄴ. (O) 2013, 2014, 2015년의 총 선정 업체 수는 각 14, 12, 15개이다. 따라서 전체 선정 업체 당 과제 이행 실적 건수의 비율은 2013년 = 12/14 = 0.857, 2014년 = 24/12 = 2, 2015년 = 19/15 = 1.267이므로 큰 순서대로 나열하면 2014, 2015, 2013순임을 알 수 있다. 직접 다 계산해보지 않아도 2013년은 1보다 작고, 2014년은 2, 2015년은 1과 2사이로 직관적으로 파악할 수 있다.

ㄷ. (O) 먼저, 최소값을 구하기 위해 2015년 선정 업체 중 과제 이행 실적이 한 건도 없는 업체가 0개라고 가정한다면, 2013 ~ 2014년의 26개 업체 중 15개 업체가 과제 이행 실적이 한 건도 없는 업체가 될 것이다. 따라서 2013 ~ 2014년의 경우 11개 업체가 36건을 이행 하여야 하고, 2015년의 경우 15개 업체가 19건을 이행 하여야 한다. 다음 아래의 표와 같이 분배가 가능하므로 최소값은 0개가 된다.

| 업체(개)/실적(건) | 실적 없음 | 1건 | 2건 | 3건 | 4건 | 5건 |
|---|---|---|---|---|---|---|
| 2013 | 10개 | 0개 | 0개 | 4개 | 0개 | 0개 |
| 2014 | 5개 | 0개 | 0개 | 5개 | 1개 | 1개 |
| 2015 | 0개 | 11개 | 4개 | 0개 | 0개 | 0개 |

다음으로 과제 이행 실적이 한 건도 없는 업체의 최대값을 구하기 위해서는 2015년 선정 업체중 이행실적이 있는 업체의 과제 이행 실적이 상대적으로 높아야 하고, 과제 이행 실적이 높은 5건부터 차례로 선정 업체를 분배하면 된다. 따라서 아래의 표와 같이 분배를 할 경우 최대값이 도출 될 수 있다.

| 업체(개)/실적(건) | 실적 없음 | 1건 | 2건 | 3건 | 4건 | 5건 |
|---|---|---|---|---|---|---|
| 2013 | 3개 | 10개 | 1개 | 0개 | 0개 | 0개 |
| 2014 | 3개 | 0개 | 3개 | 6개 | 0개 | 0개 |
| 2015 | 9개 | 1개 | 0개 | 3개 | 1개 | 1개 |

★★★

## 문 29. 정답 ②

**Core Point & Tip**

제시된 자료의 내용을 토대로 선택지의 옳고 그름을 가리는 문제이다. 선택지가 요구하는 정보를 자료에서 도출하기 위해서는 우선적으로 선택지가 요구하는 정보가 무엇인지 정확히 파악할 수 있어야 한다.

ㄱ. (O) 2014년 비제조업의 외부자금 조달원천 금액 순위는 회사채-기타-차입금-주식이고, 이는 2015, 2016년에도 동일하게 나타난다.

ㄴ. (X) 각 기간 동안 제조업에서 내부자금이 차지하는 비율은 2014년에 약 84.4%, 2015년에 약 85.9%, 2016년에 약 86.3%로 항상 증가하는 방향으로 나타난다.

ㄷ. (O) 2014년 비제조업의 차입금 중 은행 차입금이 차지하는 비중은 약 92,6%, 2015년에는 약 94,7%, 2016년에는 약 92.5%로 매년 92% 이상의 비율을 나타낸다.

ㄹ. (X) 우선 비제조업 외부자금 조달원천 중 주식의 변동률은 약 30.1%, 회사채는 약 31.8%, 차입금의 변동률은 약 6.8%, 기타는 약 46.1%로 차입금의 변동률이 가장 작게 나타난다.

★★★

## 문 30. 정답 ③

**Core Point & Tip**

제시된 자료의 내용을 토대로 선택지의 옳고 그름을 가리는 문제이다. 가입자 수와 백분율을 활용하여 전체 인구를 도출하는 내용 역시 자료해석에 자주 출제되는 유형이므로 연습을 통해 문제풀이 감각을 익혀놓도록 해야 한다.

ㄱ. (X) 2015년에 전년 대비 가입자 수와 인구 100명당 가입자가 모두 증가한 국가는 일본, 사우디아라비아, 멕시코, 아르헨티나, 영국, 남아공 6곳이다.

ㄴ. (O) 2015년 멕시코의 인구는 19,887 / 0.159 ≒ 125,075이고, 러시아의 인구는 36,525 / 0.257 ≒ 142,121이므로 2015년 러시아의 인구가 멕시코의 인구보다 많다.

ㄷ. (O) 2015년 전년 대비 인구 100명당 가입자 변동 폭이 한국(1.4%p)보다 큰 국가는 인도네시아, 터키, 캐나다, 미국, 독일 5곳이다.

ㄹ. (X) 2015년 전년 대비 가입자 수의 변동 폭이 가장 큰 국가는 중국, 그 다음은 미국, 세 번째는 인도네시아, 네 번째는 러시아이다.

★★★

## 문 31. 정답 ②

**Core Point & Tip**

이 문제와 같이 제시된 자료가 방대할수록 실제 문제 풀이에 사용되는 부분은 일부에 그치는 경우가 많다. 일례로 〈표 1〉의 30억 초과~ 500억 이하의 부분은 문제풀이에 사용되지 않았다. 따라서 모든 표를 완벽하게 분석하고 선택지를 판단할 경우 불필요한 시간소모가 있을 수 밖에 없는 문제이다.

ㄱ. (O) 2013년 전체 고액체납자 대비 50억 이하 고액체납자의 비율은 $\frac{2,140}{2,636}$ ≒ 0.81로 2014년 전체 고액체납자 대비 50억 이하 고액체납자의 비율 $\frac{2,407}{3,046}$ ≒ 0.79보다 높다.

ㄴ. (X) 서울 지역의 신규공개자 인원수는, 2014년은 2013년에 비해 $\frac{387-349}{349}\times100 ≒ 10.89\%$ 증가하였고, 2015년은 2014년에 비해 $\frac{419-387}{387}\times100 ≒ 8.27\%$ 증가하였다. 따라서 2015년에는 전년 대비 10% 이상 증가하였다고 볼 수 없다.

ㄷ. (O) 2014년 전체 고액체납자의 세액 대비 500억 초과 고액체납자의 세액 비율은 $\frac{8,321}{139,743} ≒ 0.06$으로 2015년 전체 고액체납자의 세액 대비 500억 초과 고액체납자의 세액 비율 $\frac{3,173}{35,211} ≒ 0.09$보다 낮다.

ㄹ. (X) 2014년도 서울지역의 재공개자 세액(54,602)은 2014년 경기(19,317)와 인천(8,050)의 세액의 합(27,367)의 두 배(54,734)보다 크지 않다.

★★

## 문 32. 정답 ③

▲ Core Point & Tip

〈보기 ㄷ〉과 같이 증가율이 매우 큰 수치로 나타나는 경우에는 굳이 %로의 전환을 위해 100을 곱할 필요없이 원 수치그대로 비교하는 것이 효율적이다.

ㄱ. (O) 국고부담/합계를 연도별로 구해보면 약 77.8%, 73.7%, 75.6%, 83.8%, 75.1%, 70.8%, 71.0%로 70% 이상을 차지한다.

ㄴ. (X) 자체수입은 2011년 2010년에 비해 감소하고 있다.

ㄷ. (O) 비방전입금의 증가율은 약 17129%이고, 자체수입의 증가율은 약 570%이므로, 비방전입금의 증가율은 자체수입 증가율의 25배 이상이다.

★

## 문 33. 정답 ②

▲ Core Point & Tip

전체적으로 어렵지 않은 문제이지만 초과, 이하의 개념이 중첩적으로 등장하여 혼동하기 쉽다. 여러 항목들을 동시에 고려하려고 하지 말고 하나씩 순차적으로 해결하여야 오류를 줄일 수 있다.

ㄱ. (O) 6개 광종의 위험도 평균 = 약 3.03, 경제성 점수 평균 = 3.2이므로 평균 경제성 점수와 평균 위험도 모두 3.0 이상이다.

ㄴ. (O) 기존의 비축필요광종은 은광, 철광의 2종류이나 새롭게 계산해서 판단해보면 은광, 아연광, 철광의 3종류로 변화한다. 따라서 1종류 증가한다.

ㄷ. (X) 비축필요광종은 은광, 철광이며, 시광종은 아연광 1종뿐이다. 따라서 비축제외광종은 금광, 동광, 연광의 3종이 되는데 금광의 경우에는 위험도 점수와 경제성 점수가 같지 않으므로 옳지 않다.

★★★

## 문 34. 정답 ②

▲ Core Point & Tip

제시된 자료를 토대로 선택지의 옳고 그름을 판단하는 문제이다. 수치 변동 방향, 합계와 차이 등의 자료 분석은 자료 해석에 자주 나타나는 형식이므로 평소에 많은 연습이 필요하다.

① (O) 점수 변동 방향이 모두 '증가'이거나 모두 '감소'인 선수를 찾는 선택지이다. 제시된 선수 중에는 점수 변동 방향이 일관되게 나타나는 선수가 없다.

② (X) A선수가 37점, C선수가 36점, E선수가 32점, H선수가 32점, J선수가 31점으로 5명의 선수가 점수 30점 이상으로 나타난다.

③ (O) 최저점과 최고점의 차이가 가장 큰 선수는 6점(10−4)의 D선수이다.

④ (O) H선수의 점수 변동 방향은 '감소−증가−감소'이다. 이와 동일한 점수 변동 방향을 보이는 선수는 C, H, J 3명이다.

⑤ (O) 3일차에 모든 선수들이 기록한 점수의 합계는 79점, 4일차는 81점으로 3일차가 더 작다.

★★★

## 문 35. 정답 ④

▲ Core Point & Tip

제시된 자료를 산출식에 대입하여 결과를 도출하는 문제이다. 문제에 제시된 선수들만을 차례로 계산하여 결과를 비교하도록 한다.

④ (O) D선수는 $1.8+0.4+1.8+4=8$,
E선수는 $2.1+0.7+1.6+4=8.4$,
G선수는 $2.1+0.7+1.6+2.4=6.8$,
H선수는 $2.4+0.7+1.8+3.2=8.1$,
I선수는 $1.8+0.8+1+3.6=7.2$,
J선수는 $2.4+0.7+1.8+2.8=7.7$이다.

따라서 순서는 E−H−D−J−I−G가 된다.

★★★

## 문 36. 정답 ⑤

▲ Core Point & Tip

단순한 〈표〉의 해석에 관한 문제이지만, '증가율'에 대한 정확한 이해가 요구된다.

ㄱ. (X) 신고접수건수는 매년 증가하나, 총출동건수는 2016년에 감소하므로 총출동건수와 신고접수건수의 증감방향은 같지 않다.

ㄴ. (X) 2009년 신고접수건수는 4,080천 건이다.(2010년에 15%증가하여 4,692 천 건이 신고접수 되었으므로) 따라서 2016년에는 이보다 약 2.1배 정도 증가한 것을 알 수 있다. 그러나 ㄴ에서 말하는 200% 증가는 2배가 아닌 3배 증가를 의미하므로 틀린 설명이다.

ㄷ. (O) 각 연도별 5분 이내 도착률은 2011년 82%, 2012년 83%, 2013년 91%, 2014년 89%, 2015년 78%으로 5분 이내 도착률이 90% 이상인 해는 2013년이 유일하다.

ㄹ. (X) 2016년 현장평균도착시간이 4분28초로 주어져 있는데, 대부

분의 출동시간이 4분 28초 보다 훨씬 빠른 경우 현장출동시간이 5분 이상인 경우가 존재할 수도 있다.(평균은 자료의 분포를 왜곡하는 성질이 있다는 점에 유의하자!)

★★

## 문 37. 정답 ④

Core Point & Tip

문제의 〈표〉는 생소한 정보를 나타내고 있다. 〈표〉에서 서열 순위 구간은 전국에서의 순위를 나타내는 것이므로 각 지역의 인구와는 관계가 없다. 이를 이해한다면 〈표〉를 읽는데 어려움이 없을 것이다.

ㄱ. (O) 48,516/99,720은 0.487로 50% 이하이다. 개인소유 토지면적의 두 배(48,516×2)가 전국 토지면적(99,720)보다 작다면 해당 비중이 50% 이하라는 것을 파악해야 한다.

ㄴ. (O) 전국에서 개인 토지 소유 순위가 높은 상위 1천명 미만의 개인 토지 소유 비중은 3.0%이고, 전국 서열순위 구간이 500만명 이상인 개인들의 토지 소유 비중은 1.7% 이하이다. 따라서 전국에서 개인 토지 소유 순위가 높은 상위 1천명 미만의 개인 토지 소유 면적이 더 크다.

ㄷ. (X) 경기지역에서 개인 토지 소유 전국순위가 상위 1천명 미만인 개인들의 토지 소유 면적은 215.4, 인천에서 전국 서열순위 구간이 상위 100만 번째~500만 번째 미만인 개인들의 토지 소유 면적은 208.5이다. 따라서 경기지역에서 개인 토지 소유 전국순위가 상위 1천명 미만인 개인들의 토지 소유 면적이 더 크다.

ㄹ. (O) 개인 토지 소유 순위가 전국 서열순위 구간 1,000만명 이상인 개인들의 토지 소유 면적은 서울이 24.7, 인천이 8.6, 경기가 25.0으로 경기가 가장 크다.

★★

## 문 38. 정답 ②

Core Point & Tip

〈표〉의 단순해석에 관한 문제로 각 학년별 학생 수가 제시되고 있지 않다는 점에 주의해야 한다.

① (X) 각 그룹별로 비율이 주어져 있으므로 이를 이용해 평균치를 구할 수 있다.
5.9×1+5.9×2+12.8×3+9.8×4+2.7×7+62.9×0=5.9+11.8+38.4+39.2+18.9+0=114.2
114.2÷37.1≒1.142회가 된다. 따라서 옳지 않은 보기이다.

② (O) 8.1 + 14.4 + 8.9 + 0.1 = 31.5, 31.5 ÷ 39.6 ≒ 0.80이므로 85%에 미치지 못하고 있다.

③, ④ (X) <표>에서는 각 학년의 학생 수가 주어지지 않으므로 알 수 없다.

⑤ (X) 주5회 이상 학원에 다니는 학생들이 모두 주5회만 다닌다고 가정하면,
5.3 + 19.1 × 2 + 12.0 × 3 + 5.9 × 4 + 0.8 × 5 = 5.3 + 38.2 + 36.0 + 23.6 + 4 = 107.1
107.1 ÷ (5.3 + 19.1 + 12.0 + 5.9 + 0.8) = 107.1 ÷ 43.1 ≒ 2.48
따라서 이들이 학원에 다니는 평균 횟수는 주 2.8회 미만일 수도 있으므로 옳지 않다.

★★★

## 문 39. 정답 ④

Core Point & Tip

재무제표의 빈칸이 주어지고 이를 채워넣게 만드는 문제는 심심치 않게 출제되는 유형이다. 대개 단순 덧셈뺄셈이 주를 이루지만 난이도를 높여 빈칸을 채운후 이를 이용해 각종 재무비율을 계산하게끔 하는 경우도 있으니 재무제표의 형태와 세부 구성요소에 익숙해지는 것이 도움이 될 것이다.

계산식에 따라 <표>의 비어 있는 부분을 채우면 다음과 같다.

| | 애성 전자 | | 천하 기계 | | 대현 건설 | |
|---|---|---|---|---|---|---|
| | 2015 | 2016 | 2015 | 2016 | 2015 | 2016 |
| 매출액 | 2,756 | 3,129 | 5,407 | 6,218 | 1,495 | 1,671 |
| 매출원가 | 2,142 | 2,756 | 4,812 | 5,429 | 1,128 | 1,452 |
| 매출 총이익 | 614 | 373 | 595 | 789 | 367 | 219 |
| 관리비 | 28 | 32 | 54 | 54 | 17 | 19 |
| 영업이익 | 586 | 341 | 541 | 735 | 350 | 200 |
| 영업 외 손익 | -158 | 100 | -133 | -340 | -221 | -57 |
| 경상이익 | 428 | 441 | 408 | 395 | 129 | 143 |
| 특별손익 | 12 | -4 | 8 | 9 | -6 | -2 |
| 법인세 차감 전 이익 | 440 | 437 | 416 | 404 | 123 | 141 |
| 법인세 비용 | 169 | 106 | 112 | 106 | 42 | 46 |
| 당기 순이익 | 271 | 331 | 304 | 298 | 81 | 95 |

ㄱ. (X) 2015년 대비 2016년에 매출 총이익이 증가한 회사는 천하 기계 한 곳뿐이다.

ㄴ. (O) 2015년 대비 2016년에 영업이익 변동 폭이 가장 큰 회사는 245(십 만원)만큼 감소한 애성 전자이다.

ㄷ. (X) 2015년과 2016년에 특별손익이 모두 (+)의 값을 갖는 회사는 천하 기계 한 곳뿐이다.

ㄹ. (O) 2015년 대비 당기 순이익 변동률이 가장 큰 회사는 애성 전자, 가장 작은 회사는 천하 기계이다. 천하 기계의 당기 순이익 변동률은 2% 미만, 애성 전자의 당기 순이익 변동률은 22% 이상이므로 양자의 차이는 15%p 이상이다.

★★★

## 문 40. 정답 ④

Core Point & Tip

요구되는 수치가 〈표〉에서 어떤 값을 의미하는지 빨리 찾을 수 있다면 복잡한 계산을 할 필요가 없다.

ㄱ. (O) 2016. 8월부터 전월대비 증감방향은 배당수익률(주가수익비율)의 경우 '감소(증가)→감소(증가)→증가(감소)→감소(증가)→감소(증가)'이므로 해당기간 동안 양자의 증감방향은 반대이다.

ㄴ. (O) 2016. 9월 상장주식 거래량(분모)은 다른 달 대비 최소 48% 이상 크지만, 상장주식 거래대금(분자)은 최대 37% 정도밖에 크지 않아 해당기간 중 상장주식 거래량 대비 거래대금이 가장 작다(주어진 수치에서 100만 단위 이상을 유효숫자로 설정 시 2016. 9월의 경우 해당비율이 약 7로서 가장 작다는 것을 확인할 수 있다).

ㄷ. (O) 상장주식수 대비 상장주식 거래량은 상장주식회전율의 값과 같다. 상장주식회전율의 최댓값은 42.16으로 이는 최솟값인 19.95의 2배(=39.9) 이상이다(각주를 통해 <보기>에서 요구하는 비율이 <표>에 명시적으로 주어져 있다는 것을 파악해야 해당 <보기>를 신속히 처리할 수 있다).

ㄹ. (X) 해당 기간 동안 상장주식 시가총액(분자)은 거의 차이가 없는 반면, 상장주식 거래량(분모)은 최대 2배 이상 차이가 난다. 따라서 상장주식 거래량만으로 해당 비율의 최댓값과 최솟값이 도출되는 달을 확인할 수 있으며, 해당 비율이 가장 큰 달은 12월이고, 가장 작은 달은 9월이 된다. 주어진 수치에서 100만 단위 이상을 유효숫자로 설정하여 검토하면 9월은 $\frac{1,150}{15}$이고, 12월은 $\frac{1,154}{7}$이다. 양자가 분자는 큰 차이가 없는 반면에 분모는 9월이 12월에 비해 2배 이상 크므로, 12월의 해당 비율이 9월의 2배 이상이라고 판단할 수 있다(주어진 수치를 기준으로 계산하면 해당 비율이 9월의 경우 약 77이고, 12월의 경우 약 165이다).

**| 정답표 |** PUBLIC SERVICE APTITUDE TEST

| 1 | 2 | 3 | 4 | 5 | 6 | 7 | 8 | 9 | 10 |
|---|---|---|---|---|---|---|---|---|---|
| ④ | ② | ④ | ② | ③ | ② | ④ | ③ | ① | ② |
| **11** | **12** | **13** | **14** | **15** | **16** | **17** | **18** | **19** | **20** |
| ② | ① | ④ | ② | ① | ⑤ | ④ | ② | ③ | ② |
| **21** | **22** | **23** | **24** | **25** | **26** | **27** | **28** | **29** | **30** |
| ① | ③ | ④ | ③ | ⑤ | ① | ④ | ⑤ | ④ | ② |
| **31** | **32** | **33** | **34** | **35** | **36** | **37** | **38** | **39** | **40** |
| ④ | ⑤ | ③ | ④ | ⑤ | ① | ④ | ② | ④ | ② |

★★

## 문 1. 정답 ④

Core Point & Tip

제시된 지문의 내용을 토대로 추론한 것의 옳고 그름을 가리는 문제이다. 판단의 기준은 명시적으로 지문에 나타나 있는 내용에 근거해야 한다.

① (X) 유리 건물과 콘크리트 건물의 층수를 비교하는 내용은 제시되어 있지 않다.

② (X) 특수 코팅이나 외관 청결 등 유지 비용이 더 비싸다는 내용은 제시되어 있으나, 건축 비용을 비교한 내용은 나타나 있지 않다.

③ (X) 가시광선을 막기 힘들다는 내용만이 제시되어 있을 뿐, 이를 막기 위해 특수 필름이 필요하다는 내용은 제시되어 있지 않다.

④ (O) 가시광선이 건물 내부에 원치 않는 대류 현상을 일으켜 냉방 효율을 떨어뜨린다는 내용이 제시되어 있고, 뜨거운 열기가 곧바로 천장 쪽으로 올라가기 때문에 충분한 난방이 불가능하다는 내용에서 이를 확인할 수 있다.

⑤ (X) 높은 천장 구조가 흔히 유리로 지은 공공건물에서 발견된다는 내용이 제시되어 있지만, 콘크리트 건물에서 이것이 불가능한지의 여부는 제시되어 있지 않다.

★★★

## 문 2. 정답 ②

Core Point & Tip

<보기 ㄹ>과 같이 '~만을'이라는 표현이 쓰인 경우 틀린 내용일 가능성이 높다. 먼저 확인하도록 하자.

ㄱ. (X) 세 번째 문단에 형상기억합금에 대한 내용이, 4문단에 무중력 상태에서 새로운 재료를 만드는 것에 대한 내용이 나타나 있다. 네 번째 문단의 '세 번째 방식은 이와 달리 처음부터 이론적으로 새로운 재료를 설계해서 만들어 내려는 방식이다.'를 통해 틀린 내용임을 알 수 있다.

ㄴ. (O) 마지막 문단의 '하지만 가장 중요한 것은 전통적으로 사용하던 재료를 개량하거나 전혀 새로운 재료를 합성해야 할 필요가 있는지 여부가 무엇보다 우선이라는 사실이다.'에서 추론할 수 있다.

ㄷ. (O) 두 번째 문단의 '따라서 기존 물질과는 다른 새로운 결합 방식을 찾는다면 새로운 성질을 갖는 신소재를 만들어 낼 수 있을 것이다. 1970년대 후반 이러한 단순한 발상에서 전기가 통하는 전도성 플라스틱인 폴리아세틸렌을 발견하게 된다.'에서 확인할 수 있다.

ㄹ. (X) 네 번째 문단의 '세 번째 방식은 이와 달리 처음부터 이론적으로 새로운 재료를 설계해서 만들어 내려는 방식이다.'에서 새로운 재료를 설계해서 신소재를 만들기도 함을 알 수 있다.

★★★

## 문 3. 정답 ④

Core Point & Tip

제시문의 내용을 이해하고 이를 바탕으로 각 선택지를 추론해야 한다.

① (O) 공고화(鞏固化)란 이동하지 않고 그 상태 그대로 유지되는 속성이 강해진다는 것이다. 따라서 1999~2008년 기간 동안 소득 이동성이 시간이 지남에 따라 차츰 전반적으로 감소해온 것으로 나타났다는 첫 번째 문단을 통해 추론할 수 있다. 두 번째 문단에서 보면, 소득 이동 경향은 상향 이동과 하향 이동으로 구분되므로 소득계층의 이동이 줄어드는 것은 소득계층의 공고화와 동일함을 파악할 수 있다.

② (O) 두 번째 문단에서 보면 정규직일수록, 화이트칼라일수록 상향 소득 이동 가능성이 높다. 따라서 A씨보다는 B씨의 상향 소득 이동 가능성이 높다.

③ (O) 두 번째 문단에서 보면, 사회보험을 받지 않을수록 상향 소득 이동 가능성이 높아지는 것으로 나타났다. 그리고 글쓴이는 세 번째 문단에서 이에 대한 정책적 시사점으로 사회보험 액수가 근로 의욕을 저하시키지 않도록 제도적으로 보완되어야 한다고 말하고 있다. 따라서 근로 의욕의 저하로 상향 소득 이동의 가능성이 적은 것을 전제하고 있음을 추론할 수 있다.

④ (X) 세 번째 문단에서 보면, 직업훈련 정책 강화는 저소득계층의 상향 소득 이동 가능성을 돕는 방법으로 저소득계층의 중산층 상승을 이끌어 낼 수 있다. 한편 첫 번째 문단에서 소득 이동성 감소가 장기적으로 중산층 붕괴의 '주요' 원인이 된다고 지적하고 있으므로 직업훈련 정책의 강화가 중산층 붕괴를 가속화 시킬 것이라고 보는 ④번은 옳지 않다.

⑤ (O) 인구통계학적 요인으로 임계 연령 내에 있으므로 나이가 많아질수록 소득 이동성은 높아진다. 또한 경제적 요인에서 가구 내 취업자가 증가하면 소득 이동 가능성이 높아지므로 이 추론은 타당하다.

★★★

## 문 4. 정답 ②

Core Point & Tip

제시문을 읽고 추론 가능한 〈보기〉를 고르는 유형의 문제이다. 괄호 전후의 문맥을 보면서 판단한다.

ㄱ. (O) ㉠은 1.5, ㉡은 0.4이므로 ㉠과 ㉡의 합은 1.9이다. 따라서 옳다. "1.5m당 1.5초"는 "1m당 1초"와 같은 뜻이기 때문에 직접 계산해보지 않더라도 ㉡은 1보다 작다.

ㄴ. (O) 보행 녹색신호의 신호시간은 횡단보도 보행시간과 같다. 이 점에 착안하면 횡단보도 보행시간 결정의 예외를 활용해 보기의 정오를 판단할 수 있다. 가령 "0.4m당 1초"의 예외가 적용되는 20m의 횡단보도라면 보행 녹색신호의 신호시간은 59초이나, 예외가 적용되지 않는 20m의 횡단보도에서는 신호시간이 29초이므로 2배 이상의 차이가 나게 된다. 40m 이하의 모든 횡단보도에 대해서는 이러한 예외가 적용될 수 있다고 하였으므로 옳다.

ㄷ. (X) '신호주기'란 한 신호가 나오고 그 다음에 최초로 같은 신호가 나오기까지의 시간 간격을 말한다. '한 박자 늦은 보행신호' 방식을 운영하더라도 보행 녹색신호가 늦게 들어올 뿐이지, 보행 녹색신호가 시작하고 끝나는 시간은 변하지 않으므로 신호주기가 불규칙적이지는 않을 것이다. 따라서 옳지 않다.

★★★

## 문 5. 정답 ③

Core Point & Tip

제시문에 주어진 조건을 적용하여 A, B, C 숟가락을 미지수로 정하고 관계식을 세워 미지수를 구해내어 〈보기〉의 정오를 판단한다.

A, B, C 숟가락 크기를 x, y, z라고 하면

$x + y + 2z = 4$

$x - 2y + 3z = 5$

$2x - y - z = 1$

해집합 : {x, y, z}={11/9, 1/9 4/3}

ㄱ. (X) 숟가락의 크기는 C > A > B순이다.

ㄴ. (O) 11/9와 1/9를 비교하면 11배에 해당한다.

ㄷ. (X) C숟가락의 크기는 약 1.33이고 B 숟가락의 크기는 약 0.11로 그 차이는 약 12배에 해당한다.

ㄹ. (O) C스푼의 크기가 2/3이 된다면 주어진 조건에서 해집합을 구할 수 없다.

★★★

## 문 6. 정답 ②

Core Point & Tip

〈주의사항〉에 유의하면서 〈표〉를 읽어야 하며, 주어진 〈정보〉가 많기 때문에 꼼꼼이 따져보아야 한다. 특히 소요시간이 많이 걸릴수록 속도가 느리다는 점을 놓쳐서는 안 된다. '소요시간'이라는 각주가 중요한 포인트이다.

○ 운동장거리가 아스팔트의 거리의 1/4이하인 곳에서 달리기를 한 사람은 B와 C이다. 이중에서 2차 시도에서 속도가 더 빠른 사람은 C가 18초로써 19초인 B보다 빠르다. ⇒ C

○ 아스팔트에서 가장 오래 달린 사람은 아스팔트 거리와 100m 소요시간을 곱한 후 100으로 나누어 할 수 있다. 거리도 가장 길고 소요시간도 가장 오래 걸린 D가 이에 해당함을 쉽게 판단할 수 있다.(320 × 27.3 ÷ 100) ⇒ D

○ 재 시도를 할수록 속도가 느려진다는 것은 소요시간이 점점 오래 걸린다는 것이므로 '시간'이 점점 늘어나는 사람을 찾아야 한다. F만 점점 숫자가 높아짐(속도가 느려짐)을 알 수 있다. ⇒ F

○ 아스팔트에서 더 잘 달리는 사람은 아스팔트 소요시간이 더 작은 B, E, F다. 이중에서 1차시도만으로 순위를 메기면 E > F > B 순이므로 E가 1등이다. ⇒ E

<정보>에 해당하는 사람은 C, D, F, E이고, 이들의 운동장에서 달린 거리의 합은 65 + 85 + 50 + 70 = 270, 따라서 정답은 270m인 ②번이다.

★★★

## 문 7. 정답 ④

Core Point & Tip

재량형식과 기속형식을 구분하지 않으면 실수할 수 있으므로 주의하자. 특히 재량규정을 기속으로 판단하지 않도록 유의해야 한다.

① (X) 법 40조 2항은 '폐기물의 처리를 명할 수 있다.'는 재량 규정이므로 반드시 처리명령을 내려야 하는 것은 아니다.

② (X) 민사집행법에 따른 경매로 경락 받은 자는 의무 승계자이기는 하지만 법 40조 3항은 '권리·의무를 승계한 자에게 기간을 정하여 폐기물의 처리를 명할 수 있다.'고 재량으로 규정하고 있을 뿐이므로 항상 처리명령을 내려야 하는 것은 아니다.

③ (X) 법 40조 4항은 분담금을 낸 경우와 보험에 가입한 경우를 분리하여 '공제조합에 대한 방치폐기물 처리명령'과 '보험금 수령' 중 하나를 선택하도록 규정되어 있고 재량규정이므로 항상 공제조합에 방치폐기물 처리를 명할 수 있는 것은 아니다.

④ (O) 법 40조 1항은 '영업 시작 전까지 다음 각 호의 어느 하나에 해당하는 조치를 취하여야 한다.'고 기속의무를 규정하고 있으므로, 공제조합에의 분담금 납부나 보험 가입 둘 중에 하나를 이행하여야 한다. 따라서 옳은 내용이다.

⑤ (X) 법 33조 2항의 마지막 단서에서 '이 경우 종전의 폐기물처리 업자, 폐기물처리시설 설치자에 대한 허가, 승인 또는 폐기물처리 신고자의 신고는 그 효력을 잃는다.'고 하였고, 여기에서 '이 경우'는 2항에서 규정한 '국세징수법에 따른 압류재산의 매각'으로 권리·의무가 승계된 경우를 말한다. 따라서 A가 처음 적법한 허가를 받았다고 하더라도 압류재산 매각 및 권리·의무의 승계가 이루어진 이후에는 허가의 효력이 상실된다.

★★★★

## 문 8. 정답 ③

Core Point & Tip

핵심은 기기 중단 시점에 어떤 재생목록의 어떤 곡이 재생되고 있었는지를 알아내는 것이다. 재생목록 연속재생 사이에 1분 15초의 시간이 있다는 점을 실수하지 않게 주의한다.

G의 재생시간이 3분이므로 (B+C+D+E)의 재생시간은 9분 30초이고,

이를 이용하면 (A+F)의 재생시간이 6분 15초임을 알 수 있다. 그렇다면 A와 F는 둘 다 재생시간 3분 이상이다.
이때, 각 목록이 재생되는 시간을 12시부터 나열하면 다음과 같다.

| | |
|---|---|
| 12시 정각 | 재생목록 2 시작 |
| 12시 12분 30초 | 재생목록 2 종료 |
| 12시 13분 45초 | 재생목록 1 시작 |
| 12시 29분 30초 | 재생목록 1 종료 |
| 12시 30분 45초 | 재생목록 2 시작 |
| 12시 43분 15초 | 재생목록 2 종료 |
| 12시 44분 30초 | 재생목록 1 시작 |

이때, 재생목록 1이 재생되는 시간이 15분 45초이므로, 12시 52분에는 재생목록 1이 재생되고 있음을 알 수 있다.
재생목록 각 곡이 알파벳 순서대로 재생된다는 점을 생각하면서 보면 450초의 차이가 나는데, A의 재생시간이 3분(=180초) 이상이고 C의 재생시간 역시 3분이므로 둘을 합하면 최소 360초 이상의 재생시간이 소요된다. B의 재생시간은 적어도 1분 45초(=105초) 이상인 점을 생각하면 기기 중단 시점에 재생되고 있는 곡은 C일 수밖에 없다.
따라서 이 시점까지 D의 총 재생횟수는 3회가 된다.

★★★

## 문 9. 정답 ①

Core Point & Tip

우선 〈정보〉에 주어진 사실을 정리한다. 이의 대우 등과의 연결을 통하여 A, B, C, D, E의 시험 성적을 추론해야 한다.

① (O) 위의 사실을 정리하면 다음과 같다.
1. A>C → C>E <대우> E>C → C>A
2. A>B ∨ B>C → E>D <대우> D>E → B>A ∧ C>B
3. C>A ∨ A>B → D>E <대우> E>D → A>C ∧ B>A
4. C>B → E>D <대우> D>E → B>C
이때 2번의 대우 명제와 4번 명제가 모순에 빠지게 된다. 즉 E가 D보다 점수가 낮다면 B는 A보다 점수가 높고 C보다는 점수가 낮아야 하고 4번 명제에서 B가 C보다 점수가 낮다면 E는 D보다 점수가 높아야 한다. 이를 해결하기 위해서는 E는 D보다 점수가 높아야 한다. 이를 3의 대우에 대입시키면 A는 C보다 점수가 높고 B는 A보다 점수가 높다는 명제가 도출된다. 이를 1에 대입 시키면 E는 C보다 점수가 낮음을 알 수 있고 이를 정리하면 B>A>C>E>D가 되므로 정답은 선택지 ①번이다.

★★★

## 문 10. 정답 ②

Core Point & Tip

〈그림〉을 통해 일반주류와 특정주류위 유통체계의 차이점 및 공통점을 파악할 수 있어야 한다.

ㄱ. (O) 맥주는 일반주류로서 유통체계상 일반적으로 2단계의 유통업자를 거쳐야 하나, 연금매점과 홍익회를 통하는 경우에는 1단계의 유통업자를 거치는 것만으로 가계소비자와 실수요자는 소비할 수 있다.
ㄴ. (X) 해당 지문을 통해서는 일반 주류 및 특정 주류의 구입 가격에 대한 정보를 얻을 수 없다.
ㄷ. (X) 해당 지문을 통해서는 유통체계의 복잡성을 유발한 원인에 대해서 파악할 수 없다.
ㄹ. (O) 막걸리는 '발효주류 중 탁주'에 해당하므로 특정주류가 맞으며, 소주와 맥주는 지역명과 지역특산품인 농산물의 이름이 기재되지 않았으므로 일반주류에 해당한다.

★★★

## 문 11. 정답 ②

Core Point & Tip

주어진 규칙을 따라가는 과정에서 중간 결과를 도출해내는 문제이다. 규칙 순서를 하나씩 적용하되, 앞서 이미 지워진 숫자를 다시 지우지 않도록 주의해야 한다.

② (O) 우선 1이 첫 번째로 지워진다. 이어서 2를 제외한 2의 배수인 4, 6, 8, ... , 100까지 49개의 숫자를 지운다. 다음 3을 제외한 3의 배수, 그러나 앞서 지워진 짝수를 제외한 9, 15, 21, 27, 33, 39, 45, 51, 57, 63, 69, 75, 81, 87, 93, 99의 16개의 숫자를 지운다. 4를 제외한 4의 배수는 2의 배수에서 이미 지워졌으므로, 무시한다. 5를 제외한 5의 배수, 그러나 앞서 지워진 수를 제외한 25, 35, 55, 65, 85, 95를 지운다. 따라서 85는 71번째로 지워진다.

★★★

## 문 12. 정답 ①

Core Point & Tip

복잡해보이지만 막상 문제를 풀면 해결하기 쉬운 문제이다. 1번 신호를 보낸 후에 100개의 전구는 모두 빨간불이 된다는 점에서부터 시작해야 한다.

1번 신호를 보낸 후에 100개의 전구는 모두 빨간불이 된다. 그 다음에 예를 들어 12개와 같이 2의 배수이고 3의 배수이면서 4의 배수인 전구는 2번, 3번, 4번 신호에 따라 세 번 바뀌어서 파란불이 된다. 또한 4, 8과 같이 4의 배수이면서 12의 배수가 아닌 전구는 2번, 4번 신호에서 두 번 바뀌어서 빨간불이 된다.
마찬가지로 6, 18과 같이 6의 배수이면서 12의 배수가 아닌 전구는 2번, 3번 신호에서 두 번 바뀌어서 빨간불이 된다. 2와 10과 같이 2의 배수이지만 4의 배수가 아닌 전구는 2번 신호에서 파란불이 되고 그 이후에 변하지 않는다. 또한 3, 9와 같이 3의 배수이면서 6의 배수가 아닌 전구는 3번 신호에서 파란불이 되고 그 이후에 변하지 않는다. 또한 2의 배수도 아니고 3의 배수도 아닌 전구는 1번 신호에서 빨간불이 되고 그 이후에 변하지 않는다. 따라서 4번 신호 후에 빨간불인 전구의 개수는 1부터 100까지 4의 배수이거나 6의 배수인 수중에서 12의 배수가 아닌 수의 개수와 2의 배수도 아니고 3의 배수도 아닌 개수의 합과 같다.
(1부터 100까지 4의 배수의 개수)=25
(1부터 100까지 6의 배수의 개수)=16
(1부터 100까지 4의 배수 이면서 12의 배수인 수의 개수) = 8
(1부터 100까지 6의 배수의 이면서 12의 배수인 수의 개수) = 8
그러므로 (1부터 100까지 4의 배수이거나 6의 배수인 수 중에서 12

의 배수가 아닌 수의 개수) = (25−8)+(16−8)=25
(1부터 100까지 2의 배수의 개수)=50
(1부터 100까지 3의 배수의 개수)=33
(1부터 100까지 6의 배수의 개수)=16
그러므로 (1부터 100까지 2의 배수도 아니고 3의 배수도 아닌 수의 개수)=100−50−33+16=33
따라서 4번 신호 후에 빨간불인 전구의 개수는 25+33=58개이다.

★★★

## 문 13. 정답 ④

Core Point & Tip

**3명의 대학교수와 5명의 법조인으로 구성되어야 한다는 설문의 조건 또한 간과해서는 안 된다.**

④ (O) 정확히 3명의 대학교수와 5명의 법조인이 있다고 가정하면 역시 3명의 대학교수는 서로 인접해 있어야 한다. 따라서 나올 수 있는 경우는 다음의 4가지이다.

| | | | |
|---|---|---|---|
| 1 | 2A | 3대 | 4 |
| 5B | 6 | 7 | 8A |

| | | | |
|---|---|---|---|
| 1 | 2A | 3대 | 4 |
| 5B | 6 | 7 | 8A |

| | | | |
|---|---|---|---|
| 1 | 2A | 3대 | 4 |
| 5B | 6 | 7 | 8A |

| | | | |
|---|---|---|---|
| 1 | 2A | 3대 | 4 |
| 5B | 6 | 7 | 8A |

이때 5번의 자리에는 언제나 법조인임을 알 수 있다.

★★

## 문 14. 정답 ②

Core Point & Tip

**갑순의 진술과 무진의 진술로부터 슬리퍼를 신고 있었던 사람이 을수와 병호 둘 중 하나라는 점을 이용하면 문제를 아주 빠르게 해결할 수 있다.**

무진은 정희와 같은 유형의 신발을 신고 있었는데, 운동화를 신고 있던 사람 중 한 명이 갑순이기 때문에 무진과 정희의 신발은 구두일 수밖에 없다. 또한, 을수의 진술로부터 (을수의 신발은 병호의 신발보다 작지 않으므로 신발 사이즈가 B, C 보다 작은 A가 될 수 없다.) 갑순이 신발 A를 신고 있었음을 알 수 있다. 따라서 슬리퍼(신발 C)를 신고 있었던 사람은 을수와 병호 둘 중 하나이며, 슬리퍼를 신고 있지 않았던 사람은 신발 B를 신고 있었다.
신발 B를 제외한 나머지 신발들의 가격 총합은 18만 원이고, B 역시 최대 8만 원이므로 신발 가격의 평균은 3.6만 원에서 5.2만 원 사이이다. 그런데 다섯 명 중 누군가의 신발 가격과 평균이 일치하기 위해서는 가격이 만원단위로만 책정되므로 (B의 가격이 4.5만 원이 될 수 없다. 그러면 조건을 만족할 수 없다) 2만 원 또는 7만 원일 수밖에 없다.
또한 달리 생각해 보면 가격이 만원단위로만 책정한다는 조건을 놓쳤다고 하더라도 다섯 명중 누군가의 신발 가격과 평균이 일치하기 위해서는 2만 원, 4만5천 원, 7만 원이어야 한다. 그런데 B의 신발 가격이 2만 원일 경우, B는 가장 가격이 싼 신발이 되므로 을수와 병호 누구의 신발도 될 수 없다. 마찬가지로 4만5천 원일 경우에도 세 번째로 비싸므로 둘의 신발이 되지 못한다. 따라서 B의 가격은 7만 원이고, 병호의 신발에 해당한다. 따라서 슬리퍼를 신고 있었던 사람은 을수이다.

★★★

## 문 15. 정답 ①

Core Point & Tip

**제시문의 중심 내용과 논리구조를 파악하는 것이 핵심이다.**

① (O) 가격폭리처벌법에 대한 찬성론과 반대론이 모두 행복을 주장의 논의로 하고 있다. 그러나 지문을 통해서는 입장에 따라 행복이 얼마만큼 증가하는지를 비교할 수 없으므로 공리주의적 관점이 가격폭리처벌법에 대해 취하는 입장을 정확히 알 수는 없다.
② (X) 가격폭리처벌법에 반대하는 사람들은 자유를 제한하여서는 안 된다고 주장한다.
③ (X) 두 입장은 모두 자유와 행복을 주장의 근거로 삼지만 그 의미에 대한 해석은 동일하지 않다. 이는 마지막 문단의 '따라서 가격폭리처벌법이 정당한가를 판단하려면 행복과 자유에 대한 상반된 주장을 비교해보아야 한다.'에서 확인할 수 있다.
④ (X) 마지막 문단에서 가격폭리처벌법에 대한 주장들을 통하여 행복과 자유에 대한 정의를 내리려고 하는 것이 아니라 행복과 자유의 정의를 통해 가격폭리처벌법이 정당한가를 판단할 수 있다고 하고 있다. 따라서 제시문의 내용만으로 판단할 수 없는 내용이다.
⑤ (X) 제시문의 필자의 입장은 나타나 있지 않다. 다만 상반되는 두 개의 입장을 정리하고 있을 뿐이다.

★★★★

## 문 16. 정답 ⑤

Core Point & Tip

**제시문을 읽고 평가방법을 정확하게 파악하는 것이 중요하다. 특히 순위와 순위점수를 구분해야 함에 유의한다.**

<표 1>

| 면접위원 / 지원자 | 진영 | 희열 | 현석 | 종신 | 승철 | 전체합 | 등급 |
|---|---|---|---|---|---|---|---|
| 가희 | 7 | 7 | 6 | 5 | 2 | 27 | C |
| 나리 | 9 | 6 | 8 | 7 | 7 | (37) | (A) |
| 다솜 | 6 | 3 | 9 | 3 | 10 | (31) | B |
| 라영 | 5 | 8 | 7 | 2 | 6 | (28) | (C) |

<표 2> (괄호 안은 순위점수)

| 면접위원 / 지원자 | 진영 | 희열 | 현석 | 종신 | 승철 | 순위 점수합 |
|---|---|---|---|---|---|---|
| 가희 | 2(2) | 2(2) | 4(0) | 2(2) | 4(0) | (6) |
| 나리 | 1(3) | 3(1) | 2(2) | 1(3) | 2(2) | 11 |
| 다솜 | 3(1) | 4(0) | 1(3) | 3(1) | 1(3) | (8) |
| 라영 | 4(0) | 1(3) | 3(1) | 4(0) | 3(1) | (5) |

① (X) 가장 큰 지원자는 나리이다. 순위와 순위점수합을 구분해야 한다.
② (X) 전체 합에서는 라영이 가희보다 높지만, 등급은 C등급으로 동일하다.

③ (X) 전체 합에서 2등을 한 사람은 다솜이며, 다솜이의 순위점수합은 8점으로 나리의 순위점수합인 11점보다 낮다.
④ (X) 전체 합에서는 라영이가 가희보다 높지만, 순위점수합에서는 가희가 라영이 보다 높다.
⑤ (O) 세 가지 방법 모두 나리와 다솜이 1, 2등이므로 옳은 설명이다.

★★★

## 문 17. 정답 ④

Core Point & Tip

**부재자신고에 관한 법률조항으로 단서나 예외 규정에 주의하여 문제에 접근할 필요가 있다. 국내거주자, 국외부재자, 재외선거인을 구분하여 각각의 적용여부를 판단할 수 있어야 한다.**

ㄱ. (X) 우편접수의 경우 등기우편으로 하여야 한다는 규정이 있을 뿐, 우편접수만 가능하다는 규정은 없다.
ㄴ. (O) 국외에서 투표하기 위해서는 국외부재자 신고나 재외선거인 등록신청을 할 수 있는데, 주민등록이 되어 있는 경우에는 국외부재자 신고를 하여야 한다. 따라서 옳은 설명이다.
ㄷ. (X) 국외부재자 신고는 서면으로 관할 구·시·군의 장에게 국외부재자 신고를 하여야 한다. 이 경우 외국에 머물거나 거주하는 사람은 공관을 경유하여 신고하여야 한다. 중앙선거관리위원회에 직접 신고하여야 하는 것은 아니다.
ㄹ. (X) 국외부재자 신고 규정 중 '지역구국회의원선거에서는 국내거소신고가 되어 있는 선거권자는 제외한다.'라고 하였으므로 옳지 않은 설명이다.

★★★

## 문 18. 정답 ②

Core Point & Tip

**경차 60Km/h, 90Km/h와 중형차 60Km/h, 대형차 90Km/h의 연비가 중요하다.**

주어진 정보들을 해설 편의상 위에서부터 1~5라고 한다.
<정보 3>을 이용하여 각 속도별, 차종별 연비를 구하면 다음과 같다.(ex: 경차 60㎞/h 적용할 경우 1.2×15÷0.75=24㎞/L)

(단위 : ㎞/L)

| 속 도 | 경 차 | 중 형 | 대 형 |
|---|---|---|---|
| 60Km/h | 24 | 20 | 19 |
| 90Km/h | 22 | 17 | 15 |
| 120Km/h | 18 | 13 | 11 |

이제 <정보>와 위 <표>를 바탕으로 갑과 을의 일주일 출퇴근 비용을 구하면,

갑: 출근 시 L당 22㎞를 갈수 있으므로 출근 시 사용 연료량은 $\frac{132}{22}=6L$이다. 퇴근 시 L당 24㎞를 갈 수 있으므로 사용연료는 $\frac{132}{24}=5.5L$이다. 따라서 일주일 통근비용은 11.5L×1,400원×5일 = 80,500원이다.

을: 출근 시 연료사용량은 $\frac{120}{20}=6L$이고 퇴근 시 연료사용량은 $\frac{120}{15}=8L$이다.

따라서 일주일 통근비용은 14L×1,400원×5일×1/2 = 49,000원이다.

★★★

## 문 19. 정답 ③

Core Point & Tip

**지문의 내용을 분석하여 선택지의 옳고 그름을 가리는 문제이다. 지문의 내용을 판단하는 문제의 경우, 지문 내 소재들 간의 관계에 초점을 두는 경우가 많다. 따라서 각 소재들 간의 명확한 관계를 분석하여 선택지와 비교해야 한다.**

① (X) 종교적 신비주의자들은 사상을 표현하는 도구의 하나로 수를 사용한 것이지, 수를 이용하여 모든 사상을 표현하고자 한 것은 아니다.
② (X) 그리스인들이 알파벳 문자를 숫자의 상징으로 사용하였다고 하였으나, 이러한 아이디어를 그들이 개발했는지에 대해서는 언급된 바가 없으며 바빌로니아 성직자의 사이비과학의 탄생도 알 수 없다.
③ (O) 네 번째 문단 내용에 따라 $\alpha=1$, $\mu=40$, $\eta=8$, $\nu=50$과 연결되며, $\rho=90$, $\theta=9$와 연결된다. 따라서 $\alpha+\eta=\theta$, $\mu+\nu=\rho$와 같이 표현할 수 있다.
④ (X) 그리스인들의 미신과 우리의 풍습 간 유사한 측면이 있지만, 그 사이에 어떤 영향 관계가 있다는 내용은 제시되어 있지 않다.
⑤ (X) 마이클 드로스닌은 성서를 통하여 인류 역사의 모든 사건과 인물에 관한 예언을 찾아낼 수 있었다고 주장하였으나, 성서의 모든 문자가 연관된다고 주장하지는 않았다.

★★★

## 문 20. 정답 ②

Core Point & Tip

**지문의 내용과 추가로 주어진 식을 통하여 결과를 도출하는 문제이다. 간단한 연립 방정식이므로 각각의 기호를 혼동하지 않도록 문제 옆에 중간 결과를 간단하게 정리하면서 계산을 진행하도록 한다.**

우선 지문의 내용에서 $\alpha=1$, $\mu=40$, $\eta=8$, $\nu=50$, $\rho=90$, $\theta=9$를 구할 수 있다. 이를 통하여 <보기>의 식을 계산하도록 한다.
첫 번째 식에서는 아직 얻을 수 있는 것이 없다. 그대로 두고 진행한다.
두번째 식에서 좌변은 $40\div90\times9\times50=200$로 정리되므로, $\iota\times\kappa=200$으로 정리할 수 있다.
세번째 식에서 좌변은 $40+50-1-8=81$로 정리되므로, $\beta^2\times9=81$에서 $\beta=3$을 도출할 수 있다.
네 번째 식에서 좌변은 $8\div40=\frac{1}{5}$이다. 따라서 $50\div\iota=5$가 되므로 $\iota=10$이 된다.
$\iota=10$을 두 번째 식의 결과에 대입하여 $\kappa=20$을 도출할 수 있으며, $\beta$, $\iota$, $\kappa$의 값을 첫 번째 식에 대입하여 $\pi=6$을 구할 수 있다.
이러한 결과들을 발문에 주어진 식에 대입하면, $3+6^2-20\div10=37$이다.

★★★

## 문 21. 정답 ①

Core Point & Tip

'로마 제국의 호칭'에 관한 제시문의 내용을 통해 추론할 수 있는 바에 대하여 파악해야 한다.

① (X) 명예적인 호칭 중 아우구스투스가 종교적 성격이 짙다는 것은 알 수 있지만, 카이사르에서 유래된 카이저와 차르가 종교적 성격을 가지는지는 이 글을 통해서는 알 수 없다.

② (O) 첫 번째 문단에서 로마 황제들은 공식적인 호칭과 명예적인 호칭을 가지고 있었다는 것에서 알 수 있다. 또한 마지막 문단의 '옥타비아누스의 이름은 물론 이뿐만이 아니었다.'에서도 알 수 있는 사실이다.

③ (O) 두 번째 문단의 '옥타비아누스가 선례를 보인 이래 예외 없이 전승되었다. 첫째는 … 둘째는 … 끝으로…'의 내용을 통해 알 수 있다.

④ (O) 첫 번째 문단에서 알 수 있다. 로마제국 전기에는 프린캡스라는 말에서 당시의 통치체계인 원수정이 유래되었고, 후기에는 도미누스라는 황제의 명칭에서 전제정이 유래되었다.

⑤ (O) 마지막 문단에서 '권좌에 오른 뒤에 다시' 옥타비아누스가 이름을 바꾸었다는 것에서부터 알 수 있는 내용이다.

★★

## 문 22. 정답 ③

Core Point & Tip

제시문의 내용으로부터 추론이 불가능한 〈보기〉를 고르는 유형의 문제이다. 제시문의 내용을 비약하는 내용을 빠르게 제거하는 것이 중요하다.

ㄱ. (X) 식용 귀뚜라미 생산에 물 이외에 다른 자원이 필요하다는 정보가 명확하지 않다. 또한 다른 자원을 무료로 투입한다고 하더라도 식용 귀뚜라미 0.45kg을 생산하는 데 필요한 물의 양은 3.8ℓ이다. 식용 귀뚜라미는 분말 형태로 100g당 10달러에 판매 되고 있으므로 식용 귀뚜라미 0.45kg을 판매하면 45달러의 수익을 얻는다. 물 3.8ℓ의 가격이 200달러이기 때문에 귀뚜라미를 사육해 분말 형태로 판매할 경우 손해가 발생한다. 따라서 옳지 않다.

ㄴ. (O) 두 번째 문단에서, 귀뚜라미는 "냉혈동물이기 때문에" 체내 온도 유지를 위해 먹이를 많이 소비하지 않는다고 하였다. 따라서 옳다.

ㄷ. (O) 본문에서 식용 귀뚜라미 사육에서 발생하는 온실가스량이 다른 가축에 비해 적다는 언급에서 해당 내용을 유추할 수 있다.

ㄹ. (X) 세 번째 문단에 따르면, 곤충 사육은 식용 곤충 공급보다 훨씬 광범위하게 이뤄지고 있음을 알 수 있다. 따라서 식용 귀뚜라미 사육에 필요한 물의 양을 곤충 사육에 필요한 물의 양으로 일반화할 수 없다. 또한 식용 곤충 생산량과 닭의 생산량의 전체 규모를 파악할 수도 없다. 따라서 옳지 않다.

★★★

## 문 23. 정답 ④

Core Point & Tip

상황 이해에 있어서 내용 부합을 판단하는 유형의 문제이다. 초경쟁 시대의 세 가지 특징을 이해하고 이들을 비교 및 평가하여 주어진 선지들을 파악해 나가야 한다.

① (X) 초경쟁 시대에는 동종업계, 이종업계 모두와 경쟁을 하게 된다.

② (X) 경쟁이 심화되면서 초경쟁 하에서는 승자독식의 형태로 시장 구도가 바뀌고 있다.

③ (X) 한 번 뒤처지면 시장에서 퇴출될 위험이 커져 궁극적으로 기업의 생존 가능성은 낮아졌다.

④ (O) 두 번째 문단에 나타난 내용으로 초경쟁 시대의 특징이 속도전이며, 스마트폰이 대표적인 예라고 밝히고 있다.

⑤ (X) 1대 99의 극단적인 파레토 법칙이 나타나고 있다고 서술하고 있다.

★★★

## 문 24. 정답 ③

Core Point & Tip

제시문의 내용을 통해 추론을 하는 것으로 제시문의 내용의 바른 이해가 선행되어야 한다.

① (X) 통제가 강화되는 것으로 볼 수 없고 단지 지자체와 행안부와의 협의를 통해 점검을 강화하게 된다.

② (X) 경쟁 제한성이 없는 기업 결합에 대해서는 심사가 강화될 여지가 없다.

③ (O) 밑에서 네 번째 문단의 내용이다.

④ (X) 경쟁을 지양하는 것이 아니라 지향하는 것이다.

⑤ (X) 중소기업 보호차원에서 불공정하도급행위 조사 대상을 대기업 외에 1차 협력사까지 확대하는 한편, 일방적 위탁취소 등에 의한 수급사업자의 피해 방지대책의 일환으로 하도급계약 추정제도를 도입키로 했다.

★★★

## 문 25. 정답 ⑤

Core Point & Tip

주어진 〈조건〉 및 〈세탁기 권장 사용법〉을 함께 고려해야 한다. 자료가 한 눈에 파악하기 어렵게 되어 있으므로, 관련된 세탁물끼리 다시 분류한 후에 계산하는 것이 좋다.

함께 빨 수 있는 세탁물끼리 분류하면 다음과 같다.

| 물살강도 | 세탁물 | | 세탁시간 |
|---|---|---|---|
| 강 | 1 | 검은색 팬티(면), 흰 양말(나일론) | 60분 |
| 강 | 2 | 검은 바지(면), 청바지(면), 검은 자켓(나일론) | 60분 |
| 약 | 3 | 검은 카디건(양모) | 45분 |
| 강 | 4 | 흰 티셔츠(면), 흰 조끼(나일론) | 60분 |
| 중 | 5 | 흰 이불 | 70분 |
| | | 합계 | 295분 = 4시간 55분 |

① (O) 다른 색의 옷이 함께 세탁되는 경우는 '검은 바지 + 청바지의 경우(2)'와, '팬티 + 양말의 경우(1)'이므로 2번 존재한다.
② (O) 총 세탁을 돌릴 경우, 위의 표와 같이 1~5번 과정에서 각각 60 + 60 + 45 + 60 + 70 = 295분이 소요된다. 따라서 오후 4시에 세탁을 시작할 경우 오후 8시 55분에 끝나게 된다.
③ (O) 모든 옷을 세탁하려면 위와 같이 강도와 색상, 종류에 따라 총 5번으로 나누어 세탁해야 한다.
④ (O) 양모의 필요 물살강도가 '중'으로 변할 경우, 필요 물살강도가 같은 세탁물은 이불뿐이다. 그러나 이불은 흰 색상이므로 검은 카디건과 함께 세탁할 수 없다. 따라서 전체 세탁시간은 변하지 않는다.
⑤ (X) 이불의 필요 물살강도가 '강'이면, 면, 나일론과 함께 빨 수 있으므로 위의 표에서 4, 5번 과정을 한 번에 끝낼 수 있다. 이 경우 이불의 필요세탁시간인 70분 동안 세탁하게 되므로 기존 세탁시간 60 + 70 =130분에 비해 60분을 단축하게 된다.

★★★★

## 문 26. 정답 ①

Core Point & Tip

**총 비용은 대지 매입비용 + 건축비용(200만 × 평수 + 추가된 층수 × 1,000만)이다.**

여기서 중요한 부분은 확보할 공간이 모두 동일하게 1,000평이므로 건축 비용 중 '200만×평수'를 제외한 나머지 지출비용만을 고려하면 비교가 쉽다.
① 1,000평/4층=250평을 매입해야 하고 A지역은 평당 50만 원이므로 대지매입비용으로 1억 2,500만 원이 지출된다. 또한 3개의 층이 추가되므로 3,000만 원이 추가로 지출되어 총 1억 5,500만 원이 지출된다.
② 1,000평/5층=200평을 매입해야 하고 B지역은 평당 60만 원이므로 대지매입비용으로 1억 2,000만 원이 지출된다. 또한 4개의 층이 추가되므로 4,000만 원이 추가로 지출되어 총 1억 6,000만 원이 지출된다.
③ 1,000평/10층=100평을 매입해야 하고 C지역은 평당 70만 원이므로 대지매입비용으로 7,000만 원이 지출된다. 또한 9개의 층이 추가되므로 9,000만 원이 추가로 지출되어 총 1억 6,000만 원이 지출된다.
④ 1,000평/4층=250평을 매입해야 하고 B지역은 평당 60만 원이므로 대지매입비용으로 1억 5,000만 원이 지출된다. 또한 3개의 층이 추가되므로 3,000만 원이 추가로 지출되어 총 1억 8,000만 원이 지출된다.
⑤ 1,000평/5층=200평을 매입해야 하고 C지역은 평당 70만 원이므로 대지매입비용으로 총 1억 4,000만 원이 지출된다. 또한 4개의 층이 추가되므로 4,000만 원이 추가로 지출되어 총 1억 8,000만 원이 지출된다.

따라서 총 비용이 가장 적게 드는 경우는 **A지역에 4층 건물을 짓는 경우**이다.

★★★

## 문 27. 정답 ④

Core Point & Tip

**선택지에 관련된 규정이 무엇인지 빠르게 파악하는 것이 중요하다.**

① (O) 제10조 제1항을 통해 알 수 있는 내용이다. 특별지방행정기관의 실태 파악 및 수행 사무의 지방자치단체로의 이양 등은 국가가 주체가 되어 진행된다.
② (O) 제9조 제2항의 '국가는 권한 및 사무를 지방자치단체에 포괄적, 일괄적으로 이양하기 위하여 필요한 법적 조치를 마련하여야 한다.'를 통해 알 수 있는 내용이다.
③ (O) 제11조에서 규정하고 있는 국세와 지방세의 조정, 세목의 확대 및 세금 감면의 축소 등은 지방세수를 확대하기 위한 방안이고, 국고보조금의 통, 폐합 및 국고보조금 제도의 개선 등은 국고보조금을 통한 세원 확대 방안에 해당한다.
④ (X) 제10조 제2항 및 제3항에 따른 교육자치제도와 자치경찰제도 등의 개선 및 도입 주체는 국가로 명시되어 있다. 그러므로 지방자치단체에게 도입의무가 있다는 설명은 옳지 않다.
⑤ (O) 제9조 제1항의 '국가는 제6조의 규정에 의한 사무배분원칙을 바탕으로 그 권한 및 사무를 적극적으로 지방자치단체에 이양'해야 한다고 하므로 동법 제6조에서 국가와 지방자치단체 간 사무배분원칙을 규율하고 있음을 알 수 있다.

★★★

## 문 28. 정답 ⑤

Core Point & Tip

**광고가 있음을 인지하지 못한 자에게는 광고에서 정한 기간과 상관없이 보수를 지급해야 한다는 점에 주의하여 문제를 푼다.**

1. 지갑 : 갑은 12월 31일까지 지갑을 찾아준 자에게 보수를 지급한다는 현상광고 즉 기간이 정해진 현상광고를 냈으므로 12월 24일에 광고를 철회한 것은 효력이 없다. 또한 여러 명이 현상광고에서 제시한 행위를 완료했을 시에는 보수를 지급받을 자격요건을 갖춘 자들이 공동으로 보수를 지급받으므로 A, B, C가 동시에 지갑을 찾아준 것에 대한 보수(120만원)을 나눠서 지급받는다.(현상광고를 알지 못했던 자도 보수를 받을 수 있으므로 C가 지갑에 대한 현상광고를 알지 못했더라도 보수를 받을 수 있다.) 따라서 A, B, C는 각각 40만원씩의 보수를 받는다.
2. 가방 : 갑은 완료 기간을 정하지 않은 채 가방을 찾아준 자에게 보수를 지급한다는 현상광고 즉 기간이 정해지지 않은 현상광고를 냈으므로 1월 1일에 광고를 철회한 것은 5번째 규칙에 의해 효력이 있다. 하지만 철회 광고를 알고 있는 자에게만 효력이 있으므로 가방을 찾아준 B, D, E 중 철회광고를 인지했던 B, D는 보수를 받을 수 없다. 반면 E는 철회광고 자체를 인지하지 못하였으므로 기간에 관계없이 보수를 받을 수 있다. 따라서 가방에 대한 보수 150만원을 E만이 받게 된다.
3. 결국 가장 많은 사례금을 받은 사람은 E이다.

★★★★

## 문 29. 정답 ④

Core Point & Tip

글에 주어진 정보와 〈보기〉의 조건들을 적용하여 B가 몇 번째 영화의 주연인지 조연인지를 추론해야 한다. 이때 T가 세 번째 영화의 조연이라는 사실을 간과하지 않도록 주의하자.

④ (O) 각 영화에 5명이 참가하므로 1명은 참가할 수 없는 것을 알 수 있으며, 마지막 조건에 의해 B와 U 중에서 1명이 참가하지 않게 되고, 다른 사람들은 모두 각 영화에 참가해야 되는 것을 추론할 수 있다. <표>를 작성하고 가능한 경우를 추론하는 방법으로 문제를 해결한다.

| | 첫 번째 영화 | 두 번째 영화 | 세 번째 영화 |
|---|---|---|---|
| 주연 | ㉣ B, T | ㉠ S, C | ㉢ U, A |
| 조연 | ㉣ A, C, S | ㉡ A, T, B∨U | T<br>㉢ C, S |

㉠ 세 번째 조건에 의해 S와 C는 두 번째 영화의 주연이다.

㉡ 마지막 조건에 의해 B와 U 중에서 1명만 조연이므로 A와 T가 조연인 것을 알 수 있다.

㉢ 세 번째 영화에서 T가 조연이므로 여자 중에서 주연이 가능한 사람은 U이고, 마지막 조건에 의해 B는 세 번째 영화에 참가하지 못하므로 남자 중에서 A만 주연이 가능하다.

㉣ 두 번째 조건에 의해 첫 번째 영화의 주연은 B와 T이고, 마지막 조건에 의해 U는 첫 번째 영화에 참가하지 못한다.

★★★

## 문 30. 정답 ②

Core Point & Tip

'가', '나', '다', '라'의 와인에 대하여 와인점수 평가기준에 따라 점수를 매겨 총점을 계산해야 한다. 이때 각주의 조건 또한 간과하지 않도록 주의하자.

② (O) 각 경우 점수를 계산하면 다음과 같다

| | 색상 | 아로마&부케 | 맛&여운 | 품질 및 숙성잠재력 | 기본 점수 | 합계 |
|---|---|---|---|---|---|---|
| 가 | 4 | 12 | 14 | 10 | 50 | 90 |
| 나 | 5 | 12 | 13 | 8 | 50 | **88** |
| 다 | 4 | 12 | 15 | 8 | 50 | 89 |
| 라 | 5 | 15 | 16 | 5 | 50 | **91** |

이상의 결과에 따르면 가장 점수가 높은 와인은 '라(B)'이고, 가장 점수가 낮은 와인은 '나(A)'이다.

★

## 문 31. 정답 ④

Core Point & Tip

예외에 해당하는 선지를 빠르게 소거하고, 지원금 규모가 클 게 뻔한 평가결과가 좋고, 협업등이 진행된 동아리들 위주로 판단한다면 시간을 단축할 수 있다. 이 문제의 경우 A와 D를 비교하면 빠르게 해결할 수 있다.

각 동아리의 지원 금액은 다음과 같다.

A: $(1,500+120\times6)\times1.3=2886$천 원.

B: 구성원 수가 5명이므로 총 지원금 : 0원.

C: $(1,500+120\times8)\times1.3=3198$천 원. C의 경우 계산해보지 않아도 총 지원금이 가장 클 게 뻔하다.

D: $(2,000+100\times8)=2800$천 원.

E: $(1,500+70\times7)\times1.3=2587$천 원. E의 경우 계산해보지 않아도 총 지원금이 C와 A보다 적을 게 뻔하다.

따라서 지원금이 두 번째로 큰 동아리는 A이며, 총액은 2886천 원이다.

★★★★

## 문 32. 정답 ⑤

Core Point & Tip

본 문제와 같은 유형은 간단하게 표를 그리고 그것을 침착하게 메워나가는 방식으로 접근하는 것이 좋다. 주어진 조건들로 하나 둘 빈칸을 메워나가다 보면 선택지의 가부를 판단할 수 있다.

ㄱ. (O) 우선 이번 주 수요일에 단식을 했으므로 이번 주의 월, 화, 목, 금은 단식을 하지 않았음을 알 수 있다. 그리고 지난주에 저녁식사보다 아침식사를 많이 했다는 조건을 통해 지난주에는 (점심, 저녁) 단식만 했음을 알 수 있다. 따라서 화, 목, 토는 단식을 하지 않았다. 거기에 월요일도 점심식사를 했으므로 단식을 하지 않았음을 알 수 있다. 따라서 단식이 가능한 요일은 수, 금, 일요일만이 남는데, 금요일에 단식을 하게 되면 규칙을 지킬 수 없으므로 단식일은 수요일, 일요일임을 알 수 있다.

ㄴ. (O) 이번 주에는 아침식사 횟수와 저녁식사 횟수가 같다는 조건을 통해 하루는 아침식사만, 다른 하루는 저녁식사만 했음을 추론할 수 있다. 따라서 일요일에 아침식사만 했다면 수요일은 저녁식사만 했을 것이다.

ㄷ. (O) 저녁식사보다 아침식사를 많이 했다는 조건을 통해 지난주에는 (점심, 저녁) 단식만을 했음을 알 수 있다. 따라서 단식일인 일요일에 아침식사를 했을 것이라는 추론은 옳다.

★★

## 문 33. 정답 ③

Core Point & Tip

제시문의 내용을 이해하고 이를 바탕으로 각 선택지와의 일치여부를 확인해야 한다.

① (O) 한국의 대기업은 중화학, 반도체 등 대단위 투자가 필요한 산업으로, 톱다운 방식 의사결정이 선호되어 왔다.

② (O) 예기치 못한 경제 환경 변화가 나타나는 시대에는 보텀업 방식이 유효하다는 것이 제시문의 주요 논지이다.

③ (X) 보텀업 방식은 병충해로 인한 손해를 벗어나는 데에는 효율적인 방법일 수 있지만 전체 산출량 측면에서는 비효율적일 수 있다. 따라서 주어진 제시문만으로는 판단할 수 없다. 칠레의 사례는 톱다운 방식의 한계를 보여주는 일화이다.

④ (O) 보텀업 방식의 구체적인 효과로, 선택과 집중이 아닌 다양성을 높이면 능률적일 수 있다고 설명하고 있다.

⑤ (O) 마지막 문단에 대기업이 보텀업 방식 의사결정을 수행하기 위한 대안이 제시되어 있다.

★★★

## 문 34. 정답 ④

Core Point & Tip

**문제에 주어진 규칙을 파악하여 상점 입지에 따른 기대고객 수를 추측하여야 한다.**

갑과 을의 상점 입지에 따라 기대고객의 수를 보수표로 만들면 아래와 같다.

| | | 을 | |
|---|---|---|---|
| | | C | D |
| 갑 | A | (5,000, 7,000) | (8,000, 4,000) |
| | B | (4,000, 8,000) | (8,000, 4,000) |

① (O) 을이 D지점에 상점을 낸다면 갑이 A 또는 B 어느 지점에 상점을 내는지와 관계없이 갑과 을의 기대고객 수는 각각 (8,000, 4,000)이다. 따라서 갑은 을보다 많은 기대고객을 확보하게 된다.

② (O) 을이 D지점에 상점을 낸다면 갑은 어느 지점에 상점을 내든지 간에 8,000명의 기대고객을 확보하게 된다.

③ (O) 을이 C지점에 상점을 내고 갑이 A지점에 상점을 낸다면 갑과 을의 기대고객 수는 각각 (5,000, 7,000)이다. 을이 C지점에 상점을 내고 갑이 B지점에 상점을 낸다면 갑과 을의 기대고객 수는 각각 (4,000, 8,000)이다. 따라서 을은 항상 갑보다 더 많은 기대고객을 확보한다.

④ (X) 을이 C지점에 상점을 냈을 때, 갑이 A지점에 상점을 내는 경우 갑의 기대고객은 5,000명이고, 갑이 B지점에 상점을 내는 경우 갑의 기대고객은 4,000명이다. 따라서 양자는 동일하지 않다.

⑤ (O) 을이 C와 D지점에 상점을 낼 확률이 각각 1/2이라면 갑이 A지점에 상점을 내는 경우 기대고객 수는 5,000/2 + 8,000/2 = 6,500이고 B지점에 상점을 내는 경우 기대고객 수는 4,000/2 + 8,000/2 = 6,000이다. 따라서 A지점에 상점을 내는 것이 유리하다.

★★★

## 문 35. 정답 ⑤

Core Point & Tip

**탈락하는 사람은 양옆에 실제 범인이 앉은 실제 시민이거나, 양옆에 실제 시민이 앉은 실제 범인의 두 가지 경우밖에 없다는 점을 이용하면 아주 빠르게 문제를 해결할 수 있다.**

ㄱ. (X) 세 명의 범인이 모두 띄엄띄엄 앉는 경우, 게임 시작 후 첫 번째 진술이 모두 끝나면 모든 범인이 동시에 탈락한다. 따라서 옳지 않다.

ㄴ. (O) 연달아 앉은 두 명의 범인을 제외한 나머지 한 명의 범인은 게임 시작 후 첫 번째 진술이 모두 끝나면 탈락하며, 그 범인이 다른 범인들과 얼마나 띄어서 앉았느냐에 따라 동일 시점에 시민은 최대 1명까지 탈락할 수 있다. 게임 시작 후 두 번째 진술이 끝났을 때 더 이상 탈락하는 사람은 없으며, 이 때 범인은 2명이고 시민은 7~8명이므로 두 명의 범인이 연달아 앉을 경우에도 시민이 승리한다. 따라서 옳다.

ㄷ. (O) F가 시민이라면 E와 G는 범인이다. 그렇다면 세 명의 범인은 세 명 모두 연달아 앉지는 않은 것이므로, 두 명이 연달아 앉았거나 모두가 띄엄띄엄 앉은 것이 된다. 그런데 두 경우 모두 (ㄱ과 ㄴ을 검토할 때도 보았지만) 반드시 탈락하는 범인이 존재하므로, F가 시민이라면 F 혼자만 탈락하는 것이 불가능하다. 따라서 F는 범인이므로, 옳다.

★★★★

## 문 36. 정답 ①

Core Point & Tip

**각 분야별 평가점수를 전부 계산하는 것은 시간이 소요되므로 제한조건에 걸리는 사람을 제외한 후 나머지를 고려하는 것이 좋다.**

i ) 우선, 적성시험 환산점수가 10점 미만인 자는 승진에서 제외되므로 각 사람들의 적성시험 환산점수를 먼저 계산한다. 이때, 적성점수가 10점에 미치지 못하는 석진, 장원, 지석이 제외된다.

| 평가점수 | 적성시험(30%) | | | |
|---|---|---|---|---|
| | 1차 | 2차 | 가중평균 | 환산점수 |
| 현무 | 95 | 25 | 53 | 15.9 |
| 석진 | 40 | 10 | 22 | **6.6** |
| 장원 | 30 | 30 | 30 | **9** |
| 지석 | 5 | 50 | 32 | **9.6** |
| 박경 | 20 | 80 | 56 | 16.8 |

ii ) 남은 두 사람은 현무와 박경의 근무실적평가점수는 다음과 같다.

| 평가점수 | 근무실적평가점수(20%) | | | |
|---|---|---|---|---|
| | 양 | 정확도 | 평균 | 환산점수 |
| 현무 | 50 | 60 | 55 | 11 |
| 박경 | 60 | 70 | 65 | 13 |

iii ) 리더십 점수는 기여점수제인데, 현무와 박경은 각자 자신에게 가장 높은 점수인 40점을 부여했으므로 40점 외의 점수를 더해서 리더십 점수를 도출함, 각각 환산비율에 따라 환산점수를 구한다.

| 리더십평가점수(50%) | | | | | |
|---|---|---|---|---|---|
| 평가자 \ 평가대상 | 현무 | 석진 | 장원 | 지석 | 박경 |
| 현무 | 40 | 20 | 10 | 10 | 20 |
| 석진 | 20 | 20 | 20 | 20 | 20 |
| 장원 | 10 | 35 | 30 | 20 | 5 |
| 지석 | 30 | 15 | 10 | 30 | 15 |
| 박경 | 15 | 5 | 20 | 25 | 40 |
| | 75 | | | | 60 |
| 환산점수 | **37.5** | | | | **30** |

iv ) 현무와 박경의 점수를 모두 더하면 각각 15.9 + 11 +37.5 = 64.4점, 16.8 +13 +30 = 59.8점이 되며, 소수점 첫째자리에서 반올림한 최종점수는 각 64점, 60점이 된다. 따라서 최종 승진자는 <u>① 현무</u>로 결정된다.

★★★★

## 문 37. 정답 ④

▲ Core Point & Tip

가능한 경우의 수를 생각하여 승점을 추론하는 문제이다. 한판도 안 지려면 모두 이기거나 비기면 되는 것이고, 한판도 못 이기려면 모두 지거나 비기면 된다.

④ (O) 한 게임에서 경기자 두 명이 얻을 수 있는 승점의 합은 2점이고, 전체시합의 수는 10개이므로 점수는 모두 20점이다. 동순위가 없으므로 다섯 명의 서로 다른 점수를 모두 더해 20점이 나와야 하므로 최고점을 기록한 'A'의 점수는 6점이나 7점이어야 한다. 'A'의 점수가 8점이 되지 못하는 이유는 'B'가 단 한판도 패배한 적이 없기 때문이다. 따라서 A, B, C, D, E 순서대로 (6점, 5점, 4점, 3점, 2점), (7점, 6점, 4점, 2점, 1점), (7점, 5점, 4점, 3점, 1점)의 세 가지 경우가 가능하다.

한 사람은 총 4번의 경기를 하게 되는데 1등인 'A'가 7점을 얻는다면 3승 1무(3승×2점+1무×1점=7점)가 되어야 한다. 그런데 지문에서 'B'가 한판도 안 진 유일한 사람이라고 했으므로 이 경우는 제외된다. 'A'가 7점을 받는다면 'A' 역시 한판도 안 진 사람이 되기 때문이다. 따라서 'A'의 점수는 6점이 되어야 하고 전적은 3승 1패(3승×2점+1패×0점=6점)이다. 따라서 위의 세 가지 경우에서 (6점, 5점, 4점, 3점, 2점)만 가능하다.

'B'는 진적이 없다고 했으므로 'A'에게 이긴 유일한 자가 된다. 이 때 'B'는 5점이 되어야 하므로 'A'에게 이긴 1승 이외에 3무가 필요하다. (1승×2점+3무×1점=5점)

'C'는 'A'에게 1패, 'B'에게 1무이므로 4점이 되려면 'D', 'E'와의 시합에서 1승 1무를 기록해야 한다. 'D'는 'A'에게 1패, 'B'에게 1무이므로 3점이 되려면 2무이거나 1승 1패를 기록해야 한다. 그런데 지문에서 한판도 못이긴 유일한 사람은 'E'이므로 'D'는 3무 1패일 수 없다. 따라서 'D'는 나머지 시합에서 1승 1패를 기록해야 한다. 'E'는 'A'에게 1패, 'B'에게 1무이므로 2점이 되려면 나머지 시합에서 1무 1패를 기록해야 한다. 따라서 'C'는 'D'에게 이기고 'E'와 무승부임을 알 수 있다. 이를 <표>로 나타내면 아래와 같다.

| | A | B | C | D | E | 점수 |
|---|---|---|---|---|---|---|
| A | | 패 | 승 | 승 | 승 | 6 |
| B | 승 | | 무 | 무 | 무 | 5 |
| C | 패 | 무 | | 승 | 무 | 4 |
| D | 패 | 무 | 패 | | 승 | 3 |
| E | 패 | 무 | 무 | 패 | | 2 |

따라서 'D'-1승 1무 2패, 'E'-2무 2패 이다.

★★★

## 문 38. 정답 ②

▲ Core Point & Tip

각 〈정보〉에서 주어진 내용을 놓치지 말고 확인하자! 〈보기 ㄱ〉은 33% 가 증가한다는 것이 원래 값의 약 $\frac{1}{3}$이 증가한 것과 비슷하다는 것을 이용하여 검토시간을 단축할 수 있다. 〈보기 ㄴ〉은 '(28 × 3) 〈 83'이라는 것만 체크하면 된다.

ㄱ. (X) 8월 7일에 A가 책을 선물 받을 경우의 만족도는 49.21(=37×1.33)로 9월 1일에 목걸이를 선물 받을 경우의 만족도인 51보다 낮다.

ㄴ. (O) 3월 1일에 A가 반지를 선물 받을 경우의 만족도는 같은 날 옷을 선물 받을 경우의 만족도의 2.96배($\fallingdotseq \frac{83}{28}$)로 3배 이하이다.

ㄷ. (X) 8월 15일에 A가 목걸이와 가방을 선물 받을 경우의 만족도는 29.05($= \frac{51+32}{2} \times 0.7$)로 6월 25일에 옷을 선물 받을 경우의 만족도인 28에 비해 높다.

ㄹ. (O) 7월 5일에 A가 현금 40만원과 반지를 선물 받을 경우의 만족도는 76($= \frac{21+(16\times3)+83}{2}$)이고, 같은 날 고급 레스토랑 외식을 할 경우의 만족도는 62이다. 전자(76)는 후자(62)에 비해 22.6%($\fallingdotseq \frac{14}{62} \times 100$)가 더 높다.

★★★

## 문 39. 정답 ④

▲ Core Point & Tip

제시된 지문의 내용을 읽고, 각 선택지의 옳고 그름을 판단하는 문제이다. 지문 내용에 대한 시비판단 문제의 경우, 지문의 한 곳에서 바로 확인할 수 있는 경우도 있지만, 지문의 여러 곳에 있는 내용을 종합적으로 반영하여 판단해야 하는 경우도 있다. 따라서 지문을 읽으면서 지문의 문단별로 어떤 내용이 제시되어 있는지 간단히 요약하면서 읽는 것이 좋다.

① (O) 8월 18일 현재 살충제가 과다 검출된 농가는 49곳이다. 또한 성분별 조사의 합계도 49곳이므로, 여러 살충제가 동시에 발견된 곳은 없다고 판단할 수 있다.

② (O) 플루페녹수론의 반감기는 30일 이내이다. 최대 30일로 보았을 때, 90% 이상 빠져나가는 것은 반감기의 3배 정도의 기간이 지난 후이므로 90일 이상 소요되는 경우도 있을 수 있다.

③ (O) 마지막 문단에 장기적으로 섭취한 경우에 대한 연구논문이나 인체 사례는 아직 확인된 바 없다는 내용이 제시되어 있다. 따라서 일일섭취허용량은 이것과 무관히 설정 되었음을 알 수 있다.

④ (X) 세 번째 문단을 살펴보면 피프로닐의 경우, 닭은 물론 돼지나 소 등 식용으로 쓰이는 동물에 직접 사용이 금지되어 있다.

⑤ (O) 비펜트린은 국내 허용기준이 마련되어 있고, 피프로닐은 국내 허용기준이 마련되어 있지 않다. 다른 세 가지 살충제의 국내 허용기준 마련 여부는 제시문에 언급되어 있지 않다.

★★★

## 문 40. 정답 ②

Core Point & Tip

지문에 나타난 계산 내용을 다른 경우에 적용하여 결과를 도출하는 문제이다. 살충제 종류만 다를 뿐, 지문에 계산 방식이 그대로 제시되어 있으므로 참고하여 계산을 진행하도록 한다.

우선 일일섭취허용량이 1kg당으로 나타나 있으므로 문제에 제시된 것과 같이 80kg당으로 수정하고, 중란 하나당 검출량으로 나누어 소수점 이하는 버리고 정수 결과만을 남긴다.

- 피프로닐 : $\frac{0.0002 \times 80}{0.0007} \fallingdotseq 22.86 \rightarrow 22$개
- 에톡사졸 : $\frac{0.04 \times 80}{0.114} \fallingdotseq 28.1 \rightarrow 28$개
- 플루페녹수론 : $\frac{0.037 \times 80}{0.218} \fallingdotseq 13.58 \rightarrow 13$개
- 피리다벤 : $\frac{0.005 \times 80}{0.067} \fallingdotseq 5.97 \rightarrow 5$개

# PSAT

## 해설편

5급공채 입법고시 민간경력자 국립외교원 및 수습 대비

# 종합 실전모의고사

인재

헌법
언어논리
자료해석
상황판단

# 제2회
# PSAT 종합 실전모의고사

- 헌　법
- 언어논리
- 자료해석
- 상황판단

# 제2회 PSAT 종합 실전모의고사

책형 가

## 헌법

**| 정답표 |** PUBLIC SERVICE APTITUDE TEST

| 1 | 2 | 3 | 4 | 5 | 6 | 7 | 8 | 9 | 10 |
|---|---|---|---|---|---|---|---|---|---|
| ② | ① | ③ | ③ | ④ | ① | ③ | ④ | ② | ③ |

| 11 | 12 | 13 | 14 | 15 | 16 | 17 | 18 | 19 | 20 |
|---|---|---|---|---|---|---|---|---|---|
| ④ | ③ | ① | ① | ③ | ④ | ③ | ② | ② | ② |

| 21 | 22 | 23 | 24 | 25 |
|---|---|---|---|---|
| ① | ② | ④ | ③ | ① |

### 문 1. 정답 ②

MGI point — 집회의 자유

- 옥외집회의 48시간 전 사전신고 ⇨ 집회의 자유 침해 ×
- 국회의사당 100미터 이내 집회금지 ⇨ 집회의 자유 침해 ×
- 대학구내 시위 ⇨ 집시법 규제 대상
- 집회장소에 접근 방해 ⇨ 집회의 자유 침해 ○
- 집회의 자유의 보호대상 ⇨ 평화적·비폭력적 집회만 보호

㉠ (O) 판례 옥외집회·시위에 대한 사전신고 이후 기재사항의 보완, 금지통고 및 이의절차 등이 원활하게 진행되기 위하여 늦어도 집회가 개최되기 48시간 전까지 사전신고를 하도록 규정한 것이 지나치다고 볼 수 없다. 헌법 제21조 제1항을 기초로 하여 심판대상조항을 보면, 미리 계획도 되었고 주최자도 있지만 집회시위법이 요구하는 시간 내에 신고를 할 수 없는 옥외집회인 이른바 '긴급집회'의 경우에는 신고가능성이 존재하는 즉시 신고하여야 하는 것으로 해석된다. 따라서 신고 가능한 즉시 신고한 긴급집회의 경우에까지 심판대상조항을 적용하여 처벌할 수는 없다. 따라서 심판대상조항이 과잉금지원칙에 위배하여 집회의 자유를 침해하지 아니한다(헌재 2014.01.28. 2011헌바174).

㉡ (X) 판례 이 사건 법률조항으로 인한 사익의 제한은 국회 인근에서의 집회의 제한이라는 좁은 범위의 장소적 제한인 반면 국회의 기능보호는 대의민주주의 제도 아래에서 절대적인 중요성을 지닌다고 할 것이므로 이 사건 법률조항으로 인한 집회·시위 효과의 감소 및 이에 관련된 자유의 제한은 감수할 만한 정도의 것으로 보이므로, 법익균형성 원칙 위배도 인정되지 않는다. 따라서 이 사건 법률조항은 과잉금지원칙에 위배하여 집회의 자유를 침해하지 아니한다(헌재 2009.12.29. 2006헌바20).

㉢ (X) 판례 공중이 자유로이 통행할 수 없는 장소인 대학구내에서의 시위도 그것이 위력 또는 기세를 보여 불특정다수인의 의견에 영향을 주거나 제압을 가하는 행위의 요건에 해당하면 바로 집시법상의 시위로서 집시법의 규제대상이 되는 것이다(헌재 1994.04.28. 91헌바14).

㉣ (O) 판례 집회의 자유는 개인이 집회에 참가하는 것을 방해하거나 또는 집회에 참가할 것을 강요하는 국가행위를 금지할 뿐만 아니라, 예컨대 집회장소로의 여행을 방해하거나, 집회장소로부터 귀가하는 것을 방해하거나, 집회참가자에 대한 검문의 방법으로 시간을 지연시킴으로써 집회장소에 접근하는 것을 방해하는 등 집회의 자유행사에 영향을 미치는 모든 조치를 금지한다(헌재 2003.10.30. 2000헌바67).

㉤ (O) 판례 우리 헌법상 집회의 자유에 의하여 보호되는 것은 오로지 '평화적' 또는 '비폭력적' 집회에 한정되는 것이므로, 집회의 자유를 빙자한 폭력행위나 불법행위 등은 헌법적 보호범위를 벗어난 것인 만큼, '집회 및 시위에 관한 법률', 형법, 국가보안법, '폭력행위 등 처벌에 관한 법률', 도로교통법 등에 의하여 형사처벌되거나 민사상의 손해배상책임 등에 의하여 제재될 수 있을 것임은 말할 나위가 없는 것이다(헌재 2009.09.24. 2008헌가25).

### 문 2. 정답 ①

MGI point — 직업의 자유

- 변리사에게 민사소송의 대리권 부정 ⇨ 직업의 자유 침해 ×
- 안경사에게 시력검사 허용 ⇨ 안과의사의 직업의 자유 침해 ×
- 전문분야에 대한 자격제도 ⇨ 폭넓은 입법재량 허용
- 수료생의 교통사고를 운전학원의 책임으로 의제 ⇨ 운전학원의 직업의 자유 침해
- 약사들로 구성된 법인의 약국개설 금지 ⇨ 직업의 자유 침해

㉠ (X) 판례 특허침해소송은 고도의 법률지식 및 공정성과 신뢰성이 요구되는 소송으로, 변호사 소송대리원칙(민사소송법 제87조)이 적용되어야 하는 일반 민사소송의 영역이므로, 소송 당사자의 권익을 보호하기 위해 변호사에게만 특허침해소송의 소송대리를 허용하는 것은 그 합리성이 인정되며 입법재량의 범위 내라고 할 수 있다. 그러므로 이 사건 법률조항이 특허, 실용신안, 디자인 또는 상표의 침해로 인한 손해배상, 침해금지 등의 민사소송을 변리사가 예외적으로 소송대리를 할 수 있도록 허용된 범위에 포함시키지 아니한 것은 직업의 자유를 침해하지 아니한다(헌재 2012.08.23. 2010헌마740).

㉡ (O) 판례 이 사건에서 문제된 직업수행의 영역조정은 일반공익과의 비교형량 문제로서 입법자의 합리적 재량에 속하는 문제라 할 것이므로 안경사에게 한정된 범위 내의 시력검사를 허용하고 있는 심판대상규정은 안과의사의 전문적인 의료영역을 정면으로 침해하는 것이라고 할 수는 없고, 나아가 그 규정이 직업선택(수행)의 자유를 침해하는 것이라고도 보기 어렵다(헌재 1993.11.25. 92헌마87).

㉢ (O) 판례 입법부가 일정한 전문분야에 관한 자격제도를 마련함에 있어서는 그 제도를 마련한 목적을 고려하여 정책적인 판단에 따라 자유롭게 제도의 내용을 구성할 수 있고, 그 내용이 명백히 불합리하고 불공정하지 아니하는 한 원칙적으로 입법부의 정책적 판단은 존중되어야 한다(헌재 1996.04.25. 94헌마129).

㉣ (X) 판례 교통사고는 본질적으로 우연성을 내포하고 있고 사고의 원인도 다양하며, 이는 운전기술의 미숙함으로 인한 것일 수도 있으나, 졸음운전이나 주취운전과 같이 운전기술과 별다른 연관이 없는 경우도 있다. 이 사건 조항이 운전전문학원의 귀책사유를 불문하고 수료생이 일으킨 교통사고를 자동적으로 운전전문학원의 법적 책임으로 연관시키고 있는 것은 운전전문학원이 주체적으로 행해야 하는 자기책임의 범위를 벗어난 것이며, 교통사고율이 높아 운전교육이 좀더 충실히 행해져야 하며 오늘날 사회적 위험의 관리를 위한

위험책임제도가 필요하다는 사정만으로 정당화될 수 없다(헌재 2005.07.21. 2004헌가30, 위헌).

㉤ (O) 판례 약사가 아닌 일반인 및 일반법인에게 약국개설을 허용하지 않는 것으로 결정하는 것은 그 입법형성의 재량권 내의 것으로서 헌법에 위반된다고 볼 수 없지만, 정당한 이유 없이 본래 약국개설권이 있는 약사들만으로 구성된 법인에게도 약국개설을 금지하는 것은 입법목적을 달성하기 위하여 필요하고 적정한 방법이 아니고, 입법형성권의 범위를 넘어 과도한 제한을 가하는 것으로서, 법인을 구성하여 약국을 개설·운영하려고 하는 약사들 및 이들로 구성된 법인의 직업선택(직업수행)의 자유의 본질적 내용을 침해하는 것이다(헌재 2002.09.19. 2000헌바84, 헌법불합치).

## 문 3. 정답 ③

MGI point — 저항권

- 저항권행사의 요건 ⇨ 중대한 헌법침해, 침해의 명백, 최후의 수단
- 저항권행사의 대상 ⇨ 입법과정의 하자 ×, 낙선운동 ×
- 저항권행사의 목적 ⇨ 헌법질서유지 ○, 사회경제체제개혁 ×
- 저항권행사의 방법 ⇨ 폭력적 방법도 可

① (O), ② (O) 판례 저항권은 국가권력에 의하여 헌법의 기본원리에 대한 중대한 침해가 행하여지고 그 침해가 헌법의 존재 자체를 부인하는 것으로서 다른 합법적인 구제수단으로는 목적을 달성할 수 없을 때에 국민이 자기의 권리·자유를 지키기 위하여 실력으로 저항하는 권리이므로, 국회법 소정의 협의 없는 개의시간의 변경과 회의일시를 통지하지 아니한 입법과정의 하자는 저항권 행사의 대상이 되지 아니한다(헌재 1997.09.25. 97헌가4).

③ (X) 저항권은 헌법질서유지를 위한 소극적인 목적을 위해서 행사되는 보충적·최후적·예비적 방법이다. 필요한 범위 내에서 합법적인 수단과 방법에 의해서 최소한도 내에서 행사되어야 하나, 소극적 무력행사도 인정된다.

④ (O) 판례 시민단체의 특정 후보자에 대한 낙선운동이 시민불복종운동으로서 정당행위 또는 긴급피난에 해당한다고 볼 수 없다(대판 2004.11.12. 2003다52227).

## 문 4. 정답 ③

MGI point — 정당해산심판

- 정당해산결정시 소속 국회의원의 자격상실 여부 ⇨ 당선 방식 불문 모두 상실
- 민주적 기본질서 위배 ⇨ 실질적 해악을 끼칠 구체적 위험성 있는 경우
- 심판절차 준용 규정 ⇨ 민사소송법 준용
- 결정서의 송달 ⇨ 해산정당, 국회, 정부, 중앙선거관리위원회

① (O) 판례 헌법재판소의 해산결정으로 정당이 해산되는 경우에 그 정당 소속 국회의원이 의원직을 상실하는지에 대하여 명문의 규정은 없으나, 정당해산심판제도의 본질은 민주적 기본질서에 위배되는 정당을 정치적 의사형성과정에서 배제함으로써 국민을 보호하는 데에 있는데 해산정당 소속 국회의원의 의원직을 상실시키지 않는 경우 정당해산결정의 실효성을 확보할 수 없게 되므로, 이러한 정당해산제도의 취지 등에 비추어 볼 때 헌법재판소의 정당해산결정이 있는 경우 그 정당 소속 국회의원의 의원직은 당선 방식을 불문하고 모두 상실되어야 한다(헌재 2014.12.19. 2013헌다1).

② (O) 판례 민주적 기본질서 위배란 민주적 기본질서에 대한 단순한 위반이나 저촉을 의미하는 것이 아니라 정당의 목적이나 활동이 민주적 기본질서에 대한 실질적 해악을 끼칠 수 있는 구체적 위험성을 초래하는 경우를 가리킨다(헌재 2014.12.19. 2013헌다1).

③ (X) 조문 헌법재판소의 심판절차에 관하여는 헌법재판소법에 특별한 규정이 있는 경우를 제외하고는 헌법재판의 성질에 반하지 아니하는 한도에서 민사소송에 관한 법령을 준용한다(헌법재판소법 제40조 제1항).

④ (O) 조문 정당해산을 명하는 결정서는 피청구인 외에 국회, 정부 및 중앙선거관리위원회에도 송달하여야 한다(헌법재판소법 제58조 제2항).

## 문 5. 정답 ④

MGI point — 선거의 기본원칙

- 평등선거의 원칙 ⇨ 투표의 수적 평등 및 성과가치의 평등을 의미
- 선거구간 인구편차 허용한계
  - 국회의원선거 : 평균인구수 기준 상하 33⅓% (2:1)
  - 지방의회의원 : 평균인구수 기준 상하 60% (4:1)
- 부재자투표를 오전 10시에 개시 ⇨ 선거권 침해 ○
- 고정명부식 비례대표제 ⇨ 직접선거원칙 위배 ×

① (O) 판례 평등선거의 원칙은 평등의 원칙이 선거제도에 적용된 것으로서 투표의 수적 평등, 즉 복수투표제 등을 부인하고 모든 선거인에게 1인 1표를 인정함을 의미할 뿐만 아니라, 투표의 성과가치의 평등, 즉 1표의 투표가치가 대표자 선정이라는 선거의 결과에 대하여 기여한 정도에 있어서도 평등하여야 함을 의미한다(헌재 1995.12.27. 95헌마224).

② (O) 판례 인구편차 상하 50%를 기준으로 국회의원지역선거구를 정하고 있는 공직선거법상 국회의원지역선거구구역표는 그 전체가 헌법에 합치되지 않으므로, 국회의원지역선거구의 인구편차의 기준은 인구편차 상하 33⅓%, 인구비례 2 : 1을 넘어서지 않아야 한다(헌재 2014.10.30, 2012헌마192, 헌법불합치).

③ (O) 판례 이 사건 투표시간조항이 투표개시시간을 일과시간 이내인 오전 10시부터로 정한 것은 투표시간을 줄인 만큼 투표관리의 효율성을 도모하고 행정부담을 줄이는 데 있고, 그 밖에 부재자투표의 인계·발송절차의 지연위험 등과는 관련이 없다. 이에 반해 일과시간에 학업이나 직장업무를 하여야 하는 부재자투표자는 이 사건 투표시간조항 중 투표개시시간 부분으로 인하여 일과시간 이전에 투표소에 가서 투표할 수 없게 되어 사실상 선거권을 행사할 수 없게 되는 중대한 제한을 받는다. 따라서 이 사건 투표시간조항 중 투표개시시간 부분은 수단의 적정성, 법익균형성을 갖추지 못하므로 과잉금지원칙에 위배하여 청구인의 선거권과 평등권을 침해하는 것이다(헌재 2012.02.23. 2010헌마601, 헌법불합치).

④ (X) 판례 비례대표후보자명단과 그 순위, 의석배분방식은 선거시에 이미 확정되어 있고, 투표 후 후보자명부의 순위를 변경하는 것과 같은 사후개입은 허용되지 않는다. 그러므로 비록 후보자 각자에 대한 것은 아니지만 선거권자가 종국적인 결정권을 가지고 있으며, 선거결과가 선거행위로 표출된 선거권자의 의사표시에만 달려 있다고 할 수 있다. 따라서 고정명부식을 채택한 것 자체가 직접선거원칙에 위반된다고는 할 수 없다(헌재 2001.07.19. 2000헌마91, 한정위헌).

## 문 6. 정답 ①

MGI point　　국회의 위원회

- 상임위원회의 위원정수 ⇨ 국회규칙으로 정함, 정보위원회는 12인
- 상임위원장 선거 ⇨ 임시의장선거에 준하여 국회 본회의에서 선거
- 상설특별위원회 ⇨ 윤리특별위원회, 예산결산특별위원회
- 전원위원회 ⇨ 재적 4분의 1 이상 출석과 출석 과반수 찬성으로 의결

① (X) 조문 상임위원회의 위원정수는 국회규칙으로 정한다. 다만, 정보위원회의 위원정수는 12인으로 한다(국회법 제38조).

② (O) 조문 상임위원장은 당해 상임위원중에서 임시의장선거의 예에 준하여 국회의 본회의에서 선거한다(국회법 제41조 제2항).

③ (O) 조문 예산안·기금운용계획안 및 결산(세입세출결산 및 기금결산)을 심사하기 위하여 예산결산특별위원회를 둔다(국회법 제45조 제1항). 의원의 자격심사·징계에 관한 사항을 심사하기 위하여 윤리특별위원회를 둔다(동법 제46조 제1항). ▸반면에 인사청문특별위원회는 비상설특별위원회이다(동법 제46조의3).

㉣ (O) 조문 전원위원회는 재적위원 5분의 1 이상의 출석으로 개회하고, 재적위원 4분의 1 이상의 출석과 출석위원 과반수의 찬성으로 의결한다(국회법 제63조의2 제4항).

## 문 7. 정답 ③

MGI point　　국회의 권한

- 궐석재판을 규정한 법률의 제정 ⇨ 사법권 침해
- 헌법상 위임입법의 형식은 예시적 ⇨ 법률로 행정규칙에 위임 可
- 국가부담계약을 국회 동의 없이 체결 ⇨ 국회 동의권 침해 ○, 국회의원 심의·표결권 침해 ×
- 공적과제에 대한 재정조달 ⇨ 국회의 자유로운 선택 허용 ×

① (O) 판례 우리 헌법은 권력 상호간의 견제와 균형을 위하여 명시적으로 규정한 예외를 제외하고는 입법부에게 사법작용을 수행할 권한을 부여하지 않고 있다. 그런데도 입법자가 법원으로 하여금 증거조사도 하지 말고 형을 선고하도록 하는 법률을 제정한 것은 헌법이 정한 입법권의 한계를 유월하여 사법작용의 영역을 침범한 것이라고 할 것이다(헌재 1996.01.25. 95헌가5, 위헌).

② (O) 판례 헌법이 인정하고 있는 위임입법의 형식은 예시적인 것으로 보아야 할 것이고, 그것은 법률이 행정규칙에 위임하더라도 그 행정규칙은 위임된 사항만을 규율할 수 있으므로, 국회입법의 원칙과 상치되지도 않는다. 다만, 형식의 선택에 있어서 규율의 밀도와 규율영역의 특성이 개별적으로 고찰되어야 할 것이고, 그에 따라 입법자에게 상세한 규율이 불가능한 것으로 보이는 영역이라면 행정부에게 필요한 보충을 할 책임이 인정되고 극히 전문적인 식견에 좌우되는 영역에서는 행정기관에 의한 구체화의 우위가 불가피하게 있을 수 있다. 그러한 영역에서 행정규칙에 대한 위임입법이 제한적으로 인정될 수 있다(헌재 2004.10.28. 99헌바91).

③ (X) 판례 정부가 국회의 동의 없이 예산 외에 국가의 부담이 될 계약을 체결하였다 하더라도 국회의 동의권이 침해될 수는 있어도 국회의원들의 심의·표결권이 침해될 가능성은 없다(헌재 2008.01.17. 2005헌라10).

④ (O) 판례 부담금은 조세에 대한 관계에서 어디까지나 예외적으로만 인정되어야 하며, 어떤 공적 과제에 관한 재정조달을 조세로 할 것인지 아니면 부담금으로 할 것인지에 관하여 입법자의 자유로운 선택권을 허용하여서는 안 된다. 부담금 납부의무자는 재정조달 대상인 공적 과제에 대하여 일반국민에 비해 '특별히 밀접한 관련성'을 가져야 하며, 부담금이 장기적으로 유지되는 경우에 있어서는 그 징수의 타당성이나 적정성이 입법자에 의해 지속적으로 심사될 것이 요구된다(헌재 2004.07.15. 2002헌바42).

## 문 8. 정답 ④

MGI point　　대통령

- 대통령선거의 후보자가 1인인 경우 ⇨ 선거권자 총수의 3분의 1이상 득표
- 대통령의 신임국민투표 제안 ⇨ 제안 자체로 위헌
- 대통령의 법률안거부권 ⇨ 법률안 전체 재의요구만 可, 일부·수정 재의요구 不可
- 대통령의 성실한 직무수행의무 ⇨ 헌법적 의무 ○, 사법적 판단 ×

① (O) 조문 대통령후보자가 1인일 때에는 그 득표수가 선거권자 총수의 3분의 1 이상이 아니면 대통령으로 당선될 수 없다(헌법 제67조 제3항).

② (O) 판례 대통령은 헌법상 국민에게 자신에 대한 신임을 국민투표의 형식으로 물을 수 없을 뿐만 아니라, 특정 정책을 국민투표에 붙이면서 이에 자신의 신임을 결부시키는 대통령의 행위도 위헌적인 행위로서 헌법적으로 허용되지 않는다(헌재 2004.05.14. 2004헌나1).

③ (O) 조문 대통령은 법률안의 일부에 대하여 또는 법률안을 수정하여 재의를 요구할 수 없다(헌법 제53조 제3항).

④ (X) 판례 대통령의 '성실한 직책수행의무'는 헌법적 의무에 해당하나, '헌법을 수호해야 할 의무'와는 달리, 규범적으로 그 이행이 관철될 수 있는 성격의 의무가 아니므로, 원칙적으로 사법적 판단의 대상이 될 수 없다고 할 것이다(헌재 2004.05.14. 2004헌나1).

## 문 9. 정답 ②

MGI point　　국무총리

- 국무총리의 지위 ⇨ 대통령의 보좌기관 ○, 행정에 관한 독자적 권한 ×
- 국회의 국무총리 해임건의 ⇨ 법적 구속력 ×
- 국무총리의 통할을 받는 행정각부 ⇨ 모든 행정기관이 포함되지는 ×
- 총리령 ⇨ 위임 또는 직권으로 可

① (O) 판례 내각책임제 밑에서의 행정권이 수상에게 귀속되는 것과는 달리 우리나라의 행정권은 헌법상 대통령에게 귀속되고, 국무총리는 단지 대통령의 첫째가는 보좌기관으로서 행정에 관하여 독자적인 권한을 가지지 못하고 대통령의 명을 받아 행정각부를 통할하는 기관으로서의 지위만을 가지며, 행정권 행사에 대한 최후의 결정권자는 대통령이라고 해석하는 것이 타당하다(헌재 1994.04.28. 89헌마221).

② (X) 판례 국회는 국무총리나 국무위원의 해임을 건의할 수 있으나(헌법 제63조), 국회의 해임건의는 대통령을 기속하는 해임결의권이 아니라, 아무런 법적 구속력이 없는 단순한 해임건의에 불과하다. 우리 헌법 내에서 '해임건의권'의 의미는, 임기 중 아무런 정치적 책임을 물을 수 없는 대통령 대신에 그를 보좌하는 국무총리·국무위원에 대하여 정치적 책임을 추궁함으로써 대통령을 간접적이나마 견제하고자 하는 것에 지나지 않는다. 헌법 제63조의 해임건의권

을 법적 구속력 있는 해임결의권으로 해석하는 것은 법문과 부합할 수 없을 뿐만 아니라, 대통령에게 국회해산권을 부여하고 있지 않는 현행 헌법상의 권력분립질서와도 조화될 수 없다(헌재 2004.05.14. 2004헌나1). 또한 대통령이 국무총리를 해임할 경우 국무위원 전체를 해임해야 하는 것은 아니다.

③ (O) 판례 대통령직속의 헌법기관이 별도로 규정되어 있다는 이유만을 들어 법률에 의하더라도 헌법에 열거된 헌법기관 이외에는 대통령직속의 행정기관을 설치할 수 없다든가 또는 모든 행정기관은 헌법상 예외적으로 열거된 경우 등 이외에는 반드시 국무총리의 통할을 받아야 한다고는 말할 수 없다 할 것이고 이는 현행 헌법상 대통령중심제의 정부조직원리에도 들어맞는 것이라 할 것이다(헌재 1994.04.28. 89헌마221).

④ (O) 조문 국무총리 또는 행정각부의 장은 소관사무에 관하여 법률이나 대통령령의 위임 또는 직권으로 총리령 또는 부령을 발할 수 있다(헌법 제95조).

## 문 10. 정답 ③

MGI point — 사법권의 독립

- 대법원의 예산 감액 시 ⇨ 국무회의에서 대법원장의 의견을 구해야
- 회사정리절차의 개시와 진행을 금융기관의 의사에 종속 ⇨ 사법권 독립에 위배
- 1980년해직공무원 보상에서 법관을 제외 ⇨ 법관의 신분 보장에 위배
- 재판의 공개 ⇨ 심리와 판결을 공개

① (O) 조문 정부는 법원의 예산을 편성함에 있어서 사법부의 독립성과 자율성을 존중하여야 하고(법원조직법 제82조 제2항), 정부는 협의에도 불구하고 독립기관의 세출예산요구액을 감액하고자 할 때에는 국무회의에서 당해 독립기관의 장의 의견을 구하여야 한다(국가재정법 제40조 제2항).

② (O) 판례 회사정리절차의 개시와 진행의 여부를 실질적으로 금융기관의 의사에 종속시키는 규정은, 회사의 갱생가능성 및 정리계획의 수행가능성의 판단을 오로지 법관에게 맡기고 있는 회사정리법의 체계에 위반하여 사법권을 형해화시키는 것으로서, 지시로부터의 독립도 역시 그 내용으로 하는 사법권의 독립에 위협의 소지가 있다(헌재 1990.06.25. 89헌가98, 위헌).

③ (X) 판례 1980년해직공무원의보상등에관한 특별조치법 제2조 제2항 제1호의 "차관급 상당 이상의 보수를 받은 자"에 법관을 포함시켜 법관을 보상대상에서 제외한 것은, 법관의 신분을 직접 가중적으로 보장하고 있는 헌법 제106조 제1항의 법관의 신분보장규정에 위반되고, 직업공무원으로서 그 신분이 보장되고 있는 일반직 공무원과 비교하더라도 그 처우가 차별되고 있는 것이어서 헌법 제11조의 평등권의 보장규정에 위반된다(헌재 1992.11.12. 91헌가2, 한정위헌).

④ (O) 조문 재판의 심리와 판결은 공개한다. 다만, 심리는 국가의 안전보장 또는 안녕질서를 방해하거나 선량한 풍속을 해할 염려가 있을 때에는 법원의 결정으로 공개하지 아니할 수 있다(헌법 제109조). 즉, '심리'와 '판결'에 해당하지 않는 공판준비절차나 소송법상의 결정·명령은 공개할 필요가 없다.

## 문 11. 정답 ④

MGI point — 법원의 위헌법률심판제청

- 제청시 대법원 경유 ⇨ 형식적 의미만 有, 대법원은 심사권 ×
- 위헌 의심의 정도 ⇨ 단순한 의심을 넘어 합리적인 위헌의 의심 있어야
- 제청의 대상 ⇨ 법률과 동등한 효력을 갖는 조약 등도 포함
- 위헌심판 제청 시 ⇨ 당해 재판은 정지가 원칙

① (X) 조문 법률이 헌법에 위반되는지 여부가 재판의 전제가 된 경우에는 당해 사건을 담당하는 법원은 직권 또는 당사자의 신청에 의한 결정으로 헌법재판소에 위헌 여부 심판을 제청한다(헌법재판소법 제41조 제1항). 대법원 외의 법원이 제1항의 제청을 할 때에는 대법원을 거쳐야 한다(동조 제5항). 즉, 제5공화국 시절에 규정되어 있던 대법원의 불송부 결정권이 폐지된 현행 헌법 질서하에서는 대법원은 하급법원의 제청에 대하여 심사권을 가지지 아니한다.

② (X) 판례 헌법 제107조 제1항, 헌법재판소법 제41조, 제43조 등의 규정취지는 법원은 문제되는 법률조항이 담당법관 스스로의 법적 견해에 의하여 단순한 의심을 넘어선 합리적인 위헌의 의심이 있으면 위헌여부심판을 제청을 하라는 취지이고, 헌법재판소로서는 제청법원의 이 고유판단을 될 수 있는 대로 존중하여 제청신청을 받아들여 헌법판단을 하는 것이다(헌재 1993.12.23. 93헌가2).

③ (X) 판례 헌법재판소법 제68조 제2항은 심판대상을 "법률"로 규정하고 있으나, 여기서의 "법률"에는 "조약"이 포함된다고 볼 것이며, 헌법재판소는 국내법과 같은 효력을 가지는 조약이 헌법재판소의 위헌법률심판대상이 된다고 전제하여 그에 관한 본안판단을 한 바 있다(헌재 2001.09.27. 2000헌바20). ▸위헌법률심판제청의 대상에는 형식적 의미의 법률뿐만 아니라, 법률과 동일한 효력을 가지는 조약과 긴급명령도 포함된다.

④ (O) 조문 법원이 법률의 위헌 여부 심판을 헌법재판소에 제청한 때에는 당해 소송사건의 재판은 헌법재판소의 위헌 여부의 결정이 있을 때까지 정지된다. 다만, 법원이 긴급하다고 인정하는 경우에는 종국재판 외의 소송절차를 진행할 수 있다(헌법재판소법 제42조 제1항).

## 문 12. 정답 ③

MGI point — 헌법재판제도

- 진정입법부작위 ⇨ 위헌법률심판 ×, 헌법소원 ○
- 재판 헌법소원 ⇨ 위헌 결정한 법률을 적용하여 기본권을 침해한 재판에 대해서 예외적으로 可
- 합헌결정의 기속력 여부 ⇨ 인정 ×
- 위헌결정의 소급효가 인정되는 형벌에 관한 법률 ⇨ 실체적인 형벌법규에 한정

① (O) 위헌법률심판의 심판대상은 법률이어야 하므로 헌법적 입법의무가 있음에도 전혀 아무런 입법행위를 하지 않은 진정입법부작위는 위헌법률심판대상이 될 수 없고, 헌법소원을 제기해야 한다.

② (O) 판례 헌법재판소법 제68조 제1항이 법원이 헌법재판소가 위헌으로 결정하여 그 효력을 전부 또는 일부 상실하거나 위헌으로 확인된 법률을 적용함으로써 국민의 기본권을 침해한 경우에도 법원의 재판에 대한 헌법소원이 허용되지 않는 것으로 해석한다면, 위 법률조항은 그러한 한도내에서 헌법에 위반된다(헌재 1997.12.24. 96헌마172)고 한정위헌 결정을 함으로써, 재판에 대해서도 예외적으로 헌법소원대상성을 인정하고 있다.

③ (X) 합헌결정은 위헌결정과 달리 기속력이 없으므로 합헌결정된 법률에 대해 또다시 위헌법률심판제청이 있더라도 다시 심판하는 것이 가능하다.

④ (O) 판례 헌법재판소법 제47조 제3항 본문규정에 의하여 위헌결정의 법규적 효력에 대하여 소급효가 인정되는 "형벌에 관한 법률 또는 법률의 조항"의 범위는 실체적인 형벌법규에 한정하여야 하고 위헌으로 결정된 법률이 형사소송절차에 관한 절차법적인 법률인 경우에는 동 조항이 적용되지 않는 것으로 가급적 좁게 해석하는 것이 제도적으로 합당하다(헌재 1992.12.24. 92헌가8).

## 문 13. 정답 ①

MGI point — 헌법에 열거되지 아니한 기본권

- 육아휴직신청권 ⇨ 기본권 ×, 법률상 권리 ○
- 헌법에 열거되지 아니한 기본권의 인정 요건 ⇨ 구체적 권리로서 실체와 필요성이 특별히 인정되야
- 지역 방언을 사용할 권리 ⇨ 행복추구권에 포함
- 일반적 행동자유권 ⇨ 위험한 생활방식으로 살아갈 권리도 포함

① (X) 판례 육아휴직신청권은 헌법 제36조 제1항 등으로부터 개인에게 직접 주어지는 헌법적 차원의 권리라고 볼 수는 없고, 입법자가 입법의 목적, 수혜자의 상황, 국가예산, 전체적인 사회보장수준, 국민정서 등 여러 요소를 고려하여 제정하는 입법에 적용요건, 적용대상, 기간 등 구체적인 사항이 규정될 때 비로소 형성되는 법률상의 권리이다(헌재 2008.10.30. 2005헌마1156).

② (O) 판례 헌법에 열거되지 아니한 기본권을 새롭게 인정하려면, 그 필요성이 특별히 인정되고, 그 권리내용(보호영역)이 비교적 명확하여 구체적 기본권으로서의 실체 즉, 권리내용을 규범 상대방에게 요구할 힘이 있고 그 실현이 방해되는 경우 재판에 의하여 그 실현을 보장받을 수 있는 구체적 권리로서의 실질에 부합하여야 할 것이다(헌재 2009.05.28. 2007헌마369).

③ (O) 판례 언어는 의사소통 수단으로서 다른 동물과 인간을 구별하는 하나의 주요한 특징으로 인식되고, 모든 언어는 지역, 세대, 계층에 따라 각기 상이한 방언을 가지고 있는바, 이들 방언은 이를 공유하는 사람들의 의사소통에 중요한 역할을 담당하며, 방언 가운데 특히 지역 방언은 각 지방의 고유한 역사와 문화 등 정서적 요소를 그 배경으로 하기 때문에 같은 지역주민들 간의 원활한 의사소통 및 정서교류의 기초가 되므로, 이와 같은 지역 방언을 자신의 언어로 선택하여 공적 또는 사적인 의사소통과 교육의 수단으로 사용하는 것은 행복추구권에서 파생되는 일반적 행동의 자유 내지 개성의자유로운 발현의 한 내용이 된다 할 것이다(헌재 2009.05.28. 2006헌마618).

④ (O) 판례 행복추구권은 그 구체적 표현으로서 일반적 행동자유권과 개성의 자유로운 발현권을 포함하는바, 일반적 행동자유권의 보호영역에는 개인의 생활방식과 취미에 관한 사항도 포함되며, 여기에는 위험한 스포츠를 즐길 권리도 포함된다(헌재 2008.04.24. 2006헌마954).

## 문 14. 정답 ①

MGI point — 평등권

- 친양자의 양친을 기혼자로 한정 ⇨ 평등권 침해 ×
- 나이가 많은 손자녀에게만 유족보상금지급 ⇨ 평등권 침해 ○
- 법정형만 상향 조정한 특가법 조항 ⇨ 평등권 침해 ○
- 친생부인의 소 제척기간(2년) ⇨ 평등권 침해 ×

① (X) 판례 독신자 가정은 기혼자 가정과 달리 기본적으로 양부 또는 양모 혼자서 양육을 담당해야 하며, 독신자를 친양자의 양친으로 하면 처음부터 편친가정을 이루게 하고 사실상 혼인 외의 자를 만드는 결과가 발생하므로, 독신자 가정은 기혼자 가정에 비하여 양자의 양육에 있어 불리할 가능성이 높다. 나아가 독신자가 친양자를 입양하게 되면 그 친양자는 아버지 또는 어머니가 없는 자녀로 가족관계등록부에 공시되어, 친양자의 친생자로서의 공시가 사실상 의미를 잃게 될 수 있다. 따라서 심판대상조항이 독신자의 친양자 입양을 허용하지 않는 것에는 합리적인 이유가 있으므로 독신자의 평등권을 침해한다고 볼 수 없다(헌재 2013.09.26. 2011헌가42).

② (O) 판례 독립유공자의 유족보상금 지급에 있어서 이 사건 심판대상조항이 일률적으로 1명의 손자녀에게만 보상금을 지급하도록 하여 나머지 손자녀들의 생활보호를 외면하는 것은 독립유공자 유족의 생활유지 및 보장을 위한 실질적 보상의 입법취지에 반한다. 또한, 이 사건 심판대상조항이 나이를 기준으로 하여 연장자에게 우선하여 보상금을 지급하는 것 역시 보상금 수급권이 갖는 사회보장적 성격에 부합하지 아니한다. 비록 독립유공자를 주로 부양한 자나, 협의에 의해 지정된 자를 보상금 수급권자로 할 수 있도록 하는 일정한 예외조항을 마련해 놓고 있으나, 조부모에 대한 부양가능성이나 나이가 많은 손자녀가 협조하지 않는 경우 등을 고려하면 그 실효성을 인정하기도 어렵다. 비금전적 보훈혜택 역시 유족에 대한 보상금 지급과 동일한 정도로 유족들의 생활보호에 기여한다고 볼 수 없다. 따라서 이 사건 심판대상조항은 합리적인 이유없이 상대적으로 나이가 적은 손자녀인 청구인을 차별하여 평등권을 침해한다(헌재 2013.10.24. 2011헌마724, 헌법불합치).

③ (O) 판례 심판대상조항은 별도의 가중적 구성요건표지를 규정하지 않은 채 형법 조항과 똑같은 구성요건을 규정하면서 법정형만 상향 조정하여 형사특별법으로서 갖추어야 할 형벌체계상의 정당성과 균형을 잃어 인간의 존엄성과 가치를 보장하는 헌법의 기본원리에 위배될 뿐만 아니라 그 내용에 있어서도 평등의 원칙에 위반되어 위헌이다(헌재 2015.02.26. 2014헌가16, 위헌).

④ (O) 판례 민법 제847조 제1항은 '친생부인의 사유가 있음을 안 날'을 제척기간의 기산점으로 삼음으로써 부(夫)가 혈연관계의 진실을 인식할 때까지 기간의 진행을 유보하고, '그로부터 2년'을 제척기간으로 삼음으로써 부(夫)의 친생부인의 기회를 실질적으로 보장하고 있다. 또한 2년이란 기간은 자녀의 불안정한 지위를 장기간 방치하지 않기 위한 것으로서 지나치게 짧다고 볼 수 없다. 따라서 민법 제847조 제1항 중 "부(夫)가 그 사유가 있음을 안 날부터 2년내" 부분은 친생부인의 소의 제척기간에 관한 입법재량의 한계를 일탈하지 않은 것으로서 헌법에 위반되지 아니한다(헌재 2015.03.26. 2012헌바357).

## 문 15. 정답 ③

MGI point — 생명권 · 연명치료의 중단

- 생명권의 주체 ⇨ 태아 ○, 초기배아 ×
- 생명권의 제한가능성 ⇨ 헌법 제37조 제2항에 따라 제한 可
- 연명치료의 거부 또는 중단 결정 ⇨ 자기결정권의 내용으로 보장
- 연명치료 중단에 관한 환자의 의사 ⇨ 객관적으로 추정 可

① (X) 판례 초기배아는 수정이 된 배아라는 점에서 형성 중인 생명의 첫걸음을 떼었다고 볼 여지가 있기는 하나 아직 모체에 착상되거나 원시선이 나타나지 않은 이상 현재의 자연과학적 인식 수준에서 독립된 인간과 배아 간의 개체적 연속성을 확정하기 어렵다고 봄이 일반적이라는 점, 수정 후 착상 전의 배아가 인간으로 인식된다거나 그와 같이 취급하여야 할 필요성이 있다는 사회적 승인이 존재한다고 보기 어려운 점 등을 종합적으로 고려할 때, 기본권 주체성을 인정하기 어렵다(헌재 2010.05.27. 2005헌마346).

② (X) 판례 헌법은 절대적 기본권을 명문으로 인정하고 있지 아니하며, 헌법 제37조 제2항에서는 국민의 모든 자유와 권리는 국가안전보장·질서유지 또는 공공복리를 위하여 필요한 경우에 한하여 법률로써 제한할 수 있도록 규정하고 있어, 비록 생명이 이념적으로 절대적 가치를 지닌 것이라 하더라도 생명에 대한 법적 평가가 예외적으로 허용될 수 있다고 할 것이므로, 생명권 역시 헌법 제37조 제2항에 의한 일반적 법률유보의 대상이 될 수밖에 없다(헌재 2010.02.25. 2008헌가23).

③ (O) 판례 비록 연명치료 중단에 관한 결정 및 그 실행이 환자의 생명단축을 초래한다 하더라도 이를 생명에 대한 임의적 처분으로서 자살이라고 평가할 수 없고, 오히려 인위적인 신체침해 행위에서 벗어나서 자신의 생명을 자연적인 상태에 맡기고자 하는 것으로서 인간의 존엄과 가치에 부합한다 할 것이다. 그렇다면 환자가 장차 죽음에 임박한 상태에 이를 경우에 대비하여 미리 의료인 등에게 연명치료 거부 또는 중단에 관한 의사를 밝히는 등의 방법으로 죽음에 임박한 상태에서 인간으로서의 존엄과 가치를 지키기 위하여 연명치료의 거부 또는 중단을 결정할 수 있다 할 것이고, 위 결정은 헌법상 기본권인 자기결정권의 한 내용으로서 보장된다 할 것이다(헌재 2009.11.26. 2008헌마385).

④ (X) 판례 환자의 사전의료지시가 없는 상태에서 회복불가능한 사망의 단계에 진입한 경우 연명치료 중단에 관한 환자의 의사 추정은 객관적으로 이루어져야 한다. 따라서 환자의 의사를 확인할 수 있는 객관적인 자료가 있는 경우에는 반드시 이를 참고하여야 하고, 환자가 평소 일상생활을 통하여 가족, 친구 등에 대하여 한 의사표현, 타인에 대한 치료를 보고 환자가 보인 반응, 환자의 종교, 평소의 생활 태도 등을 환자의 나이, 치료의 부작용, 환자가 고통을 겪을 가능성, 회복불가능한 사망의 단계에 이르기까지의 치료 과정, 질병의 정도, 현재의 환자 상태 등 객관적인 사정과 종합하여, 환자가 현재의 신체상태에서 의학적으로 충분한 정보를 제공받는 경우 연명치료 중단을 선택하였을 것이라고 인정되는 경우라야 그 의사를 추정할 수 있다(대판 2009.05.21. 2009다17417(전합)).

## 문 16. 정답 ④

MGI point — 신체의 자유

- 신체의 자유 ⇨ 거동의 자유 + 신체를 훼손당하지 않을 자유
- 상소취하시 미결구금 불산입 ⇨ 신체의 자유 침해 ○
- 구속집행정지결정에 대한 검사의 즉시항고 ⇨ 신체의 자유 침해 ○
- 특별관리수용자에 대한 동행계호 ⇨ 신체의 자유 침해 ×

① (O) 판례 헌법 제12조 제1항 전문에서 "모든 국민은 신체의 자유를 가진다."라고 규정하여 신체의 자유를 보장하고 있는 것은, 신체의 안정성이 외부로부터의 물리적인 힘이나 정신적인 위험으로부터 침해당하지 아니할 자유와 신체활동을 임의적이고 자율적으로 할 수 있는 자유를 말하는 것이다(헌재 1992.12.24. 92헌가8).

② (O) 판례 상소제기 후 상소취하시까지의 구금 역시 미결구금에 해당하는 이상 그 구금일수도 형기에 전부 산입되어야 한다. 상소제기 후 상소취하시까지의 미결구금을 형기에 산입하지 아니하는 것은 헌법상 무죄추정의 원칙 및 적법절차의 원칙, 평등원칙 등을 위배하여 합리성과 정당성 없이 신체의 자유를 지나치게 제한하는 것으로 헌법에 위반된다(헌재 2009.12.29. 2008헌가13).

③ (O) 판례 법원이 피고인의 구속 또는 그 유지 여부의 필요성에 관하여 한 재판의 효력이 검사나 다른 기관의 이견이나 불복이 있다 하여 좌우되거나 제한받는다면 이는 영장주의에 위반된다고 할 것인바, 구속집행정지결정에 대한 검사의 즉시항고를 인정하는 이 사건 법률조항은 검사의 불복을 그 피고인에 대한 구속집행을 정지할 필요가 있다는 법원의 판단보다 우선시킬 뿐만 아니라, 사실상 법원의 구속집행정지결정을 무의미하게 할 수 있는 권한을 검사에게 부여한 것이라는 점에서 헌법 제12조 제3항의 영장주의원칙에 위배된다. 또한 헌법 제12조 제3항의 영장주의는 헌법 제12조 제1항의 적법절차원칙의 특별규정이므로, 헌법상 영장주의원칙에 위배되는 이 사건 법률조항은 헌법 제12조 제1항의 적법절차원칙에도 위배된다(헌재 2012.06.27. 2011헌가36, 위헌).

④ (X) 판례 교도소 내 엄중격리대상자에 대하여 이동 시 계구를 사용하고 교도관이 동행계호하는 행위 및 1인 운동장을 사용하게 하는 처우는 신체의 자유를 과도하게 제한하는 것이 아니다(헌재 2008.05.29. 2005헌마137).

## 문 17. 정답 ③

MGI point — 영장주의

- 지방의회 의장의 동행명령장 발부 ⇨ 영장주의 위반 ○
- 피의자의 지문채취 ⇨ 영장주의 적용 ×
- 행정상 즉시강제 ⇨ 영장주의 적용 ×
- 마약수용자의 소변 제출 ⇨ 영장주의 적용 ×

① (X) 판례 지방의회에서의 사무감사·조사를 위한 증인의 동행명령장제도도 증인의 신체의 자유를 억압하여 일정 장소로 인치하는 것으로서 헌법 제12조 제3항의 "체포 또는 구속"에 준하는 사태로 보아야 하고, 거기에 현행범 체포와 같이 사후에 영장을 발부받지 아니하면 목적을 달성할 수 없는 긴박성이 있다고 인정할 수는 없으므로, 헌법 제12조 제3항에 의하여 법관이 발부한 영장의 제시가 있어야 함에도 불구하고 동행명령장을 법관이 아닌 지방의회 의장이 발부하고 이에 기하여 증인의 신체의 자유를 침해하여 증인을 일

정 장소에 인치하도록 규정된 조례안은 영장주의원칙을 규정한 헌법 제12조 제3항에 위반된 것이다(대판 1995.06.30. 93추83).

② (X) 판례 범죄의 피의자로 입건된 사람들에게 경찰공무원이나 검사의 신문을 받으면서 자신의 신원을 밝히지 않고 지문채취에 불응하는 경우 형사처벌을 통하여 지문채취를 강제하는 이 사건 법률조항에 의한 지문채취의 강요는 영장주의에 의하여야 할 강제처분이라 할 수 없다. 또한 수사상 필요에 의하여 수사기관이 직접강제에 의하여 지문을 채취하려 하는 경우에는 반드시 법관이 발부한 영장에 의하여야 하므로 영장주의원칙은 여전히 유지되고 있다고 할 수 있다(헌재 2004.09.23. 2002헌가17).

③ (O) 판례 행정상 즉시강제는 상대방의 임의이행을 기다릴 시간적 여유가 없을 때 하명 없이 바로 실력을 행사하는 것으로서, 그 본질상 급박성을 요건으로 하고 있어 법관의 영장을 기다려서는 그 목적을 달성할 수 없다고 할 것이므로, 원칙적으로 영장주의가 적용되지 않는다고 보아야 할 것이다(헌재 2002.10.31. 2000헌가12).

④ (X) 판례 헌법 제12조 제3항의 영장주의는 법관이 발부한 영장에 의하지 아니하고는 수사에 필요한 강제처분을 하지 못한다는 원칙으로 소변을 받아 제출하도록 한 것은 교도소의 안전과 질서유지를 위한 것으로 수사에 필요한 처분이 아닐 뿐만 아니라 검사대상자들의 협력이 필수적이어서 강제처분이라고 할 수도 없어 영장주의의 원칙이 적용되지 않는다(헌재 2006.07.27. 2005헌마277).

## 문 18. 정답 ②

MGI point — **변호인의 조력을 받을 권리**

- 변호인의 조력 ⇨ 변호인의 충분한 조력을 의미
- 원하는 특정 시점에 접견 불성사 ⇨ 변호인의 조력을 받을 권리의 침해 ×
- 형이 확정된 수형자 ⇨ 변호인의 조력을 받을 권리의 주체 ×
- 변호인 자신의 접견교통권 ⇨ 헌법상 권리 ×, 법률상 권리 ○

① (O) 판례 헌법 제12조 제4항이 보장하고 있는 신체구속을 당한 사람의 변호인의 조력을 받을 권리는 무죄추정을 받고 있는 피의자·피고인에 대하여 신체구속의 상황에서 생기는 여러가지 폐해를 제거하고 구속이 그 목적의 한도를 초과하여 이용되거나 작용하지 않게끔 보장하기 위한 것으로 여기의 "변호인의 조력"은 "변호인의 충분한 조력"을 의미한다(헌재 1992.01.28. 91헌마111).

② (X) 판례 변호인의 조력을 받을 권리를 보장하는 목적은 피의자 또는 피고인의 방어권 행사를 보장하기 위한 것이므로, 미결수용자 또는 변호인이 원하는 특정한 시점에 접견이 이루어지지 못하였다 하더라도 그것만으로 곧바로 변호인의 조력을 받을 권리가 침해되었다고 단정할 수는 없는 것이고, 변호인의 조력을 받을 권리가 침해되었다고 하기 위해서는 접견이 불허된 특정한 시점을 전후한 수사 또는 재판의 진행 경과에 비추어 보아, 그 시점에 접견이 불허됨으로써 피의자 또는 피고인의 방어권 행사에 어느 정도는 불이익이 초래되었다고 인정할 수 있어야만 하며, 그 시점을 전후한 변호인 접견의 상황이나 수사 또는 재판의 진행 과정에 비추어 미결수용자가 방어권을 행사하기 위해 변호인의 조력을 받을 기회가 충분히 보장되었다고 인정될 수 있는 경우에는, 비록 미결수용자 또는 그 상대방인 변호인이 원하는 특정 시점에는 접견이 이루어지지 못하였다 하더라도 변호인의 조력을 받을 권리가 침해되었다고 할 수 없다(헌재 2011.05.26. 2009헌마341).

③ (O) 판례 원래 변호인의 조력을 받을 권리는 형사절차에서 피의자 또는 피고인이 검사 등 수사·공소기관과 대립되는 당사자의 지위에서 변호인 또는 변호인이 되려는 자와 사이에 충분한 접견교통에 의하여 피의사실이나 공소사실에 대하여 충분하게 방어할 수 있도록 함으로써 피고인이나 피의자의 인권을 보장하려는데 그 제도의 취지가 있는 점에 비추어 보면, 형사절차가 종료되어 교정시설에 수용중인 수형자는 원칙적으로 변호인의 조력을 받을 권리의 주체가 될 수 없다(헌재 1998.08.27. 96헌마398).

④ (O) 판례 헌법상의 변호인과의 접견교통권은 체포 또는 구속당한 피의자·피고인 자신에만 한정되는 신체적 자유에 관한 기본권이고, 변호인 자신의 구속된 피의자·피고인과의 접견교통권은 헌법상의 권리라고는 말할 수 없으며 단지 형사소송법 제34조에 의하여 비로소 보장되는 권리에 그친다(헌재 1991.07.08. 89헌마181).

## 문 19. 정답 ②

MGI point — **개인정보자기결정권**

- 자신의 정보를 스스로 통제할 수 있는 권리
- 보호범위 ⇨ 개인의 동일성을 식별할 수 있게 하는 일체의 정보
- 주민등록법의 지문날인제도 ⇨ 개인정보자기결정권 침해 ×
- 신상정보 등록대상자의 정보를 20년간 보존 ⇨ 개인정보자기결정권 침해 ○

① (O) 판례 인간의 존엄과 가치, 행복추구권을 규정한 헌법 제10조 제1문에서 도출되는 일반적 인격권 및 헌법 제17조의 사생활의 비밀과 자유에 의하여 보장되는 개인정보자기결정권은 자신에 관한 정보가 언제 누구에게 어느 범위까지 알려지고 또 이용되도록 할 것인지를 그 정보주체가 스스로 결정할 수 있는 권리이다(헌재 2005.07.21. 2003헌마282).

② (X) 판례 개인정보자기결정권의 보호대상이 되는 개인정보는 개인의 신체, 신념, 사회적 지위, 신분 등과 같이 개인의 인격주체성을 특징짓는 사항으로서 그 개인의 동일성을 식별할 수 있게 하는 일체의 정보라고 할 수 있고, 반드시 개인의 내밀한 영역이나 사사의 영역에 속하는 정보에 국한되지 않고 공적 생활에서 형성되었거나 이미 공개된 개인정보까지 포함한다(헌재 2005.05.26. 99헌마513).

③ (O) 판례 이 사건 지문날인제도로 인하여 정보주체가 현실적으로 입게 되는 불이익에 비하여 경찰청장이 보관·전산화하고 있는 지문정보를 범죄수사활동, 대형사건사고나 변사자가 발생한 경우의 신원확인, 타인의 인적사항 도용 방지 등 각종 신원확인의 목적을 위하여 이용함으로써 달성할 수 있게 되는 공익이 더 크다고 보아야 할 것이므로 개인정보자기결정권을 침해하였다고 볼 수 없다(헌재 2005.05.26. 99헌마513).

④ (O) 판례 성범죄의 재범을 억제하고 수사의 효율성을 제고하기 위하여, 법무부장관이 등록대상자의 재범 위험성이 상존하는 20년 동안 그의 신상정보를 보존·관리하는 것은 정당한 목적을 위한 적합한 수단이다. 그런데 재범의 위험성은 등록대상 성범죄의 종류, 등록대상자의 특성에 따라 다르게 나타날 수 있고, 입법자는 이에 따라 등록기간을 차등화함으로써 등록대상자의 개인정보자기결정권에 대한 제한을 최소화하는 것이 바람직함에도, 이 사건 관리조항은 모든 등록대상 성범죄자에 대하여 일률적으로 20년의 등록기간을 적용하고 있으며, 이 사건 관리조항에 따라 등록기간이 정해지고 나면, 등록의무를 면하거나 등록기간을 단축하기 위해 심사를 받을 수 있는

여지도 없으므로 지나치게 가혹하다. 그리고 이 사건 관리조항이 추구하는 공익이 중요하더라도, 모든 등록대상자에게 20년 동안 신상정보를 등록하게 하고 위 기간 동안 각종 의무를 부과하는 것은 비교적 경미한 등록대상 성범죄를 저지르고 재범의 위험성도 많지 않은 자들에 대해서는 달성되는 공익과 침해되는 사익 사이의 불균형이 발생할 수 있으므로 이 사건 관리조항은 개인정보자기결정권을 침해한다(헌재 2015.07.30. 2014헌마340, 헌법불합치).

## 문 20. 정답 ②

MGI point — 대학의 자유

- 대학의 자율성 ⇨ 대학에 부여된 기본권
- 대학의 자유의 주체 ⇨ 대학, 교수, 교수회가 중첩적으로 可
- 교수의 재임용거부를 재심청구대상에 불포함 ⇨ 교원지위법정주의 위배 ○
- 국립대총장 후보자 선정을 위한 선거의 관리를 선거관리위원회에 위탁시키는 것 ⇨ 대학의 자율성 침해 ×

① (O) 판례 헌법 제31조 제4항이 규정하고 있는 교육의 자주성, 대학의 자율성 보장은 대학에 대한 공권력 등 외부세력의 간섭을 배제하고 대학인 자신이 대학을 자주적으로 운영할 수 있도록 함으로써 대학인으로 하여금 연구와 교육을 자유롭게 하여 진리탐구와 지도적 인격의 도야라는 대학의 기능을 충분히 발휘할 수 있도록 하기 위한 것으로서 이는 학문의 자유의 확실한 보장수단이자 대학에 부여된 헌법상의 기본권이다(헌재 1992.10.01. 92헌마68).

② (X) 판례 대학의 자치의 주체를 기본적으로 대학으로 본다고 하더라도 교수나 교수회의 주체성이 부정된다고 볼 수는 없고, 가령 학문의 자유를 침해하는 대학의 장에 대한 관계에서는 교수나 교수회가 주체가 될 수 있고, 또한 국가에 의한 침해에 있어서는 대학 자체 외에도 대학 전구성원이 자율성을 갖는 경우도 있을 것이므로 문제되는 경우에 따라서 대학, 교수, 교수회 모두가 단독, 혹은 중첩적으로 주체가 될 수 있다(헌재 2006.04.27. 2005헌마1047).

③ (O) 판례 임용기간이 만료한 대학교원에 대한 재임용거부를 재심청구의 대상으로 명시하지 않은 것은, 입법자가 법률로 정하여야 할 교원지위의 기본적 사항에는 교원의 신분이 부당하게 박탈되지 않도록 하는 최소한의 보호의무에 관한 사항이 포함되어야 한다는 헌법 제31조 제6항 소정의 교원지위법정주의에 위반된다고 할 것이다(헌재 2003.12.18. 2002헌바14, 헌법불합치).

④ (O) 판례 국립대학의 장 후보자 선정을 직접선거의 방법으로 실시하기로 해당 대학 교원의 합의가 있는 경우 그 선거관리를 선거관리위원회에 의무적으로 위탁시키는 것은, 매우 자의적인 것으로서 합리적인 입법한계를 일탈하였거나 대학의 자율의 본질적인 부분을 침해하였다고 볼 수 없다(헌재 2006.04.27. 2005헌마1047).

## 문 21. 정답 ①

MGI point — 재산권

- 위안부 피해자들의 일본에 대한 배상청구권 ⇨ 재산권 ○
- 환매권 ⇨ 재산권 ○
- 사립학교교직원의 퇴직급여 및 퇴직수당 ⇨ 재산권 ○
- 동물에 대한 재산권 행사 ⇨ 폭넓은 제한 可

① (X) 판례 일본국에 의하여 광범위하게 자행된 반인도적 범죄행위에 대하여 일본군위안부 피해자들이 일본에 대하여 가지는 배상청구권은 헌법상 보장되는 재산권일 뿐만 아니라, 그 배상청구권의 실현은 무자비하고 지속적으로 침해된 인간으로서의 존엄과 가치 및 신체의 자유를 사후적으로 회복한다는 의미를 가지는 것이므로 피청구인의 부작위로 인하여 침해되는 기본권이 매우 중대하다(헌재 2011.08.30. 2006헌마788).

② (O) 판례 공공용지의 취득 및 손실보상에 관한 특례법 제9조 제11항 소정의 환매권도 헌법이 보장하는 재산권의 내용에 포함되는 권리라고 보는 것이 상당하다(헌재 1994.02.24. 92헌가15).

③ (O) 판례 '사립학교교직원 연금법'상의 퇴직급여 및 퇴직수당을 받을 권리는 사회적 기본권의 하나인 사회보장수급권임과 동시에 경제적 가치가 있는 권리로서 헌법 제23조에 의하여 보장되는 재산권이다(헌재 2010.07.29. 2008헌가15).

④ (O) 판례 일반적인 물건에 대한 재산권 행사에 비하여 동물에 대한 재산권 행사는 사회적 연관성과 사회적 기능이 매우 크다 할 것이므로 이를 제한하는 경우 입법재량의 범위를 폭넓게 인정함이 타당하다(헌재 2013.10.24. 2012헌바431).

## 문 22. 정답 ②

MGI point — 재판청구권

- 수형자와 변호사의 접견을 기록·녹음한 행위 ⇨ 재판청구권 침해 ○
- 국민참여재판을 받을 권리 ⇨ 재판청구권에 포함 ×
- 현역병의 입대 전 범죄도 군사법원이 관할 ⇨ 재판청구권 침해 ×
- 대법원의 재판을 받을 권리 ⇨ 재판청구권에 포함 ×

① (O) 판례 수형자와 변호사와의 접견내용을 녹음, 녹화하게 되면 그로 인해 제3자인 교도소 측에 접견내용이 그대로 노출되므로 수형자와 변호사는 상담과정에서 상당히 위축될 수밖에 없고, 특히 소송의 상대방이 국가나 교도소 등의 구금시설로서 그 내용이 구금시설 등의 부당처우를 다투는 내용일 경우에 접견내용에 대한 녹음, 녹화는 실질적으로 당사자대등의 원칙에 따른 무기평등을 무력화시킬 수 있다. 이 사건에 있어서 청구인과 헌법소원사건의 국선대리인인 변호사의 접견내용에 대해서는 접견의 목적이나 접견의 상대방 등을 고려할 때 녹음, 기록이 허용되어서는 아니 될 것임에도, 이를 녹음, 기록한 행위는 청구인의 재판을 받을 권리를 침해한다(헌재 2013.09.26. 2011헌마398, 인용(위헌확인)).

② (X) 판례 우리 헌법상 헌법과 법률이 정한 법관에 의한 재판을 받을 권리는 직업법관에 의한 재판을 주된 내용으로 하는 것이므로 국민참여재판을 받을 권리가 헌법 제27조 제1항에서 규정한 재판을 받을 권리의 보호범위에 속한다고 볼 수 없다(헌재 2009.11.26. 2008헌바12).

③ (O) 판례 현역병의 군대 입대 전 범죄에 대한 군사법원의 재판권을 규정하고 있는 군사법원법 조항은 재판청구권을 침해하지 않는다(헌재 2009.07.30. 2008헌바162).

④ (O) 판례 재판을 받을 권리가 사건의 경중을 가리지 않고 모든 사건에 대하여 대법원을 구성하는 법관에 의한 균등한 재판을 받을 권리를 의미한다거나 또는 상고심재판을 받을 권리를 의미하는 것이라고 할 수는 없다(헌재 2002.05.30. 2001헌마781).

## 문 23. 정답 ④

**MGI point** 근로3권

- ■ 단체협약체결권 ⇨ 단체교섭권에 포함
- ■ 노동조합의 설립신고 반려 규정 ⇨ 단결권 침해 ×
- ■ 근로3권의 성격 ⇨ 사회권적 성격을 띤 자유권
- ■ 소극적 단결권 ⇨ 단결권에 포함 ×(일반적 행동의 자유 또는 결사의 자유에 포함 ○)

① (O) 판례 헌법 제33조 제1항이 "근로자는 근로조건의 향상을 위하여 자주적인 단결권, 단체교섭권, 단체행동권을 가진다"고 규정하여 근로자에게 "단결권, 단체교섭권, 단체행동권"을 기본권으로 보장하는 뜻은 근로자가 사용자와 대등한 지위에서 단체교섭을 통하여 자율적으로 임금 등 근로조건에 관한 단체협약을 체결할 수 있도록 하기 위한 것이다. 비록 헌법이 위 조항에서 '단체협약체결권'을 명시하여 규정하고 있지 않다고 하더라도 근로조건의 향상을 위한 근로자 및 그 단체의 본질적인 활동의 자유인 '단체교섭권'에는 단체협약체결권이 포함되어 있다고 보아야 한다(헌재 1998.02.27. 94헌바13).

② (O) 판례 노동조합 설립신고에 대한 심사와 그 신고서 반려는 근로자들이 자주적이고 민주적인 단결권을 행사하도록 하기 위한 것으로서 만약 노동조합의 설립을 단순한 신고나 등록 등으로 족하게 하고, 노동조합에 요구되는 자주성이나 민주성 등의 요건에 대해서는 사후적으로 차단하는 제도만을 두게 된다면, 노동조합법상의 특권을 누릴 수 없는 자들에게까지 특권을 부여하는 결과를 야기하게 될 뿐만 아니라 노동조합의 실체를 갖추지 못한 노동조합들이 난립하는 사태를 방지할 수 없게 되므로 노동조합이 그 설립 당시부터 노동조합으로서 자주성 등을 갖추고 있는지를 심사하여 이를 갖추지 못한 단체의 설립신고서를 반려하도록 하는 것은 과잉금지원칙에 위반되어 근로자의 단결권을 침해한다고 볼 수 없다(헌재 2012.03.29. 2011헌바53).

③ (O) 판례 근로3권은 국가공권력에 대하여 근로자의 단결권의 방어를 일차적인 목표로 하지만, 근로3권의 보다 큰 헌법적 의미는 근로자단체라는 사회적 반대세력의 창출을 가능하게 함으로써 노사관계의 형성에 있어서 사회적 균형을 이루어 근로조건에 관한 노사간의 실질적인 자치를 보장하려는 데 있다. 근로자는 노동조합과 같은 근로자단체의 결성을 통하여 집단으로 사용자에 대항함으로써 사용자와 대등한 세력을 이루어 근로조건의 형성에 영향을 미칠 수 있는 기회를 가지게 되므로 이러한 의미에서 근로3권은 '사회적 보호기능을 담당하는 자유권' 또는 '사회권적 성격을 띤 자유권'이라고 말할 수 있다(헌재 1998.02.27. 94헌바13).

④ (X) 판례 헌법 제33조 제1항은 "근로자는 근로조건의 향상을 위하여 자주적인 단결권·단체교섭권 및 단체행동권을 가진다."고 규정하고 있다. 여기서 헌법상 보장된 근로자의 단결권은 단결할 자유만을 가리킬 뿐이고, 단결하지 아니할 자유 이른바 소극적 단결권은 이에 포함되지 않는다. 근로자가 노동조합을 결성하지 아니할 자유나 노동조합에 가입을 강제당하지 아니할 자유, 그리고 가입한 노동조합을 탈퇴할 자유는 근로자에게 보장된 단결권의 내용에 포섭되는 권리로서가 아니라 헌법 제10조의 행복추구권에서 파생되는 일반적 행동의 자유 또는 제21조 제1항의 결사의 자유에서 그 근거를 찾을 수 있다(헌재 2005.11.24. 2002헌바95).

## 문 24. 정답 ③

**MGI point** 언론 · 출판의 자유

- ■ 집필행위 ⇨ 표현의 자유에 포함 ○
- ■ 검열금지 ⇨ 절대적 금지로 법률로써도 허용 ×
- ■ 익명표현의 자유 ⇨ 표현의 자유에 포함 ○
- ■ 광고물 ⇨ 표현의 자유에 포함 ○

① (O) 판례 일반적으로 표현의 자유는 정보의 전달 또는 전파와 관련지어 생각되므로 구체적인 전달이나 전파의 상대방이 없는 집필의 단계를 표현의 자유의 보호영역에 포함시킬 것인지 의문이 있을 수 있으나, 집필은 문자를 통한 모든 의사표현의 기본 전제가 된다는 점에서 당연히 표현의 자유의 보호영역에 속해 있다고 보아야 한다(헌재 2005.02.24. 2003헌마289).

② (O) 판례 헌법 제21조 제2항은 언론·출판에 대한 허가나 검열은 인정되지 아니한다고 규정하여 언론·출판에 대한 검열을 절대적으로 금지하고 있다. 언론·출판에 대하여 사전검열이 허용될 경우에는 국민의 예술활동의 독창성과 창의성을 침해하여 정신생활에 미치는 위험이 클 뿐만 아니라 행정기관이 집권자에게 불리한 내용의 표현을 사전에 억제함으로써 이른바 관제의견이나 지배자에게 무해한 여론만이 허용되는 결과를 초래할 염려가 있기 때문에 헌법이 절대적으로 금지하고 있는 것이다. 따라서 비록 헌법 제37조 제2항이 국민의 자유와 권리를 국가안전보장·질서유지 또는 공공복리를 위하여 필요한 경우에 한하여 법률로써 제한할 수 있도록 규정하고 있다고 하여도 언론·출판의 자유에 대하여는 검열을 수단으로 한 제한만은 법률로써도 절대 허용되지 아니한다고 할 것이다(헌재 1996.10.31. 94헌가6).

③ (X) 판례 헌법 제21조 제1항에서 보장하고 있는 표현의 자유는 사상 또는 의견의 자유로운 표명(발표의 자유)과 그것을 전파할 자유(전달의 자유)를 의미하는 것으로서, 그러한 의사의 '자유로운' 표명과 전파의 자유에는 자신의 신원을 누구에게도 밝히지 아니한 채 익명 또는 가명으로 자신의 사상이나 견해를 표명하고 전파할 익명표현의 자유도 포함된다(헌재 2012.08.23. 2010헌마47).

④ (O) 판례 우리 헌법은 제21조 제1항에서 "모든 국민은 언론·출판의 자유……를 가진다"라고 규정하여 현대 자유민주주의의 존립과 발전에 필수불가결한 기본권으로 언론·출판의 자유를 강력하게 보장하고 있는바, 광고물도 사상·지식·정보 등을 불특정다수인에게 전파하는 것으로서 언론·출판의 자유에 의한 보호를 받는 대상이 됨은 물론이다(헌재 1998.02.27. 96헌바2).

## 문 25. 정답 ①

MGI point

행정입법부작위

- 행정입법부작위 ⇨ 행정소송 ×, 헌법소원 ○
- 행정권의 행정입법 등의 법집행의무 ⇨ 행정입법의 제정이 법률의 법률의 집행에 필수불가결한 경우, 헌법적 의무임
- 행정입법부작위 헌법소원 ⇨ 법적의무가 있고, 상당기간 지체되었어야 可
- 행정부의 행정입법 불이행 ⇨ 위헌인 동시에 위법이므로 불법행위 可

① (X) 판례 입법부작위에 대한 행정소송의 적법여부에 관하여 대법원은 "행정소송은 구체적 사건에 대한 법률상 분쟁을 법에 의하여 해결함으로써 법적 안정을 기하자는 것이므로 부작위위법확인소송의 대상이 될 수 있는 것은 구체적 권리의무에 관한 분쟁이어야 하고, 추상적인 법령에 관하여 제정의 여부 등은 그 자체로서 국민의 구체적인 권리의무에 직접적 변동을 초래하는 것이 아니어서 행정소송의 대상이 될 수 없다"고 판시하고 있으므로, 피청구인 보건복지부장관에 대한 청구 중 위 시행규칙에 대한 입법부작위 부분은 다른 구제절차가 없는 경우에 해당한다(헌재 1998.07.16. 96헌마246). ▸ 행정입법부작위에 대해서는 법원에 부작위위법확인소송을 제기할 수 없으므로, 헌법소원심판을 청구할 수 있다.

② (O) 판례 삼권분립의 원칙, 법치행정의 원칙을 당연한 전제로 하고 있는 우리 헌법 하에서 행정권의 행정입법 등 법집행의무는 헌법적 의무라고 보아야 할 것이다. 그런데 이는 행정입법의 제정이 법률의 집행에 필수불가결한 경우로서 행정입법을 제정하지 아니하는 것이 곧 행정권에 의한 입법권 침해의 결과를 초래하는 경우를 말하는 것이다(헌재 2005.12.22. 2004헌마66).

③ (O) 판례 행정입법의 부작위에 대한 헌법소원은 공권력의 주체에게 헌법에서 유래하는 작위의무가 특별히 구체적으로 규정되어 이에 의거하여 기본권 주체가 행정행위를 청구할 수 있음에도 공권력의 주체가 그 의무를 해태하는 경우에 허용되고, 특히 행정명령의 제정 또는 개정의 지체가 위법으로 되어 그에 대한 법적 통제가 가능하기 위하여는 첫째, 행정청에게 시행명령을 제정(개정)할 법적 의무가 있어야 하고 둘째, 상당한 기간이 지났음에도 불구하고 셋째, 명령제정(개정)권이 행사되지 않아야 한다(헌재 2010.05.04. 2010헌마249).

④ (O) 판례 입법부가 법률로써 행정부에게 특정한 사항을 위임했음에도 불구하고 행정부가 정당한 이유 없이 이를 이행하지 않는다면 권력분립의 원칙과 법치국가 내지 법치행정의 원칙에 위배되는 것으로서 위법함과 동시에 위헌적인 것이 되는바, 구 군법무관임용법 제5조 제3항과 군법무관임용 등에 관한 법률 제6조가 군법무관의 보수를 법관 및 검사의 예에 준하도록 규정하면서 그 구체적 내용을 시행령에 위임하고 있는 이상, 위 법률의 규정들은 군법무관의 보수의 내용을 법률로써 일차적으로 형성한 것이고, 위 법률들에 의해 상당한 수준의 보수청구권이 인정되는 것이므로, 위 보수청구권은 단순한 기대이익을 넘어서는 것으로서 법률의 규정에 의해 인정된 재산권의 한 내용이 되는 것으로 봄이 상당하고, 따라서 행정부가 정당한 이유 없이 시행령을 제정하지 않은 것은 위 보수청구권을 침해하는 불법행위에 해당한다(대판 2007.11.29. 2006다3561).

# 제2회 PSAT 종합 실전모의고사

책형 가

## 언어논리영역

**| 정답표 |** PUBLIC SERVICE APTITUDE TEST

| 1 | 2 | 3 | 4 | 5 | 6 | 7 | 8 | 9 | 10 |
|---|---|---|---|---|---|---|---|---|---|
| ② | ② | ⑤ | ② | ④ | ⑤ | ③ | ③ | ⑤ | ④ |
| **11** | **12** | **13** | **14** | **15** | **16** | **17** | **18** | **19** | **20** |
| ③ | ⑤ | ⑤ | ⑤ | ③ | ② | ⑤ | ③ | ⑤ | ④ |
| **21** | **22** | **23** | **24** | **25** | **26** | **27** | **28** | **29** | **30** |
| ⑤ | ⑤ | ① | ⑤ | ② | ③ | ③ | ④ | ③ | ⑤ |
| **31** | **32** | **33** | **34** | **35** | **36** | **37** | **38** | **39** | **40** |
| ③ | ② | ① | ③ | ⑤ | ③ | ⑤ | ④ | ③ | ② |

★★★

### 문 1. 정답 ②

▲ Core Point & Tip

**글에 사용된 비유 관계가 각각 어떤 개념에 대칭되는 것인지에 주의한다. 마지막 문단에서 '그렇지만'을 통해 화제를 전환하고 있으므로 이 부분이 문제의 핵심이 됨을 유의하고 보면 쉽게 답을 추론할 수 있다.**

① (X) 마지막 문단에서, 인의 도는 실천하여 행하는 것이 이상과 같아야 한다는 것은 글쓴이의 주장이며, 오히려 공자와 맹자는 그 실천에 철저하지 못한 모습을 보여준다.

② (O) 천지가 부모이고 인간과 동물이 자식에 비유되어, 살아있는 것을 죽여 자기 생명을 기르는 것을 자식들끼리 서로 죽이는 것으로 본다.

③ (X) 불교는 인의 내용을 설명하는 데에서만 인용되고 있을 뿐, 글쓴이가 불교의 관점에 입각하여 공자와 맹자의 가르침에 대해 지적하고 있는 것은 아니다.

④ (X) 글쓴이는 천지의 뜻에 대해서 풀어 설명하고 있으며, 성인만이 이를 이해할 수 있다는 서술은 찾아보기 어렵다.

⑤ (X) 맹자의 경우 그 설명에서 가축을 측은히 여겼다고 볼 여지도 있으나, 공자의 설명에서 동물을 측은히 여겼다고 보기는 어렵다.

★★★

### 문 2. 정답 ②

▲ Core Point & Tip

**'이그보족', '노예무역' 등의 키워드를 중심으로 제시문의 내용을 이해하고 이를 바탕으로 각 〈보기〉의 추론을 판단해야 한다.**

① (X) 이그보족은 많은 노예를 공급했지만 정치적 변화를 거의 겪지 않았으며, 줄곧 국가 없는 상태를 유지했기 때문에 정치적 변화는 없었다.

② (O) 서부 아프리카의 주요 3국은 노예무역 시기에 붕괴했지만, 꼭 노예무역 때문에 그렇게 된 것은 아니다. 여러 힘들이 작용했다는 것을 포르투갈이 접촉했던 최초의 중요한 왕국인 세네갈의 대(大) 졸로프(Jolof) 왕국에서 볼 수 있다.

③ (X) 노예무역의 결과라기보다는 오히려 국제무역의 결과이며, 권력 융합은 이전의 아프리카에서는 보기 드문 일이었을 뿐, 전례가 전혀 없는 것은 아니다.

④ (X) 대부분의 아프리카가 아니라, 서아프리카에서 소수집단이 더 많은 주민들을 지배할 수 있었던 것은 노예의 생포와 수출보다는 화기의 수입과 이용 덕분이었다.

⑤ (X) 1490년대에 대졸로프 동쪽의 푸타토로(Futa Toro)에 그들의 내륙무역을 방해하는 이교도 국가가 건설됨으로써 대졸로프는 아주 약해졌을 것이라는 필자의 주관이 개입되어 있다.

★★★

### 문 3. 정답 ⑤

▲ Core Point & Tip

**영화 역사에서 배경 음악이 어떻게 발전하는지를 설명하는 것이 본문의 주요 내용이며, 상세한 내용과 선택지를 적절히 매칭하여 분석하는 것이 필요하다.**

① (X) 제시문에 언급된 사항이 아니다.

② (X) 음악적으로 뛰어난 사람이 지휘자가 되는 것이 아니고 음악의 악보를 많이 가진 사람이 지휘자가 되는 것이 초기 관행이었을 뿐 저작권의 발달과 직접적으로 연결된 사항은 본문에 언급이 없다.

③ (X) 초기에는 피아노 반주들은 당시 유행하는 것들이 영화 분위기와 무관하게 매칭되었다.

④ (X) 영화 배급회사들은 이러한 관행에 반대하였다기 보다는 졸속으로 이루어지는 음악적 배치를 바꾸기 위해 음악지시서를 도입하였다.

⑤ (O) 1900년대 후반에 접어들면서 음악반주를 위한 제안서를 출판하는 관행이 시작되었고, 제안서가 보다 구체화되어 무드의 지시, 적당한 악곡의 제목들 등을 포함하는 음악지시서가 출현하게 되었다. 이 무렵이 되어서야 특정한 영화를 위해 특별히 작곡된 음악들이 나타났음을 본문을 통해 알 수 있다.

★★

### 문 4. 정답 ②

▲ Core Point & Tip

**'북미대륙의 북부지역의 기후와 환경'에 대한 지문을 읽고 유추되는 정보를 선택지에서 고르면 된다.**

① (X) 북부지방의 온도는 일 년 중 9개월 동안 빙점 이하였다고 되어 있으므로 빙점 이상의 온도를 보이는 기간은 일 년의 1/4이다.

② (O) 마지막 문단에 따르면, '북쪽의 사람들은 여행 조건이 더 좋은 계절을 기다렸다.'고 되어 있다. 제시문을 통해 여름의 이동이 겨울보다 어려움을 알 수 있다. 따라서 올바른 추론이다.

③ (X) 타이가가 아닌 툰드라 지역이다. 추론의 영역으로 보기도 어렵다.

④ (X) 두 번째 문단에 '1500년대의 극 지역을 에워싸는 전체적인 환

경은 현재의 환경과 별로 다르지 않았었다.'고 되어 있다. 따라서 제시문의 정보와 정면으로 배치된다.

⑤ (X) '해상 운송'에 대한 내용은 제시문에서 확인할 수 없다.

★★★

## 문 5. 정답 ④

Core Point & Tip

서양 선교사와 영국인 등 국적, 상인과 관청 등 발행 주체에 주의하며 정보를 읽어야 한다.

① (X) 상하이와 요코하마의 신문은 서양 기업들의 필요에 부응하였지만, 상인들에 의해 창간되었는지는 제시문에 나타나 있지 않다.

② (X) 상하이 최초의 중국어 신문은 영국 민간회사에 의해 발행되었다.

③ (X) 『한성주보』가 『한성순보』의 문제점을 개선하였다는 내용은 제시문에 나타나 있지 않다.

④ (O) 조선 최초의 근대적 신문은 1883년 창간된 『한성순보』이고, 최초의 한글 신문은 1896년 창간된 『독립신문』이므로, 둘 사이에는 10년 이상의 시간 간격이 존재한다.

⑤ (X) 카이가이 신문에는 국내외 뉴스와 광고도 게재 되었다.

★★

## 문 6. 정답 ⑤

Core Point & Tip

보호 장구의 착용으로 부상을 감소시킬 수 있으리라는 주장과 다르게 실제 결과가 나타나는 이유를 가장 잘 설명할 수 있는 내용을 찾아야 한다.

① (X) 보호 장구 자체를 구입하지 않아 생기는 차이가 아니다.

② (X) 보호 장구를 사용하더라도 롤러블레이드를 많이 타면 사고발생 건수가 증가 하겠지만, 사고 확률이 감소하지 않는 것을 설명하지 못한다.

③ (X) 보호 장구를 착용하는데도 부상이 계속되는 이유를 설명하지 못한다.

④ (X) 새로운 부상이 발생하였다는 것이 기존의 부상 확률이 감소하지 않았다는 사실을 설명해 줄 수 없다.

⑤ (O) 사용법을 읽히고 절차에 따라야 하는데 이를 이행하지 않음으로써 아이들이 계속 부상을 입고 있다는 내용으로, 보호 장구 착용에도 불구하고 부상이 감소하지 않는 이유로 적절하다.

★★★

## 문 7. 정답 ③

Core Point & Tip

제시문의 내용을 이해하고 이를 통해 필자가 말하고자 하는 바가 무엇인지 판단해야 한다.

① (X) 소득 분배 불균형의 문제를 지적하고 있지만, 국가가 개입해서 소득 분배 정책을 펴야할 때라고 주장하고 있다고 볼 수는 없다.

② (X) 소득 분배와 연관되어 중산층 복원 이슈가 나올 수는 있지만, 중심 글감이 '파이론'에 대한 비판이기 때문에 핵심 내용이라고 하기 어렵다.

③ (O) 제시문은 '파이론'에 대한 비판으로서, 경제적 불평등을 제대로 해소하지도 못하고 있으며, 이러한 경제적 불평등은 정치적 불평등을 심화시킨다는 것이 핵심 내용이다.

④ (X) 세계 경제 위기로 인해 양극화가 증대된다는 언급은 제시문에서 확인할 수 없다.

⑤ (X) 해당 내용을 본문의 네 번째 문단에서 확인할 수 있으나, 글쓴이가 주장하는 바에 대한 근거이지 주장의 핵심 내용이라고 보기는 힘들다.

★★★

## 문 8. 정답 ③

Core Point & Tip

우선 제시문에서 설명하고 있는 현상이 무엇인지 파악해야 한다. 이를 선택지의 사례와 매칭시켜 판단해야 한다.

① (X) 예전 사람들이 입술이나 살결을 은유적으로 그렇게 표현했다는 점을 설명하고 있을 뿐이다.

② (X) '말'과 '글'의 차이를 밝히고 있을 뿐, 비유 그 자체가 하나의 의미로 굳어진 경우에 해당하지 않는다.

③ (O) 제시문에는 본래는 비유적인 표현이었으나 세월이 지나면서 비유적인 표현이라는 인식이 사라지고 비유 그 자체가 하나의 의미로 굳어진 경우에 대한 설명이 제시되어 있다.
'서슬이 퍼렇다'외에도 '싹수가 노랗다'나 '오금이 저리다'와 같은 표현이 이에 해당한다. 이와 같은 비유는 본래 원관념과 보조관념이 구별되었으나 점차 구별이 사라진 경우를 말한다. 이와 유사한 경우는 누군가를 매우 칭찬할 때 '침이 마르도록 칭찬한다.'고 표현하는 경우에서도 찾을 수 있다.

④ (X) '시인'과 '보통 사람'의 다른 언어에 대한 설명일 뿐, 이것이 비유적인 표현이 세월이 지나면서 그 자체로 의미를 가지게 된 것을 설명하지 못한다.

⑤ (X) 다양한 색채어로 인해 '노랗다'의 한 의미를 여러 가지 다양하게 표현할 수 있다는 내용은 비유 그 자체가 하나의 의미로 굳어진 경우에 해당하지 않는다.

★★★

## 문 9. 정답 ⑤

Core Point & Tip

각 나라별 페미니즘의 특징과 함께 페미니즘이 예술사에 미친 영향과 변화를 파악한 후 선택지를 검토하자.

① (X) 마지막 문단의 '시선의 구조 등 여러 문제를 이 시기에 처음으로 연구하고 비판하기 시작했다.'를 통해 영웅적 시기 이전에는 시선의 구조에 관한 연구가 없었음을 알 수 있다.

② (X) 첫 번째 문단의 '본래 이론과 추상성이 강한 프랑스에서는 페미니즘이 현실 변화에 이렇다 할 영향을 미치지는 못했다. 그러나 프랑스의 페미니즘은 1970년대 말 여러 앵글로색슨 국가에 폭넓게 영향을 미치기 시작했다.'를 통해 프랑스의 페미니즘이 초기에는 이론과 추상성이 강했으나 이후 현실에 큰 영향을 미쳤다는 것을 알 수 있다.

③ (X) 두 번째 문단의 '예술사의 판도를 바꿔놓은 사상체계'라는 표현에서 페미니즘이 예술사를 크게 변화시켰음을 알 수 있다.

④ (X) 두 번째 문단에서 '페미니즘 움직임은 서로 조금씩 겹치는 다음의 세 시기로 크게 구분할 수 있다.'고 했으므로 페미니즘의 시기는 확실하게 구분되는 것이 아니라 조금씩 중첩된다는 것을 알 수 있다.

⑤ (O) 첫 번째 문단에서 '영국에서는 한결 오랜 전통을 지닌 예술사 회사와 정신분석학이 프랑스 페미니즘과 결합함으로써 좀더 이론적인 색채를 띠었다. 독일에서는 이론적 탐구보다는 집단 활동을 앞세우는 여성계의 성향 때문에 페미니즘의 결과 또한 주로 예술 활동과 정치 활동으로 나타났다.'와 같이 나라별 페미니즘의 특색에 대해 설명하고 있으므로 옳다.

★★

## 문 10. 정답 ④

Core Point & Tip

**제시문은 관용이란 개념의 본질적인 요소를 긍정하게 되면 받아들이기 어려운 결과가 도출됨을 들어 관용에 대한 역설이 발생함을 설명하고 있다. 특히 힌트가 되는 글 후반부의 종교에 대한 역설을 바탕으로 정확한 답을 찾을 수 있다.**

① (X) 개인의 도덕적인 성향과 관용의 허용과는 무관하다.

② (X) 제시문은 관용을 이해하되 역설적인 부분을 제거하려는 것이지 관용을 부정하려는 것은 아니다.

③ (X) 폄하나 혐오 욕구를 억제하는 것은, 제시문에 설명된 역설을 설명하기 위해 사용된 것이다.

④ (O) 제시문은 믿음과 관습을 용인할 경우 발생하는 문제를 말하고 있으며 이를 제한해야 한다는 것이 글의 주장이므로 빈 칸에 들어갈 말 역시 이 맥락에 부합해야 한다.

⑤ (X) 첫 번째 문단에서 제시된 방식으로 관용을 이해하면 발생하는 역설의 한 부분이지 전체 논의에서 도출된 것으로 보기 어렵다. 따라서 빈 칸에 들어갈 내용으로 적절하지 않다.

★★★

## 문 11. 정답 ③

Core Point & Tip

**〈조건〉을 정리하고, 대우 등을 연결하여 사무실에 남아 있는 팀원 들을 추론해야 한다.**

③ (X) 조건을 정리하면,

ㄱ. 채영 → 나연(~나연 → ~채영)

ㄴ. ~지효 → ~다현(다현 → 지효)

ㄷ. 나연 → ~정연(정연 → ~나연)

ㄹ. 지효 ∨ 미나 → 정연(~정연 → ~지효 ∧ ~미나)

기준을 잡고 전체를 파악하면 다음과 같고 이 명제의 대우도 참이다.

채영 → 나연 → ~ 정연 → ~지효 → ~다현

∧

~미나

따라서 ③번의 <u>다현이와 채영이</u>는 같이 남아 있을 수 없다.

★★★

## 문 12. 정답 ⑤

Core Point & Tip

**다섯 사람 중 한 사람만이 거짓말을 하고 있을 때 그 한 사람을 찾는 문제이다. 이러한 문제는 서로 모순되는 진술을 하고 있는 사람을 먼저 확인해야 한다.**

A의 진술에 의해 A와 B가 같은 그룹이라는 것을 알 수 있다. 즉 A가 참이면 B도 참이고, A가 거짓이면 B도 거짓이게 된다. 설문에서 단 한명만이 거짓말을 하고 있다고 했으므로 A와 B는 함께 참일 수밖에 없다.

C의 진술에 의해 C와 E는 서로 다른 그룹임을 알 수 있다. 즉 C가 참이면 E는 거짓말을 하고 C가 거짓이면 E는 참말을 하게 된다. 그러므로 C와 E 중 한 명이 거짓말을 하고 있음을 알 수 있고 D는 참임을 추론할 수 있다.

경우 1 <u>C가 참이고 E가 거짓인 경우</u>

C의 말이 참말이므로 C의 진술에 의해 E는 거짓말을 하고 있게 된다.

경우 2 <u>C가 거짓이고 E가 참인 경우</u>

E의 진술에 의해서 D는 거짓말을 하게 되고, C가 거짓이라고 가정을 하였기 때문에 C도 거짓이 되어 거짓말을 하고 있는 사람은 C와 D 두 명이 되므로 이 경우는 오직 한 사람만이 거짓말을 하고 있다는 설문의 조건에 위배되어 불가능하다.

결국 가능한 경우는 1이고, 거짓말을 하고 있는 사람은 <u>E</u>이다.

★★★

## 문 13. 정답 ⑤

Core Point & Tip

**제시문의 결론이 무엇인지 먼저 파악하고 이를 지지할 수 있는 근거를 찾아야 한다.**

①, ③ (X) 인간이 도덕적인 본성, 혹은 이성적인 명령에 따라 행동하는 존재라면 '주어진 길을 고지식하게 걸어가는 존재가 아니라는 점'에 부합하지 않는다. 따라서 제시문의 전제로 적절하지 않다.

⑤ (O) 제시문에서 필자는 인간이 '계몽된 지성을 지니게 되고 자기의 진짜 이익을 알게 되면 선행 속에서 자신의 이익을 발견하게 될 것'이라는 합리주의적 사고방식을 비판하고 있다. 즉, 필자는 '통계표와 숫자와 경제학적 방식의 평균치'로 대변되는 합리적 기준으로 인간의 의지 및 행동을 평가하려는 사고방식을 부정하고 있다. 요컨대 제시문에서 필자는 인간이란 이처럼 주어진 길을 고지식하게 걸어가는 존재가 아니라는 점을 강조하고 있다. 이 같은 필자의 주장이 전제하고 있는 것은, 인간이란 이른바 합리적 질서에 부합하는 이익을 거스르고 제멋대로 하고픈 자유로운 의욕을 지닌 존재라는 사실이다. 따라서 이에 해당하는 ⑤번이 정답이다.

★★★

## 문 14. 정답 ⑤

▲ Core Point & Tip

**글의 중심 내용이 되기 위해서는 제시문을 전반적으로 포함하며 주된 주장이 되어야 한다.**

①, ② (X) 마지막 문단에 언급된 내용이기는 하나, 전체적인 내용을 아우르지는 않는다.

③ (X) 제시문에서 반박하고 있는 주장에 해당한다.

④ (X) 첫 번째 문단의 내용만을 요약하고 있으며, 현재의 법률 집행을 혁신해야 한다는 제시문의 궁극적 주장을 담아내지 못하고 있다.

⑤ (O) 첫 번째 문단에서는, 형벌의 합리적 기준으로 '사회적 손실을 최소한으로 줄이는 것'을 제시하고, 그 사회적 손실에는 재판과 처벌의 비용까지 포함시키고 있다. 두 번째 문단은 형벌의 목적을 범죄 예방에만 둘 경우 사회적 손실이 커질 수밖에 없음을 논하고 있다. 마지막 문단에서는 사회적 손실을 최소화하도록 현재의 법률 집행을 혁신해야 함을 논하고 있다. 결국 아직은 형벌 제도가 사회적 손실을 최소화하도록 마련되어 있지 않으므로 그렇게 개혁해야 한다는 것이므로 ⑤번이 정답이다.

★★★

## 문 15. 정답 ③

▲ Core Point & Tip

**(가)~(마)의 중심 내용을 확인하고 이를 논리적 흐름에 맞게 구성해야 한다.**

③ (O) 나: 자연 과학, 특히 물리 과학이 다른 학문보다 더 진보한 듯이 보이는 이유는 무엇일까.

라: 물리학을 크게 발전시킨 중요한 방법론인 이상화(Idealization)와 환원주의(Reductionism)에 있다.

가: 이상화의 단계를 거쳐, 다른 천체가 이들에게 미칠 수 있는 영향은 일단 고려되지 않는다.

다: 심장 활동을 극도로 단순화하고 몇 개의 요인들을 분석한 다음 단순히 인과 관계를 적용하는 것만으로는 심장 활동을 이해하는 것은 어려운 것이다.

마: 자연 과학인 생물학이나 의학만 하더라도 사정은 이처럼 물리학과 많이 달라진다. 여기에서 '이처럼'은 '(다)에서처럼'으로 바꿔 쓸 수 있다.

이처럼 각문단의 주요 내용을 정리하면 나-라-가-다-마의 순서대로 전체 내용을 이루면 된다는 것을 알 수 있다.

★★★

## 문 16. 정답 ②

▲ Core Point & Tip

**제시문의 내용을 이해하고 이를 바탕으로 〈상황〉에 대하여 추론한 바의 옳고 그름을 판단해야 한다.**

① (O) <상황>에서는 미국, 캐나다 등은 한국보다 내수가 탄탄하기에 한국보다 적정 채무비율이 21%p 많이 추정되었다. 따라서 미국, 캐나다처럼 내수경제가 탄탄해지면 적정 채무비율이 늘어날 것이다(현재 35.2%인 적정 채무비율보다 증가). 따라서 국가채무 비율이 35.2%를 넘더라도 적정 수준 이하일 경우가 있고, 이 경우에는 사회후생이 증가하므로 ①번은 옳다.

② (X) 국가채무 비율이 상승할수록 금리 상승폭이 커지는 비선형관계가 있기 때문에, 채무비율이 동일하게 1% 상승하더라도 금리 상승폭은 동일하지 않게 된다.

③ (O) 첫 번째 문단에서 보면, 외생적 요인에 의해 정부지출 비율이 상승하면 이에 상응하여 적정 국가채무 비율도 상승하는 것으로 나타나므로 현재 미국의 적정 채무비율인 56.2%보다 더욱 상승할 것이다.

④ (O) 첫 번째 문단에서 확인할 수 있다. 캐나다의 현재 채무비율이 96%라면, 적정 채무비율인 56.2%를 넘었기 때문에, 적정 수준을 넘어서면 한계편익보다 한계비용이 커지게 된다.

⑤ (O) 네 번째 문단에서 확인할 수 있다. 미국은 적정 채무비율인 56.2%를 초과하게 되므로, 국가채무 비율이 커지면 구축효과에 대한 우려가 대두될 가능성이 있다.

★★★

## 문 17. 정답 ⑤

▲ Core Point & Tip

**주장과 반박의 논리 구조를 기본으로 하여 빈칸에 들어갈 적절한 주장 또는 반박을 보기에서 찾아야 한다.**

(가) 경제적인 이유에서 애완동물을 키우는 것을 사치품과 비교해서 설명하고 이에 대한 판단은 최종적으로 인간의 합리적인 결정임을 주장하는 'ㄴ'이 이에 대한 비판으로 타당하다.

(나) 애완동물이 기생충을 전파할 가능성에 대해 위생관리라는 이슈와 실제의 통계를 제시하여 반박하는 글과 맥락이 연결되는 글을 찾으면 되므로 'ㄹ'이 타당하다.

(다) 동물의 권리 침해라는 주장에 대해 실제로는 복지가 개선되었다는 반박을 하고 있는 'ㄷ'이 이에 대한 비판으로 타당하다.

(라) 부적응 문제 등의 문제에 대한 반박 글과 논리적으로 연결되는 'ㄱ'이 타당하다.

따라서 ⑤번의 (가)-ㄴ, (나)-ㄹ, (다)-ㄷ, (라)-ㄱ이 정답이다.

★★

## 문 18. 정답 ③

▲ Core Point & Tip

**주어진 규칙을 이해하여 적용하는 문제이다. 〈보기〉의 괄호 안 내용이 반복되는 경우에는 각각에 대하여 매번 참 · 거짓을 판단할 필요가 없다. 한 번 판단한 참 · 거짓에 대해서는 다른 보기 문항의 정오를 판단할 때도 사용하도록 해야 한다.**

ㄱ. A ∨ B : A가 참이고 둘 중 하나가 참이면 참이므로 참

C ∨ D : C가 참이고 둘 중 하나가 참이면 참이므로 참

∴ (A ∨ B) → (C ∨ D) : 참 → 참이므로 참

ㄴ. A AND B : B가 거짓이고 둘 중 하나가 거짓이면 거짓이므로 거짓

C ∨ D : C가 참이고 둘 중 하나가 참이면 참이므로 참

∴ (A AND B) → (C ∨ D) : 거짓 → 참이므로 참

ㄷ. A ∨ B : A가 참이고 둘 중 하나가 참이면 참이므로 참
C AND D : 둘 다 참인 것도 아니며, 둘 중 하나가 거짓인 것도 아니므로 알 수 없음
∴ (A ∨ B) → (C AND D) : 참 → 알 수 없음이므로 알 수 없음
ㄹ. A AND B : B가 거짓이고 둘 중 하나가 거짓이면 거짓이므로 거짓
C AND D : 둘 다 참인 것도 아니며, 둘 중 하나가 거짓인 것도 아니므로 알 수 없음
∴ (A AND B) → (C AND D) : 거짓 → 알 수 없음이므로 알 수 없음나 이를 철학적인 이론체계 확립의 필요성과 연관 짓기는 어렵다.

★★★

## 문 19. 정답 ⑤

Core Point & Tip

제시문의 내용을 토대로 선택지의 옳고 그름을 판단하는 문제이다. 각각의 내용이 지문에 명시적으로 제시되어 있는 부분을 확인하고, 평가를 내리도록 한다. 일치, 부합 문제의 경우 배경 지식이 오히려 독이 되는 경우도 있으므로 반드시 지문의 내용을 근거로 답을 찾아야 한다.

① (X) 다윈의 연구 기간은 20여 년으로 제시되어 있으나, 라마르크의 연구 기간은 명시적으로 제시되지 않았으므로 양자를 비교할 수 없다.
② (X) 다윈과 라마르크의 기린 진화에 대한 평가가 제시되어 있지만 이들의 연구가 기린에서 시작되었다는 것은 확인할 수 없다.
③ (X) 다윈이 라마르크의 연구를 어떻게 평가하는지는 제시되지 않았으며, 다윈이 어떤 연구를 반박하여 본인의 연구를 시작했다는 내용도 제시되어 있지 않다.
④ (X) 현대의 진화론은 획득 형질이 전해진다는 용불용설을 인정하지 않지만, 획득 형질 자체를 부정하는지에 대해서는 제시되어 있지 않다.
⑤ (O) 자연 선택설의 설명 부분, 기린의 진화에 대한 다윈의 평가를 토대로 할 때, 다윈은 진화에 있어서 개체 간 경쟁을 중요한 요소로 평가하고 있음을 알 수 있다.

★★★

## 문 20. 정답 ④

Core Point & Tip

각 〈보기〉의 사례가 제시문의 각 입장을 강화 혹은 약화하는지 평가하는 것이다. 이러한 형태의 문제에서는 중립의 사례를 판단하는 것이 중요하다. '강화하지 않는다.'와 '약화한다'는 같은 의미가 아님을 명심하도록 한다.

ㄱ. (X) 서식지의 환경에 따라 획득 형질이 다르게 나타나는 것은 ㉠의 입장과는 크게 관련 없으며, 획득 형질의 개념은 오히려 ㉡과 가깝다. 따라서 ㉠의 입장을 약화하지 않는다.
ㄴ. (O) ㉠은 생존 경쟁을 통하여 살아남는 개체가 진화한다는 입장이다. 생존에 유리한 환경을 찾아 이동생활을 한다는 것은 진화가 아니라 회피라고 볼 수도 있으므로 ㉠의 입장을 강화하지는 않는다.
ㄷ. (X) 목이 긴 기린과 짧은 기린의 사례는 ㉠에서 제시된 것이며 ㉡의 입장은 원래 목의 길이가 길지 않았던 기린이라는 종자체가 환경에 의해 길어졌다는 것이며 이에 따르면 목이 짧은 기린의 화석이 목이 긴 기린의 화석보다 전대에만 발견되어야 한다. 따라서 동시대에 목이 긴 기린과 짧은 기린이 존재했다는 것은 ㉡의 입장을 약화시킨다.
ㄹ. (O) 태어날 때부터 다리가 길었던 것은 획득 형질에 해당하지 않으므로 ㉡의 입장이 강화되지 않는다.

★★★

## 문 21. 정답 ⑤

Core Point & Tip

제시문의 내용을 이해하고 이를 바탕으로 각 선택지와의 일치여부를 확인해야 한다.

① (X) 자신의 행동에 책임을 질 수 있다는 자신감의 의미로 받아들여진다고 나와 있다.
② (X) 말끔하게 면도를 하고 넥타이를 맨 스타일은 규칙과 규범을 지키는 행위이다.
③ (X) 명품 매장에서도 마찬가지로, 운동복 차림의 손님이 더 지위가 높다고 인식되었다.
④ (X) 마지막 문단에서 제시된 바와 같이, 빨간 운동화 효과는 대중이 쉽게 인지 가능할 때 더욱 효과가 강해지는 것이다.
⑤ (O) 세 번째 문단에 '규범을 무시한다는 건 그만큼 행동에 책임을 질 자신이 있다는, 혹은 사회적 지위가 높다는 신호를 준다'고 되어 있고, 마지막 문단에 '권력자들의 룰 브레이킹은 많은 경우 단순히 무례한 행위가 아니라 고도의 커뮤니케이션 전략이다'라고 되어 있다.

★★★

## 문 22. 정답 ⑤

Core Point & Tip

제시문으로부터 정보를 밝혀내어 〈보기〉의 내용과 부합하는 지에 대해서 파악하는 문제이다. 과학적인 내용으로 생소하여 어렵다고 생각할 수도 있으나 제시문에 근거하여서만 독해한다면 어렵지 않게 풀 수 있다.

ㄱ. (O) 첫 번째 문단의 '원자핵을 분석하기 위해서는 원자핵을 더 작게 나눌 필요가 있는데, 이처럼 원자핵을 더 작게 나누기 위해서 개발된 것이 입자가속기인 것이다.'라는 부분과 두 번째 문단의 '원자핵을 구성하는 물질을 알아내기 위해 인위적으로 양성자나 전자와 같은 입자를 가속시켜 원자핵과 충돌시킨 후, 입자들의 운동에너지, 위치, 운동량 등을 조사하게 되는데, 이와 같이 전하를 띤 입자를 전기장과 자기장에 의해 가속시키는 장치가 입자가속기이다.'라는 부분을 통해 '입자가속기'의 정의 및 탄생배경을 알 수 있다.
ㄴ. (X) 세 번째 문단에서는 입자가속기는 입자를 가속시키는 방법에 따라 선형 가속기와 원형 가속기로 나누고, 선형 가속기는 저에너지와 고에너지 선형 가속기로 구분된다고 하고 있으며, 선형 가속기의 대표적인 예로서 스탠퍼드 선형 가속기를 들고 있다. 그러나 이것이 저에너지 선형 가속기임을 알 수 있는 표현은 없다.
ㄷ. (X) 세 번째 문단의 마지막 부분을 보면, 리히터는 1974년 스탠퍼드 선형 가속기를 이용하여 참 쿼크를 발견하고 그 공로를 인정받아 1976년 노벨 물리학상을 받았다고는 제시되어 있다. 그러나 쿼크의 존재를 최초로 주장하였다는 사실은 어디에도 나와 있지 않다. 즉, 참 쿼크를 발견하였다고 해서 그를 쿼크의 존재를 최초로 주장한 사람으로 볼 수는 없다.

ㄹ. (X) 선형 가속기의 한계를 보완하여 개발된 것이라고 하더라도 선형 가속기의 장점을 모두 가지고 있다고 볼 근거가 없으므로 옳지 않다.

★★★

## 문 23. 정답 ①

Core Point & Tip

필자는 유전자 치료의 가능성과 더불어 그로 인해 발생할 수 있는 여러 가지 문제점들을 지적하고 있다.

ㄱ. (O) 네 번째 문단에서 유전자 지도를 통해 각종 생명현상을 이해할 수 있으므로 질병과 노화가 일어나는 이유를 알 수 있게 되었다고 언급한 부분에서 추론 가능한 내용이다.

ㄴ. (X) 우생학 관련된 내용이 본문에 나와 있지는 않으나, 마지막 문단의 '말하자면 정상적인 사람의 형질을 개량하기 위해 유전적 조성을 바꿀 수 있게 된 것이다.'를 통해 유전자 치료가 인간 개조를 위해 사용될 수 있음을 추론할 수 있다.

ㄷ. (X) 세 번째 문단에서 제시된 바에 따르면, 운반체 바이러스는 일반 바이러스와 같이 자신의 유전물질을 주입하여 발현시킨다. 차이점은 발현된 유전자가 바이러스 고유의 유전자가 아닌 인간의 정상 유전자라는 것이다.

★★★

## 문 24. 정답 ⑤

Core Point & Tip

제시문에 내용과 필자의 논조를 통해 필자가 비판하고자 하는 주장의 내용이 무엇인지를 추론하고, 그에 해당하지 않는 주장을 찾아야 한다.

제시문에서 필자는 "서구의 경험이나 산업사회의 경험을 일반화하려는 경향", 즉 서구중심적인 사고방식과 "경쟁적이고 탐욕스럽고 자기중심적"인 성향들이 "인간본성 탓으로 돌려"지는 현상을 비판적인 논조로 서술하고 있다. 이에 유사한 내용을 담고 있는 선택지는 ①, ②, ③, ④번이다.

① (O) 필자는 네 번째 문단의 '그리고 세계 전역에서 점점 더 많은 사람들이 경쟁적이고 탐욕스럽고 자기중심적으로 되어감에 따라 이러한 성향들은 인간본성 탓으로 돌려진다. 그렇지 않다는 목소리가 꾸준히 있어왔음에도 불구하고 서구사회의 지배적 사고는 오랫동안 우리가 본래 공격적이고 다원주의적 투쟁에 영원히 갇혀있다고 가정해왔다.'는 주장을 통해 ①번 내용을 비판하고 있다.

②, ④ (O) 또한 필자는 두 번째 문단의 '서구문화의 유별난 점은 ~ 자신에 대한 객관적인 시각을 잃어버렸다는 것이다 ~ 모든 사람이 우리와 같거나 우리와 같이 되기를 바란다고 여기는 것이다.'를 통해 ②, ④번 내용을 비판하고 있으며, 특히 세 번째 문단의 '오늘날 제3세계의 문제들은 그 대부분은 아닐지 몰라도 많은 경우에 식민주의와 오도된 개발의 결과이다.'를 통해 ④번 내용을 비판하고 있다.

③ (O) 두 번째 문단에서 '모든 사람이 우리와 같거나 우리와 같게 되기를 바란다고 여긴다'고 언급하여 ③번 내용을 비판하고 있다.

⑤ (X) 마지막 문단의 "인간본성에 대한 우리의 가정은 ~ 우리의 삶을 지배하는 제도의 모습에 영향을 미친다."는 내용을 보면 ⑤번은 오히려 필자가 주장하고자 하는 내용에 가깝다는 것을 알 수 있다.

★★★

## 문 25. 정답 ②

Core Point & Tip

지문은 논리적인 정보구조 외에도 수치 정보를 포함하고 있기에 선택지를 두 관점에서 잘 분석해야 한다.

① (X) 호흡 시 기체의 압력 정도는 신체 외부의 압력과 같아야 한다.

② (O) 제시문의 내용과 정확하게 일치한다.

③ (X) 질소마취상태는 수중 40미터 깊이부터 발생한다.

④ (X) 스쿠버다이버가 상승 중 호흡이 정지되면 공기 색전증이 생길 수 있다.

⑤ (X) 스쿠버다이버가 상승할 때 질소는 혈액으로부터 허파로 이동한다.

★★★★

## 문 26. 정답 ③

Core Point & Tip

제시된 선택지 중에서 본문의 밑줄 친 내용에 해당되는 사례가 논지를 강화하는 진술이라고 생각하고 문제풀이를 하여야 한다.

① (X) 루즈벨트의 스타일은 명성의 지도자에 가깝다.

② (X) 빌 클린턴의 스타일 또한 명성의 지도자에 가깝다.

③ (O) 세계 대전의 불확실성 속에서는 지배적인 지도자가 더 매력적이라는 점에서 트루먼은 강력한 리더쉽을 통해 정치적 기반을 확장하였다는 내용이기에 밑줄 친 내용의 논지를 강화하는 적절한 사례가 된다.

④ (X) 밑줄 친 내용과 특별한 관련이 없는 사항이다.

⑤ (X) 이 역시 밑줄 친 내용과 특별한 관련이 없는 사항이다.

★★★

## 문 27. 정답 ③

Core Point & Tip

프랑스에서 나타난 현대적인 의미의 브랜딩 작업의 기원 및 그 전개과정에 대한 글을 읽고 그 내용을 빠르고 정확하게 파악한다.

ㄱ. (O) 마지막 문단에서 '프랑스라는 나라 자체를 팔았다. 마음속으로는 열렬히 이익을 추구하면서도 동정심과 박애주의의 나라라는 이미지를 내걸었다.'는 설명을 통해 알 수 있다. 콜베르티즘은 프랑스의 스타일화를 위해 박애주의 정신 등으로 프랑스의 이미지를 형성했으며, 그 이면에는 국내시장의 활성화와 수익 추구라는 목표가 자리하고 있었다.

ㄴ. (O) 혁명 후에도 국민들이 '국가 권력이 무분별한 시장을 통제하고 공정성을 보장할 수 있으리라는 믿음을 버리지 않았다(마지막 문장)'는 점에서 루이 14세의 기업 지원, 콜베르티즘의 프랑스 제품에 대한 스타일화 노력 등이 국민들에게 국가권력의 시장통제력에 대한 믿음을 갖게끔 했다고 추론할 수 있다.

ㄷ. (X) 프랑스 제품이 자국인들은 물론 외국인들에게 최상품으로서 인기를 끌게 된 것은 엄격한 제조규정을 적용하여 소비자의 신뢰를 얻었기 때문으로, 품질의 절대적 우위에 의한 것은 아니다. 특히 두 번째 문단의 '상품이 지닌 본질적인 우수성보다는 만들어진 유행과 믿음 때문'이라는 설명을 통해 잘못된 추론임을 알 수 있다.

★★

## 문 28. 정답 ④

**Core Point & Tip**

**㉠은 자연선택이 개체 수준이 아니라 '종'의 수준에서 나타날 수 있다고 설명하고 있으므로 자연선택이 '종'의 수준에서 나타나는 사례를 찾으면 된다.**

① (X) 부리 형태의 차이가 종 변화에까지 이르지 못하였다고 했으므로 자연선택이 개체의 수준에서 일어나는 사례이다.
② (X) 종의 수준에서 설명하는 것은 맞지만 자연선택이 아니라 사회문화적 행동에 대한 사례이다.
③ (X) 종의 수준이 아니라 동물군의 수준에서의 자연선택을 설명하고 있다.
④ (O) 종A가 종B보다 넓게 분포하는 경우 생존에 더 유리하다는 것은 자연선택이 종의 수준에서 일어나고 있음을 보여주는 것이다.
⑤ (X) 개체의 성의 차이에 따라 자연선택이 발생함을 보여주는 사례이다.

★★★

## 문 29. 정답 ③

**Core Point & Tip**

**블록체인은 최근 중요한 트렌드 정보항목이므로 배경지식을 학습하여 유사한 지문이 출제될 경우 신속하게 푸는 것이 중요하다.**

ㄱ. (X) 중앙관리자와 같은 제3자 없이 개인 간 거래가 가능하게 하는 기술적 시도이다.
ㄴ. (O) 제시문의 마지막 문단이 블록체인의 기술적 특징에 기반해 누락 등 오류를 방지할 수 있는 내용을 언급하고 있다.
ㄷ. (X) 네 번째 문단에 제시된 'P2P는 서버나 클라이언트 없이 개인 컴퓨터 사이를 연결하는 통신망이다.' 라는 내용을 통해 블록체인은 클라이언트가 관여하지 않는 기술임을 알 수 있다.
ㄹ. (O) 세 번째 문단에서 '화폐의 단위도 국가마다 다르고 금융회사들의 네트워크도 각기 다르지만, 블록체인은 이런 비효율적인 구조를 혁신하는 것으로써, P2P 프로그램을 이용해 글로벌 단일 장부에 그 거래내역이 기록으로 기입되는 식으로 거래가 확정된다.' 고 설명하고 있다.

★★★

## 문 30. 정답 ⑤

**Core Point & Tip**

**제시문에서 말하는 관점이 적용된 사례를 찾는 문제로 '말이 사회와 문화를 만든다는 입장'과 '말을 사회의 문화현상으로 보는 경우'를 혼동하지 않도록 한다.**

②, ③ (X) 역시 사회와 문화가 언어에 반영됨을 보여주는 사례이다. 즉, '말이 사회와 문화를 만든다는 입장'이 아니라 '말을 사회의 문화현상으로 보는 경우'이다.
④ (X) '언어적 차이가 사고의 차이를 의미하지는 않음'을 보여준다.
⑤ (O) 거친 말이 사회를 거칠게 만든다는 인식이 있으므로, ㉠의 '말이 사회와 문화를 만든다는 입장'으로 볼 수 있다.

★★★

## 문 31. 정답 ③

**Core Point & Tip**

**지수, 제니, 로제, 리사의 진술 중 모순이 되는 발언을 찾아야 한다.**

③ (O) 지수와 제니의 진술이 모순이므로 다음 2가지의 경우의 수가 있다.

| 지수 | 제니 | 로제 | 리사 |
|---|---|---|---|
| 참 | 거짓 | 참 | 거짓 |
| 거짓 | 참 | 거짓 | 거짓 |

• 지수의 진술이 참일 경우
– 지수의 진술이 참이므로 롱패딩을 구입한 것은 제니이다. 그런데 로제의 진술도 참이므로 1명 만이 진실을 말하고 있다는 것에 위배된다. 따라서 지수의 진술은 참일 수 없다.
• 제니의 진술이 참일 경우
– 지수, 로제, 리사의 진술이 거짓이다. 지수의 진술이 거짓이므로 제니는 롱패딩을 구입하지 않았다. 로제의 진술이 거짓이므로 롱패딩을 구입한 것은 로제이다. 리사의 진술이 거짓이므로 지수도 롱패딩을 구입하지 않았다. 만약 리사가 롱패딩을 구입했다면 로제의 진술이 참이 되므로 리사도 롱패딩을 구입하지 않았다.
따라서 진실을 말하고 있는 사람은 제니이고, 롱패딩을 구입한 것은 로제이다.

★★★

## 문 32. 정답 ②

**Core Point & Tip**

**아래 해설과 같이 〈표〉를 만들어 〈조건〉을 순차적으로 적용하여 A, B, C, D와 각 기업들 간의 매칭시켜나간다.**

② (O) <조건>의 ㄱ~ㄹ을 적용하여 A, B, C, D의 부서를 추론하여 정리하면 다음과 같다

| | 행정안전부 | 기획재정부 | 국토교통부 | 해양수산부 |
|---|---|---|---|---|
| A | ○ | ×(ㄹ) | ×(ㄱ) | ×(ㄷ) |
| B | × | ×(ㄴ) | ○ | ×(ㄴ) |
| C | × | × | ×(ㄱ) | ○ |
| D | × | ○ | × | ×(ㄷ) |

★★★

## 문 33. 정답 ①

**Core Point & Tip**

**클러스터에 대한 상세한 본문의 소개 내용을 파악하여 선택지와 매칭하여야 한다.**

ㄱ. (O) 제시문의 세 번째 문단에 '클러스터는 혁신을 증가시키고, 보다 많은 지식 파급 및 지식 축적을 가져오며, 기업 간 지식 확산의 속도를 가져온다.'고 하는 클러스터의 기능적 효용성이 소개되어 있다.
ㄴ. (X) 클러스터의 개념 변화에 대해서는 언급되었으나 사양화에 대해서는 언급된 바 없다.

ㄷ. (O) 제시문에 '정보, 전문 인력, 기관 및 "공공재"에 효율적인 접근이 가능하고 기업에 상호보완성을 가질 수 있다는 점에서 효율성이 향상되며, 혁신 기회를 인지하고 대응할 수 있는 능력 향상 및 ~'이라고 언급되어 있다. 이것이 클러스터가 성공할 수 있는 요소라고 볼 수 있다.

ㄹ. (X) 클러스터의 실제 지역적 위치에 대해서는 언급된 바 없다.

★★★

## 문 34. 정답 ③

Core Point & Tip

'스탠포드 감옥 실험'의 제시문을 읽고, 이를 근거로 추론해 내는 문제이다.

① (O) 평범한 대학생들을 연구 대상자로 선정하여 교도관 역할과 죄수 역할을 맡도록 하였을 때, 교도관 역할자는 둘째 날부터 진짜 교도관이 된 것처럼 행동하기 시작했다는 것으로부터 인간의 행동은 지위에 따라 달라질 수 있음을 추론할 수 있다.

② (O) 교도관 역할자는 무력으로 죄수 역할자를 통제하고 죄수 역할자를 독방에 가두거나, 스스로 체벌을 고안하여 강제했으며 구타도 한 것으로부터 견제장치가 없는 권력은 남용될 가능성이 크다는 것을 추론할 수 있다.

③ (X) 정신적인 충격으로 발작을 일으키는 사람이 목격되었다는 것은 인간의 의지력으로 극한 상황을 극복할 수 없다는 것이므로 제시문으로부터 추론할 수 없다.

④ (O) 죄수복은 그 자체로 사람을 위축시켰으며, 교도관들의 제복과 선글라스 그리고 곤봉은 권위 의식을 갖게 했다는 것으로부터 상징(물)에 대한 의미부여가 구성원의 행동양식에 영향을 미치고 있음을 추론할 수 있다.

⑤ (O) 결국 연구대상자들이 집단 광기를 보인 것으로부터 외부와 접촉이 차단되고 고립된 상태에서는 행동에 대한 자기 통제력이 약화될 수 있음을 추론할 수 있다.

★★

## 문 35. 정답 ⑤

Core Point & Tip

크라우드 펀딩은 최근 중요한 정보항목이므로 배경지식을 학습하여 유사한 지문이 출제될 경우 신속하게 푸는 것이 중요하다.

ㄱ. (O) 펀딩 기간이 짧은 프로젝트는 크라우드 펀딩이 적합하지 않다고 제시문에서 제시하고 있다.

ㄴ. (O) 크라우드 펀딩 활용 시 잠재이익의 일부를 포기하지 않아도 된다고 제시문에서 제시하고 있다.

ㄷ. (O) 크라우드 펀딩으로는 큰 사업을 위한 자금을 유치하기 힘들다는 언급이 제시문에서 제시되고 있다.

★★★

## 문 36. 정답 ③

Core Point & Tip

밑줄 친 부분의 오류가 무엇인지 먼저 파악하고 이를 각 선택지와 비교하여 판단해야 한다.

① (X) 무지의 오류 : 어떤 주장을 '거짓'이라고 밝히지 못하였기 때문에 '참'이라고 주장하는 것을 말한다.

② (X) 동정에 호소하는 오류 : 자신의 불쌍한 처지나 억울함을 호소하여 상대방에게 연민의 정 또는 동정심을 유발하여 자신의 주장을 받아들이도록 할 때 발생하는 오류를 말한다.

③ (O) 밑줄 친 부분은 일부 특수한 사례를 가지고 법칙화하려는 성급한 일반화의 오류를 범하고 있다.

④ (X) 인신공격의 오류 : 논리적 오류 중에 비형식적 오류에 속하고 그 중에 심리적 오류에 해당한다. 즉, 사람의 인품이나 성격, 과거의 행적 등을 이유로 주장을 제시하는 논증을 말한다.

⑤ (X) 순환 논증의 오류 : 선결문제의 오류 등으로 불리는 오류로 아직 참으로 증명되지 않은 전제를 참으로 가정하는 오류를 말한다.

★★

## 문 37. 정답 ⑤

Core Point & Tip

(가)와 (나) 모두 A와 B가 다른 주장을 하고 있는데, 다른 주장을 하게 되는 이유가 무엇인지 파악하는 문제이다.

⑤ (O) (가)의 미생물학자 A와 B의 시각의 차이는 착색기술에 대한 지식 및 경험의 유무이다. 즉 A와 B는 동일한 자료를 서로 다른 방식으로 재구성하고 있음을 알 수 있다.
(나)의 미생물학자 A와 B의 시각의 차이는 동일한 대상인 아메바를 관찰했지만 대상의 어떤 면에 주목했고 그것을 어떻게 해석했는지에 따라 시각의 차이가 발생했다.

★★★

## 문 38. 정답 ④

Core Point & Tip

지식의 저주에 대한 설명을 바탕으로 주어진 글의 빈 칸을 채우는 유형의 문제이다. 전체적인 맥락을 잘 이해하고 특히 빈 칸 바로 앞의 내용에 주목할 필요가 있다.

④ (O) 실험에서 탁자를 두드리는 사람은 이미 알고 있는 노래를 두드리지만 듣는 사람은 모르기 때문에 2.5%의 사람만이 노래 제목을 맞춘다는 것이 이 개념의 핵심 내용이다. 이는 자신이 잘 아는 분야의 지식을 다른 사람들이 가지지 못했다는 사실을 인식하지 못하는 경우를 의미한다. 따라서 빈 칸에 들어가는 것으로 가장 알맞은 내용은 ④번이 된다.

★★★

## 문 39. 정답 ③

Core Point & Tip

제시된 지문의 내용을 토대로 추론한 내용의 옳고 그름을 판단하는 문제이다. 추론 문제의 경우 배경 지식이 아닌 지문의 내용에 명시적으로 제시되어 있는 내용을 근거로 옳고 그름을 판단해야 한다.

① (X) 뉴턴이 만유인력의 법칙을 정립함에 있어서 실험을 진행하였다는 내용은 제시문에 나타나 있지 않다.

② (X) 캐번디시의 실험은 만유인력의 법칙을 기반으로 하고 있다. 중요한 변수는 질량과 거리이므로 A의 위치 변경 속도가 증가한다고 하여 B가 비틀리는 각도가 증가한다고 볼 수 없다.

③ (O) 보이스의 실험 역시 기본적으로는 만유인력의 이론을 지지한 캐번디시의 실험과 유사하게 진행되었고, 그 결과에 기존에 언급했던 내용들과 반대되는 내용이 제시되지 않았으므로 만유인력 이론을 지지하는 실험으로 볼 수 있다.

④ (X) 뉴턴의 기본적인 역학법칙과 갈릴레이의 발견을 토대로 (가)에 들어갈 결론을 도출하였지만, 뉴턴의 기본적인 역학법칙이 갈릴레이의 발견을 토대로 정립되었다는 내용은 제시되어 있지 않다.

⑤ (X) F는 질량의 곱에 비례하고, 거리의 제곱에 반비례한다. 따라서 $M_1$이 네 배가 된 경우에 F를 일정하게 유지시키려면, R이 두 배가 되어야 한다. $(2R)^2 = 4R^2$

★★★

## 문 40. 정답 ②

Core Point & Tip

제시된 조건의 내용을 토대로 빈 칸에 들어갈 결론을 찾는 문제이다. 제시된 조건을 통하여 고정된 변수가 있는지, 각 변수들은 어떤 관계를 갖는지 분석하는 과정을 통하여 결론을 찾도록 한다.

기본적인 역학법칙을 정리하면, 물체의 가속 정도는 가속시키는 힘에 비례하고, 물체의 질량에 반비례한다.

$$\text{물체의 가속 정도} = \frac{\text{가속시키는 힘}}{\text{물체의 질량}}$$

갈릴레이의 발견에 의하면 모든 물체는 질량과 무관히 중력장에서는 똑같은 가속도로 낙하한다.

① (X) 낙하 가속도가 물체의 질량에 비례한다는 것은 뉴턴이 정립한 기본적인 역학법칙에 어긋나는 내용이다.

② (O) 갈릴레이의 발견에 따라 물체의 가속 정도가 일정하므로 질량 증가 시 힘 증가, 질량 감소 시 힘 감소의 관계가 성립한다. 즉 물체를 낙하시키는 힘은 질량에 비례한다.

③ (X) 질량과 가속시키는 힘의 반비례관계는 주어진 조건으로 도출할 수 있는 결론에 해당하지 않는다.

④ (X) 가속도가 일정하게 유지되는 것은 갈릴레이의 발견에서 성립하는 것이지, 모든 경우에 가속도가 일정하게 유지되는 것은 아니다.

⑤ (X) 물체를 가속시키는 힘과 물체의 가속 정도는 비례관계에 있다.

# 제2회 PSAT 종합 실전모의고사

책형 가

# 자료해석영역

**| 정답표 |** PUBLIC SERVICE APTITUDE TEST

| 1 | 2 | 3 | 4 | 5 | 6 | 7 | 8 | 9 | 10 |
|---|---|---|---|---|---|---|---|---|---|
| ④ | ② | ⑤ | ③ | ② | ③ | ① | ④ | ⑤ | ③ |
| 11 | 12 | 13 | 14 | 15 | 16 | 17 | 18 | 19 | 20 |
| ③ | ③ | ⑤ | ③ | ③ | ④ | ⑤ | ② | ④ | ① |
| 21 | 22 | 23 | 24 | 25 | 26 | 27 | 28 | 29 | 30 |
| ② | ③ | ④ | ③ | ② | ③ | ③ | ④ | ⑤ | ③ |
| 31 | 32 | 33 | 34 | 35 | 36 | 37 | 38 | 39 | 40 |
| ③ | ① | ② | ④ | ⑤ | ③ | ③ | ⑤ | ④ | ② |

★★

## 문 1. 정답 ④

Core Point & Tip

지속적과 추세라는 것의 의미를 확실하게 구분해야 한다. 지속적은 단 하나의 예외도 허용하지 않는 것인 반면 추세는 어느정도의 예외는 허용되는 것을 뜻한다. 또한 제시된 표를 토대로 선택지가 객관적인 자료에 근거하지는 지를 판단해야 한다.

ㄱ. (X) 2005년 대비 2015년의 변화율을 살펴보면, 다음과 같다.

| 군 | 홍천 | 횡성 | 영월 | 평창 | 정선 | 철원 | 화천 | 양구 | 인제 | 고성 | 양양 |
|---|---|---|---|---|---|---|---|---|---|---|---|
| 증감율 | -19.7 | -19.3 | -39.6 | -27.0 | -33.8 | -8.0 | -2.2 | 5.1 | 6.8 | -38.8 | -34.0 |

이때, 변화율이 가장 큰 군은 영월, 고성, 양양 순이다.

ㄴ. (O) 강원도 내 영유아 인구수는 홍천군(2.693), 철원군(2.282), 인제군(1,858) 순이다.

ㄷ. (O) 횡성군의 강원도내 영유아 인구 비중은 2.0%이다.

ㄹ. (X) 2011~2015년의 기간동안 출생아수가 지속적으로 감소하고 있는 군은 영월군, 고성군의 2곳이다.

★★★

## 문 2. 정답 ②

Core Point & Tip

주어진 자료의 내용을 분석하여 선택지의 옳고 그름을 판단하는 문제이다. 시비 판단의 문제는 선택지가 가리키는 것이 무엇인지 파악하는 첫 단계가 가장 중요하므로 선택지의 주어와 서술어를 잘 파악하도록 한다.

ㄱ. (O) 2013-2016 기간 동안 스웨덴의 GDP 대비 공공사회복지 지출 비율의 증감방향은 '감소-감소-증가'로 나타난다. 이와 동일한 증감방향을 보이는 국가는 스웨덴을 제외하고 폴란드, 슬로베니아의 두 곳이다.

ㄴ. (X) 에스토니아의 2014년 GDP가 280억 유로이므로 공공사회복지 지출은 그 16%인 44억 8천만 유로가 된다. 2015년에 에스토니아의 GDP가 308억 유로이므로 공공사회복지 지출은 그 17%인 52억 3천 6백만 유로가 된다. 증가폭은 7억 5천 6백만 유로가 된다.

ㄷ. (X) 변동폭이 아닌 '증가폭'임에 주의해야 한다. 변동폭으로 하면 아일랜드가 가장 크지만, 증가폭으로 하면 '노르웨이'가 가장 크게 나타난다.

ㄹ. (O) 2013년에는 '프랑스-핀란드-벨기에-덴마크-이탈리아', 2014년 '프랑스-핀란드-벨기에-덴마크-이탈리아', 2015년 '프랑스-핀란드-벨기에-이탈리아-덴마크', 2016년 '프랑스-핀란드-벨기에-이탈리아-덴마크'로 덴마크와 이탈리아의 순위가 바뀌긴 하지만 상위 5개국에 포함되는 국가는 동일하게 나타난다.

★★★

## 문 3. 정답 ⑤

Core Point & Tip

경우의 수가 적은 것부터 처리한다.

<첫 번째 조건> 2010~2012년 동안 지속적으로 지원건수가 감소하는 것은 B, C, D, 선도면담이다. 따라서 B, C, D는 시설연계, 의료지원, 법적지원과 연결될 수 있다. 또한 언급되지 않은 A, E는 타기관의뢰와 심리적지원임을 알 수 있다. 따라서 이에 해당되지 않는 선택지 ③, ④는 소거된다.

<두 번째 조건> 피해자지원 중 비중이 매년 10%에 미치지 못하는 것은 B, C이다. 따라서 B, C는 시설연계, 의료지원과 연결되고, 앞에서 살펴보았던 바와 같이 D는 자동으로 법적지원이 됨을 알 수 있다.

<세 번째 조건> A 또는 E가 타기관의뢰이므로, 만약 A가 타기관의뢰가 된다면 법적지원(D)과 합하여 기타지원 건수를 넘게 된다. 따라서 타기관의뢰는 E가 된다. → 선택지 ①번 소거

<마지막 조건> 2009~2012년 동안 매년 타기관의뢰(E)와 의료지원의 합이 시설연계를 넘어서지 못하므로 의료지원보다 시설연계가 더 커야한다. 따라서 C가 시설연계가 되고, B가 의료지원이 됨을 알 수 있다.

∴ 결국 **'(A) 심리적지원, (B) 의료지원, (C) 시설연계, (D) 법적지원, (E) 타기관의뢰'**가 된다.

★★

## 문 4. 정답 ③

Core Point & Tip

선택지 ①번과 같은 연도를 이용한 함정에 주의하자. 선택지 ⑤번은 주어진 자료와 각주를 잘 확인하여 함정임을 catch해야 한다.

① (X) <그림 1>에서 2013년의 수치가 주어져 있지 않으므로 한국의 여성 임금5분위배율이 2011~2015년 동안 매년 증가하였다는 것을 판단할 수 없다.

② (X) <그림 1>에서 1분위 평균임금근로소득이 크게 감소하였을 경우 5분위 평균임금근로소득의 감소에도 불구하고 임금5분위배율이 증가했을 가능성이 있으므로 옳지 않은 설명이다.

③ (O) 2016년 한국 남성 임금5분위배율의 전년대비 감소율은 3.7%($\fallingdotseq \frac{-0.22}{5.98} \times 100$)이고, 한국 전체 임금5분위배율의 전년대비

감소율은 1%($\fallingdotseq \frac{-0.06}{6.2} \times 100$)이하이다. 양자 간의 격차는 2.7%p로 2%p 이상이다.

④ (X) 2015년 한국 남성근로자의 평균임금이 노르웨이 남성근로자 평균임금의 1.5배라면, 노르웨이 여성근로자의 평균임금이 92.9, 한국 여성근로자의 평균임금이 94.2(=62.8×1.5)로 환산되어 한국 여성근로자의 평균임금이 더 높다는 것을 알 수 있다.

⑤ (X) <그림 2>에서 주어진 자료만으로는 국가 간의 여성근로자 평균임금을 비교할 수 없다.

★★

## 문 5. 정답 ②

**Core Point & Tip**

ㄴ과 ㄹ의 〈보기〉와 같이 순위를 계산하는 문제는 1위부터 순차적으로 계산하기 보다는 하위권부터 거슬러 올라가는 것이 효율적인 경우가 많다. 그것이 옳은 지문이라면 두방법의 차이는 없겠지만 틀린 지문이라면 후반부의 순위가 달라지는 경우가 대부분이기 때문이다.

ㄱ. (O) 2013년 일본의 PEV 시장보급률(0.85)은 같은 해 영국의 PEV 시장보급률(0.16)의 5.3배이다.

ㄴ. (X) 2013년 PEV 판매대수가 높은 순서의 나라는 '미국 > 일본 > 네덜란드 > 중국' 순이다. (중국(28,619) > 프랑스 (28,560))

ㄷ. (O) 주어진 기간 동안 각 국가들의 HEV 보급대수를 합하면 프랑스(35,247), 독일(33,090), 영국(68,128)이다. 따라서 프랑스와 독일의 보급대수의 합은 영국보다 크다.

ㄹ. (X) 2007년, 2008년, 2010년은 영국이 3위를 차지했으나 2009년의 경우는 네덜란드가 3위를 차지하고 있다. 따라서 옳지 않다.

★★

## 문 6. 정답 ③

**Core Point & Tip**

간단한 자료이지만 모든 선택지가 분수식을 계산해야 하는 의외로 시간이 많이 소요되는 문제이다. 하지만 이런 문제들이 상당히 많은 비중으로 출제되므로 평소 계산연습을 소홀히해서는 안된다.

ㄱ. (O) $\frac{41}{106}$, $\frac{64}{244}$, $\frac{122}{572}$, $\frac{163}{881}$이 지속적으로 감소하는지 판단하면 되는데, 106에서 244는 2배 이상이 되었는데 41에서 64는 2배 미만으로, 1995년은 1985년에 비하여 감소하였다. 244에 비해 572는 2배가 넘게 증가하였으나, 64에 비하여 122는 2배 미만으로, 2005년은 1995년에 비하여 감소하였다. 572에서 881로 300이 넘게 증가하였고 이는 50% 이상 증가한 셈인데 122에서 163은 41이 증가하여 50% 미만 증가하였다. 따라서 2015년은 2005년에 비하여 감소하였다.(1985년 : 38.6%, 1995년 : 26.2%, 2005년 : 21.3%, 2015년 : 18.5%)

ㄴ. (O) 농가 가구당 평균 구성원 수는 $\frac{\text{가구당소득}}{\text{1인당소득}}$을 통해서 구할 수 있다. 1985년도에는 농가 가구당 평균 구성원 수는 6명 이상(6.2명)인 반면 비농가 가구당 평균 구성원 수는 6명 미만(4.5명)이고, 1995년도에는 농가 가구당 평균 구성원 수는 5명을 초과(5.5명)하나, 비농가 가구당 평균 구성원 수는 5명 미만(4.6명)이다. 2005년도에는 농가·비농가 가구당 평균 구성원 수 모두 5명 미만이나 농가의 경우 4.5명을 상회하나(4.6명) 비농가의 경우 4명에 근접한 수치(4.1명)이고, 2015년도에 농가 가구당 평균 구성원의 수는 약 4명, 비농가 가구당 평균 구성원의 수는 4명에 미치지 못하므로(3.5명), 이는 옳다.

ㄷ. (X) 크게 문장이 두 부분으로 되어 있는데, 앞부분과 뒷부분이 모두 옳지 않다. 일단 106에서 244는 138이 증가하여 대략 130% 정도의 증가율을 보이고 있으나, 244에서 572는 328이 증가하여 244+84, 84는 244의 30%를 초과하므로 오히려 2005년의 1995년 대비 증가율이 1995년의 1985년 대비 증가율보다 높다.(1995년 증가율 : 130%, 2005년 증가율 : 134%) 또한 문장의 뒷부분을 살펴보면 농업소득의 증가율이 낮아지는 것에 기인한다고 제시되어 있으나 농업소득의 증가율은 2005년이 1995년에 비해 더 증가하고 있어 옳지 않다.

★★★

## 문 7. 정답 ①

**Core Point & Tip**

이 문제와 같이 자료가 방대하게 주어지는 경우에는 사용되지 않는 항목도 존재한다. 이는 입법고시에서 주로 출제되는 유형인데 〈표 2〉의 정지인구에 관한 자료가 바로 그것이다.

ㄱ. (X) <표 1>에서 남녀 모두 0~10세까지는 연령이 상승할수록 사망확률이 감소한다.

ㄴ. (O) 전체 생존자의 감소폭이 가장 작은 구간은 1세에서 10세 사이로 134명이 감소한다.

ㄷ. (X) 70세부터 이전 연령 대비 기대여명의 감소율을 계산하면 70세는 33.6%($\fallingdotseq \frac{8.9}{26.47} \times 100$), 80세는 43.4%($\fallingdotseq \frac{7.62}{17.57} \times 100$), 90세는 49.8%($\fallingdotseq \frac{4.96}{9.95} \times 100$), 100세는 46.7%($\fallingdotseq \frac{2.33}{4.99} \times 100$)이다. 90세에서 100세 이상 구간으로 갈 때 감소율이 감소하므로 옳지 않은 설명이다.

ㄹ. (X) 80세는 해당 격차가 11,697명이지만, 90세는 10,981명으로 감소한다.

★★★

## 문 8. 정답 ④

**Core Point & Tip**

〈표〉의 연결형 문제로 우리나라와 세계를 비교하는 선택지의 설명을 〈표〉에서 꼼꼼히 대조하여 문제를 해결하여야 한다. 이 문제에는 해당하지 않지만 난이도가 높아질 경우 세계의 개최건수 대비 우리나라의 개최건수의 증가율을 물을 수 있다. 즉 분수식을 두 번 계산해야 하는 아주 복잡한 지문이다.

① (X) 우리나라의 국제회의 개최건수 대비 세계의 국제회의 개최건수의 비율은 2008년 69.1, 2009년 74.9, 2010년 59, 2011년 65.4, 2012년 43.5, 2013년 36.5, 2014년 38.5, 2015년 37.8이다. 따라서 2013년에는 2년 연속으로 하락하였으므로 매년 증가와 감소가 번갈아 발생하지는 않았다.

② (X) <표 1>에서 보면, 2007년 이후 우리나라가 전년 대비 국제회의 개최건수의 증가율이 15%이상인 연도는 2007년, 2010년,

2012년, 2013년 총 4회이다.

③ (X) <표 1>에서 보면, 2010년에 우리나라의 국제회의 개최건수가 증가했음에도 불구하고 세계 순위는 하락하였다.

④ (O) 2015년 우리나라의 전년 대비 국제회의 개최건수의 증가율은 9.33%로 세계의 전년 대비 국제회의 개최건수의 증가율 7.4%보다 높다.

⑤ (X) 2015년 싱가포르, 일본, 우리나라의 국제회의 개최건수를 합하면 1,505건으로 2015년 세계 국제회의 개최건수의 14%인 1,551건에 미치지 못한다.

★★★

## 문 9. 정답 ⑤

Core Point & Tip

통계표를 토대로 자료해석을 하는 문제이다. 제시된 표를 토대로 선택지가 객관적인 자료에 근거하는지를 판단해야 한다.

ㄱ. (X) 2005년도 자료가 없어서 전년대비 인구증감률 자체를 구할 수 없다.

ㄴ. (O) '사업시설관리 · 사업지원 서비스업'에서 사업체당 종사자 비율(≒38.3)이 가장 높게 나타나고 있다.

ㄷ. (O) 사업체당 종사자 비율이 가장 낮은 업종은 '도매업 · 소매업'(≒0.2)이다.

ㄹ. (O) 전년대비 인구증감률이 가장 낮은 연도는 2013년(0.2)이다. 인구증감률 값 비교는 절대값 개념으로 이해해야 한다. (ex) ( | −1.0 | > | +0.3 | )

★★★

## 문 10. 정답 ③

Core Point & Tip

통계표를 토대로 자료해석을 하는 문제이다. 제시된 표를 토대로 선택지가 객관적인 자료에 근거하지는 지를 판단해야 한다.

ㄱ. (O) 업종, 매출액, 판매형태별, 지역등 모든 분류에서 매출감소항목이 가장 높은 비중을 차지하고 있기 때문에 맞는 보기이다.

ㄴ. (X) 판매대금 회수지연 응답은 "건설업"(53.7%) 및 "도소매업"(53.3%) 에서 높게 나타나고 있다.

ㄷ. (O) <표 1>의 각주에서 곤란은 곤란과 매우 곤란의 비중의 합을 의미한다. 매출액이 낮아질수록 곤란의 비중이 증가함을 <표 1>에서 확인할 수 있다.

ㄹ. (X) 자금사정이 어려움을 판단하는데 있어서 판매형태별 차이(1.7%p)보다는 지역별 차이(10.0%p)가 더 유의미한 수치로 관측된다.

ㅁ. (O) 자금사정 곤란원인 비중을 살펴보면, 환율변동의 비중은 전체적으로 미미한 반면에, 금융권 대출곤란 문제는 상대적으로 비중이 높은 것으로 나타난다.

★★★

## 문 11. 정답 ③

Core Point & Tip

각 〈그래프〉의 X축 항목들이 일반적 〈그래프〉에 비해 상당히 분화되어 있어 그 의미파악이 선결되어야 한다. 그리고 〈보고서〉의 마지막 문단에 등장하는 100% 이상 증가하였다는 표현이 2배 이상 증가한 것을 의미함을 파악할 수 있어야 한다.

① (O) <그래프>에서 2012년 중·고등학생 청소년이 유해약물을 처음 이용하게 된 계기는 흡연(52.8%)과 환각성 물질(39.1%)의 경우 「호기심으로」가 가장 많으며, 음주의 경우 「호기심으로」와 「가족·친척의 권유」가 1.1%p(= 28.7 − 27.6) 차로 비슷하게 나타났다. 이는 <보고서> 첫 번째 문단의 내용과 부합한다.

② (O) <그래프>에서 2012년에 청소년의 11.2%가 지난 1년 동안 한 번이라도 자살하고 싶다는 생각을 해 본적이 있는 것으로 나타난다. 자살하고 싶었던 주된 이유는 「기타」를 제외하고 「성적 및 진학문제(28.0%)」, 「경제적 어려움(20.5%)」, 「외로움, 고독(14.1%)」, 「가정불화(13.6%)」, 「직장문제(6.7%)」 순이다. 「성적 및 진학문제」로 자살을 생각한 청소년은 전체 청소년 중 3% 이상(11.2 × 0.28 ≒ 3.14%)이다. 이는 <보고서> 두 번째 문단의 내용과 부합한다.

③ (X) <그래프>에서 2011년에 청소년의 사망원인은 「자살(1위)」이 가장 많고, 다음은 「운수사고(2위)」, 「암(3위)」, 「심장질환(4위)」, 「익사사고(5위)」순이다. 인구 10만명당 청소년 자살자 수(사망률)는 2001년 7.7명에서 2011년 13.0명으로 증가하였다. 운수사고와 익사사고로 인한 인구 10만명당 청소년 사망자 수(사망률)는 2001년에 비해 절반 이하로 감소(운수사고 : 15.6 → 7.8, 익사사고 : 2.8 → 0.8)하였다. 하지만 심장질환으로 인한 인구 10만명당 청소년 사망자 수(사망률)는 2001년에 1.5명, 2011년에 1.0명이어서 절반 이하로 감소한 것이 아니므로, <보고서> 세 번째 문단의 내용에 부합하지 않는다.

④ (O) <그래프>에서 2012년 학교급별 SNS(Social Network Service) 이용률을 보면, 고등학생은 10명 중 9명(90%) 이상이 「블로그(92.6%)」와 「미니홈피(93.3%)」를 이용하는 것으로 나타난다. 대학생 5명 중 1명(20%) 이상이 「프로필 기반 서비스(22.0%)」와 「마이크로블로그(23.0%)」를 이용하였으며, 초등학생은 「블로그(69.0%)」나 「미니홈피(61.2%)」보다 「커뮤니티(72.0%)」이용률이 더 높았다.

⑤ (O) <그래프>에서 2012년 청소년의 스마트폰 이용률은 80.7%로 전년(40.0%)에 비해 100%(두 배) 이상 급증하였다. 2012년에 스마트폰을 사용하는 청소년의 이용 용도는 1위가 문자메시지(SMS, MMS)(36.7%), 2위가 무선인터넷 및 애플리케이션(34.0%), 3위가 음성·영상통화(29.3%)였으며, 이러한 이용용도 순위는 2011년의 경우에도 마찬가지이다. 이는 <보고서> 마지막 문단의 내용과 부합한다.

★★

## 문 12. 정답 ③

Core Point & Tip

**이 문제와 같이 숫자가 비슷한 분수가 등장할 경우는 직접 계산하기보다는 분자와 분모의 증가율을 통해 구하는 것이 효율적이다. 남성과 여성의 중졸, 고졸, 대졸의 초임급 평균액을 각 연도별로 비교할 수 있어야 한다.**

① (X) 분자인 여성 고졸 초임급 평균액이 하락하거나 분모인 여성 대졸 초임급 평균액이 증가한 연도를 중심으로 파악하여야 한다. 2012년의 경우 여성의 고졸, 대졸 초임급 평균액 모두 1만 원씩 감소하였으나 감소율은 분자인 고졸 초임급 평균액이 더 크기 때문에 대졸 대비 고졸 초임급 평균액 비는 감소하였다. 따라서 초임급 평균액의 비는 매년 증가하였다고 볼 수 없다.

② (X) 중졸의 남성대비 여성의 초임급 평균액 비의 경우 분모인 남성 중졸 초임급 평균액은 증가하고 여성 중졸 초임급 평균액이 그대로이거나 감소하는 2012년과 2015년의 경우 전년대비 그 비가 감소하였다.

③ (O) 2011년에서 2013년까지 중졸과 고졸 남성 초임급 평균액의 차액은 각각 19만 원, 12만 원, 8만 원이고, 중졸과 고졸 여성 초임급 평균액의 차액은 23만 원, 22만 원, 15만 원으로 여성의 경우가 남성보다 크다.

④ (X) 남성의 대졸 대비 고졸의 초임급 평균액의 비는 분모인 대졸 초임급 평균액만 증가한 2012년과 분자인 고졸 초임급 평균액보다 대졸 초임급 평균액이 1만 원 더 증가한 2015년의 경우 전년대비 대졸 대비 고졸 초임급 평균액 비가 감소하였다. (2011년 : 0.8, 2012년 : 0.79, 2014년 : 0.804, 2015년 : 0.801)

⑤ (X) 고졸 남녀의 초임급 평균액의 차액은 2012년 전년대비 1만 원 증가한 이후 지속적으로 9만 원씩의 격차를 보이고 있는 바 옳지 않다.

★★

## 문 13. 정답 ⑤

Core Point & Tip

**그래프로 주어진 자료들은 가급적 시각적으로 풀이를 하는 것이 옳지만 이 문제와 같이 구체적인 수치를 구해야 하는 경우는 어림한 값으로 직접 계산하는 것이 더 효율적일 수 있다.**

B, C, D, E, F는 각각 A시점에서 1시간, 2시간, 3시간, 4시간, 5시간이 지난 시점이다. 이 데이터를 <표>로 나타내면 다음과 같다.

| | B (1시간 후) | C (2시간 후) | D (3시간 후) | E (4시간 후) | F (5시간 후) |
|---|---|---|---|---|---|
| 병원미생물 감소수 (백만 마리) | 80 | 97 | 75 | 60 | 70 |
| 소독제 누적주입량 (kg) | 2.7 | 5.0 | 6.8 | 8.0 | 8.2 |

ㄱ. (O) <실험정보>의 소독효율 식에 따라 각 지점의 소독효율을 구해보면 1시간 후인 B만 유일하게 2천만마리/kg 이상임을 알 수 있다.

ㄴ. (O) 시점별 대략적인 소독효율을 계산해보면, B: 약 80/2.7≒29.6, C: 97/5=19.4, D: 75/6.8≒11.0, E: 60/8=7.5, F: 70/8.2≒8.5이다. 따라서 3시간이 경과한 시점(D)의 소독효율이 4시간이 경과한 시점(E)보다 더 크다.

ㄷ. (O) B~D구간의 소독속도의 절대값 = (25−20)/2=2.5 < C~F구간의 소독속도의 절대값=(30−3)/3=9이므로 옳은 지문이다.

★★★

## 문 14. 정답 ③

Core Point & Tip

**실제 계산해야 할 〈보기〉가 있고, 눈으로 두 개의 〈표〉를 교차 비교만 하여도 확인할 수 있는 〈보기〉가 있으므로 시간을 보다 절약할 수 있는 선에서 문제를 해결해야 한다.**

ㄱ. (O) <표 1>에서 보면 서울/경기 지역의 의료기관수는 3,380개로 가장 많고, <표 2>에서 보면 2012년 역시 서울/경기 지역의 의료기관수가 5,391개로 가장 많다.

ㄴ. (O) <표 2>에서 정신병원을 각 지역별로 계와 비교하여 보면, 서울/경기 28/5,391(=0.5%), 강원 5/303(=1.7%), 충북 4/305(=1.3%), 충남 9/400(=2.3%), 경북 3/526(=0.6%), 경남 10/640(=1.6%), 전북 4/406(=1.0%), 전남 12/302(=4.0%)로 전남이 가장 크다.(실제 계산하지 않고 눈대중으로만 보아도 알 수 있다)

ㄷ. (O) <표 1>과 <표 2>의 계 부분을 보면, 치과병원 수는 41→111로 2배 이상 증가하였으므로 증가율이 가장 크다.(그나마 비교 대상인 정신병원의 증가율은 2배에 미치지 못한다)

ㄹ. (X) <표 1>과 <표 2>에서 치과병원과 한의원을 각각 비교해 볼 때, 치과병원이 증가한 지역은 서울/경기(32→88), 충남(2→6), 경북(4→5), 경남(0→5), 전북(1→2), 전남(0→3)이고(강원과 충북을 제외한 6곳), 한의원은 전 지역(8곳)에서 증가하였다. 따라서 2008년 대비 2015년에 한의원 수가 증가한 지역이 치과병원의 수가 증가한 지역에 비해 많다.

★

## 문 15. 정답 ③

Core Point & Tip

**1번과 마찬가지의 유형이다. 반복하지만 아무리 매칭을 응용한 스타일의 문제라고 하더라도 매칭이 주가 되는 것이라는 점을 잊어서는 안된다.**

가장 명확하게 판단이 가능한 세 번째 <조건>을 살펴보면, 두 대학의 학생수 차이가 18,000명 이상인 그룹은 E−F뿐이다. 따라서 E−F는 순서와 관계없이 토르−로키 혹은 로키−토르임을 알 수 있으며, 여기에 마지막 <조건>을 결합하면 토르는 E, 로키는 F로 확정되게 된다.
다음으로 두 번째 <조건>을 살펴보면, 남은 두 개의 그룹 가운데에 졸업률의 차이가 발생하는 것은 C−D뿐이다. 따라서 플로라가 C, 야누스가 D임을 알 수 있다.
마지막으로 네 번째 <조건>을 살펴보면, A대학의 교수 수는 1,000명이며, B대학의 교수 수는 4,100명으로 계산된다. 따라서 오시리스는 A, 이시스는 B로 확정된다. 이를 근거로 하여 선택지를 판단해보면 다음과 같다.

ㄱ. (O) 로키는 F이며 졸업률이 94%로 제일 낮다.

ㄴ. (X) '교수 수 = 학생 수 / 교수 1인당 학생 수'이므로, 야누스의 교수 수는 3600명, 플로라의 교수 수는 2050명이다. 야누스의 교수 수는 플로라의 교수 수의 2배가 못 된다.

ㄷ. (O) 오시리스와 이시스 연간 학비 합 = 93,000 > 플로라와 야누스 연간 학비 합 = 92,900

★★★★

## 문 16. 정답 ④

Core Point & Tip

"상위 몇 개", "누적"과 같은 자료가 제시될 때는 항상 주의를 기울일 것!

ㄱ. (X) 주어진 자료는 2013년 10월 기준 "상위 10개" 자동차에 관한 것이다. 따라서 2013년 9월에는 A~J 자동차보다도 월매출액이 더 큰 자동차가 있었을 수도 있다.

ㄴ. (O) 전체 자동차 월매출 총액 = 특정 자동차 월매출액/해당 자동차의 시장점유율 × 100를 활용하면, B자동차는 전체 매출액의 1/3에 해당하므로 전체 자동차 월 매출 총액은 4,000억원 이하가 된다.

ㄷ. (X) <그림>은 I자동차의 "누적" 매출액 자료이다. 따라서 2013년 6월의 월매출액은 최대 5억원일 뿐 정확한 액수는 알 수 없으므로 증가율 역시 정확히 알 수 없다. 만약 6월 이전의 매출액이 전혀 없었다고 하더라도 6월의 5억원에서 9월의 12억원으로 7억원 증가한 것에 불과하므로 증가율은 800%에 한참 미치지 못한다.

ㄹ. (O) 285억 × 1.5 × 1.5 × 1.5 = 약 961억이므로, 4개월이 지나면 약 1,400억원으로 월매출액이 최초로 1,000억을 돌파하게 된다.

★★★

## 문 17. 정답 ⑤

Core Point & Tip

문제에서 단서가 제시되는 경우가 종종 있다. 이런 단서는 반드시 문제 풀이에 사용되는 것이 원칙이다. 만약 자신이 풀이한 내용이 단서의 적용을 받지 않았다면 어딘가에서 실수를 한 것이라고 봐도 무방하다.

(a) 2002년부터 2011년까지는 한 기간으로 묶어서 제시되어 있기 때문에 매년 잠재 성장률이 지속적으로 상승하는지는 알 수 없다. – 0

(b) 2012~2014년 평균 잠재 성장률이 2002~2011년의 잠재 성장률보다 높은 국가는 인도와 멕시코 2곳이다. –2

(c) 2002~2011년 기간 상위 5개국은 중국, 인도, 러시아, 한국, 브라질, 2012년에는 중국, 인도, 한국, 호주, 브라질, 2013년에는 중국, 인도, 한국, 호주, 브라질, 2014년에는 인도, 중국, 한국, 멕시코, 호주이다. 항상 포함되는 국가는 중국, 인도, 한국 3곳이다. – 3

(d) 우리나라의 2012년과 2014년의 잠재 성장률 변동폭은 0.4%p이다. 이보다 변동폭이 크게 나타나는 국가는 브라질, 중국, 그리스, 러시아 4곳이다. – 4

(e) 2013년 OECD 평균 잠재 성장률은 1.5이다. 2013년에 이보다 높은 잠재 성장률을 기록한 국가는 호주, 브라질, 캐나다, 중국, 인도, 한국, 멕시코, 스웨덴, 뉴질랜드, 미국 10곳이다. – 10

(a)~(e)에 해당하는 수를 모두 합하면 19가 된다.

★★★

## 문 18. 정답 ②

Core Point & Tip

이 문제와 같이 표에서 방대한 양의 자료가 제시되는 경우 의외로 문제는 쉬운 경우가 많다. 그 양에 압도되지 말고 차근차근 검토해보기 바란다. 과거 입법고시의 문제들을 활용하면 도움이 될 것이다.

ㄱ. (O) 2016년 사유 지정문화재를 2014년 대비 증감폭이 큰 순서대로 정리하면 보물(121)–등록문화재(90)–사적(5)의 순이다.

ㄴ. (X) 주어진 기간 동안 사유 지정 문화재 현황에서 매년 변동이 없는 유형은 없다.

ㄷ. (O) 변화율을 어림산으로 계산해보면 명승(40%), 등록문화재(11%), 천연기념물(5%) 순으로 나열할 수 있다. 따라서 옳은 지문이다.

ㄹ. (X) 전체 지정 문화재 총계에서 사적이 차지하는 비중은 2014년에 약 13.7%($\fallingdotseq \frac{490}{3,575} \times 100$), 2015년에 약 13.3%($\fallingdotseq \frac{491}{3,678} \times 100$), 2016년에 약 12.8%($\fallingdotseq \frac{479}{3,756} \times 100$)이므로 해당 비중이 가장 큰 시기는 2014년이다. (구체적인 계산 없이도 2014년과 2015년의 분수값이 크다는 것을 추려낸 후 양자의 분자는 별 차이가 없는 반면에, 2015년의 분모가 2014년에 비해 상대적으로 크다는 것을 파악하면 2014년의 비중이 가장 크다는 것을 알 수 있다.)

★★★

## 문 19. 정답 ④

Core Point & Tip

〈보기 ㄱ〉에서 GDP를 확인 시 자료에서 주어진 단위에 주의하여 검토해야 한다. 〈보기 ㄴ〉은 아래 해설에서와 같이 분모와 분자의 변화방향을 통해 GDP의 전년 대비 증감방향을 판단할 수 있어야 한다.

ㄱ. (O) 2015년 한국의 GDP는 1,427조원($\fallingdotseq \frac{25,833.7\text{십억원}}{0.0181}$)으로 1,500조원 미만이다.

ㄴ. (X) GDP는 $\frac{\text{환경보호비용}}{GDP\text{대비 환경보호비용}}$인데, 2016년에 분자는 증가, 분모는 감소하였으므로 2016년 한국의 GDP가 전년대비 증가하였다는 것을 알 수 있다.

ㄷ. (O) 2010년 이후 한국의 GDP 대비 환경보호비용의 전년대비 증감방향은 '감소, 증가, 감소, 감소, 감소, 감소'이다. 전년대비 증감방향이 한국과 일치하는 국가는 '터키, 오스트리아'로 총 2개이다.

ㄹ. (X) <표 1>에서 A는 57(= 100 – 43), B는 23(= 100 – 19 – 37 – 4 – 1 – 11 – 1 – 2 – 2), C는 31(= 100 – 45 – 3 –21)이고, (A + B + C)의 값은 111이다.

ㅁ. (X) 2011년에 GDP 대비 환경보호비용이 가장 낮은 국가는 터키가 아닌 스웨덴이다.

## 문 20. 정답 ①

★★★

**Core Point & Tip**

Y에서 변화폭을 비교 시 수치에 절댓값을 취한 후 비교한다는 것에 유의하고, Z에서 감소폭을 비교 시 감소하는 수치만 비교대상이라는 것에 유의하자!

주어진 자료와 <정보>에 의할 때, 환경보호비용 지수를 정리하면 다음과 같다.

| | X | Y | Z | 지수 |
|---|---|---|---|---|
| 터키 | | | 2 | -2 |
| 스웨덴 | | | 3 | -3 |
| 영국 | | | | |
| 포르투갈 | 1 | 5 | 5 | 1 |
| 핀란드 | | | 1 | -1 |
| 한국 | 3 | 4 | | 7 |
| 스페인 | 2 | | | 2 |
| 독일 | 4 | | | 4 |
| 프랑스 | 5 | 2 | | 7 |
| 네덜란드 | 7 | | | 7 |
| 체코 | 6 | | | 6 |
| 폴란드 | 8 | 3 | 4 | 7 |
| 오스트리아 | 9 | | | 9 |
| 이탈리아 | 10 | 1 | | 11 |

환경보호비용 지수가 가장 높은 국가(가)는 **이탈리아**(11)이고, 가장 낮은 국가(나)는 **스웨덴**(−3)이다.

## 문 21. 정답 ②

★

**Core Point & Tip**

최근에는 매칭만으로 해결되는 것이 아니라 그 결과를 토대로 다시 판단을 해봐야 하는 문제가 출제되고 있다. 다만, 아무리 그렇다고 하더라도 매칭이 주가 되는 것이라는 점을 잊어서는 안된다.

먼저 <조건>을 활용하여 A~D를 매칭시키기 위해 두 번째 조건을 활용하면 A가 서부청임을 알 수 있으며, 다음으로 네 번째 조건을 활용하면 B가 동부청임을 확인할 수 있다. 마지막으로 세 번째 조건을 활용하여 C가 남부청, D가 북부청인 것으로 확정된다.

ㄱ. (O) 북동청의 장애인 고용인원 = 1,422 < 다른 7개 기관의 장애인 고용인원의 합의 60% = 2,386 × 0.6 = 1,431.6

ㄴ. (O) (장애인 고용의무인원 − 장애인 고용인원)으로 알 수 있다. 서부청의 경우 55명으로 가장 작음을 알 수 있다.

ㄷ. (X) 서부청과 남부청 간의 장애인 고용률 격차 = 0.54%p > 동부청과 북부청 간의 장애인 고용률 격차 = 0.32%p

## 문 22. 정답 ③

★★★

**Core Point & Tip**

자료의 내용을 토대로 작성한 보고서의 내용 중 옳지 못한 부분을 찾는 문제이다. 먼저 각 보고서의 내용이 어떤 자료에 나타나 있는지 찾은 후, 자료를 분석하여 보고서의 내용이 맞는지 분석하도록 한다.

ㄱ. (O) 2013년 우리나라의 API는 증가하였다. 마찬가지로 전년 대비 API가 증가한 국가는 캐나다, 미국, 독일, 이탈리아, 영국, 중국 6개 국가이다.

ㄴ. (O) 각 연도의 전년 대비 변동률이 가장 큰 국가는 2010년 -4.52%의 한국, 2011년 -9.26%의 한국, 2012년 9.34%의 한국이다. 매년 변동률이 가장 큰 국가는 우리나라로 동일하게 나타나고 있다.

ㄷ. (X) 두 자료의 산술 평균 크기를 비교하는 경우에는 실제로 평균을 도출하는 것보다 각 연도의 차이를 합하는 편이 더 쉽게 결과를 구할 수 있다. 우리나라를 기준으로 2010년에 -0.2, 2011년 -11.9, 2012년 +2.6, 2013년 +1.5이므로 합계는 -8이다. 따라서 우리나라의 산술평균이 영국보다 더 낮게 나타난다.

ㄹ. (X) 제시된 국가 중 매년 API의 증감 방향이 동일하게 나타나는 국가는 매년 증가하는 중국이 유일하다.

ㅁ. (O) 2010년의 지수와 증감률을 토대로 2009년의 자료를 구하도록 한다. 다른 국가들은 계산이 어렵지 않으나 100 언저리에 있는 일본, 이탈리아, 영국의 경우 다소 생각이 필요하다. 우선 일본의 경우를 보자. 일본의 2009년 API를 100으로 가정하면, −2.61% 감소하였으므로 2010년의 API는 97.39가 되어야 한다. 그러나 2010년 일본의 API는 97.39보다 작은 96.9이므로 2009년 일본의 API는 100보다 작았을 것이다. 이는 이탈리아의 경우도 마찬가지이다. 영국의 경우 1.7% 증가하여 101.7이므로 2009년의 API가 정확히 100이었을 것이다. 따라서 2009년에 API가 100보다 작은 국가는 일본, 프랑스, 이탈리아의 3곳이고, 2010년에도 마찬가지로 일본, 프랑스, 이탈리아의 3곳이다.

## 문 23. 정답 ④

★★

**Core Point & Tip**

<보기 ㄹ>과 같이 구성비를 이용한 함정에 주의하자. 매년 3~4문제 정도 이 포인트로 출제되는데 계산도 필요없이 간단히 틀린 지문임을 판단할 수 있음에도 불구하고 일단 계산부터 하려고 하는 수험생들이 있다. 자료해석의 선택지 중에는 계산이 전혀 필요없는 것들이 상당히 많이 있다.

ㄱ. (O) <그림>에서 2040년에 85세 이상 인구 구성비가 세 번째로 높은 곳은 경북(5.7%)이고, 세 번째로 낮은 곳은 대전(3.2%)이다.

ㄴ. (X) 증가율의 대소 관계를 판단 시 정석대로 구하는 것 $(\frac{\text{후기값}-\text{전기값}}{\text{전기값}} \times 100)$보다는 약식$(\frac{\text{후기값}}{\text{전기값}})$으로 단순화하여 비교하는 것이 효율적이다. 해당 구성비의 증가율을 약식으로 표현하면 전북은 $\frac{6.1}{1.2}$이고, 전남은 $\frac{6.5}{1.6}$이다. 분모와 분자 모두 전남이 전북보다 0.4씩 크다. 즉, 전북을 기준으로 할 때 전남은 분자의 증가율보다 분모의 증가율이 더 크게 된다. 따라서 전북의 증가율$(\frac{6.1}{1.2})$이 전남의 증가율$(\frac{6.5}{1.6})$보다 크다.

ㄷ. (O) 2010년 대비 2040년의 85세 이상 인구 구성비의 변화폭은 전북과 전남이 가장 크고(4.9%p), 광주가 2.2%p로 가장 작다.

ㄹ. (X) <그래프>에 표현된 수치는 85세 이상 인구가 아닌 해당 시도의 전체 인구대비 85세 이상 인구이다. 따라서 주어진 <그래프>만으로는 시도별 85세 이상 인구를 비교할 수 없다.

★★

## 문 24. 정답 ③

Core Point & Tip

선택지와 〈표〉의 내용이 부합하는 지를 판단하는 유형의 문제이다.

① (X) <표 1>에서 2016년 2분기말 외국인이 소유한 국내 토지 소유면적이 1분기말보다 증가한 지역은 서울, 부산, 대전, 울산, 세종, 경기, 전북, 전남, 경남 모두 9개이다.

② (X) <표 1>에서 변화율은 세종이 약 15.3%로 가장 크나, 변화분은 충남이 1,089천$m^2$만큼 감소하였으므로 가장 크다.

③ (O) 2016년 2분기말 남부지방과 강원도의 외국인 소유토지면적의 전체 합은 139,648천$m^2$으로 임야·농지 용도 전체 면적 133,088천$m^2$보다 크기 때문에 최소한 6,560천$m^2$ 이상의 토지는 다른 용도임을 알 수 있다.

④ (X) 2016년 2분기말 임야·농지를 제외한 외국인 소유 국내토지는 91,627천$m^2$이고, 전체 외국인 소유의 국내토지의 35%는 약 78,650천$m^2$이므로 35%를 초과한다.

⑤ (X) 단위를 차치하고 검토하면 2015년 4분기말에 면적(천$m^2$)당 금액은 약 1.4이며, 2016년 1분기말에 약 1.52로 증가하나, 2016년 2분기말에는 약 1.49로 감소하므로 옳지 않다.

★★

## 문 25. 정답 ②

Core Point & Tip

〈보기 ㄱ〉은 %와 %p를 이용한 함정이라는 것을 캐치해야 한다. 수없이 출제되고 있지만 여전히 함정에 걸려드는 수험생이 많다. 또한 〈보기 ㄷ〉은 그래프의 높이 차이만으로도 2014년의 전년대비 변화율이 2010년보다 높다는 것을 파악할 수 있어야 검토 시간을 절약할 수 있다.

ㄱ. (X) 2013년 공공연구소 기술이전율의 전년대비 변화폭은 2%가 아닌 2%p이다.

ㄴ. (O) 2010~2016년 동안 전체 기술이전율과 공공연구소 기술이전율의 격차가 가장 큰 해는 해당 격차가 15%p(=38−23)인 2012년이다.

ㄷ. (O) 전체 기술료 수입의 전년대비 증가율은 2014년이 31.3%(≒ $\frac{394}{1,258}\times100$), 2010년이 23.4%(≒ $\frac{244}{1,044}\times100$)로 전자가 후자보다 높다.

ㄹ. (X) 전체 기술료 수입에서 대학이 차지하는 비중은 2014년에 29.2%(≒ $\frac{482}{1,652}\times100$)이고, 2011년에 27.2%(≒ $\frac{277}{1,017}\times100$)이므로 2014년에 2011년 대비 증가한 것이다.

★★★

## 문 26. 정답 ③

Core Point & Tip

각주의 공식과 함께 〈표〉와 〈그림〉을 함께 분석하여 비율값을 계산해 낼 수 있어야 한다. 구매단가와 1인당 구매단가는 다른 개념이다. 이렇게 미묘한 단어의 차이로 문제를 구성하는 경우가 많으니 주의하도록 하자.

ㄱ. (O) 2015년 9월~16년 6월의 1인당 구매단가를 비교하면 백화점이 대형마트의 1.5배를 모두 넘고 있다.

ㄴ. (O) 2016년 8월 백화점의 매출은 전년동월대비 6.9% 감소하고 있으며, 1인당 구매단가는 64,687로 전년에 비해 7.6% 감소로 더 큰 감소를 보이므로 이용고객수는 증가하였다. 대형마트의 매출은 전년대비 3.3% 감소하였으며, 1인당 구매단가는 42,296으로 전년대비 6.8% 감소하였으므로 역시 이용고객수는 증가하였다.

ㄷ. (O) 대형마트의 구매단가의 증감율은 구매건수증감율과 매출의 증감율의 어림계산을 통해 구할 수 있다. 비율값이 작은 수치이므로 두 증감율의 차이를 통해 구매단가의 증감율을 계산할 수 있으며, 2월의 경우 그 차이가 4.2%p로 가장 크다.

ㄹ. (X) 1인당 구매단가가 백화점이 대형마트의 1.54배, 이용고객수는 대형마트가 백화점의 1.2배이므로 백화점의 매출이 더 많다.

★★★

## 문 27. 정답 ③

Core Point & Tip

각주를 통해 '부동산 거래 및 보유과세', '지역의 소득 및 소비를 반영하는 과세'가 각각 '취득세+재산세', '지방소득세+지방소비세'를 지칭하는 것임을 빠르게 확인하는 것이 중요하다. 또한 표의 서울~제주는 지역별 집계, 수도권~비수도권은 권역별 집계 등 표의 구조도 빠르게 파악하도록 하자.

① (O) 전국의 지방소득세는 94,775억 원, 지방소비세는 29,606억 원으로 전체 지방세 525,060억 원의 각 18.1%, 5.6%에 해당한다. 지방소득세와 지방소비세를 합하면 23.7%가 되며, 이는 취득세와 재산세의 비중의 합 41.3%의 절반 이상이다.

② (O) 지방세 수입이 큰 도시는 'A+B'로 구할 수 있으며 경기 130,308, 서울 129,486, 경남 36,224, 부산 33,583, 인천 27,994(억 원)으로 옳은 설명이다.

③ (X) 지방소득세와 지방소비세의 전체 세수입은 124,381억 원이고, 수도권의 경우 57,441+9,689=67,130억 원이다. 따라서 수도권이 차지하는 비중은 (67,130/124,381)×100 ≒ 53.97%로 약 54%이다. 주어진 수치는 비수도권의 비중에 해당한다.

④ (O) 전국을 대상으로 한 집계에서 취득세 부문이 140,824(억 원)으로 26.8%를 차지하므로 비중이 가장 크다.

⑤ (O) 취득세 및 재산세의 전체 세수입은 216,991억 원이고, 비수도권의 경우 65,875+25,063=90,938억 원이다. 따라서 비수도권이 차지하는 비중은 (90,938/216,991)×100 ≒ 41.91%(약 42%)가 된다.

★★

### 문 28. 정답 ④

▲ Core Point & Tip

각주를 통해 '자연증가율'과 '순유입 인구'를 어떻게 구하는지를 먼저 파악해야 한다.

ㄱ. (O) <표>에 나타난 기간 동안(2009～2016년) 인구 수치를 읽으면 그 수치가 매년 감소하고 있음을 쉽게 확인할 수 있다.

ㄴ. (O) 각주 2)에 의해 '자연증가율'을 통해 해당 격차를 파악할 수 있음을 알 수 있다. 즉, 자연증가율이 가장 낮은 해는 2013년이다.

ㄷ. (O) 각주 3)에 의해 '순유입인구'를 통해 파악할 수 있음을 알 수 있다. 즉, 순유입인구는 항상 양수이므로 <표>에 제시된 기간 동안 대만의 유입 인구가 유출 인구보다 항상 많았음을 알 수 있다.

ㄹ. (X) A의 절댓값은 약 4.55, B의 절댓값은 4.8이므로 A에 들어갈 절댓값이 B에 들어갈 절댓값보다 작다.

★★★★

### 문 29. 정답 ⑤

▲ Core Point & Tip

자료의 분류 기준이 다양하므로 비중을 계산할 때 기준을 혼동하지 않도록 주의해야 하며, '여'의 개념을 활용하여 풀이시간을 단축시키는 연습이 필요하다. 그리고 아래 해설에서는 계산이 복잡해 보이지만 앞의 유효숫자 두 개정도를 잡고 각 선택지를 검토한다면 그렇게 복잡한 계산이 요구되지 않음을 알 수 있다.

ㄱ. (O) 2016년에 전년대비 현역 대상자의 증가율이 가장 높은 학력은 중졸(약 26.5%)이다. 따라서 옳다.

| | 대학 | 고졸 | 고퇴 | 중졸 | 중퇴 이하 |
|---|---|---|---|---|---|
| 2016년 | 226,208 | 95,879 | 6,628 | 1,036 | 0 |
| 2015년 | 232,683 | 92,754 | 7,591 | 819 | 0 |
| 증가율 | -2.78 | 3.37 | -12.69 | 26.50 | 0 |

ㄴ. (O) 2015년 3급 징병 대상자(92,504명) 중 보충역(197명)이 차지하는 비중은 약 0.21%이므로, 2016년 3급 징병대상자(94,770명) 중 보충역(457명)이 차지하는 비중인 약 0.48%의 절반 미만이다.

ㄷ. (O) 2015년 대학이상 학력자(251,818명)의 징병 검사결과 2급(91,614명), 1급(79,794명), 3급(61,540명) 순으로 인원이 많고, 상위 3개 급수의 인원(232,948명)은 징병 검사를 받은 대학이상 학력자의 약 92.51%이므로 90% 이상이다.(90% 이상인지 여부를 판단할 때 '여'의 개념을 활용하여 나머지가 10% 미만인지를 검토하는 방법을 사용하면 풀이시간을 보다 단축시킬 수 있다)

ㄹ. (O) 2016년에 대학이상 학력자(244,613명)가 4급 이하(18,178명) 판정을 받은 비중은 약 7.43%이고, 고졸 학력자(106,436명)가 4급 이하(10,394명) 판정을 받은 비중은 약 9.77%이다. 따라서 2016년에 대학이상 학력자가 4급 이하 판정을 받은 비중이 고졸 학력자가 4급 이하 판정을 받은 비중보다 낮다.

★★★

### 문 30. 정답 ③

▲ Core Point & Tip

<보기 ㄹ>에서 휴학생의 수를 구할 수 있어야 한다. 이와 같이 선택지에서 별도의 가정이 주어지는 경우 해당 선택지의 정오를 판별할 수 있는지의 여부가 정답을 결정짓는 경우가 많으므로 주의가 필요하다.

ㄱ. (O) <표 1>, <표 2>를 통해 유치원 15개, 초등학교 25개, 중학교 24개, 고등학교 28개, 일반대학 1개 증가를 알 수 있다(전문대학은 1개 감소). 따라서 옳은 설명이다.

ㄴ. (O) <표 1>의 제목이 '유아. 초·중등교육의 학생 수'이므로 유아. 초·중등교육의 학생 수에 유치원, 초등학교, 중학교 학생 수만 포함되지 않는다는 것에 유의하여야 한다. 유아. 초·중등교육의 학생 수는 8,029-7,821=208(천)명 감소하여 약 2.6%의 감소율을 보이고 있다. 고등교육의 경우 3,326-3,283=43(천)명 증가하여 약 1.3%의 증가율을 보이고 있다. 따라서 옳은 설명이다.

ㄷ. (O) 교원 수=(재적학생 수/교원 1인당 학생 수)이므로 2015년 초등학교 교원 수는 약 3,299/18.7=176(천)명이다. 교원 수가 2014년에도 동일했다면 2014년 초등학교 교원 수 역시 약 176(천)명이었을 것이다. 따라서 2014년 초등학교 1개소당 평균 초등학교 교원수는 176(천)명/5,829 ≒ 30.2명이다.

ㄹ. (X) 일반대학의 교원 수가 약 68(천)명이라면 여기에 재학생의 교원 1인당 학생 수 24.9를 곱하여 재학생 수가 약 1,693(천)명이라는 것을 알 수 있다. 따라서 휴학생은 약 2,456 - 1,693 = 763(천)명, 즉 76만 명이므로 옳지 않은 서술이다.

★★

### 문 31. 정답 ③

▲ Core Point & Tip

자료를 토대로 작성한 보고서의 내용의 옳고 그름을 가리는 문제이다. 기본적으로 시비판단의 문제와 동일하므로 마찬가지로 각 내용의 주어와 서술어에 주의하여 분석을 진행하도록 한다.

(a) (X) 65세 이상 인구 비중과 80세 이상 인구 비중이 40.1%, 17.2%에 도달하는 것으로 예측되는 해는 2060년이다.

(b) (X) 2060년 80세 이상 인구는 총인구에 80세 이상 인구 비중을 곱한 값으로 도출할 수 있다. 80세 이상 인구는 약 757만 명으로 760만 명에는 미치지 못한다.

(c) (O) 중위 연령은 2015년 40.8세, 2060년에 57.9세로 자료의 내용과 보고서의 내용이 일치한다.

(d) (X) 2015년의 노년부양인구비 17.9는 1960년 5.3의 약 3.4배에 해당하는 수치이다.

(e) (X) 1960년 고령화지수는 6.9, 2060년에는 394.0으로 이는 약 57배에 해당하는 수치로 60배에는 미치지 못한다.

★★

## 문 32. 정답 ①

Core Point & Tip

**통계표를 토대로 자료해석을 하는 문제이다. 제시된 표를 토대로 선택지가 객관적인 자료에 근거하는 지를 판단해야 한다.**

ㄱ. (O) 2016년 화재보험 보험료 증가율은 약 3.9%이고 2017년 화재보험 보험료 증가율은 약 2.9%이다.

ㄴ. (X) 2012년도 건당 재산피해규모는 약 5.8백만원으로 6백만원 미만이다.

ㄷ. (X) 생명보험의 경우에도 2017년의 보험료 증가율에 비해 2016년 보험료 증가율이 상대적으로 높다. (2016년 2.7% > 2017년 1.7%)

ㄹ. (O) 2014년이 건당 약 0.0534명으로 제일 높다.

★★

## 문 33. 정답 ②

Core Point & Tip

**순위자료의 경우는 별도의 단서가 주어져 있지 않다면 순위외의 항목을 추론하여 풀어야 하는 선택지가 반드시 한 개는 등장한다. 시간이 급하다고 해서 이를 간과할 경우 함정에 곧바로 걸려들게 된다.**

ㄱ. (X) 만약 2014년에 노원구가 21위이고, 2016년에 서대문구가 25위라면, 노원구의 순위 변동폭은 6이고, 서대문구의 순위 변동폭은 8이 되어, 서대문구의 순위 변동폭이 노원구보다 더 크게 된다.

ㄴ. (X) 주어진 자료는 평당 '아파트' 가격에 대한 자료이므로, 평당 '주택' 가격의 순위는 알 수 없다.(항상 <표>의 제목 확인은 반드시 해주어야 한다)

ㄷ. (X) 2016년 10위 이내에 속한 자치구만을 판단할 때, 평당 아파트 가격의 상승폭이 가장 큰 것은 용산구이지만, <보기>에서는 자치구의 '전체 아파트 값'의 상승폭이 가장 큰 자치구를 묻고 있으므로 알 수 없다. 즉, 전체 아파트 값을 비교하기 위해선 자치구별 아파트의 수 및 평수가 제시되어야 한다.

ㄹ. (O) 문제에서 서울의 자치구는 25개라고 제시하였고, 주어진 자료에서 20위내에 순위가 동일한 자치구는 총 7개(강남구, 서초구, 광진구, 성동구, 중구, 동대문구, 구로구)이다. 따라서 서울시 전체 자치구수의 28%를 차지한다.

★★

## 문 34. 정답 ④

Core Point & Tip

**선택지 4번의 경우는 결국 지정문화재의 수량으로 판단할 수 있느냐를 묻는 것이다. 숫자가 커질 경우 여사건 개념을 적절히 활용하면 효율적인 문제풀이가 가능하다. 다만 여사건 개념을 사용할 경우 대소관계가 반대로 된다는 점을 잊어서는 안된다.**

① (X) 연도별 전시건수 대비 일본의 전시건수 비중이 가장 높은 해는 2006년 (60%)이며 그 해에는 미국에서 전시가 열리지 않았다.

② (X) 보물인 국외반출 허가 지정문화재의 수량이 가장 많은 해 는 2009년(13건)이며, 전시건수 당 국외반출 허가 문화재 수량이 가장 많은 해는 2011년(약 81)이다. 2009년은 약 42로 가장 많은 해가 아니다.

③ (X) 프랑스는 전시건수의 합이 4건에 불과하며 나머지는 모두 10건 이상이다.

④ (O) 이 문제의 경우는 역으로 지정문화재의 수량을 이용해 구하는 것이 보다 효율적이다. 결과적으로 그 차이가 두 번째로 작은 해는 2012년이며 이 해에는 시도지정문화재의 반출허가가 없었다.

⑤ (X) 2007년의 경우 모두 4번째로 같은 순위를 차지하고 있다.

★★

## 문 35. 정답 ⑤

Core Point & Tip

**순위비교를 빠르게 하고, 증가율의 비교를 간략하게 계산할 수 있어야 한다.**

ㄱ. (X) 뇌병변은 2010년 2위에서 2011년 3위로 하락하고, 청각은 3위에서 2위로 상승한다. 따라서 순위변동이 없다는 설명은 옳지 않다.

ㄴ. (O) 지체 장애인은 두 해 모두 전체 총계의 50%를 초과하므로 다른 종류의 장애유형을 합한 값보다 크다.(지체 장애인의 비중이 50%를 넘는지는 지체장애인의 두 배가 총계보다 큰 지를 검토하면 된다)

ㄷ. (X) 모든 장애 유형에서 남성 장애인의 수가 여성 장애인의 수보다 많다.

ㄹ. (O) 간 장애의 경우 전년대비 약 5.7%($\fallingdotseq \frac{116}{2039} \times 100$) 증가하였으나, 다른 유형은 모두 증가율이 5% 미만이다.

★★★

## 문 36. 정답 ③

Core Point & Tip

**'인구100명당~'과 같은 표현이 등장하는 문제에서는 자료에 나타나지 않은 자료(인구)를 도출하는 선택지가 거의 매번 제시된다. 빠른 나눗셈을 통한 대소비교가 필수적이다.**

ㄱ. (X) 2015년에 전년 대비 가입자 수 변동폭이 가장 큰 국가는 인도, 인구 100명당 가입자 변동폭이 가장 큰 국가는 브라질이다.

ㄴ. (O) 2014년 우리나라보다 인구 100명당 가입자가 큰 국가는 인도네시아, 일본, 사우디아라비아, 아르헨티나, 브라질, 독일, 이탈리아, 러시아, 영국, 남아프리카공화국, 오스트레일리아의 11개국이나, 이 중 가입자 수가 우리나라보다 적은 국가는 사우디아라비아와 오스트레일리아 2곳뿐이다.

ㄷ. (O) '$\frac{\text{가입자수}}{\text{인구}} \times 100 = \text{인구100명당가입자}$'이므로 이를 이용하여 일본과 멕시코의 인구를 도출하면, 일본의 인구는 약 126,771(천 명), 멕시코의 인구는 약 125,242(천 명)으로 나타난다.

ㄹ. (X) 2014년 인구 100명당 가입자가 가장 많은 국가는 사우디아라비아로 179.6, 가장 작은 국가는 인도로 74.5이다. 양자의 차이는 105.1이다. 2015년 인구 100명당 가입자가 가장 많은 국가는 사우디아라비아로 176.6, 가장 작은 국가는 인도로 78.8이다. 양자의 차이는 97.8이다. 양자의 차이는 2014년 대비 2015년에 감소하였다.

★★★

## 문 37. 정답 ③

**Core Point & Tip**

**90%의 경우는 직접 계산하기 보다는 10%의 여사건 개념을 활용해 풀이하는 것이 효율적이다. 10%는 자릿수만 한자리 빼주면 되기에 별도의 계산도 필요없다.**

ㄱ. (O) 다음 <표>를 보면 업체당 종사자수가 전체 산업보다 큰 산업은 '건축기술, 엔지니어링 및 기타 과학기술 서비스업'뿐이다.

| | 전문 서비스업 | 건축기술, 엔지니어링 및 기타 과학기술 서비스업 | 기타 전문, 과학 및 기술 서비스업 | 계 |
|---|---|---|---|---|
| 업체당 종사자수 | 5.9 | 10.6 | 3.2 | 6.6 |

ㄴ. (O) 전체 전문, 과학, 기술 서비스업 영업비용 중 기타경비의 비율은 약 55.42%로 50%를 상회한다.

ㄷ. (X) 전문서비스업은 약 87.92%로 90%를 하회하나 기타 전문, 과학 및 기술 서비스업은 약 90.24%로 90%를 상회한다. 매출액 중 영업비용의 비율을 직접 구하여도 되지만, 각 세부 산업의 영업비용에 매출액의 10%를 더했을 때, 본래 매출액 값을 뛰어 넘는다면 90%를 상회한다고 판단할 수 있다.

★★

## 문 38. 정답 ⑤

**Core Point & Tip**

**많은 계산을 요하는 선택지보다 순서나 특정 연도의 수치만 계산하면 되는 선택지부터 처리하면 시간을 아낄 수 있다.**

① (O) 2015년 방송서비스 매출액 합계를 통해 전년대비 약 10% 증가했음을 알 수 있다. 그리고 2015년에는 전년대비 약 1.1조원, 2014년에는 전년대비 약 1.2조원, 2013년에는 전년대비 약 1.2조원 증가하였다.

② (O) 2013년 전체 매출액 중 지상파방송서비스의 점유율은 약 36.5%, 2014년 약 35.0%, 2015년 약 32.1%로 지속적으로 감소하고 있다.

③ (O) 2011년은 2010년 매출액 8,198십억원에서 8,626십억원으로 4,280억원 증가했고, 프로그램 제작공급 부문의 증가액이 2,920억원으로 가장 컸다.

④ (O) 2006년 매출액(A) 수치는 제시되어 있지 않지만, 2007년에 전년대비 8.5% 증가해 6,149십억원(B)이 되었으므로 $A \times 1.085 = B = 6,149$, 즉 $A = 6,149/1.085 ≒ 5,667$임을 알 수 있다. 또는 $5,600 \times 1.085 = 6,076$으로 2007년 매출액에 비해 작으므로 2006년 매출액이 5,600십억원 이상이라고 추론할 수 있다.

⑤ (X) 지상파방송서비스의 경우 2011년 전년대비 매출액이 3,510에서 3,413으로 하락했으므로 옳다. 그러나 이외에도 위성방송서비스가 2013년에 전년대비 매출액이 483에서 472로 하락했으므로 다른 부문은 지속적으로 상승했다는 설명은 옳지 않다.

★★

## 문 39. 정답 ④

**Core Point & Tip**

**구성비(단위:%)와 실수(단위:명)는 구별해야 한다. 또한 비율이 주어질 경우 기준점이 어디인지를 반드시 확인해야 하며, 비율자료만 주어져 있다고 해서 실수치간의 대소비교가 무조건 불가능한 것만은 아니라는 점 또한 이 문제를 통해 정리해두면 좋다.**

① (X) '20대 구성비×자격증취득인원'으로 구할 수 있다. 20대 새터민 자격증취득인원은 $617 \times 0.21 =$ 약 130명인 반면, 20대 지역실업자 자격증취득인원은 $3,174 \times 0.18 =$ 약 571명이므로, 틀린 설명임을 알 수 있다.

② (X) 자격증취득인원 중 대학원졸 전직실업자 $= 4,124 \times 0.16 =$ 약 660명 < 자격증취득인원 중 전문대졸 지역실업자 $= 3,174 \times 0.31 =$ 약 984명

③ (X) 연령대별로 훈련실시인원의 수는 알 수 없으므로 판단할 수 없다.

④ (O) 영세자영업자의 자격증취득률 전체 평균 $= 487/3,184 \times 100 =$ 약 15.3%이므로, 고졸, 대졸, 대학원졸의 자격증취득률이 더 높음.

⑤ (X) '자격증취득인원의 남성비율과 여성비율 차이×자격증취득인원'으로 구할 수 있다. 지역실업자의 경우 $0.12 \times 3,174 =$ 약 381명인 반면, 전직실업자의 경우 $0.1 \times 4,124 =$ 약 412명이므로, 틀린 설명임을 알 수 있다.

★★★

## 문 40. 정답 ②

**Core Point & Tip**

**〈보기 ㄴ〉의 경우, 표가 나타내는 수치의 의미를 정확히 파악해야 함을 시사한다. 또한 〈보기 ㄷ〉의 경우, 자료에 존재하는 항목명과 보기에 존재하는 항목명을 정확히 비교 판단할 것을 요구한다. 이런 기본적인 것을 실수하면 정말 억울할 것이다.**

ㄱ. (O) <표 1>의 수치를 읽으면 쉽게 판단 가능하다.

ㄴ. (X) <표 2>는 훈련대상별로 자격증취득인원의 구성비를 나타낸 것이지, 성별 자격증취득인원은 제시되어 있지 않으므로 성별 자격증취득률은 이 표를 통해서 알 수 없다.

ㄷ. (X) 대졸 "이상"이므로 대졸뿐만 아니라 대학원졸의 비율도 더해야 한다. 즉, 38%가 아니라 54%여야 한다. 또한 자격증을 취득한 전직실업자중 대졸이상이 많은 것이지 전직실업자 자체가 고학력이라고 판단하기는 무리가 있다.

ㄹ. (O) <표 2>의 20대 구성비를 통해 알 수 있다.

ㅁ. (O) <표 3>을 세로방향으로 읽으면 알 수 있다.

# 제2회 PSAT 종합 실전모의고사

책형 가

# 상황판단영역

| 정답표 | PUBLIC SERVICE APTITUDE TEST

| 1 | 2 | 3 | 4 | 5 | 6 | 7 | 8 | 9 | 10 |
|---|---|---|---|---|---|---|---|---|---|
| ② | ② | ② | ④ | ② | ① | ③ | ③ | ④ | ⑤ |
| 11 | 12 | 13 | 14 | 15 | 16 | 17 | 18 | 19 | 20 |
| ② | ① | ③ | ④ | ⑤ | ④ | ③ | ③ | ④ | ② |
| 21 | 22 | 23 | 24 | 25 | 26 | 27 | 28 | 29 | 30 |
| ④ | ⑤ | ② | ④ | ⑤ | ③ | ③ | ④ | ③ | ③ |
| 31 | 32 | 33 | 34 | 35 | 36 | 37 | 38 | 39 | 40 |
| ③ | ② | ① | ⑤ | ③ | ⑤ | ④ | ② | ⑤ | ② |

★★★

## 문 1. 정답 ②

Core Point & Tip

소득탄력성과 규모탄력성, 가격유동성 등의 개념을 바탕으로 각 선택지의 정오를 판단해야 한다.

① (O) 소득효과에 상응하는 규모탄력성은 사치재인 소고기가 −0.725이며, 필수재인 돼지고기는 −1.070이므로 오리고기의 규모탄력성이 −0.796이라면 사치재인 소고기에 가까우므로 적절한 추론이다.

② (X) 오리고기의 가격유동성이 −1,388이라면 오리고기 소비량 1% 증가 시, 그 한계가치가 1,388% 감소하는 것까지는 타당하지만, 오리고기의 수요 가격은 유동적이라고 볼 수 있다.

③ (O) 네 번째 문단의 '캐나다 육류시장과 거의 유사한 패턴을 보여주었다.'에서 다음과 같이 파악할 수 있다. 만일 미국 육류시장 패턴=캐나다 육류시장 패턴, 그렇다면 미국 육류시장 패턴=캐나다 육류시장 패턴=한국 육류시장 패턴(물론 쇠고기, 돼지고기, 닭고기의 수요의 소득탄력성과 가격탄력성을 기준으로 한다.)

④ (O) 세 번째 문단에서 보면, 역수요모형의 가격유동성의 경우 모든 육류에 대한 가격유동성이 음의 부호를 가지므로 수요의 법칙을 위배하지 않은 것으로 나타났다. 따라서 역으로 양의 부호(+)를 지니면 수요의 법칙을 위배한다고 볼 수 있다.

⑤ (O) 네 번째 문단에서 보면, 이렇게 기존의 연구와 유사한 결과를 보여준다는 것은 본 연구가 제시한 방법이 적합하여 경제현실을 잘 설명하고 있음을 보여주는 것이다. 이는 기존의 연구 성과를 기준으로 경제현실에 맞는지를 판단할 수 있다는 것으로, 만일 선행 연구와 본 연구의 결과가 상이한 경우, 경제현실에 적합하지 않다고 판단할 수 있는 것이다.

★★★

## 문 2. 정답 ②

Core Point & Tip

기록 경신이 어려운 것과 우승가능성과는 관계가 없다는 것을 캐치해야 한다. 또한 종목별 여러 조건들을 비교하는 내용들이 나오는데 헷갈리지 않도록 간단히 표시해 두는 것도 좋다.

① (X) 밴쿠버에서 기록 경신이 어려운 것은 사실이나 그렇다고 우승가능성이 낮다고 볼 수는 없다. 기록경신은 절대평가이지만 우승여부는 상대평가이다. 즉 밴쿠버에서 불리한 것은 모든 선수들에게 같은 조건이다.

② (O) 세 번째 문단의 '얇고 긴 날이 방판 위에 아주 얇게 형성된 '수막'을 미끄러지듯 나아가며 속도를 얻는 스피드스케이팅'에서 스피드스케이팅은 마찰력이 낮은 것이 좋고, 4문단의 '원심력을 이기면서 최단거리로 곡선주로를 돌기 위해서는 미끄러짐을 최대한 줄여야 한다.'에서 쇼트트랙은 마찰력이 높은 것이 좋다는 것을 알 수 있다.

③ (X) 세 번째 문단의 '얼음이 지나치게 딱딱하면 착지 과정에서 스케이트 날과 빙판 사이에 마찰력이 순식간에 높아지면서 넘어지기 쉽기 때문이다.'에서 알 수 있듯이 피겨스케이팅에서는 마찰력이 높으면 안 된다. 곡선의 동작이 많은 안무를 선택한 경우에도 '착지에서의 안정성'까지 고려해야 하므로 온도가 쇼트트랙과 비슷해야 한다고 단정할 수 없다.

④ (X) 마지막 문단의 '충분한 적응훈련을 받은 엘리트급 선수들은 종목에 관계없이 고도 1,500m까지는 영향을 받지 않는다.'에서 알 수 있듯이 해발고도 1,350m인 솔트레이크시티에서 치러진 동계 올림픽이라고 하더라도 참가 선수들중 엘리트급 선수들에겐 큰 영향이 없다고 볼 수 있다.

⑤ (X) 두 번째 문단에서 밴쿠버는 해발 고도가 낮아 이것이 스케이트 종목의 기록에 좋지 않은 영향을 미친다는 것을 알 수 있고, 마지막 문단에서 스키 종목은 고도가 낮을수록 유리하다는 것을 알 수 있다. 따라서 양 종목에 상반된 영향을 미칠 것이다.

★★★

## 문 3. 정답 ②

Core Point & Tip

제시문의 내용을 토대로 선택지의 옳고 그름을 판단하는 문제이다. 우선 제시문의 내용을 통하여 군번 부여방식을 간단히 정리한 후에 선택지에서 요구하는 정보를 자료에서 찾도록 한다.

ㄱ. (O) 1분대는 소총병 4, 유탄병 2, 기관총병 1명으로 구성되어 있고, 2분대는 소총병 2, 유탄병 3, 기관총병 2, 3분대는 소총병 2, 유탄병 2, 기관총병 2, 행정병 1, 기행 분대는 소총병 2, 행정병 1, 기관총병 2으로 구성되어 있다. 원칙상의 편제에 맞는 분대는 존재하지 않는다.

ㄴ. (X) 경기도 훈련소 출신이므로 16−로 시작하고, 뒤 첫 자리가 6인 병사들 중 뒷 네 자리가 가장 작은 병사를 찾으면 된다. 해당 병사는 16−627212의 군번을 가진 병사로 전투 1분대에 소속되어 있다.

ㄷ. (O) 1분대에 소총병 4, 유탄병 2, 기관총병 1이 있고, 기행 분대에 소총병 1, 행정병 1, 기관총병 3이 있으므로 1분대의 소총병 1과 기행 분대의 기관총병 1으로 맞바꾸면, 1분대 구성원은 소총병 3, 유탄병 2, 기관총병 2로 원칙상의 편제에 맞게 된다.

ㄹ. (X) 앞서의 방식과 비슷하게 진행한다. 16−1로 시작하는 병사들 중 뒷 네 자리가 가장 작은 병사와 17−1로 시작하는 병사들 중 뒷 네 자리가 가장 큰 병사를 구한다. 가장 먼저 입대한 병사의 군번은 16−121728, 가장 나중에 입대한 병사의 군번은 17−113729이다. 두 병사의 주특기는 서로 다르다.

문 4. 정답 ④

★★★

Core Point & Tip

고등법원은 주거침입죄가 성립하지 않는다는 입장이고 대법원은 주거침입죄가 성립한다는 입장이다. 따라서 주거침입죄가 성립한다는 입장을 지지하는 견해를 고르면 된다.

ㄱ. (X) 주거침입죄가 성립하기 위해서는 '침입한' 경우에만 해당하며 방안을 들여다 본 경우는 '침입한' 경우라고 볼 수 없다는 입장이므로 고등법원의 입장을 지지하는 견해이다.

ㄴ. (O) 사생활 침해 가능성이 증대된 것에 대응하려면 주거침입죄 규정을 적극적으로 해석해서 처벌을 강화하는 방향으로 나가야 한다는 의미이다. 따라서 대법원의 입장을 지지한다고 볼 수 있다.

ㄷ. (X) 방을 들여다보는 것은 주거침입죄에 해당하지 않고, 미수 규정을 적용하면 된다는 주장이다. 따라서 고등법원의 입장을 지지하는 견해이다.

ㄹ. (O) 전부침입 이전에도 이미 미수 단계를 벗어날 수 있다는 논리이므로 대법원의 입장을 지지하는 견해이다.

문 5. 정답 ②

★★★

Core Point & Tip

오픈 마켓의 특징을 파악하여 각 〈보기〉의 정오를 판단하는 문제이다. 오픈 마켓의 문제점에 주의하도록 한다.

ㄱ. (O) 제시문에서는 오픈마켓시장이 독과점 구도이며 특정회사가 장악하고 있다는 것을 보여주고 있다. 이 경우 다수인 판매업자는 상대적으로 협상력이 낮기 때문에 양자 간의 거래가 불공정해질 가능성이 높으며, 마지막 문단에 제시된 사례가 그 예에 해당한다.

ㄴ. (X) 수수료를 책정할 때 할인액은 무시되고 판매정액만을 기준으로 하므로 판매정액이 9,900원에서 12,900원으로 상승하면 수수료 금액도 증가할 것이다. 즉, 수수료가 10%라면 지불하는 수수료 금액은 9,900원의 10%인 990원에서 12,900원의 10%인 1,290원으로 증가하게 된다.

ㄷ. (O) 할인액을 무시하고 원 판매가격(2만원)의 10%를 수수료로 지불하므로 2천원을 판매자가 오픈마켓 사업자에게 지불한다.

ㄹ. (X) 오픈 마켓을 통해 소비자는 상품을 낮은 가격에 편리하게 구매할 수 있다. 하지만 본문에서 제시된 오픈 마켓의 독과점구도로 인한 불공정한 경쟁, 가짜 제품의 문제 등에서 추론할 수 있듯이 항상 믿을만한 질 좋은 최적의 상품을 구입할 수 있다고 보기는 어려울 것이다.

문 6. 정답 ①

★★★

Core Point & Tip

시간 계산을 통하여 주어진 시점에 얼마만큼의 시간이 지났는지 도출하는 문제이다. 시간 계산의 문제는 일반적인 계산 방식과 크게 차이가 나지 않으면서도 자칫 크게 어긋날 수 있으므로 계산에 주의해야 한다.

① (O) 집에서 출발하여 1번곡을 처음부터 재생하였고, 공원의 트랙까지 15분 30초가 소요되었으므로, 공원 트랙에 도착한 시점에 재생되고 있는 곡은 5번곡이다.(5번곡 시작 후 2초) 5번곡이 끝날 때까지 스트레칭을 마치고, 6번곡의 시작과 동시에 정확히 40분간 걷기를 진행하였으므로 걷기를 멈춘 시점에 재생되고 있는 곡은 5번곡이다(5번곡 시작 후 16초). 5번곡과 6번곡이 끝날 때까지 정리 운동을 하였고, 7번곡의 시작과 동시에 집으로 출발하여 정확히 20분 후에 집에 도착하였으므로 집에 도착한 시점에 재생되고 있던 곡은 1번곡이다.(1번곡 시작 후 43초)

문 7. 정답 ③

★★★

Core Point & Tip

〈혐의거래보고의 기본체계〉를 이해하고 사례에 적용하는 능력을 평가하는 문제이다.

① (X) 혐의거래보고의 방법 및 절차에 따르면 영업점직원은 보고책임자에게 보고하고 보고책임자가 서식에 따라 금융정보분석원에 혐의거래보고를 하게 되어있다. 따라서 영업점직원이 바로 금융정보분석원에 혐의거래보고를 하는 것은 옳지 않다.

② (X) '범죄수익 또는 자금세탁행위를 알게 되어 수사기관에 신고한 경우에는 의무적으로 금융정보분석원에 혐의거래보고를 하여야 한다.'고 하였으므로 乙은행은 반드시 혐의거래보고를 하여야 한다.

③ (O) 혐의거래 중 거래액이 보고대상기준금액 미만인 경우에 금융기관은 이를 자율적으로 보고 할 수 있다고 하였으므로 2천만원 미만인 거래금액에 대해서는 자율적으로 보고할 수 있다.

④ (X) 의무보고대상거래를 보고하지 않은 경우 임직원 및 기관에 제재조치를 취할 수 있는 것은 금융정보분석원이지 은행이 아니다. 은행의 자체 징계에 대한 근거는 찾아볼 수 없다.

⑤ (X) 혐의거래보고의 방법 및 절차에 따르면 보고책임자는 '특정금융거래정보보고 및 감독규정의 별지서식'에 따라 보고서를 작성하여 제출하여야 하므로 옳지 않다.

문 8. 정답 ③

★★★

Core Point & Tip

주어진 〈조건〉들을 정확히 체크한 후 문제에 접근해야 한다. 〈보기 ㄷ〉은 丙의 재직연수가 10년 이상이므로 점수가 3점 미만이어도 퇴출되지 않는다는 점에 주의해야 한다.

ㄱ. (X) 최종 평가결과 점수는 다음과 같다.

| | |
|---|---|
| 甲 | $\frac{20+32+27+4+2}{25}=3.4$점 |
| 乙 | $\frac{25+32+15+8+16.5}{33}\fallingdotseq 2.92$점 |
| 丙 | $\frac{8+3+33+5}{19}\fallingdotseq 2.58$점 |

따라서 '甲－乙－丙' 순으로 높다.

ㄴ. (X) 甲과 丙 간의 최종 평가결과 점수의 격차는 0.82점(＝3.4－2.58)으로 1점 미만이다.

ㄷ. (O) 최종 평가결과 점수에 따라 대학에서 퇴출되는 교수는 재직연수가 10년 미만이고 점수가 3점 미만인 乙 한 명이다.

★★★

## 문 9. 정답 ④

Core Point & Tip

수리계산을 포함하고 있는 유형의 문제이다. 보안등급점수의 환산과 프로그램별 보안값 계산식에 담겨 있는 힌트를 이용하면 시간을 단축할 수 있다.

경제성과 용이성 점수의 합은 A가 10+7=17점, B가 7+10=17점, C가 7+3=10점이다. 그런데 보안성 점수는 2배로 계산되기 때문에 C가 역전할 가능성은 충분히 있다. 보안등급점수를 계산하지 않아도 A는 보안값이 최대 600을 넘을 수 없으므로 C의 최소값 1010보다 반드시 작다. 따라서 B와 C를 비교하는 식으로 접근한다. B는 경제성과 용이성 점수의 평균이 8점 이상이므로 보안등급점수가 100점이고, 따라서 보안값은 1000 이하이다. 그러므로 보안성 점수는 A가 하= 6점, B가 중= 14점, C가 상=20점이다.

따라서 최종점수는 B(31점), C(30점), A(23점)의 순으로 높으므로 B가 최종적으로 선택되는 프로그램이다.

★★★

## 문 10. 정답 ⑤

Core Point & Tip

제시된 방식으로 실제 결과를 도출하는 문제이다. 결국 전체 시청률과 측정 시청률의 분모는 고정되어 있으므로, 해당 시점에 해당 채널을 시청하는 시청 타입을 도출하여 그 수를 헤아리는 방식으로 결과를 도출하도록 한다.

해당 시점에 각 타입의 가구들이 어떤 채널을 시청하고 있는지 파악하여 정답을 도출한다. 실제 시청률은 전체 60가구 중 해당 시점에 해당 채널을 시청하는 가구의 수로 도출하고, 측정 시청률은 시청률 측정 장비를 설치한 26가구 중 해당 시점에 해당 채널을 시청하는 가구의 수로 도출한다.

00:30에는 2번 채널을 시청하고 있는 가구는 없고, A type의 시청자가 4번 채널을, B type의 시청자가 8번 채널을 시청하고 있다.

02:30에는 2번 채널을 B type의 시청자가 시청하고 있으며, 4번 채널과 8번 채널을 시청하고 있는 가구는 없다.

08:30에는 2번 채널을 B type의 시청자가 시청하고 있고, 4번 채널을 시청하고 있는 가구는 없으며, 8번 채널을 C type의 시청자가 시청하고 있다.

12:30에는 2번 채널을 시청하고 있는 시청사는 없고, 4번 채널을 C type의 시청자가 시청하고 있으며, 8번 채널을 B type의 시청자가 시청하고 있다.

20:30에는 2번 채널을 A, B type의 시청자가 시청하고 있고, 4번 채널과 8번 채널을 시청하고 있는 시청자는 없다.

이를 <표>로 정리하면 다음과 같다.

| | | 채널 2 | | 채널 4 | | 채널 8 | |
|---|---|---|---|---|---|---|---|
| | | 실제 | 측정 | 실제 | 측정 | 실제 | 측정 |
| ① | 00:30 | 0 | 0 | 38 | 27 | 30 | 31 |
| ② | 02:30 | 30 | 31 | 0 | 0 | 0 | 0 |
| ③ | 08:30 | 30 | 31 | 0 | 0 | 32 | 42 |
| ④ | 12:30 | 0 | 0 | 32 | 42 | 30 | 31 |
| ⑤ | 20:30 | 68 | 58 | 0 | 0 | 0 | 0 |

★★★

## 문 11. 정답 ②

Core Point & Tip

X제품 1개에는 A회사가 만든 부품 2개가 필요하므로 A회사 기준은 2만개 이상 ~ 3만개 미만으로 인식하는 것이 편하다. '미만'에 주의해야 한다.

ㄱ. (O) X제품의 생산량이 하루 3만 개 미만일 경우 최소 생산량이 각각 3만 개, 5만 개인 D와 E회사는 자금압박에 시달리게 된다.

ㄴ. (X) X제품 1개에는 A회사가 만든 부품 2개가 필요하며 A회사는 하루에 최대 6만개 미만을 생산하므로 X제품의 하루 생산량은 최대 3만 개 미만이다.

ㄷ. (O) 위의 표와 같은 상태대로라면 X제품 생산량은 3만 개 미만이 되고 이 경우 D회사와 E회사는 반드시 자금압박에 시달리게 된다.

ㄹ. (X) X제품의 생산량이 하루 2만 개 미만이더라도 최소 생산량이 1만 개인 B회사는 자금압박에 시달리지 않는다.

★★★★

## 문 12. 정답 ①

Core Point & Tip

〈조건〉에서 말로 설명한 식의 조건을 보고 예상 관람객 수를 계산하는 문제이다. 복잡한 함정은 없으나, 계산이 다소 많으므로 실수 없이 한 번에 계산하는 능력이 필요하다.

문제풀이 편의상 풀이순서를 'ㄱ~ㄹ'로 지칭하고 정리하면 다음과 같다.

ㄱ. 단체 관람 예상 관람객 수는 추정학생수와 방문율 추정치의 곱을 통해 계산된다고 하였으므로, 방문율 추정치를 먼저 구해야 한다. 이는 ㄴ에 나와 있다.

ㄴ. 방문율 추정치는 방문의향률과 방문실현율의 곱이다. 여기서 주의해야 할 것은 방문의향률과 방문실현율의 단위가 %이므로 계산에 주의하도록 한다. 각 지역별 방문율 추정치를 구하면, 서울 $= 0.5 \times 0.04 = 0.02$, 인천 $= 0.75 \times 0.06 = 0.045$, 경기 $= 0.5 \times 0.12 = 0.06$이다.

ㄷ. ㄴ을 통해 수도권 학생 단체 관람객 수요 예측 합계 즉, (가)를 계산할 수 있다. 서울 $= 1{,}400{,}000 \times 0.02 = 28{,}000$, 경기 $= 1{,}800{,}000 \times 0.06 = 108{,}000$이므로, 서울+인천+경기 $= 28{,}000 + 18{,}000 + 108{,}000 = 154{,}000$이 된다.

ㄹ. 개별 관람객 수요 예측은 가족동반 자녀수에서 단체관람 중복인원을 제외하면 계산된다고 하였고, 세 번째 <조건>을 살펴보면 학생 개별관람객의 수요 예측에서 단체관람 중복 비율은 가족동반 자녀수의 5%이므로 가족동반 자녀수의 95%가 개별 관람객이 된다. 계산해보면 서울 $= 48{,}000 \times 0.95 = 45{,}600$, 인천 $= 8{,}000 \times 0.95 = 7{,}600$, 경기 $= 100{,}000 \times 0.95 = 95{,}000$이며, 총합은 148,200이 된다.

★★★

## 문 13. 정답 ③

Core Point & Tip

주어진 규칙을 이용하여 결과를 도출하는 문제이다. 각 참가자의 상황에 따라 적용해야 할 규칙을 정확히 판단하여 결과를 도출하도록 한다.

갑 : 기계점수는 $25 \times 1.1 + 30 + 25 = 82.5$ 이고, 전문가 점수는 82점이다. 기계점수>전문가 점수 이므로 최종점수는 82.5점이 된다.
을 : 기계점수는 $28 + 23 \times 1.1 + 24 = 77.3$ 이고, 전문가 점수는 75점이다. 기계점수>전문가 점수 이므로 최종점수는 77.3점이 된다.
병 : 기계점수는 $30 + 27 \times 1.1 + 30 = 89.7$ 이고, 전문가 점수는 78점이다. 기계점수>전문가 점수 이므로 최종점수는 89.7점이 된다.
정 : 기계점수는 $27 + 22 + 27 \times 1.2 = 81.4$ 이고, 전문가 점수는 77점이다. 기계점수>전문가 점수 이므로 최종점수는 81.4점이 된다.
무 : 기계점수는 $25 \times 1.1 + 28 + 29 = 84.5$ 이고, 전문가 점수는 84점이다. 기계점수>전문가 점수 이므로 최종점수는 84.5점이 된다.
따라서 최종점수가 가장 높은 사람은 병이 된다.

★★★

## 문 14. 정답 ④

Core Point & Tip

**'반드시 옳다고 할 수 없는 것'은 '틀린 것'과는 다른 의미이다. 여러 가지 가능성 중에서 옳지 않은 경우가 하나라도 있다면 '반드시 옳다고 할 수 없는 것'이 된다.**

① (O) 1포트, 2포트, 3포트에서 각 1팀씩 뽑고, 4포트에서 2팀씩 뽑으므로 한 조에는 5개의 팀이 배정되며, A와 B조로 나뉜다고 했으므로 총 10개의 팀이 최종예선에 참가한다.
② (O) 추첨은 사우디와 일본의 2번 포트 결정 추첨에 이어 4번 포트부터 역순으로 이뤄진다고 했다. 따라서 2번 포트인 이란이 1번 포트인 한국과 호주보다 먼저 조가 결정된다. 한국과 호주는 가장 마지막에 조가 결정된다.
③ (O) 사우디아라비아와 일본은 추첨을 통해 둘 중에 한 팀은 2번 포트에, 한 팀은 3번 포트에 속하게 된다. 따라서 호주, 사우디아라비아, 일본은 모두 다른 포트에 속하므로 같은 조가 될 수 있다.
④ (X) 일본이 3번 포트에 배정된다면 옳은 진술이지만, 일본이 2번 포트가 된다면 이란과 함께 같은 포트가 되므로 일본이 이란보다 먼저 조 추첨을 한다고 확정할 수 없다. 따라서 항상 옳은 진술이 아니다. (제일 먼저 이루어지는 추첨은 사우디와 일본의 2번 포트 결정 추첨일 뿐 일본의 조 추첨이 아니다.)
⑤ (O) 이란은 반드시 2번 포트이고, 사우디아라비아와 일본 2팀 중 1팀은 함께 2번 포트에 속하게 되므로 세 팀이 모두 같은 조가 될 수는 없다. 따라서 호주, 사우디아라비아, 이란, 일본이 같은 조가 될 수 없다는 것은 옳은 진술이다.

★★★

## 문 15. 정답 ⑤

Core Point & Tip

**〈보기 ㄱ〉에서 착시율이 가장 높은 것은 실제 색을 정확히 맞춘 사람이 가장 적은 색이라는 것을 파악해야 한다.**

ㄱ. (X) 착시율은 녹색이 45%($\fallingdotseq \frac{225}{500} \times 100$), 파란색이 56.4%($\fallingdotseq \frac{282}{500} \times 100$), 빨간색이 52.6%($\fallingdotseq \frac{263}{500} \times 100$)로 '파란색, 빨간색, 녹색' 순으로 높다.
ㄴ. (O) 녹색과 빨간색의 착시율 차이는 7.6%p($= 52.6 - 45$)로 10%p 미만이다.
ㄷ. (O) <표>에서 실제 색인 빨간색을 파란색으로 틀리게 응답한 사람의 수는 178명으로 실제 색인 녹색을 파란색으로 틀리게 응답한 사람의 수인 127명보다 51명이 더 많다.

★★★

## 문 16. 정답 ④

Core Point & Tip

**주어진 〈규정〉을 이해한 후, 각 조건을 꼼꼼히 따져봐야 하는 유형의 문제로 적용 과정에서 실수하지 않도록 주의하자!**

일단 각 조건에서 C의 연간 매출액은 400억 원, 57억 원, 750억 원이므로 예외조건에는 해당되지 않는다.
ㄱ. (X) A가 4천억 원의 시장의 51%를 차지하고 있고, $A + B + C = 51 + 12 + 10 = 73\%$이므로 1호에만 해당된다. 즉, A만 시장 지배적 사업자에 해당되고 C는 해당되지 않는다.
ㄴ. (O) 시장점유율이 50% 이상인 사업자가 없지만 $A + B + C = 49 + 20 + 19 = 88\%$로 75% 이상이므로 2호에 따라 A, B, C 모두 시장지배적 사업자가 된다.
ㄷ. (O) 시장점유율이 50% 이상인 사업자가 없고, $A + B + C = 35 + 20 + 15 = 70\%$로 75% 미만이지만 3호에 따라 D의 시장점유율 5%를 더할 경우 75% 이상이 된다. 따라서 A, B, C 모두 시장지배적 사업자가 된다.

★★★★

## 문 17. 정답 ③

Core Point & Tip

**법률문제는 단서조항과 조건에 유의하여야 한다.**

① (X) 제2조 제3항에 의하면 신청서가 제출된 날부터 7일 이내에 심사에 회부할 것인지 결정하여야 하지만 제3조 제3항에 의하면 난민인정신청에 대한 결정은 난민인정신청서가 제출된 날부터 6개월 안에 하여야 하고, 부득이한 경우 6개월의 범위에서 기간이 연장되므로 난민인정신청서를 제출안 날인 2012년 5월 18일부터 1년 이내에 이루어져야 한다. 그러나 제3조 제4항에 의하면 기간을 연장한 때에는 연장된 기간이 만료되기 7일 전까지 통지를 하여야 하므로 늦어도 2013년 5월 18일의 7일 전인 5월 11일까지는 난민인정 또는 불인정의 통지를 받을 수 있다.
② (X) 제2조 제2항에 따를 때 '사무소장 또는 출장소장은 제1항에 따라 출입국항에서 난민인정신청서를 제출한 사람에 대하여 <u>7일의 범위에서 기간을 정하여 출입국항에 있는 일정한 장소에 머무르게 할 수 있다.</u>'고 하였으므로 대한민국에 체류할 수 있다.
③ (O) 제1조에 따를 때 난민신청자는 본인의 의사에 반해 본국으로 송환되지 않으며 각주에 따를 때 난민불인정결정에 대한 행정심판을 제기하여 소송이 진행 중인 사람은 난민신청자에 해당한다. 따라서 본인의 의사에 반해 송환되지 않는다.
④ (X) 만약 당초에 난민불인정결정을 받았으나 이의신청 등을 통해 최종적으로 난민인정을 받은 경우라면 제3조 제2항에 따른 난민불인정결정통지서를 받은 후 난민인정증명서를 받았을 것이다.

⑤ (X) 제2조 3항에 따르면 법무부장관은 난민인정신청서가 제출된 날부터 7일 이내에 난민인정심사에 회부할 지 여부를 결정하는 것이지 난민인정여부를 결정하여야 하는 것은 아니다.

★★★★

## 문 18. 정답 ③

Core Point & Tip

할인조건의 파악 및 경우의 수를 나뉘어 생각해야 하는 유형이다. 단계적으로 적용해야 하는 할인조건이 있으므로 혼동하거나 빠트리지 않도록 주의해야 하며, 총 지불금액이 아닌 내일 지불해야 하는 금액을 묻고 있다는 것도 유의하자.

i ) 시즌 할인을 고려할 경우, 각각의 가격은 다음의 <표>와 같다.

| 이벤트 | 가격 | 선물 | 가격 |
|---|---|---|---|
| 풍선 장식 | 18,750 | 지갑 | 135,000 |
| 촛불 이벤트 | 18,000 | 장갑 | 25,500 |
| 꽃 장식 | 93,750 | 니트 | 82,000 |
| 축가 | 30,000 | 목도리 | 19,500 |

ii) 네 번째 조건에 따라 우성이가 촛불 이벤트, 지갑과 장갑을 선택하지 않았고 선물은 니트와 목도리로 결정된다. 이때, 우성이가 선택 가능한 조합은 (풍선, 니트 + 목도리), (꽃, 니트 + 목도리), (축가, 니트 + 목도리) 3가지가 가능하다.

iii) 위 3가지 경우에 대해 비용을 계산하면, 꽃 + 목도리 조합의 경우 두 품목에 대해 30% 할인이 적용되고, 축가 + 니트 조합의 경우 두 품목에 대해 5% 할인이 적용된다. 결국 총 금액은 아래와 같이 도출되며, 가장 저렴한 (풍선, 니트 + 목도리)가 선택된다.

| 풍선 장식 | 니트 | 목도리 | 합계 |
|---|---|---|---|
| 18,750 | 82,000 | 19,500 | 120,250 |
| 꽃 장식 | 니트 | 목도리 | |
| 65,625 | 82,000 | 13,650 | 161,275 |
| 축가 | 니트 | 목도리 | |
| 28,500 | 77,900 | 19,500 | 125,900 |

iv) 이때, 오늘은 생일 2주 전이므로 선금만 지급하고 이벤트 일주일 전에 지불하는 잔금은 아직 지불하지 않는다. 한편, 선물의 경우 전액 지불해야 하므로 내일 지불해야 하는 금액은 다음과 같다. $18,750 \times 0.6 + (82,000 + 19,500) = 11,250 + 101,500 = 112,750$이므로 정답은 ③번의 112,750원이 된다.

★★★

## 문 19. 정답 ④

Core Point & Tip

제시된 지문을 읽고 추론한 내용으로 옳은 것을 고르는 문제이다. 지문에서 선택지의 내용이 제시되어 있는 부분을 찾아 주어와 서술어, 인과관계 등을 분석하도록 한다.

① (X) 가연 휘발유의 사용이 금지되었고, 이에 따라서 휘발유 생산업체가 다른 방법을 찾아야 했다는 본문의 언급으로 미루어볼 때, 자발적인 전환 노력이 있었다고 볼 수 없다.

② (X) 자동차 산업이 크게 발전하면서 여러 오염물질의 농도가 치솟았지만, 그 이전의 자동차에서 오염물질들이 배출되지 않았다고 추론하기에는 근거가 부족하다.

③ (X) 각국 정부에서 배기가스 감축을 위한 규제를 하고 있다는 내용이 제시되었지만, 그 규제의 내용이 전기 혹은 하이브리드 자동차로 전환을 강제한다는 내용은 제시되어 있지 않다.

④ (O) 화학자들은 촉매변환기의 촉매, 질소산화물 저감장치, 그 밖에 자동차의 배출 감소 기술 등을 연구하고 있다. 이는 휘발유를 연료로 하는 일반 자동차의 문제를 해결하기 위한 것이다.

⑤ (X) 화학의 발달로 말미암은 문제의 해결을 위하여 화학의 노력을 촉구하고 있다. 다른 분야의 학문에서 연구의 결과물들이 쏟아지고 있는지는 지문에서 확인할 수 없다.

★★

## 문 20. 정답 ②

Core Point & Tip

지문에 제시된 내용을 이용하여 계산의 결과를 도출하는 문제로 하나씩 순서대로 계산을 진행하도록 한다.

우선 30억 배럴을 세제곱미터로 변환한다. 4억 5천만 세제곱미터가 된다. 이를 수영장 개수인 20,000개로 나누면 올림픽 규격 수영장 1개의 부피는 $22,500m^3$가 된다.

①의 결과는 $15 \times 100 \times 15 = 22,500$이 된다.

②의 결과는 $20 \times 100 \times 11.5 = 23,000$이 된다.

③의 결과는 $22.5 \times 100 \times 10 = 22,500$이 된다.

④의 결과는 $25 \times 100 \times 9 = 22,500$이 된다.

⑤의 결과는 $50 \times 100 \times 4.5 = 22,500$이 된다.

★★★

## 문 21. 정답 ④

Core Point & Tip

내용을 정확히 이해하고, 지문과 비교해서 판단해야 하는 문제이다.

① (X) 죄형법정주의의 원칙은 미리 법률로 규정되어 있어야 한다는 것이다. 사회방위론자들의 형법의 개별화탄력화는 개별 사안 별로 달리 대처하자는 것으로 이미 정해진 법률에 따라 집행하는 죄형법정주의와는 오히려 충돌하게 될 것이다.

② (X) 정해진 법률의 범위 안에서 결정하는 것이 이러한 범위가 없는 결정에 비해서 형량의 차이는 적을 것이다. 예를 들어 A라는 범죄에 대해서 1년 이상 3년 이하의 징역이라는 법률이 있다면 차이는 최대 1년~3년이 되지만 이러한 법률이 없다면 6개월도 가능하고 10년도 가능하게 될 것이기 때문이다.

③ (X) 국가의 자의적 행사 방지나 삼권분립론의 입장에서는 이러한 결정이 죄형법정주의 원칙에 맞다고 볼 수도 있다. 하지만 심리강제설에 따르면 범죄로 얻은 이익보다 형벌의 고통이 더 심해야 한다고 하는데 사안은 반대로 이익은 크고 고통은 적어서 심리강제설에 충실했다고 보기는 어렵다.

④ (O) ②번과 비슷한 맥락이다. 죄형법정주의 원칙 확립 이전의 법 집행자들은 자신의 의사대로 판결을 할 수 있었겠지만, 죄형법정주의가 확립된 이후에는 법률의 정해진 범위 내에서만 판결할 수 있으므로 자신들의 권한이 제한된다고 생각할 것이다.(앞의 예를 보면 자신은 5년 형을 결정하고 싶어도 3년 형을 결정할 수밖에 없다.)

⑤ (X) 프랑스 인권선언 8조는 대표적인 죄형법정주의를 선언한 문언

이다. 즉, 내용상 "미리 제정·공포된 법률"이라고 하여 죄형법정주의의 원칙을 천명하고 있다.

★★★

## 문 22. 정답 ⑤

**Core Point & Tip**

**각각의 정책을 주어진 글을 통해서 기준을 삼고 평가해보는 문제이다. 이는 상황판단의 전형적인 형태로서 상황을 제시하고 기준을 주고 판단하는 형태이다. 이때에는 글에서 중요한 부분만 발췌해서 빠르게 읽는 것이 중요하다. 이를테면, 각각의 기준만 표시를 해가며 판단할 때 용이하게 하는 것이다.**

각각의 기준에 따라서 각 정책을 비교해보도록 하자.

① (X), ⑤ (O) 집중성을 판단하면 된다. 재산정도가 낮을수록 정책의 필요성이 높아지며 그들에게 정책이 집중되는 정도를 파악하려면 기울기를 판단하면 된다. 주어진 자료를 가지고 보면 D < A, C < B 순서로 기울기가 가파르다. 따라서 B가 가장 집중성이 높다고 평가할 수 있다. 따라서 ①번은 틀린 설명이고, ⑤번이 정답이 된다.

② (X) 재산이 1.5억인 사람에게 지급되는 보육비의 금액 크기는 D > C > A > B이다. 본문에서 보육비가 많이 지급될수록 보육서비스구매욕구가 감소된다고 언급했으므로 해당 재산을 가진 사람의 보육서비스 구매욕구를 가장 덜 감소시키는 정책은 B이다.

③ (X) 사회적 형평성을 주어진 정보만으로는 판단할 수 없다. 본문에서 금액만으로는 사회적 형평성을 판단할 수 없으며 사회효용함수 등을 도입해야 한다는 언급이 있는데 특정한 사회효용함수가 주어져 있지 않기 때문이다. 따라서 틀린 설명이다.

④ (X) 다음으로 총비용을 계산하기 위해서는 각 정책의 선들 아래 면적을 구하면 된다. 그런데 각 재산 수준별로 인구분포가 어떻게 이뤄져있는지 주어져 있지 않기 때문에 A와 B처럼 겹쳐져 있는 경우에는 판단할 수 없게 된다.(가령, 모든 인구의 재산이 1.5억에서 2억에 걸쳐있다면 A의 지급액이 B의 지급액보다 높게 된다) 다만 모든 구간에서 가장 많은 보육비가 지급되는 D가 총비용이 가장 높고, 그다음으로 모든 구간에서 많은 보육비가 지급되는 C라는 것 까지만 판단할 수 있게 된다. 따라서 ④번도 옳지 않다.

★★★

## 문 23. 정답 ②

**Core Point & Tip**

**조선시대 도량형에 관한 제시문의 내용이 무엇인지 중심으로 파악해야 한다.**

제시문의 내용을 정리하면 다음과 같다.

10리→1푼, 10푼→1치, 10치→1자, 10자→1발

주척 1자 = 황종척 6치 6리, 영조척 1자 = 황종척 8치 9푼 9리, 조예기척 1자 = 황종척 8치 2푼 3리, 포백척 1자 = 황종척 1자 3치 4푼 8리

10작→1홉, 10홉→1되, 10되→1말, 15말→보통섬, 20말→큰섬

① (O) 보통섬 1섬은 150되, 큰섬 1섬은 20000작의 용량이다.

② (X) 황종척 1 / 0.606 = 주척 약 1650리, 1 / 0.823 = 조예기척 약 1215리

③ (O) 황종척 1 / 1.348 = 포백척 약 742리, 황종척 1 / 0.899 = 영조척 약 1112리

④ (O) 포백척 = 황종척 1348 / 황종척 606 = 주척 약 2224리, 황종척 1348 / 황종척 899 = 영조척 약 1499리

⑤ (O) 1자의 길이가 가장 큰 순서는 포백척, 황종척, 영조척, 조예기척, 주척의 순서이다.

★★★

## 문 24. 정답 ④

**Core Point & Tip**

**제시문이 어렵지 않으므로 제시문을 먼저 꼼꼼히 읽고 〈보기〉를 판단하도록 한다.**

ㄱ. (O) 두 번째 문단의 '수혜자 비용은 기초생활수급자는 무료, 차상위계층은 월 2만 원, 장애인은 소득에 따라 월 4만~8만 원을 부담하게 된다.'를 통해 추론할 수 있다.

ㄴ. (X) 바우처에 대한 설명 부분 중 '종래는 현금을 직접 지급해 왔으나 현재는 문화상품권처럼 사용용도가 특정된 바우처를 지급한다. 이는 정부가 사회복지 서비스의 수요촉진을 위해 도입한 제도이다.'에서 틀린 내용임을 추론할 수 있다. 즉, 현금 지급 방식의 경우에 비해 바우처 제도를 시행할 때 장애인들이 받는 사회복지 서비스의 총량이 클 것이다.

ㄷ. (O) 네 번째 문단의 '외출 등 도움을 주는 사업'을 통해 장애인들이 외출을 할 때에도 바우처가 이용될 수 있다는 것을 파악할 수 있다.

ㄹ. (O) 두 번째 문단의 '월 40~180시간을 쓸 수 있는'을 통해 월 사용량이 제한됨을 알 수 있고, 따라서 제한량을 초과하는 부분은 원래대로 수익자가 부담하게 될 것임을 추론할 수 있다.

★★★

## 문 25. 정답 ⑤

**Core Point & Tip**

**주어진 규칙대로 게임을 진행했을 때의 결과를 도출하는 문제이다. 먼저 승자 결정, 승점 등 게임의 규칙을 정확히 파악한 후에 각 참가자들이 제시한 결과로 점수를 도출한다.**

각 라운드별 게임 점수를 도출하면 다음 <표>와 같이 나타낼 수 있다.

| Round | 갑 | | 을 | | 병 | |
|---|---|---|---|---|---|---|
| | 홀짝 | 점수 | 홀짝 | 점수 | 홀짝 | 점수 |
| 1(홀) | 홀 | +1 | 홀 | +1 | 짝 | -2 |
| 2(짝) | 짝 | +3 | 홀 | -1 | 홀 | -1 |
| 3(홀) | 홀 | +1 | 홀 | +1 | 짝 | -2 |
| 4(홀) | 홀 | +1 | 홀 | +1 | 홀 | +1 |
| 5(짝) | 짝 | +1 | 홀 | -2 | 짝 | +1 |
| 합계 | +7 | | 0 | | -3 | |

★★★★

## 문 26. 정답 ③

Core Point & Tip

조건을 보고 모든 경우의 수를 고려하여 해결해야 하는 문제이다.

ㄱ. (O) 시보는 4명이고 같은 직급은 같은 팀에 구성되지 않으므로 5개의 팀 중 4개의 팀에 속하게 되는데 주임이 속한 팀이 총 2개이므로 최소한 1개의 주임이 속한 팀에 시보가 속하게 된다. 즉, 주임과 시보는 같이 식사를 하러 간다.

ㄴ. (O) i ) 과장이 계산하는 팀에 주사가 속할 경우

| | 과장 | 계장 | 주임 | 주임 | 주사 |
|---|---|---|---|---|---|
| 시보 | | | | | O |
| 주사 | O | △ | △ | △ | X |

(위의 경우 △중 두 군데는 주사가 속하게 된다.)

위와 같은 경우 과장과 주사는 같이 식사를 하게 된다.

ii) 과장이 계산하는 팀에 주사가 속하지 않을 경우

| | 과장 | 계장 | 주임 | 주임 | 주사 |
|---|---|---|---|---|---|
| 시보 | | | | | O |
| 주사 | X | O | O | O | X |
| 과장 | X | | | | |

위와 같은 경우에도 표에서는 일단 주사와 과장은 같은 팀이 아니지만, 같은 직급은 같은 팀에 있을 수 없으므로 남은 과장 1명은 다른 팀에 속해야 하는데 다른 팀에는 모두 주사가 있으므로 과장과 주사는 같이 식사하게 된다.

ㄷ. (X) 주사가 4명이고 주사 중 1명이 계산을 하므로 주사가 계산하지 않는 팀에 주사 3명이 속하게 된다. 계장도 2명이고 계장 중 1명이 계산을 하므로 계장이 계산하지 않는 팀에 계장 1명이 속하게 된다. 이 때 계장과 주사는 같은 팀에 속하게 된다.

i) 계장이 계산하는 팀에 주사가 속할 경우

| | 과장 | 계장 | 주임 | 주임 | 주사 |
|---|---|---|---|---|---|
| 주사 | O | O | O (or X) | X (or O) | X |
| 계장 | X | X | X (or O) | O (or X) | X |

ii) 계장이 계산하는 팀에 주사가 속하지 않을 경우

| | 과장 | 계장 | 주임 | 주임 | 주사 |
|---|---|---|---|---|---|
| 주사 | O | X | O | O | X |
| 계장 | △ | X | △ | △ | △ |

(위의 경우 △ 중 한군데는 계장이 속하게 된다.)

ㄹ. (O) 아래와 같은 경우 모든 직급이 속한 팀을 제외한 팀은 3명씩 속하게 된다.

| | 과장 | 계장 | 주임 | 주임 |
|---|---|---|---|---|
| 시보(4) | O | O | O | O |
| 주사(3) | O | X | O | O |
| 주임(1) | X | O | X | X |
| 계장(1) | X | X | O | X |
| 과장(1) | X | X | O | X |
| 총합 | 3 | 3 | 5 | 3 |

★★★★

## 문 27. 정답 ③

Core Point & Tip

계산이 상당히 까다로운 문제이므로, 모든 선택지를 다 풀기보다는 정확한 계산을 통해 확실한 정답을 빠르게 도출하는 것이 현명하다. 또한 열량 계산에 있어서 탄수화물과 단백질의 칼로리가 동일하다는 점을 이용하여 계산을 단순화 시킬 수 있어야 한다. 실제 시험장에서 계산이 난해한 문제가 등장할 경우, 실수하지 않고 빠르게 풀 수 있어야 한다.

① (O) 선미가 섭취한 음식의 총 열량을 계산해보면 오레오 263kcal, 핫도그 288kcal, 아이스크림 225kcal, 컵라면 316kcal, 씨리얼 117kcal, 우유 2회 200kcal이므로 모두 더하면 263+288+225+316+117+200=1,409(kcal)가 나온다.

② (O) 선미가 섭취한 나트륨은 총 1,730mg이다. 일일권장섭취량이 2,000mg이면, 이의 85%는 1,700mg임을 알 수 있다. 따라서 일일권장량의 85%를 넘은 것이 맞다.

③ (X) 단백질을 최대로 섭취하기 위해서는 단백질 1g당 열량이 가장 낮은 음식을 섭취해야 한다. 단백질 1g당 열량은 (총열량)/단백질량으로 구할 수 있으므로 구해보면 우유가 14.29kcal로 가장 낮게 나온다. 따라서 우유를 2,300kcal 섭취하는 경우 단백질을 가장 많이 섭취할 수 있다. 우유는 1회 제공량 당 열량이 100kcal이므로 23회 섭취하면 단백질은 23x7=161g 섭취할 수 있다. 따라서 100g을 넘는다.

④ (O) 100g당 열량이 가장 높은 식품을 구하기 위해서는 (총열량)/1회제공량(g)을 계산하면 된다. 이 때 가장 열량이 높은 식품은 오레오로, 263kcal/47g=5.60kcal 이다. 또 다른 방법으로는 '탄수화물과 단백질 중량의 합 : 지방의 중량'이 가장 작은 식품을 구하는 것이다. 탄수화물과 단백질은 모두 4kcal/g이고, 지방은 9kcal/g 이므로 탄수화물과 단백질에 비해 지방의 함량이 높을수록 100g당 열량이 높은 식품이다. 따라서 오레오가 정답이 된다.

⑤ (O) 탄수화물 함량 대비 지방량은 '지방/탄수화물'의 수치, 즉 탄수화물 1g당 지방량을 구하면 알 수 있다. 이때 각 음식별로 계산할 경우 가장 높은 것은 오레오로 0.6g, 다음으로는 우유로 0.444...g, 다음으로는 핫도그가 0.4g이고 이후 순위는 아이스크림 0.2727..g, 컵라면 0.26g, 씨리얼 0.04g 순으로 매겨진다. 따라서 선택지의 순위는 옳다.

★★

## 문 28. 정답 ④

Core Point & Tip

각 위반 사례에 대한 조치기준을 통해 사이버선거범죄에 대한 대응의 특징을 파악하는 문제이다.

① (O) '선거운동 기간 전 또는 선거일'의 위반사례에 대한 조치기준이므로 선거운동기간에는 적용되지 않는다.

② (O) 일회성으로 퍼 나르는 경우 '삭제요청'에서 수차례 게시한 경우에는 '경고'로, 그리고 계속해서 게시하는 경우에는 '고발'까지 이뤄지는 것을 알 수 있다. 따라서 횟수에 따라 처벌정도가 달라진다.

③ (O) 배너를 게시하는 경우에도 경고에서 고발로 단계별 조치를 취하는 등 사이버선거범죄에 대해 단계별 조치를 취하는 것을 알 수 있다.

④ (X) 배너광고물 등을 게시한 경우에 경고조치에도 불구하고 계속해서 게시하거나 다수의 사이트에 게시한 경우에는 고발이 이루어

지며, 그렇지 않은 경우에는 경고에 그친다. 따라서 자신의 블로그에 1회 게시하였다면 경고를 받을 것으로 판단된다.

⑤ (O) 조치기관이 조치할 수 있는 것은 삭제요청, 경고, 고발 등으로, '삭제요청'이 이루어진다는 것에서 직접 삭제를 할 수 있는 권한이 없다는 것을 알 수 있다.

★★★

## 문 29. 정답 ③

**Core Point & Tip**

**물을 채우고 비우고 옮기는 과정을 체계적으로 나타내기 위해 도표나 그림 등을 활용할 필요가 있다.**

민호가 시행한 과정을 <표>로 나타내면 다음과 같다.

| | | 3갤런 | 5갤런 |
|---|---|---|---|
| 1단계 | 5갤런의 물통에 물을 채운다. | 0 | 5 |
| 2단계 | 5갤런의 물통의 물을 3갤런의 물통에 옮겨 붓는다. | 3 | 2 |
| 3단계 | 3갤런의 물통에 있는 물을 비운다. | 0 | 2 |
| 4단계 | 5갤런의 물통의 물을 3갤런의 물통에 옮겨 붓는다. | 2 | 0 |
| 5단계 | 5갤런의 물통에 물을 채운다. | 2 | 5 |
| 6단계 | 5갤런의 물통의 물을 3갤런의 물통에 옮겨 붓는다. | 3 | 4 |

이 문제는 두 정수 a, b의 최대공약수를 c라 할 때, 적당한 정수 x, y를 각각 곱하여 더하면 ax+by=c라는 성질을 이용한 것이다. 따라서 시행과정을 식으로 나타내면 $5\times2+3\times(-2)=4$임을 알 수 있다. 즉, 5갤런 물통을 두 번 채우고 3갤런의 물통을 두 번 비우는 시행을 통해 4갤런의 물을 얻을 수 있다.

★★★

## 문 30. 정답 ③

**Core Point & Tip**

**각 시스템에서 변환기를 역순으로 적용 시 도출되는 수치를 토대로 〈보기〉들을 검토해야 한다.**

ㄱ. (X) 시스템 X(A⇒B⇒C⇒B⇒A)를 통해서 0이 출력될 수 있는지를 살펴보자. 먼저 마지막에 있는 변환기 A를 통해서 0이 출력되었으므로 변환기 A를 거치기 전에는 −0.5였음을 알 수 있다. 그리고 이 정보를 통해 변환기 B를 거치기 전에는 0.75였음을 알 수 있다. 하지만 변환기 C를 통해서 0.75는 나올 수가 없다. 따라서 불가능하다.

ㄴ. (O) 시스템 X(A⇒B⇒C⇒B⇒A)를 통해서 1이 출력될 수 있는지를 살펴보자. 먼저 마지막에 있는 변환기 A를 통해서 1이 출력되었으므로 변환기 A를 거치기 전에는 0이었음을 알 수 있다. 그리고 이 정보를 통해 변환기 B를 거치기 전에는 1이었음을 알 수 있다. 결국 변환기 C 이전에 짝수가 입력되었다면 가능하다는 것을 알 수 있다.

ㄷ. (O) 시스템 Y(C⇒B⇒A⇒B⇒C)는 어떤 수가 처음에 입력되더라도 첫 번째 변환기인 C를 통과하면 0 또는 1 또는 2가 된다. C를 통과한 후 값이 0, 1인 경우 시스템 Y의 출력값은 0이 되고, C를 통과한 후 값이 2인 경우 시스템 Y의 출력값은 1이 된다. 따라서 시스템 Y의 처음 입력값이 자연수가 아니거나 짝수이면 출력값은 0이 되고, 홀수일 경우 출력값은 1이 된다. 따라서 시스템 Y를 통해서 0이 출력될 수 있다.

ㄹ. (X) <보기 ㄷ>에서 확인한 바와 같이 시스템 Y의 출력값은 항상 0 또는 1이므로 2는 출력될 수 없다.

★★★

## 문 31. 정답 ③

**Core Point & Tip**

**주어진 〈조건〉 중 상품 가격과 할인 혜택 등을 빠르게 계산하는 것이 중요하다. 각 품목에 대해 세일 가격을 미리 계산해 두는 편이 좋다.**

주어진 할인율을 이용하여 세일가격을 계산하면 다음과 같다.

| 품목 | 1개 당 가격 | 세일 시 할인율 | 세일 시 1개 당 가격 |
|---|---|---|---|
| 마스크팩 | 2,000원 | 10% | 1,800원 |
| 로션 | 18,000원 | 20% | 14,400원 |
| 스킨 | 16,000원 | 10% | 14,400원 |
| 에센스 | 24,000원 | 15% | 20,400원 |
| 마스카라 | 13,000원 | 15% | 11,050원 |
| 클렌징젤 | 6,000원 | 50% | 3,000원 |
| 화장솜 | 1,000원 | 0% | 1,000원 |
| 특별 할인 적용 대상 | | | |
| 로션+스킨 세트 | 30600원 | | 25,920원 |
| 클렌징젤+화장솜 | 6,000원 | | 3,000원 |
| 마스크팩 6개 | 10,000원 | | 9,000원 |

① (O) 첫째 주 수요일은 세일가가 적용되어 마스카라 11,050 + '클렌징젤+화장솜' 3,000 + 화장솜 2,000 = 16,050원이 총 상품가격이 된다. 이 때 (나)카드를 제시하면 즉시 10%가 할인되므로 16,050−1,605 =14,445원을 결제해야 하므로 옳다.

② (O) 로션 1개, 에센스 1개, 마스크팩 10개를 세일이 아닌 날 구입할 경우, 18,000 + 24,000 + 10,000(마스크팩 6개) + 8,000 = 60,000원이 된다. 이때, (나)카드를 제시할 경우 6,000원을 할인받을 수 있다. 한편 첫 날에 로션, 에센스, 마스크팩 6개만 구입하고 (가)카드를 제시할 경우 52,000원의 15%인 7,800원이 포인트로 적립되고 다음 방문 일에 마스크팩 4개를 사면서 현금처럼 이용할 수 있다. 따라서 이틀에 나누어 사는 게 더 저렴하다.

③ (X) 모든 물건을 한 번에 살 경우, 지불금액을 최소화하려면 세일 날 방문하여 (나)카드를 제시해야 한다. 이 경우 1,800 + 25,920 + 20,400 + 11,050 + 3,000 = 62,170원에서 10%가 할인되어 55,953원을 지불해야 한다. 반면 지불금액이 최대가 되는 경우는 비세일가에 할인카드를 제시하지 않는 경우로 2,000 + 30,600 + 24,000 + 13,000 + 6,000 = 75,600원이 된다. 이 경우에도 로션+스킨, 클렌징젤+화장솜 동시구매혜택은 적용된다는 점에 유의하자. 따라서 양자 간의 차이는 19,647원으로 20,000원 미만이므로 옳지 않다.

④ (O) 마스카라 2개와 마스크팩 22개를 세일가로 가장 저렴하게 구매할 경우, 22,100 + 27,000(팩 18개) + 7,200 = 56,300원이 총 상품금액이 된다. 이때, (나)카드를 지불하면 10%가 할인되므로 50,670원이 결제금액이 된다. 따라서 5만원 이상이다.

⑤ (O) 세일 때 절약한 금액이 최소가 되는 상품은 할인율이 0%인 화장솜이 된다. 따라서 최소로 절약한 금액은 0원이다. 한편, 절약금액이 최대가 되는 경우는 '원가−할인가'가 3,600원인 로션 또는 에센스를 구매하면 된다. 따라서 총 3개의 상품을 모두 로션 또는 에센스를 살 경우 10,800원, 모두 화장솜으로 살 경우 0원이므로 양자 간의 차이는 10,800원이 된다.

★★

## 문 32. 정답 ②

**Core Point & Tip**

전체 총점을 10% 가산한다는 것의 효과가 매우 크다는 점을 생각하면서 접근하면 실수를 줄일 수 있다. 4번 선지의 경우는 총점의 일의 자리 숫자가 0이 나올 수 없으므로 바로 제외할 수 있다.

① (X) A : (75+110×2+85+100×2)×1.1 = 638
② (O) B : (80×2+100+125×2+80)×1.1 = 649
③ (X) C : (65+110×2+95+130×2) = 640
④ (X) D : (80×2+120+130×2+45)×1.1 = 643.5
⑤ (X) E : (50×2+95+180×2+70) = 625

★★★

## 문 33. 정답 ①

**Core Point & Tip**

주어진 규칙에 따라 결과를 분석하여 원하는 정보를 도출하는 문제이다. 각 과목들에 적용되는 규칙들이 어떤 규칙인지 먼저 파악한 후, 계산을 진행하도록 한다.

① (O) 주어진 규칙에 따라 각 과목별로 학생들의 순손익을 도출하면 다음과 같다.

| | A | B | C | D | E |
|---|---|---|---|---|---|
| 국어 (규칙 2) | | -2,000 | -3,000 | +3,000 | +2,000 |
| 영어 (규칙 3) | -2,000 | -3,000 | +2,500 | | +2,500 |
| 수학 (규칙 5) | -3,000 | +3,000 | -3,000 | +3,000 | |
| 사회 (규칙 4) | | -2,500 | +2,000 | -2,500 | +3,000 |
| 과학 (규칙 3) | +2,500 | | -2,000 | -3,000 | +2,500 |
| 순손익 | -2,500 | -4,500 | -3,500 | +500 | +10,000 |

★★★

## 문 34. 정답 ⑤

**Core Point & Tip**

많이 출제되는 유형이나 매번 새로운 조건을 검토해야 하는 만큼 빠르게 해결하려는 노력이 중요하다. 조건을 우선 검토하여 자주 언급되는 사람을 기준으로 삼고 순서를 파악하도록 하자. 또한, 순서를 완벽히 파악하는 것보다 쉽게 해결되는 선택지부터 검토하는 것이 중요하다.

( '/' 표시는 순서를 알 수 없는 경우를 의미한다.)

i ) 여러 번 언급되는 사람 중 G를 기준으로 삼을 경우, <조건 1>, <조건 7>에 따라, 'H/B' > G > 'D/E'가 된다.

ii) 이때 <조건 6>에 따라 'H/B/C' > G > 'D/E' 순이 되며, <조건 2>와 <조건 3>에 따라 A > F > B가 됨을 알 수 있다.

iii) 위에서 검토한 내용을 종합하면 'G'보다 점수가 높은 사람은 'H/A, F, B/C' 총 5명이 되며, 'D/E'는 점수가 더 낮은 사람에 해당함을 알 수 있다.

iv) <조건 6>에 따라 C는 점수가 높은 순으로 4등 아니면 6등이므로 4등이 된다.

v ) <조건 5>에 따라 점수가 가장 높은 사람은 A가 될 수 없으며, A보다 점수가 낮은 F, B, 그리고 4등인 C를 제외하면 1등은 H가 된다.

vi) 종합하면, 8명의 학생은 H > A > F > C > B > G > 'D/E'

① (X) 주어진 조건만으로는 D와 E의 순서를 판단할 수 없다.
② (X) iii)까지 검토한 상황에서 확인할 수 있다. G보다 점수가 높은 사람이 5명, 낮은 사람이 2명이므로 G는 반드시 6등이 된다.
③ (X) H는 v)단계에서 1등임을 파악할 수 있었다.
④ (X) ②번과 마찬가지로 iii)까지 검토한 상황에서 오답임을 알 수 있다. G가 6등이 될 경우 C는 4등이 되며, 이 경우 점수를 낮게 받은 순으로는 다섯 번째가 되어 오답이다.
⑤ (O) F는 H와 A 다음으로 높은 점수를 받은 사람이므로 3등이다.

★★

## 문 35. 정답 ③

**Core Point & Tip**

주어진 각각의 〈상황〉에 어떤 법조문이 적용되어야 하는가를 빠르게 판단하는 것이 중요하다.

① (X) 총사업비 중 국가의 재정 지원여부 및 재정지원 규모를 알 수 없으므로 예비타당성조사 대상사업으로 판단할 수는 없다. 따라서 옳지 않다.
② (X) 타당성조사 대상사업이며, 제△△조 ②에 해당하여 타당성조사를 실시하여야 하는 상황이므로 옳지 않다.
③ (O) 예비타당성조사 대상사업의 요건은 충족하지 않으나, 타당성조사 대상사업의 요건은 충족하고 있으므로 옳다.
④ (X) 총액에서 예비타당성조사 대상사업의 요건을 충족하지 못하여 타당성조사를 실시하여야 하는 상황이므로 옳지 않다.
⑤ (X) 총사업비가 500억 원 삭감되면 총사업비의 규모는 200억 원이 된다. 여기까지만 읽어도 이미 예비타당성조사 대상사업의 요건에 해당하지 않음을 판단할 수 있으므로 옳지 않다.

★★★

## 문 36. 정답 ⑤

**Core Point & Tip**

항목별 수치를 주어진 〈조건〉에 따라 조합하여 빠르게 계산하는 것이 중요한 유형이다. 가동비와 보유비의 총계는 어림산을 해서 구하더라도 정답에 변화는 없다.

주어진 조건에 따라 각 항목을 단계별로 계산하면 위 표와 같이 도출된다. 따라서 순이익이 큰 순서대로 나열할 경우 <u>**'프리미엄 고속버스 > 일반버스 > 시티투어버스'**</u>순이 된다.

| 버스 종류 | 일반버스 | 시티투어 버스 | 프리미엄 고속버스 |
|---|---|---|---|
| 승객 수 (=a) | 800 | 1,000 | 900 |
| 승객요금합 (=b=a×900) | 720,000 | 900,000 | 810,000 |
| 가동비 총계 (=c) | 439,362 | 500,391 | 468,839 |
| 보유비 총계 (=d) | 135,715 | 259,354 | 140,376 |
| 총운송비용 (=e=c+d) | 575,077 | 759,745 | 609,215 |
| **순이익 (=b-e)** | **144,923** | **140,255** | **200,785** |
| **순이익 순위** | **2** | **3** | **1** |

★★★

## 문 37. 정답 ④

▲ Core Point & Tip

**A가 기억하는 대로의 분수의 모양, 빛을 통해 볼링대회의 결과를 추측하는 문제이다. 주어진 규칙에 유의하여 총점을 계산하여야 한다.**

이 결승전에 참가한 선수를 편의상 선수1, 선수2라고 하면 각각 프레임에서 쓰러뜨린 핀 수는 아래와 같다.

| 선수 | 투구 | 1 프레임 | 2 프레임 | 3 프레임 | 총점 |
|---|---|---|---|---|---|
| 선수 1 | 첫번째 투구 | 7 | 7 | 3 | 32 + α |
| | 두번째 투구 | 2 | 3 | 7 | |
| 선수 2 | 첫번째 투구 | 9 | 10 | 1 | 45 |
| | 두번째 투구 | 1 | | 5 | |

선수 1은 2프레임에서 두 번에 걸쳐 10개의 핀을 모두 쓰러뜨렸으므로 13점(10점+다음 프레임의 투구에서 쓰러뜨린 핀 수 중 작은 쪽인 3점)을 얻게 되고, 마지막 프레임에서도 두 번의 투구에 10개의 핀 모두를 쓰러뜨렸기 때문에 한 번의 투구 기회가 더 주어져 그 점수(α)를 합산하게 된다. 따라서 최종 점수는 9+13+10+α=32+α이다.
선수 2는 1프레임에서 두 번에 걸쳐 10개의 핀을 모두 쓰러뜨렸으므로 20점(10점+다음 프레임의 투구에서 쓰러뜨린 핀 수 중 작은 쪽인 10점)을 얻게 되고, 2프레임에서 한 번에 10개의 핀을 모두 쓰러뜨려 19점(10점+직전 프레임에서 쓰러뜨린 핀 수 중 큰 쪽인 9점)을 얻게 된다. 따라서 최종 점수는 45점이 된다.
선수 1이 한 번의 투수기회를 더 얻게 되었을 때 가능한 많은 핀을 쓰러뜨리면 10개의 핀을 쓰러뜨리게 되어 42점이 되므로 양 선수의 최소 득점 차이는 3점이 된다.

★★★★

## 문 38. 정답 ②

▲ Core Point & Tip

**여러 가지 〈조건〉이 함께 제시되어 있어 까다로워 보이나 하나하나는 쉽게 해결되는 만큼 초반 판단력이 중요하다. 매칭해야 하는 요소의 개수와 조건문의 형태를 보고 문제를 풀지 빠르게 결정하자.**

i ) 양말의 경우: 양말의 색깔은 4×4 표를 그려서 확인 할 수 있다. 각 조건을 반영하여 검토하면, 세원이 흰 양말을 선택할 것이며, 이 경우 빨강, 초록을 싫어하는 수진은 자동적으로 노랑을 선택하게 된다. 수진의 선택에 따라 아영은 초록이 되며, 민호는 빨간 양말을 걸었을 것이다.

| | 빨간색 | 초록색 | 노란색 | 흰색 |
|---|---|---|---|---|
| 민호 | ○ | | | |
| 수진 | | | ○ | |
| 아영 | | ○ | | |
| 세원 | | | | ○ |

ii) 선물의 경우: 4×4표를 그려서 각 조건을 반영하면 아영은 핸드폰을, 수진은 게임기를 받게 된다. 이때, 민호와 세원은 만화책과 용돈 중 하나를 받게 된다.

| | 용돈 | 게임기 | 핸드폰 | 만화책 |
|---|---|---|---|---|
| 민호 | | | | |
| 수진 | × | ○ | | |
| 아영 | | × | ○ | |
| 세원 | | | | |

iii) 선물을 넣어두는 시간: 아영과 세원의 아버지는 연이어 선물을 넣었으므로 아래의 3가지 경우가 가능한데, 수진의 아버지는 가장 처음 또는 마지막이 아니므로 <경우 2>가 소거된다. 또한, 민호의 아버지는 새벽 3시 전에 취침하여 아침 9시에 일어났으므로 새벽 5시와 새벽 7시에 선물을 넣지 않았다. 따라서 <경우 3>과 같이 민호–수진–세원–아영의 아버지 순이 된다.

| | 11시 | 1시 | 5시 | 7시 |
|---|---|---|---|---|
| 경우 1 | 세원 | 아영 | | |
| 경우 2 | | 세원 | 아영 | |
| 경우 3 | | | 세원 | 아영 |

① (X) 핸드폰을 받은 것은 아영이므로 옳지 않다.
② (O) 가장 늦은 선물은 오전 7시에 넣어진 아영의 선물이고, 아영은 핸드폰을 받았으므로 맞는 진술이다.
③ (X) 민호가 만화책과 용돈 중 무엇을 받을지는 확정할 수 없다.
④ (X) 초록 양말을 건 아영이가 핸드폰을 받았으므로 옳지 않다.
⑤ (X) 세원의 아버지는 오전 5시에 선물을 넣어두었으므로, 세원이 평소 기상시간인 8시보다 2시간 이른 6시에 일어나더라도 아버지가 선물을 넣는 모습을 목격할 수는 없다. 반면 아영이 일찍 일어났다면 산타에 대한 환상이 깨졌을 수도 있다.

★★

## 문 39. 정답 ⑤

▲ Core Point & Tip

**제시된 지문을 읽고 추론한 내용으로 옳지 못한 것을 고르는 문제이다. 지문에서 선택지의 내용이 제시되어 있는 부분을 찾아 주어와 서술어, 인과관계 등을 분석하도록 한다.**

ㄱ. (O) 아래 지층일수록 예전에 쌓인 것이므로 아래 지층에서 발견된 화석일수록 더 오랜 시간 묻혀 있었을 가능성이 높다.
ㄴ. (X) 갑주어 화석과 인목 화석 모두 고생대의 화석이므로 제시된 지문만으로는 어떤 화석이 먼저 생성된 것인지 판단할 수 없다.
ㄷ. (X) 표준 화석이 되기 쉬운 조건으로 많은 개체 수, 넓은 지역, 짧은 생존 기간 등이 제시되어 있다. 따라서 넓은 지역에 살던 생물이 표준화석이 될 수 있다.
ㄹ. (X) 산호 화석은 시상화석으로 생성된 시기의 환경을 추측하게 해주는 것이다. 현재 발견된 지점의 환경을 추측하기에는 근거가 부족하다.

★★

## 문 40. 정답 ②

Core Point & Tip

제시된 조건을 이용하여 그래프의 분포를 분석하는 문제이다. 각 조건이 많을수록 유리한지 적을수록 유리한지 먼저 파악한 후, 그래프별로 가장 유리한 분포가 어디에 위치하는지 분석하도록 한다.

개체 수가 많을수록, 분포지역이 넓을수록, 생존기간이 짧을수록 표준 화석이 생성되기에 좋은 조건이다. 따라서 각 그래프에서 이러한 조건에 맞는 생물 번호를 골라 연결하면 된다.

A 그래프에서는 분포지역과 개체수가 모두 많을수록 표준 화석이 생성되기에 유리하므로 2번 생물이 가장 유리하다.

B 그래프에서는 생존기간이 짧을수록, 분포지역이 넓을수록 표준 화석이 생성되기에 유리하므로 5번 생물이 가장 유리하다.

C 그래프에서는 생존기간이 짧을수록, 개체수가 많을수록 표준 화석이 생성되기에 유리하므로 1번 생물이 가장 유리하다.

D 그래프에서는 생존기간이 짧을수록, 분포지역이 넓을수록 표준 화석이 생성되기에 유리하므로 1번 생물이 가장 유리하다.

Memo

# PSAT

## 해설편

5급공채 입법고시 민간경력자 국립외교원 및 수습 대비

# 종합 실전모의고사

인재

헌법
언어논리
자료해석
상황판단

# 제3회
# PSAT 종합 실전모의고사

- 헌　　법
- 언어논리
- 자료해석
- 상황판단

# 제3회 PSAT 종합 실전모의고사

책형 가

# 헌법

| 정답표 | PUBLIC SERVICE APTITUDE TEST

| 1 | 2 | 3 | 4 | 5 | 6 | 7 | 8 | 9 | 10 |
|---|---|---|---|---|---|---|---|---|---|
| ② | ④ | ① | ③ | ④ | ② | ① | ④ | ④ | ③ |
| 11 | 12 | 13 | 14 | 15 | 16 | 17 | 18 | 19 | 20 |
| ④ | ① | ④ | ② | ② | ③ | ③ | ① | ③ | ③ |
| 21 | 22 | 23 | 24 | 25 | | | | | |
| ① | ① | ③ | ④ | ③ | | | | | |

## 문 1. 정답 ②

MGI point 행정부

- 국무총리의 행정감독권 ⇨ 중앙행정기관의 장의 명령·처분이 위법·부당시 대통령의 승인받아 중지·취소 可
- 중앙행정기관의 장의 대통령령등 제출의무
  - 대통령령·총리령·부령·훈령·예규·고시 등 제정·개정·폐지시
  - 대통령령 입법예고시
- 국무회의 의결 ⇨ 헌법재판소법 제68조 제1항의 공권력의 행사 ×
- 중앙선거관리위원회 규칙제정권 ⇨ 헌법에서 규정
  감사원 규칙제정권 ⇨ 감사원법에서 규정

① (O) 조문 국무총리는 중앙행정기관의 장의 명령이나 처분이 위법 또는 부당하다고 인정할 때에는 대통령의 승인을 받아 이를 중지 또는 취소할 수 있다(정부조직법 제18조 제2항).

② (X) 조문 중앙행정기관의 장은 법률에서 위임한 사항이나 법률을 집행하기 위하여 필요한 사항을 규정한 대통령령·총리령·부령·훈령·예규·고시 등이 제정·개정 또는 폐지된 때에는 10일 이내에 이를 국회 소관상임위원회에 제출하여야 한다. 다만, 대통령령의 경우에는 입법예고를 하는 때(입법예고를 생략하는 경우에는 법제처장에게 심사를 요청하는 때를 말한다)에도 그 입법예고안을 10일 이내에 제출하여야 한다(국회법 제98조의2 제1항).

③ (O) 판례 국군을 외국에 파견하려면, 대통령이 국무회의의 심의를 거쳐 국회에 파병동의안 제출, 국회의 동의(헌법 제60조 제2항), 대통령의 파병결정, 국방부장관의 파병 명령, 파견 대상 군 참모총장의 구체적, 개별적 인사명령의 절차를 거쳐야 하는바, … 대통령이 국회에 파병동의안을 제출하기 전에 대통령을 보좌하기 위하여 파병 정책을 심의, 의결한 국무회의의 의결은 국가기관의 내부적 의사결정행위에 불과하여 그 자체로 국민에 대하여 직접적인 법률효과를 발생시키는 행위가 아니므로 헌법재판소법 제68조 제1항에서 말하는 공권력의 행사에 해당하지 아니한다(헌재 2003.12.18. 2003헌마225).

④ (O) 조문 중앙선거관리위원회는 법령의 범위안에서 선거관리·국민투표관리 또는 정당사무에 관한 규칙을 제정할 수 있으며, 법률에 저촉되지 아니하는 범위안에서 내부규율에 관한 규칙을 제정할 수 있다(헌법 제114조 제6항). 감사원은 감사에 관한 절차, 감사원의 내부 규율과 감사사무 처리에 관한 규칙을 제정할 수 있다(감사원법 제52조).

## 문 2. 정답 ④

MGI point 법원

- 규칙이 별도의 집행행위 없이 직접 기본권 침해시 헌법소원심판 대상
- 인사청문위 의결정족수 ⇨ 재적위원 과반수 출석, 출석위원 과반수 찬성
- 특정 성폭력 범죄자에 대한 위치추적전자장치 부착을 양형에 유리하게 참작 금지 ⇨ 법관의 양형재량권 침해 ×
- 대법관회의
  - 대법관 전원의 2/3 이상 출석, 출석인원 과반수 찬성으로 의결
  - 의장은 표결권 有, 가부동수시 결정권 有

① (X) 판례 헌법 제107조 제2항이 규정한 명령·규칙에 대한 대법원의 최종심사권이란 구체적인 소송사건에서 명령·규칙의 위헌여부가 재판의 전제가 되었을 경우 법률의 경우와는 달리 헌법재판소에 제청할 것 없이 대법원이 최종적으로 심사할 수 있다는 의미이며, 명령·규칙 그 자체에 의하여 직접 기본권이 침해되었음을 이유로 하여 헌법소원심판을 청구하는 것은 위 헌법규정과는 아무런 상관이 없는 문제이다. 따라서 입법부·행정부·사법부에서 제정한 규칙이 별도의 집행행위를 기다리지 않고 직접 기본권을 침해하는 것일 때에는 모두 헌법소원심판의 대상이 될 수 있는 것이다(헌재 1990.10.15. 89헌마178).

② (X) 조문 인사청문특별위원회는 재적위원 5분의 1이상의 출석으로 개회하고, 재적위원 과반수의 출석과 출석위원 과반수의 찬성으로 의결한다(국회법 제54조).

③ (X) 판례 형법 제51조의 양형조건을 비롯한 여러 양형인자의 중요성 평가와 비교 형량, 형의 종류의 선택, 법률상 임의적 감경 여부, 작량 감경 여부, 구체적 형량의 결정 등 양형에 관한 법관의 재량은 매우 광범위하고 포괄적인 것이어서, 이 사건 양형제한조항에도 불구하고 법관은 여전히 위치추적 전자장치 부착명령이 동시에 선고되는 범죄자에 대하여도 그 책임에 상응하는 형벌을 부과하기에 충분한 정도의 양형재량을 가지고 있다. 따라서 이 사건 양형제한조항은 책임원칙에 위반되지 아니한다(헌재 2010.09.30. 2009헌바116).

④ (O) 조문 대법관회의는 대법관 전원의 3분의 2 이상의 출석과 출석인원 과반수의 찬성으로 의결하고, 의장은 의결에서 표결권을 가지며, 가부동수일 때에는 결정권을 가진다(법원조직법 제16조 제2항, 제3항).

## 문 3. 정답 ①

MGI point 헌법소원심판

- 정부투자기관이 출자한 회사의 인사상 차별 및 해고 ⇨ 헌재법 제68조 제1항 헌법소원의 대상 ×
- 법인·단체의 헌법소원청구
  - 자신의 기본권 침해를 이유로는 可
  - 구성원을 위하여 또는 대신하여는 不可
- 지방대학 및 지역균형인재 육성에 관한 법률 적용 대상에서 경인지역 대학 제외한 것에 대한 헌법소원심판청구 ⇨ 학부모의 자기관련성 ×
- 형소법상 사경·검사의 구속기간 규정에 대한 헌법소원심판청구 ⇨ 형소법 규정 직접성 ×

① (X) 판례 정부투자기관(한국○○공사)의 출자로 설립된 회사(한국□□신탁) 내부의 근무관계(인사상의 차별 및 해고)에 관한 사항은, 이를 규율하는 특별한 공법적 규정이 존재하지 않는 한, 원칙적으로 사법관계에 속하므로 헌법소원의 대상이 되는 공권력 작용이라고 볼 수 없다(헌재 2002.03.28. 2001헌마464).

② (O) 판례 단체는 원칙적으로 단체자신의 기본권을 직접 침해당한 경우에만 그의 이름으로 헌법소원심판을 청구할 수 있을 뿐이고 그 구성원을 위하여 또는 구성원을 대신하여 헌법소원심판을 청구할 수 없다(헌재 1991.06.03. 90헌마56).

③ (O) 판례 학부모인 청구인들은 심판대상조항의 직접적인 수범자가 아닐 뿐만 아니라, 심판대상조항은 대학입학정원에 관련된 내용을 전혀 규정하고 있지 않으므로, 학부모인 청구인들의 이 사건 심판청구는 자기관련성이 인정되지 아니하여 부적법하다(헌재 2015.03.31. 2015헌마872).

④ (O) 판례 형사소송법 제202조 및 제203조는 피의자가 구속된 경우 사법경찰관은 10일 이내에 피의자를 검사에게 인치하는 경우, 그리고 검사는 10일 이내에 공소를 제기하지 않는 경우에 구속된 피의자를 석방하여야 한다고 규정하고 있다. 따라서 사법경찰관과 검사는 10일 동안 구속 수사를 계속할지, 아니면 그 전에 피의자를 검사에게 인치하거나 공소를 제기할지 여부를 결정할 수 있으므로, 청구인이 주장하는 기본권 침해 상황은 사법경찰관이나 검사의 구속 계속 여부에 대한 결정이라는 구체적 집행행위가 있을 때 그에 의하여 비로소 발생하는 것이지, 위 법률 조항들 자체로 인하여 직접 발생하는 것이 아니다. 결국 이 부분 심판청구는 기본권 침해의 직접성 요건을 갖추지 못하여 부적법하다(헌재 2015.08.25. 2015헌마802).

## 문 4. 정답 ③

MGI point — 위헌법률심판

- 위헌결정으로 법적공백·혼란 우려시 잠정적용 헌법불합치 결정
- 헌재법 제47조 제3항 본문의 위헌결정의 소급효 ⇨ 실체적인 형벌법규에 한하여 적용 ○, 절차법은 적용 ×
- 재판의 전제성에서의'재판'에 지방법원판사의 영장발부 여부에 관한 재판도 포함
- 재심개시결정 확정되지 않은 재심사건에서의 재판의 전제성
  - 재심청구에 대한 심판에서 적용될 법률은 ○
  - 원판결에 적용된 법률조항은 ×

① (O) 판례 법률이 헌법에 위반되는 경우, 헌법의 규범성을 보장하기 위하여 원칙적으로 그 법률에 대하여 위헌결정을 하여야 하는 것이지만, 위헌결정을 통해 법률조항을 법질서에서 제거하는 것이 법적 공백이나 혼란을 초래할 우려가 있는 경우에는 위헌조항의 잠정적 적용을 명하는 헌법불합치결정을 할 수 있다(헌재 1999.10.21. 97헌바26).

② (O) 판례 헌법재판소법 제47조 제2항 단서규정에 의하여 위헌결정의 법규적 효력에 대하여 소급효가 인정되는 "형벌에 관한 조항 또는 법률의 조항"의 범위는 실체적인 형벌법규에 한정하여야 한다(헌재 1992.12.24. 92헌가8).

③ (X) 판례 위헌여부심판의 제청에 관하여 규정하고 있는 헌법재판소법 제41조 제1항의 "재판"에는 종국판결 뿐만 아니라 형사소송법 제201조에 의한 지방법원판사의 영장발부 여부에 관한 재판도 포함된다고 해석되므로 지방법원판사가 구속영장발부 단계에서 한 위헌여부심판제청은 적법하다(헌재 1993.03.11. 90헌가70).

④ (O) 판례 (1) 당해 재심사건에서 재심개시결정이 확정된 바 없는 이 사건 심판청구가 적법하기 위해서는, 이 사건 법률조항의 위헌 여부가 '본안사건에 대한 심판'에 앞서 '재심의 청구에 대한 심판'의 전제가 되어야 한다. (2) 법원의 '재심의 청구에 대한 심판'은 형사소송법 제420조 각 호에서 규정한 재심사유가 있는지, 헌법재판소법 제47조 제4항 소정의 재심사유, 즉 유죄확정판결의 근거가 된 법률조항이 위헌으로 결정된 바 있는지 여부만을 우선 심리하여 재판할 뿐이므로, 이 사건 법률조항은 원판결에 적용된 법률조항일 뿐 그 원판결에 대한 재심절차 중 '재심의 청구에 대한 심판'에 적용되는 법률조항이라고 할 수는 없다. 따라서 이 사건 법률조항은 당해 재심사건에 적용되는 법률조항이 아니므로 재판의 전제성이 인정되지 아니한다(헌재 2015.08.18. 2015헌바259).

## 문 5. 정답 ④

MGI point — 헌법개정

- 제3공화국 : 대통령에게 헌법개정 제안권이 없었던 유일한 시기
- 제4공화국 헌법개정절차
  - 대통령 제안 ⇨ 국민투표로 확정
  - 국회재적의원 과반수 발의 ⇨ 국회재적의원 2/3 이상 의결 거쳐 통일주체국민회의 의결로 확정
- 헌법개정절차
  - 헌법 제130조 규정에 따라 국회 의결을 거쳐 국민투표
  - 헌법 제72조 국민투표에 의한 헌법개정은 不可
- 국민투표무효확인소송 : 투표인 10만인 이상 찬성을 얻어 중앙선거관리위원장을 피고로 투표일 20일 이내에 대법원에 제소
- 헌법개별조항에 대한 위헌심사 ⇨ 위헌법률심판 ×, 헌법소원 ×

㉠ (X) 제3공화국 헌법에서 헌법개정의 제안은 국회재적의원 1/3 이상 또는 국회의원 선거권자 50만명 이상의 찬성으로 하였다. 제3공화국 헌법은 대통령에게 헌법개정 제안권이 없었던 유일한 시기이다.

㉡ (X) 제4공화국 헌법에서 대통령이 제안한 헌법개정안은 국민투표로 확정되고, 국회의원이 제안한 헌법개정안이 국회재적의원 2/3 이상의 의결을 거쳐 통일주체국민회의의 의결로 확정되었다.

㉢ (X) 판례 헌법의 개정은 국회의원 재적 과반수 또는 대통령의 발의로 제안되어(헌법 제128조 제1항) 재적의원 3분의 2 이상의 찬성에 따른 국회의 의결을 거친 다음(헌법 제130조 제1항) 의결 후 30일 이내에 국민투표에 붙여 국회의원 선거권자 과반수의 투표와 투표자 과반수의 찬성을 얻어야만(헌법 제130조 제3항) 이루어 질 수 있다(헌재 2004.10.21. 2004헌마554). ▶ 헌법개정은 헌법 제130조 규정에 따라 국회의 의결을 거치고 국민투표에 부쳐야 한다.

㉣ (X) 조문 국민투표의 효력에 관하여 이의가 있는 투표인은 투표인 10만인 이상의 찬성을 얻어 중앙선거관리위원회위원장을 피고로 하여 투표일로부터 20일 이내에 대법원에 제소할 수 있다(국민투표법 제92조).

㉤ (O) 판례 (1) 헌법 제111조 제1항 제1호, 제5호 및 헌법재판소법 제41조 제1항, 제68조 제2항은 위헌심사의 대상이 되는 규범을 '법률'로 명시하고 있으며, 여기서 '법률'이라고 함은 국회의 의결을 거쳐 제정된 이른바 형식적 의미의 법률을 의미하므로 헌법의 개별규정 자체는 헌법소원에 의한 위헌심사의 대상이 아니다. (2) 나아가 헌법은 그 전체로서 주권자인 국민의 결단 내지 국민적 합의의

결과라고 보아야 할 것으로, 헌법의 개별규정을 헌법재판소법 제68조 제1항 소정의 공권력 행사의 결과라고 볼 수도 없다(헌재 1996.06.01. 94헌바20).

## 문 6. 정답 ②

MGI point — 법치주의

- 개인의 신뢰이익에 대한 보호가치 ⇨ 개인의 행위가 국가에 의하여 유인된 신뢰의 행사인지, 법률이 부여한 기회를 활용한 것으로 사적위험부담의 범위에 속하는지 여부에 따라 차이
- 법령불소급원칙 ⇨ 법령 효력 발생시 계속 중 또는 법령 효력 발생 이후 발생한 요건사실에 적용 제한 ×
- 언론중재법 시행 전 언론보도로 인한 정정보도청구도 언론중재법 적용 ⇨ 진정소급입법으로 위헌
- 친일반민족행위자 재산의 국가귀속조항 ⇨ 진정소급입법이나 예외적으로 허용되는 경우이므로 합헌

① (X) 판례 개인의 신뢰이익에 대한 보호가치는 ㉠ 법령에 따른 개인의 행위가 국가에 의하여 일정방향으로 유인된 신뢰의 행사인지, ㉡ 아니면 단지 법률이 부여한 기회를 활용한 것으로서 원칙적으로 사적 위험부담의 범위에 속하는 것인지 여부에 따라 달라진다. 만일 법률에 따른 개인의 행위가 단지 법률이 반사적으로 부여하는 기회의 활용을 넘어서 국가에 의하여 일정 방향으로 유인된 것이라면 특별히 보호가치가 있는 신뢰이익이 인정될 수 있고, 원칙적으로 개인의 신뢰보호가 국가의 법률개정이익에 우선된다고 볼 여지가 있다(헌재 2002.11.28. 2002헌바45).

② (O) 판례 법령불소급의 원칙은 법령의 효력발생 전에 완성된 요건사실에 대하여 당해 법령을 적용할 수 없다는 의미일 뿐, 계속 중인 사실이나 그 이후에 발생한 요건 사실에 대한 법령적용까지를 제한하는 것은 아니다(대판 2014.04.24. 2013두26552).

③ (X) 판례 위 부칙 조항 중 본문 부분은 정정보도청구권의 성립요건(제14조 제2항, 제31조 후문)과 정정보도청구소송의 심리절차(제26조 제6항 본문 전단)에 관하여 언론중재법을 소급 적용하도록 함으로써 위에서 본 바와 같은 언론사의 종전의 법적 지위가 새로이 변경되게 되었다. 이것은 이미 종결된 과거의 법률관계를 소급하여 새로이 규율하는 것이기 때문에 소위 진정 소급입법에 해당한다. 그렇다면 진정 소급입법은 앞에서 본 바와 같이 헌법적으로 허용되지 않는 것이 원칙이고 이를 예외적으로 허용할 특단의 사정도 이 조항들 부분에 대하여는 인정되지 아니하므로 부칙 제2조 중 '제14조 제2항, 제26조 제6항 본문 전단 중 정정보도청구 부분, 제31조 후문' 부분은 모두 헌법에 위반된다(헌재 2006.06.29. 2005헌마165, 위헌).

④ (X) 판례 이 사건 귀속조항은 진정소급입법에 해당하지만, 진정소급입법이라 할지라도 예외적으로 국민이 소급입법을 예상할 수 있었던 경우와 같이 소급입법이 정당화되는 경우에는 허용될 수 있다. 친일재산의 취득 경위에 내포된 민족배반적 성격, 대한민국임시정부의 법통 계승을 선언한 헌법 전문 등에 비추어 친일반민족행위자측으로서는 친일재산의 소급적 박탈을 충분히 예상할 수 있었고, 친일재산 환수 문제는 그 시대적 배경에 비추어 역사적으로 매우 이례적인 공동체적 과업이므로 이러한 소급입법의 합헌성을 인정한다고 하더라도 이를 계기로 진정소급입법이 빈번하게 발생할 것이라는 우려는 충분히 불식될 수 있다. 따라서 이 사건 귀속조항은 진정소급입법에 해당하나 헌법 제13조 제2항에 반하지 않는다(헌재 2011.03.31. 2008헌바141).

## 문 7. 정답 ①

MGI point — 지방자치제도

- 조례에 대한 법률의 위임의 정도 ⇨ 포괄적으로 足
- 주무부장관의 시정명령 ⇨ 지자체 사무에 관한 시도지사의 명령·처분이 위법·부당시, 단 자치사무는 위법시에만 可
- 조례와 법률과의 관계 ⇨ 조례가 법률과 별도 목적 또는 법률이 각 지자체가 지방실정에 맞게 별도 규율 용인 취지인 경우 조례는 합법
- 세종시 시장·교육감 선거는 실시, 지방의회의원선거는 불실시 ⇨ 평등권 침해 ×

① (O) 판례 조례의 제정권자인 지방의회는 선거를 통해서 그 지역적인 민주적 정당성을 지니고 있는 주민의 대표기관이고 헌법이 지방자치단체에 포괄적인 자치권을 보장하고 있는 취지로 볼 때, 조례에 대한 법률의 위임은 법규명령에 대한 법률의 위임과 같이 반드시 구체적으로 범위를 정하여 할 필요가 없으며 포괄적인 것으로 족하다(헌재 1995.04.20. 92헌마264).

② (X) 조문 지방자치단체의 사무에 관한 그 장의 명령이나 처분이 법령에 위반되거나 현저히 부당하여 공익을 해친다고 인정되면 시·도에 대하여는 주무부장관이, 시·군 및 자치구에 대하여는 시·도지사가 기간을 정하여 서면으로 시정할 것을 명하고, 그 기간에 이행하지 아니하면 이를 취소하거나 정지할 수 있다. 이 경우 자치사무에 관한 명령이나 처분에 대하여는 법령을 위반하는 것에 한한다(지방자치법 제169조 제1항). 그러므로 위임사무에 관한 시정명령은 위법하거나 부당한 경우 모두 가능하다.

③ (X) 판례 지방자치단체의 조례는 그것이 자치조례에 해당하는 것이라도 법령에 위반되지 않는 범위 안에서만 제정할 수 있어서 법령에 위반되는 조례는 그 효력이 없지만, 조례가 규율하는 특정사항에 관하여 그것을 규율하는 국가의 법령이 이미 존재하는 경우에도 조례가 법령과 별도의 목적에 기하여 규율함을 의도하는 것으로서 그 적용에 의하여 법령의 규정이 의도하는 목적과 효과를 전혀 저해하는 바가 없는 때 또는 양자가 동일한 목적에서 출발한 것이라고 할지라도 국가의 법령이 반드시 그 규정에 의하여 전국에 걸쳐 일률적으로 동일한 내용을 규율하려는 취지가 아니고 각 지방자치단체가 그 지방의 실정에 맞게 별도로 규율하는 것을 용인하는 취지라고 해석되는 때에는 그 조례가 국가의 법령에 위배되는 것은 아니라고 보아야 한다(대판 2007.12.13. 2006추52).

④ (X) 판례 세종특별자치시를 신설함에 있어, 세종특별자치시에 편입되는 종전 행정구역의 일부를 대표하는 단체장은 나머지 선거구 주민을 대표할 민주적 정당성이 흠결되어 있으므로 그러한 단체장 중 1인을 임의로 정하여 세종특별자치시의 단체장으로 인정하는 것은 불가능한 반면, 세종특별자치시에 편입되는 선거구에서 이미 선출된 지방의회의원에게 세종특별자치시의회의원의 자격을 부여하더라도 민주적 정당성이 문제될 것은 없으므로 세종특별자치시의 시장 및 교육감과 달리 세종특별자치시의회의원선거를 실시하지 아니하기로 한 데에는 합리적인 이유가 있으므로, 이 사건 부칙조항은 평등권을 침해하지 아니한다(헌재 2013.02.28. 2012헌마131).

## 문 8. 정답 ④

MGI point 국회

- 헌법상 국회 의사원칙 ⇨ 다수결의 원칙, 의사공개의 원칙, 회기계속의 원칙
- 국회법상 국회 의사원칙 ⇨ 일사부재의 원칙
- 국회 임시회 ⇨ 대통령, 국회재적의원 1/4 이상 요구로 집회
- 교섭단체 정당에게만 정책연구위원을 배정 ⇨ 평등권 침해 ×
- 국회의장이 상임위원 선임·개선시 교섭단체대표의원과 협의 및 요청 응하는 것은 국회운영의 본질적 요소

① (X) 조문 다수결의 원칙(헌법 제49조), 의사공개의 원칙(헌법 제50조), 회기계속의 원칙(제51조)은 헌법에서 직접 규정하고 있으나, 일사부재의 원칙은 국회법 제92조에서 규정하고 있다.

② (X) 조문 국회의 정기회는 법률이 정하는 바에 의하여 매년 1회 집회되며, 국회의 임시회는 대통령 또는 국회재적의원 4분의 1 이상의 요구에 의하여 집회된다(헌법 제47조 제1항).

③ (X) 판례 이 사건 규정으로 인하여 교섭단체는 국가공무원의 신분을 가진 정책연구위원을 배정받을 수 있는데 반하여 비교섭단체는 위 정책연구위원을 배정받지 못하게 되므로, 앞에서 본 바와 같이 교섭단체를 구성하는 국회의원과 그렇지 못한 국회의원 간에, 교섭단체인 정당과 비교섭단체인 정당 간에 각 차별이 발생한다. … 국회 입법활동의 활성화와 효율화를 이루기 위하여는 우선적으로 교섭단체의 전문성을 제고시켜야 하므로, 교섭단체가 필요로 하는 전문인력을 공무원 신분인 정책연구위원으로 임용하여 그 소속의원들의 입법활동을 보좌하도록 할 필요성이 발생한다. 따라서 교섭단체에 한하여 정책연구위원을 배정하는 데에는 합리적인 이유가 있다 할 것이다. … 평등권을 침해하였다고 볼 수 없다(헌재 2008.03.27. 2004헌마654).

④ (O) 판례 교섭단체의 역할에 비추어 볼 때, 국회의장이 국회의 의사(議事)를 원활히 운영하기 위하여 상임위원회의 구성원인 위원의 선임 및 개선에 있어 교섭단체대표의원과 협의하고 그의 "요청"에 응하는 것은 국회운영에 있어 본질적인 요소라고 아니할 수 없다. … 교섭단체대표의원의 상임위원 개선 "요청"이 헌법 또는 법률에 위반되는 것이 아닌 한 국회의장이 이에 따르는 것은 정당국가에서 차지하는 교섭단체의 의의와 기능을 고려할 때 입법취지에도 부합하는 것이다(헌재 2003.10.30. 2002헌라1).

## 문 9. 정답 ④

MGI point 국회의 권한

- 국회법상 수정안 범위 ⇨ 원안이 본래의 취지를 잃고 전혀 다른 의미로 변경되었는지 여부에 따라 판단
- 소득세의 과세대상이 되는 근로소득의 범위 규정 ⇨ 과세요건 명확주의 위반 ×
- 특별검사제도 인정여부, 수사실시여부, 수사대상 범위에 대한 판단 ⇨ 국회 재량
- 상여처분된 근로소득의 지급시기를 '대통령령으로 정하는 날'에 지급한 것으로 보는 소득세법 규정 ⇨ 조세법률주의원칙, 포괄위임입법금지원칙 위배 ×

① (O) 판례 국회법상 수정안의 범위에 대한 어떠한 제한도 규정되어 있지 않은 점과 국회법 규정에 따른 문언의 의미상 수정이란 원안에 대하여 다른 의사를 가하는 것으로 새로 추가, 삭제, 또는 변경하는 것을 모두 포함하는 개념이라는 점에 비추어, 어떠한 의안으로 인하여 원안이 본래의 취지를 잃고 전혀 다른 의미로 변경되는 정도에까지 이르지 않는다면 이를 국회법상의 수정안에 해당하는 것으로 보아 의안을 처리할 수 있는 것으로 볼 수 있다(헌재 2006.02.23. 2005헌라6).

② (O) 판례 이 사건 법률조항은 예시적 입법의 형식을 따른 것이라 할 수 있다. … 이 사건 법률조항은 과세대상으로 삼고자 하는 급여의 범위를 근로의 제공으로 인하여 받는 것에 한정하여 일정한 범위로 제한하면서 동시에 그 대표적이고 전형적인 사례로 근로의 제공으로 인하여 받는 봉급 등 몇 가지를 열거하고 있어 '이와 유사한 성질의 급여' 부분의 의미는 명확하다. 따라서 … 과세관청의 자의적인 확대해석의 염려도 존재하지 아니하므로 과세요건 명확주의에 위반되지 않는다(헌재 2002.09.19. 2001헌바74).

③ (O) 판례 특별검사제도의 장단점 및 우리나라 특별검사제도의 연혁에 비추어 볼 때, 검찰의 기소독점주의 및 기소편의주의에 대한 예외로서 특별검사제도를 인정할지 여부는 물론, 특정 사건에 대하여 특별검사에 의한 수사를 실시할 것인지 여부, 특별검사에 의한 수사대상을 어느 범위로 할 것인지는 국민을 대표하는 국회가 검찰 기소독점주의의 적절성, 검찰권 행사의 통제 필요성, 특별검사제도의 장단점, 당해 사건에 대한 국민적 관심과 요구 등 제반 사정을 고려하여 결정할 문제로서 그 판단에는 본질적으로 국회의 폭넓은 재량이 인정된다(헌재 2008.01.10. 2007헌마1468).

④ (X) 판례 법인세법에 따라 처분되는 상여를 '대통령령으로 정하는 날'에 지급한 것으로 보는 구 소득세법 조항은 소득처분에 관한 구 법인세법 규정 및 소득처분에 의하여 확정된 근로소득에 관한 구 소득세법 규정에 따라 성립한 원천징수의무자의 징수·납부와 관련된 지급시기 의제 규정으로서, ① 법률에 근거를 두고 그 구체적인 내용을 하위법령에 위임한 것이므로 조세법률주의원칙에 어긋난다고 보기 어렵고, ② 실제 지급일을 알 수 없는 상여처분금액의 '지급시기'를 대통령령에 위임한 것은 구체적이고 개별적으로 한정된 사항에 대한 위임으로서, 위임의 명확성과 구체성을 갖추었으므로 포괄위임입법금지원칙에 위배된다고 볼 수 없다(헌재 2015.05.28. 2013헌바84).

## 문 10. 정답 ③

MGI point 탄핵소추, 해임건의

- 헌법규정상 탄핵사유 ⇨ 헌법이나 법률에 위반한 때
  - 헌법에는 성문헌법, 불문헌법 포함
  - 법률에는 형식적 의미의 법률, 법률효력을 갖는 국제조약, 일반적으로 승인된 국제법규 등 포함
- 탄핵심판청구 이유 있는 경우 ⇨ 파면결정, 5년 간 공무원 결격
- 국무위원 탄핵소추·해임건의 의결정족수 ⇨ 국회재적의원 1/3 이상 발의, 과반수 찬성
- 국회의 해임건의 ⇨ 법적 구속력 ×

① (O) 판례 헌법은 탄핵사유를 "헌법이나 법률에 위배한 때"로 규정하고 있는데, '헌법'에는 명문의 헌법규정뿐만 아니라 헌법재판소의 결정에 의하여 형성되어 확립된 불문헌법도 포함된다. '법률'이란 단지 형식적 의미의 법률 및 그와 등등한 효력을 가지는 국제조약, 일반적으로 승인된 국제법규 등을 의미한다(헌재 2004.05.14. 2004헌나1).

② (O) 조문 탄핵심판 청구가 이유있는 때에는 헌법재판소는 피청구인을 당해 공직에서 파면하는 결정을 선고한다(헌법재판소법 제53조

제1항). 탄핵결정에 의하여 파면된자는 결정선고가 있는 날로부터 5년을 경과하지 아니하면 공무원이 될 수 없다(헌법재판소법 제54조 제2항).

③ (X) 조문 대통령·국무총리·국무위원·행정각부의 장·헌법재판소 재판관·법관·중앙선거관리위원회 위원·감사원장·감사위원 기타 법률이 정한 공무원이 그 직무집행에 있어서 헌법이나 법률을 위배한 때에는 국회는 탄핵의 소추를 의결할 수 있다(헌법 제65조 제1항). 제1항의 탄핵소추는 국회재적의원 3분의 1 이상의 발의가 있어야 하며, 그 의결은 국회재적의원 과반수의 찬성이 있어야 한다. 다만, 대통령에 대한 탄핵소추는 국회재적의원 과반수의 발의와 국회재적의원 3분의 2 이상의 찬성이 있어야 한다(동조 제2항). 국회는 국무총리 또는 국무위원의 해임을 대통령에게 건의할 수 있다(헌법 제63조 제1항). 제1항의 해임건의는 국회재적의원 3분의 1 이상의 발의에 의하여 국회재적의원 과반수의 찬성이 있어야 한다(동저 제2항).

④ (O) 판례 국회는 국무총리나 국무위원의 해임을 건의할 수 있으나(헌법 제63조), 국회의 해임건의는 대통령을 기속하는 해임결의권이 아니라, 아무런 법적 구속력이 없는 단순한 해임건의에 불과하다. 우리 헌법 내에서 '해임건의권'의 의미는, 임기 중 아무런 정치적 책임을 물을 수 없는 대통령 대신에 그를 보좌하는 국무총리·국무위원에 대하여 정치적 책임을 추궁함으로써 대통령을 간접적이나마 견제하고자 하는 것에 지나지 않는다. 헌법 제63조의 해임건의권을 법적 구속력 있는 해임결의권으로 해석하는 것은 법문과 부합할 수 없을 뿐만 아니라, 대통령에게 국회해산권을 부여하고 있지 않는 현행 헌법상의 권력분립질서와도 조화될 수 없다(헌재 2004.05.14. 2004헌나1).

## 문 11. 정답 ④

**MGI point** 대통령의 헌법상 지위와 신분

- 대통령은 사인으로서의 지위와 헌법기관으로서의 지위 보유, 사인으로서의 지위와 관련하여 기본권 주체성 인정
- 대통령 불소추 특권 ⇨ 형사책임 면제 ×
- 헌법상 대통령 권한대행
  - 사유 ⇨ 궐위, 당선자 사망 또는 자격상실
  - 기간 ⇨ 60일 이내 후임자 선거
- 대통령 탄핵소추사유
  - 대통령 지위 보유하고 있는 상태에서의 법위반행위만 ○
  - 당선후 취임시까지의 행위는 ×

① (O) 판례 대통령도 국민의 한사람으로서 제한적으로나마 기본권의 주체가 될 수 있는바, 대통령은 소속 정당을 위하여 정당활동을 할 수 있는 사인으로서의 지위와 국민 모두에 대한 봉사자로서 공익실현의 의무가 있는 헌법기관으로서의 지위를 동시에 갖는데 최소한 전자의 지위와 관련하여는 기본권 주체성을 갖는다고 할 수 있다(헌재 2008.01.17. 2007헌마700).

② (O) 판례 헌법규정은 단지 대통령은 내란 또는 외환의 죄를 범한 경우를 제외하고는 재직중 소추되지 아니한다고만 규정하고 있을 뿐, 형사상의 책임이 면제된다고는 규정하지 아니하고 있다(헌재 1995.01.20. 94헌마246).

③ (O) 조문 대통령이 궐위된 때 또는 대통령 당선자가 사망하거나 판결 기타의 사유로 그 자격을 상실한 때에는 60일 이내에 후임자를 선거한다(헌법 제68조 제2항).

④ (X) 판례 헌법 제65조 제1항은 '대통령…이 그 직무집행에 있어서' 라고 하여, 탄핵사유의 요건을 '직무' 집행으로 한정하고 있으므로, 위 규정의 해석상 대통령의 직위를 보유하고 있는 상태에서 범한 법위반행위만이 소추사유가 될 수 있다고 보아야 한다. 따라서 당선 후 취임 시까지의 기간에 이루어진 대통령의 행위도 소추사유가 될 수 없다(헌재 2004.05.14. 2004헌나1).

## 문 12. 정답 ①

**MGI point** 대통령의 권한과 통제

- 대통령 계엄선포시 지체없이 국회에 통고, 국회 폐회중이면 지체없이 집회요구
- 중앙선거관리위원회 위원장의 대통령에 대한 대통령의 선거중립의무 준수 요청 조치 ⇨ 통치행위 ×
- 일반사면시 국회동의 필요
- 대통령령 규정 내용이 위헌인 경우 수권법률조항까지 위헌 ×

① (O) 조문 대통령이 계엄을 선포하였을 때에는 지체없이 국회에 통고하여야 한다(계엄법 제4조 제1항). 제1항의 경우에 국회가 폐회중인 때에는 대통령은 지체없이 국회의 집회를 요구하여야 한다(계엄법 제4조 제2항).

② (X) 판례 이 사건 조치는 피청구인(중앙선거관리위원회 위원장)이 청구인(대통령)의 행위가 이 사건 법률조항에 위반되는지 여부를 판단한 것이어서 이를 통치행위와 유사한 고도의 정치적 행위라거나 권력분립의 원칙상 그 판단을 극히 존중해야 할 사안으로 보기 어렵다. 따라서 이 사건 조치가 정치적 문제로서 헌법재판소가 사법적 판단을 자제해야 하는 경우에 해당한다고 할 수 없다(헌재 2008.01.17. 2007헌마700).

③ (X) 조문 대통령은 법률이 정하는 바에 의하여 사면·감형 또는 복권을 명할 수 있다(헌법 제79조 제1항). 일반사면을 명하려면 국회의 동의를 얻어야 한다(헌법 제79조 제2항).

④ (X) 판례 행정부가 제정한 대통령령에서 규정한 내용이 정당한 것인지 여부와 위임의 적법성 사이에는 직접적인 관계가 없다. 따라서 대통령령으로 규정한 내용이 헌법에 위반될 경우라도 그 대통령령의 규정이 위헌으로 되는 것은 별론으로 하고, 그로 인하여 정당하고 적법하게 입법권을 위임한 수권법률조항까지도 위헌으로 되는 것은 아니다(헌재 1999.04.29. 96헌바22).

## 문 13. 정답 ④

**MGI point** 헌법상 경제조항

- 헌법상 소비자보호운동 규정 有, 헌법상 소비자에 관한 권리 규정 無
- 국방상·국민경제상 긴절한 필요로 법률이 정하는 경우 ⇨ 사영기업 국·공유로 이전, 경영통제·관리 可
- 농지와 관련하여 경자유전원칙, 소작제도 금지, 임대차·위탁경영은 법률이 정하는 바에 의하여 인정
- 국가교육과학기술자문회의는 법률상 임의기관

① (X) 조문 국가는 건전한 소비행위를 계도하고 생산품의 품질향상을 촉구하기 위한 소비자보호운동을 법률이 정하는 바에 의하여 보장한다(헌법 제124조).

② (X) 조문 국방상 또는 국민경제상 긴절한 필요로 인하여 법률이 정

하는 경우를 제외하고는, 사영기업을 국유 또는 공유로 이전하거나 그 경영을 통제 또는 관리할 수 없다(헌법 제126조).

③ (X) 조문 국가는 농지에 관하여 경자유전의 원칙이 달성될 수 있도록 노력하여야 하며, 농지의 소작제도는 금지된다(헌법 제121조 제1항). 농업생산성의 제고와 농지의 합리적인 이용을 위하거나 불가피한 사정으로 발생하는 농지의 임대차와 위탁경영은 법률이 정하는 바에 의하여 인정된다(헌법 제121조 제2항).

④ (O) 조문 국가는 과학기술의 혁신과 정보 및 인력의 개발을 통하여 국민경제의 발전에 노력하여야 한다(헌법 제127조 제1항). 대통령은 제1항의 목적을 달성하기 위하여 필요한 자문기구를 둘 수 있다(헌법 제127조 제3항).

## 문 14. 정답 ②

**MGI point** — 기본권 주체

- 정당은 생명·신체의 안전에 관한 기본권 침해를 이유로 헌법소원 청구 不可
- 인간의 존엄과 가치 및 행복추구권 ⇨ 성질상 인간의 권리, 외국인도 인정
- 접촉차단시설 설치장소에서 수형자의 변호인 접견 ⇨ 재판청구권 침해 ○
- 지자체 장 선거권 ⇨ 헌법상 기본권 ×
- 직장선택의 자유 ⇨ 성질상 인간의 권리, 외국인도 제한적으로 인정

㉠ (X) 판례 청구인 진보신당은 국민의 정치적 의사형성에 참여하기 위한 조직으로 성격상 권리능력 없는 단체에 속하지만, 구성원과는 독립하여 그 자체로서 기본권의 주체가 될 수 있고, 그 조직 자체의 기본권이 직접 침해당한 경우 자신의 이름으로 헌법소원심판을 청구할 수 있으나, 이 사건에서 침해된다고 하여 주장되는 기본권은 생명·신체의 안전에 관한 것으로서 성질상 자연인에게만 인정되는 것이므로, 이와 관련하여 청구인 진보신당과 같은 권리능력 없는 단체는 위와 같은 기본권의 행사에 있어 그 주체가 될 수 없고, 또한 청구인 진보신당이 그 정당원이나 일반 국민의 기본권이 침해됨을 이유로 이들을 위하거나 이들을 대신하여 헌법소원심판을 청구하는 것은 원칙적으로 허용되지 않는다(헌재 2008.12.26. 2008헌마419).

㉡ (O) 판례 우리 재판소는, 헌법재판소법 제68조 제1항 소정의 헌법소원은 기본권의 주체이어야만 청구할 수 있다고 한 다음, '국민' 또는 국민과 유사한 지위에 있는 '외국인'은 기본권의 주체가 될 수 있다고 판시하였다. 즉, 인간의 존엄과 가치 및 행복추구권 등과 같이 단순히 '국민의 권리'가 아닌 '인간의 권리'로 볼 수 있는 기본권에 대해서는 외국인도 기본권의 주체가 될 수 있다고 하여 인간의 권리에 대하여는 원칙적으로 외국인의 기본권 주체성을 인정하였다(헌재 2011.09.29. 2009헌마351).

㉢ (X) 판례 이 사건 접견조항에 따르면 수용자는 효율적인 재판준비를 하는 것이 곤란하게 되고, 특히 교정시설 내에서의 처우에 대하여 국가 등을 상대로 소송을 하는 경우에는 소송의 상대방에게 소송자료를 그대로 노출하게 되어 무기대등의 원칙이 훼손될 수 있다. 변호사 직무의 공공성, 윤리성 및 사회적 책임성은 변호사 접견권을 이용한 증거인멸, 도주 및 마약 등 금지물품 반입 시도 등의 우려를 최소화시킬 수 있으며, 변호사접견이라 하더라도 교정시설의 질서 등을 해할 우려가 있는 특별한 사정이 있는 경우에는 예외를 두도록 한다면 악용될 가능성도 방지할 수 있다. 따라서 이 사건 접견조항은 과잉금지원칙에 위배하여 청구인의 재판청구권을 지나치게 제한하고 있으므로, 헌법에 위반된다(헌재 2013.08.29. 2011헌마122, 헌법불합치).

㉣ (X) 조문 출입국관리법에 따른 영주의 체류자격 취득일 후 3년이 경과한 외국인으로서 해당 지방자치단체의 외국인등록대장에 올라 있는 사람은 그 구역에서 선거하는 지방자치단체의 의회의원 및 장의 선거권이 있다(공직선거법 제15조 제2항 제3호). 그러나 지방자치단체장의 선거권은 헌법상의 기본권이 아니다.

㉤ (X) 판례 직업의 자유 중 직장 선택의 자유는 인간의 존엄과 가치 및 행복추구권과도 밀접한 관련을 가지는 만큼 단순히 국민의 권리가 아닌 인간의 권리로 보아야 할 것이므로 외국인도 제한적으로라도 직장 선택의 자유를 향유할 수 있다고 보아야 한다. 청구인이 이미 적법하게 고용허가를 받아 적법하게 우리나라에 입국하여 우리나라에서 일정한 생활관계를 형성, 유지하는 등, 우리 사회에서 정당한 노동인력으로서의 지위를 부여받은 상황임을 전제로 하는 이상, 이 사건 청구인에게 직장 선택의 자유에 대한 기본권 주체성을 인정할 수 있다 할 것이다(헌재 2011.09.29. 2009헌마351).

## 문 15. 정답 ②

**MGI point** — 기본권의 제한 및 한계

- 표현의 자유 규제 입법 ⇨ 명확성원칙이 특별히 중요. 표현의 개념을 세밀하고 명확하게 규정할 것 필요
- 부정한 목적으로 도메인이름 등 등록·보유시 정당한 권원 있는 자가 법원에 말소청구 규정의 '정당한 권원 있는 자'부분 ⇨ 명확성 원칙 위배 ×
- 법률상 제재보다 가벼운 규칙상 제재규정 ⇨ 기본권 제한적 효과 있으면 헌법 제37조 제2항의 법률유보원칙 적용
- 고시 등에 입법위임 ⇨ 업무의 성질상 위임이 불가피한 사항에 한정, 구체적·개별적 위임일 것

① (O) 판례 표현의 자유를 규제하는 입법에 있어서 명확성원칙은 특별히 중요한 의미를 지닌다. 현대 민주사회에서 표현의 자유가 국민주권주의 이념의 실현에 불가결한 것인 점에 비추어 볼 때, 불명확한 규범에 의한 표현의 자유의 규제는 헌법상 보호받는 표현에 대한 위축적 효과를 야기하고, 그로 인하여 다양한 의견, 견해, 사상의 표출을 가능케 함으로써 그러한 표현들이 상호 검증을 거치도록 한다는 표현의 자유의 본래의 기능을 상실케 한다. 따라서 표현의 자유를 규제하는 법률은 규제되는 표현의 개념을 세밀하고 명확하게 규정할 것이 헌법적으로 요구된다(헌재 2013.06.27. 2012헌바37).

② (X) 판례 이 사건 법률조항의 문언적 의미, 관련규정, 법원의 해석 등을 종합적으로 고려할 때, 위 조항의 수규자로서는 '정당한 권원이 있는 자'의 의미를 충분히 예측할 수 있고, 개별 사안에서 '정당한 권원이 있는 자'의 구체적 범위는 이 사건 법률조항의 입법 취지, 도메인이름 등과 그 대상표지의 관계, 도메인이름 등의 등록말소·이전 필요성 등을 고려한 법관의 법 보충작용에 의하여 합리적으로 결정될 수 있으므로, 이 사건 법률조항은 명확성원칙에 위배되지 않는다(헌재 2013.10.24. 2011헌바138).

③ (O) 판례 이 사건 경고가 피청구인(방송위원회)이 방송사업자에게 방송표현 내용에 대한 경고를 함으로써 해당 방송에 대하여 제재를 가하는 것이라고 볼 때, 그러한 제재는 방송의 자유를 제한하는 것

이므로 헌법 제37조 제2항에 따라 법률적 근거를 지녀야 한다. 2006. 1. 24. 개정되기 전의 구 '선거방송심의위원회의 구성과 운영에 관한 규칙' 제11조 제2항은 "심의위원회는 심의기준을 위반한 정도가 경미하다고 판단되는 경우 주의 또는 경고를 정할 수 있다"고 하였다. 그런데 이 사건 규칙에 의한 그러한 '주의 또는 경고'는 2006. 10. 27. 개정되기 전 구 방송법 제100조 제1항에 나열된 제재조치에 포함되지 아니한 것이었으며, 법률의 위임에 따라 정할 수 있는 '제재조치'의 범위를 벗어난 것이었다. 따라서 이 사건 규칙 제11조 제2항에 근거한 이 사건 경고는 기본권 제한에서 요구되는 법률유보원칙에 위배된 것이므로 더 나아가 살펴볼 필요 없이 청구인 문화방송의 방송의 자유를 침해하므로 이를 취소한다(헌재 2007.11.29. 2004헌마290, 인용(취소)).

④ (O) 판례 법률이 입법사항을 고시 등에 위임하는 것이 가능하다고 하더라도 그에 관한 통제는 다음과 같은 이유로 더욱 엄격하게 행하여져야 한다. … 금융감독위원회의 고시와 같은 형식으로 입법위임을 할 때에는 적어도 행정규제기본법 제4조 제2항 단서에서 정한 바와 같이 법령이 전문적·기술적 사항이나 경미한 사항으로서 업무의 성질상 위임이 불가피한 사항에 한정된다 할 것이고, 그러한 사항이라 하더라도 포괄위임금지의 원칙상 법률의 위임은 반드시 구체적·개별적으로 한정된 사항에 대하여 행하여져야 할 것이다(헌재 2004.10.28. 99헌바91).

## 문 16. 정답 ③

**MGI point** 평등권

- 대한민국 남자만 병역의무 부과의 평등원칙 위반여부 심사기준 ⇨ 자의금지
- 헌법재판소의 심사기준이 되는 통제규범으로서의 평등원칙은 자의금지를 의미, 헌법재판소의 규범심사는 입법자의 정치적 형성이 헌법적 한계 내인지에 국한
- 당연퇴직 공무원 특별채용함에 있어 사실상 공무원 근무기간을 경력으로 불인정한 것의 평등원칙 위반여부 심사기준 ⇨ 자의금지
- 형 확정후 사유 소멸한 자에 대한 잔여 퇴직급여시 이자가산 규정 無 ⇨ 평등원칙 위반 ○

① (O) 판례 이 사건 법률조항은 '성별'을 기준으로 병역의무를 달리 부과하도록 한 규정이고, 이는 헌법 제11조 제1항 후문이 예시하는 사유에 기한 차별임은 분명하다. 그러나 헌법 제11조 제1항 후문의 위와 같은 규정은 불합리한 차별의 금지에 초점이 있고, 예시한 사유가 있는 경우에 절대적으로 차별을 금지할 것을 요구함으로써 입법자에게 인정되는 입법형성권을 제한하는 것은 아니다. … '성별'에 의한 차별취급이 곧바로 위헌의 강한 의심을 일으키는 사례군으로서 언제나 엄격한 심사를 요구하는 것이라고 단정짓기는 어렵다. … 결국 이 사건 법률조항이 헌법이 특별히 평등을 요구하는 경우나 관련 기본권에 중대한 제한을 초래하는 경우의 차별취급을 그 내용으로 하고 있다고 보기 어려운 점, 징집대상자의 범위 결정에 관하여는 입법자의 광범위한 입법형성권이 인정되는 점에 비추어, 이 사건 법률조항이 평등권을 침해하는지 여부는 완화된 심사척도에 따라 자의금지원칙 위반 여부에 의하여 판단하기로 한다(헌재 2010.11.25. 2006헌마328).

② (O) 판례 헌법재판소와 입법자는 모두 헌법에 기속되나, 그 기속의 성질은 서로 다르다. 헌법은 입법자와 같이 적극적으로 형성적 활동을 하는 국가기관에게는 행위의 지침이자 한계인 행위규범을 의미하나, 헌법재판소에게는 다른 국가기관의 행위의 합헌성을 심사하는 기준으로서의 재판규범 즉 통제규범을 의미한다. 평등원칙은 행위규범으로서 입법자에게, 객관적으로 같은 것은 같게 다른 것은 다르게, 규범의 대상을 실질적으로 평등하게 규율할 것을 요구하고 있다. 그러나 헌법재판소의 심사기준이 되는 통제규범으로서의 평등원칙은 단지 자의적인 입법의 금지기준만을 의미하게 되므로 헌법재판소는 입법자의 결정에서 차별을 정당화할 수 있는 합리적인 이유를 찾아 볼 수 없는 경우에만 평등원칙의 위반을 선언하게 된다. 즉 헌법에 따른 입법자의 평등실현의무는 헌법재판소에 대하여는 단지 자의금지원칙으로 그 의미가 한정축소된다. 따라서 헌법재판소가 행하는 규범에 대한 심사는 그것이 가장 합리적이고 타당한 수단인가에 있지 아니하고 단지 입법자의 정치적 형성이 헌법적 한계내에 머물고 있는가 하는 것에 국한시켜야 하며, 그럼으로써 입법자의 형성의 자유와 민주국가의 권력분립적 기능질서가 보장될 수 있다(헌재 1997.01.16. 90헌마110).

③ (X) 판례 시혜적인 법률에 있어서는 국민의 권리를 제한하거나 새로운 의무를 부과하는 법률과는 달리 입법자에게 보다 광범위한 입법형성의 자유가 인정된다고 할 것이다. … 특례법 제7조(특별채용)는 임용결격 혹은 당연퇴직공무원에 대하여, 그들이 법적으로는 공무원으로서의 근무경력을 전혀 인정받을 수 없음에도 불구하고, 특별채용의 기회를 부여하는 것으로 기본적으로 수익적 규정에 해당하므로, 동 조항상의 경력과 호봉문제에 대한 심사기준은 합리적 근거 유무에 관한 자의금지 심사라고 할 것이다(헌재 2004.06.24. 2003헌바111).

④ (O) 판례 '금고 이상의 형을 받았다가 재심으로 무죄판결을 받은 사람'은 군 복무 중 급여제한사유에 해당함이 없이 직무상 의무를 다한 성실한 군인이라는 점에서 '수사 중이거나 형사재판 계속 중이었다가 불기소처분 등을 받은 사람'과 차이가 없다. 급여제한사유에 해당하지 않는 사람임이 뒤늦게라도 밝혀졌다면, 수사 중이거나 형사재판 계속 중이어서 잠정적·일시적으로 지급을 유보하였던 경우인지, 아니면 당해 형사절차가 종료되어 확정적으로 지급을 제한하였던 경우인지에 따라 잔여 퇴직급여에 대한 이자 가산 여부를 달리 할 이유가 없다. … 이러한 점들을 종합하면, 잔여 퇴직급여에 대한 이자 지급 여부에 있어 양자를 달리 취급하는 것은 합리적 이유 없는 차별로서 평등원칙을 위반한다(헌재 2016.07.28. 2015헌바20, 헌법불합치).

## 문 17. 정답 ③

**MGI point** 학문·예술의 자유

- 사학분쟁조정위원 대법원장 추천 및 위원장 선출방법 ⇨ 권력분립원칙 위반 ×
- 대학교수의 대학총장 후보자 선출 참여권 ⇨ 대학자치의 본질적 내용, 헌법상 기본권
  대학교수의 단과대학장 선출 참여권 ⇨ 대학자치 내용 ×
- 국가의 사립학교 운영 감독·통제 ⇨ 입법형성의 자유
- 기간임용제, 정년보장제 선택 ⇨ 입법자의 입법정책

① (X) 판례 조정위원회는 행정·입법·사법부에서 추천한 인사들로 구성되고, 임기제를 취함으로써 고도의 정치적 중립성을 가지며, 위원의 자격을 법률과 회계, 그리고 교육에 전문적 지식을 갖추고 일

정한 경력을 가진 자로 제한함으로써 그 인적 구성의 면에서 공정성 및 전문성을 갖추고 있다고 볼 수 있다. 또한 정치적 중립성을 엄격하게 지켜야 할 대법원장의 지위에 비추어 대법원장이 더 많은 위원을 추천하고, 대법원장이 추천한 위원 중에서 위원장을 호선하도록 한 것은 오히려 중립성이 강조되는 조정위원회의 성격을 반영한 것이다. 따라서 설치·기능 조항 및 구성 조항이 권력분립의 원칙을 위반한다고 볼 수는 없다(헌재 2015.11.26. 2012헌바300).

② (X) 판례 대학교수에게 대학총장 후보자 선출에 참여할 권리가 있고, 이 권리는 대학의 자치의 본질적인 내용에 포함되므로 헌법상의 기본권으로 인정될 수 있다. … 단과대학장의 지명권이 있는 대학의 장을 구성원들의 참여에 따라 자율적으로 선출한 이상, 하나의 보직에 불과한 단과대학장의 선출에 다시 한 번 대학교수들이 참여할 권리가 대학의 자율성에서 당연히 도출된다고 보기는 어렵다. 따라서 청구인들이 주장하는 단과대학장 선출에 참여할 권리는 헌법상 보장되는 대학의 자율성에 포함된다고 볼 수 없으므로, 이 사건 시행령 조항에 의하여 대학의 자율성이 침해될 가능성이 인정되지 아니한다(헌재 2014.01.28. 2011헌마239).

③ (O) 판례 사립학교는 … 국·공립학교와 본질적인 차이가 있을 수 없기 때문에 공적인 학교 제도를 보장하여야 할 책무를 진 국가가 일정한 범위 안에서 사립학교의 운영을 감독·통제할 권한과 책임을 지는 것 또한 당연하다 할 것이고, 그 규율의 정도는 그 시대의 사정과 각급 학교의 형편에 따라 다를 수밖에 없는 것이므로, 교육의 본질을 침해하지 않는 한 궁극적으로는 입법권자의 형성의 자유에 속하는 것이라 할 수 있다(헌재 2012.02.23. 2011헌바14).

④ (X) 판례 대학교육기관의 교원에 대한 기간임용제와 정년보장제는 국가가 문화국가의 실현을 위한 학문진흥의 의무를 이행함에 있어서나 국민의 교육권의 실현·방법 면에서 각각 장단점이 있어서, 그 판단·선택은 헌법재판소에서 이를 가늠하기보다는 입법자의 입법정책에 맡겨두는 것이 옳다(헌재 1998.07.16. 96헌바33).

## 문 18. 정답 ①

MGI point — 직업의 자유

- 의지·보조기 제조업자의 의지·보조기 기사 고용의무 ⇨ 직업수행의 자유 침해 ×
- 농협·축협 조합장 금고이상의 형 선고시 직무대행 ⇨ 직업수행의 자유 침해 ○
- 법률사건 수임 알선대가 제공금지 ⇨ 직업수행의 자유 침해 ×
- 리베이트 수수 의료인 처벌 ⇨ 직업수행의 자유 침해 ×
- 고소득 전문직 사업자 등의 현금영수증 발급의무 및 위반시 과태료 ⇨ 직업선택의 자유 침해 ×

㉠ (X) 판례 심판대상조항은 의지·보조기를 제조하는 의지·보조기제조업자로 하여금 의지·보조기 기사를 1명 이상 두도록 하고, 이를 위반한 경우 형벌을 부과하고 있으므로, 심판대상조항은 청구인의 직업수행의 자유를 제한하고 있다. … 의지·보조기는 장애인이 장애상태를 교정·완화하여 인간다운 생활을 할 수 있도록 하는 중요한 역할을 하는바, … 심판대상조항이 의지·보조기 제조업자에게 과도한 부담을 지우는 것이라고 보기 어렵다. 따라서 심판대상조항은 과잉금지원칙에 위배되어 청구인의 직업수행의 자유를 침해하지 아니한다(헌재 2016.02.25. 2013헌바260).

㉡ (X) 판례 (1) 이 사건 법률조항들에 의한 기본권 제한이 과잉금지원칙에 위배되는 것인지 여부에 관하여는 엄격한 심사가 요구된다. (2) 이 사건 법률조항들의 입법목적을 달성하기 위하여 직무정지라는 불이익을 가한다고 하더라도 그 사유는 형이 확정될 때까지 기다릴 수 없을 정도로 조합장 직무의 원활한 운영에 대한 '구체적인' 위험을 야기할 것이 명백히 예상되는 범죄 등으로 한정되어야 한다. 그런데 이 사건 법률조항들은 … 단순히 금고 이상의 형을 선고받은 모든 범죄로 그 적용대상을 무한정 확대함으로써 기본권의 최소 침해성 원칙을 위반하였다. … 이 사건 법률조항들은 법익균형성 요건도 충족하지 못하였다. 따라서 이 사건 법률조항들은 과잉금지원칙에 위반하여 청구인들의 직업수행의 자유를 침해한다(헌재 2013.08.29. 2010헌마562, 위헌).

㉢ (O) 판례 이 사건 법률조항은 사건 브로커 등의 알선 행위를 조장할 우려가 큰 변호사의 행위를 금지하고, 이에 위반한 경우 형사처벌하는 것으로서 변호사제도의 특성상 변호사에게 요구되는 윤리성을 담보하고, 비변호사의 법률사무 취급행위를 방지하며, 법률사무 취급의 전문성, 공정성, 신뢰성 등을 확보하고자 하는 것인바, … 따라서 이 사건 법률조항이 과잉금지원칙에 위반하여 변호사의 직업수행의 자유를 침해한다고 볼 수 없다(헌재 2013.02.28. 2012헌바62).

㉣ (O) 판례 이 사건 법률조항은 리베이트를 금지함으로써 의료기기 가격이 인상되고 환자에게 그 비용이 부당하게 전가되는 것을 방지하고, 의료서비스의 질을 높여 국가의 보호를 받는 국민 보건에 기여하는 한편, 보건의료시장에서 공정하고 자유로운 경쟁을 확보하여 의료기기 유통질서를 투명화하기 위한 것이므로 … 리베이트 수수행위에 대한 제재의 필요성이나 가벌성이 의약품이나 요양급여 대상인 의료기기와 관련된 리베이트 수수행위보다 작다고 할 수도 없으므로 침해의 최소성 및 법익의 균형성도 인정된다. 따라서 이 사건 법률조항은 과잉금지원칙에 위반하여 직업수행의 자유를 침해한다고 할 수 없다(헌재 2015.11.26. 2014헌바299).

㉤ (X) 판례 심판대상조항들은 고소득 전문직 사업자 등 고액 현금거래가 많은 업종의 사업자에 대하여 과세표준을 양성화하여 세금탈루를 방지하고 공정한 거래질서를 확립하기 위한 것이다. 입법자가 그 재량으로 과태료를 부과하기로 한 경우에 그 과태료의 액수를 정하는 것 역시 입법재량에 속한다. 현금영수증 미발급액의 50%라는 과태료 부과율은 거래금액에 비례하여 탄력적으로 정하여지고, 고소득 전문직 사업자 등의 종합소득세 세율 등을 감안할 때 이러한 제재가 불합리하게 과중하다고 볼 수 없다. … 심판대상조항들은 직업수행의 자유를 침해하지 아니한다(헌재 2015.07.30. 2013헌바56).

## 문 19. 정답 ③

MGI point — 청구권적 기본권

- 국회가 선출하여 임명된 헌법재판관 중 공석이 발생시 헌법해석상 국회는 후임자를 선출하여야 할 구체적 작위의무가 도출
- 사법보좌관에 의한 소송비용액 확정결정절차 ⇨ 법관에 의한 재판받을 권리 침해 ×
- 군사법원 재판을 받지 않을 권리의 예외 ⇨ 중대한 군사상 기밀에 관한 죄 등 법률이 정한 경우, 비상계엄이 선포된 경우
- 행정심판을 종심절차로 규정, 필요적 전심절차로 규정하면서 사법절차 준용하지 않는 경우 ⇨ 재판청구권 침해 ○

① (X) 판례 헌법 제27조가 보장하는 재판청구권에는 공정한 헌법재판

을 받을 권리도 포함되고, 헌법 제111조 제2항은 헌법재판소가 9인의 재판관으로 구성된다고 명시하여 다양한 가치관과 헌법관을 가진 9인의 재판관으로 구성된 합의체가 헌법재판을 담당하도록 하고 있으며, 같은 조 제3항은 재판관 중 3인은 국회에서 선출하는 자를 임명한다고 규정하고 있다. 그렇다면 헌법 제27조, 제111조 제2항 및 제3항의 해석상, 피청구인이 선출하여 임명된 재판관 중 공석이 발생한 경우, 국회는 공정한 헌법재판을 받을 권리의 보장을 위하여 공석인 재판관의 후임자를 선출하여야 할 구체적 작위의무를 부담한다고 할 것이다(헌재 2014.04.24. 2012헌마2).

② (X) 판례 법원조직법 제54조 제3항 등에서는 사법보좌관의 처분에 대한 이의신청을 허용함으로써 동일 심급 내에서 법관으로부터 다시 재판받을 수 있는 권리를 보장하고 있는데, 이 사건 조항에 의한 소송비용액 확정결정절차의 경우에도 이러한 이의절차에 의하여 법관에 의한 판단을 거치도록 함으로써 법관에 의한 사실확정과 법률해석의 기회를 보장하고 있다. … 따라서 사법보좌관에게 소송비용액 확정결정절차를 처리하도록 한 이 사건 조항이 그 입법재량권을 현저히 불합리하게 또는 자의적으로 행사하였다고 단정할 수 없으므로 헌법 제27조 제1항에 위반된다고 할 수 없다(헌재 2009.02.26. 2007헌바8).

③ (O) 조문 군인 또는 군무원이 아닌 국민은 대한민국의 영역안에서는 중대한 군사상 기밀·초병·초소·유독음식물공급·포로·군용물에 관한 죄 중 법률이 정한 경우와 비상계엄이 선포된 경우를 제외하고는 군사법원의 재판을 받지 아니한다(헌법 제27조 제2항).

④ (X) 판례 헌법 제107조 제3항은 "재판의 전심절차로서 행정심판을 할 수 있다. 행정심판의 절차는 법률로 정하되, 사법절차가 준용되어야 한다"고 규정하고 있으므로, 입법자가 행정심판을 전심절차가 아니라 종심절차로 규정함으로써 정식재판의 기회를 배제하거나, 어떤 행정심판을 필요적 전심절차로 규정하면서도 그 절차에 사법절차가 준용되지 않는다면 이는 헌법 제107조 제3항, 나아가 재판청구권을 보장하고 있는 헌법 제27조에도 위반된다(헌재 2000.06.01. 98헌바8).

## 문 20. 정답 ③

**MGI point** 사회적 기본권

- 헌법규정상 근로3권 주체 ⇨ 근로자 ○, 사용자 ×
- 근로자측에 업무와 재해간 상당인과관계 입증책임 부여 ⇨ 사회보장수급권 침해 ×
- 연차유급휴가권의 구체적 내용 형성은 입법자 및 수임 행정부의 재량
- 헌법 제33조 제1항은 단체협약체결권 규정 ×, 단 단체교섭권에 단체협약체결권 포함

① (O) 조문 근로자는 근로조건의 향상을 위하여 자주적인 단결권·단체교섭권 및 단체행동권을 가진다(헌법 제33조 제1항).

② (O) 판례 업무상 재해의 인정요건 중 하나로 '업무와 재해 사이에 상당인과관계'를 요구하고 근로자 측에게 그에 대한 입증을 부담시키는 것은 재해근로자와 그 가족에 대한 보상과 생활보호를 필요한 수준으로 유지하면서도 그와 동시에 보험재정의 건전성을 유지하기 위한 것으로서 그 합리성이 있다. 입증책임분배에 있어 권리의 존재를 주장하는 당사자가 권리근거사실에 대하여 입증책임을 부담한다는 것은 일반적으로 받아들여지고 있고, 통상적으로 업무상 재해를 직접 경험한 당사자가 이를 입증하는 것이 용이하다는 점을 감안하면, 이러한 입증책임의 분배가 입법재량을 일탈한 것이라고는 보기 어렵다. … 근로자 측이 현실적으로 부담하는 입증책임이 근로자 측의 보호를 위한 산업재해보상보험제도 자체를 형해화시킬 정도로 과도하다고 보기도 어렵다. 따라서 심판대상조항이 사회보장수급권을 침해한다고 볼 수 없다(헌재 2015.06.25. 2014헌바269).

③ (X) 판례 유급휴가권의 구체적 내용을 형성함에 있어 입법자는 국가적 노동 상황, 경영계(사용자)의 의견, 국민감정, 인정 대상자의 업무와 지위, 기타 여러 가지 사회적·경제적 여건 등을 함께 고려해야 할 것이므로 유급휴가를 어느 범위에서 인정하고, 어느 경우에 제한할 것인지 등에 대하여는 입법자 또는 입법에 의하여 다시 위임을 받은 행정부 등 해당기관의 재량에 맡겨져 있다고 할 것이다. 따라서 이 사건 법률조항이 근로연도 중도퇴직자의 중도퇴직 전 근로에 대해 유급휴가를 보장하지 않음으로써 청구인의 근로의 권리를 침해하는지 여부는 이것이 현저히 불합리하여 헌법상 용인될 수 있는 재량의 범위를 명백히 일탈하고 있는지 여부에 달려있다고 할 수 있다(헌재 2015.05.28. 2013헌마619).

④ (O) 판례 헌법 제33조 제1항이 "근로자는 근로조건의 향상을 위하여 자주적인 단결권, 단체교섭권, 단체행동권을 가진다"고 규정하여 근로자에게 "단결권, 단체교섭권, 단체행동권"을 기본권으로 보장하는 뜻은 근로자가 사용자와 대등한 지위에서 단체교섭을 통하여 자율적으로 임금 등 근로조건에 관한 단체협약을 체결할 수 있도록 하기 위한 것이다. 비록 헌법이 위 조항에서 '단체협약체결권'을 명시하여 규정하고 있지 않다고 하더라도 근로조건의 향상을 위한 근로자 및 그 단체의 본질적인 활동의 자유인 '단체교섭권'에는 단체협약체결권이 포함되어 있다고 보아야 한다(헌재 1998.02.27. 94헌바13).

## 문 21. 정답 ①

**MGI point** 정당제도

- 위헌정당해산결정의 효과 ⇨ 동일명칭 사용금지, 잔여재산 국고귀속
- 헌법 제8조 정당의 자유는 헌법 제21조 결사의 자유의 특별법 조항
- 헌법 제8조 제2항 ⇨ 정당의 자유의 한계 규정 ○, 정당의 자유의 근거 규정 ×
- 정당해산제도 ⇨ 최후수단적·보충적 성격

① (O) 조문 헌법재판소의 결정에 의하여 해산된 정당의 명칭과 같은 명칭은 정당의 명칭으로 다시 사용하지 못한다(정당법 제41조 제2항). 헌법재판소의 해산결정에 의하여 해산된 정당의 잔여재산은 국고에 귀속한다(정당법 제48조 제2항).

② (X) 헌법 제21조 결사의 자유는 일반법 조항이고 헌법 제8조는 특별법 조항에 해당한다. 따라서 특별법 우선의 원칙에 의하여 정당에 대해서는 헌법 제21조보다 헌법 제8조가 우선 적용된다.

③ (X) 판례 헌법 제8조 제2항은 헌법 제8조 제1항에 의하여 정당의 자유가 보장됨을 전제로 하여, 그러한 자유를 누리는 정당의 목적·조직·활동이 민주적이어야 한다는 요청, 그리고 그 조직이 국민의 정치적 의사형성에 참여하는데 필요한 조직이어야 한다는 요청을 내용으로 하는 것으로서, 정당에 대하여 정당의 자유의 한계를 부과하는 것임과 동시에 입법자에 대하여 그에 필요한 입법을 해야

할 의무를 부과하고 있다. 그러나 이에 나아가 정당의 자유의 헌법적 근거를 제공하는 근거규범으로서 기능한다고는 할 수 없다(헌재 2004.12.16. 2004헌마456). ▸ 정당의 자유의 헌법적 근거를 제공하는 근거규범은 헌법 제8조 제1항이다.

④ (X) 판례 헌법 제8조 제4항의 요건이 구비된 경우에도 정당해산제도의 최후수단적 성격과 보충적 성격을 감안한다면, 해당 정당의 위헌적 문제성을 해결할 수 있는 다른 대안적 수단이 없고 정당해산결정으로 인해 초래되는 정당의 정당 활동 자유 제한으로 인한 불이익과 민주주의 사회에 대한 중대한 제약이라는 사회적 불이익을 상쇄하거나 이를 초과할 수 있을 정도로 정당해산결정을 통하여 얻을 수 있는 사회적 이익이 큰 경우에 한하여 정당해산결정이 정당화될 수 있다(헌재 2014.12.19. 2013헌다1, 인용(해산)).

## 문 22. 정답 ①

**MGI point** 선거제도

- 선거일 전 180부터 선거일까지 시설물 설치 금지조항 ⇨ 정치적 표현의 자유 침해 ×
- 시도의원 지역선거구 획정 인구편차 기준 ⇨ 상하 60%(4:1)
- 기부금지규정 위반시 50배 금액 과태료 ⇨ 과잉금지원칙 위반
- 예비후보자의 배우자와 함께 다니는 자 중에서 지정한 1인도 명함교부·지지호소 허용 ⇨ 평등권 침해 ○

① (O) 판례 현행 공직선거법에서는 예비후보자에게만 선거운동기간 전에 선거운동을 허용하되 어깨띠 또는 표지물을 착용하는 등 소정의 방법만을 제한적으로 허용하고 있다. 간판·현판·현수막 설치 등이 전면적으로 허용된다면, 공직선거법상의 규제들은 사실상 무의미해지고 선거의 공정성을 훼손할 위험이 있다. 제한되는 자유의 범위도 예상되는 다양한 선거운동의 방법 중에서 특히 중대한 폐해를 초래할 우려가 크다고 인정되는 특정의 선거운동방법과 내용에 국한되는 것이며, 선거일 전 180일부터는 이미 사실상 선거운동의 준비작업이 시작되었다고 볼 수 있으므로, 이러한 제한은 폐해방지에 필요한 최소한의 정도를 넘지 아니하여 정치적 표현의 자유 등을 침해한다고 할 수 없다(헌재 2015.04.30. 2011헌바163).

② (X) 판례 시·도의원 지역선거구의 획정에는 인구 외에 행정구역·지세·교통 등 여러 가지 조건을 고려하여야 하므로, 그 기준은 선거구 획정에 있어서 투표가치의 평등으로서 가장 중요한 요소인 인구비례의 원칙과 우리나라의 특수사정으로서 시·도의원의 지역대표성 및 인구의 도시집중으로 인한 도시와 농어촌 간의 극심한 인구편차 등 3개의 요소를 합리적으로 참작하여 결정되어야 할 것이며, 현시점에서는 상하 60%의 인구편차(상한 인구수와 하한 인구수의 비율은 4 : 1) 기준을 시·도의원 지역선거구 획정에서 헌법상 허용되는 인구편차기준으로 삼는 것이 가장 적절하다고 할 것이다(헌재 2007.03.29. 2005헌마985).

③ (X) 판례 기부의 권유·요구 등의 금지 규정을 위반하여 물품·음식물·서적·관광 기타 교통편의를 제공받은 자에 대하여 부과할 과태료의 액수를 감액의 여지없이 일률적으로 '제공받은 금액 또는 음식물·물품 가액의 50배에 상당하는 금액'으로 정한 것은 과잉금지원칙에 위배된다(헌재 2009.03.26. 2007헌가22, 헌법불합치).

④ (X) 판례 공직선거법 제60조의3 제2항 제3호는 … 배우자가 그와 함께 다니는 사람 중에서 지정한 1명까지 보태어 명함교부 및 지지호소를 할 수 있도록 하여 배우자 유무에 따른 차별효과를 크게 한다. 더욱이 배우자가 그와 함께 다니는 1명을 지정함에 있어 아무런 범위의 제한을 두지 아니하여, 배우자가 있는 예비후보자는 독자적으로 선거운동을 할 수 있는 선거운동원 1명을 추가로 지정하는 효과를 누릴 수 있게 된다. 이것은 명함 본래의 기능에 부합하지 아니할 뿐만 아니라, 선거운동 기회균등의 원칙에 반하고, 예비후보자의 선거운동의 강화에만 치우친 나머지, 배우자의 유무라는 우연적인 사정에 근거하여 합리적 이유 없이 배우자 없는 예비후보자를 차별 취급하는 것이므로, 이 사건 3호 법률조항은 청구인의 평등권을 침해한다(헌재 2013.11.28. 2011헌마267, 위헌).

## 문 23. 정답 ③

**MGI point** 신체의 자유

- 공소시효제도
  - 절차법에 규정 有, 실질상 실체법적 성격 有
  - 시효정지는 법률상 명문 규정 있는 경우에 한하여 인정
  - 명문 규정 없이 재정신청 규정 유추하여 공소시효 정지 인정은 위헌
- 전경에 대한 영창처분 규정 ⇨ 적법절차원칙 위배 ×
- 이중처벌금지원칙 ⇨ 동일 범죄에 대하여 대한민국 내에서 거듭 형벌권 행사 금지
- 강제추행죄로 유죄판결이 확정된 자에 대한 디엔에이감식시료 채취 ⇨ 신체의 자유 침해 ×

① (O) 판례 공소시효제도는 비록 절차법인 형사소송법에 규정되어 있으나 그 실질은 국가형벌권의 소멸이라는 점에서 형의 시효와 마찬가지로 실체법적 성격을 갖고 있는 것이다. 그러므로 그 예외로서 시효가 정지되는 경우는 특별히 법률로서 명문의 규정을 둔 경우에 한하여야 할 것이다. 법률에 명문으로 규정되어 있지 아니한 경우 다른 제도인 재정신청에 관한 위 법조의 규정을 피의자에게 불리하게 유추적용하여 공소시효의 정지를 인정하는 것은 유추적용이 허용되는 범위를 일탈하여 법률이 보장한 피의자의 법적 지위의 안정을 법률상의 근거 없이 침해하는 것이 되고, 나아가서는 헌법 제12조 제1항, 제13조 제1항이 정하는 적법절차주의, 죄형법정주의에 반하여 기소되고 처벌받는 결과도 생길 수 있을 것이다(헌재 1993.09.27. 92헌마284).

② (O) 판례 헌법 제12조 제1항의 적법절차원칙은 형사소송절차에 국한되지 않고 모든 국가작용 전반에 대하여 적용되므로, 전투경찰순경의 인신구금을 내용으로 하는 영창처분에 있어서도 적법절차원칙이 준수되어야 한다. 전투경찰순경에 대한 영창처분은 그 사유가 제한되어 있고, 징계위원회의 심의절차를 거쳐야 하며, 징계 심의 및 집행에 있어 징계대상자의 출석권과 진술권이 보장되고 있다. 또한 소청과 행정소송 등 법률에 의한 별도의 불복절차가 마련되어 있고 소청에서 당사자 의견진술 기회를 소청결정의 효력에 영향을 주는 중요한 절차적 요건으로 규정하는바, 이러한 점들을 종합하면 위 조항이 헌법에서 요구하는 수준의 절차적 보장 기준을 충족하지 못했다고 볼 수 없으므로 적법절차원칙에 위배되지 아니한다(헌재 2016.03.31. 2013헌바190).

③ (X) 판례 형사판결은 국가주권의 일부분인 형벌권 행사에 기초한 것으로서, 외국의 형사판결은 원칙적으로 우리 법원을 기속하지 않으므로 동일한 범죄행위에 관하여 다수의 국가에서 재판 또는 처벌을 받는 것이 배제되지 않는다. 따라서 이중처벌금지원칙은 동일한

범죄에 대하여 대한민국 내에서 거듭 형벌권이 행사되어서는 안 된다는 뜻으로 새겨야 할 것이므로 이 사건 법률조항은 헌법 제13조 제1항의 이중처벌금지원칙에 위배되지 아니한다(헌재 2015.05.28. 2013헌바129).

④ (O) 판례 범죄자를 조속히 검거하고 범죄예방의 효과를 높이기 위하여 강제추행죄로 형의 선고를 받아 확정된 사람으로부터 디엔에이감식시료를 채취하는 것은 입법목적의 정당성과 수단의 적절성이 인정된다. … 채취대상자의 신체나 명예에 대한 침해를 최소화하도록 규정하고 있으므로 침해의 최소성 요건도 갖추었다. 디엔에이법 조항으로 인하여 제한되는 신체의 자유의 정도는 일상생활에서 경험할 수 있는 정도의 미약한 것으로서 범죄 수사 및 예방의 공익에 비하여 크다고 할 수 없어 법익의 균형성도 인정된다. 디엔에이법조항은 과잉금지원칙을 위반하여 청구인의 신체의 자유를 침해하지 않는다(헌재 2016.03.31. 2014헌마457).

## 문 24. 정답 ④

MGI point　　사생활의 비밀과 자유

- 개인별 주민등록번호 변경 규정 無 ⇨ 개인정보자기결정권 침해 ○
- 국가, 지자체도 반론보도심판청구사건 당사자능력 ○
- 공직자의 자질·도덕성·청렴성에 관한 사실 ⇨ 업무관련성 있을 수 있으므로 비판 허용
- 언론사의 허위보도로 인한 피해자 구제방법 ⇨ 언론사에 정정보도청구, 언론중재위에 조정 또는 중재 신청, 법원에 정정보도청구(언론중재위 중재는 임의적 전치주의)

① (O) 판례 주민등록번호는 모든 국민에게 일련의 숫자 형태로 부여되는 고유한 번호로서 당해 개인을 식별할 수 있는 정보에 해당하는 개인정보이다. 그런데 심판대상조항은 국가가 주민등록번호를 부여·관리·이용하면서 그 변경에 관한 규정을 두지 않음으로써 주민등록번호 불법 유출 등을 원인으로 자신의 주민등록번호를 변경하고자 하는 청구인들의 개인정보자기결정권을 제한하고 있다. 주민등록번호 유출 또는 오·남용으로 인하여 발생할 수 있는 피해 등에 대한 아무런 고려 없이 주민등록번호 변경을 일체 허용하지 않는 것은 그 자체로 개인정보자기결정권에 대한 과도한 침해가 될 수 있다. … 따라서 주민등록번호 변경에 관한 규정을 두고 있지 않은 심판대상조항은 과잉금지원칙에 위배되어 개인정보자기결정권을 침해한다(헌재 2015.12.23. 2013헌바68, 헌법불합치).

② (O) 조문 국가·지방자치단체, 기관 또는 단체의 장은 해당 업무에 대하여 그 기관 또는 단체를 대표하여 정정보도를 청구할 수 있다(언론중재 및 피해구제 등에 관한 법률 제14조 제3항). 반론보도 청구에 관하여는 따로 규정된 것을 제외하고는 정정보도 청구에 관한 이 법의 규정을 준용한다(동법 제16조 제3항).

판례 대법원도 “위 법률조항이 언론기관의 헌법상 언론의 자유, 평등권이나 재판을 받을 권리를 침해한 것이라고도 볼 수 없다. … 국정홍보처는 법의 규정에 따른 ‘기관’에 해당함이 명백하고, 따라서 반론보도심판 청구사건에서의 당사자능력이 있다고 할 것이다.” 라고 판시하였다(대판 2006.02.10. 2002다49040).

③ (O) 판례 공직자의 공무집행과 직접적인 관련이 없는 개인적인 사생활에 관한 사실이라도 일정한 경우 공적인 관심 사안에 해당할 수 있다. 공직자의 자질·도덕성·청렴성에 관한 사실은 그 내용이 개인적인 사생활에 관한 것이라 할지라도 순수한 사생활의 영역에 있다고 보기 어렵다. 이러한 사실은 공직자 등의 사회적 활동에 대한 비판 내지 평가의 한 자료가 될 수 있고, 업무집행의 내용에 따라서는 업무와 관련이 있을 수도 있으므로, 이에 대한 문제제기 내지 비판은 허용되어야 한다(헌재 2013.12.26. 2009헌마747).

④ (X) 조문 언론사의 허위보도로 인한 피해자는 언론사에 정정보도를 청구하거나(언론중재 및 피해구제에 관한 법률 제14조), 언론중재위원회에 조정(동법 제18조) 또는 중재(동법 제24조)를 신청하거나 법원에 정정보도청구의 소를 제기할 수 있다(동법 제26조). 법원에 정정보도청구의 소를 제기함에 있어서 반드시 언론중재위원회의 중재를 거쳐야 하는 것은 아니다.

## 문 25. 정답 ③

MGI point　　언론·출판의 자유

- 법원이 피고인에게 재판서 불송달 ⇨ 알권리 침해 ×
- 정치자금 관련 서류 열람기간 3월 제한 ⇨ 알권리 침해 ×
- 의료광고 사전심의 ⇨ 사전검열금지원칙 위배 ○
- 신문기능법정주의 ⇨ 신문에 대하여도 공적기능 보장을 위한 입법적 규율 가능성 예정 의미

① (O) 판례 재판의 선고는 공판기일에 출석한 피고인에게 주문을 낭독하고 이유의 요지를 설명하여야 하는 것이 원칙으로 되어 있으며, 형사소송법 제324조는 형을 선고하는 경우에는 재판장은 피고인에게 상소할 기간과 상소할 법원을 고지하여야 한다고 규정하고 있으므로, 법원이 형을 선고받은 피고인에게 재판서를 송달하지 않는다고 하여 국민의 알 권리를 침해한다고 할 수 없고, 형사소송법 제343조 제2항이 상소기간을 재판서 송달일이 아닌 재판선고일로부터 계산하는 것이 과잉으로 국민의 재판청구권을 제한한다고 할 수 없다(헌재 1995.03.23. 92헌바1).

② (O) 판례 정치자금의 투명성을 높이고 정치자금과 관련한 부정을 방지하기 위해 일정한 기간 동안 정치자금의 수입·지출내역 등의 자료를 공개하면서도, 그 목적 달성에 필요한 기간 이후에는 이러한 자료를 공개하지 아니함으로써, 정치자금을 둘러싼 법률관계 등을 조기에 안정화시키고, 선거관리위원회의 공개에 따른 업무부담을 줄이고자 하는 이 사건 열람기간 제한규정은 그 입법목적이 정당하고 이를 위해 정치자금에 관한 수입·지출내역과 그 첨부서류 등의 열람기간을 일정한 기간 내로 한정한 방법 역시 그 한도에서 적절하다. … 법익의 균형성 원칙에도 위배되지 아니하므로 청구인의 알권리 등을 침해한다고 볼 수 없다(헌재 2010.12.28. 2009헌마466).

③ (X) 판례 (1) 헌법상 사전검열은 예외 없이 금지되는 것으로 보아야 하므로 의료광고 역시 사전검열금지원칙의 적용대상이 된다. (2) 의료광고의 사전심의는 보건복지부장관으로부터 위탁을 받은 각 의사협회가 행하고 있으나 사전심의의 주체인 보건복지부장관은 언제든지 위탁을 철회하고 직접 의료광고 심의업무를 담당할 수 있는 점, 의료법 시행령이 심의위원회의 구성에 관하여 직접 규율하고 있는 점, 심의기관의 장은 심의 및 재심의 결과를 보건복지부장관에게 보고하여야 하는 점, 보건복지부장관은 의료인 단체에 대해 재정지원을 할 수 있는 점, 심의기준·절차 등에 관한 사항을 대통령령으로 정하도록 하고 있는 점 등을 종합하여 보면, 각 의사협회는 행정권의 영향력에서 벗어나 독립적이고 자율적으로 사전심의업무를 수행하고 있다고 보기 어렵다. 따라서 이 사건 법률규정들은 사전검열금

지원칙에 위배된다(헌재 2015.12.23. 2015헌바75, 위헌).

④ (O) 판례 신문의 공적 기능에 대한 헌법적 요청은 특히 헌법 제21조 제3항에서 두드러지게 나타난다. 헌법 제21조 제3항은 "통신·방송의 시설기준과 신문의 기능을 보장하기 위하여 필요한 사항은 법률로 정한다."고 규정하고 있는데, 이 규정에서 통신·방송의 시설기준 법정주의와 나란히 신문기능 법정주의를 정한 것은 우리 헌법이 방송뿐만 아니라 신문에 대하여도 그 공적 기능의 보장을 위한 입법형성, 즉 입법적 규율의 가능성을 예정하고 있음을 의미한다. 여기서 "신문의 기능"이란 주로 민주적 의사형성에 있고, 그것은 다원주의를 본질로 하는 민주주의사회에서 언론의 다양성 보장을 불가결의 전제로 하는 것이므로, "신문의 기능을 보장하기 위하여"란 결국 '신문의 다양성을 유지하기 위하여'란 의미도 포함하고 있다고 할 것이다. 헌법 제21조 제3항은 언론·출판으로 인한 타인의 명예나 권리의 보호를 규정하고 있는 헌법 제21조 제4항과 함께 다원화된 현대정보산업사회에서 언론·출판이 가지는 사회적 의무와 책임에 관하여 규정한 것이다. 그러므로 신문의 자유가 헌법적으로 보호되어야 할 중요한 가치가 있는 기본권이라 하더라도 신문의 공적 기능과 책임을 위하여 필요한 입법적 규율은 허용된다(헌재 2006.06.29. 2005헌마165).

# 제3회 PSAT 종합 실전모의고사

책형 가

## 언어논리영역

**| 정답표 |** PUBLIC SERVICE APTITUDE TEST

| 1 | 2 | 3 | 4 | 5 | 6 | 7 | 8 | 9 | 10 |
|---|---|---|---|---|---|---|---|---|---|
| ③ | ⑤ | ② | ④ | ④ | ⑤ | ② | ④ | ⑤ | ⑤ |
| **11** | **12** | **13** | **14** | **15** | **16** | **17** | **18** | **19** | **20** |
| ④ | ② | ② | ③ | ① | ④ | ① | ⑤ | ④ | ③ |
| **21** | **22** | **23** | **24** | **25** | **26** | **27** | **28** | **29** | **30** |
| ③ | ① | ④ | ① | ⑤ | ④ | ① | ④ | ④ | ④ |
| **31** | **32** | **33** | **34** | **35** | **36** | **37** | **38** | **39** | **40** |
| ① | ③ | ② | ① | ③ | ⑤ | ③ | ⑤ | ② | ④ |

★★

### 문 1. 정답 ③

**Core Point & Tip**

제시문의 내용을 이해하고 이를 바탕으로 각 선택지와의 일치 여부를 확인해야 한다.

① (O) 세 번째 문단의 '원근법은 이른바 체계적인 공간을 형성하기 위해 만들어진 지극히 인공적인 방법인 것이다. … 따라서 이러한 공간은 절대적인 것도 아니고 세계를 보는 유일한 방법도 아니다.'를 통해 알 수 있다.

② (O) 네 번째 문단의 '원근법에 따라 그려진 서양의 풍경화는 철저하게 인간, 그것도 부르주아적 시야에서 그려진 정치적, 시각적인 권력의 행사와 지배를 의미한다. … 대개 자신이 소유하고 있는 영지를 배경으로 그 소유자임을 과시하며 포즈를 취하고 있기 때문이다.'를 통해 알 수 있다.

③ (X) 두 번째 문단의 '물론, 이와 같은 원근법은 인간의 시야와 일치하지 않는다.'와 세 번째 문단의 '원근법은 이른바 '체계적인 공간(systemic space)'을 형성하기 위해 만들어진 지극히 인공적인 방법인 것이다. 그러므로 원근법적 그림, 원근법적 공간은 인간이라는 외부 관찰자가 세계와 풍경에 단일한 질서와 위계를 부여하기 위해 발명한 허구적 공간인 것이다.'를 통해 글의 내용과 부합하지 않는다는 것을 알 수 있다.

④ (O) 첫 번째 문단의 '원근법은 단일한 고정된 시점에서 세계를 보고 그 세계가 하나의 소실점을 향해 기하학적 법칙에 따라 멀어져 가도록 화면에 배치하는 방법이다.'를 통해 알 수 있다.

⑤ (O) 두 번째 문단의 '물론, 이와 같은 원근법은 인간의 시야와 일치하지 않는다. 인간은 원근법으로 그려진 그림처럼 어떤 방면, 풍경의 모든 곳을 동시에 똑같이 보지 못한다. … 이것은 언제라도 눈을 들어 시험해 보면 금방 알 수 있다.'에서 알 수 있다.

★★

### 문 2. 정답 ⑤

**Core Point & Tip**

국가의 역할 및 기능에 대한 제시문의 내용을 이해하고 이를 바탕으로 각 〈보기〉의 내용을 추론해야 한다.

ㄱ. (X) 제시문은 근대 국가가 개인들에게 안정감을 주는 공동체 역할을 하지 못하므로 소외에 대응하는 새로운 사회를 건설하기 위해서는 '작은 규모의 공동체'가 필요하다고 주장하는 내용이다. 제시문은 근대 국가가 인정이나 동료애, 안정감, 참여 등의 인간적 욕구를 만족시켜 주지 못하게 된 원인을 설명하면서 근대 사회 이후 대중 사회가 성립한 점을 들고 있다. 그러므로 대중 사회는 사실 '소외'를 심화시키는 역할을 한다고 할 수 있다.

ㄴ. (O) 가족이라는 단어는 등장하지 않으나, 제시문에서 이야기하는 '인간이 살아가는 데서 느끼는 자질구레한 의미'를 나눌 수 있는 공동체의 한 예로 가족을 생각할 수 있다.

ㄷ, ㄹ. (O) 인간의 욕구(인정, 동료애, 안정감, 참여 등)를 만족시키기 위한 수단으로 국가가 적합하지 않다며 '작은 규모의 안정된 구조의 공동체'를 대안으로 주장하고 있다. 이를 통해 사람들이 안정감이나 동료애 등을 통한 안전에 대한 욕구를 갖고 있음을 추론할 수 있다.

★★★

### 문 3. 정답 ②

**Core Point & Tip**

도서정가제의 제도적 특징과 경제적 후생 문제 등의 상세정보를 파악하여 선택지를 분석하여야 한다.

ㄱ. (O) 소비자후생의 감소가 불가피한 부분은 있으나, 부작용이 막대하다면 이의 개선이 필요하다는 것이 지문의 전체 요지이다.

ㄴ. (X) 제시문에서 언급된 바 없다.

ㄷ. (X) 두 번째 단락에서 공정거래법이 도서와 같은 저작물이 아닌 일반적인 상품에 대한 재판매가격유지행위를 금지하고 있다고 언급하였다.

ㄹ. (O) 도서정가제의 목적은 경제적 효율성의 추구에 있지 않다고 하면서 문화적 가치의 육성이 중요함을 강조하고 있다.

★★★

### 문 4. 정답 ④

**Core Point & Tip**

제시문에서 말하는 상황과 각 선택지의 구체적인 사례를 연결 지을 수 있어야 한다.

① (O) 마지막 문단의 한 기업 집단의 다양한 광고 속을 흐르는 한 가지 표현의 맥으로 '복덩이'-'친환경'을 제시한 것에 해당한다.

② (O) 세 번째 문단의 기술의 고도화로 차이를 거의 못 느끼게 되었으므로 '기업의 총체적 이미지'가 중요하게 되었고 '까만전자'가 좀 더 세련된 이미지를 가진 결과 선택된 것이다.

③ (O) 두 번째 문단의 건강기능식품에서 화장품으로 상품 다양화를 꾀하면서 광고전략을 바꾼 것에 해당한다.

④ (X) 주 고객층을 상대하기 위해 주 고객층이 좋아하는 캐릭터를 광고에 싣는 내용은 제시문의 내용과 관계 지을 수 없다.

⑤ (O) 네 번째 문단의 신제품에 대한 상품 광고에 기업 광고를 같이 지속적으로 실시함으로써 기업에 대한 이미지를 쇄신하는 정책과 상통한다.

★★★

## 문 5. 정답 ④

▲ Core Point & Tip

글의 내용에 가장 부합하는 주장을 물었으므로 글의 논지를 찾으면 된다. 제시문은 처마에 관한 내용으로 구성되어 있으므로 처마의 어떤 점에 대해서 다루고 있는지 각 단락의 핵심을 파악하도록 하자.

① (X) 지붕의 크기가 처마의 깊이에 따라 결정되는 것이지 강도가 처마의 깊이에 따라 결정되는 것은 아니다.

② (X) 지붕의 크기는 집의 규모에 따라 결정된다는 논의는 제시문을 통해 확인할 수 없다.

③ (X) 지분의 구성 재료에 따라서 보온 상태가 달라지는 것이 아니라 처마의 깊이에 따라 달라진다는 것이 제시문의 내용이다.

④ (O) 첫 번째 문단은 지붕의 형성과 크기를 결정짓는 조건에 관한 내용이고 이후 두 번째, 세 번째 문단에서 처마를 깊게 하는 이유를 다루고 있다. 마지막 문단에서는 깊은 처마가 우리나라 건축의 주요한 특징이 된다고 정리하였다. 이에 비추어 볼 때 "지붕의 형태는 생활의 필요를 반영한 결과이다."가 제일 적절하다. 첫 번째 문단에서 '지붕의 형상을 결정짓는 가장 근본적인 조건은 지역의 기후'라고 한 내용에서 정확히 찾을 수 있다.

⑤ (X) '지붕의 치장'과 '건물의 용도와의 관련성'에 대해서는 제시문을 통해 확인할 수 없다.

★★★

## 문 6. 정답 ⑤

▲ Core Point & Tip

제시문의 내용을 이해하고 이를 바탕으로 각 선택지를 추론해야 한다.

① (O) 첫 번째 문단 즉, '이미 사지가 마비된 사람들이 인공 신경의 도움으로 팔과 다리를 움직이기 시작했고, 뇌에 직접 전극을 삽입한 뒤 '움직여라'라는 마음을 먹으면 뇌가 발생하는 신호를 측정하여 컴퓨터와 연결된 로봇팔을 움직이게 하는 기술이 현실화 단계에 있다.'를 통해 확인할 수 있다.

② (O) 두 번째 문단에서 보면, 현재 정보를 무선으로 컴퓨터에 보내는 칩을 개발 중에 있다고 한다. 따라서 뇌에 인체 내장형 칩을 삽입하여 무선으로 컴퓨터에 보내는 것은 아직은 가능하지 않다.

③ (O) 첫 번째 문단의 '컴퓨터와 연결된 로봇팔을 움직이게 하는 기술이 현실화 단계에 있다.'를 통해 알 수 있다.

④ (O) 마지막 문단의 '파킨슨병이나 알츠하이머병, 우울증 등과 관련된~'을 통해 알 수 있다.

⑤ (X) 첫 번째 문단의 '뇌세포에서 생성되는 미세한 전기 신호나 신경 세포의 움직임을 패턴별로 분석하는 것이 완료되면 능동적인 일처리까지 기대할 수 있다.'를 통해 현재에는 뇌세포의 미세한 전기 신호나 신경세포의 움직임을 유형별로 분석할 수 없음을 알 수 있다.

★★

## 문 7. 정답 ②

▲ Core Point & Tip

제시문의 논리적 흐름에 맞게 빈 칸에 들어갈 내용을 〈보기〉의 가~라와 연결시킬 수 있어야 한다.

② (O) <보기>의 '가'는 나노 기술의 영향과 파급 효과에 관한 진술이므로 나노 기술이 다음 '산업 혁명'을 이끌 주역이라는 진술 뒤에 오는 것이 적절하다. – ㉠
한편, '나'는 나노 기술 연구의 어려움, 나노 기술 응용의 어려움에 대한 진술이므로 나노미터의 크기가 진술된 내용 뒤 혹은 나노 기술 연구의 어려움이 이어지는 진술의 앞에 위치하는 것이 적절하다. – ㉢
'다'는 나노 기술이 가져올 기대 효과에 대한 진술이므로 유사한 진술 내용이 이어지고 있는 ㉡에 위치하는 것이 옳다. – ㉡
마지막으로 '라'는 한국의 나노 기술 활용 방향에 대해서 서술하고 있으므로 ㉣에 오는 것이 옳다. – ㉣

★★★

## 문 8. 정답 ④

▲ Core Point & Tip

글의 논지가 되기 위해서는 제시문의 내용을 전반적으로 모두 포함할 수 있어야 한다.

④ (O) 마지막 문단의 '이와 같이 우리는 과학기술 발달의 복리를 크게 받고 있지만 동시에 발달로 인한 심각한 문제도 제기되어 왔다.' 만 확인해도 쉽게 접근할 수 있는 쉬운 문제이다. 보통 '논지'는 마지막 문단이나 마지막 문장에 등장하거나 다시 한 번 정리되어 등장하는 경우가 많으므로 글을 빠르게 훑어 내린 후 마지막을 먼저 확인하는 것이 유리한 전략이 될 수 있다.

★★

## 문 9. 정답 ⑤

▲ Core Point & Tip

인지부조화의 내용을 명확히 파악하고 글을 읽는다. 특히 마지막 문단에 판단의 근거가 주어져 있으므로 이를 통해 선지를 분석한다.

ㄱ. (X) 자신과 같은 의견만 기억하는 것이 아니라, 자신과 같은 의견이면 현명한 사람으로, 자신과 다른 의견이면 우매한 사람으로 믿을 수 있도록 기억한다.

ㄴ, ㄷ. (O) 현명한 사람을 같은 편, 우매한 사람을 다른 편으로 생각한다는 제시문의 언급을 감안할 때, 자신의 주장과 일치하는 쪽에서는 논리적인 글을, 배치되는 쪽에서는 비논리적인 글을 기억하려고 할 것이다.

★★★

## 문 10. 정답 ⑤

Core Point & Tip

**우선 제시문에서 말하고자 하는 바가 무엇인지 파악하고 이를 논거로 지지할 수 있는 내용을 찾아야 한다.**

①, ④ (X) 경영 원칙의 합리화 및 생산성 향상을 시도하여 수익성을 높였다고 서술하고 있으나, 기계화에 따른 자본의 유기적 구성의 고도화에 대해서는 언급하고 있지 않으므로 제시문의 주장에 부합하는 사례에 해당하지 않는다.

② (X) 생산비 절감에 성공했다는 언급만 있을 뿐이다.

③ (X) 평균 마진이 줄어든 반면에 손님이 많아져야 주장에 부합하나, 끊긴 손님들의 발길을 되찾은 정도라면 판매량이 늘었다고 볼 수 없으므로 제시문의 사례에 부합하지 않는다.

⑤ (O) 제시문은 마르크스주의 경제학에서 말하는 이른바 '이윤율 저하 경향'에 대한 것이다. 기술적 구성의 고도화(기계화의 진전)는 자본의 유기적 구성을 고도화시키며, 그에 따라 잉여 가치를 낳는 가변 자본(노동력에 대해 지불되는 임금)이 불변 자본에 비해 상대적으로 감소하는 것을 이윤율 저하 경향이라고 한다. 그렇지만 제시문에서는 이윤율 저하 경향이 반드시 평균 이윤율의 감소를 불러오는 것이 아니며, 노동력의 가치 저하에 따라 이윤율 상승에도 기여할 수 있음이 부가되고 있다. 이 점을 감안하면 임금을 줄이기 위해 종업원을 감원하고 기계를 새로 도입하여 평균 마진(이윤율)은 줄었으나 판매량이 늘었다고 한 ⑤번이 제시문의 주장에 가장 부합하는 사례가 된다.

★★★

## 문 11. 정답 ④

Core Point & Tip

**8명을 2팀으로 나누는 논리 게임 문제 유형이다. 각각의 규칙들을 분석하면 다음과 같다. 이때 A와 B, 나와 다는 팀이 서로 바뀌어도 무방한 것을 알고 있으므로 A, B, 나, 다가 언급되어 있는 선택지를 제외시키면 보다 빠르게 정답을 찾을 수 있다.**

- 첫 번째 조건에 의해서 기술고시반 학생들은 서로 다른 팀에 속하게 되는 것을 추론할 수 있다.
- 두 번째 조건에 의해서 각 팀은 3학년이 2명, 4학년이 2명임을 추론할 수 있다.
- 세 번째 조건에 의해서 행정고시반 학생 중에서 A와 B는 서로 다른 팀에 속하게 되는 것과 외무고시반 중에서 나와 다는 서로 다른 팀에 속하게 되는 것을 추론할 수 있다.

| 1팀 | 2팀 |
|---|---|
| 1. 갑(3학년)<br>2. A(4학년)<br>3. 나(3학년)<br>4. 가(4학년) | 1. 을(4학년)<br>2. B(4학년)<br>3. 다(3학년)<br>4. C(3학년) |

1. 첫 번째 조건에 의해서 갑(3학년)과 을(4학년)은 서로 다른 팀에 속한다.
2. 세 번째 조건에 의해서 A(4학년)와 B(4학년)는 서로 다른 팀에 속하게 된다. 이때 A와 B는 팀이 서로 뒤바뀌어도 무방하다.
3. 세 번째 조건에 의해서 나(3학년)와 다(3학년)는 서로 다른 팀에 속하게 된다. 이때 나와 다는 팀이 서로 뒤바뀌어도 무방하다.
4. 1팀에 4학년이 1명 부족하므로 가(4학년)가 오게 되고, 2팀에는 C(3학년)가 오게 된다.

모든 경우의 수를 나타내면 다음과 같다.

| | | |
|---|---|---|
| 경우 1 | 1팀 | 가, 갑, A, 나 |
| | 2팀 | C, 을, B, 다 |
| 경우 2 | 1팀 | 가, 갑, B, 나 |
| | 2팀 | C, 을, A, 다 |
| 경우 3 | 1팀 | 가, 갑, A, 다 |
| | 2팀 | C, 을, B, 나 |
| 경우 4 | 1팀 | 가, 갑, B, 다 |
| | 2팀 | C, 을, A, 나 |

① (X) B와 을은 서로 같은 팀에 속해 있는 것이 가능하므로 옳지 않다.
② (X) 가와 B는 서로 같은 팀에 속해 있는 것이 가능하므로 옳지 않다.
③ (X) A와 을은 서로 다른 팀에 속해 있는 것이 가능하므로 옳지 않다.
④ (O) 가와 갑은 항상 서로 같은 팀에 속해야 하므로 옳은 진술이다.
⑤ (X) B와 갑은 서로 같은 팀에 속하는 것이 가능하므로 옳지 않다.

★★★

## 문 12. 정답 ②

Core Point & Tip

**〈보기〉의 조건을 적용하여 A, B, C, D, E 중 남성과 여성을 밝혀내고 경우의 수를 나누어서 확인하도록 하자!**

i ) <보기>의 조건을 적용하면 화요일과 수요일에는 3명의 원서접수가 차게 된다.

| | 월 | 화 | 수 | 목 |
|---|---|---|---|---|
| A | ○ | × | ○ | ○ |
| B | ? | × | ○ | ? |
| C | ○ | ○ | × | ○ |
| D | ? | ○ | × | ? |
| E | ? | ○ | ○ | ? |

따라서 3명이 원서접수를 하지 않는 월, 목요일에 B가 월요일에 접수를 하던지 목요일에 접수를 하는 경우로 나누어서 살펴볼 수 있다. 또한 화, 수요일에 원서 접수를 하는 3명 중 1명은 남성이므로 A, B, E / C, D, E 중 한 명씩 남성이 있게 된다. 3명이 확정되지 않은 월, 목요일의 경우 B, D가 각각 하루씩 일을 해야 5명 모두 2일 이상 일을 하게 되며, 이 두 명이 각 요일별로 일하기 때문에 남성이라는 것을 알 수 있다. 자동적으로 나머지 A, C, E는 여성이 된다.

ii ) 다음으로, B가 월요일에 접수한 경우를 살펴보면 다음과 같다.

| | 월 | 화 | 수 | 목 |
|---|---|---|---|---|
| A | ○ | × | ○ | ○ |
| B | ○ | × | ○ | × |
| C | ○ | ○ | × | ○ |
| D | × | ○ | × | ○ |
| E | × | ○ | ○ | × |

B가 월요일에 접수를 하면 각 요일마다 총 3명이 원서 접수를 한다고 하였으므로 D와 E는 월요일에 접수를 하지 않는다. 다음으로 5명 모두 2일 이상 이 일을 한다고 하였으므로 D는 목요일에 일을 해야 한다. 이상으로 목요일에 A, C, D 3명이 일을 하므로 남은 B와 E는 목요일에 일을 하지 않는다.

iii) 다음으로, B가 목요일에 접수한 경우를 살펴보면 다음과 같다.

| | 월 | 화 | 수 | 목 |
|---|---|---|---|---|
| A | ○ | × | ○ | ○ |
| B | × | × | ○ | ○ |
| C | ○ | ○ | × | ○ |
| D | ○ | ○ | × | × |
| E | × | ○ | ○ | × |

B가 목요일에 접수를 하면 각 요일마다 총 3명이 원서 접수를 한다고 하였으므로 D와 E는 목요일에 접수를 하지 않는다. 다음으로 5명 모두 2일 이상 이 일을 한다고 하였으므로 D는 월요일에 일을 해야 한다. 이상으로 월요일에 A, C, D 3명이 일을 하므로 남은 B와 E는 월요일에 일을 하지 않는다.

① (O) 두 번째 경우에 의하면 B는 수요일과 목요일에 D는 월요일과 화요일에 연속으로 접수를 하였다.
② (X) 두 경우 모두 A, C, E의 여성이 3일 연속 접수를 한 경우는 없으므로 반드시 거짓이다.
③ (O) 두 번째 경우에 의하면 D는 남성이며 월요일과 화요일에 접수할 수 있다.
④ (O) 첫 번째 경우에 의하면 B는 남성이고, 월요일과 수요일에 접수할 수 있다.
⑤ (O) 두 경우 모두 A, C, E는 여성이고 B와 D는 남성이다.

★★★

## 문 13. 정답 ②

▲ Core Point & Tip

**제시문에서 궁극적으로 말하고자 하는 바를 지지할 수 있는 기본적인 근거를 찾아야 한다.**

① (X) 자유 시장 경제 질서에서 개인의 도덕적 해이 현상이 불가피하다면 '시장의 원리를 존중'해야 한다는 제시문의 주장에 부합하지 않는다.
② (O) 제시문에서는 재난 상황을 이용하여 폭리를 취하는 행위가 비경제학적 관점에서 볼 때는 도덕적으로 비난받지만, 경제학적 관점에서 볼 때는 자연스러울뿐더러 바람직한 현상임을 강조하고 있다. '누가 시키지 않아도' 최대한 빨리 재난 지역에 필요한 물자를 공급할 수 있기 때문이다. 이는 수요와 공급 법칙에 따른 시장의 자율적인 기능을 강조하는 것으로, 제시문은 인위적으로 시장에 정부가 개입할 경우 또 다른 형태의 도덕적 해이를 낳을 수 있기 때문에 '동전 던지기와 같이 상당 부분 운이 작용'하는 시장의 원리를 존중해야 한다는 주장을 담고 있다. 이러한 주장은 개인의 자발적인 이익 추구 행위가 결과적으로 사회 질서 유지에 도움이 된다는 경제학의 원리를 가정할 때 성립할 수 있다.
③ (X) 개인이 국가 시스템에 구속된다는 것은 오히려 정부의 개입을 옹호하는 입장일 수 있다. 따라서 제시문에서 가정하는 내용이라 볼 수 없다.
④ (X) 제시문은 기업가 계층의 정신적 태도에 대해서는 언급하고 있지 않다.
⑤ (X) 제시문에서는 경제발전의 방법에 대해서는 언급하고 있지 않다.

★★★★

## 문 14. 정답 ③

▲ Core Point & Tip

**체형에 대한 일반적인 설명을 토대로 체형을 파악하기 위한 올바른 연구방법을 생각해보는 문제이다.**

ㄱ. (O) 두 번째 문단에서 제시된 바와 같이, 동일한 성, 연령층에서도 개인차가 있고, 개인이라 해도 인체의 좌우는 차이가 있다. 그리고 개인마다 피하지방의 침착의 정도가 다르므로 연구는 이러한 차이점을 드러낼 수 있는 방향으로 구성되어야 한다. A는 목 부위의 연령별 형태변화를 파악하기 위해 서로 다른 연령대의 다수의 표본을 구하여 이를 수직, 수평으로 측정한 것으로 이러한 체형의 차이를 드러내기에 적합한 연구방법을 택했다고 볼 수 있다.
ㄴ. (X) B는 이미 계측된 신체의 좌측면의 자료를 토대로 그 평균값을 통해 연령군별 체형의 특징을 살펴보고자 했다. 이는 두 번째 문단에서 제시된 체형의 특징인 동일인의 좌우측의 상이성을 구체적으로 파악할 수 없는 연구방법이다.
ㄷ. (O) C는 영유아의 체위 자료를 바탕으로 체형을 분석하여 영유아 체형의 대표 항목을 설정하고 출생 직후부터 24개월 영유아 356명을 계측하였는데, 이는 체형을 올바르게 구분해내기 위한 상위 대표 항목을 우선 도출하고 이에 따라 계측을 실시한 바른 연구방법이라고 할 수 있다.
ㄹ. (X) D는 20대의 연령이 비슷한 집단의 4종의 자세별 체형을 분류하여 각 체형의 체형별 계측치의 최빈값을 구하여 연령별 단일한 체형패턴을 도출해 내려고 하였는데, 조사대상의 연령의 차이가 크지 않으므로 각 연령별 체형의 차이가 크지 않을 것이라고 예측할 수 있다. 또한 최빈값을 이용한 단일한 체형패턴의 도출은 체형의 개인별 특성을 올바르게 분류하는 방법으로 볼 수 없다.

★★★

## 문 15. 정답 ①

▲ Core Point & Tip

**주어진 글에서 각 문장들의 논증관계를 중심으로 글을 읽어야 한다. 우리의 합리적 신념의 증거인 감각과 신비주의자의 신념의 근거인 신비적 경험이 본성상 유사한 증거라는 내용에 기초하여 ⓐ에서 ⓑ라는 결론을 이끌어내고 있다.**

① (X) 신비적 경험이 감각적 경험과 배치되는 것일 경우라도 그 경험 자체는 신비주의자들의 신념에 강력한 증거가 될 수 있으므로 감각적 경험을 통해 신비주의자들의 삶을 비판할 수 없다는 것이 제시문의 내용이다.
② (O) '신비적 경험은 신비주의자들에게는 살아갈 힘이 되는 것이다.'라는 제시문의 내용과 일치한다.
③ (O) 제시문은 신비적 경험과 감각적 경험이 그 본질에 있어서 유사하다는 전제 하에서 논증을 전개하므로 신비적 경험과 감각적 경험이 본질적으로 다른 증거라면 제시문의 논지는 약화될 수 있다.
④ (O) 신비적 경험은 논리라는 관할 구역을 벗어나있다는 제시문의 내용을 통해 알 수 있다.
⑤ (O) 제시문은 ⓐ에서 ⓑ를 이끌어 내기 위해서 근거가 없이는 주장을 이끌어낼 수 없다는 전제하에 논증을 진행시키고 있다.

### 문 16. 정답 ④

★★★

Core Point & Tip

(가)와 (나)의 제시문에 대한 내용 파악 및 이들 간의 관계에 대한 비교 및 평가가 요구된다.

①, ②, ③, ⑤ (X), ④ (O) (가)와 (나)는 사례가 제시하는 분야 혹은 영역의 측면에서는 상이함을 보이고 있으나, 현상의 특징이라는 관점에서는 유사성을 갖고 있다. (가)의 코페르니쿠스는 프톨레마이오스의 천동설을 뒤엎고 지동설을 주장한 사람이지만, 저술의 방식 및 이론의 체계에서 프톨레마이오스를 답습하는 측면이 있다. 이와 마찬가지로 (나)의 마르크스도 신랄한 종교 비판가이나 사상의 체계 면에서 그가 비판하였던 카톨릭을 답습하고 있다. 결국 양자는 모두 비판 혹은 극복의 대상을 암암리에 답습한 경우로 볼 수 있다.

### 문 17. 정답 ①

★★★

Core Point & Tip

문제에 주어진 조건을 놓치지 않고 읽는 것이 핵심이다. 논지의 강화 및 약화를 판단할 때에는 주어진 제시문의 주장이 무엇을 핵심으로 하는지를 파악해야 한다.

ㄱ. (O) 한국인이 섭취한 탄수화물의 소화흡수율이 1/2~1/3에 불과하다면 실제로 한국인이 섭취한 탄수화물의 열량은 타국과 크게 다르지 않아서 과다 섭취에 해당되지 않아 (가) 결론의 설득력이 낮아진다.

ㄴ. (X) 탄수화물을 극단적으로 제한하는 식습관으로 인해 케토시스 현상이 발생한다. 저혈당이 케토시스 현상의 구체적인 병증이라 하더라도 운동을 통해 저혈당의 개선을 경험한 것은 (나)의 내용과 무관하다. 따라서 저혈당증 환자들이 규칙적인 운동을 통하여 상태의 개선을 경험한 것은 (나)의 설득력을 높이지도 낮추지도 않는다.

ㄷ. (X) 탄수화물 섭취 부족 시 케토시스 현상이 발생하는 기작이 (나)의 핵심이다. 단백질을 과다 섭취할 경우 두통 및 설사 증상을 보였다고 하더라도 이는 (나)의 내용과는 무관하다. 따라서 (나)를 강화하지도 약화하지도 않는다.

### 문 18. 정답 ⑤

★★

Core Point & Tip

글쓴이의 조세에 대한 입장을 파악하는 것이 우선이다.

① (O) 두 번째 문단에서 '앉아서 경비만 축내는 자를 줄이거나..'로부터 조세정책의 대안으로 제 역할을 하지 못하는 관리를 축출해야 하는 필요성을 도출할 수 있다.

② (O) 글 전체를 아울러 글쓴이는 1/10 조세를 일정한 법규로 지켜야 한다고 말하고 있다. 즉 풍년이든 흉년이든 무관히 일정한 비율의 조세를 부과해야 하는 것이다.

③ (O) 글쓴이는 무제 당시 창고가 비게 된 것의 원인을 '쓰는 데에 절제할 수 없었기 때문'이라고 보고 있다. 따라서 조세에 맞춰 소비를 정하는 방안을 제시할 것이다.

④ (O) 첫 번째 문단에서 '비록 그 해 농사가 흉년이 들더라도 조세를 감하자는 의논은 듣지 못하였고, 그 해 농사가 만약 조금 풍년이면 곧 등급을 더하자고 아뢰는 바가 있습니다.'라는 언급을 통해 추론할 수 있다.

⑤ (X) 마지막 문단의 '9년·6년의 비축이라는 것은 대개 온천하의 백성을 통틀어서 계산한 것이지 진실로 국가의 창고만 풍족하고 백성에게는 미치지 않는 것을 말한 것이 아닙니다.'라는 언급에서 글쓴이는 국가의 인위적인 비축에 대해서 부정적인 태도를 가지고 있음을 알 수 있다. 따라서 옳지 않다.

### 문 19. 정답 ④

★★★

Core Point & Tip

인간에게 특수한 지각 능력이 있는 상황적 배경을 유추할 수 있어야 한다.

①, ② (O) 이러한 지각 능력은 '플라톤식 수학적 개념의 세계' 즉 추상화된 세계와 그와 반대로 물리적인 세계에 살고 있는 인간이라는 관계 속에서 가능하다.

③, ⑤ (O) '수학적 진리로의 직접 통로를 가지고 있어야 하고'라는 부분을 통해 인간이 이데아의 세계와 연결되어 정보를 받을 수 있어야 함을 알 수 있다. 반대로 이 통로가 없다면 그를 인식할 수 없을 것이라는 것도 추론 가능하다.

④ (X) 만약 이데아의 세계에 있는 수학적인 이데아를 우리의 경험 세계로 끌어 내릴 수 있다면 경험을 통해 깨달을 수 있으므로 굳이 특수한 지각 능력이라는 것이 필요 없을 것이다.

### 문 20. 정답 ③

★★★★

Core Point & Tip

단락의 핵심을 파악하는 문제이다. 지엽적 어구에 혼란을 느끼지 않도록 하자!

③ (O) (가)에서는 진정하고 확실한 의사소통이 있었음을 확신할 수 있었다고 명시하고 있으며, (나)에서는 이러한 의사소통을 통해 단순한 사실만 전달되는 것이 아니라 그 저변에 깔린 수학적인 아이디어가 전달되었다고 하고 있다.
이에 대한 근거로 (다)에서는 마음이 수학적 아이디어를 감지할 때마다 플라톤식 수학적 개념의 세계와 교감이 일어나며, 이는 각자가 플라톤식 세계, 더 나아가 동일한 플라톤의 세계와 접하고 있기 때문에 수학자들 사이에 의사소통을 할 수 있다고 보았다.

★★

## 문 21. 정답 ③

Core Point & Tip

등장인물 간의 주장을 확실히 구별할 수 있어야 한다. 특히 드러나지 않은 등장인물인 글의 저자가 어떤 인물에 찬성하고 어떤 인물에 반대하는지를 가려낼 수 있어야 한다.

① (O) 두 번째 문단의 내용을 보면, 핸슨은 모든 과학적 관찰이 중립적이지 않기 때문에 과학의 객관성을 맹신하지 않아야 한다고 주장했음을 알 수 있다.

② (O) 마지막 문단에서 저자는 과학에서 패러다임의 전환이 일어나면 옛것이 파괴되지만 이때 파기되는 것은 책이나 잡지지 패러다임이 아니라고 주장하고 있다.

③ (X) 미술과 과학의 유사성 여부에 대해 핸슨은 직접적으로 언급한 바가 없다.
쿤 : 미술과 과학의 차이점 강조(3문단)
핸슨 : 알 수 없음
저자 : 미술과 과학의 유사성 인정(마지막 문단)
따라서 저자가 쿤의 주장에 동의하지 않는 것은 맞지만 핸슨의 의견은 알 수 없으므로 판단할 수 없다.

④ (O) 네 번째 문단에 나와 있는 내용이다. 번스타인은 과학은 현재와 과거가 전치되지만 미술에선 현재와 과거가 공존한다는 쿤의 주장에 대해, 과학에서도 미술과 같은 현상이 일어난다고 지적하고 있다. 따라서 미술에서 현재와 과거가 공존한다는 주장에 대해 번스타인은 찬성할 것이다.

⑤ (O) 네 번째 문단에서 '과학만이 진보적이고 진리나 지식을 말할 수 있다는 과학자들의 주장을 '과학적 쇼비니즘'이라고 비판한다.'에서 번스타인은 <성서>가 과학에 의해서만 정당화될 수 있다는 주장에 동의하지 않을 것임을 알 수 있다.

★★★

## 문 22. 정답 ①

Core Point & Tip

제시문에 담겨 있는 세부 정보를 파악하는 문제로, 전체 주제만이 아니라 그것을 뒷받침하는 세부 주장들까지 파악해야 한다.

ㄱ. (O) 두 번째 문단을 살펴보면, 글쓴이는 도구주의를 비판하면서 그것을 도덕성보다 이성을 더 중시하는 오늘의 이성의 신성화와 연결시키고 있다. 이를 통해 이성에 대한 지나친 신뢰가 기술적 합리성의 추구로 나타날 수 있음을 추론할 수 있다.

ㄴ. (X) 제시문은 공리주의 윤리관에 대한 것이다. 공리주의 윤리관이 결과론적 관점에 입각해 있어서 인권이나 공동선을 도구적으로 처리할 위험이 있다고 비판한 뒤, 그럼에도 불구하고 현실을 살아가는 인간이 이익을 배제하고 옳음을 추구할 수만은 없으므로 공리주의의 유용성과 정의를 종합하는 관점이 필요하다고 주장하는 글이다. 따라서 공리주의를 비판하고 있기는 하되, 공리주의의 관점을 완전히 배척하지는 않고 있다.

ㄷ. (O) 두 번째 문단의 '밀은 재화의 분배 과정에서 생긴 부의 부의 불평등은 자연스럽게 해소되는 것이 아니라 큰 사회악의 원천이 된다고 봄으로써 질적 공리주의 없이는 최대 다수의 최대 행복의 원리를 구현할 수 없다고 보았다.'를 통해 알 수 있다.

★★★

## 문 23. 정답 ④

Core Point & Tip

공유경제는 최근 그 부작용과 문제점 등이 많이 논의되고 있다. 제시문을 잘 파악하여 알 수 있는 정보를 신속히 구별해야 한다.

ㄱ. (O) 제시문의 첫 번째 문단에서 레시그 교수의 공유경제 이론 설명을 통해 언급되었다.

ㄴ. (X) 제시문에서 언급되지 않은 내용이다.

ㄷ. (O) 공유경제의 거래 위험 문제와 사례는 제시문에서 전체적으로 다뤄진 내용이다.

ㄹ. (O) 정보의 비대칭성 문제로 수요자의 도덕적 해이 또는 공급자의 도덕적 해이가 각각 일어날 수 있음이 언급되었다.

★★★

## 문 24. 정답 ①

Core Point & Tip

제시문의 주요 내용에 비추어 역접의 맥락에 가장 가까운 연구결과를 선택지에서 골라야 한다.

① (O) 제시문에 소개된 연구들의 주요 내용은 애완동물을 기르는 노인이 좋은 건강을 가진다는 것이기에 이러한 전제를 가장 직접적으로 반박하는 ①번의 내용이 역접의 맥락에서 가장 적절하다.

② (X) 물리는 등의 사망사고는 우발적 사건의 속성을 갖고 있으며 앞서 언급된 연구결과를 정면으로 반박할 정도는 아니다.

③ (X) 젊은 사람들에 대한 언급은 본문의 전체적 맥락과 어울리지 않는다.

④ (X) 두 번째 문단에서 사회적 수용성이 증진된다는 언급을 볼 때 애완동물을 키우는 사람들이 대인관계가 좋을 것임을 짐작할 수 있다.

⑤ (X) 애완동물을 키우는 것이 육체는 물론이고 정신적으로 도움이 됨을 제시문에서 언급하고 있다.

★★★

## 문 25. 정답 ⑤

Core Point & Tip

제시문의 실험에 있어서는 '전기 충격'과 같은 외부 반응이 핵심이다.

① (X) '생명의 창조'와 '신'의 관계에 대한 실험이 아니다.

② (X) 다른 생물의 매개가 아닌 전기 충격과 같은 반응이 필요한 것이다.

③ (X) 생물이 어버이 없이 자연 진화되었다는 ③번의 내용도 제시문의 내용과 유사하기는 하지만 제시된 실험의 특수한 내용까지 포괄하지는 못한다.

④ (X) 생명의 씨앗이 우주에서 지구로 넘어오면서 자라게 된 것이 생물이 탄생한 원인임을 증명하는 실험이 아니다.

⑤ (O) 제시문은 원시 지구의 대기 성분으로 알려진 몇 가지 무기 물질에 전기 충격을 가하니까 단백질의 구성 물질이 생성되었다는 내용이다. 이 실험에 의하면 단백질이 유기물질을 형성하는 기초가 되므로, 이 실험은 생물이 어떻게 발생하였는지를 증명하기 위해

시행된 것으로 볼 수 있다. 또한, 전기 충격에 의해서 화학적 반응이 일어난 것으로 볼 수 있으므로, '무기물의 화학적 반응으로 유기 화합물이 만들어지면서 생명이 발생했다.'는 ⑤번이 답이 된다.

★★

## 문 26. 정답 ④

Core Point & Tip

**글 일부가 아닌 전체에 해당하는 질문을 찾아야 한다.**

① (X) 만약 질문이 '자본주의 몰락예측 주장의 이론적 한계가 무엇인가'였다면 제시문에는 자본주의 몰락예측 주장이 어떠한 점에서 이론적 한계를 보이는지가 설명되어야 한다. 하지만 제시문에는 이러한 내용이 전혀 제시되어 있지 않으므로 옳지 않다.
② (X) 제시문에는 '자본주의의 이론적 한계'에 대한 내용이 전혀 언급되어 있지 않으므로 적절한 질문이라고 볼 수 없다.
③ (X) 제시문 전체가 아니라 마지막 문단에만 대응되는 질문이다. 따라서 가장 적절한 질문이라고 볼 수 없다.
④ (O) 자본주의가 원래 몰락했어야 함에도 불구하고 현실적으로 자본주의가 건재하고 있는 이유가 각 문단별로 제시되고 있다. 따라서 가장 적절한 질문이라고 볼 수 있다.
⑤ (X) 제국주의 이론과 자본주의 국가이론의 설명에 의하면 자본주의가 건재한 것은 노동자들의 선택과 무관하다. 따라서 가장 적절한 질문이라고 볼 수 없다.

★★

## 문 27. 정답 ①

Core Point & Tip

**주장과 반박에 논리 구조를 기본으로 하여 빈칸에 들어갈 적절한 주장 또는 반박을 〈보기〉에서 찾아야 한다.**

(가) 엔지니어 창출 기여 효과가 있다는 주장에 대해 인도와 중국의 사례를 들어 반박하는 'ㄹ'이 이에 대한 비판으로 타당하다.
(나) 인공위성이 우주 탐사와 관련이 적거나 민간 주도가 가능하다는 비판과 맥락이 연결되는 글을 찾으면 되므로 'ㄱ'이 타당하다.
(다) 우주 개발의 부산물로 연료 전지 등의 대체 에너지 연구가 가능했다는 주장에 대해 직접적으로 문제 해결 가능한 신재생 에너지에 직접 자원을 투입하는 것이 바람직하다는 반박을 하고 있는 'ㄷ'이 이에 대한 비판으로 타당하다.
(라) 우주 탐사가 지식을 제공하기 보다는 정보 양을 늘리는 데 그친다는 반박 글과 논리적으로 연결되는 'ㄴ'이 타당하다.

바르게 연결된 것은 ① (가)–ㄹ, (나)–ㄱ, (다)–ㄷ, (라)–ㄴ 이다.

★★★

## 문 28. 정답 ④

Core Point & Tip

**ⓐ~ⓘ의 문장을 논리적 흐름에 따라 결론, 근거, 부연 설명 등에 따라 연결고리를 찾아 하나의 연결된 내용을 만들어야 한다.**

④ (O) ⓐ와 ⓑ가 결합하여 ⓒ와 ⓓ가 도출된다.(①, ②, ⑤번 제거) 그리고 ⓒ와 ⓓ가 결합하여 ⓔ가 도출되고(③번 제거) ⓔ에 ⓕ가 결합하여 ⓖ가 도출되고 ⓗ와 결합하여 ⓘ라는 최종 결론에 도달한다.

★★★

## 문 29. 정답 ④

Core Point & Tip

**제시문은 어렵지만 '프로이트'와 '라깡'의 견해만 정확히 파악하면 어렵지 않게 풀 수 있다.**

ㄱ. (O) 프로이트에 따를 때 꿈은 '관념적 표상체 → 상징적 이미지 → 명시적 꿈'의 과정을 통해 생산된다. 따라서 관념적 표상체가 존재하지 않거나 관념적 표상체가 상징적 이미지로 변형되지 않는다면 꿈은 생산되지 않을 것이다.
ㄴ. (O) 라깡은 '이어서 꿈의 작업의 대표적 메커니즘이 압축과 치환이란 점을 고려하면서 압축과 치환이라는 동일한 구조적 법칙이 이 네 현상에 작동한다고 본다. 그것이 무의식의 법칙이다.'라고 하면서 '꿈의 작업은 시니피앙의 법칙을 따른다.'라고 하였다. 이를 종합하여 보면 라깡은 시니피앙의 법칙과 무의식이 법칙이 동일하다고 보았음을 알 수 있다.
ㄷ. (X) 야콥슨은 단지 은유와 환유가 언어의 두 축이라고 설명했을 뿐이다. 야콥슨이 실제로 꿈의 작업 과정에 대하여 언급했는지는 알 수 없다.
ㄹ. (O) 두 번째 문단의 '이어서 꿈의 작업의 대표적 메커니즘이 압축과 치환이란 점을 고려하면서 압축과 치환이라는 동일한 구조적 법칙이 이 네 현상에 작동한다고 보아 우리가 앞에서 보았던 프로이트의 관점을 그대로 따른다.'와 '프로이트의 압축과 치환의 개념'에서 추론할 수 있다.

★★★

## 문 30. 정답 ④

Core Point & Tip

**조선시대의 문음제도와 유일제도에 대한 제시문의 내용을 통해 추론할 수 있는 바를 파악해야 한다.**

① (O) 세 번째 문단에 제시된 바에 따르면, 좨주(祭酒)는 조선 후기에 사림 당파에 의한 추천으로 등용되는 직책으로 정3품 대사성(大司成)의 다음 가는 자리이다. 이에 반해, 두 번째 문단에 따르면 참봉(參奉)은 종9품임을 알 수 있다. 따라서 이와 같은 사실을 바탕으로 좨주가 참봉보다 높은 직책임을 알 수 있다.
② (O) 세 번째 문단에서 '재야의 선비를 천거하도록 하고 있다. 하지만 매년 정월 전국에서 한 명 또는 두 명의 재야 선비를 뽑아 참봉(參奉)에 임용할 수 있도록 정하고 있는 것', '별반 중요하지 않은 것' 이라고 언급한 것을 통해 알 수 있다.
③ (O) 두 번째 문단의 '고려 시대와 달리 조선 시대에서는 성리학에 관한 지식과 교양 없이 문음만을 통해서는 주요 관직이나 정치적 출세를 꿈꾸기 힘들었다.'를 통해 고려 시대에는 비교적 문음과 유사한 제도를 통해 출세하기 쉬웠을 것이라고 추론해 볼 수 있다.
④ (X) 공신(功臣)이나 3품 이상의 관직에 있었던 사람의 아들의 경우, 문음을 통해 처음에 '종9품 참봉(參奉)부터 종7품 직장(直長)에 이르는 관직을 하사'받을 수 있었다는 것이지 더 이상 높은 관

직에 나아갈 수 없는 것은 아니다. 즉, 과거나 승작을 통해 더 높은 관직에 나아갈 수 있었을 것이다.

⑤ (O) 조선 후기에 확산된 천거제도는 '사림 당파에 의한 추천'으로 '사림 당파의 주요 핵심 인물'을 '특별한 직책에 임용'한 만큼, 유일제도에 비해서 사림 당파의 정치적 영향력을 강화하기 위해 이용되었을 것이라고 추론할 수 있다.

★★★

## 문 31. 정답 ①

Core Point & Tip

제시문에 주어진 정보를 간단히 기호화하여 먼저 A가 '갑' 혹은 '을' 기획안을 맡을 경우를 가정하여 나머지 조건들을 하나씩 살펴보면, 각 팀이 맡는 기획안들이 결정될 것이다. 이때 반드시 어떤 팀이 어떤 기획안을 맡게 될 것이라고 확정되지 않는 경우를(다른 결과가 생길 경우) 찾아내면 되는 문제이다.

① (X) 주어진 정보를 기호화하면 아래와 같다.

1. A∧B → ~같은 기획안
2. D∧E(갑) → B(을) ≡ B(갑) → D∨E(을)
3. E∨F(갑) → A(을) ≡ A(갑) → E∧F(을)
4. F∨G(을) → D∧E(갑) ≡ D∨E(을) → F∧G(갑)
5. F와 G가 같은 기획안 → C와 B는 같은 기획안
   ≡ C와 B가 다른 기획안 → F와 G는 다른 기획안

A가 '갑' 기획안을 맡았다고 가정한다면 3의 대우에 의해 E와 F는 '을' 기획안을 맡아야 한다. 4의 대우를 보면 D나 E가 '을' 기획안을 맡으면 F와 G는 '갑' 기획안을 맡게 되어 3의 대우(F는 '을' 기획안을 맡는다는 가정)와 모순되는 결과가 발생한다. 따라서 A는 '을' 기획안을 맡고 B는 '갑' 기획안을 맡게 된다. 이를 2의 대우에 적용하면 D나 E는 '을' 기획안을 맡게 되고 이를 4의 대우에 적용하면 F와 G는 '갑' 기획안을 맡게 된다. F와 G가 동일하게 '갑' 기획안을 맡으므로 5번 조건에 의해서 C는 B와 같은 '갑' 기획안을 맡게 된다.

정리하면 '갑' 기획안은 B, C, F, G '을' 기획안은 A가 맡게 되며 이를 통해서 확인할 수 없는 것은 D와 E가 맡을 기획안이다. 하지만 D나 E 중에 한 팀은 반드시 '을' 기획안을 맡게 되므로 '을' 기획안을 맡게 될 팀은 적어도 2팀 이상이다. 이에 비해 D와 E가 모두 '을' 기획안을 맡을 수도 있으므로 '갑' 기획안을 맡게 될 팀은 4팀이 될 수도 있다.

★★★

## 문 32. 정답 ③

Core Point & Tip

파란색 가방을 메고 있는 사람은 정직하게 말하고 빨간색 가방을 메고 있는 사람은 거짓을 말한다는 점에 초점을 맞추자!

i ) D의 말이 참이라면, A, B, C, E 모두 파란색 가방을 메고 진실을 말하므로 A, B, C의 진술이 동일할 것이다. 그러나 세 사람이 각자 다른 진술을 했으므로 D는 빨간색 가방을 메고 있다.

ii) A의 말이 참이라면, D가 빨간색 가방을 멘 유일한 사람이므로 B, C의 진술이 동일해야 한다. 하지만 두 사람의 다르게 진술했으므로 A도 빨간색 가방을 메고 있다.

iii) B의 말이 참이라면, A, C, D, E가 빨간색 가방을 메고 거짓을 말할 것이다. 하지만 파란색 가방을 멘 사람이 1명, 즉 B 뿐이라는 C의 진술이 참이 되므로 모순이 발생한다. 따라서 B도 빨간색 가방을 메고 있다.

iv) B가 거짓이므로 남은 C와 E가 모두 빨간색 가방일 수는 없다. 따라서 C와 E의 가방으로 가능한 경우의 수는 i ) C는 빨간색 E는 파란색, ii) C는 파란색 E는 빨간색, iii) C와 E 모두 파란색인 세 가지이다. 만약 C의 말이 거짓이라면 E는 파란색일 수 없으므로 이는 i )경우에 모순된다. 만약 C의 말이 참이라면 E도 참이 되고 C와 E 모두 파란색 가방으로 판명된다. 따라서 C는 파란색 가방을 메고 있으며, C의 말에 따라 E도 파란색 가방을 메고 있다.

즉, **A, B, D는 빨간색 가방**을 메고 있고 **C, E는 파란색 가방**을 메고 있는 것이다.

★★

## 문 33. 정답 ②

Core Point & Tip

본문의 상세한 내용을 파악하여 각 〈보기〉와 매칭하여야 한다.

ㄱ. (O) 제시문에서도 언급되었듯이 농약의 사용은 곤충감소의 중요한 요인이다.

ㄴ, ㄷ. (X) 제시문에서 확인할 수 없는 내용이다. 또한, 해당 내용은 특정 형태의 지역에만 영향을 준다고 보기 어렵다.

ㄹ. (O) 제시문에 직접적인 언급은 없으나 곤충의 천적이 급증했음에서 곤충 개체 수가 급감함을 추론할 수 있다.

★★★

## 문 34. 정답 ①

Core Point & Tip

선택주의 교육에 대한 지문을 읽고 밑줄 친 부분을 지지하는지 아닌지 논거를 구분할 수 있어야 한다.

① (X) 다른 보기들의 경우 선택주의 교육의 가치 자체는 인정하나 선택주의 교육의 '구현'에 있어서 따르는 어려움에 대한 내용인 반면, ①은 선택주의 교육의 기본 사상 자체를 부정하는 것이므로 밑줄 친 부분을 뒷받침한다고 보기 어렵다.

★★★

## 문 35. 정답 ③

Core Point & Tip

주인의 도덕과 노예의 도덕 각각의 내용을 파악한다. 특히 일반원칙과 같은 당위론적인 표현에 함정이 숨어있을 수 있으므로 주의한다.

ㄱ. (O) 신성한 규율이라는 점에서 외재적인 권위인 신에 의해 부여되었음을 내포하므로 노예의 도덕에 해당한다.

ㄴ. (O) 타인의 것을 받아들일지의 여부에 관심 없는 것은 주인의 도덕의 특징이다.

ㄷ. (X) 내가 추구하는 가치를 위한 삶은 주인의 도덕에 해당한다.

★★★

## 문 36. 정답 ⑤

Core Point & Tip

제시문의 내용을 이해하고 이를 바탕으로 추론한 〈보기〉의 내용이 옳은지 그른지를 판단해야 한다.

ㄱ. (X) 성인 여부 및 성별 정도를 알 수 있는 자료를 현재 확보한 것은 아니다. 주민 등록 번호가 있기는 하지만 이것의 진위 자체가 불투명하다.
ㄴ. (X) 병원 측이 조사를 거부한다고 해서 경찰이 조사를 할 수 없다고 단정할 수는 없다. 오히려 경찰의 입장은 병원 측에 대한 조사가 당연히 이루어져야 한다는 것이고, 규정상 아무 문제가 없다는 것이므로, 병원 측의 거부와는 상관없이 조사가 이루어질 가능성은 얼마든지 있다.
ㄷ. (X) 게시판에 글을 작성한 사람의 주장이 옳다고 밝혀진다고 해서 병원 측이 반드시 피의자가 되는 것은 아니다. 단지 병원 측이 주장하는 명예 훼손이나 허위 사실 공표가 성립되지 않을 뿐이며, 피의자가 되고 말고는 현재 정보만으로 단정할 수 없다.

★★★

## 문 37. 정답 ③

Core Point & Tip

무엇보다 사람들에게 공포심을 극도로 유발해 사회활동을 축소하고 사람들의 이성을 마비시키는 예에 해당하는 것을 찾아야 한다.

① (O) 금융 위기로 인해 투자자들의 공포감으로 인한 투자심리 위축으로 투자가 실제 이상으로 위축되었다는 점에서 공포가 사회에 영향을 미친 것으로 볼 수 있다.
② (O) 흑사병으로 인해 병에 대한 공포로 이성적이지 못한 행동을 통해 이를 해소하려했다는 점에서 공포가 이성을 마비시켰다고 볼 수 있다.
③ (X) 공포심이 발생된 부분은 나오지만, 사회적 활동의 축소 및 마비 부분은 등장하지 않는다. 즉, 단지 정신적 고통을 호소한 것과 사회적 활동과는 직접적인 관련이 없다.(정신적으로 고통을 호소하여서 경제가 위축된다는 방식으로 설명되었다면 사회적 활동의 위축이 등장했으므로 정답이 될 수 있다.) 또한 정신적 고통의 호소를 이성의 마비라고 간주하면 지나치다.
④ (O) 잔혹한 처형이라는 공포가 실제적인 침공 행위의 둔화를 불러왔다는 점에서 공포가 사회 활동에 영향을 준 것이라고 볼 수 있다.
⑤ (O) 실제적인 게슈타포의 활동 없이도 시민들의 공포로 인해 반대 세력의 활동이 위축되었다는 점에서 공포로 인한 사회적 활동 위축이라고 볼 수 있다.

★★

## 문 38. 정답 ⑤

Core Point & Tip

'반증가능성'에 대한 화두를 던지고 있는 포퍼의 입장을 정확하게 파악하고, 이를 바탕으로 〈보기〉의 내용 또한 판단해야 한다.

ㄱ. (X) 포퍼는 설명력의 범위가 아니라 반증이 가능한지의 여부로 과학인지 아닌지를 판단하고 있다. 즉, 설명력이 있더라도 반증가능성이 없다면 이는 과학적 지식이라 할 수 없다고 주장한다.
ㄴ. (X) 포퍼는 비록 경험적 검증을 통해 관찰명제의 확실성을 입증하는 것은 불가능하지만, '보다 많은 반증 가능성에 노정되어 있으면서 엄격한 검증과정을 거친 명제야말로 우수한 이론이 된다.'고 보고 있다. 즉, 검증과정을 통해 진리로 접근해 가는 것이기 때문에 검증과정에서 나타난 긍정적 사례들은 무의미한 것이라고 볼 수 없다.
ㄷ. (O) 포퍼가 반증가능성을 과학성의 기준으로 삼고 있는 것은 곧 과학적 지식의 무오류성을 부정하는 것이라고 할 수 있으며, 또한 엄격한 검증 과정을 통해 보다 진리로 접근해 가는 것이라고 주장하고 있다.
ㄹ. (O) 첫 번째 문단에서 '과학적 명제의 의미부여 기준을 반증가능성에 두고 반증당하지 않는 한, 또 반증당하지 않는 동안만 그 명제가 의미를 갖는 것으로 보자는 견해'라는 진술에서 옳다.

★★★

## 문 39. 정답 ②

Core Point & Tip

제시문의 내용을 토대로 추론 가능한 선택지를 찾는 문제이다. 추론 문제의 경우 반드시 지문에 직접 제시된 내용만을 근거로 해야 한다. 제시문에 근거가 없는 선택지는 아무리 그럴싸 해보여도 정답이 될 수 없다.

① (X) 밀도와 양이 각각 투과도에 영향을 미치므로 둘 다 A가 낮을 것이라는 추론은 적절하지 않다. A밀도 < B밀도, A양 = B양인 경우에도 투과도는 A가 더 높게 나타날 것이다.
② (O) 투과도의 차이가 클수록 엑스레이 조사방향의 반대방향에서 검출되는 엑스레이의 양이 차이가 더 클 것이므로 결과가 더 선명하게 나타날 것이다.
③ (X) 엑스레이 에너지는 가속된 전자의 에너지에 의해 결정된다. 따라서 엑스레이 목적이 달라지는 경우에는 전자의 가속을 달리할 것이다. 금속과의 연관성은 제시문에 나타나지 않았다.
④ (X) CT 역시 엑스레이 장치와 마찬가지로 조사 방향의 반대 방향에서 엑스레이를 검출한다. 다만 엑스레이는 한 방향, CT는 여러 방향에서 조사, 검출한다는 차이가 있다.
⑤ (X) CT와 인체 직접 절단의 정보 획득 정확성을 비교하는 내용은 제시문에 나타나 있지 않다.

★★★

## 문 40. 정답 ④

Core Point & Tip

제시문의 내용과 문제에 제시된 추가 정보를 통하여 결과를 도출하는 문제이다. 그림의 화살표와 숫자가 나타내는 바가 정확히 무엇인지 먼저 분석한 후에 계산을 진행하도록 한다.

A와 B의 투과도 합은 8 → A+B = 8
C와 D의 투과도 합은 11 → C+D = 11
A와 C의 투과도 합은 7 → A+C = 7
B와 D의 투과도 합은 12 → B+D = 12
A와 D의 투과도 합은 10 → A+D = 10
B와 C의 투과도 합은 9 → B+C = 9
4개의 미지수와 6개의 식이므로 결과는 쉽게 도출할 수 있다.
<u>A = 3, B = 5, C = 4, D = 7</u>이 된다.

제3회 PSAT 종합 실전모의고사

# 제3회 PSAT 종합 실전모의고사

책형 가

## 자료해석영역

**| 정답표 |** PUBLIC SERVICE APTITUDE TEST

| 1 | 2 | 3 | 4 | 5 | 6 | 7 | 8 | 9 | 10 |
|---|---|---|---|---|---|---|---|---|---|
| ② | ③ | ② | ③ | ⑤ | ④ | ③ | ④ | ④ | ③ |
| **11** | **12** | **13** | **14** | **15** | **16** | **17** | **18** | **19** | **20** |
| ④ | ④ | ④ | ② | ③ | ③ | ③ | ⑤ | ⑤ | ① |
| **21** | **22** | **23** | **24** | **25** | **26** | **27** | **28** | **29** | **30** |
| ② | ④ | ③ | ④ | ③ | ② | ③ | ⑤ | ① | ① |
| **31** | **32** | **33** | **34** | **35** | **36** | **37** | **38** | **39** | **40** |
| ② | ⑤ | ④ | ⑤ | ② | ④ | ② | ④ | ③ | ② |

★★

### 문 1. 정답 ②

**Core Point & Tip**

그래프를 통해 대소관계가 직접 드러나지 않는 경우는 별도로 주어진 표를 통해 계산해야 한다. 하지만 많은 경우는 직접적인 계산보다는 분자와 분모간의 관계를 통해 가능하다. 〈보기 ㄴ〉의 경우 〈그림 1〉에서 분모는 비슷하지만 분자값이 작아지는 것을 통해 대소관계를 판별할 수 있다.

ㄱ. (X) 전체 형사범 중 기소 처리된 비율만이 제시되어 있다. 전체 형사범 처리 건수를 알 수 없으므로, 조세범이 차지하는 비중의 증감 여부는 제시된 자료를 통해서는 알 수 없다.

ㄴ. (O) <그림 2>를 통하여 전체 형사범 기소율이 매년 감소하는 것은 알 수 있다. 따라서 전체 형사범 기소율은 매년 증감 방향이 동일하다. 반면, <그림 1>을 통해 2013년 조세범 기소율은 약 20.4%, 2014년의 조세범 기소율은 약 20.2%로 감소하였으므로 증감 방향이 매년 동일하지는 않다는 것을 알 수 있다.

ㄷ. (X) ㄴ의 결과를 통해서 2013년과 2014년의 조세범 기소율이 전체 형사범 기소율의 절반 이상이라는 것을 알 수 있으며, <그림2>에서 이후 2015년과 2016년에 전체 형사범 기소율은 감소, 조세범 기소율은 증가하였으므로 2015년과 2016년에도 조세범 기소율이 전체 형사범 기소율의 절반 이상이라는 것을 알 수 있다. 다만, 2012년의 조세범 기소율은 20%에 미치지 못하므로 40.2%인 전체 형사범 기소율의 절반에 미치지 못한다.

ㄹ. (O) 조세범죄 중 기소 건수의 전년 대비 변동폭이 가장 큰 해는 2013년이고, 조세범죄 중 기타 건수의 전년 대비 변동폭이 가장 큰 해는 2014년으로, 양자는 서로 다르게 나타난다.

★★

### 문 2. 정답 ③

**Core Point & Tip**

〈보기 ㄱ〉에서와 같이 '매년'이 등장하는 함정에 주의하자! 〈보기 ㄹ〉은 2015년 비중의 수치($\frac{64}{70}$)가 2012년에 비해 분모와 분자 모두 6이 더 큰데, 2012년 비중의 수치($\frac{58}{64}$)는 분모가 분자에 비해 큰 상황이므로 분자의 증가율이 더 크게 되어 구체적인 계산 없이도 2015년의 비중이 2012년보다 더 크다는 것을 알 수 있다.

ㄱ. (X) 2011년의 수치가 주어져 있지 않으므로 매년 변화가 없었는지는 판단할 수 없다.

ㄴ. (O) 2016년 전체 수목원 합계의 4년 전 대비 증가율은 ($\frac{8}{64}\times100$)이고, 2014년 전체 수목원 합계의 4년 전 대비 증가율은 ($\frac{9}{60}\times100$)인데, 전자가 후자보다 분자는 작고, 분모가 더 크므로 2014년의 4년 전 대비 증가율이 더 높다는 것을 알 수 있다.

ㄷ. (O) A는 24($=49-1-18-6$), B는 18($=66-3-42-3$), C는 3($=69-42-21-3$)이다. 따라서 $\frac{A+B}{C}=\frac{24+18}{3}=14$가 된다.

ㄹ. (X) 전체 수목원 합계에서 공립수목원과 사립수목원이 차지하는 비중은 2015년이 91.4%($\fallingdotseq\frac{64}{70}\times100$), 2012년이 90.6%($\fallingdotseq\frac{58}{64}\times100$)로 2015년이 더 크다.

★★★

### 문 3. 정답 ②

**Core Point & Tip**

표에 제시된 항목이 많으면 거의 대부분 순위를 묻는 문제가 출제된다. 순위문제는 아무리 항목이 많더라도 계산문제에 비해 소요되는 시간이 짧은 만큼 반드시 해결하도록 하자.

① (X) 총 사업체수가 가장 많은 지역은 중구(1,483)이고 총 종사자수가 가장 많은 곳은 강남구(10,781)이다.

② (O) 약 0.58로 종로구가 가장 낮다.

③ (X) 비중이 가장 낮은 6개 지역은 용산구, 노원구, 은평구, 서대문구, 강서구, 동작구로 이들의 합은 8,185명이므로 강남의 10,781명보다 작다.

④ (X) 1~4인 사업체당 종사자수가 가장 큰 곳은 서초구로 약 3명이다. 반면 5인 이상 사업체당 종사자수가 가장 큰 곳은 강남구로 약 50명이다.

⑤ (X) 노원구, 은평구, 강서구, 구로구, 동작구로서 이들의 총 종사자수 비중의 합은 약 7.2%로 5% 이상이다.

★★★

### 문 4. 정답 ③

**Core Point & Tip**

제시된 자료의 내용을 분석하여 선택지의 옳고 그름을 가리는 문제이다. 자료해석 선택지의 경우 선택지의 내용을 반대로 따라갈 때 분석이 더 쉬워지는 경우가 있다. 예를 들어 ㄴ에서 체류자 90% 이상인 국가를 직접 찾는 것보다는 시민+영주권자가 10% 미만인 국가를 찾는 것이 더 쉬울 수 있다.

ㄱ. (X) 2013년 대비 2015년에 재외동포 총계가 20% 이상 증가한 국가는 에스토니아, 핀란드, 아일랜드, 라트비아, 룩셈부르크, 노르웨이 6개국이다.

ㄴ. (O) 2013년에 재외동포 총계에서 체류자가 차지하는 비중이 90% 이상인 국가는 체코, 헝가리, 아일랜드, 라트비아, 폴란드 5개 국이다.

ㄷ. (O) 2013년 시민+영주권자 수와 체류자 수의 차이가 가장 큰 국가는 영국이다. 영국은 2013년과 2015년에 모두 재외동포 총계가 가장 많다.

ㄹ. (X) 2013년에 체류자의 수가 가장 많은 국가는 영국이고 가장 적은 국가는 아이슬란드이다. 양국의 시민+영주권자 수의 차이는 18,106명이다.

★★★

## 문 5. 정답 ⑤

**Core Point & Tip**

**주어진 〈정보〉를 바탕으로 알 수 있는 항목들을 하나씩 찾아나가야 한다. 이때 〈정보〉를 차례로 해결하기 보다는 확실하게 알 수 있는 것부터 해결하면서 선택지에서 오답을 제거해 나가는 방법을 택해야 한다.**

10대의 제품선호도 순위(E－D－B－C－A)와 동일한 것은 '다'와 '라'이다. 즉, '다'와 '라' 중의 하나가 20대임을 알 수 있다.

연령대 별 조사대상 인원수를 알 수 없기 때문에 조사대상자 중 50% 이상이 제품을 선호하기 위해서는 모든 연령층에서 제품에 대한 선호도가 50% 이상이어야 한다. 즉, D 또는 E가 '아이폰 X'임을 알 수 있다.

만약 '다'를 20대라고 하면 조건을 만족하는 제품이 없다. 그러므로 '라'를 20대라고 하면, 제품 A의 경우 '가'는 20%, 제품 E의 경우 '라'는 60%로 조건을 만족한다. 따라서 '라'는 20대, '가'는 30대, '다'는 40대이고, A는 '갤럭시 S8 노트', E는 '갤럭시 S8'임을 알 수 있다.(따라서 D가 '아이폰 X'이다.)

이상에서 알아낸 것과 정보를 바탕으로 <표>를 다시 구성하면 아래의 <표>와 같으며 B, C는 알 수 없다

| 제품 \ 연령 | 30대 | 10대 | 40대 | 20대 |
|---|---|---|---|---|
| 갤럭시 S8 노트 | 20 | 30 | 10 | 20 |
| B | 30 | 55 | 25 | 40 |
| C | 50 | 50 | 15 | 25 |
| 아이폰 X | 60 | 65 | 50 | 50 |
| 갤럭시 S8 | 55 | 80 | 80 | 60 |

★★

## 문 6. 정답 ④

**Core Point & Tip**

**각 시대마다 계층구조별 지방정부의 수를 계산하여야 한다. 그리고 시대별로 계층구조의 변화가 얼마나 빈번한지를 파악해야 한다.**

① (O) 주어진 <표>에서 한 세기에 계층구조의 변화가 2번 일어난 시기는 1895년과 1896년이다. 이는 19세기에 해당한다.

② (O) 계층구조의 지속 시기는 통일신라에서 고려시대까지가 324년, 고려시대에서 조선시대 초기까지가 404년, 조선시대 초기부터 조선시대 말기까지가 482년이다. 그 이후의 시기는 40년이 채 되지 않는다. 따라서 옳은 설명이다.

③ (O) 2계층의 수는 조선시대가 가장 많음을 알 수 있다. 조선시대의 1계층의 지방정부 수는 1413년이 10개, 1895년이 23개, 1896년이 14개로 총 47개가 되어 다른 시대에 비해 1계층의 수도 가장 많다.

④ (X) 대한민국 정부 수립 후 1995년부터는 2계층의 지방정부 수가 가장 많다. 따라서 옳지 않은 설명이다.

⑤ (O) 대한민국 정부수립 이후 1계층의 수는 10 → 14 → 15 → 17로 계속 늘어나고 있다. 따라서 옳은 설명이다.

★★

## 문 7. 정답 ③

**Core Point & Tip**

**〈보기 ㄹ〉의 경우 해설에서와 같이 기여도를 직접 구해서 판단할 수도 있지만 실전에서는 재범의 증감률이 2배 이상이고 재범의 점유율이 더 크다는 것을 활용하여 판단하는 것이 효율적이다.**

ㄱ. (X) 감소건수는 643건으로서 2014년 14,089의 5%인 704건보다 적다.

ㄴ. (X) 2012년, 2013년 검거건수는 대략 비슷하지만, 2013년의 발생건수는 2012년 대비 크게 증가한다. 따라서 2013년의 검거율은 12년보다 낮다.

ㄷ. (X) 2014년의 경우 두 항목 모두 전년대비 증가한다.

ㄹ. (O) 초범의 기여도: 44.3×(−0.049)≒−2.2, 재범의 기여도: 55.7×(−0.119)≒−6.6

★★★

## 문 8. 정답 ④

**Core Point & Tip**

**〈표〉의 단순해석에 관한 문제로 각 연도별로 실제수치와 그 비율을 각 국가별로 비교해야 한다. 특히 전년대비 비율을 통해 실제 수치를 계산해야 하는 경우 특별한 경우가 아닌한 직접 계산하는 것이 빠르다.**

① (X) 2012년도의 여행자수는 한국이 1,602/1.114=1,438(천명), 홍콩이 914/0.605=1,511(천명)이 되어서 홍콩이 한국보다 많다.

② (X) 2013년의 전년대비 비율을 볼 때 2012년의 중국행 여행자는 1,040명보다 적고, 2015년의 중국행 여행자는 1,227명이므로 2012년 대비 증가하였다. 따라서 중국 또한 지수가 100을 넘는다. (정확한 지수는 약 $120\left(=\frac{1,227}{1,019}\right)$이다.)

③ (X) 주어진 자료를 통해서는 2012년의 여성여행자수를 구할 수 없으므로 확인할 수 없는 내용이다.

④ (O) ①번과 같은 방법으로 계산하면 2012년도의 여행자수는 미국 5,184(천명), 한국1,438(천명), 중국1,019(천명), 홍콩1,511(천명), 대만835(천명)이 되므로 한국, 중국, 대만, 홍콩의 4개국에 간 여행자의 합계는 1,438＋1,019＋835＋1,511＝4,803(천명)이므로 미국에 간 일본인 여행자수가 더 많다. 2013년 이후 4개국으로 간 여행자 합계는 순서대로 4,379, 4,318, 4,781이 되므로 역시 어느 해에도 미국으로 간 여행자 수가 더 많다.

⑤ (X) 2013년에 미국의 구성비는 $\frac{5,376}{11,963}$, 2012년도에는 $\frac{5,376/1.037}{11,963/0.981}=\frac{5,376}{11,963}\times\frac{0.981}{1.037}<\frac{5,376}{11,963}$이다. 따라서 2012년도부터 2013년도에 걸쳐서 구성비가 증가하고 있다.

★★

## 문 9. 정답 ④

Core Point & Tip

〈표〉가 나타내는 것은 국가자산의 총액이 아니라 '전년대비 증감액'이라는 것에 유의해야 한다. 수치의 증가를 판단할 때 증가율의 증가, 전년대비 증가, 평균의 증가 등 어떠한 수치가 증가하는 것인지 항상 염두에 두자!

ㄱ. (X) 단순 평균이므로 소수자리를 어떻게 올리고 내릴지에 대해 판단을 해야 한다. 12.0+10.0을 하고 18.5와 19.5를 묶어서 38로 계산한다. 또한 0.1+0.6+0.2를 1로 계산하고 14+30을 한다. 따라서 총합은 약 22+38+1+44=105가 되고, 평균은 약 105/6=17.5가 되므로 17조 원을 상회한다.

ㄴ. (O) 2015년 재고자산 증감액의 기여율은 35.5/344.1로 10%가 넘는다. 이때 2011년 재고자산의 기여율의 경우 총 증감액 475.4의 10%가 약 47이고 따라서 5%가 약 23.5인데 재고자산의 증감액이 19.5로 5%가 안 되므로 2015년의 경우가 2011년의 두 배 이상임을 알 수 있다.

ㄷ. (X) 단순 함정이다. 계속 전년에 비해 증가하고 있으므로 국가자산이 가장 많았던 해는 2015년이고 가장 적었던 해는 2010년이다.

ㄹ. (X) 2015년 유형자산 증감액은 약 170/340 = 50%이고 2014년의 경우 약 200/440, 즉 약 45%이므로 2015년에 유형자산 증감액의 기여율은 증가하였다(실제 계산을 하지 않더라도 50%를 기준으로 빨리 비교할 수 있다.)

★★★

## 문 10. 정답 ③

Core Point & Tip

자료의 내용을 분석하여, 선택지의 옳고 그름을 판단하는 문제이다. 우선, 선택지의 주석에 나타나 있는 자료의 범위를 반드시 확인해야 하고, 자료들을 연계하여 풀어야 하는 선택지의 판단에 주의를 기울여야 한다.

ㄱ. (X) 2012~2014년, 2016~2017년까지는 반도체 수출액 증가가 명확하다. 2014~2015년, 2015~2016년이 불확실하므로 직접 계산을 진행한다. 2014년의 반도체 수출액은 약 450억 달러, 2015년에는 약 472억 달러, 2016년에는 약 450억 달러로, 2016년의 반도체 수출액은 전년 대비 감소하였다.

ㄴ. (O) 우선 2017년 1~9월까지의 전체 수출액 합계는 4,300억 달러이다. 이중 석유화학과 자동차 수출액 합계는 654억 달러로, 그 비중은 약 15.2%이다.

ㄷ. (O) 2017년 1~11월까지의 월평균 수출액은 약 477억 달러이다. 이를 11월까지의 전체 수출액과 합하면 2017년의 전체 수출액은 약 5,725억 달러가 된다.

ㄹ. (X) <그림 1>에서 전체 수출액에 반도체 수출 비중을 곱하여 1~11월까지의 반도체 수출액을 구한 후, <그림 2>에 나타난 1~9월까지의 반도체 수출액을 차감하면, 2017년 10~11월의 반도체 수출액을 구할 수 있다. 2017년 1~11월까지의 반도체 수출액은 약 882억 달러이고, 2017년 1~9월까지의 반도체 수출액은 692억 달러이므로, 2017년 10~11월의 반도체 수출액은 약 190억 달러이다.

★★★

## 문 11. 정답 ④

Core Point & Tip

추가로 필요한 자료를 찾는 유형으로 〈보고서〉를 읽고 현재 자료를 통해 판단했을 때 알 수 없는 내용과 관련된 자료를 고른다고 생각하면 어렵지 않게 골라낼 수 있다. 다만 이 문제는 필요 없는 자료를 고르는 것이므로 현재 내용을 가지고 판단할 수 있는지를 중점적으로 판단하면 된다.

<보고서>의 첫 번째 문단에서 2014년부터 2016년까지 전체 특허출원 건수가 매년 전년대비 증가했다고 하였다. 2015년과 2016년의 경우 주어진 자료로 판단가능하지만 2014년의 경우 2013년의 자료가 있어야 하므로 'ㄱ. 2013년 저탄소 녹색성장 10대 기술분야 전체의 특허 출원건수'이 추가로 필요하다. 이후의 문장에서 등록건수의 경우 2014년 전년대비 등록건수가 어떻게 변하였는지는 보고서에 언급이 없고 2010년 이후로 판단하고 있기에 'ㄴ. 2013년 저탄소 녹색성장 10대 기술분야 전체의 특허 등록건수'는 불필요하다.

<보고서>의 두 번째 문단에서 '2015년 이후로 매년 저탄소 녹색성장 관련한 기술분야 특허출원 건수 중 70% 이상'을 차지하는지 판단하기 위해서 'ㄷ. 2015~2016년 저탄소 녹색성장 관련 기술분야의 특허출원건수'이 필요하며, 위에서와 마찬가지로 등록건수에 대해서는 언급이 없기 때문에 'ㄹ. 2015~2016년 저탄소 녹색성장 관련 기술분야의 특허등록건수'는 불필요하다고 할 수 있다. 그 후단에서 '이는 2014년에 그 비중이 이에 미치지 않았었다는 측면에서'라고 언급이 있기에 'ㅁ. 2014년 저탄소 녹색성장 관련 기술분야의 특허출원건수'을 통해 2014년과 2015년의 비교가 필요함을 알 수 있기에 ㅁ 역시 필요하다.

이를 바탕으로 판단했을 때 추가로 필요한 자료가 아닌 것은 'ㄴ, ㄹ'이며, 정답은 ④번이다.

★★

## 문 12. 정답 ④

Core Point & Tip

최근의 출제 경향을 보면 표가 단수로 주어진 경우에는 계산위주의 선택지로 구성되어 있는 반면 복수의 자료가 주어진 경우는 계산보다는 표의 해석 자체를 묻는 경우가 많다. 이러한 흐름을 파악한다면 보다 효율적인 접근이 가능할 것이다.

ㄱ. (O) '전체 사망자 수 = 남성 사망자 수 + 여성 사망자 수'이다. 2010년의 전체 사망자 수는 4,535명, 2012년의 전체 사망자 수는 4,549명이므로 옳은 선택지이다.

ㄴ. (O) 'A국의 총인구 = 전체 사망자 수 / 인구 10만명당 사망자 수'이다. $\frac{4,535}{9.1}(\fallingdotseq 498.4) < \frac{4,493}{9.0}(\fallingdotseq 499.2) < \frac{4,549}{9.1}(\fallingdotseq 499.9) < \frac{4,476}{8.9}(\fallingdotseq 502.9)$ 이므로 옳다.

ㄷ. (X) 2011년의 경우 약 7.95배이며, 2013년의 경우 약 7.42배이다. 따라서 옳지 않다.

ㄹ. (O) 여성 사망자 수의 전년 대비 증가율이 가장 높은 해는 2002년(약 50%)이며, 전체 사망자 수의 전년 대비 증가율이 가장 높은 해 역시 2002년(약 34%)이다. 따라서 옳은 지문이다.

★★★

## 문 13. 정답 ④

**Core Point & Tip**

〈보기 ㄱ〉은 구체적인 계산을 요구하는 것이 아니라, 수치의 흐름만으로 증가율의 대소 관계를 판단할 수 있는 능력을 요구하는 것이다. 〈그림〉에서 짝수 연도에 증가량, 홀수 연도에 증가율이 제시되어 있다는 점에 유의하여 접근해야 한다.

ㄱ. (O) 2016년과 2010년 공공연구기관 연구원 수의 전년대비 증가량은 차이가 83명에 불과한 반면, 증가율의 기준(분모)이 되는 공공연구기관 연구원의 수는 2009년에 비해 2015년에 매우 큰 폭으로 상승하였으므로 2016년의 전년대비 증가율이 2010년보다 낮다는 것을 알 수 있다.

ㄴ. (X) 2014년 기업체 연구원 수의 3분의 1은 93,958명($=\frac{281,874}{3}$)이므로, 대학의 연구원 수(97,319명)는 기업체 연구원 수의 3분의 1 이상이다.

ㄷ. (O) 공공연구기관 연구원의 수는 2010년에 23,368명(= 20,000 + 3,368), 2011년에 25,214명(≒ 23,368 × 1.079)이다. 따라서 2011년 전체 기관의 연구원 수는 344,891명(= 93,509 + 226,168 + 25,214)으로 35만 명 미만이다.

ㄹ. (X) 공공연구기관 연구원의 수는 2010년에 23,368명(= 20,000 + 3,368), 2011년에 25,214명(≒ 23,368 × 1.079), 2012년에 27,788명(= 25,214 + 2,574)이다. 공공연구기관에서 2009년에 비해 2012년에 증가한 연구원의 수는 7,788명(= 27,788 − 20,000)으로 8천명 미만이다.

★★★

## 문 14. 정답 ②

**Core Point & Tip**

〈표〉의 단순해석에 관한 문제로 각 대학별 총 연구개발기금과 연방 연구개발기금을 비교해야 한다.

ㄱ. (O) 연방연구개발기금이외에서 스탠포드대학이 연구개발비로 얼마를 사용했는가를 묻는 문제인바, 총 연구 개발기금에서 연방 연구 개발기금을 빼면 7,236,000(66,876,000−59,640,000)의 값이 도출된다.

ㄴ. (X) 증가액은 MIT 대학교(9,612,000)가 펜실바니아 대학교(7,079,000)보다 더 크다.

ㄷ. (O) 총 연구개발비 지출 중 비연방기금으로부터의 지출 비중의 2015년 대비 2016년도의 증감폭은 총 연구개발비 지출 중 연방기금으로부터의 지출 비중의 2015년 대비 2016년도의 증감폭과 같다.

2015년 비중 $= \frac{36,841}{61,545} \times 100 ≒ 59.86$

2016년 비중 $= \frac{41,744}{66,199} \times 100 ≒ 63.05$

★★

## 문 15. 정답 ③

**Core Point & Tip**

먼저 연령별, 남녀별로 인원을 구해두면, 보다 빠르게 문제를 해결할 수 있다.

| 성별 | 유 | 무 | 합계 |
|---|---|---|---|
| 남 | 45+55=100 | 55+45=100 | 200 |
| 여 | 30+20=50 | 70+80=150 | 200 |

| 연령 | 유 | 무 | 합계 |
|---|---|---|---|
| 청년층 | 45+30=75 | 55+70=125 | 200 |
| 장년층 | 55+20=75 | 45+80=125 | 200 |

ㄱ. (O) 카카오뱅크 계좌 남자 사용 비율은 100/200 = 50%이고 여자 사용 비율은 50/200 = 25%이다. 따라서 남자 사용 비율이 여자 사용 비율보다 높다.

ㄴ. (O) 남자 청년층 카카오뱅크 계좌 사용 인원은 45명이며, 남자 장년층 카카오뱅크 계좌 사용 인원은 55명으로 후자가 전자보다 10명 더 많다.

ㄷ. (O) 여자 카카오뱅크 계좌 사용 인원은 50명이며, 남자 장년층 사용 인원은 55명이기 때문에 전자는 후자의 약 91%(50/55)이다. 따라서 옳은 내용이다.

ㄹ. (X) 청년층 여자 카카오뱅크 계좌 비사용자는 70명, 전체 남자 카카오뱅크 계좌

★★

## 문 16. 정답 ③

**Core Point & Tip**

자료를 토대로 선택지의 옳고 그름을 판단하는 문제이다. 기준이 명확히 제시되어 있으므로 그것을 염두에 두고 선택지를 분석해야 한다.

ㄱ. (X) 칠레의 생산자 물가와 소비자 물가는 2014년과 2015년의 자료만 제공되어 있으므로 2010년 이후 지속적으로 증가했는지 혹은 감소했는지 여부는 확인할 수 없다.

ㄴ. (O) 2015년 생산자 물가는 227.92이고, 소비자 물가는 243.54로 양자의 차이는 15.62이다.

ㄷ. (O) 생산자 물가 증가율이 두 번째로 높은 국가는 멕시코이고, 소비자 물가 증가율이 두 번째로 높은 국가도 동일하게 멕시코이다.

ㄹ. (X) 2014년과 2015년 사이 생산자 물가 변동 방향과 소비자 물가 변동 방향이 동일한 국가는 이스라엘, 터키, 멕시코, 에스토니아, 핀란드, 오스트레일리아의 6곳이다.

★★★

## 문 17. 정답 ③

**Core Point & Tip**

①번과 같이 단위를 이용한 함정에 유의하자. 또한, 빈 칸이 있다면 그것을 이용한 선택지가 있을 것이라고 먼저 생각해야 한다. 거의 예외없이 그 빈칸을 이용한 선택지가 제시되는 편이며 또 답을 결정짓는 경우도 많다.

① (X) <표 1>에서 보면, 1법인 당 기부금공제액은 약 8,454만 원이다.

② (X) 2013년도 개인 기부금공제액의 증가폭은 0.75로 법인 기부금

공제액의 감소폭인 0.53보다 크다.(2013년도의 기부금공제액 합계가 전년도에 비해 증가했다는 것을 통해 개인 기부금공제액의 증가폭이 법인 기부금공제액의 감소폭 보다 크다는 것을 알 수 있다.)

③ (O) 이전 조사시점에 비해 2016년도의 개인 기부금공제액의 비중이 감소하였다. 개인 기부금공제액의 비중 = $\frac{개인}{개인+법인}$에서 법인 기부금공제액의 증가율이 개인 기부금공제액의 증가율 이하라면 개인 기부금공제액의 비중은 증가할 것이다. 따라서 개인 기부금공제액의 증가율이 법인 기부금공제액의 증가율 보다 작다. 구체적으로 구하면, 개인 기부금공제액 증가율 = 약 16%, 법인 기부금공제액 증가율 = 약 29%.

이 문제의 경우는 개인 기부금 공제액은 0.6조원 증가하였고, 법인 공제액은 0.63조원 증가하였다는 사실을 활용하여 풀이할 수도 있다. 이 때 증가량 자체는 비슷하지만, 2014년 법인 기부금 공제액의 크기가 개인의 기부금 공제액의 크기보다 현저히 작기 때문에 법인 기부금 공제액의 증가율이 개인보다 크다는 점을 알 수 있다.

④ (X) 2015년도의 자료는 <표>에 주어지지 않았으므로 알 수 없다.

⑤ (X) 근로소득자 1인당 기부금 공제액 = 3.6조원/310만명, 종합소득자 1인당 기부금 공제액 = 0.74조원/31만명인데, 종합소득자 1인당 기부금 공제액 식의 분모, 분자에 10을 곱해 주면, 7.4조원 / 310만명이 되므로 종합소득자 1인당 기부금공제액이 근로소득자 1인당 기부금공제액보다 많다는 것을 쉽게 알 수 있다.

★★★

## 문 18. 정답 ⑤

Core Point & Tip

**제시된 자료의 내용을 토대로 각 알파벳에 해당하는 자료를 찾는 문제이다. 이러한 문제의 경우, 각 조건 별로 도출할 수 있는 내용들을 정리한 후, 종합하는 방식으로 해결하도록 한다.**

1번 조건에서는 사과와 감귤이 A 또는 B에 해당한다는 사실을 도출할 수 있다. 2번 조건에서는 유자와 복분자가 C 또는 D에 해당한다는 사실을 도출할 수 있다.

3번 조건에서 과실류 변동 방향이 동일하게 나타나는 과일은 A와 E, C와 D, B와 매실이 있다. 이 중 C와 D는 유자 혹은 복분자임이 2번 조건에서 밝혀졌고, B와 매실은 매실이 밝혀져 있으므로 A와 E가 사과 혹은 머루에 해당한다. 이 결과와 1번 조건을 합하여 A는 사과임을 알 수 있고, B는 감귤임을 알 수 있다.

4번 조건에서 C의 전년대비 증가율은 약 6%, D의 전년대비 증가율은 약 6.4%로 D의 증가율이 더 크므로 C는 유자, D는 복분자이다.

따라서 정답은 A–사과, B–감귤, C–유자, D–복분자, E–머루로 연결하고 있는 ⑤번이 정답이다.

★★★

## 문 19. 정답 ⑤

Core Point & Tip

**특별히 복잡한 계산을 요하지는 않지만 의외로 시간소모가 많은 유형이다. 시간을 투자한다면 거의 대부분 맞출 수 있는 문제이므로 자신의 잔여시간을 감안하여 전략적인 접근이 필요하다.**

ㄱ. (O) 자살률이 낮은 5개 도시는 그리스, 이탈리아, 스페인, 영국, 프랑스이고 흡연율은 스웨덴, 아이슬란드, 덴마크, 스위스, 영국, 왕따괴롭힘 비율은 스웨덴, 스페인, 아이슬란드, 체코, 헝가리이다. 세 지표 모두에 해당하는 국가는 존재하지 않는다.

ㄴ. (O) 자살률과 왕따괴롭힘 비율의 차이가 5%p 이상인 국가는 오스트리아, 프랑스, 독일, 그리스, 이탈리아, 영국의 6곳이다.

ㄷ. (X) 평균 문해력이 500점 이상인 국가는 오스트리아, 벨기에, 체코, 덴마크, 핀란드, 독일, 아일랜드, 스웨덴, 스위스, 영국의 10개국이고, 왕따괴롭힘 비율이 10% 이상인 국가는 오스트리아, 벨기에, 프랑스, 독일, 그리스, 스위스의 6개국이다.

ㄹ. (X) 자살률의 최고치와 최저치의 차이는 10.9%p, 흡연율은 18.6%p, 왕따괴롭힘 비율은 17.8%p이다. 큰 순서대로 나열하면 흡연율–왕따괴롭힘 비율–자살률의 순서가 된다.

★★★

## 문 20. 정답 ①

Core Point & Tip

**제시된 공식에 따라 계산을 진행하는 문제로 이런 유형은 따로 요령이 있을 수 없다. 다만 한번 손을 대면 상당한 시간이 소모될 가능성이 높으므로 남은 문제가 많은 상황이라면 일단 보류하는 것이 현명할 수 있다. 물론, 고득점을 위해서는 이러한 문제들도 풀어낼 수 있어야 한다.**

제시된 국가들의 청소년 행복지수 계산 결과를 도출하면 다음과 같다.

체코 : $502+(1-6.21\%)\times100+(1-21.5\%)\times100+(1-5.5\%)\times100=768.79$

덴마크 : $501+(1-5.94\%)\times100+(1-15\%)\times100+(1-8\%)\times100=772.06$

아이슬란드 : $493.67+(1-7.84\%)\times100+(1-13.5\%)\times100+(1-5.4\%)\times100=766.93$

이탈리아 : $468.67+(1-2.44\%)\times100+(1-20\%)\times100+(1-7.9\%)\times100=738.33$

스페인 : $476.33+(1-2.6\%)\times100+(1-17.1\%)\times100+(1-4.7\%)\times100=751.93$

영국 : $501.67+(1-2.99\%)\times100+(1-15.9\%)\times100+(1-9.7\%)\times100=773.08$

세 번째로 높은 국가는 ①번의 체코이다.

★★★

## 문 21. 정답 ②

Core Point & Tip

**〈표 1〉이 매년 자료를 밝히고 있지 않다는 점, 각 산업의 고용 비중은 알 수 없다는 점 등이 핵심이다.**

ㄱ. (X) <표 1>을 볼 때 2008년 대비 2015년 주요 산업별 취업계수의 경우 제조업의 감소율이 가장 높다. 하지만 주어진 <표>에서 2009년부터 2012년까지의 값은 알 수 없으므로 매년 제조업 분야의 취업계수 감소율이 가장 큰지 파악할 수 없다.

ㄴ. (O) 한국의 2014년 전체 산업 취업계수를 도출하는 식은 취업계수(8.4) = $\frac{한국의\ 2014년\ 취업자수(A)}{한국의\ 2014년\ 산출액(B)}$이며 미국의 2014년 산업전체 취업계수를 도출하는 식은 취업계수(6.3) =

$\frac{\text{미국의 2014년 취업자수}(C)}{\text{미국의 2014년 산출액}(D)}$이다. <보기>에서 미국의 2014년 산출액(D)은 한국의 2014년 산출액(B)의 3배이므로, 이를 미국의 취업계수식에 대입하면 취업계수(6.3) = $\frac{\text{미국의 2014년 취업자수}(C)}{3\times\text{한국의 2014년 산출액}(B)}$이다. 이때 한국의 2014년 산출액(B) = $\frac{\text{한국의 2014년 취업자}(A)}{\text{취업계수}(8.4)}$이 성립하므로 최종적으로 미국의 2014년 취업자수 (C) = 3 × ($\frac{\text{한국의 2014년 취업자}(A)}{\text{취업계수}(8.4)}$) × 미국의 2014년 취업계수(6.3)이 도출된다. C = $\frac{3\times6.3}{8.4}$A가 도출되어 미국의 2014년 취업자 수는 우리나라의 2배 이상이 맞다.

ㄷ. (X) 해당 산업의 산출액을 알 수 없으므로 각 산업의 고용 비중 역시 알 수 없다.

ㄹ. (O) 각주에서 노동생산성의 정의는 취업계수의 역수 개념이다. 2008년 대비 2015년의 건설업의 취업계수는 증가했고, 제조업과 서비스업의 취업계수는 감소했다. 따라서 노동생산성의 경우는 건설업은 감소했고, 제조업과 서비스업의 경우는 증가했다.

★★

## 문 22. 정답 ④

**Core Point & Tip**

**구성비의 변화는 전체 값의 변화율과 특정 값의 변화율의 비교를 통해 파악할 수 있다. 말로 이해하기 보다 스스로 분수식을 작성해보면 쉽게 이해가능할 것이다.**

ㄱ. (X) 도·소매업의 경우 2014년 한 해 동안의 신고건수당 신고금액은 약 1.2$\left(=\frac{1,625}{1,347}\right)$백만불이며, 2015년 1분기~3분기의 기간 동안에는 1.14$\left(=\frac{915}{805}\right)$백만불이다. 따라서 2015년 1~3분기의 값이 작기는 하지만 절반이하는 아니다.

ㄴ. (O) 2015년 2분기 대비 3분기 신고$\left(=\frac{15}{6}\times100\right)$금액의 변화율이 가장 큰 업종은 문화·오락업으로 250%가 된다. 신고건수의 변화율도 문화·오락업이 약 66%$\left(=\frac{4}{6}\times100\right)$로 가장 큰 값을 가진다.(2015년 2분기와 3분기 값을 눈대중으로 위에서부터 아래로 비교했을 때 문화·오락업의 수치가 눈에 띌 것이다.)

ㄷ. (X) 금융·보험업의 2015년 1분기~3분기동안의 신고금액의 합은 814(백만불)이며 4분기의 신고금액의 최소값인 217(백만불)을 더하면 1,031(백만불)로 2014년의 신고금액 1,065(백만불)보다 적을 수 있다.

ㄹ. (O) 2015년 1분기의 전체 신고건수는 347건으로 음식·숙박업이 차지하는 비중은 약 8.6%가 되며, 2분기의 전체 신고건수는 404건으로 그 비중은 약 10.6%, 3분기의 전체 신고건수는 465건으로 그 비중은 약 12.0%로 매분기 증가하고 있다.

ㅁ. (O) 2015년 3분기의 전체 신고금액은 811.5(백만불)이며 그중 증액투자는 61%이므로 약 495(백만불)가 된다. 이는 부동산·임대를 제외한 신고금액은 464(백만불)이므로 부동산·임대업에서 증액투자는 존재한다.(적어도 31(백만불)만큼이 존재한다고 볼 수 있는 것이다.) 신고금액을 기준으로 투자유형별 비율을 측정하는 것에 주의하여야 한다.

★★

## 문 23. 정답 ③

**Core Point & Tip**

**'~대비'라는 표현이 등장하면 그 수치를 이용해 실제 수치를 구해낼 수 있는지에 대한 선택지가 거의 대부분 등장한다. 이것이 가능한지를 얼마나 빨리 파악해낼 수 있는지가 이 문제의 핵심포인트이다.**

ㄱ. (X) <표 1>의 각주 2)에 따르면, 곡물, 화훼, 과수는 농·임업의 일부 분야에 불과하다. 따라서 농·임업 생산액 비중이 가장 낮은 분야는 주어진 자료만으로는 파악할 수 없다.

ㄴ. (O) (농·임업 생산액×곡물의 분야별 비중)을 통해서 알 수 있다.

ㄷ. (O) GDP = 농·임업 부가가치 / GDP 대비 농·임업 부가가치 비중이고, GDP 대비 농·임업 부가가치 비중은 매년 2.2%이므로 2013년의 GDP가 가장 클 것임을 알 수 있다. 2013년 GDP = 27,376/0.022 ≒ 1,244,364십억원 ≒ 1,244조원 즉, 옳은 선택지임을 알 수 있다.

ㄹ. (X) 농업과 임업의 생산액 및 부가가치를 각각 알 수 없으므로 판단할 수 없는 설명이다.

★★

## 문 24. 정답 ④

**Core Point & Tip**

**제시된 자료를 통하여 선택지의 옳고 그름을 판단하는 문제이다. 시비판단의 문제에는 때로 자료에 직접 제시되어 있지 않은 자료를 추론하여 판단하는 선택지가 제시된다. 이때에는 제시된 자료로 추론이 가능한지 먼저 파악한 후, 파악이 가능하다면 이어서 옳고 그름을 가려야 한다.**

① (O) 15-64세의 전체 고용률보다 65-74세의 고용률을 합산한 실버+ 고용률이 더 낮게 나타나므로 제시된 모든 국가에서 65-74세 고용률이 전체 고용률보다 낮다고 할 수 있다.

② (O) 학생 고용률이 전체 고용률보다 높게 나타나는 국가는 34.1% > 31.8% 인 터키 한 곳 뿐이다.

③ (O) 중심 고용률이 가장 높은 국가는 87.3%의 스위스이고, 전체 고용률이 가장 높은 국가 역시 80.2%의 스위스로 동일하게 나타난다.

④ (X) 실버+ 고용률이 가장 높은 국가는 스위스로 72.4%, 가장 낮은 국가는 그리스로 44.6%이다. 양자의 차이는 27.8%p이다.

⑤ (O) 중심 고용률과 전체 고용률의 차이가 가장 큰 국가는 16.7%p의 차이를 보이는 벨기에이다.

★★★

## 문 25. 정답 ③

**Core Point & Tip**

**각 전공분야에서 졸업자 합계는 주어지지 않았지만 졸업자 합계는 '일치+불일치'로 구할 수 있다는 것에 유념하자!**

ㄱ. (X) 반례를 찾아서 확인한다. 응용예술의 경우 일반대는 $\frac{1,881}{489}<4$이지만, 전문대의 경우에는 $\frac{8,350}{1,689}>4$ 이므로 전문대의 일치도가 더 높다.

ㄴ. (O) 일반대의 경우 남성의 졸업자가 가장 많은 전공은 무용체육이고, 여성의 졸업자가 가장 많은 전공은 디자인이다.

ㄷ. (O) 여성의 경우 '일치/불일치'가 모든 전공에서 대학원이 가장 크다. 따라서 대학원 졸업자가 모든 전공에서 전공과 활동분야의 일치율이 가장 높다.

ㄹ. (X) ㄱ과 마찬가지로 반례를 찾아서 확인한다. 무용체육의 경우 남성의 '일치/불일치'는 약 10에 불과하지만, 여성의 '일치/불일치'는 30이 넘는다.

★★★★

## 문 26. 정답 ②

Core Point & Tip

**자료의 내용과 선택지의 내용을 비교하여 옳은 것을 고르는 문제이다. 자료 해석 선택지의 경우 특히 문장의 주어가 무엇인지 정확히 파악하는 것이 중요하다. 주어를 파악해야 분석해야 할 부분을 찾을 수 있다.**

ㄱ. (O) 업종별 구분에서 혁신형기업이 200개 이상인 업종은 식료품, 섬유제품, 화학제품, 플라스틱제품, 1차금속, 금속가공제품, 전자부품/컴퓨터, 의료/정밀, 전기장비, 기타기계, 자동차 11개이다.

ㄴ. (X) 종사자가 20~49인 규모의 혁신형기업 수는 약 5,350개이고, 50~99인 규모의 기업 수는 5,379개로 50~99인 규모의 기업 수가 더 많다.

ㄷ. (O) 50인 이상 규모 중소 제조업의 종사자 수는 최소 574,650명 $(=50\times5,379+100\times3,057)$이고, 50인 미만 규모 중소 제조업의 종사자 수는 최대 963,732명$(=49\times19,668)$이다.

ㄹ. (X) 일반기업과 혁신형기업의 비율 차이가 가장 작은 업종은 금속가공제품이다. 금속가공제품의 일반기업 수는 2,168, 혁신형기업 수는 1,415로 차이는 753개이다.

★★★

## 문 27. 정답 ③

Core Point & Tip

**각주를 흘려읽은 수험생이라면 바로 함정에 빠지기 쉬운 문제이다. 수치나 계산방식이 주어지는 각주가 아니더라도 놓쳐서는 안된다는 것을 잘 알수 있는 문제이다.**

ㄱ. (O) <표>와 <그림>으로부터 카타르와 인도네시아의 수학성취도 점수는 약 375점으로 거의 동일한 상황이어서 한국과 일본의 차이인 18점에 미치지 못한다.

ㄴ. (X) 각주에서 각 국의 학생 수는 동일하지 않다고 하였다. 따라서 주어진 자료만으로 1인당 GDP 상/하위 5개국 학생들의 평균점수를 알 수 없다. 예를 들면, 카타르의 학생 수가 극단적으로 많다면 1인당 GDP 상위 5개국 학생들의 평균점수는 375점에 가까워질 것이고, 베트남의 학생 수가 극단적으로 많다면 1인당 GDP 하위 5개국 학생들의 평균점수는 511점에 가까워질 것이다.

ㄷ. (O) <그림>, <표>를 통해 폴란드, 러시아, 베트남임을 알 수 있다.

★★★★

## 문 28. 정답 ⑤

Core Point & Tip

**제시된 〈표〉에서 이미 채워진 수치들을 기반으로 빈 칸을 채울 수 있어야 한다. 축구 경기는 한 팀이 승리하면 반드시 상대팀이 패배하며, 무승부의 경우 경기에 참가한 두 팀이 모두 무승부가 된다. 또한 한 팀이 득점한 만큼 상대팀이 반드시 실점하고, 한 팀이 실점한 만큼 상대 팀이 득점하게 된다는 사실을 알고 잘 적용해야 한다.**

각 팀이 2번씩만 경기를 하므로 가팀의 패배 경기 수와 무승부 경기 수는 0이다. 축구경기 특성상 총득점 합과 총실점 합의 수는 같아야 하므로 가팀의 총득점은 9점이다. 가팀은 승리 경기수가 2회 있으므로 나팀과 다팀은 각각 가팀과 경기하여 1패를 기록하였다. 다팀은 1회 무승부를 낸 경기가 있어서 이 경기에 참여한 나팀도 무승부 경기 수가 1회 있게 된다. 팀별 총 경기 수는 2회이므로 나팀과 다팀의 승리 경기 수는 0회이다. 이에 따라 <표>를 완성하면 다음과 같다.

| 팀명 | 승리 경기수 | 패배 경기수 | 무승부 경기수 | 총득점 | 총실점 |
|---|---|---|---|---|---|
| 가 | 2 | (0) | (0) | (9) | 2 |
| 나 | (0) | (1) | (1) | 4 | 5 |
| 다 | (0) | (1) | 1 | 2 | 8 |

이러한 정보를 바탕으로 경우의 수를 나누어 검토해보면,
가의 총 득점이 9점이고 나와 다의 총실점이 13점이므로 두 팀간의 대결(무승부)에서 각각 2점씩 득점했음을 알 수 있으며 이를 근거로 하면, 각 경기의 결과를 다음과 같이 알 수 있다.
가:나 = 3:2, 가:다 = 6:0, 나:다 = 2:2. 따라서 ㄱ~ㄹ의 선택지가 모두 옳다.

★★★

## 문 29. 정답 ①

Core Point & Tip

**주어진 공식을 자유롭게 변화시켜 계산할 수 있어야 하며 어림계산을 통해 빠르게 비교할 수 있어야 한다. 이와 같이 분수식이 각주로 여럿 제시된 경우는 이 식들을 변형하여 제3의 수치를 구해야 하는 경우가 많다.**

ㄱ. (O) 2015년과 2016년 매출액과 총자산의 증가율을 보면 모두 제조업이 전체기업의 증가율보다 더 높게 나타나고 있으므로 제조업이 차지하는 비중이 증가하였다고 판단할 수 있다.

ㄴ. (O) 제조업의 총자산은 2015년에 전년대비 11.8%, 2016년에 10.7% 증가하여 약 23.8% 증가하였다. 즉, $(1+0.118)(1+0.107) \fallingdotseq 1.238$이다. 한편, 미국·일본의 제조업 부채비율은 각각 126.2, 131.4인 반면 우리나라는 109.2로 더 낮게 나타난다.

ㄷ. (X) 총자본대비 부채의 비율은 부채비율과 자기자본비율의 곱으로 구할 수 있다. 2015년 전체의 경우 60%, 제조업은 52%이므로 제조업에 비해 제조업 이외부문이 더 높다고 할 수 있다. 2016년도 전체는 60.5%, 제조업은 52.2%이므로 제조업 이외부문이 더 높다.

ㄹ. (X) $\frac{\text{차입금의존도}}{\text{부채비율}\times\text{자기자본비율}}$ 을 통해 구할 수 있다. 우리나라는 $\frac{0.255}{1.092\times0.478} \fallingdotseq 0.4885$이다. 이와 같은 방식으로 구하면 미국은 $\frac{0.253}{1.262\times0.442} \fallingdotseq 0.4536$, 일본은 $\frac{0.242}{1.314\times0.432} \fallingdotseq 0.4263$이므로 높은 순서대로 나열하면 한국 - 미국 - 일본이 된다.(이는 직접 계산하

기 보다는 미국과 일본의 경우 차입금의존도/자기자본비율은 비슷하기에 분모의 다른 요소인 부채비율이 일본이 더 크므로 그 값이 미국이 더 크다는 것을 짐작하여 그 대소관계를 빠르게 판단하는 것이 빠른 문제풀이에 더 적합한 방법이다.)

★★★

## 문 30. 정답 ①

**Core Point & Tip**

〈표〉의 해석에 관한 문제로 전년동기대비 증감률에 대한 정확한 이해가 있어야 한다. 통상 전년대비 증감률이 제시되면 이를 이용해 전년동기의 자료를 끌어내는 것을 요구한다. 때문에 분수식의 나눗셈에 익숙해져야 하는 것이다.

ㄱ. (X) 반례를 찾을 수 있다. 비정규직의 기능직 인원은 2015년 5월과 6월에 456명으로 동일했다. 또한 정규직의 기능직 인원은 2015년 4월 20,364명에서 5월 20,373명으로 증가하였다.

ㄴ. (X) 전년동기대비 증감율이 -0.68%이기에 2014년도 8월의 정규 기능직의 인원 수는 약 20,389명이다. 2015년 1~3월 사이에는 정규 기능직 인원수가 이보다 크므로 주어진 내용은 옳지 않다.(2015년 8월의 전년동기대비 증감율이 음수이더라도 2014년 8월 이후의 모든 기간에 정규 기능직의 수가 감소한 것은 아님에 유의해야 한다.)

ㄷ. (O). 2015년 8월 이후로 비정규 기능직 인원이 일정하게 유지된다면 8월 인원 459명이 일정하게 유지됨을 의미한다. 9, 10, 11, 12월 인원이 459명이더라도 연초인 1, 2, 3월의 인원이 300명대이므로 2015년 전체의 평균 비정규 기능직 인원은 450명이 되지 않으리라는 것을 쉽게 판단할 수 있다.

ㄹ. (O) 전년동기대비 증감율을 역으로 생각하여 전년동기의 수치를 구하는 문제이다. 이는 2015년의 수치를 (전년동기대비 증감율+1)로 나누어 구할 수 있다. 459(2015년 수치)/1.28(전년동기대비증감율+1) ≒ 359이므로 대략 360명이다. 따라서 옳은 내용이다.

★★★

## 문 31. 정답 ②

**Core Point & Tip**

〈보기 ㄴ〉에서 GDP(= $\frac{\text{생산액}}{\text{제조업 }GDP\text{대비 생물의약품 생산액의 비율}}$)를 비교할 때 GDP 수치를 정확히 도출할 필요는 없고, 2015년에 2011년에 비해 분자와 분모의 증가율이 어떤지를 보고 GDP의 증감여부를 판단하는 것이 효율적이다. 〈보기 ㄹ〉 또한 구체적인 계산 없이도 분자(수입액)와 분모(수입업체수)의 증가률 비교만으로 해당 비율의 증감여부를 판단할 수 있어야 한다.

ㄱ. (X) 생산품목수 당 생산액은 2015년에 19.9억 원/개(≒ $\frac{17,209}{864}$), 2011년에 14.4억 원/개(≒ $\frac{11,950}{831}$)로 2015년에 2011년 대비 38.2%(≒ $\frac{5.5}{14.4}$ ×100) 증가하였다.

ㄴ. (O) 2015년 제조업 GDP 대비 생물의약품 생산액의 비율은 2011년에 비해 0.1%p(= 0.41 − 0.31) 증가하였다. 제조업 GDP는 2015년에 419조원(≒ $\frac{17,209}{0.0041}$), 2011년에 385조원(≒ $\frac{11,950}{0.0031}$)으로 2015년에 2011년에 비해 증가하였다.

ㄷ. (X) 2014년에 생산업체수와 수입업체수 간의 격차는 6개(= 47 − 41)로 5개를 넘는다.

ㄹ. (O) 생물의약품 수입업체수 당 수입액은 2011년에 141억 원/개(≒ $\frac{7,054}{50}$), 2012년에 161억 원/개(≒ $\frac{6,747}{42}$), 2013년에 179억 원/개(≒ $\frac{8,057}{45}$), 2014년에 225억 원/개(≒ $\frac{9,233}{41}$), 2015년에 178억 원/개(≒ $\frac{8,353}{47}$)이다. 2012~2014년 동안 생물의약품 수입업체수 당 수입액은 매년 전년대비 증가하였고, 2015년에는 전년대비 감소하였다.

★★

## 문 32. 정답 ⑤

**Core Point & Tip**

A요건을 판단할 때 저지르기 쉬운 실수가 단위수를 놓치는 것이다. 〈표 2〉의 자료들이 10억달러 단위로 작성되어 있다는 사실을 놓친다면 전혀 엉뚱한 답을 고르게 된다. 항상 단위가 무엇인지 확인하는 습관을 들이도록 하자.

A요건 충족 = 가, 나, 다, 라, 마, 바, 사 / B요건 충족 = 가, 나, 다, 마, 차 / C요건 충족 = 다, 차

→ 환율조작국: 다 / 관찰대상국: 가, 나, 마, 차

ㄱ. (O) 대미무역수지가 같은 국가 = 자, 차 / GDP 대비 경상수지 비중이 같은 국가 = 자, 카

ㄴ. (X) 가국의 대미무역수지 = 365.7 > 나~카국의 대미무역수지 합 = 323.6

ㄷ. (O) 가, 나, 마, 차 모두 GDP 대비 경상수지 비중이 (+)

ㄹ. (X) A요건을 갖춘 국가의 수 = 7개 / B요건을 갖춘 국가의 수 = 5개 / C요건을 갖춘 국가의 수 = 2개

→ 다만, B요건 "또는" C요건을 갖춘 국가의 수를 묻고 있으므로, B요건과 C요건을 동시에 갖춘 국가는 갯수에서 제외시켜야한다. 따라서 B요건 또는 C요건을 갖춘 국가의 수 = 5개이다

★★★

## 문 33. 정답 ④

**Core Point & Tip**

주어진 자료를 해석하여 선택지가 옳은지 그른지 판단하는 문제이다. 선택지의 주어와 서술어를 분석하여 구해야 할 내용을 정확히 파악한 후 자료에서 내용을 찾도록 한다.

① (X) 2013년 대비 2014년에 발송 건수와 도착 건수가 모두 증가한 나라는 불가리아와 라트비아 두 곳이다.

② (X) 2013년에 발송 건수 대비 도착 건수 비율이 가장 큰 나라는 아르헨티나이다.

③ (X) 2013년 대비 2014년에 도착 건수의 변동률이 10% 이상인 나라는 스리랑카, 아르헨티나, 칠레, 불가리아, 체코, 에스토니아, 라트비아, 리투아니아, 우크라이나 9개이다.

④ (O) 2014년에 발송 건수가 도착 건수보다 많은 나라는 스리랑카와 룩셈부르크 두 곳이다.

⑤ (X) 2013년에 발송 건수 상위 5개국은 이탈리아, 체코, 아일랜드, 룩셈부르크, 멕시코, 2014년에는 이탈리아, 체코, 아일랜드, 룩셈부르크, 크로아티아이다.

★★★

## 문 34. 정답 ⑤

Core Point & Tip

주어진 자료를 토대로 선택지의 옳고 그름을 판단하는 문제이다. 이와 같이 자료를 통해 변동률과 변동폭, 증감방향과 비율 등을 도출하는 것은 자료 해석의 기본이 되므로 많은 연습이 필요하다.

ㄱ. (X) 인천 구 지역의 토지거래면적 현황에서 2014년 대비 2016년에 토지거래면적 변동폭이 가장 큰 지역은 인천 중구이다. 그러나 변동률이 가장 큰 지역은 인천 남구이다.

ㄴ. (X) 전국 시도별 토지거래면적 현황에서 연도별 토지거래면적 증감방향이 전국과 동일한 지역은 부산, 인천, 광주, 대전, 세종, 충남, 경북, 경남, 제주 9곳이다.

ㄷ. (O) 2014년 인천 구 지역의 토지거래면적 합계는 14,668로 이는 같은 해 인천 지역 토지거래면적 25,172의 약 58%를 차지한다.

ㄹ. (O) 전국 시도별 토지거래면적 현황에서 2015년과 2016년 토지거래면적 변동폭이 가장 큰 지역은 전라남도이다. 전라남도의 2016년 토지거래면적 크기 순위는 두 번째이다.

★★

## 문 35. 정답 ②

Core Point & Tip

선택지를 전체적으로 살펴보면 모두 분수를 이용한 나눗셈이 필요한 것처럼 보이지만 ㄱ선택지의 경우는 아예 계산조차 할 필요가 없는 것이었다. 통상적으로 선택지 모두가 계산을 요구하는 경우는 드물다.

ㄱ. (X) 주어진 자료는 '갑'국의 "4대" 범죄에 관한 것이다. "전체" 범죄에 관한 것은 알 수 없다.

ㄴ. (O) 2010년 인구 10만명당 4대 범죄 발생건수는 약 37.0건으로 2009년에 비해 증가하고 있다. 따라서 옳은 지문이다.

ㄷ. (O) <표 2>에서 '검거건수/발생건수' 분수 비교로 알 수 있으며 가장 낮은 유형은 절도(약 0.85)이며 두 번째로 낮은 유형은 살인(약 0.92)이다.

ㄹ. (X) '갑'국의 총인구의 전년대비 증가율이 가장 높은 해는 2011년(약 0.8%)이며, 인구 10만명당 4대 범죄 발생건수의 전년대비 증가율이 가장 높은 해는 2010년(약 0.15%)이다. 따라서 둘은 같지 않다.

★★★★

## 문 36. 정답 ④

Core Point & Tip

단순 〈표〉읽기에 관한 문제이나 다소 복잡한 계산이 요구된다. 따라서 수치를 헷갈리지 않고 차분히 계산하도록 하자!

① (X) 노동력 인구 총수의 이전기간 대비 증가율은

2000년 : $\frac{3,826-3,742}{3,742}\times 100 \fallingdotseq 2.2\%$이며,

2005년 : $\frac{3,941-3,826}{3,826}\times 100 \fallingdotseq 3.0\%$이다.

② (X) 2015년의 2005년에 대한 증가율은

취업자 수 : $\frac{4,237-3,811}{3,811}\times 100 \fallingdotseq 11.2\%$이다.

완전실업자 수 : $\frac{167-130}{130}\times 100 \fallingdotseq 28.5\%$이다.

③ (X) 2000년의 이전기간 대비 증가율은

15세 이상 인구 : $\frac{6,153-5,800}{5,800}\times 100 \fallingdotseq 6.1\%$이며,

취업자 수 : $\frac{3,708-3,680}{3,680}\times 100 \fallingdotseq 0.8\%$이지만, 2005년과 2010년의 경우는 15세 이상 인구의 증가율이 더 높게 나타난다.

④ (O) 노동력 인구 총수에서 차지하는 취업자 수의 비율이 낮게 되는 때는 노동력 인구 총수에서 차지하는 완전실업자 수의 비율이 높게 된다. 완전실업자 수 쪽이 적으므로 이쪽을 계산하면 1995년: $\frac{62}{3,742}\times 100 \fallingdotseq 1.7\%$

2000년: $\frac{118}{3,826}\times 100 \fallingdotseq 3.1\%$

2005년: $\frac{130}{3,941}\times 100 \fallingdotseq 3.3\%$

2010년: $\frac{189}{4,198}\times 100 \fallingdotseq 4.5\%$가 되고

2010년에 노동력 인구에서 차지하는 완전실업자 수의 비율이 최대이다(2015년은 총수가 증가하여 완전실업자 수가 줄고 있으므로 2010년보다 분명히 낮은 비율이다). 따라서 2010년은 노동력 인구에서 차지하는 취업자 수의 비율이 최소이다.

⑤ (X) 15세 이상 인구 대비 완전실업자 수의 비율은

2005년 : $\frac{130}{6,397}\times 100 \fallingdotseq 2.0\%$이며,

2010년 : $\frac{189}{6,810}\times 100 \fallingdotseq 2.8\%$이다.

★★★

## 문 37. 정답 ②

Core Point & Tip

〈표〉의 연결형 문제로, 문제를 해결하는데 있어 각주의 해석이 중요한 핵심이 된다. 이때 숫자 단위에 혼동하지 않도록 주의해야 한다. 다만 선택지 4와 같이 구체적인 수치를 묻는 것이 아닌 단순 대소비교를 해야 하는 상황이라면 단위는 무시해도 좋다.

① (X) 2015년 화재발생 건수와 전년동월 대비 증감률을 이용하여 2014년 1월의 화재발생건수를 도출할 수 있다. 우선 <표 2>에서 인구수와 인구 1만명당 화재발생비율을 이용하여 2015년 1월의 화재발생건수를 구할 수 있다(인구 1만명당 건수 = 건수/인구 × 1만명 ⇒ 건수 = 인구 × 인구 1만명당 건수 ÷ 1만명). 도출된 2015년 1월 화재발생 건수와 <표 1>의 전년동월 대비 증감률을 이용하여 2014년 1월의 화재발생건수를 도출할 수 있다.

② (O) 각주를 보면 '전년 동월 대비 화재발생률은 화재발생 건수의 전년동월대비 증감률과 같은 표현이다.'라고 되어 있다. <표 1>의 전년동월대비 화재발생 건수의 증감률을 보면 부산이 가장 크고(61.8) 제주가 가장 작다(−12.0).

③ (X) <표 2>에서 인구 1만명당 재산피해가 가장 높은 지역은 경남

(약 1,195만원)이지만, 가장 적은 지역은 서울(154.2만원)로 나타났다.

④ (X) 수치 단위 오류이다. 인구는 (천명)이고, 인구 1만명당 비율이므로, 2015년 1월 총 화재발생건수는 5,000건을 넘고, 인명피해는 1,800명을 넘는 것이 아니라 180명이 넘는다.

⑤ (X) <표 2>에서 인구 1만명당 인명피해가 가장 많은 지역은 제주도(0.11)이지만, 가장 적은 곳은 대구·대전광역시와 전북(0.01)으로 나타났다. 24.7, 인천이 8.6, 경기가 25.0으로 경기가 가장 크다.

★★★

## 문 38. 정답 ④

**Core Point & Tip**

**기준이 되는 지수의 단위에 유의하여야 하고 주어진 지수에 대한 공식을 통해 문제에서 요구하는 값을 계산할 수 있어야 한다.**

ㄱ. (O) <표 1>을 보면 광업의 경우 매분기마다 노동생산성지수의 값이 증가하고 있다. 그러므로 근로자 1인당 산출량도 높아지고 있다고 할 수 있다.(각주에서 노동생산성지수가 높을수록 근로자 1인당 산출량이 높아진다고 하였다.)

ㄴ. (X) <표 1>에서 도매 및 소매업의 생산성지수가 더 높게 나타나지만 기준이 다르기 때문에(2012 = 100) 다른 업종과 비교하여 판단할 수 없다.

ㄷ. (X) 산출량지수 = 노동생산성지수 × 노동투입량지수 / 100이므로 이를 계산해보면, 1/4분기에 105.6(=107.1 × 98.6 / 100), 2/4분기에 109.5, 3/4분기에 110.14, 4/4분기에 109.17로 4/4분기에 전분기 대비 하락하였다.

ㄹ. (O) 2012년의 노동투입량 즉 기준년도의 노동투입량이 동일하므로 노동투입량지수의 크기를 통해 각 분기의 노동투입량을 알 수 있다. 2015. 3/4분기와 4/4분기 모두 건설업의 노동투입량지수가 제조업의 값의 1.3배를 넘고 있다.(3/4분기에는 약 30.7%, 4/4분기에는 약 40% 건설업이 많다.)

★★★

## 문 39. 정답 ③

**Core Point & Tip**

**각주가 여러 가지로 제시된 경우 그 각주가 실질적인 핵심포인트인 경우가 많다. 이 문제의 경우 승점 계산방식, LEI의 순위와 같은 정보를 놓친다면 전체 문제풀이에 심각한 타격을 줄 수 있다.**

ㄱ. (O) <표>가 일반적인 방식으로 정렬되어 있으므로 승점 50점 부근의 팀을 찾아 그 위의 구단 수를 헤아리면 된다. 10위 구단인 CHE가 승점 50점, 11위 팀은 EVE가 승점 47점이므로 10위 CHE 구단 위의 구단 모두가 승점 50점 이상인 것으로 판단할 수 있다.

ㄴ. (X) 특수한 방식으로 승점을 계산한 경우, 무승부는 0점이므로 승리와 패배만 비교하면 된다. 패배한 경기의 수가 승리한 경기의 수보다 많은 팀을 찾으면 되므로 해당되는 구단의 수는 11개이다. 주의할 점은 9위의 STK팀 역시 패배의 수가 승리의 수보다 많다는 점이다.

ㄷ. (X) 전체 경기의 수가 38경기이므로 그 중 1/3 이상이면 무승부 경기 수가 13경기 이상인 구단을 찾으면 된다. 승무패가 표시된 구단 중 해당하는 구단은 TOT, WHU, CHE, EVE, WBA 5개 구단이다. 이때, 1등 구단인 LEI의 무승부 수가 문제되는데, 만약 LEI가 13경기를 무승부로 마쳤다면 전체 무승부의 경기수가 215경기로 홀수가 되며, 14경기를 무승부로 마쳤다면 승수가 21승이 되어 전체 승수의 총합(271)과 전체 패수의 총합(273)이 맞지 않는 상황이 발생한다. 이같은 상황은 LEI가 1위를 하는 한도내에서 무승부수를 계속 늘려나가도 마찬가지이기에 LEI의 무승부 경기수는 12경기로 고정됨을 알 수 있다.

ㄹ. (O) 골득실을 비교하는 경우는 승점이 동일한 경우이다. LEI를 제외하고 일반 방식으로 계산했을 때, 승점이 동일한 구단은 MCI와 MUN, EVE와 SWA, CRY와 BOU 6개 구단이다.

★★★★

## 문 40. 정답 ②

**Core Point & Tip**

**빈 칸에 들어갈 수 있는 수를 구하는 것이다. 이러한 형태의 문제는 일종의 규칙이 존재하게 된다. 아래 해답에서 제시한 것과 같이 규칙들을 먼저 파악한 이후에 본격적인 계산에 돌입해야 한다. 이러한 문제는 규칙을 찾는 것이 80%라면 실제 계산은 20%정도 밖에 되지 않는다.**

A와 B의 경우 관련되는 규칙은 다음과 같다.

1. 전체 결과에서 무승부 경기 수는 반드시 짝수로 나타난다.
2. 전체 결과에서 모든 팀 승리 수의 합과 모든 팀 패배 수의 합은 동일하게 나타난다.
3. LEI의 승 + 무 + 패를 합하면 38이 되어야 한다.
4. 승점은 2위 팀보다 높아야 한다.

2번 규칙을 적용하면 가장 정확하겠지만, 20개 팀의 결과를 모두 계산하는 데 시간이 오래 걸릴 수 있으므로, 1번 규칙과 3번 규칙으로 해당되지 않는 결과를 제거하고, C와 D를 통하여 해당되지 않는 결과를 먼저 제거하고 그래도 결과가 도출되지 않으면 적용하도록 한다.

C와 D에 적용되는 규칙은 다음과 같다.

1. 한 구단이 득점을 하면, 상대 구단은 실점을 하게 된다. 따라서 전체 결과에서 골득실을 모두 합하면 0이 될 수밖에 없다.

C와 D를 제외하고 나머지 구단의 골득실을 모두 합하면 +49가 된다. 따라서 C와 D 결과를 합하면 −49가 되어야 한다. 두 구단의 골득실을 각각 구하기에는 자료가 부족하므로 합을 기준으로 하여 해당되지 않는 선택지를 우선 제거하도록 한다. ②번과 ④번 선택지만 남게 된다. ④번 선택지는 승 + 무 + 패를 한 경우에 37이 된다. 따라서 정답은 ②번이 된다.

# 제3회 PSAT 종합 실전모의고사

책형 가

## 상황판단영역

| 정답표 | PUBLIC SERVICE APTITUDE TEST

| 1 | 2 | 3 | 4 | 5 | 6 | 7 | 8 | 9 | 10 |
|---|---|---|---|---|---|---|---|---|---|
| ④ | ⑤ | ④ | ② | ② | ④ | ⑤ | ③ | ③ | ③ |
| 11 | 12 | 13 | 14 | 15 | 16 | 17 | 18 | 19 | 20 |
| ① | ③ | ① | ④ | ④ | ③ | ⑤ | ③ | ④ | ④ |
| 21 | 22 | 23 | 24 | 25 | 26 | 27 | 28 | 29 | 30 |
| ② | ③ | ③ | ② | ④ | ③ | ④ | ⑤ | ④ | ① |
| 31 | 32 | 33 | 34 | 35 | 36 | 37 | 38 | 39 | 40 |
| ② | ⑤ | ② | ① | ② | ② | ② | ③ | ② | ④ |

★★★

### 문 1. 정답 ④

Core Point & Tip

'접촉식 방식, 저항막 방식, 터치스크린의 한계 및 미래'에 관한 제시문 내용의 이해를 통해 제시문과의 내용 일치 여부를 확인하면 쉽게 해결할 수 있다.

ㄱ. (O) 마지막 문단 '구부리거나 둘둘 말아서 들고 다닐 수 있는 전자종이에 터치스크린 기술이 적용되면, 전자종이는 보다 편리한 사용자 환경을 제공하게 될 것이다.'에서 전자종이의 사용자 환경을 편리하게 만들어줄 터치스크린의 미래를 확인할 수 있다.

ㄴ. (X) 저항막 방식은 정전기와 같은 외적 요인의 영향을 접촉식보다 '덜' 받아 불필요하게 반응하는 경우가 적기 때문에 공장자동화 장비나 의료 장비 등에 많이 쓰인다고 두 번째 문단에서 제시하고 있다.

ㄷ. (X) 접촉식 방식은 유리의 '양면'에 얇고 투명한 특수 전도성 금속을 코팅하고 그 부위에 일정량의 전류가 흐르도록 한다고 첫 번째 문단에 제시되어 있다.

★★★

### 문 2. 정답 ⑤

Core Point & Tip

다음 글의 내용을 이해하고 이를 바탕으로 각 선택지와의 일치여부를 추론해내는 유형의 문제이다.

① (O) 두 번째 문단에서 관여도에 따른 추천시스템의 효과를 밝히고 있다.

② (O) 한 번에 패키지로 적용하는 것보다는 소규모로 적용해보는 것이 안전한 전략이다.

③ (O) 추첨시스템 적용의 세 번째 원칙으로, 다양한 데이터 확보의 필요성을 들고 있다.

④ (O) 추천시스템에 대한 흔한 오해로 첫 번째 문단에 제시되어 있다.

⑤ (X) 자동차는 대표적인 고관여 제품으로서 기본적으로 추천 시스템에는 적합하지 않다. 그러나 다른 요소를 기반으로 적용 형태를 달리할 수 있다.

★★★

### 문 3. 정답 ④

Core Point & Tip

조선시대 백의의 풍습에 대한 일본인의 탄압이 가지는 '상징적인 차원'과 이에 대한 지식인의 설명을 빠르게 파악해 내는 것이 중요하다.

① (X) 최남선과 유창선은 '각각' 백색을 '태양'과 '하늘'을 상징하는 색으로 여겨 백의를 입는 전통을 갖게 되었다고 주장하였다. 따라서 이들이 '모두' 백색을 '태양과 하늘'을 상징하는 색으로 보았다고 할 수 없다. 즉, '최남선 : 백색=태양 / 유창선 : 백색=하늘'이라고 볼 수 있다.

② (X) 유창선은 우리 민족이 하늘을 섬기는 종교적 심성과 순수한 성격을 가지고 있기 때문에 백의를 입는다고 생각했다. 또한 유창선은 우리 민족이 다른 민족과 '달리' 하늘을 섬기는 종교적 심성과 순수한 성격을 가지고 있다고 보았다. 동북아시아 모든 민족이 하늘을 섬기는 종교적 심성과 순수한 성격을 가지고 있었다고 볼 수 없다.

③ (X) 백의는 일제의 탄압에 대한 저항의 의미로 상징적인 차원에서 조선인의 전통복식 문화로 인식되었으나 조선인의 생활에서 '반드시' 지켜야할 문화로 인식되었는지는 알 수 없다.

④ (O) 마지막 문단의 '실제로 현실에서 백의가 탄압받은 것도 상징 차원에서였다.'와 '백의가 근대적 가치를 수용했느냐 아니냐를 보여주는 하나의 리트머스 시험지와 같은 역할을 한다고 보았기 때문에 백의를 탄압한 것이다.'에서 알 수 있다.

⑤ (X) 마지막 문단의 '일제가 표면적으로 내세운 바와 같이 백의가 경제적으로 비효율적이기 때문에 백의를 탄압한 것'에서 일제는 백의가 '전근대적인 전통 복식문화'라는 점을 내세우며 백의를 탄압한 것이 아니라 '백의가 경제적으로 비효율적임'을 내세우며 탄압한 것임을 알 수 있다.

★★★

### 문 4. 정답 ②

Core Point & Tip

〈정보〉의 조건들을 식으로 정리하고 이로부터 A~G사의 매출액을 계산해야 한다.

이러한 유형의 문제는 식으로써 나타내면 쉽게 풀린다. <정보>의 조건들을 정리하면 다음과 같다.

<정보 1> F=2C

<정보 2> 2B=D

<정보 3> G=E+F

<정보 4> A=C+D+E

<정보 5> 2G=D+F+A

<정보 6> D=2조, 2E=A

우선 이 정보들을 정리해서 식으로 나타내면 다음과 같다.

2(E+2C)=D+2C+C+D+E

2E+4C=2D+3C+E

E+C=4조

따라서 C, D, E 매출액의 합인 A는 D가 2조이므로 6조가 된다. 정리하면 다음과 같다. A=6조원, B=1조원, C=1조원, D=2조원, E=3조원, F=2조원, G=5조원

ㄱ. (X) 매출액이 가장 많은 회사는 G가 아니라 A이다.

ㄴ. (O) B회사의 매출액은 1조원으로 C회사의 매출액과 같다.

ㄷ. (X) F회사의 매출액은 2조원으로, D회사의 매출액과 같다.

★★★

## 문 5. 정답 ②

**Core Point & Tip**

**은수와 민하의 집에서 도서관까지의 거리를 가까운 순서대로 나열한 후 제시되어있는 조건을 통해 문제를 푼다.**

ㄱ. (O) 은수의 집에서 가장 가까운 도서관은 A이고 민하의 집에서 가장 먼 도서관 역시 A이다.

ㄴ. (X) A 도서관은 민하의 집에서 20㎞ 이상이지만 은수의 집에서 10㎞ 미만으로 거리의 합이 30㎞ 이상인지 알 수 없다.

ㄷ. (X) 은수의 집에서 10㎞ 이상 20㎞ 미만인 도서관은 E, F이지만 민하의 집에서 10㎞ 이상 20㎞ 미만인 도서관은 B, C, D +α 이므로 알 수 없다.

ㄹ. (O) 은수의 집에서 20㎞ 이상인 도서관 두 곳은 B,C이며 민하의 집에서 15㎞ 이상인 도서관에도 B가 포함되므로 B도서관은 은수와 민하의 집으로부터 각각 15㎞ 이상 떨어져 있다.

★★★

## 문 6. 정답 ④

**Core Point & Tip**

**'네트워크 외부성'의 개념 파악을 중심으로 제시문의 내용을 이해하고 이를 바탕으로 각 선택지와의 일치여부를 확인해야 한다.**

① (X) 양면시장에서는 서로 다른 두 고객층을 모두 고려한 전략을 펼쳐야 한다.

② (X) 산업 초기에 몸을 불리기 위해 경쟁이 치열하다는 내용을 세 번째 문단에서 확인할 수 있다. 따라서 승패가 결정된 산업 후기에는 경쟁이 비교적 완화될 것이라고 추론할 수 있다.

③ (X) 마케팅 효과를 평가할 때 중요한 점은, 타깃 계층에 대한 마케팅 효과의 '외부성'을 고려하는 것이다. 다른 집단이 플랫폼에 대한 가치를 어떻게 인식하고 있는지를 확인해야 한다.

④ (O) 세 번째 문단에서 알 수 있다. 산업 초기에 인센티브 지급 경쟁을 통해 네트워크를 구축해 선순환 효과를 이끌어 낸 플랫폼이 시장을 주도하게 된다.

⑤ (X) 롱테일 법칙은 80%의 저소득 소비자가 시장을 주도한다는 내용이고, 파레토 법칙은 20%의 고소득 소비자가 시장을 주도한다는 것이다. 신용카드 시장은 가맹점과 신용카드 소비자라는 양면시장을 가지고 있다.

★★★

## 문 7. 정답 ⑤

**Core Point & Tip**

**제시문의 조항 중에 기한이나 기간 등에 주목한다.**

① (O) 제6조의 제1항의 천재지변에 해당하는 폭설로 고립되어 납부할 수 없게 된 경우 관할세무서장은 납부기한 연장을 할 수 있다.

② (O) 제7조에 따르면 납세고지서가 도달한 날로부터 14일 이내에 납부기한이 도래하는 것은 고지서가 도달한 날로부터 14일이 지나는 날을 납부기한으로 한다. 즉, 고지서가 도달한 12월 31일에 납세기한이 2일밖에 남지 않은 상황이므로 고지서가 도달한 날인 31일부터 14일이 연장되어 2013년 1월 14일이 납세기한이 되는 것이다.

③ (O) 제5조의 제2항에 의하면 납부기한일에 국세정보통신망이 대통령령이 정하는 장애로 가동이 정지되어 전자납부를 할 수 없는 경우에는 그 장애가 복구되어 납부할 수 있게 된 날의 다음날을 기한으로 한다고 했으므로 장애가 복구된 날의 다음날까지 법인세를 납부하면 된다.

④ (O) 제6조 제2항에 따르면 관할세무서장은 기한을 연장하면서 납부액에 상당하는 담보의 제공을 요구할 수 있다.

⑤ (X) 제5조 제1항에 의하면 토요일의 다음 날이 기한인 것은 맞다. 그러나 토요일의 다음 날은 일요일이므로 공휴일이다. 따라서 통상적으로 그 다음 다음 날인 월요일이 기한이 되는 것이다.

★★★★

## 문 8. 정답 ③

**Core Point & Tip**

**법규정을 근거로 선택지의 각 상황에 적용하여 추론해야 한다. 민법이 적용되는 사안인지 상법이 적용되는 사안인지를 판별해내는 것이 문제의 핵심이다. '안날로 6월'이 적용되는 사안이 무엇인지가 달라지기 때문이다.**

① (O) Y가 상인이라면, X가 상인인지 아닌지의 여부에 따라 적용받게 되는 법규정이 달라진다. 계약 당시부터 X가 상인이었다면, X는 상법의 규정(제69조 제1항)이 적용되기에 그 하자가 즉시 발견할 수 있는 하자인지, 발견할 수 없는 하자인지에 상관없이 매매 후 6개월이 도과하여 Y에게 책임을 물을 수 없게 된다. 하지만 X가 하자를 발견한 시점에서도 상인의 자격을 갖지 못했다면 민법의 규정(제575조, 제580조, 제582조)을 적용받게 되므로 목적물의 하자를 발견한 즉시 계약 취소를 요구하였으므로 요건을 충족하여 Y에게 책임을 물을 수 있게 된다. 또한 X가 상인이었다고 해도 Y가 상인이 아니었다면 이 경우에도 민법의 적용을 받게 된다. 따라서 해당 시점에서 거래 당사자들이 상인이었는지의 여부에 대한 확인이 우선적으로 필요하다.

② (O) X는 상인이나 Y는 상인의 자격을 취득하지 않았으므로 이들간의 거래는 상인간의 거래라고 볼 수 없고 상법이 아닌 민법의 규정이 적용된다. 민법의 관련 규정(제575조, 제580조, 제582조)에 따르면 매수인은 목적물의 하자를 안 날로부터 6월내에 계약의 해제 또는 손해배상청구권을 행사할 수 있다고 되어 있기에, 매도인인 Y는 매수인인 X에 대하여 건물의 하자에 대한 책임을 져야 한다.

③ (X) Y는 상인이나 X는 상인의 자격을 취득하지 않았으므로 이들간의 거래는 상인간의 거래라고 볼 수 없고 보기 ②번과 같이 상법이 아닌 민법의 규정이 적용된다. 이 경우 따라서 매수인 X가 하자를 발견한 즉시 매도인 Y에게 그 책임을 물었으므로 민법 규정 요건을 충족(하자 발견 6월 이내)하여 책임을 물을 수 있다.

④ (O) X와 Y가 모두 상인의 자격을 가졌다면, 양자 간의 거래는 상인간의 거래로써 상법의 규정에 적용받는다. 건물의 하자가 즉시 발견할 수 있는 경우 상법 제69조 제1항에 의해 X는 즉시 Y에게 건물의 하자에 대한 책임을 물었어야 하며, 다만 즉시 발견할 수 없는 하자라면 6월내에 발견한 경우에 책임을 물을 수 있다. 설문에서는 X가 6개월이 지나서 하자를 발견하였기에 즉시 발견 여부에 관계없이 X는 Y에 대해 책임을 물을 수 없다.

⑤ (O) X와 Y가 모두 상인의 자격을 갖지 못했다면, 민법의 규정들을 적용받게 된다. 이 경우 목적물의 하자를 안 날로 6월내에 계약의 해제 또는 손해배상청구권을 행사할 수 있기 때문에 X는 건물의 하자를 발견한 날로 부터 6월내에 Y에게 책임을 물을 수 있다.

★★★

## 문 9. 정답 ③

Core Point & Tip

〈조건〉을 적용하여 각 요일별 위생검사 순서를 파악하고 이에 따라 각 〈보기〉를 판단해야 한다.

문제풀이 편의상 주어진 조건을 위부터 조건 1~4라고 하자.

① (O) 월요일부터 수요일까지 오전의 위생검사 순서표로 가능한 것이 C호텔-B호텔-Q식당일 수 있는지 <표>를 채워보자.

| | 월요일 | 화요일 | 수요일 |
|---|---|---|---|
| 오전 | C호텔 | B호텔 | Q식당 |
| 오후 | A호텔<br>(확정) | P식당 | R식당 |

* <표>의 음영부분은 상호간 순서가 바뀔 수 있음. 이 경우 어느 조건에도 위배되는 바가 없으므로 ①번에서 제시한 순서표는 가능하다. 따라서 옳다.

② (O) A호텔과 Q식당이 반드시 같은 날에 위생검사를 받아야 한다면 월요일에 위생검사를 받아야 하는지가 참인지를 확인해 볼 수 있도록, A호텔과 Q식당이 화요일에 함께 위생검사를 받을 수 있는지 검토해보면 된다.(A호텔은 월요일과 화요일에만 위생검사를 받을 수 있기 때문이다.) A호텔과 Q식당이 화요일에 함께 위생검사를 받는다면 B호텔이 수요일에 검사를 받아야만 하므로 <조건 3>에 위배된다. 따라서 옳다.

③ (X) A호텔이 화요일에 위생검사를 받는다면 <조건 1, 2>에 의해 A호텔은 화요일 오전, B호텔은 화요일 오후에 위생검사를 받아야 한다. 그러므로 월요일부터 수요일에 걸쳐 위생 검사를 받는 오후 순서표는 C호텔-Q식당-R식당일 수 없다. 화요일 오후는 B호텔이어야 한다. 따라서 옳지 않다.

④ (O) P식당이 월요일 오전에 위생검사를 받는다면, <조건 2>에 의해 A호텔은 화요일 오전에 위생검사를 받아야 한다. 그 결과 B호텔과 C호텔이 위생검사를 받는 일정도 <조건 1>과 <조건 3>에 따라 자동적으로 결정된다.

| | 월요일 | 화요일 | 수요일 |
|---|---|---|---|
| 오전 | P식당 | A호텔 | Q식당 |
| 오후 | C호텔 | B호텔 | R식당 |

* (월/화) 일정 : <조건 1, 2, 3>에 의해 결정
(수) 일정 : <조건 4>에 의해 결정
그런데 <조건 4>를 보면 R식당이 오전에 검사를 받을 경우, C호텔도 오전에 검사를 받아야 한다. C호텔은 이미 오후에 검사를 받아야 하므로 R식당은 오전에 검사를 받을 수 없다. 따라서 Q식당이 수요일 오전에 검사를 받아야 하므로 ④번의 진술은 옳다.

⑤ (O) A호텔이 월요일 오전에 위생검사를 받고 R식당이 수요일 오전에 위생검사를 받는다면 C호텔은 <조건1, 4>에 의해 화요일 오전에 검사를 받아야 한다. 따라서 옳다.

| | 월요일 | 화요일 | 수요일 |
|---|---|---|---|
| 오전 | A호텔 | C호텔 | R식당 |
| 오후 | | | |

* C호텔은 확정된 일정

★★

## 문 10. 정답 ③

Core Point & Tip

주택보수비용의 지원자격인 해당 주택의 소유자일 것과 해당 주택의 거주자일 것을 놓치지 않는 것이 핵심이다.

ㄱ. (X) 乙은 B주택의 소유자가 아니라 세입자이므로 주택보수비용 지원을 전혀 받을 수 없다. 따라서 옳지 않다.

ㄴ. (X) D주택은 주택보수비용 지원대상이 아니고, C주택은 丁이 거주하고 있지 않으므로 丁은 주택보수비용 지원을 전혀 받을 수 없다. 따라서 옳지 않다.

ㄷ. (O) 甲은 주택보수비용 지원을 받을 수 있으며, 지원금의 최대액수는 난방시설 지원한도액 650만원에서 중위소득 30%가 받는 지원율 90%를 계산하여 585만원이다. 乙과 丁이 지원받을 수 있는 주택보수비용 최대액수의 총합은 0이므로 옳다.

★★★

## 문 11. 정답 ①

Core Point & Tip

제시문을 기호화하거나 도식화하여 정리한 다음 각 선택지를 추론한다. 문제에서 주어진 단서와 명제의 조건을 하나씩 꼼꼼히 확인하며 풀어나가야 헷갈리지 않고 해결할 수 있다.

우선 4번째 조건을 보면, A와 B 그리고 F와 G는 같은 팀이라고 했으므로 F와 G중 한 명이라도 Blue팀이 아니면 둘 다 Blue팀 소속이 될 수 없다. 이때 3번째 조건에서 B와 G가 Blue팀으로 이동을 한다고 했으므로 G는 Blue팀 소속이 아니고 이에 따라 F와 G는 Blue팀 소속이 될 수 없다.(이동은 다른 팀으로 이동하는 것을 의미하기 때문에 같은 팀으로 전출을 갈 수는 없다.)

그리고 4번째 조건 중 첫 번째 조건의 대우를 보면 'F∧G ~Blue팀 → A∧B ~Yellow팀'이 되므로 A와 B는 Yellow팀 소속이 될 수 없다. 이때 B는 Blue팀으로 이동을 한다고 되어 있으므로 A와 B는 Blue팀이 될 수 없다. 따라서 A, B는 Red팀이 된다.

또한 F와 G는 Blue팀이 될 수 없고 만약, Red팀이 된다면 Red팀이 4명이 되어서 나머지 3명이 Yellow팀이나 Blue팀이 되어야 하는데 이 때, 한 팀은 2명이 되지 않기 때문에 적어도 2명씩 소속되어 있다는 문제의 조건을 충족시키지 못한다. 따라서 F와 G는 Yellow팀이 된다. 그리고 3번째 조건 중 2번째 조건에 의해서 C, D는 Yellow팀 소속이 될 수 없고 2번째 조건에 의해서 C는 Red팀 소속이 될 수 없으므로 C는 Blue팀 소속이 된다. 이때 E가 파랑팀 소속이 아니라고 했으므로 각 팀마다 적어도 2명이 소속되어 있다는 조건을 충족시키려면 D가 Blue팀 소속이 되어야 한다. 그리고 B와 G는 Blue팀으로, C와 D는 Yellow팀로 이동을 하므로 첫 번째 조건 적어도 2명이 Red팀으로 이동을 한다는 조건을 충족시키려면 A, F, E 중 2명이 Red팀으로 이동을 해야 한다. 이때 A는 Red팀 소속이므로 Red팀으로 이동을 할 수 없으므로 F와 E가 Red팀으로 이동을 해야 한다. 정리하면 다음과 같다.

<원소속>

| Red팀 | Blue팀 | Yellow팀 |
|---|---|---|
| A, B | C, D | F, G, E |

⇓

<이동한 팀>

| Red팀 | Blue팀 | Yellow팀 |
|---|---|---|
| E, F | B, G | C, D |

이때 A는 Red팀에서 다른 팀으로 이동할 수도 있고 아닐 수도 있으므로 이동한 사람의 총 수는 6명이 될 수도 있고 7명이 될 수도 있다. 따라서 <u>이동한 사람이 모두 6명이라고 단정 지을 수 없다.</u>

★★★

## 문 12. 정답 ③

▲ Core Point & Tip

〈보기〉의 조건을 수식으로 전환하면 문제를 쉽게 해결할 수 있다.

| | 해외파 | 국내파 |
|---|---|---|
| 공격수 | A | B |
| 수비수 | C | D |

<보기>를 적용하면 다음과 같은 수식을 만들 수 있다.

즉, C+D > A+B, B>A, C=D, A≥$\frac{1}{2}C$, B=D가 된다.

여기에서 B=C=D라는 것을 알 수 있다. 이때, A+B+C+D=21이 되어야하는데 (0, 7, 7, 7)은 두 번째 조건에 위배되고, (6, 5, 5, 5), (9, 4, 4, 4)는 세 번째 조건에 위배되므로 (3, 6, 6, 6)만 가능한 조합이다. 나머지 조합들도 조건에 위배된다.

따라서 해외파 공격수(A)는 모두 ③ <u>3명</u>이 된다.

★★★

## 문 13. 정답 ①

▲ Core Point & Tip

우선 〈표〉의 ○와 ×의 의미를 착각하지 않는 것은 기본이다. 그 후에는 답안 내용의 일치 여부와 두 사람 답안의 정오 여부도 일치한다는 점을 이용하면 아주 빠르게 문제를 해결할 수 있다.

A, C, D의 점수로부터 A와 D는 8문항 정답이고 2문항 오답이며, C는 6문항 정답이고 4문항 오답임을 알 수 있다.

한편, A와 C의 답안 내용 중 불일치하는 문항은 6번, 7번이다. 그렇다면 나머지 문항들의 정오는 A와 C가 일치하는데 C는 A보다 총 두 문항 더 틀렸기 때문에 C는 6번과 7번을 틀렸음을 알 수 있다. 반대로 A는 6번과 7번을 맞혔다. 마찬가지로 C와 D의 답안 내용 중 9번과 10번이 불일치하므로, C는 9번과 10번을 틀렸고 D는 맞혔다.

이제 A와 D의 답안 내용을 비교하면 6번, 7번, 9번, 10번이 불일치하는데 D가 9번과 10번을 맞혔기 때문에 A가 틀린 두 문항은 9번과 10번임을 알 수 있다. 마지막으로 A와 B의 답안 내용을 비교하면(B와 D를 비교해도 좋다) 9번과 10번이 불일치한다. A가 9번과 10번을 틀렸으므로 B는 맞혔으며, 그 외 나머지 문항들에 있어서는 정오가 일치하므로 B의 점수는 100점이다.

★★

## 문 14. 정답 ④

▲ Core Point & Tip

삶을 계란을 고르면 그라운드는 중단되고, 다음 라운드부터 다시 반대로 고르는 순서가 바뀐다는 것에 유의해야 한다.

④ (O) 주어진 조건을 대입하여 <표>를 그리면 다음과 같다. 단, X는 생 계란, O는 삶을 계란을 고른 것을 의미한다. <결과>를 살펴보면 3라운드에서 '윤기'가 첫 번째로 벌칙에서 제외되므로 1,2R는 같은 방향으로 계속 진행되었음을 알 수 있다. 이처럼 <결과>를 바탕으로 진행상황을 나타내면 다음과 같다.

| | 남준 | 윤기 | 석진 | 호석 | 지민 | 태형 | 정국 | 방향 | 개수 |
|---|---|---|---|---|---|---|---|---|---|
| 1R | X | X | X | X | X | X | X | → | 7 |
| 2R | X | X | X | X | X | X | X | → | 7 |
| 3R | X | O | | | | | | → | 2 |
| 4R | | | | O | X | X | X | ← | 4 |
| 5R | X | | X | | X | X | O | → | 5 |
| 6R | | | | | | O | | ← | 1 |
| 7R | X | | X | | O | | | → | 3 |
| 8R | O | | X | | | | | ← | 2 |

마지막 8R에서 '석진'은 생 계란을 '남준'은 삶은 계란을 고르면 '석진'이 벌칙자로 선정된다. 따라서 모든 계란의 개수를 합하면 <u>7+7+2+4+5+1+3+2 = 31</u>이 된다.

★★★

## 문 15. 정답 ④

▲ Core Point & Tip

산출기준을 적용하여 평가점수를 도출하는 문제이다. 비고에 제시된 금지사항에 유의하여야 한다.

④ (O) 상시홍보강의는 100명 이상이 3회로 1.5점, 40명 이상이 4회로 1.2점이다. 따라서 총 2.7점이다. 간담회는 4회로 1.2점, 방문 면담은 15로 1.5점이다. 그런데 비고란에서 어느 한 분야의 점수는 최대점수의 60%를 초과할 수 없으므로 상시홍보강의의 점수는 2.4점이 된다. 또한 방문, 면담 분야는 최대점수의 20%를 넘을 수 없으므로 0.8점이 된다. 따라서 상시홍보활동의 점수는 2.4+0+1.2+0.8=4.4점이다. 특화사업의 점수는 정원이 7인이고 우수를 받았으므로 3.6의 90%인 3.24점이 된다. 공지사항 관리는 건당 0.05이므로 총 16회는 0.8점이 된다. 결과적으로 A조직의 기관평가 점수는 4.4+3.24+0.8=8.44점이다.

★★★

## 문 16. 정답 ③

Core Point & Tip

법규정을 적용하는 문제이다. 어느 조항이 적용되는 경우인지를 파악해야 한다.

ㄱ. (X) 당사자 쌍방에게 귀책사유가 없는 경우 채무자위험부담주의의 원칙(제537조)에 따라 채무자인 甲은 상대방의 이행을 청구하지 못하므로 스스로 그 손실을 부담하게 된다. 따라서 甲은 乙에게 9천만 원의 지급을 청구할 수 없다.

ㄴ. (X) 채권자 乙의 귀책사유에 의해 작품이 소멸된 경우에는 제538조 제1항 1문이 적용되므로 채무자인 甲은 상대방의 이행을 청구할 수 있다. 따라서 甲은 乙에게 9천만 원의 지급을 청구할 수 있다.

ㄷ. (O) 채권자의 수령지체 중에 쌍방의 귀책사유 없이 급부가 불능으로 된 경우에 채무자는 상대방의 이행을 청구할 수 있다.(제538조 제1항 2문) 따라서 甲은 乙에게 9천만 원의 지급을 청구할 수 있다.

★★★

## 문 17. 정답 ⑤

Core Point & Tip

법령을 정확히 파악하지 않고 선택지만 읽으면 실수할 수 있으므로 주의하자. 특히 비용청구는 예외가 있으나 부상의 경우는 예외가 없다는 점, 보상을 해야 하는 의무자가 누구인지를 정확히 파악하자.

① (X) 법 24조 1항 후문에서 '소방본부장, 소방서장 또는 소방대장은 소방활동에 필요한 보호장구를 지급하는 등 안전을 위한 조치를 하여야 한다.'고 했으므로 옳지 않다.

② (X) 법 24조 2항을 살펴보면 '시·도지사는 제1항 전단에 따라 소방활동에 종사한 사람이 그로 인하여 사망하거나 부상을 입은 경우에는 보상하여야 한다.'라고 하였기에 보상의 주체는 시·도지사이다.

③ (X) 법 24조 1항은 소방활동을 '하게 할 수 있다.'고만 규정하고 있고, 고의로 화재를 발생하게 한 사람에게 항상 소방활동 참가 요청을 해야한다는 조항이 없으므로 옳지 않다.

④ (X) 법 25조 4항으로 인해 옳다고 실수할 수 있지만, 4항에서 규정하고 있는 보상 의무는 시·도지사에게 부과된 것이므로 안전행정부장관이 보상을 해야 한다는 설명은 옳지 않다.

⑤ (O) 차량의 파손은 손실에 해당하지만 선택지의 '불법주차로 인해 소방활동에 방해'는 법 25조 4항의 단서에서 규정한 '법령을 위반하여 소방자동차의 통행과 소방활동에 방해가 된 경우'에 해당하므로 보상하지 않아도 된다. 따라서 옳은 내용이다.

★★★

## 문 18. 정답 ③

Core Point & Tip

각 행사별로 참석대상과 기부 허용사례를 파악하는 문제이다. 기부행위의 범위에 대한 정확한 이해가 핵심이다.

ㄱ. (O) 후보자선출대회의 경우 소속당원은 참석대상이고 원로정치인은 사회통념상 인정되는 내빈에 포함된다. 기자도 초청되면 가능하다. 따라서 기부행위의 허용범위에 들어간다.

ㄴ. (X) 당무회의에서 유급당직자들은 참석대상에 해당되지만, 정당이 경비로 지출하는 식사류의 음식물 외에는 허용되지 않으므로 당 대표의 격려금에 의한 식사값은 허용되는 기부행위로 볼 수 없다.

ㄷ. (X) 당직자 회의에 있어서 싼값의 상징마스코트는 허용 가능한 사례에 해당한다. 그러나 250만원 상당의 순금으로 제작된 마스코트를 싼값으로 보기 힘들고, 정당 대표가 불참한 사유도 부득이한 사유로 보기도 어렵다. 따라서 허용되는 기부행위가 아니다.

ㄹ. (O) 신년회 행사에 소속당원들이 참석하였으며, 정당의 경비로 커피와 간식거리를 준비하였기 때문에 기부행위의 허용사례에 해당한다.

★★★

## 문 19. 정답 ④

Core Point & Tip

제시문을 토대로 선택지의 옳고 그름을 판단하는 문제이다. 추론하는 형태의 문제는 선택지에 있는 단어가 지문의 단어와 의미는 동일하지만 다른 단어로 제시될 수 있으므로 단어 간 의미 연결에 주의해야 한다.

① (X) 육상 환경에서는 산화작용이 쉽게 일어나기 때문에 육상생물보다는 수중생물이 석유로 변하기 더 쉬운 것은 맞지만, 식물과 동물 중 어느 것이 석유로 변하기 더 쉬운지에 대하여 비교한 내용은 제시되어 있지 않다.

② (X) Kerogen은 유기물 잔해가 박테리아의 분해활동으로 인하여 변화하는 것이다. 공룡의 잔해는 산화작용을 쉽게 받아 유기물로 보존되기는 어려우므로, 공룡 잔해는 Kerogen으로 변화하기 어렵다.

③ (X) 저류암이 압력을 받아도 공극이 그리 작아지지 않아야 석유가 발견되기 쉽다는 내용이 제시되어 있으므로 압력은 저류암 내부 공극 크기를 결정하는 중요한 요인이 되지만, 열이 공극의 크기에 미치는 영향은 지문에 제시되어 있지 않다.

④ (O) 세 번째 문단에 근원암의 예로 제시된 쇄설암이나 탄산염암, 사암 등은 유기물과 산소의 접촉을 막는 환경에서 잘 퇴적된다고 제시되어 있고, 산소가 차단된 환경은 잔잔한 호수나 바다에서 발달하기 쉽다는 내용이 제시되어 있다.

⑤ (X) 원유와 천연가스는 생성되는 온도만 다를 뿐 성분은 같다는 내용이 제시되어 있다.

★★★

## 문 20. 정답 ④

Core Point & Tip

지문과 새롭게 제시된 내용을 함께 적용하여 결과를 도출하는 문제이다. 우선 필요한 정보를 눈에 보기 쉽도록 정리한 후에 계산을 진행하도록 한다.

④ (O) 신생대 제3기와 제4기 경계면이므로 A사가 석유 시추를 위하여 선택한 지점은 200만 년 전에 생성된 지층이다. 2cm/100년의 속도로 퇴적되었으므로 해당 지점은 지하 400m 지점임을 도출해 낼 수 있다. 하루에 12m씩 파고 들어갈 수 있으므로 예상된 지점에 도달하기 위하여 필요한 작업 날짜는 총 34일이고, 따라서 8월 3일에 예상 지점에 도달할 것으로 볼 수 있다.

★★★

## 문 21. 정답 ②

**Core Point & Tip**

**제시문의 내용을 토대로 하여 각 〈보기〉의 옳고 그름을 가리는 문제이다. 내용을 이해할 때 인과 관계가 나타난 부분에 작은 표시를 해두면 선택지의 인과 관계를 파악할 때, 좀 더 수월하게 판단할 수 있다.**

ㄱ. (O) 입춘일로부터 210일이 지난 날이 '액운의 날'이 된다. 정확한 날짜를 도출하는 것이 아니고, 2월 1일이나 2일처럼 경계에 걸쳐 있지 않기 때문에 단순히 7개월 후인 9월에 액운의 날이 있을 것이라고 추론할 수 있다. 정확한 액운의 날은 2018년 9월 10일이 된다.

ㄴ. (X) 지구의 자전이 열대 저기압 형성 후 열대 저기압을 소용돌이치게 만들어 '눈'이 생긴다는 내용이 제시되어 있으나, 지구의 자전이 열대 저기압 형성에 영향을 미친다는 내용은 지문에서 찾을 수 없다.

ㄷ. (X) 일본은 초속 44m 이상의 태풍을 초속 54m를 기준으로 '매우 강'과 '맹렬'로 분류하지만, 한국은 44m/s 이상의 태풍을 모두 '매우 강'으로 분류한다. 분류할 수 없다는 것은 적절하지 않다.

ㄹ. (O) 해수면의 온도가 높아지면, 상승 기류가 더 강해진다. 상승 기류가 더 강해지면, 중심 기압이 더 낮아지고, 기압이 낮을수록 태풍의 강도가 더 강해지므로 이는 옳은 선택지라고 할 수 있다.

★★★

## 문 22. 정답 ③

**Core Point & Tip**

**제시문의 내용을 이해하고 이를 바탕으로 각 선택지의 내용을 추론행 한다.**

① (O) 첫 번째 문단에서 보면, 수출 역시 중국과 EU 경기 부진에 따른 여파로 감소세가 이어지면서 무역적자 기조가 지속된다고 한다. 따라서 EU 경기가 진작된다면 이 여파로 무역적자가 줄어들 가능성이 있다.

② (O) 첫 번째 문단에서 보면, 일본 경제가 작년 하반기부터 다시 부진이 심화되고 있는 가운데 두 번째 문단의 일본 경제의 '재침체'라는 표현을 통해서 작년 하반기 이전에 침체되었던 적이 있다는 것을 알 수 있다.

③ (X) 아베노믹스는 환율전쟁 때문에 엔고 문제보다는, 우선 디플레의 해소가 '급선무'라고 하고 있다. 따라서 소기의 목적을 달성한다면 디플레 해소, 즉 내수 부진이 더 개선될 것이다.

④ (O) 미국의 양적완화에 따른 달러의 상대적 약세를 통해 알 수 있듯이, 일본이 양적완화를 하면 엔화가 상대적 약세로 돌아설 것이며, 그렇다면 환율전쟁 등의 무역 마찰이 발생할 수 있다.

⑤ (O) 역시 미국의 양적 완화에 따른 달러의 상대적 약세를 통해 알 수 있듯이, 일본이 양적완화를 하면 엔화가 상대적 약세로 돌아설 것이며, 따라서 일본 기업들이 기존보다 가격경쟁력을 더욱 지닐 수 있을 것이다.

★★★

## 문 23. 정답 ③

**Core Point & Tip**

**'화석화 작용'에 대한 제시문 내용의 이해를 바탕으로 각 선택지와 비교함으로써 그로부터 추론할 수 없는 즉, 일치하지 않는 내용을 찾는 문제이다.**

① (X) 마지막 문단 '생물이 대부분 한 시대에만 한정되어 살기 때문에 화석을 이용하여 지층의 지질 시대를 결정하고 지층을 대비할 수 있다.'를 보면, 모든 생물이 한 시대에만 한정되어 산다고 볼 수는 없다.

② (X) 제시문을 통하여 지층을 활용하여 생물의 역사와, 지층의 생성 시대 및 과거 모습을 파악할 수 있지만 지구의 생성에 대해서는 관련된 언급이 존재하지 않는다.

③ (O) 첫 번째 문단 '따라서 이러한 파괴 작용을 받지 않기 위해서는 죽은 생물체는 가능한 한 빨리 진흙, 모래, 또는 화산재와 같은 퇴적물에 묻혀야 한다.'에서 알 수 있다.

④ (X) 두 번째 문단에 보면, 퇴적암뿐만이 아니라 변성도가 낮은 변성암 등도 화석을 함유한다고 나와 있다.

⑤ (X) 첫 번째 문단에 파괴 작용을 받지 않고, 단단한 경질부를 가져야 하는 등 생물체가 화석으로 보존되기 위해서는 여러 필수조건을 동시에 만족시켜야 한다고 언급되어있다.

★★★

## 문 24. 정답 ②

**Core Point & Tip**

**각 주사위별로 승리할 수 있는 확률을 빠르게 계산하는 것이 핵심인 유형이다.**

i ) 문제에서 주어진 ㄱ 외에 다른 주사위의 승리 확률을 계산하면, ㄴ의 승리 확률은 다음과 같다. 즉, ㄱ과 ㄴ을 골랐을 때 승리확률은 1×1/3, ㄴ과 ㄷ을 골랐을 때 승리확률은 1×2/3, ㄴ과 ㄹ을 골랐을 때 승리확률은 1×1/2이므로 ㄴ이 승리할 확률은 총 3/2이 된다. (아래의 표에서 O : ㄴ이 이기는 경우)

| | ㄱ | | | | | | ㄷ | | | | | | ㄹ | | | | | |
|---|---|---|---|---|---|---|---|---|---|---|---|---|---|---|---|---|---|---|
| | 4 | 4 | 4 | 4 | 0 | 0 | 2 | 2 | 2 | 2 | 6 | 6 | 5 | 5 | 5 | 1 | 1 | 1 |
| 3 | X | X | X | X | O | O | O | O | O | O | X | X | X | X | X | O | O | O |
| 3 | X | X | X | X | O | O | O | O | O | O | X | X | X | X | X | O | O | O |
| 3 | X | X | X | X | O | O | O | O | O | O | X | X | X | X | X | O | O | O |
| 3 | X | X | X | X | O | O | O | O | O | O | X | X | X | X | X | O | O | O |
| 3 | X | X | X | X | O | O | O | O | O | O | X | X | X | X | X | O | O | O |
| 3 | X | X | X | X | O | O | O | O | O | O | X | X | X | X | X | O | O | O |

ii ) 위와 동일한 방식으로 ㄷ이 승리할 확률은 1/3×1+2/3×1/3 +1/3×1 +1/3×1+2/3×1/2 =14/9가 되고, ㄹ이 승리할 확률은 1/2×1+1/2×1/3 +1/2×1 +1/2×2/3 =3/2가 된다.

| | ㄱ | ㄴ | ㄷ | ㄹ | |
|---|---|---|---|---|---|
| ㄱ의 승리확률 | | 2/3 | 4/9 | 1/3 | 13/9 |
| ㄴ의 승리확률 | 1/3 | | 2/3 | 1/2 | 3/2 |
| ㄷ의 승리확률 | 5/9 | 1/3 | | 2/3 | 14/9 |
| ㄹ의 승리확률 | 2/3 | 1/2 | 1/3 | | 3/2 |

iii) 따라서 모든 경우를 고려할 때 게임에서 이길 확률이 가장 큰 주사위는 승리확률이 14/9인 ㄷ이 되므로 갑은 ㄷ을 고른다.

iv) 한편, 을은 갑이 고른 주사위를 보고 자신의 승리확률이 가장 높은 주사위를 고르므로 ㄷ과의 경기에서 승리확률이 가장 높은 주사위를 찾으면 된다. 이 때, ㄴ과 ㄷ의 경기에서 ㄴ이 승리할 확률은 2/3으로 ㄱ과 ㄹ의 4/9, 1/3보다 크다. 따라서 을은 ②번의 ㄴ을 고르게 된다. 을의 경우에는 확률의 전체값이 동일하므로 각 주사위에 대해 을이 승리할 수 있는 가짓수로 비교하여도 된다. ( ㄱ 선택시 36개 중 16개, ㄴ 선택시 24번, ㄷ선택시 12번 )

★★★

## 문 25. 정답 ④

Core Point & Tip

주어진 표와 상황에 따른 계산만 정확히 하면 어렵지 않게 문제를 해결할 수 있다. 다만 고속열차 통과 지역과 사고다발지역은 총교통량에 따른 분류에서 1단계 상위 등급으로 분류된다는 점에 주의하여야 한다.

ㄱ. (X)
{100(철도교통량)×1(환산율)}
×{100(8톤 화물)×10(환산율)+50(이륜차)×4(환산율)}
= 120,000
총 교통량만 보면 3종 건널목이지만 각주 1에서 고속열차 운행지역은 1단계 상위 등급으로 분류하므로 2종 건널목이 된다.

ㄴ. (X)
{200(철도차량)×0.5(환산율)}
×{250(12인승 승합차)×8(환산율)+50(중장비)×12(환산율)}
=260,000
3종 건널목이 된다.

ㄷ. (O)
{300(일반열차)×1(환산율)}
×{250(1톤 화물자동차)×8(환산율)+500(자전거)×2(환산율)}
=900,000
1종 건널목이 된다.

ㄹ. (X)
{100(일반열차)×1(환산율)+200(철도차량)×0.5(환산율)}
×{200(2톤 특수자량)×10(환산율)}
=400,000
2종 건널목이 된다.

ㅁ. (O)
{400(철도차량)×0.5(환산율)}
×{100(5톤특수자동차)×12(환산율)+500(보행자)×1(환산율)}
=340,000
총 교통량만 보면 2종 건널목이지만 각주 1에서 사고다발지역은 1단계 상위 등급으로 분류하므로 1종 건널목이 된다.

★★★

## 문 26. 정답 ③

Core Point & Tip

거리를 시간으로 환산하기 위해서 거리(Km)를 분당 속도(속도(km/h)÷60) 값으로 나눌 필요가 있다. 또한 오후 1시부터 3시 사이에는 제한속도에 걸림에 유의해야 한다.

지효가 경로를 선택하는 경우에 따라 정리하면 다음과 같다.

| A→B | B도착 시간 | B→C | 1시까지 운행거리 | 남은 거리 | C도착 시간 |
|---|---|---|---|---|---|
| 경로1 | 12:40 | 경로3 | 40Km | 40Km | 2:00 |
| | | 경로4 | 20Km | 20Km | 1:30 |
| 경로2 | 12:48 | 경로3 | 24Km | 56Km | 2:24 |
| | | 경로4 | 12Km | 28Km | 1:42 |

ㄱ. (O) 경로 1의 경우 B에 12:40에 도착한다.
ㄴ. (O) C지점에 가장 빨리 도착하는 경우는 경로 1과 경로 4를 택하는 경우로 1:30에 도착한다.
ㄷ. (X) C지점에 가장 늦게 도착하는 시간은 2:24이다.
ㄹ. (O) C지점에 가장 빨리 도착하는 시간은 1:30이고 두 번째로 빨리 도착하는 시간은 1:42이므로 12분 차이가 난다.

★★★

## 문 27. 정답 ④

Core Point & Tip

주어진 조건에 따라 실수하지 않고 각 〈상황〉을 판단하는 것이 중요하다. 이 문제의 경우 청소년운임과 소아운임 등을 전혀 계산할 필요 없는 乙이 제일 판단하기 쉽고, 그 다음으로는 丙, 甲의 순으로 판단하기 쉽다. 또한, 유류할증료의 경우는 거의 계산할 필요가 없다. 마지막으로 선지 중 5번 선지의 경우는 주어진 조건에 따라 바로 제외할 수 있다.

① (O) 甲 일행이 지불하는 항공편 요금의 구성을 보면 총 항공운임이 42만 7천 원(=120,000 × 2 + 120,000 × 0.75 + 120,000 × 0.60 + 25,000)이고, 총 공항사용료는 6만 원이다. 총 유류할증료는 42만 원의 5%만 따져도 2만 원이 넘으므로 더 계산할 필요 없이 옳다.
② (O) 乙 일행이 지불하는 항공편 요금의 구성을 보면 총 항공운임이 50만 원이며 유류할증료로 2만 5천원이 부과된다. 공항사용료가 6만 원이므로 총 비용은 58만5천 원이다. 취소 수수료는 5만 원이므로 乙 일행이 환불받는 금액은 53만5천 원이므로 50만 원 이상이다.
③ (O) 丙 일행이 지불하는 항공편 요금의 구성을 보면 총 항공운임이 49만 원(=280,000 + 280,000 × 0.75)이며 유류할증료로 2만4천5백 원이 부과되며, 공항사용료가 3만 원이므로 총 비용은 54만4천5백 원이다. 丙 일행은 취소 수수료가 면제되므로 해당 금액 전액이 환불된다. 한편, 乙 일행이 환불로 받는 금액은 위에 계산한 대로 53만5천 원이므로 丙 일행이 환불받는 금액이 더 많음을 알 수 있다.
④ (X) 동남아 노선 편도 항공편을 특가 운임으로 예매할 경우 甲 일행이 지불하는 총 항공운임은 56만 1천 원(=160,000 × 2 + 160,000 × 0.75 + 160,000 × 0.6 + 25,000)이고, 총 공항사용료는 6만 원이다. 여기에 5만 6천 원을 더한다 해도 70만 원에 못 미치므로 총 유류할증료를 계산하지 않더라도 옳지 않음을 바로 알 수 있다.
⑤ (O) 항공편 출발 기준 1시간 전부터는 항공편 취소가 불가능하다.

★★★

## 문 28. 정답 ⑤

Core Point & Tip

〈보기〉에서 제시하는 조건 변화와 무관하게, 반드시 확정되는 사항을 생각하면서 문제를 풀면 시간을 단축할 수 있다. 또한, "승부"-"포기" 선택의 순서가 번갈아 가며 진행된다는 점에 유의한다. 〈보기 ㄹ〉을 제외한 나머지 상황의 경우, 홀수 번째 회차에서는 을이 선택하고, 짝수 번째 회차에서는 갑이 선택한다.

ㄱ. (X) 3회차에서 을이 "포기"하여 갑이 승리하는 경우가 존재한다. 따라서 갑의 카드가 반드시 10이라고 단정 할 수 없으므로 옳지 않다.

ㄴ. (O) 갑이 4회차에서 가진 카드 숫자가 1임을 고려하면, 총 3회 이상 승리하는 것은 불가능하다는 점을 바로 알 수 있다. 4회차에서는 갑이 승부 여부를 결정하고, 카드 숫자가 1이면 "승부"와 "포기" 중 어떤 것을 선택하더라도 패배하기 때문이다. 그렇다면 3회차에서 갑이 승리하는 것이 가능한지만 검토하면 된다. 3회차에서 을이 "포기"하는 것이 가능하므로 갑은 최대 총 2회까지 승리할 수 있다. 따라서 옳다.

ㄷ. (O) 조건과 무관하게 자신이 "승부"–"포기" 선택을 하는 회차에서 숫자 1이 쓰인 카드를 갖고 있으면 반드시 패배한다. 따라서 옳다. 경우의 수를 일일이 따져보지 않도록 한다.

ㄹ. (O) 우선 주어진 상황에서 을은 1회차에서 "승부"를 선택한다. 이후 <보기 ㄹ>의 조건대로 1회차 시작 전 가위바위보에서 갑이 승리하는 경우, 을은 짝수 번째 회차에서 선택하게 될 것이다. 그런데 을은 2회차에서 승리하였으므로, "포기"를 선택했을 리는 없다. 따라서 옳다.

★★

## 문 29. 정답 ④

▲ Core Point & Tip

**〈운전면허취득 기준〉과 〈평정표〉를 꼼꼼히 읽은 후 문제풀이를 시작해야 한다.**

무는 필기시험에서, 정은 기능시험에서, 기와 을은 주행시험에서 실격처리되므로 계산하지 않아도 된다. 나머지 다른 수험생들의 점수를 계산하면 다음과 같다.

갑 : $(80 \times 0.2) + (100 \times 0.3) + (80 \times 0.5) = 86$점

병 : $(70 \times 0.2) + (100 \times 0.3) + (80 \times 0.5) = 84$점

경 : $(80 \times 0.2) + (90 \times 0.3) + (100 \times 0.5) = 93$점

신 : $(95 \times 0.2) + (100 \times 0.3) + (85 \times 0.5) = 91.5$점

따라서, 최고 점수를 획득한 사람은 경이다.

★★★

## 문 30. 정답 ①

▲ Core Point & Tip

**제시문에 주어진 비율을 통하여 계산을 진행하는 문제이다. 연비를 통하여 66km를 가려면 휘발유 5.5리터가 필요하다는 것을 알 수 있으므로, 이에 대비한 에너지량을 도출하고, 이어서 가격을 계산하도록 한다.**

경유 : 휘발유 5.5리터와 동일한 에너지를 내기 위해서는 경유 4.95리터가 필요하다. 경유의 가격은 리터당 1,150원이므로 $4.95 \times 1,150 = 5692.5$원이 필요하다.

LPG : 휘발유 5.5리터와 동일한 에너지를 내기 위해서는 LPG 7.7리터가 필요하다. LPG의 가격은 리터당 730원이므로 $7.7 \times 730 = 5,621$원이 필요하다.

LNG : 휘발유 5.5리터와 동일한 에너지를 내기 위해서는 LNG 8.25리터가 필요하다. LNG의 가격은 리터당 680원이므로 $8.25 \times 680 = 5,610$원이 필요하다.

★★★

## 문 31. 정답 ②

▲ Core Point & Tip

**기획안의 배분 기준을 적용하는 문제이다.**

먼저 갑에게 우선권이 있으므로 A–1과 B–2는 갑이 고르게 된다. 다음으로 을이 선호하는 기획안은 A–1과 C–2이므로 A–1을 제외한 C–2를 고르게 된다. 마지막으로 병은 A–2, B–2기획안을 선호하며 갑이 고른 B–2를 제외한 A–2기획안을 고르게 된다. 정리하면 다음과 같다.

| | A | | B | | C | |
|---|---|---|---|---|---|---|
| | 1 | 2 | 1 | 2 | 1 | 2 |
| 갑 | O | | | O | | |
| 을 | | | | | | O |
| 병 | | O | | | | |

이때 갑, 을, 병은 서로 다른 분야의 기획안을 맡아야 하므로 남아 있는 B–1과 C–1 가운데 을이 C–2를 골랐으므로 을은 이미 맡은 분야와 다른 분야인 B–1을 맡게 되며, 병은 C–1을 맡게 된다. 정리하면 다음과 같다.

| | A | | B | | C | |
|---|---|---|---|---|---|---|
| | 1 | 2 | 1 | 2 | 1 | 2 |
| 갑 | O | | | O | | |
| 을 | | | O | | | O |
| 병 | | O | | | O | |

따라서 정답은 선택지 ②번이다.

★★★

## 문 32. 정답 ⑤

▲ Core Point & Tip

**계산을 요하는 문제는 계산 결과가 아닌 과정 상에 도출된 수치를 묻는 경우도 많으므로 보기에서 요구하는 것이 무엇인지를 먼저 파악하고 계산을 시작하는 것이 좋다.**

| | 제동력 | | | 사고율 | | | |
|---|---|---|---|---|---|---|---|
| | 8km | 10km | 12km | 8km | 10km | 12km | 총 |
| A | 100 | 30 | 15 | 0 | 7 | 10.2 | **17.2** |
| B | 100 | 50 | 25 | 0 | 5 | 9 | **14** |
| C | 100 | 70 | 35 | 0 | 3 | 7.8 | **10.8** |

| | 사고예상비용 | 감가상각비용 | 총 비용 |
|---|---|---|---|
| A | 137.6 | 90 | **227.6(만원)** |
| B | 112 | 120 | **232(만원)** |
| C | 86.4 | 150 | **236.4(만원)** |

ㄱ. (X) C의 제동력이 80N이 될 경우, 부분빙결구간 2% + 완전빙결구간 7.2% = 총 사고율은 9.2%가 된다. 이때, 총 비용은 $800 \times 0.092 + 150 = 73.6 + 150 = 223.6$(만원)이 된다. 따라서 총 비용이 많이 들어가는 순서는 B–A–C가 된다.

ㄴ. (O) 총 비용을 구하는 방식은 사고예상비용+총 감가상각비용이고, 위 표와 같이 도출되므로 C–B–A 순이 된다.

ㄷ. (O) 부분빙결구간과 완전빙결구간에서의 사고율 차이는 각 3.2%, 4%, 4.8%가 되므로 차이가 가장 큰 체인은 C이다.

ㄹ. (O) A와 C의 총비용 평균은 (227.6+236.4)/2 = 232만원이며, 이는 B의 총비용 232만원과 동일하므로 옳은 설명이다.

★★

## 문 33. 정답 ②

Core Point & Tip

**법조문의 내용에 부합하는 상황인지 위주로 판단하되, 예외 규정에 해당하지는 않는지를 유의한다.**

① (X) 국어심의회에 분과위원회를 둘 권한이 문화체육관광부장관에게 있는지는 제시된 법조문만으로는 판단할 수 없다. 따라서 옳지 않다.

② (O) 국어심의회의 구성과 운영 등에 필요한 사항은 대통령령으로 정하게 되어 있으므로, 문화체육관광부장관이 임의로 변경할 수 없다. 따라서 옳다.

③ (X) 국어심의회 부위원장은 위원 중 호선(互選)하도록 되어 있으며, 문화체육관광부장관이 새로 위촉한 위원이 반드시 부위원장이 되어야 하는 것은 아니다. 따라서 옳지 않다.

④ (X) 문화체육관광부장관의 국어심의회 소집 권한은 규정되어 있지 않다. 따라서 옳지 않다.

⑤ (X) 제 14조 본문 및 단서의 해석상 어문규범의 효력보다 대통령령의 효력이 우선한다. 따라서 옳지 않다.

★★★

## 문 34. 정답 ①

Core Point & Tip

**제시문과 같이 특정 개념에 대한 설명과 더불어 '예를 들면,'이라는 표현과 같이 예시가 주어지는 경우 예시를 적극적으로 활용하면 글을 이해하고 〈보기〉의 내용을 판단하는 것이 보다 수월해진다.**

ㄱ. (O) 제시문에서 설명하고 있는 제도는 소득에 비례하여 대출금을 정하는 것이므로 총소득을 적게 신고하는 경우 대출한도액이 줄어든다.

ㄴ. (X) 연간 소득을 기준으로 하므로 철수처럼 상환능력은 있으나 현재 소득이 없는 은퇴자의 경우에 불리하게 적용된다.

ㄷ. (O) 연간 원리금 상환액은 전체 대출액을 대출상환 기간으로 나눈 것이므로, 연 대출한도액이 정해져 있더라도 대출상환기간을 길게 잡으면 더 많은 금액을 대출받을 수 있다.

ㄹ. (X) 비율이 높을수록 대출 허용한도가 높다는 것이다. 따라서 인천시민이 서울시민보다 많은 대출금을 받을 수 있다.

★★

## 문 35. 정답 ②

Core Point & Tip

**문제에 제시된 'B와 E, 설계, 6시간'을 기준으로 하여 풀이를 진행하는 것이 쉽다.**

B와 E가 설계 분야의 서류를 맡았을 때 소비된 시간이 6시간이라면 B와 E는 설계 분야의 전공자가 되므로 A, C, D, F는 설계 분야의 전공자가 될 수 없다. 또한 제시문에 따르면 B와 C가 설계 분야의 서류를 맡고 E와 F가 경영 분야를 맡았을 때 소비된 시간은 총 18시간이므로, 설계 분야는 전공자 B, 비전공자 C, 경영 분야는 비전공자 E, 전공자 F가 맡은 것이 된다. 즉 F는 경영을 전공한 것이 된다.

F가 경영을 전공하게 되므로 A, C, D 가운데 경영을 전공한 사람은 1명인데, 만약 A가 경영을 전공한다면 C와 D는 디자인을 전공하게 된다. 이 경우 A와 B가 설계 분야를 처리하고(전공자 1명, 비전공자 1명 : 9시간) C와 D가 디자인 분야를 처리(전공자 2명 : 6시간)하는데 드는 시간은 15시간이 되어 제시문과 일치하지 않는다. 따라서 A는 경영이 아닌 디자인을 전공하게 되고, C와 D 중 한 명이 디자인을 전공하고 다른 사람은 경영을 전공하게 된다. 이를 정리하면 다음과 같다.

| A | B | C | D | E | F |
|---|---|---|---|---|---|
| 디자인 | 설계 | 경영<br>(디자인) | 디자인<br>(경영) | 설계 | 경영 |

① (O) A는 디자인 전공자이므로 혼자 디자인 분야의 서류를 처리하는데 12시간이 걸린다.

② (X) C는 경영 전공이거나 디자인 전공이므로 경영 분야의 서류를 혼자 처리할 때 12시간이 걸리거나 24시간이 걸린다. 따라서 9시간은 옳지 않다.

③ (O) F는 경영 전공자이므로 혼자 경영 분야의 서류를 처리하는데 12시간이 걸린다.

④ (O) B는 설계 전공이고 C는 경영이나 디자인 전공이므로 설계 분야의 서류를 처리할 때 전공자 한 명, 비전공자 한 명이 되어 9시간이 걸린다.

⑤ (O) C와 D 중 한 명은 디자인 전공이고 다른 한 명은 경영 전공이므로 디자인 분야 서류 처리 시 전공자 한 명, 비전공자 한 명이 되어 9시간이 걸린다.

★★★

## 문 36. 정답 ②

Core Point & Tip

**제시된 조건에 추가될 경우, 특정 명제를 반드시 참으로 만드는 조건을 찾는 문제이다. 이와 같은 형태의 문제는 제시된 조건을 간단한 형태의 조건식으로 변형한 후 풀이를 진행하도록 한다.**

우선 <조건>의 내용을 간단히 정리하면 다음과 같다.

- 김청식 ∨ 박현선
- ~박현선 ∨ 송창수
- 한채경 → (황정식 ∨ ~진성우)
- 송창수 → 한채경
- 한채경 ∨ 신미연
- ~황정식

ㄱ. (O) ~송창수 → ~박현선이고, ~박현선 → 김청식으로 연결할 수 있다.

ㄴ. (X) ~진성우는 특별히 다른 조건으로 연결되지 않는다. 참고로 ㄴ이 '진성우 위원은 선발되었다'로 주어졌다면 (~황정식 ∧ 진성우) → ~한채경이고, ~한채경 → ~송창수, ~송창수 → ~박현선, ~박현선 → 김청식으로 연결할 수 있다.

ㄷ. (O) ~한채경 → ~송창수이고, ~송창수 → ~박현선, ~박현선 → 김청식으로 연결된다.

ㄹ. (X) ~신미연 → 한채경이고, 한채경 → (황정식 ∨ ~진성우)에서 ~황정식이므로 ~진성우이다. ~진성우는 특별히 다른 조건으로 연결되지 않는다.

★★★

## 문 37. 정답 ②

**Core Point & Tip**

**탑승 후 승차 및 하차하는 인원을 식을 세워 계산한다.**

첫 번째 정류장에서 탑승하는 승차 인원을 X라고 하자. 다음 두 번째 정류장에서는 $\frac{1}{2}$X만큼 하차하고 $\frac{1}{4}$X만큼 승차하게 된다. 이러한 관계를 식으로 나타내면 두 번째 정류장부터 승차 및 하차가 이뤄지고 난 다음의 버스 안의 승객수는 $\frac{3^n}{4^n}$가 된다. 이를 간단히 계산해 보면, $\frac{1}{2}X > \frac{3^n}{4^n}X$ 는 $\frac{1}{2} > \frac{3^n}{4^n}$이므로, 이를 최초로 만족하는 n=3이 된다. 단, 첫 번째 정류장 이후부터 3번째 정류장이므로 최종적인 답은 네 번째 정류장이 된다.

★★★

## 문 38. 정답 ③

**Core Point & Tip**

**네 그룹(가. 나. 다. 라)의 결과를 비교하여, 각 요인이 실험결과에 어떤 요인을 미치는지 파악한다.**

ㄱ. (X) 8월 7일에 A가 책을 선물 받을 경우의 만족도는 49.21(=37 ×1.33)로 9월 1일에 목걸이를 선물 받을 경우의 만족도인 51보

A. (X) '다'그룹과 '라'그룹만을 비교한 경우 <보기>와 같은 결론을 내릴 수 있지만, '가'그룹과 '나'그룹을 비교하는 경우에는 뚜껑을 덮는 것과 덮지 않는 것에 기다리는 시간의 차이가 없으므로 옳지 않다.

B. (O) 재미있는 생각을 하게 한 '가', '나'그룹의 경우 뚜껑을 덮는 것과 그렇지 않은 경우에 관계없이 기다리는 시간이 가장 길었으므로 재미있는 생각을 하는 것이 ('라'그룹의 생각하기에 대해 지시없이 뚜껑만을 덮어놓은 경우와 비교해 보았을 때) 뚜껑을 덮는 것보다 기다리는 시간을 길게 하는데 더 큰 영향을 미친다고 볼 수 있다.

C. (X) 지금 참으면 다음에 더 많은 보상을 주겠다는 것은 실험의 기본 전제이므로 실험결과와는 관계가 없다.

D. (O) 뚜껑을 덮어 주는 것이나 재미있는 생각을 하게 지시하는 것은 어린이에게 사탕을 먹는 것을 절제하는 환경을 만들어 주는 것이라고 볼 수 있다. 아무것도 하지 않은 경우보다 이런 환경을 만들어 주었을 때, 어린이들이 절제하는 시간이 길었으므로 옳은 추론이라고 볼 수 있다.

★★

## 문 39. 정답 ②

**Core Point & Tip**

**제시문을 읽고 추론할 수 있는 정보를 고르는 유형의 문제이다. 제시문의 내용을 비약하는 선지를 빠르게 제거하는 것이 중요하다.**

ㄱ. (X) 제시문에 나와 있는 지구의 자전 속도 20km/min는 "한국의 위도를 기준으로 했을 때"이다. 따라서 이렇게 판단할 수 없으므로 옳지 않다.

※ 혹시 두 나라가 동일 위도 상에 있을 가능성을 고려했을 수도 있어 영국은 북위 51도(런던 기준), 한국은 북위 37.5도라는 점을 밝혀 둔다. 물론 제시문에서 추론 불가능한 정보이기 때문에 이런 가능성을 근거로 보기가 옳다고 판단하는 것은 바람직하지 않다.

ㄴ. (O) 두 번째 문단의 '영국에서는 표준시를 최초로 제정해 각기 다른 시간을 하나로 묶는 일이 진행되었다.'에서 추론할 수 있다.

ㄷ. (X) '펜실베니아' 철도회사와 '뉴욕 센트럴 레일웨이'의 사례등을 볼 때 철도회사의 수만큼 다양한 시간이 존재했으므로 이런 판단은 옳지 않다.

ㄹ. (O) 첫 번째 문단의 '19세기까지 각 지역에서 시간의 기준점은 태양이 머리 위에 있는 순간, 즉 그림자가 없거나 제일 작은 순간이었다.'에서 추론할 수 있다.의 국내 허용기준 마련 여부는 제시문에 언급되어 있지 않다.



★★★

## 문 40. 정답 ④

**Core Point & Tip**

**제시문의 내용을 응용하여 상황을 판단하는 유형의 문제이다. 세 도시의 시각을 동시에 비교하며 풀면 어렵지 않게 해결할 수 있다. '○○익스프레스' 열차 탑승 도중에 일광절약시간제 때문에 丙도시의 시각만 1시간씩 앞당겨진다는 점에 주의한다.**

먼저 갑 도시의 경우, 을 도시보다 정오가 30분 먼저 된다고 하였으므로 갑 도시가 12시 일 때, 을 도시는 11시 반이 된다. 또한 병 도시보다는 20분 늦게 정오가 된다고 하였으므로 갑 도시가 12시 일 때, 병 도시는 12시 20분이 된다는 점을 이용하여 시차를 계산 할 수 있다. 이하의 <표>에서 각 도시의 시각은 각 도시 시간 기준이다.

| | 乙도시 | 甲도시 | 丙도시 |
|---|---|---|---|
| 甲도시 도착 | 07:30 | 08:00 | 09:20 |
| '○○익스프레스' 열차 탑승 | 07:45 | 08:15 | 09:35 |
| 乙도시 도착 | 10:15 | 10:45 | 12:05 |
| '△△서던퍼시픽' 열차 탑승 | 10:55 | 11:25 | 12:45 |
| 丙도시 도착 | 14:55 | 15:25 | 16:45 |

따라서 丙도시에 도착하는 가장 빠른 시간은 丙도시 시간 기준으로 16시 45분이다.

# Memo

Memo

Memo

# Memo

Memo

Memo

# Memo

P
S
A
T